公诉方略

主　编：张书华

副主编：曾　天　刘艳华

　　　　白成祥　王　岩

吉林大学出版社

撰稿人目录

陈凤超：吉林省人民检察院党组成员，副检察长，高级检察官。

马建序：吉林省人民检察院检察委员会专职委员，高级检察官。

张书华：吉林省白山市人民检察院检察长，吉林大学、延边大学兼职教授，全国检察机关公诉工作咨询专家，全国级优秀公诉人。

曾　天：吉林省人民检察院高级检察官，国家检察官学院吉林分院兼职教授，全国优秀公诉人，吉林省检察业务专家。

刘艳华：吉林省人民检察院高级检察官，省级优秀公诉人，吉林省检察理论研究人才，吉林省检察业务专家。

宋光文：吉林省人民检察院高级检察官。

陈　崇：吉林省人民检察院高级检察官，省级优秀公诉人。

白成祥：吉林省人民检察院高级检察官，国家检察官学院吉林分院兼职教授，全国优秀公诉人，吉林省检察业务专家。

王　岩：吉林省人民检察院高级检察官，国家检察官学院吉林分院兼职教授，省级优秀公诉人。

钱　芳：吉林省人民检察院检察官。

刘振华：吉林市人民检察院高级检察官，国家检察官学院吉林分院兼职教授，省级优秀公诉人，吉林省检察业务专家。

史旭东：吉林省人民检察院检察官，吉林省十佳公诉人，吉林省检察业务尖子。

文昌海：吉林省延边朝鲜族自治州人民检察院检察官，吉林省检察业务尖子。

孙排军：四平市人民检察院检察官，吉林省检察业务尖子。

候立群：长春市朝阳区人民检察院检察官，检察委员会专职委员。

刘　洋：吉林省人民检察院检察官，吉林省检察业务尖子。

黄国华：吉林省人民检察院检察官，吉林省检察理论研究人才，吉林省检察业务尖子。

高　明：吉林省人民检察院检察官。

张　笑：吉林省人民检察院检察官，吉林省检察业务尖子。

刘　勇：吉林省人民检察院检察官。

苏丽娜：吉林省人民检察院检察官。

序

公诉制度是国家追诉犯罪的法律制度，是检察制度的有机组成部分。代表国家进行公诉是法律监督的重要内容，也是检察机关始终着力加强和提升的重点工作。近年来，吉林省检察机关为了提高案件诉讼质量、提升法律监督水平，不断深化公诉改革，创新公诉方式，探究公诉方略，全面开展了执法规范化、队伍专业化、保障现代化和管理科学化"四个体系"建设，认真总结公诉工作的经验和教训，探索提升公诉水平的路径和方法，形成了一套公诉工作规范化体系，锻炼培养了一批优秀公诉人队伍，成功公诉了一大批在省内外有影响的案件，实现了执法办案法律效果和社会效果、政治效果的有机统一。

与公诉原理、公诉制度相比，有关公诉实务的系统研究和总结提炼更为现实所需，更为具体鲜活。《公诉方略》一书是我省多位优秀公诉人在历经多年实践的基础上总结、归纳、提升的多篇文稿的集成。本书由公诉管理、公诉实体和公诉程序三篇组成，从不同角度展现了吉林检察机关公诉工作水平和实况。看后有这样几点感受，一是选题新颖，所涉及的内容均是我省近年来公诉改革、办理大要案件及公诉业务规范化建设中取得的最新理论成果；二是针对性强，收录的文章均由我省检察业务专家、骨干和尖子结合办案实践撰写，重点阐述了公诉原理、规则和技巧，将办理"类案"经验提升为办案技能，以公诉人写公诉事，以检察官教检察官，大部分文稿已在全国、全省进行交流巡讲，反响良好；三是公诉技巧与公诉宏观管理相结合，书中除收录了公诉业务技能篇章外，还专设公诉管理篇，从管理角度阐述了新形势下公诉能力、形象、思维、心理等方面的建构问题，这是管理科学在公诉工作中的具体应用，也是本书的亮点；四是体裁创新，本书采用教学讲义形式，布局合理，虽然分篇陈述，但形散神不散，公诉方略之核心思想十分集中。思想站位的高度在某种意义上折射出工作成熟的程度。从这些文章中，我们欣喜地看到吉林检察公诉队伍已渐入成熟，为担当国家公诉职责、守护司法公正、捍卫法律权威提供了人才保障。

应全国检察同行和全省检察干警的要求，结集出版了《公诉方略》一书，这也将成为我省检察教育培训的重点教材。由于受时间和水平所限，书中难免有不妥之处，有些观点还需进一步商榷，理论深度还有待进一步挖掘。希望更多的检察官从本书中受益，携手推动公诉工作科学健康发展，也不枉著者出版之初衷。

二○○九年十二月於北国春城

吉林省人民检察院检察长　张金锁

目录

三、程序篇

一、管理篇

第一讲
吉林省公诉机制改革的回顾和展望

陈凤超

公诉改革这个话题比较宏大，我简要讲三个方面：一是回顾一下近年来司法改革的概况；二是分析一下我省公诉改革的基本情况；三是谈一下今后一个时期我省公诉改革的方向。

一、近年来司法改革的概况

在回顾近年来司法改革之前，让我们首先简要回顾一下中国司法制度和检察制度一百多年来的发展历程。

（一）我国检察制度的发展历程

我国现代意义上的检察制度诞生于1906年（光绪三十二年九月二十日），清末修法时清政府颁布的《大理院审判编制法》确定的。实际上，由于清末内忧外患，仅有京师和少数地方建立了检察机构。清末的检察制度带有明显模仿日本、德国等大陆法系的痕迹。所以，我国现代检察制度已有百年的历史。辛亥革命后，北洋政府统治时期基本沿用清末司法体制。1927年以后至1949年，国民政府大体上沿用清末司法体制，实行审检合署，检察官的权力和独立性都比较大。这种检察制度几经修改，至今仍在我国台湾地区适用。

在国民政府统治期间，中共在根据地、解放区也相继探索建立"红色"检察制度。1932年，《中华苏维埃共和国裁判部暂行组织及裁判条例》第一次规定了检察制度；1939年，颁布了《陕甘宁边区高等法院组织条例》；1947年，陕甘宁边区召开了首届检察业务研究会。新民主主义革命时期根据地的检察制度在一定程度上受国民政府检察制度影响（如审检合署），同时也有自己的特点（如检察委员会制度）。

1949年2月28日，中共中央颁布了《关于废除国民党的六法全书与确定解放区的司法原则的指示》，新中国的检察制度与国民政府的旧法统决裂，转向以苏联为首的社会主义法系。1949年9月，《共同纲领》规定了检察制度；同年10月，最高人民检察署成立。1954年，第一届全国人大第一次会议通过的《宪法》和《检察院组织法》，确立了检察机关的一般监督权和垂直领导体制（54宪法第八十一条）。1957年至1966年，随着政治生活中"左"的思潮的兴起，检察制度的发展受到严重挫折。1967年至1977年是我国检察制度发展的中断时期，1975年《宪法》第二十五条规定"检察机关的职权由公安机关行使"。1978年十一届三中全会以来，我国检察制度步入重建和发展时期。1979年新中国第三部《宪法》重新规定了检察制度；1979年通过的新中国第二部《检察院组织法》，对检察机关的职权作了重大调整，取消了一般监督职能，也没有保留1954年《检察院组织法》中关于检察职权第（六）项的规定，即没有规定检察机关对民事、行政案件提起诉讼或参加诉讼的权力；1982年《宪法》规定的检察制度至今保持基本稳定。新中国检察制度大体上经历了创建、波折、中断、恢复重建和繁荣发展等历史时期。同时也说明，"检察制度是我国政治制度中不可缺少的重要组成部分。没有完备有效的法律监督制度，就不可能有完善的社会主义民主和法制；没有检察机关这一专门法律监督机关，就不可能维护法律的正确、统一实施"。

1978年至今，我国的法制与司法得到了全面恢复重建和创新发展。以1997年十五大提出"依法治国"方略为界的话，可分为两个大阶段。前一阶段，70年代末到80年代中期主要是恢复法制、建立基本的诉讼制度，从80年代中期到90年代中期大约10年左右的时间，是以审判方式改革为主导的司法改革。其中，比较明显的标志就是从举证责任开始的，1991年民诉法修改后就出台了"谁主张谁举证"，由此开始，从诉讼角色、机制上、体制上开始了变革。

（二）1997年至2006年十年司法改革的概况与评价

1997年十五大提出"依法治国"至今十多年的司法改革又可以按照党的十五大、十六大、十七大对司法改革的不同提法，分为三个阶段：即西化模仿阶段、碰撞磨合阶段、中国特色阶段。

1. 西化模仿阶段（1997年—2001年）

1997年，党的十五大报告首次明确将"依法治国"作为国家的基本方略，而法治国家一个必不可少的条件就是发挥司法的作用。十五大报告提出："推进司法改革，从制度上保证司法机关依法独立公正行使审判权和检察权，建立冤案、错案责任追究制度，加强执法和司法队伍建设"的政治目标。从某种意义上，这一阶段所谓的"司法改革"，主要是加强司法在社会调整中的功能和作用，改革措施更多是技术性的，甚至只是对已有法律规定加以落实。比如，1999年最高法出台的《人民法院五年改革纲要》，主要是针对"司法权力地方化、审判活动行政化、法官职业大众化"等问题提出了有针对性的改革措施，从审判方式、审判组织制度、审判管理机制等问题着手，而对"法院的组织体系、法院干部管理体制、法院经费管理体制"等涉及体制性的深层次改革则明确为："积极探索，为实现法院改革总体目标奠定基础"。高检院2000年出台的《检察改革三年实施意见》也是大同小异，提出的改革项目主要也集中在内部机制的理顺上，如检察机关机构改革、主诉主办检察官办案制等。

同时，许多学者研究司法改革的基本思路：首先考察外国（一般是西方国家特别是英美法系）的法律规定、制度构造，然后指出中国制度中与此不符之处，最后指出中国的法律应当如何规定、制度如何构建等，也就是典型的"拿来主义"。而对于这些规定、制度在外国存在的背景及相应的政治、文化、历史、人文等环境却极少提及，对于中国移植这些规定、制度可能会在实践中引发什么样的症状也很少进行论证，所以许多研究常常是书斋成果、闭门造车。但是，一些司法机关在"西化"学者的鼓动下，盲目"与国际接轨"，一些司法制度和司法实践脱离了基本国情。比如在基本理论方面，一些学者乃至最高法院都试图以"三权分立"理论为基础，将司法曲解为审判，将司法机关等同于法院，将检察机关视为行政机关，这种论调在2000年前后可谓甚嚣尘上；在诉讼制度层面，极力推动"当事人主义"和"对抗制"，试图矮化检察机关的诉讼地位。最高法院尝试宪法司法化（为山东齐玉苓案所作的《关于以侵犯姓名权的手段侵犯宪法保护的公民受教育的基本权利是否应承担民事责任的批复》法释〔2001〕25号，2008年被废止）。最高法2001年出台的《民事诉讼证据的若干规定》（法释〔2001〕33号）没有考虑社会可承受的程度，不切实际地规定当事人承担全部举证责任以及苛刻的举证时限（最高法《关于适用<民事诉讼证据规定>中有关举证时限规定的通知》（法发[2008]42号）变相地承认了这个问题），导致普通民众的怨声载道和一些学者的口诛笔伐；在司法实践层面，随意探索辩诉交易（2002年牡丹江铁路运输法院诉辩交易"第一案"），沉默权、零口供（抚顺市顺城区检察院2000年出台零口供规则）等等。

总的来看，1997年至2001年这五年的司法改革，一定程度上改变了司法机关办案的具体方式、组织结构、管理模式等内部工作机制，推动了司法现代化的历史进程。但是，遇到一些困难和问题：改革理念西化、美国化色彩浓厚，改革的进展还不够平衡，改革的统一性和规范性还不够，司法改革与相对不完善的现行法律制度的冲突日趋明显。

2. 碰撞磨合阶段（2002年—2006年）

到了2002年，中共十六大提出："积极、稳妥地推进司法体制改革，按照公正司法和严格执法的要求，完善司法机关的机构设置、职权划分和管理制度。从制度上保证审判机关和检察机关依法独立公正地行使审判权和检察权"，将"司法改革"推进到更深层次，即"司法体制改革"，增加了"体制"二字。但是，对于政治权力的配置，尤其是司法权在政治体制中的地位如何，并未明确。故此，此后的改革步骤更多停留在论证研讨，具体实践则由司法机关自我探索。这种由司法机关自我主导的改革，一旦遇到体制上的障碍便无法深入。如2004年底最高法院出台的《人民法院第二个五年改革纲要》就体现了这一特点，强调"司法公正"，却不说"司法独立"；强调"司法效率"，却鲜提"司法监督"；提出改革任务是：改革和完善诉讼程序制度、执行体制和工作机制、审判组织和审判机构、审判管理和司法政务管理制度等。2005年9月高检院发布的《关于进一步深化检察改革的三年实施意见》主要还是局限于司法机关内部以及司法机关之间、司法机关与当事人之间。

同时，法学界和实务界对第一阶段的司法改革理念进行了反思，主要是"国标论"与"国情论"之间的碰撞，大部分学者（如陈卫东教授）主张研究国际通行的司法准则，不能凡事都拿"国情"作为拒绝改革的理由以及动辄以"国情不同"为借口保护部门利益，同时也强调司法制度是经验性很强的知识，是在社会实践中形成并在社会实践中发展、变化的。如果盲目地照抄照搬，必然导致"橘生淮南为橘，生淮北则为枳"。司法实务界（如朱孝清副检察长）也认识到，司法体制改革要正确处理好从中国实际出发和面向世界的关系，既要借鉴各国文明成果，包括司法制度的文明成果，更要立足中国国情。

这一阶段，限于当时的条件，以及涉及政治体制和执政党的领导体制等复杂因素，中共十六大提出的司法改革任务，虽然在实践中有所体现，局部有些收获，比如2002年的统一司法考试；2002年法官和检察官们卸下有着专政色彩的肩章、大盖帽，法官们换上法袍用上法槌；2006年死刑核准统一收归最高法院等。

这一阶段司法改革有一个重大变化，就是2003年司法改革的推动主体提升到中央，成立了中央司法体制改革领导小组，2004年年底中央转发的《中央司法体制改革领导小组关于司法体制和工作机制改革的初步意见》（10个方面共35项内容，下称《初步意见》），对中国司法体制作了一个整体上的判断，认为现行司法体制是符合中国社会发展要求的，其确实存在问题，但不是体制上的，而是工作机制的问题。《初步意见》反复强调中国的司法改革要针对群众反映的突出问题，其针对性很强，某种程度上不是从司改本身来考虑的，而是从对象、从政治大局或者稳定大局来考虑的。老百姓需要解决什么问题我们就专门解决什么问题，而且解决限度也是以老百姓满意为准。可以说，以中央成立司法体制改革领导小组为标志，司法改革在推动机制上作出调整，开始弱化各个部门主导司法改革的发展模式，推动司法改革的主导者由司法机关本身转为中央决策层，强化了在党的领导下推进中国法制的整体改革的特征，统筹协调中央和地方、司法机关和其他部门、当前和长远的关系，统筹协调司法机关上下级之间、政法部门之间的关系。

3. 对1997年至2006年十年改革的评析

总体上看，1997年至2006年十年间司法改革的轨迹是：从最初的、外围的、学者的学术呼吁，到各个部门零零散散的改革，到中央自上而下的大规模的推动。

这十年我国司法改革有三大基本特征：一是学界的话语鼓动对改革有着一种牵动作用，奠定了司法改革的理论基础。司法改革的很多举措都与学术界的话语鼓动有关（如1996年刑诉法修改引入的"对抗制"），学界对域外司法理念与制度的引介与研究，对新型司法观念的塑造、理想司法模式的型构以及司法改革方向的导引，都为司法改革注入了崭新的理论资源。二是实务部门的现实需要与改革热情，推动了改革的实际展开。实务界的现实需求在很大程度上就是司法改革得以展开的直接动力，这种动力将很多学界的理论建言付诸了实践。如实务部门对普通程序简化审理和主诉检察官的改革热情即来自于案件压力陡增的窘境。三是官方权威部门确定的改革指导思想，决定了改革的基本目标、路径和效果。官方权威的指导思想，为改革提供了政治上的正当性与合法性；中央权威部门的关注点决定着司法改革的目标与走向，如2004年的《初步意见》。总之，中国司法改革乃是各方合力的结果。学者为改革的启动提供了思想资源，也为后期的改革评估提供了可资借鉴的反思性资源；司法部门的实际需要与自身利益，才是现实的改革驱动力；中央的宏观决策决定了改革的方向与可能的效果。但必须指出，三者之间的关系并非完全融洽，努力目标也绝非完全一致，才使得中国的司法改革呈现出复杂乃至一定程度抵牾的面相。

这十年间，我国司法改革取得了三个方面的主要成绩：一是司法理念有了创新与发展。如社会主义法治理念的确立与发展，公开与民主、公正与效率、程序正义等普适性的司法理念得到了确立，形成了比较系统的司法价值观；二是司法工作机制有了创新与发展。如保障人民群众对司法工作的知情权、参与权、表达权和监督权的机制不断建立，以及审判方式、死刑核准、人民陪审员与人民监督员等制度的建立和完善等；三是司法职业化建设有了创新与发展。如合议庭职权、审判长选任，主审法官与主诉主办检察官，分类管理等。

同时，这一阶段的司法改革也存在三个方面的突出问题：一是在司法改革的指导思想上，片面强调"只要不合理的司法制度就应当改革"，而对司法改革的整体理论与设计缺乏研究。已有改革措施，多不同程度地带有功利性、片面性甚至盲目性等局限（如民事诉讼举证制度），忽视了制度之间的相互衔接，零敲碎打，头痛医头脚痛医脚，造成新的不协调。二是在司法改革的内容上，视野局限于已有司法制度、程序、职能等的改变或调整，对司法体制的改革研究不够，更没有从政治改革的高度设计司法改革的框架。还存在借口"改革要大刀阔斧，破旧立新"，而置现行法律于不顾，致使改革的正当性、合法性也将因此受到质疑（如零口供、暂缓起诉）。三是司法改革的推进主体上，高层、实务界和学界都将司法机关作为或默认为司法改革的主体，司法改革方案首先是由最高法、高检院、公安部及司法部这些本应是被改革对象各自提出的，导致各自为政，排斥监督和制约；意图扩权或"夺权"，权力勾兑（如最高法与高检院之间关于自侦权与执行权的协调）；政治炒作（如最高法借助学界的"西化思维"对检察机关法律监督权的大肆攻击）。

（三）司法改革的中国特色阶段（2007年至今）

2007年党的十七大报告指出："深化司法体制改革，优化司法职权配置，规范司法行为，建设公正高效权威的社会主义司法制度，保证审判机关、检察机关依法独立公正地行使审判权、检察权"。对照十五大、十六大报告中关于司法改革的内容，结合我国的司法改革实践，这一提法的意蕴深刻而厚重。

首先，这一提法反映了党在司法改革问题上不断深化的认识过程。十五大报告对司法改革的提法过于原则，缺乏可操作性，且没有涉及司法体制；十六大报告将司法改革的目标直指"体制"这一深层要害，指出要"推进司法体制改革"，但对如何配置司法权、司法权在政治体制中的地位界定未予明确。十七大报告提出的"深化司法体制改革"标志着我国司法改革已由浅入深，也意味着未来司法体制改革将向纵深发展。这一提法也反映了党对司法体制改革的坚定决心。

其次，深化司法体制改革的核心是对司法体制予以改革。现今我国司法中存在的问题与司法体制的问题分不开。从党对司法机关的领导与司法独立的关系和方式，到司法、立法、行政间的关系以及司法自身的结构和权限划分，再到司法程序、制度、机制的结构与运作，均不同程度存在体制方面的问题，必须认真反思研究。本应作为社会矛盾解压阀的司法，一定意义上却成了社会矛盾的激发器。追根溯源，司法不公的根本原因在于司法体制。如果司法改革不突破体制上的障碍，结果只能是治标不治本。

第三，深化司法体制改革的着力点是"优化司法职权配置，规范司法行为，建设公正高效权威的社会主义司法制度"。"优化职权配置"是司法体制改革的最大难点，涉及打破既有司法权力配置的格局、合理调整和配置司法权这一重大问题，可谓"伤筋动骨"。"规范司法行为"的重点是加强司法队伍建设，努力解决"为谁司法、靠谁司法、怎样司法"的政治立场、法治意识、群众观念问题。"建设公正高效权威的社会主义司法制度"是在既有司法要实现"公正与效率"的基础上形成的，增加并强调司法"权威"是对司法规律和实践不断总结和摸索的结果，是确保司法机关能够更好地担当起维护社会公平正义及维护社会主义法制的统一、尊严、权威的历史重任的需要。

为了落实十七大报告中关于司法体制改革的要求，2008年12月5日，中央政法委牵头研究起草的《关于深化司法体制和工作机制改革若干问题的意见》，中共中央予以批准转发（中发[2008]19号，下称《改革意见》），《改革意见》比较充分地体现了中国司法的规律。

中央政法委的《改革意见》提出这次司法体制改革的指导思想是：以加强权力监督制约为重点，紧紧抓住影响司法公正、制约司法能力的关键环节，进一步解决体制性、机制性、保障性障碍，优化司法职权配置，规范司法行为，建设公正高效权威的社会主义司法制度。

中央政法委的《改革意见》共有四大方面60项主要内容：一是优化司法职权配置方面（27项，占全部改革项目的45%，也体现了这次改革的重点是"体制"）。在这里，我首先对检察机关自侦权的各种传言进行一下澄清，就是检察机关的自侦权没有被取消。主要是完善侦查手段和措施、职务犯罪侦查监督、诉讼法律制度、民事执行体制、人民参与监督司法的法律制度，健全维护司法权威的相关制度等。二是落实宽严相济刑事政策方面（13项）。把刑事政策上升为法律制度，转化为司法体制和工作机制，落实到执法实践中。一方面，适应新时期犯罪行为发生的变化，对严重犯罪从严打击。另一方面，对轻微犯罪、未成年人犯罪，按照教育为主、惩罚为辅的原则，实行宽缓处理，尽量教育挽救，增加社会和谐。三是加强政法队伍建设方面（14项）。本着"从严治警"与"从优待警"相结合的原则，提出完善政法干警招录和培训机制，完善政法干警行为规范和职业保障制度，加强政法机关党风廉政建设，严肃查处政法干警违法违纪行为，改革完善司法考试制度和律师制度等。四是加强政法经费保障方面（6项）。主要是将现行政法经费保障体制改革为明确责任、分类负担、收支脱钩、全额保障的体制。

（四）司法改革与政治改革的关系

中央政法委的《改革意见》实际上是执政党推进型、渐进式的司法改革路径。在这种路径中，对司法改革与政治改革的关系有两种相左的观点。一种认为应司改先行，继而推进政改；另一种认为政改不推进的话，司改将无所作为。

司改先行观点的依据主要在于，与其他改革（如党内民主、完善人大制度、选举制度等）相比，司改作为政改的突破口的不同点在于：政改具有试验性、风险性、改革成果的不确定性。而司改具有规律性、平稳性和结果的必然性。其收益最大，风险最小。因为司法的独特价值是人类文明的结晶，是被无数国家实践所证明了的，是我国市场经济建设和政治体制改革的必由之路。

政改先行观点的理由主要在于，在与司法制度嵌入的权力组织结构未发生相应的变革的情境下，司法只是高度集权的国家机器中的一个组成部分，法律运作的逻辑所服膺的是党政权力运作的逻辑，在政治体制未有重大的改革之前，司法领域所进行的任何改革无法从现有政治体制中获得支持其有效运作的资源。

我认为，司法改革的深层次推进必须从政治体制改革入手，才能真正解决问题，但是，中国的政治体制和司法体制改革只能稳步推进，操之过急也是不现实的。司法改革取决于若干基本的社会条件，需要社会内在机制的支撑与认可，如民主宪政的成熟、法治教育的配合、政治权力对司法的尊重、最高决策机构推进司法改革的坚定决心和强力，那么我们得出的结论就会是：司法改革的蓝图不可能"一挥而就"。

二、检察机关公诉改革的历程与现状

检察机关公诉工作机制改革主要是1997年"两法"实施以来的10多年间，大体上分为两个阶段，主要有6项公诉改革：1997年至今有3项——主诉检察官办案制，简易审与普通程序简化审，公诉引导侦查取证。这三项改革主要为适应诉讼模式变革特别是庭审方式改革而开展起来的；2008年开始的有3项——刑事和解不起诉，量刑建议，未成年人刑事案件集中办理，这三项改革则主要是为了落实宽严相济刑事政策。

　　总体上看，省院认为1997年至今全省公诉改革的成效很大。通过前十年的公诉改革，我们突破了旧框框，创新了工作机制，完善了工作规范，提高了工作效率，形成了新的业务运行与管理模式，增强了公诉部门的工作活力和创新动力，促进了全省公诉工作的创新发展。但是，前一阶段我省的公诉改革中也存在一些不容忽视的问题。一是偏重公诉权的有效行使，忽视了当事人权利的保障。上述工作机制改革主要是政法体制内的自我完善，加强衔接配合（如引导侦查取证），或者是检察机关内部办案运行机制的改革（如主诉检察官制），基本未涉及对当事人诉讼权利保障的加强。二是在处理诉讼效率与司法公正的关系上存在偏差。比如在"两简"程序的适用中，一些院放松了对适用"两简"程序案件的审判监督等。三是缺乏科学规划和必要保障。比如主诉检察官办案制就是公诉部门单兵突破。另外，部分院推行公诉改革中的功利色彩明显。比如一些院将刑事和解不起诉改革简单地理解为"扩大不起诉权"；有的院为了实现所谓的"突破"，搞随意甚至违法的"改革"，如暂缓起诉。

　　当然，出现上述问题的原因是多方面的，既有外部体制制约的问题，也有我们内部操作不当的因素；既有上级院谋划不全、指导不力的因素，也有部分基层院随意"开口子"的现象；既有执法理念落后的问题，也有工作作风不实的问题。

　　下面，我们简要梳理一下这6项公诉改革的发展历程，改革初衷，主要内容，运行效果，以及下一步深化的方向。

（一）主诉检察官办案制

　　我认为，主诉检察官办案制触及到检察工作最基本的办案方式的问题，是对检察机关基层办案模式的巨大变革，牵一发而动全身。甚至可以说，是近十多年公诉改革乃至检察改革中影响最大、涉及面最广的改革。

1. 基本概念

　　主诉检察官办案制是指在检察长领导下，由主诉检察官独立承办案件，对事实、证据的认定和所作决定负责的办案工作新机制。

2. 改革初衷

　　主诉检察官制度的诞生与1997年刑事诉讼法的修订密切相关。修改后的刑诉法增加了有关庭审对抗的规则，在新的法律框架下，被告人的辩护权利得到了加强。原有以集体决策、多级审核为基本模式的办案机制，充分体现了谨慎、严格的工作态度，但带有相对强烈的行政色彩，随着时代的发展，它的弱点日益显现出来，如效率低下、责任分散、不利于发挥检察官能动性等。为强化检察机关的公诉职能，培养专家型人才，改变长期以来办案工作环节多、任务量大的现状，高检院2000年下发的《检察改革三年实施意见》，规定在全国各级检察机关审查起诉部门全面推行主诉检察官办案制。

　　主诉检察官改革的实质是检察权配置方式的变化：即将过去属于检察长和科处长的一部分对案件的决定权划归检察官，办案检察官既有办案职责，又有相对独立的办案决定权，是一种责、权、利的统一。用时任高检院检察长韩杼滨的话来说，实行主诉检察官制度，"就是要打破过去用行政办法管理司法工作的旧模式，冲破集体讨论、集体负责的旧框框，形成主诉检察官为主要责任人，责权统一的新的办案工作机制"。

　　这些都是高检院公开阐明的推行主诉检察官办案制的动因。我认为，在这些所谓的初衷背后还隐藏着一些没有明示的深层次理念，那就是高检院试图通过推行主诉检察官办案制来推进检察官的司法官化，推进检察办案活动的司法化，使检察机关的办案体制符合通行观点中对"司法"所要求的"判断性、独立性、亲历性、目的性"等基本特征。甚至，与其说主诉检察官是一种"改革"，不如说是一种"回归"或"还权"，使检察官恢复司法官应有的面貌。这种隐含的深层动因与2000年前后学界普遍质疑检察权的司法权属性有着直接的关系。

3. 改革历程

1998年，北京市海淀区检察院在全国率先试点主诉检察官制度。

1999年，高检院将主诉检察官办案制定为检察改革任务之一，在一些地方进行试点。2000年，高检院下发《关于在审查起诉部门全面推行主诉检察官办案制的工作方案》，全面推行主诉检察官办案制。2003年，全国共有2897个检察机关实行了主诉检察官办案制，任命了8633名主诉检察官。

我省也是主诉检察官办案制改革的先期试点之一。省院于1999年制定了《吉林省检察机关公诉部门实行主诉检察官办案制办法》（2003年修订）。截至2007年底，全省98个检察院全部实行了主诉检察官办案制，共有主诉检察官383人，占公诉人员的近一半（49.04%），主诉检察官办理的案件占全部案件的76.25%。

4. 主要内容

（1）主诉检察官的选任。实行资格考试与考评相结合，资格考试分为书面考试和能力测试。通过主诉检察官上岗资格考试的人员，经本院检察官考评委员会考评合格的，由本院检察长确定为主诉检察官。

（2）主诉检察官的职责。主诉检察官承办案件时，对于法律明确规定应当由检察长、检委会行使的职权，以及检察长、检委会认为应由其行使的职权，应当提出意见，报请检察长决定。具体包括下列事项：①需要采取、变更、撤销逮捕措施的；②需要改变管辖的；③拟作不起诉决定的；④变更起诉的；⑤决定抗诉、撤回抗诉的；⑥需要提出书面纠正违法意见或者检察建议的；⑦下级检察院书面请示和公安机关提请复议、复核的案件中需要检察长决定的事项；⑧上级交办的案件以及本地区有重大影响的案件中需要检察长决定的事项。由主诉检察官决定的案件或者诉讼中的事项，主诉检察官对案件事实、证据的认定和所作的决定负责。

（3）主诉检察官的考核与监督。按照高检院关于检察官考核与奖惩规定执行，各级院可以自行制定细则；检察长要加强对主诉检察官的领导；公诉部门负责人根据检察长的授权，监督、检查、协调主诉检察官的办案工作等。

5. 成效与问题

实践是检验真理的标准。近10年的主诉检察官办案制的实践证明，这项由实践中应运而生的制度产生了较好的制度效益：首先，这种制度的推行，压缩了指令层级，办案检察官的职务行为直接产生确定的效力，减少了办案环节，能够节约司法资源，提高办案效率。其次，它明确了检察官的办案责任，一般案件当案件出错时首先挨板子的是主诉检察官，那种责任模糊分散难以追究，办案责任制难以贯彻的问题在一定程度上得到克服。再次，它增强了检察官的办案质量意识和负责精神，同时促使他们注重提高自身素质，实现公诉活动的专业化甚至专家化，从而提高了公诉质量，适应了刑事诉讼制度改革强化公诉职能的司法需求；通过改善检察官的法庭形象，有利于检察机关公信力的提高；激发了其他检察干警的进取精神。第四，实行主诉检察官办案制，符合现代刑事诉讼运行规律，有效推动了检察制度改革的总体进程，将检察机关传统的行政管理模式转化为司法业务运作模式，使检察机关的司法属性更加彰显。

同时，我们也应看到，目前主诉检察官办案制除北京、上海、广东等案件量大、经济发达的部分地区能继续坚持外，其他地方都遇到一些阻力，陷入了困境。去年年底，省院公诉一处就公诉改革问题，对9个市州院和11个联系点院进行了问卷调查，并通过省院内网论坛进行了网络问卷调查（下称"2008年公诉改革专项调查"），大部分都认为目前主诉检察官办案制的运行状况一般或者较差。我分析，主诉检察官办案制遇到的问题主要有四个方面：

一是主诉检察官办案制与现行检察业务体制冲突。《检察院组织法》和《刑事诉讼法》规定行使检察权的主体是检察院而非检察官，《刑事诉讼规则》更是确定了"承办人审查、处（科）长审核、检察长（检委会）决定"的办案模式，而处（科）长是行政职务而非法律职务，这与法院的庭长是不一样的。可见，无论是法律关于"检察权行使主体"的规定，还是"审查—审核—决定"的办案模式，都是着重强调检察机关的整体对外、上命下从，具有浓厚甚至典型的行政色彩，这与强调检察官个人相对独立、发挥个体积极性的主诉检察官办案制是相悖的。

二是检察机关内部攀比。主诉检察官可以享受津贴或提高职级，因此就造成了不平等，挫伤了其他部门同志特别是业务骨干的工作积极性。为了"弥补"这种差距，又产生了主办检察官、主侦检察官，并发给相应的津贴。或者是检察长从财政申领回主诉官专项津贴后，搞平均主义、"大锅饭"，全院干警"利益均沾"。

三是主诉检察官权责利不统一。由于部门攀比、搞"大锅饭"，甚至这两年我省绝大部分院都取消了主诉检察官津贴；主诉检察官办案制也导致公诉人员之间不平衡，助手和书记员以及综合指导人员的工作量也非常大却没有津贴，于是大部分公诉处（科）长也不得不在部门内部搞平衡，这样主诉检察官办案制的利益激励机制就失灵了。同时，限于体制等因素，主诉检察官的职级待遇（如检察员、副科级）不能得到全面落实。在这种情形下，虽然大部分院都赋予了主诉检察官一定的办案自主权，但部分主诉检察官在没有了激励机制的情况下，还要独自承担可能出现的无罪判决、"错案"、申诉上访等不能承受的责任，只有义务责任没有利益，也就不敢、不想、不愿依法用权了。甚至可以说，最初在设计主诉检察官办案制时存在偏差，将权力和利益而不是能力作为主导因素。

四是部分检察长和处（科）长不敢、不愿放权。主要是不放心主诉检察官独立行使权力，一是怕因缺乏必要的监督制约而犯错误、"出事"；二是大批选任主诉检察官后，主诉检察官之间的能力有一定差异，部分主诉检察官不具备处理复杂案件的能力；三是主诉检察官偏重法律效果，往往忽略社会效果。另外，也有极个别分管检察长、公诉部门负责人感觉自己不审核审批，不过问案件就"没权"了，因此产生了抵制情绪，不愿放权。

6. 深化方向

虽然，主诉检察官办案制遇到重重的阻力，但高检院多次明确要继续坚持和不断深化。在"2008年公诉改革专项调查"中大部分都认为主诉检察官办案制应继续坚持。我们也要坚定信念，通过专项调研、分析问题、深化措施、推广经验，积极稳妥推进。

我初步设想通过以下几个途径实现主诉检察官办案制的重点突破。

一是确立以能力为主导的选任方式。公诉工作需要的能力是多层次、高起点、全方位的，公诉人应当是检察官中能力最全面、综合素质最高的，既要具备公诉思维，更要兼具侦查思维和审判思维。我理解，主诉检察官应当具备六项基本能力：引导侦查取证的能力，补查取证、固定证据的能力，法律论证能力，出庭公诉能力，法律监督能力，贯彻政策的能力。

二是对于主诉检察官遇到的"瓶颈"特别是权责利不统一的问题，我们要转变思维，由原来的权益主导型转变为能力主导型。只要我们主诉检察官的能力提高了，省市院再多给搭建一些展示的平台（比如十佳公诉人评选、公诉人才库业务专家评选等），优秀的主诉检察官是会得到上级院和本院党组认可的，这样职级等相关问题也就解决了。用人是最大最好的工作导向。我省的前三届国家优秀公诉人，全省前两届十佳公诉人和大部分优秀公诉人都已得到提拔重用了，如省院公诉三处的曾天处长，乾安县院的丛向东检察长，省院2006年还遴选了4名"省十佳"到省院工作，在座的也有一部分是省十佳或省优，这都是很好的例证。以后，省市两级院公诉部门再进人原则上要从下级院的优秀主诉检察官中遴选。

所以，有为才能有位。我们不能只盯着职级和津贴，不思进取，不与时俱进地提高自己的能力，否则领导和其他部门的同事都不会认可的。当然，有条件的单位，还要尽力优先解决主诉检察官的职级和津贴。

三是转变思路后要重点突破。我们不可能一下子都解决全省近400名主诉检察官的待遇问题，我们要重点突破、率先提高优秀主诉检察官的待遇。具体设想就是，按照张金锁检察长去年提出的公诉队伍建设"211"目标，即用3年时间重点培养20名公诉专家，100名公诉骨干，100名优秀公诉人后备人才。通过省市两级公诉人才库来重点解决。省市两级公诉人才库要将各级院特别是基层院优秀的主诉检察官选进来，给他们一定的锻炼机会（如办理大要案）、适当的待遇（如出省学习、补助报刊费），并在提职晋级上予以适当倾斜，这样既能锻炼提高主诉检察官的能力，又能保证一定的稳定性。对省市两级公诉人才库的人选，我提一个可能不太恰当的想法，那就是在座的各位处长、科长要发扬点风格，适当让让贤，多推推其他有潜力的年轻同志，多给他们一些机会——你们也不太缺这个吧！另外，我们要探索轻微刑事案件快速办理机制，对一些轻微刑事案件要充分发挥主诉检察官的办案自主权和能动性，这个问题下面我还要具体讲。

四是充分发挥主诉检察官的作用。主诉检察官不仅要办理本院的复杂疑难案件，今后省市院将直接指定业务专家、岗位能手和公诉人才库的人员办理在全国、全省有重大影响的案件；主诉检察官还要"传帮带"身边的年轻同志，促进大家共同提高；一个优秀的主诉检察官不仅能办好案件，还要能搞好调查研究特别是司法实务研究，成为一专多能的复合型人才。

还有一个问题，那就是如何看待主诉检察官的流失问题。如果没有足够的人才储备，客观上确实会造成主诉检察官制度难以为继的局面。但是，我们对这个问题要有全局意识，要辩证地看。在现行完全套用行政职级的检察官管理模式下，行政职务的晋升对包括主诉检察官的检察官都有很大的吸引力，有的优秀主诉检察官为了提职晋级，宁肯去综合部门任负责人，这对个人而言无可厚非。再说，检察工作是一盘棋，优秀的主诉检察官通过提拔交流到检察院的其他部门，也是"肥水不流外人田"。从长远看，公诉人交流到其他部门，这是公诉部门培养人才、输出公诉理念的好事，也能间接推进公诉工作啊。比如一名优秀的主诉检察官提拔成为自侦部门的侦查科长，那他的侦查思维和对证据规格的要求与其他侦查人员相比，必然更接近公诉思维和起诉标准，这就为我们审查自侦案件减少一些不同认识，审查的难度会有所降低。

我认为，在主诉检察官道德培养和统筹使用上要形成一种机制，确保优秀公诉人岗位变动而不影响其作用的发挥，如优秀公诉人才参与重大疑难案件的把关、论证与指导等。

（二）公诉引导侦查取证

1. 基本概念

公诉介入侦查引导取证是指检察机关的公诉部门为指控、证实犯罪、保证侦查活动的合法进行，对公安机关侦查的重特大、疑难案件，通过适时介入、诉前协商等形式，引导、协助公安侦查部门及时、客观、全面地调查取证，完善证据体系，以提高案件侦查质量和效率的一种新型工作机制。这一制度有三个特征：一是引导侦查取证是依法进行的，具有司法性和诉讼性。这是区别于指挥侦查、指导侦查的重要特征；二是引导侦查取证的重点在于"取证"，而不是所有侦查活动；三是引导侦查取证强调检察机关实施监督的主动性和配合侦查的积极参与性。

2. 改革初衷

公诉引导侦查取证是适应修改后刑事诉讼法的现实需求。首先，是适应刑侦体制改革的需要。1997年6月全国公安机关开始刑侦改革，把侦查办案任务和目标明确落实到每个侦查员身上，公安机关提请检察机关批捕案件数量大幅度上升；侦审部门合并（现在全国大部分公安机关又将侦审分离），缺少预审把关，一些地方提请批捕的案件质量下降，导致不捕、不诉比例增大，影响了对犯罪的打击力度。其次，它是适应庭审体制改革的需要而提出的。修改后的刑事诉讼法改革了我国的庭审方式，确立了职权主义和当事人主义兼具、类似抗辩制的模式，进一步强调了检察官的法庭举证责任。这对案件侦查质量提出了更高的要求。第三，是适应改善和加强侦查监督工作的需要而提出来的。

当然，这些都是高检院公开阐明的观点。同样，我认为在这些所谓的初衷背后也隐藏着一个没有明示的深层次的动因，那就是理顺我国的检警关系，朝着"检察指导警察"的检警关系模式发展，试图增强检察机关对侦查活动的控制力，乃至探索中国特色的审前程序司法审查构造。这个问题比较复杂，我去年写了一篇论文，在《检察之声》上，大家有兴趣的可以看一看，今天我就不展开。

3. 改革历程

1999年，周口市检察院提出办理自侦案件实行"三三制"，即"实行三个延伸，坚持三项跟踪，明确三段责任"。取得明显成效后，周口市检察院将之运用到公安机关侦查的案件上，由此产生了检察引导侦查的机制。

2000年9月，全国检察机关第一次侦查监督工作会议上，高检院提出了"依法引导侦查取证"的工作思路。2000年年底高检院、公安部联合下发了《关于公安机关刑侦部门、检察机关批捕部门、起诉部门加强工作联系的通知》。2002年5月，在全国刑事检察工作会议上，高检院和公安部起草的《人民检察院引导侦查取证试行办法》提交与会代表进行讨论和修改。

2003年，省院下发了《吉林省检察机关公诉引导侦查取证工作规范（试行）》，在全省推开。截至2007年底，全省有59个院坚持这项制度，共介入重大疑难案件565件，召开联席会议69次，提出取证意见八百四十二条。

4. 主要内容

（1）适用的案件范围一般包括：严重暴力犯罪（如杀人、强奸）、涉黑涉恶犯罪、集团犯罪、有重大影响的破坏市场秩序犯罪、职务犯罪大案要案、上级机关督办或领导交办，以及侦查机关（部门）要求引导侦查取证或检察机关认为需要派员引导侦查取证的其他案件。

（2）引导侦查取证的方式一般包括：①要求侦查机关（部门）进行鉴定或者补充鉴定；②要求侦查机关（部门）提供物证、书证、视听资料、搜查、勘验、检查笔录等证据获取、制作的有关情况；③参加侦查机关（部门）的勘验、检查或者复验、复查等；④参加侦查机关（部门）对犯罪嫌疑人的讯问，参加对被害人、证人的询问；⑤参加侦查机关（部门）对案件的讨论；⑥参加案件联席会议；⑦发出《补充侦查决定书》或《提供法庭审判所需证据材料意见书》等。在具体工作中，要兼顾协作与监督，坚持"三要三不要"：要引导不要指挥，要帮办不要代办，要参与不要干预。

（3）引导侦查取证的效力：①对侦查机关（部门）的违法取证行为依法予以纠正；②遗漏犯罪嫌疑人的，建议侦查机关（部门）提请批准逮捕或者移送审查起诉；③符合逮捕、起诉条件的，依法决定逮捕、起诉；④对于犯罪事实并非犯罪嫌疑人所为的，建议侦查机关（部门）重新侦查；⑤发现侦查人员具有《刑事诉讼规则》第三百八十一条规定的违法情形之一，情节较轻的，口头提出纠正意见，必要时，报告部门负责人，由部门负责人提出口头纠正意见。情节较重的，报请检察长批准后，向侦查机关（部门）发出《纠正违法通知书》。情节严重，构成犯罪的，移送有关部门依法追究刑事责任；⑥及时把所提出的侦查取证意见、建议和采纳情况等形成工作记录，并向公诉部门负责人报告；⑦对于需由公诉部门负责人协调的事项，及时提出工作建议。

5. 成效与问题

公诉引导侦查取证取得的成效主要有四个方面：一是强化个案证据，提高案件整体质量。呈现"两降两升"：退查率和撤诉率明显降低，审结率和当庭判决率明显升高。我省近几年自侦案件有罪判决率不断攀升就是很好的例证。二是减少文来文往，提高办案效率。公诉提前介入后，用审查起诉的标准引导侦查取证，促成尽早结案，杜绝在退查问题上互相推诿、相不理解等现象。三是公诉部门与刑侦部门加强协作，及早统一定罪标准，避免因认识错误而导致冤、假、错案，把保障案件当事人合法权益落到了实处。四是寓监督于合作，探索配合与制约新机制。实现了"三变"：变"点"的监督为"面"的监督，变静态的监督为动态的监督，变被动监督为主动监督。

同时，公诉引导侦查取证也存在一些不容忽视的问题，主要也有四个方面：一是自身定位不明确，处理不好配合与制约的关系。有的公诉人将引导取证理解为"领导"侦查取证；或者认为与侦查机关联合办案，代办一切或部分侦查活动；没有切实履行法律监督的职能。二是介入侦查不规范。主要表现为：介入的案件范围不规范，存在随意性；介入的启动程序不规范，有的公诉人将引导取证嬗变为个人行为；具体引导行为不规范，对所参加的讨论、勘验、讯问等没有相应记录；文书的制作和运用不规范。三是各地公安机关引导取证的认识不一致。公安机关对公诉引导取证最容易产生误解的是，认为既然按照批捕部门引导取证的标准都批准逮捕了，到公诉部门却不符合起诉条件，同一个检察机关咋有两个标准？或者按照公诉部门引导取证的标准进行了取证，到起诉环节却不符合起诉标准，同是一个公诉部门咋也有两个标准？公安机关还存在比较随意、临时抱佛脚的现象，实在查不下去但已错过最佳取证时机了才来请教公诉部门；有的地方搞"派驻式"介入，致使公安机关的依赖性比较强，公诉部门疲于应付；也有个别地方的公安机关认为公诉部门是越俎代庖、想扩权，不愿接受。四是公诉部门自身存在的问题。主要是缺乏介入监督的主动性，更多的是出于被动状态，公安机关主动邀请时才参加；公诉的介入人员不了解犯罪特点，不掌握侦查工作规律，提出的引导取证意见缺乏权威性和可行性。

6. 深化方向

我们省下一步巩固和深化公诉引导侦查改革要从以下四个方面着手：首先，在自身角色定位上公诉部门要"四忌"：一忌角色不清，指挥侦查；二忌喧宾夺主，代替侦查；三忌分工混乱，权责不清；四忌主观臆断，擅自决定。其次，公诉部门要增强主动介入的意识。一些敏感的、有影响、重大的案件一旦错过时机就成了"夹生饭"，诉也诉不了，补查也没可能，退案也退不了，党委和社会各界的压力还很大，成了我们手中的"烫手山芋"，憋屈难受的还是我们。很多时候，我们帮别人就是在帮自己，这一点大家一定要有清醒的认识。第三，要提高公诉人员引导取证的能力。刚才讲主诉检察官的基本能力时已经讲了，后面省院刘艳华处长还要详细讲，我就不展开了。另外，我们在注重引导侦查取证的微观途径的同时，还要强化引导侦查取证的宏观途径，即适用于整个刑事案件或者多数刑事案件的途径，如召开联席会议，研究解决办理案件中遇到的问题；共同制定追诉犯罪的标准和公诉证据参考标准等。

（三）简易审与简化审

1. 基本概念

简易程序（简称"简易审"），是依据1996年修改刑诉法时增设的，依据刑诉法第一百七十四条至一百七十七条的规定，简易审是基层法院对于部分简单轻微的刑事案件适用简易化的庭审方式，由审判员独任审判，检察院可以不派员出庭。

对被告人认罪案件进行简化审理，实践中也称为"普通程序简化审理"或"简化审"，是指对部分被告人认罪的案件，简化部分庭审程序，予以快速审结的一种审判方式。

2. 改革初衷

"两简"改革的直接动因是2001年"严打"斗争带来的刑事案件激增（2002年全国检察机关批捕人数同比上升19.2%，2003年同比上升30.6%），审判机关和检察机关为提高诉讼效率，合理配置司法资源，集中力量办理重大案件。同时，尊重被告人的程序选择权，增强诉讼民主。

同样，"两简"也隐含着一些深层的倾向。那就是探索中国特色的"辩诉交易"：即对自愿认罪的被告人"酌情予以从轻处罚"（其实，这也是"坦白从宽"刑事政策的法制化）。只不过限于我国国情，不能使用"辩诉交易"这一典型的美国式实用主义法律用语，因为民众一听"交易"二字就下意识地将其与徇私、钱权交易、暗箱操作等联系起来。所以，最高司法机关只能隐而不宣。

3. 改革历程

简易审是1996年修改刑诉法时增设的。2003年3月，最高法、高检院、司法部联合发布了《关于适用简易程序审理公诉案件的若干意见》，增加了"被告人及辩护人对所指控的基本犯罪事实没有异议"这一关键条件，进一步规范了庭审简化的内容。

2002年5月，全国刑事检察工作会议指出下一步公诉改革的重点之一是推行简化审。2003年3月，最高法、高检院、司法部联合发布了《关于适用普通程序审理"被告人认罪案件"的若干意见（试行）》。

2003年，由省检察院牵头起草了吉林省《关于适用简易程序审理公诉案件的具体规定》和《关于公诉案件普通程序简化审理的具体规定》，与省法院、司法厅达成一致后下发全省执行。2007年，全省适用简化审程序5084件、简易审程序4685件，共计占起诉案件的60%，其中简化审占出庭案件的54.43%。如2008年我省受案最多的长春市朝阳区院公诉科共受理665件案件，其中适用简易审30%、简化审50%。

4. 主要内容

适用简易审的案件条件：①事实清楚、证据充分；②被告人及辩护人对所指控的基本犯罪事实没有异议，被告人对作有罪供述的法律后果有明确的认识且同意适用简易审；③依法可能判处三年以下有期徒刑、拘役、管制或者单处罚金。其他问题只是对刑诉法第一百七十四条至一百七十七条规定的细化，同时明确：对自愿认罪的被告人，酌情予以从轻处罚。

简化审的适用条件：①②与简易审一样；③必须是依法可能判处三年以上有期徒刑的案件，但可能判处死刑的案件以及其他不宜进行简化审理的案件除外，如被告人系盲、聋、哑人的，外国人犯罪的，有重大社会影响的，共同犯罪案件中有的被告人不认罪或者不同意简化审理的等。

简化审的主要内容：①被告人可以不再就起诉书指控的犯罪事实进行供述。②公诉人、辩护人、审判人员对被告人的讯问、发问可以简化或者省略。③控辩双方对无异议的证据，可以仅就证据的名称及所证明的事项作出说明。④控辩双方主要围绕确定罪名、量刑及其他有争议的问题进行辩论。⑤对被告人认罪案件进行简化审理的，人民法院一般应当当庭宣判，并对自愿认罪的被告人，酌情予以从轻处罚。

5. 成效与问题

从目前省院调研的情况看，"两简"在很多方面起着积极作用：一是缓解了基层刑事案件多、轻微案件比例大、办案人员少的矛盾，提高了办案效率。如2008年公主岭市院公诉科共受理659件，其中交通肇事、轻伤害、小额盗窃占65%，该科检察官人均办案超过120件，通过适用"两简"减少了重复劳动，能够集中时间和精力办理一些疑难复杂案件。二是两简一般要求当庭认证质证和宣判，这就要求突出庭审重点，提高庭审质量和效率，要求控辩双方在较短时间内向法庭充分阐述自己观点和展开有针对性的论辩，这有利于促进公诉人提高素质，有利于深化庭审方式改革，促进刑事诉讼制度进一步完善。三是法院、检察院只有在征得被告人和辩护人同意，并告知"两简"可能带来的不利法律后果后，才由法院决定是否适用"两简"，这样做充分尊重被告人的程序选择权，减少了一些不必要的诉讼环节，体现了诉讼民主。四是适用"两简"的被告人一般都认罪服判，上诉率比较低（2003年我省"两简"被告人上诉率分别为2.14%、

0.92%，）；由于被告人一般都愿意积极赔偿被害人的经济损失以减轻处罚，对被害人的经济赔偿大多能及时足额到位，被害人比较满意，上访申诉现象比较少，法律效果和社会效果良好。

"两简"虽然发挥了积极作用，但也存在一些必须正视的问题，主要由四个方面：一是被告人权利保障存在隐患。我省的被告人的文化水平总体上比较低，即使经过检察官、法官详细解释，也对认罪的后果和"两简"程序似懂非懂；大部分被告人受经济条件限制和错误观念影响（认为请律师就是不认罪、对着干），没有委托辩护律师，又不是现行法律援助制度的适用对象，2003年全省简化审案件被告人委托律师的仅为16.17%。在这种情况下，加上庭审过于"简易"或"简化"，极易出现违心"认罪"甚至可能出现"顶包认罪"的问题。二是庭前证据开示作为简化审的前置程序，两高一部的文件中没有规定，各地的实际操作比较混乱，随意性大；简化审案件被告人委托律师比例较低，没有辩护律师，庭前证据开示基本无法开展。（好在绝大部分辩护律师出于职业利益，愿意在庭前主动向检察官交换证据特别是有利于被告人的证据，将问题解决在庭前。）三是"两简"侧重庭审的简化，审前程序没有相应简化，而我国羁押比例较高，极易造成审前羁押期限超过实际判刑期限，罪刑不相适应现象比较突出。四是部分公诉部门不主动建议适用简易审。2006—2008年的三年间，全省公诉部门提出适用建议审的建议占同期法院决定适用简易审的60%。此外，还存在部分基层检察院、法院操作程序不规范，庭审过于"简易"或"简化"，旁听人员听不明白，影响司法的威严和公信力。

6. 深化方向

我国80%的刑事案件被告人都是认罪的，我省基层院特别是核心城区和县级市案多人少矛盾突出、轻微案件比例大（2008年有7个基层院受案超过500件：朝阳（665）、公主岭（659）、德惠、昌邑、延吉、敦化、宁江），我们有必要继续坚持和完善"两简"。一是由"职权推进式"转向"权利选择式"，充分保障被告人的权利。必须履行严格而又浅显直白的权利告知方式，保障被告人选择的自愿性和明智性；逐步探索扩大法律援助的范围，保障被告人获得必要的辩护帮助；切实落实认罪后从轻处罚的利益激励规定，促使更多的被告人自愿选择"两简"。二是由"审理阶段的简化"转向"审查起诉阶段的简化"，建立快速办理机制。省院正在进行调查论证，下半年开展试点工作。三是严格执行"两简"的启动、决定和庭审程序。公正是司法工作的生命线，要在保证司法的威严和公信力的前提下适用"两简"。公诉人出庭时要控制好庭审节奏，庭审的基本程序不能省略，基本的标准就是让旁听人员听得懂。四是有条件的基层院要开展适用简易程序案件集中开庭专人监督试点工作。

（四）刑事和解不起诉

1. 基本概念

刑事和解不起诉，是指检察机关在审查起诉阶段，对符合一定条件的轻微普通刑事案件，经有关部门、组织主持调解或者自行和解，犯罪嫌疑人以认罪、赔偿、道歉等形式与被害人达成谅解，解决附带的民事赔偿后，由检察机关作相对不起诉等处理的制度。刑事和解不起诉是在不违反我国刑事诉讼法、刑法的前提下，适用相对不起诉的一种具体方式。

2. 改革初衷

省院认为，在公诉环节贯彻宽严相济刑事司法政策，对轻微犯罪实行宽缓政策的基本方式就是正确适用相对不起诉。在相对不起诉中引入刑事和解机制，有利于尊重被害人的当事人地位、切实保障被害人的诉求，有利于实现法律效果与社会效果的有机统一，保护犯罪嫌疑人权利与保护被害人权益的有机统一，执法办案与化解矛盾的有机统一，最大限度地增加和谐因素，减少不和谐因素，促进社会和谐。更深一点说，省院当时的用意是：以当事人特别是被害人同意适用的权利来制约检察机关相对不起诉的决定权力，即以权利制约权力，防止不起诉权的滥用。

3. 改革历程

2002年，北京市朝阳区检察院制定了《轻伤害案件处理程序实施规则（试行）》，在我国率先开展了刑事和解的实践。2003年，北京市政法委在此基础上出台了《关于北京市政法机关办理轻伤害案件工作研讨会纪要》，把刑事和解机制扩大适用到北京市各区县的公、检、法机关。

随着各地检察机关的不断探索，高检院也开始认可这项改革，2008年提出一个征求意见稿征求意见。

2008年4月，省院制定了《关于开展刑事和解不起诉改革试点工作的指导意见（试行）》，在长春市绿园区院、吉林市龙潭区院、松原市宁江区院和敦化市院开展试点。

4. 主要内容

检察机关的作用。具体要把握好"四不"：一是不能主持和解，不在和解协议上签字；二是不能包办替代，不能直接干预双方商定的赔偿数额；三是不得将和解协议及其内容作为不利于当事人的刑事证据使用；四是和解不影响当事人申诉、自诉等法定诉讼权利的行使。

适用刑事和解不起诉的实体条件：依法可能判处3年有期徒刑以下刑罚，同时具有法定或酌定的从轻、减轻或免除处罚情节的轻微普通刑事案件。具体案件应当同时具备下列4项条件：①案件事实清楚、证据确实充分，适用法律无争议；②犯罪情节轻微（主要包括：过失犯罪、"可自诉可公诉的"轻微犯罪、未成年人刑事案件以及初犯、偶犯、从犯等。实践中轻伤害、交通肇事、小额盗窃适用较多）；③犯罪嫌疑人自愿认罪、真诚悔罪，具有从轻、减轻或免除处罚情节；④被害方谅解且双方达成和解协议且已履行完毕。

刑事和解不起诉的操作程序。①告知双方当事人就民事部分有权和解，并向当事人及其代理人阐明有关法律规定和认罪的法律后果，以及和解对案件处理的影响等。②除案件基本事实外，重点审查四个方面：犯罪嫌疑人认罪的真实性，双方和解的自愿性，和解协议的合法性，和解协议的履行情况。③检察机关通过认真审查案情、和解情况，并充分听取各方意见后，对符合相对不起诉适用条件的，依照法定程序作出相对不起诉决定。④公开审查。检察机关对在当地有较大社会影响或具有代表性的案件，经审查后拟作不起诉处理的，进行公开审查，增强不起诉决定的社会公信度。

当事人的权利保障。在案件审结前，当事人达成和解且已履行完毕但又反悔的，原则上检察机关应一律提起公诉。其中，对因被害方因素反悔的，检察机关应向法庭说明被告人的悔罪态度、和解情况，可建议法院对被告人酌情予以从轻处罚。刑事和解不影响当事人申诉、自诉等法定诉讼权利的行使。当事人在案件作刑事和解不起诉处理后又反悔的，有权按照法定程序行使相关权利。

5. 成效与问题

陈瑞华教授认为刑事和解不起诉是一种"本土的带有一定自生自发性的、自下而上的一个改革试验，具有强大的生命力"。通过全国近几年和我省一年多的实践探索，刑事和解不起诉取得了很大成效。一是有效化解矛盾，促进社会关系恢复。高检院一项长达两年的调研课题（2364份有效问卷）表明，和解双方满意度和社会关系恢复率均在90%以上，且申诉、上访等"后遗症"较少，社会效果比较好。二是有利于保障被害人的利益。增强了被害人在解决刑事纠纷中的主动权和决定权；被害人通过刑事和解能够获得较为充分的赔偿；被害人获得精神上的宽慰。刑事和解不起诉实现了对被害人权益"从被害人报应情感到实质利益的保护"。三是有利于轻微犯罪人重返社会。减少审前羁押和短期自由刑对轻微犯罪人造成的"交叉感染"；避免了定罪量刑对轻微犯罪人造成的"标签效应"，从而使加害人可以更加自然地实现再社会化过程。四是有利于检察机关依法、全面、充分运用公诉裁量权。在一定程度上弥补和克服法律规则自身的局限性和僵硬性，实现个别公正具有积极价值和重要意义。五是有利于遏制潜在的司法腐败。以往的不起诉运作是一种检察机关与犯罪嫌疑人之间的、行政化而非诉讼化的处理方式，检察机关自己"说了算"，极易导致司法致腐败，并损害被害人的权益。刑事和解不起诉中被害人起着决定性的作用，其诉讼权利全面回归。这在一定程度上能遏制潜在的司法腐败，也有利于化解检察机关不起诉的决策风险。

虽然，我们开展刑事和解不起诉试点工作取得了一些效果，但实践中也遇到了一些不容忽视的观念性、机制性、制度性的难题，亟待解决。

（1）刑事司法理念滞后。一是宽严相济与我国法律文化传统中的国家本位价值观存在冲突；二是立法和司法依然在推进对抗型诉讼模式，忽视合作型诉讼模式；三是检察人员担心承担打击不力以及放纵犯罪的责任，"严"一些不受批评，而"宽"得不好则受指责；四是报复主义等传统法律观念根深蒂固，社会民众对和解赔偿后不起诉不理解、不认同，认为就是"花钱买刑"。

（2）公检法机关在贯彻刑事政策上不协调。总的看是：公安严，法院宽，检察夹中间。具体表现：一是考评指标不科学，如公安机关考评立案数、破案数、打处率。二是公检法机关之间存在利益冲突。公安机关往往认为不起诉是对其侦查工作的否定，并且作相对不起诉处理的案件不计入民警的主要考核依据——打处数；法院认为检察机关的相对不起诉权"膨胀"侵犯了审判机关定罪的专属权。三是不起诉后的矫正机制不健全。检察机关不具备对被不起诉人进行长期帮教矫正的人力、物力和精力，而目前的社会矫正机制存在法律依据位阶太低，机构设置临时性、人员配置随意性等问题。

（3）刑事和解不起诉内部工作程序过于繁琐。目前，按照刑事诉讼规则等的规定，刑事和解不起诉需要经历的检察机关内部审批层次有：承办人审查→处（科）讨论意见→处（科）长审核→主管检察长审批→本院检委会讨论→作出决定。甚至有的市级院要求基层院拟作和解不起诉案件报批。这样就导致成本过高，诉讼周期过长，增加了当事人的诉累。以致检察机关的办案人避繁就简，不愿适用不起诉，一诉了事，直接建议法院适用简易程序审理。

另外，还存在着五个方面的不统一：适用范围不统一；启动模式不统一（检察机关或积极或消极）；适用条件不统一（如矫正条件是否必须）；处理方式不统一（撤案、不诉、起诉）；调解人不统一（人民调解委员会、司法助理、社区等）。

6. 深化方向

下一步，我们要在全省大力推广刑事和解不起诉制度。一是更新刑事司法理念。公诉人要树立新的刑事诉讼理念，如权利本位，诉讼的非对抗性等；有效开展法律宣传，逐步缩小社会民众与检察机关对和解不起诉的认识差距。二是加强调研，适时在全省推广。我们去年在四个基层院进行了一年试点，省院4月份将对试点情况进行实地调研，以进一步摸清情况，在全省推开。第三，各级院要加强与公安和法院在贯彻刑事政策上的协调，联合制定贯彻宽严相济刑事政策的指导意见。另外，建议高检院修改《刑事诉讼规则》等的相关规定，简化检察机关内部的审批层次。

（五）量刑建议

1. 基本概念

量刑建议，是指检察机关对提起公诉的刑事案件，在综合考虑被告人的犯罪事实、性质、情节和刑事政策的基础上，依法就适用刑罚包括刑种、刑期等向法院提出的建议。

2. 改革初衷

量刑建议权是检察机关公诉权的必要组成部分。检察机关行使量刑建议权是充分行使公诉权的必然要求，是将对刑事裁判的监督前移、强化审判监督的必然要求，有利于纠正目前公诉部门存在的"重审查轻出庭"、"重定罪轻量刑"以及审判监督中"重事后监督轻事前监督"等倾向。

3. 改革历程

1999年，北京市东城区检察院率先试行"公诉人当庭发表量刑意见"。

2003年，上海市各级检察机关全面实行量刑建议制度。

2005年7月，高检院正式下发《人民检察院量刑建议试点工作实施意见》，正式在全国各地试行。

2008年6月，省院决定在伊通县院和白城市洮北区院开展试点。

4. 主要内容

适用的案件包括：一审、二审和再审案件，以及适用简易审、简化审和普通程序的公诉案件；适用的刑种包括主刑、附加刑，以及适用缓刑等。

量刑建议的种类和适用对象。①确定性量刑建议。适用于案件简单、事实清楚、证据充分、刑罚种类较为单一，犯罪危害程度与相应刑罚对应关系较为明确的案件。主要是适用简易程序的案件。②相对确定量刑建议。对于适用普通程序（包括简化审理）的一般公诉案件，量刑建议幅度以3年内为宜。③弹性量刑建议。主要针对案情重大、情节较复杂、刑种较多、量刑幅度较大的案件，如涉黑涉恶犯罪、多人数罪案件、死刑案件等。

发表量刑建议的时间和方式。①适用简易程序且公诉人不出庭的案件。可在起诉书中提出量刑建议，或者制作单独的《量刑建议书》与卷宗一并移送法院。②适用普通程序（包括简化审）的案件。应在法庭调查完毕，被告人的认罪态度或自首的认定比较明确后，公诉人发表公诉意见时提出量刑建议。③列席人民法院审判委员会发表具体量刑建议。

检验和总结量刑建议。检察机关对提出量刑建议的刑事案件，应认真审查法院判决的刑罚与量刑建议的异同及其理由，并将审查意见在《刑事判决、裁定审查表》中写明。认为法院判决刑罚不当的，通过依法提出抗诉等方式予以纠正。

5. 成效与问题

司法实践中，检察机关的量刑建议发挥了以下四个方面的积极作用：一是有利于强化审判公开，保持法官在量刑上的中立的立场。检察机关提出量刑建议及理由，可以促使法院判决在量刑方面加强分析论证，防止暗箱操作，增强判决的透明度。二是有利于减少诉讼纠纷（上诉和抗诉），实现效率目标。实践中，大部分被告人都上诉的主要原因是对量刑的一知半解而判决书在量刑方面又缺乏分析论证。检察机关的量刑建议引发了庭审中对量刑展开辩论，再在判决书中对量刑进行论证分析，使被告人对量刑不仅知其然，而且知其所以然，可以有效地减少被告人盲目上诉的情形。三是有利于推进简化审改革。相对普通程序而言，适用简化审的被告人的诉讼权利是受到一定程序的限制，则其必然追求在最终处理也就是量刑上予以从轻。但从轻的幅度没有具体的规定，使被告人作出程序选择的实体法利益过于模糊，而检察机关的量刑建议则可以弥补这一点。四是有利于提高公诉人的素质。明确公诉人提出量刑建议，将对公诉人的案情分析能力、证据判断能力和准确理解法律条文规定的水平提出了更高要求。

在试点工作中，我们也遇到一些问题：一是理论上有争议，检法两院认识不一致。有的认为量刑建议于法无据，是检察机关自己给自己争权。甚至认为，公诉人的量刑建议越合理，辩护人的辩护空间就越小。二是量刑建议操作不够规范、标准不统一，影响了量刑建议的严肃性和有效性。三是量刑建议的效果不够理想。由于存在上述认识分歧和操作不统一，法官普遍对量刑建议不重视，采纳的比例不高。检察机关也未将法院严重偏离量刑建议的情形作为启动抗诉程序的重要因素予以重视。

6. 深化方向

首先，我们要明确量刑建议改革势在必行。这是中央司法体制改革的一项重要内容，最高法也主张开展试点以增强对法官量刑的监督，更是检察机关加强审判监督的必要措施。其次，要明确下一步深化改革的方向。有两个方面：一是从实体上。逐步统一我国的量刑规则，可能先从职务犯罪案件开始，使控辩审对量刑有一个基本相近的认识；另一方面从程序上。就是将量刑作为认罪案件庭审的一个独立程序。第三，省院4月份将对试点情况进行实地调研，以进一步摸清情况，在全省推开。可以逐步探索对几类常见犯罪或在一个地区内确定相对统一的量刑标准。

（六）未成年人刑事案件集中办理

1. 基本概念

未成年人刑事案件集中办理是指在某一地区（直辖市或地级市）范围内，确定一个基层法院和检察院设立未成年人刑事案件的审判庭和检察科，集中办理本市城区所有的未成年人刑事案件，促进未成年人刑事司法的统一化、规范化、专业化。

2. 改革初衷

首先，建立专门机构和配置专门人员办理涉及未成年人的刑事案件，不仅是司法改革的需要，更是构建和谐社会的需要，是国家强盛和民族复兴的需要。其次，试点设立办理未成年人刑事案件专门机构是履行国际义务的需要。我国已加入《儿童权利公约》和《公民权利和政治权利公约》，有责任履行公约所规定的保护未成人合法权益的义务。再次，试点设立办理未成年人刑事案件专门机构是贯彻宽严相济刑事政策的需要。

3. 改革历程

1991年，两高两部联合其他部门下发了《关于办理少年刑事案件建立相互配套工作体系的通知》，提出公检法机关应建立专门机构办理少年刑事案件。

1992年5月，上海市长宁区检察院成立了少年起诉科，是全国检察机关第一个办理未成年人刑事案件的专门机构；1994年4月，该院又成立了集批捕、起诉、监所业务为一体的"未检科"。

2006年修订的《未成年人保护法》第五十五条明确规定：公检法机关办理未成年人犯罪案件应设立专门机构或者指定专人办理。

高检院2002年制定、2006年修订的《人民检察院办理未成年人刑事案件的规定》要求：检察院一般应当设立专门工作机构或者专门工作小组办理未成年人刑事案件。

2006年，省法院、省检察院联合下发了《关于加强未成年人刑事案件检察、审判工作的通知》。2008年初，省法院、省检察院联合向省委政法委提交了《关于试点设立办理未成年人刑事案件专门机构的报告》，提出在长春市朝阳区、吉林市船营区、辽源市龙山区进行联合试点，集中办理城区的未成年人刑事案件。其中，辽源市龙山区院早于2005年5月就成立了未检科；2007年3月，长春市朝阳区院组建了公诉二科，专门办理未成年人刑事案件；2008年6月，吉林市船营区院成立了捕、诉、防一体化办案模式的"未检科"。

4. 主要做法和取得的成效

我省三个试点院的具体做法和取得的成效，下午吉林市船营区院还要介绍经验，我就不细讲了。

5. 遇到的问题和解决措施

我省这项改革目前遇到的主要问题：一是省检察院与省法院推进未成年人刑事案件集中管辖试点工作的步伐较慢，这个省院有责任；二是办理未成年人刑事案件需要投入较大的人力、精力、物力，这在集中管辖的试点单位更为突出；三是缺乏对未检工作的专项考评机制，大部分基层院的未检工作与公诉、侦查监督工作混在一起。

对于这些问题，省院下一步要做到三点：一是省检察院与省法院协调省委政法委牵头，力争在今年上半年解决案件管辖、人员编制、办案经费等问题；二是没有开展集中办理试点的院，也要坚持专人办理，统一辖区内未成年人刑事案件的执法标准；三是今年省院将未成年人刑事案件检察工作纳入公诉部门的考评中。

三、今后一个时期全省公诉改革的基本方向

今后一个时期，全省的公诉改革，要在高检院检察改革的总体框架内，结合我省公诉工作实际，全局谋划，通盘考虑。下面，我先简单介绍一下高检院的改革方案。

（一）高检院2009至2012年改革方案

高检院依据中发[2008]19号文件，于今年2月研究制定了《关于贯彻落实<中央政法委关于深化司法体制和工作机制改革若干问题的意见>的实施意见》（也称《关于深化

检察改革2009—2012年工作规划》，下称《实施意见》），报中央政法委批准后已经下发。下面，我简要介绍一下大家都比较关注的这次司法体制改革和检察改革的主要内容。

高检院的《实施意见》将中央政法委《改革意见》中与检察机关密切相关的内容细化为五个方面40项具体内容。我简要介绍一下与公诉工作直接相关的部分：

1. **优化检察职权配置方面（8项）相关的有3项**

（1）明确检察机关对侦查活动进行法律监督、纠正违法的程序；当事人对侦查机关采取搜查、查封、扣押、冻结等措施不服的，由检察机关进行监督复查（自侦案件由上一级院复查）。（2）完善刑事诉讼证据制度；建立审查逮捕、审查起诉中排除非法证据机制；建立对侦查违法行为进行调查、建议更换办案人和纠正违法的程序。（3）健全审判监督制度。完善检察机关调阅审判卷宗材料机制；规范检察机关对审判活动中的违法行为进行调查、纠正违法、建议更换办案人、提出再审检察建议等监督措施的范围和程序；落实和完善列席检委会制度、死刑复核制度，以及对简易程序监督。

2. **检察院接受监督制约方面（7项）相关的有4项**

（1）基层检察院和市州检察院办理职务犯罪案件需要逮捕犯罪嫌疑人的，由上一级检察院审查批准。（2）深化检务公开。健全办案公开机制和检察文书说理制度；进一步规范当事人权利告知制度。（3）人民监督员制度法制化（涉及自侦拟不起诉案件审批）。（4）完善办案流程管理和内部制约。

3. **落实宽严相济刑事政策方面（9项）相关的有5项**

（1）构建考评科学、统一实用的检察业务工作考评机制。（2）深化公诉机制改革。具体有4小项：①证人、鉴定人和侦查人员出庭作证；②推行量刑建议制度，将量刑纳入法庭审理程序；③依法建立附条件不起诉制度；④完善二审、再审程序，改革完善发回重审制度。（3）建立健全轻微刑事案件办理机制。包括4小项：①会同有关部门建立快速办理轻微案件机制；②规范当事人达成和解刑事案件办理方式；③健全办理未成年人刑事案件工作机制，设立专门工作机构；④探索建立对老年人犯罪适当从宽处理的法律机制。（4）健全检察环节保障律师依法执业的工作机制（会见、阅卷、取证），探索庭前交换证据信息制度。（5）建立健全刑事被害人国家救助制度。

4. **加强检察队伍建设方面（11项）相关的有6项**

（1）完善上下级检察机关的领导关系，强化上级检察院对下级院执法活动的监督措施。（2）深化检察官办案责任制改革，进一步发挥检察官执法主体的作用。（3）尽快落实林业检察院体制改革。（4）检察编制配备向基层和业务部门倾斜，明确各级院业务与综合部门人员编制比例。（5）（把住进人"入口"）建立政法院校为基层院定向招录培养学员制度；基层政法机关进人面向社会公开招录，市级以上补员原则上从下级遴选。（6）推进检察人员分类管理改革，制定以检察官为重点的特别是有利于稳定基层检察机关队伍的工资政策和津贴、补贴、抚恤、生活补助等保障制度。

5. **政法经费保障方面（5项），与中央政法委《改革意见》基本相同**

高检院的《实施意见》中与公诉有关的改革项目，其中的一部分我们省正在实施并将进一步深化，另一部分需要我们作好尝试的各种准备，还有一部分则要在相关法律修改后或高检院出台指导意见后再探索。

（二）开展公诉综合配套改革的思路和步骤

虽然，我上面对我省目前正在开展的6项主要公诉改革下一步努力的方向谈了一点个人看法，但是这些改革之间比较零散、相互分离、没有形成合力，需要我们用联系的观点、系统的思维、体系化的措施，进行梳理整合，打"组合拳"，也就是开展公诉综合配套改革。这很有现实必要性：第一，开展公诉综合配套改革是实践科学发展观的需要。科学发展观是在发展问题上的重大观念变革，只有建立相关的工作机制和制度才能保障其落实到实际工作中。第二，开展公诉综合配套改革试点工作是构建和谐社会的需要。检察机关服务构建和谐社会的主要方式和基本途径就是落实宽严相济刑事政策。政策和观念既要内化于心，更要外践于行。贯彻宽严相济刑事政策，必须用新的机制、制度作为司法理念转变成果的反映载体、巩固方法和保障措施。第三，开展公诉综合配套改革试点工作是提高改革综合效果的需要。针对目前公诉改革遇到的体制性、机制性和保障性的"瓶颈"，需要统筹兼顾、全局谋划、协调推进。此外，基层有需求、有条件、有热情开展公诉综合配套改革试点工作。

1. 公诉综合配套改革的整体思路

指导思想。简要说，就是"三个一"："一个指导思想"是科学发展观；"一条主线"是宽严相济刑事政策；"一个目标"是"四个体系"建设。具体讲就是：开展公诉综合配套改革要从我国国情出发，以科学发展观为统领，以人民满意为标准，以促进司法公正为目标，以强化诉讼监督为根本，从突破不符合诉讼规律的机制、制度着手，建立符合我省实际的公诉业务管理机制、业务运行机制和队伍管理机制，在公诉工作中率先实现"四个体系"建设的目标。

基本原则。一是坚持依法、积极、稳妥的改革基本原则，杜绝随意盲目，防止自行其是。二是坚持全面协调发展原则，"四个体系"应统筹兼顾、有机结合。三是坚持"三个结合"：把完善和落实现有改革措施与制度创新结合起来；把解决试点院实际问题与攻克共性难题有机结合起来，有效发挥示范作用；把改革实践与立法完善有机结合起来，准确把握改革的前瞻性。

主要任务。通过3年逐步推进，分步实施，以公诉办案流程管理为核心，健全公诉业务管理机制，促进公诉工作科学发展；以主诉检察官办案制为核心，健全公诉业务运行机制，促进司法公正；以落实省院《加强公诉能力建设的实施意见》为核心，健全公诉队伍管理机制，促进公诉能力提高。

2. 确定改革重点和推进路径

（1）公诉改革的不同类型和推进方式。我们根据上述公诉改革的实际运行状况，将其分为四类：基本成型、正在探索、深化完善和创新尝试。我们认为应以基本成型的改革为基点，以正在探索的改革为重点，以深化完善的改革为突破点，以创新尝试的改革为增长点，分别采用不同的推进方式。具体分述如下：一是全面总结、深化巩固已基本成型的改革：公诉引导侦查取证，"两简"，综合化工作考评机制等。二是逐步规范、阶段总结、适时推广正在探索的改革：繁简分流、快速办案机制，刑事和解不起诉，量刑建议，未成年人刑事案件方式改革等。三是继续坚持、寻求突破、深化完善的改革：主诉检察官办案制，网上办案机制，协调案件特别备案制度，人民监督员制度等。四是大胆尝试、摸索前进、创新体制机制的改革：案件受理中心，证据信息交换，非法证据预防排除机制，建议更换影响公正办案的侦查、审判人员制度，发现、初查、移交职务犯罪案件线索，以及高检院的《实施意见》中与公诉工作有关的项目等。

（2）公诉综合配套改革的主要内容。开展公诉综合配套改革试点工作，除执行《刑事诉讼法》、《刑事诉讼规则》和高检院、省院关于公诉办案、监督和管理的规定，以及坚持原来行之有效的公诉改革外，还应重点做好以下改革：

◆公诉业务管理机制改革

①设立案件受理中心，敦化市院2008年已开始尝试。案件受理中心（与法院立案庭职能相似）：负责移送审查起诉等案件的登记、受案审查、繁简分流，以及相关的告知和文书送达等事项。同时负责对所有案件实施程序性监控，必要时可以查询和督办相关事项。

②落实高检院即将下发的《公诉工作操作细则》，规范公诉人员的每一项执法活动。

③网上办案机制，运用网络平台对案件质量进行动态监控和业务指导。今年，全省公诉部门要全面实行网上办案。

④健全公诉业务监控体系。包括：案件质量预警机制，协调案件特别备案制度，执法责任制，业务指导规范，综合化工作考评机制等。

公诉业务管理机制改革的重点：网上办案机制，公诉流程管理，综合化工作考评机制。

◆公诉业务运行机制改革

①审查起诉。包括：繁简分流、快速办理轻微刑事案件机制，未成年人刑事案件分案起诉、集中管辖和出庭公诉方式改革，刑事和解不起诉制度，人民监督员制度等。

轻微刑事案件快速办理机制。设定科学合理的受案审查和分案机制；设立快速办理的主诉组（或公诉科），今年宁江区院已设立公诉二科，准备先行试点；落实主诉官的办案自主权，拟起诉的案件不需科长审核、分管检察长程序性审查；办理期限一般为15天，不得适用延期；简化审查报告，制成表格式报告；探索非羁押诉讼，防止羁押期限超过所判刑期；告知当事人对轻微刑事案件有自行和解的权利；充分适用简易程序，并在起诉书中提出具体量刑建议。另外，可能还需要调整完善网上办案软件。同时，快速办理不仅是审查起诉的问题，还涉及侦查阶段和审判阶段，需要省院与公安厅、省高法协调。

②出庭公诉。包括："两简"，量刑建议，证据信息交换等。

③诉讼监督。包括：公诉引导侦查取证，非法证据预防排除机制，抗诉案件向人大报告、备案制度，建议更换影响公正办案的侦查、审判人员制度，发现、初查、移交职务犯罪案件线索等。

公诉业务运行机制改革的重点：繁简分流办案机制，刑事和解不起诉，量刑建议。

◆公诉队伍管理机制改革

①深化主诉检察官办案制。我们要将主诉检察官办案制与其他公诉改革如快速办理、量刑建议、"两简"等结合起来，充分发挥主诉检察官的作用。

其他的我前面已经讲过了，不再赘述。

②增设公诉部门。部分基层院案多人少矛盾突出、2008年受案500件以上有7个。个别市州院本级办案量大、所辖基层院较多、指导任务较重。（如延边州院公诉处共有12人，2008年办理一审案件187件（其中48%为毒品案件）和二审、请示案件55件，人均办

案20件，且下辖8个基层院）

公诉队伍管理机制改革的重点：主诉检察官办案制。

（3）试点工作初步设想。2009年，合理规划，试点运行。制定科学方案，选好试点院，省院直接指导试运行；2010年，阶段总结，局部推广。总结阶段性经验，解决突出问题，在每个地区选择一个基层院推行试点工作；2011年，总结验收，全面推广。对试点工作进行总结验收，逐步在全省80%的基层院全面推广。

（三）公诉改革中应处理好的几个问题

第一，试点单位应向党委、人大汇报试点工作情况，争取领导和支持。

第二，试点单位应向同级公安机关和法院通报试点工作情况，争取理解和配合。

第三，试点单位要统筹兼顾，做好各项准备工作，特别是主诉检察官办案制，设立案件管理中心、增设公诉部门等要周密计划、稳步推行。

最后，省院要直接全程跟踪、动态指导的试点工作。

第二讲
新形势下的公诉工作

马建序

公诉是检察机关的基本职能。审查起诉、提起公诉，出席法庭支持公诉和刑事诉讼监督是检察机关的主体业务工作。在社会转型的历史变革时期，与检察机关其他工作一样，公诉工作面临着新的形势和任务，在司法体制不断改革完善的过程中，公诉职能不断被赋予新的内涵。公诉工作如何适应新形势，实现新转变，承担新任务，在科学发展观的指导下，遵循司法规律，实现创新发展是一个现实课题。

一、适应公诉工作新转变

在社会轻型期中影响公诉工作走向主要因素有四个方面：

一是社会矛盾的新特点。胡锦涛同志在概括社会转型期的基本特点时指出："当前我国社会正处于经济体制深刻变革、社会结构深刻变动，利益格局深刻调整，思想观念深刻变化的时期。"在这一时期，随着改革深化，成为各类社会矛盾的突显期。特别是人民内部矛盾日益复杂。新的社会矛盾将不断出现，原有的社会矛盾也可能突显激化。经济领域的新矛盾之间，经济领域的矛盾与其他领域的矛盾之间相互影响，相互作用。而矛盾的极端表现就会演变成冲突和刑事案件。

二是改革发展的新要求，我国的经济体制和政治体制改革已进入关键时期，特别是经济体制改革深化迫切需要政治体制改革的跟进。在改革中正确处理好改革、发展、稳定三者关系至关重要，要特别防止社会动荡，保证改革的顺利进行，为经济社会创造良好的发展环境，维护社会稳定的任务愈发严峻而现实。没有稳定的社会环境什么事也干不成。所以胡锦涛同志指出："发展是硬道理，是第一要务；稳定是硬任务，是第一责任。"检察机关必须坚定的做中国特色社会主义事业的建设者、捍卫者和公平正义的守护者。

三是司法改革的新目标，随着我国民主政治建设的发展，依法治国方略的实行，司法体制改革不断深化，以社会主义法治理念为指导，以推进社会公平正义为目标，司法体制正处于改革和完善期，检察工作必须坚持党的事业至上，人民利益至上，宪法法律至上。而检察机关在司法体制改革中的目标就是要强化宪法定位，把功夫下在监督上。

四是金融危机的新压力。由于美国次贷危机引发的全球性经济衰退，已对我国经济产生不良影响，在生产、经营、就业、社会保障等方面形成新的社会压力。必然会滋生新的矛盾和问题，保增长，保民生，保稳定的任务更加紧迫。这些因素的综合作用，使公诉工作面临着新的挑战。

（一）公诉工作在维护社会和谐稳定中任务更加繁重

1. 依法指控犯罪，维护治安稳定任务繁重

公诉权的专属性，决定了检察机关是代表国家指控犯罪的唯一机关。而在新形势下

依法发挥好指控犯罪这一基本职能，在维护党的执政地位，维护国家安全，维护社会安定方面具有更重要的政治意义。

当前我国正处于社会风险因素增多，矛盾碰头叠加，治安形势严峻，政情社情复杂的特殊时期。诱发群体性事件的因素增多，各种利益冲突极易形成社会热点问题，危及社会秩序稳定。随着利益主体日益多元，利益诉求日益多样，社会心态日益复杂，一些人心理失衡，对社会的不满情绪潜滋暗长；少数群众维权意识强烈而法制观念淡薄，动辄采取过激行为。去年以来，贵州瓮安、云南孟连、甘肃陇南等地发生大规模群体性事件，一些不法分子公然打砸抢烧党政机关，无论是冲突的激烈程度还是造成的损失和负面影响，都是相当严重的，这些都是各种社会矛盾长期积累、交织的结果。当前从总体上看，刑事犯罪总量仍在高位运行，新型犯罪不断增多，大案要案频发，犯罪的智能化、暴力化、组织化特征日益突出，特别是恐怖犯罪、跨国犯罪、黑恶势力犯罪、严重暴力犯罪、多发性侵财犯罪、涉众型经济犯罪等，严重危害公共安全，严重破坏经济社会秩序，严重影响人民群众生命财产安全。特别是受国际金融危机和全球经济衰退影响，由经济纠纷引发的暴力讨债、绑架、哄抢等"民转刑"案件会更加突出，流动人口犯罪、多发性侵财犯罪和非法集资等涉众型经济犯罪可能更加突出，个人极端事件有可能进一步增多，治安问题的敏感性会进一步增强，一些普通的刑事案件或治安案件都有可能转变为社会热点问题，甚至诱发其他矛盾和问题，最高人民检察院曹建明检察长在十一届全国人大二次会议上的工作报告中列举了数据。2008年全国检察机关批准逮捕952583人，提起公诉1143897人。分别比前一年增加了3.5%和5.7%。刑事犯罪案件居高不下，而且办案难度增大，办案的社会压力增大。公诉部门将长期处在超负荷运行的工作状态中。

在过去相当长的时间上，我们常常把法律问题政治化，把刑事犯罪上升到政治层面。随着我们党执政能力的成熟，坚持依法执政，运用法律手段对那些危害国家利益、公共利益、危及政权、稳定的犯罪行为予以打击，巩固社会主义制度，巩固党的执政地位，而在这方面做为履行指控犯罪职能的国家代表，公诉机关必须以高度的政治责任感，承担起维护稳定的使命和责任。

2. 坚持宽严相济，促进社会和谐责任重大

2004年底罗干同志在全国政治工作会议上代表党中央提出了要正确适用宽严相济的刑事司法政策。这一政策是我们党的刑事政策在新时期的新发展，在刑事司法中做到宽严相济，是构建社会主义和谐社会的有机组成部分。它对于有效的维护社会稳定，遏制、预防和减少犯罪，最大限度地增加和谐因素，最大限度地减少不和谐因素，加快小康社会建设步伐意义深远。宽严相济的刑事司法政策是检察机关在新时期正确行使公诉权、维护国家法律统一正确实施的重要指针。

公诉部门是检察机关对刑事案件做出处理决定的工作环节。特别是起诉裁量权的运用对案件具有实体意义。如何在办理案件中正确把握宽严相济的幅度，做到严到位，宽适度，重效果，运用公诉权依法从重从快打击严重刑事犯罪，最大限度地维护社会稳定，最大限度地化解社会矛盾，最大限度地减少社会对抗。需要我们在轻微刑事案件非犯罪化和非刑化、非监禁化等方面做出积极探索，迈出坚实脚步。

在办案工作中，要不断提高做好群众工作的能力，注意转变工作作风，改变机械刻板的执法方式，坚持在办案过程中对当事人的人文关怀，坚持公正、理性、平和司法。促进各种社会关系的协调、融洽、和谐。达到法律效果与社会效果的统一。

3. 顺应司法需求，推进依法治国责无旁贷

依法治国、建设社会主义法治国家已经成为我国的基本国策。在法治化的进程中，公诉工作必须把满足人民群众日益增长的司法需求，提上重要日程。这是赢得人民群众对公诉工作理解、支持的前提条件。首先，在办案中必须特别重视当事人的权利保障。要恪尽检察官的客观义务，保障犯罪嫌疑人、证人、特别是被害人的合法诉讼权利，严格监督纠正刑事诉讼中侵犯当事人权益的行为。其次，要依法遵守检务公开的各项要求，树立司法民主理念，接受人民群众对司法活动的监督，尊重人民群众的知情权、参与权。实行阳光司法，公诉公开。近年来，媒体和社会各界广泛关注的上海杨佳袭警案，广东许霆盗窃案，哈尔滨警察伤害致死学生案，云南晋宁"躲猫猫"事件等，使我们看到了人民群众对司法公正和个案正义的关注。反映了人民群众对公正司法的期盼。所以新形势下的公诉工作比任何时候都要注意倾听人民群众的反应和呼声，比任何时期都要注意把握人民群众的感受和意愿。再次，在公诉活动中要特别注意运用社会主义法治理念，对群众进行法律教育，用法律引导群众，促进全社会法律意识、法治氛围的形成，通过提升群众的法律水平，营造公正司法的良好环境，推进依法治国方略的落实。

（二）公诉工作在刑事诉讼中的枢纽地位更加突显

公诉是刑事诉讼的一个重要环节，在传统的诉讼理念中，把公检法三机关分工负责的诉讼流程做了简单化的解读，认为检察机关仅仅是案件加工的一道工序。随着我们对司法规律认识的深化，特别是检察机关公诉职能在司法实践中的有效发挥，使我们对公诉的刑事诉讼职能有了全新的认识。

1. 程序的连接性

与传统的"车间论"不同，具有中国特色的刑事诉讼体制使公诉越来越成为刑事诉讼的中枢，与西化的"审判中心论"不同，公诉权的独立价值越来越被突显出来。公诉环节不是一般的案件流转，而是对侦查环节进行全面的实体、程序审查的把关环节；是具有独立起诉裁量权，可以对案件做出终结处理的决定环节；是依法提起公诉，联结审判的启动环节。根据不告不理原则，追诉权的主动性决定了没有公诉就没有刑事审判。公诉与侦查、审判的联结性决定了涉及诉讼流程的改革必然涉及公诉工作。无论是侦查机制，还是审判机制的改革都要牵动公诉工作的相应调整。

2. 职能的双重性

在侦、诉、审诉讼流程中，公诉机关指控犯罪的职能始终被强调，而公诉机关的法律监督的职能往往被遏制发挥，形成了"一手硬，一手软"的不正常状况。随着检察机关法律监督职能的发挥，公诉机关指控犯罪、诉讼监督的双重角色越来越得到包括侦查、审判机关在内的广泛认同。公诉机关以办案为载体，可以直接在程序内监督侦查、审判活动的合法性，可以保证法律监督权实现的有效性和及时性。

3. 阶段的交叉性

随着诉讼机制的调整，公诉作为一个独立诉讼阶段的边界越来越模糊，公诉职能跨阶段发挥的状况使公诉工作的领域呈现出扩张趋势。首先，随着侦控机制和检警关系的调整，公诉引导侦查取证机制的建立，公诉机关的审查起诉工作前置到侦查阶段。其次，本与审判同步的出庭支持公诉工作，因为量刑建议制度的推行和列席审委会制度的完善已贯穿到刑事审判活动全流程，形成了在工作环节上，公诉机关固守原有诉讼阶

段，同时向侦查、审判延伸，交叉互动的新型诉讼关系，大大提高了公诉人对侦查、审判活动的亲历性，为保证案件质量和效率，有效监督侦查、审判活动创造了条件。

4．机制的抗衡性

控辩式诉讼机制的完善，已逐渐使在纠问式诉讼模式下形成的公诉优势丧失殆尽。特别是《律师法》修改后，律师辩护阶段提前到公诉阶段，律师阅卷权、会见权、取证权的扩大，使公诉人原有的诉讼优势风光不在，公诉人必须适应在控辩平衡的情形下来履行公诉职责，公诉工作中的不确定性因素增加，诉讼风险加大，职业压力增强，在未来刑事诉讼法修改时这种情形还有继续强化的趋势。

（三）公诉工作在法律监督体系中的职责更加广泛

检察机关是法律监督机关，刑事诉讼监督是检察机关法律监督的主要任务，这一主要任务的主要承担者是公诉部门。公诉工作的特点决定了诉讼监督与公诉活动的同步性。与检察机关的其他职能部门相比，公诉环节实施的是对刑事诉讼全部流程的监督。从监督内容上看，既有对侦查机关的立案监督、侦查监督，又有对审判机关的审判监督和部分执行监督（死刑临场执行监督）；从监督形式看，既有以提前介入侦查和出庭公诉为载体的同步监督，又有以审查复核证据和审查判决裁定为内容的事后监督；从监督权力看，有五项权利：①对漏犯、漏罪的追诉权；②对错误立案侦查案件的不诉权；③对错误判决裁定的抗诉权；④对侦查审判活动违法的纠正权；⑤对司法腐败和徇私枉法的初查权。这种集诉权和监督权于一体的双重角色在增强公诉机关诉讼优势的同时，强化了公诉机关的诉讼责任。今年全国人大会议、两高得票率相对较低，最高法是2172票，赞成率75.39%，不赞成票711票，最高检是2210票，赞成率为76.89%，不赞成票667票。有一篇文章《谁投了两院反对票》分析其中原因，认为主要是对法院司法不公的不满，及对检察机关监督不力的不满。曹建明检察长在人大报告中谈到检察工作的不足和问题时坦言："一些检察机关法律监督意识和能力不强，存在不敢监督、不善监督、监督不到位等现象。"刑事诉讼监督在公诉环节看还有许多盲区，监督手段特别是纠正违法的机制还不健全。法律监督任重而道远。

刑事诉讼监督结构图

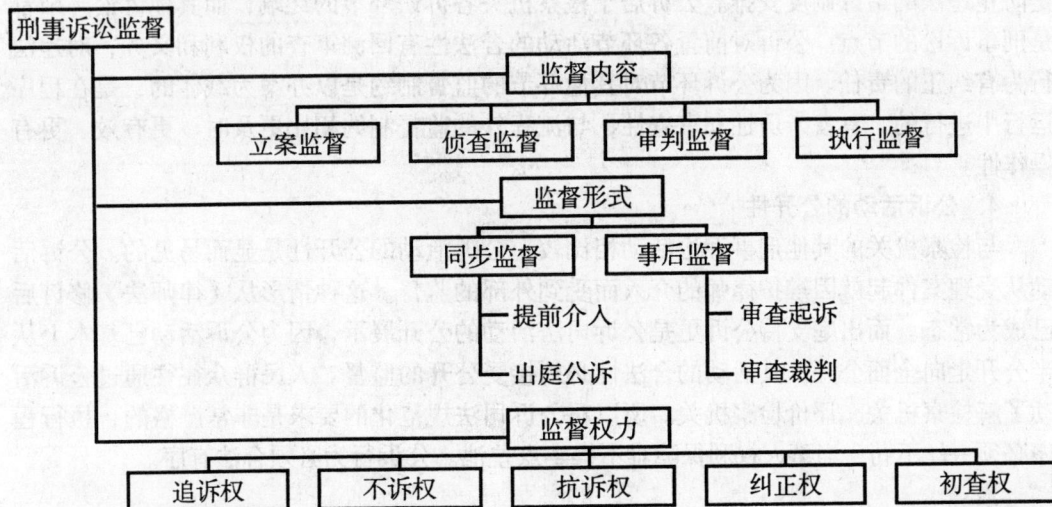

（四）公诉工作在检察工作总体格局中的作用更加重要

公诉工作是检察工作的重要组成部分。由于公诉居于检察机关诉讼流程的末端，是检察机关对案件做出结论的环节。特别是公诉具有联结侦诉审的特定功能，所以公诉工作在检察机关的刑事诉讼活动中具有提纲挈领的作用。在检察体制改革过程中，这种作用会不断得到强化。

1. 业务职能的综合性

公诉工作兼具办理公诉案件、诉讼监督等多项职能。检察工作的三条主线都与公诉有着密不可分的关系：打击刑事犯罪，维护社会稳定，公诉部门首当其冲；惩治职务犯罪，促进廉政建设，公诉部门是最终成效的实现者；加强法律监督，维护司法公正，公诉部门是监督任务的集大成者。从诉讼机制看，立案、侦查、审查逮捕等诉讼环节都是公诉的准备阶段，而公诉则是检察机关所有刑事诉讼活动的总结阶段与检察机关的侦查、批捕、执行监督部门具有稳定的、经常的业务联系，所以说随着诉讼机制的完善，公诉越来越成为检察机关一个综合业务环节，承担着越来越繁重的诉讼任务和沟通协调职责。

2. 案件结论的裁量性

由于公诉权的专门性和集中性，无论是公安、安全机关侦查的刑事案件，还是检察机关直接侦查的职务犯罪案件，都要移送公诉部门统一审查。而公诉部门，对案件是否起诉，通过审查起诉阶段对案件的全面审查，具有自主裁量权。对于不构成犯罪，侦查机关错误立案侦查的，有权决定不起诉，宣告无罪。对于侦查机关认为应当起诉的，但经审查认为犯罪情节轻微，没有必要处以刑罚的，有权决定定罪不起诉。对符合起诉条件的，公诉机关可以改变或否定侦查机关认定的事实和罪名，决定起诉。公诉机关具有自主的起诉裁量权和决定权，不受侦查机关认定结论的限制。可见，审查起诉的法律意义在于案件质量的审查把关。

3. 内部制约的有效性

对检察权的监督制约越来越成为法律监督体系中的敏感问题。以法律监督为己任的检察机关，自身的权力必须受到监督和制约。在强化外部监督制约机制的同时，必须构建稳定有效的内部监督制约机制，以防止检察权的滥用。按照刑事诉讼原理，程序控制是防止违法的最好制度安排。公诉居于检察机关各诉讼环节的终端，而其他诉讼环节都是刑事诉讼的节点。公诉对前置各环节活动的合法性有回溯审查的权利和义务，对违法行为有纠正的责任。因为公诉环节对其他环节的监督制约是以办案为载体的，是在程序运行中进行的，具备亲历性和审查性，与流程外的监督制约相比更及时、更有效、更有操作性。

4. 公诉活动的公开性

与检察机关的其他刑事诉讼活动相比较，公诉活动的公开性是显而易见的。公诉活动从受理案件起就因辩护律师的介入而受到外部的监督。这种情形从《律师法》修订后已成为常态。而出庭支持公诉更是公诉司法活动的公开展示，因为公诉活动已基本上从半公开走向全面公开，其活动的合法性必须接受公开的监督。人民群众往往通过公诉活动了解检察机关，评价检察机关。所以对公诉司法规范化的要求是非常严格的，执行程序必须一丝不苟，当事人权利保障容不得半点差池。公诉行为必须合法有序。

公诉工作承担着巩固检察机关刑事诉讼活动成果,展现检察机关执法风貌的重任。检察机关公众形象代言人的角色定位,在激发公诉人职业荣誉感的同时也加大公诉人的职业压力,使公诉人成为检察活动中工作透明度最高、规范化要求最强的工作岗位。

二、创新公诉工作新局面

公诉工作适应新的形势要求,不断顺应刑事司法规律。不断实现工作机制的发展完善。这些积极有益的变化为公诉工作进一步创新发展提供了新的机遇和条件。依照职权法定原则,公诉职能作用的发挥还有很大空间,提高工作水平的任务依然繁重。我们应当乘势而上,克服困难,迎接挑战,使公诉工作的职能和作用得到充分发挥。

(一)转变公诉理念,坚持五个统一

适应新转变,在思想观念上必须处理好影响和制约工作发展的几个重大关系问题。以社会主义法制理念为指导,排除思想障碍,理清发展思路,做到思想先行,认识到位。

1. 法律效果与社会效果的关系

办理公诉案件特别是对案件处理作出决定时,应对决定可能产生的法律效果和社会效果进行预测评估。法律适用的法律后果往往可以预见,而其可能衍生的社会效果则必须结合案件情况,经过深入调查研究才能准确把握。如检察机关的诉讼决定对相关联的社会关系、法律关系、经济关系会产生怎样的影响?这些影响的状况和程度如何?对检察机关诉讼行为会产生怎样的社会评价和社会反应,都需要进行现实的和长远的、全局的、局部的、积极和消极的多视角的分析和判断。如一哺乳期妇女帮助他人拐卖妇女且情节较轻如何处理,就应当从有利于婴幼儿成长角度去考量起诉的必要性。

长期以来我们片面理解严格执法,把机械执法,单纯追求法律效果等同于执法必严,导致司法行为的社会评价和公信力、权威性达不到我们的预期。新的形势对司法为社会和谐稳定大局服务的要求更高,我们在公诉工作中必须特别注重办案的社会效果,包括对经济、政治和社会生活等方面的影响,保持法律效果与社会效果的辩证统一。

2. 指控犯罪与诉讼监督的关系

指控犯罪与诉讼监督是公诉工作的两大任务。由于对检察机关宪法地位认识的局限性和监督环境的影响,造成了指控犯罪这手硬,而诉讼监督这手软的状况。这是工作摆布上的失衡,如何使监督这一手硬起来,不仅要在思想上转变就案办案的旧观念,树立办案过程也是监督过程的新思维,还要树立监督不力就失职的职责意识。公诉部门要履行对刑事诉讼全流程实行法律监督的职责,坚持突出监督重点、强化薄弱环节、完善监督机制,增强监督实效的工作思路,不断扫除监督盲区,拓展监督领域,创新监督方法。要不断提高发现违法和纠正违法的能力,综合运用检察机关的各种监督手段和监督权力,通过纠正违法遏制司法腐败、司法不公和执法犯法,切实维护司法公正,满足人民群众对司法正义的期待。

3. 公共利益和个人权益的关系

对公诉权的国家性、公益性的片面认识导致一些公诉机关在办案中对个人权益,对私权的漠视。特别是长期以来刑事被害人诉讼地位证人化,没有取得真正意义上的当事人资格。在诉讼活动中考虑维护国家和公共利益多,而对被害人这一受犯罪直接侵害者

的利益顾及少。造成许多案件犯罪人受到惩罚、刑事正义得以实现，而被害人权益没有恢复或保障的状况。刑事司法活动中对人权的保护，首先应当是对被害人权益的保护。其后才是对犯罪人权益的保护，要防止以保护公共利益为由忽略被害人的利益。在对案件作出起诉或不起诉决定前，公诉机关必须征求被害人或被害人家属的意见，并作为诉讼决定的重要参考。被害人与犯罪嫌疑人没有达成刑事和解的，检察机关不能决定对犯罪嫌疑人不起诉。要以高度负责的态度对待被害人不服法院判决的抗诉申请。判决裁定确有错误、抗诉申请有理的，检察机关应当提起抗诉。确属不应抗诉的，检察机关应对被害人说理答疑。维护判决的司法权威，在公诉活动中要注意保障证人、鉴定人、辩护人等诉讼参与人的权利，为他们依法参与诉讼提供必要的保障。不能以维护公共利益为由强制或限制他们参与诉讼活动，侵犯他们的人身权利和诉讼权利。公诉人要以维护国家和公共利益为己任，同时必须兼顾当事人和诉讼参与人的合法权益，使两者在法律框架内实现有机统一和平衡。

4. 打击犯罪与保障人权的关系

公诉人是国家指控犯罪的代言人，不是当事人。诉权法定，公诉为公，要履行好检察官的客观义务。准确全面地收集有罪无罪，罪轻罪重的证据，客观公正的评价犯罪行为给社会造成的危害，准确适用法律。按照罪行相适应原则实事求是地提出指控诉求，而不是作一味追求对犯罪人的从重处理的追诉狂。打击犯罪必须依法、准确、公正。在刑事诉讼中要保障犯罪人的合法权利和人格尊严，严禁刑讯逼供，体罚虐待和人身侮辱。要坚持司法文明，通过规范、严谨公正的公诉活动促进犯罪人认罪服法，真诚畏惧和尊重司法权威，为他们自觉矫正，弃恶以善奠定基础。打击犯罪要从以暴制暴的报复主义的狭隘误区中走出来，使公诉工作在平和中走向理性和公平。

5. 实体公正和程序公正的关系

实现实体公正是司法的主要目标，而程序公正是实现这一目标的有效保障。程序在刑事诉讼中具有独立的价值，程序公正虽然不能必然保证实现实体公正，但实体公正必须以程序公正为前提。要纠正片面追求实体公正，为查明案件不顾程序法律规定，甚至采取违法手段收集证据，逼取口供和暴力取证的违法行为。公诉活动中必须坚持实体公正与程序公正并重。尤其要保障诉讼活动的合法性。公诉活动自身要保证程序正义，同时要通过履行诉讼监督职责，纠正违法办案，纠正侦查、审判活动违法，维护诉讼秩序，保障诉讼活动依法进行。

（二）提高公诉能力，夯实发展基础

公诉能力建设是保障公诉工作高效能，可持续发展的战略任务和基础工程。事业成败在于人，公诉队伍的状况决定公诉活动的质量，公诉能力决定公诉水平。公诉工作要坚持以人为本，在推进公诉工作创新发展的同时，要把公诉人的发展，公诉人能力的发展摆上重要位置。实现事业成就人才，人才推动事业的良性互动。

第一，要从法制建设的实际出发，增强提高公诉队伍整体能力的紧迫感。要采取有力措施遏制公诉能力下降的趋势。要以战略上积极构建公诉能力建设的系统工程。遵循公诉人的成长规律，长远规划，分步实施。要激发公诉人提升自身能力的内在动力，帮助公诉人制定公诉职业的生涯规划。使得他们掌握提升素质、培养能力的有效方法，养成良好的职业习惯。要采取系统培训，岗位练兵，以老带新，考评激励等方式方法，努力营造公诉能力建设的良好氛围。建设一支政治坚定，作风优良，业务精通，执法公正，能够依法履职尽责的公诉人队伍。

第二，要着力提升公诉人的职业素养和司法能力。公诉工作具有规范性、经验性、公开性和对抗性的特点。从事公诉工作的检察官必须具备与职务活动相适应的素质和能力。要培养五个方面的职业素养：①缜密的思维方式；②稳健的心理品质；③广博的知识结构；④严谨的文字功底；⑤生动的演讲表达。以这些基本素质为内涵，要提升七个方面的公诉能力：一是证据审查能力；二是事实认定能力；三是举证质证能力；四是法庭辩论能力；五是突变处置能力；六是诉讼监督能力；七是沟通协调能力。周永康同志指出："检察机关要履行好法律监督职责，首先要自身正，自身硬，自身净。"只有具备高超的公诉能力，法律监督才能硬起来。高素质的公诉队伍必然创造高水平的公诉业绩。高水平的公诉工作才能赢得被监督者对监督行为的认同，赢得人民群众对公诉活动的认可。

（三）加强公诉管理，保障规范运行

公诉活动是严谨的司法活动，规范有序是其有别于其他公诉活动的突出特点，因此，加强公诉管理十分必要。公诉管理要遵循法制原则、程序原则、责任原则和效率原则。办案管理和工作运行管理是公诉管理的重点。

第一，对公诉办案活动的管理是公诉管理的主体。在办案管理中，既要注重对办案过程的流程管理，又要注重对办案结果的质量管理。既要坚持执行起诉、不起诉质量标准，又要严格遵守审查起诉的法定时限，做到质量与效率的统一。要注重对公诉流程的程序控制和监督，保证不同管理层次在各负其责的前提下及时依法进行司法决策。推动公诉活动各个环节紧密衔接，有序进行。

第二，要规范有效的推进公诉事务管理。要运用系统管理的方法整合管理资源，形成对公诉工作各个方面、公诉活动各个环节的有效控制和及时调节。要运用检察工作一体化的理念构建公诉部门与其他诉讼环节之间、上下级检察机关公诉部门之间的工作制约关系和工作监督关系。做到管理工作全覆盖，横向到边，纵向到底。要加强办案质量评审，公诉办案和监督工作绩效考核，法律文书个案审查，案件决定报上级院审批等工作机制，及时纠正公诉工作中出现的错误和问题，维护正常的诉讼秩序和工作秩序。

第三，公诉管理工作要依法进行。要严格执行《刑事诉讼法》和《人民检察院刑事诉讼规则》关于公诉工作的规定。要认真执行最高人民检察院关于公诉工作管理的各项规章制度。如规范诉讼行为的《公诉人出庭行为规范》、《公诉人出庭举证、质证指导意见》、《关于加强公诉环节诉讼监督工作的意见》、《关于加强公诉队伍纪律作风建设的意见》等。规范办案工作的《人民检察院办理未成年人刑事案件的规定》、《关于在检察工作中贯彻宽严相济刑事司法政策的若干意见》、《关于公诉案件撤回起诉若干问题的意见》、《人民检察院办理死刑二审案件工作规程》。规范诉讼监督工作的《关于进一步加强刑事抗诉工作，强化审判监督的若干意见》、《关于在公诉工作中全面加强诉讼监督的意见》、《关于加强死刑案件办理和监督工作的指导意见》等。规范公诉案件质量标准的《人民检察院起诉案件质量标准》、《人民检察院不起诉案件质量标准》这些日益完善，日益细密的公诉工作规章为公诉管理工作提供了制度依据，必须通过管理活动认真贯彻执行。

（四）深化改革，健全工作机制

在法治适应社会变革需求不断完善的过程中，公诉工作要主动适应法制建设的要求，以保障社会公平和司法正义为目标，积极、稳妥、协调、有序的推进公诉机制的改革，以提高指控犯罪、诉讼监督的质量、效率和效果。在最高人民检察院的统一组织下，新一轮检察体制改革已经启动。公诉部门是改革任务的主要承担者。涉及侦、审流程的联动调整。公诉部门必须积极参与通过改革完善公诉工作机制。已经取得明显实效的改革措施，如，普通程序简化审，大大提高了公诉和审判效率。公诉引导侦查取证，促进了侦查水平提高，在提高案件公诉质量的同时，也开辟了对侦查活动同步监督的新途径。当然也有的改革因配套措施滞后而步履维艰，如旨在推进公诉工作司法化的主诉检察官制度推行中阻力重重。如审查终结报告综合化改革，使其仅具报告的形式，失去了其实际应用功能。在新一轮司法体制改革中，公诉环节有一系列工作机制需要在改革中调整完善，如量刑建议制度，刑事和解制度，证据交换制度，不起诉、不抗诉说理答疑制度，公诉案件繁简分流机制建设等新制度、新机制正在试点实验过程中。将逐渐纳入公诉工作运行机制当中。公诉工作也将在改革中焕发出新的生机和活力，使公诉活动向更公正、更高效的目标迈进。

法制需要稳定，而形势发展要求变革。当前，在形势决定任务，政策指导司法的大背景下，在不断适应形势发展中，公诉工作不断进行着自我完善。我们必须积极的适应和推动公诉工作的发展，从而实现社会主义法治的目标。

第三讲
公诉工作管理方略

张书华

　　公诉工作在其运行中必须进行有效的管理。公诉工作的成效如何，往往与管理行为是否得当密切相关。正确、有效的管理推动公诉工作规范、有序运行，促进公诉工作适应法治建设和社会发展需求而不断创新发展，而失当、违反诉讼规律的管理，往往使公诉工作陷入混乱，导致违规现象频出，工作滞后。在公诉活动中，公诉工作管理既是成功的要素，也是失败的根源。因此，如何构建公诉工作科学化的管理体系，既是公诉工作宏观发展战略的关键环节，又是公诉工作微观运行的具体问题。我今天从六个方面与同志们共同探讨一下公诉工作的管理问题。

一、新形势下的公诉工作

　　我国当前正处于经济社会的转型时期，经济体制的转轨，利益格局的调整，社会管理机制的变化，使法律制度和司法活动在不断适应社会发展需求中逐渐走向完善。新的形势和任务给公诉工作提出了一系列新的课题。公诉工作无论价值取向、司法理念、工作格局和活动方式都与传统意义的公诉工作有很大区别。公诉管理必须适应这些转变。

（一）公诉工作在维护社会和谐稳定中的任务更加繁重

　　办理刑事案件、指控犯罪是公诉部门的常规工作。新形势下，这些常规工作被赋予更多新的内涵。首先，因社会转型使社会处于各类社会矛盾的多发期，而社会矛盾的极端反映就是刑事犯罪案件持续高发，新型犯罪屡屡发生、大案要案频发，对社会稳定构成直接的现实威胁。公诉部门在办理案件中不仅任务加重，而且难度加大。因此，充分行使公诉职权，打击犯罪，维护社会稳定的任务繁重。其次，在构建和谐社会的大背景下，公诉工作必须认真贯彻落实宽严相济的刑事司法政策，用政策指导公诉活动，努力化消极因素为积极因素，减少社会对抗，化解社会矛盾。达到办案的法律效果和社会效果的统一。如何在执法中做到宽严适度是公诉工作中一项新的任务。再次，在推进依法治国基本国策的进程中，如何满足人民群众日益增长的司法需求，推进司法民主，促进司法公正，给公诉工作提出了更高的要求。要适应新形势、顺应新期待、迎接新挑战，公诉部门必须以全新的思维，全新的方法，在保障经济社会发展的大局中发挥职能作用。

（二）公诉工作在刑事诉讼中的枢纽地位更加突显

　　首先，随着检察机关法律监督职能的强化，公诉作为诉讼流程上一个环节的作用被赋予了新的内容，审查起诉不仅仅是单纯对案件的审查，更重要的是对立案和侦查行为的审查监督，公诉部门在刑事诉讼中指控犯罪和诉讼监督的双重角色已被广泛认同。

　　其次，随着刑事诉讼机制改革的推进，公诉职能在程序链条上有明显延伸。在公诉阶段独立工作的格局已被打破。公诉引导侦查取证制度的实施，使公诉工作已前置到侦查阶段，而量刑建议制度的程序化拓展了出庭支持公诉活动的内容。传统意义上的公诉环节已与侦查、审判形成了相互介入的交叉状态。公诉活动的领域已经贯穿整个诉讼程序。

再次，检察机关起诉裁量权的广泛适用，公诉职能的扩展，特别是不起诉决定终结案件的作用，使公诉权对侦查权、审判权的影响和制约明显增强。

最后，控辩式诉讼模式的完善，控辩平衡机制的形成，使公诉工作的诉讼优势明显下降，特别是《律师法》修改后，律师诉讼权利的扩展，压缩了公诉机关的权力空间。刑事辩护提前到审查起诉阶段，阅卷权、会见权、取证权、申请权的确立，使辩方有了更多的诉讼活动空间，公诉人的公权优势受到了挑战，办案难度增大，出庭公诉对抗性增强。公诉人职业压力增大，而这类情形在司法体制改革中还有进一步增强的趋势。

（三）公诉工作在法律监督体系中的作用更加广泛

检察机关是国家的法律监督机关。在强化这一宪法定位的过程中，要不断把功夫下在监督上。刑事诉讼监督是法律监督的主要内容，而公诉部门则是这一主体任务的主要承担者。

首先，公诉部门的诉讼监督具有流程长、对象多、内容广、任务重的特点。从监督内容上，既有对侦查机关的立案、侦查监督，又有对审判机关的审判、执行监督；从方法上，既要对案件侦查、审判内容进行实体审查，又要对侦查、审判行为进行程序审查。公诉部门是刑事诉讼监督任务的集大成者。

其次，刑事诉讼监督盲点的存在，使公诉部门强化监督尚有很大空间。如对再审活动的监督，纠正违法机制的完善等。全面履行监督职责任重道远。

再次，人民群众把维护司法公正的期待寄托在检察机关诉讼监督上。如被害人申请抗诉，对立案不当的申诉等已给原已任务繁重的公诉部门增加了新的工作量。刑事诉讼监督职能的强化，在强化了公诉部门职权的同时，也强化了公诉部门的社会责任和法律责任。

（四）公诉工作在检察工作总体格局中的功能更加重要

检察工作主要任务都与公诉工作密切相关。打击刑事犯罪，维护社会稳定，公诉首当其冲；查办职务犯罪，促进廉政建设，公诉是重要环节；强化法律监督，维护司法公正，公诉是任务集大成者。所以特殊的诉讼地位和业务职能使公诉部门越来越成为检察机关的一个综合业务部门。

首先，从内部工作机制来看，公诉部门与职务犯罪侦查部门，与审查逮捕部门，与监所检察、控告申诉部门具有广泛性、持续性的工作联系。

其次，公诉部门作为检察机关办案的终端，具有终结案件的职能，其他部门办理案件是办案流程中的节点。而公诉人对检察机关办理的案件质量负有把关的责任。必须以高度负责的精神当好把关人。

再次，在检察改革中，公诉部门是履行内部监督制约责任的重要部门，公诉部门作为检察机关办案的最后环节，具有对职务犯罪立案侦查、审查逮捕等诉讼环节司法行为进行审查监督的责任。要通过对案件的审查，通过程序控制纠正违法立案、违法侦查、违法逮捕，从而保障检察机关整体诉讼活动的合法性。

最后，司法民主化进程中，人民群众对检务公开的要求越来越高，出庭支持公诉是检察机关诉讼活动最典型的公开形式，具有巩固检察机关办案成果，展示检察机关风貌，塑造检察机关形象的作用。公诉人代表国家在法庭上履行公诉职责，责任重大，任务艰巨，使命光荣。

我们只有全面把握公诉工作在新形势下的新特点，才能找准公诉管理的基点，明确公诉管理的方向，通过加强管理提高公诉工作整体水平。

二、公诉管理的基本原则

公诉管理原则是指公诉管理活动必须遵循的原则、原理和基本要求，公诉管理原则与公诉工作原则不同，它只对公诉管理行为具有指导性，不能混同于公诉工作原则。因为公诉管理的对象既有公诉工作和公诉人员，也有公诉案件和公诉事务。

（一）法制原则

公诉管理属司法管理范畴，必须依法进行。这是因为：首先公诉活动是司法活动，对司法活动的管理应当遵循司法规律，依照法律进行。其次，公诉人员职务经依法任命产生，公诉人必须依照《检察官法》规定的条件，依法定程序由权力机关或检察长任命。再次，公诉人的职权由法律授予，《人民检察院组织法》第十六条规定："人民检察院起诉的案件，由检察长或检察员以国家公诉人的身份出席法庭，支持公诉，并且监督审判活动是否合法。"公诉办案管理依照《刑事诉讼法》进行，公诉工作运行、公诉队伍和公诉事务管理也应逐步实行法制化管理，建立规章制度，运用制度管人管事，使公诉人员自觉养成按制度办案办事的习惯，避免管理失范和管理冲突。

（二）程序原则

公诉活动本身就是刑事诉讼程序中的一个环节，应遵循程序法规定的原则、要求、次序开展活动，不得逾越或违犯。对公诉工作中的非诉讼事项进行管理，也应规范程序制度，使管理行为规范化、制度化、程序化。公诉管理要形成稳定的工作运行机制，要保证管理工作的系统性，管理覆盖的全面性，要防止管理行为的随意性和管理内容的不确定性。

（三）人本原则

公诉管理说到底是对人的管理，作为管理者无论是检察长、分管副检察长，还是公诉部门负责人，管理的对象是公诉工作人员，通过对人的管理实现对公诉工作的管理。因此在公诉管理过程中，必须始终贯彻以人为本的原则。就是要在公诉管理过程中切实做到尊重人、依靠人、发展人、为了人。

要把公诉干部作为公诉管理的主体，调动他们参与管理的积极性，尊重他们对推进和改革公诉工作的创造性。要在公诉系统大力倡导司法民主。建立完善对案件处理、对公诉工作民主参与民主决策的机制。要充分信任、坚决依靠公诉干部、集大家之力推动工作。要防止管理中对干部不放心、不放手、不敢用的现象，要在公诉系统营造和谐共事的良好氛围。

要把公诉干部的发展成长当作公诉管理的方向，在实施每项管理举措时，不仅要考虑工作成果，同时要考虑对公诉干部精神状态的影响。在推进工作的同时，要关心公诉干部的身心健康和个人成长进步。在管理中，不能超负荷给干部压担子，更不能以激励的方式鞭打快牛。要关心他们的疾苦，在管理工作中注重对公诉干部公诉能力的培养。公诉管理者要特别注重以自己的榜样作用引领公诉干部提升职业境界和职业素养。

（四）责任原则

公诉管理是不断提升公诉工作质量和效率的过程，这就必须调动广大公诉干部的积极性，挖掘他们的潜能。实践证明挖掘潜能最好的办法就是明确每个人的职责。职责是指在合理分工的基础上确定每个人的职位、规定各职位应负担的任务。在有的司法机关推行多年的岗位责任制为什么难以调动大家积极性，主要原因是职责界限不清，职责与职级不对称，忽略职责中横向联系配合的内容，职责不能具体落实到人。公诉管理中应当按照业务分工或法律职务，对承担不同职责的人在工作数量、质量、时限、效果方面作出明确具体的规定。在设定职责或授权时要综合考虑权限、利益和能力三个方面因素，同时必须依照职责进行公正而严明的奖惩。

（五）公正原则

公正原则已成为一项普适原则，而在公诉管理中这一原则尤为重要。公正既是公诉管理过程必须遵循的原则，又是衡量公诉管理效果的一把标尺。

公正作为司法原则在公诉管理中主要体现对公诉行为和公诉工作成果的评价上。严格、公正、文明、廉洁司法是对公诉干部的起码要求。公正原则主要体现为对办案质量管理的要求。在公诉管理工作中往往体现为案件质量把关、案件质量评定，公诉案件不符合质量标准的就是没有达到公正的要求。如实体上体现公平正义，是遵守程序制度，加强参与人的权利是否得到保障，是衡量公诉工作是否公正的关键环节和主要内容。有一幅对联："不诉起诉抗诉诉权法定，公开公平公正公诉为公。"是对公诉工作中践行公正原则的诠释。

公正作为公诉管理原则还体现在公诉管理活动要公平正义上，如公诉组织的架构、工作岗位的设立、工作职责的设定、工作任务的分配、工作绩效的考评等等，在规则上要公正，在操作时要公正。这一点对公诉管理者非常重要。

（六）效率原则

有一句法治名言"迟到的公正就是不公正"，公诉工作必须讲求效率。公诉工作中效率分为两个层次：一是工作效率，包括办案效率和办案效率。二是管理效率，主要是决策效率。

公诉部门近年来随着审限意识和人权意识的强化，办案效率低的问题已大大改观。但问题是仅仅满足于不超过办案期限，不违法，还不能认为是有效率。审限是办案时间的底线，是效率的最低标准。要从机制和技能方法上研究提高办案效率的途径。

办案以外的其它公诉工作，如办案统计工作、文字综合工作、业务指导工作等等都应当有明确的效率指标。如时间、质量要求，以保证对此类工作的客观评价。

要着力解决公诉管理效率不高和管理不当造成司法失误的问题。突出解决工作计划安排迟缓，管理层次过多，层层推诿而导致决策不及时，工作量不均衡等问题。对管理失误和效率不高应实行问责制。

（七）检察一体原则

检察工作一体原则，是宪法和人民检察院组织法确定的有关检察机关领导体制和检察权行使的重要原则。根据这一原则构建检察工作管理体制和工作运行机制，有利于发挥检察机关领导体制的优势，有利于增强法律监督的整体合力。检察一体原则进一步明确了上下级检察机关之间、检察机关各部门之间、检察权的各项职能之间的关系。按照检察工作整体性、统一性的要求，实行上下统一、横向协作、内部整合、总体统筹的检察工作一体化工作机制。公诉工作管理也必须遵循这一原则。首先上级检察院公诉部门是上级检察院对下级检察院公诉工作实施领导的具体职能部门。上级院公诉部门对下级院公诉工作是具有管理、监督、指导、服务的职能。这些职能具体体现在上级院对下级院办理公诉案件作出的诉讼决定有变更的权力，对下级公诉部门的工作部署有调整、指导的权力。对下级院公诉人员有调度使用的权力等。其次，公诉部门作为检察机关的一个职能部门必须服从检察工作全局。要注意与其它业务部门的配合、协作。在分工负责、做好公诉工作的同时，要完成好本院统一部署的其它工作任务。如参与职务犯罪预防工作、社会治安综合治理工作、调查研究工作等等。

三、办案管理

办案管理是全部公诉管理的主体内容。公诉工作管理的根本目的，在于保障公诉案件依法公正处理，在于保障公诉案件的质量和效率。公诉部门的其它管理职能都必须直接或间接的为办案这个核心任务服务。办案管理是一个系统工程，具有不同的管理形态和管理方式。涉及办案的程序管理和实体管理、日常管理和专项管理，本级管理和越级管理。

（一）流程管理

司法管理的最显著特征是其具有严谨的程序性。公诉管理的程序性特征虽不像审判管理那样注重仪式性，但较之侦查管理更注重次序性。即先做什么，再做什么，步骤是比较严格的。流程管理就是要求在办理公诉案件过程中必须依照《人民检察院刑事诉讼规则》确定的工作程序逐项、逐步的开展工作。从受理案件开始，经过审查起诉、出庭公诉、审查判决三个大的环节，其中每一个环节又包含具体工作步骤和工作内容。高检察院近期要出台《公诉案件办案流程》，延边林区检察分院制定的《办案工作规范》都对公诉办案流程各环节工作要求作出了具体规定。在办案管理中管理者不仅仅是机械程序的监督者，而且应当成为驾驭程序的工作调度者。检察长、分管副检察长、公诉部门负责人，不仅是管理者，而且在办案流程中负责案件程序控制、结论审查、司法决策是公诉必经的工作环节，是参与性管理行为。

1. 办案流程的执行和再造

规则必须执行，而且一体遵行才能达成管理的统一，但管理规则也不是一成不变的。刑诉法修改已列入全国人大立法议程，随着刑事诉讼制度的完善，司法改革的深化，办案流程必然进行重大调整。这是法律层面的流程再造。但在司法实践层面，工作机制的流程再造是一个不间断的过程。如公诉引导侦查取证制度的确定，使公诉办案程序向前延伸到了侦查阶段。再如被告人认罪的案件实行普通程序简化审理，大大的简约了庭审活动，节省了司法资源。这些都是在司法实践层面形成的新的运行机制。还有在公诉机关内部工作方式的调整，如正在全国公诉系统推行的公诉审查报告综合化。刑事和解不起诉，都是在不同层面对公诉办案流程的再造，对原有流程根据公正、效率原则进行的改革和完善。办案管理者往往是流程再造实践探索的组织者和操作者。所以说办案管理的过程，同时也是不断完善办案流程的过程。只有符合诉讼规律，有利司法公正，便于实践运行的办案流程、办案管理才有基础和依据。

对于基层公诉管理者，流程管理的主要任务是流程的执行，而具有公诉业务指导职责的管理者，则应把管理工作的着力点放在发现流程中的弊端、办案流程的再造上。

2. 办案流程的执行监督

办案管理的日常工作就是保障办案工作按照办案流程规范运行。实现这一目标主要是通过对遵守和执行办案流程情况进行监督、纠正违规行为来实现的。各级人民检察院本级承办的公诉案件，从检察长、副检察长、公诉部门负责人等所有公诉管理者，均是办案流程中的一个环节，都负有对案件审查管理的法定职责。从这个意义说，公诉管理没有脱产干部。另外，刑诉法和人民检察院组织法规定，检察长及各级公诉管理者均应承办案件，亲自办案，亲自出庭公诉履行职责。这不仅是对工作作风的要求，也是提高管理水平的需要。流程管理的基础环节是防止逾越和省略。公诉办案流程设计的各个工作环节都是保障办案质量或维护当事人诉讼权利所必需的，也是防止公诉权滥用和司法腐败的制度保障。程序控制是防范纠正违法的最好手段，不能逾越。如有被害人的刑事案件在做出不起诉前应当征求被害人意见。这一环节，往往被有的公诉人员忽略，没有依法征询。由此引起被害人对检察机关不起诉决定不服要求提起公诉的情况。再如，在公诉办案过程中，必须讯问犯罪嫌疑人。按照流程要求，提审讯问时应首先让犯罪嫌疑人对自己所犯罪行进行供述，然后再进行发问。有的公诉人员为了图省事，不让犯罪嫌疑人自述，而是直接就案件中关键环节或有疑点的问题进行讯问。诸如此类的逾越或省略工作程序环节的情况在管理中是容易发现并纠正的。

办案流程管理的重点是每一环节的工作均应达到规定标准和要求。以各工作环节的高质量达成整个办案流程的高质量。主要通过各环节形成的法律文件和诉讼文书进行监督和管理。如办案中发现公安机关有违法取证情况，在流程监督中，就要看办案人是否对该证据进行复核，提出向公安机关发出《纠正违法通知书》。如辩护人向检察机关送达了要求取证的函，办案人如果未予调取就要了解其不予调取的理由是否正当、充分。流程管理体现了对公诉办案质量和效率的程序控制。

（二）质量管理

办案质量管理是公诉管理的关键环节。我们常讲办案质量是公诉工作的生命线。而质量管理是生命线的保障。公诉案件的质量所反映的不仅仅是公诉部门工作的成果，他更是检察机关诉讼能力的集中反映。特别是职务犯罪侦查、审查逮捕等工作的质量和效果最终都要通过公诉环节得以体现。

1. 办案质量管理的实质意义在于案件质量把关

因为公诉是检察机关诉讼活动的最后环节，是检察机关对刑事案件做出终结决定的环节，或决定起诉，或决定不起诉。公诉环节对案件的审查在于防错、防漏、纠正侦查活动违法。这些作用发挥的如何是办案质量管理的重点。从整体上看流程管理是动态的质量控制，具有同步性。而结案阶段对案件的审查管理，则是公诉案件质量管理的评价认定环节。即事实是否清楚，证据是否确实充分，适用法律是否得当，诉与不诉结论是否正确，是对办案成果的评定，具有结论性。

2. 公诉案件质量管理具有明确具体的质量标准

这些标准是我们评价认定公诉案件质量的依据。最高人民检察院2002年6月19日发布了修订后的《人民检察院办理起诉案件质量标准》和《人民检察院办理不起诉案件质量标准》，两个质量标准对于起诉和不起诉应当达到的事实、证据、适用法律、诉讼程序、诉讼监督及司法政策应用等方面的质量标准做出了明确规定。同时，对起诉和不起诉错误，办案质量不高规定了评价认定的具体情形。有的省级院对追诉和抗诉也制定质量标准并对操作程序做出具体规定。

3. 公诉案件质量管理因案件终结决定权限不同分为五重管理，四级决定

一是主诉检察官在授权决定案件范围内对自己承办或助手承办的起诉案件具有管理和决定权；二是正常决策程序的案件遵循承办人办理、集体讨论、分管检察长决定的管理决策程序；三是对重大疑难案件，由分管副检察长请示检察长做出决定；四是对在事实认定、证据采信、适用法律有争议的案件，由检察长或分管副检察长提交本院检察委员会讨论决定。对检察委员会讨论中争议较大或检察长与多数检委意见不一致的案件可以提请上级检察院检察长或检委会决定。质量管理的责任和权力随着决策程序的变更而变化主体。

（三）效率管理

效率是指按规定的工作质量标准，在规定时间内，投入人力、物力、财力与产生的工作结果之间的比率关系。效率管理一方面要注重办案的时限管理，尽可能缩短办案周期，一方面要注重节约司法资源，以更少的投入创造更快的效率、更高的效能、更好的效果。在实践中有的公诉管理者常常把办案效率管理混同于时限管理。这未免有些以偏概全，时限管理是办案效率管理的最低标准。即审限是办案效率的底线，办案超过规定期限，属程序性违法行为，已无效率可言。在保证办案质量的前提下，办案效率往往是公诉人员办案水平和公诉管理水平的集中体现。公诉能力和管理水平与办案效率是正比关系。质量与效率往往是公诉管理追求的主要常规目标。

公诉管理要运用人员配置、流程再造挖掘潜能，案件分类管理、应用微机办案等方式提高公诉办案效率。但提高办案效率必须以保证公正司法、保证办案质量为前提。效率原则上应当服从质量。但当法定期限内无法完成诉讼任务时，为保障人权应依法解除对犯罪嫌疑人的羁押，维护程序公正。要积极探索，不断完善，在分工负责前提下的侦控协作机制，通过公诉引导侦查取证、审查起诉工作内容前移，缩短公诉办案期限。

为提高办案效率，根据案件难易程度对案件办理时限可以实行分类管理。要积极推行，规范运行轻罪案件简易审和被告认罪案件普通程序简化审理，简约诉讼程序，节约司法成本，提高司法效率。按照司法规律，对案件实行繁简分流，分别设定结案时间，最高人民检察院2006年12月发布了《关于依法快速办理轻微刑事案件的意见》要求轻微刑事案件适用快速办理机制。并对适用原则、适用条件做出规定，要求在20日内作出是否提起公诉的决定。有些地方公检法机关联合建立快速办案机制，对事实简单，证据确实充分，犯罪嫌疑人认罪的轻微刑事案件，规定公诉环节在五至十日内结案。并在公诉部门设立轻微刑事案件办案组，与法院配合，实行快速审查起诉，快速简化审理的方式，提高整体诉讼效率。缓解办案压力和诉累，保障当事人权益，树立公正高效的司法形象，促进社会和谐。

公诉部门要牢固树立保障全诉讼流程、各环节遵守法定时限的意识，要通过对侦查、审判活动的监督防止超越法定期限违法办案。如检察机关退回，公安机关撤回已到补充侦查期限未移送起诉的；起诉后已到审判期限未开庭的，公诉部门都要及时询问情况，督办纠正。对规定时限内不能办结的要及时申请批准延期。超期羁押就是非法拘禁，就是侵犯人权。要特别防止在公诉阶段对犯罪嫌疑人超期羁押。要在管理中建立审限预警机制，及时提醒、告知办案人守住底线，防止执法违法现象发生。

（四）监督管理

办案监督管理是对公诉权的行使进行监督和制约。它与流程管理等参与性管理不同，是在诉讼流程外的一种管理方式。这种管理行为不直接参与案件办理。但对办案活动和案件处理具有管理职能。一般表现为本院纪检监察部门、案件管理部门的同级监督管理。上级院基于对下级院的领导职权对下级院办案活动实施的监督管理，以及地方人大、政法委组织的执法检查等外部监督形式。

监督管理的主要形式有：法律文书备案审查、案件复查、专项检查、案件审批、跟踪督办、网络管理等。

1. 法律文书备案审查是上级院公诉部门对下级院办案监督管理的常规形式

备案审查实行下管一级，层层报备的制度。凡是有一审办案任务的检察院，案件作出起诉或不起诉决定后，应即将起诉书、不起诉决定连同侦查机关、自侦部门的移送意见书一起报送上一级院公诉主管部门，收到法院判决书和裁定书后连同审查意见及时向上级院公诉主管部门报送。省、市两级院应有专人负责对报备法律文书进行审查，对有问题的案件，可以采取听取汇报、调卷审查等方法了解情况。对检察机关公诉活动有违法行为、案件实体错误或案件存在质量问题的，可以指令下级院改正或直接改变下级院的决定。

2. 案件复查是开展阶段性办案监督的有效形式

案件复查有自查和上级院复查、全面复查和抽查等方法。案件复查往往在半年或年末进行，运用统计学原理，对个案办案质量进行评定，对某个时间段内所办理案件执法是否严格公正、统一进行分析评定。对案件复查中发现的案件错误和办案问题组织复查的检察机关有权予以改正和追究责任。

3. 专项检查是上级院针对所辖区域内某类案件的办理情况进行检查或对某个检察院办理案件进行检查

专项检查往往基于某类案件或某些单位办案中出现问题，为查明问题原因或开展司法对策研究而进行。如某地区某年度内职务犯罪案件不起诉率过高，市院公诉主管部门对不起诉的职务犯罪案件组织专项检查。如某院一年内连续出现五起公诉案件被宣告无罪，其上级院对该院无罪判决案件组织专项检查。有的为了探索某类案件的办案规律或解决某类案件处理中的疑难问题，通过组织专项检查搞清问题，查明原因，制定解决对策。

4. 案件审批是上级院依据法律或最高人民检察院的规定对下级院办理的公诉案件

在做出处理决定前，依一定程序进行审查，对处理意见予以批复的监督办法。案件审批有两种形式，一是法定审批事项。如本院检察委员会争议较大案件，呈报请示上级检察长或检委会审查决定。上级院作出决定后批复下级院执行，这是《人民检察院刑事诉讼规则》规定的审批事项。二是最高人民检察院或省一级人民检察院决定需由上级检察院审批的事项。如职务犯罪案件不起诉，需经上级院审批后才能作出决定并予以宣布执行，是最高人民检察院作出的一项制度安排。我认为地区一级检察院没有设定案件审批事项的权力。理由是法律规定案件改变管辖等权力由省级院行使。随意设定审批事项不利于下级检察院依法独立负责的行使检察职权，不利于提高办案效率，不利于树立下级院司法权威，不利于公诉工作规范执行的统一。

5. **大要案件督办是上级院对下级院承办的重大有影响案件采取跟踪督办的形式以保证案件公正高效办理**

督办的案件往往是在全国或全省有重大影响的案件，由高检院、省级院、市级院对下级案件承办部门进行跟踪督促办理并对办案中的疑难问题帮助协调解决的一种监督管理办法。列入督办名单可以是检察长交办、党委政府主要领导交办、人大常委会交办。督办的方式有挂牌督办，即将同类案件分批下达不同检察院限期办理。重点督办，如我省将黑社会组织犯罪案件，厅级以上职务犯罪案件，数额巨大的职务犯罪经济犯罪案件均列入督办范围，下级院受案后必须将每一阶段工作情况上报省院，省院对案件审查起诉，出庭公诉指定专人给予指导，并与省级政法机关协同各阶段诉讼工作。

6. **微机网络化监督管理是改革案件管理模式的一项创新之举**

这种管理方法借助计算机网络平台对案件办理情况进行立体式监督，正在部分省市试点，其便捷性和高效性已明显显现出来。我认为充分发挥网络的信息平台、办案操作平台的作用，实现公诉管理的现代化，提高办案管理的时效性和针对性具有广阔的发展空间，必将成为公诉管理的主要手段。

四、工作管理

公诉管理以办案为中心，即围绕公诉三大法定任务：审查起诉、出庭公诉、诉讼监督进行。工作管理着重研究为办案管理服务的其他事务性管理事项。这些管理内容既有公诉专业特点，又有检察业务管理的共性。公诉工作管理与一般的行政管理不同，必须遵循司法规律，保障公正司法，推进司法活动的规范化。

（一）组织管理

1. 公诉机构的设置

组织管理的基础工作是公诉机构的设置，人民检察院组织法明确了公诉部门是检察机关的主要业务部门。自1978年检察机关重建以来，公诉机构走过了一条逐步细分，逐步走向专业化的路径。先是捕诉分离，从刑事检察部门分离出来，设立审查起诉部门。近年来，在刑诉制度改革的推动下，公诉制度走向完善，公诉工作量骤增。与法院分设刑事审判庭相对应，省、地、县三级院纷纷增设公诉机构，适应死刑二审出庭工作的要求，省级院都将业务指导和二审办案分设两个公诉部门承担，有的还分为三个部门。公诉业务管理和办案任务较重的地级院都已实行部门分设。许多基层院按专业化要求，分设公诉科。有的还单独设立未成年人犯罪公诉科。有的检察院按普通刑事案件、经济犯罪案件、职务犯罪案件在公诉部门内部分设办案组，或设立主诉检察官办公室。有的院为了便于分设后的各公诉部门工作协调，在几个公诉部门之上设立了公诉办公室。我省通化市东昌区院曾设置刑事检察局内设公诉，批捕等具体职能部门，把公诉的诉讼监督职能分离出去，专司批捕、公诉办案职能。当前全国各级检察机关的公诉机构正处于扩张分设的探索阶段，处在按专业化要求重新构建的转型期。

组织机构设置的目的在于对管理人员的管理活动进行横向和纵向分工。以不同管理者直接管理的下属的数量为标志的管理幅度，往往是决定管理层次和机构形态的基本依据，而机构设置诸原则中以职能部门化最为重要。即按照职能设定部门。第一，从专业化要求看，目前省、市、县三级检察机关的管理层次一般为三重，即检察长、副检察长、公诉部门负责人。公诉职能一般集中一个部门，随着刑事犯罪形态的日益复杂化，对不同类犯罪处理的专业化要求越来越高。如经济犯罪出现许多新领域、新手段、新形式。职务犯罪认定中的法律界限常常难以把握，对公诉人的专业素质提出了新的挑战和更高的要求。专业化需细化专业分工，以提高办理案件的质量。第二，从管理幅度来看，社会治安状况不好导致刑事公诉案件数量居高不下，往往公诉部门人数是其他业务部门的几倍，有的占到全院人员的20%以上，部门过于庞大。基层一线领导对公诉管理的幅度过宽，难以实行充分、全面、有效的指导和监督，管理工作压力过大。所以无论从工作任务和管理机制以及专业化要求考虑，公诉部门必须进行拆分。公诉机构细化，分设可以为规范公诉管理创造条件。第三，从工作对应关系看，刑事侦查和刑事审判都已先于公诉进行了职能专业化机构分设，公安机关刑事侦查部门已分为刑侦、经侦、缉毒等多个部门。法院刑事审判也按专业设置多个庭，这样在刑事诉讼中就形成了公诉部门一夫当关的瓶颈效应，常常出现案件积存、办案工作超负荷的状况。可以考虑与公安机关、检察机关侦查部门、审判机关刑事审判部门相对应，依据专业职能进行设立。基层检察院可以设立两个公诉科，一个专门办理普通刑事案件；一个办理经济犯罪和职务犯罪案件。地区和省级院应设立三个部门：即公诉综合指导部门，负责对下级院公诉工作进行监督、管理、指导、服务；普通刑事案件公诉部门承担该类案件一审和二审办案任务；经济犯罪和职务犯罪案件公诉部门，承担该类案件的一审和二审任务。公诉部门拆分后按专业化设置，基层管理者的管理任务更加明晰，更加集中，工作管理、监督、指导就可以更深入、更具体、更有力，也会更有效。从总体上看，分设有利于明晰工作责任，有利于提高管理效能。这种分设与设立反贪局、反渎局增加管理层次的思路不同，有利于实现检察机构的扁平化管理。但分管检察长增加了管理幅度，增加了协调公诉部门的工作量，可以通过增加领导职数的办法解决。

2. 公诉人员配备

公诉人员配备首先要确定公诉部门的职务类型和职务数量。公诉部门的职务类型分为管理型职务和公务性职务，管理型职务主要是部门负责人、内勤，公诉部门领导配备根据党政机关领导职数配备的惯例，七人以下的部门配一正一副，七人以上部门可视情况配备一正两副。公务性职务分为：办案人、书记员、司法警察和司机。办案人员应以检察员为主，助检员为辅。法警及其他办案辅助人员应按办案人员的50%配备。根据公诉办案工作量测定，公诉部门办案人年均办案满负荷标准基层院为30～35件；地级院为20件；省级院15件。公诉部门人员配备可将本地三年公诉部门受案总数的平均数为参照确定。

公诉人员的选择，按照因事择人原则。应根据办案的数量，公诉职能等方面的数据和情形，确定人数。进入公诉工作岗位的人必须具备与公诉工作相适应的知识和能力。公诉是一项对从业者具有特殊素质要求的工作，除具有普通检察官应具备的所有素质外，还要求公诉干部要有敏捷活跃的思维能力、流畅清晰的语言表达能力、严谨高超的文字写作能力，处置突发情形的应变能力等等。公诉干部应当比其他司法人员更熟悉刑事诉讼每个环节的规则，对刑事法律的掌握和运用能力要超过其他检察业务人员。

3. 公诉管理权的分配

公诉管理权的分配应遵循制度分权为主，授权为辅，层级管理、权责一致的原则。制度分权主要体现在办案管理环节，依据刑事诉讼法，《人民检察院刑事诉讼规则》对办案管理活动中，办案人（检察员、助理检察员）、公诉部门负责人、分管检察长、检察长、检察委员会的权力和责任做出了明确规定。各层级的管理者在规定的权限内，依照程序行使管理职权，下级公诉管理人员不得超越权限进行管理决策，依照法律规定越权无效，甚至可能导致违法。上级可以对下级管理者的管理行为进行干预和纠正，但不能代行权力。主诉检察官办案责任制是一种特殊的制度分权。在规定的情形下，主诉检察官可以独立行使案件处理的决定权。制度分权既有利于管理机制的稳定运行，也可以防止因临时授权导致管理者不熟悉管理规则而造成管理低效的状况发生。

公诉管理中公诉部门负责人的选配非常重要。公诉科（处）长是兵头将尾。公诉部门负责人首先应当是公诉业务的专门性人才，应谙熟公诉各项业务。第二，公诉部门责任人必须具有较强的办案管理能力，公诉案件流程较长，诉讼工作环节较多，公诉负责人应当对案件进展情况了然于胸，及时调度督办。第三，公诉部门负责人必须具有非常强的协调能力，善于与侦查、审判、执行等各职能部门的沟通和协调，善于与检察机关上级及本院各部门的联系和协作，善于营造有利于公诉工作开展的良好氛围。第四，公诉部门负责人应具有较强的工作谋划能力和执行能力。要及时掌握犯罪动态和趋势，把握公诉工作重点，提出工作对策，并且要善于创造性的执行落实好上级公诉部门和院领导的工作部署。既要有清晰明确的工作思路，又有处置各种问题的有效办法。

（二）计划管理

计划是为了实现公诉工作目标预先进行的行动安排。管理大师哈罗德·孔茨指出："计划工作是一座桥梁，它把我们所处的这岸和我们要去的对岸连接起来，以克服这一天堑。"一个规范的计划在内容上必须回答："做什么——目标与内容；为什么做——原因和理由；谁去做——部门和人员；何时做——时间和期限；怎样做——措施和方法。制定计划，执行计划，修改计划，计划目标落实的情况的验收考核构成计划管理的过程和内容。计划工作是公诉管理活动的基础，计划管理的目的就是使公诉部门的所有工作保持同一方向，保持公诉目标的实现。计划还是保持公诉工作秩序，提高公诉效率的保障。公诉计划从种类上划分，可以分为：长期计划和短期计划；办案计划和工作计划；战略性计划和战术性计划；指导性计划和具体性计划；程序性计划和非程序性计划。计划种类是不同角度的划分。通常情况下，战略性计划分为长期计划同时又是指导性计划，而办案计划往往是短期计划、具体计划、程序性计划。

在公诉管理活动中，经常进行的计划管理是：年度公诉工作计划，办案目标管理，专项公诉工作计划。

1. 年度工作计划

每年各级检察机关都制定年度工作目标。根据公诉工作的目标和任务，制定出年度公诉工作要点或公诉工作安排意见。对全年公诉工作做出整体安排。各级检察院的公诉工作计划往往是上命下从、自上而下逐级细化的特点，具有全面性、时效性。

2. 办案目标管理

往往是具有办案任务的公诉部门根据本部门工作量测定。根据公诉人员数量、职务、能力状况，给不同职务、不同资历、不同水平的办案人下达办案指标，并要求办案部门或办案人员制定完成指标的计划。工作量测定一般以过去三年人均办案数量确定，而办案指标则根据办案必经程序要求，确定办理案件时限，确定合理办案负荷。

3. 专项工作计划

根据公诉工作内容可以分解制定专项工作计划，使之与年度工作计划或检察工作总体计划配套。专项工作计划多为办案工作以外的，与办案工作相关的其它事务性工作计划。如调查研究计划、岗位培训计划、诉讼监督工作计划等等。多为全年计划下的子计划。这些计划往往更为具体、详尽。与办案计划相比，专项工作计划是程序性计划，具有重点性，计划内容规则，要求较为稳定、规范，不同计划的共同性较多。而专项工作计划，多为非常规性、非程序性工作计划。计划内容新、目标新、要求新、管理要求不尽规范，多数是根据工作重点的调整而临时安排的计划或为完成某项重要工作而制定的推进性计划。在管理中需要投入更多的精力，需特别注意在执行中调整和完善计划。

在计划管理工作中无论是制定、调整、执行计划，还是考察计划目标实现情况，都要注意坚持计划的原则性和适应变化的灵活性相结合。因为工作预测不足或形势发生变化是不可避免的，从来就没有至臻至善可以一成不变的计划，所以公诉工作的管理者要根据社会治安形势、法治发展状况以及上级机关新的工作部署、刑事司法政策在执行中调整来完善计划，使计划不断发挥规范和指导作用。

4. 计划管理要分步实施

计划的实施，目标的达成，都需要一个过程，是量的积累的过程，公诉工作的各项内容也是一样，没有一蹴而就的工作，都要经过分步实施。所以阶段性工作的管理是考验公诉管理能力的常规性的工作。公诉工作有的是长线，有的是短线，要做到长计划、短安排，定期检查，经常督办。所以公诉部门在计划管理中实行周例会、月调度会、半年检查、年终总结等不同形式，不断根据实际情况调整完善计划，推进计划的落实。一个只会因循计划，不会经常性按计划调度工作的公诉部门领导很难做一个胜任的公诉管理者。

（三）绩效管理

公诉工作的绩效管理主要体现在对公诉工作业绩和效果、效率的评价。公诉管理活动应当以不断提高公诉工作的绩效为目标，推动广大公诉人员不断创造新的业绩，不断提升公诉工作的法律效果和社会效果，不断提高公诉办案效率和工作效率。

1. 树立科学的司法政绩观

司法政绩观往往是公诉工作理念，公诉发展战略和建立公诉工作评价体系的思想内涵。对公诉管理者和公诉工作者的司法动机、司法行为、司法效果具有重要的支配作用。司法政绩观具有鲜明的时代印迹，导致不同时期评价公诉工作政绩的标准不同。当前在推进法治化进程，建设社会主义和谐社会的大背景下，坚持具有中国特色的社会主义司法观。在评价公诉政绩方面必须处理好一系列关系：从宏观上讲，有政治与法治的关系、执行政策与执行法律的关系、公诉工作与经济社会发展大局的关系、公诉工作与检察工作全局的关系；从微观上讲，有打击犯罪与保障人权的关系、实体公正与程序公正的关系、办案的法律效果和社会效果的关系等等。在处理上述关系过程中，要从有利于维护社会稳定，有利于维护人民利益，有利于促进社会和谐的原则进行审慎选择。

2. 绩效考核的方案应当客观公正

考核方案是考核结果是否真实的重要依据。绩效考核方案往往对公诉工作的开展和运行具有指导作用。有的单位、部门或公诉人员往往针对考核方案调整工作重点和工作力度。绩效考核方案的设计，必须通过考核使公诉工作的真实情况客观全面的得以反映。绩效考核的方法和形式对单位、部门及人员绩效的评价必须客观公正。要兼顾效果、效率、效益三个方面内容。要尽可以量化考核、细化到人，多视角，全方位，既严谨科学又有管理弹性。

3. 考评和奖惩是绩效管理的重要手段

绩效管理应当着眼推动公诉工作和公诉能力的稳定，持续发展。要通过日常的动态的考核推动公诉人员自主管理。可以采取授权、指导、协调、激励、支持等方法促进公诉部门和公诉人员不断追求新的业绩，不断提高公诉工作的效率。要及时向被考核单位部门及公诉干部反馈考核情况，年终考评对下级院工作的评价，必须客观全面，实事求是，结果应当准确恰当。充分发挥绩效管理对先进的激励，对后进的鞭策作用，发挥考核结果推动被考核单位和人员改革公诉工作机制和方法的促进作用。

（四）系统管理

系统是指由若干相互联系、相互作用的部分组成，在一定环境中，具有特定功能的有机整体。公诉管理具有鲜明的系统性特征。公诉工作的内容由审查起诉、出庭公诉、诉讼监督等职能构成。公诉工作的管理按职权分工由各级检察机关的公诉部门承担。上级对下级公诉工作具有监督、管理、指导、服务的职责。在各级检察机关内部，公诉管理也呈现为层级管理。公诉工作的系统管理，就是根据公诉工作的集合性、层次性、相关性特点，通过系统管理的方法，理顺管理关系，整合管理资源，形成管理合力，协同不同管理部门和不同管理层次共同推动公诉工作全面、协调、有序发展。

1. 公诉系统内部的层级管理

公诉工作的系统管理主要是公诉工作管理体系的整合和调控。主要有两种管理形态。一种是本级检察院内部的层级管理。这种管理是行政管理与司法管理相结合的管理模式。其中公诉部门负责人主要行使的是行政管理职权，而分管副检察长、检察长既有对刑事诉讼的司法管理权，又有对公诉事务性工作的行政管理职权。本级管理是公诉系统管理的常态。另一种管理形态是上级检察院基于对下级检察院的领导权而实行的层级管理。这种管理主要体现为上级院公诉职能部门对下级院公诉部门工作的业务指导。这种管理形态虽然基于审级管理，也有司法管理职能，但主要以公诉事务性工作管理为主，其管理形式多为行政管理，通过文件、会议、工作计划和工作检查考核等形式行使管理职权。公诉系统内部层级管理的两种形态具有对接性。上级院的系统管理往往对本院内部的管理具有指导作用，并因此形成两种形态的联结互动。在内部系统管理中要求下级服从上级，局部服从整体。在系统管理中，属于上层的管理者，如检察长或上级院的管理活动应当是动态的、开放的、清晰的，从而使下级管理者了解其管理意图并与之保持一致，同时应当赋予下级管理者根据本地、本单位、本部门情况对管理举措灵活调整和变通的权力和空间，使整个管理系统形成上下统一、指挥顺畅、反馈及时良性互动的工作格局。

2. 公诉系统管理外部环境的营造

公诉是刑事诉讼的一个环节，向前承接侦查，向后启动审判。因此公诉工作在系统管理中必须充分考虑各诉讼环节的关系。从诉讼机制看，侦、诉、审三个环节是分工负责，相互配合，相互制约的关系，公诉工作不仅履行监督制约权，还必须依法接受侦查、审判机关的制约。从相互依存关系看，公诉案件的数量是由侦查机关和侦查部门的工作决定的。侦查质量的强弱，直接导致公诉工作量的多寡。庭审方式的选择，审判长驾驭庭审能力的强弱，直接关系着公诉人出庭的工作量和难度系数。公诉引导侦查取证和出庭公诉已使公诉工作与侦查、审判工作同处一个诉讼阶段，形成工作的同步互动。公诉管理者在实施管理行为时不可能对这些忽略不计，必须把公诉当作诉讼中的一个环节，置于诉讼活动整体环境中，在与其他机关的互动中，进行谋划、考量和安排。

公诉是检察机关工作的一个职能部门，在整个检察全局工作中处于牵一发动全身的重要地位。随着诉讼机制的完善，它越来越成为一个综合业务部门，公诉与职务犯罪侦查、公诉与批捕侦查监督、公诉与监所检察执行监督的业务联系越来越紧密。公诉作为检察机关的重要职能部门与政治工作部门、后勤保障部门、纪律监察部门、调查研究部门的各项工作联系难以分开。这些部门的职能都能在公诉部门找到落脚点。公诉管理系统在检察工作这个大系统中是一个子系统，是这个全局的局部。所以公诉工作的单位管理必须注意协调好与外部系统工作的连接，处理好外部关系，在这些关系中营造有利于保持公诉工作秩序，推动公诉工作创新发展的良好环境，在系统管理中要做到兼容沟通，既注意遵循公诉工作规律、保持工作稳定发展，又要注意寻找与其他系统的共性，形成不同系统间相互配合、相互支持、共同协调发展。

（五）管理决策

公诉管理的各项职能都离不开决策，当代决策理念的核心是"决策贯穿于整个管理过程，决策程序就是整个管理过程。"这深刻揭示了管理与决策的关系。

1. 公诉管理决策的内容既有司法决策也有事务性决策

公诉决策与其他检察工作决策的不同之处在于公诉决策是检察机关对刑事案件作出终结处理的最后环节。诉与不诉的决策必然产生相应的法律后果，是检察权的集中体现。而公诉事务性决策对确定公诉工作发展方向、路径、措施、方法具有指导意义，公诉事务是公诉司法的支持系统，保障系统。

2. 公诉管理决策在形式上以程序化决策为主

公诉活动是刑事诉讼活动的重要环节。必须严格遵循诉讼程序，依法办事，依法定案。公诉事务性工作也有明确的决策程序，具体职责实行分工负责，公诉部门负责人负责公诉工作管理，涉及公诉系统的主要工作应由分管检察长决定，涉及长远和全局的工作需报请检察长决定。

3. 公诉管理决策按照不同管理层次分为战略决策、战术决策和执行决策

战略决策是对公诉工作方针、目标的确定、公诉理念的调整、公诉管理体制和运行机制的改革等，往往涉及全局，具有长期性和方向性。多为最高人民检察院和省院对一

个时期公诉工作的部署。战术决策是战略决策执行过程中的具体决策，战术决策是为实现公诉工作目标而采取的一系列重要工作措施，为落实措施而协调力量，整合资源，落实任务。制定各项年度计划和专项工作计划。执行决策是公诉部门为保证质量，提高公诉工作效率而采取的具体措施。如工作任务和指标的落实，各岗位职责的分配制定，具体工作的推进等等，属于业务管理范畴的决策。

4．公诉决策管理实行民主决策和领导决策相结合。公诉管理的决策者是各级人民检察院的检察长，受检察长的委托分管公诉工作的副检察长，对公诉工作行使决策权。各级检察机关公诉部门的负责人是公诉管理决策的执行层，是决策实施的具体执行者。在具体执行管理决策过程中，公诉部门负责人承担着提供决策信息，拟定决策建议，落实决策措施，反馈决策效果等等一系列决策辅助和决策执行职责。公诉部门负责人常常以检察委员会委员的身份参与公诉管理的集体决策，并以其专业知识和实践经验为领导决策发挥参谋和助手作用。

公诉决策要注意发挥广大公诉人员民主参与的积极性和创造性，对重大决策要注意充分论证，对改革性决策可先行试点，取得经验再全面推行。以决策民主化推动管理民主化、科学化。

五、队伍管理

事业成败在于人，公诉事业的发展取决于公诉队伍的素质、数量、能力和精神状态。公诉管理的其他内容虽然都要通过公诉人员去完成，但都是因事及人，而队伍管理则直接以公诉人员为管理对象，是特殊的人力资源管理。由于公诉管理以办案工作为重点，各级管理者往往重视事务性管理而忽视队伍管理。有些领导管事井井有条，管人茫然无序，不善于人员管理，人权和事权脱节是造成这种状况的主要原因，要切实把业务工作和队伍建设的一岗双责落实到公诉管理的各个环节。对公诉队伍的管理既要遵循检察官管理的普遍要求，又要突出公诉专业特点，强化对公诉队伍的职业化要求，按照政治坚定，作风优良，业务精通，执法公正的目标，通过科学有效的管理使之成为检察队伍中最有能力、最具活力、最有吸引力、最有公信力的司法团队。

（一）公诉能力建设

能力建设是队伍建设的基础，公诉能力是履行公诉职能和公诉业务工作所必备的个人素质和工作能力的统一，公诉能力有别于其他司法工作者，也有别于从事其他检察工作的检察官能力的要求。包括以下各个方面的内容：

公诉能力是公诉人依法履行职责所应具备的职业素养和工作技能，具有鲜明的专业性和职业特点。公诉能力具有内在的素养和实践技能两个层面。可以概括为五大素养，八大能力，公诉人应有的职业素养包括：1.缜密的法律思维；2.稳健的心理品质；3.广博的知识结构；4.严谨的文字功底；5.生动的演讲表达。

公诉人必备的职业能力包括：1.证据审查能力；2.事实认定能力；3.法律论证能力；4.举证质证能力；5.法庭辩论能力；6.应变能力；7.诉讼监督能力；8.协调沟通能力等。

公诉能力重在建设。建设的途径，其一，是建立公诉职业水准，建立公诉行业准入机制，保证从事公诉工作的必备的基础素质。其二，是加强对公诉人岗前和岗位培训。其三，是要加强对公诉能力的考评。其四，是建立对提高公诉能力的激励机制。

（二）行为规范管理

公诉工作的公开性和展示性对公诉人社会形象的塑造提出了更高的标准。公诉人是检察机关形象的代言人。社会公众通过公诉人审查起诉出庭支持公诉等一系列公开性司法行为来了解和认识检察机关。所以规范公诉人的公务行为，塑造公诉人的司法形象是公诉队伍管理的必修课。

1. 公诉工作运行规范

《人民检察院刑事诉讼规则》是公诉工作运行的基本规范，同时也是公诉人员司法行为规范，是刑事诉讼中公诉活动准则的具体规定。公诉工作规范具有法定性。公诉人员必须熟悉规则内容，遵守规则要求。公诉管理工作一方面要细化规则内容，针对具体公诉行为制定实施细则和落实措施，一方面要加强对遵守规则的监督检查，使规则得到切实遵守。最高人民检察院为提高公诉工作的规范化水平，先后出台了《公诉人出庭举证质证指导意见》等一系列规范性文件。省检察院也出台了《公诉业务指导工作规范》、《公诉引导侦查取证指导意见》等文件，这些都弥补了工作规范的不足。

2. 公诉人员行为规范

公诉纪律是检察工作纪律在公诉工作中的具体化。公诉纪律应当具体严明，要改变纪律规定过于笼统，把违法情形当成纪律规定的状况。根据公诉工作特点和公诉活动易发生问题的重点环节，明确纪律规范，制定禁止性要求，明确违纪惩戒条件，促进公诉人员一体遵行。最高人民检察院制定《公诉工作六条纪律》和《公诉人出庭行为规范》，都具有很强的针对性。

公诉是展现检察机关风貌的窗口，公诉工作的公开性决定了它是与各司法机关、诉讼参与人及社会各界接触最广泛的部门。按照文明司法的要求，必须明确公诉礼仪规范。使公诉人员行为举止文明，待人接物行为得体。从而在公诉活动中，弘扬社会主义道德风尚，树立人民检察院文明司法的社会形象。

（三）培育公诉文化

公诉文化是指公诉队伍在长期的公诉活动中所形成的，并且为广大公诉人普遍认同并遵循的，具有公诉职业特色的价值观念、团队意识、行为规范和思维模式的总和。文化往往是一个团队或组织的软实力，而运用公诉文化的教化、引导、熏陶作用对公诉人行为进行规范则是一种更持久的柔性管理。

1. 公诉文化的核心是公平正义的价值观

公平正义是社会主义司法制度的价值取向，公诉人必须坚持党的事业至上，人民利益至上，宪法法律至上，努力在公诉活动中坚持公平与正义，坚持适用法律人人平等。维护社会主义法制的统一、尊严和权威，促进社会的和谐稳定。

2. 公诉为公、司法为民是公诉文化的基本理念

公诉人员必须善于运用法律思维，对案件和社会问题作出正确的价值判断。要坚持公诉权的人民性，以执法为民为公诉事业的追求，树立服从法律就是服从人民利益的意识，尊重、维护和保障人民权益。依法维护公共利益和社会秩序，防止诉讼角色的当事人化。提高国家公诉人的职业荣誉感、司法使命感和社会责任感，满足人民群众对司法公正的期待。

3. 增强公诉队伍的凝聚力是公诉文化的主要任务

通过促进文化认同，建立公诉人共同价值观，形成共同的工作理念，从而强化公诉

人的合作、信任和团结，使公诉队伍对每个公诉人形成巨大的凝聚力和向心力。要善于运用公诉人协会等公诉人员自治组织，促进工作交流，提升公诉人的职业意识和团队意识。

4. "五职教育"是公诉文化建设的有效途径

要对公诉干部进行有针对性的教育，用社会主义法治理念武装他们的头脑，指导公诉行为，要强化忠于党，忠于人民，忠于法律的职业责任教育；强化忠诚、公正、清廉、严明的职业道德教育；强化执法如山，刚正不阿，爱岗敬业，甘于奉献的职业精神教育；强化行为规范性，遵纪守法、不谋私利、令行禁止的职业纪律教育，使公诉人员通过教育养成严格、公正、文明清廉司法的自觉习惯和职业操守。

六、管理创新

创新是公诉工作持续发展的不竭动力。公诉工作机制随着诉讼机制的不断完善而不断发展，随着司法改革的进程而不断调整变化。庭审方式由纠问式向控辩式的转变，使公诉人出庭公诉的方式方法发生了根本改变。随着新的犯罪形式的出现，刑事诉讼举证责任在个罪上出现了倒置和转移。司法权力结构的调整使主诉检察官责任制应运而生。

管理创新必须遵循司法规律，在法律框架内进行。创新的目的在于使公诉工作充分发挥指控犯罪、保障人权，诉讼监督、维护法治的作用，更加体现公平正义，更加务实高效。公诉工作创新往往产生连带效应，审查起诉环节的创新往往会对侦查工作产生影响，而出庭公诉环节的创新则必然对审判工作产生影响。所以，公诉工作创新必须注重与侦查、审判机关的协作。有些新机制、新方法需要共同研究，协同推进。公诉管理的创新是一个持续的过程。在这个过程中，公诉工作者、公诉管理者是创新的探索者和推动者。公诉管理创新既有涉及诉讼格局的体制创新，也有工作运行方式的机制创新，还有公诉工作微观层面的方法创新。

1. 公诉体制创新是通过对司法权配置和诉讼结构进行调整

使公诉活动更加符合司法规律。在具有立法意义的创新活动中，我们是实践探索者和改革建议者。而改革创新的决策须通过法律修改进行。

2. 公诉机制创新是对公诉工作运行的方式、程序进行改革或出新

是制度层面的创新。只要不违反现行诉讼制度，在充分论证和试验的基础上，可以推行。如我们实行的公诉引导侦查取证制度，普通程序简化审理制度，刑事和解不起诉制度、量刑建议机制等都是对现行法律制度的完善和补充。

3. 公诉方法创新的着眼点在于提高公诉工作质量和效率

如公诉审查报告综合化，主诉检察官办案责任制，计算机网上办案等等，大大提高了工作效率，提高了公诉办案管理的效能。提高了办案管理的科学化、现代化水平。

4. 公诉管理创新的途径和方法

公诉管理创新要着力抓住三个支点：一是破解制约公诉工作发展的疑难点。影响和制约公诉工作正常发展，阻碍公正执法的疑难问题，往往是公诉管理工作的着力点，对这些问题的准确把握，有针对性地加以破解，从而实现公诉管理的创新。二是把握公诉工作发展的增长点。任何工作都有发展的空间，关键在于公诉管理者的认识和把握，抓住管理漏洞，弥补管理缺口。使公诉工作管理日趋完善。三是抓住公诉工作和全局工作的结合点，要始终在大局和全局工作中谋划工作，使公诉工作与法治建设、经济社会发

第四讲
公诉管理标准化体系建设

宋光文

研究标准化建设问题，实质就是研究"四个体系"建设问题。因为"四个体系"建设是标准化的核心内容。抓好了"四个体系"建设，就抓住了标准化建设的根本。所以，今天我和大家一起交流四个方面的看法。

一、完善"四个体系"建设是检察机关的治本之策，各级领导应当把其作为工作的重中之重

"四个体系"是指"执法规范化、队伍专业化、保障现代化、管理科学化"四个方面的制度体系。

（一）"四个体系"建设是省院新一届党组为全面提升检察工作水平而提出的宏观战略

1. "四个体系"建设的提出。"四个体系"是在2008年全省检察长工作会议上提出的未来五年检察工作发展规划和目标。它是在高检院提出"执法规范化、队伍专业化、保障现代化、管理科学化"要求的基础上，结合我省检察工作的实际，创造性地落实高检院工作思路和安排的理论成果。

2. "四个体系"建设的要义。把"四化"上升到"四个体系"，就是要突出制度建设，使各项检察工作起步有目标，干事有标准，办事有程序，结果有评价，奖惩有依据。实现检察工作由注重建设到注重管理的转变。

3. "四个体系"建设的目的。省院党组之所以如此重视"四个体系"建设，就是要利用和发挥制度的约束和引导功能，推动和确保检察工作由经验型向理论型转变，由自发向自觉转变，由"摸着石头过河"向"拽着绳索过河"转变。

4. "四个体系"建设的推进。为了落实"四个体系"建设的目标和规划，省院于2009年下发了"四个体系"《建设纲要》，明确了"四个体系"的主要内容、基本框架和实施步骤；同时决定开展标准化建设工作，并且成立了检察工作综合管理考评办公室，专门负责"四个体系"建设的规划、组织和协调。这表明了省院坚决推进"四个体系"建设的决心和信心。

（二）"四个体系"建设抓住了检察工作的根本问题，是一项功在当代、利在长远的基础工作

1. 制度建设的意义。制度是按照法定的程序制定的具有普遍约束力的规范，制度一旦制定、发布和实施，就具有刚性的特点，必须普遍遵守。制度是在系统理论指导下制定的规范，一般都体现规律，是人类智慧的结晶。制度也往往是对过去经验的总结和升华，是走向成功的捷径。因此，制定和执行制度，往往就是直接吸收了别人的工作成

果，是学习的一种形式，而且是最高的学习形式。

2. 制度的层次。制度具有狭义和广义两种理解。广义的制度是各种规范的总称，包括法律、司法解释、规则、办法、实施意见、细则等多种形式和载体。一般分为三个层次：一是关于体制方面的制度。主要载体是宪法和国家的基本法律。它规定的是事物的整体结构。二是关于机制方面的制度。主要载体是国家的基本法律和最高司法机关的有关司法解释，以及相关规定。它规定的是事物的运转原理和程序。三是关于具体操作方面的制度。这是狭义的制度。主要载体是执行者的主管机关为了正确地履行职责而颁布的具体规定，如实施细则、办法等。

3. 制度转换的成功经验。在我们的现实生活中，无论是社会的进步，还是经济的发展，或者是文化的繁荣，都是制度完善和转换的结果。可以说，没有制度的变革和进步，就不会有人类的进步。大家最容易理解和感受最深的应当是从计划经济体制向市场经济体制转变带来的巨大变化。由于这一转变，我国的物质产品极大丰富，综合国力明显增强，人们的思想观念深刻变化，社会的活力显著增强。

4. 制度建设的难点。尽管制度建设具有无限的优越性，但目前的制度建设状况仍有许多不尽如人意的地方。究其根本原因，在于制度建设有许多难点。一是对规律的把握需要逐步深入的过程。人的认识往往都要经历由浅入深、由现象到本质的过程，把握和运用规律的过程更复杂。不能很好的把握和运用规律，就谈不上完善制度。二是总结、提升经验需要相应的能力。要善于从具体到抽象，从个别到一般，总结出共性的东西予以固定。三是制度的转换往往意味着秩序和利益的调整，需要营造良好的环境，更需要胆识和魄力。

（三）目前是抓制度建设的最好时机，各级院应当抓住机遇、乘势而上

1. 各级领导重视，为抓制度建设提供了充分的动力。现在，抓"四个体系"建设已经成为高检院和省院领导的共识。省院领导几乎逢会必讲"四个体系"建设。陈凤超副检察长和政治部李瑞东主任亲自为这次培训班授课并作重要讲话更是很好的证明。谁注重制度建设谁的工作就主动，否则就将陷于被动的局面。

2. 学习和实践科学发展观活动的深入开展，为抓制度建设提供了难得的机遇。现在，全省各级院正在深入开展学习和实践科学发展观活动。学习的目的在于实践和落实。科学发展观是我们党在发展观念上的重大变革。要落实科学发展观的要求，必然需要我们在制度上做相应的变革。因此，加强"四个体系"建设是落实科学发展观的必然要求。

3. 深化司法体制和工作机制改革的大背景，为抓制度建设提供了广阔的空间。继《中央政法委员会关于深化司法体制和工作机制改革若干问题的意见》下发后，高检院先后下发了《关于深化检察改革2009—2012年工作规划》和《关于落实〈关于深化检察改革2009—2012年工作规划〉的工作方案》；目前，省委又召开了省司法改革领导小组第一次工作会议，并印发了《我省推进司法体制和工作机制改革近期工作方案》，对我省司法改革、检察改革做出部署。可以预见，在未来的一段时间内，检察改革将取得实质性进展。检察改革本身就是制度的变革和完善。在这一过程中，有些我们自己办不到的有机会办了。

4. 检察机关恢复重建30年的丰富经验，为抓制度建设打下了坚实的基础。检察机

关恢复重建30年来，我们经历了从计划经济向市场经济的转变，经历了从注重政治建设到注重社会建设的转变，经历了从以严打为主到全面贯彻宽严相济形式政策的转变，更为重要的是，我们经历了从单纯的法治理念向社会主义法治理念的转变。在这些转变的过程中，我们进一步理清了思路，认清了使命，掌握了规律，同时也积累了经验。只要我们善于总结，就能在制度建设方面跃上一个新台阶。

二、全面、准确地把握四个体系的架构，切实保证其形成严密的体系

（一）四个体系之间的关系

"四个体系"是从不同的侧面对检察工作制度规范的分类表述，关于检察工作制度规范的总称。因此，"四个体系"是一个整体，包括了检察工作制度规范的全部内容。但侧重点不同：

——执法规范化体系建设研究的是执法的准则，是"四个体系"的核心。因为检察机关是国家的法律监督机关，实施法律监督是检察机关的核心任务。其他三个方面的制度建设都是为执法服务的。

—— 队伍专业化体系建设研究的是执法的主体，是"四个体系"的根本。因为执法是靠人来进行的，人的素质和能力的高低直接决定执法水平的优劣。执法主体的素质不提高，其他三个方面的工作再好也要打折扣。

——保障现代化体系建设研究的是执法的条件和环境，是"四个体系"的基础。因为执法作为国家公共权力的体现和象征，必须依托一定的条件和环境，否则就是空中楼阁。执法的条件和环境得不到保障，执法的效果就难以得到保障。

——管理科学化体系建设研究的是执法的组织和监督，是"四个体系"的关键。因为执法是一项十分复杂的社会系统工程，资源分配和组合的程度以及权利的运转程序等都将对执法的力度、质量、效率和效果等产生重要影响。特别是在中国由人治向法治过渡的阶段，管理的水平将决定执法的水平。

（二）四个体系建设的现状

总体评价：检察机关的制度建设卓有成效，但也有不尽如人意的地方。

卓有成效表现在：执法规范化体系基本完善，队伍专业化体系初具规模，保障机制现代化体系日趋完善，管理科学化体系已露端倪。

依据：从蛟河市院制度清理的情况看，目前执行的制度共有341项。其中高检院下发的112项，省院下发的89项，吉林市院下发的51项，蛟河院自身制定的89项。按照四个体系的标准分类，执法规范化类122项，队伍专业化类60项，保障现代化类26项，管理科学化类132项。经过对现有制度的分析和研究，我们认为：在四个体系建设框架中，执法规范化体系、队伍专业化体系和保障现代化体系的构建基本成型，工作程序和标准比较明确，工作时基本有依据。薄弱环节是管理科学化体系建设。

不尽如人意表现在：已有的制度存在不科学之处。一是基于当时的司法理念，对社会效果关注不够；二是偏重于迎接检查，不易掌握，可操作性差；三是制定制度的主体往往是执行制度的主体，思路不够开阔；四是没有人研究对管理者的管理，制度没有闭

合；五是理论功底不足，科学性不强。

存在问题的原因：一是时代的局限性。我们缺少制度和工作的持续改进理念和机制，制度一旦制定，往往就是数年甚至数十年不变，使制度不能与时俱进，引入不了新的理念和成果。现存的制度往往带有明显的历史痕迹，体现不了时代的要求和特征。二是司法的特殊性。司法是特殊的国家权力，尽管我们始终强调要反特权思想、反霸道作风，但司法的强硬属性始终无法改变。在任何一个国家，公民参与司法的程度都是有限的。这使司法管理的外部动因不足。三是司法的复杂性。司法是基于对历史事件的描述而做出判断的过程，而非是对历史事件的摄录和复制。其中掺杂着诸多的法律关系和客观事实以及法律事实。对一个行为的司法判断，又往往涉及诸多社会问题，因此，对某些司法行为很难用统一的制度来规范。四是人员的流动性。如前所述，制度往往要蕴含规律、凝固经验，但目前检察机关人员流动较快，不利于学习和积累，导致制度建设经常半途而废。

（三）对"四个体系"建设的分类描述

1. 执法规范化体系建设

任务：提高案件质量，保证司法公正。

案件质量定义：按照社会主义法治理念的要求，高质量的案件应当是：实体正确，程序合法，监督到位，办理及时，效果良好。

为切实保障办案质量，执法规范化体系建设至少应当包括以下内容：

——执法流程。即执法的运转程序，包括执法各部门和各环节的对接以及内部的顺序。如《讯问犯罪嫌疑人工作流程》、《办理民事行政抗诉案件工作规程》等。

——执法标准。即执法的每一道程序和做出的每一个阶段性结论应该具备的基本要求。如《起诉标准》、《不起诉标准》、《侦查终结标准》等。

——岗位责任。即执法岗位的设置及其职责。

实际工作中，执法流程、执法标准和岗位职责往往结合在一起，形成《操作规范》或者《操作规程》。

目前执法规范化体系建设中存在的突出问题是：

——执法流程中诉讼参与人特别是刑事案件被害方的权利太少。

——执法流程中对贯彻四个始终重视不够。

——执法标准中缺乏社会效果标准。

2. 队伍专业化体系建设

任务：打造一支能够适应履行法律监督职能和辅助性工作的检察队伍。

为此，队伍专业化体系建设的内容至少应当包括：

——选人机制。

——人员配备机制和标准。

——人员分类管理机制。

——人员流动机制。

——培训机制。

——用人机制。

目前在队伍专业化体系建设方面存在的突出问题是：

——长期以来选人机制控制得不严，不适应工作的情况比较严重，按标准配备人员的制度得不到有效落实。

——分类管理和流动管理的界限把握得不好，难以形成复合型人才。

——实际上的用人机制体现不了专业化的要求。

3. 保障现代化体系建设

任务：使检察机关物质和经费保障与经济和社会发展相适应；与履行职能要求相适应。

为此，保障现代化体系建设至少应当包括以下内容：

——经费保障机制。

——经费正常增长机制。

——经费保障标准；装备配备标准，两房建设标准。

——经费使用和管理规则。

目前在保障现代化体系建设方面存在的突出问题是：缺少经费正常增长机制。

4. 管理科学化体系建设

任务：规范权力的运行，防止权力的错位，保障权力的行使，纠正权力的滥用，考评权力的效能。

为此，管理科学化体系建设至少应当包括以下内容：

——目标控制系统。

——质量控制系统（监控、分析、改进）。

——办案监督系统（检查、督办、备案、回访）。

——执法组织系统（机构和人员配备机制、内外关系协调机制，抗干扰机制）。

——过错追究系统（过错的认定，责任的追究）。

——工作考评系统（考评办法，考评标准）。

管理科学化体系建设方面存在的突出问题是：已有的管理制度，多是针对具体事项制定的，缺乏宏观的管理制度，在规范管理者自身行为方面存在漏洞（缺少基层领导班子管理工作规范和上级院的管理规范）；管理方式分散，缺乏统一的行之有效的管理手段和机制（如省院各部门的工作调度制度、督办制度和工作总结制度差异很大）；管理权力和管理义务界定得不够科学，管理不够规范（只有权力没有义务的现象相当严重）。

管理制度缺失对检察工作的影响是很大的。

一是制度不闭合，执行中有空档。检察工作的四个体系是按照检察工作主要内容及标准划分的，但却是相互联系的统一整体，缺一不可。管理体系建设的水平，在某种程度上决定着其它三个体系的完善和落实，是其它三个体系建设取得成效的手段和保障。管理制度规范不完备，致使四个体系在制度层面上不闭合，在实际工作中运转到管理层有时出现断档，制约了四个体系建设目标的实现。

二是管理要素不健全，管理没有形成体系。从检察工作的实际需要看，管理的全过程应当是从目标管理入手，通过流程管理对实现目标进行过程控制，最后运用绩效考评管理对目标的实现情况进行考核和结果运用。目前我省一些院没有把目标管理和绩效考评管理纳入管理体系，往往是因领导的爱好而定。很难形成工作力度、质量和效果有机统一的局面，未能充分调动人员的积极性。

三是管理受人为因素影响较大，易出现管理无序状态。我省基层院的普遍情况是对微观管理研究得多，对宏观管理研究得少，导致的结果就是工作受管理者人为影响较大，检察长（管理者）个人素质能决定一切。

基于以上认识，我们认为，"四个体系"建设的当务之急是加强管理科学化体系建设：

一是建立目标管理办法，引入目标管理机制。目标是管理的必备要素，没有目标就谈不上管理。引入目标管理机制，既能加大工作力度，又能提高工作质量和效果。这是由中国初级阶段的国情决定的，没有必要对其合理性进行探讨（人治和法治并存）。具体应当包括：设定目标的依据，程序，目标的分解和细化，目标的落实。

二是建立绩效考评办法，引入绩效考评机制。目前省院的业务指导部门都有绩效考评机制，但缺少省院的整体考评机制。在实践中引发的矛盾是：从省院看，管理比较分散，难以形成管理的合力。从基层看，分管领导和部门负责人的责任和压力较大，一把手的压力和责任较小，不足以引导一把手把精力投放到全面管理中。引入整体绩效考评机制就能促使一把手抓全面工作，有效杜绝基层主要领导顾此失彼、只抓亮点不抓基础的现象。具体应当包括：考评的标准，主体，程序，考评结果的运用。

三是优化工作总结机制。由于工作总结机制不完善，各地的工作总结存在明显的功利色彩和简单化倾向。今后要通过优化工作总结机制，丰富工作总结的内容，加大工作总结的力度，强化工作总结的效能。要把对制度的改进和目标管理的调整纳入到工作总结中，依据总结的成果调整下一循环的目标管理、过程控制和绩效考评，实现检察工作的持续改进。具体应当包括：总结的内容，主体，总结的方法，总结结论的运用。

四是建立领导班子管理工作规范，明确班子的管理责任。明确班子应当履行哪些管理职责。总体上应当将目标管理、过程控制和绩效考评的关键环节和重大问题都纳入到班子的管理职责中。具体应当包括：班子的管理职责，履行职责的程序和方式，对班子履职的监督。

三、以改革的精神完善四个体系建设，促进检察工作科学发展

（一）科学发展观对检察工作的指导意义

现在，全省各级检察机关都在深入开展学习实践科学发展观活动。科学发展观就是以人为本，全面、协调、可持续的发展观。这是我党在发展观念上的重大变革。科学发展观的实质是按照客观规律办事。

1. 以人为本是相对于过去的以物为本和以集体为本而言的，强调要尊重人、理解人，调动人的积极性，激发人的潜能。对检察工作来说，就是要尊重干部的主体地位，调动干部的积极性，同时要尽可能地尊重当事人的意愿，把公共权力和私人权利结合起来。

2. 全面发展是相对于过去的片面发展而言的，强调的是发展的普遍性，要求工作的各个方面和各个领域都要发展，不能抓住一点不及其余。对检察工作来说就是要兼顾办案和监督，兼顾配合与制约，全面提升案件质量。

3. 协调发展是相对于过去的不均衡发展而言的，强调发展的平衡性，要求局部的发展要符合整体发展的需要，局部的发展要跟上全局发展的步伐。对检察工作来说，就

是要处理好公正和效率、打击和服务的关系，既要紧跟时代的步伐寻求自身的发展，又要服务于全局的发展。

4．可持续发展是相对于过去的破坏性发展而言的，强调发展的永久性，要求当前的发展要符合长远发展的趋势，当前的发展要为未来的发展留下适当的空间和资源。对检察工作来说，就是要合理调整工作和学习、工作和休息的关系；抓好队伍建设，加强保障建设；不断地总结和反思自身的工作，促进工作的持续提高。

（二）设定制度时必须注意的问题

按照科学发展观的要求，在建设"四个体系"的过程中必须注意处理好以下几个关系

1．权力和义务的关系。义务是制度的主要内容，是执行制度的主体必须遵守的规范。但执行制度应有相应的权利作保障。一个完整的制度体系必须为履行义务提供充分的保障。

2．公正和效率的关系。公正是司法的最高价值追求，但不应忽略效率。这是由我国目前司法的主要矛盾决定的。目前制约司法的最大问题是司法资源不足，必须向效率要出路。

3．责任制和一体化的关系。司法的亲历性要求必须落实责任制；但执法的复杂性，特别是排除执法的干扰需要建立一体化机制。

4．严打和轻缓的关系。增强群众的安全感需要严打，但构建和谐社会需要贯彻宽严相济的刑事司法政策。要根据当地社会治安的实际情况，适时明确宽和严的范围。

5．一般和重点的关系。制度体系的完善性要求照顾全面，不留死角；但制度的有效性要求突出重点部位和重点人员以及重点问题。

6．配合与制约的关系。检察机关的职能是监督，制度建设必须有利于强化法律监督，但中国特色政治制度要求在配合的基础上加强制约和监督，不能脱离配合讲监督。

7．法律标准和社会标准的关系。入罪要坚持法律标准，处理要考虑社会标准。在制定案件的处理标准时应当引入社会标准的因素，不能把法律标准机械化。

8．继承和创新的关系。制度建设首先是一个继承的过程，一切有用的东西都要继承，但继承并不否认创新，在继承的基础上要敢于突破前人，吸收先进的理念和成果。

四、标准化是"四个体系"建设的有效载体，各级院应当以标准化建设为契机全面加强"四个体系"建设

日前，省院以吉检发[2009]9号发布了《吉林省检察机关标准化建设试点工作方案》。关于标准化的内涵、标准化的理论依据以及如何推进标准化建设等问题已作详细阐述，不再重复，重点谈五个问题。

（一）为什么引入标准化概念?

所谓标准化，是指对重复出现的概念和事物作出统一规定的过程。标准化有三项内容：产品标准化，工作标准化，管理标准化。标准化有四条原理：简单，协调，统一，优化。之所以引进标准化概念，一是因为标准化和检察管理的需求基本适应。二是标准化能成为推进检察管理的有效载体，通过检查验收能督促和推进检察管理的深入开展。

（二）为什么确定了省和基层两个层面的试点单位？

省院在充分征求有关意见的基础上，决定在长春市绿园区院、蛟河市院、吉林市丰满区院、梅河口市院、敦化市院、双辽市院、白城市洮北区院、乾安县院、东辽县院、靖宇县院，侦查监督处、公诉一处、反贪局综合处、反渎局侦查指挥中心、监所处、民事检察一处、办公室、信息处、宣传处开展标准化建设试点工作。其目的是实现标准化建设的上下互动。因为有些制度的建立和清理仅仅靠基层的工作是完成不了的，需要省院的支持和带动。

（三）标准化建设最终要达到什么目标？

使检察机关工作有目标、干事有标准、办事有程序，奖惩有依据，努力打造职能配置科学、岗位职责明确、基础保障有力、工作作风扎实、实体处理正确、办事程序规范、履行职责到位、社会反映良好的检察院，为在全省推行检察机关标准化建设树立榜样、积累经验、破解难题。

（四）标准化试点工作的主要内容是什么？

标准化建设试点工作的主要内容是：在同时引入目标管理、过程控制和绩效考评三个管理机制的基础上，实行网络化办公和办案。

——实行目标管理机制。建立目标管理办法，全面实行目标管理。既要设定宏观工作目标，又要设定具体的工作目标，明确每项工作任务的完成标准，解决只确定任务不确定标准的问题。要将工作目标细化、分解到具体的部门和责任人员，以此提升工作的力度，确保履行职能到位。

——实行工作流程控制机制。科学合理地设定工作流程，完善各环节的工作程序，明确各环节的工作标准，落实各环节的责任人员，强化对工作的检查和监督，建立工作的持续改进机制。

——实行工作绩效考评机制。建立工作绩效考评办法，逐级落实工作绩效考评。明确绩效考评的主体、标准、程序和奖惩办法，科学运用考评结果，将考评结果与对制度的改进对接，与对目标管理的调整互动。

——实行网络化办公、办案机制。全面推行网络化办公，实现信息网上流转；推行网络化办案，提高工作效率；推行网络化管理，提高管理的科技含量。

（五）标准化建设试点工作方法是什么？

标准化建设试点工作应从对现有检察制度的清理整合入手，通过制度的"立、改、废、补"，构建完整统一、清晰简捷、操作便利、执行有力、具有自我完善功能的制度体系。因此，标准化建设不是对过去制度的全盘否定，不是制度的推倒重建，而是制度的清理和整合、补充。

结论：在变革的年代，制度建设比任何一个时期都重要，因为有许多新的理念、新的改革成果、新的规律、新的经验需要用制度来固定；也正因为如此，当前和今后一个时期内，制度建设的任务比以往任何一个时期都要繁重。在这样一个特殊的时期，只有抓住制度建设这个根本，才能实现检察工作的与时俱进，否则，就将落后于形势的发展。能否抓好标准化建设，是对管理者是否合格的直接和严峻考验。

第五讲
怎样当好公诉部门负责人

侯立群

我国宪法规定，人民检察院是国家的法律监督机关。最高人民检察院确定的"强化法律监督，维护公平正义"的检察工作主题，充分体现了检察权的宪法性质，是包括公诉在内的所有检察工作的根本指针。在我国，公诉工作是法律监督的重要组成部分，检察机关在依法指控犯罪的同时，对刑事诉讼活动实施法律监督，是中国特色社会主义检察制度的重要特征，而履行指控犯罪和诉讼监督这两项公诉基本职能，都必须以办案质量为基础和保障。因此，全体公诉人员特别是公诉部门负责人在深入学习实践科学发展观的过程中，都要进一步深化对中国特色社会主义检察制度的理解，深刻认识公诉权的法律监督性质，正确把握当前公诉工作面临的形势和任务，坚持用科学发展观统一执法思想，统揽全部公诉工作，自觉把依法指控犯罪、强化诉讼监督和提高办案质量统一于公诉工作的全过程。

公诉职能是检察机关法律监督职能的重要组成部分，公诉工作在检察工作中占有重要地位。近年来，在各级领导的关心和指导下，长春市朝阳区人民检察院的公诉工作紧紧围绕区委、区政府工作大局，认真贯彻落实"加大工作力度，提高执法水平和办案质量"的总体要求，依法履行公诉职能，为打造和谐朝阳、维护公平正义作出了一定贡献，取得了一定的成绩。2007．2008．2009年连续三年在长春地区检察业务对口评比中获得优胜单位，2008年又被吉林省检察院评为公诉业务改革先进单位。但是我们也要清醒地看到，作为振兴东北等老工业基地的重要组成部分，在建设农业大省、工业大省、生态大省的过程中，同全国大部分地区一样，我省也正处在人民内部矛盾凸显、刑事犯罪高发、对敌斗争复杂的时期，影响和谐稳定的因素大量存在，维护稳定的任务十分繁重；在刑事诉讼中违法办案、司法不公、贪赃枉法等问题依然存在，社会各界对检察机关法律监督的期望越来越高，检察机关的公诉工作面临着新的形势和任务，我们的公诉工作和公诉队伍还有很多不适应的地方。为此，作为公诉部门的负责人，就必须以科学发展观为指导，以服务大局科学发展和促进公诉创新发展为基本点，深入践行检察工作主题，坚持"维护稳定，强化监督，保证质量，注重效果"的总体思路，严格执行刑事法律，准确把握刑事政策，切实保证办案质量，锐意创新公诉机制，大力开展岗位练兵，全面加强能力建设，进一步提升公诉工作水平，做好以下几个方面的工作：

一、正确树立公诉理念，准确把握刑事政策

代表国家提起公诉、指控犯罪是检察机关的基本职责，公诉工作居于追诉犯罪的重要环节，在国家刑事诉讼中处于承前启后的地位。公诉职能是国家法律赋予检察机关的重要职能，是刑事诉讼监督的有机组成部分。正确履行公诉职能，直接体现着检察机关

的执法水平，关系到国家的法治形象。基因于此，作为公诉部门的负责人，必须树立正确的公诉理念，准确把握刑事政策，正确认识公诉权的法律监督性质，增强贯彻做好公诉工作的自觉性，坚决地而不是敷衍地、具体地而不是笼统地把检察工作主题的要求贯彻落实到公诉工作中，全面准确把握公诉工作的职能和任务。这就要求在日常的公诉工作中，以法律监督为主线，以办案为载体，以质量作保障，全面抓好依法指控犯罪、强化诉讼监督、提高办案质量三项工作，努力推动公诉工作全面健康协调发展。同时，必须坚持指控犯罪与诉讼监督并举，坚持忠实于事实和法律，坚持惩治犯罪与保障人权相统一，坚持力度、质量和效率的有机统一，坚持分工负责、互相配合、互相制约，坚持正确贯彻党和国家的刑事政策。在当前社会矛盾错综复杂的情况下，尤其要自觉用宽严相济的刑事政策指导公诉工作，把严格执行法律与贯彻刑事政策有机统一起来，把办案的法律效果与社会效果有机统一起来。

应该肯定的是，自80年代以来屡次开展的"严打"对于有效遏制犯罪高发势头、保证国家治安稳定具有重要意义。但近年来的社会实践证明，一味从严打击犯罪并不能解决一切社会矛盾及犯罪问题，甚至在一定程度上还会激化某些社会矛盾，增大维护社会和谐稳定的司法成本。党的十六届四中全会提出了"宽严相济"的刑事政策，检察机关与时俱进适时推出"对轻微犯罪依法从宽处理，对严重犯罪中的从宽情节要依法予以宽的体现，对犯罪的实体处理和适用诉讼程序都要体现宽的精神"的轻缓刑事政策，并在构建社会主义和谐社会中取得良好的效果。这就要求我们建立快速办理轻微刑事案件的工作机制。近年来，我区刑事案件数量虽呈增长的趋势，但轻罪案件占有较大的比例。近三年来，我区年平均公诉案件数为每年660件左右，三年以下案件占40%左右。一方面，刑事案件不断增多，轻罪案件所占的比例较大；另一方面，司法资源紧张，案多人少矛盾突出，朝阳院公诉科现有人员12人，2007年成立了公诉二科，现有5人，专门办理未成年人犯罪案件。办案人员压力大，基本处于超负荷工作。为合理配置司法资源，提高办案效率，公诉部门及时改进办案分工，实行简繁分流工作机制，对案情简单、事实清楚、证据确实充分、可能判处三年有期徒刑以下刑罚、犯罪嫌疑人认罪的案件，指定专人办理，同时简化该类案件办案文书，缩短办案期限，依法建立了轻微刑事案件快速办结运行通道，确保有限的司法资源向办理重大、疑难、复杂案件倾斜，提高了公诉部门的整体效能。同时，还要建立轻微刑事案件办案协调机制。我们设想：[公诉部门要与本院及公安、人民法院相关部门协调，就轻微刑事案件建立了一套比较完善的"快侦、快捕、快诉、快审"的工作机制。即：事实清楚，证据确实充分，且可适用简易审程序的案件，公安机关认为可以适用快速通道程序并需要逮捕的案件，原则上应当在刑拘后3日内提请检察院批捕，检察院对启动快速通道程序的案件应当在受案后24小时内作出是否批准逮捕决定；并建议公安机关在3日内将案件移送审查起诉，对适用快速通道的案件，公诉部门应当在24小时内将委托诉讼代理人、辩护人告知书分别送达被害人和犯罪嫌疑人，并在受案后15日内做出是否提起公诉的决定，法院受理案件后，除附带民事诉讼的案件外，应当在20日内开庭审理并作出判决。为此，要重点关注三种处理方式的适用：一是依法适用不起诉；二是依法适用量刑建议；三是依法适用简易程序和普通程序简化理]。同时要重点关注四类案件：第一，对未成年人涉嫌犯罪案件我们坚持"教育、感化、挽救"的方针和"教育为主、惩罚为辅"的原则。第二，对民事纠纷引发的轻微刑事案件，着眼实现恢复性司法，依法从宽处理。第三，对于初次实施轻微犯罪、主观恶性小的犯罪嫌疑人，特别是对因生活困难，偶然发生的盗窃等侵财轻微犯罪的犯罪嫌疑人，我们着眼社会和谐，着眼个人的长远发展和社会的长治久安，在法律规定范围内予以从宽处理。第四，正确处理群体性事件中的犯罪案件。坚持从惩治少数，争取、团结、教育大多数的原则出发。对一般参与者，慎重提起公诉，对确需提起公诉的，也依法向人民法院提出从宽处理的意见。

二、依法指控刑事犯罪，全力维护社会稳定

作为公诉部门的负责人，带动公诉部门依法履行指控犯罪职能，全力维护社会稳定是首要的工作职责和基本的工作任务。为此，就必须在加强政治理论学习的同时，不断强化法学基础素养的形成尤其是业务技能的锻造，练就一身过硬的业务本领，敢于在重大疑难复杂的案件上"叫板"，从而在树立良好业务形象的同时不断提升业务公信力，进而拉动整个公诉队伍综合能力的提升。作为负责人，首先自身就应该具备扎实的法律专业功底和较广的知识面、正确的执法理念、正确理解刑事司法政策良好的心理素质和思考应变能力、较强的语言表达和写作能力。为此，一是要突出打击重点，依法严厉惩治严重犯罪；二是要正确把握起诉条件，做好审查起诉工作；三是要提高出庭公诉水平，增强指控犯罪效果；四是要提高办案效率，增强打击犯罪的时效性。需要特别指出的是，在前述各项中，出庭支持公诉是指控犯罪的关键。作为公诉部门负责人必须在深入总结工作经验的基础上不断完善出庭公诉工作制度，针对不同类型的案件，研究制定举证、质证规则，规范、指导出庭公诉工作。认真做好出庭准备工作，围绕案件的重点和争议焦点，制定周密的出庭预案。对于重大、疑难、复杂案件，要选派优秀公诉人或者带头出庭支持公诉。必要时要协请检察长、主管副检察长亲自出庭，近几年，省院也要求检察长、主管副检察长亲自出庭，每年也都有出庭的任务。在出庭时要灵活运用出庭谋略和出庭技巧，切实增强庭上应变能力，妥善应对庭审中出现的问题，对被告人翻供、证人翻证的，要综合运用全案证据揭露和证实犯罪，必要时依法建议延期审理。实践中，律师取证及被告人提供的证据一般来说有两种情况：一是在开庭前由律师直接提供给公诉人或者由法院转交给公诉人；第二种是开庭时律师当庭出示，搞突然袭击。第一种情况，公诉人有时间复核，第二种情况公诉人没有准备，有的证据影响定罪量刑，公诉人又无法判断是否真实，当庭就无法质证，这时公诉人就应当以出现新证据，需要复查，及时建议休庭，延期审理。这样，公诉人就有时间复核辩方的证据了。对于法庭审理活动违反法定程序、严重侵犯诉讼参与人诉讼权利，可能影响公正审判的，应当立即建议休庭，并在休庭后依法提出监督意见。要加强对出庭支持公诉工作的跟庭考核，总结推广出庭经验，组织优秀庭评选，促进出庭公诉水平的提高。要严格遵守法定诉讼期限，努力加快办案进度，确保在公诉环节不贻误对案件的处理，切实防止为延长办案时限滥用退回补充侦查权，坚决杜绝在公诉环节出现超期羁押。

在司法实践中，要时刻注意树立牢固的证据意识，提高运用证据的能力和水平。公诉工作的核心，是审查证据判断案件性质，运用证据指控、证实犯罪。审查证据材料必须全面、客观，既要注意对犯罪嫌疑人、被告人有罪、罪重证据的审查，也要注意对无罪、罪轻证据的审查。准确把握"犯罪事实清楚、证据确实充分"的证明标准，研究制

定常见犯罪的证据参考标准，不断提高运用证据的能力和水平。要坚持以证据为本，加强对证据的审查判断，贯彻"疑罪从无"的原则，坚决排除非法证据。

三、大力强化诉讼监督，积极促进司法公正

作为公诉部门的负责人，在模范履行岗位职责、有效指控犯罪的同时，还要时刻树立法律监督意识，在公诉工作中加大刑事诉讼监督力度，努力维护司法公正。依法对刑事诉讼活动实行法律监督，是公诉工作的重要任务。早在2002年12月，高检院就提出："各级检察机关要统一执法思想，增强监督意识，将刑讯逼供、暴力取证、徇私枉法造成错误裁判、有罪判无罪、量刑畸轻畸重、职务犯罪案件量刑失衡等作为监督重点，依法强化对侦查、审判和死刑执行活动的监督，努力维护司法公正"。应该看到，公诉环节的诉讼监督覆盖刑事诉讼全过程，在检察机关法律监督整体格局中具有重要地位。公诉部门以维护司法公正、树立法治权威为目标，按照依法、坚决、准确、有效的监督原则，对侦查、审判活动和死刑复核及死刑执行活动实施的监督，对于进一步加强对检察机关办理职务犯罪案件的内部监督制约，努力保障法律的统一正确实施有着重要而深远的现实意义。在工作中，公诉部门的负责人既要充分履行诉讼监督职责，充分用好法律赋予的监督手段，加大监督力度，又要注意提高监督的质量，改进监督的方式方法，加强与被监督机关的沟通和联系，共同维护司法权威。

在日常的工作中，必须坚持依法、坚决、准确、有效的诉讼监督原则，不断加强对侦查活动的监督，重点加强对刑讯逼供、暴力取证等严重侦查违法行为的监督，坚决依法排除非法证据；尤其要加强抗诉工作，强化对刑事审判活动的监督。要依法运用抗诉手段，加大刑事审判监督力度。认真执行《人民检察院刑事诉讼规则》以及其他关于刑事抗诉工作的规定，符合抗诉条件的应当坚决依法提出抗诉。根据当前抗诉实践，对于具有以下情形之一的，应当认为有抗诉必要，依法提出抗诉；（1）人民法院采信自行收集的证据，未经庭审质证即作为裁判的根据，导致裁判错误的；（2）人民法院不采纳公诉人庭前收集并经庭审质证的有效证据，仅因被告人翻供而判决无罪或改变事实认定，造成错误裁判的；（3）人民法院审判活动严重违反法定诉讼程序，或者审判人员在审理案件过程中有贪污受贿、徇私舞弊等行为，影响公正裁判的；（4）判决、裁定认定事实或者适用法律错误，量刑虽然未致畸轻畸重，但社会影响恶劣的；（5）因重要事实、法定情节认定错误而导致错误裁判，或者因判决、裁定认定犯罪性质错误，可能对司法实践产生不良效应的。抗诉问题，我想公诉部门负责人应当多做一些工作，首先，是在审查法院判决书时要认真发现问题，这要求对实体法及刑罚，还有程序法的准确理解；第二，是要敢于提出抗诉，第三，提出抗诉后要重点向上级院公诉部门说明抗诉理由，争取上级院的支持，这一点非常重要，抗诉案件是否成功，关键是上级院的支持力度是否够大。总之要综合运用多种监督手段，加强诉讼监督。要正确处理监督目的与监督手段的关系，拓宽监督思路，讲究监督方法，采取口头监督与发《检察建议书》、《纠正违法通知书》相结合，即时监督与事后监督相结合，个案监督与类案监督相结合等方式，综合运用多种监督手段，加大监督力度，增强监督效果。要加强宏观监督，注意对一定时期内侦查、审判活动中存在的问题进行归纳、分析，有针对性地提出监督意见和建议，督促侦查机关、审判机关纠正。对于提出的监督意见，要逐件跟踪。对排斥监督或者经监督仍不纠正的，可以向

同级党委、人大报告，或者采取通过上级检察机关向被监督单位的上级机关通报的方式进行监督。

四、切实保证办案质量，不断提高工作效率

公诉部门的负责人必须充分认识到，办案质量是公诉工作的生命线。在日常的诉讼活动中不断强化质量意识，加强执法规范化建设，完善案件质量保障体系，促进公正执法，保障办案质量。为此，一是要规范公诉业务流程。大量的法治事实无不证明，业务规范化建设是促进公正执法和保证办案质量的重要条件。在高检院出台全国一体遵行的《公诉工作操作规程》之前，应该按照省市院的要求，结合鲜活的公诉实践，不断总结经验教训，逐步规范公诉业务流程，完善监督制约机制，运用信息化手段加强案件质量和办案活动管理，有效保障公诉权依法正确行使。二是要建立和完善公诉案件考评体系。要通过建立科学的公诉案件考评体系，形成符合"加大工作力度，提高执法水平和办案质量"要求的工作导向，促进公诉工作全面、健康发展。三是要制定和完善公诉案件证据标准。省院公诉处出版的《公诉案件证据参考标准》一书以其客观全面的理论性和周到细致的实用性为业内人士所热评，对于当前的一线公诉工作大有神益，我们已经并将继续组织公诉部门认真参照使用，以弥补当前全国性统一公诉案件证据标准模糊的难题。四是要建立案件特别备案审查制度。要坚持依法独立公正行使检察权。为保证办案质量，凡具有以下情形之一的，必须及时将情况报上一级人民检察院公诉部门备案：（1）职务犯罪大案、要案；（2）在当地有较大社会影响的敏感案件和新闻媒体关注的案件；（3）协调意见与检察机关意见不一致的案件；（4）参与协调的司法机关之间意见分歧较大的案件；（5）其他需要备案的案件。五是要完善公诉案件质量预警机制。要严格执行《人民检察院公诉部门实行办案质量预警机制的规定（试行）》，对无罪判决、不起诉、撤诉、抗诉等重点案件的质量状况实施动态预警，及时解决办案工作中存在的问题。

公诉部门的负责人在大力规范本部门的公诉工作，不断提高办案质量的同时，为确保公诉权依法正确行使，还必须外向拓源、内向挖潜，不断完善公共资源的合理配置，力求降低诉讼成本提高社会产出，不断提高公诉工作效率。

五、深入破解工作难题，切实加强业务指导

当前，在全国范围内，公诉工作都面临着诸多难题，亟待破解良方。作为公诉工作的一线带头人，在苦觅良方的过程中，公诉部门负责人自然是责无旁贷。公诉工作面临的难题主要有以下几个方面：

（一）队伍构成方面

1. 公诉队伍人员数量不足。根据多年的办案实践，结合公诉部门办案程序环节、办案质量等方面的客观要求和承办人身体健康、风险压力的承受程度分析，公诉部门的人数应参照以下两个标准来确定：一是公诉部门的人数应当是批捕部门人数的两倍左右，检察机关人数最多的部门应当是公诉部门；二是公诉部门人均每月办案数应以2件为宜，每人每年的办案数在25件左右比较妥当。有的基层院公诉部门年人均办案数近50件，办案最多的办案人一年办理公诉案件130余件。人员数量不足必然会带来案件难以

正常运转的问题，人均办案数无限制地逐年增多必然会造成案件质量上的隐患。这就要求公诉部门负责人只能利用现有的力量，合理使用，发挥每个成员的特长和潜能，科学分配案件和工作项目，向管理要效益。要根据部门人员的变化及时调整任务分配。

2. 公诉人员整体素质不高，尤其是基层院。一方面，近几年由于检察机关减编缩员、竞争上岗、双向选择干部人事制度改革力度加大等原因，公诉骨干流失现象非常严重；另一方面，近几年检察机关公开招考的人员有部分分到公诉部门办案，这些新招录的人员除了都面临着过司法考试难关的强大压力外，客观上他们在办案中都需要有一个学习、磨练的过程，根据多年的办案实践，一个称职公诉人的培养煅炼期至少要在三年以上、一个优秀公诉人的培养煅炼期至少要在五年以上，这两方面的原因使得近年来公诉部门普遍存在着队伍青黄不接的断层现象。

3. 公诉队伍基础不够稳定。一方面公诉部门人少案多、工作辛苦、工作要求高、工作风险大、工作压力大，另一方面公诉部门人员付出的辛劳与得到的酬劳又不成正比，得到的酬劳、待遇与其他工作量较轻的部门相同，使得公诉队伍的基础不够稳定。

（二）工作任务方面

一方面公诉队伍普遍存在着人数不足、素质不高、待遇偏低、骨干力量较少、队伍不稳定等问题，另一方面公诉工作任务却又越来越重，近几年来公诉部门受理的案件数大都逐年攀升，公诉工作任务量存在着一年比一年重的严峻问题。这里面既有经济社会深刻发展变化方面的原因，也有公安机关侦查力量的因素，同时也不能忽视公诉部门人员数量相对减少的现实。检察机关为了整体工作能正常运转，不得不统筹兼顾将公诉部门的人员调剂到其他部门以确保各项工作都能正常运转，这使得公诉部门人数越来越少、人均工作任务量越来越重。

（三）工作要求方面除了公诉工作任务越来越重外，公诉部门的人员还面临着办案要求越来越高、工作压力越来越重、办案风险越来越大的问题

1. 一系列错案使得公诉案件的质量要求越来越高。

2. 随着法制建设的不断深入，证据要求、执法理念越来越高。

3. 公诉部门办案人员的压力越来越重、风险越来越大。

有鉴于此，我认为当前必须围绕"一个中心、两个基本点"开展公诉工作。这里所谓的"一个中心"是指以抓公诉队伍建设为中心，"两个基本点"是指以保证案件审限、保证案件质量为基本点。促进公诉队伍建设的方法有两种：一是规范化，二是职业化。其中，抓公诉队伍建设最直接、最现实的方法是走公诉工作规范化之路，而公诉队伍建设的长远之计则是公诉人职业化。从公诉工作的长远发展着想，检察机关应当为公诉部门保留骨干、稳定队伍，在规范化、职业化目标的指导下切实抓公诉队伍建设。为此有必要为公诉部门正确定位。应该认识到，公诉部门是检察机关最重要、最关键的业务部门之一，同时公诉部门也应当成为检察机关煅炼培养考验人员的重要部门。例如：公诉人可以不到其他科（处）室任科（处）长，但可以享受相同的职级待遇。从公诉工作的现实考虑，检察机关应当为公诉部门增加人数、提高待遇。作为公诉部门的负责人，必须积极向上级部门特别是院党组反映实际状况，争取保证最起码的办案人数、争取适当地给公诉部门工作人员予相应的经济待遇、争取给予公诉部门工作人员与考核结果相适应的政治待遇。

公诉部门的负责人不能简单地满足于自我公诉技能的高超，而应有意识地加强对公诉部门工作人员的业务指导，以带动整体公诉能力的提升。这方面的经验包括对刑事法律有深刻的理解，包括实体法律，对案件的定性、证据的把握、法律的适用等等。特别是在程序法律的实际运用方面要有侦查经验，具备引导侦查的能力和对侦查工作的监督能力。比如应该指导公诉人员在认真阅卷分析、全面掌握案情的基础了认真全面审查和复核证据。并据此精心制作法律文书，做到引用法律准确无误，尤其要搞好庭前预测，做到知己知彼，百战不殆。基层检察院公诉部门人员实际状况，我认为不是很乐观，一是真正具备独立办案能力，真的能够很好的处理疑难案件，能够独立解决办案中遇到的实体和程序上的问题的人，不是很多，多数人在办案中，遇到问题依靠科长及检察长，有的可能也是案件多，遇到问题甚至不去查阅书籍，直接问科长。多数办案人制作的《起诉书》需要修改。为此，应该着力引导公诉部门的工作人员做好以下几个方面的技能储备：一是要提高法理水平，做到"会审"。二是要提高论辩水平，做到"会说"，起码汇报案件应当说清案情，好一点的要有论辩技巧。三是要提高文字水平，做到"会写"，起码要求要具备独立制作《审查报告》、《起诉书》等法律文书。好的公诉部门的负责人，说指导可能都不准确，应当是教会新人办案，像老师教学生一样，要带出一批称职的公诉人。

此外，在新《律师法》施行的背景下，应该注意到，律师会见权的强化，可能给个别案件犯罪嫌疑人及其亲属干扰作证甚至串供提供有利条件；辩护律师调查取证权扩张，可能为辩方对证人施加不良影响，干扰证人如实作证提供便利；辩护律师阅卷权的扩大，可能造成辩方与控方相比案件信息获得权的单方面扩大，为公诉人出庭指控犯罪增加难度；辩护律师出庭意见发表权的强化，可能加剧庭审控辩双方对抗的激烈程度，对公诉人出庭公诉能力提出更高的要求。这就要求在日常的工作指导中，一是要切实转变思想观念，以积极的心态去迎接法律规定的新要求。二是要加强与侦查机关（部门）的沟通配合，整合打击合力。三是要有针对性地调整工作思路优化工作机制，削弱不良律师可能对案件追诉活动的影响力。诸如加强审查起诉阶段的主证、主罪复核，对案件证据体系进行必要的"加固"；加快审查起诉速度，以"快"制"敌"；强化对抗意识，针对辩护律师的会见、取证行为进行恢复性工作，将辩护律师对案件证据的"冲击"力度降至最低；加强庭审控庭能力的培养，提高公诉应变能力等等。

六、逐步夯实队伍建设，大力提升监督能力

国家公诉人的特殊使命和身份，要求公诉队伍必须是一支高素质的专业化队伍。作为公诉部门的负责人，要紧密结合公诉职业特点，大力加强公诉队伍专业化建设，加强公诉队伍的思想政治和职业道德建设，努力提高审查判断证据、正确适用法律、出庭支持公诉、履行诉讼监督职责和加强公诉业务领导、指导的能力。切实关心和爱护公诉队伍，支持和保护秉公执法的干警，解决各种实际问题，努力做到用事业留人，用感情留人，用适当的待遇留人。为此，一是要加强公诉职业道德建设。树立正确的权力观、地位观和利益观，强化职业自律意识，严格恪守忠诚、公正、清廉、严明的检察官职业道德规范，坚决抵制办案中的干扰和各种腐蚀诱惑，自觉接受监督，努力做到依法公正行使公诉权。二是要加强公诉职业能力建设。要围绕依法正确履行公诉职能，重点提高

审查判断证据、正确适用法律、出庭支持公诉、履行诉讼监督职责和公诉业务指导的能力。结合高检院不久前开展的全员岗位练兵活动，通过出庭实践和组织出庭观摩、案例研讨、业务竞赛等，积累办案实践经验，提升公诉业务水平。三是要强化公诉职业责任。要切实强化公诉人员的职业责任，完善公诉工作责任追究制。四是要严明公诉职业纪律。要严格规范公诉环节的执法行为，集中整改人民群众不满意的突出问题，切实扭转公诉人员违法违纪比例相对偏高的状况。五是要加强公诉职业形象建设。公诉人出庭公诉要严格遵守《公诉人出庭行为规范（试行）》和法庭纪律，做到依法履职、客观公正、着装统一、仪表整洁、语言规范、举止得体，并在完成指控犯罪任务的同时开展法制宣传教育，展示检察机关的良好形象。

七、积极整合诉讼资源，正确理解考评方案

检察工作一体化的实践要求检察机关的各个组成部门必须积极整合诉讼资源，以努力形成诉讼合力。在此过程中，公诉部门由其程序性区位和实体性职能所决定，在促成集约合力形成方面起着不可替代的重要作用。为此，公诉部门的负责人应该有意识地逐步实现与侦查机关（部门）、侦查监督部门的案件信息资料共享，依法充分适用简易程序，进一步推行被告人认罪案件普通程序简化审理，节约诉讼资源，提高办案效率，增强打击犯罪的时效性。同时要加强与侦查、审判机关的协调配合。对重大、疑难、复杂案件和在社会上有影响的案件，公诉部门要适时介入侦查，提前熟悉案情，引导取证，必要时指派检察官参加侦查机关（部门）对重大案件的讨论，根据指控犯罪的需要依法要求侦查人员出庭作证，依法就案件审理的有关安排、临庭处置预案等与审判机关进行沟通协调，形成打击合力。作为公诉部门的负责人，要注意加强沟通协调能力，包括与上级检察机关的对口部门的协调、沟通，与法院、公安机关的协调、沟通，与本院领导和平行部门的协调、沟通，以及接待当事人来访和沟通等等，以解决各方面对公诉工作的理解和支持问题，防止上访等问题的发生。实践中，处理好各方面关系，有力推动工作的发展，在处理一些特殊案件时，在依法的前提下，还要讲政治、讲大局，应当向检察长提一些好的建议，注重处理案件的法律效果和社会效果的统一。对下属，要关心、爱护、团结。在司法实践中，一是要注意完善诉讼监督工作衔接机制。要加强公诉部门与侦查监督、监所检察、控告申诉等部门的沟通、配合，互通情况，相互衔接，形成合力，共同做好诉讼监督工作。侦查监督部门应当将立案监督和侦查监督的情况及时通报公诉部门，公诉部门应当实施跟踪监督，并将情况向侦查监督部门反馈。对于公诉部门正在办理的案件，其他部门接到有关控告申诉，或者发现有诉讼违法行为的，应当向公诉部门通报，公诉部门应当据此加强对侦查、审判活动的监督。二是要建立检察机关内部诉侦协作机制，坚决查处司法不公背后的职务犯罪。司法人员贪赃枉法、徇私舞弊是造成司法不公的重要原因。公诉部门要与反贪污贿赂、渎职侵权检察等部门要切实加强配合，把查处司法不公背后的司法人员职务犯罪作为强化诉讼监督的有力手段，形成监督合力。要制定检察机关诉侦协作具体规定，公诉部门对在办案中发现司法人员的职务犯罪线索，经检察长批准，可以进行初步调查或者将线索移送职务犯罪侦查部门；职务犯罪侦查部门应当作为重点案件优先查处，并及时向公诉部门反馈查处结果。

此外，作为公诉部门的负责人，还应该正确理解上级考评方案，抓住上级院各年度工作重点，夯实基点、突出重点、突破难点、打造亮点，争取在资源一定的前提下抓出更大的成效。每年办案工作不变，但上级针对国家司法机关每年都有重点和调整，公诉部门负责人应正确领会精神，突出工作重点，在年终考核时，才能成效显著。在实践中，量化考核制度在确保公诉部门做好业务和队伍建设工作方面取得了显著效果。但是，量化考核也存在一定的缺陷。如在设计和具体实施量化考核办法过程中，更加注重的是对公诉人工作结果（如结案数量、事后的案件质量检查结果和定期的遵章守纪统计）的考核，以此作为确定奖惩的标准，而不怎么重视对过程的管理和控制。另外，在实施量化考核工作中，没有更多地强调公诉部门负责人的具体作用，而是以"一岗双责"的职责要求加以确定。针对前述问题，笔者认为应借鉴现代企业通行的某些绩效管理手段，结合公诉业务和量化考核实际，形成更加侧重于对公诉人工作过程实施控制和督导的绩效管理方式，主要包括绩效计划和目标、绩效计划实施、绩效考核、绩效反馈和沟通、绩效改进等等。

八、切实加强理论研究，持续推动素质养成

公诉部门的负责人必须重视和加强公诉理论研究。要在公诉部门大力倡导理论研究的风气，重视公诉理论人才的培养，逐步形成一支既有理论功底又有公诉实践经验的研究队伍，加强与学术界和境外检察机关的交流合作。要立足于强化法律监督，积极探索公诉工作的规律，加强中外检察制度比较研究，从理论上对公诉改革进行研究论证，对公诉实践的新发展进行科学概括，为完善中国特色社会主义公诉制度提供理论支撑。要不断学习司法政策、司法解释，特别是要加强对法律修改的学习，要及时应用到办案工作中。例如：1. 不论实行主诉检察官办案责任制，还是未实行主诉检察官办案责任制，公诉部门的各办案人水平在可能达到确实承担起正确地处理好每一件案件，一旦出现办案质量问题，无论是哪位办案人的责任，都会影响一个院的公诉质量的提高。这样就必须要求公诉部门负责人要担负起案件质量把关的责任。2. 重点案件要主动帮助办案人处理，每年都有一些棘手的案件、疑难案件，涉及到罪与非罪案件，可能涉检上访的案件，领导非常头痛，公诉部门负责人对这些案件要有眼光，要合理回避，如果出现涉检上访是不可回避的，也要巧妙地处理涉检上访。让其成为公安机关的上访案件，或者是法院的上访案件，也不要成为检察院的上访案件。三年来，我院办理审查起诉案件近2000件，没有出现一件因公诉环节处理不当涉检上访的。

为了健全公诉素质持续养成机制，造就高素质公诉人才，公诉部门的负责人应该注意以下几个方面：一是要加强思想教育，严格队伍管理。二是要加强业务培训，提高公诉能力。三是要加强考核监督，增强队伍活力。

九、锐意创新工作机制，不断完善科学管理

公诉部门负责人要在上级检察机关的统一领导下，本着积极、慎重、稳妥的原则，在现行法律框架内推进公诉改革，锐意创新工作机制，不断完善科学管理，为探索完善中国特色社会主义公诉制度做出应有的贡献。为此，首先要按照高检院的统一部署和省市院的具体要求，做好以下五个方面的工作：一是要完善和落实职务犯罪案件不起诉监

督制约制度。二是要推进充分体现刑事政策的公诉方式改革。三是要积极探索量刑建议制度。四是要加快公诉一体化机制建设。五是要继续深化主诉检察官办案责任制等改革。其次要不断完善科学管理。一是要用尊重激发干警潜能。二是要用关爱调动干警积极性。三是要用团结提升干警效能。再次要不断创新工作机制。一是要创新内部管理机制，用详实的规范管理人。二是要创新办案机制，以规范的办案程序确保案件质量。三是要创新庭审机制，提高庭审效率。同时要积极稳妥推行轻微刑事案件快速办理机制、深化侦捕诉衔接工作机制。在实践中，公诉部门的负责人应该合理、科学地分配办案力量，利用院里分配给的现有办案力量，做到科学分配、合理配置。熟悉每名成员的特点及能力，解决办案人少的矛盾，发挥每个成员的能量，利用"固定的成本"争取"产出"最大化。科学分配案件，针对办案人员的能力、经验的不同，将不同的案件分配给不同的人员办理，力求整体工作效率的提高。包括分办案组，例如：（1）自侦案件办案组；（2）普通案件办案组；（3）简易案件快速办理办案组；（4）未成年犯罪案件办案组等。

　　总之，只要我们坚持全面贯彻宽严相济刑事政策，在维护稳定、促进和谐的同时，切实强化诉讼监督，努力促进司法公正，加强公诉队伍建设，不断提高法律监督能力，推进管理科学化，推动公诉工作创新发展，就一定能够不断增强公诉工作活力，更好地承担起一名公诉部门负责人的应尽职责。

第六讲
公诉能力建设

张书华

毛泽东主席在革命战争年代就曾经指出："我们队伍里边有一种恐慌，不是经济恐慌，也不是政治恐慌，而是本领恐慌。"在座的各位公诉人，当你面对纷繁复杂的疑难案件；当你面对强有力的辩护对手；当你置身于激烈的职场竞争中，你是否有过这种恐慌，本领的恐慌、能力的恐慌、自身实力的恐慌。我相信同志们都曾有过这种恐慌。正是因为这种恐慌，推动着我们不断学习、不断提升自己的能力。公诉能力建设的目的就是消除公诉队伍中的这种恐慌，以高超的公诉能力战胜这种恐慌，从而建立一支政治坚定、作风优良、业务精通、执法公正、恪尽职守的公诉人队伍。

今天我就从公诉能力的内容和怎样提高公诉能力两个方面，与同志们共同探讨一下公诉能力建设问题。

一、公诉能力

公诉人是刑事诉讼活动中的一个重要的诉讼角色，他不仅是指控犯罪的公诉人，还是检察机关案件质量的把关人，刑事诉讼程序的监督人，更是检察机关司法形象的代言人。所以公诉能力具有多维性特点，公诉能力是公诉人依法履行职责所应具备的职业素养和工作技能。公诉能力是检察官从事公诉工作的职业能力。具有鲜明的专业性和职业特点，这是由检察机关的性质和公诉人的法定职责决定的。

能力是指一个人处理具体事物时内在素质的具体体现。根据能力表现的领域不同，能力通常被分为一般能力、特长能力、专长能力三种。一般能力是指应对日常生活中普遍问题的能力。如思维能力、分析能力、表达能力、应变能力、实践能力等。特长能力是指具体处理某些方面问题特别擅长的能力，如下棋、打球、书法能力等；专业能力是指从事专门工作所具备的职业能力。如法律工作者的司法能力、教师的教学能力、医生的医疗能力等。

人的能力是以其内在的天赋和素质为基础的。天赋是人能力的起点，天赋不同的人能力起点不同。知识是形成人的内在素质的前提和基础，素质和能力是知识内化的稳定形式；能力是素质的外化，是一个人在处理事物时内在素质的具体展现。一个人的素质和能力越高，就越能表现其所拥有知识的广度和深度。但知识是素质和能力的必要条件，不是二者的充分条件，个体拥有完备的知识并不等于必然拥有了高素质和高能力，因为知识对个人素质和能力的基础性作用需要一个转化的过程。

人的能力的形成与表现往往与所处的外部环境，特别是所从事的工作相关联。常常是内在素质与外部环境、职业规范相互作用的产物。能力具有三个特点：第一，能力的展现以个人具备的素质为出发点，是自身素质的外在表现，能力是为了工作的一种投入，而不是仅仅为了证明自身的能力。第二，能力是人的潜质，在恰当运用的情况下，可以得到充分发挥以适应工作和环境的要求。第三，能力往往体现在工作绩效中，能力的强弱是可以观察、衡量的。

公诉能力首先应具备一般公务能力共同的基本特征：综合性，即是多种能力的结合体；稳定性，工作能力一旦形成，便呈现出一贯性、经常性、稳定性；差异性，各人之间能力水平的差异是客观存在的；可塑性，能力不是一成不变的，个人先天素质、后天学习实践，以及工作、活动、人际环境对能力形成和变化有较大影响。公诉能力是公诉人履职尽责的职业能力，必然具有鲜明的专业特点。这些特点主要有：

第一，规范性：公诉人能力的形成及其展现必然受到与职业相关的法律、规范，特别是诉讼程序的约束，其能力具有明显的循规蹈矩的倾向。

第二，适应性：由于公诉人承办的案件纷繁复杂，涉及的当事人形形色色，所以公诉工作可能涉及的专业领域具有广泛性的特点，处置各种案件情况要求公诉能力必须具有对各种社会问题的适应性。

第三，经验性：公诉人对司法规范、诉讼规律不仅仅要通过间接经验学习，更重要的是通过具体办理案件切身体会，特别是公诉技能需要经验积累的过程。

第四，严谨性：公诉活动以国家名义进行，是严肃的司法行为，往往决定或影响当事人的生杀予夺和权益保障，所以公诉能力及其展现具有庄严、慎重的特点。

第五，对抗性：公诉活动是在与被告人、辩护人横平对抗中进行的。公诉活动从受案起律师就可以履行辩护权。法庭上的诉辩对抗更是紧张激烈，公诉能力是在公开的对抗中展现的，抗辩能力已成为公诉人的职业标识。

公诉能力同样具有内在素养和实践技能两个方面，公诉人的职业素养，包括公诉人的知识水平和素质状况。而公诉人的公诉技能则是知识和素养在公诉活动中的展现，具体表现为公诉人依法履行职责的技巧和方法。公诉人的天赋，如：智商、情商、人格、身体状况、对公诉能力的养成具有基础性作用，往往是能力差异性的原因。公诉能力可以概括为五大素养、八大技能。

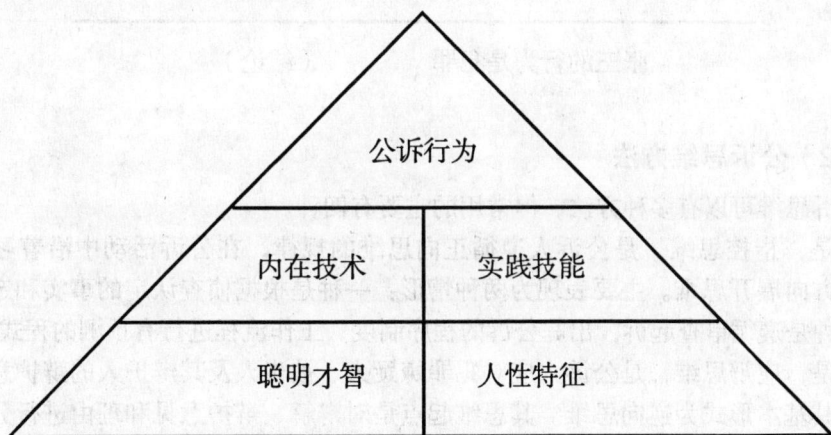

（一）公诉人的职业素养

1. 缜密的思维方式

思维能力在公诉能力中居于基础地位。思维能力的强弱是衡量公诉人能力状况的基本标准。公诉思维能力是指公诉人的头脑在公诉活动进行中接受、加工、存储、输出信息的能力。检验一个公诉人思维能力的品质如何，主要是公诉思维判断问题的深刻性，应对问题的敏感性，处置问题的灵活性，以及谋划工作的创造性和自我矫正的批判性。公诉人由于各自的知识背景、工作经验、思维训练等方面的差异，思维能力会有所不同。但提高公诉人的思维能力是有规律可循的，公诉活动的特点及其职业规范，使我们在公诉实践中形成了特有的思维模式和思维方法。对规律的掌握和运用，可以使我们的思维活动具有稳定性和方向感。

（1）公诉思维模式

公诉思维的司法属性决定了公诉人的思维方式属于法律思维。什么是法律思维呢？法律思维就是以法律规范为出发点，以是否合法为判断标准的思维模式。法律思维的基本模式是司法三段论，在逻辑上称之为"审判格"。是以法律条文为大前提，以经查证属实的法律事实为小前提，遵循逻辑规则进行推理，得出犯罪嫌疑人、被告人行为是否违法，是否构成犯罪、是否应当承担刑事责任的结论。在公诉实践中，我们都长于运用犯罪构成四个要件，对案件事实进行分解，对照、判定，具备了某种犯罪的全部构成要件的，即可认定为行为人触犯了相关法律，构成具体犯罪。这就是典型的刑事司法的思维模式。思维模式在容易形成公诉思维专业特点的同时，也容易形成对公诉人思维的桎梏。因为这种思维模式的思维路径是一元的，而非多元的，思维的结论是确定的，而非可变。在政策指导执法的大背景下，这种思维模式在应对办案效果的多重要求时往往力不从心，需要创造性思维予以补充。

公诉思维模式图

杀人是犯罪行为	（法律）
张三杀了人	（事实）

张三的行为是犯罪	（结论）

（2）公诉思维方法

公诉思维可以有多种方法，但常用的主要有四种。

一是，指控思维，是公诉人遵循正向思维的规律，在公诉活动中沿着习惯性，常规性的方向展开思维。主要表现为两种情形：一种是根据侦查认定的事实和定性展开思维；一种是遵循审查起诉，出庭公诉的程序制度，工作流程进行有预测的程式化思维。

二是，应辩思维，是公诉人应对犯罪嫌疑人、被告人及其辩护人的辩护意见的思维方法。其基本形式为逆向思维。其思维起点是对辩解、辩护意见和理由进行分析、寻找相关知识，提出判定真假和如何应对的对策，是以果溯因的思维方法。在审查起诉环节主要应用于对可疑证据审查和非法证据的判定，在出庭公诉环节主要应用于对无罪或罪轻辩护的应辩。

三是，聚合思维，是公诉人应对复杂疑难案件，应对不同的当事人的利益诉求，对案件情况和信息运用经验和知识，通过分析、综合、比较、判断进行梳理，得出规律性认识。抓住主要矛盾和工作重点，从而从不同方向、不同来源探求一个正确公诉对策的方法。

四是，发散思维，是指公诉人围绕公诉活动中遇到的核心问题或疑难问题，打开思维从不同方向、不同途径、不同角度、不同层次，广泛展开思考，多方求证，反复筛选，确定处理问题的最佳方案，以达到公诉的最佳效果。

2. 稳健的心理品质

良好的心理品质是保证公诉能力稳定性的重要素质，公诉人在公诉活动中必须处于稳定、健康的心理状态中，这是公诉能力得以正常发挥的保障。稳健的心理品质应达到四个方面的要求。

第一，意志要坚定。公诉活动是对犯罪人的追诉指控，必然与犯罪嫌疑人、被告人及其辩护人形成对抗。公诉人要有维护公共利益、保障当事人权益，捍卫法律秩序的自觉性；要有不失时机，因势利导，敢于处置各种复杂事务的果断性；要有不畏艰难，排除干扰，克敌制胜的坚韧性；要有依法办案，不计个人得失的自制力。

第二，内心要自信。公诉人履行审查起诉，出庭公诉职责，往往是诉讼活动的亲历者。应当有对自己审查认定事实的确信；应当有对自己理解法律精神，运用法律条文的确信；应当有对自我公诉能力的确信；应当有对诉讼参与人以及侦查、审判人员辨别是非能力的确信，从而增强完成公诉任务的自信心。

第三，思维要敏捷。公诉人认识和判断问题要敏锐，应对问题的对策要迅捷。敏锐的抓住问题的关键是快捷反应的前提。公诉活动经常是短兵相接，要求公诉人在独立作战的情况下，独立思考，所以迟疑犹豫往往给对方造成可乘之机。敏捷的思维是快速反应能力的先导。

第四，气质要沉稳。公诉人代表国家提起公诉，支持公诉。应当注重树立国家公诉人的良好形象。要通过公诉活动展现公诉人忠诚正直，恪尽职守的形象；展现严谨求实，客观公正的作风；展现有理有节，合理纳言的胸怀；展现稳健沉着、不卑不亢的气质。

公诉人要注意不良公诉人心理现象的矫正，公诉人由于对职责理解的偏差，公诉环境的影响，或者由于公诉经验的缺乏，有时会陷入不良心理状态中，公诉人要善于分辨，及时矫正不良心理现象，走出心理误区。常见的不良心理现象有：因经验或信心不足造成的怯庭心理；因犯罪嫌疑人狡辩抵赖或辩护人违规辩护造成的激愤心理；以片面追求个人声誉而导致的好胜心理；因身心疲惫而产生的应付心理；对职责认识错位而形成的倨傲心理等等。这些心理现象常常导致公诉行为失常，甚至会使公诉人陷于非正常的情绪化状态中，因此必须及时认识，迅速矫正。要通过注意力调节、情绪调节，适应环境和心理预备等方法从不良心理状态中解脱出来。

在公诉活动中，公诉人还要通过观察，把握不同当事人，诉讼参与人的心理变化，因势利导，使之朝着有利于公诉活动开展的方向转化。运用心理战术迫使犯罪人如实供述认罪服法，接受审判。具备良好的心理品质；能够识别并能自觉摆脱不良心理现象的干扰；善于在公诉活动中运用心理战术。这三个方面是公诉人心理品质的三重境界。

3. 广博的知识结构

知识是公诉人素质和能力的基础，知识与能力通常是同向正比关系。知识的正确应用就是能力。公诉能力结构中的知识既有对普通人的普遍性要求，也有因职业需要而形成的特殊性要求，案件的犯罪人，形形色色，多种多样，对以办案为核心任务的公诉人提出了更高的要求，这就是涉及专业领域多，知识幅面宽。公诉人既应是法律专业的专才，又是知识广博的通才。公诉人总体的知识结构，形象表达应当是十字形；纵向知识以法律知识为主体，纵向深入，精益求精，而横向，即包括自然科学和社会科学知识又涵盖社会知识和民间常识无限延伸。公诉人必须树立终生学习理念，"办不完的案件，学不完的新知"。在办案中学习，为办案学习。在具体公诉实践中，要围绕特定案件学习相关知识。围绕办案具体案件要建立相应知识结构，即以案件涉及的专业知识为核心，建立放射型的知识结构，广泛调动知识储备或学习新知，用以解决案件具体问题，从而在总体知识结构中形成新的知识点。

公诉人知识结构图

	法律专业知识	
自然科学知识		社会科学知识

4. 严谨的文字功底

文字写作能力是对公务人员的普遍要求，但公诉能力结构中的文字写作能力具有特殊性。因为公诉人的文字能力主要体现于办理案件过程中的法律文书和司法文件，而这些文书、文件都产生相应的法律效力，因此公诉能力中的文字功底就具有了司法属性。

一要准确使用法律概念。法律概念对表达法律事实和诉讼状态具有特定的意义。虽然有些法律概念与普通行文中的词语在字面上相同，但所表达的意义常常是不同的。运用法律概念思考，使用法言法语表达是公诉人专业素养的外在表现，公诉人要准确理解法律概念，在行文时要准确使用法律概念。要善于运用法律概念和法言法语概括事实和诉讼行为。

二要语出有据。公诉文书和文件涉及的内容，无论案件事实情节，还是法律规章，无论是证据分析还是法律论证，都要建立在事实和法律基础上。事实要有证据支持，定罪要于法有据。不能用想象和推理代替法律规则。要忠于事实，忠于法律。

三是遵循格式规范。为了保证司法的统一，最高人民检察院对公诉法律文书和司法文件却规定了明确的格式和要求，公诉人要熟练掌握，认真遵循这些要求，按规定格式制作文书文件，防止违规。

四要保持逻辑严密。公诉法律文书、文件在内容上要符合逻辑规则，特别是不能出现违反同一律、矛盾律、排中律、充足理由律的现象。要做到层次分明，言简意赅。

5. 生动的演讲表达

公诉人无论在审查起诉阶段的讯问、询问，还是在法庭上的举证、质证，都要通过口语表达来履行公诉职责，而法庭辩论对公诉人演讲能力的要求是非常之高的。"公诉人是法庭演说家"。这是对公诉人演讲能力的形象表述。公诉人的演讲表达不同于普通的演讲和讲话，其语言要求与文字写作也有不同。演讲能力是公诉人有别于其他专业检察官素质的特殊要求。

第一，准确性。公诉发言，公诉论辩虽然是口语表达，但必须强调准确性。这里包括在认定事实过程中叙事状物的语言要准确，在引用法律条文时，条文的内容要准确、评价犯罪情节和危害要与案件实际相符，不能夸大其词，渲染危害，也不能轻描淡写，避重就轻，要语出有据，切不可信口开河。

第二，合法性。公诉人的发言首先要符合公诉人的诉讼角色，不能超越公诉职权讲话。更不能越权发表结论和决定性意见。公诉人发言还要遵守诉讼规则和庭审秩序，不能任意妄为，不顾程序，不服审判长指挥，以监督者自居，颐指气使。

第三，论证性。公诉发言以论证为基本特色，立论要观点鲜明；驳论要有理有据。论证必须遵守逻辑规则，论点要正确，论据要充分，论证方式要严谨，公诉人代表国家支持公诉不能在法庭上使用诡辩术，更不能强词夺理。要注重公诉语言的说理性，利用逻辑原理反击错误辩解和无理辩护。

第四，形象性。公诉诉求要赢得审判人员的采纳，公诉观点要赢得当事人的理解，公诉意见要赢得旁听者的共鸣，需要形象性的语言表述。形象性的语言才能打动和说服倾听者。公诉发言要有感染力和说服力，就要借助一系列语言表达的手段，如排比、设问等修辞方法，借助于眼神、手势、身姿等态势语言。公诉发言的形象性不同于上纲上线和夸大其辞。

第五，口语化。这是公诉发言与公诉写作的最大区别。与书面语相区别，口语化要求语句要短，句式结构要简单、要清晰流畅，讲求节奏，字正腔圆，要讲普通话，不使用方言俚语，忌用生僻词语和口头赘语，讲究用语文明。

（二）公诉能力的具体体现

公诉人的内在素质，包括公诉人的知识储备、思维水平、心理素质、语言能力等，在公诉活动的各个环节都会得到集中展现，这种展现是随着公诉人履行职责自觉发挥的过程，只是在不同阶段表现的方式和侧重点不同罢了。纵观公诉活动对公诉能力的要求，公诉人的内在素质外化为八种能力。

1. 证据审查能力

对侦查部门移送审查起诉的案件进行审查，对符合法定起诉条件的案件提起公诉就是审查起诉。所以公诉人工作的首要环节是对侦查获取证据的审查和判断，证据审查判断的基本内容是审查证据的"三性"，即客观性，证据是否属实；关联性，证据是否与案件事实相关；合法性，证据的收集固定是否合法。而审查的基本方法是以证验证，通过证据间的关系印证证据的真实性。审查判断证据要遵循规则，既要审查证明的内容，又要审查证据的来源，既要审查证据提供者与案件的利害关系，又要审查收集证据的程序是否合法。要注意把个别证据放在整个证明体系中加以鉴别、判断。要按照时空顺序对证据进行排列。对矛盾证据进行比对分析，对事实中没有证据证明的环节要进行证据补强。以建立完善的证据体系。要区分不同情形下直接证据和间接证据的证明力。对证据效力加以判定。

2. 事实认定能力

在对案件证据审查的基础上公诉人要运用刑事证明的规则对案件事实做出认定。事实认定是以证据审查能力为基础的。如果用建筑原理打比方，证据审查是对建筑构件和材料进行检查、选择，而事实认定则是对建筑进行构建。事实认定不是简单的对侦查认定事实的审查确认，而是根据公诉人对证据审查判断构建的证明体系，对案件事实的重新组合。这一事实绝非侦查机关移送的事实，而是公诉人依照审查起诉程序对案件进行审查后自主认定的公诉事实。所以说事实认定能力是公诉人在构建证明体系的基础上，对案情自主认识，对法律事实主观认定的能力。事实认定能力有两个基点：一是，公诉人认定的事实是法律事实，不一定是客观事实。所谓法律事实就是必须有收集在案证据能够证明的事实。二是公诉人对事实的认定是基于对收集在案的证据的分析判断，是对证据事实的认定，而不是根据经验、常理等主观认识对事实的推定。

公诉事实必须满足两个方面的条件：

一是时空条件下的事实。即事实要具备"七何"，何时、何地、何人、何行为、何原因、何结果、何情节。二是犯罪构成要件要求的事实。即犯罪构成"四大要件"在事实中均有清楚反映。主体、主观要件、客体、客观要件。符合这两方面条件的事实才是"事实清楚"，在公诉管理机制中公诉人应当对公诉事实是否准确，证据是否确实负责。

3. 法律论证能力

适用法律正确是对公诉能力的重要要求。公诉人的法律论证能力不是法学理论研究中对法学观点的论证能力，而是在处理具体案件过程中对法律适用的论证能力。这个能力可以说是法律运用能力。因为它是以论证的形态表现出来的，所以我们称之为法律论证能力。公诉人展现法律论证能力有两个重要环节：一是提起诉讼时对案件的定性、定罪；二是法庭辩论时对法律应用的法理阐述。

公诉人法律论证能力有四个方面：一是掌握法律、法规、司法解释的能力。对刑法、刑事诉讼法中常用的法律条文要做到耳熟能详。二是了解立法精神，准确解读法律的能力。三是运用法学理论，正确分析案件性质、罪名、提出案件处理结论的能力。四是充分运用司法三段论进行对案件适用法律进行逻辑推理的能力。

4. 举证质证能力

公诉人是公诉案件庭审活动中举证责任的履行者。公诉人举证、质证能力的强弱直接影响审判人员对案件事实的认识。举证、质证作为公诉人法庭活动的主要环节，对整个庭审活动具有基础性意义。宏观上的举证、质证，包含对被告人的讯问，对被害人、证人的询问。而质证过程中，控辩双方对证据证明力的辩论则具有辩论的性质。最高人民检察院发布的《公诉人法庭举证、质证指导意见》对公诉人举证、质证行为做出了具体的规定。公诉人应当认真遵守。举证活动因为在庭前预案中都作了具体准备，所以遵循庭审规则依次进行即可。

公诉人法庭调查阶段的活动有两个难点。一是庭审讯问中应对被告人翻供和证据变化。要判断口供和证据变化内容对事实认定的影响，要对变化原因有深入的认识，针对原因综合施策。尽量不要以过去的口供和证言质对当庭陈词。可以采取证据印证和证据分析的方法对翻供和伪证的不真实性予以揭露。二是认真对待辩方对控诉证据的质证意见，及时对辩方在法庭提出的新证进行质证。质证实际上是对证据证明力，可采性的辩论。无论是对辩方质证的应对还是对辩护证据的质疑，都要注意根据案件证据情况对争议证据的三性进行分析，从证据间的关联性方面对证据效力提出认证意见。说服合议庭采信公诉人的观点，巩固公诉人指控犯罪的事实基础。

5. 法庭辩论能力

法庭辩论往往是庭审活动的高潮，是公诉人全面发挥和展现公诉能力的最佳阶段。法庭辩论能力是公诉人综合素质的集中反映。公诉人在法庭辩论阶段的活动以与辩方直接抗辩为具体表现形式。是对公诉人思维能力、心理素质、表达能力、应变能力的全面检验。

公诉人法庭辩论应当遵循控辩平衡的辩论原则，做到有理、有力、有节。要坚持依法履行公诉职责，要通过系统的证据分析和严谨的法律论证表达公诉诉求，赢得合议庭和各方诉讼参与人对公诉观点的赞同。对不实和不符合法律规定的辩护意见，必须及时予以有力的驳斥和反击，对公诉意见的质疑要认真予以澄清。而对被告人有根据的辩解和辩护人正确的辩护意见，公诉人应有合理纳言的襟怀，不能一概加以否定或攻击。要尊重和保障辩护权的行使，维护被告人的诉讼权益。公诉人在法庭辩论过程中要注意讲究辩论的策略和技巧，既要注意运用语言艺术，又要注意运用心理战术，既要注意独立行使公诉权，又要注意协调各方形成合力。

公诉人要善于把握刑事辩护的一般规律，注重从案件的证据特点、法律特征等方面预测辩护方向，要能够从被告人辩解和辩方发问和质证内容中捕捉辩护意向。从而做到有备应战。而对辩方采取的证据突袭等情形，公诉人要有心理预备，沉着应对，冷静处理。不能当庭否定其效力的，可以提请休庭复核。

公诉人的法庭辩论能力需要在出庭公诉实践中认真体会，潜心总结，不断积累，厚积薄发，同时要注意遵循诉讼规律，运用科学的方法进行训练。这样才能在紧张激烈的庭审对抗中，稳操胜券，赢得胜诉。

6. 突变处置能力

公诉活动是与多方当事人共同参与法庭审理为特点的诉讼活动。在共同遵守诉讼活动规则的情况下，其活动是有规律可循的。但是公诉活动进行中也会发生一些令公诉人始料未及的异常情况和突发事件，应对这些意外情形，需要公诉人具有更强、更高超的处置能力。庭审活动中的突发情况大概有十种：证据突袭、推翻原供、证据伪变、恶意曲解、归罪客观、诉诸情感、以案比案、人身攻击、质疑法律、当庭控告。发生上述情况有的可能有预兆，但绝大多数突发情况与案件关系不大或者是临时酿成的。所以通常情况下不在公诉人出庭预案的准备内容之中。但是公诉人必须随时保持应对突发事变的心理预备状态，即要有应对的思想准备。

如何应对和处置意外情形和突发事件？除心理预备外，实践中优秀公诉人总结了一套行之有效的应对原则。这就是：①判明情形，搞清到底是怎么回事。引发事变的人是被告人、辩护人还是被害人、证人，事变的内容以及对公诉活动的影响如何。②分析原因，对可能形成事态的原因迅速作出分析，找准事变的症结所在，从而为解决问题创造前提。③沉着施策，在应对中公诉人可以先采取一些缓冲和铺垫性的措施，以便为反击赢得主动和时机。④依法处置，庭审意外，多数是违反诉讼规则的，多数是针对公诉人和审判长而来，公诉人要与审判长密切合作，及时予以反击，依法进行应对处置。这种能力在外在表现形式上是一种快速反应能力和危机处置能力。

7. 诉讼监督能力

公诉人诉讼角色的两重性，要求我们在公诉活动中不仅要履行好公诉权，而且同时要履行好诉讼监督权。公诉人的诉讼监督权可以有两种划分：一种是广义的，诉讼监督既包括追诉、抗诉这些诉权的延伸，也包括对侦查审判活动和诉讼行为合法性的监督。一种是狭义的，仅指对侦查、审判活动的监督。我这里强调的主要是狭义的监督，即对司法活动的监督。公诉环节诉讼监督具有流程长，内容广，对象多，任务重的特点。公诉环节是检察机关刑事诉讼监督集大成的阶段。

在监督内容上包括：一是立案监督，是否属于刑事犯罪案件，应否立案追究，管辖是否合法。二是侦查监督。侦查措施，侦查行为是否合法，强制措施是否得当，犯罪嫌疑人及其他当事人权益是否得到保障。是否遵守诉讼程序制度。三是审判监督，审判活动是否合法，当事人诉讼权利是否得到保障，判决和裁定有无错误。四是死刑执行临场监督。

公诉环节诉讼监督的形式主要分为两类四种，一类是事前监督，包括提前介入引导侦查取证和出席法庭支持公诉两种形式。一类是事后监督，包括受理侦查机关移送案件后的审查起诉和开庭审理后对人民法院判决裁定的审查。

公诉人诉讼监督能力也包括两个方面。一方面是对违法行为的发现能力，对一般违法行为通过程序性审查即可以发现，而对严重违法甚至侦查审判人员的枉法行为则需要通过行使职务犯罪初查权，深入调查才能掌握。这需要公诉人掌握案件初查的规则和技巧。监督能力的另一个方面是对违法行为的纠正能力。包括纠正方式的选择，纠正违法方式有口头纠正、送达《纠正违法通知书》，向侦查机关和其上级送达违法情况通报，移交纪检监察机关处理等。纠正方式的选择以违法情节及后果的轻重，违法人员及所在机关的态度而定。诉讼监督的目的在于使违法行为得到纠正，法律秩序得到遵守，促进严格、公正、文明、廉洁执法，因此公诉人应特别注重纠正违法的实际效果。要注意督促违法单位纠正违法行为，并及时反馈检察机关。这样不仅使现实的违法行为得到纠正，而且还要达到举一反三，预防类似违法行为发生的效果。

公诉部门诉讼监督流程图

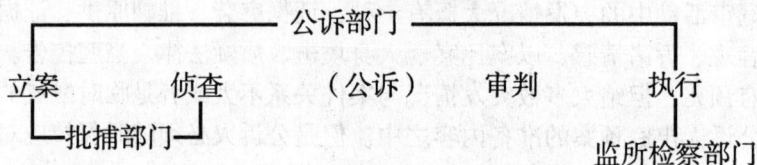

```
┌──────────────── 公诉部门 ────────────────┐
│                                          │
立案         侦查      （公诉）     审判        执行
└── 批捕部门 ──┘                    监所检察部门
```

诉讼监督能力图示

①违法行为发现能力 ┬ 1. 提前介入侦查
　（工作环节）　　 │
　　　　　　　　　 ├ 2. 阅卷审查
　　　　　　　　　 │
　　　　　　　　　 ├ 3. 复核调查
　　　　　　　　　 │
　　　　　　　　　 └ 4. 立案前初查

②违法行为纠正能力
（纠正方式）
- 1. 口头纠正
- 2. 《纠正违法通知书》
- 3. 移送纪检监察机关
- 4. 移送立案

诉讼监督方法
- ①同步监督
  - 提前介入侦查
  - 出庭支持公诉
- ②事后监督
  - 审查起诉
  - 审查判决裁定

8. 协调沟通能力

公诉在刑事诉讼流程中居于中间环节，承前启后，是联系侦查与审判的诉讼中枢。公诉人在公诉活动中不是一个机械的流程执行者，而是诉讼机制中居于多重地位的协调者。协调沟通能力是指公诉人通过与公诉活动有关联系的各方交换意见达成共识，协调行动的能力。公诉人协调各方，有效沟通的能力是公诉人驾驭和主导诉讼导向的基础。

公诉人的协调根据对象不同分两类。

第一类是诉讼协调。即为保障诉讼活动依法有序进行而对诉讼主体和诉讼参与人的协调。诉讼协调也分为两种，一种是办案人协调，主要是与侦查人员和审判人员的协调，通过协调达成对事实和定性的共识。因诉讼职责的不同，协调的内容也有所不同。一种是当事人协调，包括犯罪嫌疑人及其亲属，被害人及其亲属,不仅要通过他们复核证据，而且要听取他们的意见和要求。还要与诉讼参与人的协调，如证人、鉴定人、辩护人、代理人的协调等。

第二类是工作协调。是公诉人围绕检察机关内部基于公诉业务管理机制进行的协调，公诉人与部门负责人、主管检察长、检察委员会委员，与上级公诉业务主管部门的协调。这些协调是使案件及时有序处理的必然要求。工作协调常常还有一些非制度性的内容，如与人大常委会，纪律检查委员会、党委政法委员会，他们依照职权对案件诉讼情况的监督也需要公诉人认真对待妥善处理。

公诉人在协调沟通工作中应遵循哪些共性的原则呢？第一是换位思考，就是与协调对象换位思考，从对方角度体察一下利益需求和工作愿望，做到知己知彼。从而取得沟通时的主动性。保证协调目的的达成。第二是良性互动。公诉人要以实现公诉效果为目标，推动对方与我们的良性互动，对对方的职责要求和合法的利益要求在协调中应予充分尊重，要促进对方了解公诉意图，理解并认同公诉人愿望的合情、合理、合法性，减少抵触和磨擦，自觉配合公诉人的活动。第三是方法灵活，协调当然是公事公办，但协调不同于程序性的文来文往，也不是在法庭上的唇枪舌剑。沟通方式方法可以灵活多样、不拘泥于开会、讨论，可以是联络、走访、信函、证据交换等方式。第四是为我所用，协调更要注意目的性，要使各方在法律和事实基础上各司其职，各取所需，形成对公诉工作的支持力，对案件公正、合法处理的合力。在程序外消除工作阻力，促进司法和谐。

二、公诉能力建设

公诉能力重在建设。公诉能力是检察机关法律监督能力的重要组成部分，是党的执政能力的具体化，在整个法律监督能力体系中具有举足轻重的地位。一个检察院公诉能力的提升往往能够拉动整体法律监督能力的提高，具有牵一发而动全身的作用。因此，必须从战略高度认识公诉能力建设的必要性。

（一）增强公诉能力建设的紧迫感

形式决定任务。当我们冷静分析公诉工作面临的形势，客观面对公诉工作的现状，我们就会感到提高公诉能力已不仅是一项具有长远意义的战略任务，而且是一项迫在眉睫的现实课题。

其一，由于公诉部门长期超负荷运行，导致公诉队伍整体能力下降。根据科学测算，按照公诉工作流程，全面履行公诉职责，在配备0.5个办案辅助人员的条件下，基层院一个胜任公诉人年均办理公诉案件应在35件左右，而我省的状况是大院人均100件，小院人均50件。公诉任务严重超负荷，绝多数公诉人埋头办案，学习、研究、提升能力自顾不暇。为适应案多人少的实际状况，基层院三分之一的案件实行简易审或普通程序简化审理。出庭公诉要求降低，公诉水平难以提高。

其二，公诉工作的特殊性没有得到足够重视。公诉工作单兵作战特点和鲜明的对抗性使其具有工作标准高，工作节奏快，心理压力大，持续状态长等特殊性，但在许多检察院公诉人得不到应有的人文关怀，待遇等同于普通检察干部。主诉检察官制度在攀比中濒于流产。苦乐不均的情形影响公诉人提高公诉能力的积极性。

其三，公诉人的外部压力日益加大。随着刑事诉讼机制改革的深化，公诉人在诉讼对抗中的优势地位正在逐渐下降。特别是审判监督权行使的庭后化。《律师法》修改后，律师辩护提前到公诉阶段，都使得公诉人的权力空间受到挤压，昔日的优势已风光不再，代之以是新的现实的工作压力。为了保障公诉质量，无奈而采取了加强侦诉配合等工作措施，如公诉引导侦查，这无异又增加了公诉人的工作量，增加了诉讼责任。

其四，公诉人职业化进展滞后。人民法院自上而下率先开展了法官职业化建设，大大提升了司法能力。而律师职业的自由性，使职业能力与生存状态密切相关，提升能力的动力机制的优越性显而易见。相形之下，公诉人职业化建设的氛围在检察机关尚未形成。因而导致公诉人提升自身能力的内在动力不足，推动公诉人提高公诉水平的外部环境不优。形成了公诉工作整体水平不高，公诉队伍中能力一般化的通才太多，具备职业素养的专才太少的状况。在诉讼博弈中公诉人这支国家队的实力不足已是现实的危险。我们对此必须要有清醒地认识。

（二）构建公诉能力建设的系统工程

公诉能力建设不仅仅是一个人才战略，而且是检察事业创新发展的基础性工作。必须立足当前，着眼法制建设的长远目标，精心谋划，着力推进，公诉能力建设绝不仅仅是公诉人的个人行为，而且要成为检察机关的全局任务；不仅由公诉部门去组织，而是要由领导层合力去推动。公诉能力建设不是为解燃眉之急的短期目标，而是一个伴随检察事业发展需要常抓不懈的战略任务。因此，公诉能力建设必须作为检察工作全局中的一个重要的系统工程来抓。吉林省人民检察院党组高瞻远瞩，制定了《公诉能力建设实施意见》，这是一个全面加强公诉能力建设的纲领性文件。对全省公诉能力建设的目标、任务、措施等都提出了具体的要求。特别是公诉队伍建设的211工程，为我们勾画了一幅公诉能力建设的美好蓝图。要通过系统培训，利用五年时间在全省培养20名具有广泛公信力的专家型公诉人；100名在全省发挥骨干作用的专业型公诉人；并培养好优秀公诉人后备人才100人。全省上下团结一心，施行了建立公诉人才库，组织公诉讲师团，开展公诉业务巡讲，组织公诉知识考试，评选十佳和优秀公诉人等一系列举措，积极争取这一目标的实现。

（三）激发公诉人提升自身能力的内在动力

其一，要激发国家公诉人的职业荣誉感。爱岗敬业，是公诉人立足公诉岗位提升公诉能力的原动力，公诉人要树立以维护公平正义为己任的使命感和责任感。要把对法律负责，对人民利益和党的事业负责的职业责任感转化为提升履职尽责能力的动力，以崇高的职业信念推动公诉能力的提高。

其二，每个公诉人都要根据自身素质状况制定好《公诉职业生涯规划》，公诉人要以职业化思维对待公诉工作，使得公诉能力内化为驰骋检察事业职场的核心竞争力。公诉人要树立能力本位的观念，要把成为公诉能力超群的优秀公诉人作为自己工作的目标和人生目标。以扎实的基础功底，丰富的公诉经验，良好法律的素养，骄人的公诉业绩塑造自身的形象，确立自身在公诉队伍中的地位。制定生涯规划要把人生目标和职业追求有机结合起来。把远大理想与阶段目标结合起来，长计划，短安排，既要注重公诉理论知识的学习，又要注重办案实践经验的积累，既要注意基础素质提高，又要注重实务技能的完善。在不断学习，不断实践，不断总结，不断积累中打牢基础，增长才智，提高能力，创造业绩。

其三，公诉人要寻找提升素质、提高能力的有效方法。公诉人要有超越自己，超越他人、超常成长的雄心壮志。一个普通公诉人要成长为公诉专家，不可能一蹴而就，没有捷径可走，但坚定的追求加上科学的方法可以在成长的征程上加快步伐。一个成熟公诉人的成长周期一般在三年以上，成为一个优秀公诉人大致需要五年时间，但在我们的队伍里，通过两、三年时间的磨炼就摘得市州级优秀公诉人桂冠的不乏其例。他们的成长不仅在于他们对公诉事业的孜孜追求，更重要的是他们都有一套提升能力的科学方法。

其四，公诉人要养成良好的职业习惯，根据我的观察，优秀公诉人共性习惯中都有这样五点：①善于思考，长于争辩；②制作条理清晰的阅卷笔录；③逢案必做相关法条卡片；④日常都有周全详细的工作预案；⑤能够流畅背诵公诉程式语言。

（四）营造公诉能力建设的良好氛围

公诉人的成长需要良好的外部环境。优秀公诉人才能够脱颖而出，其所在部门往往都有浓厚的业务氛围，公诉能力建设的组织推动十分必要。各级检察机关，特别是公诉部门必须注重在推进公诉工作创新发展的同时，注重推动公诉能力的整体提高，这样才能使公诉工作以优秀人力资源为依托实现可持续发展。实现检察事业与检察官共同成长的科学发展。

1. 系统培训

公诉岗位需要具备与之相适应的职业素养和业务技能，因此，无论是初入检察机关，还是其他业务部门的检察官转行从事公诉工作，都必须培养自己的公诉能力。所以公诉业务培训首先强调的是公诉人基本素养和业务技能的系统性。注重公诉人五大素养，八种能力的全面形成，使之构成公诉能力的有机整体。其次，系统培训要注意根据不同经历，不同层次公诉人的素质状况确定不同培训内容，采取不同培训方式，保证培训的针对性，没有针对性，就难以实现有效性，要因材施教，分类指导。再次，公诉人培训必须有步骤、有节奏的按计划推进，要按照公诉人的成长周期制定好切实可行的培训规划，保持培训工作在各阶段的连续性。要保证每位公诉人一年必须有十五天的离职培训，保持不间断的岗位培训。通过培训使其保持不竭能力状态。

2. 岗位练兵

充分利用公诉工作岗位，充分利用公诉人办理案件的审查起诉，出庭公诉各个工作环节，在实际工作中以办案为载体，对公诉能力进行训练。促进公诉质量、效率和公诉人能力的双提高。各地创造了许多岗位练兵的方式方法。使之成为公诉人岗位成长的有效途径，如疑难案件辩论会、法律文书评比，出庭考评，公诉业务技能竞赛，公诉知识考试等等，这些方法以公诉活动为载体，在公诉工作中进行技能训练，在培训中促进工作，防止了公诉能力建设和公诉办案工作两层皮的现象，使二者相互包容，相互促进，相得益彰，岗位培训组织工作简便易行，培训效果事半功倍。

3. 以老带新

公诉人是一个经验型的工作岗位。以老带新这种师带徒的培训方式最有利于公诉经验和公诉技能的传承。有经验、有资历的老同志是新同志的榜样，他们的传帮带常常给新公诉人的职业习惯奠定基础。这就要求承担传帮带的师傅要具备较强的公诉能力和较高的职业素养。俗话讲：有好师傅才能带出好徒弟。以老带新工作要有组织的进行。公诉部门要对资深公诉人进行能力的培训。要引导公诉人把自己的实践体会上升到理论、理念层面、工作辅导中的示范要符合公诉流程各环节的制度规范。从而在教育传习过程中保持知识、技能的科学性。师带徒常常形成工作配合中的新老搭档。新公诉人在配合老公诉人作具体事务性工作中要注意观察、体验、多看、多问、勤思考、勤总结。把老同志的经验与公诉理论、公诉工作规定相对照，融会贯通，学以致用，在应用中强化记忆，在实践中验证新知。这样才能使我们一代代公诉人在实践中总结的经验、创造的技能薪火相传，发扬光大。

4. 考评激励

在充分把握和利用公诉部门各种培训资源，强化对公诉能力的系统培训过程中，一系列激发公诉人提高自身能力的措施发挥了非常重要的作用。这些措施概括起来有：以考促学，以奖促训，以赛代选，以评代荐。一是建立公诉人业务知识考试制度，通过定期组织公诉人对业务知识考试，强化对公诉工作应用法规，应知应会知识的掌握和运用，督促公诉人保持经常学习的状态。二是开展国家、省、市十佳公诉人及优秀公诉人评选，优秀公诉案件评选，在当地有普遍公信力和品牌效应的，各级检察院都应当有一到两名公诉骨干成为公诉工作和公诉能力建设的领导人物。通过评选树立公诉人的榜样，形成学习业务，钻研业务，争先创优的导向，激励广大公诉人提高公诉能力。三是建立经常性的公诉专项业务工作考评机制。建立公诉人培训档案，每年都组织一次对公诉人的办案质量评查，进行一次出庭公诉临庭考核。进行一次法律文书制作评选。这样，一方面对公诉能力状态进行了检查评测，一方面通过考评使公诉人发现自己工作和能力结构中存在的缺陷，及时调整从而完善和提升自己的能力。四是对公诉干部评优晋级，提拔、任用、上级选调，要摒弃那些依赖主观印象的领导决定，投票推荐的方式。代之以能够直接显现工作能力的业务竞赛和技能考核。从而使优秀公诉人才能够脱颖而出，营造能力强者待遇优，业绩优者提拔快，以能力论英雄，以业绩评优劣的氛围，这样就必然形成公诉能力建设的强大推动力。

公诉能力建设从发展战略层面上是各级检察机关的一项经常性的工作，从具体实施层面则要求公诉人的自身努力和各级公诉部门的外力推动，只要发挥好内因外因两个积极性，形成良性互动，精心组织，坚持不懈，公诉能力建设才能形成机制，实现人才强检的目标。

第七讲
公诉形象建设

张书华

我们常说出庭支持公诉是人民检察院的门面，是展现检察机关风貌的窗口。因此广大公诉工作者都把树立良好的公诉形象作为自己工作的基本目标。公诉人作为出席法庭支持公诉的国家代表，应当树立怎样的职业形象，如何塑造公诉形象，是我们在公诉队伍建设进程中必须认真研究、正确回答的问题。

一、公诉形象及其特点

公诉形象是从事公诉工作的检察官在法庭上履行公诉职责时所展示的职业形象。职业形象是在特定行业从事特定工作、担负特定职责的人向公众展示其具有行业特点的形象。形象具有双重含义：一种是外在的感观中的形象，是可以描述的，如风度翩翩。一种是内在的理念中的形象，是概念化的，如大义凛然等等。职业形象有的有鲜明的行业标识，如军人、医生、警察等以其着装为形象标识。而多数行业形象是以其职业活动加以展现的，以其活动的特定性和专属性为其形象标识。形成公诉人职业形象有三个基础条件：一是公诉人是依法履行国家公诉权的检察官。其诉讼地位依法产生，其职业责任依法授予，具有法定性；二是公诉形象必须依照法律规定加以塑造。公诉人必须遵守检察官法规定的权利、义务。公诉活动必须严格遵循程序法律制度，具有规范性；三是公诉形象以法庭为其展示的平台。公诉人只有在法庭上才称其为公诉人，公诉人是庭审活动中的一个诉讼角色，公诉人的全部活动都在法庭上进行。除法律规定的特殊情形外，刑事公诉案件都要公开审理。所以公诉活动是在一种公开、开放的环境下进行的，具有公开性。

（一）公诉形象是公诉人个人形象与群体形象的统一

公诉形象是由每个公诉人在出庭支持公诉的具体活动中展现出来的。众多公诉人遵循公诉职责规范所展现出来的反映公诉形象内在特质的个体行为，是构成公诉人整体形象的组成部分。公诉形象是公诉人共同形象的汇集和升华，其中蕴含着每个公诉人的智慧、心血和汗水。

（二）公诉人形象是公诉人内在素质和外部表现的统一

由于公诉工作的法定性，从事公诉工作必须具备一定的准入条件。主诉检察官制度实施后，除具备检察官法规定的检察官条件外，还需通过一定选拔程序才能成为公诉人。因此公诉人资历、学历等背景条件和知识结构、专业技能等都具有特殊要求。行业准入标准的设定和公诉人培训机制及公诉工作管理机制的建立，使公诉人的素质结构逐渐趋同。公诉人的内在素质形成公诉形象的内在规定性，而公诉人在法庭上展示出的外部形象是公诉人内在素质的表现。公诉形象的统一性推动公诉人为达成公诉形象目标而努力。公诉人都以公诉人形象标准来衡量和约束自己的个体行为，进而完善自己，提升自己的素质。因此公诉形象的树立对每个公诉人的公诉活动有规范和引导作用。

（三）公诉形象是公诉工作从业者自身认知和社会评价的统一

公诉形象必须由公诉人群体通过不懈努力创造出来，树立起来。从根本上讲公诉队伍的素质状况和公诉人出庭公诉的表现决定公诉形象。所以广大公诉工作者都注重以提升自身素质来塑造公诉形象。公诉人群体的自身努力是公诉形象的决定性因素。在法庭上客观、全面、公正的履行公诉职责就能够在公众中树立良好的公诉形象。反之，违反公诉职责要求，不能依法公正的指控犯罪，就会损害公诉形象。公诉形象的树立必须得到社会各界的认同和肯定。公诉形象不会因公诉人的特定身份而自然而然的形成，而是公众在对公诉活动中各个公诉人的表现进行审视、评价后形成的。所以公诉人的社会公信力是决定公诉形象社会认同度的重要因素。在公诉实践中，被告人、辩护人、其他诉讼参与人、旁听群众对公诉人表现的评价，合议庭对公诉意见采纳与否、起诉与判决结果是否一致等都是影响公诉形象的重要因素。一个屡战屡败的公诉人是不可能树立起良好的个人形象的，其行为对公诉形象的损害也是不言而喻。优秀法官宋鱼水判案能够做到胜败皆服，为我们树立了一个优秀法官的高大形象。公诉人也应通过公诉使被告人认罪服法，合议庭依诉下判，旁听者受到教育，并以此作为我们追求的目标。对公诉活动的社会评价不仅对公诉形象建设有巨大影响力，而且对公诉人的成长产生强大作用力。公诉形象既是具体、形象直观的，又是抽象的、理念化的。它是公诉人心中的一个目标，同时又是树立在公众心目中的一种理想化身。所以说公诉形象是公诉人对职业崇高性的不懈追求中，在公众对公诉形象的期待和评价中，在二者交互作用、相互砥砺，达成统一的基础上树立起来的。

二、公诉形象建设的重要性

近年来在检察机关内部淡化公诉职能作用的倾向又有所抬头。主要表现，一是在理论上生硬的将公诉权论证为法律监督权的下位权，试图以此淡化检察机关就是公诉机关这一客观事实，造成了思想上的混乱。二是在一些检察机关，特别是领导干部思想上重实体、轻程序的观念仍然存在，对公诉案件重审查、轻出庭的现象突出。三是简约公诉案件庭审程序后，公诉水平下降。在一些基层检察院，由于案件多，公诉人员少，工作压力增大，广泛适用简易程序和普通程序简化审理方式，导致对出庭公诉工作的要求放松，公诉人提高公诉水平的积极性下降。这些问题直接造成对公诉形象的损害。要切实纠正这种状况，必须端正对公诉形象建设重要性的认识。

（一）公诉人是国家利益和社会公益的代表

公诉权是国家权力。所谓公诉权就是检察官代表国家和公共利益请求审判机关追究被告人刑事责任的一种法定的诉讼权力，在刑事诉讼中，公诉权具有国家性、公益性、程序性、专属性、求刑性、平等性、合法性等本质属性。公诉与自诉的最大区别在于公诉的国家性。公诉权作为检察机关的最基本职权，具有宪法依据，其权力的行使具有程序法依据。公诉权的专门性决定了人民检察院是公诉权唯一的行使机关，公诉权的国家性决定了公诉人依法成为国家指控犯罪的代言人。公诉权的设定基于维护社会公共利益。因此公诉人同时又是社会公益的代表，公诉人代表国家出席法庭支持公诉，是国家利益和社会公益的维护者。

公诉人在法庭上与辩护人交叉质证、平等辩论是诉讼民主原则的体现，但这决不意味着公诉人的法律地位等同于当事人。公诉人在法庭上必须力戒心理角色的当事人化，而坚定地站在维护国家和公共利益的基点上，既要维护当事人的权益，又要维护公共利益和社会秩序；既要保障被害人的权益，又要维护被告人的诉讼权利；对被告人的指控既要强调有罪、罪重情节，又要说明罪轻的情节，不能有所"偏私"。正因为如此，公诉人在法庭上要理直气壮的阐明——"我以国家公诉人的身份出庭支持公诉"。

公诉人在法庭上不是以个人名义出席法庭的，公诉人是一个集合概念，既专司国家公诉权的国家代表。所以，是非荣辱非个人之事，而事关国家利益、事关法治秩序、事关社会公正。

（二）公诉形象是法治和公正的象征

公诉之公内含丰富，公开、公平、公正，公诉为公。公诉之权权属分明，公有、公共、公益，公共权力。检察机关的公诉活动是依法进行的，以国家强制力为后盾，以国家司法资源支持为保障。客观、全面、公正、合法是公诉工作的基本准则，公诉活动的全过程和全部内容都必须体现法治精神。客观，要求公诉人必须尊重事实真相，依据依法收集的证据认定客观事实，要使法律事实具有充分、确实的证据支持，法律事实接近客观事实。全面，要求公诉人在指控犯罪时，既要考虑到罪重和从重、加重处罚的情节，又要考虑到罪轻和从轻、减轻处罚的情节，保证指控的诉求做到罪刑相适应。公正，要求公诉人必须站在国家和公共利益的立场上提出公诉意见，不能带有个人感情上的倾向性。公诉活动要排除任何外部干扰，依法独立行使公诉权，坚持不枉不纵，坚持罪刑相一致原则，坚持对被告人适用法律的一律平等。合法，要求公诉活动必须严格依照法定程序进行，公诉人要模范遵守法律规定，依法行使职权，依法维护所有诉讼参与人包括被告人的诉讼权利。公诉人在法庭上应当成为正义与公平的代表，是法治精神的象征。

（三）公诉形象是检察机关风貌的展示

出庭支持公诉是检察机关诉讼活动成果的集中展现。检察机关的侦查、审查逮捕、审查起诉以及侦查活动监督等工作成果都将以具体案件为载体，通过公诉活动展现出来。特别是检察机关侦查的职务犯罪案件，其侦查活动的合法性、强制措施是否适当，审查起诉环节是否符合程序法律，证据的收集、认定是否符合规则，认定事实的证据是否确实、充分。适用法律是否得当等等都要在法庭上通过质证、辩论等环节加以检验。公诉人在法庭上承担着展示这些工作成果，维护和巩固这些工作成果的责任。公众往往从公诉活动这一窗口来了解检察机关，认识检察机关。出庭公诉是检务公开最具体、最直接的形式。从这个意义上讲公诉形象就是检察机关的形象，公诉人是检察官的形象代言人。

三、公诉形象要素及其内涵

公诉形象的标准是什么？公诉人应当在工作中怎样树立公诉形象，迄今为止尚未形成统一的、规范化的要求。公诉形象就其存在形态而言既有其丰富的外在表现，又有着深刻的思想内涵，必须形神兼备，表里如一，相辅相成，相得益彰。即所谓"秀外慧中"，是外部形式与内在品质的统一。

（一）思想观念先进而不前卫

思想是行动的指南，观念是行为的先导。公诉人的思想观念支配公诉活动的走向。公诉观念是公诉形象最基本的内涵。我国当前正处于人治向法治的社会转型期，公诉人作为司法工作者，在思想观念上必须走在时代前列。必须以维护社会主义法治，积极推进依法治国进程为己任。公诉活动中，所表达的思想内涵必须符合法治精神。用现代法治观念对案件和法庭上诉讼参与人的行为做出理性判断。在公诉活动中，公诉人在思想上要与党和国家的大政方针保持高度一致。中国是共产党领导下的人民民主专政的社会主义国家，在法庭上对任何攻击党的领导、攻击社会主义制度、攻击党的路线方针政策的言论必须严词批驳，不能听之任之，不能放任被告人等利用法庭抵毁社会主义国家制度和法律制度。要特别树立六种观念：一是公平正义观念。在公诉工作中切实贯彻法律面前人人平等原则。无论出身、职业、财产状况都应平等地得到法律的保护，触犯刑法均应平等的依法处罚；二是程序正义观念。做到程序与实体并重，坚持排除非法证据、坚持当事人诉讼权力保障、坚持遵守诉讼规则；三是尊重私权观念。防止公诉过程中侵犯当事人个人权力，防止为揭露犯罪而在法庭上揭露被告人与案件无关的隐私，禁止当庭侮辱被告人的人格；四是职权法定观念。严格履行公诉职责，不越权行事，坚持恪尽职守；五是罪刑法定观念。依法论罪，依法提出公诉意见。防止推定论罪、类比论罪；六是罪刑相一致观念。提出的处罚意见应与犯罪的情节、后果等社会危害相一致，不做过当指控。

公诉人切忌将过时的理论和观念引入公诉活动中。如运用阶级分析的方法对个体、民营企业者的犯罪原因进行剖析。在婚姻家庭关系矛盾引发的案件中赞扬从一而终、好女不嫁二夫等封建观念。公诉人要关注法学和社会学研究的前沿问题，但不能将一些与现行法律相冲突，不符合我国国情的所谓前卫观念运用到公诉活动中。如废除死刑，被告人沉默权、公诉人法律地位的当事人化等等。个人的一些学术观点与法不相符，不应擅自在法庭上表达。公诉人不得在法庭上就现行法律的合理性提出质疑。因为公诉人不是以个人身份出席法庭，公诉活动是司法活动，必须严格依照法律进行，于法无据或与法律抵触的观点体现在公诉活动中不仅授人以柄，受到辩方攻击，而且会严重损害公诉形象。

（二）道德情操高尚而不陈腐

公诉人必须是具有高尚道德素养的人。作为一名检察官，不仅要遵守公民普遍遵守的道德准则，而且还要具有高于一般性要求的高尚情操和司法道德。公诉人的道德素养一方面表现为以坚定的政治素质为核心的职业道德，忠诚、公正、清廉、严明，形成高度自觉的道德内约。另一方面表现为运用社会主义的道德观念和价值标准，对案件中当事人的行为做出正确判断和评价，公诉人的道德素质具有自我约束和价值判断的双重效能。

公诉人的道德素养是公诉人形象的精神内核。品德高尚的人其行为的表现必然是高尚的。高尚的品德支配下的行为不是刻意做作，而是自然而然的行为状态。公诉人对党、对国家、对人民、对法律的忠诚会体现在他对事业的高度负责，体现在对国家和人民利益的深切关注和真正维护上。公诉人的公正会体现在公诉活动的各个环节中，会体现于他对当事人的态度中，会体现于他对公平正义价值目标的不懈追求中。公诉人的清廉不仅体现于自律的一贯表现，更体现在他敢于向一切违反检察官职业操守行为挑战的勇气中。公诉人的严明表现在工作作风上，严谨求实，公开透明，光明磊落，不卑不亢。

公诉人的道德感往往内化为对当事人行为评价的道德尺度。从而影响他对案件事实的判断和对被告人、当事人、诉讼参与人行为的认识和评价。公诉案件被告人的犯罪行为在违法的同时必然违犯社会公德，而辩护人在为被告人辩护过程中其观点极易走向与道德准则相抵触的境况，这些都会激起公诉人的逆反心理，公诉人基于道德感会迅速激起排斥反应。道德感是激发和推动公诉人秉公执法、追求正义、彻底揭露犯罪的内在动力。但是道德准则和法律标准的差异要求公诉人在公诉活动中必然把握好相关的尺度。要防止将道德准则和法律标准混为一谈，错误的将不道德行为当成犯罪行为予以指控，防止出现指控过当情况的发生。

社会在进一步开放和发展中，特别是东西方文明的交汇，使不同历史阶段的道德标准和价值观念呈现出不断变化的特点。道德具有鲜明的时代性。在当前改革开放的进程中，各种思潮相互激荡，各种观念异彩纷呈，使我们对某些具体事物的道德判断难以把握。所以公诉人要特别注意在道德判断的价值标准上把握哪些是积极的、有益的、正确的、适用的，哪些是过时的、陈旧的、错误的，甚至是有害的。去其糟粕，取其精华。准确把握，恰当运用。当前在自我约束和公诉活动中要以《公民道德实施纲要》为准则，秉持"爱国守法、明礼诚信、团结友善、勤俭自强、敬业奉献"的道德准则，以胡锦涛同志提出的"八荣八耻"的社会主义荣辱观作为道德评价标准，同时要注意不同阶层不同的道德要求,使公诉人始终成为社会主义道德的践行者和倡导者。

（三）心理品质坚定而不固执

良好的心理品质对公诉形象提供稳定性基础。在激烈对抗、风云变幻的法庭上，公诉人要保持良好的精神状态应对挑战和考验，没有坚定的心理品质是不行的。公诉人在公诉活动中的认知、动机、目的、情感、态度等心理要素及其反映源于公诉人本身的心理品质。公诉人的诉讼角色决定了这一群体所应共同具有的心理品质。公诉人应按照公诉职责的基本要求，培养和提高自己的心理素质。

公诉活动要求公诉人具有坚定性的意志品质。公诉人在法庭上是检察机关公诉决定的执行者。出庭支持公诉有一个先决条件，即公诉人必须依据人民检察院的起诉书，按照提起公诉时确定的公诉意见支持公诉。对起诉认定的事实、确定的罪名、适用的法律、提出的处罚意见，公诉人无权当庭改变，必须坚定的追求公诉的胜利。因此坚定不移的追求胜诉是对公诉人的第一位要求。意志的坚定性表现为两个方面。一是坚韧性，无论艰难困苦，要不折不挠，始终如一的坚持依法履行职责，决不放弃。二是抑制力，要以大局为重，牢牢锁定胜诉目标，努力克服不良的心理冲动、排除外来心理压力和干扰，调解、矫正心理状态。良好的意志品质在公诉活动中表现为迅速、坚决、果断，积极应对各种挑战和意外情况，冷静加以处置。

公诉人坚定的追求胜诉，要善于统揽法庭审理过程的全局，以大处着眼，防止在公诉活动中舍本求末，在枝节问题上与辩方纠缠，紧紧抓住案件关键环节和诉辩争议焦点，牢牢把握辩论方向。对于辩方正确的意见要敢于接受，不要囿于公诉立场，一概排斥。不能把坚持公诉意见片面的理解为不遗余力的全盘否定被告辩解和辩护意见，要做到有理、有力、有节。

（四）文化品味高雅而不倨傲

公诉人应当是具有深厚文化底蕴的人。我们常常讲某某人有大家风度。风度其实就是文化素养的外在表现，是高雅文化内涵的形象特征。法庭是公诉人风度展现的舞台。法庭为公诉人全面展现教养、气质、能力提供了充足的条件。你掌握知识的广博度，你的法律功底，你的表达能力、反应能力，通过你公诉活动的一举一动、一言一行全面展现于法庭之上，就是刻意的造作和掩饰也都会暴露无遗。文化品味不仅仅是受教育程度的标识，而且是你生活态度和人际关系的展现。对工作缺乏热情、玩世不恭的人，孤傲不善于与他人沟通的人都不适宜做公诉人。因为事业心和协调沟通能力是公诉人职业的基本要求。过去对公诉人扭曲的形象定位正在发生着转变。过去以军警式着装为标识的公诉形象给公众形成的"赳赳武夫"式的专政工具印象太深了。公诉人的强权印象不仅扭曲了公众对公诉形象的评价，连我们自己也下意识的走进了这种预设的角色中。公诉人从本质上说是"文官"，而非"武将"。虽然法庭上也要战斗，但那是唇枪舌剑的"文攻"，而非真枪实弹的"武打"。公诉人与被告人、辩护人的对垒应当是意志和智慧的较量、是知识与能力的角力。公诉人职业形象的角色定位应该是儒雅的绅士。

在知识爆炸的年代里，犯罪形态、犯罪手段形形色色。各类案件的被告人都具有不同的知识背景，辩护律师业务水平的提高都向公诉人的知识水平提出了挑战。不具备广博的社会科学、自然科学知识，没有深厚的法律知识和法学理论功底是难以应付新形势下各类案件的出庭公诉任务的。学识渊博应当成为新时代公诉形象的特色和亮点。

公诉人要建立符合职务特点的知识结构，公诉工作不同于其他专业工作，只在一个领域学有所长即可。公诉工作具有涉及专业领域多、知识幅面宽的特点。公诉人既应是法律专业的专才，又应该是具有广博知识的通才。公诉人的知识结构分为总体结构和具体结构。总体知识结构呈十字型，以法律专业知识为中轴纵向深入，特别是刑事法律知识为主要内容。以逻辑学知识、语言学、社会学、哲学、心理学、经济学等为两翼，横向无限扩展。具体知识结构以案件为中心点呈放射型。需要在办案中根据案件需要及时学习并形成围绕办案的特定知识结构，是总体知识结构形态和内容的具体化。如办理爆炸案就要了解爆炸的当量、爆炸物的种类、爆炸装置的原理等。办理侵犯知识产权案件就要了解知识产权的内容、价值、侵权造成的预期危害等等。纵向知识结构以掌握原理为主要内容。

在庭审活动中公诉人具有其他诉讼参与人无法比拟的优势。公诉人亲自审查了案件、掌握全部卷宗材料和案件证据，熟悉案情。公诉活动有国家强大的司法资源和侦查力量支持，检察官职责的国家性与权威性等等，这些都足以使公诉人骄傲。但公诉人在法庭上过于依赖于这些背景形成的声势，而居高临下，不把辩方放在眼里，傲慢轻敌，遭受重创或公诉失利是不可避免的。每个公诉人都应当切记实力不在于背景，而在于自己的素质和认真负责的敬业精神。恃才不倨傲、高雅不庸俗，要做一个有品味的公诉人。

（五）行为方式庄重而不拘禁

有的人把行为方式比喻成习惯。特定的行为方式由于长期重复在头脑中形成了思维定势，在特定情况下就会下意识的表现出来。庭审活动是庄严的诉讼活动。严肃是法庭氛围的基调。公诉人是代表国家出庭支持公诉的检察官。他的行为方式是诉讼各方关注的焦点。公诉人的行为方式是公诉形象的主要表现形式，公众往往从公诉人的行为方式上来感受公诉形象。因此，必须注意：第一，行为要规范，就是要符合国家公诉人的身份特征。符合法律规定和公诉人出庭行为的规范，特别是对有明文规定的程序性语言模式和工作套路要依规定进行。遵守法庭纪律，服从审判长指挥，尊重当事人和辩护人。第二，举止要庄重，不能在法庭上刻意制造诙谐幽默，更不能在法庭上宣泄情感、嘻笑怒骂。第三，语言要文明。禁止在法庭上对辩护人进行人身攻击，或公开侮辱被告人的人格。要防止因此产生的紧张情绪。有的公诉人因拘谨而危襟正坐、神情窘迫，这种状态极易造成公诉不力，公诉人要放松精神，泰然自若，举证、质证、应辩要有条不紊，处置庭审问题要收放自如。

（六）仪容装束得体而不呆板

公诉人的仪容装束是公诉形象的外在形式。在法庭上公诉人的装束举止呈现于众目睽睽之下，为诉讼各方所关注，而衣着本身具有明确的表意性。举止是公诉形象主要内容。公诉人的仪容装束在公诉活动尚未开始时往往使人形成第一印象。这些在公诉准备工作中或公诉活动进行时往往被视为小节容易被忽略。法庭的氛围基调和公诉人诉讼角色的定位要求我们：

第一，着装要正规。公诉人出席法庭必须按检察机关着装规定，着规定制式服装，着装要合体，不能穿外不外内，外穿制服，内置花衣，不能顾上不顾下，上装整齐，穿鞋露趾。不能季节不分，什么季节装什么制服。要注意细节，胸戴检徽，颈系领带，一丝不苟。2007年7月12日英国律师和法官将告别延续几百年的传统，在非刑事案件审理出庭时不必戴假发。可见西方司法界对庭审参加人员仪容装束的重视程度。

第二，仪容要整洁。公诉人出庭仪表要符合中国大众化审美标准，不得蓬头垢面，更不得标新立异。男同志不准剃光头，留长发、胡须，女同志不准染彩发，画重妆，涂彩指甲。公诉人不得戴首饰出庭。制服上除检徽外不得有其它佩饰。

第三，姿态要优雅。在法庭上公诉人始终在公诉席上活动，站要挺直、坐要端庄。公诉发言时不准仰坐或俯身在桌面上。要禁止公诉活动中挽袖子、脱鞋子、拍桌子。法庭上不得吸烟、嚼口香糖，更不得未经审判长许可擅离公诉席。不准在法庭上进行与公诉活动无关的活动，如看报刊、听音乐、接听手机等。

四、公诉形象的塑造

如何树立公诉形象？公诉形象的塑造有三个基本途径。第一是公诉人队伍的自我养成，第二是公诉业务管理部门的行业管理和制度规范，第三是社会公众的评价和监督。这三个方面相互作用，共同形成公诉形象建设的内外因素。其中公诉人群体在公诉活动中不断提高执法能力和公诉水平，积极主动地塑造和维护公诉人形象，不懈追求公诉形象的至善至美，是塑造良好公诉形象的内因，也是形象建设的首要环节和基本途径。检察机关对公诉活动的依法管理、公诉业务部门对公诉活动的规范化指导是公诉形象建设的重要保障，庭审活动是庄严的司法仪式，程序严谨，公诉人是法庭审理活动中的重要诉讼角色，其作用具有不可替代性。行业管理的规范性为公诉形象建设提供制度依据。社会公众对公诉人及其群体形象的评价对公诉人形象的建立具有重要作用。公诉形象的形成不单单是自我认知的结果，而是主要反映在社会评价形成的公信度上。所谓"众口烁金"，社会舆论包括媒体和法律业界特别是诉讼参与人对公诉人能力、水平的评价，或褒或贬，对公诉人声誉影响较大。赞誉和表扬对公诉人树立良好形象具有强烈的激励作用，而批评和诋毁必将损害公诉人及其所在检察机关的社会形象。

我们强调公诉形象建设的规范要求，并不排斥公诉形象建设的个性化。有的公诉人根据自身的素质特点，扬长避短，在实践中逐渐形成具有个性特点的公诉技巧、方法，形成了有别于其他公诉人鲜明的公诉风格。有些检察机关的公诉人群体由于受特定外部环境影响，或受主要领导者公诉风格的引导，形成有区域特征的公诉风格。这些个性特点，只要不违反公诉工作规则，有利于公诉职能发挥，有利于树立良好的公诉形象，都应当是允许的。各具特色的公诉风格往往成为公诉方式、方法、策略创新的先导。

下面，就公诉形象建设的基本要求和应注意防止出现的问题，阐述如下：

（一）坚持恪尽职守，切忌消极应付

最高人民检察院在2004年底颁发了《公诉人行为规范》，对树立国家公诉人良好形象、保障公诉人正确履行出庭支持公诉职责提出了具体要求。第一条规定：公诉人出席法庭的职责，是代表国家指控、揭露和证实犯罪，对审判活动是否合法进行监督，维护诉讼参与人的合法权益。同时结合案情进行法制宣传和教育。

其一，公诉人必须明确自己在法庭的特定职责，全面深入地理解各项职责的法律意义。庭审程序的设计使公诉人成为法庭上诉讼责任最大、工作量最多、诉讼角色最为活跃的一员。宣读起诉书代表庭审活动的提起，表明公诉人的控方地位；举证、质证活动是公诉人向法庭履行举证责任；法庭辩论公诉人率先发言，对检察机关指控、揭露、证实犯罪进行具体阐述和论证。通过辩论发言，维护公诉意见的正确性。庭审活动进行中还要密切关注审判活动有无违法行为，特别是有无侵犯诉讼当事人权利的行为，依法履行监督职责。全面了解和理解公诉职责是依法履行职务的保证。公诉人要特别注意把握好国家公诉人的法律定位。我们既不是当事人，也不仅仅是法律监督者。是超然于当事人之上，是国家利益和公共权的维护者。既是诉讼活动的参与者，又是诉讼活动是否合法的监督人。

其二，公诉人必须忠于职守。勤奋敬业是公诉人履行好职责的基础。忠于职守对公诉人来讲主要体现为忠于事实，忠于法律，忠于人民利益。公诉人在公诉案件的审查起诉、出庭公诉各个环节必须践行对事实和法律的尊重。公诉案件的审查起诉是出庭前的必经阶段，公诉案件的审查不是一般的程序性审查，而是关于是否提起公诉、应当如何追究被告人刑事责任做出实体性决定。公诉人在法庭上的表现如何，直接影响被告人的罪与罚。公诉人必须通过严谨求实、认真细致的工作和全面客观的分析判断，才能形成具体的公诉意见。因此公诉人的工作态度决定公诉工作的成败，疏懒殆惰都会因导致达不成公诉效果而损害公诉形象。

有的公诉人在出庭前疏于准备，出庭后注意力不集中，容易陷于手忙脚乱之中。还有的公诉人只注重举证，不注意通过证据分析，对公诉证据证明力的说明，对辩方的

证据不注重及时交叉质证，进而否定其证明力和可采性，使自己的证据结构呈现出一种支离破碎的状态。由于没有充分证明证据间的关系而使证据难以形成证明体系。更有甚者，公诉意见发表之后，无论被告人、辩护人举出多少反证，提出怎样的辩护意见，都置之不理，一概以"公诉人在公诉发言中已经阐述清楚，不再发言"应付了事。这些现象都是不积极履行公诉职责、消极应付的表现，对公诉形象的破坏力甚大。

还有一种消极应付是由于公诉人怯战心理导致的。有的公诉人由于自我素质不高，经验不足或者有过挫折性出庭体验，对出庭公诉存有畏惧心理。有的公诉人在普通案件公诉中尚能积极履行职责，而当遇到重大疑难案件或遇有名律师出庭辩护时，其紧张心理难以排解，在出庭公诉时表现出压抑木讷，局促紧张，不敢积极应辩，公诉活动杂乱无章，在控辩对抗中始终处于被动地位，以致公诉效果不佳，影响公诉形象。面对复杂局面，公诉人必须有善于应对、妥善处置的能力。面对强手，公诉人必须有恪尽职守、勇于战斗的勇气。在任何情况下，公诉人都不能丧失夺取公诉胜利的信心。而这一切，既来自自我素质的强化和出庭实践的历炼，更要有不辱使命的责任感。

其三，公诉人必须精于本职。勤奋学习是提升公诉人素质的基本路径。公诉工作的专业化对公诉人的专业素质提出了更高的要求。近年来，在全国许多地方推行了职业公诉人制度，使这一岗位的专业化要求在检察官群体中更加突显出来。公诉人并非所有人都能担任，有检察官职务的人并非都能胜任公诉岗位，这已成为不争的事实。公诉人除具备普通检察官必须具备的基本素质外，还应具备诸如语言表达能力、庭上应辩能力、综合思维能力等一些专业素质。公诉工作还是一项经验型工作，没有一定公诉经验的积累，很难成为一个称职的公诉人。所以公诉人自身必须不断强化专业训练，学习专业知识，提升专业水平。专业素质的提高不能依赖外力作用，而在于自身的内在动力。公诉人要始终充满对新知识的渴望，始终保持对自身能力新目标的追求。要按照精于法律、触类旁通的要求不断完善知识结构，拓宽知识领域，增加知识积累，向书本、向师长、向同事、向优秀公诉人学习，在实践中注意总结和丰富工作经验，只有这样才能始终成为法庭上的强者，所以说终身学习是公诉人履行职责之必需。

（二）坚持诉讼民主，切忌以势压人

诉讼民主是现代司法的先进理念。在庭审活动中这种理念主要体现为控辩平等。现行刑事诉讼法在庭审程序和诉讼机制中强化了被告一方的辩护权，注重控辩双方诉讼权力的平衡。这种程序设计不仅仅具有形式意义，而是体现了司法公平原则。按照"谁主张谁举证"的诉讼规则，公诉人作为控方，承担举证责任，而被告人及其辩护人在法庭上有质证的权力，同时享有和申请传唤新证人到庭、提出调取新证据的权力。在质证阶段，辩护人与公诉人享有同等的交叉询问权。在法庭辩论中，被告人及其辩护人与公诉人具有平等的辩论发言权。这种庭审方式下，检察机关的起诉决定和公诉意见受到被告人及其辩护人的质疑和反对是不可避免的。由于诉讼中的角色定位和特定职能，被告人及其辩护人必然要提出与公诉意见相对抗的辩护意见，合议庭则要在这种抗辩中兼听则明，从而做出正确的判断。衡平对抗是现代庭审制度的基本特征。律师介入诉讼更是诉讼民主精神的体现，这种制度设计有利于维护诉讼当事人特别是被告人的合法权利。检察机关对案件事实的认定，指控罪名能否成立，适用法律是否得当，经过庭审活动的洗礼，将更加清晰明了。公诉人的职责就是依照法定程序，说服法庭认证公诉事实，采纳

公诉意见。而这一任务是通过与被告人及其辩护人的衡平对抗来完成的。

庭审活动的对抗性势必形成两军对垒的格局。有人说诉讼民主是法庭的事。审判长在主持庭审中要平等分配权力，防止失衡而导致诉讼权力保障不到位。如前所述，公诉权是国家权力，是公权力，而辩护权是维护被告人个人权力，是私权力。庭审对抗实质是私权与公权的对抗。因此，公诉人在公诉中必须特别注意依法履行职责，防止公权力对私权的违法侵害。正确理解诉讼民主的内涵，对于公诉人正确履行法定职责十分重要。

公诉人义无返顾地追求胜诉是正确的，但在法庭上以公诉人自居，抱着一种唯我独尊的心态则是有害的。有的公诉人对辩方提出的质疑和反证持彻底的否定态度，不是通过析案释疑，依法论罪，通过平等辩论维护公诉意见，而是将辩护方的意见一概斥为荒谬、无理、狡辩，试图利用检察官的身份和公诉权的权威压制辩护方的发言，给人以以势压人、强权霸道的印象，非但不能发挥维护公诉意见的职责作用，反而会给合议庭、当事人及旁听群众造成公诉人指控根据不足、理由不充分、强词夺理的错觉。这种状况往往是由于公诉人缺乏诉讼民主精神、对辩护制度的认识存在偏差造成的。防止这种状况，公诉人首先要端正对辩护制度的认识。诉讼民主是抑制司法专横的利器，而辩护制度和陪审制度是诉讼民主化的法定形式。公诉人公诉为公就必须遵守法治原则，尊重各方诉讼参与人合法参与诉讼的权力。特别是要注意尊重和保障被告人及其辩护人的辩护权。有一句名言"我反对你的观点，但我捍卫你表达观点的权力"。这才是公诉人对辩护的正确态度。其次，公诉人必须讲究公诉活动的方法。当辩护方对证据提出质疑时，要运用证据印证和证据分析的方法释疑解惑。当辩护人对定罪定性提出不同意见时，应依据法律法规和司法解释进行法律论证。公诉人在法庭上不能只讲结论性语言，而要进行有理有据的论述。第三，要以平等之态待人。尊重对方才能赢得尊重。法庭上公诉人与被告人及其辩护人两军对垒，但并非势不两立。很多优秀公诉人通过公诉活动，说服被告人认罪服法，赢得辩护人对公诉意见的认同的例子屡见不鲜。形成这样的局面是以理服人、绝非以势压人所致。在和谐司法理念指导下，控辩双方在法庭主持下，就争议问题各抒己见，平等讨论，从而求同存异或达成共识正是我们应当大力提倡的。讲究方法和策略，原则问题不让步。当激辩时理直气壮、当和缓时平等讨论。公诉人是强势的，又是民主的，是严厉的，又是宽容的。以平等之态待人，以民主作风示人是公诉形象建设的重要方面。

（三）坚持实事求是，切忌过当指控

实事求是是公诉工作的主要指导思想，这既是对公诉人思想品质上的要求，也是对公诉人思维方式、工作方式的具体要求。

做到实事求是首先要做到忠于事实真相。实事求是作为一个哲学命题，要求我们在办案中还案件本来之面目。但由于时光不能倒流，时空条件的变化，使侦查机关难以将案件事实完全重现。证据搜集的有限性，使有些案件事实在公诉时只能是法律事实，即证据能够证明的事实，特别是有些案件事实被告人始终供认，但因证据不足，未予认定，而没有受到检察机关的指控。公诉阶段不同于侦查阶段。当在法定时限内侦查手段发挥到极致，证据搜集工作已经穷尽时，公诉人不能苛求必须查明一切事实、情节。当有些案件事实缺乏证据或搜集在案的证据不真实时，审查起诉阶段就不能认定，在起诉

时这部分事实就不能认定为犯罪事实指控被告人。所以说忠实于事实真相对公诉人来说，就是忠实于法律事实，指控犯罪的事实必须有确实充分的证据证明。公诉工作中要切实贯彻疑罪从无的原则。

公诉人要做到实事求是，就是要保持公诉意见与起诉书的同一性。公诉人往往是出庭公诉案件的承办人，在审查起诉过程中，对被告人的犯罪事实要进行详细审查。不仅了解起诉认定的犯罪事实，而且对于因证据不足未予认定的事实，对于情节轻微未以犯罪论处的事实都进行过具体的审查。起诉书是检察机关对被告人犯罪做出起诉决定的法律文书。公诉人在法庭辩论阶段要谨记：出庭公诉发表公诉意见和法庭辩论发言必须围绕起诉书指控的事实进行。因为起诉书是公诉人出庭公诉的基础和前提。未在起诉书中认定的事实都不是犯罪事实，都不是要求被告人承担刑事责任的依据。在实践中，将起诉书未认定事实当庭指控的并不多见。但在公诉发言中为论证被告人的人身危险性和社会危害性，而将不构成犯罪的其他违法行为或证据不足的事实作为论据的则常常出现，往往给辩方以攻击的口实。例如：有一黑社会性质的案件，公诉人在辩论发言中为增强公诉气氛，阐明被告人的人身危险性时讲道："除起诉书已经认定的罪行外，人民群众还控告揭发了刘某数十起强买强卖、欺压百姓的罪行，这些罪行由于证据不足，本院未予认定，但从中我们可以看出刘某是一个一贯目无国法、横行乡里、为非作歹的严重刑事犯罪分子。"辩护人立即反唇相讥："既然公诉人也认为自己刚才讲的所谓罪行证据不足而未予认定，按照疑罪从无原则，这些事实就不应该认定为被告人的罪行，那么公诉人依据这些不是罪行的事实得出刘某是一个一贯目无国法、横行乡里、为非作歹的严重刑事犯罪分子的结论显然是缺乏事实根据的。"

公诉人能否在公诉活动中树立起实事求是的公诉形象还体现在公诉人在法庭上要有合理纳言的襟怀。当公诉活动出现失误时，要有敢于自我纠正的勇气。检察机关对被告人的指控无论是事实认定、定罪定性和适用法律，不可能完全正确，否则审判程序的设定也就失去了意义。对于被告人有根据的合情合理的辩解、辩护人正确的辩护意见，公诉人要敢于接受，因为我们不是当事人，而是支持公诉的国家代表，诉讼立场必须客观、全面、公正。公诉人不是神，即便是经验丰富、学识渊博的优秀公诉人，也有可能在公诉活动中出现失误。当审判长指出，特别是辩护人提出反对时，要虚心面对，诚恳接受，立即改正。如果顾及自己的面子，在法庭上坚持错误，拒不接受批评，就会给人以无理蛮横、恃权霸道的印象，必然会损害公诉人公正无私的形象。

（四）坚持宽严相济，切忌一味求重

公诉人在发表公诉意见中应对被告人不利的加重从重的情节和有利的从轻减轻情节进行客观全面的阐述和论证。有的公诉人认为：按照诉讼分工，公诉人指控犯罪，只能强调从重情节，讲从轻减轻情节是辩护人的事。认为公诉人一讲从轻减轻就难以自圆其说，不利于营造公诉氛围，这是对公诉职责理解上的错位，认识上的偏差。全面客观地认定被告人犯罪的轻重情节，实事求是地剖析被告人犯罪的主观原因和客观原因，依据法律提出不同情节对被告人定罪处罚的作用是公诉人的客观义务和法定责任。如果只讲主观因素不讲客观影响，只讲从重不讲从轻，对显而易见的从轻、减轻情节视而不见，而刻意强调从重、加重情节大肆渲染，不仅违背公诉必须公正的宗旨，而且也不利于被告人对自己的行为作出正确的法律评价，不利于促进被告人认罪服法、悔过自新。

反而会激起被告人与公诉人的对抗情绪，进而对公诉职责的认识产生偏差。公诉人一味求重的倾向容易误导人民群众对公诉人诉讼角色的认识，进而有损于公诉人客观公正的司法形象。

公诉人一味求重的倾向导致的另一不良后果是：公诉人在工作中自觉不自觉的陷于当事人化的错误定位上去。我们有的公诉人在工作实践中，认为出庭公诉与被告人及其辩护人是两军对垒，是你死我活的斗争，必须争出我高你低，否则不能显示出公诉机关的权威和公诉人的水平，所以为了在法庭上引起激辩，故意把从轻、减轻处罚的诉求留给辩方去讲，为自己与对方展开辩论预留发展空间。这里既有角色的错位，也有个人的私念，为满足自己对战斗的渴望，不顾及公正履行职责是十分危险的。大家知道，法定的从轻、减轻处罚情节对辩方来讲论证起来得心应手，往往是辩护发言的重点，更是律师争得辩护成果的利器，很容易说服合议庭采纳。当公诉人图了口舌之快后，法庭采纳了辩护意见，公诉人的窘境是可想而知的，那时公诉人还有何形象可言？

在建设社会主义和谐社会的大背景下，最高人民法院肖扬院长提出了"和谐司法"的新理念，那么和谐诉讼是否应当成为和谐司法题中应有之义？公诉人在法庭上与被告人及其辩护人的辩论并非一定要针锋相对、你死我活。公诉的目的绝非驳倒被告人及其辩护人的观点，而是求得法庭做出与公诉意见一致的判决。所以评价公诉胜诉的标准，应当是公诉人通过依法履行公诉职责，使法庭采纳了公诉意见，按照检察机关起诉的事实、指控的罪名、提出的处罚建议做出公正判决，从而使公诉活动体现了公平正义的法治目标。

在和谐诉讼理念的指导下，公诉人与被告人及其辩护人就被告人的罪与罚进行平等的讨论，这种讨论是民主的、理性的，平心静气的。依照法律这个共同标准，遵循程序法律规定，尊重对方的诉讼权利，依法论理，以理服人，控辩双方达成共识是可能的。公诉人出庭的理想境界应当是：被告人认罪服法，辩护人不反对公诉意见，旁听者受到教育，法庭采纳公诉意见做出公正判决。我们应当追求这样的境界，能进入这种境界的公诉人是大家，是名符其实的优秀公诉人。

（五）坚持稳健持重，切忌感情冲动

张凤阁同志在谈到公诉人形象建设时说："公诉人在法庭上要有大将风度。"什么是大将风度？稳健持重，处变不惊，因势利导，挥洒自如。在公诉人素质结构中，我们常常谈到要提高"应辩能力"或叫"应变能力"。应辩能力集中讲的是公诉人在法庭上应对辩护的能力，即法律辩论的能力。所谓应变能力是指公诉人在法庭上应对超出出庭预案准备的内容，法庭上出现庭前预测以外的突然情况时应具备的能力。这两种提法有共性，有区别，但对公诉人来讲，处置庭审活动中的各种复杂情况是对自身能力的挑战。庭审的现场性和即时性，容不得公诉人犹豫、踌躇，必须当场及时应对。

公诉人必须具备良好的心理素质、思维能力和语言表达能力。在庄重、严肃的法庭上，面对辩方咄咄逼人的反攻，在紧张的法庭氛围里，公诉人心理上没有压力是不客观的。沉着、冷静是应辩的前提，无论法庭出现什么意外情况，首先要稳住阵脚，认真倾听，判明对方意图，根据案件情况，调动知识储备和经验积累，迅速调整应对方案，做出反应。特别是当被告人当庭翻供、证人翻证、拒证、辩护证据被质证认定等突然情况出现时，要冷静分析变化原因，采取有针对性对策。不要简单地采取以供攻供的办法反

击，因为辩方既然当庭改变言词证据，必然做好解释以前陈述原因的准备。当庭质问："为什么以前供认而当庭翻供？"只能落入辩方已设计好的圈套。此时必须通过强根固本，巩固控诉证据体系的办法应对。指明检察机关的指控依据证据而非依赖被告人口供，证据确实充分而非依靠某一证据独立支撑。

公诉人在法庭上切忌情绪化，特别是不能喜怒形于色。胸中波涛汹涌，脸上风平浪静。面对突然情况，要有"泰山崩于前而不惊"的定力。冷静思考，沉着应对。利用突然袭击和语言攻击等方法，刺激公诉人的情绪是有些辩护人常用的策略手段。教训告诉我们情绪化必然导致自乱阵脚，举措失常，出现失误，公诉人绝不可以轻易上当。考察一个公诉人的意志力就是要看公诉人处置突发事件时的能力。公诉人在法庭上不能失态，就是要求公诉人不能失去稳健持重之态，特别是面对辩方的狡辩、讥讽和人身攻击，一定要不为所动，依法驳斥，不可以其人之道还治其人之身。因为法庭和旁听群众对公诉人与被告人及其辩护人的要求是不同的。辩方可以做的事，公诉人不能做，这也是公诉人职责所在。公诉发言可以慷慨激昂，但公诉人不可以宣泄个人情感。公诉发言可以讲究策略技巧，但公诉人不可以在法庭上违反逻辑搞诡辩。公诉是履行公务，但公诉人有时也要忍辱负重。公诉人只有抑制冲动、控制感情，调适情绪，头脑才能清醒，才能冷静地对各种复杂情况作正确判断，才能有力、有理、有节地组织起有效反击，驳斥错误辩护意见，才能在法庭上树立起庄重、威严的公诉形象。

公诉人是中国检察官形象的代表，在庄严的法庭上，这个形象塑造的如何，需要我们不断探索，付出不懈的努力。

第八讲
公诉思维方略

张书华

人的能力从性质上可以分为经验能力、知识能力和思维能力。思维能力是建立在经验和知识基础上的居于最高层次的能力。现代社会生活的丰富多彩，决定了刑事案件的形形色色。公诉人所遇到的问题往往涉及广大的领域，随着社会的发展，公诉活动中还会面临不断出现的新问题。公诉人所积累的知识和经验常常处于不敷使用的境地，这就要求公诉人必须拥有一种普遍的能力，在处理纷繁复杂的案件过程中和出庭公诉活动中，发现规律并运用规律，进而提高认识问题和解决问题的能力。这种能力就是思维能力，由于公诉人特定的诉讼角色，我们称之为公诉思维能力。思维是一个过程，更是一种方法。探索公诉思维的内在规律，研究提升公诉人思维能力的途径和方法，是提高公诉人素质、提高出庭公诉水平的基础。

一、公诉思维的基本特点

（一）公诉思维是公诉人职业化思维

公诉思维是公诉从业者的职业思维，不同于普通人的生活思维，与公诉人在其它工作中的思维方式也有明显区别。从诉讼意义讲检察机关就是公诉机关，代表国家对刑事犯罪提起公诉。公诉人是出庭支持公诉的国家代表。在法庭上履行指控犯罪、揭露犯罪，证实犯罪，提请法庭依法追究被告人刑事责任的职责。在法庭上，控诉、辩护、审判三方是庭审活动的主体。其中公诉人和审判人员是依法履行公务的司法工作者。辩护人是依法受委托为被告人提供法律服务和帮助的法律工作者，他们都依据共同的法律准则在法庭上承担不同的诉讼责任。

法律思维是他们思维的共同基础。法律思维是指以立法、司法、法学研究为主体的法律人职业群体所共同具有的思维习惯、思维定势、思维方法和思维技巧。由于这个群体具有共同的知识背景，共同的法律语言、共同的法治信仰和共同的法律意识，从而使他们比普通人在法律认知过程中对法律问题的分析和判断更专业、更深刻、更熟练。公诉思维本质上属于法律思维。法律思维是以法律为基本判断评价标准和推理论证依据的思维方式。法律思维的内容是对具体案件的事实进行分析、判断和认定选择，对适用于案件事实的法律规范进行引证解释，并且将法律规范和案件事实结合在一起，从而做出合乎逻辑的结论。

公诉人因其在刑事诉讼中所处控方角色和代表国家出庭支持公诉的法律地位，其思维方式与审判人员和辩护人既有一致性，又有明显差异性。其一致性表现为：一是控辩审三方进行诉讼活动都依据刑事诉讼法规定的庭审程序进行，都必须遵守共同的程序规则，在思维的规范性方面具有一致性。二是控辩审三方法庭活动均围绕事实、法律和被告人的刑事责任三项内容展开，在思维内容上具有一致性。三是控辩审三方在法庭上的活动都必须遵循诉讼活动一般规律的制约。控辩双方衡平对抗、审判人员居中裁判，虽各司其职，但思维方式都具有严谨、庄重、保守的特点，在思维规律上具有一致性。根据刑事诉讼的分工，公诉人在法庭上是独立的诉讼主体，具有独特的思维特点。首先、公诉人出庭支持公诉代表国家利益和公共利益，不是当事人，其立场必须客观全面、公正。公平正义是公诉思维的出发点，与被告人及其辩护人维护个人权利不同，公诉为公是思维方式的重要基础。其次，公诉人在法庭上履行控诉职能，诉讼角色决定他必须以指控、证实犯罪为己任，其思维基点是控诉思维。再次，公诉人在法庭上与被告人及其辩护人形成两军对垒、衡平对抗的诉讼格局。在质证和法庭辩论过程中，公诉人思维方式具有鲜明的抗辩色彩，以彻底揭露犯罪、证实犯罪、依法公正追究被告人刑事责任为诉求，以批驳被告人及其辩护人的质疑和辩解，全面维护公诉意见为己任。以推动审判人员正确认定案件事实，准确运用法律、依法裁判为目标。这些都是公诉思维的特定内容。

（二）公诉思维具有司法属性

公诉权是国家司法权的重要组成部分。公诉行为必然产生相应的法律后果。公诉思维与公诉人特定职责相联系，公诉思维的司法属性取决于三个因素：一是公诉思维的环境因素。无论庭前准备阶段和出庭公诉的实施阶段，公诉人对自身参加庭审活动的设计和应对庭审情况的思维活动都以法庭这个特定环境为依托，法庭上既有主持法庭审理的审判人员、被审判的对象——被告人、为被告人提供法律服务的辩护人、还有受到犯罪侵害的被害人、出庭作证的证人、鉴定人等。在公开审判的法庭上还有旁听审判的群众。公诉思维无论在庭前还是在庭上都必须考虑具有不同诉讼职责，与审判结果有不同利害关系的各方诉讼参与人的诉求和立场。充分注意他们在法庭上的表现，并与他们的思维活动形成互动，公诉思维的重点有时就是针对诉讼参与人的特定诉求或特殊行为表现的。如对被告人翻供、证人翻证、拒证、辩护人提出新证据等应对策略的思维。公诉思维是公诉活动的有机组成部分。二是公诉思维的表达方式。庭审活动的即时性和现场性决定了公诉思维的工具是语言、思维的结果在表达时则主要是言语，即公诉人运用口语在法庭上将思维内容讲出来。公诉活动从阶段和形式上可以分为公诉思维活动和公诉语言活动。公诉思维是公诉发言的内在形式，公诉发言是公诉思维的外在表现。口语是公诉思维的基本表达方式。言为心声，口语表达的流畅与否、严谨与否、直接体现思维清晰与否、深刻与否。三是公诉思维的功能，公诉思维是使公诉观点更加鲜明，公诉思路更加明晰、公诉论证更加严谨、公诉理由更加充分的方法。这些功能最终为实现推动法庭公正判决的思维目的服务。

公诉人在法庭上独立承担公诉职责。公诉人思维的表达形态是公诉发言，公诉权的国家性和司法性决定公诉发言具有权威性，公诉发言表明了国家对犯罪行为的谴责性评价和公众对追究犯罪者刑事责任的请求。必然在法庭上产生法律效果，国家公诉不同于公民自诉，公诉因其以国家司法权为后盾，对被告人具有强烈的威慑力。公诉意见源自缜密的公诉思维。它对决定被告人的罪与非罪、罪轻罪重具有直接的影响作用。

（三）公诉思维的价值取向在于实现司法公正

司法公正包括实体公正和程序公正。公诉活动要追求实体和程序公正的统一，庭审活动的目的是通过对公诉案件的审理，对被告人做出是否构成犯罪和应否承担刑事责任的实体裁判，而审理的过程必须遵循程序公正的要求。公诉人既是审判活动的启动者、参与者又是程序是否公正的监督者。

公诉思维是严谨的法律思维，用抽象的法律规定对具体的案件事实进行衡量，做出法律是否运用于具体案件情况的推断。这种适用的过程具有严格的逻辑规则和诉讼规程保障。因此公诉思维本身具有形式上的合理性。思维确定思路，思路决定出路，想法决定办法。正确合理的公诉思维是实现司法公正的手段和途径。公诉思维的目的与司法公正的要求具有一致性，公诉思维的目的为公诉人发表公诉意见提供了正当理由。使公诉人站在了公平和正义的基点上，公诉人要在法庭上赢得公诉的胜诉，说服各方诉讼当事人赞同公诉意见，说服合议庭采纳公诉意见，做出公正判决，必须有可靠的根据和充分的理由。而公诉思维的过程就是公诉人在头脑中思考和架构自己的根据和理由，并证明公诉意见正确性的过程。遵循法律逻辑规律的公诉思维方式和表达方式与公平正义的司法原则在价值取向上是一致的。

（四）公诉思维是严密的逻辑思维

公诉思维是运用法律概念进行法律判断，法律推理和论证的过程，要保证公诉思维的正确就要掌握和遵守思维规律和逻辑规则，这是正确思维的必要条件。形式逻辑由三个基本范畴构成，即概念、判断和推理，而这三个基本范畴也构成了法律思维的基本要素，或者说基本手段和工具。概念的外延和内涵以及不同概念之间的关系，使我们对事物的把握和理解有了清楚的认识；判断的种类和规则，为我们对事物的认识有了明确的方法和手段；推理的方法和种类，为我们对不同事物的认识提供认知的途径和方向。这三大范畴的规则体系，是构成任何一种逻辑思维的基本要素。公诉活动中，我们要善于运用法言法语，即法律概念，并尽可能将生活中的语言转化为抽象特定的法律语言，从而为公诉思维创造条件，特别是为与法官、其他诉讼参与人思维互动创造共同平台。公诉思维就其形式而言，以抽象思维为主，形象思维为辅。在举证、质证过程中和法律辩论中进行证据分析时要借助于形象思维，公诉意见的表达更要通过形象思维以提高公诉意见的说服力和感染力，但公诉思维的基本形式是逻辑思维。这是由司法活动的理性特点决定的。公诉思维是基于法律规定的论证思维。特别是关于被告人是否构成犯罪，构成何种犯罪，应否追究刑事责任，如何追究刑事责任等必须根据被告人的行为特点、情节轻重，运用一系列的法律概念、法理判断进行逻辑推理，从而得出正确的结论。公诉人办理的案件可能是千差万别的，每起案件的案件性质，被告人情况，时空环境，案件情节各不相同，因此公诉人思维的具体内容也各不相同，但在这些各不相同的具体思维内容中，它们的逻辑形式和结构则可以是相同的。逻辑是公诉人思维的工具，公诉人在思维过程中都必须遵循逻辑规则。逻辑为我们正确认识事物和准确表达思想服务。同一律、矛盾律、排中律和充足理由律是我们在公诉思维过程中必须遵守的规律，公诉人要掌握逻辑学的基本原理，运用这些原理规范公诉思维活动，使我们的思维不被误导、保持正确的方向。

二、公诉思维要素

公诉思维作为具有鲜明职业特点和司法功能的思维方式，它的内容是由多种稳定性因素构成的，主要包括思维目的、思维材料、思维过程和思维能力四个基本要素。

（一）公诉思维目的

人的思维都具有目的性和计划性，公诉思维的目的使思维主题更加清晰。公诉思维的目的性与公诉人的职责和出庭活动的需要密切相关。公诉思维的目的性反映在公诉人向法庭提出的诉求上。公诉人通过提起公诉，举证质证，发表公诉意见，反驳错误的辩护意见，从而达成要求法庭对被告人依法追究刑事责任的目的，这个目的是公开的、鲜明的、坚定不移的。而且贯穿在整个庭审活动始终。公诉思维的目的，往往是公诉思维的内在动力，公诉人在追求公诉目的实现过程中，积极开动脑筋，充分调动经验、知识积累和个人智慧，使公诉思维始终处于活跃状态。公诉思维的计划性和思维路径，主要受庭审程序的规范和约束。同时又受案件具体情况和庭审活动具体内容的影响。从宏观上讲，公诉思维应按诉讼阶段依次展开，其基本路径是：提起公诉，举证、示证，交叉询问、质证，发表公诉意见，与被告人及其辩护人展开辩论。因为庭审程序制度具有法定性，公诉人的思维应遵循基本程序规则。在微观上，由于案件性质，事实情节的不同，公诉思维在具体公诉活动中的重点和内容也各不相同。由于审判人员审判风格的不同，被告人庭上表现及辩护人辩护方法和辩护内容的不同，公诉思维的具体内容和重点也必然呈现出各不相同的情形。

（二）公诉思维材料

公诉思维的材料分为四类：公诉人的思想观念、公诉人的知识储备、公诉案件的情况、相关的法律规定。

1. 公诉人的思想观念。观念在思维结构中具有特别重要的意义，它对思维活动起着指示作用、定向作用、选择作用，人们在思考问题时，总是以自己头脑中已形成的观念作为指导原则，一定的观念规定着人们思维逻辑的轨道，对人的思维具有定向作用。公诉人的法治观念和道德观念在公诉思维中，对思维方向作用甚大，特别是公诉人思想观念中对公诉职能的正确认识，会指引公诉人坚定不移完成指控，揭露犯罪的任务。使思维活动沿着公正司法的路径进行。公诉人在头脑中业已形成的思想观念往往使思维活动具有选择性，它是公诉人进一步认识和思考公诉活动诸方面问题的框架。一旦在头脑中形成某种观念，它在作为一种内在的信息模式，在处理庭审活动中各种信息过程中发挥选择、判断的评价作用，对于公诉人观念相一致的观点和材料，公诉人会在思维中做出积极反应，予以采纳，而对与公诉人观念相对立或冲突的观念，会做出排斥性反应。进行否定性评价，在论辩思维中往往被确定为反驳的对象，因此公诉人的观念是公诉思维的深层结构，对公诉思维过程和结果起着直接的影响作用。观念还制约着思维结果，一般说来正确的先进观念的思维结果或结论也必然正确。反之亦然。公诉人的法治观念、价值观念、道德观念、审美观念等等均影响公诉思维中对庭审活动中各种情况的判定和评价。公诉人的思想观念的表现形式与其他职业群体最大的不同点是在于它不仅指导自己的思维和行为，而且要在法庭上公开表达出来，并用以影响法律的实施，影响对被告人的罪与罚。因此公诉人树立正确的、先进的思想观念和司法理念对形成正确的思维结论十分重要。在依法治国的进程中，公诉人要不断更新司法理念，树立现代法治观念。如公平正义、法律至上、人权保护、诉讼民主等反映现代法治精神的观念，是保证公诉思维正确性的基础。公诉的思想观念应当是先进而不激进，严谨而不保守。

2. 公诉人的知识储备。公诉思维的专业性特点虽然在知识能力上侧重对法律知识的要求，但是由于案件当事人庭审诉求的复杂性和案件涉及社会领域的广泛性，要求公诉思维时必须调动公诉人全部的知识储备，以应对形形色色的案件问题，做出全面、准确、而有针对性的思维结论。从总体上说公诉思维涉及的知识结构是以法律知识为主干纵向发展，以社会科学、自然科学知识为两翼横向伸展的知识结构。公诉人在法律知识方面应长于刑事诉讼，能够娴熟运用诉讼规则和刑事实体法律。

3. 公诉案件的情况。公诉思维往往是针对特定的案件进行的。案件情况与公诉思维的其他材料相比具有不确定性和外在性。公诉人的思想观念、知识储备、思维能力等以稳定的形式储存于公诉人原有的思维结构中，公诉思维时能够迅速调集使用。而案件情况则因公诉人承办具体案件不同，其性质、犯罪构成和情节各不相同。案件情况在形态上表现为两种情形：一是证据证明的事实状况。公诉思维经常进行的是证据分析和证明体系的架构，为指控犯罪奠定事实基础。二是具体案件在庭审活动中发生的情况。如：被告人对部分事实、某一行为的否认，庭审中控诉证据与辩护证据在同一事实上的冲突等等。这些情况需要公诉思维做出正确判断，并当即做出相应处置。孔子说："知已知彼，百战不殆。不知彼而知已，一胜一负；不知彼、不知已，每战必殆。"公诉思维不是孤立的，思维活动始终以被告人及其辩护人为博弈对象，进行衡平对抗。因此辩方在法庭上的表现，特别是在法庭调查和法庭辩论中提出的问题是公诉思维的重点。公诉人要善于运用逻辑规则对辩方观点是进行判定，并适时组织应对的策略、方法。

4. 相关的法律规定。我国是成文法国家，法律法规是公诉思维的自然前提，特别是涉及具体案件的法律条文，在公诉思维中具有不可替代、不可逾越的作用。公诉思维从总体上说是法律思维，是以法律为依据的思维，是依据法律程序进行的思维，是以达成法律结果为目标的思维。所以在公诉思维活动中法律法规、司法解释以及法学理论是思维的重要内容。法律论证是公诉思维的重要组成部分。公诉思维活动实际上就是将法律法规适用于具体案件的过程。因此公诉人必须谙熟刑法、刑事诉讼法。特别是对刑法中的犯罪构成理论、刑罚论，刑事诉讼法中的证据证明规则，庭审程序等要运用自如。对重要的法律条文要耳熟能详。

（三）公诉思维过程

分析和综合是思维的基本过程，也是思维的基本方法。公诉思维也必须遵循这一基本的过程和方法。公诉思维的对象是公诉活动的全部过程和全部内容，公诉人通过思维对其进行组织和构建。分析是在思维中把公诉活动中遇到的问题分解为不同部分、阶段、方面、特性等分别加以研究，而综合则是在思维中把案件各部分、公诉各阶段的情况联系起来加以研究。分析可以使我们深入了解案件和诉讼情况及其形成原因，而综合可以使我们在对具体环节关联性的判断基础上形成全局性认识。综合——分析——综合实际上就是具体——抽象——具体的信息加工过程。公诉人在构建具体案件的证明体系时，往往按照案件时间顺序对案件证据进行分组归类，然后再运用犯罪构成的诸要件对事实的法律意义加以对照，从而判定案件的性质。公诉思维不是对案件表象的整理。对案件情况具体的感性认识是我们认识案件的出发点，但它没有揭示出案件的内在本质和规律，只有通过抽象思维才能把案件的本质属性抽取出来，使公诉思维进入理性阶段。如辩护人在法庭上摆出一系列被告人在案发时在现场以外的地方活动的证据。实则是为了证明被告人不是犯罪的行为人，为无罪辩护提供依据。公诉思维就是对公诉活动中的诸多问题进行分析综合的过程。不仅是对问题判断的过程，同时也是利用思维材料对自身公诉活动进行思维构建的过程。

（四）公诉思维能力

思维能力是公诉人的基本能力。思维能力的强弱是衡量公诉人出庭公诉能力高低的基本标准。公诉思维能力是公诉人的头脑在公诉活动中接受、加工、存储、输出信息的能力。衡量一个公诉人思维能力的品质如何，主要看公诉思维的深刻性、敏捷性、灵活性、创造性和批判性及其程度如何。公诉人由于各自的知识背景、工作经验、思维训练等方面的差异，思维能力而有所不同，提高公诉人的思维能力、不应仅仅停留在知识和经验的积累上，还要注重运用正确的思维方法，注重运用逻辑思维的规律，在此基础上通过公诉实践中的磨练，不断积累思维经验。要善于运用逻辑思维在法庭辩论中拨云去雾，洞察辩方的辩护意图，抓住辩方论点的关键所在，错误所在。要提高公诉思维的快速反应能力，迅速调动知识储备、经验积累和思维能力应对庭审活动中的各种问题。每个公诉人都应掌握科学的思维方式和与公诉职责相适应的思维能力。

三、公诉战略思维

公诉思维要应对庭审活动中的各方诉讼参与人，所以其思维方式与各种外在因素具有互动性，法庭质证和法庭辩论是公诉人与被告人及其辩护人进行互动的典型表现。各方均以对方庭上的表现，特别是针对已提出的问题作为思维的内容。这种互动是紧张激烈的，有时甚至是白热化的。我们要力争形成诉讼各方的良性互动，公诉思维的任务就是通过适当的策略和方法引导被告人及其辩护人基本赞同公诉意见，推动审判人员采纳公诉意见，从而使公诉意见成为判决的基础。我们常把出庭公诉活动比喻成战斗，任何战斗都要研究战略和战术问题。公诉人的思维是内在的，是对战略战术的谋划。是战斗的指挥系统。公诉人出庭支持公诉，通过向法庭表达惩治犯罪的诉求，维护法律尊严和社会公共秩序。虽没有刀光剑影，但论证中仍是唇枪舌战，法庭上虽没有战火硝烟，庭审气氛却紧张激烈。特别是多被告人，多事实，多罪名，开庭审理持续时间较长的案件，公诉人参加法庭审理活动，必须进行战略性谋划。公诉战略思维是指在宏观上对整个出庭公诉活动进行的构思和策划，从总体上把握公诉活动的规律，并运用规律对公诉思维的步骤、方法和重点进行谋篇布局。公诉人只有进行战略思维才能在法庭上总揽全局、主导庭审活动走向、综合施策、克敌制胜。

（一）公诉战略思维的作用

公诉战略思维的意义和作用在于：第一，明确公诉思维的目的性，公诉人在庭审各阶段的任务不同，思维方法也呈现不同特点，但思维在总体上的目的性必须明确，就是不遗余力的维护公诉意见、追求公诉的胜诉。时刻以战略思维为主线，防止公诉人为一时一事的争论忽略公诉的目的。无论庭上怎样风雨变幻、还是出现异常情况，公诉人都要牢牢把握思维的总体方向。排除一切干扰，追求公诉目的实现。第二，保持公诉思维的系统性。庭审各阶段的内容不同决定了公诉人在各阶段思维的重点不同，但各阶段公诉思维都是公诉战略思维的片断和环节。无论是提起公诉、举证、质证，还是法庭辩论、审判监督，都是战略思维的有机组成部分，各环节环环相扣，紧密联系，前后呼应。要保持公诉观点的统一性，掌握好不同阶段公诉活动的节奏，集中精力解决重点问题，使各部分之间按照逻辑次序和规则构成战略思维的完整体系。第三，着眼公诉思维结构的全局性。战略思维的着眼点在于谋划全局，是总体思维。公诉人必须站在维护法律统一正确实施的制高点上，以总揽庭审活动全局的气魄，牢牢把握庭审走向，以战略眼光对出庭公诉活动进行总体谋划。防止思维陷入片面性，或为细微末节绞尽脑汁，而忽略全局成败的现象发生，在各个庭审阶段保持思维方向的一致性和思维内容的连贯性。第四，遵循公诉思维的规律性。公诉思维因遵循刑事诉讼程序而呈现出规律性的特点，这些规律不以公诉人的意志而转移，庭审活动的秩序性特点限制了控、辩、审三方的思维维度。以法律思维为基础的审判思维是诉讼各方参与人努力求同的思维范式，因此公诉战略思维从宏观上为具体的公诉思维方法指明思维路径，确定思维规则。第五，提高思维能力的预见性，战略思维往往是一切思维结构，具有普适性。是一般公诉思维形式的高度概括。在具体案件的出庭公诉活动中，它是一种总体上的思维准备状态。战略思维在全面分析案件情况的基础上，对庭审活动中可能出现的情况按照规律做出理性判断，从而可以制定出有针对性的公诉预案，使出庭准备工作更加充分。

（二）公诉战略思维的构成

在社会转型期，为推动社会变革，往往需要人们打破思维定势，进行思维创新。而公诉思维则不然，公诉活动作为司法行为在整个社会生活中始终处于相对保守的状态中。法律的规范性决定了公诉思维也必须依照法律而循规蹈矩，所以公诉思维具有程序化的特点。公诉人出席法庭从诉讼意义上讲是参与审判活动。公诉人是审判的提起者，没有起诉就没有审判，司法判决的产生不可避免的经历确认事实、寻找法律、做出判决三个不同的过程，相应的必然要进行事实推理，即构建证明体系的思维过程；法律推理，即寻找与案件事实相适应的法律的思维过程；审判推理即基于事实推理和法律推理的结果做出裁判的思维过程。公诉思维在战略上应遵循这样一个逻辑思维的推理过程。公诉人举证质证的过程就是确认事实的过程，公诉人发表公诉意见参与法庭辩论的过程就是适用法律、提出判决意见的过程。公诉人的裁判思维与审判人员裁判思维在表达方式上是不同的，公诉人是以诉讼请求的方式提出的，审判人员则以判决的方式表现。下面就公诉战略思维的基本构成内容及其思维方式分述如下：

1. 证据裁判：公诉思维中的事实认定

对案件事实的认定是庭审活动的主要内容，因为犯罪事实是被告人承担刑事责任的基础。公诉思维的主要任务是要向法庭展现出一个清晰明确的案件事实。公诉思维与侦查思维不同，是通过思维活动寻找、收集、固定证据，从而查明事实。公诉人的思维活动是对已收集在案的证据进行有序组合，对证据的证明力进行逻辑分析，阐明其可采纳性，从而论证犯罪事实的存在。公诉事实虽然是检察机关经过审查起诉阶段依法审查认定的事实，但在庭审活动中，起诉书认定的事实是一个待证事实，经过公诉人举证和控辩双方的质证，使公诉事实得到认证，才能成为判决的基础。《刑事诉讼法》第一百四十一条的规定"人民检察院认为犯罪嫌疑人的犯罪事实已经查清，证据确实、充分，依法应当追究刑事责任的，应当做出起诉决定，按照审判管辖的规定，向人民法院提起公诉。"由此可见公诉事实与判决事实在证明标准上应当是一致的。庭审活动不过是对公诉事实的验证而已。公诉人向法庭提供的应当是一个完整的证据体系，这个证据体系构成一个"事实清楚，证据确实充分"的案件事实。这正是公诉战略思维的基础。公诉思维依据这个事实基础，寻找与之相适用的法律进行推理，从而构建公诉思维的战略格局。

公诉人在进行事实认定的思维活动中，要遵循刑事证据的证明规则，正确处理证据与案件事实的关系。按照思维的逻辑规则，使呈片断性的各种、各个证据形成统一的证据体系，从而形成对案件的完整的认识。这种认识不仅是满足公诉人自身对案情的了解，更重要的是要在法庭上公开呈现出来，使各方诉讼参与人都能充分了解并统一到这个认识上来。

我国《刑事诉讼法》第四十六条规定："对一切案件的判处都要重证据，重调查研究，不轻信口供。只有被告人供述，没有其他证据的，不能认定被告人有罪和处以刑罚；没有被告人供述，证据充分，确实的，可以认定被告人有罪和处以刑罚。"这一规定鲜明地体现了证据裁判原则的要求。证据裁判原则是指对于诉讼中的事实的认定，应依据相应的证据做出；没有证据或证据不足、证据不真实，不得认定案件事实，这一原则是保证案件事实认定形式和结果的真理性和正当性的保障。证据裁判原则是公诉思维在认识案情时必须遵循的重要原则。

证据裁判原则是公诉人进行证据分析的思维指南。在以认定事实为目的证据分析过程中，必须确立刑事证据证明的标准。控辩双方就证据运用和事实认定应当遵循共同的原则和标准。当控辩双方在事实情节的认定上发生分歧时、特别是辩方对起诉书认定的事实提出质疑时，争议的重点应当是证据状况及证明体系是否符合证据标准和证明规则。所以公诉思维中的案件事实认定是以证据标准和证明规则为大前提，以证据状况和证明体系为小前提进行演绎推理，得出对案件事实可以认定的结论。那么刑事案件证据的标准，即对证据的要求是什么？简言之是法律真实。法律真实是相对于客观真实和主观真实而言的。是指司法机关依据依法收集的证据按照证据规则认定的案件事实。对案件真实性的判定是依法定程序做出的，是依法拟定的真实。由于对犯罪案件的侦查即使再及时也有滞后性，侦查获取的证据由于时空条件的变化，证人记忆和反映能力的限制，侦查手段的制约，灭失证据的不可弥补性等等因素，证据完全再现犯罪过程、印证所有案件事实、情节的情况是很少见的。虽然追求客观真实是司法工作的理想境界，司法各诉讼环节都力图恢复事实本来面目，尽可能缩短法律事实与客观事实的距离，但由于证据的缺失，这种良好的愿望往往难以实现。需要特别强调的是公诉是案件侦查终结后的诉讼阶段，公诉思维的任务已不再是研究如何收集证据，而是按照证据裁判原则，根据证据的客观性、关联性、合法性特点对证据的可采性进行判定，按照证明规则构建证明案件事实存在的证据体系。

我国现行的刑事案件证据标准是"案件事实清楚，证据确实充分。"一般包括以下含义：(1)据以定案的证据均已查证属实；(2)案件事实均有必要的证据予以证明；(3)证据之间证据与案件事实之间的矛盾得到合理的排除；(4)对案件事实的证明结论是唯一的，排除了其他的可能性。上述四点涵盖了证据的法定标准、排他性标准和排除合理性怀疑标准。这些标准是公诉人进行证据分析时的参照系。证据分析往往是论证所诉案件的证据是否达到证明标准。公诉战略思维的一个重要任务就是维护起诉书认定的案件事实，促使诉讼各方在事实认定上达到共识，使共同认证的事实成为法庭审判的客观基础。

2. 罪刑法定：公诉思维中的法律适用

适用法律的论证是公诉人将被告人的行为与刑事责任连接起来的桥梁。通过法律论证阐明被告人行为触犯的具体法律条文，确定犯罪性质和罪名、依照法律提出追究被告人刑事责任的形式和幅度，通过法理分析和法律论证，进一步阐明检察机关的公诉理由和根据，为公诉战略思维提供大前提。公诉思维过程中的法律论证有三种形式：一是阐释法律；二是运用犯罪构成理论对案件的性质进行认定；三是对案件涉及的问题进行法理分析和论证。这三种形式在公诉思维过程中往往是紧密联系、交互进行的。法律论证必须遵循罪刑法定、罪刑相一致的原则。罪刑法定原则是法治精神在刑事法律中的集中体现，其意义是法无明文规定不为罪，是对刑法修改前的类推原则的否定。罪刑相一致原则体现的是刑罚的相当性，被告人只能对自己所犯罪承担刑事责任。刑事责任的轻重与犯罪行为的性质、情节、后果相适应，对被告人必须在刑法具体条文规定的法定刑幅度内处罚，罚当其罪。这一原则对于公诉人恰如其分的提出诉讼请求具有指导意义。

阐释法律在公诉战略思维中具有重要意义。控辩双方在法庭辩论中常常因对法律条文的不同理解发生关于适用法律的分歧。正确忠实地阐释法律的含义，是公诉人的重要责任，阐释法律不仅要准确说明法律条文的正确含义，而且要将法律条文的立法精神介绍清楚。引证全国人大常委会的立法解释和两高院的司法解释进行法律阐释往往有不可辩驳的作用，公诉人应当引导诉讼参与人在法律理解上达成共识，从而为公诉人与其他诉讼参与人的思维互动创造共同前提。

犯罪构成理论是对具体案件、被告人具体行为是否构成犯罪进行判定的基本准则。犯罪构成，是指依照刑法的规定，决定某一具体行为的社会危害性及其程度而为该行为构成犯罪所必需的一切主客观要件的有机统一。运用犯罪构成理论分析案件是公诉人对案件进行法律论证的典型形式。犯罪构成是区分罪与非罪，此罪与彼罪的重要标准，因为每个具体犯罪的犯罪构成要件互不相同，犯罪认定往往是以犯罪构成要件为中心展开的。在刑法规范中，犯罪构成的四个要件是一个严谨的逻辑结构，具有公式意义。经过法律论证的案件事实才是法律事实。公诉人将案件运用犯罪构成四个要件进行归类分析，从而确定案件中各部分事实的法律意义，这些具有法律意义的事实才能构成被告人承担刑事责任的基础。被告人的行为具备犯罪构成全部要件的，即可以认定为犯罪，不具有犯罪构成要件或要件不全的不能认定为犯罪。在四个要件中，犯罪的客观方面，即犯罪的行为和后果是定罪的客观基础；犯罪的客体，即犯罪侵害的社会关系是判定犯罪社会危害的重点；犯罪主观方面，即犯罪的罪过形式，是故意还是过失，是衡量犯罪人人身危险性和主观恶性的尺度；犯罪主体即犯罪人形态是法人还是自然人，是否具备承担刑事责任的能力和资格，包括特定的职务身份是对被告人是否具备承担刑事责任条件的判定标准。熟练的掌握和运用犯罪构成理论，认真掌握具体罪名的特定构成要件，对案件从犯罪构成上进行剖析论证，是公诉人进行法律论证必经的过程和必备的内容。犯罪构成的法律论证是一个分析、综合的逻辑过程，是组织公诉发言的有力武器。

法理分析对法律论证具有支撑作用，对案件的实体和程序问题进行法理分析，是使法律论证更加丰富、完善，更有说服力的手段和方法。法理分析要求公诉人必须具备一定的法学理论素养，公诉思维的理性特点离不开法学理论的指导和运用。法学理论，特别是刑法中的犯罪理论、刑罚理论，刑事诉讼法中的证据理论、程序理论等具有严密的逻辑性，运用这些理论观点和理论体系构建公诉战略思维，能够大大提高公诉思维的水平，提高公诉发言的战斗力和说服力。法理分析要引证那些与现行法律相一致符合立法精神的法学理论成果。对于尚有争论的理论和处于探索状态的前卫观点原则上不能在法理分析中引证。特别是那些不符合中国国情与现行法律相冲突的法学观点不能作为公诉思维的论据和材料。

法律论证是公诉战略思维的支撑点，更是公诉思维的关键环节，法律论证必须严格以法律规定为依据。紧密结合案件实际，以案说法，依法论理，以理服人。法律论证有多种方法，如法规条文引证法、法条释义法、行为法条对照法、法理剖析法等等。现行刑法十类四百多个罪名，法理论证的内容虽各有不同，但其论证的原理是基本相同的。特别是同类罪名案件的法律论证方式具有共性。

（三）司法三段论：公诉战略思维的基本模式

在法庭审理过程中，应用法律条文对被告人定罪量刑时必须运用三段论第一格的形式，所以三段论第一格又叫做审判格，也称为司法三段论。三段论第一格是三段论推理的典型形式，它的大前提总是说出一般原理，小前提则说出特定情况，而据此得出的是一个特殊性的结论。在刑事庭审活动中对被告人定罪量刑的大前提是法律条文；小前提是经查证属实的被告人的犯罪事实；而结论就是对被告人的判决。审判格是构建整个庭审活动的逻辑形式。控辩审三方作为庭审活动的主体，在思维活动的总体上均应遵循这一逻辑形式。人们很早就重视逻辑推导在司法活动中的运用，并对逻辑思维的指导规则和规律进行了系统研究，十八世纪意大利法学家贝卡利亚曾指出："法官对任何案件都应进行三段论式的逻辑推理。大前提是一般法律，小前提是行为是否符合法律，结论是自由或者刑罚。"三段论是法律推理的基本形式，从审判的角度看，法律推理是法官依据法律规定和经当庭查证属实的案件事实，对案件做出判决的思维和论证过程。公诉人作为审判活动的控方，直接参与和依法推动这个过程，因此公诉思维与审判思维的论证方式具有同一性。思维中的法律推理，具有预设性。在出庭前，先于审判人员和其他诉讼参与人，公诉人已经对案件进行了严密的推理过程，公诉思维应当是审判思维的预演。在审查起诉过程中通过对侦查证据的审查、判定、选择建立起公诉证据体系。完成了对起诉事实的认定，这个事实虽然在庭审之初是一个待证的事实，但经过法庭调查阶段的举证、质证后，公诉事实将被认定，并确认为判决事实。从而成为法律推理的事实基础。起诉书对被告人的指控，是其行为已经构成犯罪，要求法庭依法追究其刑事责任的诉讼请求。这个诉求往往要使用具体的法律条文，提出具体的罪名和处罚意见。经过法庭审理活动，一般情况下起诉书的诉求都会转化为判决结果。公诉人在出庭过程中特别是当庭发表的公诉意见应当系统地向法庭阐述认定被告人有罪和应处以刑罚的理由。这个理由主要分为两个部分，即建立在证据分析基础上的事实认定；建立在法律论证基础上的法律适用，并以这两项内容为大、小前提，推导出被告人所犯罪名和应处的刑罚。这个过程就是三段论演绎推理的过程。公诉思维的内容从整体上应当符合三段论推理的整体框架，其推理形式应当遵循三段论的推理规则。公诉人在法庭上提出诉讼请求的同时，也向法庭提供了系统的法律推理的根据和思路。公诉人出庭的任务就是通过庭审印证公诉人法律推理的正确性，引导法官和其他诉讼参与人与公诉意见达成共识，从而促进公正判决。

四、公诉思维方法

公诉人的思维方法是指公诉人在思维过程中，为了分析和判断某类问题所采用的方式和技术手段。掌握正确的思维方法，是提高公诉思维的效率和思维正确性的有效途径。思维方法是决定公诉活动具体方式方法的内在形式，是从战术层面研究公诉的策略。实践中公诉思维常用的方法有以下几种：

（一）指控思维

指控思维是公诉人基于诉讼职责，根据检察机关起诉书对被告人犯罪事实的认定，定性定罪和适用法律的情况，按照庭审程序进行思维的方法。指控思维是公诉人遵循正向思维的规律，在公诉活动中处理案件问题时，沿着习惯性、常规性的方向展开思维，在公诉人法定职责和具体案件情况的范围内，按照庭审活动的程序、次序进行有预测性的、程式化的思考。受庭审程序本身的逻辑结构制约，指控思维与之相契合，也呈现出逻辑性和连贯性。指控思维是由表及里，由因及果的思维方法。从事实认定的依据分析到寻找适用于案件事实的法律规定，注重事实与证据间、事实与法律间的关联性和逻辑性。思维的路径是一环扣一环，环环相连，在事实与法律间形成严谨的论证关系。指控思维遵循思维的一般规律和公诉活动的基本程序。所以其思维呈现出鲜明的预测性特点。如：公诉人在出庭公诉前运用指控思维可以构思并制定出整体性的出庭预案。根据审查起诉阶段对案件情况的了解，可以拟出讯问被告人提纲，询问证人、被害人、鉴定人提纲，并根据他们在侦查和审查起诉阶段的表现，预测出他们在庭审时的表现，有针对的制定发问的策略方法。根据案件的证据情况，适用的法律法规和已发生的程序事实拟定出公诉意见书和举证质证的具体方案。公诉人根据自身经验和案件事实、情节，被告人对自己行为法律后果的认识等情况，可以预测出被告人及其辩护人可能提出的辩护观点，并有针对性的做出应辩的准备。公诉人的出庭预案，因为遵循了法庭审理活动的一般规律，是建立在逻辑思维规律基础上的正向思维，是指控思维方法的一种经常性状态，所以往往能够全面覆盖公诉活动的内容，使庭审情况基本在公诉人预想的路径中发展。从而使公诉人出庭有备而来，使公诉活动游刃有余，从容镇定，有序进行。这种思维方法是广大公诉人在实践中经验的总结，是结合一般逻辑规则的思维方法，所以为公诉人所普遍采用。

（二）应辩思维

应辩思维是公诉人应对被告人及其辩护人提出的辩护意见的思维方法，因为这种思维方式具有鲜明的抗辩性和博弈性，所以思维方式更强调与辩方的互动。其基本形式为逆向思维。其思维起点是首先对结果进行分析，寻找合理相关知识由浅入深解决问题，是以果溯因式的思维方式。在公诉活动中他包含两个方面的内容：一是通过思维活动对辩方的观点及其实质进行逻辑分析和判定；二是通过思维活动组织起有效的反攻，进一步维护公诉意见。应辩思维与指控思维在形式上是相反的。指控思维为主动进攻，先发制人，而应辩思维是被动防守，后发制人。公诉人思维的内容以辩方提出的问题为前提。按照诉讼职责，公诉人在法庭调查阶段举证后，要应对辩方对控方证据的质证，对辩方提出的反证的真伪进行判定；在法庭辩论阶段，对被告人及其辩护人针对公诉意见提出的质疑和反对意见要积极予以回应，不能不予置辩或漠然置之，对辩方的错误观点和意见要予以驳斥，进行反击。所以说应辩思维是以反对公诉意见的辩护意见为思维对象，以驳斥错误辩护意见，维护公诉人意见为目的的思维方式。

应辩思维首先关注的是辩方的观点。辩护观点有时是明确的，有的被告人或辩护人直接提出被告人无罪或罪轻，并系统阐明立论的根据和理由。而许多情况下，辩护观点的提出是呈阶段性的或者是模糊的，甚至具有隐藏性。如许多辩护人在第一轮辩护发言中，并不提出自己的意见，而是对公诉意见试探性的提出一系列质疑，根据公诉人应辩情况，再做观点论述。而一些辩护人的辩护方式自始至终都是诘问形的，只提出问题。给法庭造成公诉证据不是、法律根据不是、程序不合法等印象，将其被告人行为为构不成犯罪，或罪轻的观点隐含在对公诉观点的质疑和反对中。这种情况下公诉人必须运用逆向思维的办法对辩护意见进行逻辑判定，确定辩护的真实意图，找出辩护的观点是什么，从而为反驳辩护意见确定前提。确定辩护观点所在，就能防止公诉发言的盲目性，防止反击时无的放矢。确定辩护观点，就可以对辩护发言进行疏理，从而找出辩护意见中的论点，论据及其论证的方式，使辩方的意图清晰呈现出来。对辩方观点的判定是一个由表及里、去伪存真的分析和综合过程，准确把握辩方意图，真正做到知已知彼，才能使公诉人掌握法庭质证，辩论的主动权，把握庭审活动的走向。在公诉活动中，公诉人要善于运用逆向思维，与辩方换位思考，站在辩护的角度审视自己的公诉活动有无瑕疵，有无疏漏，甚至有无失误，是否给对方留下了可能利用的缝隙和攻击的把柄。捕捉辩方的辩护意向运用逻辑规则对自己的公诉行为进行判定，从而对公诉体系进行调整、强化、完善，防止公诉失误，巩固公诉阵地，保证公诉思维无懈可击，辩方无可质辩。辩护活动的一般规律是针对起诉书和公诉意见提出质疑和异议，是典型的逆向思维的思维方法。这种思维方式在法庭上往往是以攻击性的方法表达出来的。法庭辩论过程中，特别是第二轮以后的辩论发言，适应庭审规律的要求，公诉人的思维方式必须调整到逆向思维上来，如果仍然固守正向思维模式，就会形成不管辩方提出什么问题，怎样提出问题，公诉人就是强调自己观点的正确性，形成了只防守不反击的被动格局。控辩双方各自阐述意见和理由，自说自话，有辩论形式而无实质交锋，对错误的辩护观点不能及时有力的予以批驳，这样的辩论索然无味，失去了应有的诉讼意义。揭露和批驳辩方的错误观点是维护公诉意见的基本手段，公诉人在法庭辩论中要组织起有力而有效的反击，必须确定反击的重点，在公诉活动中直接否定辩方观点的办法不宜常用，因为这种方法往往具有强烈的主观色彩，往往陷入公说公有理、婆说婆有理的境地。公诉活动的关键是通过依法说理，使法官接受和采纳公诉意见。破解辩护观点的最有力方法是采取釜底抽薪式，否定辩方论据真实性和与辩护观点的关联性，适时运用证据和法律条文进行反驳。这方面有许多具体思维技巧和方法。如：引申法、归谬法、对比法、反证法等等。这些方法可以迅速有力的瓦解辩护观点的基础，使其观点错误一目了然。

（三）聚合思维

聚合思维是指公诉人在出庭公诉活动中，以庭审活动中的各种情况和诉讼参与人的各种表现为思考对象，在大量庭审信息的基础上，利用自身的经验和知识，通过分析、综合、比较、判断，在众多庭审活动的现象中找到最佳答案或得出规律性结论。而从不同来源，不同方向探求一个正确公诉对策的思维方法。

不言而喻，在法庭审理活动中，诉讼参与人各方的活动都有自己的目的性，但在庭审各阶段表现形式各不相同，特别是在法庭调查和法庭辩论阶段，各方从各自角度提出的问题，质证的见解、发表的意见对公诉人来讲可能是纷繁复杂的、无秩序的。其特征也不明显，但是，随着公诉人思维活动的深入，运用聚合思维的方法进行全方位的思考，各方质证活动的目的性和辩护观点的系统性，特别是辩方在不同阶段活动的共性逐渐呈现出来，从而使我们找到辩护规律和应对方案。聚合思维是在归纳推理基础上的思维方法。聚合思维是从已知到未知，从特殊到一般的思维方式，是从系统的角度掌握各种信息，运用各种知识，着眼于公诉人自身的知识储备、公诉经验与庭审活动各种信息间的职责和规律，能够使公诉人深入认识各方参与庭审活动的本质要求，挖掘出他们整体的活动意图和思想。聚合思维的整理功能，可以提高公诉人对庭审情况的抽象概括能力。如：在一起群殴中伤害致人死亡案件审理时，几个辩护人在法庭调查阶段分别向被告人交叉发问，均有各被告人是否打击过被害人头部的问题。因为被害人死因是头部遭钝器打击导致硬膜外血肿而死亡，而侦查阶段各被告在谁打头部问题上曾互相推诿。公诉人由此可以判断出：辩护人会在辩论阶段提出各自辩护的被告人未击打被害人头部，不能对直接导致被害人死亡负责的观点。所以可以对此辩题进行预先准备，保证辩论阶段有备无患。

　　聚合思维一项重要功能就是运用法律概念对庭审活动中遇到的问题进行抽象概括，实现形象思维向抽象思维的过渡和升华。如被告人对作案过程中心理状态的叙述，公诉人可以从法律上将其归纳为故意或过失。在共同犯罪案件的公诉活动中，根据庭审证据情况，公诉人依据法律上关于犯罪中的作用的规定，可以做出哪个被告人是主犯、哪个被告人是从犯的判断。运用具有确定内涵的法律概念进行思维，可以使思维活动化繁为简，条理清晰，重点明确，从而使思维由普通思维上升为法律思维。

　　公诉人的聚合思维是集中导向的思维，其功能主要表现在两个方面：

　　第一，是对庭审活动情况的抽象概括能力，法官及各方诉讼参与人因各自诉讼职责不同，对案件关注的重点不同，而表现出对案件不同的倾向性。特别是辩护人因受不同被告的人委托，辩护观点和诉求也各不一样。公诉人要善于运用聚合思维，对与案件有不同利害关系，依法履行不同诉讼职责，对法庭有着不同诉讼要求的人的不同表现中抽象出相同属性，寻找中他们对庭审结果的共同期望，也就是找准法庭辩论争议的焦点和核心问题，而这恰恰是公诉人探求的难点所在。法院审理活动是由法官主持的，法官希望控辩双方在焦点问题上深入讨论，从而使自己兼听则明，各诉讼参与人包括被告人都希望自己的意见能够影响法官的决策——即判决结果。

　　第二，是对庭审活动中的片断、诉讼各方参与人的表现等外部情况和公诉人自身知识素质等内在因素的整合功能。聚合思维能够增强公诉人敏锐的观察和判断能力，能够在真真假假、虚虚实实的大量庭审信息中发现当事人的真正意图，找到庭审活动发展的内在规律及其原因。公诉人参加法庭辩论切忌陷入被辩方牵着鼻子走的被动境地。特别是多被告人或一被告人多辩护人出庭的案件，往往辩方采取分工负责辩题集体向公诉人进攻或各自负责一轮轮番参加辩论的策略。如果公诉人采取对辩护观点逐一应辩的办法，必然陷入疲于应付的手忙脚乱之中。聚合思维方法就是要使公诉人在法庭上始终保持头脑清醒，思路清晰。公诉人对辩护意见切不可逐一应对，首先要运用聚合思维，按着事实认定，适用法律，刑事责任三个部分对辩护意见进行归类。归类后，运用逻辑规则分别按论点、论据、论证方式进行再归纳。这样就不难发现辩护观点的完整体系和内在规律。从而发现辩护观点的错误所在，在此基础上公诉人就可以对症下药，根据案件情况，调动经验和知识积累，运用聚合思维制定有针对性的对策组织反攻，这种反击是以经过归纳疏理后的辩护体系为目标，以起诉书认定的事实和相关法律为依据。充分运用证据分析，法律论证，行为评价、逻辑剖析等手段，组织一个完整的公诉辩论发言。它是收拢五指，形成拳头，集结反攻、集团作战，而不是分兵把口，四处出击。

（四）发散思维

发散思维是指公诉人围绕庭审活动中的核心问题或疑难问题，打开思维，从不同方面，不同途径，不同角度，尽可能广泛的展开思考，寻找答案和解决方案的思维方法。这是一种开放性的思维方法，是多方向，多角度，多层次的思维活动。这种思维方法为公诉人解决疑难问题，诸如辩方提出公诉人未曾掌握的反证，在法院辩论中提出公诉人预料之外的问题等等，从多方面提供应对的思路，寻找多层次的依据和可供选择的多个解决方案。

发散思维应用于公诉活动中是一种应变思维，即应对庭审活动中的突发性变化时采用的思维方法。当庭审活动中出现突发性事件，运用既定的公诉思路，难以找到解决对策，公诉人就要突破习惯性思维方式，从各个不同角度拓宽思维的空间，或以顺向、逆向、纵向、横向等进行灵敏、迅速、流畅的思维发散，以使获得多种解决问题的办法。如被告人在供述中强调在逃跑途中曾向公安机关办案人员打过电话，询问自己的罪重不重，这一情节，从不同角度可做不同解释。被告称是要投案自首，侦查人员讲被告人是打探虚实。辩护人讲这是一种自首前的投石问路，是悔罪表示。运用发散思维，全面考量各种解释的可信性，从中就可以比较出哪个讲法更符合实际。公诉人通过多向思维后判定，被告人打电话给侦查人员打探自己罪轻罪重，具有双重心态，一是如罪轻，可以考虑主动投案，争取从轻处理；二是如罪重则可能继续潜逃，而恰恰被告人是被公安人员抓获的，而非主动归案。说明被告人是打探情况，权衡利弊，其行为特征反映不出自首和悔罪，不能成为从轻处理的理由。

发散思维具有以下几个特征：

一是变通性。变通性是指产生观念或方法的多少，提出的观念或方法越多，变通力越强。如：一起伤害案审理过程中，公诉人与辩护人对一目击证人交叉询问后，辩护人全盘否定证人证言的可靠性，虽然证人陈述的事实情节均可以得到其他证据印证，但对被告人衣服颜色的陈述与其他证据不一致，被告人作案时穿了一件白色衬衣，证人始终讲是粉色的，此节与事实不符。辩护人讲连被告人最显著的着装都讲错了，其证言没有可信性可言。在质证中如何判定该证人证言的效力，公诉人在对伤害案发生的环境是酒店门前，时间是夜间二十一时，证人所处位置在酒店内隔窗看见等情况，进行多路径思考，分别分析色彩判断误差的原因。证人所在窗框装有红色霓虹灯，透过玻璃看外面白色的东西视觉上呈粉色。从而得出证人证言是可信的结论，赢得了法官的认可。

二是辐射性。是指从一点出发，不断改变思维方向，从各个方向找到原因或结果。以庭审中出现的问题为思维空间的一个中心点，向外辐射与思维主题相关的一切可能的因素，将其综合在自己的思维中，将对问题的认识推向深度和广度。如一起故意伤害致人死亡案，被害人经法医鉴定为钝器击打头部而死亡，而两被告人均不承认用钝器击打过被害人头部，现场也没找到相似类凶器。辩护人进而提出此案致死原因不清，证据不足。公诉人重新再次向被告人发问，二被告讲共同殴打后最后是将被害人踢到楼梯下。在排除其他外力介入的情形下，公诉人对钝器伤形成的几种可能进行了分析：一是被告人用钝器打击可以形成；二是被告人用拳肘打击或脚踢踹可以形成；三是被害人被打倒时头部撞击钝器物可以形成；四是被害人被踢下台阶头部着地，撞击也可以形成。根据现场情况和被告人口供，排除了使用钝器打击。但另外可能致钝器伤的情形都发生过。显而易见，被害人头部钝器伤是二被告人行为直接造成的，这一情节清楚，不容质疑。从而说服了辩护人，得到了法官的认同，事实证明具有良好发散思维能力的公诉人反应灵敏、迅速、思维流畅、思路开阔。面对突发情况，可以充分挖掘案件情况，法律规定等思维材料和思维对象，随机应变，沉着应对，化险为夷，巧妙的解决疑难问题。

第九讲
公诉人心理素质的培养

张书华

在控辩式庭审活动中，公诉人的诉讼角色决定了他是整个法庭上活动内容最多，承受压力最大的人。他是启动刑事审判的人，没有公诉人的指控就没有庭审活动的依据。他是庭审活动的全过程参与者，从举证、质证到交叉讯问、询问，从发表公诉意见到一轮又一轮的法庭辩论，每一个活动都围绕起诉书而展开。公诉人既要通过严谨有序的举证、支持起诉书对被告人罪行的指控，又要与被告人及其辩护人展开论战，批驳错误的辩解和辩护，争取法庭采纳公诉意见和诉求，做出正确判决。在公开、庄严的法庭上，对有着不同诉讼职责和利益要求的诉讼参与人、公诉人要承受来自不同方面的挑战和考验。其中最为直接的是对公诉人心理素质的考验。公诉人的心理素质是决定出庭能力和水平的重要因素，从主观方面说，是提高公诉案件质量的前提和保证。良好的心理素质能够为公诉人处置公诉活动中的各种复杂情况提供稳定性的基础。心理素质是指人的能力形成和发展所必需的心理方面的自然前提和主观可能性。培养和提高公诉人的心理素质，就是为公诉人提高出庭能力和公诉水平提供必要的心理基础和条件。

一、公诉人应具备的心理素质

公诉人是在法庭上行使控诉权和法律监督权的国家检察机关代表。出庭公诉活动是一项依法定程序进行的诉讼活动。这一活动的特点要求公诉人必须具备良好的心理素质，即建立起与出庭公诉任务的要求及其活动特点相适应的心理素质。

（一）胜诉的自信

自信是人们对自身体验的事物或接受的观点正确性的坚信，并支配自己行为的个体倾向性。公诉人出庭公诉，是代表国家检察机关，指控揭露犯罪、证实犯罪，通过支持公诉的活动，力争最大限度地影响法庭作出与正确的公诉意见相一致的判决。这是出庭公诉最基本的目的所在。因此，公诉人在心理上首先要确立胜诉的自信，这里所说的胜诉指的是维护正确的公诉意见，使之被法庭采纳。

胜诉的自信不是虚妄的、盲目的自信，而是建立在对案件的亲自审查，对诉讼过程的亲身体验，对事实和法律进行过充分论证的基础上的。它包括：

第一，要建立起对案件事实认定的确信。检察机关指控被告人犯罪的事实，是要求人民法院对被告人判处刑罚的基础，也是公诉人在法庭上与被告人及其辩护人展开辩论的基本内容。如果出庭检察人员对指控的客观真实性发生动摇，就难以胜诉。指控的案件事实，是公诉人亲自审查，并经复核确认的事实。公诉人应对每一事实、情节及其相应的证据心中有数。对每一证据的证明作用及证据间的关系，证据与被告人行为的关联性了如指掌，从而形成对自己指控的案件事实的内心确信。只有建立起这种确信，公诉人才能在法庭上对证据运用自如，在事实、情节及其证据的辩论中用准确无误的论据，驳倒对方的谬误，真正做到忠实于事实真相。

第二，要建立起对正确适用法律的确信。法律是对被告人定罪科刑的根据。公诉人不仅要确信起诉所适用的法律条款是正确的，是符合案件实际的，而且要相信自己对法律规定的理解和运用是忠实于立法原意的。当然这一内心确信本身是通过对法律的谙熟，对法学理论的深入了解而取得的。

第三，要建立起对自我出庭能力的确信。有些公诉人往往对自己一方的优势，如案情的熟悉、集体的帮助、领导的审批把关等估计不足，以致遇到狡辩的被告人或有名声的辩护人，或旁听人员多时，就惊慌失措，形成怯庭心理。这是缺乏自信的一种表现。公诉人必须清楚，任何案件，不管被告人多么狡诈，辩护人水平多高，辩护意见都离不开具体案件事实和相关的法律规定，都无法摆脱庭审规则和法庭辩论基本规律的制约。公诉人要相信自己通过认真审查案卷，复核证据，以及集体讨论，领导审批而形成的公诉意见是正确的，或者是基本正确的。同时也要相信自己是出庭的专业人员，相信自己经过反复实践而锻炼起来的出庭能力，从而树立起不畏强手、勇于战斗的信心，这样才能在法庭上不卑不亢，挥洒自如，夺取诉讼的胜利。

第四，要建立对诉讼参与人和旁听群众辨别是非能力的确信。在法庭上，各种诉讼参与人从各自的利益和诉讼职责出发，对法庭有着各不相同的诉讼要求。特别是被告人及其辩护人必然为免除或减轻被告人的刑事责任而竭力反驳公诉意见，与公诉人形成两军对垒的局面。在这种情况下，公诉人要相信"理能服人"的道理，相信诉讼参与人和旁听群众是有辨别是非能力的。要有这样一种确信：我们指控的犯罪是危害社会、国家、集体和人民利益的行为，广大群众对危害社会的犯罪行为是不满的、痛恨的。只要我们站在维护国家和人民根本利益的公正立场，依法公诉，把起诉的根据摆足，把追究犯罪分子刑事责任的道理讲透，公诉意见就能够引起诉讼参与人和审判人员的赞同，从而引起旁听群众的共鸣。

（二）坚定的意志

法庭是公诉人揭露犯罪的战场，不仅是对公诉人公诉水平的检验，而且是对公诉人意志的一场考验。被告人往往都存有侥幸心理，能抵赖就不如实供认。法庭辩论更是紧张激烈，风云变幻。要确有把握地夺取胜利，没有坚定的意志是不行的。意志对行为的调节有两个方面：一是发动，表现为坚持不懈、彻底揭露被告人的罪行及其社会危害，达到依法追究其刑事责任的目的；二是抑制，表现为排除个人杂念，控制住不良心理现象，排除自身消极方面对实现公诉目的造成的干扰。对公诉人意志坚定的具体要求是：

第一，自觉性。就是要求公诉人充分认识支持公诉在弘扬法治、惩罚犯罪、维护社会秩序、教育群众等方面的作用，从而在出庭公诉的实践中，自觉地开拓思路，积极工作。

第二，果断性。法庭的审判活动经常是变化的，原来如实供述的被告人可能推翻原供，辩护人可能提出公诉人始料未及的问题，证人可能突然拒绝出证或改变证词。当这些情况发生时，要求公诉人迅速果断地作出反应，如果犹豫踌躇，就可能贻误战机，造成被动。果断性要求公诉人对面临的问题既要深思熟虑，又要迅速果断地对问题的处理作出反应，采取相应对策。果断性必须以正确的认识为前提，以勇敢和敏思为条件。

第三，坚韧性，就是要求公诉人在庭上始终保持充沛的精力，坚韧的毅力，顽强拼搏，克服困难。有人把法庭比喻成战场，把支持公诉比喻成正义与邪恶的最后较量，这是不过分的。审判，对犯罪分子意味着最后的处置，他们往往不甘心被判处应得的刑罚，千方百计为自己开脱或减轻罪责，给公诉人制造一道道难题。有的辩护人为取得庭上效果也要采取一些策略方法，与公诉人一争高低。特别是一些疑难案件，他们抓住证据的一些矛盾和对法律理解上的一些分歧，从多方面扩展，力图给公诉人造成头绪纷繁，应接不暇的困境，进而形成一个事实不清、证据不足的局面，促使审判庭难以及时下判。对此公诉人必须坚持锲而不舍地去排除干扰，逐一反击各种不符合事实真相和法律原意的辩护意见，维护正确的公诉意见，以正视听。任何在困难面前临阵退缩，对错误的辩护观点听之任之的作法，都是缺乏坚韧性的表现。

第四，自制力。这是指灵活地控制自己的情绪、约束自己的动作和言语方面的品质。自制力反映着意志的抑制职能。支持公诉活动的一个重要特征就是与反驳公诉的另一方形成两军对垒、针锋相对的格局。为了胜诉，双方都不遗余力地采取各种方式，运用事实和法律来证明自己观点的正确性，论争激烈，有时甚至是白热化的。有些犯罪分子的罪行手段残忍卑劣，后果严重，令人发指，案件本身极易激起公诉人的愤慨情绪。有的案件被告人在不同诉讼阶段表现出反复无常，时供时翻，甚至诬陷承办人员。在法庭上，还时常出现控辩双方为辩明谁是谁非而争的面红耳赤的情况，有时在情绪激烈状态下，还会发展到相互人身攻击。在这种情况下，特别要求公诉人要有很强的自制力，克制住自己消极的情绪和冲动的意念，防止因外界刺激而引起的过激反击行为，以致达不到有理、有力、有节，愈辩愈明的目的。同时，在法庭上出言不逊，语言偏激，声嘶力竭，是违反文明出庭要求的。如果公诉人没有良好的心理素质，在法庭上不善于控制、调整自己的情绪，对辩方的刺激语言反唇相讥，就会损害检察机关的形象，影响法庭活动的正常进行。

（三）缜密的思维

出庭公诉活动要求公诉人必须具有清醒的头脑和合乎法庭审判活动规律的思维方式。缜密的思维是公诉人在出庭公诉活动中的内在心理活动，没有缜密的思维就无法对出庭公诉中的各种问题作出正确判断，不经过缜密的思维，出庭公诉中的行为和语言就不可避免地带有盲动性，出庭公诉活动的特点要求公诉人的思维必须缜密严谨，敏捷灵活。

1. 遵循分析和综合的思维过程

分析是在思想上把事物的整体分解为各个部分、个别特征或个别方面。综合是在思想中把事物的各个部分或不同特征、不同方面按照一个特定的目标，有机地结合起来。任何一个事物，不论是简单的还是复杂的，总是由各个部分构成，而且具有各种不同的特征。我们要认识某一事物时，就要不断地对它进行分析和综合。这一思维的基本过程正是公诉人在出庭公诉中认识和判断各种问题的基本方法。例如：在法庭辩论过程中，共同犯罪中不同的被告人和其辩护人从各自角度发表了辩护意见。公诉人不可也没必要一一作答。公诉人不应急于去反驳，而是应当审慎的分析每一辩护人和被告人辩护意见的焦点所在，然后，对这些焦点问题进行综合，从中抓住各辩护人的主要辩护观点，针对这些主要观点进行反驳，就显得集中、有力，避免了重复、啰嗦这个常见的弊病。

2. 定罪三段论思维方式在出庭公诉中的运用

定罪三段论思维是指审判活动的基本思维方式，它的基本内容是：以法律的定罪规定为大前提，以被告人行为为小前提进行演绎推理，得出被告人构成犯罪，应受刑罚惩罚的必然结论。审判工作的任务就是依据法律条文这个一般原则给具体案件的被告人做出有罪、无罪或罪轻罪重的结论。

法律适用、事实认定、应否或如何对被告人定罪处罚，是审判活动的基本内容，也是控辩双方在法庭上辩论的焦点，这三项内容构成庭审活动的三要素。这三个方面恰好构成了三段论推理形式的三项内容，从相互联系上形成了三段论推理的基本逻辑形式。由于这一逻辑形式反映了审判活动的基本规律。因此在实践中，各诉讼参与人都遵循这一基本规律去影响合议庭，使之与审判人员的思维方式求同，以实现法庭作出自己确信为公正的判决。三段论的基本思维方式也适用于审查起诉、提起公诉和出庭支持公诉的全过程。在这三个诉讼环节中，检察人员首先要对被告人行为的事实进行审查，搞清事实是否存在，事实的具体情节，事实与被告人行为的内在关系。然后对照刑法具体条文中规定的罪状来判定被告人的行为是否触犯法律，从而得出被告人是否构成犯罪的结论。因而熟练掌握定罪三段论的思维方式对作好出庭公诉工作具有重要意义。

首先，定罪三段论思维方式是判断、归纳辩护意见，抓准辩护观点的最好形式。实践中，被告人、辩护人一般是按事实、法律、结论三段论的形式提出辩护意见的。公诉人只要熟练地掌握了定罪三段论思维方式就可以准确判明辩护观点和依据，抓住辩护意见的核心。在法庭辩论中，有的辩护人出于策略上的需要，故意变换方式提出问题，如采取题海战术，把本是一个问题的诸个论据都作为问题摆出来，以图造成头绪纷纭，令公诉人应接不暇。在这种情况下，迅速判明辩护意见，抓准辩护要点是至关重要的。我们只要运用定罪三段论的思维方式，将辩护意见按照法律根据、事实证据、结论意见三大项进行归类，就能使我们对辩护观点及其体系有一个明白无误的认识。在激烈、紧张的法庭辩论中，就能够保持清醒的头脑，无论辩方采取怎样的手段和策略，都无法扰乱我们的思路，不至于在判断辩方观点时不得要领，不知所云，手足无措。

其次，定罪三段论思维方式是发现辩护错误的有效方法。三段论推理有一定的规则，违反这些规则得出的结论必然是错误的。公诉人只要熟练地掌握这些规则，就能在系统归纳辩护意见的基础上，准确发现其观点的错误所在。辩护人提出辩护意见的范围不外于三个方面：一是事实情节方面的，包括事实是否存在，事实的具体情节，事实与被告人行为之间的内在关系等；二是法律规定方面的，包括起诉书适用法律是否得当，被告人的行为与法定罪状是否相符，被告人是否具备法定的从轻、减轻、免除处罚的情节等；三是处罚结论方面的，即被告人是否构成犯罪，构成何种犯罪，罪轻还是罪重，应如何处罚等。这三个方面的辩护意见不可能是相互孤立的，必须相互联系，往往是前一个方面的问题对后一个方面的问题提供论据。构成三段论的逻辑形式。如辩护人提出被告人被传讯后到公安机关投案，应视为自首，应按刑法第六十三条规定免除处罚。按定罪三段论思维方式归纳这一观点的结构是：

自首的可以免除处罚——法律根据（刑法第六十三条）；

被告人投案——事实根据；

所以对被告人应当免除处罚——结论。

我们只要用三段论的中项必须周延的规则对这一观点进行验证，就不难发现辩护人使用了"偷换概念"的手法，把依法传讯中的受讯，与投案"自首"等同起来。按照我国刑法对自首的立法原意，自首必须同时具备三个条件，即自动报案、主动坦白交待自己的主要犯罪事实和接受侦查、审判。被告人是经依法传讯到公安机关受讯问，没有主动坦白交待主要犯罪事实，不具备自首的条件，因此，不能以投案来免除被告人的刑罚。可见，抓准辩护观点的错误所在，就为我们找准了放矢之的。

再次，定罪三段论思维方式是组织公诉意见的有利手段。法庭辩论中，公诉人一般是采取正论和驳论的方式，表达公诉意见的。运用定罪三段论组织公诉发言，条理清晰，结构严谨，环节紧扣，论证有力，具有较强的逻辑力量。运用定罪三段论的方法，驳斥错误的辩护观点，能够收到矢矢中的，无可辩驳的效果。

定罪三段论思维方式是出庭公诉心理活动的一种准备状态，它影响着检察人员按照法庭审判的一般规律处置各种问题的倾向性。这种倾向性在一般情况下，有助于公诉人迅速地判断和解决问题。但是定罪三段论作为一种思维定型，则有它局限性的一面。在出庭公诉中一味简单地套用而不注意特殊情况下的灵活运用，则是错误的。如辩方在法庭上故意将辩论引向与案件无关的问题上，或对公诉人、法庭组成人员进行无理指责等，采取定罪三段论思维方式就很难奏效。公诉人必须调整自己的思维方式，采取有针对性的应变方案。

需要指出的是，定罪三段论思维方式不仅仅是三个判断的简单推导，它的每个判断都是建立在对该判断内容的阐述和论证基础上的。作为大前提的法律依据，不仅要有具体的法律条文，而且要进行充分的法律论述；作为小前提的案件事实，更是建立在大量的证据和对证据有效性进行分析论证的基础上的。因此，公诉人在掌握定罪三段论思维方式的同时，还必须具有较强的法理论述、证据分析水平。只有这样，公诉人的思维才能见诸缜密，且有深度。在整个公诉活动中做到思维严密、反应迅速、语言简洁、行为果断。

（四）稳健的气质

气质是个性的心理特征。公诉人的特定职责、身份，要求每个从事这项工作的人都必须具备与职务特点协调一致的气质特征。这就要求公诉人在执行职务时，发挥与职务相称的良好的心理素质，控制自己不协调的心理因素。出庭公诉的任务特点对公诉人气质的要求有哪些呢？

1. 忠诚正直的秉性

这是对公诉人最基本的道德要求。道德观是心理素质的重要组成部分。职业道德在公诉人心理上形成的情绪体验会贯穿在出庭活动的行为过程中。出庭公诉虽然是一种职务活动，但这种职务活动具有强烈的道德色彩，因而要求从事出庭公诉工作的检察人员要有高尚的道德情操，忠诚于国家，忠实于法律，忠实于人民利益，忠实于事实真相，必须使自己的行为、举止、思想、意图都符合社会公德和检察人员的行为准则，而不能与之背道而驰。在思想上要严以律己，自觉排斥以权谋私，亵渎职守，损害国家和人民利益的意图。正直就是要求公诉人秉公执法，严格依照法律程序办事，自觉地与违法乱纪行为做斗争。忠诚正直的心理品质的外在表现是：威武不能屈，富贵不能淫，贫贱不能移。

2. 恪尽职守的形象

出庭公诉是一项严肃的工作，它的庄严性，不仅在于按照严格的法定程序进行，而且在于公诉人所代表的是国家检察机关，是以国家公诉人的身份和名义执行职务的。这一职务的庄严性，要求出庭人员要有强烈的荣誉感和责任感，以严肃的态度对待自己的工作，容不得懈怠和漫不经心。公诉人要全面地履行自己的职责，不能马马虎虎，敷衍塞责。更不能以嬉戏油滑的态度来对待工作。要严格约束自己的举止、言行，做到仪容庄重，言行朴质、不卑不傲，在法庭上树立起庄重的公诉人的形象。

3. 严谨求实的作风

工作作风在很大强度上取决于心理品质。公诉人的职业责任要求我们必须养成严谨而不呆板，求实而不失灵活的工作作风。出庭公诉工作必须严谨审慎，是因为这项工作本身就是接受法庭和社会对检察机关办案工作的检验。如果大意疏忽就必然会给工作造成损害。所以必须养成认真细致、全面、谨慎的作风，凡事计划周密，准备充分。公诉发言严谨有力，语出有据。防止夸大其辞，过分渲染犯罪危害，无根据地要求加重被告人刑事责任。求实就是要求公诉人无论是出庭准备工作，还是庭上公诉活动，都要扎扎实实、实事求是，不能似是而非、马马虎虎。在法庭上不能将不确凿的证据作为辩论的论据，对尚未查明的新事实、新证据，要本着实事求是的态度加以审查核对，不能因不符合自己意愿，不分是否真实，一概予以否定。良好的工作作风不是一蹴而就的，而是靠长期实践中磨炼，有赖于心理品质对行为的调控而形成的，良好的工作作风又必然形成公诉人言行的规范性。

4. 合理纳言的襟怀

公诉人在法庭上的责任不是一味地追求不利于被告人的判决结果，而是通过摆事实讲道理，明辨是非，达到准确适用法律，使判决罚当其罪，公正合法。人非圣贤，孰能无过，我们是唯物主义者，我们不能保证在任何一个法庭上对案件的每一个认识、每一个观点、庭上讲的每一句话都是正确的，不容置疑的。当被告人、辩护人在法庭上提出合理合法、有根有据的辩护意见，或指出我们工作中的疏漏时，我们应当有勇于接受和虚心改正的胸怀。不能以国家公诉人的特殊法律地位自居、听不进不同的但却是符合真相的意见，讳疾忌医。这就要求公诉人要有虚怀若谷的心理品质。合理纳言最能表现一个公诉人坦荡无私、不计个人得失、公正执法的襟怀，而这种心理品质对促进公诉人改正错误、获取新知、提高水平、保证案件的公正处理，都有十分重要的意义。

总之，公诉人的气质不仅仅在于他的外在表现，而在于良好的内在心理品质，外在气质是良好心理品质的自然流露和表现。

二、公诉心理在出庭活动中的运用

公诉活动中，对参加庭审活动的诉讼参与人施加积极的心理影响，特别是针对被告人的心理变化采取相应的对策，是公诉人必须掌握的一项基本功。要在公诉实践中正确发挥公诉心理的作用，应当注意以下几方面：

（一）准确把握诉讼参与人出庭的心理状态

"知己知彼，百战不殆"。在紧张激烈的庭审活动中，公诉人只有了解和掌握出庭的各诉讼参与人的心理状态，才能有的放矢的施加心理影响，采取相应的公诉对策。

1. 不同诉讼参与人出庭的基本心理状态

（1）庭审中被告人的基本心理状态

由于被告人在开庭前经过侦查、预审、审查起诉等诉讼环节，特别是接到人民检察院的起诉书后，对检察机关指控自己所犯的罪行及向法院提出的处罚意见已经了解，但由于尚未开庭审理，多数情况下对检察机关认定事实的证据情况还不甚了解。所以被告人在开庭前的心理状态十分复杂。接到起诉书后被告人都有受审的心理准备。这种心理准备，是在对司法机关掌握的证据情况，对如何处罚进行猜测，对公诉人、审判人员采取何种对策等方面进行准备的。这种心理状态在法庭上通常表现为：一种是恐惧认罪心理；一种是侥幸抵赖心理。

持有恐惧认罪心理的被告人，往往是那些罪行较轻或犯罪事实清楚，在审查中一直认罪，据实供述的被告人。他们自己也认为处罚在所难免，开庭审判不过是走过场，按程序对自己做出最后处理而已，因此在法庭上能够认罪服法。但是审判毕竟要对其作出追究刑事责任的判决。因此，对即将来临的刑罚又充满了恐惧。所以在法庭上，这类被告人往往表现为局促不安、思维紊乱，有时答非所问。但基本上能够遵守审判程序，并如实供述。

持有侥幸抵赖心理的被告人往往迷信自己在庭上所作的口供在定案中的作用。有时审判人员、公诉人、辩护人反复对他讯问，会强化他的这种迷信心理。所以这种被告人在法庭上总是认为"如果我不如实讲，你们就难以定案"。在法庭调查阶段，这类被告人总是狡辩抵赖或避重就轻。

（2）证人的分类及其作证时的基本心态

证人因为个性品质不同或与案件利害关系的有无等因素而分为不同的类别，不同类别的证人有着各不相同的心理表现。出庭作证是要求证人将自己所了解的案件情况客观真实的陈述出来。

在判断证言真伪和可信程度时，往往根据证人的个性品质和证人与案件与当事人的关系而考虑其作证时的主观倾向性，这当然有一定的道理。但是，在实践中并非与案件被告人有共同利益关系的证人都作有利于被告人的证言，而与被告人没有利害关系的人所提供的证言未必都可靠。当我们排除其它客观因素，如感知、记忆力、经验等影响，研究证人作证时的心理状态，可以分为三类：一是如实作证的心理；二是故意作伪证的心理；三是拒绝或回避作证的心理。

如实作证的心理状态，产生的动机往往是正义感、社会责任感以及对作证义务的正确理解等。这类证人证言往往比较真实的反映案件真实情况，有利于案件的正确处理。

伪证的心理状态，是指故意将自己所了解的案件真实情况隐瞒起来，而编造一种虚假事实提供给法庭。伪证分为有利于被告人的伪证和不利于被告人的伪证。

伪证者往往与案件处理或案件当事人有某种利害关系。所以他们敢于冒着承担法律责任的风险出具伪证。伪证的动机往往是出于营救亲人，哥们儿义气，对犯罪者的恻隐之心，保护与案件有关的个人利益等等。有的是出于报复被告人，也有的是被胁迫、利诱、收买而做伪证。

（3）被害人出庭的心理状态

因为被害人是受到犯罪行为直接侵害的人，所以一般被害人出庭陈述往往带有强烈的报复色彩。大多情绪激动，夸大危害程度，渲染被害后对本人、家庭等带来的严重后果。由于案件特点的不同，有些案件的被害人还有一些特殊的心理状态，如隐私案件的被害人出于羞涩心理，出庭后对关键情节不愿直言，个别案件的被害人在引发案件的起因上有一定过错，在法庭上还会做出为自己摆脱责任，或者为被告人兜揽责任的举动。如因自己与他人通奸而被自己丈夫伤害的被害人，在法庭上出于对自己行为的忏悔而主动承担责任，要求对被告人从轻处罚。这种情形下的被害人陈述很难准确反映案件真实情况。要认真研究对待被害人及其法定代理人一同出庭的情况。近年来，被害人为维护自身权益或提起附带民事诉讼的需要，聘请诉讼代理人的情况逐年增多。被害人的诉讼代理人一般由律师担任，出庭为被害人代言，提供法律服务，他们的诉求和意见在多数情况下与公诉意见一致。但代理人毕竟受被害人之托，受被害人影响，也常常做过当发言。公诉人要注意协调与被害人及其诉讼代理人的关系，使其尽可能在法庭上与公诉观点保持一致，又要注意防止地位当事人化，成为被害人的代言人。

（4）辩护人出庭的基本心理状态

辩护人是一个特殊的诉讼参与人，根据法律的规定：辩护人的责任是根据事实和法律，向法庭提出证明被告人无罪或罪轻的材料和意见，维护被告人的合法权益。由于辩护人在诉讼中担负着为被告人提供法律服务的责任，因而形成职责上与出庭检察人员相对应的状态。辩护人的特定诉讼地位决定其出庭的基本心理状态是要求合议庭采纳自己辩护意见的迫切期望。

辩护人在出庭过程中由于个人心理素质、经验、业务能力、出庭动机的不同，在出庭时，其具体心理表现也各不相同。

从总体上看，律师担任辩护人，具有一定的职业道德和辩护水平。出庭辩护时，一般能够做到以事实为根据，以法律为准绳，实事求是地提出辩护意见。而由被告人近亲属等担任的辩护人，由于缺乏辩护经验，往往又是法盲，加上与被告人之间的感情联系，辩护中不免一味追求为被告人开脱或减轻罪责，有时甚至不顾诉讼程序和法庭纪律，言词偏激，辩护过当，容易同公诉人、审判人员发生冲突。其辩护方式也呈现出不规则的状态。

法庭上证据的变化和被告人的态度通常会对辩护人的出庭心理变化起到推动和促进作用。当庭审出现有利于被告人，辩护证据得到核实后，辩护人的信心就会得到加强，其辩护攻势更加咄咄逼人。当被告人认罪，辩护证据被否定后，辩护人往往转为低调迂回辩护。当然也有个别辩护人出于维护个人声誉的心理需要，离开事实和法律，做不当辩护，盲目地去追求庭上效果。

2. 被告人在庭审各阶段的心理变化

法庭审判活动的任务是对被告人的行为作出是否有罪，罪轻、罪重，以及如何处罚的判决，诉讼参与人的活动都是围绕被告人进行的。所以了解和掌握被告人在各诉讼环节的心理变化是十分必要的。在庭审过程中被告人的心理变化十分剧烈而迅速，往往随着诉讼行为对其是否有利，而起伏不定。如果审判员和公诉人具有相当的水平和经验时，大部分被告人在法庭上都会经过一个：拒供（或规避罪责）——辩解——认罪的过程。这个过程是伴随着庭审活动步步展开而不断演进的。在法庭调查阶段，由于被告人一般在庭前不详细了解案件证据情况，所以在讯问时不如实供认的情况较多。当法庭核对证据时，自己的罪行开始被证实。但他仍心存侥幸，进行辩解，避重就轻。到了法庭辩论阶段，辩护人的发言对被告人的心理活动往往产生很大影响。在辩护人发言之前，被告人多半感到孤立无援，而当辩护人发言之后增加了为自己辩护的勇气，被告似乎又看到了一线希望，尤其是当法庭上，出现有利于自己的反证时，对被告人有极大的鼓舞作用，试图通过辩论进一步证明自己罪轻或无罪，而当公诉人批驳了被告人及其辩护人的错误意见后，其情绪又低落下去。当法庭宣布被告人最后陈述时，其沮丧心理溢于言表，往往改变初衷，恳求法庭从宽处理，表示心悦诚服地认罪，并信誓旦旦地表示一定改过自新。

（二）出庭公诉中的心理战术

出庭公诉中的心理战术与庭审调查和法庭辩论中的策略方法具有共同点，但在表现形态和作用方式上又有很大区别。心理战术的特点是公诉人通过自己的行为和语言给被告人和其他诉讼参加人施加心理影响，在可能的限度内，促进他们的心理变化，使他们的行为朝着有利于公正审判进行的方向发展。公诉人在注意提高自己心理素质的同时，善于在出庭公诉活动中运用心理战术，要注意诉讼民主意识的强化，对于更有力的揭露犯罪、制服被告人、教育群众，争取诉讼的顺利进行具有重要意义。实践证明下列几种心理战术在出庭公诉实践中具有较强的应用性和良好的诉讼效果。

1. 诠释法律，适时举证，打消被告人的侥幸心理

侥幸心理是支撑被告人在法庭上狡辩抵赖的内在因素。而侥幸心理的来源主要是被告人对自己口供在定案中作用的迷信。只有击碎被告人的这种迷信，其侥幸心理才能经过内心的斗争而逐步崩溃。公诉人在向被告人发问和公诉发言时要注意向被告人宣传和解释《刑事诉讼法》第四十六条的规定，使他明确：只要证据充分确实的，被告人拒不供认，照样可以认定他有罪和处以刑罚。并适时地提请法庭出示证据或主动举证，使被告人了解公诉人指控他犯罪并非靠他的口供，而是依靠充分的确凿可靠的证据，使其丢掉幻想，明确处境，只有如实供述犯罪事实，依法、据实的辩解，才是唯一的，正确的受审态度。

2. 指明出路，消除抵触，教育被告人接受审判

在案件审理过程中，被告人对即将降临的刑罚处罚充满了恐惧。由于公诉人是控诉一方，指控和揭露了他的罪行，所以极易形成对出庭检察人员的严重的对立和抵触情绪，强化抗拒心理。在这种情况下，公诉人在发言中一方面要注意讲明被告人犯罪的社会危害性，强化他的罪责感和自责心理，促其认罪服法。另一方面，要给他指明出路。对他们的从轻、减轻处罚情节给予公正评价。尤其对那些初犯、从犯或者少年被告，要向他们交待清楚有关法律，讲清如实供述、真诚悔罪、在处罚中通常是可以作为一个酌情从轻的情节。使其消除恐惧感，促进抗拒心理的转化，从而消除抵触情绪，如实供述、据实辩解、接受审判。

3. 耐心说服，解除顾虑，教育证人如实作证

证人不如实作证或拒不作证的主要心理障碍是对作证后果的顾虑。惧怕被报复，亲情难以割舍以及怕牵连等。公诉人的任务是帮助证人解除顾虑，如实向法庭提供证言。《刑事诉讼法》第四十七条规定："证人证言必须在法庭上经过公诉人、被害人和被告人、辩护人双方讯问、质证，听取各方证人的证言并经过查实以后，才能作为定案的根据。法庭查明证人有意作伪或者隐匿罪证时，应当依法处理。"第九十八条还规定"询问证人，应当告知他应当如实地提供证据、证言和有意作伪证或者隐匿罪证要负的法律责任。……"公诉人首先要通过宣传法律使证人明白作证是公民的义务，使他们对伪证和隐匿罪证的法律责任有一个清楚的了解，促使证人进一步权衡利弊得失，做出正确选择。同时公诉人要尽量避免使证人形成与公诉人的抵触心理，要通过说服教育使证人在明辨是非的基础上认识到司法机关是代表人民利益的，人民应当给以积极的支持。国家保护公民依法作证，不仅使证人有安全感，而且要使他们深深体会到支持司法机关工作、为国家尽义务的光荣感，从而自觉的出具证言。这种促成证人心理转化的方法不仅能够获得真实可靠的证言，还可以达到教育证人和群众的良好效果。

4. 捕捉信息，先发制人，抢先对辩护问题予以说明

为了争取辩论的胜利，控辩双方在庭前一般都有一个比较完整的出庭方案。这个方案往往是各自诉讼活动的依托。经过庭审调查质证的证据材料往往是控辩双方辩论的基本论据。所以控辩双方都努力在庭审调查阶段对自己有利的证据进行核对，以便作为辩论的论据。这恰恰是公诉人捕捉辩护人辩护意向的好时机。我们可以通过对辩护人发问质证的倾向性进行分析，综合、摸清辩护的重点，从而制定自己的公诉方案，搞准辩护意图，就有利于我们采取有针对性的心理战术，破坏对方已准备好的辩论思路。第一，我们可以通过发问的形式把辩护人故意引导到有利被告人的证言纠正过来。第二，利用发表公诉意见的有利时机，率先将辩护人准备提出的辩护意见，予以驳斥性说明。做到先发制人，这样往往就打乱了辩护人的辩护部署，使之必须重新调整已准备好的辩论方案。从而大大挫伤他们参加法庭辩论的信心。彼消我长，由于我们掌握了辩论的主动权，就增长了公诉人在法庭上的优势。

5. 抓准时机，先声夺人，创造有利于公诉活动的法庭气氛

我们所说的法庭气氛是指多数诉讼参与人和旁听群众对某种观点一致认同的倾向性。法庭气氛虽然是无形的，但这种无形的力量，往往对各诉讼参与人的心理状态具有很大的影响力。广大旁听群众对公诉意见的共鸣，公诉人往往可以从他们的举止表情中体会到。这种共鸣将烘托出一个有利于公诉活动进行的法庭气氛。而这种气氛对激励公诉人，增强公诉人的自信心理，将起到重要作用。同时，对抑制被告人的狡辩，对于敦促被告人认罪服法起到强有力的积极效应。公诉人要不失时机地创造这种气氛，强化这种气氛。创造有利于公诉活动的气氛，首先要注意抓住时机，如宣读起诉书，庭审发问，出示证据，质证，发表公诉意见，辩论发言等有利机会先声夺人。例如一起杀人案，被告人与张某有仇，去杀张某，张某逃脱，被告人遂将张某的两个孩子杀死。被告人杀张某未遂以杀害两个孩子泄愤是显而易见的。公诉人抓住向被告人补充发问的时机，问道："这两个孩子和你有仇吗？"答："没有。"问："你与张某的矛盾他们知道吗？"答："不知道。"问："这两个孩子平时得罪过你吗？"答："没有，他们平时见我面还叫我叔叔。"问："这两个孩子犯过什么错吗？"答："没有，平时挺乖的"。公诉人随即向被告人、向旁听群众展示两个孩子生前的照片说："这就是被无辜杀害的两个孩子。这两个孩子与被告人素无仇怨，甚至屠刀加顶，他们还不知道这个他们平日里叫叔叔的人为什么要杀他们。试问你与张某有矛盾，为什么要杀害这两个无辜的孩子？"被告人无言以对。这段发问虽然表面看没有查明什么事实情节，但却揭示了被告人乱杀无辜的凶残，激起了旁听群众对被告人的憎恨情绪。心理学实验结果证明人们对先接受的观念的信仰程度往往比后接受的信息和观念的信仰程度强。这是因为新观念在未受到验证前，旧观念仍对人们的行为发生影响作用。

创造有利于公诉活动的气氛还必须注意讲究语言艺术。要注意运用通俗、形象的语言，揭露被告人犯罪的社会危害性。注意从旁听者的角度去体察和揭示犯罪的危害，使

广大旁听群众从情感上站在公诉人一边，赞同公诉人惩办被告人的诉讼请求。

6. 积极配合，补漏拾遗，协调好与审判人员的关系，促进正确判决

审判人员是整个庭上活动的组织者和指挥者。通过庭审调查、法庭辩论、听取控辩双方的意见，从而审查判断证据、决定证据的取舍，以及如何适用法律，这些都属于审判人员的主观心理活动。公诉与刑事审判人员同地执法，彼此熟悉，要了解审判长的审判风格，这就要求平时注意沟通。审判人员的主观心理状态对作出怎样的判决有重要的影响。出庭公诉活动的目的就在于对审判人员施加积极的心理影响，促进审判人员采纳公诉意见，当然，最终的目的，是为了使法庭作出正确合法的判决。

公诉人与审判人员在法庭上的关系既有组织者与被组织者的关系，又有监督者与被监督者的关系。从程序上看，审判人员是法庭的组织者，公诉人作为参加庭审活动的一员，应听从审判人员的指挥。从法律关系看，公诉人在法庭上不仅有对犯罪的的控诉权，而且还享有对法庭审判活动是否合法的监督权。审判人员同时在审判活动是否合法这一点上，又是被监督的一方。因此，公诉人要积极发挥自己的诉讼职责，给予审判人员以积极的心理影响。当审判活动偏离诉讼程序的轨道时，出庭检察人员应及时提出纠正意见。因此，公诉人出庭公诉的过程，同时又是不断对审判人员施加心理影响的过程。

三、不良公诉心理现象及其矫正

公诉人在出庭公诉过程中，由于自身素质的缺陷和外部条件的影响。有时会发生心理失衡，出现不良心理现象，因而影响正常的公诉活动。下面仅就公诉实践中常见的几种不良心理现象，剖析其产生的原因，探讨矫正的方法。

（一）不良公诉心理现象及其成因

1. 激愤心理

这种心理现象多发生在被告人无理翻供、在确凿证据面前仍狡辩抵赖；当庭侮辱、攻击证人、被害人、公诉人或者审判人员，藐视法庭，抗拒审判；辩护人故意歪曲事实，曲解法律，对公诉人进行人身攻击等情况。或者由于个别诉讼参与人扰乱法庭秩序、破坏公诉活动正常进行的行为，而使公诉人被刺激而起的愤怒情绪。有的公诉人在正常情况下也会出现激愤心理。一般发生在被告人作案手段极其残忍卑劣、犯罪后果特别严重，公愤极大案件的出庭公诉中。如杀害无辜，奸淫幼女，杀害亲生父母等恶性案件。这些案件的犯罪情节恶劣，令人发指，公诉人正义的道德情感在对犯罪的指控过程中，不自觉地得到了强化，以致形成了激愤心理。

激愤心理的产生有其正常的一面，即这种心理是基于公诉人道德观和正义感而导致的一种情绪激化。激愤心理产生会有明显的外部表现，如咬牙切齿、双目圆睁、面红耳赤、拍案而起等。有时甚至发生痉挛性动作，语言频率加快、声高音尖、语言滔滔却语不达意。激愤心理的表现，在一定条件下对被告人的顽抗气焰，有震慑作用，但出庭公诉活动，特别是法庭辩论，毕竟是以理服人的论战，激愤心理是一种强烈的、短暂的，然而是爆发式的情绪激化。我们之所以把激愤心理列为一种不良的公诉心理是因为处在激愤状态下的人，其认识活动的范围往往会缩小，控制自己的能力减弱，通常不能约束自己的行为，不能正确评价自己行为的意义和后果。所以有的公诉人在被刺激而起

的激怒状态下，会作出许多反常举动。如辱骂被告人是衣冠禽兽，"不耻于人类的狗屎堆"，称辩护人的观点是"驴唇不对马嘴"，是"狡辩"等等，完全离开了文明出庭的要求，效果适得其反。

激愤心理产生的一个重要原因是外部条件的刺激，然而出庭公诉中各种意外情况的出现是难免的。一个合格的公诉人不能要求外部条件适应自己的心理需要，而应当通过强化自己的内在素质来调整自己的对外界刺激的承受力。公诉人产生激愤心理的内在原因有两个方面：一是意志力不强。当积蓄的激愤情绪迅速滋长时，自己不能有效加以抑制。二是心理准备不足，对突然出现的意外情况，由于经验不足或过于自信而未能估计到，从而缺乏及时有效的应变策略。

2. 好胜心理

好胜心理如果基于高度的事业责任感，与出庭公诉的目的性是相一致的。但由于动机迥然不同，情况就完全不一样了。我们要求并提倡公诉人要勇于夺取公诉的胜利。是为了维护检察机关的正确公诉意见，准确合法的惩治犯罪，保证案件的公正处理。而离开了对事业的责任心，好胜心理形成的动机却是为了满足个人荣誉的心理需要。好胜心理在出庭公诉活动中主要有两个方面的表现：一是在法庭上热衷于表现自己的才华、娇柔造作、玩弄技巧、堆砌词藻、哗众取宠。二是听不进正确的辩护意见，不能合理纳言，不能容忍别人反驳自己的观点，唯我正确。这种不良心理状态多发生在有较高学历、一定资历和出庭经验的同志身上。有的表现在某一特定场合，如有的公诉人与某律师曾交过锋，互不服气，当尚未开庭时，双方就有了到庭上一决雌雄的思想准备。有的同志说，好胜心理有可以利用的一面，它可以推动公诉人不顾一切地夺取胜诉。笔者认为：离开了事业，离开了全局利益，好胜心理其实是个人主义在出庭公诉中的表现，是应当彻底克服的。因为这种心理状态下的公诉人，以利己为出发点、常常为争一时之气而忽视大局。不顾案件的正确处理，一味追求制服对方的局部效应，往往造成行为和语言游离于诉讼主旨，影响审判活动的正常进行。

3. 怯庭心理

这是由于公诉人自身素质不强和受外界条件影响而产生的对出庭公诉的畏惧心理。怯庭心理往往是出于对外界压力的感受过于强烈，形成了对出庭胆怯的情绪体验。怯庭心理有如下的外在表现：思路混乱，思想不集中，反应迟缓；情绪上局促不安，手足无措，窘迫汗颜；表达上词不达意、脉胳不清、语无伦次，甚至原来准备好的很熟练的讲演也突然出现结巴甚至中断；在法庭上表现出过度的紧张、呆板、失误增多，以致无法恢复正常。

怯庭心理现象一般发生在如下情况：

（1）出席大型公开审判庭，旁听群众多；

（2）案件重大，为领导层或社会所瞩目；

（3）案情复杂，有很大争议；

（4）出庭的辩护人有一定名望，能辩又善辩；

（5）出庭的准备工作太差。

怯庭有的是在出庭前即已产生，有的是在庭审过程中，遇到难题，不能妥善处理，随即产生的。产生怯庭心理现象的原因比较复杂。主要有这样几个方面：

第一，责任感的负作用。由于公诉人是以国家代表身份出庭的，出庭成败与否直接影响到法律能否正确贯彻实施和检察机关的形象。有的同志不能把这种责任感变成工作的动力，反而因此背上思想包袱，唯恐出庭不力有辱使命。责任感的重负给出庭人员形成了心理压力，导致了情绪紧张和怯庭的心理现象。

第二，公诉人自身素质差，水平低，经验不足。怯庭心理多发生在新手身上，这是因为新手业务尚生疏，出庭经历少，处置庭上情况的经验不多，还没有掌握诉讼活动的规律。所以在出庭前或出庭过程中，对可能遇到的问题缺乏应用的预见和准备。遇到问题，拿不出妥善的应付办法。于是在法庭上，一遇难题就紧张，越是紧张就越没办法。还有的同志，有过出庭败诉或出庭失利的前车之鉴，于是"一朝被蛇咬，十年怕井绳"。总是笼罩在失败的阴影里，因而对出庭形成胆怯心理。这是由于没有认真总结失败原因，反而使庭上失败的不良感受得到强化的结果。

第三，自我强化不足，缺乏自信。有的公诉人并非能力和水平差，但是他们在思想上总是过于夸大困难，过高估计辩护人的水平，而对自己的能力和水平估计不足。这种自轻自贱的心理，首先将自己置于心理调整的被动地位，缺乏胜诉的信心，不能自觉地强化自己的心理素质。所以一遇到有较强对手或在庭上遇到棘手问题，心理很快失去平衡，跌入低谷，以致无法振作起来。

第四，虚荣心作祟，怕丢面子。出庭在即，注意力却不能集中到出庭公诉的问题上，总是在自己的得失上打圈圈，担心一旦出庭失利，自己面子不好看，影响自己形象和前程。出庭公诉要求公诉人全身心的投入，试想一个满脑子想着自己的人，在庭上怎么能集中起精力应付诉讼中的复杂问题呢？注意力的分散，势必导致庭上的胆怯心理。

还有诸如公诉人的意见与集体讨论、领导决定的公诉意见不一致。领导对出庭的具体活动定下框框，约束过严，使公诉人无法自主地发挥主观能动性，造成应变不力等等，都可能导致出庭过程中的紧张状态，导致怯庭心理的产生。

4. 应付心理

公诉人应付心理产生主要有两种情况，其一，长期从事公诉工作，且因公诉工作的程序化会使公诉人产生厌烦情绪，特别是相类似的案件的出庭公诉，使公诉人在周而复始的程序活动中逐渐失去新鲜感，导致出庭欲望减弱，公诉斗志低迷。应付心理还有另外一种情况，就是有些公诉人自恃能力较强，经验丰富，抱着"兵来将挡，水来土掩"的心态出庭，往往庭前准备不足，庭上应辩仓促，临阵磨枪，穷于应付。很多有资历、有经验的公诉人出庭失利往往源于此因。应付心理在公诉活动的表现是出庭准备不充分；公诉活动不积极，缺乏主动性；庭上表现不严谨，对辩方在质证和辩论中提出的问题注意不够、重视不够，应辩不力，论辩力度不够，常常是有指控无斗志，有辩论无交锋。

从严格意义上讲，应付心理是一种不负责的工作态度，及时发现矫正并不难。但如果公诉人长期处于这种心理状态中则贻害无穷。这种不良心理的强化，会导致公诉人进取意识降低，提高自身素质的内在动力不足，进而导致公诉水平下降。应付心理的泛化，会导致对任何事情、任何工作都漫不经心，有违严谨、细致的检察官作风要求，久而久之会损害公诉形象，损害检察机关的声誉。所以应付心理的表现一经出现，必须采取果断措施给予调整。

5. 倨傲心理

倨傲心理往往与公诉人对公诉权认识的偏差和对自我能力评价过高密切相关。倨傲之倨，主要是以国家公诉人的优越诉讼地位自居，以法律监督工作者自居。倨傲之傲主要是针对辩方及当事人，有的还针对主持庭审的审判人员。

在控辩式庭审方式中，公诉人与辩护人诉讼地位是平等的。但由于纠问式庭审方式沿袭下来的传统观念，特别是公诉人作为出庭支持公诉的国家代表，其职责客观上形成了较高的法律地位。检察官身份的优越性，其诉讼活动依托检察权的强力支持，特别是公诉活动以公安、检察机关侦查力量为后盾，使公诉人在法庭上的优越感明显胜于其他诉讼参与人。这样就使有些公诉人难以平等之态待人，不能以诉讼民主的观念参与公诉活动。由于公诉人与律师、审判人员共居一地，经常合作，相熟已久，彼此间能力、水平都有些了解。当辩护人资历较浅、能力不如公诉人时，当审判长职务低于公诉人时，有的公诉人就会产生倨傲心理，在法庭上表现出不屑于辩护人的意见，不尊重审判人员的组织行为。倨傲心理使公诉人在法庭上表现出盛气凌人、傲慢自大。对被告人正常的诉讼权利要求和合理辩解一概斥之为狡辩抵赖、态度不好或抗拒审判。对辩护人也以居高临下的态势待之，对辩护意见不分正确与否一概加以否定，有的公诉人还表现出不服从审判长指挥，做过当指控，语言过激，行为不文明等有违出庭规范的情况。处于倨傲心理状态的公诉人往往听不得任何不同意见，不能容忍公诉意见的任何不同声音。语言偏激，行为极端。表面上似乎在维护公诉意见，实则是自我标榜、妄自尊大。在诉讼参与人和旁听者中造成检察机关特权霸道、司法专横的印象，无论对公诉人形象和检察机关声誉都是有害的。

（二）不良公诉心理现象的矫正

不良公诉心理现象的矫正，从根本上讲应当放在提高公诉人的内在心理素质和业务素质的基点上，强根固本，提高自身抵御外在不良刺激的能力，形成良好的、健康的、与出庭公诉活动相互协调的心理品质。为了预防和矫正不良公诉心理现象，公诉人还要注意在出庭公诉过程中做好自我心理调节。

1. 注意力调节

注意力调节，就是要求公诉人运用注意力转移的方法，把自己从不良心理状态中解脱出来、集中到正常的公诉活动上。

出庭公诉工作是一项内容复杂、节奏紧张、持续时间较长、程序性制约强的工作。要求公诉人必须把注意力集中在各诉讼环节上。人的注意力是有限的，在严肃紧张的庭审过程中，如果公诉人游离于诉讼主旨、把注意力放在自己的荣辱得失上、或只顾满足自己的情感需要，就难以集中精力和智慧，应付复杂多变的庭审活动，也难以全面正确地履行自己的法律职责。妨碍正常执行职务的心理状态往往是伴随正常诉讼活动而产生的，公诉人应当学会辨别哪些心理需要是正当的、有益的，哪些心理需要是非正当的，有害的，应予克服和预防的。

注意力调节，首先要合理分配注意。强化对诉讼活动的注意、把精力集中到职务需要上；抵御和防止因外界影响而将注意力转移到无关宏旨的不正当议题上去。

其次，当公诉人发现自己陷入不正当心理状态中时要及时运用注意力转移的方法，把自己的注意力从不正当心理状态中转移出来，集中到正常的诉讼活动上。从而摆脱不良心理状态的影响。当法庭辩论走向歧途、诉辩双方在与案件无关的问题上纠缠不休时，公诉人应及时采取有效措施，把议题转移到案件的实质问题上来。当然，更要防止因双方争论的深入而强化不良心理。

2. 情绪调节

在法庭上，当公诉人处于激动、紧张或畏难的情绪状态时，要注意调整自己的情绪，使之恢复平静，处于健康的心理状态中。在法庭辩论中有的辩护人往往把激起公诉人的过激情绪当成发现公诉破绽或转移辩论主题的一种策略，公诉人应当善于识别。在紧张的诉讼过程中，特别是在法庭辩论过程中，由于诉辩双方所处地位不同，论辩中的非理智因素往往会影响辩论的正常进行。被告人会因罪行被公诉人揭露无遗而歇斯底里，对公诉人诽谤、攻击，极少数辩护人也可能为达到胜诉目的而故意曲解公诉人的观点，或抓住公诉人的只言片语猛烈攻击。公诉人首先不能被对方咄咄逼人的气势所吓倒。对涉及案件实质的问题要依法据实予以反驳。对过激的，甚至是人身攻击性的语言要及时提请法庭予以制止。要防止被刺激而起的情绪激化倾向。当对方向公诉人施加刺激时，更应该记住一个"稳"字，"一触即跳，一跳则乱，乱则必败"。这个道理，已被无数出庭的教训所证明。很多案件公诉失利就是在情绪激化状态下考虑欠周，言辞不当而授人以柄的。尤其在法庭辩论中，公诉人要做到以静制燥、强化自我抑制的心理机制，做好心理调节，沉着、冷静地组织反击，做到不愠不怒、有板有眼、语言有据、据理驳斥。这样不仅能够缓解情绪紧张带来的心理压力，而且能够在旁听群众心目中树立起襟怀大度，稳健公正的公诉人形象。

3. 适应环境

出庭公诉活动是在法庭这样一个特殊场境下进行的。法庭是一个特殊的群体构成。公诉人面对的，既有自己的对手——被告人及其辩护人，也有与案件有利害关系的被害人；还有庭审活动的主持者和仲裁人——审判人员。在公开审判的时候，还面对着众多的旁听群众。在有着不同诉讼要求的当事人面前，在大庭广众之下，公诉人心理上的负重感是不可避免的，任何一个有责任感的公诉人都不能无视这些人的存在。要在这种多元化的环境中取得胜利，自己首先必须适应这种环境。适应这种环境就要了解不同诉讼参与人的心态。如被告人对审判的态度，辩护人的辩护意向等等，从而采取有针对性的应辩策略和方法。其次，公诉人还要学会驾驭法庭环境，在这种特定环境下，占据主动。引导和创造有利与公诉活动的氛围。如主动配合法庭补充发问，适时举证。在发言中积极开展对旁听群众的法制教育等等，使整个庭审活动有利于公诉人活动的正常、顺利的开展，达到预期的公诉效果。

4. 心理预备

"凡事预则立，不预则废"。心理准备是出庭检察人员心理素质的一个重要环节。心理预备与出庭准备不是一回事。出庭准备是对特定案件的具体诉讼问题在庭前做好书面的或思想上的准备；而心理预备则是公诉人对出庭公诉活动从整体上所做的心理预应力的准备，它是建立在对庭审活动的规律性认识基础上的。比如，任何案件的庭前预测，不可能预测得包罗无遗。因此出庭人员要有应对意外情况的心理预备，制定出一套应对意外情况的原则方法。这样一旦意外情况发生，就不致于惊慌失措，能够积极、稳妥的加以处置。无论外界施加怎样的心理影响和心理刺激都不能扰乱公诉人的思维秩序，都难以打乱公诉人既定的公诉方略，从而形成保持一以贯之的稳定性。心理预备说到底是适应公诉人职务需要的一种心理品质。出庭公诉的心理预备主要应有以下几个方面：

一是对被告人当庭翻供的心理预备。一旦发生被告人翻供情况，公诉人应配合法庭搞清翻供理由，并对其理由是否正确做出判断，采取相应对策。

二是对证人拒绝作证或改变证词的心理预备。要搞清导致证人拒证和改变证词的内外因素，针对原因开展工作。

三是对被告人、辩护人当庭提出新的反证的心理预备。要通过庭上核对判明真伪。了解其证明价值，庭上不能判明真伪的，可以建议延期审理，待核实后继续开庭审理。

四是对被告人或其它诉讼参与人干扰法庭秩序，攻击公诉人的心理预备，一旦发生，要建议并协助法庭予以制止。

五是对辩护人过当辩护的心理预备。

六是对公诉失利的心理预备等等。

不良心理现象的产生大多与公诉人心理预备不足有关。如果我们掌握了诉讼活动中的各种规律，如辩护规律、审判规律、作证规律等，作好相应的心理预备，临庭时就会有良好的心理状态，就能有效地防止和克服不良心理现象的产生。

第十讲
公诉语言艺术

张书华

一个公诉人，当你站在法庭上代表国家行使公诉职权时，语言就伴随着你，成为你指控犯罪、证实犯罪的武器。法庭搏击是语言的交锋，唇枪舌剑靠的是语言的力量。语言是公诉活动的载体，公诉人进行思维和表达都必须要借助语言这个物质外壳，庭审调查质证是语言活动，发表公诉意见是语言活动，法庭辩论更是语言活动的典型表现。离开语言赤裸裸的公诉是不存在的。出庭支持公诉以语言表达为其基本活动方式，职业规定了我们必须具备扎实的语言功底，掌握好驾驭语言的艺术。

公诉活动需要高超的语言艺术。在公诉活动中语言的功能已不仅是传达信息、表达思想。公诉人的语言代表着权威，因为语言主体的身份和职权决定这种语言是代表国家对犯罪行为的评价和指控。公诉人的语言能够产生法律效果，因为这种语言直接影响对被告人的罪与罚，公诉人的语言具有强大的影响力，它会使接受这种语言的人受到感召和教育而知法、守法。正因为公诉语言具有如此丰富的内涵，对公诉语言的要求也近乎于苛刻。公诉语言应当是"准确的，经过权衡、斟酌的理想的语言"（意大利诗人但丁语）。

公诉活动要求公诉人具备高超的语言艺术修养。从诉讼意义来讲，语言本身当然不可能成为诉讼的决定因素，但公诉人的语言能力确是制约和影响公诉效果的重要条件。一个不能准确表达公诉意见，不能有力批驳错误辩护的公诉人是很难赢得诉讼胜利的。英国上诉法院院长、著名法学家丹宁勋爵在总结他半个多世纪的法律生涯时指出："要想在与法律有关的职业中取得成功，你必须尽力培养自己掌握语言的能力"。一个公诉人要不辱使命，切实履行好自己的职责，就必须下苦功提高自己的语言修养。

一、公诉语言的特点及公诉语言应遵循的基本要求

所谓特点是指某一事物所独有的并能以此同其他事物区别开来之处。在公诉实践过程中，公诉语言逐渐形成了自己独有的语体风格和特点，已初具公诉行业语言的规模，我们进一步明确这些特点的目的就在于了解公诉活动本身对语言的特殊要求。

公诉语言是指公诉人在出庭支持公诉活动中所使用的语言，形成公诉语言特点的基础有三：一是从语言主体看，公诉语言是由负有特定职责的人——公诉人使用的，这种语言的特征有别于其他诉讼主体和诉讼参与人的语言特征；二是从语言环境看，公诉语言是在特定的场境——法庭上使用的，有别于其他语境下语言的特征；三是从语言功能看，公诉语言是为实现特定目的——诉讼使用的，在语言的功能上更有别于其他语言的特征。基于上述三点我们来探讨一下公诉语言所应具备的主要特点。

（一）准确性

公诉人作为支持公诉的国家代表，其身份和职责的特殊性要求他在法庭上所使用

的语言必须准确。首先叙述犯罪事实要准确，特别是叙事状物用语不能夸大其辞，也不可以轻描淡写，要做到语出有据，确之凿凿。其次，对犯罪情节的评价要客观、准确。"情节恶劣"、"情节严重"、"情节特别恶劣"、"情节特别严重"、"数额较大"、"危害严重"、"影响恶劣"等用语在使用中既要注意与事实相一致，又要注意符合相应的法律规定和司法解释。不能随意套用，特别是在法庭辩论中往往是气氛紧张，论争激烈，公诉人处理需理智，切忌在感情冲动下信口开河，一定要沉着冷静，注意语言的严谨准确，注意用语的客观性，宁可少说，不可乱说。

（二）合法性

公诉活动是执法活动，公诉人在法庭上的发言必须遵循法律规范。一方面公诉人要注意在阐述公诉意见时做到准确使用法言法语，引用法律条文注意完整、准确，解释法律含义要忠实原意。另一方面，公诉人发言还要与法律规定的公诉人职责相称，不能使用超出职权范围的语言，如有的公诉人以法律监督者自居，要求审判长做这做那，俨然庭审指挥者。

（三）逻辑性

逻辑对于规范公诉语言，增强公诉语言的说服力具有重要意义。公诉人发言必须遵循逻辑规律。善于运用技巧组织公诉语言，提高公诉语言的战斗力和说服力。事实需要雄辩、严谨、充分、有力的论证，是争取胜诉的保证。

（四）形象性

公诉语言要形象生动，这一提法曾在公诉界有过争议。公诉语言的形象性与准确性、合法性是否会形成矛盾呢？我认为首先要明确形象性的内涵。公诉语言的形象性就是要求公诉语言具有强烈的说服力和感染力，公诉语言是靠口语表达的，实际生活中人们对口语的记忆是在瞬间实现的，如果靠口语传达的信息不具有一定的感染力是难以给人留下深刻印象的。须知，我们公诉发言的目的是说服审判人员采纳公诉意见，驳斥错误的辩解和辩护，促使法庭公正判决。教育旁听者知法、懂法、守法。如果公诉人的语言给人以印象不深，又何以达到上述目的呢？要使人们对公诉语言印象深刻靠什么？就是要靠加强公诉语言的形象性。因此提倡公诉语言的形象性不仅与准确性、合法性不矛盾而且是相辅相成的。

刘彦武杀害亲生儿女，嫁祸患精神病的妻子，这是一起社会危害极大的恶性案件。被告人刘彦武开庭前时供时翻，在法庭上矢口否认自己是杀人凶手。为加强指控力度，公诉人在揭露被告人手段的残忍上下了一番功夫。对被告人杀人行为原来是这样叙述的："刘彦武照其女儿头上砍了一斧，其女儿被砍后站立起来，对刘说：'爸爸，别砍我'。刘彦武照其头部又砍了一斧，将亲生女儿当场砍死。"经过修改润色是这样的"……熟睡中的女儿被砍醒了，双手抱着头，血从她的头上涌出，她瞪着一双迷茫的双眼，望着手持利斧的父亲，用祈求的声音说：'爸爸别砍我！'丧失理性的刘彦武不顾女儿的哀求，照站立起来的女儿头上又砍了一斧。可怜的孩子带着疑惑和不解，带着满腔的哀怨就这样惨死在生身父亲刘彦武的斧下"（如果仅这样叙述显然难以令人信服，然而公诉人话锋一转）"如果不是刘彦武的亲口供述，我们怎么也不敢相信天下竟有这样残忍的父亲"（须知：法律规定，仅有被告人供述还不能认定被告人有罪，公诉人深谙此理，进而指出）"然而大量的证据证明，恰恰是他这个两位孩子的生父一手制造了这场骇人听闻的惨案"。这段公诉发言在效果上显然要比平铺直叙的叙述强得多。通过形象的描述、严谨的语言结构，创造了很好的公诉气氛。从而为驳斥被告人的无理辩解奠定了基础。可见，公诉语言的形象性，是增强公诉观点说服力的有效手段，不能忽视。

公诉语言与文学作品的语言要求不同，公诉语言形象性的要求是建立在严格尊重事实，严格依照法律规定的基础之上的。因此，公诉语言不允许无根据地渲染犯罪危害，不可以随意夸大犯罪事实，更不允许用主观推测，想象代替案件事实。对一些语言技巧的使用都有相应的限制。德国著名诗人歌德是世界文学史上的一位巨匠，但他也曾是一位蹩脚的律师。因为他没有分清诗的语言和法律语言的区别，在法庭上他以行吟诗人的气质对事实进行意境化的描述和评价，遭到了法庭上下的一致反对声，最后不得不离开了律师的职位，去做他的诗人去了。公诉活动的庄严性不允许公诉人投入过多的激情，因为情绪化状态下的思维和语言是极易偏颇的。

（五）口语化

公诉活动中的语言表达是通过口语来实现的。虽然公诉发言在出庭前要付诸于文字，但其功能的实现必须经过口头发表，口语化是相对书面语言而言的，由于人们对书面语和口语感受的器官不同，记忆程度的差别，所以对口语提出了一些特殊要求。一是应尽量使用短句子。因为长句子在口语中表达时较为吃力，句子成分各部分间关系复杂，容易造成表意不清。在书面语中可以写成长句子的，口语表达对应改成短句子。如"辩护人关于被告人赵XX的行为是正当防卫的观点是建立在赵XX不真实的口供基础上的"这是一个长句子，在口语表达时有诸多不便，按口语化要求整理成这样："辩护人提出被告人赵XX的行为是正当防卫，这一观点的根据仅有被告人的口供，没有其他证据加以佐证，而恰恰被告的这一辩解又是不真实的"经过整理的公诉观点用口语表达时就显得清晰流畅，即便于表达，又适应了口语视听的习惯。需要指出的是有些书面语中的忌讳，在口语中则是允许的。如重复，为说明强调某一观点可以重复，以引起重视；二是忌用生僻词语。口语中不常用的生僻词句，使用范围较小的专业术语、文言句式，群众不熟知的简缩语、方言，容易混淆含义的方言字词等都不宜使用。如"严打"、"两反"这样的简缩语，在司法机关内部尚能明白，寻常百姓恐怕就难解其意了；三是忌用口头赘语。这是口语中经常出现的毛病，有的人习惯于在口语表达时，掺杂进一些"嗯"、"啊"、"是不是"、"这个"等等赘语，这类语言既无明确含义，也容易破坏口语美感，应坚决予以摒弃；四是讲究节奏，字正腔圆，清晰流畅，语速快慢有致，声音高低协调。切忌声嘶力竭，始终处于高声调状态；五是要讲普通话。中国地域广阔，各地都有一些方言，公诉活动是公务活动，按照国家倡导推行普通话的要求，应当使用普通话进行公诉语言表达。

（六）用语要文明

文明出庭是对公诉人的起码要求。特别是在激烈的法庭辩论中，稍有不慎，就会导致公诉发言的情绪化倾向。当遇有辩护人或被告人对公诉人进行人身攻击的情况时，尤其要注意用语文明，不能采取"以其人之道还治其人之身"的作法。出庭上还要注意不能使有歇后语、打油诗之类的语言，防止公诉语言的庸俗趣味化。

二、公诉语言表达形式分类

公诉语言因在法庭各阶段的任务不同，公诉语言实现功能的差异，其表达的方式也各不相同，总体上分为四类：

（一）宣读

主要是宣读起诉书和在法庭调查阶段示证时宣读与案件有关的鉴定书、公证书、现场勘验笔录等法律文件或有关诉讼文书。宣读时应注意：一是要注意断句，因文书是按书面语写成的，有的句式较长或结构复杂，朗读应注意语速适中，重点词要重读。二是要站立宣读起诉书。从"XXXXX人民检察院起诉书"开始到"检察员XXXX"结束。因被告人已提解到庭，物证等证据将当庭质证。被告人羁押处所及卷宗证据目录等事项不必宣读。宣读完毕后，应告知审判长"审判长起诉书宣读完毕"。三是其他文件在宣读后应向法庭说明，该文件由哪个机关制定和出具，与本案的关系，其证明的事由，在卷宗多少页。

（二）发问

主要是在法庭调查阶段讯问被告人、询问被害人、证人、鉴定人。根据庭审规则对被告人首先由公诉人发问，被害人、控方证人首先由公诉人发问。因此公诉人出庭前应准备好发问的提纲。围绕查明事实情节要设计完整的讯问、询问提纲。发问时应注意：一是一次发问不能同时提出多个问题。同一事实、被告人或被害人、证人、鉴定人已回答清楚的，不应重复发问。二是发问问题应围绕本案事实，否则会遭遇辩方反对和被问人拒绝回答。三是发问时不能使用明显的诱导性语言，更不能使用威胁性语言逼问。四是发问问题要明确，语言要简洁、清晰、明了，使被问人了解发问意图。庭审发问往往是侦查和审查起诉阶段发问的重复，是要求被发问人向法庭陈述自己所了解的某个事实，切忌在法庭上游离起诉书内容之外搞什么深挖余罪。

（三）演讲

主要是指法庭辩论开始时公诉人发表的公诉意见（公诉词）。公诉意见一般在出庭前都有文字稿，撰写公诉意见必须按演讲辞写法拟定，在法庭上要根据庭审情况进行修改、调整和完善。不能不管情况如何，一概照本宣科，要注意针对性。法庭演讲不同于宣读起诉书和发问，其语言特色集中反映公诉人的语言风格，往往一篇好的公诉意见能对法庭起到一锤定音的影响作用。其表现形式的特点：一是口语化特征突出。特别是对法庭调查的概括，对案件事实的叙述不应是起诉书相关内容的翻版，公诉人要运用形象生动又不失准确的语言，向法庭和诉讼参与人及旁听群众完整介绍案件情况。二是为了发挥演讲的效果，公诉人发表公诉意见应站立进行。三是发表公诉意见要辅以简洁、协调、有力的态势语言。四是要注重公诉意见的完整性。要将对事实认定、法律适用、处罚量刑及相关问题的观点，全面向法庭阐述。在语言特色上要注重以叙佐论。立论有据，论证严谨。

（四）论辩

法庭辩论中公诉人的语言形式应具有强烈的论辩性。在与被告人及其辩护人的论战中，公诉语言的对抗色彩极其鲜明，法庭辩论与一般辩论最大的区别在于其有序性，即是在审判长主持下，依照法庭诉讼程序，轮流进行发言，不得抢话，不得在对方发言过程中打断对方发言。而每一轮发言，并不像一般辩论那样，简单化的你来我往，往往是就某一个或数个问题进行系统阐述和驳辩。双方论辩的目的也非以打倒对方为终极目标，而是通过辩论，反驳辩方错误观点，证明己方观点的正确性，而争取法庭采纳己方的意见和诉求，所以辩论时要始终注意要以合议庭为倾听对象，要努力使合议庭成员听明白你阐述的观点，说服合议庭采纳公诉意见。公诉人辩论语言的内容始终离不开事实和法律这两大要素，必须遵循论证的逻辑规则，强调语言的严谨、有理、有力、有节。

三、逻辑技巧在公诉语言中的运用

公诉活动就其形式而言，是论证被告人有罪应处以刑罚的语言活动。要论明事理、辨明是非就必然要运用判断、推理和论证、反驳等逻辑形式。逻辑是保证公诉语言更严谨，更具有说服力的必要手段。公诉人在组织语言的过程中必须遵循逻辑规则，善于运用逻辑手段。

（一）公诉发言结构的逻辑问题

这里所说的结构是指公诉人从整体上、宏观上对公诉发言进行逻辑构思。如公诉人在各轮论辩中的观点要保持统一，共同出庭的各公诉人的观点要协调一致，论证理由中的事实根据和法律依据要充足真实，公诉观点要明确、鲜明等等，公诉发言结构的逻辑性，要求公诉人的思维首先必须符合逻辑。这就要求在出庭前，公诉人对自己的公诉发言在付诸文字前，在宏观上进行发言结构的构筑，确定着重要阐明的观点、证明这些观点，在事实和法律两方面都有哪些根据，采取怎样的论证方法。在法庭上针对庭审调查的情况和被告人、辩护人提出的辩护观点，运用逻辑思维的方法，判定其主要观点、论据以及在观点、论据、论证方式方面的逻辑错误。确定反映的方法，构思反映的内容、步骤等等。辩论中的语言思维应该是逻辑的思维，发言前在思想上对公诉发言应该讲什么，怎么讲，先讲哪些，后讲哪些，有了总体上的构思，在组织公诉发言时就能做到观点明确，论理清楚，语言严谨，在激烈的法庭辩论中保持清醒头脑。因此说，在宏观上使公诉发言的结构符合逻辑是保证公诉语言逻辑的前提。

1. 公诉意见的逻辑要素和逻辑结构

公诉意见是公诉人在法庭上具体阐明指控被告人有罪，应处以刑罚的理由和根据的综合发言。它的结构方式、谋篇布局应该遵循论证的逻辑规则，按着判断推理的逻辑次序进行。

公诉意见的逻辑要素及其常见逻辑排列是这样的：

（1）事实和认定事实的证据及其证据分析。根据法庭调查的情况，概述法庭质证情况，各证据的证明作用，并运用各证据之间的逻辑关系说明证明被告人犯罪事实已得到充分证明。

（2）法律论证和法理分析及其法律依据。这一部分主要阐明：认定被告人有罪的法律依据，具体条款，运用犯罪构成理论对被告人行为进行法律评价。

（3）政治和道德评价。这一部分通过对犯罪行为的危害结果和犯罪动机的剖析着重阐明：被告人犯罪行为对政治制度和公共伦理道德所造成的直接或间接危害，指出犯罪原因，警示他人。

（4）诉讼请求和处罚意见。这一部分是公诉意见的结论部分，着重通过对犯罪情节的评价，指出对被告人应从重、加重或从轻、减轻处罚的条件。依据法律提出对被告人的处罚意见，对公诉意见进行总结。

这里需要阐明的是逻辑要素是必备的。在发表公诉意见时可根据案件特点的不同有详有略，但各个要素都应具备。逻辑次序是指一般性的和原则性的，它与写作的章法不是一回事。它对章法有指导意义，但不是公诉意见的固定格式。在写作时为了效果的需要，各要素可以在不改变相互之间的逻辑关系的前提下，按照写作的需要进行安排。

2. 法庭辩论发言的一般逻辑结构

法庭辩论分为两个阶段：第一阶段发表公诉意见。公诉人是居于进攻地位的，主要任务是证明。通过论证，证明被告人有罪和应处的刑罚。第二阶段是以后各轮次的发言，公诉人基本上是居于后发制人的守势，主要任务是反驳。针对辩护方的错误观点依所事实和法律给予批驳，从而进一步巩固公诉意见的正确性。因此法庭辩论发言的一般逻辑结构是：通过反驳辩护人论据（认定事实和解释法律）的不真实和错误，揭露论证方式的矛盾和错误，进而证明辩护观点的错误。

应注意的是：

（1）要注意对辩护观点进行逻辑分析和判定。不管辩护人采取怎样的辩护方式，要运用三段论的逻辑方式。从总体上，而不是就某一观点或只言片语，分析出辩护意见的观点、论据，从其论证过程中找出论点、论据和论证方式上的错误。从而确定好反驳的重点是反驳观点（针锋相对），还是反驳论据（釜底抽薪），或者是反驳论证方式（迂回包抄）。例如：有一伤害案的辩护人在第一轮发言中就提出了十二个问题，并指出这十二个问题反映公诉机关认定事实有十二处事实不清。这是律师一个策略性打法。他提出的十二个问题有的是情节方面的，有的是起诉书用词方面的，有的是运用法律方面的，还有的是与定罪量刑无关的被告人平时表现等情况。公诉人如果一一回答就会陷入手忙脚乱的穷于应付中，被辩护人牵着鼻子走。公诉人很冷静，耐心听完辩护人长达半小时的辩护发言后，运用逻辑的方法对辩护意见进行分析归纳，指出辩护观点的核心是提出本案主要责任者不是被告人。其余十一点意见均是为证明这一观点而提出的根据，并选择了以证据分析为手段，反驳论据法进行反驳，使辩护人企图扰乱公诉人思维的题海战术未能奏效。

（2）论据的选择。法庭辩论的论据分为事实论据和法规论据两大类。这两大类论据又构成辩论推理的两个前提。事实论据多用于关于事实、情节的辩论，而法规论据多用定性、定罪、处罚方面的辩论。在多数情况下，定罪、定性、处罚方面的辩论都要涉及事实。因此，往往是两种论据交叉使用。目前公诉人辩论发言存在一个突出的问题，即偏重于反驳辩护观点，在反驳时不善于运用事实论据，只在法理上论来论去，给人造成一种根据不足，力度不够的感觉，难以说服人。公诉人在法庭辩论中引用论据要有选择，事实论据要尽可能选择那些经过当庭质证核对属实的证据，特别是被告人的供述，这样的证据证明力已为诉讼各方所承认，使用较为有力。证据的使用不要仅仅局限于罗列证据，要特别注意运用证据原理阐明证据的真实可靠性，证据与案件事实与被告人行为的必然联系。法律证据，要特别注意多引用法律原文，引文要全面准确。法理论述时，要注意简明通俗。对理论界有争议的观点尽可能少论及。因为法庭不是理论讲坛，各抒己见时，对诉讼无益。要依法论罪，法律条文、司法解释本身最雄辩，最有说服力。论据是立论的基础，有了充足的论据并正确使用，公诉观点才能鲜明，为人所接受。引证法规一定要准确、全面，例如在法庭辩论中，公诉人讲："我国刑诉法第四十六条规定：只有口供没有证据不能定罪量刑，没有口供，证据确实充分的照样可以给被告人定罪量刑。"辩护人反击道：刑诉法中没有这样的条文，刑诉法第四十六条是这样规定的，进而完整的宣读刑诉法相关规定，把公诉人掌握法规不熟、不准确的毛病凸显出来，使公诉人的锋芒受挫。

（3）论证方式。法庭辩论中公诉人可以因案情和辩护方式的不同而采取不同的论证方式。但是不管是立论还是驳论，不管是直接论证，还是间接论证，公诉人都不能忽视两个证明体系的有机构成。第一证明体系：通过证据分析认定事实认为被告人是犯罪事实的行为人；第二证明体系：以第一证明体系的结论为基础，通过法律论证，证明被告人有罪，应处以刑罚。这两个证明体系是紧密相联的两个环节，离开前者，后者就成了无源之水，没有后者，前者的论证就失去了意义。公诉人在法庭辩论过程中，不管辩护人名气多么大，人数多么多，提出问题如何苛刻、繁杂，在组织自己的发言时，要善于运用两个证明体系来阐明公诉意见，反驳错误的辩护观点。

（二）法庭辩论中常用逻辑技巧

事实需要雄辩，根据论辩对抗的常见问题，现归纳几种推理形式在法庭辩论中的应用技巧。

1. 三段释义法

当辩护方曲解法律和公诉观点时，采取三段论推理的形式，释义正名，用正确解释法律条文的含义，纠正辩护方对法律条文的曲解。通过重申强调公诉人的观点，反驳辩护方的歪曲，以正视听。例如：有一起奸淫幼女案，被告人奸淫了一名六岁女孩，辩护人在法庭辩护说《刑事诉讼法》第四十八条规定年幼的人不能作证人。被害女孩仅仅六岁，是属于年幼的人，不具备证人的资格，她的陈述是不能当证据使用的。

公诉人反驳说："《刑事诉讼法》第四十八条规定：生理上、精神上有缺陷或者年幼，不能辨别是非，不能正确表达的人，不能作证人"其本义是因生理、精神上的缺陷，缺陷到不能辨别是非，不能正确表达的程度，才不能作证人。并非说凡是生理上有缺陷、精神上有缺陷，不管缺陷到什么程度，或者凡是年幼，也不管年幼到什么程度，也不管他们能否辨别是非，能否正确表达，一律不能作证人。得先天性白内障的人，应该说是生理上有缺陷，难道不能作证人吗？患有小儿麻痹后遗症的人，应该说是生理上有缺陷，难道不可以作证人吗？凡是十四岁以下的人都可以说是年幼，难道十三岁的人不可以作证吗？《刑事诉讼法》第四十八条关于不能作证人的关键理由不在于年幼，而在于年幼到不能辨别是非，不能正确表达的程度，辩护人抛开这一关键问题对《刑事诉讼法》第四十八条的理解显然是片面的。虽然年幼，但能辨别是非，能正确表达的人是可以作证人的，被害女孩虽然年仅六岁，但智力很好，能辨别是非，能正确表达，所以她的陈述是可以作为定案依据的。"

2. 选言推真法

当对方用表面现象代替事实真象，在真与假的选择上，就是在认定犯罪事实等问题上，存在两种以上分歧，其中只有一种是正确的，则通过选言推理，将真实的情况筛选出来。例如：有一起抢劫案的事实，被告人在路上故意将一放学回家的女学生用自行车撞倒，然后将女学生挟持到一个沙坑里，以自己的车子被撞坏为名，让女学生赔他修车钱，否则不准她走。女学生怕被告人进一步加害于她，只好将兜里九十元钱掏出来给了被告人。被告人在法庭上辩解说，九十元钱不是他抢的，而是女学生自愿给他的，这里就存在是"自愿给的"还是"被迫给的"选择问题，针对这个问题公诉人反驳道：女学生给了被告人九十元钱的动机，无非有三种情况：要么是她认为自己无辜被撞是自己不对，出于歉意而给的；要么是她的钱太多没地方花，为了显示自己的富有而给的；要么是她出于惧怕被告人的心理而被迫给的。很明显，前两种动机是不存在的，那么，只能说女学生的九十元钱是在被告人的胁迫下被迫给被告人的。

3. 假言归谬法

如果对方发言的观点带有明显的错误，可以先假设对方错误观点是正确的，然后用假言推理的方式从这一错误观点导出一个荒谬的结论，使之错误观点不攻自破。例如：有一起抢劫案，被告人拒不供认犯罪事实。辩护人在法庭为被告人辩护说："被告人从侦查阶段开始始终都说他没参加抢劫犯罪，他多次都是这样供述的，口供一直稳定，所以他供述的情况是真实的"。公诉人从正面阐述了认定被告人参加了抢劫犯罪的理由后，进一步反驳道："被告人的确一直拒不供认自己参与犯罪，这恰恰是被告人拒不接受审判的恶劣表现。如果根据被告人多次供述都一样，就能确认他的供述一定是事实的话，那么就等于说"假话讲了一千次就能成为事实，这显然是不能成立的"。

4. 综合推理法

要根据对方发言的具体情况，善于对各种推理综合运用，法庭辩论中的逻辑思维形式主要是证明和反驳，它不同一般的逻辑推理，它要比一般的逻辑推理复杂得多。所以，法庭辩论中的逻辑推理大都是各种推理形式的交叉、穿插、综合运用。

前面所举的公诉人反驳辩护人歪曲《刑事诉讼法》第四十八条关于证人条件的规定时，就是各种推理的交叉、穿插、综合运用，即用三段论推理解释了《刑事诉讼法》第四十八条的正确含义，也用假言推理驳斥了辩护人关于"年幼一概不能作证人"的错误观点。那段发言所包含的假言推理的内容是：不满十四的人都是年幼的人，如果说年幼的人不能作证人，那么就等于把十四岁以下的人，不管他们能否辨别是非，能否正确表达，都一律地取消了证人的资格，这个假言推理，实际上也就是归谬法。

归谬法是假言推理的一种形式，它在辩论中一般不单独使用，而大多是穿插于其他逻辑推理中去，只有善于交叉、穿插、综合地运用各种推理，才能使法庭辩论中逻辑技巧的作用得以充分发挥。

（三）逻辑技巧运用中应注意的问题

1. 语言句式多选用陈述句

论证本身容易给人造成主观色彩较浓的印象，采取陈述式论证，有利于增强公诉发言的客观性。例如："当庭质证的证据，特别是四名被告人的供述都证明：第一，抢劫的犯意是刘强提出的；第二，四被告人犯罪用的蒙面布及匕首是刘强购买的；第三，犯罪对象是刘强选定的；第四，在实施抢劫前，是刘强指挥其他三人，并由他给做了分工；第五，在作案时刘强行为积极，作用突出。因此，根据《刑法》第二十六条的规定，刘强应定为主犯。"用一个事实构成推理真实可信。

2. 运用逻辑原理组织公诉发言，但不要直接在发言中诉诸逻辑原理，把论证过程

当成上逻辑课

有的公诉人以为强调逻辑性就是诉诸逻辑原理。对辩护方的观点进行逻辑分析时，不是运用具体通俗的语言，而是运用逻辑规则对号入座。一会前件后件关系，一会三大逻辑规律，甚至不加分析地斥责辩护方的意见是："诡辩论"、"四概念"等。这样只能造成语言的生涩，令人难以听懂，当然也就难以接受了。逻辑是组织语言的手段，它的作用是寓于公诉语言之中的，而不是直接代替公诉语言发挥作用。

四、修辞技法在公诉中的运用

修辞是鲜明、生动地进行语言表达的手段，在公诉活动中我们要充分发挥语言的表意功能，根据案件情况和庭审实际恰当地运用修辞技法，以增强公诉发言的感染力和说服力。现在我们来介绍几种修辞技法在公诉活动中的运用。

（一）常用修辞技法

1. 对比。对比也叫对照，它是把两种相反或相对而言的事物，或一种事物的两个不同方面放在一起对比来描述，更鲜明地显示两者的差别，更突出地说明问题的一种修辞方式。这种方式多在揭露犯罪危害时使用，有些情况下，在叙述犯罪手段时使用效果也很好。公诉中对比的作用在于以正衬反，泾渭分明，使被告人犯罪的社会危害更加明显，使犯罪人手段的卑劣性更加暴露无遗。试举两例：如一起奸妇勾结奸夫杀害亲夫案，公诉人在叙述犯罪手段时就使用了对比手法"被告人沈XX一方面假惺惺地向病卧在床的丈夫问寒问暖，饮食起居悉心照料；一方面却与奸夫密谋策划"除掉"被害人。几次在饭菜和汤中投毒。终置被害人于死地"。

再如一起非法侵入他人住宅案，公诉人运用了对比的手法，把犯罪造成的危害揭露得淋漓尽致"被告人崔XX感到几次到朴家骚扰叫骂还不解气。十二月七日又纠集刘XX等五人将朴家打砸一通，又把两位已近七旬的老人撵出家门，而后率其"弟兄"们在饭店大摆宴席，庆贺"胜利"，然而就是在他们饮酒作乐，弹冠相庆之时，两位老人坐在已被砸毁的家中，在窗口不断吹入的风雪中瑟瑟发抖，垂泪伤心。"

有些同志感到对贪污、受贿等犯罪危害的揭露，往往不如杀人、抢劫案件那样生动有力，为什么？一般刑事案件，或侵财、或侵权、或危害秩序都有具体的被害人，职务犯罪，特别是侵财型职务犯罪，被损害的对象和客体是公共利益和国家利益。普通公民往往对犯罪危害缺乏切身感受。其实如果我们善于运用对比方法，同样可以收到好的公诉效果。刘希仁贪污案，公诉人在发言中有这样一段话。"十五万元几乎是原木加工车间二十名工人一年平均工资的总额，而刘希仁仅是举手之劳便据为己有，并用这笔赃款大肆赌博，寻欢作乐，一边是工人们挥汗工作，为国家创造财富，一边却是刘希仁恣意挥霍吞噬着工人的血汗。相形之下，高尚与卑下、奉献与贪婪是何等的分明"。算账对比，把枯燥的犯罪数额变成了具体形象的东西，犯罪危害在对比中显得十分明显。这种方法在侵财案件中应用效果尤佳。

2. 设问。设问是无疑而问，先提出问题，然后自己回答，其作用在于引起别人的注意，启发别人的思考，公诉中多用于诉辩双方争议的问题的提起。设问句多系对对方观点的归纳或直接借用对方的观点。多放在发言的开头，这是在公诉发言普遍采用的一种修辞方法。设问有多种方式：

（1）一问一答。"究竟是谁杀害了被害人藏玉刚？不是别人，正是被告人张明"。

（2）连问连答。一抢劫案辩护人提出被告人孟凡方是从犯，公诉人把被告人在犯罪中的作用用设问排列起来，连问连答，既增强了公诉气氛，又把问题阐述得明明白白。

是谁先提出抢劫犯意的？是孟凡方。

是谁购买的犯罪工具？是孟凡方。

在实施抢劫时大打出手，动手翻钱的又是谁？还是孟凡方。

怎么能说孟凡方是居于次要地位的从犯呢？（反问结论）

（3）数问一答。多用于被告人出于一个动机采取多种手段加害被害人或一被告多罪行案件的辩论。例如："为什么被告人要诬陷被害人强奸自己？为什么被告人非要置被害人于死地而后快？就是因为被害人了解她贪污的犯罪事实"。

（4）选择设问。"此案被告人犯罪性质到底是杀人还是伤害罪？法庭调查查明的事实证明显然是前者而不是后者"。

3. 反问。运用疑问的形式，表达确定的内容，只问不答，答在问中，问中反诘，一般在辩护方提出问题和观点后进行反驳时使用，其作用是加重语气，增强气势。

（1）否定式反问。"爱子之心人皆有之。被害人白明达的父母今天就坐在旁听席上，他们的独生儿子无辜死于被告人于立起之手，被告人狄XX，你也身为人母，你明知自己的儿子是杀人凶手，当你帮助儿子逃避法律追究的时候，你没有感到对不起饱偿失子之痛的被害人父母吗？面对被你儿子打死的无辜亡灵，你难道不为自己没有教育好儿子感到愧疚吗？面对因你的行为而给诉讼活动造成的影响，你身为一个国家干部，不感到自己应该对此承担罪责吗？"

（2）肯定式反问。"被告人徐世君所持尖刀长达十四公分，照被害人胸膛这一要害部位连刺三刀，当在场群众质问他："你为什么用刀捅人，他死了怎么办？"徐世君用手指揩掉刀上的鲜血，不在乎地说："死，死吧"这不是赤裸裸的杀人行为，难道还能有别的什么解释吗？"

4. 反语。反语就是反话，这一技法在驳斥辩护方的明显错误，荒唐的论点时使用能收到很好的语言效果，反语具有讽刺意味，还能为公诉语言增强幽默感，但应慎用。

这种技法在使用时一般采取借言、引申、归谬三步骤，把辩护的正语变成反语，引申后归于荒谬。

如一起玩忽职守案，被告人不懂技术为观光，以技术人员身份出国，不听同行的技改办主任的劝阻，在国外购买了由我国六十年代生产的一套旧设备，给国家造成巨额经济损失。辩护人讲："被告人主观动机是好的，是出于改进设备、发展生产的好心，不应该追究刑事责任。"公诉人在驳斥这一论点时借用了"好心"这个词，运用反语技法陈述了几个事实，使辩护人的观点不攻自破。公诉人讲道："正是因为他的'好心'，使我们国家从迢迢万里的太平洋彼岸购置了一台几乎已成一堆废铁的所谓'先进设备'；正是因为他的'好心'使国家蒙受了六百多万美元的巨额经济损失。"

5. 排比。排比就是把意义相关的话用一连串结构相同或相似的句子加以排列连续说出来，这是公诉发言中常用的一种修辞方法。它的作用一是能步步深入地说明问题，由浅入深，由表及里地提示问题实质；二是能增强公诉语言的气势，增强公诉效果，在叙述事实、法律论证、揭露危害、宣传法制时都可以采用。

很多同志都看过电影《风暴》，共产党员施洋大律师在为工人黄得发所做的精彩辩护，实际上成了对魏处长及其父亲进行的控诉，这段辩护词对公诉发言很有借鉴意义，这段辩护词也是正确运用排比的典范（见《中外法庭论辩选》第219页）它融设问、反问于一体，利用排比的修辞手法，将一个个设问排列起来，论述一步比一步深入，最终揭示出对黄得发受伤、江有才死亡的后果应由"魏处长的父亲、魏老太爷的儿子魏处长负责"的结论，整个发言逻辑严谨，气势磅礴，十三个反问句，九个"难道"设问形成严整的排比序列，如飞流直下，一气呵成，义正辞严，令人无可置辩。

金桂顺毒杀亲女案的公诉人在发言中就借鉴了这手法。"谁都有自己的父母，哪个父母不疼爱自己的孩子？又有哪个孩子不希望得到父母的抚爱？韩海今自幼丧父，她把母亲当成唯一的亲人了，她祈求从母亲身上得到的是什么？是爱，是无私的保护，可是她的母亲给予她的又是什么？是嫌弃、是残忍的虐杀。当韩海今在采石场从母亲手中接过沾了毒药的麻花时，还天真地让妈妈先吃。是啊，她怎么能想象到慈爱的面纱下掩藏着一颗杀人的祸心呢？中国有句古语"虎毒不食子"，被告人金桂顺为了自己的"幸福"，竟杀害亲生骨肉，真是"人伦丧尽，天理难容"。公诉人的这番话激起了法庭上下的强烈共鸣，很多旁听的妇女情不自禁的抽泣起来，连辩护人也是眼含泪花，试想这样的公诉气氛对公诉人是何等的有利啊！

排比的运用多种多样，但在使用这一技法时要注意各排比句的有机排列，叙述事实要注意时间上由先到后，多事实的要由小到大，论述危害要由轻到重，阐述道理也应由表及里，由浅到深，形成层层深入的递进关系。

（二）几种限制使用的修辞方法

公诉语言的特点要求公诉语言必须有别于文学语言和其他行业语言，公诉语言严谨、准确、合法的要求限制了有些修辞技法的运用。

1. 比喻。就是用具体形象的事物来比方与其相似的事物。这种修辞方法在公诉中使用所以要有一定限制，是因为"任何最相类似的比喻都不是事物本身"比喻在公诉中一般用在叙事状物，稍有不当极易造成对事实叙述上的偏差。比喻最容易给辩护方留下攻击的口实，因此这种方法轻易不能使用，尤其注意不能以案比案，因为绝对相同的案件是不存在的，我国没有实行判例法，判例对审判没有法定指导意义。在叙述某一具体问题，如专业性问题，非比喻不能说明时可以使用，如"伤口呈现菱形"等。在叙述案件事实，被告人作案手段等方面不宜使用，尤其不能用于当事人，如把强奸犯比喻成"色狼"等。

2. 对偶。是把字数相等、结构相同或相似、内容相对称、相反或相关的两个句子或词组对称地排列起来，互相映衬、互相补充，虽然这种方法在表达上有精炼鲜明的特点，但在公诉中这种方式组织起来较为困难，匆忙组织的对偶句很难符合规范，非但收不到预期的语言效果，却会适得其反，公诉发言中需要用对偶句表达的内容很少，勉强追求句子对偶会造成华而不实，有失公诉语言的庄重感，在涉及法律宣传内容时或揭示其社会规律时，可以用一些常见的，为群众所熟知又与内容协调的对偶是可以的。

3．借代。就是不直接说出事物的名称，而用与其相关事物名称来代替。借代这种修辞方式的作用在于引发人们的联想，增强被借代事物的形象性。法庭上根据法律规定按不同的法律地位对不同的诉讼参与人确定了不同的称谓。如审判长、审判员、公诉人、辩护人、被告人、被害人、证人等。这些称谓在法庭上都是特指的负责特定职责和承担特定诉讼义务的人。因此，用这些称谓借代行使该称谓法定职责的人是允许的。需注意的是，多被告案件或多证人、多被害人出庭的案件要用姓名加以区别。在有些案件中，有的被告有绰号，作案或平时也以绰号相称，公诉人发言时不能用绰号借代被告人姓名。公诉中涉及借代的多系被告人，注意借代词要与被告人的犯罪行为有内在联系，防止用借代丑化被告人。公诉中，特别是多被告，一一点名过于繁琐时，可根据不同的犯罪行为用与罪行性质相同的名词借代被告人，如"杀人案件——凶手"、"抢劫案件——强盗"等等。借代要慎用，对被告人以外的其他诉讼参与人除称谓外，禁用其他名词借代姓名和称谓。

（三）几种禁止使用的修辞方法

在公诉语言规范中，禁止使用夸张、比拟、双关这三类修辞方法，其目的就在于保证公诉语言的准确性和形象性的正确发挥，使公诉语言严格遵循"以事实为根据，以法律为准绳"的原则。

1．夸张。是有意夸大或缩小事物的形象、特征、作用、程度的修辞方法，这手法在诉讼中使用必然与"实事求是"的原则相违背，因此是禁止使用的。

2．比拟。是借助人的想象力以物拟人，以人拟物的方法，其主观色彩过浓，而且容易造成用语不文明之嫌。

3．双关。一字一词或句子带有两个含义，语言含蓄。这种手法在公诉语言中不宜采取，公诉中提倡观点明了、鲜明，双关的手法不但容易被辩护方曲解利用，而且极易使公诉语言陷于庸俗趣味化，应当禁止。

（四）使用修辞技法应注意的问题

首先，修辞技法的使用，必须根据案件实际情况和庭审活动特点进行，要反对为修辞而修辞。脱离案件实际故弄技法，华而不实。其次，在使用修辞技法时要注意准确遣词、用词要准。用丰富形象不失准确的词汇来增强修辞技法的感染力和说服力，增强公诉语言的美感。

五、公诉程式语

公诉活动依照法定程序进行的，在长期的公诉实践中，以法庭程序为依托的公诉程式语言已初具规模，并趋向稳定。所谓程式语言，是经过长期实践已成定势，并经常使用的语言模式或语言结构方式，也叫公诉套语。研究程式语言，对出庭公诉工作的规范化建设意义很大，特别是熟练掌握公诉程式语言对庭上应辩，克服出庭心理障碍大有益处，现就目前已形成的公诉程式语介绍如下：

（一）法定程式语

法定程式语是指公诉人在进行某项公诉活动时依照法律必须使用的规定语言，主要有如下几种：

1. 诉讼参与人称谓

检察人员出庭公诉无论什么职务统称公诉人，不得称行政或法律职务。对合议庭组成人员一般不应直呼其名，分别称"审判长"、"审判员"、"人民陪审员"或统称"合议庭"。对被告人应统称被告人，不能简略成"被告"，不能称"罪犯"或"犯罪人"、"犯罪嫌疑人"。多被告人的可直接称"被告人XX"，以示区别。多名被告人分别聘请辩护人出庭的，应当分别称"被告人XXX的辩护人"；一名被告人聘多名辩护人，可按其发言顺序，称"被告人XXX的第一辩护人"、"被告人XXX的第二辩护人"等。因为辩护人是受委托出庭的，其作用从属于被告人，不宜单独称XX律师。对出庭作证的领导干部，或有职务职称的人员，法庭上应统称"证人XXX"，不得称"XX局长"、"XX书记"、"XX原告"、"XX会计师"、"XX教授"等。

2. 发问告知

在庭审活动中公诉人经审判长许可，可以向证人、被害人发问，在发问时必须告知证人、被害人作证义务和法律责任，这是由《刑事诉讼法》第一百五十六条规定的，其语言模式为：证人XXX，公诉人现在就案件中的几个问题向你发问，根据我国法律的有关规定，每个有作证能力的公民都有义务向司法机关提供自己所了解的案件情况，证人在作证时必须实事求是，如实提供证言，如有意作伪证或者隐瞒罪证，要依法承担法律责任，关于上述法律规定你是否听清？（答____）你能否如实作证？（答____）然后方可就具体进行发问。

3. 表明身份、职责

多用在发表公诉意见的引语中，代理检察员出庭的一般都要表明自己的身份和职责。实际上在庭审准备阶段，审判长已宣布了公诉人的身份职务单位和姓名，发表公诉意见时再加强调的意义，一方面是进一步使旁听者了解公诉人出庭职责和法律根据，另一方面是宣传检察机关的诉讼地位和作用，其语言模式一般是这样的：XX市人民法院今天在这里依法公开审理被告人XXX杀人一案，依照《中华人民共和国刑诉法》第一百五十三条之规定，我受XX市人民检察院检察长的指派，以国家公诉人的身份出席法庭支持公诉。

4. 纠正违法

是公诉人发现审判活动违法，必须当庭纠正时一般采用的语言模式。例如"审判长：法庭在刚才的法庭调查中没有允许被害人向被告人发问，违反了《刑事诉讼法》第一百五十五条的规定，请允许被害人依法行使发问权。"一般模式为："违法的行为——违法的法律规定——要求纠正及提出纠正的法律根据"。

（二）举证、质证程式语

1. 讯问被告人开头语："根据《刑事诉讼法》第九十三条规定精神，被告人应如实回答公诉人的发问。公诉人现在向你提出几个问题……"

2. 证据作用介绍语："审判长，公诉人下面将出示第一组证据：……，这组证据证明，被告人具有国家工作人员的职务身份，符合我国刑法关于贪污罪犯罪主体的规定。"

3. 所有证据出示完毕后，公诉人应向审判长说明"审判长：本案证据现已全部出示完毕，以上证据确实、充分，足以证明本院起诉书对被告人指控的犯罪事实和情节，请合议庭依法采信，给以确认。"

（三）辩论程式语

1. 开头。是指发表公诉意见后的各轮发言的承接、提起，主要有这样几种语言模式。

（1）设问开头。在对某一事实认定或此罪彼罪、罪与非罪争议较大时采用。例如："被告人行为的性质到底是正当防卫还是故意伤害犯罪？公诉人认为，通过法庭调查答案是明确的。"

（2）归纳开头。一般在多被告、多辩护人或辩护意见既多且长的情况下采用。如："公诉人认真听取了各辩护人的辩护发言，各辩护人虽从各自角度为被告人提出了辩护意见，但归纳起来无非是这样三个方面，第一……，第二……，第三……"

（3）重申开头。当辩护方故意曲解公诉意见或歪曲法律含义时，对主要公诉观点进行重申、强调，以正视听是十分必要的。例如："公诉人首先要强调指出的是，公诉人的意见是……而并非辩护人所讲的……"

（4）声明式开头。当遇有对方语言过激、无理纠缠或进行人身攻击时，声明式过渡是个好办法。例如：有个辩护人在法庭上硬将一起气愤之下杀人的案件与对越反击战相类比，煽动不适宜的旁听气氛。公诉人在第二轮发言时是这样开头的："公诉人无意与辩护人就中越之战是与非进行讨论。因为这个问题稍明事理的人都十分清楚，而且这与本案是风马牛不相及的两回事，两者没有任何内在联系。今天的法庭是对被告人XXX是否有罪，怎样追究其刑事责任作出判决。因此公诉人认为，辩论只能也必须围绕这一主题进行，对于本案性质问题，公诉人认为……"

（5）关于"答辩"一词的勘正。在法庭辩论中当被告人和辩护人发表辩护意见后，公诉人的辩论发言被称之为"答辩"，这一定义不知源于何处，始于何时。但近年来似乎已成为出庭公诉的程式语被广泛使用。在法庭上，有的公诉人在发言时总是冠以"对被告人及其辩护人的辩护意见答辩如下"的引语，辩护人在辩论时"要求公诉人给予答辩"，甚至主持辩论的审判长也宣布了"下面由公诉人进行答辩"。我认为用"答辩"来概括公诉人在法庭辩论阶段的活动实在是一种误用。这一概念的这种用法不仅不符合法律有关规定，而且在实践中给公诉工作带来了一些消极影响，确有更正之必要。

首先，"答辩"是有特定含义的法律用语，它是民事被告的一项诉讼权利，是指民事被告或民事案件的上诉人提出诉讼理由进行的回答与辩解。这是民事法律关系中的一个专有名词，是特定诉讼主体——民事案件的被告和上诉人所特有的权利。法律概念应具有专一的特指性，不能一词多义，尤其在刑事案件的审理中经常有附带民事诉讼的情况，刑事案件的被告人一般就是民事被告或上诉人，这种情况下如果对公诉人的辩论发言称之为答辩，被告人也进行答辩，岂不造成诉讼中的混乱？有的同志把公诉人的"答辩"解释为答辩就是回答和驳辩，针对对方（被告人、辩护人）提出的商榷意见进行解答和说明，针对对方提出的错误观点据事论理进行反驳，辨明事实真相。按这个解释，"答"尚明了，"辩"就费解了，是指代辩护一方呢，还是指公诉人对对方指责的申辩？这种解释不仅不够确切，而且容易造成对法律用语含义在理解上的混乱。

其次，"答辩"一词的误用颠倒了公诉人的诉讼地位，从一般词义上讲答辩是指答复别人的指责、控告、问难，为自己的行为或论点辩护。公诉人在法庭上是对犯罪行使控诉权的国家代表,他在法庭辩论中的职责是对被告人不实的陈述和辩护人的错误辩护观点进行批驳,以维护公诉意见,而不是作为被质询者被动地接受和回答被告人及其辩护人的指问,与之相反,被告人做为被指控犯罪的人则有义务回答公诉人、审判人员等对犯罪事实的讯问,并有权为自己做罪轻或无罪的辩解。如果我们把公诉人的辩论发言称之为答辩,势必会造成公诉人与被告人诉讼地位上的颠倒,有的辩护人在法庭上要求公诉人必须对其提出的某些问题做出回答,这种做法与答辩一词的误用不无关系。法庭辩论是诉、辩双方根据事实和法律从不同的角度向法庭表明自己的意见,通过不同观点的辩论,使法庭兼听则明,公正合法地做出判决。双方在辩论中地位是平等的,不是一方受制于一方的质问和回答,公诉人没有回答辩护人或被告人问题的义务,这种做法实际上把公诉人置于被质询的地位,是违反《刑事诉讼法》关于公诉人职责的规定精神的。

国外很多国家的刑事诉讼制度规定诉讼中的答辩权属于被告人,并把答辩权与自行辩护权赋予被告人,在讯问中和参加法庭辩论时被告人可以为自己作罪轻或无罪的答辩。如:英国刑诉法规定被告人在被传讯到庭审后,都有权作出认罪答辩、不服罪答辩。根据"一事不再理原则"的答辩,根据法律无罪答辩,对管辖权提出异议和要求特权的答辩等。

再次,对公诉辩论发言的概括应使用法律规定的用语。《刑事诉讼法》第一百六十条规定:"经审判长许可,公诉人、当事人和辩护人、诉讼代理人可以对证据和案件情况发表意见,并且可以互相辩论……"这一条文中规定被告人在辩论中的发言叫做"陈述和辩护",称辩护人的发言为"辩护",公诉人的发言没有另规定称谓即叫"发言"。根据公诉实践我们一般称第一轮发言为发表公诉意见,实际上发表公诉意见作为公诉人在辩论阶段的首次发言与后来辩论中的发言在性质和作用上都是一致的,可以统称为"公诉发言",这不仅符合法律规定的表述,而且能够与法庭上其他诉讼参与人的发言相区别,体现公诉人特有的诉讼地位,有的同志提出公诉人的第一次发言叫公诉意见,以后的发言是否应有个称谓。实际上发表公诉意见不是独立的诉讼环节,而是法庭辩论中公诉人的第一次发言,没有必要为了与第一轮的公诉意见相区别,把后几轮公诉发言单独确定个称谓。因为这种反而会影响公诉发言整体作用的发挥,造成更多认识上的混乱。所以我们有充足的理由勘正"答辩"一词的本来含义,并尽快消除这一法律概念的误用给公诉工作造成的观念上的混乱。

2. 层次。公诉发言实际上是一种特殊的论证,在用口语阐述公诉观点时,其层次应如何表达,这对公诉表达的整体效果,特别是脉络是否清晰影响很大。

分点论述是目前公诉发言中普遍采用的方法,因为这种方法阐述问题,内容相对集中,条理清晰,比较适合口语表达、口语视听的需要,但有一个问题需要引起注意,这就是分点论述的点不能以大套小,在大观点下小论点又分一、二、三,小论点中又有A、B、C,这样作在书面语中较为适合,显得很有层次,但口语表达时,这样一搞非乱不可,口语中的一、二、三是无大写小写之分的。再则,即便分点论述,口语表达时也不宜照本全科念成"一"、"二"、"三",这样显得呆板,特别是每一观点内容较长时,听者还不容易弄清你发言的层次。

怎样表达更好呢?实践中我体会可否这样:"第一……这是公诉人要阐明的第一个观点,公诉人还要向法庭阐明的一个观点是……这是我要说明的第二点。关于……的问题是公诉人要提请法庭注意的第三个问题……综上所述,公诉人认为……"这样承接起转，层次清楚，过渡也十分自然。

3. 结束（或结尾）。这里所说的结束既指每一次发言的结束，也包括整个公诉发言的结束，侧重讲一讲整个发言的结束程式语。有的同志在发言后喜欢讲"我的发言完了"这句话特别是在公诉意见结尾讲，很使人诧异，难道辩论中再不讲话？还有的同志为以示谦恭在发言后缀上一句"谢谢！"，出庭公诉、履行职责，谢谁？何以足言谢？我认为这两种结束语都不好，不宜使用。结束语要起到画龙点睛的作用，就要根据案情和辩论情况来确定，现介绍几种：

（1）归纳式。在一次发言较长的时候或多轮次进行辩论发言之后，为使自己的主要观点更清晰、更明了，可将主要观点重述归纳作为结束语。例如："综上所述，公诉人对法庭辩论争议的几个问题的观点是：（一）……（二）……（三）……，"注意是提纲挈领的归纳，每一观点最好用一句话表达清楚，不宜细述，否则会给人造成重复的印象。

（2）总结式。当法庭辩论进行多轮，双方观点已陈述清楚，再辩无益时，可对双方辩论情况做一总结，表示结束自己的发言。如："通过以上三轮的辩论，公诉人认为诉、辩双方已将各自的观点和理由向法庭阐述清楚，如果辩护人提不出新的辩护意见，公诉人将不再发言（或：公诉人认为法庭辩论可以结束）。"

（3）警示式。多用于对法制教育有典型意义的公开庭、大型公审庭。点明案件揭示出的带有普通意义的问题，应从中吸取教训后，以向人们提出忠告，作为发言的结束。如："公诉人希望通过今天XXXXX一案的审理，使更多的人从中得到借鉴，使更多的人知法、懂法、自觉守法。"

（4）请求式。公诉发言的目的在于求得法庭作出与公诉意见相一致的判决，一般在结束时可以诉讼请求的方式作结。如"希望合议庭根据事实和法律，在认真考虑公诉意见的基础上，对被告人XXX作出罪刑相一致的判决（或：从重、从轻判处等）。"

公诉程式语言有的是常用词语，有的是一个语言结构或句式，依诉讼惯例，在公诉活动中经过长期实践已约定俗成，一般是可以直接使用或套用的，但使用时也要注意根据案件特点和公诉发言的需要加以变化调整，不要一味生搬硬套。

五、公诉态势语言

公诉活动是一种特定的演讲活动，人们称公诉人和律师是"法庭演讲家"。这既是对我们工作的形象概括，也是我们应当争取达到的目标，演讲包括演和讲两个方面。上几个问题我们集中讨论了"讲"的问题，即如何更好发挥公诉口头语言的作用。现在我们来探讨一下"演"的问题，即如何发挥态势语言在公诉中的作用。

什么是态势语言？它包括哪些内容？态势语言是人们运用身体器官表达的感情和传达的信息。它包括眼神、表情、手势和身姿。心理学研究表明，人的感觉印象77%来自于眼睛，14%来自于耳朵；视觉印象在头脑中保持时间超过其他感官。在公诉活动中态势是口语的重要辅助手段，它具有一定的词汇含义和显著的表意功能。态势语的表达要受到口语的限制，尤其在法庭上，态势语不能独立表达。所以我们称它为第二公诉语言——公诉态势语。

有些检察院试行公诉人离开公诉席到审判区中间或被告人、证人、鉴定人席前进行发问或发言，但高检院公诉厅颁发的《公诉人出庭行为规范》未作规定，可否进行需经主持法庭的审判长允许。既然设定公诉席，我认为公诉人不宜离席。

（一）对公诉态势语言的基本要求

1. 自然。公诉态势语应该是公诉人内在思想感情在形体上的自然体现。自然就是要求公诉人在表达公诉意见时，其表情、身姿要表达公诉人的真情实感，充分体现出公诉人自信、敏捷、庄重、刚毅的精神状态，动作要舒展和谐，恰如其分，不能矫揉造作，生硬刻板，更不能手足无措，一脸窘相。如讯问被告人时，两眼应直视被告人，给被告人形成不讲实话不行的压迫感，而不能飘忽不定，或目视他人。

2. 协调。态势语言在公诉活动中一般不单独表达意思，是做为口语的辅助手段发挥作用的。因此态势所表达的语汇含义必须与口语的内容协调一致，切不可形成两层皮。双手高举为赞同，双手平抬为索要，双手下摊为无奈。如公诉人批驳被告的狡辩时说道："被告人的企图是绝对达不到的。"与之相适应的态势应该是在胸腹部前用力将手下挥，如果此时将手向上扬去，则口语与态势的表意就截然相反了。再则，态势语也不允许夸张，如果讲是手指般粗的棍棒即比划成胳膊般粗，口语与态势语之间就不相协调。

3. 简洁。公诉发言不同于其他的宣传鼓动性演讲，既要形象又要不失庄重，既要准确又要不过于拘谨。作为口语的辅助手段，在使用时不要过频、过多，更不要一种动作反复使用。要简洁、有力，少而精。手势要快出快收，前后连贯，干净利落。不可指指点点，轻佻作态，发言时自始至终给人手舞足蹈的印象。

（二）怎样发挥态势语言的作用

1. 眼神和表情。眼睛是心灵的窗口，人们往往可以从人的眼神中看出人的内心世界。公诉人在法庭上的眼神应该是专注的，面部表情应该以严肃为主，在发言时眼睛应根据发言内容把眼光投向相应的对象，与对象进行语言和表情的双向交流，观察对方的反应，向法庭说明问题时应目视审判长。向被告发问时应目视被告人。在与辩护人辩论时，眼睛也必须作为参加辩论的武器，直视对方，表情也应根据发言内容有相应变化。正视表示庄重，斜视表示轻蔑，仰视表示思索，逼视表示命令，瞪视表示敌意，行注目礼表示尊重，白眼表示反感，双目大睁表示惊讶，连续眨眼表示疑问，眯眼表示赞许。谴责犯罪的凶残时应愤怒，描述危害后果时应平缓；批驳错误观点时应冷静；宣传法制时应恳切。切忌在公诉中做出不屑一顾、嬉笑嘲弄、暴跳如雷、焦躁不安、羞涩窘迫的表情。

2. 手势和身姿。公诉态势语是在特定场境下使用的。根据我国法庭梯形摆台，公诉人坐侧席，几乎对法庭上的任何人都形不成正面。由于公诉人位置是固定的，只能在公诉台的规定位置发言。这样就决定了：首先，公诉人的态势语基本上要通过身体上部来表达；其次，公诉人要经常根据发言指向或涉及的对象调整身姿方向。

手势是公诉活动中运用较多的态势语。自然而沉稳的手势可以帮助公诉人平静地说明问题；急剧有力的手势可以表达出公诉人的情感。公诉活动手势有以下几种：

一是指示手势，用来指示具体真实的物体或人物。有实指与虚指之分。实指是指庭审现场具体的人或物，如在交叉询问中，指向被告人在叙述物证证明力时，指向物证。虚指是指庭审现场的人看不到，但确有的人或物，如叙述案情时，被害人不在法庭上，可用虚指，描述犯罪现场的也可以用虚指。

二是模拟手势，是用来摹拟形状物的手势。要求尽量客观，避免夸张。

三是抒情手势，表达爱憎等情绪时的手势。反对错误观点时，向下挥手，论述犯罪危害时愤怒的挥拳等。

在公诉席上采用什么身姿呢？实践中同志们做法不同。我个人认为除发问外，宣读起诉书、公诉发言都应该提倡站立进行。这不仅仅是为了庄重起见，主要是因为站立可以最大限度地发挥公诉态势语的效果，公诉人在法庭上坐侧座，这本身就限制了态势的发挥。如采用坐姿，态势语的作用更不易发挥，站立使公诉人身体的大部分呈给法庭上下，可以吸引人们的注意力，加之有效地使用态势，就可以增强公诉发言的说服力和感染力。站立发言最好能够脱稿，不能脱稿时，应一手执稿一手下垂。用不执稿的手适时做手势。不可双手捧稿作诵读状，也不可以把稿放在台上，两手撑在台上埋头读稿。手势一般在中区即胸部以下、腰际以上进行，身姿也要根据发言内容针对的对象，或面向审判席，或面向辩护席，或面向旁听席，对被告人讲话时应稍俯身呈居高临下之势，以增强公诉语言的气势。

另外，公诉人的仪容应整洁，衣着要得体。公诉人应按规定着制式服装，男公诉人不得留须，女公诉人不得化浓妆、不得染发、不得留长指甲、不得穿露趾、跟的凉鞋，不得戴首饰。这些都是与公诉人职业、身份和精神面貌相适应的要求。

在运用身姿和手势时，切忌当庭临摹辩护人、被告人的不雅动作，借以丑化对方，也不可以为说明被告人行为特征而在法庭上模仿犯罪动作，更不应该过于情绪化的捋袖子、拍桌子，用手指责辩护人等，这都是违反文明出庭要求的，在法庭上应始终保持庄重的公诉人形象。

二、实体篇

第十一讲
涉众型犯罪公诉方略

史旭东

国家基于对经济安全、金融安全的考虑，对金融机构、金融活动都给予强力的管制。表现在：一是非经有权机关批准不准设立金融机构，二是非经有权机关或者组织许可不准向社会公众吸收资金，并根据形势需要，刑法规定了集资诈骗、非法吸收公众存款、擅自发行股票、公司、企业债券、欺诈发行股票、债券等罪名。但尽管如此，司法机关查办的非法集资案件及涉案数额都在日渐增多，严重损害了人民群众利益，严重影响了社会的稳定。

由于非法集资案涉案集资手段多样、欺骗性强，波及人员范围广、犯罪数额巨大，司法机关在查办涉案人员和处置涉案财产过程中，都会遇到法律和经济、政策上的难题。为此，有必要通过对非法集资案在现实生活中表现形态，辨析非法集资案犯罪本质。

一、非法集资案的基本表现形态

非法集资不是刑法意义上的一个罪名，而是诸如集资诈骗、非法吸收公众存款、欺诈发行股票、债券、擅自发行股票、债券等违法犯罪的集合概念。按照《商业银行法》、《非法金融机构和非法金融业务活动取缔办法》的规定，非法集资是指公司、企业或者其他经济组织，不按照法律、法规规定的条件和程序，擅自向社会公众或者单位筹集资金的行为。在现实生活中，这种非法集资表现十分复杂，往往混同在商品经营和服务过程中。（列举7种形式）

（一）通过发行股票、债券的方式非法集资

例如近期公安厅办理的范日旭集资诈骗、欺诈发行债券案，就是利用发行债券的手段进行非法集资。

《证券法》规定，"公开发行证券，必须符合法律、行政法规规定的条件，并依法报经国务院证券监督管理机构或者国务院授权的部门核准；未经依法核准，任何单位和个人不得公开发行证券。"

基于上述条件，对于没有经有权机关核准向社会公众发行股票、债券的都是非法集资行为。司法处理上由不同主体实施、基于不同的犯罪故意与目的，就可能构成集资诈骗、非法吸收公众存款、擅自发行股票、公司、企业债券、欺诈发行股票、债券等犯罪。

（二）通过发行会员卡的方式非法集资

一些商品经营和服务单位为了获得持续的经营利益，采用发行会员卡优惠的方式来吸引和捆绑消费者。但是，会员卡的消费方式，也可能成为非法集资者利用的手段，或者在经营过程中由于商品和服务跟不上，而为了筹集资金，就会通过滥发会员卡的方

式，向社会群众集资，用于个人挥霍。

（三）通过开具债务凭证的方式非法集资

债务凭证是债权和债务关系的一种书面证明，由债务人发给债权人，债权人凭此可证明其对债务人享有债权，可以在约定的期限要求债务人还本付息，这其实是债权人与债务人之间的一种合同。现实生活中，一些人为了从事生产经营，苦于资金有限，采取公开向社会公众募集资金，给出资者开出债务凭证。出资者以此凭证对集资人享有债权，即到期还本付息的权利。债务凭证可以作为抵押，用以向银行贷款。债务凭证可以转让，具有某种流通性。

在实践中，有些行为人常常伪造经营项目、隐瞒自己的资金状况，通过给出资人开具债务凭证的方式向社会公众募集资金，往往涉及面广，人数众多，有的甚至出于非法占有目的，将募集到的资金用于挥霍或者卷逃，给投资者造成巨大的经济损失。

（四）通过将物业、地产等资产等分化，以出让份额处置权的方式非法集资

这种方式是将不能、也不可分的物业、房屋产权等进行等分，使之证券化进行销售，以保证利益回报为诱饵，进行非法集资。

最早利用物业、地产等资产等分化，出让产权份额进行非法集资的案例，有长春的新世界广场非法集资一案。在这个案例中，新世界广场与投资者签订《新世界国际购物中心一平方米公有房屋产权销售合同》，约定新世界国际购物中心竣工后交付使用，保证每一产权单位最低租金收入不低于2400元，以后的每五年还将递增10%，并有太平洋保险公司对此提供履约保险。长春新世界广场有限公司通过集资得款2800万元。最后被中国人民银行吉林省分行确定为非法集资，被责令立即返还投资人钱款。

（五）通过签订商品经销等经济合同的方式非法集资

在企业经营活动中，存在着一种"集资联销"的方式。这种"集资联销"，是以产品销售与筹集资金相结合的营销方式，属于企业的经营行为。在这里企业要求经销商缴纳一定的资金而获得对该商品的特许经营。这种经营方式，使企业在获得经营资金的同时，也开辟了销售渠道，为企业壮大提供了帮助，是有利于市场经济的壮大的。但是，一些企业利用"集资联销"的手段，在产品滞销、难以打开市场或者负债的情况下，采用隐瞒真相的办法来欺骗经销商，筹集资金，这也是非法集资的一种表现。

（六）通过投资开发林园、墓地等方式非法集资

实践中，行为人以开发林园、墓地为名，许以优厚回报向社会公众筹集资金，如近期曝光的万里大造林案件就是采用这种手段进行非法集资的案件，在全国都有重大的影响。又如，投资墓地被称之为"地下房地产开发"。

（七）利用传销的方式进行非法集资

他主要的特点以销售产品为名，以给直销商高额回报为手段，诱使直销商不断发展下线，从而形成一个庞大的传销网络，最终使最底层群众以牺牲资金为代价，供给传销网络顶端的非法集资者受益。

例如：近期在松原查办的任某某集资诈骗案，大致就属于这种情形。就是以销售商品给予高额回报为诱饵，非法集资达2千余万。

二、非法集资案犯罪司法的认定

虽然上述非法集资手段、方式复杂，隐蔽性强，但是在掌握非法集资案的本质基础

上，仍不难对其犯罪性质作出准确的认定。

（一）集资诈骗罪

第一百九十条集资诈骗罪是指以非法占有为目的，使用诈骗方法非法集资，数额较大的行为。构成本罪处5年以下有期徒刑或者拘役，并处2万元以上20万元以下罚金；数额巨大或者有其他严重情节的，处5年以上10年以下有期徒刑，并处5万元以上50万元以下罚金；数额特别巨大或者有其他特别严重情节的，处10年以上有期徒刑或者无期徒刑，并处5万元以上50万元以下罚金或者没收财产；数额特别巨大并且给国家和人民利益造成特别重大损失的，处无期徒刑或者死刑，并处没收财产。

1. 认定集资诈骗罪的核心要件——非法占有目的·

与传统"非法占有目的"的理解不同，我们认为，非法占有的目的包括两个要素：一是排除占有，主要是指行为人意图获取财物本身或者其经济价值，而持续的排斥或者破坏他人对财物的支配关系。二是建立占有，主要是指行为人意图使自己或者第三人具有类似所有人的地位，而将所取得财物作为自己或者第三人所有之财产。

司法实践中，由于"非法占有目的"是行为人的主观心态，无法通过客观存在的事实来直接证明。因此，我们只能从有关的客观事实来推定行为人的主观目的。

最高人民法院《关于审理诈骗案件具体应用法律若干问题的解释》中就采用了推定的方式对非法占有目的的认定作出了规定。按照该解释的规定，具有下列情形可以认定为具有非法占有的目的："1. 携带集资款逃跑的；2. 挥霍集资款，致使集资款无法返还的；3. 使用集资款进行违法犯罪活动，致使集资款无法返还的；4. 具有其他欺诈行为，拒不返还集资款，或者致使集资款无法返还的。"同时，又为了防止客观的不能返还一律被认为具有"非法占有目的"的客观归罪倾向，最高人民法院《审理金融犯罪案件工作座谈会纪要》又提出："金融诈骗犯罪都是以非法占有为目的的犯罪。在司法实践中，认定是否具有非法占有为目的，应当坚持主客观相一致的原则，既要避免单纯根据损失结果客观归罪，也不能仅凭被告人自己的供述，而应当根据案件的具体情况具体分析。根据司法实践，对于行为人通过诈骗的方法非法获取资金，造成数额较大资金不能归还，并具有下列情形之一的，可以认定为具有非法占有的目的：（1）明知没有归还能力而大量骗取资金的；（2）非法获取资金后逃跑的；（3）肆意挥霍骗取资金的；（4）使用骗取的资金进行违法犯罪活动的；（5）抽逃、转移资金、隐匿财产，以逃避返还资金的；（6）隐匿、销毁账目，或者搞假破产、假倒闭，以逃避返还资金的；（7）其他非法占有资金、不返还的行为。但是，在处理具体案件的时候，对于有证据证明行为人不具有非占有的目的的，不能单纯以财产不能归还认定为犯罪，不能仅凭数额较大的非法集资款不能返还的结果就推定行为人具有非法占有的目的；同时，如果行为人将大部分资金用于投资或者生产经营活动，而将少量用于个人消费挥霍的，不应以此便认定具有非法占有的目的。"

上述是目前推定集资诈骗"非法占有目的"的主要司法依据。但是，需要注意的是上述规定中绝大部分是以行为后事实来推定行为时的主观心理。作为行为后事实来推行行为时的主观心理实际上仍然存在着一个共同的事实前提：即行为人没有将筹集的资金用于可以回报出资人的生产经营过程当中，才"致使数额较大资金不能归还"。

2. 透过现象看本质——诈骗的手段才是本罪必备的行为要素

诈骗罪的基本构造是：行为人实施欺骗的行为（包括虚构事实和隐瞒真相）——对方产生认识错误——对方基于认识错误处分（交付）财物——行为人或者第三人取得财物——被害人遭受财产损失。在上述构成中，行为人虚构事实、隐瞒真相进行欺骗是引起后行为的原因，如果没有欺骗，就不会产生被害人基于认识错误而做出财物给付的行为，即被害人的处分。而在集资诈骗中，由于行为人要欺骗的是社会公众，因而被查处时，更能发现其间的巨大欺骗性。

例如：海天集资诈骗、非法吸收公众存款系列案。在当时，本案实际上具有巨大的蒙蔽性，而一旦查处，则会发现其间的巨大的骗局。

3. 如何辨识一般商品和服务中的集资诈骗

如前所述，利用一般商品的生产经营和提供服务，同样可以达到非法集资的目的。辨识是非法集资型诈骗，还是其他犯罪（如非法经营、合同诈骗等），仍然需要司法人员下功夫，通过特别的证明来认定。

首先，商品经营以及提供服务，都是以赚取利润为目的，而集资诈骗中，行为人却并非以赚取利润为目的，而是以筹集资金为目的。

其次，在集资诈骗中，行为人并不把购买商品和接受服务一方作为最终的消费者来对待，而是以赚取利益为诱饵，骗取被害人投资，或者虚构一个"二级市场"，使被害人误以为有利可图，等等。

第三，在集资诈骗中，由于行为人不以赚取利润为目的，因此它根本提供不了真实的商品和服务，或者以次充好、以少换多，提供商品和服务的价值远远低于购买方支付的资金数额。甚至所提供的商品和服务虚拟化或者证券化，根本不能使购买者真正拥有对物的支配和处分。

第四，由于为吸纳资金而设，行为人事实上缺少生产经营的实体，资金很少或者根本不投入于相应的生产经营活动中。而且，为更多的吸纳资金，行为人往往利用虚增资本、虚假投资、虚设项目、购买空壳企业等方式虚增公司的实力，进行虚假宣传，吸引更多的投资者。

4. 如何区分单位犯罪，还是自然人犯罪

集资诈骗通常以单位主体的形式实施，但实践中，多数情况下司法机关认定的都不是单位犯罪，而是自然人犯罪。这就涉及对《最高人民法院关于审理单位犯罪案件具体应用法律有关问题的解释》的理解问题。根据该解释第二条，"个人为进行犯罪违法活动而设立的公司、企业、事业单位实施犯罪的，或者公司、企业、事业单位设立后，以实施犯罪为主要活动的，不以单位犯罪论处。第三条，盗用单位名义实施犯罪，违法所得由个人私分的，依照刑法有关自然人犯罪的规定定罪处罚。"

那么根据该解释，认定资金诈骗是自然人犯罪实际应当抓住两条必要条件：一是集资诈骗的私人目的性；二是诈骗取得资金为私人支配和控制。在上述私人目的性中，行为人首先不是为单位生产经营而筹集资金，尽管有些资金投入到单位，但也是为进行非法集资的目的服务。其次，就私人的支配和控制而言，则是现实化的犯罪目的，是排除了单位的占有和支配的情形。也就是说，不管解释2.3条表述方式，行为人始终如一的私人非法占有的目的性才是认定自然人犯罪的基础和核心。

但是，在另一种情形下，我们还是考虑是单位犯罪的情形。即单位在"明知没有归

还能力"而仍然向社会公众筹集资金，或者单位虽不是用于生产经营，而是用于单位偿还债务，以及转移财产到其他单位，以其他单位达到借尸还魂的目的，等等。这种情形中，由于行为人基于单位组织利益实施，为单位目的实施违法犯罪，一般情况下，还是以单位犯罪认定。

（二）非法吸收公众存款罪

第一百七十六条非法吸收公众存款罪是指非法吸收公众存款或者变相吸收公众存款，扰乱金融秩序的行为。构成本罪处3年以下有期徒刑或者拘役，并处或者单处2万元以上20万元以下罚金；数额巨大或者有其他严重情节的，处3年以上10年以下有期徒刑，并处5万元以上50万元以下罚金。

单位犯前款罪的，对单位判处罚金，并对其直接负责的主管人员和其他直接责任人员，依照前款的规定处罚。

（根据概念和司法实践，在这里我们有6个问题进行讨论）

1. 什么是吸收公众存款和变相吸收公众存款

按照《非法金融机构和非法金融业务活动取缔办法》的规定："非法吸收公众存款"，是指未经中国人民银行批准，向社会不特定对象吸收资金，出具凭证，承诺在一定期限内还本付息的活动；所称变相吸收公众存款，是指未经中国人民银行批准，不以吸收公众存款的名义，向社会不特定对象吸收资金，但承诺履行的义务与吸收公众存款性质相同的活动。

根据上述对非法吸收公众存款和变相吸收公众存款的定义，非法吸收公众存款罪实质由以下行为要素构成：

一是未经中国人民银行及其分支机构的批准（即非法）；

二是向社会不特定对象吸收资金；

三是承诺履行与吸收公众存款性质相同的义务。

2. 不特定对象的司法认定

对于"不特定对象"这一概念的理解，我们认为，有以下情形的可以认定是向不特定对象吸收存款：

一是行为人发出的要约和承诺不针对确定的人员和单位；

二是对于知道要约和承诺的人员和单位而言，可以不受限制地参与；

三是行为人不能事先确定缴款对象的范围和数量；

四是行为人发出的要约和承诺的条件适用于所有缴款人员和单位；

五是约定还款的期限和利息。

这5个方面，我们认为是司法实践中认定不特定对象的必要条件，也是认定是否构成非法吸收公众存款罪的关键。

3. 如何认定向单位内部职工集资的行为

向单位的内部职工集资的行为，其实也是非法吸收公众存款的行为。但由于职工对单位的行政、经济依附关系，如果没有造成重大损失，在实践中，我们并不主张以犯罪来处理。具体基于以下考虑：

（1）非法吸收公众存款作为法定犯，应考虑公司企业的发展与金融管理所出现的矛盾平衡。如果没有造成损失，不予处罚对公司企业的发展有利，对职工有利。

（2）在没有造成损失的情况下，如果施以刑罚，职工利益同时受到损害，不利于公司内部的稳定和今后的发展。

当然对于给职工造成财产损失的也应具体情况具体分析，从罪刑相适应的原则出发，做出准确认定。而对于非法集资已波及社会上的众多人员，则要坚定不移地以非法吸收公众存款罪加以打击。

4. 个人承包经营企业过程中的非法吸收公众存款行为是单位行为，还是自然人行为

个人承包经营实际是个人名义对企业厂房设备、技术的租赁，通过自筹资金，投入生产经营。那么在这种情况下，企业的固定资产与流动性资产是分离的，个人在承包经营中对固定资产只有使用的权利，没有行使处分的权利。而对于流动性资产，无论是企业还是承包的个体，都明确为个人的占有、使用、处分，由个人对外承担无限责任。因此，一旦发生承包经营者非法吸收公众存款的行为，就要对企业责任进行必要的排除，认定为自然人犯罪。

5. 单位主体——公司形骸化情形的犯罪认定

公司形骸化造就了空壳公司。现实生活中，公司或者公司的实际控制人为逃避对公司的监管，往往通过虚假投资设立或者掏空原有公司的资产，并利用空壳公司进行非法集资等违法犯罪活动。那么在这种情况下，就会留给我们一个司法问题，就是追究谁作为犯罪的主体。鉴于此，我们认为，应当做如下考虑：

（1）公司形骸化的情形下，空壳公司只是一个被借助的工具，不具有被刑事处罚的实质意义；

（2）空壳公司由实际控制人操控，他的行为特征符合什么犯罪就应当认定什么犯罪，并实际控制人可能是自然人也可能是单位主体。

（3）实际控制人通过空壳公司筹集资金抽逃、隐匿到其他公司，而逃避责任的，应当考虑构成集资诈骗罪。

6. 单位主体——实际一人公司犯罪主体的认定

《公司法》认可一人有限责任公司。但现实生活中，为规避对一人公司的严格管制，公司实际出资人由其他多人代为持股，实际出资人是公司的实际控制人。而公司实际控制人为不断扩张，又投资成立其他由名义股东持股的、本人实际控制的子公司。司法实践中由于多个实际是一人公司情形下的犯罪，这就产生了是公司犯罪，还是自然人犯罪的困惑。

对此，我们基于以下考虑，也不轻易否定单位犯罪的情形：

（1）一人公司也是一种企业组织的形式，一般都有相对稳定的组织机构和人员。在从事正常的经营活动中以公司资产对外独立承担责任。

（2）不排除实际控制人为公司、也即为单位谋取利益的心理故意，取得财物为单位所有和支配。尽管从实质的归属上，财产最终由个人支配和占有，但只要在形式要件上作为公司、单位资产，由单位使用、支配，就不能单纯地看做是自然人犯罪。

（3）公司法规定，"一人有限责任公司的股东不能证明公司财产独立于股东自己的财产的，应当对公司债务承担连带责任"。因此，在不排除单位犯罪情形下，自然人对公司债务承担连带责任的规定，同时可以追究行为人的经济上的无限责任。

（4）追究单位的刑事责任，不必然产生公司的消灭。在诉讼终结后，仍然保持了公司人格的独立性，保持了组织机构和人员的稳定，对公司、企业的发展有利，对经济社会秩序的稳定有利。

（三）擅自发行股票、公司、企业债券罪

第一百七十九条擅自发行股票、公司、企业债券罪是指未经国家有关主管部门批准，擅自发行股票或者公司、企业债券，数额巨大、后果严重或者有其他严重情节的行为。擅自发行50万元以上构成本罪，处5年以下有期徒刑或者拘役，并处或者单处非法募集资金金额1%以上5%以下罚金。

单位犯罪的，对单位判处罚金，并对其直接负责的主管人员和其他直接责任人员，处5年以下有期徒刑或者拘役。

（关于本罪，一共有3个问题提出来与大家一起讨论。由于水平所限，对于有些问题我们也仅仅是提出来，由我们今后共同研讨。）

1. 本罪认定的关键词："发行"与"公开发行"

刑法关于本罪的罪状描述中，指出是擅自发行股票、债券的行为。但是我们对照《证券法》关于擅自发行股票、债券的违法情况的描述，却是指"擅自公开发行的行为"。那么本罪犯罪中的发行，应当是指"公开发行"，还是包括"非公开的发行"呢？对此，我们认为，本罪中的"发行"即是指"公开发行"的行为。基于以下的理由：

本罪为典型的行政犯罪。在行政犯罪情况下，行为人之行为首先违反行政规范的规定，而当行政规范不规制的，也即不违反行政法规的情况下，在刑法的谦抑性原则的指导下，刑法也不应当予以刑事处罚。因此，在本罪是否公开发行问题上，我们不赞成追究"非公开发行股票、公司、企业债券的行为"。

2. "公开发行股票和债券的行为"的司法认定

针对公开发行，证券法第十条规定"公开发行证券，必须符合法律、行政法规规定的条件，并依法报经国务院证券监督管理机构或者国务院授权的部门核准；未经依法核准，任何单位和个人不得公开发行证券。""有下列情形之一的，为公开发行（一）向不特定对象发行证券的；（二）向特定对象发行证券累计超过二百人的；（三）法律、行政法规规定的其他发行行为。"

同时在该条第三款中又提出，"非公开发行证券，不得采用广告、公开劝诱和变相公开方式。"

对此，判断是否是公开发行，我们考虑以符合以下条件为标准进行考察：

一是是否向不特定对象发行了股票或者公司、企业债券；

二是发行股票或者公司、企业债券是否已在200人以上；

三是公开发行股票或者公司、企业债券，一般是以采用广告、公开劝诱或者变相公开的方式进行的。

3. 本罪的犯罪主体

擅自发行股票、公司、企业债券，在一般学理解释中，他不单包括行为人自行发行的行为，也包括证券公司承销或者代理买卖未经核准擅自公开发行的股票、公司、企业债券的行为。

因此，在本罪的主体上，虽则是一般主体，但多数司法实践中可能构成本罪都是股份有限公司、有限责任公司或者国有公司、企业，并承销或者代理买卖证券的证券公司，明知是擅自发行的股票、公司、企业债券，而予以承销或者代理买卖该股票或者公

司、企业债券的，证券的承销公司或者代理公司也是本罪犯罪的主体。

（四）欺诈发行股票、债券

第一百六十条欺诈发行股票、债券罪是指在招股说明书、认股书、公司、企业债券募集办法中隐瞒重要事实或者编造重大虚假内容，发行股票或者公司、企业债券，数额巨大、后果严重或者有其他严重情节的行为。构成本罪处5年以下有期徒刑或者拘役，并处或者单处非法募集资金金额1%以上5%以下罚金。

单位犯本罪对单位判处罚金，并对其直接负责的主管人员和其他直接责任人员，处5年以下有期徒刑或者拘役。

——（只有一个问题）本罪客观方面的表现

尽管本罪对客观方面的表述为"在招股说明书、认股书、公司、企业债券募集办法中隐瞒重要事实或者编造重大虚假内容，发行股票或者公司、企业债券"。但事实上，对照行政法规，也即《证券法》对上述违法情形的表述其实是"第一百八十九条""发行人不符合发行条件，以欺骗手段骗取发行核准"的情形。

根据《证券法》发行股票、债券首先"必须符合法律、行政法规规定的条件，并依法报经国务院证券监督管理机构或者国务院授权的部门核准；未经依法核准，任何单位和个人不得公开发行证券。"

而针对发行条件，就股票而言"招股说明书""认股书"以及"年度财务报告"、"公司、企业负债表"必须真实记载公司资产、经营状况，通过上述机构的审核，否则就是骗取核准、欺诈发行。那么认定本罪，实际应当对照《证券法》关于发行股票条件，来认定是否采取了欺诈的手段，是否骗取了核准机关的批准。

就发行债券而言，《证券法》第十六条规定"公开发行公司债券，应当符合下列条件：

（一）股份有限公司的净资产不低于3千万元，有限责任公司的净资产不低于6千万元；

（二）累计债券余额不超过公司净资产的40%；

（三）最近3年平均可分配利润足以支付公司债券1年的利息；

（四）筹集的资金投向符合国家产业政策；

（五）债券的利率不超过国务院限定的利率水平；

（六）国务院规定的其他条件。"

那么，在上述所规定的条件中，如果发行单位某一项做出了虚假的记载，骗取了发行，就可能构成本罪。

通过上述，对于本罪的认定，实际应当与证券法共同对照来认定，在诸如对上述所列事项有意隐瞒、弄虚作假，就是本罪的客观方面的表现。

另外，以非法占有为目的，欺诈发行股票、债券的，欺诈发行股票、债券也只是集资诈骗的手段，应当按照集资诈骗罪的规定处以刑罚。实践中，要注意本罪与其它犯罪的区分。

三、查办非法集资案应遵循的原则

查办非法集资案件，并非只是法律适用的问题，同时涉及了对国家政策、经济、金融安全、人民群众情绪稳定如何把握和引导。因此，公诉部门、公诉人员在查办这类案件中要有高度政治责任感和敏锐的政治洞察力，要保证查办案件三个效果的有机统一，坚持以下原则：

1. 坚持"保民生、保发展、保稳定"的经济战略，讲求政策与法律的相结合、相统一。处理非法集资案件，不单要讲法律，更要讲形势的需要，要以是否有利于经济社会发展作为衡量尺度，认定和处理非法集资案件。

2. 坚决把维护社会稳定放在首位，应着力于控制事态、缓解矛盾和稳定局势，防止酿成群体性事件。尤其在接待群众信访、上访和对外宣传中，既要及时处置，又要坚持疏导，避免群众因对司法机关不信任，而采取法律渠道外的过激行动。

3. 坚持党委的统一领导，与公安、法院、工商、金融监管部门密切配合，形成相关部门齐抓共管、上下联动的工作局面。尤其对涉及地域范围广的非法集资案，各个承办单位要做出协调一致的认定和处理，特别针对涉案财产的处置，要在党委统一领导下，统一处置，避免因分配涉案财产再度引发新的社会矛盾。

4. 坚持宽严相济的刑事政策，当宽则宽、当严则严。对于非法集资案中的涉案人员要坚持区别对待，对在非法集资案中处于非法集资资金链顶端的首要分子和积极参加者，一定要不姑息、不纵容，对于罪行极其严重的，又拒不退还集资款，或者挥霍集资款的更要坚决严肃处理。而对于一般参加者，或者被蒙骗的参与者，一定运用好宽缓的刑事政策，能不羁押的一定不要羁押；能不予从重处理的，一定不要从重处理；能适用缓刑的一定要适用缓刑，以减少对社会及民众的压力、减少对抗。

5. 在工作方法上，公诉部门要坚持提前介入，引导侦查取证。尤其在引导侦查取证方向、全面收集、固定证据上，公诉部门要及时提出意见和建议，把握好案件事实和证据，以及时、快速地处理案件，形成对严重非法集资案的打击合力。

以上就是我们对于非法集资案查办中，公诉部门应当坚持的几个原则。坚持好了，就能够办好案件，实现政治效果、法律效果和社会效果的有机统一。

四、非法集资案出庭公诉中需要注意的几个问题

（一）公诉提前介入，引导侦查取证中应注意的问题

1. 公诉部门在非法集资案的提前介入中，要首先注意对书证、物证的提取、固定和保存。要注意形成依法提取、固定和保存的法定证据链。

在实践中，我们注意到对书证的复制往往没有提取人签名，没有记载提取的方式、提取的对象及提取的时间。无法对证据的来源是否合法进行确认。

2. 注意对证据的单独审查和系统审查。

在单独审查中，要从证据的合法性、客观性、关联性入手，保证侦查人员取得的每一份证据具有证据的效力。

对于言词证据审查，还要注意询问是否全面、是否针对了犯罪构成的全部要素以及是否发现新的定案线索，等等。

在系统审查中，介入人员首先应当建立本案定罪体系构成。因为体系形思维有助于给侦查人员提供正确的侦查方向、有利于定案。在此其间，不单要注意证据之间的协调一致，还要有一致的指向。介入人员要清楚每一份证据对于定案的作用以及证据的缺

陷，在尽可能多的情况下，要对有缺陷的证据进行完善和补强。

另外，对于虽与定案关联不大，但由于对案件事实起到联系、连接的作用，也应当注意由侦查人员收集和调取。

3. 对于鉴定结论的审查，要与鉴定人员见面，尽量详细了解鉴定依据以及鉴定结论的形成过程。要了解哪些结论是确定的、哪些结论是非确定的，还有其他可能的结论，等等。并在必要情况下，邀请检察机关的技术人员参与对鉴定结论的审查，及时解决案件中难点和疑点。

司法实践中，鉴定结论永远是辩护人质疑的重点。所以我们不能只看结论，要看鉴定的依据、鉴定的程序、鉴定的内容、鉴定的条件、鉴定的过程，等等。

4. 有时候根据案件的需要，介入人员可以参与对案件证据的收集现场审查和监督。但是要注意的是，侦查中的证据收集是侦查人员的工作，介入人员一旦参与侦查的具体工作，依法不能出庭支持公诉。这一点一定要牢记。

5. 鉴于非法集资案的特点，介入人员要注意对犯罪主体、欺骗手段证据的收集、审查和判断。

其中，对于犯罪主体的证据要考虑：（1）单位是否依法成立以及单位设立是否以违法犯罪为目的，或者成立后是否主要从事违法犯罪活动；（2）非法集资决定是否单位意志（履行的组织程序、董事会、股东会等）；（3）非法集资是否单位所有，还是被个人占有、私分。而对于涉及多个公司的情形下，还要了解公司与公司之间的投资关系以及实际控制人等情况。实践中，有些公诉人不注意单位与单位的区别，事实上尽管同一法人也未必是同一犯罪主体。

而对于欺诈手段证据的收集、审查和判断要考虑，司法实践中，行为人为了虚构所谓的经营业绩，进而虚构集资用途，隐瞒事实真相，要采取以下一些手段：

（1）以虚报注册资本、虚假投资、张冠李戴等手段虚构自己的经济实力。

（2）虚构高额利润的经营业务和项目，进而虚构集资款用于该项目的所谓用途。

（3）进行挥霍性投资，炫耀其经济实力。

（4）虚假宣传、虚假广告。

（5）虚假纳税及投资社会公益事业，以夸大实力和社会影响力。

（6）许以高额回报，或者不能及时兑现时，以转换证券的方式继续进行欺骗，等等。

（二）起诉书的制作

起诉书的制作本来不应该成为问题，但事实上，我们看到由于起诉书制作不成功，往往会损害整个查处效果。实践中，起诉书常见问题很多，或者叙事高度概括，缺少应有的要素；或者叙事不准确、词不达意、使人产生误解、误判；等等。

而之所以出现上述诸多的问题，就是对起诉书在出庭公诉中的作用认识不足。起诉书所叙写的事实是出庭公诉依据的基础事实，是法庭对事实审理的核心。实践中，常常由于起诉书事实叙写不准确，被辩护律师抓辫子，造成出庭公诉的被动，而更有甚者可能被判无罪。因此我们建议，一定要重视起诉书的制作，尤其是公诉部门负责人、主管检察长在签署发文时，要培养公诉人文字综合上的严谨性、叙事的准确性。在起诉书事实的叙写中，公诉人一定要做到以下几点：

1. 要对照刑法中关于本罪罪状描述，要了解你所审查卷宗中哪些证据是证明了本罪的有关要素的，并这些证据的证据力和证明力如何。

2. 叙写的每一段事实或者情节，都应是有相应的证据证明的，而且通过你的审查判断应是确定无疑的。

3. 对于叙事性词语、尤其是动词的选择，要客观和准确地反映行为人的具体行为特征。比如组织、指挥、指使、唆使、纵容等相关词语要比对哪些用在行为人的具体行为要进行辨别，不能觉得哪个用得顺手或者有力量就用哪个。

4. 要对单位犯罪主体和自然人犯罪主体进行区分，要对单位犯罪中主管责任人、直接责任人的具体犯罪事实叙写清楚。

5. 公诉人不能为追求简约而简约，对事实的叙写一定先丰富再裁减。

（三）出庭预案的准备

由于非法集资案证据材料多、证据体系复杂，有的时候卷宗多达数百册。那么出庭预案如何组织好多达数百册的证据材料，实际是最考验公诉人出庭功力的一件事，是体现公诉人运用证据能力的重要方面。对此，我们尽量做到以下几点：

一是，要讲究证据运用的科学性。即客观准确地认识每一个证据，直到这些证据能证明什么以及能在多大程度上进行证明，从而减少证据运用中的盲目性；同时要尊重证明活动中的客观规律，严格按照证明的规律是用证据，以便减少运用证据中的随意性。

二是，要讲究证据运用的逻辑性。即要了解案件事实证明中的难点和要点，以便能准确地选择证明案情的切入点和路径；同时要了解每一个证据的长处和短处，从而在使用证据时能够扬长避短。

在通常情况下，我们建议按照犯罪构成的证明体系来组织我们准备出示的证据，根据证据的证明对象进行组合，即便一份证据中证明对象不同也要进行拆分和归类。如分成：犯罪主体的证据、犯罪主观故意的证据、客观方面表现的证据以及犯罪结果的证据，等等。

对于出庭预案的准备，我们在办理这类大要案的时候还有一些问题需要注意：

一是注意与辩护律师的庭前沟通和交流，要开展庭前的证据展示，通过展示要了解辩护律师对我们证据的异议。以便出庭预案中有所侧重。

二是展示的目的也是要求辩护人向我们展示他们占有的证明资料，以便及时作出应对和处理。

三是庭前会见被告人，通过会见了解被告人对起诉事项的辩解和应对。

（四）出庭公诉中应当注意的事项

1. 在对被告人讯问中应注意的问题

我们注意到在对被告人讯问中有两种情况不可取，一种就是照本宣科。如列出什么第一个问题、第二个问题，前不搭言后不搭语，效果十分不好；第二种就是动不动就说被告人认罪态度不好。说什么"坦白从宽、抗拒从严"，其实谁都知道坦白未必从宽、抗拒未必从严，显得公诉人蛮不讲理，效果也不好。对此应当如下对待：

（1）尽量不要打稿，而是掐着起诉书的事实情节进行讯问，对于被告人没有说清楚或者回避的问题，要根据被告人供述进行追问，这样就形成一种自然切入的状态。

（2）对于被告人回避的问题，要注意把握被告人的心态。有的时候被告人是避重就轻，害怕自己承担较重的刑事责任；有的时候则是不愿旧事重提。对此要分别不同情况进行讯问。

（3）对于被告人翻供的，一般情况公诉人可以预见，如果在审查起诉阶段已经翻供的，公诉人就没有必要寄希望通过政策教育来使被告人回心转意。而应当如下处理：一是，要清楚讯问只是进一步暴露被告人的犯罪，因此，讯问在于找准被告人翻供内容的逻辑矛盾，通过不断的反诘来暴露翻供的不可采信性。二是，要说明证明犯罪不是依靠被告人的供述，而是依靠相关的证据证明，公诉人将通过举证证明被告人的犯罪事实。

而对于法庭上临时翻供的，公诉人除了像上面的那样外，在刑事政策说服未果情况下（这种情况就是，如果被告人自首的要说明自首成立的条件、坦白的要说明坦白的刑事政策，要被告人明白翻供产生的法律后果，容其思考），还可以当庭宣读被告人以前的有罪供述。或者采取迂回的方式揭露犯罪行为。

2. 如何应对律师的证据突袭

律师在法庭上进行证据突袭，现在已经不常见了，但也会时有发生。但是有一点，根据刑事诉讼法的规定，律师当庭出示新的证据必须提前通知法官，因此只要注意随时与法官保持沟通就没有什么不知道的。所以不要迷信什么临时发挥，那都是骗人的。而且，即便律师真的对公诉人发起突袭也没有什么可怕，其实一切都是万变不离其宗，公诉人只要不惊慌，都能应对。那就是，证据的合法性、客观性、关联性内化成一种出庭公诉思维方式，熟悉各种证据的缺陷。

一是，就证据的合法性要向被告人、律师讯（询）问了解证明材料是谁提取的、在哪提取的、在哪里存放、能证明什么问题，等等。并通过讯（询）问迅速判断证据是否合法。

二是，要对证据客观性、关联性进行判断。在这里公诉人要注意，千万不要慌乱，要全神贯注地听取证明的内容，并对证明内容迅速加以判断，综合分析己方证据指出反证的虚假性。同时还要迅速判断反证是传来证据还是原始证据，是间接证据还是直接证据。对于传来证据要进一步询问所证明的情况如何得知，有没有确切的来源；对于间接证据要进一步询问与案件事实的关联程度，了解有没有其他介入证据加以印证；对于直接的言词证据，则要基于对案件事实情节了解，询问相关情节是否为证明人所知情，同时还要询问有什么人能证明其就是现场的目击者或者对其知情，等等。

总之，就是通过一边询问一边寻找证明内容缺陷，如果意识到有人出具伪证，要及时与单位负责人联系，建议休庭，立即控制出具伪证的人，防止作伪证人逃跑或者进行串供。

3. 如何应对律师的责难

律师对公诉人进行责难一般出于两种情形：一是公诉人在与律师对抗中使用了过激的语言，伤害了律师的自尊心；二是公诉证据确有缺陷和瑕疵。

面对第一种情况，建议公诉人时刻注意对语言选择，尽量不要使用过激的语言；如果律师语言过激或者已经伤害了公诉人的自尊，公诉人可以向法庭指出，建议合议庭进行制止，而不与辩护人进行正面交锋，否则持续下去双方都不好看，严重影响公诉人的形象，这叫得不偿失。

面对第二种情况，公诉人要对证据进行客观分析，对于辩护人提出的意见有理，又确属证据缺陷和瑕疵的，并且又不影响定罪和法定量刑情节认定的，建议采取婉转的方式对辩护人意见加以确认，并要同时指出辩护人提出的意见不影响本案定罪和量刑。这样辩护人就不再对同一个问题纠缠下去了。

4. 如何组织第一轮公诉发言

第一轮的公诉发言由于是事先拟制的，所以公诉人可以长时间进行推敲，一般不会出现什么问题。但还是需要公诉人注意的是：

（1）公诉发言宜短不宜长。

（2）发表公诉词语速不要太快，以便于他人听取。

（3）公诉发言不宜照抄刑法教材上的犯罪构成要件，法官、律师都不愿意听。而要针对案件定罪的核心要素和重点来阐述犯罪行为的本质特征。

5. 如何组织二轮答辩

实践中，我们都常常因与著名律师同台演出，产生压力。其实根据多年出庭的经验，越是出色的律师越是理性，不会就细枝末节纠缠不休，出庭公诉反而比较轻松，控辩双方均表现出理性的、克制的情绪。在实践中，公诉人没有必要怕二轮会应接不暇，因为有以下途径可以预测辩护人的观点：

（1）通过对案件证据的全面审查，对证据的分析判断，可以预测辩护人应当持有的辩护意见。

（2）通过与辩护人会见、庭前证据交换，可以泄露辩护人辩护信息，准确预知辩护人持有的辩护观点。

（3）通过辩护人对被告人当庭开展的讯问，可以把握辩护人将围绕哪些事实为他当事人展开辩护。

（4）通过辩护人对公诉证据的质疑、出示证据，可以断定辩护人会对哪些证据展开攻势，来突破公诉人构筑的证据体系。

由于有很多途径可以预测辩护观点，很好的组织二轮答辩其实并非难事，主要还在于公诉人是否用心在整个诉讼过程中，是否用心在辩护人的种种表现。只要用心就能够找到你攻击对方的靶子。

但是，二轮的答辩发言需要注意的问题仍然很多：

（1）要记住公诉发言始终是要给法官听的，公诉语言一定不要过激，要表现出应有的理性修为和风度，而不管辩护人如何的慷慨激昂。

（2）不要事事计较，对于不影响定罪、不影响量刑的辩护意见，可以不与辩护人交锋。而对于存在瑕疵的证据有时候该认就认，避免辩护人借题发挥。

（3）不要总结、重复辩护人的辩护意见。这样的法庭效果十分不好，对公诉人也十分不利，而要直截了当阐述公诉人对辩护意见反对。一般建议采取以下发言方式，即说"公诉人认真听取了辩护人的辩护发言，我们认为辩护人关于对本案事实的认定不具有客观性，或者我们认为辩护人关于本案定性的意见，公诉人有不同意见，或者我们认为辩护人关于对被告人从轻或者减轻处罚的理由不能成立"等等。

（4）要记住答辩的观点比阐明理由更重要。因为法官需要双方明确而清楚的观点，而不是针对该观点提出长篇大论。这一点我们通过审查判决书就会有所体会。所以，在二轮的答辩发言中，公诉人不必全面准备论据。而只要把答辩的基本观点、公诉人的基本立场说清楚就可以了。

第十二讲
我国目前反恐形势下的有组织犯罪研究

陈凤超　刘洋

目前，有组织犯罪，特别是恐怖主义犯罪，以其对社会巨大的危害性和整体冲击性，已成为世界各国立法、司法机关和刑法理论研究者所共同关注的热点问题。随着世界经济一体化趋势的加强，有组织犯罪和恐怖主义犯罪的活动和危害已逐渐突破一个国家的范围，是与人类和平发展的愿望相违背的。如何改革和完善立法与司法、加强国际间的合作，在更新的视野下，从理论上探讨有组织犯罪和恐怖主义犯罪的刑罚惩治问题，已成为各国所共同关注的焦点。正是在这样一种理论与现实背景下，同时鉴于恐怖主义犯罪与有组织犯罪之间存在着千丝万缕的联系，本文将首先通过对当前我国面临的反恐形势作一番简要的介绍，进而对有组织犯罪和恐怖主义犯罪之间的关系进行理论层面的梳理，从而进一步引申出对于我国应当采取何种方式防治恐怖主义犯罪提出一些个人意见。囿于本文的篇幅和笔者的研究旨趣和能力，本文不可能对我国有组织犯罪和恐怖主义犯罪的所有方面进行无遗漏地全面论证，只是希望通过笔者的研究，能够对这一问题的深入探讨有所助益。

一、我国目前面临的反恐形势

谈及我国的反恐形势，首当其冲的就是"东突"问题。长期以来，我国饱受"东突"恐怖组织的危害。上世纪90年代以来，在海外兴风作浪多年的"东突"恐怖势力为实现其建立所谓"东突厥斯坦"的分裂中国的政治目标，勾结国际恐怖主义组织，在境外建立基地，培训恐怖分子，并不断派人潜入中国境内，策划、组织和实施一系列恐怖活动。据不完全统计，自1991年至2001年，境内外"东突"恐怖势力在我国新疆境内制造了至少200余起恐怖暴力事件，造成各民族群众、基层干部、宗教人士等162人丧生，440多人受伤。特别值得一提的是，进入2009年以来，先是年初，"东突"策划并实施了南航飞机人体炸弹事件，险些造成无法估量的人员和财产损失；然后是2009年的"7·5"事件，更是造成了192人死亡，1721人受伤，以及331间店铺、627辆汽车被砸被烧的严重后果。可以说，"东突"恐怖组织已经成为严重危害中国各民族人民生命财产安全和社会稳定的一个毒瘤，并且对有关国家和地区的安全与稳定也构成了严重威胁。

此外，2008年"藏独"势力策划的"3·14"打砸抢烧事件，也造成了共有18名无辜群众和1名武警被残害致死，382名群众受伤和243名公安民警、武警官兵受伤的严重后果，具有明显的恐怖主义袭击特征。加之边境分裂势力和"法轮功"等邪教组织的长期捣乱破坏，可以说，我国遭受恐怖主义袭击的几率明显增大。虽然我国在很长一段时期以来，并没有像美国、英国、俄罗斯等国家那样，遭受到国际恐怖主义势力诸如美国"9·11"那样正面而严重的袭击，但这并不意味着我们未来不会受到这类问题的侵扰。特别是在目前境内外民族分裂势力、宗教极端势力和暴力恐怖势力等"三股势力"互相勾结的情况下，我国民众在境内外遭受恐怖主义袭击的可能性不断加大，反恐形势日益严峻。

从国际范围来看，近几年来，在全球范围内频频发生的恐怖事件呈现出这样一种趋势，即恐怖组织与有组织的犯罪正在逐步走向融合。这种邪恶势力的结合增强了恐怖组织的生存能力，如果这一趋势不能得到有效遏制，那么有组织犯罪和恐怖活动就会作为全球问题长期存在下去。有些学者认为，恐怖分子和传统犯罪团伙目前处在同一个平面上，一端是有政治野心的圣战分子，另一端是受利益驱使的歹徒，而大多数组织都介于这两者之间。例如，哥伦比亚和巴尔干半岛的黑手党团伙和贩毒集团展开政治暗杀行动，制造置警察和检察官于死地的炸弹爆炸事件。欧洲和北非的恐怖团伙则开展贩毒和偷渡活动。犯罪集团辛迪加和恐怖主义团伙都靠黑市交易和洗钱来获取大笔资金，都根据目标调动组织网络和秘密分支。这两种团伙都有类似的需求：武器、假文件和安全的庇护所。但也有一些分析人士认为，没有证据表明这两者在实现融合。他们的观点是，这种权宜的做法也许确实存在，但关键区别在于动机：恐怖组织受到政治和宗教因素的驱使，而纯粹的有组织犯罪团伙只有一个目标——利益。但是，许多情报分析人士目前也注意到，恐怖组织全盘沿袭了犯罪团伙的伎俩：贩卖毒品、仿造商品、组织偷渡。在这个过程当中，他们把恐怖组织转变成了犯罪团伙。由此造成的后果令人不安，因为有组织的犯罪为恐怖团体提供了增强生存能力的手段。斯坦福大学在"9·11"袭击事件发生后展开调查，以了解为何有些冲突持续的时间远比其他冲突更长，得到的结果中一个关键因素就是犯罪活动。恐怖组织对犯罪活动的依赖性日益增强，因为国家资助恐怖主义的现象在很大程度上已经不复存在，从而迫使这些团体自谋生路。分析人士说，"9·11"之后，伊斯兰极端分子无法再通过清真寺和慈善机构募集资金，所以进一步疯狂地诈骗钱财，从而加剧了这种趋势。

上述趋势对我国在未来一个时期研究有组织犯罪和恐怖主义犯罪提出了新的课题和更大的挑战。为此，作为我国的刑法学研究，就应该对我国恐怖主义犯罪的普遍性与特殊性进行系统性的理论和现实层面的认真考量。一方面，我国面临的恐怖主义犯罪有其特殊的历史、民族和宗教等方面的原因，其表现形式也具有与其他国家不同的特点，因此，在对我国恐怖主义犯罪进行研究的时候，要坚决防止把其他国家面临的问题当成我国当下面临的问题，更不能以别国对待、打击恐怖主义犯罪的方式作为我国对待、打击恐怖主义犯罪的方式。另一方面，我们也必须清醒地认识到，我国的恐怖主义犯罪具有某些世界各国恐怖主义犯罪所具有的共同特征，其他国家好的经验做法也必须引起我们的高度重视，在条件允许的情况下还应该适当奉行"拿来主义"，同时要更加注重国际打击恐怖主义犯罪合作。在这样一种情势下，我们就应坚持以普遍性与特殊性兼顾的哲学态度，对恐怖主义犯罪采取国际合作与国内特殊对待并重的策略，并充分结合我国司法实际，在对这类犯罪的打击中，在坚持程序正义的基础之上，做到从严打击、从重打击、惩治到位。

二、有组织犯罪和恐怖主义犯罪的关系研究

在对我国目前面临的反恐形势作一番简要梳理后，我们需要回到本文的主题——有组织犯罪的讨论之中。国外学者关于有组织犯罪的定义，存在行为概念说、功能概念说、结构概念说以及广狭义概念说等诸多观点。目前较有代表性的定义，是国际刑警

组织经过数次修改和更正后所形成的如下定义："任何具有有组织的控制结构的、通过不法活动获取钱财为其主要目的的、通常以恐怖活动和腐败活动的经济来源为生的群体"。借助于这一定义，"有组织犯罪"主要是指那些有一定规模、组织严密、等级分明的犯罪集团所从事的非法活动。人们通常也把这些犯罪集团称为"黑社会"或"有组织犯罪集团"，如：以意大利黑手党为主的欧美老牌犯罪集团；南美、东南亚"金三角"以及中亚"金新月"毒品犯罪集团；日本暴力团、港台澳三合会等亚裔帮派；西非的国际诈骗集团；南美的绑架集团；前苏联地区的新型黑手党等。

我国学者对于有组织犯罪的研究起步较晚，但自这一概念被提出之日起就存在争议，时至今日，仍然如此。通观国内学者对有组织犯罪所下的定义，笔者认为，在我国仅包括黑社会组织和带有黑社会性质的组织所实施的犯罪。这是因为：一是与有关国际组织的认识相一致。在国际社会中，包括在联合国预防与控制犯罪机构的官方文件中，所谓有组织犯罪就是黑社会组织犯罪，二者被当做同一概念使用。二是根据我国的立法实践和汉语语义，有组织犯罪的本质特征在于其"有组织性"。从刑法理论界的通说来看，某一共同犯罪是否具有组织性，乃是结伙犯罪与犯罪集团的本质区别，同时也是笔者将结伙犯罪排除于有组织犯罪之外的主要理由。但是若简单地将一切具有组织性质的犯罪团体所实施的犯罪均视为有组织犯罪，则无疑是将犯罪集团所实施的犯罪与有组织犯罪作等同概念理解，这将使"有组织犯罪"这一概念变得意义不大。据此，笔者认为，在我国，有组织犯罪的组织形式应限为两种，即黑社会组织和带有黑社会性质的组织。从形式上讲，这两类犯罪组织均属于犯罪集团，但并非所有的犯罪集团均属于上述两类犯罪组织。两者的区别在于组织性的"成熟"程度。众所周知，各个犯罪组织所处的发展阶段是不同的，进行犯罪的总体质量和水平也是不同的。前述学者所提出的广义说，实际上包括了从极不成熟的组织犯罪到极为成熟的组织犯罪的各个发展程度和组织形式的犯罪，而忽视了犯罪集团和有组织犯罪两者在"组织性"之成熟程度上的区别。毫无疑问，有组织犯罪发源于一般共同犯罪，其中在成长阶段则是犯罪集团，而成熟阶段则是带有黑社会性质的组织或者黑社会组织。正如有关立法文件中"带有黑社会性质的犯罪集团已经出现"一语的含义所表示，带有黑社会性质的组织是普通犯罪集团中更为高级的一种。从另一方面说，犯罪集团的组织性，根据有关司法解释的精神，主要是指具有"重要成员固定或者基本固定"、"经常纠集在一起"以及"有明显的首要分子"三个特征。我国新刑法典第二十六条第二款关于"三人以上为共同实施犯罪而组成的较为固定的犯罪组织，是犯罪集团"的规定，也蕴含了犯罪集团之组织性特征。而有组织犯罪的组织性，则远远超出了上述三个特征，成熟程度更高。笔者认为，其成熟性体现在两个方面：其一，具有"社会性"，换言之，其组织化程度已达到或者将达到一个"小社会"的程度，也就是说，人数众多，具备了社会的结构、功能和运转管理方式。这种有意识地组织起来以达到犯罪目的的社会群体，具有复杂而严密的组织系统和行为准则，内部等级森严，对违反帮规的组织成员施以从威胁到处决的一整套惩戒措施。其二，具有反社会性。"黑社会"一词实际上是一个外来语，在英语中为underworld society，直译为"地下社会"，意译为"黑社会"。这个"黑"字，即表示了其非公示性和秘密性以及反社会性。从以上两方面出发，笔者认为，有组织犯罪的"有组织性"是源于但又有别于犯罪集团的"有组织性"的，是指黑社会组织或者带有黑社会性质组织内部的组织性，因而有组织犯罪是指黑社会组织或者带有黑社会性质的组织所实施的犯罪。

在有组织犯罪与恐怖主义犯罪的关系上，由于恐怖主义犯罪是政治、宗教、民族等原因所致，因而往往不是个人对集团的行动，而是集团对集团，甚至于是集团对政府、政府对政府的行动。恐怖主义犯罪组织比黑社会犯罪组织的组织化程度更高、更严密。例如，本·拉登领导的恐怖主义基地组织，巴勒斯坦的哈马斯恐怖组织，斯里兰卡的泰米尔猛虎组织，差不多类似于一个准政府机构。正是由于恐怖主义犯罪组织化程度高，出现了规模壮大化、组织国家化的趋势。例如，法国的埃塔恐怖主义组织，人数已达5万之多，巴勒斯坦的哈马斯，人数也达数万之众，再如拉登领导的恐怖主义基地组织，其网络已遍及世界50多个国家，主要活动地就有12个国家和地区。从恐怖活动的组织性来看，恐怖活动一般都是有组织地进行，即便是个人以人体炸弹实施的恐怖活动，往往行为人也是属于某个恐怖组织。恐怖分子与相关组织的关系一般是恐怖分子隶属于某个恐怖组织，这个恐怖组织又隶属于更大的恐怖组织，或者接受某个国家的某个机构、某个团体或某个企业的支持和资助。恐怖组织大多很重视对其成员的军事素质和恐怖活动特定素质的训练，也很重视培养其成员的宗教狂热、狭隘民族意识和献身精神，内部也多有严格的规章和纪律。而且具体恐怖活动方案的制定、预谋策划、攻击对象和攻击方式的选择、恐怖活动的步骤以及人员分工等也多是有组织地进行的。美国"9·11"事件中，恐怖分子同时劫持4架飞机撞向不同的目标，突出说明了其组织的严密性。从这些事实不难看出，恐怖主义犯罪本身就是有组织犯罪的一种高端甚至是极端表现形式，说得通俗点，就是比"黑社会"更"黑"的地下社会。也正是在这一意义上，当前我国打击恐怖主义犯罪必然要和打击有组织犯罪有机联系起来，二者是紧密联系、不可分割的。

当然，恐怖主义犯罪和传统形式的有组织犯罪还是存在一定差别的，主要体现在：一是社会危害不同。传统有组织犯罪危害的主要是社会公共秩序，而恐怖主义犯罪危害的主要是国内社会的公共安全或者国际社会的安全与文明发展秩序。二是存在的目的不同。传统有组织犯罪的最根本目的是追求非法的经济利益，而恐怖活动组织则是以政治、宗教或其他社会目的作为其生存的宗旨。三是意识形态倾向不同。传统有组织犯罪多是为了独霸一方，争夺势力范围，意识形态倾向往往并不明显，而恐怖活动组织往往有海外、国外的政治势力甚至有某个或某几个外国国家支持，其意识形态倾向往往比较明显。四是犯罪手段及其涉及领域不同。传统有组织犯罪的手段常常是暴力、威胁、欺骗、腐蚀等各种手段同时使用，其所涉足的违法犯罪领域也十分广泛，而恐怖活动组织的犯罪手段则比较单一，通常是采取暴力或以暴力相威胁，所犯的罪行也往往是爆炸、放火、投毒、劫持、杀人等会引起社会公众普遍恐惧感的犯罪。虽然传统有组织犯罪与恐怖主义犯罪存在这样或那样的不同点，但恐怖主义犯罪作为有组织犯罪的一种极端表现形式，还是不容置疑的。

三、对恐怖主义犯罪的惩治

如何有效地改革和完善立法，以有效地预防、遏制和打击正在泛滥的有组织犯罪，是世界各国立法机关和刑事法律界所面临的重要课题。我国新刑法典虽然对有组织犯罪的出现和发展趋势作出了及时反应，但还不能称得上尽善尽美。笔者认为，我国新刑法典至少应当在以下几个方面加以完善：

一是进一步严厉打击与有组织犯罪相牵连的犯罪行为。与有组织犯罪相牵连的犯罪行为，主要是指接受带有黑社会性质组织贿赂的受贿罪、妨害对带有黑社会性质组织调查的犯罪行为等。对这类行为，许多国家的刑事立法规定应当给予比同类普通犯罪行为更为严厉的刑罚处罚。例如，1960年苏联刑法典规定，对受贿罪处3年以上10年以下的剥夺自由，并科没收财产。而面对日益严峻的有组织犯罪形势，1996年修订通过的《俄罗斯联邦刑法典》对受贿罪进行了分解，规定对普通受贿罪处5年以下的剥夺自由，并处3年以下剥夺担任一定职务或从事一定活动的权利，或者其他刑罚。但是，它对与有组织犯罪相牵连的受贿罪从严惩处，如对有组织的团伙行贿的受贿罪，均处7年以上12年以下的剥夺自由，并处或不并处没收财产。笔者认为，为有利于打击有组织犯罪，尤其是打击支持、包庇有组织犯罪的外围型犯罪，对与有组织犯罪有关的上述犯罪处以相对较重的刑罚是可取的，值得我国刑法借鉴。

二是应当从刑法上鼓励单纯参加犯罪组织者自动退出。由于我国刑法采取单纯参加黑社会组织即构成犯罪的国际立法通例，因而凡是参加此类犯罪组织的，即使未实施任何其他违法或者犯罪行为，也应当承担一定的刑事责任。但对于参加后即退出等行为却又未规定相应的从宽处罚措施，不利于鼓励单纯参加者退出犯罪组织或者终止犯罪。对此，其他国家的立法规定有值得参考之处。例如1996年《俄罗斯联邦刑法典》规定，自动终止犯罪的人，只有在他已实施的行为中实际含有其他犯罪要件时，才承担刑事责任。这种规定使得单纯参加者退出犯罪组织后可以不承担任何刑事责任，从而强化了分化和瓦解有组织犯罪团伙的力度。根据我国现阶段的实际情况，对有组织犯罪的打击也要贯彻"宽严相济"的刑事政策，对于这类犯罪的首要分子要严厉打击、要坚决打击到位，体现"严"的一面；对于受蒙蔽的从犯、胁从犯也要尝试适用"宽"的一面，给他们以机会，为他们营造悔改、悔过、回归正常社会的空间。

三是严厉打击有组织犯罪团伙所实施的其他犯罪行为。在普通的刑事犯罪中，共同犯罪的整体社会危害性要比单纯个人犯罪更为严重；犯罪集团所实施的犯罪，其社会危害性显然又要比结伙型或者聚众型的共同犯罪严重。而作为犯罪集团高级形式的带有黑社会性质组织实施的有组织犯罪，其社会危害性显然要更为严重。因此，对于黑社会性质组织所实施的刑事犯罪，处以比个人犯罪和普通共同犯罪更为严重的刑罚，显然符合罪责刑相适应原则，也有利于从严惩处有组织犯罪，对此其他国家已有立法例可资参考。1996年《俄罗斯联邦刑法》即从两个方面体现了这一从重原则。其一，是在法定刑范围内对有组织犯罪从重处罚。该刑法典总则第三十五条即规定，对于有组织的团伙或者犯罪集团（犯罪组织）实施的犯罪，应当根据本法典的规定并在本法典的范围内给予从重处罚。其二，对于有组织犯罪所实施的犯罪在分则中直接规定严重的法定刑，例如前述的对洗钱罪的处罚方式。这里值得一提的是，我国刑法在某些方面也是承认这一处罚原则的，例如我国刑法典第三百四十七条第二款第五项即将"参与有组织的国际贩毒活动"列为适用最重幅度法定刑的情形之一，这也是在某种程度上对这一从重处罚原则的肯定。

四是对有组织犯罪所涉及的罪名都应当附加财产刑。"金钱是恐怖主义的驱动力，没有它，恐怖主义就无法运转。"由于各国加强了对恐怖主义的防范，从而使恐怖主义犯罪活动仅依赖恐怖主义分子的狂热而无法得以实现。也就是说，他们实施恐怖主义犯罪还需要大量的金钱。因此，切断恐怖主义分子的财源，对其判处罚金刑或者没收财产显得尤为必要。遗憾的是，我国刑法中仅对资助恐怖活动罪和洗钱罪设有财产刑，对其他罪均没有规定财产刑。有鉴于此，笔者认为，对于恐怖主义行为罪、组织罪和关联罪，都应附加财产刑。

参考书目：

1. 杜邈编著：《恐怖主义犯罪专题整理》，中国人民公安大学出版社，2008年版。
2. 赵秉志、黄晓亮编著：《中国区域刑法专题整理》，中国人民公安大学出版社，2008年版。
3. 赵秉志主编：《中国反恐立法专论》，中国人民公安大学出版社，2007年版。
4. 赵秉志主编：《惩治恐怖主义犯罪理论与立法》，中国人民公安大学出版社，2005年版。
5. 覃珠坚、刘建昌、朱俊强著：《恐怖犯罪防范控制与法律适用》，中国人民公安大学出版社，2006年版。

第十三讲
涉黑案件公诉方略

白成祥

涉黑犯罪是我国当前乃至今后一个时期打击的重点，省院2008年共指导全省公诉部门办理涉黑案件20件，2009年30件，两年之和是前10年之和的近3倍，上升的势头非常明显，因此，有必要在这方面加强学习和研究，以适应工作的需要。

本文所涉及的内容共分两部分。其一：组织、领导、参加黑社会性质组织罪的法律构成。其二：本罪的公诉证据标准问题。

第一部分组织、领导、参加黑社会性质组织罪的法律构成

一、组织、领导、参加黑社会性质组织犯罪的本质特征

何谓黑社会，目前，国内外对此还没形成一个统一的概念。国际社会一般把有组织犯罪认定为黑社会犯罪，认为二者的含义基本上是统一的。但对有组织犯罪的论述，学界仍无法统一，仅对其本质特征表述为：1. 准社会性。准社会性首先表现为结构的组织性和层次性。黑社会组织系统一般严密而复杂，是一定数量的成员联合起来的必然方式，一旦形成即相对稳定。在系统内部，一般等级森严，层次明显，分工细密。其次，有维持组织生存的行为规范和规章制度。这种行为规范不但是组织系统生存的基础，也是组织系统发展的必要。第三，他们都有相对独立的亚文化。什么是对的，什么是错的，应该怎样处理各种关系，黑社会及其成员都形成了不同于社会主流文化的判断标准和是非观念，也就是说，他们的是非观念与社会主流的是非观念是有本质差别的，形成了一种对社会主流的一种对抗的所谓文化体系。2. 目的的非法性和手段的暴力性。通过犯罪或介入一定成分的合法经营谋取金钱或其他经济利益，是黑社会生存和发展的基础，也是其本质属性所在。窃取政治权力，是近一步攫取经济利益的保障，也是维护生存、逃避打击的手段。目的的非法性决定了手段的非法性，获取权力和财富都是建立在有组织的暴力之上的，对内，可残酷压制越轨者，对外，通过暴力消灭对手，威胁、暗杀迫使政府官员恐惧屈从，收买、贿赂使自己取得一定的政治权力，参与到政府事务中，为其组织的非法活动自我打伞，或拉拢、腐蚀政府官员充当其组织的保护伞。

黑社会性质组织，从字面意义上考察，应为"具有黑社会性质的组织"或"带有黑社会性质的组织"，也就是说，黑社会性质组织在组织结构、犯罪方式、犯罪目的等方面与一般的团伙犯罪有着质的区别，已完成了从团伙犯罪到有组织犯罪的飞跃；但其组织的完整性、组织的层次性、与政权的结合关系与典型的黑社会组织形态相比，又存在明显差距。因此，黑社会性质组织的发展方向是黑社会组织，是黑社会组织发展过程的初级阶段、初步形态，二者只有量的差别，而无质的区分。所以黑社会性质组织不是犯罪主体演化过程中的一个独立阶段，它的全部特征均来自对黑社会组织的描述，只不过

更具成长阶段的特性。

随着我国社会管理体制、组织结构、利益关系的深刻调整，加之市场经济体制还不健全以及封建残余思想、境外犯罪的渗透等多种因素的影响和诱发，黑恶势力在不断滋生蔓延，并且日益向经济、政治、社会管理领域渗透。黑恶势力犯罪已成为严重危害人民群众生命财产安全、严重破坏市场经济秩序、严重侵蚀基层政权和政法队伍的突出问题。王汉斌同志在《关于〈中华人民共和国刑法〉（修订草案）的说明》中指出，"在我国，明显的、典型的黑社会犯罪还没有出现，但带有黑社会性质的犯罪集团已经出现，横行乡里，称霸一方，为非作歹，欺压、残害群众的有组织犯罪时有出现"。这说明，有组织犯罪应包括集团犯罪、黑社会性质组织犯罪和黑社会组织犯罪。从组织规模、程度和社会危害性上说，三者实际上是犯罪组织的初级、中级和高级发展形态。根据我国的犯罪状况和法律规定，可以说"黑社会性质的组织"，指某些犯罪集团已经具有黑社会组织的性质和主要特征，但在组织规模和程度上又未完全达到黑社会组织的标准，属于犯罪集团向黑社会组织过渡的"中间形态"。开展打黑除恶专项斗争，正是为了遏制此类犯罪高发、增强人民群众安全感，防止其发展成黑社会组织；维护社会主义市场经济秩序；创造良好社会发展环境；加强党的建设、巩固党的执政基础的需要。

1997年修订后的刑法第二百九十四条规定了组织、领导、参加黑社会性质组织罪，入境发展黑社会组织罪，包庇、纵容黑社会性质组织罪。为了更有力打击黑社会性质组织犯罪，2000年12月15日最高人民法院发布了《关于审理黑社会性质组织犯罪案件具体应用法律若干问题的解释》（以下简称《司法解释》），2002年4月28日第九届全国人民代表大会常委会第二十七次会议通过关于刑法第二百九十四条第一款的解释（以下简称《立法解释》），刑法的规定和《立法解释》、《司法解释》是我们办理涉黑案件的法律依据。随着"打黑除恶"专项斗争的逐步深入，目前在我国组织、领导、参加黑社会性质组织犯罪呈现出以下特征：

（一）组织结构特征弱化

组织结构特征弱化，是指黑社会性质组织的组织结构和组织管理变得相对松散，并未形成一个十分严密的组织结构和体系。以往的黑社会性质组织大多内部结构较严密，一般有三级或者三级以上的垂直权力结构，且上级对下级拥有绝对的控制权，比如说长春的梁旭东案件、梅河的三于案件等。同时，内部大多存在一些亚文化规范，严格的组织纪律。如，不准背叛组织，不准泄露组织秘密，不准临阵脱逃等等。此外，还统一购置、保管用于作案的枪支、管制刀具、联络工具，确定专门的联络呼号等等。目前的黑社会性质组织并不具有明显的上述特点，只是"工资"统一发放，或者让一些骨干成员参与非法的经营活动分取红利，基本上是通过发放"工资"、分配红利等经济手段来控制其成员为其做事，而不是依靠所谓的帮规、组织纪律或者暴力等手段来控制其内部成员。因此，当今黑社会性质组织的结构相对并不十分严密，组织管理的强度也相对较弱，但其首要分子明确、骨干成员相对稳定这一犯罪组织的最基本组织结构特征并没有改变。

（二）行为特征弱化

行为特征弱化，即多以实施较轻微的违法行为或者轻微暴力，或者采用暴力威胁、逼迫、利诱等手段来达到其犯罪目的，表现出其行为方式的低强度性和较强的隐蔽性和伪装性。传统涉黑性质犯罪主要是直接凭借暴力如杀人、伤害、敲诈勒索、贩毒、非法控制赌博、卖淫等非法行为来直接牟取钱财，并进而采取暴力手段来保护自己的既得利益，扩大势力范围。或是依靠国家工作人员的包庇或者纵容来发展壮大组织。从司法实践中已经查处的黑社会性质组织犯罪看，国家工作人员的包庇或者纵容，是大多数黑社会性质组织在一定区域、行业形成非法控制和重大影响的重要原因。而目前的黑社会组织犯罪多采用威（威胁）、逼（逼迫）、诱（利诱）、打（轻微暴力）的手段，公然的、较高程度的暴力特征并不明显。这在一定程度上避免了与利益相对人形成强烈对抗，具有一定的隐蔽性、伪装性，将公然地与社会对抗变为隐性胁迫从而实现犯罪目的。

（三）经济特征强化

经济特征强化，即获取最大经济利益成为我国目前黑社会性质组织产生和发展壮大的主要动因，也是现阶段其犯罪的目的所在。黑社会性质组织所从事的违法犯罪活动大致可以分为两类：一类是以暴力或者暴力威胁为后盾从事非法地下经济行业获取巨额利润，主要包括赌博、走私毒品、组织卖淫或者收取保护费等，这种情况在内地的有组织犯罪中所占比例不大，主要原因是内地对这些非法活动打击力度加大，犯罪成本过高。第二类一般是以进入所谓的合法行业，进行生产经营活动为主，基本模式为以合法身份为外衣网罗"刑释解教"人员和社会闲杂人员充当打手，以国家工作人员的包庇、纵容或者暴力为后盾强买强卖，驱逐对手进而垄断或者控制本地区本行业的经济活动以获取暴利。这种情况，在近年查处的涉黑案件中是较常见的。

（四）非法控制特征强化

非法控制特征强化，即对某一区域或者行业的非法控制进一步强化，并为其获取非法经济利益服务。黑社会性质组织对社会的非法控制主要是对社会的局部控制，尽管对社会的控制有一定的影响力，但还不能对整个社会有大的影响力，只能是控制一定区域或者行业，这是黑社会性质组织区别于其他犯罪组织的一个本质特征。即有一定的势力范围，这种势力范围可以是一定的行政区域或自然区域，也可以是一定行业范围。他们所控制的行业一般表现出如下特点：第一，不需要太细的社会分工，一般为较粗放的行业，多为服务或销售等行业；第二，技术性不高，属于劳动力密集型的行业；第三，市场准入的标准较低，不需要有特定的许可和较大的经济实力，比如松原汪氏父子的废品油收购行业；第四，以流通行业为主具有地域性，如德惠吴洪刚的粮食存储设施销售行业等。同时我们还应当认识到，非法控制的目的是为了形成非法垄断，是为获取更大的非法经济利益服务的，而非是为了直接与现有政权相对抗。通过这种非法控制以表面上的合法形式掩盖其非法的目的和犯罪实质，一定程度上起到了隐蔽和伪装的作用。

当前我国黑社会性质组织的构成特征呈现出以上"两个强化，两个弱化"的特点，即经济特征和非法控制特征强化，通过非法控制垄断一定的区域和行业牟取非法经济利益；组织结构特征和行为特征相对弱化，以减少目标暴露，更具隐蔽性和伪装性，以逃避打击，行为的暴力强度降低，从而起到了减小对立面的作用。这也正是我国当前有组织犯罪演进发展中的客观规律的体现，是黑社会性质组织犯罪在不同时期，不同经济体制条件下的不同表现形式和发展阶段。那么这一特征与人类社会发展从个体到群体到国家也相类似，犯罪的发展也是从众多杂乱无章的个体犯罪逐步演变为有分工、有协作的有组织犯罪，因而形成了从个体犯罪到团伙犯罪，再到一般性的集团犯罪，黑社会性质犯罪，最后到黑社会组织犯罪的发展阶段。涉黑犯罪由传统的"打、砸、抢、砍、杀"，争强斗狠，火拼抢地盘，争势力范围的初级形态向更高级、更隐秘的形态逐步演进。在组织结构形态和行为手段上都采取了更为隐蔽和伪装的形式以逃避打击；在经济特征和非法控制特征上，黑色经济通过原始的资本积累，也由原来的收取保护费，敲诈勒索等初级形态，逐渐演变为间接或直接控制或垄断某一行业来牟取更大的利益。

二、组织、领导、参加黑社会性质组织犯罪的司法认定

在司法实践中，关于"黑社会性质组织"应当具备的特征，最高人民法院、全国人大常委会先后出台了《司法解释》、《立法解释》，各省也都结合当地实际制定了适合地方情况的地方性规定。我们只要稍加分析，《立法解释》与《司法解释》对于认定"黑社会性质组织特征"的最大不同之处，就在于"保护伞"不再作为界定黑社会性质组织的必要条件，这一点已经是明确的了，也就是说，黑社会性质组织犯罪不是必须有保护伞的存在。

将全国人大常委会《立法解释》与最高人民法院《司法解释》相比较，我们可以看出：1.《立法解释》同样从四个方面对黑社会性质组织特征进行了归纳，对最高人民法院《解释》所规定的黑社会性质组织的组织特征、经济特征基本上予以吸纳，但表述更为准确；2.《立法解释》没有将"保护伞"单独作为黑社会性质组织的一项特征，而是作为形成后果特征的原因之一加以表述；3.对于最高人民法院《司法解释》的第四项，人大常委会《立法解释》重新加以整合、完善，分别形成了黑社会性质组织的罪行特征与后果特征。从两个解释的时间和级别来看，显然《立法解释》的效力更强。但《司法解释》除涉黑的四个主要特征应以《立法解释》为主外，其他规定仍然适用。

前面说过，黑社会性质组织是一种处于一般犯罪集团与黑社会组织之间的中间形态的犯罪组织。这种中间形态的特点决定了其具有一定的模糊性和不确定性，因此有必要对该罪的构成要件在理论和实务方面予以明确。

（一）黑社会性质组织的组织特征

一般应从稳定性、严密性和成员构成方面把握；也有人主张应增加一个"层次性"。具体包括：

1. 组织者、领导者以及骨干成员较固定、组织结构较稳定，存在的时间较长。但较长是多长时间，并没有规定，这样规定虽具有一定的灵活性，但不便于实践操作。我省规定是"超过三个月，而且是为了在较长时间内多次实施犯罪而建立起来的"，这一规定比较符合实际，在没有新的规定或司法解释之前，还应该继续执行。再有就是"组织者、领导者"没有规定人员数量，一般理解为只有一人，不利于实践操作，那么我省规定"可以是一人，也可以是多人"，是比较符合打黑实际的。关于"骨干成员"问题，我省规定的"不得少于一人"也比较符合实际。

2. 有一定的组织形式、结构以及内部分工和职责；有较为明确的组织纪律或约定俗成的行为准则，被组织全部或多数成员认可，并对内部成员具有约束力，但不要求必须具有具体的组织名称、纲领、章程、文字规定等。这一条比较清楚，也不难理解，但"约定俗成的行为准则"，实践中表现的并不明显，有的虽然表现的还较为明显，但取

证和证明的难度也较大，这就要求我们在办案中进行认真梳理和提炼，并通过证据予以固定和表现。

3. 组织成员人数多，一般掌握为组织者、领导者、骨干成员及其他参加者，包括未到案人员，一般在10人以上。如何证明"未到案人员"是组织成员呢？实践中难度很大，证据的收集、固定和运用恐怕都会存在一定的问题，那么已经死亡和正在服刑的算不算数，如何证明？公安在移送审查起诉和我们提起公诉时未指控其犯罪，是否需要证明其是组织成员呢？这些恐怕都需要明确。另外，"10人以上"是否符合实际，也需要斟酌。我省规定的组织成员一般应在5人以上，是一般意义上的集团犯罪的人数，我认为比较符合实际，实践中我省也处理了几件5人以上10人以下的案件，如果要求一律必须10人以上，恐怕会出现打击不力的情况。

组织特征，主要从以上3个方面把握。那么上面提到的组织者、领导者、骨干成员、其他参加者，又应如何界定呢？一般来讲：

组织者、领导者是指倡导、发起、组建黑社会性质组织以及在黑社会性质组织中处于领导地位、为该组织制定行动纲领，起着决策、指挥、协调作用的犯罪分子。组织者、领导者，是涉黑组织中的头目，也就是人们常说的黑社会老大。这个概念还是比较科学的，但"为该组织制定行动纲领"不符合当前打黑实际，应当剔除，实践中现今的黑社会性质组织为了逃避打击，不可能制定行动纲领，即使有类似的行动纲领，也只能在隐约的行为过程中体现，不可能大张旗鼓的制定什么"行动纲领"。

骨干成员是指在该组织中多次积极参加违法犯罪活动的成员及其他在组织犯罪中起主要作用的犯罪分子。这里面"积极参加"不够确切，有的成员不一定是积极参加，而是让参加就参加，但阵阵都少不下，实施违法犯罪的次数特别多，又靠近核心层，这样的成员，也应该是骨干成员。

其他参加者是指接受组织领导和组织纪律约束，并按照组织者、领导者或骨干成员的派遣、指挥，多次参与实施有组织的违法犯罪活动的犯罪分子。这里需要强调的是"多次"，如果仅参加一两次轻微违法或者犯罪活动，一般不宜将其列为组织成员，构成犯罪的可按共犯定罪处罚，不能与参加黑社会性质组织罪数罪并罚。

（二）黑社会性质组织的经济特征

一般应从经济利益及其来源，经济实力及其用途等方面把握，具体包括：

1. 黑社会性质组织犯罪以累积获取的经济利益作为其存在和发展的基础。经济来源为通过多次投入，或多次通过违法犯罪活动及其他手段累积获取。既包括通过非法手段获取，也包括通过合法手段获取；既包括在犯罪组织的统一组织、领导下获取，也包括单位或个人自愿或者在组织的要求下，将单位或个人的财物投入组织活动的部分。"非法手段获取的"当然属于黑社会组织的经济来源，"合法取得的"只要投入到黑社会性质组织中，也应视为黑社会性质组织的经济来源，"犯罪组织的统一组织、领导下获取"包括合法取得和非法取得两部分，但这部分财产一般都用于组织的活动，因此也属于黑社会性质组织的经济来源，"单位或个人自愿或者在组织的要求下投入的部分"，也因其用于组织活动，也必须列入黑社会性质组织的经济来源，那么单位或个人自愿投入部分，是否要求单位或个人明知投入到的组织是黑社会性质的组织呢？这一点在此不用考虑，因为这里研究的是黑社会性质组织罪的经济特征，而不是研究投入的单位或个人是否构成犯罪的问题。

2. 具有一定的经济实力应当理解为通过上述手段获取并积聚了一定的财产，但并不要求黑社会性质组织的全部经费都要来自于有组织地通过违法犯罪活动或者其他手段获取的经济利益，也不要求经济实力必须达到某一固定的数额标准，不论黑社会性质组织是通过违法犯罪活动，还是通过正常经营活动等获取经济利益；不论其经济实力是较为雄厚还是较为薄弱，只要是将其积聚的经济利益用于支持组织的活动，就可认定该特征。组织的财产应由该组织统一掌控，或者虽不由该组织完全掌控，但由组织者、领导者或骨干成员支配或者根据其授意支配，部分或全部用于支持该组织的基本活动或违法犯罪活动等即可。

（三）黑社会性质组织的行为特征

一般应从组织性、暴力性、多样性和次数多等特点把握：具体包括：

1. 违法犯罪行为主要是以暴力或暴力威胁为后盾，但不一定每次都是用暴力或以暴力相威胁。其行为性质主要包括：故意杀人、故意伤害、强奸、劫持、爆炸、纵火、投放危险物质、聚众斗殴、强迫交易、寻衅滋事、绑架、抢劫、敲诈勒索及强行收取保护费、放高利贷、强行索要债务、欺行霸市、非法垄断等"为非作恶，欺压、残害群众"的违法犯罪行为。

2. 除暴力、威胁手段外的"其他手段"是指：利用暴力、威胁的影响，足以对群众产生心理强制的手段；滋扰正常生产、生活、经营、教学、科研等社会秩序及国家机关工作秩序、公共场所秩序、交通秩序等等非暴力手段。当黑社会性质组织发展到一定程度的时候，其在当地或一定行业已经形成了霸主的地位，因此，其在实施某一具体犯罪时，不一定要实施暴力和以暴力相威胁，只要是根据其淫威，被害人不得不屈从的，也可以认定其暴力威胁性的存在，也就是前面提到的非暴力手段，但必须通过一定的证据加以证明。

3. 多次进行违法犯罪活动，应为多次实施违法和犯罪活动，"多次"应理解为至少三次以上。实践中应特别注意：黑社会性质组织犯罪的次数，不应将1997年10月1日以前实施的违法犯罪活动计算在内。根据刑法罪行法定原则和刑罚的从旧兼从轻原则，1997年刑法修改之前，我国刑法没有规定"涉黑"的罪名，因此1997年10月1日以前的违法犯罪行为不能列入黑社会性质组织犯罪之中，此前的违法行为不能用刑法进行调整，犯罪行为如新刑法也认为是犯罪，则适用从旧兼从轻的原则。对于1997年10月1日以前的行为构成组织、领导、参加黑社会性质组织犯罪，但1997年10月1日以后不构成黑社会性质组织犯罪的，不应以黑社会性质组织犯罪处理，原犯罪行为如未过追诉时效可按其触犯的具体罪名，根据从旧兼从轻的原则处理。

4. 必须是为组织利益而实施的犯罪。组织成员出于个人目的并非为组织利益或以组织为后盾个人实施的违法犯罪活动不能纳入组织犯罪中。

（四）黑社会性质组织的非法控制特征

一般应从公开或半公开性及对抗性等特点把握，具体包括：

1. 应达到公开或半公开地非法操纵、影响、支配某一区域或行业，或对其具有相当程度的影响，与公权力形成一定程度的对抗。

2. "通过实施违法犯罪活动"或者"利用国家工作人员包庇或者纵容"作为选择

性要件，只需具有其中之一即可。

3. 为了黑社会性质组织的利益，具有下列情形之一的，可认定为"在一定区域或者行业内形成非法控制或重大影响，严重破坏经济、社会生活秩序"。

（1）非法行使公共管理权，在一定范围内强行罚款、收费（如：吉林李海峰案件，指示手下对公民违反殡葬规定土葬的进行罚款；白城郭云智案件，对村民去歌厅唱歌的，一经发现就以村委会的名义进行罚款等），强行干预他人正常生产、经营、生活，时间较长或次数较多的；（强行罚款或收费等必须是非法行使公共管理权，或打着合法的幌子滥施权力，且必须是时间较长、次数较多，偶尔一次情节又不恶劣，没有影响他人正常的生产、生活或经营的不应算具备此要件。）

（2）非法垄断一定行业的生产、经营，或者非法取得该行业较大的份额的。如刘文义案垄断辽源啤酒销售和牛皮收购市场、吴洪刚垄断德惠粮食仓储系统席穴等的购销等。有的案件"垄断"可能不典型，但也必须在一定区域占有较大份额，且这种较大份额的占有又必须是通过非法手段占有的，通过合法渠道、正常生产经营，虽取得了一定区域某一行业的较大份额，也不能算具备了此要件。

（3）控制操纵色情、赌博、毒品和高利贷等非法地下交易市场的。如：梁旭东操控色情场所、赵洪霖操控赌博、刘义操控高利贷等，在我省查处的案件中都有所体现。

（4）多次为组织争夺势力范围、确立强势地位或维护非法权威而采用暴力、威胁手段大规模聚众斗殴，寻衅滋事的，或采用谋杀、报复伤害等手段打击竞争对手的。这样的实例在前些年查处的案件中经常出现，但近些年表现的不够明显，特别是为争夺势力范围打打杀杀的情况越来越少了，代之而来的是更加明显的经济控制和彼此之间的互不干涉。

（5）多次代人强立债权、强索债务、插手经济纠纷的，或多次受人雇佣实施杀人、伤害、绑架、非法拘禁等违法犯罪行为的。这种情况在黑社会性质组织形成初期，一般较为明显，但发展到一定程度之后，则表现的反而不突出了，原因是其已经具备了一定的经济实力，已经确立了一定的霸主地位，对一定区域、一定行业已经形成了非法控制，因此已没有必要再打打杀杀就可以实现其犯罪目的了。

（6）煽动、组织或强制其他市场主体采用暴力、威胁或者其他手段抗拒国家对行业、市场进行管理，后果严重的。实践中，我省查处的案件这方面表现的还不太明显，在外省查处的案件中这种情况经常出现。

（7）以暴力、威胁或者其他手段破坏企业、事业单位正常生产、经营秩序，致使不能正常生产、经营，后果严重的。此种情况多在违法事实中出现，那么从全省几年来查处的案件情况看，违法事实方面的证据收集都不是很到位，特别是违法事实对社会造成的影响以及企业、事业单位的无奈和社会公众的恐慌心理方面的证据收集的不太好。因此，在涉黑犯罪案件中对违法事实的侦查也必须像犯罪事实一样引起我们的高度重视，这样才能更有利于对涉黑罪名的认定和对涉黑犯罪分子的打击。

（8）以暴力、威胁或者其他手段破坏国家机关、人民团体工作秩序，造成基层政权职能削弱或不能正常运转的。这样的事例在我省不是很突出，去年查处的白城郭云智案件，其中有一起违法事实是冲击电视台的，原因是未缴有线电视费被停送信号了。

（9）其他严重破坏社会生活、经济秩序的情形。这是一个兜底条款，如滥摊派、强迫交易等等。

以上谈的是黑社会性质组织犯罪的四个特征，但黑社会性质组织犯罪的特征因案件事实的千差万别，可能会出现四个特征发展的不平衡的问题，实践中对于《立法解释》所列举四个特征中的认识分歧最大的，体现在组织性特征和非法控制性特征方面。对其中人数、犯罪起数、聚敛财产数额、一定区域等可以量化的要件，现今还不好拿出一个统一的标准，所举出的"量"的标准可以作为最低标准参考，在认定时，更多的还是要把握好立法本意，通过黑社会性质犯罪的本质特征来认定，不可过于机械执法。同时还要充分把握好法律规定与刑事政策之间的关系，坚持具体案件具体分析，决不能孤立办案，尤其要通过黑社会性质组织产生、发展做大的过程进行综合判断。不能简单地抠犯罪构成或机械地看待《立法解释》所规定的四项特征，应充分理解立法本意，以《立法解释》规定的四项特征的基本条件，根据案件的具体情况从整体上、本质上去把握认定。在有的具体案件中，四项特征中的某一特征可能并不典型，或有些弱化，但要结合其他特征综合进行判断。反之，有的案件从表面上看，似乎已经具备了黑社会性质组织的四项特征，但未必就是黑社会性质组织。因此要具体案件具体分析。

三、包庇、纵容黑社会性质组织罪的认定

实施包庇、纵容行为在主观上必须是出于故意，即故意对该组织的违法犯罪活动进行包庇、纵容。过失不构成此罪。但是不要求行为人对组织的黑社会性质和犯罪行为的性质明确或确切知道，即不知道是黑社会性质组织或者黑社会性质组织所进行的违法犯罪活动而予以包庇、纵容的，不影响包庇、纵容黑社会性质组织罪的成立。黑社会性质组织能否认定是一个司法认定问题，必须经过一系列的侦查、审查和审判才能确定，我们不能要求行为人在实施包庇、纵容行为时主观上必须明知其包庇、纵容的是黑社会性质组织或黑社会性质组织所实施的违法犯罪行为，因为是否能够认定构成黑社会性质组织犯罪虽经侦查、起诉甚至审判，我们业内人士可能还有不同意见，因此，在行为人实施包庇、纵容时就确切知道其包庇、纵容的是黑社会是不现实的。但也不能说只要包庇、纵容的组织或违法犯罪行为经过侦查、审判被确认为黑社会性质组织犯罪，就认定其构成包庇、纵容黑社会性质组织罪，那么这样就犯了事后推定或追认的逻辑错误。因此，实践中我们应该把握"行为人在实施行为时至少应该明知或确切知道其包庇、纵容的可能是有组织的违法犯罪或者是黑道的违法犯罪行为即可"，至于是什么样的组织，能否最终被确认为组织、领导、参加黑社会性质组织罪，则不需要其主观上有明确的判断。

四、处罚问题

（一）刑事责任

组织、领导黑社会性质组织的犯罪分子，按照该组织所犯的全部罪行承担刑事责任。其他不同等级的组织者、领导者，按照其地位和作用，分别对其组织、领导、参与的罪行承担刑事责任。

组织者、领导者应对下列4种犯罪行为承担刑事责任：

1. 本人组织、策划、指挥实施的犯罪行为；

2. 本人具体实施、参与的犯罪行为；

3. 组织成员为组织利益而实施的犯罪行为（这些犯罪行为，组织者、领导者不一定知道，但是为了组织的利益，在组织的概括故意范围内实施的，那么组织者、领导者就应承担责任。）；

4. 组织成员按照组织惯例以及组织共同遵守的约定实施的犯罪行为。

对黑社会性质组织中的"积极参加者"和"其他参加者"，应根据其实际作用大小，分别对其参与的罪行负责。

对于组织、领导、参加黑社会性质组织这几种行为方式，根据组织的需要和个人表现的不同发生变化的（转化型的），并非一律依行为人转化后在组织中所处的实际地位和行为特征对其定罪处罚，而是要兼顾转化前后行为人实施行为性质的不同和行为严重程度的不同以及实施行为时其在组织中所处的地位综合予以考虑。

构成黑社会性质组织犯罪的，与该组织的其他犯罪行为实行数罪并罚；未构成黑社会性质组织犯罪的，按照集团犯罪或其他共同犯罪处罚。

（二）黑社会性质组织财物、收益及其犯罪工具问题

在黑社会性质组织犯罪中，一般都聚敛大量的财物，有的将聚敛的财物进行投资，又产生了大量的收益。"聚敛的财物及其收益"指的是黑社会性质组织的全部财产及其收益。既包括组织者、领导者、骨干成员以及其他成员向该组织投入的资金，也包括组织者、领导者、骨干成员以及其他成员通过非法手段获取的经济利益，还包括非法利益再投资获取的全部经济利益及其孳息等。

聚敛的财物及其收益，应依法没收，同时应注意保护其他单位或个人的合法利益。

"用于犯罪的工具"是指黑社会性质组织实施各类违法犯罪活动所使用的凶器、设施和通讯、交通等工具。对黑社会性质组织及其成员借用、租用的用于实施违法犯罪活动的通讯、交通等工具，一般不予以没收，应发还原主，但原主明知是黑社会性质组织或其成员进行违法犯罪活动而仍积极提供的除外。

第二部分涉黑犯罪案件的公诉证据标准

一、组织、领导、参加黑社会性质组织罪

（一）关于本罪主体的证据

本罪的主体是自然人，即行为人是年满十六周岁、具有刑事责任能力的自然人。

证明自然人犯罪主体的公诉证据主要包括三个方面：

1. **个人身份证据：**

（1）本国自然人：身份证、护照、回乡证或户籍资料（户口簿、微机户口记录、公安部门出具的户籍证明等）。

（2）外国自然人：护照、指定的专门机关出具的外文翻译件及有关外国使领馆等出具的证明等。

通过以上证据证明自然人的姓名（曾用名）、性别、国籍、出生年月日、身份证号码、民族、籍贯、出生地、职业、住所地等情况。

2. **前科劣迹证据：**

（1）刑事判决书、裁定书；

（2）释放证明书、假释证明书；

（3）不起诉决定书；

（4）劳动教养决定书、解除劳动教养决定书；

（5）其他行政处罚决定书；

（6）其他劣迹的证明材料。

3. 可能影响自然人刑事责任的几种情况的证据：

（1）未成年人。对于未成年人，应当收集证明未成年人的责任年龄的相应证据。对于边缘责任年龄的，重点查明以下证据：

①证人证言。主要是能够证明犯罪嫌疑人、被告人出生时间、年龄的证言（如接生人、邻居、亲友等）；

②医院的出生证明及医疗档案；

③个人履历表或入学、入伍、招工、招干等登记表中有关年龄的证明；

④犯罪嫌疑人、被告人供述和辩解；

⑤骨龄鉴定。

通过上述证据的收集和固定，证明犯罪嫌疑人、被告人行为时系年满16或14周岁、具有相应刑事责任能力的自然人，符合该犯罪的主体要件。（如果罪行严重可能判处死刑的要收集其行为时是否年满18岁的证据）

司法实践中，经常发生犯罪嫌疑人、被告人或其亲友通过伪造、变造身份证明以减少犯罪嫌疑人、被告人实际年龄的情况，可能影响罪与非罪、罪轻与罪重的认定。对此要着力收集上述各项证据，由此判明其真实年龄。同时，要注意发现身份证明上是否有涂改、篡改的痕迹，必要时须进行文证痕迹鉴定以甄别真伪。

（2）对可能患有精神病的，应当收集能反映其精神状态的相关证人证言，必要时亦需对其家族遗传病史予以一定的调查，并进行相应的精神病鉴定。

（3）其他可能是无刑事责任能力或者限制刑事责任能力的，也应当收集相关证据，必要时应进行司法鉴定。

（二）关于本罪主观方面的证据

1. 犯罪嫌疑人、被告人的供述与辩解，用以证实：

（1）组织、领导、参加黑社会性质组织的动机、目的，以及预谋的时间、地点、参与人及内部分工；

（2）黑社会性质组织成立的时间、地点、人数，组织者、领导者、积极参加者的姓名（绰号、代号）及个体特征；

（3）黑社会性质组织网罗、训练成员的时间、地点、内容、方法，以及成员的主要分工、活动（责任）区域、行为习惯等；

（4）按照组织分工，采用暴力、威胁或者其他手段，聚敛钱财、扩充实力、争夺势力范围的时间、地点、参与人及分工、原因、经过、结果等情况。

（5）黑社会性质组织确立的帮规及对组织成员实施奖惩的情况，包括实施奖惩的时间、地点、参与人、经过等；

（6）黑社会性质组织成员对国家机关工作人员进行拉拢、腐蚀的情况，包括：动因、时间、地点、手段、经过、结果等。

2．被害人陈述、证人证言，证实内容同上。

3．物证、书证，如作案工具、帮规、书信、企业营业执照、账本等，证实黑社会性质组织的组织形式、成员、分工、寻求"保护伞"情况、实施犯罪的方式、实施具体违法犯罪情况及社会危害后果等。

4．现场勘查、检查笔录、鉴定结论、视听资料等，证实黑社会性质组织的窝点情况、实施具体违法犯罪现场情况、人身损害或财产损失情况等。

通过上述证据，证明行为人出于称王称霸，攀比心理，寻求靠山或报复社会以及被引诱、被胁迫等动机，为了攫取金钱、获取权力或称霸一方的目的，以黑社会性质组织为依托，以组织者、领导者、参加者的身份，采用暴力、威胁或其他手段，或者利用国家工作人员的包庇、纵容、组织、策划、指挥、协调、参加多种违法犯罪活动，大肆攫取金钱，获取权力，危害一方的主观心态。

（三）关于本罪客观方面的证据

本罪客观方面应注意收集、审查证明黑社会性质组织结构和黑社会性质组织实施的具体违法犯罪活动两个方面的证据。具体证据如下：

1．犯罪嫌疑人、被告人的供述，辩解和证实

（1）组织、领导、参加黑社会性质组织及有组织地从事违法犯罪活动所要达到的目的；

（2）是否组织、领导、参加黑社会性质组织，黑社会性质组织发起、发展过程、组织活动宗旨、成立时间、地点、原因、经过、组织角色分工、成员间的隶属关系、相互关系等；

（3）为实现犯罪目的、犯罪宗旨所采取的暴力、威胁，拉拢、收买国家机关工作人员等手段、方法、途径、渠道；

（4）是否参与从事具体违法犯罪活动，实施具体违法犯罪活动的时间、地点、原因、经过、被害人、结果，及在具体违法犯罪活动中的地位、作用；

（5）对本组织在当地或某行业造成的影响等情况。

2．被害人陈述

主要包括以下3个方面：

（1）受到惩戒的黑社会性质组织成员陈述，证实自己所受惩戒的时间、地点、手段、原因、经过、结果、惩戒人、伤情等；

（2）受到黑社会性质组织欺压、残害、威胁、滋扰的被害人，包括被欺压者、被残害者、被绑架者、被敲诈者、被非法拘禁者、被迫参加赌博、被迫卖淫者等的陈述，证实受侵害的时间、地点、手段、原因、经过、结果、侵害人及个体特征等，以及要求对黑社会性质组织成员予以惩处的意见；

（3）被害单位的知情人陈述，证实本单位所受黑社会性质组织欺压、掠夺、敲诈及所受财产损失等情况，以及对黑社会性质组织成员予以惩处的意见等。

3．证人证言

具体包括：

（1）关系人、目睹人、围观人、发现人、扭送人、举报人等知情人的证言，证实黑社会性质组织网罗、训练成员、对其成员进行惩戒，组织者、领导者和参加者个人自然情况，拉拢、收买国家工作人员，有组织地进行的违法犯罪活动，以及在当地或在一定行业范围内形成势力范围，对社会公众心理造成重大影响等情况。

（2）包庇、纵容黑社会性质组织的国家机关工作人员的证言，证实其所知道的黑社会性质组织的组织机构、实施的具体违法犯罪行为等情况，及自己被拉拢、收买、如何进行的包庇、纵容等情况。

4. 物证、书证

（1）黑社会性质组织非法集会的窝点、主要管理活动场所、经营场所或者是藏匿犯罪工具、赃款赃物或其他财产的场所；

（2）黑社会性质组织的"帮规"的书面材料、营业执照、日记、书信等，证实黑社会性质组织成立的时间以及该组织由犯罪团伙—犯罪集团—黑社会性质组织的演化情况；

（3）黑社会性质组织的名称、机构设置、组织成员名册、骨干成员分工名册、招募协议、工资表、组织成员登记表、各种会议记录、任命书、委托书、聘用书、决心书、保证书等，证实黑社会性质组织的组织结构、规模，以及组织者、领导者、参加者身份、内部分工等情况；

（4）黑社会性质组织的"帮规""戒约"或"规矩"等书面材料，以及惩戒人惩戒违规者所使用的枪、刀、棍棒、绳索等工具，被惩戒人的医疗诊断证明，证实黑社会性质组织的严密程度；

（5）产权证、营业执照、生产经营状况证明材料，金钱、票据、财产状况证明材料等，证明黑社会性质组织的经济实力、违法所得的来源、数量、去向等；

（6）枪支、弹药、刀具、通讯联络工具、交通工具、车船牌照及照片等，证实黑社会性质组织按照分工所进行的具体违法犯罪活动情况；

（7）工商、税务、海关、派出所等执法部门的卷宗材料，证实黑社会性质组织实施的具体违法犯罪行为、社会危害情况等。

5. 鉴定结论

（1）法医鉴定结论。包括受到黑社会性质组织残害、欺压人员及被惩戒人员所受伤害的法医鉴定结论，证实死亡时间、伤害部位，致伤、致死的原因、器械等；

（2）物品估价鉴定结论和产权文书的文检鉴定，证明黑社会性质组织违法所得、财产状况及损害财物的价值；

（3）其他技术鉴定，如精神病鉴定、毒品鉴定、枪支鉴定、痕迹鉴定、司法会计鉴定等。

6. 勘验、检查笔录

（1）犯罪现场勘验、检查笔录。主要包括：

①黑社会性质组织成员的主要聚集点；

②黑社会性质组织藏匿犯罪工具、赃款、赃物现场；

③黑社会性质组织从事生产经营管理活动现场；

④黑社会性质组织从事具体违法犯罪活动现场，如绑架、非法拘禁、杀人、故意伤害现场，欺压、残害群众现场，走私、贩毒被抓获的现场，从事赌博、组织卖淫等违法犯罪活动的现场等。

（2）人体检查笔录，证实被害人人体伤亡情况、致死（伤）原因、致死（伤）工具、因果关系等。

（3）物品勘验、检查笔录，包括对犯罪中涉及的物品、犯罪工具、痕迹的勘验、检查笔录及勘查图、同步录像或照片。

7. 视听资料

具体包括：

（1）记录黑社会性质组织成立、重大经营举措、招募广告等录音、录像资料；

（2）重大犯罪案件的现场录像资料；

（3）重大犯罪案件新闻录音、录像资料；

（4）黑社会性质组织生产经营、管理活动中所形成的微机数据库软盘等。

8. 其他证明材料

具体包括：

（1）被害人、目击证人辨认犯罪嫌疑人或物证的笔录；

（2）行为人对现场、赃物、被害人的指认、辨认笔录；

（3）搜查笔录、扣押物品清单及照片，证实查获的作案工具及调取的相关物证；

（4）侦查实验笔录、录像；

（5）侦查机关的报案登记、立案决定书及破案经过等书证，证实案件来源、侦破经过以及犯罪嫌疑人是否有自首情节等。

通过对上述证据的收集和固定，证明行为人以组织、领导或者参加的方式，形成较稳定的犯罪组织，并以暴力、威胁或者其他手段，有组织地多次、连续实施违法犯罪活动，形成行业或区域垄断。实践中，要特别注意本罪客观方面有的证据具有双重证明功能，既可以证明黑社会性质组织罪的组织结构，又可以证明具体违法犯罪行为。

实践中，对于组织者、领导者和参加者身份的确认，要通过相应的证据加以证明。具体分以下三个方面：

1. 对于黑社会性质组织的组织者，应重点查明

（1）组织者为成立黑社会性质组织而注入资金、实物、财产性利益的有关情况，包括：注入的时间、地点、交接人、经过、财产数额、财产去向及相应票证等；

（2）组织者为黑社会性质组织制定活动宗旨、帮规戒律等的有关情况，包括：时间、地点、手段、参与人、经过、结果等；

（3）组织者依照黑社会性质组织章程，行使人事安排权、经营决策权、利益分配权、惩戒权的有关情况，包括行使上述权力的具体时间、地点、手段、相关事项、经过、结果等；

（4）组织者对国家工作人员进行拉拢、收买、威胁的有关情况，包括实施上述行为的时间、地点、手段、参与人、经过、结果；

（5）组织者组织、策划、指挥黑社会性质组织实施具体违法犯罪活动的时间、地点、手段、参与人、被害人、原因、经过、结果等。

实践中，要注意区分名义上的组织者与事实上的核心人物，不能单纯以组织者的称谓来认定其在黑社会性质组织中的地位与作用，而应当根据上述证据，综合考查犯罪嫌疑人、被告人在黑社会性质组织及其实施具体违法犯罪活动中的地位和作用，认定其是否为黑社会性质组织的主要出资人或公认的核心人物。

2．对于黑社会性质组织的领导者，应重点应查明

（1）犯罪嫌疑人、被告人成为黑社会性质组织领导者的具体情况，包括：时间、地点、通过什么事件确立了其领导者的地位、采取的手段、经过、结果等；

（2）领导者参与制定黑社会性质组织活动宗旨、帮规戒律的有关情况；

（3）领导者依照黑社会性质组织章程，具体行使人事安排权、经营决策权、利益分配权、惩戒权的有关情况，包括行使上述权力的具体时间、地点、手段、相关事项、经过、结果等；

（4）领导者对国家工作人员进行拉拢、收买、威胁的有关情况，包括实施上述行为的时间、地点、手段、参与人、经过、结果；

（5）领导者具体组织、策划、指挥黑社会性质组织实施具体违法犯罪活动的时间、地点、参与人、被害人、手段、原因、经过、结果等。

实践中，也要注意区分名义上的领导者与事实上的领导者，不能单纯以称谓来认定其在黑社会性质组织中的地位与作用，而应当根据上述证据，综合考查犯罪嫌疑人、被告人在黑社会性质组织及其实施具体违法犯罪活动中的地位和作用，认定其是否是黑社会性质组织的具体领导、指挥、协调的重要人物。

3．对于黑社会性质组织的参加者，应重点查明

（1）犯罪嫌疑人、被告人于何时、何地、通过何人、以何种方式参加黑社会性质组织，是否参与具体违法犯罪活动，以及参加具体违法犯罪活动的时间、地点、参与人及分工、被害人、手段、原因、经过、结果等；

（2）犯罪嫌疑人、被告人是否明知加入的是黑社会性质组织，以及加入的时间、地点、参与人、手段、原因、经过、结果，加入黑社会性质组织后身份变化情况等；

（3）犯罪嫌疑人、被告人是否因被欺骗、被蒙蔽而参加黑社会性质组织，且是否未参与具体违法犯罪活动。

办理此类案件时，常出现参加黑社会组织的犯罪嫌疑人、被告人作如下辩解："我不知加入的组织是黑社会性质组织"，对此，可以收集以下证据：

①证人证言；

②同案犯供述；

③犯罪嫌疑人、被告人供述；

④物证、书证。

通过上述证据，证明参加者明知其加入的是黑社会性质组织。

（四）关于本罪客体的证据

通过主观、客观方面证据的收集和运用，证明行为人的行为严重侵害了社会管理秩序。实践中，证明行为人组织、领导或者参加黑社会性质组织并实施违法犯罪的行为，对社会主义市场经济秩序、社会管理秩序造成的危害及其严重程度，主要应考虑以下因素，综合予以认定：

1．黑社会性质组织活动持续的时间、地点、危害的对象、领域；

2．黑社会性质组织活动的内容、手段、强度、次数；

3．黑社会性质组织活动造成的人身伤亡、财产损失的情况；

4．黑社会性质组织活动对社会公众心理造成的影响。

通过收集、固定各种证据，证明行为人通过实施各种违法犯罪活动，对正常的社会秩序造成了严重的侵犯，严重地影响了社会政治、经济、管理和人们的正常生活。证明上述各点，主要通过犯罪嫌疑人、被害人、证人以及社会公众的评价等言词证据及有关物证、书证、现场勘查、鉴定结论、视听资料等予以证明，我们侦查中在收集具体行为证据的同时一定要注意本罪侵犯的客体的证据的一并收集，特别是有关危害后果的证据，只有危害后果反映和揭露到位，才能更有利于证明黑社会性质组织罪的成立，我们实践中对具体犯罪事实查证比较注意，但对黑社会组织成员的违法事实，不注意收集证据，特别是对违法事实所造成的危害后果更不注意收集证据，即使收集了也只是搞一个轻伤、轻微伤的鉴定或财产损失的评估，不注意对违法行为所产生的影响的证据的收集，事实上，这些影响对最后能否认定为涉黑罪名将起到至关重要的作用，因此，实践中我们在这方面必须加以注意。

二、包庇、纵容黑社会性质组织罪

（一）关于本罪主体的证据

本罪犯罪主体是特殊主体，即国家机关工作人员。具体证据包括：

1. 单位性质方面证据

（1）机关、人民团体法人代码，国有资产登记表；

（2）公司、企业、事业单位的营业执照等相关证明材料；

2. 单位直接负责的主管人员和其它直接责任人员方面的证据

（1）身份证明：

法定代表人、直接负责的主管人员和其它直接责任人员的职务身份的证据，包括人事部门或组织部门的任职证明（包括任职时间、职务、职责）、国家公务员登记表等；

（2）职责证明：

①依法从事公务人员从事公务的法律依据，如有关单位出具的委派其从事公务或委托其管理、经营国有财产的证明，包括任命书、推荐书、协议书、合同、批示、批复、会议记录等材料；

②规定从事公务活动范围的有关文件；

③实际履行职责情况的相应证据。

3. 证明直接负责的主管人员和其它直接责任人员的个人身份的证据，参照前面有关自然人的规定

（二）关于本罪主观方面的证据

1. 犯罪嫌疑人、被告人的供述与辩解，证实：有关案发原因、起意、犯罪的动机和目的、犯意提起、有无预谋、是否受他人指使、各行为人的地位与作用、对行为及其后果的认知程度等。

2. 被害人陈述、证人证言，证实：行为人实施犯罪行为前后的言语，作案的时间、地点、参与人、组织分工、经过、结果等。

3. 书证、物证、视听资料、现场勘验检查笔录、鉴定结论等。证实：行为人与黑社会性质组织成员之间关系往来的基本情况、犯罪工具、非法所得、犯罪结果等。

通过上述证据，证明行为人明知司法机关查禁黑社会组织或者黑社会性质组织，或者是有组织的黑道犯罪，出于使犯罪组织成员逃避惩处的目的，采用包庇、放纵、听任等方式，帮助犯罪分子逃避法律制裁，对抗司法机关查禁活动或妨害司法活动。本罪主观方面为故意，且多系直接故意，但也不排除间接故意。行为人实施的犯罪行为的动机可能是权钱交易、谋取暴利、受到恐吓等，但动机不影响本罪的成立。

（三）关于本罪客观方面的证据

1. 犯罪嫌疑人、被告人供述和辩解。证实：

（1）知悉司法机关查禁黑社会组织或者黑社会性质组织的信息的事实；

（2）其被黑社会性质组织拉拢腐蚀的事实；

（3）其与黑社会性质组织建立某种联系的事实；

（4）为黑社会组织或者其成员通风报信，隐匿、毁灭、伪造证据的事实；

（5）阻止他人作证、检举揭发，指示他人作伪证，帮助逃匿等情况；

（6）阻挠其他国家机关工作人员依法查禁的事实，或者不依法履行职责，放纵、听任、容许黑社会性质组织进行违法犯罪活动的事实。

具体包括包庇、纵容行为的时间、地点、手段、次数，起因，与被包庇人的关系和往来，经过与结果等情况。

2. 证人证言。包括侦查人员、侦查活动的见证人、鉴定人、关系人、知情人、发现人、黑社会性质组织骨干、成员等证言。证实国家机关工作人员与黑社会性质组织的关系往来，为黑社会组织、黑社会性质组织成员通风报信，隐匿、伪造、毁灭证据，阻止他人作证、检举揭发，指示他人作伪证，帮助逃匿，或者阻挠其他国家机关工作人员依法查禁，或者不依法履行职责，放纵、听任、容许黑社会组织、黑社会性质组织进行违法犯罪活动的时间、地点、方式、经过、结果等情况。

3. 受黑社会性质组织违法犯罪活动侵害的人员的举报、控告、申诉材料及证言。证实行为人为了帮助黑社会组织、黑社会性质组织逃避查禁，不依法履行职责，放纵、听任、容许黑社会组织、黑社会性质组织进行违法犯罪活动并遭受侵害的事实。

4. 物证。包括行为人帮助黑社会组织、黑社会性质组织隐匿、伪造、毁灭的作案工具、实物，相互联络所使用的通讯设备、交通工具，接受黑社会性质组织的款物，为黑社会组织成员提供的逃跑工具，提供的经费，赂买有关国家工作人员的款物等实物及清单、照片。

5. 书证。主要包括：

（1）证明行为人与黑社会性质组织成员的联系方式、内容、关系紧密程度等情况的证据。包括记事本、书信、邮件、与黑社会性质组织成员通话的电话记录单、通风报信的记录、字条等。

（2）证明具体犯罪事实的证据。包括为黑社会性质组织提供的材料、帮助毁灭或帮助藏匿的书证、黑社会组织和黑社会性质组织的账簿、黑社会组织支出帐簿、侦查卷宗等记载黑社会性质组织所犯罪行的有关证明材料等。

（3）证明收受黑社会性质组织财物、接受服务等方面的证据。包括有关产权证明文件、收据、发票存根等。

（4）司法机关出具的法律文书或情况说明，证实行为人妨害司法追诉情况等有关内容。

6. 鉴定结论。包括文检鉴定、物品鉴定、技术鉴定等，证实行为人为包庇、纵容黑社会组织和黑社会性质组织所造成的物质损失、人身伤害、犯罪手段等情况。

7. 勘验、检查笔录。包括毁灭、伪造或藏匿罪证现场、逃匿现场、不履行公务等现场、物证的勘验检查笔录及勘查图、照片。

8. 视听资料。如录音带、录像带、照片、微机数据库等。

9. 相关证明材料。包括举报、控告材料，公安机关发的破案经过和办案说明，辨认、指认笔录，起赃、收缴、返赃、退赃笔录，证明与案件有关的事实情况。

通过上述证据，证明行为人实施了包庇黑社会性质组织，或者纵容黑社会性质组织违法犯罪活动的行为。表现为行为人知情不举、通风报信、作假证明、毁灭证据、放任不管、不予查处、予以祖护等情况。

实践中，对于行为人的具体行为，应注意把握以下几点：

1. 本罪的"包庇"，不仅包括包庇罪的"作假证明"的行为，而且包括通风报信，隐匿、毁灭、伪造证据，阻止他人作证、检举揭发，指示他人作伪证，帮助逃匿，或者阻挠其他国家机关工作人员依法查禁等行为。

2. 本罪的"纵容"，是指国家机关工作人员不依法履行职责，放纵黑社会性质组织进行违法犯罪活动的行为。实践中，"纵容"必须以行为人负有一定的打击黑社会性质的组织的违法犯罪活动之职责为前提。如果行为人不具有查禁某具体的违法、犯罪活动职责而知情不举的，属于"单纯的知情不举"，不以本罪论处。

（四）关于本罪客体的证据

通过司法机关查禁黑社会组织、黑社会性质组织的相应法律文件，如立案决定书、逮捕证、取缔命令等书证，行为人所实施的与查禁活动相悖的包庇、纵容活动及对查禁活动造成的障碍，如通过行为人的包庇、纵容，而使黑社会组织或黑社会性质组织继续得以存续，成员得以继续逃避司法打击，或者继续从事违法犯罪活动等主、客观方面的证据，证实行为人侵犯的客体是司法机关查禁黑社会性质组织的正常活动。

（五）本罪在收集、认定证据过程中应注意的问题

1. 本罪的罪与非罪问题

本罪在犯罪类型上属于行为犯，只要行为人实施了包庇或纵容黑社会性质组织及其违法犯罪活动的行为，一般即可构成本罪，无需物质性和有形的犯罪结果的发生。但情节显著轻微危害不大的，也可以不认为是犯罪。对"情节显著轻微"的把握，应着重分析以下相关证据：行为人包庇、纵容的次数、方式，包庇、纵容的黑社会性质组织或黑社会性质组织的违法犯罪活动的危险性大小及危害性程度，行为人事前的一贯表现与事后的认识程度、悔罪表现等。对"危害不大"的把握，应着重分析有关行为人包庇、纵容行为没有引发黑社会性质组织威胁、危害社会正常秩序的证据，以及没有发生妨害有关机关打击此类犯罪活动的实际危害结果或给其造成显著困难等情况。

2. 本罪与相关犯罪的界限问题

（1）本罪与玩忽职守罪的界限问题。二者的区别在于：

①犯罪客体方面不同。本罪是复杂客体，主要客体是正常的社会秩序，次要客体是国家机关的正常管理活动，后罪侵犯的是单一客体，即仅是国家机关正常的管理活动；

②犯罪客观方面不同。本罪的行为方式仅能表现为包庇黑社会性质的组织或纵容其进行违法犯罪活动的行为，后罪则包括一切不履行或者不正确履行职务的玩忽职守行为。

③犯罪成立标准不同。本罪是行为犯，后罪是结果犯，在有玩忽职守行为的同时，还需发生造成公共财产、国家或人民利益重大损失的危害后果方可构成犯罪。

实践中，要注意收集和审查行为人主观上究竟是故意还是过失的相关证据，这是二者的最本质区别。

（2）本罪与包庇罪的界限问题。二者的区别如下：

①犯罪客体不同。本罪是复杂客体，主要客体是正常的社会秩序，次要客体是国家机关的正常管理活动，后罪侵犯的是司法机关惩治犯罪的正常活动；

②犯罪主体不同。本罪是特殊主体，行为人只限于国家机关工作人员，后罪则是自然人。

③行为方式不同。本罪不只限于作假证明的行为，后罪只表现为作假证明包庇犯罪人的行为；

④包庇对象不同。本罪之包庇要窄于后罪，本罪行为的指向仅是黑社会性质组织整体，不及于其他犯罪组织或犯罪人；

⑤与"本罪"的关系不同。后罪之包庇必须系事后之帮助行为，也就是说，如果行为人与其所包庇的对象事前有通谋的，则应直接按其所包庇之犯罪人的共犯论处。而本罪无此限制，即无论行为人事先是否与黑社会性质组织存在共谋，都可构成本罪。若事先有通谋的，则成立本罪与组织、领导、参加黑社会性质组织罪的想象竞合犯，从一重论处。实践中，要注意收集和审查有助于证明上述区别点的证据。

另外，由于刑法第二百九十四条第四款与第三百一十条包庇罪的交叉重合规定，经常会遇到法规竞合的情形。如某一国家机关工作人员以"作假证明"的方式为包庇某黑社会性质组织而包庇该组织的成员，其行为属于刑法理论上的法条竞合犯，应按照交叉竞合的法律运用原则"特别法优于普通法"处理，即以包庇黑社会性质组织罪对其定罪处罚。

第十四讲
涉林犯罪案件公诉方略

刘勇　张笑

一、森林资源的刑法保护

（一）森林资源在社会经济发展的作用

1．森林资源的双重效用

森林，是大自然赋予我们的宝贵财富，它被誉为大地的"绿色屏障"，森林的价值不仅决定了森林生态系统在陆地生态系统的主体地位，也决定了其与人类社会的多渠道联系。人们已普遍认识到，森林兼具有社会经济效益与生态效益，它是实现环境与发展相统一的关键纽带。森林的生态效益和经济效益有着密切的联系，经济效益往往最先得到人们的重视，但在目前的情况下森林的生态价值远远大于其社会经济价值，并得到了越来越多的关注。

森林的生态效益是指森林资源在生态方面所带来的正面影响。我们人类所居住的地球表面是一个复杂的封闭性生态系统，现在全世界的森林面积约占陆地表面积的32%。从生态效益的角度着眼，作为陆地上面积最大、分布最广、组成结构最复杂、物种资源最丰富的森林生态系统，对改善生态环境、维护生态平衡起到不可替代的作用。首先，森林是制造氧气的天然氧吧。据测定一亩森林每天能够生产48.7公斤氧气，可供65个人呼吸一天。除制造氧气外，森林还能够吸收大气中的有害物质，对空气起到净化作用。据测算，一公顷的柳杉林每月可吸收60公斤二氧化碳；丁香、垂柳、桧柏等对减轻氟化氧危害同样具有良好的效果，因此大面积的森林常被称为"大地之肺"。其次，森林对气候有重要的调节作用。森林覆盖率高的地区往往气候适宜，风缓气清；反之，植被破坏严重的地区，气候多炎热干燥，增加了人类生存的难度。第三，森林对生态平衡具有重要的作用。森林可以阻止土壤被侵蚀的速度，同时为野生生物的存活和生长提供必不可少的空间。

在经济效益方面，森林不仅是陆地生态系统的主体，而且是人类的一个巨大、可再生的自然资源库，同时也是一个以社会、经济、生态作为复合经营对象的生态、社会、经济复合系统。森林提供的木材是人类建立住所和其他活动设施所必须的材料，在许多地区森林还直接为居民提供柴薪，为人类提供必要的燃料。随着工业化进程的不断深入，森林还为造纸等多种行业提供工业原料，这些都是森林的经济效益的具体体现。但随着后工业时代的到来，对森林的掠夺、破坏、采伐不断加剧，导致森林资源急剧减少，灾害天气越来越多、水土流失越来越严重，对气候的影响也越来越大，森林的生态效益对人类生存和发展的影响则更显凸出。

由于森林资源的破坏对我们的生存环境已造成了无法控制的危害，所以对森林的保护已到了刻不容缓的地步。然而，人类的生活和国家的经济建设对森林资源的需求不断增长，所以如何处理好森林采伐与森林保护之间的关系，使森林采伐与森林保护同步成为各国政府面临的一个重要课题。

2. 林业可持续发展战略

1987年在挪威首相布伦特兰夫人的领导之下，世界环境与发展委员会向联合国提交一份题为《我们共同的未来》的报告，在报告里提出了我们应致力一条环境保护与经济发展相结合的发展模式，并且对可持续发展做了明确的定义：既满足当代人的需要，又不危及后代人满足其需求的发展。可持续发展包括三个方面的内涵：生态的可持续发展、经济的可持续发展和社会的可持续发展。所谓生态的可持续发展，是指社会赖以生存的自然条件的可持续发展。人类的生存离不开一定的自然条件，而自然条件的优劣往往又会给人类的生存和发展造成影响。森林资源的可持续发展是在1992年的世界环境发展大会上提出的，这时可持续发展的理念早已渗透到人类生活的方方面面，我国也已把此定为国策之一。

党的十六届三中全会提出了以人为本，全面、协调、可持续的科学发展观，要求必须统筹人与自然的和谐发展，实现经济发展与人口、资源、环境相协调。2003年6月25日颁布的《中共中央国务院关于加快林业发展的决定》确定加快林业发展的指导思想为"以邓小平理论和'三个代表'重要思想为指导，深入贯彻十六大精神，确立以生态建设为主的林业的可持续发展道路，建立以森林植被为主体、林草结合的国土生态安全体系，建设山川秀美的生态文明社会，大力保护、培育和合理利用森林资源，实现林业跨越式发展，使林业更好地为国民经济和社会发展服务。"至此，我国正式确立了"林业可持续发展"的指导思想。胡锦涛总书记2004年在江苏考察时也强调："要把科学发展观贯穿于发展全过程。可持续发展战略关系中华民族的长远发展，事关子孙后代的福祉，具有全局性、根本性、长期性。"

实施可持续发展，建设生态文明，是科学发展观的基本要求。生态文明要求的不是单纯的征服自然、改造自然和人定胜天，而是顺应自然、把握规律、运用规律，实现与自然的和谐发展；要求人类不仅利用自然、索取自然，同时还要保护自然、补偿自然，与自然和谐相处；不仅要确保当代人在利用资源、获取利益上的权利平等（即代内公平），而且又要求当代人与后代人在利用自然、享用自然上的权力均等（即代际公平）。事实证明，违背自然规律来获取经济利益是要付出高昂的生态成本的；局部暂时的经济增长，会带来整体生态环境的恶化，反过来又会制约经济的发展。加强生态建设，维护生态安全，是21世纪人类面临的共同主题，也是我国经济社会可持续发展的重要基础。

3. 吉林省生态建设目标

吉林省是我国的森林资源大省，林业在吉林省经济社会发展尤其是生态建设中具有举足轻重的地位。1999年，吉林省被国家率先确定为全国第二个生态省建设试点省，2000年吉林省既提出了"高效益、广就业、可持续"的林业发展方针，同时确立了生态建设与产业发展并重的指导思想，确定并实施了三大区域发展战略，找到了生态建设和产业发展的最佳结合点。据统计，"十五"期间吉林省林业总产值累计达到814.3亿元，全省围绕森林资源开发形成的经济总量超过600亿元，依托林业生存发展的人口超过350万人；自然保护区数量达到28个，总面积224万公顷，占全省幅员的11.9%。目前，全省完成造林面积89.2万公顷，全省森林覆盖率达到42.5%，现有森林每年创造的生态价值约

250亿元。

吉林省林业厅党组理论中心组（扩大）2007年11月16日召开"学习贯彻十七大精神、建设生态文明"主题学习会，提出要自觉承担起建设生态文明的历史使命，力争到2020年，全省构建起完善的生态体系，经济总量实现翻两番，林业社会总产值突破1000亿元。到2020年，吉林省林业推进生态文明建设的目标是构建三大体系：第一，建设完善的林业生态体系，全面完成十年美化绿化吉林大地规划，天然林资源得到有效保护，中部农防林防护功能大幅增强，西部荒漠化趋势得到有效遏制，全省生态环境持续改善；第二，建设发达的林业产业体系，基本实现林业经济强省建设目标，经济总量实现翻两番，林业社会总产值突破1000亿元，民营经济占林业经济比重达80%以上，林区职工收入大幅增长，林区基础设施建设有较大改观；第三，建设繁荣的林业文化体系。全民生态文明素质普遍提高，森林文化成为吉林地域文化的重要组成部分，关爱森林、保护生态蔚然成风，适应市场化要求的现代林业体制基本建立。

（二）刑法在森林资源保护中的作用

1. 森林资源的保护形势不容乐观

建国以来，由于过量采伐，我国森林资源的生产能力和生态功能大幅下降，造成水土流失、土地沙化、生物多样性遭到破坏等一系列问题；同时，林地面积大量减少萎缩，林地被改变用途或征占用数量巨大。2003年以来，不少地方乱砍滥伐森林的活动又有所发展，有十七个省（区、市）森林案件呈上升态势，其中四个省的发案数较去年同期增加一倍以上，毁林案件大幅度回升，非法运输、销售木材活动加剧。据统计，全国林业公安仅2006年上半年就受理各类森林案件52315起，查处违法犯罪人员81899人次，分别比2002年同期增加20%和7.4%，案件造成的经济损失达4548元。

当前我国破坏森林资源犯罪的突出表现为如下特点：（1）不经林业部门许可无证采伐。这类案件约占总数的67%。它可以分为三种情况，一是为谋取不法利益，盗伐他人、集体、或国家林木资源；二是不向林业行政管理部门申请而擅自违法采伐属于自己的林木，这种情况大多因为不懂有关法律法规而行之；三是虽向林业部门申请，但不待审批，提前违法采伐。（2）持采伐许可证超标采伐。这类案件约占总数的25%。林业部门的采伐许可是有明确的数量限定的，采伐人往往无视数量规定故意超标采伐，触犯法律。（3）违法的林木砍伐活动中常有单位犯罪发生。出于维护小集体的利益，而无视国家的法律法规，是这种单位犯罪的突出特征。

如前所述，森林是大地的"绿色"屏障，对人类的生存和发展具有不可忽视的意义。无数事实证明，森林植被的破坏不仅会影响人类社会经济的发展，而且必然导致整个生态体系中各因素之间平衡的破坏，致使自然生态失调、水土流失、气候恶化、污染加重。乱砍滥伐给森林资源造成严重破坏，扰乱了林区社会和生产秩序，这些现象无疑进一步凸显出森林资源刑法保护的重要性。

2. 刑法在森林资源保护方面的历史传承

对森林资源的刑法保护历史悠久，我国周代的《伐崇令》中即规定了"……毋伐树木，……。有不如令者，死无赦。"在国外，距今3800年的《汉莫拉比法典》已有禁止盗伐私人所有林木的规定，而编纂于公元前十五世纪的《赫梯法典》则对资源的刑法保护有着更高的认识和更详尽的规定。到了近、现代的工业化进程中，森林资源的法律保护则历经了"民刑法沿用、管制立法、多元治理"三个阶段。这一时期，刑法在资源犯罪中的适用并非旨在从根本上保护作为整体和系统的森林环境，而是更多基于对生命、健康和财产等传统法益的保护，更关注于"看得见"的危害，因此在上述几个时期人们更倾向于把破坏森林资源犯罪视为经济犯罪。

正如马克思所指出的，"罪犯不仅产生行为，而且产生刑法"。工业化进程的加速以资源的加剧破坏为代价，现代的大工业生产产生了现代意义上的破坏资源犯罪。同时，破坏资源违法犯罪的产生、增长，也促进了涉及资源保护的刑法的产生和发展。由于在森林资源的生态、经济双重效用二者之间，森林的生态效用逐渐凌驾于其经济效用之上，且破坏森林资源的刑事案件所侵害的法益更直接表现为对生态环境的破坏和国家对林业资源的管理制度，因此各国也逐渐把破坏森林资源犯罪归入破坏环境资源的类罪中。如果说工业化进程中的资源保护立法、包括刑事立法着眼于破坏资源犯罪的直接、短期的和可见的危害，那么后工业化社会的刑事立法则着眼于破坏资源犯罪的间接的、持久的和潜在的危害。

随着环境资源科学的发展，各国政府、非政府组织和民众对破坏森林资源违法犯罪行为有了越来越深刻的认识，各国的环境资源刑事立法也越来越富有理性。基于对环境资源的系统性认识，国际社会特别强调在预防和控制环境资源领域开展国际间合作，呼吁各国将严重危害环境资源的行为犯罪化，使严重危害环境资源、威胁人类生存和发展基础的行为在国际间达到统一。在这种宏观国际背景下，各国的资源保护刑事立法自上个世纪90年代以来取得了长足进步。最为显著的表现是许多国家不再按照工业化进程中的传统模式来处理破坏森林资源的犯罪，而是将其作为一种新型犯罪进行新的应对。为此，一些国家制定了专门的单行资源保护性刑法，另一些国家则采取在刑法典中设置专章或专节的方式加以规定。

3. 我国刑法对森林资源的保护

在国际大形势的推动和专家学者的倡导下，我国也加强了利用刑法手段对环境资源尤其是森林资源的保护。根据资料显示，在刑法典中某一章设置破坏环境资源犯罪专节的国家只有中国，我国1997年修订的新刑法第六章第六节专门规定了破坏环境资源保护罪，其中的第三百四十二、三百四十四、三百四十五、三百四十六条涉及到对森林资源的直接保护。我国由1979年刑法典中分散规定破坏环境资源犯罪，到1997年刑法典中设立专节加以规定，在环境资源刑事立法上有了很大的进步。为应对不断变化的涉林犯罪新动向，在2001年8月第九届全国人大常委会第23次会议及2002年12月九届人大常委会第31次会议通过的刑法第二、第四修正案中，又对涉林犯罪的刑法条款进行了重新修订，使得其更加缜密、完善。

破坏森林资源的行为是一种违反资源保护法律法规的行为，在我国主要表现为违反《森林法》及《刑法》部分条款的行为。根据《森林法》及其实施条例规定，国家对森林资源实行保护性措施，对森林实行限量持证采伐，对特种用途林、防护林严禁采伐，禁止毁林开荒及其他破坏林地的行为。如行为人违背了《森林法》的上述规定而实施了法律禁止的行为，就构成违法，情节严重的则构成犯罪，纳入刑法调整、制裁的范畴。在我国，破坏资源犯罪中的涉林犯罪，从刑法学意义上而言可分为广义和狭义两个层面。狭义的涉林犯罪指《刑法》分则第6章第6节"破坏环境资源保护罪"

中规定的非法占用农用地罪，非法采伐、毁坏国家重点保护植物罪，非法收购、运输、加工、出售国家重点保护植物制品罪，盗伐林木罪，滥伐林木罪，非法运输、收购盗伐、滥伐的林木罪。广义的涉林犯罪是指除上述6种犯罪外，分散在刑法其它章节的相关犯罪，如走私珍稀植物、珍稀植物制品罪，非法转让、倒卖土地使用权罪，违法发放林木采伐许可证罪，非法批准征用、占用土地罪和非法低价出售国有土地使用权罪。就保护对象的概念而言，涉林犯罪中的"林"字可以理解为各类需由国家以刑法的强制力进行保护的植物资源的代称，而不仅仅限于林木，例如各种珍贵的草本、藤本及竹类植物。

与一些刑法发达国家的相关刑法规定对比，我国1997年刑法最初保护的植物对象仅限于树木和国家重点保护的植物。事实上，除了林木之外，需要刑法手段保护的植物资源还有很多，尤其是众多的珍贵植物亟需保护。为此，2002年1月，全国人大常委会通过的《刑法修正案（四）》把珍贵树木之外的国家重点保护的其他植物纳入了刑法保护的范围。虽然《修正案》扩大了保护的植物范围，但较之发达国家而言，范围仍显狭窄。

二、涉林犯罪状况及其危害

（一）我省涉林犯罪特点分析

1. 涉林刑事犯罪数量持续、大幅度增长

据统计，2004年到2008年五年间，吉林省涉林刑事犯罪数量呈大幅度、持续增长趋势，平均年增长率达到25%以上，仅五年时间涉林刑事案件数就增长了一倍多；而涉林渎职案件数量平稳，见表1。

表1　2004年—2008年吉林省公诉部门受理、起诉涉林犯罪案件数量统计表

| 案件数
年份 | 涉林刑事案件 | | | | 涉林渎职案件 | | | |
| | 受案 | | 起诉 | | 受案 | | 起诉 | |
	件数	人数	件数	人数	件数	人数	件数	人数
2004年	462	775	408	640	7	7	4	4
2005年	496	842	445	736	8	8	3	3
2006年	686	1132	594	988	5	5	4	4
2007年	878	1442	761	1232	9	12	6	8
2008年	1048	1804	920	1576	9	10	7	7

2. 涉林犯罪类型多样

《刑法》第六章第六节破坏环境保护罪中规定的八种涉林刑事犯罪，在我省每年均有发生，其中以盗伐林木罪、滥伐林木罪居多，约占全部涉林刑事案件的90%以上；涉林渎职犯罪以非法发放木材采伐许可证罪、非法征用、占有农用地罪居多，动植物检疫徇私枉法以及动植物检疫失职罪偶有发生，见表2、3。

表2 2004—2008年吉林省检察机关公诉部门受理涉林刑事案件类型统计表

罪名 年份	非法猎捕、杀害珍贵、濒危野生动物罪		非法收购、运输、出售珍贵、濒危野生动物、珍贵、濒危野生动物制品罪		非法狩猎罪		非法占用农用地罪		非法采伐、毁坏国家重点保护植物罪		盗伐林木罪		滥伐林木罪		非法收购、运输、加工、出售国家重点保护植物、国家重点保护植物制品罪	
	件	人	件	人	件	人	件	人	件	人	件	人	件	人	件	人
2004	2	6	1	1	0	0	16	20	16	22	313	568	109	151	5	7
2005	1	2	1	1	3	5	4	5	32	37	304	550	150	234	1	8
2006	3	5	2	2	5	11	19	21	28	36	446	812	184	242	1	5
2007	3	7	0	0	6	10	82	96	54	63	478	896	245	355	10	17
2008	3	3	3	6	7	17	87	96	68	78	617	1197	258	369	5	20

表3 2004年—2008年吉林省公诉部门受理、起诉涉林犯罪案件数量统计表

罪名 年份	违法发放林木采伐许可证罪		动植物检疫徇私舞弊罪		非法批准征用、占用土地罪		动植物检疫失职罪	
	件数	人数	件数	人数	件数	人数	件数	人数
2004年	4	4	1	1	2	2	0	0
2005年	4	4	2	2	2	2	0	0
2006年	5	5	0	0	0	0	0	0
2007年	3	4	0	0	6	8	0	0
2008年	2	2	0	0	7	8	0	0

3. 涉林刑事犯罪主体以农民、无业人员为主

近五年来，涉林刑事犯罪主体农民和无业人员占绝大多数（见表4）。这些人实施毁林犯罪，有的是为开荒种地，有的是为销售木材获取非法利益。他们大多无固定收入、法律意识淡薄，"靠山吃山"的观念根深蒂固。帮助他们转变思维，提高守法意识，是从根本上减少涉林犯罪的关键。

表4 2004年—2008年吉林省检察机关公诉部门受理涉林刑事案件人员情况统计表

年份 \ 罪名	受案人数	农民	无业人员	农民、无业人员占受案人数的比率
2004年	775	435	107	69.9%
2005年	842	532	134	79.1%
2006年	1132	663	204	76.6%
2007年	1442			
2008年	1804			

4. 合伙作案居多

近年来，行为人相互勾结、团伙作案的涉林刑事犯罪居多。为方便作案，犯罪分子在盗伐前细致分工，选择行动路线，订立攻守同盟；作案时，一部分参与盗伐，一部分负责运输，一部分外围放哨，如果发现执法人员前来抓捕，立即用手机报信，迅速离开犯罪现场；作案后，迅速销赃，实现了盗伐、运输、销赃的"一体化"。还有一些狡猾的犯罪分子廉价雇佣外地人盗伐，并通过电话约定货主到盗伐地点运输木材，自己却隐蔽在幕后。案发后，受雇的盗伐者和货主都无法证实真正的组织者，受雇的盗伐者虽然受到了法律的惩罚，获得暴利的组织者却逍遥法外。

（二）我国刑法规定的涉林犯罪

刑法第六章第6节"破坏环境资源保护罪"中规定了八类涉林犯罪，在第九章渎职罪中有四项罪名属危害环境资源的渎职犯罪；同时，刑法分则规定的盗窃罪、失火罪、放火罪、聚众扰乱社会秩序罪、故意毁坏财物罪、非法经营罪、破坏生产经营罪、销赃罪的犯罪对象也可能是森林资源。

随着我国经济发展战略的调整和可持续发展战略的提出，人与自然和谐相处，建设生态文明、资源节约、环境友好型社会等一系列目标的确立，环境问题在经济社会发展中凸显出来，运用《刑法》保护生态环境，保护自然资源成为社会共识。破坏环境资源犯罪成为打击的重点。

1. "破坏环境资源犯罪"中规定的涉林犯罪

我国运用刑事手段保护环境的时间并不长。大体可以分为两个时期。第一个时期是从1979年第一部刑法颁布至1979年刑法修订前。1979年刑法是新中国第一部刑法，这部刑法典对环境犯罪没有做专门的规定，涉及到相关罪名分散在不同的章节中，相对集中地规定在第三章，如盗伐、滥伐林木罪、非法狩猎罪，其他的则分散在第二章和第六章中。那个时候危害环境的犯罪行为还不太严重，人们保护环境、维护生态平衡、保护人类赖以生存的环境的意识还很薄弱。因而，刑法规定的那些实际上危害环境的犯罪行为并不主要是从保护环境的角度来考虑，也没有考虑这些行为对环境的危害，而更多的是考虑经济利益或者公共安全。即使这些犯罪行为的规定可能会对环境起到保护的作用，那也是在直接保护财产利益的同时间接地保护，并不是立法的真正意图所在。这种立法的结果就是强调犯罪构成应以人身、财产利益损害结果为要件，忽视一些行为可能造成危害的危险性，即重视结果犯，忽视危险犯和行为犯。因此现实生活中许多破坏环境的行为得不到刑法的调整。因此，无论从立法意图还是保护对象来说，这些规定都不是真正意义上的环境刑事立法。

我国环境保护刑事立法的第二个阶段就是1997年新刑法颁布至今。从1979年刑法颁布至1997年新刑法的出台，近20年的时间，我国的社会经济、政治形势发生了重大变化，同时伴随着经济的发展和人口的增长，环境污染和环境资源破坏的犯罪日益严重，我国的环境犯罪问题也日益突出，国家对于通过刑法手段来惩治环境犯罪必要性的认识也在逐渐提高。于是在1997年我国刑法进行重新修订的情况下，关于环境犯罪的刑事立法有了重大的突破和发展。首先，将环境犯罪独立出来，设专节惩治环境犯罪。鉴于当前破坏环境和污染环境问题日益严重的现状，新刑法在旧刑法的基础上，增加了许多危害环境的罪名，并且将这些犯罪集中规定在分则第六章妨碍社会管理秩序罪的破坏环境资源保护罪一节中，单独将其列为一节。这种按照侵犯的同类客体集中性的规定，体现了国家对保护环境和自然资源的重视，也使运用惩罚手段对环境资源的保护更加科学化、系统化，提高了惩治环境犯罪的严密性和针对性，有利于司法机关对该类犯罪的指控和认定。其次，扩大了刑法保护的环境要素范围，从森林、野生动物，水产资源扩展到大气、水体、土地资源以及珍贵树木等环境要素，使我国的环境刑事立法显得更加科学。最后，增加了单位犯罪的规定，主要表现为规定了单位的刑事责任，实行双罚制和多罚制，有利于促进单位积极采取措施，防止环境污染和环境破坏。

1997年《刑法》第六章第六节规定的"破坏环境资源保护罪"中的涉林犯罪包括：盗伐林木罪，滥伐林木罪，非法采伐、毁坏国家重点保护植物罪，非法收购、运输、加工、出售国家重点保护植物、国家重点保护植物制品罪，非法狩猎罪，非法占用农用地罪，非法猎捕、杀害珍贵、濒危野生动物罪，非法收购、运输、出售珍贵、濒危野生动物、珍贵、濒危野生动物制品罪等八个罪名。全国人大不断完善惩治毁林犯罪的法律制度，2001年、2002年两次通过刑法修正案（二）、（四）对涉林犯罪做出新的规定；最高人民法院颁布了《关于审理破坏野生动物资源刑事案件具体应用法律若干问题的解释》、《关于审理破坏林地资源刑事案件具体应用法律若干问题的解释》、《关于审理破坏土地资源刑事案件具体应用法律若干问题的解释》、《关于审理破坏森林资源刑事案件具体应用法律若干问题的解释》；针对在办理涉林犯罪过程中遇到的实际问题，最高人民检察院、最高人民法院联合下发了《关于办理盗伐、滥发林木案件应用法律的几个问题的解释》（1987年）、《关于盗伐、滥伐林木案件几个问题的解答》（1991年），最高人民法院作出了《在林木采伐许可证规定的地点以外采伐本单位或者本人所有的森林或者其他林木的行为如何适用法律问题的批复》、《关于滥伐自己所有权的林木其林木应如何处理的问题的批复》，国家林业局、公安部联合下发了《关于森林和陆生野生动物刑事案件管辖及立案标准》。同时，我国《森林法》、《森林法实施条例》、《野生动物保护法》、《陆生野生动物保护实施条例》、《土地管理法实施条例》中的刑事条款也对涉林犯罪做出了规定。

2. 其他手段危害森林资源的犯罪

除刑法分则第六章第6节规定的涉林犯罪，实际工作中比较常见的危害森林资源的犯罪类型主要有：失火罪、放火罪、盗窃罪、聚众扰乱社会秩序罪、故意毁坏财物罪、非法经营罪、破坏生产经营罪、销赃罪。当这些犯罪行为危害了环境权和环境生态安全，影响了森林资源在维护环境生态安全方面应当发挥的作用的时候，这些犯罪也应归入到涉林犯罪中。

3. 破坏森林资源的职务犯罪

刑法分则第九章渎职罪中规定的违法发放林木采伐许可证罪，非法批准征用、占用土地罪，动植物检疫徇私舞弊罪，动植物检疫失职罪是典型的破坏森林资源的职务犯罪。最高人民检察院2006年公布的《关于渎职侵权犯罪案件立案标准的规定》对检察机关查处这几类犯罪的立案标准作出了明确的规定，其中，最高人民法院颁布实施的《关于审理破坏土地资源刑事案件具体应用法律若干问题的解释》以及《关于审理破坏林地资源刑事案件具体应用法律若干问题的解释》对非法批准征用、占用土地罪定罪量刑的标准作了细化。

三、破坏森林资源犯罪的审查认定

涉林犯罪中，最为常见的是盗伐、滥伐林木罪，约占涉林犯罪总数的百分之九十以上。根据《刑法》第三百四十五条的规定，盗伐林木罪是指违反森林法或其它森林保护法规，以非法占有为目的，擅自采伐国家、集体或他人所有或本单位、本人、他人承包经营管理的国家或集体所有的森林或者其他林木，数量较大的行为。滥伐林木罪是指违反森林保护法律、法规的规定，超过准采限额采伐他人所有的林木或者任意采伐自己所有的林木，数量较大的行为。

（一）构建盗伐、滥伐林木犯罪危害评价体系

盗伐、滥伐林木罪在1979年刑法中规定在"破坏社会主义经济秩序罪"中，属于经济犯罪，而在修改后的刑法中，规定在"破坏环境资源犯罪"中，属于环境犯罪。在类罪划分上做了调整。目前对盗伐、滥伐林木罪定罪量刑的衡量标准是树木的材积和株数，这一标准便于定量分析和衡罪量刑。但在实践中，这一标准既没有体现该罪的主要特征，又难以做到罚当其罪。存在的问题是：

1. 盗伐、滥伐林木罪以非法获利为目的，仅以树木材积和株数计算，同数量木材不同种类树木经济价值相差悬殊。如一立方米杨树和一立方米红松价格相差近十倍。同量同罚显然不尽合理。

2. 不同用途林的生态效用不同，仅以立木材积定罪处罚没有体现该罪本质。为了发挥森林保护环境的作用，国家在林区将森林划分为生态林和经济林。在非林区将林木划分为防护林、特殊用途林和经济林、生态林。生态林一般在生态脆弱区、自然保护区、水源地等生态效应明显地区，属于禁伐区。而经济林一般在宜林生长区，属于限伐或可伐区。因森林区域不同，生态作用不同，破坏后果也不同，危害不同实行同量同罚也不合理。

按照罪责刑相适应原则，真正做到对毁林犯罪罚当其罪，应重新构建涉林刑事案件危害后果评价体系。根据这类犯罪以营利为目的，以森林资源严重破坏为特征，侵害森林资源所有权和生态环境双重客体等一系列特点，这个体系应包括三个方面：

第一，继续坚持以木材数量为基本定罪量刑标准，即以树木成活时立木材积和幼树株数为基础。依照最高人民法院《关于审理破坏森林资源刑事案件具体应用法律若干问题的解释》第四条："盗伐林木数量较大（定罪起点，三年以下有期徒刑、拘役、管制），以二至五立方米或者幼树一百至二百株为起点；盗伐林木数量巨大（七年以上有

期徒刑）以二十至五十立方米或者幼树五千至一万株为起点。"第六条："滥伐林木数量较大（定罪起点，三年以下有期徒刑、拘役或者管制），以十至二十立方米或者幼树五百至一千株为起点；滥伐林木数量巨大（三年以上七年以下有期徒刑），以五十至一百立方米或者幼树二千五百至五千株为起点。"

第二，木材价格标准。根据所盗伐、滥伐树种的当时当地价格，在相应法定刑内酌量处置。价格高的从重，价格低的从轻，以体现对营利性犯罪惩治的罪责刑相适应。

第三，环境损害标准。司法解释已对盗伐、滥发自然保护区内的林木从重处罚。对其他林木还应根据盗伐、滥伐林木的用途，被伐后造成的直接、间接、近期、长期生态危害后果在法定刑幅度酌量处罚，以体现该罪社会危害的本质属性。如在生态脆弱区盗伐防护林，而导致土地表土被大风卷走，无法耕种，不仅破坏了森林资源，而且也会给农业生产带来危害，影响农作物的正常生长，其土地损失及农作物损失应作为盗伐犯罪的后果予以考虑，滥伐水源地林木导致水质下降，危及用水安全，应在法定刑内从重处罚。

构建这种新的犯罪危害评价体系，改变过去对证据的审查方式、实施的认定方式以及处罚的量刑方式。

首先，要建立新的证据审查和事实认定标准。即按照评价体系的要求，收集判断相关证据。在林木直接损失方面，不仅要有伐区勘查笔录和树木材积计算清单，还要有木材价格鉴定。在生态和其他间接损失方面，不仅要明确树木用途，还要有对已经或可能产生的生态后果的评估报告。对因盗伐、滥伐造成的间接损失应进行计算、核定。这些证据都应收集在案，否则即是事实不清、证据不足。

其次，在对各种危害后果做出综合评价的基础上，正确适用法律，提出定罪量刑的公诉意见。以树木材积、株数确定基准刑，以木材价格和生态危害为处罚情节，综合评定，确定刑罚。

再次，对盗伐、滥伐国有林木犯罪，可以在起诉时提起附带民事诉讼，这种诉讼称为公益诉讼，提请人民法院判令被告人恢复植被或者赔偿经济和生态损失。

（二）盗伐、滥伐林木案件出庭公诉问题及应对策略

1. 对盗挖幼树和林木案件的应对策略

近年来，随着社会经济的迅速发展和人民生活水平的不断提高，人们绿化和美化环境的要求也越来越高。为满足一些单位和个人对绿化和美化环境的要求，有的人受经济利益的驱动，擅自采挖幼树和树木进行异地移植和经营，毁坏了树木、林地，破坏了森林资源和生态环境。我省非法采挖幼树或树木的案件频发，尤其是东部山区比较突出，2006年至2008年，森林公安机关发现非法采挖树木案件20余起。由于现行刑法及相关司法解释对采挖幼树和树木行为的性质规定尚不明确，司法机关意见不统一，导致这种行为得不到有效处理。2007年伊通县营城农民王某在国有林场盗挖幼树和树木442株，在运输过程中被发现，经公检法机关协商认为不构成犯罪，只作了林政处罚。如不尽快遏制并依法打击惩治非法采挖幼树树木行为，我省森林资源将会受到严重破坏。

国家林业局2003年发布的《关于规范树木采挖管理有关问题的通知》规定，采挖树木应以有利于森林资源保护，不破坏森林、树木和林地为前提，由县以上林业主管部门按照国家有关林木采伐的规定进行管理；对自然保护区、名胜古迹、革命纪念地的树

木，国家规定的重点防护林和古树名木，以及生态地位极端重要，生态环境极端脆弱的特殊保护区和重点保护区树木，严禁采挖。由此可见，采挖树木必须经依法批准，并取得采伐许可证。没有得到相关主管部门的许可，擅自采挖树木、运输采挖树木是违法行为。非法采挖数量较大的幼树和树木的行为侵害了国家保护森林资源的管理制度和林木所有权，应根据不同情况分别按照盗伐林木行为或者滥伐林木行为认定。

2. 盗伐林木共同犯罪的认定问题

盗伐林木共同犯罪的成立必须同时具备几个条件：第一，必须是二人以上都具备盗伐林木犯罪的主体资格，即在盗伐林木的共同犯罪人中，至少有二人是16周岁以上具有刑事责任能力的自然人。第二，必须共同实施盗伐林木犯罪行为，即共同犯罪人在实施盗伐林木共同犯罪时，无论所处的地位如何、分工如何、参与程度如何，彼此之间紧密联系、互相配合，其行为的有机结合形成一个统一的盗伐林木犯罪活动的整体。第三，必须具有共同盗伐林木的犯罪故意。即共同犯罪人都出于非法占有的目的，彼此之间在主观上存在共同盗伐林木的意思联系，每个人都知道自己与他人配合在共同从事盗伐林木犯罪活动，并积极追求盗伐林木的犯罪结果的发生。

实践中经常会发生无证采伐的行为人雇佣其他人共同采伐，对被雇佣者能否按照盗伐林木共同犯罪认定，关键应弄清楚被雇佣者与雇佣者之间在盗伐林木之前或者盗伐林木过程中是否形成共同盗伐林木的犯罪故意。如果被雇佣者在被雇佣时和采伐林木的过程中确实不知道他人盗伐林木，而误认为他人是合法采伐林木，为了挣劳务费而参加采伐林木的，表明其主观上不具有盗伐林木的犯罪故意，其行为不构成盗伐林木罪。反之，如果被雇佣者在被雇佣时或者采伐过程中明知他人盗伐林木，为了挣劳务费而参加盗伐林木的，则表明其主观上与雇佣者具有共同盗伐林木的犯罪故意，其行为构成盗伐林木罪。对此，最高人民法院、最高人民检察院1991年联合下发的《关于盗伐、滥伐林木案件几个问题的解答》中明确规定："四、雇佣他人盗伐林木构成犯罪的案件，如果被雇佣者不知是盗伐他人林木的，应由雇主承担刑事责任；如果被雇佣者明知是盗伐他人林木的，应按盗伐林木罪的共犯论处。"还有一种情形，受雇佣者为赚工时费，在明知是盗伐的林木的情况下，帮助盗伐林木者集材，数量较大。虽然从表面来看，受雇佣者并不具有非法占有林木的犯罪目的，他们帮助盗伐林木者集材，不是为了占有盗伐的林木，也不是为了变卖盗伐的林木从而占有由此获取的非法收入，而仅仅是为了赚工时费。然而事实上，他们明知雇佣者在盗伐林木，自己却通过对盗伐的林木进行集材的行为，帮助盗伐者实现非法占有盗伐的林木的目的。严格的说，赚工时费仅仅是他们的犯罪动机，帮助盗伐者完成盗伐林木的行为才是其犯罪目的。并且，受雇佣者对盗伐林木进行集材的行为，在客观上为盗伐者实施盗伐林木行为创造了便利条件。盗伐者实施盗伐林木的活动应包括若干个相对独立的环节，如盗伐林木环节、集材环节、运输环节、出售环节等等。毋庸置疑，盗伐林木是其中最为重要的环节，是直接决定犯罪能否成立的关键一环，然而其他环节也不是可有可无，缺少其中任何一个环节，可能整个盗伐林木的犯罪活动就无法完成，受雇佣者对盗伐的林木的集材行为不仅为运输盗伐的林木或者为出售盗伐的林木铺平了道路，而且也是整个盗伐林木犯罪活动顺利完成不可缺少的一环。

在盗伐林木案件中，有些行为人为实现非法占有林木的目的，并不亲自实施盗伐林木的行为，而是故意唆使他人实施盗伐行为。1987年最高人民法院、最高人民检察院联合下发的《关于办理盗伐、滥伐林木案件应用法律的几个问题的解释》第一条规定："为收购木材、木制品以及其他目的，唆使他人盗伐林木构成犯罪的，按教唆犯追究刑事责任。"因此，教唆者应以盗伐林木罪认定，并根据在共同犯罪中所起的作用来决定对其的处罚。

3. 对非法拔树苗行为的认定问题

我省是林业大省，围绕着长白山脉，分布着大大小小18个国属林业局。在这里，耕地与林地交错，农民与林业工人混居，农村基层自治组织与国有、集体林场并存，以当地农民为代表的"农"方与以林业局为代表的"林"方利益分歧明显，矛盾冲突尖锐。林农矛盾主要表现在三个方面，一是国有林业部门和农民争地，二是国有林业部门限制农民利用林业资源，三是野生动物给农民造成严重损失。其中最为突出的是第一个矛盾。上世纪80年代以前，国家鼓励开荒种粮，山区的一些农民响应号召，开垦了大量荒地，促进了当地农业的发展。九十年代后，各地区县级人民政府颁发给农民土地使用权证，明确了耕地的四至，但是农民在耕种的过程中不断蚕食林地，林业局强制将蚕食的林地退耕还林后，许多农民采取林粮间种或者拔树苗种粮的方式毁坏林地。如何认定农民的这种行为，最高人民法院、最高人民检察院1991年颁布实施的《关于盗伐、滥伐林木案件几个问题的解答》给了明确的答案，"因进行营利性生产，违反森林管理法规，毁坏林木，影响林木正常生长、致使林木死亡，情节严重的依照故意毁坏财物罪定罪处罚"。除此之外，实践中还存在着行为人为实现其他目的拔树苗的情形。（1）行为人为泄愤报复拔树苗，根据上一司法解释，应认定为破坏生产经营罪；（2）以非法占有为目的拔树苗，不应当认定为盗伐林木罪定罪处罚。因为行为的对象是树苗而非林木或者幼树，在实践中，依法栽种的树苗只有经过县级以上林业主管部门的鉴定才能建立森林资源管理档案认定为幼树。这种以非法占有为目的拔树苗的行为符合盗窃罪的构成，应当依照刑法第三百四十二条的规定认定盗窃罪。

（三）涉及"国家重点保护植物"的涉林犯罪的公诉问题及应对策略

涉及"国家重点保护植物"的涉林犯罪包括非法采伐、毁坏国家重点保护植物罪，非法收购、运输、加工、出售国家重点保护植物、国家重点保护植物制品罪这两个罪名。在审查起诉时，对这两类犯罪认定的关键点在于对犯罪对象的界定上。本罪的犯罪对象是国家重点保护植物，包括珍贵树木和国家重点保护的其他植物。根据《关于审理破坏森林资源刑事案件具体应用法律若干问题的解释》第一条的规定，"珍贵树木"包括：（1）由省级以上林业主管部门或者其他部门确定的具有重大历史纪念意义、科学研究价值或者年代久远的古树名木；（2）国家禁止、限制出口的珍贵树木；（3）列入国家重点保护野生植物名录的树木。在审查起诉时对珍贵树木的界定应当把握以下三点：（1）省级以上林业主管部门或者其他部门确定的具有重大历史纪念意义、科学研究价值或者年代久远的古树名木，既包括珍贵树木，也包括那些虽不属于珍稀树种，但因其成活的年份较长、年代久远或具有重大历史意义，如国家领导人亲手种植的树木、外国领导人种植的友谊树、在革命遗址生长的树木等。（2）"国家禁止、限制出口的珍贵树木"不能等同于列入《国家重点保护野生植物名录》的树木，二者在语义上虽有交叉，但二者不能相互包容，因为有些国家禁止、限制出口的珍贵树木，如蒙古栎、糖椴等，均未列入《国家重点保护野生植物名录》。（3）作为《濒危野生动植物种国际贸易公约》的成员国，该《公约》附录一、附录二所列植物名录中的珍贵树木，也属于本罪的对象。

综上所述，本罪的对象包括：（1）由省级以上林业主管部门或者其他部门确定的具有重大历史纪念意义、科学研究价值或者年代久远的古树名木；（2）国家禁止、限制出口的珍贵树木；（3）列入国家重点保护野生植物名录的树木；（4）国家重点保护的其他植物。

刑法第三百四十四条规定，违反国家规定，非法采伐、毁坏珍贵树木或者国家重点保护的其他植物的，非法收购、运输、加工、出售珍贵树木或者国家重点保护的其他植物及其制品，处三年以下有期徒刑、拘役或者管制，并处罚金；情节严重的，处三年以上七年以下有期徒刑，并处罚金。最高人民法院《关于审理破坏森林资源刑事案件具体应用法律若干问题的解释》第二条对"情节严重"的情形作出了进一步的明确，非法采伐珍贵树木2株以上或者毁坏珍贵树木致使珍贵树木死亡3株以上的即为情节严重。

首先，最高人民法院《关于审理破坏森林资源刑事案件具体应用法律若干问题的解释》中的"珍贵树木"应该理解为珍贵树木和国家重点保护的其他植物，该司法解释实行于2000年，而2002年全国人大常委会对刑法进行了修订，将本罪的对象从珍贵树木扩大到珍贵树木及国家重点保护的其他植物。因此对该项司法解释也应做扩张解释。

其次，依照我国现行法律，非法采伐、毁坏珍贵树木或者国家重点保护的其他植物罪应属于行为犯，以法定的犯罪行为的完成作为既遂的标志。这类犯罪的既遂并不要求造成物质性的和有形的犯罪结果，而是以行为完成为标志，但是这些行为并不是一着手即告完成的，按照法律的要求，这种行为要有一个实行的过程，要达到一定程度，才能视为行为的完成。因此在着手实行犯罪的情况下，如果达到了法律要求的程度就是完成了犯罪行为，就应视为犯罪的完成即既遂的构成，如果因犯罪行为人意志以外的原因未能达到法律要求的程度，未能完成犯罪行为，就应认定为未完成犯罪而构成犯罪未遂。但并不是行为人实施了采伐国家重点保护植物的行为就构成犯罪，对符合《刑事诉讼法》第十五条规定的情形，应当建议公安机关撤案或者做不起诉决定。因此在审查此类案件时，要重视对采伐、毁坏行为给珍贵树木及国家重点保护的植物造成损失的现场勘查。现场勘验笔录是涉林犯罪十分重要的刑事诉讼证据，它所记录的现场真实情况和木材的数量直接影响着对犯罪分子定罪量刑，公诉部门办案人员应重点审查以下几个方面：一是勘验人员的技术水平能否胜任勘查工作，二是现场勘查照片是否全面、准确，伐根照片是否能全面反映现场伐根的全貌，是否有犯罪嫌疑人指认伐根和现场的照片。勘验笔录及照片不准确、齐全的时候，办案人员要及时提出意见并退补侦查。同时，还要重视对树木损害程度及存活可能的鉴定结论，并对已经产生的或者可能产生的生态后果做出评估，综合经济损失、生态损害等方面全面审查。只有行为导致国家重点保护植物死亡或者丧失安全生长的可能，才能认定行为的社会危害性达到应受刑罚处罚性的程度。

再次，非法采伐、毁坏国家重点保护植物罪的主观方面是故意，包括直接故意和间接故意，即行为人明知是国家重点保护植物而任意采伐、毁坏。目前对行为人主观上"明知"的认定有两种观点，一种观点认为，行为人只要知道非法采伐、毁坏的林木的树种即自然属性，就构成"明知"，而无需知道林木是否具有国家重点保护的法律属性；另一种观点认为，构成非法采伐、毁坏国家重点保护植物罪行为人主观上不仅应当知道树木的种类，还应当知道这种树木属于国家重点保护的范围。目前第一种观点得到了普遍的认同，不懂法律不能作为不承担刑事责任的理由。在直接故意犯罪中，行为人对树木的自然属性明知即可，在间接故意犯罪中，行为人对树木的自然属性虽然不明知，但其主观上放任对国家重点保护植物的损坏仍能构成本罪。

最后，行为人以盗伐、滥伐的方式非法采伐了国家重点保护植物，达到盗伐、滥伐林木犯罪标准所规定的"数量较大"时，其行为同时触犯了盗伐、滥伐林木罪的罪名，属于实施一个行为，触犯两个罪名的想象竞合犯，对此，应当以想象竞合犯的处罪原则，按照处罚较重的罪定罪处罚。这一问题最高人民法院《审理破坏森林资源刑事案件的解释》第八条作出了明确的规定。根据刑法及司法解释，非法采伐、毁坏国家重点保护植物罪的法定最高刑是七年有期徒刑，盗伐林木罪则可能处以七年以上的有期徒刑。因此，若盗伐珍贵树木或者国家重点保护的其他植物数量特别巨大，达到100立方米以上或者幼树5000株以上，定非法采伐、毁坏国家重点保护植物罪，则只能在七年以下量刑，显然犯罪行为的社会危害性与所处的刑事处罚不相当，应以盗伐林木罪定罪量刑。

四、涉林职务犯罪的审查认定

（一）违法发放林木采伐许可证罪

1. 概念及犯罪构成

根据《刑法》第四百零七条规定，违法发放林木采伐许可证罪是指林业主管部门的工作人员违反森林法的规定，超过批准的年采伐限额发放采伐许可证或者违反规定滥发林木采伐许可证，情节严重，致使森林遭受严重破坏的行为。

本罪的犯罪构成：（1）本罪侵害的客体是国家对林木采伐的管理制度，具体地是指国家审核发放林木采伐许可证的部门对许可证的正常管理活动；（2）本罪的客观方面表现为违反森林法的规定超过批准的年采伐限额发放林木许可证或者违反规定滥发林木采伐许可证，情节严重的行为；（3）本罪的主体是特殊主体，即林业主管部门的工作人员，其他部门的工作人员不能构成违法发放林木采伐许可证罪；（4）本罪的主观方面为故意，过失不够成本罪。

2. 违法发放林木采伐许可证罪的认定

（1）本罪在客观方面必须同时具备三个特征：

第一，行为人必须有违反森林法规定的行为。违反森林法的规定，主要是指违反我国《森林法》及其《实施细则》中有关森林年采伐限额的制定和审批、采伐森林和林木的范围、方式与林木采伐许可证的申请、核发职权等方面的规定。

第二，行为必须具有超过批准的年采伐限额发放林木采伐许可证或者违反规定滥发林木采伐许可证的行为。年采伐限额，是指国家根据合理经营、永续利用的原则对森林和林木实行的每年限制采伐的控制指标。林木采伐许可证，是指国家林业行政主管部门，根据需要采伐林木的单位或个人的申请，经审查核实后而签发的允许采伐林木的证明，主要包括准许采伐的树种、数量（蓄积）、面积、方式、时间、地点以及完成更新造林的期限等内容，是单位、个人采伐林木的法律凭证，凡采伐林木必须申请林木采伐许可证，但农村居民采伐自留地和房前屋后个人所有的零星林木以及采伐竹子和不是以生产竹材为主要目的竹林除外。遇有紧急抢险情况，必须就地采伐林木的，也可以免除申请林木采伐许可证，但事后组织抢险的单位和部门应当将采伐情况报当地县级以上林业主管部门备案。超过批准的采伐限额发放林木采伐许可证，是指明知国家批准的林木年采伐限额已经届满，仍然继续发放采伐许可证。违反规定滥发林木采伐许可证，是指超越自己的职权或者明知他人采伐许可证申请的内容不符合法律规定仍然予以批准而发给采伐许可证。

第三，违法发放采伐许可证的行为，必须情节严重，致使森林遭受严重破坏的，才构成违法发放林木采伐许可证罪。2007年7月26日最高人民检察院发布施行的《最高人民检察院关于渎职侵权犯罪案件立案标准的规定》第十八条对涉嫌本罪的立案标准进行详细规定：①发放林木采伐许可证允许采伐数量累计超过批准的年采伐限额，导致林木被超限额采伐10方米以上的；②滥发林木采伐许可证，导致林木被滥伐20立方米以上的，或者导致幼树被滥伐1000株以上的；③滥发林木采伐许可证，导致防护林、特种用途林被滥伐5立方米以上，或者幼树被滥伐200株以上的；④滥发林木采伐许可证，导致珍贵树木或者国家重点保护的其他树木被滥伐的；⑤滥发林木采伐许可证，导致国家禁止采伐的林木被采伐的；⑥其他情节严重，致使森林遭受严重破坏的情形。

2000年11月22日最高人民法院《关于审理破坏森林资源刑事案件具体应用法律若干问题的解释》第十二条对"情节严重，致使森林遭受严重破坏的行为"的情形做了具体的规定，根据司法解释具有下列情形的以本罪论处：①发放林木采伐许可证允许采伐数量累计超过批准的年采伐限额，导致林木被采伐数量在10立方米以上的；②滥发林木采伐许可证，导致林木被滥伐20立方米以上的；③滥发林木采伐许可证，导致珍贵树木被滥伐的；④批准采伐国家禁止采伐的林木，情节恶劣的；⑤其他情节严重的情形。

（2）本罪的主观方面内容在理论界存在一定的争议

根据北京大学出版社和高等教育出版社出版的《刑法学》一书，违法发放林木采伐许可证罪的主观方面只能由故意构成，过失不构成本罪。该书由高铭暄和马克昌担任主编，由赵秉志担任执行主编，为我国高等院校法学本科教育的通用教材，该书主张的观点应为我国现阶段刑法理论界和实务界的通说。

从张明楷先生著《刑法学》的观点来看，本罪似乎是滥用职权罪或玩忽职守罪的特殊规定，即专门针对林业主管部门的工作人员因滥用职权或玩忽职守而违法发放林木采伐许可证并致使森林遭受严重破坏的情形所做的特殊规定，与刑法第三百九十七条是刑法的一般规定和特殊规定的关系，本罪的主观方面应该包含故意和过失双重内容。张明楷先生在对该罪的论述中特别指出："根据司法实践，林业主管部门工作人员之外的国家机关工作人员，违反森林法的规定，滥用职权或者玩忽职守，……，按照刑法第三百九十七条的规定以滥用职权或者玩忽职守论处。林业主管部门的工作人员并非违法发放林木采伐许可证，而是实施此外的滥用职权、玩忽职守行为导致森林遭受严重破坏的，应认定为滥用职权、玩忽职守罪。"

另一种观点认为，违法发放林木采伐许可证罪在主观方面表现为过失，故意不构成违法发放林木采伐许可证罪，即行为人对于其行为所造成的重大损失结果，在主观上并不是出于故意而是由于过失造成的，也就是行为人知道自己超发、滥发林木采伐许可证可能会发生一定的社会危害结果，但是他疏忽大意而没有预见，或者是虽然已经预见到可能会发生，但他凭借着自己的知识或者经验而轻信可以避免、以致发生了造成严重损失的危害结果。行为人主观上的过失是针对造成重大损失的结果而言，并不排斥行为人对违反森林法规定或对超发、滥发林木采伐许可证的行为是故意的可能。如果行为人在主观上对于危害结果的发生不是出于过失，而是出于故意，不仅预见到，而且希望或者放任它的发生，那就不属于玩忽职守的犯罪行为，而构成其他的故意犯罪。

笔者认为，我国刑法在表述本罪时，只是阐明了本罪是"林业主管部门的工作人员"违法了森林法的规定"超额发放"或违法规定"滥发"采伐许可证，从字面理解来看无法排除"故意"或者"过失"任何一个主观内容，因此通过法条的表述理解应该故意或者过失均可构成本罪。但从司法实践及理论界的通说来看，高铭暄、马克昌、赵秉志的观点更能代表现今的通说，因此在实际工作中把本罪的主观方面理解为故意似乎更为恰当。

（3）本罪主体上的认定

如前所述，本罪的主体为特殊主体，本罪只能是林业主管部门的工作人员。根据《最高人民检察院关于渎职侵权犯罪案件立案标准的规定》的第十八条的规定，林业主管部门工作人员之外的国家机关工作人员，违反森林法的规定，滥用职权或者玩忽职守，致使林木被滥伐40立方米以上或者幼树被滥伐2000株以上，或者致使防护林、特种用途林被滥伐10立方米以上或者幼树被滥伐400株以上，或者致使珍贵树木被采伐、毁坏4立方米或者4株以上，或者致使国家重点保护的其他植物被滥伐、毁坏后果严重的，或者致使国家严禁采伐的林木被采伐，毁坏情节恶劣的，按照刑法第三百九十七条的规定以滥用职权罪或者玩忽职守罪追究刑事责任。林业主管部门的工作人员并非违法发放林木采伐许可证，而是实施此外的滥用职权、玩忽职守行为导致森林遭受严重破坏的，应认定为滥用职权、玩忽职守罪。

（4）本罪与其他犯罪发生牵连时的认定

行为人收受贿赂后实施违法发放林木采伐许可证罪行为，情节严重，造成森林遭受严重破坏的，同时触犯受贿罪与违法发放林木采伐许可证罪，为牵连犯，应按牵连犯的一般处理原则，择一重罪处罚。

3. 根据刑法第四百零七条的规定，犯本罪的，处3年以下有期徒刑或者拘役。

（二）非法批准征用、占用土地罪

1. 概念及犯罪构成

根据《刑法》第四百一十条的规定，非法批准征用、占用土地罪是指国家机关工作人员徇私舞弊，违反土地管理法规，滥用职权，非法批准征用、占用土地，情节严重的行为。根据《全国人民代表大会常务委员会关于〈中华人民共和国刑法〉第二百二十八条、第三百四十二条、第四百一十条的解释》，本罪规定的"违反土地惯例法规"，是指违反土地管理法、森林法、草原法等法律以及有关行政法规中关于土地管理的规定；"非法批准征用、占用土地"，是指非法征用、占用耕地、林地等农用地以及其他土地。

本罪的犯罪构成：（1）本罪侵害的客体是国家的土地管理制度和国家土地管理、城市规划及其他有关国家机关对土地的正常管理活动。行为人的徇私舞弊行为使国家土地管理法律、法规的顺利实施受到严重干扰，损害了国家土地管理、城市规划机关的威信，损害了国家和人民利益。非法批准征用、占用土地罪的犯罪对象是土地。土地是我们赖以生存的自然资源，国有土地是社会主义全民所有的公共财产的重要组成部分，违法批准征用、占用土地的行为，造成国家土地资源的浪费，可耕地面积减少，使国家土地使用收益大量流失；（2）本罪的客观方面表现为行为人徇私舞弊、违反土地管理法规，滥用职权，非法批准征用、占用耕地、林地等农用以及其他土地，且情节严重的行为；（3）本罪的主体是特殊主体，即只有依法拥有土地审批权限的国家土地管理、城市规划等机关工作人员才能成为本罪的主体；（4）本罪在主观方面必须是出于故意，即行为人明知自己的徇私舞弊行为是违反有关法律规定的，明知自己行为可能产生的后果，而对这种后果的发生持希望或者放任的态度。行为人的犯罪动机是徇私，有的是为了贪图钱财等不法利益，有的是因碍于亲朋好友情面而徇私舞弊，有的是出于报复或嫉妒心理而徇私舞弊等，具体徇私目的不受限制。

2. 非法批准征用、占用土地罪的认定

（1）本罪实际上也是一种滥用职权的犯罪，但由于《刑法》第三百九十七条第一款规定了"本法另有规定的，依照规定"，故对国家机关工作人员徇私舞弊，违反土地管理法规，滥用职权，非法批准征用、占用土地的行为，不定滥用职权罪，而以《刑法》第四百一十条之规定论处。

所谓征用土地，是指国家为了进行经济、文化、国防建设以及兴办社会公共事业的需要，依照有关法律规定的条件及程序，将属于集体所有的土地收归国有的一种措施。所谓占用土地，是指对土地事实上的控制、管理与使用。为了使得有限的土地资源能有效正确地利用，国家通过法律对土地征用、占用等作了一系列的规定。为了有效控制征用土地的数量和防止侵害被征用地单位的利益，新《土地管理法》从法律上加强了征用土地的审批，上收了征地审批权，实行征用土地由国务院和省级人民政府两级审批，但考虑到我国的实际情况，将乡村企业、农村公共设施、公益事业和农民宅基地等占用农用地的，授权地（市）级人民政府审批。

（2）立案、定罪标准。非法征用、占用土地的行为只有情节严重才构成本罪。所谓情节严重，主要是指多次实施非法批准征用、占用土地罪行为的；造成大量土地被非法征用、占用的；导致耕地大量荒芜或者毁坏的；因严重徇私而非法批准征用、占用土地的；造成恶劣影响的等等。根据《最高人民检察院关于渎职侵权犯罪案件立案标准的规定》，涉嫌下列情形之一的，应予立案：①非法批准征用、占用基本农田10亩以上的；②非法批准征用、占用基本农田意外的耕地30亩以上的；③非法批准征用、占用其他土地50亩以上的；④虽未达到上述数量标准，但造成有关单位、个人直接经济损失30万元以上的，或者造成耕地大量毁坏或者植被遭到严重破坏的；⑤非法批准征用、占用土地，影响群众生产、生活，引起纠纷，造成恶劣影响或者其他严重后果的；⑥非法批准征用、占用防护林地、特种用途林地分别或者合计10亩以上的；⑦非法批准征用、占用其他林地20亩以上的；⑧非法批准征用、占用林地造成直接经济损失30万元以上，或者造成防护林地、特种用途林地分别或者合计5亩以上或者其他林地10亩以上毁坏的；⑨其他情节严重的情形。

根据2005年12月30日起施行的《最高人民法院关于审理破坏林地资源刑事案件具体应用法律若干问题的解释》第二条的规定：国家机关工作人员徇私舞弊，违反土地管理法规，滥用职权，非法批准征用、占用林地，具有下列情形之一的，属于刑法第四百一十条规定的"情节严重"，应当以非法批准征用、占用土地罪判处三年以下有期徒刑或者拘役：①非法批准征用、占用防护林地、特种用途林地数量分别或者合计达到十亩以上；②非法批准征用、占用其他林地数量达到二十亩以上；③非法批准征用、占用林地造成直接经济损失数额达到三十万元以上，或者造成本条第①项规定的林地数量分别或者合计达到五亩以上或者毁坏本条第②项规定的林地数量达到十亩以上。

该解释第三条规定：实施本解释第二条规定的行为，具有下列情形之一的，属于刑法第四百一十条规定的"致使国家或者集体利益遭受特别重大损失"，应当以非法批准征用、占用土地罪判处三年以上七年以下有期徒刑：①非法批准征用、占用防护林地、特种用途林地数量分别或者合计达到二十亩以上；②非法批准征用、占用其他林地数量达到四十亩以上；③非法批准征用、占用林地造成直接经济损失数额达到六十万元以上，或者造成本条第①项规定的林地数量分别或者合计达到十亩以上或者本条第②项规定的林地数量达到二十亩以上毁坏。

（3）非法批准征用、占用土地罪在主观方面必须出于故意，并且具有徇私的目的。如果行为人玩忽职守，严重不负责任，过失致使土地被非法征用、占用，并给公共财产、国家和人民的利益造成重大损失，符合玩忽职守罪的构成要件的，应当以玩忽职守罪定罪。如果没有徇私目的，而滥用职权，非法批准征用、占有土地的，则只有造成公共财产、国家和人民利益遭受重大损失的，才可构成犯罪，但不是构成非法批准征用、占用土地罪，而是滥用职权罪。

（4）行为人在实施非法批准征用、占用土地罪行为中，如果收受贿赂或者出于非法占有的目的共同贪污有关费用如土地征用、占用费用的，可能又同时触犯其它罪名如受贿罪、贪污罪，此情况属牵连犯，应按牵连犯的处理原则择一重罪处罚。

3．非法批准征用、占用土地罪的处罚

根据《刑法》第四百一十条的规定，犯非法批准征用、占用土地罪的，处三年以下有期徒刑或者拘役；致使国家或者集体利益遭受特别重大损失的，处三年以上七年以下有期徒刑。

（三）非法低价出让国有土地使用权罪

1．概念及犯罪构成

根据《刑法》第四百一十条的规定，非法低价出让国有土地使用权罪，是指国家机关工作人员徇私舞弊，违反土地管理法规，滥用职权，非法低价出让国有土地使用权，情节严重的行为。根据《全国人民代表大会常务委员会关于〈中华人民共和国刑法〉第二百二十八条、第三百四十二条、第四百一十条的解释》，"违反土地管理法规"是指违反土地管理法、森林法、草原法等法律以及有关行政法规中关于土地管理的规定，本罪中主要是指违反《土地管理法》、《协议出让国有土地使用权最低价确定办法》等有关出让国有土地使用权的规定。

本罪的犯罪构成：（1）本罪侵害的客体是国家对国有土地的管理制度；（2）客观方面表现为违反土地管理法规，徇私舞弊、滥用职权，非法低价出让国有土地使用权，情节严重的行为；（3）本罪的主体为特殊主体，即国家机关工作人员，任何国家机关工作人员只要违法低价出让国有土地使用权，情节达到了严重的程度，即可构成非法低价出让国有土地使用权罪，非国家机关工作人员则不能构成非法低价出让国有土地使用权罪；（4）主观方面必须出于故意，并且具有徇私的目的，即明知自己违反土地管理法规，但为了徇私而仍决意低价出让国有土地使用权。

2. 非法低价出让国有土地使用权罪的认定

（1）该罪的刑事追究标准。根据《最高人民检察院关于渎职侵权犯罪案件立案标准的规定》第二十二条的规定，涉嫌下列情形之一的应按非法低价出让国有土地使用权案予以立案：①非法低价出让国有土地使用权30亩以上，并且出让价额低于国家规定的最低价额标准的百分之六十的；②造成国有土地资产流失价值30万元以上的；③非法低价出让国有土地使用权，影响群众生产、生活，引起纠纷，造成恶劣影响或者其他严重后果的；④非法低价出让林地合计30亩以上，并且出让价额低于国家规定的最低价额标准的百分之六十的；⑤造成国有资产流失30万元以上的；⑥其他情节严重的情形。

（2）该罪的定罪处罚标准。非法低价出让国有土地使用权的行为必须情节严重才能构成非法低价出让国有土地使用权罪。虽有非法低价出让行为，但情节尚不属于严重，也不能以非法低价出让国有土地使用权罪论处。人民法院审理非法低价出让国有土地使用权罪时，除依据我国《刑法》外，主要依据两部司法解释进行定罪量刑，即2000年6月22日施行的《最高人民法院关于审理破坏土地资源刑事案件具体应用法律若干问题的解释》和2005年12月30日起施行的《最高人民法院关于审理破坏林地资源刑事案件具体应用法律若干问题的解释》。《关于审理破坏林地资源刑事案件具体应用法律若干问题的解释》专门针对非法低价转让林地的行为进行了详细规定，其中该《解释》第四条规定：国家机关工作人员徇私舞弊，违反土地管理法规，非法低价出让国有林地使用权，具有下列情形之一的，属于刑法第四百一十条规定的"情节严重"，应当以非法低价出让国有土地使用权罪判处三年以下有期徒刑或者拘役：①林地数量合计达到30亩以上，并且出让价额低于国家规定的最低价额标准的百分之六十；②造成国有资产流失价额达到30万元以上。第五条规定：实施本解释第四条规定的行为，造成国有资产流失价额达到60万元以上的，属于刑法第四百一十条规定的"致使国家和集体利益遭受特别重大损失"，应当以非法低价出让国有土地使用权罪判处三年以上七年以下有期徒刑。

（3）行为的认定。本罪中的出让行为，是指不以谋利为目的而卖出所享有的土地使用权。所谓土地使用权，是指对土地的占有、使用、收益的权利。低价出让，是指以低于国有土地使用权最低价的价格出让国有土地使用权。国家土地管理局1995年6月28日《协议出让国有土地使用权最低价确定办法》就明确规定，协议出让最低价由省、自治区、直辖市人民政府土地管理部门会同有关部门拟定，报同级人民政府批准后下达市、县人民政府土地管理部门执行。协议出让最低价应当根据商业、住宅、工业等不同土地用途和土地级别的基准地价的一定比例确定，具体适用比例由省、自治区、直辖市确定。但直辖市、计划单列市及省、自治区人民政府所在地的城市的具体适用比例，须报国家土地管理局核准。基准地价按《城镇土地估价规程》确定。基准地价调整时，协议出让最低价应当作相应调整。国家支持或者重点扶持发展的产业及国家鼓励建设的项目用地，可以按行业或项目分类确定不同的协议出让最低价。确定协议出让最低价应当综合考虑征地拆迁费用、土地开发费用、银行利息及土地纯收益等基本因素。以协议方式出让国有土地使用权的出让金不得低于协议出让最低价。

（4）行为人收受他人贿赂而徇私舞弊，滥用职权，非法低价出让国有土地使用权的，又会触犯受贿罪，对之应按牵连犯的处罚原则，择一重罪论处。

（5）过失不能构成非法低价出让国有土地使用权罪。对工作严重不负责任、玩忽职守，过失低价出让国有土地的，即使构成犯罪，也不是非法低价出让国有土地使用权罪，而应以玩忽职守罪追究刑事责任；虽然出于故意，但不是为了徇私，也不能以非法低价出让国有土地使用权罪论处，构成犯罪的，应以滥用职权罪追究责任。

（6）行为人出于牟利目的，违反土地管理法规，非法转让、倒卖土地使用权包括国有土地使用权的，不构成非法低价出让国有土地使用权罪，对之应按《刑法》第二百二十八条以非法转让、倒卖土地使用权罪定罪处罚。

3. 非法低价出让国有土地使用权罪的处罚

根据《刑法》第四百一十条的规定：犯非法低价出让国有土地使用权罪的，处三年以下有期徒刑或者拘役，致使国家或集体利益遭受特别重大损失的，处三年以上七年以下有期徒刑。

另外，根据《最高人民法院关于审理破坏林地资源刑事案件具体应用法律若干问题的解释》第6.7条的规定：单位实施破坏林地资源犯罪的，依照解释规定的相关定罪量刑标准执行。多次实施本解释规定的行为依法应当追诉且未经处理的，应当按照累计的数量、数额处罚。

（四）涉林职务犯罪出庭诉讼问题应对策略

职务犯罪，尤其是涉林职务犯罪具有其天然的特殊性，对出庭公诉工作带来很多不利因素。首先，林区社会较为封闭，裙带关系严重，而涉林职务犯罪的被告人是国家机关工作人员，往往在当地拥有一定的权力、地位和社会关系网，文化素养和社会经验也比较丰富，这使得出庭公诉成败的社会影响深远，给出庭工作带来很大的压力和阻力。其次，该类型犯罪可供勘查的犯罪现场多地处偏远的深山密林之中，有很大的隐蔽性，可供提取物证较少，增加了取证的难度。第三，此类犯罪系智能型犯罪，在犯罪的预谋和犯罪的手段，以及犯罪后反侦查的行为上，都表现出明显的智能型特点。这些特殊性决定了出庭工作的难度，不可避免地预示了双方在庭上存在着激烈的交锋。

1. 完善庭前准备

古人云："凡事预则立，不预则废。"由于涉林职务犯罪的特殊性，出庭前的准备工作显得相当重要，它是保障法庭审判顺利进行的前提。准备工作的标准是"知己知彼"，达到这样的标准才能"百战不殆"，保障法庭讯问和其他刑事诉讼活动的顺利进行。涉林职务犯罪的出庭准备工作可以从以下几个方面着手：

首先，要掌握涉林职务犯罪被告心理特征，有的放矢。涉嫌渎职犯罪的被告人多数具有一定的社会阅历、专业知识和法律常识，因此在涉林职务犯罪案件公诉过程中对抗性矛盾非常突出，这就需要针对他们的个性、心理特征和案情提前做细致的分析，对症下药，以突破其心理防线。在庭前准备工作中，公诉人员除了要了解被告人的姓名、性别、年龄、文化程度、涉嫌罪名等基本信息外，还要重点了解被告人的社会经历、个人性格、爱好、家庭关系好坏、人缘好坏、工作环境、作案原因等情况，根据掌握的情况对被告人进行庭前心理分析和预测，为庭上被告人可能出现的对抗情况做好必要的预案及准备。一个人的心理不好掌握，具有较高文化水平和智力的涉林职务犯罪被告人的心理就更不易掌握。如果公诉人员能摸清并掌握了他们的犯罪心理，就会使出庭工作收到事半功倍的良好效果。在办案中要特别注意了解、掌握犯罪嫌疑人在诉讼各个环节中的心理特征，庭前讯问有针对性地进行法律政策教育和思想教育，以稳定被告人的思想情绪，防止各种翻供等不良现象的发生。

其次，如果在庭前提审时出现了被告人翻供的情况，要注意及时分析其翻供动机，认真分析其翻供的前后关联性，对比分析证言与其它证据之间的协调性，察微析疑、辨明是非，弄清事实的真相，既要维护法律的权威，又要保障被告人的合法权益。

第三，在庭前准备阶段要尽可能消除证据上存在的瑕疵。在我国目前的司法实践中，尽管直接刑讯逼供现象极少发生，但变相刑讯逼供等现象并没有根除，刑讯逼供、诱供、骗供等违法取证问题仍难免存在，这导致部分证据可靠性差。另外，在查办职务犯罪案件中，仍有不少办案人员存在着"重突破，轻取证"、"重口供轻其他证据"的错误认识，认为只要案件一突破就大功告成，忽视了刑事诉讼法证据必须确实充分的要求，导致取证不够全面细致、相互印证性差，犯罪嫌疑人口供、证人证言不稳定、易变。

因此，要提前做好证据的核查工作，注意强化多种类型的证据联合运用，利用证据的相互印证防止犯罪嫌疑人时推时供；要充分运用各种确凿的证据，使被告人在事实面前难以翻供；要重视原始证据，尽可能地堵塞可能翻供的漏洞，尤其是对证据可变性大的案件，更应缜密核实证据。

2. 庭上应对策略

首先，要注意对言词证据的运用。言词类证据在涉林渎职侵权案件中所占的分量最大，是每个案件都不能缺少的证据种类，其是否成立往往成为案件成败的关键，而这类证据往往最容易受到外界的干扰而发生变化。法庭上辩护人对言词证据的质证，往往是提出控方证据间的矛盾点，将矛盾点逐一罗列，扩大矛盾，割裂证据之间、证据和案件事实之间的联系，通过否定证据的关联性，来达到否定公诉证据效力的目的。在实践中，辩护人常就以下几个方面提出质疑：（1）就被告人供词、证人证词之间矛盾提出质疑，如被告人供述案发时间、地点存在的矛盾。（2）就言词证据自身前后之间矛盾提出质疑，如被告人、证人对同一事实的多次不同的陈述。（3）就言词证据与物证、鉴定结论、勘验检查报告之间的矛盾提出质疑。（4）就证人不确切、模糊的陈述寻找矛盾之处进行质疑。对此类言词证据的质疑，公诉人对辩护人提供的证据在程序上、证明内容上往往难以直接反驳。因此，我们应把质证重心放在阐明证据间的关联和相互印证上，以此确立证据的客观性。公诉人可以抓住主要证据的主要矛盾，采用印证说明法，即从正面重点阐明证据的关联性。任何一项证据的客观性都不能仅靠其自身来证明，要证明其真实性，必须把各种证据在横向和纵向上进行相互关联，构成牢固的证据体系，使整个案件事实成为证据体系所能证明的唯一结果，得出证据具备客观性的结论。最终，使辩护人提出的否定性意见变成是次要、非本质的观点，不能影响证据的客观性。

其次，做好驳证。在一些较复杂的疑难案件中，由于多次查证或对被告人多次讯问，造成各种证据材料多、被告人口供多，从而出现证言材料之间及被告人口供不尽一致，存在一些差异。对这类案件，辩护人在辩护时，往往从卷中摘录有利于被告人的证言材料和口供作为反驳指控犯罪的证据。对辩护人这种以证据否证据的辩护手法、公诉人要认真做好驳证，从论述证据的"三性"入手，阐明检察机关认定被告人犯罪证据的客观性、相关性、合法性，具体剖析辩护人所列举的证据非客观性和不可使用性，彻底驳倒辩护证据的可证明性，对"以证否证"的辩护手法，如果公诉人在即席答辩中不彻底揭穿，指控被告人犯罪的证据就要受到冲击和干扰，特别是对旁听群众会产生错觉。

就会形成各持己见，双方均有理的局面。公诉人应当清楚"不破不立"的道理，假的不揭穿，真的就立不起来。

第三，对涉及复杂林业知识的勘验笔录、鉴定结论质证时，可以考虑聘请专家鉴定人出庭作证，重点阐明证据的客观性。勘验是勘查、检验过程中形成的客观记载，是勘验者亲身经历的。鉴定是建立在科学基础上的结论，有些鉴定需要由具有专业技术知识的人员依专业学科知识对某些现象或事物作出结论，这类证据一旦形成一般不会受案件诉讼参与人的干扰而发生变化，对这类证据，辩护人一般就以下方面提出质疑：（1）勘验、鉴定的主体、程序违法；（2）检材和样本不具备鉴定条件，不能做出鉴定结论；（3）鉴定结论和其他证据之间存在矛盾，结论不科学；（4）勘验、检验结论和案件事实缺乏因果关系等。对此公诉人应抓住其固有的特点来阐述其具有证据力，如勘验笔录的客观性，鉴定结论的科学性等。对涉及这类证据的质证，特别是预测到对勘验、鉴定过程中某些问题，尤其是专业性技术性较强问题的质证，公诉人较难答辩时可以请勘验人、鉴定人出庭。鉴定人具有丰富的专业知识，在回答专业性问题时，比公诉人更具有专业色彩，在质证答辩时也更有说理性。

第十五讲
毒品犯罪案件公诉方略

文昌海

一、毒品犯罪的现状

受全球毒情恶化的大环境影响，我国当前毒品犯罪呈现出团伙化、家族化、集团化等特征，新类型毒品不断出现，犯罪手段层出不穷，禁毒形势不容乐观。近年来全国毒品犯罪案件数和大要案数逐年上升。这一方面表明，我国的禁毒人民战争取得了积极、显著的成效，另一方面也说明，我国的禁毒形势依然不容乐观。

我省作为毒品犯罪活动危害严重的重灾区之一，毒品犯罪呈现蔓延的趋势，重大毒品犯罪案件频发，毒品犯罪突出，禁毒工作面临的形势依然严峻。我省各地多方努力，采取措施，在打击遏制毒品犯罪方面取得了明显成效，但毒品犯罪仍屡禁不止、愈演愈烈，明显上升。

笔者总结我省毒品犯罪主要有以下显著特征：

（一）毒品犯罪案件连年增长，且有明显加速增长的态势。

（二）大案频发，且呈明显的团伙化、专业化特征。近年来，毒品犯罪案件中大案非常突出。如2008年在某市破获的一起毒品犯罪案件缴获毒品20000余克，涉案人员众多，还缴获车辆、称量工具、包装工具及对讲机等通讯设备。今年个别地区毒品案件还出现了武装掩护，抗拒查缉的情况。在毒品犯罪过程中犯罪分子使用的暗语、专业分工、单线联系等手段表明其犯罪分子有丰富的犯罪经验和反侦查能力，也说明毒品犯罪已经由过去的以吸食为主的小打小闹发展成为组织严密、分工明确的团伙化、专业化犯罪。大额的毒品数量也表明这些团伙的资金充足，具有明显的趋利性特征，危害严重。同时在吸毒隐形市场已具雏型的情况下，以贩养吸，毒品转手速度加快，取证难、打处难的情况突出，毒品犯罪所造成的灾害加重。

（三）境内外毒贩相互勾结，境外毒贩进入我国走私犯罪严重。境外毒贩与我国境内毒贩相勾结，形成境内外走私、贩卖、运输、销售一条龙毒品犯罪体系。有的境外毒贩通过非法越境办法携带毒品多次往返于境内外。例如某国毒贩李某仅在2007年9月至2008年6月间，就向我国境内走私毒品30000余克。

（四）涉嫌罪名相对集中，典型毒品犯罪案件占居主流。2005年以来，我省办理的走私、贩卖、运输、制造毒品案件占受案总数的84.55%。特别是我省毗邻朝鲜、俄罗斯等边境监管薄弱地区，成为毒品入境的一个主要通道，这在罪名上主要体现为走私、贩卖毒品。

（五）毒品种类相对单一，以甲基苯丙胺（俗称冰毒）为主，且毒源地明确。从近几年查获毒品的情况来看，我省毒品犯罪的毒品种类已由过去的海洛因、麻谷片、摇头丸等多种类毒品逐渐向冰毒一统天下的局面发展。但这并不是因为其他种类毒品犯罪案件绝对数的减少，而是因为冰毒犯罪案件迅猛增加，所占比例大幅上升造成的。

（六）我省毒品犯罪案件毒源地相对明确，绝大部分来自朝鲜，少部分来自云南、广东，这主要是因为与我省边境地区联络通道方便、贩毒获利容易。

（七）运输毒品的方式上，还是以随身携带为主，但利用邮寄、快递、托运等新型运毒方式也逐渐增多。在运毒方式上，从以前的"大宗运输"向"化整为零"转变。

（八）个别偏僻地区，存在用大麻就地提炼毒品的情况。

二、毒品犯罪的立法体系

1997年修订后的《刑法》在继承《关于禁毒的决定》条文精神的同时，对毒品犯罪应当从重惩处的原则作了进一步的贯彻和更为具体的规定。主要体现在以下几方面：

（一）根据《刑法》第三百五十七条的规定，增加了甲基苯丙胺（冰毒）这一新型毒品种类，既全面概括了所有毒品，又明确列举了我国毒品犯罪中突出的罂粟类毒品，明确了打击重点；将规定管制其他能够使人形成瘾癖的麻醉药品和精神药品的机关由"国务院"修改为"国家"，从而扩大了可以规定管制毒品机关的范围。这一概括规定的设置，使得如果今后出现新型毒品，国家可以通过增加相应的管制规定加以控制。

（二）对于毒品犯罪中危害最为严重的走私、贩卖、运输、制造毒品构成犯罪的具体数量标准，《刑法》第三百四十七条规定："走私、贩卖、运输、制造毒品，无论数量多少，均应当追究刑事责任。"从构成犯罪的具体数量标准上，使犯罪分子彻底打消有罪不罚的侥幸心理。不仅如此，对适用刑罚的规定也非常严厉。例如《刑法》第三百四十七条第二款规定，对走私、贩卖、运输、制造毒品的犯罪最高可判处死刑。

（三）将所有毒品犯罪法定刑中的附加刑，由原来的根据不同犯罪情况并处或选处罚金，修改为对所有毒品犯罪均并处罚金。即取消了原来可以选处罚金的规定，以法定的必处罚金形式要求司法机关剥夺犯罪分子再犯毒品罪的经济能力。

（四）在《刑法》总则对累犯的构成期限由3年延长至5年的情况下，第三百五十六条又明确规定："因走私、贩卖、运输、制造、非法持有毒品罪被判过刑，又犯本节规定之罪的，从重处罚。"即确立了毒品犯罪独特的再犯从重制度。

（五）加强了对未成年人的保护。无论是利用未成年人犯毒品罪，还是针对未成年人犯毒品罪，均以法律明文规定的方式确立了从重处罚的制度。具体表现在两方面：一是《刑法》第三百四十七条第六款规定：对于利用未成年人走私、贩卖、运输、制造毒品的，应当从重处罚；同时对于向未成年人贩卖毒品的，也明文规定应当从重处罚。二是继承并保留了《关于禁毒的决定》中规定的对于"引诱、教唆、欺骗、强迫"未成年人吸食、注射毒品应从重处罚的规定。

（六）对特殊主体犯毒品罪从重处罚的原则更具体。刑法对毒品犯罪中的职务犯罪作了调整，删去了《关于禁毒的决定》第十一条"国家工作人员犯本决定规定之罪的，从重处罚"的规定，具体规定了缉毒人员或者其他国家机关工作人员掩护、包庇走私、贩卖、运输、制造毒品的犯罪分子的，要"从重处罚"。

上述修改表明，我国现行《刑法》对毒品犯罪规定了较为全面而严厉的刑罚。

此后，针对毒品案件审理中出现的新情况、新问题，最高人民法院在2000年4月4日下发《全国法院审理毒品犯罪案件工作座谈会纪要》（以下称《纪要一》），同年6月10日出台了《关于审理毒品案件定罪量刑标准有关问题的解释》（以下称《解释》）。《纪要一》和《解释》通过对刑法规定的细化，如对"其他毒品数量大"、"数量较大"以及何谓"情节严重"进行了详细解释，为在全国统一执法提供了标准，但其中透出的信息仍然是对毒品犯罪的从严惩处。自2007年起，最高人民法院收回了死刑复核权，减少死刑、限制死刑的适用，已成为我国法院必须贯彻的精神，在这种背景下，最高人民法院、最高人民检察院会同公安部，多次召集相关专家和实践部门的同志召开座谈会，经过分析论证，在2007年年末，联合下发了《关于办理毒品犯罪案件适用法律若干问题的意见》（以下称《意见》），其中关于"死刑毒品案件必须进行毒品含量的鉴定"以及"针对孕妇、哺乳期妇女从事毒品犯罪"的特别规定，体现了宽严相济的刑事政策精神。由于刑法对毒品犯罪的态度是"严惩"，因此，相关的司法解释就应当针对我国的毒品犯罪的现实状况做出更有利于教育感化犯罪人的规定。前述《意见》，针对着近些年来毒品犯罪案件中的新情况和新特点，对怀孕、哺乳期妇女走私、贩卖、运输毒品案件作了新的规定。特别是2008年12月1日出台的《全国部分法院审理毒品犯罪案件工作座谈会纪要》（以下称《纪要二》）比较系统全面地指出了在审理毒品犯罪案件尤其是毒品死刑案件具体应用宽严相济政策的有关问题，对我们办理毒品犯罪案件，提供了更加有力的指导。

三、毒品犯罪的特征

毒品犯罪活动与一般刑事犯罪相比，其独特性可归纳为以下几个方面：

（一）被害人的不特定性。毒品对人体乃至社会都有极大危害，这也是我国刑法将毒品犯罪列入严重刑事犯罪的原因。但对毒品交易而言，危害的对象却不是直接的、特定的人，而是潜在的。毒品买卖行为双方在明知犯罪的前提下，秘密地自愿交易，没有一般刑事犯罪意义上的被害人。因此，毒品案件一般没有目击证人和报案人。即使有些案件是经群众举报侦破的，但群众也只能提供某些可疑情况，不能提供直接证据，这与普通刑事案件有质的区别。

（二）危害的滞后性。一般刑事犯罪的危害是即时的，而毒品犯罪首先是跨地区将毒品大宗贩运至某地区，经批发、分销，最后零包卖到吸毒人手中。从这个意义讲，一般刑事犯罪的危害是"现在时"，而毒品犯罪的危害是"将来时"。种植毒品犯罪、制毒犯罪危害的滞后性就更为明显。

（三）现场的模糊性。一般刑事案件的现场是明确具体的，现场会不同程度地留下某些可证实犯罪行为的证据，如血迹、指纹、脚印、毛发及其它痕迹等。毒品犯罪的行为形式一般为"贩运"、"携带"、"交易"，伴随毒品的流动和分散来实现，活动周期长，地点分散，特定有意义的现场不易保存，一般也不会留下痕迹，这就决定了毒品案件的"取证难"。

（四）行为方式的隐蔽性。一般的刑事犯罪，嫌疑人为逃避法律制裁，其行为也可能具有一定的隐蔽性，如预谋杀人、盗窃、抢劫等，但其行为方式的违法性却是显而易见的。而毒品犯罪不同，它的买卖过程一般隐身于合法的物流过程之中，贩毒人员利用现代交通、通讯工具、科技手段，又采取了钱货分付、人货分离、临时改变交易地点、汇款付账、地下钱庄洗钱等多种逃避打击的方法，其行为方式的隐蔽性更为突出。

正是上述毒品案件的特点，使得收集毒品犯罪取证异常困难，证据链条相对薄弱，证明标准也与其他刑事案件有所不同。下面笔者结合多年办理毒品案件的实践经验，谈谈自己的体会。

四、办理毒品公诉案件常见问题的思考

（一）侦查管辖与审判管辖问题

根据《刑事诉讼法》的规定，毒品犯罪案件的地域管辖，应当坚持"以犯罪地管辖为主、被告人居住地管辖为辅"的原则。"犯罪地"包括犯罪预谋地，毒资筹集地，交易进行地，毒品生产地，毒资、毒赃和毒品的藏匿地、转移地，走私或者贩运毒品的目的地以及犯罪嫌疑人被抓获地等。"被告人居住地"包括被告人常住地、户籍地及其临时居住地。对怀孕、哺乳期妇女走私、贩卖、运输毒品案件，查获地公安机关认为移交其居住地管辖更有利于采取强制措施和查清犯罪事实的，可以报请共同的上级公安机关批准，移送犯罪嫌疑人居住地公安机关办理，查获地公安机关应继续配合。

近年来，毒品犯罪集团化、职业化倾向明显，重特大毒品犯罪案件往往具有团伙犯罪、跨地区作案等特点，公安机关办理毒品犯罪案件中异地侦查、异地抓捕犯罪嫌疑人的情况相应也比较普遍。但由于其中一部分案件犯罪地、被告人居住地均不属侦办案件的公安机关的辖区，导致报送公诉部门移送起诉时，因管辖权争议不能及时进入公诉程序，造成案件久拖不决，影响打击犯罪的力度。

对毒品案件的管辖问题笔者认为，应以立案侦破的公安机关所在地来确定，即贩毒案件由哪里的公安机关立案侦破，起诉和审判就由该地的检察院、法院受理。此外，解决管辖问题时，还有必要对"犯罪行为地"扩大理解和适用。具体而言，"犯罪行为地"可以理解为，犯罪形成地、犯罪预备地、犯罪行为实施地、犯罪交易地、犯罪结果发生地、毒赃毒品隐藏地、转移地、犯罪行为人藏身地。同时，在坚持《刑事诉讼法》规定的基本原则基础上，对少部分跨地区、集团化、有组织的毒品犯罪集团的立案侦查、起诉、判决的管辖问题，应在立案侦查之时，由共同的上级侦查机关向同级的检察机关、审判机关协商管辖，以指定管辖的方式理顺案件的受理关系。极特殊的情况，在侦查终结之前，经协调提前确定审判管辖，从而保证这类案件高效、准确地起诉和判决。

司法实践中，毒品犯罪案件疑难问题的处理，还应通过政法委主持召开公、检、法"三长"联席会议予以解决，形成会议纪要、指导意见、政法委规范性文件予以规范。

（二）级别管辖问题

按《刑事诉讼法》规定，可能判处无期徒刑以上的普通刑事案件，应当由中级人民法院为一审审判管辖。随着我省毒品犯罪案件涉毒数量的不断增大，特情参与等影响量刑幅度的变数增多。以冰毒为例，对涉嫌触犯刑法第三百四十七条且涉案数量在50克以上100克以下的案件；涉案数量大，但对此适用第三百四十七条还是第三百四十七条有定性争议的案件，基层院公诉部门在作出报送或不报送决定时，有必要事先通过内部网络等便利方式与上级院公诉部门进行前期沟通和意见交换，不能以"工作任务繁重"为由，相互推诿，机械地执行法律，导致人为地延误诉讼时间，影响办案质量。

在处理毒品案件时，凡犯罪嫌疑人为外国人或无国籍人，或有其他重大影响的，应当由中级人民法院作为一审管辖法院。

（三）补强细节证据问题

毒品犯罪取证难，证明难是事实。表现在司法实践中，会存在个别案件补证不能，贩毒案件降格为运输毒品或非法持有毒品犯罪案件的情况。出现此种情况时，作为检察

机关的承办人，一是要加大引导侦查取证的力度，特别要注意侦查机关取证细节证据的收集与固定工作，穷尽侦查可能；二是要加大对现有证据的审查判断力度，确保定罪的基本证据确凿（可参考下文中的案例三）；三是加大此类案件的诉前把关，必要时加强与法院的沟通，避免造成适用法律的重大反差。此外，此类案件要作到精耕细作、百倍努力，力求不丢失任何辅助证据，才能经得起审判和历史的考验。

（四）主观明知的审查判断问题

毒品犯罪隐蔽性强，犯罪分子往往具有较充分的反侦查、反制裁准备，因而在行为人拒不如实供述的情况下，极难取得证据有效证明其主观上明知行为对象系毒品，从而给毒品犯罪的认定带来困难。因此，我国法律对毒品犯罪案件主观明知的认定，采用的不是直接证明，而是"推定明知"的方法。司法实践中，判断是否"明知"，应当注意以下问题：

一是判断是否"明知"应当以客观证据为依据。尽管"明知"是行为人"知道"或者"应当知道"行为对象是毒品的心理状态，但是判断被告人主观是否"明知"，不能仅凭被告人是否承认，而应当综合考虑案件中的各种客观证据，依据实施毒品犯罪行为的过程、行为方式、毒品被查获时的情形和环境等证据，结合被告人的年龄、阅历、智力及掌握相关知识情况，进行综合分析判断。

二是用做推定前提的"基础事实"必须有确凿的证据证明。例如，要查明行为人"明知"自己携带、运输的东西确实是毒品，就要用"从行为人搜查到毒品，且行为人有反常行为表现"加以说明。

三是依照上述规定认定的"明知"，允许行为人提出反证加以推翻。由于"推定明知"不是以确凿证据证明的，而是根据基础事实与待证事实的常态联系，运用情理判断和逻辑推理得出的，有可能出现例外情况。如果行为人能作出合理解释，有证据证明确实受蒙骗，其辩解有事实依据或者合乎情理，就不能认定其"明知"是毒品。下面结合具体案件为例进行说明。

【案例一】如何认定李某某的主观明知？

被告人自称李某某，男，1973年11月29日生，因涉嫌走私毒品罪被逮捕。

基本案情：

2008年1月12日20时许，被告人李某某非法越境到中国境内后，从另一名非法越境人员金某某处接收装有冰毒的黑色背包后，来到边民全某某家，此后，以"运送至龙井市境内背包获取5000元"为条件，要求赵某某带车来接他。赵某某从延吉市租乘出租车来到全某某家。当晚9时30分许，李某某携带装有毒品的黑色背包与赵某某一起坐在出租车的后排，为了逃避公安机关的检查，提前告诉赵某某"如遇到检查，就称背包是赵某某的，里面有女性用品"。二人乘坐的出租车行驶到龙井市龙三收费站时，被龙井市公安局巡逻大队的民警截获。公安人员要求检查被告人李某某的背包时，赵某某拒绝检查并称包内装有女性用品。公安人员感到二人形迹可疑，将二人带到公安机关，当场搜出背包内装有的大量疑似毒品物，并将其扣押。经延边州公安局刑事科学技术鉴定所鉴定，扣押的15包疑似毒品物中均检出甲基苯丙胺类毒品，其平均含量为64.10%。

本案处理中，被告人李某某辩解称不知背包中物品是毒品，认为运输橄榄石，主张无罪。

案件争议点：如何认定李某某的主观明知？

笔者认为，李某某"有运输毒品故意"的理由如下：

1. 主要目击证人赵某某证词稳定且能够证实，李某某曾与其同居并共同吸食过冰毒。经公安机关检查，李某某、赵某某尿样检验结果均呈阳性，还在两人同居过的租房中查扣吸毒工具。关于案件情节，赵某某证实，李某某在出租车上向自己交待若在途中接收检查时，将李某某带来的包说成是她的物品且以装有女性用品为由让其拒绝检查。

2. 物品体积存在重大差异。根据李某某的辩解中，如果他运输的是橄榄石，则橄榄石的比重要比冰毒高出数倍。故同一重量时，体积上应明显小于冰毒。李某某虽辩解橄榄石的包装物占据了大量空间使体积增大，但实际查扣的包中，并未发现更多包装物。其辩解无理。

3. 李某某在龙三检查站接收检查时，向检查人员提供假的韩国护照，骗称自己是韩国人。

4. 李某某供述的从龙井边境线至延吉收费站之间路程不过几十公里，所托送物品重量仅数千克却收取人民币5000元的报酬，可视为明显高出正常的运输费。

以上案件事实，可适用《最高人民法院最高人民检察院公安部办理毒品犯罪案件适用法律若干问题的意见》中下列规定：

（二）以伪报、藏匿、伪装等蒙蔽手段逃避海关、边防等检查，在其携带、运输、邮寄的物品中查获毒品的；

（三）执法人员检查时，有逃跑、丢弃携带物品或逃避、抗拒检查等行为，在其携带或丢弃的物品中查获毒品的；

（五）为获取不同寻常的高额或不等值的报酬而携带、运输毒品的。

综上，李某某的行为，已触犯《中华人民共和国刑法》第三百四十七条，符合运输毒品罪的犯罪构成。

（五）特情引诱案件的办理

运用特情获取案件线索、收集证据、侦破案件是打击毒品犯罪的有效手段，有的地区70%以上的重特大毒品犯罪案件都是依靠特情侦查手段侦破的，但我国《刑事诉讼法》中对此没有作出相关规定。此类侦查手段在理论界和司法实践中受到质疑，主要有两个方面的原因：一是所获证据的合法性受质疑，二是"机会提供"的预备案件与"犯意引诱"的警察圈套之间的界限难以把握。

笔者认为，为保障公民的合法权益不受侵犯，我国在立法上对诱惑侦查手段的采用，必须规定严格的实施要件，以保证诱惑侦查的有效使用。1.只有司法机关有权采用诱惑侦查手段，普通公民无权使用这一手段。特情进行诱惑侦查必须得到公安机关的同意，否则就是私人行为。2.对象仅限于行为人的犯罪意图已经表露，所实施的犯罪行为性质严重、影响恶劣，而其他侦查手段又不足以有效获取犯罪证据的犯罪。对精神病人、聋哑人、盲人和18岁以下的未成年人，不得实施诱惑侦查。3.侦查人员或特情的行为必须仅仅限于给犯罪嫌疑人提供贩毒的机会，让犯罪嫌疑人在其自身原有的行动轨迹上继续发展，绝不能促成其形成犯意。

实践中，发现有的案件侦查机关使用特情手段不规范或移送相应证据不规范的情况。

检察机关应对特情与诱惑侦查方面，加强法律监督。为保障准确有效地打击毒品犯罪，必须加强侦诉合作，确保对有罪的人得到法律的及时惩处，使无罪的人免予刑事追究。具体应当从以下几个方面入手：一是建立特情侦查通报制度。二是加大特情证据转化为公开证据的力度。特情的报告材料一般不能作为诉讼证据使用，如果需要作为诉讼证据使用时，可以以证人证言、检举控告材料或被告人供述、自首揭发材料等证据形式转换使用。对境外特情的报告材料，必要时，可转换为侦查机关公函的形式，说明原始证据的有关内容及原始证据的存放处，案件的承办人可到侦查机关审查有关原始证据。三是加强侦查情况说明制度。四是特情相关证据，在质证中的限制公开制度。特情一般不宜出庭，如必须出庭的，以检举人、控告人或自首者、同案人的身份远程视频作证。

对特情引诱案件的量刑分析方面，我们要注意以下几点：

1. 对已持有毒品待售或者有证据证明已准备实施大宗毒品犯罪者，采取特情贴靠、接洽而破获的案件，不存在犯罪引诱，应当依法处理。

2. 对因"犯意引诱"实施毒品犯罪的被告人，根据罪刑相适应原则，应当依法从轻处罚，无论涉案毒品数量多大，都不应判处死刑立即执行。行为人在特情既为其安排上线，又提供下线的双重引诱，即"双套引诱"下实施毒品犯罪的，处刑时可予以更大幅度的从宽处罚或者依法免予刑事处罚。

3. 对因"数量引诱"实施毒品犯罪的被告人，应当依法从轻处罚，即使毒品数量超过实际掌握的死刑数量标准，一般也不判处死刑立即执行。

4. 对不能排除"犯意引诱"和"数量引诱"的案件，在考虑是否对被告人判处死刑立即执行时，要慎而再慎。

【案例二】特情引诱案件应如何量刑？

被告人金某，男，1968年1月3日出生，因涉嫌贩卖毒品罪被逮捕。

被告人崔某，女，1954年11月8日出生，因涉嫌贩卖毒品罪被逮捕。

被告人牟某，男，1961年7月24日出生，因涉嫌贩卖毒品罪被逮捕。

基本案情：

2007年12月下旬，长春市的金某被列为公安特情后，在延吉市找到被告人崔某，提出"你找找毒贩下线，我提供冰毒，一起贩毒挣钱"。被告人崔某遂找到山东省烟台市的被告人牟某。之后，金某便打电话给牟某说："我是崔某的亲属，延边的冰毒质量好，价格低，最好来延边面谈"。牟先期拒绝，但在金某和崔某的多次劝说下，应允合作并在烟台市找到贩毒下线曹某。2008年2月12日，被告人牟某携带曹某提供的第一笔购毒款2万元，来到延吉市崔某租房与被告人金某、崔某相见，牟某称只带来2万元，金某却拿出300克冰毒给牟某。当晚，牟某准备离开延吉时，在客运站附近，被抓捕并被扣押全部冰毒。数日后，在被告人牟某的协助下，公安机关在烟台市抓获曹某。

本案争议点：特情引诱案件应如何量刑？

笔者认为，应当减轻处罚：

1. 本案中特情涉嫌参与犯罪。

侦查机关虽将金某列为特情，但他的行为已超出特情范畴，金某涉嫌与崔某共谋贩卖毒品。应对金某、崔某以各自所涉嫌行为处罚。

2. 本案存在犯意引诱、数量引诱等情节。

牟某是在特情金某及有意贩卖毒品的崔某的劝说下，才参与犯罪并来到延吉市。此外，与牟某带来的毒资相比，金某提供的冰毒数量明显高出牟某的期望值。

3. 对牟某量刑时结合其具有立功情节、被特情引诱情节，应当减轻处罚。

（六）主、从犯认定与上、下家关系的划分

（1）正确区分主犯和从犯。

区分主犯和从犯，应当以各共同犯罪人在毒品共同犯罪中的地位和作用为根据。要从犯意提起、具体行为分工、出资和实际分得毒赃多少以及共犯之间相互关系等方面，比较各个共同犯罪人在共同犯罪中的地位和作用。在毒品共同犯罪中，为主出资者、毒品所有者或者起意、策划、纠集、组织、雇佣、指使他人参与犯罪以及其他起主要作用的是主犯；起次要或者辅助作用的是从犯。受雇佣、受指使实施毒品犯罪的，应根据其在犯罪中实际发挥的作用具体认定为主犯或者从犯。对于确有证据证明在共同犯罪中起次要或者辅助作用的，不能因为其他共同犯罪人未到案而不认定为从犯，甚至将其认定为主犯或者按主犯处罚。只要认定为从犯，无论主犯是否到案，均应依照刑法关于从犯的规定从轻、减轻或者免除处罚。

（2）正确认定共同犯罪案件中主犯和从犯的毒品犯罪数量。对于毒品犯罪集团的首要分子，应按集团毒品犯罪的总数量处罚；对一般共同犯罪的主犯，应按其所参与的或者组织、指挥的毒品犯罪数量处罚；对于从犯，应当按照其所参与的毒品犯罪的数量处罚。

（3）根据行为人在共同犯罪中的作用和罪责大小确定刑罚。不同案件不能简单类比，一个案件的从犯参与犯罪的毒品数量可能比另一案件的主犯参与犯罪的毒品数量大，但对这一案件从犯的处罚不是必然重于另一案件的主犯。共同犯罪中能分清主从犯的，不能因为涉案的毒品数量特别巨大，就不分主从犯而一律将被告人认定为主犯或者实际上都按主犯处罚，一律判处重刑甚至死刑。对于共同犯罪中有多个主犯或者共同犯罪人的，处罚上也应做到区别对待。应当全面考查各主犯或者共同犯罪人在共同犯罪中实际发挥作用的差别，主观恶性和人身危险性方面的差异，对罪责或者人身危险性更大的主犯或者共同犯罪人依法判处更重的刑罚。

（4）是毒品共同犯罪还是毒品犯罪上、下家关系的划分上，应注意是否存在支配和被支配关系，是否存在从属关系，有没有共同的犯罪故意，有没有共同犯罪行为，以及对对方行为的明知程度和干预程度，对案件涉及毒品、毒资来龙去脉的相互知情度等情节综合分析，应慎重采信犯罪嫌疑人辩解。

下面以笔者承办的两个案件为例加以说明。

【案例三】苏某行为是否独立构成贩卖毒品罪？

被告人苏某，男，1960年9月13日出生，因涉嫌贩卖毒品被逮捕。

被告人孙某，男，1981年12月6日出生，因涉嫌贩卖毒品被逮捕。

基本案情：

2008年12月18日，被告人孙某以购买冰毒为目的，经温某引见，从长春来到延吉市朝阳街被告人苏某租房。被告人苏某向孙某提供16克冰毒后，以处朋友为由，仅收取

孙某1000元。分别时，被告人孙某提出，"大哥，以后我在长春给你汇款，你就以每克250元价格，将冰毒送到长春即可。"苏某应允。数日后，苏某从其同学延吉市人李某（案发后在逃）处赊来80克冰毒并藏匿在租房处。

2009年1月7日，被告人孙某通过银行给被告人苏某帐号汇入人民币2万元，被告人苏某遂让妻子全某到客运站，通过延吉至长春的大客车给长春的被告人孙某托运70克冰毒。被告人孙某在长春市，分数次向王某、张某等人贩卖。

2009年1月13日4时许，苏某在延吉市被侦查机关抓获并在其租房扣押6克冰毒。次日，侦查机关在长春抓获孙某。案件处理中，被告人苏某辩解，自己系为孙某代购冰毒，应属共同犯罪的从犯。

案件争议点：苏某行为是否独立构成贩卖毒品罪？

笔者认为，苏某行为独立构成贩卖毒品罪，其理由如下：

审查赃款去向时，发现孙某汇款后第三天，苏某的银行帐号中有一笔1255元的转帐消费在延吉百货大楼，经补证查实，系全某购买时装所用。

审查时，苏某辩称：此冰毒是从李某处赊来的，但没谈具体价格和付款日期，自己曾多次从李某处免费获取冰毒吸食，自己为孙某从李某处取来冰毒牵线搭桥；全某证实：苏某没有任何收入和积蓄，但今年1月10日，两人逛百货大楼时，给自己买了一套时装；孙某供述：不认识李某，只是通过苏某购买冰毒后，自己在长春贩卖。、

从本案交易情况来看，苏、孙两人已事先确定了价格，孙某只负责付款和在长春取冰毒即可，至于苏某从何处、以什么价格购买冰毒、如何包装、如何运送，均由苏某自主决定，托运毒品费用亦由苏某支付。二人之间关系符合毒品交易的上、下线关系特征，并不存在支配或者从属关系。此外，有证据证明，苏某不守约定擅自少托运10克冰毒、用购毒款买全某的时装等情形，可视为苏某已经获取实际利益。李某的在逃，不影响苏某的定性。分析全案，苏、孙之间没有贩卖毒品的共同故意，故不是共同犯罪，也就不存在主犯与从犯之分，苏某的此主张不能成立。

【案例四】本案的主从关系应如何确定？

被告人黄某，男，1962年01月28日生，原某公安局民警，涉嫌走私毒品罪被逮捕。

被告人金某，男，1971年05月01日生，农民，涉嫌走私毒品罪被逮捕。

被告人朴某，女，1964年11月13日生，无职业，涉嫌运输毒品罪被逮捕。

基本案情：

2008年12月初，被告人黄某利用其警察身份，指示边境地区农民金某，让金某联系朝鲜毒贩并允诺事后给报酬，金某被迫应允。

2008年12月30日，黄某伙同金某来到和龙市南坪镇龙岩村附近的中朝边境线，由黄某向朝方毒贩支付4万后，走私入境290克"冰毒"，由黄某带回和龙市。

2009年1月9日，黄某让其女朋友朴某，将16万元毒资送给和龙市南坪镇的金某处，金某遂携款来到中朝边境线上，给朝方人员付款后，走私进境1478克"冰毒"交给等候的朴某。朴某返回和龙市后，将全部冰毒转交给黄某。

此间，被告人黄某单独或伙同朴某，分5次以大客车托运方式，向青岛的关某贩卖冰毒1000余克，所收取的赃款，用于黄某购买轿车。

案件争议点：本案的主从关系应如何确定？

笔者认为，黄某具有出资、实际控制毒品、指使他人参与犯罪等情形，在全案中起主要作用，系主犯。量刑时，应考虑其主犯地位和特殊身份，从重处罚。

朴某系黄某的同居者，虽有数次受黄某指使，邮寄毒品、运送毒品、毒资的行为，但均是被动行为，没有对毒品和毒赃的支配权，又考虑已同居多年，可比照家属处理等因素，不宜单独认定其运输毒品罪，将其行为纳入到整体贩卖毒品中的一个环节。全案中，朴某所起的作用和黄某区别较大，应认定从犯为宜。

金某涉嫌联系朝方毒贩、传递毒品、毒赃等行为，虽基本符合行为主犯的特征，但作为边民，在具有特殊身份的黄某的被迫下，以获取少量经济利益为目的，参与犯罪，可与毒品实际控制人黄某区别看待，可认定为从犯。

（七）涉外案件主体身份问题

当前我省涉外案件中，毒品案件所占比例日益增加。有较多需要确认涉外犯罪嫌疑人的国籍、身份的问题，以延边地区为例，由于该地区与朝鲜接壤的边境线较长且朝鲜籍犯罪嫌疑人绝大多数为偷渡人员，没有出入境记录。此外，在国籍确认上，朝鲜方面一般不会出具犯罪嫌疑人的国籍证明材料，而犯罪嫌疑人又多数自称是朝鲜公民。实践中，我们的做法是通过边防部门统一向朝方申请，要求其提供相关涉案人员的国籍证明材料，朝方没有回复或回复"查无此人"的，均认定为"无国籍"人，以本人自述的自然情况来认定。

（八）境外证据的法律效力问题

由于毒品犯罪日趋国际化，各国之间通力合作打击毒品犯罪已成为国际潮流。但对于境外移送的证据如何转化、采信以及境外取证等问题，当然地摆到了我们的面前。一是境外移送的证据能否直接采用；二是境外移送的材料包括言词证据、抓获经过、指认笔录、侦查情况通报等都加盖了外国警方的公章，是否属于已经转换过的证据；三是境外移送的犯罪嫌疑人的供述属于书证还是言词证据等，都值得探讨。上述情况，应该通过司法解释的形式对上述各类问题予以明确，对境外移送的犯罪嫌疑人的供述等言词证据，在查明该言词证据真实合法、移交的程序也合法的前提下，即使犯罪嫌疑人移送回国后翻供，也可以直接作为证据来使用。笔者所承办涉外案件中取得的经验是，可借鉴对走私犯罪境外证据转换的相关解释，如侦查机关在境外取得的言词证据，需要以公函方式予以转化，说明境外取证的地点、内容、经过等。还有一种尝试是，中国司法人员直接赴当事国，让当事人在中方司法人员的见证下，自愿形成陈述书后，经过双重认证带回国内，可直接作为证据使用。另外在中国驻当事国大使馆外事警察的见证下，从当事国司法机关，接收相关证据材料，回国后附出境调查单位的相关办案说明后，一并作为定案的证据来使用。经实践，不难发现各国对毒品跨国犯罪的配合及协助热情远高于其他类型跨国犯罪。以上作法，已对笔者承办的数起棘手涉外毒品犯罪公诉工作，起到了积极的效果。但境外取证尚有诸多局限性，所以在无法取得境外证据时，我们要结合侦查机关掌握的毒品流向等来判断犯罪嫌疑人口供的真伪，进而甄别证据的真伪。比如，外国籍人员在边境线上持有大量毒品且无法合理辩解时，可推定为涉嫌走私毒品行为。

（九）技侦途径收集的视听资料使用问题

侦查机关使用技术侦查措施秘密收集的视听资料不便转化为公开使用的证据方式的，可采用公函的形式出具书面材料，说明原始证据的有关内容及原始证据的存放处，案件承办人可到侦查机关审查有关原始证据，但不得复制后公开使用。

（十）对零星贩毒案件数量认定问题

针对零星贩毒案件中，计算毒品累计数量有以下方法。（1）在现行查获的零星贩毒案件中，应考虑犯罪嫌疑人是不是吸毒人员，有没有医疗等特殊用途等情节后，原则上将缴获的全部毒品来认定贩卖数量。（2）需要认定没有缴获毒品实物的零星毒品计量问题。一般是通过讯问零星贩毒的犯罪嫌疑人，查清制作"零包"时的各类基准重量是多少，各类"零包"具体已各贩卖多少包，并在笔录中固定下来，依此推算。如果犯罪嫌疑人拒不供述，但查获其用于贩卖的"零包"或毒品交易记录的，以查获的"零包"重量、实际交易价格或交易记录作为推算的依据。确定毒品数量时，按"就低不就高"的原则计算。

五、对毒品犯罪侦查工作的几点建议

（一）供述、证言等笔录方面

毒品案件相关笔录的实体和程序方面，主要存在讯问方式不合法，个别案件中存在刑讯逼供、引供、诱供现象；笔录制作程序不规范、不完整，相关性较差，影响证据的证明力；有的是先讯问，后根据讯问情况整理笔录，失去实时性、客观性；有的对犯罪嫌疑人的辩解不注意分析，不明确记录，不如实记录，失去了补证的最好时机，为嫌疑人翻供，证人变证留下了隐患。此外，利用电脑打字方式记录嫌疑人笔录的过程中，少数侦查人员为了便捷地获取一名犯罪嫌疑人的数份有罪供述，利用电子文档复制功能，形成若干次笔录，且其前后笔录的内容高度一致，影响供述材料的合法性、真实性。审查朝鲜语笔录时，笔者发现较多问题，主要是单人提审或者虽然两人提审，但其中只有一人可以读、懂朝鲜语的，这样就违背了刑诉法相关规定，存在侵犯当事人使用本民族语言权利的嫌疑，留下很多隐患。因为我省多数涉毒案件的犯罪嫌疑人均涉及到朝鲜、韩国公民或中国朝鲜族公民，可以说影响到国家司法形象。实践中，公诉机关在审查时，有不少外国或朝鲜族当事人以看不懂汉文笔录为由，不承认原来的供述，给指控犯罪带来很大困难。

根据当前毒品犯罪案件中犯罪嫌疑人翻供较多，其他证据体系又比较薄弱的实际情况，无形中促成了审查案件依重供述的现况。故笔者建议讯问时应同期录音或录像，重大案件必须同期录音录像并随案移送，也有必要尝试设立见证人制度。针对目前犯罪嫌疑人往往辩解不知道自己笔录内容，侦查人员没让阅读或没有给宣读，笔录的字体太潦草没看明白等辩解，笔录形成后一定要让犯罪嫌疑人仔细阅读后签字，不仅对供述内容是否属实签字确认，还应对笔录形成情况签字确认。为了防止有的犯罪嫌疑人混水摸鱼，此过程最好用录音录像形式固定为宜。对重要证人笔录亦应比照执行。

（二）书证方面

突出表现在，侦查机关发案后不及时调取所有涉案人员的移动电话、手机短信等信息，导致案件报送到公诉部门补充该证据时，往往已过了6个月的信息保留期限，而无法调取通讯信息和通话机站信息。人为失去一份很好的客观证据，削弱了证据体系，影响指控犯罪。

此外，侦查机关提供的排除引供、诱供、刑讯逼供的相关说明材料有不少争议。笔者认为，证明侦查机关没有引供、诱供、刑讯逼供，最好的办法是同步录音录像或设立见证人。审查中发现，普遍存在排除刑讯逼供的说明过于简单、不具体，可信度差。应对取证的人员、时间、地点、环境条件、供述内容的自愿性、真实性等方面加以祥细说明，移送同步音像资料、见证人证言等加以辅证。必要时，侦查员可以出庭作证。

（三）现场勘查方面

笔录记载不够细致，对于现场提取的物证、痕迹不注明。突出的是，只注重毒品本身，对毒品及毒资等关键物证的原始形态、包装物形态、包装特征、存放位置等重要细节没有准确、客观的记载，导致给一案内多宗毒品的分辨工作带来难度，也给分辨各当事人各自涉嫌毒品数量方面带来相当大的困难。

（四）鉴定、检验方面

一是毒品鉴定不准确。从我们所办的毒品案件来看，由于鉴定人水平、经验和鉴定设备所限，有不少鉴定存在问题。有的存在常识性错误，有的发生鉴定结论错误。有一起案件，二次鉴定结论不一样；还有一起案件，将用罂粟连杆带根熬成混合物鉴定成甲基苯丙胺。我认为这个问题应引起足够重视，重大毒品案件最好送鉴定水平高的鉴定机构鉴定。二是存在单人鉴定问题，有的鉴定书虽然署名为二人，其实是一人，这样做不仅违反规定，而且容易导致鉴定不准确，发生错误。我们在办的一起案件中的一份毒品鉴定中鉴定人之一是法医，并且该案发生严重问题。三是存在鉴定结论不送达相对人，是否有异议，是否申请重新鉴定均无法体现。四是鉴定人不签字或盖章的问题，只是电脑打字。

笔者建议，侦查机关在对毒品称量、取样时，尽可能在相关犯罪嫌疑人面前或见证人面前进行并书面形成记录，由犯罪嫌疑人、参与人签字备案，以防止庭审中出现被告人对鉴定结论提出异议而延期审理的情形。

对尿样检查方面，侦查卷宗一般只装入阳性嫌疑人的结论，不装入阴性嫌疑人的结论，这个问题也比较普遍。但实践中，大家不难知道，有时特定犯罪嫌疑人阴性的尿样检查结果，往往更能客观地说明其具有贩卖故意，而不是非法持有毒品故意。

（五）指认现场方面

与其他恶性犯罪相比，毒品犯罪的侦查中，普遍存在忽视现场指认的问题。具体有，不是当事人自主指认，指认时没有实时制作指认笔录，只有指认相片，没有同期录像等等，简单走过场的情况较多。笔者承办的金某走私毒品一案移送起诉后发现，对其多起走私毒品地点均没有进行指认，后经补充才能形成相关证据链条。

（六）辨认笔录方面

进行辨认前，有必要让辨认人详细描绘辨认对象的外型、体貌等特征。实践中，辨认过程一般没有音像资料相佐证，显得不够完整。还有，部分侦查机关的辨认载体、辨认对象的基础量较少，当事人与其他参与辨认者之间体貌、年龄差异太明显等等，有失客观性。

（七）制作破案经过、抓获经过方面

存在的通病：一是过于简单，对于如何抓获的细节写得不清楚，往往只写"经工作"、"根据线索或群众举报"、"特情举报"之类的话，但对如何工作、什么线索、谁举报、举报了什么不写，无法准确区分"由供到证"还是"由证到供"；二是与实际不符。我们曾办过一起毒品案件，本不是特情举报却写成特情举报，这样做直接影响了案件事实的认定；三是用语不当，出现"加大审讯力度"等容易引起歧义的语句。《破案经过》《抓获经过》事关犯罪嫌疑人是否具有自首、坦白、立功等法定量刑情节，必须原原本本、客观真实、完整细致写清楚。

（八）视听资料方面

毒品犯罪侦破过程中的视听资料应随案移送，对于涉及机密或绝密可通过机要方式，确定知情范围，落实保密责任。音像资料要保证质量，实践中存在部分监控录像质量不好、户外指认或辨认的录像质量不好的问题。应完善设备，备有扩音器或者无线麦克风等设备，以能够真实、完整、清楚地反映侦查工作原貌。

以上，基于笔者办理毒品公诉案件的一点经验和对侦查工作的审查分析情况，就办理毒品案件中存在的常见问题，浅述笔者意见。审查毒品案件与其他案件一样，是审查证据、运用证据的过程，但证据体系不完善是长期影响毒品案件办案质量的最常见、最突出的问题。因此，各级检察机关应齐心协力，共同关注毒品犯罪的新动向、新问题，实时呈报上级机关，以便上级机关及时出台规范性文件展开同步指导。此外，还应加强与侦查、审判机关的沟通，以便形成统一、规范、全面的打击毒品犯罪的整体格局，加强打击毒品犯罪的合力，保证社会和谐，取得"禁毒人民战争"的全面胜利。

主要参考资料：

1. 赵秉志总主编：《毒品犯罪》，中国人民公安大学出版社，2003年1版。
2. 周道鸾、张军主编：《刑法罪名精释》，人民法院出版社，2007年3版。
3. 刘金善调研报告《洞察新形势、迎接新挑战、树立新观念、探求新思路，全面完善证据体系，全力打击毒品犯罪》。
4. 池莲花调研报告《毒品案件中宽严相济政策的掌握》。
5. 《毒品犯罪案件特征分析》，中国刑法学网，http://www.lvsoso.com/11b/508.html。

第十六讲
混合型贪污犯罪案件公诉方略

刘艳华

最高人民法院《关于审理贪污、职务侵占案件如何认定共同犯罪几个问题的解释》（法释[2000]15号，以下称《解释》，2000年7月8日施行）对混合型贪污罪的认定提供了法律依据。该《解释》规定：

（一）行为人与国家工作人员勾结，利用国家工作人员的职务便利，共同侵吞、窃取、骗取或者以其他手段非法占有公共财物的，以贪污罪共犯论处。

（二）行为人与公司、企业或者其他单位的人员勾结，利用公司、企业或者其他单位人员的职务便利，共同将该单位财物非法占为已有，数额较大的，以职务侵占罪共犯论处。

（三）公司、企业或者其他单位中，不具有国家工作人员身份的人与国家工作人员勾结，分别利用各自的职务便利，共同将本单位财物非法占为已有的，按照主犯的犯罪性质定罪。

该《解释》是我国刑事司法中处理混合型贪污罪的重要法律依据。事实上，混合型贪污罪是贪污罪的一种，因其结合了贪污罪的相关理论与共同犯罪理论，与传统的单纯由国家工作人员实施的简单贪污行为相比，无论在犯罪主体的界定、主观故意内容的界定、贪污手段的界定、犯罪数额的认定以及主从犯的认定等，都具有一定的复杂性，因而成为司法实践中的一类疑难案件。近年来，我省陆续办理了原长春吉港集团公司监事局主席桑粤春（全国人大代表）贪污案、原国务院经贸办机关劳动服务公司法定代表人、经理李永义贪污案、原吉林省榆树市人大副主任兼榆树市工会主席徐某某贪污案、原上海电气（集团）总公司党委书记、董事长王某某（全国人大代表）贪污案和白城市骗取农业保险系列案等一批混合型贪污犯罪案件，特别是桑粤春贪污案、王某某贪污案已经得到了最高人民法院司法裁判的核准，成为我国目前处理混合型贪污犯罪案件的重要参考案例。下面，笔者结合具体案例，阐述混合型贪污罪的法律特征和司法实践中需要注意的有关问题，以厘清罪与非罪、此罪与彼罪，为我们办理时的性质判定、证据收集和庭审焦点预测等提供范例与参考。

一、混合型贪污案的法律特征

案例：

2001年初，王某某利用担任某国有集团（A公司）总裁的职务便利，与下属的国有控股（B公司）总经理陆某某、民营公司（C公司）董事长严某某共谋，利用B公司搞房地产开发之机谋取个人利益。为此，王某某、严某某、陆某某约定：由B公司投资收购D公司并取得其名下的土地开发权。启动资金由B公司投入，C公司不出资，只是以C公司名义和B公司进行联合收购和开发；为了便于B公司以后退出，实现个人占有，王某某决定C公司占有D公司70%股权，并由严某某出任D公司的董事长，B公司占有D公司30%股权，但严某某实际占有50%股权，另外20%股权是严某某代王某某持股，并在适当时机转让给王某某指定的公司。事后，严某某按王某某的要求出具承诺书。

为了骗取B公司的投资款，王某某指使陆某某以B公司占30%股权向董事会汇报，并故意压低了D公司土地开发的预期利润。D公司实际取得土地开发权后，王某某指使陆某某以欺骗手段，骗取B公司撤资，使C公司取得D公司的全部股权。后来，王某某以其子王某和陈某名义注册E公司，并将其在C司的50%股权转入E公司，并在工商部门办理了股权变更手续。

案发后，经司法会计鉴定，D公司净资产价值人民币3亿余元。其间，王某某以分红方式共分得现金200万元、价值410万元的三套复式住房和15万余元的别克轿车一辆；严某某分得300万元现金和价值410万元三套复式住房；陆某某未实际分得利益。

这一案例就是目前全国涉案数额最大的贪污案，也是我省办理的第二例采用房地产开发形式、内外勾结型贪污案件。通过上述案例，我们不难看出，混合型贪污罪的法定犯罪构成模式为：

国家工作人员与非国家工作人员相勾结，以非法占有为目的，分别利用各自的职务便利，采用侵吞、窃取、骗取或者以其他手段非法占有本单位财物，且国家工作人员是主犯的行为。

与传统贪污犯罪构成相比，混合型贪污罪有以下几个特征：

1. 在犯罪主体上，是混合犯罪主体，既有国家工作人员，又有非国家工作人员，且在共同犯罪中以国家工作人员为主。

2. 在犯罪客体上，一般侵害的是公共财产所有权，但不以公共财物为限。此种犯罪主要发生在国家参股、控股的混合所有制的公司、企业、事业单位和人民团体中，而不是传统的单一的国有财产所有权或集体财产所有权，极个别的情况下，也有可能发生在民营公司、企业、事业单位和人民团体中。如，国家委派工作人员到重点民营企业从事党务、工会等工作的人员，利用职务上的便利，与民营单位的管理人员相勾结，采取侵吞、窃取、骗取或者以其他手段非法占有党费、工会会费的行为。

3. 在犯罪手段上，一般以骗取为主，而不是传统意义上的侵吞和窃取，这种骗取带有内外勾结、各自利用职务便利的特点，且"国家工作人员利用职务便利"在犯罪过程中往往起主导作用。在市场经济条件下，贪污的手段有时还伴有市场经济的特点，如多数发生在招商引资、投资创业、企业改制、政策性试点等过程之中，取财手段有着各种各样合法的外衣，具有一定的迂回性和隐蔽性。

4. 犯罪故意内容的本质要求是"共同非法占有"，仍为直接故意。由于伴有犯罪主体的混合、犯罪手段市场化的特征，犯罪故意的内容更加丰富，特别是"犯罪手段为犯罪目的服务"的因果关系明显，并成为犯罪故意内容有机组成部分。同时，厘清国家工作人员在共同犯罪中的地位与作用对案件性质判定至为重要。

二、混合型贪污案的证据体系

实践中，混合型贪污犯罪之所以成为一类疑难职务犯罪案件，其难点就在于此类案件本身证据体系结构复杂，法律政策性较强，犯罪分子自我保护能力强、反侦查能力强，罪与非罪、此罪与彼罪的法律边界完全依赖全案证据体系的固定。因此，此类案件要求司法人员要全面把握混合型贪污罪的法律特征，洞察罪与非罪、此罪与彼罪相区别的关节点，做好关键证据的收集、固定、审查判断与应用，为准确判断案件性质、明确取证主攻方向与庭审证明重点打下坚实基础。

职务犯罪案件的证据体系，存在定罪证据体系与量刑证据体系之分。能够区分罪与非罪、此罪与彼罪的证据体系，就是定罪证据体系，也是基本的证据体系、主干证据体系；与量刑有关的证据体系，是辅助证据体系、枝节证据体系。根据混合型贪污罪的定罪模式，其证据结构体系与证明标准如下：

（一）定罪证据体系

定罪证据体系，是能够证明犯罪构成要件事实的证据，这是认定混合型贪污罪是否成立的关键证据，缺一不可。

1. 犯罪主体证据

在混合型贪污案中，犯罪主体证据的关键是国家工作人员主体身份与非国家工作人员主体身份的证据，它决定整个案件的性质判定与走向。

混合型贪污案中的国家工作人员为"受国家机关、国有公司、企业、事业单位委派，到非国有公司、企业、事业单位、社会团体从事公务的人员"，它主要是代表国家对国有财产从事组织、领导、监督、管理等工作。这里的"委派"，即委任、派遣，其形式多种多样，如任命、指派、提名、批准和推荐等，不论被委派的人身份如何，其职责是代表国家机关、国有公司、企业、事业单位和人民团体在非国有公司、企业、事业单位、社会团体中从事组织、领导、监督、管理等工作。如国家机关、国有公司、企业、事业单位委派在国有控股或者参股的股份有限公司从事组织、领导、监督、管理等工作的人员，应当以国家工作人员论；国有公司、企业改制为股份有限公司后原国有公司、企业的工作人员和股份有限公司新任命的人员，除代表国有投资主体行使监督、管理职权的人外，不以国家工作人员论。

非国家工作人员，是指在混合所有制单位中不属于国家工作人员的其他管理人员，或者是民营企、事业单位从事管理工作的人员。

从事公务，是指代表国家机关、国有公司、企、事业单位、人民团体等履行组织、领导、监督、管理等职责。公务主要表现为与职权相联系的公共事务以及监督、管理国有财产的职务活动。如国家机关工作人员依法履行职责，国有公司的董事、经理、监事、会计、出纳人员等管理、监督国有财产等活动，属于从事公务。那些不具备职权内容的劳务活动、技术服务工作，如售货员、售票员等所从事的工作，一般不认为是公务。非国家工作人员的公务活动，或者体现为国有制单位的管理活动，混合所有制单位的公务管理活动，或者是民营单位的管理活动。

在认定犯罪主体的过程中，对犯罪主体是否"具有职务便利"和"利用了谁的职务便利"要准确加以区分，这是区分一般主体犯罪与特殊主体犯罪、区分贪污罪与职务侵占罪的关键所在。如，国家工作人员与非国家工作人员共同实施的未利用各自职务便利的共同盗窃行为，就应当以盗窃共犯论处，而不应以贪污罪或职务侵占罪论处。

2. 犯罪主观方面证据

混合型贪污罪，其特点是职务行为掩盖下的"个人共同化公为私"行为，实质是两个以上有职务便利的个人共同实施的职务侵财犯罪，其根本目的在于"化公为私"，是直接故意。如上述王某某等人贪污案中，我们及时固定和收集了王某某、严某某、陆某某、王某、陈某五人预谋贪污的言词证据，对预谋的时间、地点、参与人员、预谋内容等进行了全面、细致的固定，从而对贪污行为的方式方法、人员分工、财产分配等有了比较清晰的认识，对案件的性质判断起到了关键作用。特别是关键书证《承诺书》的取得，准确印证了王某某贪污目的，扭转了立案之初"关于挪用公款后进行营利活动"的判断，为突破全案及正确把握取证方向奠定了基础。

在司法实践中，固定贪污案主观故意内容，主要采用收集和固定犯罪嫌疑人供述与辩解的方法。但是，随着职务犯罪初查工作的规范化，突破犯罪嫌疑人口供则主要依靠外围证据的广泛收集。如王某某贪污案中，我们先收集了大量王某某等人从事房地产开发的相关协议、文件、会议纪要等，并询问了大量证人，特别是通过询问关键证人（首次询问时均作为证人）严某某、陆某某、王某、陈某，发现了隐藏在房地产开发背后的"交易"，并以此为基础突破了王某某的心理防线，促使其做出了如实供述。之后又按照公诉案件的证明标准，进一步固定和完善了相关细节证据，从而使案件达到"事实清楚，证据确实充分"。办理混合型贪污案中，要切忌简单依赖口供的传统做法，要特别注意发挥证人证言及书证在突破犯罪嫌疑人口供和印证犯罪嫌疑人口供中的证明作用。

在证明混合型贪污罪的"以非法占有为目的"时，我们经常会遇到"犯罪目的与手段的关系"问题，特别是在办理公司、企业人员混合贪污的案件中，往往存在贪污手段与多种经营行为相交织的情况，何种情况下认定为"正当的经营行为"，何种情况下认定为"贪污犯罪的手段"，这是司法实践必须首先予以明确解答的问题。在认定混合型贪污罪主观故意内容时，"取财手段"必须成为主观故意内容之一，这是区分共同贪污与国家工作人员个人贪污的关键所在。在固定证据时，必须取得"国家工作人员与非国家工作人员谋划取财的手段、过程、及希望达到的结果"方面的关键证据。即，非国家工作人员必须明知：国家工作人员是以合法经营为手段，达到共同非法占有该单位财物的目的，自己利用职务便利的行为是国家工作人员贪污行为的有机组成部分之一，相辅相成，共同达到对本单位财物非法占有的结果。至于行为人具体采用什么样的贪污手段，则可能因行为人的职务便利、行为习惯、行业管理的特点而有所不同，但是本质上都是"合法的外衣掩盖下的共同化公为私行为"。

3. 犯罪客体证据

在传统贪污犯罪中，我国法律保护的法益主要以公共财物所有权为主，这主要与我国的经济发展阶段有关。伴随着市场经济体制的逐步确立，多种法益并存的情况突显，要求法律平等保护的呼声日隆。在我国经济体制转轨的过程中，虽然多种所有制形式并存，国家仍然保持了对重要公共财产的管理力度。在混合型贪污罪中，受到侵害的是公共财产的所有权，主要是国家参股、控股的混合财产所有权。"受国家机关、国有公司、企业、事业单位委派，到非国有公司、企业、事业单位、社会团体从事公务的人员"，事实上是代表国家履行经济管理职能，确保国有财产保值增值，是国家经济管理职能的重要体现。因此，对从事经济管理活动的国家工作人员的贪污行为，具有侵财和渎职双重危害，仍然被作为打击重点并规定了较重的刑罚。实践中，混合型贪污罪侵害的对象是受委派单位的财产，其表现形式既可以是有形财产，也可以是知识产权，既可以是资金、设备等实物财产，也可以是比例化了的财产性权利——股权等。

4. 犯罪客观方面证据

犯罪手段：现阶段主要以骗取为主，有的为侵吞和窃取。一般采用虚假的理由、制造假相，里应外合、相互勾结，共同化公为私。发展趋势：以合法经营为依托，分别指定他人迂回取财。

危害结果：对公共财产"实际控制"，不以是否办理产权变更为唯一依据。这种实际控制，是指已经达到事实上的非法占有（不一定是行为人本人占有，也可以是其所指定的他人占有），即已经达到对公共财产所在权的完全侵害。危害结果的大小，是判断罪名是否成立及罪刑轻重的主要依据。

手段与目的具有刑法上的因果关系，即手段为目的服务。实践中，要正确区分"以经营行为、企业资本运作为贪污手段"与"企业的正常经营行为"。

（二）量刑证据体系

1. 证明共同犯罪人的地位、作用的证据

区分行为人的地位与作用，是正确认定主犯、从犯的关键事实证据，对量刑会产生重要影响。在混合型贪污案中，特殊主体与一般主体协作紧密，对贪污财物的取得作用相当，一般可不区分主从。但是结合个案的具体情况，行为人占有财产的数量不同、地位与作用不同，能够区分主从的，应当尽量区分主从，以体现罪刑相适应原则。混合型贪污案中，国家工作人员与非国家工作人员各自所担负的具体职责，各自利用职务便利情况，以及各自在"化公为私"过程中起的作用大小，一般是区分主、从犯的关键所在。当然，区分主从时，还应当同时考虑犯意挑起、谁做决策、占有份额的多少等因素综合判断。

2. 证明犯罪既遂、未遂与犯罪数额的证据

司法实践中，就侵财性犯罪而言，犯罪客体受侵害程度是判断犯罪行为是否成立及进行犯罪行为阶段划分的重要标志。贪污罪是一种以非法占有为目的的财产性职务犯罪，与盗窃、诈骗、抢夺等侵犯财产罪一样，应当以行为人是否实际控制财物作为区分贪污罪既遂与未遂的标准。对于行为人利用职务上的便利，实施了虚假平帐等贪污行为，但公共财物尚未实际转移，或者尚未被行为人控制就被查获的，应当认定为贪污未遂。行为人控制公共财物后，是否将财物据为己有，不影响贪污既遂的认定。

"实际控制"的认定标准是：在非法占有的基础上，又有非法使用、收益、处分行为之一的，即可认定为已经达到实际控制的程度，而不一定要求财产所有权的法定转移。

混合型贪污罪的犯罪数额，以行为人实际非法控制公共财物的时间节点为计算犯罪数额的法律依据。以贪污财物进行经营产生的收益，按非法所得处理，不计入贪污的数额。

3. 证明共同贪污犯罪中"个人贪污数额"的证据

在混合型贪污犯罪案件中，"共同贪污犯罪中个人贪污数额"应理解为个人所参与或者组织、指挥共同贪污的数额，不能只按个人实际分得的赃款数额来认定。对共同贪污犯罪中的从犯，应当按照其所参与的共同贪污的数额确定量刑幅度，并依照刑法第二十七条第二款的规定，从轻、减轻处罚或者免除处罚。混合型贪污罪同样应该遵循上述原则。这也是王某某案中王某某与严某某各实际分得贪污总额的50%股份，依法对其全额认定的原因所在。

4. 自首、坦白与立功等法定量刑情节的证据

5. 积极返赃、认罪态度好、赃款赃物追缴情况等酌定情节的证据

由于证明4. 5的证据在所有犯罪构成中均可能存在，不具备自身特性，在此不予赘述。

三、定罪焦点辨析

无论在关键证据收集、案件性质判定及在证实和揭露犯罪中，混合型贪污罪的焦点与难点就在于对影响案件定性关节点证据的准确把握。混合型贪污罪本身犯罪构成复杂，证据体系庞杂，定罪难度较大。仍以王某某贪污案件为例，从检察机关侦查决策调整的过程看，查证混合型贪污案的难度可见一斑。

第一阶段：从纪检机关最初移送的线索，王某某收受了严某某以"分红"方式分得的现金200万元、价值410万元的三套复式住房和15万余元的别克轿车一辆。案发前，王某某与严某某订立攻守同盟，将150余万元现金放在严某某处保管。基于此，案件最初的性质判断是涉嫌受贿犯罪。

第二阶段：随着调查的深入，发现了B公司投资D公司从事房地产开发的事实。结合王某某收受严某某现金、商品房和汽车等情况，案件性质开始往涉嫌挪用公款罪和受贿罪方向发展。

第三阶段：对第二阶段的查证工作，本案仍有几个重要疑点无法排除：一是根据B公司的《会议纪要》等书证和证人证言，B公司明明是"投资"，为什么最终变成了"借款"？房地产开发是否有利润，是多少？二是王某某从严某某负责经营的D公司取得的财物到底是"好处"，还是"分红"？这些疑点，直接关系到案件的性质判定。为此，我们围绕可能影响案件性质的三个关键环节进行了细致深入的调查取证，并取得了重要突破：一是收集到了王某某、严某某、陆某某等人密谋贪污准备阶段的全部言词证据，且各证据吻合一致，证实了王某某等人要"通过房地产开发、自己从中留一块"的事实。犯罪故意证据的固定，为全案的准确定性打下了坚实的证据基础，这也是后来在案件论证过程中区分贪污罪与挪用公款关键临界点；二是取得了严某某同意代王某某暗中持股20%的《承诺书》，这一书证的及时取得，为案件性质判断定下了基调，明确了下一步的取证方向和取证重点。三是，收集到了王某某组织D公司开展房地产经营活动全部的行为证据：利用职务便利帮助D公司获取土地开发权，骗取B公司的投资款，采用违规的办法帮助D公司增加注册资本后抽逃注册资本，采用伪造签名的办法为D公司贷款担保，骗得B公司撤资，最后将D公司资产50%股权过户到E公司名下。同时，也通过行为证据，进一步稳固了王某某在该案中组织者、领导者、决策者的地位，明晰了其他参与人的分工、所得，恢复了案件的原貌。特别是从王某某最初意图占有雅苑公司股份的20%到50%的发展过程，以及各参与人分得利益的情况，使得王某某等人"共谋共同非法占有"的目的暴露无遗，为案件的最后性质判定奠定了重要基础。

笔者总结我省近年来办理的重特大贪污案件，感到办理混合型贪污案件，无论在证据收集，还是在定性及证明犯罪的过程中，以下焦点问题是处理罪与非罪、此罪与彼罪的关键所在：

（一）罪与非罪

罪与非罪的临界点，主要围绕混合型贪污犯罪的犯罪构成要件而展开，其中最为关

键的是：是否具有共同的贪污故意。司法实践中，常见的焦点如下：

1. 有无共同贪污故意

"共同贪污故意"，是认定混合型贪污罪的关键所在，是统率整个案件定性的灵魂。混合型贪污，本质上是国家工作人员与有职务便利的非国家工作人员共同非法占有公共财物的行为，是个人共同的化公为私行为的有机组合。因此，要严格审查国家工作人员与非国家工作人员两个方面的主观故意内容，看二者的主观故意内容是否相辅相成，缺少其中任何一面，都不能称其为共同犯罪，而只能是单个人实施的贪污犯罪或职务侵占罪。国家工作人员的贪污故意与非国家工作人员的共同贪污故意二者缺一不可。实践中，是否具有共同贪污的主观故意、主观故意内容为何，在区分国家工作人员个人贪污与混合型贪污，以及区分国家工作人员与非国家工作人员在共同贪污中的地位与作用方面意义重大。

2. 正确区分国家工作人员履行职责过程中的瑕疵行为和个人贪污行为

（1）国家工作人员决策程序有瑕疵情况下的单位经营行为。司法实践中，对国家工作人员履行职责过程中的瑕疵行为，即未履行相应决策程序的职务行为，如"个人决定"，仍应认定为国家工作人员的职务行为，而不作为个人行为加以惩处（当然，刑法明确规定的重大渎职行为除外）。贪污罪打击的是"国家工作人员打着为单位谋利的幌子，实际中饱私囊"的个人行为。

（2）"单位行为"是贪污行为的手段之一。即依照法律规定，"为了犯罪而成立单位或单位成立以后主要从事犯罪活动的"，应当依照个人犯罪来惩处。也就是说，此种情况下，单位行为是国家工作人员在共同贪污目的支配下的重要步骤之一，单位已成为实现贪污目的之必要组成部分，是国家工作人员实施贪污犯罪的手段与工具。如王某某贪污案即是此种情况，他们已将成立D公司、E公司作为实现贪污目的的工具。

（3）非国家工作人员不明知情况下的"共同投资、共同受益"行为。此种情况是指非国家工作人员与国家工作人员未形成共同的贪污故意，即国家工作人员的单方明知行为。司法实践中，判断双方是否"共同明知"需要用证据加以支持。当确有证据证实非国家工作人员被蒙蔽、被欺骗，对国家工作人员的贪污行为"不明知"的，即不应以共同贪污来论处。

（4）正确认定企业改制中的"管理层收购（MBO）"。企业改制中的管理层收购，是根据企业改制政策所进行的产权重组行为。一般来讲，重组计划对股权的分配、资金来源等均有明确规定，是企业行为与政府行为的有机结合。除"国家工作人员借改制之机有非法占有行为、应当以贪污罪论处"外，在《企业改制方案》未因违法被推翻之前，要慎重对待改制中的管理层收购问题，要采用政府审查优先原则，不宜通过直接追究犯罪的方式加以处理。

（二）轻罪辩护

轻罪辩护是在混合型贪污罪成立情况下，通过展示贪污罪从轻、减轻或免除等有利被告人的情节，来准确惩处犯罪分子，促使其认罪服判、回归社会的有效手段。轻罪辩护一般由犯罪嫌疑人或被告人本人提出，也可以由其辩护人提出。当然，作为负有"客观义务"的检察官，无论在哪一诉讼环节发现罪轻的事实与证据，都应当公正对待、准确认定。

1. 犯罪数额的认定

贪污犯罪是以侵财为目的的犯罪，犯罪数额在定罪和量刑上均具有重要作用。因此，关于犯罪数额的认定，也成为关涉犯罪嫌疑人、被告人定罪与量刑的重点之一。在混合型贪污罪中，有关犯罪数额的辩护意见主要有两种：

一是全额认定与按比例或实得划分。有的犯罪嫌疑人、被告人或他们的辩护人提出：应当根据各犯罪人实际参与的犯罪数额或实际所得，按比例或按实得认定各犯罪人的个人犯罪数额。

这种辩护观点是曲解了共同犯罪的定罪原则和惩处原则。共同犯罪是一个有机的整体，其在定罪过程中以犯罪全额认定，即"共同贪污犯罪中个人贪污数额"，应理解为"个人所参与或者组织、指挥共同贪污的数额"，不能只按个人实际分得的赃款数额来认定。对共同贪污犯罪中的从犯，应当按照其所参与的共同贪污的数额确定量刑幅度，并依照刑法第二十七条第二款的规定，从轻、减轻处罚或者免除处罚。也就是说，个人实际所得多少只具有量刑意义，无定罪意义。

二是关于犯罪数额与非法所得的划分。贪污犯罪成立的时间节点，即行为人实际上非法控制公共财物的时间节点，是认定贪污犯罪数额的事实依据；行为人利用犯罪所得后续产生的收益，按非法所得处理，不计入贪污的数额。如王某某案贪污案中，王某某等人实际非法控制的财产数额为3.069亿元，其后续经营产生的收益780余万元为非法所得。

2. 主从犯的划分

主犯与从犯的划分，同样也是混合型贪污案的常见辩护手段。在混合型贪污案中，各犯罪主体协作紧密，对贪污财物的取得作用相当，一般可不区分主从。但是结合个案的具体情况，行为人占有财产的数量不同、地位与作用不同，能够区分主从的，应当尽量区分主从，以体现罪刑相适应原则。一般来讲，之所以认定混合型贪污罪，是因为国家工作人员在贪污过程中均起主要作用所致。同时，也考虑到国家工作人员犯罪侵犯犯罪客体的双重性，在主从难以区分时，也以贪污罪来认定共同犯罪。在司法实践中，确实也存在个别非国家工作人员在共同犯罪中是主犯的情况，这时就应当以职务侵占罪来惩处，而不应当认定为共同贪污罪。

共同贪污罪中，国家工作人员的职务便利、利用职务便利情况和国家工作人员在"化公为私"过程中的地位与作用，是区分主、从犯的关键所在。当然，在共同犯罪中，区分主从时，还应当同时考虑犯意挑起、谁做决策、占有份额的多少等因素综合判断。

3. 贪污未遂

司法实践中，辩护人往往将"非法控制"等同于"实现非法所有"，将共同犯罪人的分别非法控制剥离为"由本人控制下的他人非法占有"，将"非法控制"等同于"本人实际所有"，将犯罪既遂后的"暂时由他人占有"解释为"贪污未遂"。在区分贪污罪的既遂与未遂时，关键在于准确认定"非法控制"。这种"非法控制"是指行为人对犯罪所涉财产的所有权有支配作用，行使着非法占有、使用、收益或处分的权利，它不以行为人是否本人占有财产为必要，既可以由行为人本人占有，也可以是本人支配下的他人占有。

4. 有自首、坦白与立功等法定从轻、减轻功免除处罚情节，有积极返赃、认罪态度好、赃款赃物追缴等酌定量刑情节

（三）此罪与彼罪辩护

由于混合型贪污行为本身的复杂性、复合性，以及立法上的罪名交叉等因素，导致

在处理混合型贪污案件中经常出现此罪与彼罪的分野。实践中经常出现的情况如下：

1. 要注意区分"从事企事业经营管理活动的国家工作人员在经营活动中的贪污行为"与"挪用公款给其他单位使用进行营利活动的挪用公款行为"

二者共同之处在于：犯罪主体均是国家工作人员，均利用了国家工作人员从事经营管理活动的职务之便，发生的领域均在生产经营过程中；表面上国家工作人员取得了财物，且这种财物的取得与其利用职务便利有关。

二者的区别点在于：

一是犯罪目的不同。贪污犯罪是以生产经营活动为依托，最终实现对公共财物的非法占有，实现化公为私，从而达到对公共财产所有权的直接侵害；而挪用公款归单位使用是为了挪用人个人从使用人处取得贿赂，是对公共财产使用权的一种有偿出让，是一种权钱交易。二是取财方式不同。以经营活动为依托的贪污行为，贯穿生产经营活动的始终，制约着公共财产的投入、使用、收益和处分的各个环节，特别是公共收益的处分环节，是认定贪污行为的关键所在。而挪用公款行为，只存在于公款的使用环节，一般情况下挪用人对使用单位使用公款情况无制约。三是经营活动的意义和作用不同。在贪污罪中，经营活动是贪污行为的重要组成部分，是行为人非法取得公共财物所有权的必要手段，有时企业经营的盈亏能决定贪污目的是否能够最终实现。而在挪用公款犯罪中，企业的经营活动与挪用人的挪用行为之间无必然联系。四是主观故意内容不同。混合型贪污行为是复杂共犯，行为人之间有共谋、共识，共同对公共利益进行瓜分。而挪用公款行为一般是国家工作人员的单方行为，只有特殊情况下才成立共同犯罪。

2. 要注意区分混合型贪污行为与国家工作人员"收取干股、红利或利润"的受贿行为

二者的区别就在于：一是目的与手段不同。贪污罪中，国家工作人员直接参与或组织对投入的公共财物非法占有、使用、收益和处分，非法占有意图明确并积极追求，往往表现为"长期投入"，更注重于对公共财产所有权及其收益的控制。行为人取得的股权、红利与利润，往往是行为人贪污的个人实际所得数额，但认定贪污犯罪的犯罪数额按行为人参与的全额认定，不以实际所得数额为限。受贿犯罪中，国家工作人员提供的"职务便利"是资金或项目或与之有关的其他便利，不直接参与请托人的共同经营与管理，往往表现为"一次性投入"，索取或收受的是好处，权钱交易性质明显。受贿的数额以实际所得为限。二是取财方式不同。由于行为直接掌控公共财物的经营活动，因此，在非法占有目的未被揭露的情况下，其取财手段表面上往往具有合法的依据与理由，如占有股权、存在债权债务关系、应当分配的利润、红利等等，证明经营手段与非法占有目的之间存在"犯罪手段与犯罪目的的关系"的难度较大，犯罪手段也更加隐蔽。而受贿犯罪虽然在取财方式上存在所谓的"干股、红利、利润、咨询费、顾问费"等名义，但是由于挪用人未参与综营活动，认定其"无合法依据"则相对容易。三是主观故意内容不同。混合型贪污是双方共同行为，是复杂共犯。而受贿行为是国家工作人员的单方行为。即使存在行贿罪的情况下，也只能成为受贿罪与行贿罪的对合犯，而不能成为共同犯罪。

3. 为亲友非法牟利罪，非法经营同类营业罪，国家工作人员签订、履行合同失职被骗罪，国有公司、企业、事业单位工作人员失职罪和国有公司、企业、事业单位工作人员滥用职权罪

上述五个罪名，是新刑法规定的新罪名，其打击的重点是国家工作人员（主要是国有公司、企业的工作人员）在从事国有公司企业管理中给国家财产造成重大损失的失职、背信行为，在犯罪类别上应当属于国有公司、企业人员的渎职行为。

在认定混合型贪污犯罪的过程中，国有公司、企业人员的失职、渎职行为与贪污行为相伴生的主要有两种情况：

一是行为人侵害的是公共财物的部分所有权，往往就伴随着国有公司、企业人员的渎职行为与混合贪污行为的想象竞合。如最高人民法院刑事审判第二庭发布的被告人束兆龙贪污案（发布时间2005年7月25日）即是典型代表。

被告人束某某，原系江苏省无锡市北塘区建筑设计研究所所长。2002年下半年，经无锡市北塘区改革工作领导小组办公室同意，原无锡市北塘区建筑设计研究所（经济性质属全民所有制，以下简称原设计所）进行改制工作，委托无锡宝光会计师事务所对全部资产及负债评估，确定2002年11月30日为资产评估的基准日。被告人束某某利用担任原设计所所长的职务便利，对改制基准日前原设计所承接的建筑设计项目合同应收款人民币1020795元，不按规定如实申报，致使无锡宝光会计师事务所在2003年6月11日提交的资产评估报告书中，对该部分资产未做评估。2003年9月5日，经工商变更登记确认，原设计所更名为无锡市嘉德建筑设计有限公司（经济性质属有限责任公司，以下简称嘉德公司），被告人束某某个人投资占嘉德公司总投资25%的股份，成为嘉德公司的法定代表人，无锡市市政工程设计研究院（经济性质属国有事业单位）占10%的股份，尚余65%的股份，由另外16名自然人持有。案发后，经无锡宝光会计师事务所对原设计所改制基准日前未按规定如实申报的部分设计项目的到账款项进行重新评估估价，并经进一步调查核实，确认该部分设计项目的净资产价值为人民币391787.78元。

无锡市北塘区人民法院经审理认为，被告人束某某身为国家工作人员，利用担任国有企业法定代表人的职务便利，在所属国有企业改制过程中，隐瞒国有净资产达人民币39万余元，其中个人非法占有数额达9.79万余元，并造成人民币25万余元的国有资产的损失，其行为已构成贪污罪，判处有期徒刑五年，并处没收财产人民币10万元。

上述案例中即是贪污行为与渎职行为的想象竞合，我们一般按照想象竞合犯的处理原则：从一重罪重处，即以贪污罪定罪处罚。

所谓想象竞合犯，亦称想象数罪，是指行为人基于数个不同的具体罪过，实施了一个危害行为，而触犯两个以上异种罪名的犯罪形态。一般认为，对于想象竞合犯无须实施数罪并罚，而应按照其犯罪行为所触犯的数罪中最重的犯罪论处。本案中，被告人束某某利用职务便利，实施了私自隐瞒国有净资产人民币39万余元的一个行为，但其主观上有为个人谋利益的思想动机和非法占有目的，客观上其作为改制以后的有限责任公司的股东，实际非法占有了被隐瞒的净资产的25%（股份比例）计9.97万余元，这一行为已完全符合贪污罪的法定构成要件。同时，被告人束兆龙作为国有企业的工作人员，滥用职权致使被隐瞒的国有净资产的其余65%（股份比例）流失，造成国有企业严重损失，其行为又触犯了国有企业人员滥用职权罪。因此，被告人束兆龙的行为构成贪污罪与国有企业人员滥用职权罪的想象竞合犯，应以两罪中法定刑较重的贪污罪一罪定罪处罚。在认定贪污数额时，应以其在改制后的企业所占股份比例（25%）来确定，其余部分（65%）作为造成的国有财产损失在量刑时予以考虑。

二是国有公司、企业人员将"为亲友非法牟利"、"非法经营同类营业"、"签订、履行合同失职被骗"、"失职"和"滥用职权"作为实现混合型贪污的必要手段。如我省查处的徐某某贪污案即是此种情况。

徐某某原系市人大副主任兼某招商引资建设项目负责人。市政府决定该项目给外商投资划拨的土地免收土地出让金、土地规费等费用，并无偿划拨土地给外商作为附属项目开发。经徐某某联系，市政府（甲方）代表与A公司（乙方）、B公司（乙方）签订了合资经营合同书。后B公司以"优惠政策未独享"为由撤出。徐某某遂指使某酒店（C公司）老板宋某某以投资商的身份作为丙方代替徐某某本人出面，与A公司、B公司签订了转让协议，接手建设项目。宋某某冒用A公司的名义欺骗政府，造成该项目还有港商投资的假相。后徐某某多次与政府谈追加优惠政策，骗取政府无偿划拨土地给投资商，所划拨的土地出让金、土地规费等折合人民币2 867 746 962元。被告人徐某某除移交给市政府总造价为人民币4 849 758.00元的建筑物外，侵吞榆树市政府为建设项目划拨土地免收土地出让金、土地规费等人民币23 827 711.62元。

在徐某某贪污案中，徐某某既有"为亲友非法牟利"行为，又有"非法经营同类营业"行为，但其最终目的都是为了"骗取政府提供给港商的土地出资"，前者是手段，后者是目的，这就构成了刑法上的牵连犯。对于牵连犯，要以目的行为从一重处。混合型贪污犯罪，无论采用何种具体的犯罪手段（侵吞、窃取、骗取或以其他方法），均是服务于"非法占有"目的，均应依照贪污罪从重处罚。

第十七讲
受贿犯罪新类型及其证明方法

刘艳华

第一部分 总 述

2007年6月8日，中共中央纪委下发了《关于严格禁止利用职务上的便利谋取不正当利益的若干规定》（以下称《规定》）。7月8日，最高人民法院最高人民检察院又下发了《关于办理受贿刑事案件适用法律若干问题的意见》（以下称《解释》），对于以交易形式收受贿赂问题、收受干股问题、以开办公司等合作投资名义收受贿赂问题、以委托请托人投资证券、期货或者其他委托理财的名义收受贿赂问题、以赌博形式收受贿赂的认定问题、关于特定关系人"挂名"领取薪酬问题、由特定关系人收受贿赂问题和受贿与借用的区别等，加以明确规定，集中地反映了在市场经济条件下受贿犯罪的新类型，总结了新时期打击贿赂犯罪的新经验，并用司法解释的方式予以规范，指导打击贿赂犯罪的司法实践。

受贿犯罪中，权钱交易所指向的具体对象——贿赂，即"可计算的物质性利益"，随着时代的变迁表现为不同的形式，如从早期的烟酒、高档服装、手表等日常消费品，发展到黄金及其制品、汽车、住房等大宗消费产品，甚至有进入生产领域的生产资料、知识产权、收益机会、股权股票等。近年来，随着文物、艺术品市场的兴起，一部分工艺品也成为"贿赂"之一种，有人将这种贿赂形式形象地称为"雅贿"。与此相应，受贿人受贿的方式也发生了重大变化，从最初的直接取财，发展到今天的迂回取财，如以"持股、分红、借用、收取咨询费"等合法名义由受贿人直接取得非法利益，或者受贿人在收受贿赂的同时对贿赂进行处分进入投资领域，或者由其指定的"利益关系人"收取等，延长了取得贿赂的证据链条，使得取财方式由直接变为间接，加大了司法机关打击贿赂犯罪的难度。综合来看，我们把新型受贿罪主要特点归纳如下：

1. 犯罪主体新：从个人直接受贿，到受贿人与"特定关系人"的共同受贿。使受贿犯罪从"个人犯罪"发展为有分工有合作的复杂的共同犯罪。

2. 犯罪对象新："贿赂"从最初的实物，发展为今天的"可计算的物质性利益"；所涉领域从日常消费，到生产领域的生产资料、知识产权、收益机会、股权股票等生产要素，乃至艺术品投资领域等等。

3. 犯罪手段新：从最初的直接取财，发展到今天的迂回取财，取财同时伴随着对财物的处分，使得取财的方式更加隐蔽，往往以合法形式掩盖非法目的。刑事与民事法律关系相交织，犯罪手段行为与目的行为的关系判定，成为案件性质判定与侦查取证方向确定的关键环节。

4. 犯罪故意内容新：从最初简单的"请托+取财"共谋，到"请托+取财+取财方式"的共谋，且更加追求取财方式的"合法性"。

5. 社会危害大，关系民生，关系社会的基本公平。随着我国打击受贿犯罪重点领域的调整，受贿犯罪发生的领域主要在于民生领域，处于社会利益分配的关键环节，关系公权力运行、社会诚信和基本公平，一般案值大、社会危害大，案件敏感，全社会关注。

上述受贿犯罪的新特点，突破了以往我国传统贿赂犯罪的定罪模式，对我国的司法能力又提出了新的挑战。那么，对于受贿犯罪出现的上述新特点，是否会影响我们对于受贿行为的性质判断，是否会影响我们对受贿罪的打击力度呢？答案是否定的。打击受贿犯罪的最根本目的，就在于确保公权力的不可收买性，杜绝权钱交易行为，以维护国家公职人员职务行为的廉洁性，保障公共权力运行的良好秩序，树立政府的廉洁形象，维护社会资源分配的基本公平与正义。权钱交易行为随着时代的变迁，可以有不同的表现形式，但是这都属于犯罪手段的翻新，而不是其根本属性的改变。司法解释承担着归纳总结新型犯罪规律、指导司法实践的功能。这次"两高"对"贿赂"的内涵进行了重新界定，对变相贿赂的方法、新型贿赂犯罪数额的计算方法等予以了司法确认，对犯罪与违纪进行了厘清，对受贿罪共犯的认定进行了规范，有力地推进了新时期惩治腐败的进程。

近年来，我省陆续承办了一批全国、全省有重大影响的受贿犯罪案件，在新型受贿犯罪的认定方面积累了比较丰富的司法实战经验，为司法解释的出台提供了实践基础。在此，我结合新型受贿的特点，围绕新型受贿犯罪的性质判定、证据收集和庭审辩点预测与大家交流，以期指导我们今后对受贿犯罪的引导侦查取证、审查起诉和出庭公诉工作。

一、受贿罪的主体

1. 受贿罪中的"特定关系人"

《解释》规定：

国家工作人员利用职务上的便利为请托人谋取利益，授意请托人以本《意见》所列形式，将有关财物给予特定关系人的，以受贿论处。

特定关系人与国家工作人员通谋，共同实施前款行为的，对特定关系人以受贿罪的共犯论处。特定关系人以外的其他人与国家工作人员通谋，由国家工作人员利用职务上的便利为请托人谋取利益，收受请托人财物后双方共同占有的，以受贿罪的共犯论处。

该解释对"利用特定关系人受贿"和"何时特定关系人可以成为受贿罪的共犯"进行了明确规定，这是对最高人民法院《全国法院审理经济犯罪案件工作座谈会纪要》（法[2003]167号，2003年11月13日发布）的司法解释化和立法化。

国家工作人员利用特定关系人受贿，其实质就是"谋利人"与"收受人"相分离，达到受贿行为不易为人发觉的目的，是现阶段加大职务犯罪打击力度后，受贿人规避法律制裁的一种犯罪手段，是直接受贿到间接受贿的必然反映。实践中，这种受贿形式主要存在于职务较高的国家工作人员受贿案中。他们往往利用职务上的便利为请托人谋取利益后，不是其本人亲自收受请托人财物，而是授意请托人与特定关系人以交易、投资、委托理财、挂名领取薪酬、占有股份等方式，由特定关系人收取财物。这类行为，虽然表面上国家工作人员本人没有获得财物，但实质上行贿人的指向是很明确的，最后将贿赂送给特定关系人完全是根据国家工作人员的意思，是国家工作人员对财物的处分行为所致，同样可以认定国家工作人员获得了财物，故应以受贿论处。

在认定此类受贿时，要注意明确"特定关系人"的范围。《解释》对此予以了明确，即"与国家工作人员有近亲属、情妇（夫）以及其他共同利益关系的人"。依照我国《民法》的规定：近亲属指配偶、三代以内直系血亲、同胞兄弟姐妹。

需要注意的是，此次解释中的"特定关系人"的范围有所扩大。在认定"其他利益关系人"时，需要有证据证明"谋利人与收受人之间事实上存在共同利益关系"，如存在合资、合作、代保管等关系。

需要指出的是，特定关系人处于受贿行为的中间环节，且特定关系人无职务便利，其所实施的"承诺谋利"和"代为收受"行为的效力往往处于待定状态。特定关系人的"收受行为"何时才能成为特定关系人的收受行为，需要通过相应的证据加以证明。因此，在认定通过特定关系人受贿的，关键要看二者之间是否有共谋、是否实施了共同受贿的行为，由"谋利人"利用职务便利、由"收受人"取财、以及取财与谋利之间有因果关系达成共识或心照不宣，即"特定关系人的行为"实质上已经成为"国家工作人员受贿行为"的有机组成部分。至于在什么情况下才能认定特定关系人是国家工作人员受贿的共犯，在司法实践中要认真用证据加以甄别。实践中，"特定关系人"共同受贿主要有三种形式：

（1）特定关系人要求近亲属利用职权为请托人谋取利益，然后由特定关系人收取贿赂。如李萍与成克杰共同受贿案。在案中，李萍多次接受他人的请托之后，要求成克杰利用职务便利为请托人谋取利益或不正当利益，并由李萍负责收取贿赂。此种情况下，犯意的挑起和收受行为的完成均由特定关系人实施，"国家工作人员利用职务便利为他人谋取利"已经成为特定关系人取财的一种方式，并形成共识。因此，构成受贿的共同犯罪。此种特定关系人受贿是司法打击的重点。

（2）特定关系人收受请托人钱物后，向国家工作人员代为转达请托事项和收受钱物的事实，国家工作人员利用职务便利为请托人谋取利益。如王某与妻子吴某某共同受贿案。在案件中，吴某某明知请托人有求于作为某市市长的王某，在家收受请托人明显超出当地礼尚往来数额的财物后，向王某转达了请托事项和收受财物情况，事后王某为请托人谋取了利益。此种情况下，是特定关系人无职务便利，其"接受请托"或"代为收受"的行为是否有效，是否能够达到受贿罪构成要件的链接，关键取决于国家工作人员对此事的态度。实践中不外乎有以下几种情况：一是国家工作人员明确拒绝或将财物返还请托人或将贿赂主动上缴，这事实上构成了受贿目的的中断。此种情况由于缺乏受贿故意而不能构成犯罪。二是国家工作人员对特定关系人接受请托或收受财物的认可。这种认可可以是国家工作人员语言上的表态，也可以事后用"实施相应的谋利行动"予以认可，从而使特定关系人的行为与国家工作人员行为有效链接，成为一体。如上例中的吴某某构成受贿罪的共犯即是此种情况。

（3）特定关系人在已知国家工作人员为请托人谋利的情况下，接受国家工作人员的指定收受请托人财物，或者收受请托人的财物并告知国家工作人员。此两种情况下，均是特定关系人帮助国家工作人员完成收受贿赂的行为。如黄某与祝某某共同受贿案中，黄某明知其丈夫祝某某利用职务便利为请托人张某某谋取了不正当利益，却多次收受张某某及其妻子张某以各种名义给予的财物，并把收受财物情况告知祝某某。此种情况下，黄某是祝某某受贿的帮助犯。

实践中，对特定关系人与国家工作人员之间偶尔的无共谋的代为收受行为，应认定为国家工作人员受贿，而不应认定为是他们共同受贿。如，国家工作人员赵某与韩某是朋友。赵某利用职务便利为韩某谋取了利益。一日，韩某得知赵某不在家，即拿着贿款5万元到其家中。赵某之妻李某某接待了韩某。在离开时，韩称"我上次买材料时借了赵某5万元钱，请收好"。李某某收下，并将此借款转交给赵某。收款时赵某未表态。案发后，李某某才得知赵、韩之间无借款的事实。此种情况下，可以认定赵某受贿，但不能认定李某某是受贿的共犯。

在司法实践中，认定"谋利人"与"特定关系人"存在共谋，要用相应的证据加以固定。一般来讲，二者的共谋分为"确切共谋"与"推定共谋"两种。"确切共谋"可以通过被告人供述和相应事实加以认定。如，二者之间进行过明确的犯意联络，特定关系人对谋利事实的明知，对"收受"与"谋利"因果关系的确切判断等等。而认定"推定共谋"要相对慎重，且这种推定必须建立在相应的事实基础之上。比如，特定关系人与国家工作人员关系密切、对其有职务便利明知，对收受财物无合法依据明知，对"请托或谋利事项"与"收受财物"存在因果关系的推断有事实依据，进而可以判断收受的财物属于"贿赂"性质。如，以"礼尚未往来"名义由特定关系人连续多次收受巨额贿赂的，则原则上应当认定"特定关系人"存在受贿的共同故意。

也就是说，特定关系人收受贿赂，主要有三种情况：一是国家工作人员与特定关系人构成受贿犯罪的共犯，如上所述；二是特定关系人只是国家工作人员收受贿赂的"工具"，仅仅对取财环节明知，而无共同受贿的主观故意或认定共同故意的证据不足。此种情况不宜按共犯处理；三是特定关系人独立成罪。即特定关系人的行为符合《刑法修正案（七）》第十三条所规定条件的，可以依据刑法第三百八十八条利用影响力受贿罪追究其刑事责任。

司法实践中，要正确区分"特定关系人共同受贿罪"与"利用影响力受贿罪"。二者的最主要区别有三点：一是，特定关系人共同受贿罪中，国家工作人员利用职务便利谋取的可能是正当利益，而利用影响力受贿罪谋取的是不正当利益；二是处刑不同。特定关系人共同受贿适用重刑，而利用影响力受贿相对来讲是适用轻刑；三是认定利用影响力受贿罪，要受刑法溯及力的影响（自2009年10月16日起施行），适用从旧兼从轻原则，而特定关系人共同受贿则不受此限制。

2. 领导干部的秘书作为典型受贿犯罪的主体时"职务便利"的认定

所谓"职务便利"，是行为人主管、负责或承办某项公共事务的权力。在认定领导干部秘书受贿的过程中，要特别注意对秘书的工作职责、职权范围和利用职务便利方式的认定。

在我国，领导干部秘书作为受贿罪的犯罪主体，主要有以下几个特点：

（1）秘书是我国政府职能设置的一部分，是一种政府职能岗位，有其法定的岗位职责与纪律。领导干部的秘书，是国家工作人员。在证据收集上，应当以其行政任职身份为准。对在司法实践中不具有政府公务员身份的秘书，可以依"职责"认定为"依法从事公务人员"。

（2）秘书职责范围与其所服务的主管领导的职责范围具有对应性和一致性。秘书是领导决策的参谋和助手，是联系公共权力决策权和执行权的环节和纽带，有时还参与一部分公共事项的决策过程。此点，决定了秘书的职权具有一定的延展性和扩张性。一般来讲，秘书的职责范围界于其自身职责与其所服务的领导职责范围之间。

（3）秘书行使公共权力的主要方式是"职务便利"中的经办权，是领导决策权的延伸，行使的往往是一种协调性和辅助性职能。如秘书一般具体负责部分政府（党务）决策文件的草拟、审核、决策会议的记录、决策的转达、交办、督办、事后反馈和领导工作日程的安排等等。如果秘书同时作为政府职能部门主管时，"职务便利"中的方式有时伴有决策权能。

实践中，要特别注意领导干部秘书的职责范围的认定，进而准确界定"利用职务之便"。当有证据证明秘书作为主管领导的代言人，要求有制约关系和无制约关系的国家工作人员谋利时，均应认定为"有职务便利"。当秘书作为独立的个人，未利用其职责便利，且与其他国家工作人员职责无制约关系时，应当认定为"工作便利"。当秘书利用"工作便利"为请托人谋取不正当利益时，才应以（斡旋）受贿论处。

二、主观故意内容

1. 明知

受贿犯罪的主观要件是直接故意，一般表现为确切明知。司法实践中，受贿罪主观故意内容一般包括受贿人对请托事项的明知、承诺，对收受财物属于"贿赂"性质的认知，对收受贿赂方式的约定、指示、暗示或默认等。司法实践中，对受贿主观故意的认定起于"承诺谋利"，止于收到贿赂。至于受贿人"是否实际利用了职务便利"，"是否谋到了利益"，以及"谋到的利益是否正当"均不影响受贿主观故意的认定，但可能作为区分受贿人主观恶性的酌定情节，在量刑时加以考虑。同样，在认定主观故意过程中，要依法区分"索要"与"收受"这一法定量刑情节。

司法实践中，受贿人承诺谋利的方式主要有两种：即语言承诺和行为承诺。如，国家工作人员对请托人的谋利请求未予当场表态，但当场收受了请托人给予的财物，或者利用了职务便利为请托人谋取了利益并收受了请托人给予的财物。此种情况下，即是行为人的行为承诺。在侦查取证过程中，无论是语言承诺或行为承诺，均应依法客观描述。

2. 无具体请托事项情况下的收受

司法实践中一般认为：在收受型受贿犯罪中，收受人对请托事项的态度，是判断受贿主观故意的重要依据。无具体请托事项，即无法准确判断受贿人的主观故意内容，会影响受贿事实的认定。但是，司法实践中，无请托事项情况下的收受的情况是错综复杂的，应当区分具体情况，区别对待。具体分以下情形：

（1）单笔无具体请托事项的收受行为

行为人收受符合当地一般礼尚往来特征的款物，且无具体请托事项的，按照法理与情理相结合的原则，认定为礼尚往来。收受的数额明显高于当地礼尚往来标准的，以违纪处理。

（2）有请托与无请托相伴的收受行为

关系比较密切的朋友、亲属之间，无具体请托事项的收受，虽然可能略高于当地一般礼尚往来的数额，一般不宜以犯罪论处。但是，间杂有请托事项，且收受数额明显高于礼尚往来数额的，对其中数额较大的部分，认定为受贿犯罪数额；对接近礼尚往来部分，不作为受贿犯罪数额认定，但应作为酌定量刑情节予以考虑。

（3）长期收受情况下的"感情投资"

行为人一定期间内在无具体请托事项的情况下收受数额较大的财物，并在有具体请托事项时收受数额巨大财物的，应当连续认定为受贿犯罪。如秦某在任职的6年中，前2年的节日期间，以礼金的形式收受所属某公司办公室主任韩某某5000元至2万元不等的款、物或购物卡，并建立了长期联系。后秦某为韩某某所在公司谋取了利益，秦某为其亲属"以明显低于市场价格"索要住房两套。本案中，韩某某先期"无具体请托事项的给予行为"，实际是对秦某后续职务行为的潜在性收买，以便为将来利用秦某的职务便利做准备。对此种"感情投资"的真正意义，秦某与韩某某均明知。特别是后期秦某的具体谋利行为和继续收受数额巨大财物的行为，使得"韩某某的总体性投入"与"秦某利用职务便利"的因果关系得以印证，也使得通常的"请托"、"利用职务便利"与收受行为的证据链条相应延长，并使先期的"无具体请托事项的收受行为"与后期的"收受行为"成为一个有机整体。因此，对秦某所收受某公司数额较大财物的行为，应连续计算为受贿犯罪数额。

实践中，收受型受贿中的"请托行为"与"收受行为"在时间跨度上一般大致有一个对应关系，即起于"请托"，止于"谋得了利益"。但是，决定受贿行为成立的关键要素不在于"收受行为"与"请托行为"在时间上的对应性，而在于国家工作人员对请托行为的"承诺"、"谋利"和"收受"行为的实施，"时间对应性"只是判断"谋利对应性"的一个重要参考因素之一。同时，由于犯罪手段的多样性，也表现为请托行为与谋利行为的时空间隔性，使得收受行为可以存在于请托行为或谋利行为的事前、事中或事后。在上例中，请托人投石问路性质的小额行贿行为，实质上是在为后面的行贿做准备和铺垫，只是请托的内容具有不确定性或不便表达或表达时机不成熟而已，属于一种"同一的、概括性的请托"，只是在提出明确请托之时，其主观意图才全部、具体展现，并与"先期投入"形成因果关系。对此，行为人双方均明知。因此，对这种事前铺垫、事中和事后感谢的行为，应当连续认定为国家工作人员受贿。

（4）多次小额收受如何认定为连续犯

在农村或经济欠发达地区，行为人收受财物的数额相对较小，一般以违纪处理或认定为礼尚往来较为适宜。但是，对行为人在一定期间连续多次收取不特定多数人的不足"数额较大"（达到80%）的财物并谋取利益的，应当按受贿罪处理。如我省查处的李铁成受贿案，每逢提拔干部之时，李即做出暗示，并亲自或由其妻子收取几十人数额不等的贿赂，总计一百余万元。此种情况，一般容易判断行为人收受贿赂的主观故意内容，且社会危害较大，有必要以罪论处，依法打击。

对那些偶尔收受接近立案标准的财物的，且无其他法定或酌定从重处罚情节的，可结合当地的职务犯罪打击情况予以处理。

3. 在职收受

在职国家工作人员收受贿赂，由于其直接利用职务便利易于认定，因此，无论其是在事前、事中还是在事后收受贿赂，均可认定其受贿的主观故意。而且，在司法实践中，对在职国家工作人员的谋利时间对收受时间的影响也无限制。

4. 对离退休后的国家工作人员受贿的限制

离退休后的国家工作人员（继续任职的除外），按照国家的规定，一般不再具有国家工作人员的职务便利，因此，在认定他们是否可以成为受贿罪的主体时，需要严格界定。司法实践中，主要采用"主观故意界定"的方法加以区分，即国家工作人员利用了在职时的职务便利实施了为请托人谋取利益的行为，并与请托人约定退休后收受数额较大的贿赂的，应当认定为受贿罪。此时，谋利人与请托人之间的"约定"成为受贿主观故意内容之一，达到了"谋利"与"收受"的必然连接。同时，对"受贿时间的约定"，也是受贿人对取得财物时机的主动选择，也属于行为人对贿赂的一种处分，即在谋利与收受之间，实质存在着一种请托人"代为保管贿赂"关系，受贿人通过与请托人约定与共谋，达到了对贿赂物的"实际控制"。

5. 退休前后连续收受

国家工作人员利用职务上的便利为请托人谋取利益，离职前后连续收受数额较大贿赂的，由于离职前后的收受行为具有连续性，使得"利用职务便利"与收受行为的因果关系易于判断和证明，因此，将离职前后收受部分连续计算为受贿犯罪数额。

6. 国家工作人员收受财物后的退还行为的认定

对国家工作人员收受财物后退还的行为，司法实践中如何掌握"及时"的时间跨度，要结合行为人收受财物的具体情况，综合考虑行贿人所具备的退还和上交条件，合理认定。主要分为两种情况：

一是在合理期限内主动上交。此种行为，可以明确印证国家工作人员"不收受"的主观意愿，因此，"无收受贿赂主观故意"的证据充分，依法不应当认定为犯罪。实践中对"合理期限"的界定，应当以收受人"是否具备合理处分财物的时机和条件"来定，而不应当简单地以时间的长短来界定。

二是被迫的退还。此种情况主要是有证据证明：国家工作人员明知与受贿事实相关联的人或事已被发现，但自己尚未被有关机关调查、询问之前，将贿赂向有关组织上交或退还请托人的行为。此种情况，属于"被动退赃"，不影响受贿人主观故意的认定，但可以作为量刑情节予以考虑。实践中，对"国家工作人员明知与受贿事实相关联的人或事已被发现"的事实，需要办案机关用证据（如工作记录或办案说明等）加以证实。

三、关于受贿的手段与方式

新型受贿犯罪取财手段均为迂回取财。这种迂回，或表现为受贿人自己迂回取财，或表现为约定由特定关系人取财，且取财手段带有市场经济特征，表面上具有一定的"合法性"，如有交易行为、有委托理财行为、有投资行为和有咨询行为等等。认定此类受贿犯罪的关键就在于：正确认定取财方法、手段与受贿目的之间的关系，揭示合法取财背后的权钱交易目的，用目的的非法性戳穿取财手段的合法性，从而用证据准确界定合法与非法。在证明的过程中，要重点证明以下几个关键环节：

1. 对取财手段的约定性——形成规避共识。如，国家工作人员秦某利用职务便利，为请托人鲍某某的公司上市提供了帮助。在鲍某某准备给予秦某好处时，秦某提出："你给我好处不方便。我的内弟廖某某开个咨询公司，你可以为其提供一些咨询项目，让他赚点钱"。秦将此事告知其妻子廖某和廖某某。此后，鲍某某即与廖某某的咨询公司签订了咨询项目协议，鲍某某"支付"给廖某某"咨询费"100余万元。后，廖某某将"咨询费"转入其姐廖某名下。本案中，秦某为了规避受贿的事实，以"要求提供赚钱机会"为借口，一方面要求鲍某某给予其内弟"咨询费"，一方面安排其妻子、内弟在不具备咨询资质的条件下提供咨询，并以"咨询协议"为幌子，行索贿之实。

2. 取财手段的确定性和指定性，且一般不具备市场竞争的公平性、公开性，这也是国家工作人员受贿故意的客观反映。如，国家工作人员李某利用职务便利为请托人王某某谋取利益后，在未实际投入的情况下，要求王某某在其公司中预留20%的股份，并将持股人落在其儿子李某山的名下。本案中，李某即是利用索要"干股"的方式受贿。司法实践中，只有把"李某山持股的情况"与"李某为王某某谋利的情况"用"王某的指定"相连接，才构成了一个完整的受贿事实，也揭开了王某山持有20%股份的真正原因所在。

3．取财手段无相应的法律依据或法律依据不充分。新型受贿犯罪，如果仅在取财手段方面看，往往具有一定的合法性，因此，在认定新型手段受贿的过程中要特别慎重。在判断国家工作人员取财手段的合法与非法，除着重追溯取财原因外，还应排除国家工作人员有合法取财事由方面的事实，以便准确认定犯罪事实和犯罪数额。如国家工作人员孙某利用了职务便利为张某谋取了利益后，一次性付款以低于市场40%的价格从张所在公司购买住房一套。经查，张所在公司在售房过程中，给予"一次性付款购房人"的最低优惠价格为九折。因此，孙某实际"以明显低于市场价格"的方式收受的贿赂额为总房价的30%。本案中，在认定犯罪数额的过程中，即依法保护了孙某依据市场规则所应当享有的合法权利，也准确地认定了合法买卖过程中的受贿犯罪行为。

此外，在认定以"经营方式受贿"的案件中，要特别注意保护国家工作人员的合法投资行为。如，国家工作人员王某某在为其扶持的企业提供帮助的过程中，除将自己的非职务发明作价入股外，又收受企业感谢其的5%股份。此案中，对于王某某的出资行为应当依法予以保护，对其收受5%干股的行为则应以受贿罪论处。

实践中，由于国家工作人员参与经济活动的范围越来越广泛，因此，在判断行为人取财方式的合法与非法的过程中，往往涉及刑法与民法、行政法、经济法的交叉运用。因此，我们要结合相应领域的法律、法规、规章制度和交易规则，做到刑事法律与其他法律有机衔接。如，我们在处理涉及国有参股、控股的企业案件中，"股份制企业政府委派管理人激励机制"、国企改制中的产权界定等，除依据企业管理自治的原则，由企业决策程序予以表决外，还必须履行相应的国家工作人员奖励程序和国资审核程序。

四、受贿犯罪既遂的标准

1．认定既遂的法定标志

依据民法理论，所有权包括占有权、使用权、收益权和处分权。而受贿，是对贿赂的非法占有，或因索要，或因非法收受而谋取利益，其本质上是国家工作人员利用职权对他人合法财产权的不法侵害和剥夺，也是刑法明确禁止的一种非法占有方式。因此，受贿罪考察的重点是"收受时"贿赂的产权状况---产权是否已经实际非法转移。从国家工作人员的角度讲，就是"是否已经实际控制贿赂的所有权"。国家工作人员对贿赂（包括动产和不动产）达到了"实际控制"的程度，即构成了刑法上的犯罪既遂。与民法理论相适应，这种"实际控制"对动产以"物的交付"或以代表物的"权利交付"为主要标志。实践中还要注意排除借用与租用等合法转移财产权等情况。

办理受贿案件过程中，由于受贿是刑法明确禁止的产权转移方式之一，按照"刑先民后"的原则，从根本上否定了这种占有的合法性，更无法取得合法的所有权。因此，应将这种法律所禁止的非法取得，与民法上平等主体间的财产权流转，或行政法上的财产权合法流转相区别。特别在处理贿赂物为房屋等权利性财产的案件中，要避免把这种

"非法占有"与民法上的"所有"简单划等号，注意"实际控制"证据的收集和运用，准确把握"产权在民法上处于不完整状态"犯罪事实的认定。

2. 认定实际控制的标准

对动产的实际控制：实际占有+（使用、收益或处分）之一种。

实践中，认定对房屋等不动产的实际控制程度，主要有以下四个参考标准：

(1)占有对象具有确定性，可以排除其他人对该房屋主张权利的可能性。(2)相对人对房屋的弃权表示。如果相对人并无放弃房屋所有权的意思表示，则不能确定行为人的占有权，只能确定其使用权。(3)实际占有。房屋转移，并通过自行居住或者出租等形式，客观上实现对房屋的占有权、使用权、收益，且持续了一定时间。(4)产权办理中或实现产权。

实践中，对房屋达到"实际控制"的几种主要表现形式为：

（1）以行为人（或其指定的人）的名义签订购房合同并支付了相应价款；

（2）房屋已实际交付（钥匙）；

（3）实际投入使用（入住、出借或出租等）；

（4）产权变更。

3. 特殊情况下未遂的认定

实践中，对于虽有非法获取房屋的意向，并已开始着手"定作"房屋，但无其他更进一步的"给予"行为的，由于行为人对于房屋未达到实际控制的程度，可以结合案件的实际情况，认定为受贿犯罪"未遂"。

五、犯罪数额的认定

1. 计算犯罪数额的时间节点，以犯罪既遂时（一般为收受时）贿赂的价值（或价格）为计算依据，收受之后有增值的，按非法所得论。如某甲收受一套住房，收受时的价值为20万元，案发时，此房的价值为35万元。本案中某甲受贿的数额应认定为20万元，对于房屋增值的15万元，应当以非法所得予以追缴。

2. 计算方法：依照最高人民法院《关于审理盗窃案件具体应用法律若干问题的解释》的规定执行。

3. 犯罪数额的通行证明方法：有效证据证明。这种有效证据，一般表现为能够证明贿赂价值的书证和伴随的证人证言加以证实。当这两者仍不能准确证明贿赂的价值时，有时也可以采用委托评估的办法加以证实。因此，证明犯罪数额有效证据的种类主要为书证、证言和鉴定结论（评估结论）。

司法实践中，在认定受贿犯罪数额的主要依据一般以该贿赂的购买价格为主要依据。只有在购买的时间与收受的时间间隔较长（原则上一年以上）、且导致贿赂的价值差异较大（折旧、损耗或增值），可能影响定罪量刑时，则需要对贿赂的价值进行重新评估。如，2002年某单位支付50万元为国家工作人员A购买了一处住房作为贿赂。但基于各种原因并未交付给A，直到2006年才将此房送与A。2002年至2006年，该房屋的价格已经上涨。经评估，该房屋价格上涨了20万元。因此，认定A的受贿数额应为70万元。

4. 常见有权评估机构

在涉及对贿赂价值进行评估时，应当保证委托评估的单位和人员具有相应的评估资质，评估方法科学、过程合规、结论科学、形式规范。

对于评估机构的选择，除国家法律规定可以由司法机关进行的以外，如公安机关的法医、文检痕检等，检察机关的会计检验等，原则上应当委托信誉比较高的中介机构进行。在具体评估机构的选择上，在行业分类中应当采用特别优于一般的原则，在同行业内，应当遵照行业管理规范。如，涉及金银饰品的价值评估，即应当优先选择具有国家法律法规明确规定的权威机构银行或银行指定的估价部门进行评估。再如，对于房屋、土地等价值的评估，在行业资质管理中具有相应的规定，如对于跨省、自治区、直辖市的案件，应当委托具有二级资质以上的评估机构进行评估。

实践中，作为一般的流通商品，其价值评估一般由案发地县级以上物价估价部门评估即可。特定物品的评估，实行行业特别管理优先。下面列举几种常见的特种评估：

金银、金银饰品等：银行批准的经营、鉴定机构；

文物：文物部门

艺术品：财政部、经贸委、文化部核准的艺术品鉴定机构或拍卖机构。民间收藏是一个概括性的表述。实践中应当根据所收收藏物品种类不同进行归类：属于艺术品或文物的，按艺术品或文物进行评估；属于个人收藏物品的，可以咨询民间收藏组织有资质的个人意见，供办案时参考；属于一般商品的，按照一般商品的评估办法予以认定。

违禁品：以国有经营价格为依据，黑市价格为补充。如象牙。

司法会计：以司法机关的检验报告或委托的会计、审计机关、有资质的中介机构的评估、鉴定、审计结论为依据。

房地产、矿产等评估：以有资质的房屋、土地、矿产部门评估结论为依据。

证券类：由证券管理机构或有权的评估机构的结论为依据。

税务类：由税务机关或有资质的中介机构评估、鉴定。

土地出让：由土地资源管理机构鉴定或评估。

国有财产：国资部门审计、评估。

六、受贿罪取证中的共性问题

1. 纪检、监察机关的法律地位——准司法机关

纪检、监察机关是我国法定的党纪、政纪执法机构，在我国的惩治腐败体系中占据特殊的地位，它与刑事司法相辅相成，是我国政治、法律体系建设的重要组成部分。在司法实践中，党纪、政纪处分往往是刑事司法的前置程序，一般具有准司法的功能，党纪、政纪调查的过程与结果，往往决定着刑事诉讼的发展方向。但是，诉讼作为刑事追究的手段，可能涉及行为人的重要权利，如自由权和生命权，刑事诉讼法又赋予犯罪嫌疑人特殊的诉讼权利。在刑事诉讼过程中，要严格按照法定的条件和程序调查、处理案件。因此，从保障诉讼参与人合法权益的角度讲，纪检、监察机关所调取的作为党纪、政纪处理依据的各种材料，只是刑事诉讼中的诉讼材料，是否可以作为追究犯罪嫌疑人刑事责任的依据，则应当按照刑事诉讼证据"客观性、关联性和合法性"的标准加以审查，并接受庭审的质证。因此，纪检、监察材料进入到刑事诉讼环节，必须进行相应的证据复核或转换。一般来讲，根据纪检、监察机关所取证据材料的质量不同，可以按以下几种方式进行刑事证据复核：

纪检、监察机关所取得的言词证据材料质量较高，或相应的物证、书证、视听资料等客观性证据，符合刑事诉讼证据的客观性、关联性要求的，只是因取证机关不同，不

能达到刑事诉讼证据的"合法性"要求的，可以由检察机关采用"直接调取"的方式进行转化，从而达到形式要件的合法性。

对纪检、监察机关取得的行为人供述与辩解、证人证言等言词证据，要审查其取得证据的条件与背景，能够符合客观性、关联性要求的，检察机关可以采用"简易复核"的方式进行证据转化。即，对纪检机关已经取得的比较客观的言词证据，检察机关可以采用简易笔录的方式，对纪检取证的客观性成果加以固定。如，侦查员可以在询问证人笔录中加以如下记录："问：证人李某，你已经就你所知道的犯罪嫌疑人张某的受贿2万元人民币的事实于某年某月某日在某某地，向市纪委的李某和王某两位同志作了证实，你所证实的内容属实吗？答：属实。问：这是市纪委的询问笔录，上面有你的签名，你看看是否是你当天签字的原件？答：是。问：你还有新的补充吗？答：没有。问：这是今天的笔录，请核对后签字。答：好。签字。"这样，把简易转化笔录附以纪检、监察笔录原件，即完成了证据转化工作。但是，对那些进入到刑事诉讼环节发生较大变化的言词证据，必须进行全面转化、重新取证，问明证据发生变化的原因，并开展必要的补充取证工作。

对纪检、监察机关取证质量不高或取证方向需要作重大调整的，检察机关必须按照刑法和刑事诉讼法的要求重新取证。

实践中，由于客观条件的限制，有时无法对纪检、监察机关所取的证据材料进行重新取证或复核。此种情况下，要将纪检、监察机关所取的证据材料纳入证据体系中接受检验，采用"比对法"或"体系检验法"对该份证据的客观性、关联性和合法性作综合判断，判断其在证据体系中的价值：证明方向与证据结论一致的，可以纳入证据体系，接受庭审质证后作为定案根据;证明方向与证据结论不一致的，必须用其他证据"证伪"后排除在证据体系之外，并由侦查员和公诉人精心准备相应的质证意见，准备接受法庭质证。

在司法实践中，在处理职务犯罪大要案的过程中，我们必须坚持"接受党的领导与发挥检察职能相结合"的原则，在案件处理的关键环节及时报告或向原纪检、监察机关反馈，以保证办案的政治效果、法律效果与社会效果相统一。

2. 破案报告与检举证明

在刑事诉讼中，破案报告和检举证明，是证明犯罪嫌疑人、被告人具有自首、坦白、立功、重大立功等法定或酌定从轻情节的法定证据。检察机关在办案中要注意收集，以保证对犯罪嫌疑人、被告人罚当其罪，并促使其认罪服判。办案中，对由纪检、监察机关移交案件线索的，要特别做好相应证据材料的交接、记录工作，为后续工作的开展打下坚实的基础。

在窝案、串案中，认定各犯罪嫌疑人自首、坦白和立功的基本原则是：

（1）犯罪嫌疑人在纪检、监察机关立案审查期间，主动、如实交待自己犯罪线索，且该线索经查证属实、作为犯罪处理的，即依法认定为自首；

（2）共同犯罪嫌疑人均主动交待同一犯罪线索的，先交待者认定为自首，其他人则认定为坦白；确有证据证明属于同时交待的，也可以同时认定为自首；

（3）对于行贿、受贿这种"对合犯罪"，先主动交待犯罪事实的，认定为自首；后交待的，认定为坦白。如行贿人与受贿人之间，行贿人先主动交待的，则对行贿人的行贿行为认定为自首，受贿人则认定为坦白；

（4）非共同犯罪嫌疑人，先主动交待他人犯罪线索且查证属实的，认定为立功。

对于有立功情节的，要同时依法认定是"重大立功"、"立功"或"有立功情节"。

3. 初查的法律效力

初查，是我国《人民检察院刑事诉讼规则》所规定的检察机关立案侦查之前所开展的调查取证工作。根据规定，初查工作有两项禁止性规定：一是不接触被调查对象，二是不得对人、物采取强制措施或强制性侦查措施。由于初查不是刑事诉讼法规定的诉讼阶段，因此，对其在刑事诉讼中的地位与效力一直存在争议。近年来，随着侦查工作质量要求的不断提升，检察机关职务犯罪侦查的重心不断前移，初查工作在立案质量控制方面的作用突显，由此也就带来初查工作诉讼效力的问题。"两高"对此进行了认真研究，并达成一致意见：初查是检察机关侦查活动的有机组成部分，在不违背禁止性规定的前提下，所调取的证据材料可以直接作为刑事诉讼证据。

4. 赃款赃物的收集与固定

赃款赃物的收集与固定，是证实职务犯罪案件的重要方法，也是对犯罪人不当利益加以剥夺的重要依据，有时还是对罪犯加以经济处罚的重要参考，如对非法所得的追缴，并处罚金或没收财产等，对行贿人还将在资格上加以规制，如，将行贿人列入黑名单等等。在司法实践中，赃款赃物的依法处理，不仅对犯罪嫌疑人意义重大，对于涉案的其他人，如犯罪嫌疑人、被告人的家属等等意义同样重大。因此，我们在办理职务犯罪案件过程中，要做到以下几个方面：

第一，要及时厘清涉案款物与非涉案款物，对于涉案款物及时登记、封存，对非涉案款物及时返还。

第二，涉案款物的扣押与冻结，原则上不应影响其正常的增值或作出妥善处理，避免司法机关承担司法扣押或冻结行为给被扣押人、被冻结人的合法权益造成的财产损失。如，对犯罪嫌疑人、被告人的股票账户的查封或冻结，原则上应当采取禁止股票资金划出的"资金冻结"方式，而不应当影响犯罪嫌疑人或被告人正当的股票买卖行为。这种冻结方式，我们一般称之为"活冻"，如，我们在处理上海社保案过程中，对张荣坤公司所持有的股票、对王成明公司经营的房地产，均采用了"由张荣坤授权交易"或"由办案单位委托中介机构监管"的方式管理涉案财产，收到了较好的法律效果和社会效果。

第三，凡是涉案的赃款赃物，必须纳入刑事决定或刑事裁判内容。也就是说，必须用公安机关关、检察机关的刑事决定、人民法院的生效判决或裁定来判定涉案款物的性质和数量，作为国家剥夺个人财产的法定依据，纳入国家追缴渠道。司法实践中，要坚决禁止"用赃款赃物上缴渠道不同"来对抗"赃款赃物性质判定"的做法，以实现赃款赃物管理的规范化与法治化。

第二部分 几种新型受贿罪的证明

一、关于以交易形式受贿

（一）《解释》规定

国家工作人员利用职务上的便利为请托人谋取利益，以下列交易形式收受请托人财物的，以受贿论处：

（1）以明显低于市场的价格向请托人购买房屋、汽车等物品的；

（2）以明显高于市场的价格向请托人出售房屋、汽车等物品的；

（3）以其他交易形式非法收受请托人财物的。

受贿数额按照交易时当地市场价格与实际支付价格的差额计算。

前款所列市场价格包括商品经营者事先设定的不针对特定人的最低优惠价格。根据商品经营者事先设定的各种优惠交易条件，以优惠价格购买商品的，不属于受贿。

（二）典型案例

案例1：孙某某利用担任市委组织部副部长兼市人事局长的职务之便，为某国有控股集团公司董事长黄某某谋取利益。期间，孙于2004年春以优惠人民币38万余元的价格，从黄某某的公司购买住房一套。

案例2：2002年到2004年间，秦某利用职务便利，为某投资控股有限公司及其董事局主席张某某个人谋取利益。期间，秦某除收受张某某款物外，向张"出售"复式结构住房一套，获取差价款人民币58万余元。

（三）定罪解析

此种行为是以交易形式完成和掩盖受贿之实的犯罪行为。

认定此类犯罪，必须符合以下三个主要特征：

第一，受贿人必须为国家工作人员，且国家工作人员具有为行贿人谋取利益的职务便利；

第二，受贿人与行贿人就受贿行为达成"合意"（主观+客观）。这种"合意"，表现为：受贿人明知行贿人对有求于自己的职务行为，收受了贿赂（行为表示），作出了"为请求人谋利"的允诺（语言表示），或者以明示或暗示的方式实施了索要贿赂行为；

第三，权钱交易所指向的对象，也是特定"交易行为"所依托的财物。

（四）取证要点

（1）在主观故意内容方面，除正常的请托+谋利模式外，必须证明：受贿人与行贿人对于"以交易形式实现贿赂目的"明知，并形成共识；受贿人对于"此交易明显违背正常交易规则，具有明显的不公平性"明知。

（2）认定犯罪既遂的证据的收集

对于以交易的方式受贿，一般以受贿人实际控制交易标的物为犯罪既遂的标志，如动产的实际交付等。但是对于我国法律所要求的需要特别登记的财产，如房屋、汽车等，需要收集相应的证据证明"受贿人实际控制交易标的物"，特别是在受贿人与特定关系人共同受贿、或受贿人对贿赂物同时予以处分的情况下，必须收集相应的证据予以证明。例如，对房屋的实际控制，不应以行为人是否办理产权手续为标准，而应当以"行为人是否实际占有房产"并结合其他因素综合判断。

（3）犯罪数额证据的收集

一是受贿人以虚假的交易行为（未出资）掩盖受贿犯罪事实。这种情况，对受贿行为应当以虚假交易行为所依托财产的全额认定。如，王某某利用职务便利为他人谋取利益后，由其妻子李某某将自家房屋"出租"（未实际交付房屋）给请托人所在的公司，获取"租金"18万元的行为，即应全额认定为王某某受贿18万元人民币。

二是受贿人以不规范的交易行为（部分出资）掩盖受贿犯罪事实。这种情况，应当以"差额"作为受贿犯罪的数额。具体在计算方法上应为：

买入：差额＝行为人行为时当地的市场价－特定行为人实际支付价。如上述案例1即属此种情况。

卖出：差额＝特定行为人实际出售价－行为人行为时当地的市场价。如上述案例2即属此种情况。

买入+卖出，多次以次换好、以劣换优获取差价。如秦某利用职务便利为他人谋取利益后，将自己以42万元购入的两处私产房，卖给吴某某所在的房地产开发公司，换取113万元的住房一套，从中获取差价71万元的行为，即属此种情况。

上述"行为人行为时当地的市场价"，包括商品经营者事先设定的不针对特定人的最低优惠价格，它对犯罪数额的认定、罪与非罪的划分均有重要意义。如，在司法实践中，我们经常遇到商品打折促销的情况，如房屋、汽车、贵重商品、服装、代币卡等等。此时，犯罪数额的认定，应当以购买人实际支付的对价为准。以房屋为例：一座楼盘，在销售定价过程中，对支付款项的数额、付款方式、楼层朝向差价等规定了3%-5%的优惠条件，而且这种优惠条件是针对所有购房人的。张三利用了职务便利，给该房屋开发企业谋取了利益，以销售价五成的价格一次性付款购买了住宅一套。那么，在计算张三的受贿数额时，就应当扣除他可以享受的"针对不特定多数人的3%-5%优惠"部分。

在判断"明显低于市场价格"多大的幅度才可以罪论处时，要结合收受人实际所得的利益数额、当地此类"让利"活动的社会影响程度和当地打击此类犯罪的必要性等予以综合评价。实践中，以交易方式受贿多数以大宗商品为主，如房屋、汽车、企业产权等。一般认为，低于市场价的20%买入（或高于市场价的20%卖出）即可以犯罪论处。

（五）罪与非罪证据的收集

1. 艺术品作为贿赂情况下"赠与"与"贿赂"的区别

艺术品作为一种新型贿赂，有其自身的特殊性：一是艺术品具有唯一性，其价值有时需要专门的价值评估；二是它的价格波动较大；三是受贿与鉴赏交流比较难以区分。如我们在处理刘金宝受贿案中，即有收受陈逸飞所作油画的事实。但是由于当时对"贿赂"的认识不统一、计算方法有困难，而没有按受贿罪论处，只是按非法所得予以追缴。近年来，随着艺术品市场的兴起和人民大众对艺术品作为贿赂认知度、认可度的提升，加之有了明确的数额计算方法，为将艺术品、收藏品等纳入"贿赂"范畴奠定了基础。例如，我们在处理上海社会保案件中，即对孙某某收受价值400余万元人民币艺术品的行为认定为受贿犯罪。我们只所以做出这样的认定，基于以下几点理由：一是孙某某有职务便利，且为其他人谋取了利益；二是孙某某喜欢字画、懂字画，对艺术品的商业价值有明确认知；三是孙某某经营字画，对有的贿赂物已经变卖，获得了巨额收益。

一般情况下，要结合以下四个方面，综合认定艺术品是作为贿赂还是赠品：第一，是否有具体的请托事项；第二，双方对艺术品价值是否明知；第三，由行贿人与受贿人的个人交往情况，判定送艺术品的目的是鉴赏、交流，还是收买公权力的砝码；第四，收受人对艺术品的处置情况。

2. 利用与其他单位共同开发房地产的职务便利要求低价购买房屋的行为。

该手法是近年来较为突出的一种，实践中对是否构成犯罪存在很大争议。我们知道，一般情况下，房地产公司对于共同开发单位在房屋销售方面会有一定的价格优惠，如果行为人接受或者要求他人提供在正常范围内的价格优惠，一般不构成职务犯罪。但是如果行为人向他人索要价格优惠与房屋实际价格之间存在巨大差异，其实质便是为规避法律，采取合法的购买形式的"内幕交易"，应以犯罪论处。

3. 行为人利用优惠券低价购买房屋的行为（针对特定对象的优惠）。

实践中，对于这种情况一般不作为犯罪处理，但优惠券作为行为人低价购房的载体之一，也要具体情况具体分析，以便准确区分商业优惠、违纪和受贿犯罪。如果行为人利用收受的购房优惠券购房，其享受优惠的幅度大体与"针对不特定多数人"的优惠幅度，一般应当按商业优惠处理；如果其享受优惠的幅度高于"针对不特定多数人"的优惠幅度，且享受的优惠不属于"明显低于市场价格"的，应当按违纪处理；如果以优惠券载明的优惠幅度属于"明显低于市场价格的"，则应按受贿罪论处。

4. 以实际支付价格与开发商签订购买房屋合同，由他人出资补贴差价。

如1999年12月，陈某在担任某区建设和管理委员会副主任期间，指派其分管公司总经理倪某帮助联系购买商品房，房产公司以优惠价每平方米人民币6787.20元总房价103万余元的价格，将某住房出售给陈某。但是陈某表示只能以每平方米5000元左右的价格购房。倪某遂指使张某以购买该商品房停车位的形式，为被告人陈某支付购房差价27万元。同年10月，张某以购买停车位的名义将钱款汇入房产公司，而公司作为陈某的购房款入账。同年11月8日，陈某与房产公司签订了一份每平方米5011.23元售价的商品房销售合同，并在实际支付761858元房款后，取得房屋产权证。

这一类型案件是否构成受贿罪，主要在于行为人对房屋的实际价格是否明知，也就是说，是否能够证明行为人存在受贿的故意。如果下属单方面为了讨好上级，帮助行为人用低价购买房屋，则难以证明行为人主观上存在非法收受他人财物的直接故意，因而不宜认定为受贿犯罪；反之，如果行为人明知房屋的实际价格，而采取"瞒天过海"的手法，暗中授意他人补差或知道他人已经补差而收受，则应当认定为受贿。前述案件中被告人陈某参与了房屋价格的讨论，在办理产权过程中知道房差已经补齐，因此应当认定其构成受贿罪。再如，秦某为其哥哥换房，为了少交差价款，利用职务便利，以政府出具"困难职工免交房款公函"的形式，将住房差价款9万余元予以免除，从而非法获利9万余元。此种变相受贿犯罪的认定，已经与法院取得共识。

5. "炒房"与受贿的区别。与房地产开发企业联手,支付部分房价后,待房价上涨后抛售,从而获取售房差价款。此种行为是否认定为犯罪存在较大的争议。有人认为是行为人利用与房地产开发企业的特定关系,委托他人帮助实施的一种"炒房"行为,其所得为正当收益;有人认为是行为人以"炒房"为名对房地产开发企业利润的一种剥夺,是一种变相受贿行为。笔者认为,此种情况认定犯罪需要慎重,只有当"行为人有职务便利、且具有索要或暗示情节"的情况下,方可认定为犯罪。

6. 认定以房屋、汽车等物品为对象的受贿,应注意与借用的区分。例如,2000年,作为A市某局局长的王某为了搬入新房,带领曾经有求于他的张某到长春市购买家具。在长春市某家具市场,张某用5万元为王某购买了一套家具,并运回A市。2003年案发。侦查中,王某辩解:张某买家具所用的5万元,是张某陪其至长春买家具过程中,由于自己没有带足钱而向张某的借款,不是受贿。在判断王某的行为性质时,不能简单看王某的辩解,而应当结合其他证据来进行综合判断:(1)有无借用的合理事由;(2)是否实际使用;(3)借用时间的长短;(4)有无归还的条件;(5)有无归还的意思表示及行为。在上述案例中,事实是:王某曾经利用职务便利为张某谋取了利益。王某在搬家后,采用暗示的方法,要求张某与自己到长春购买家具,当日王某未带一分钱(与常理不符),而是由张某付款。回家后,王某再未提起还款之事。三年中,王某与张某同处一市,有多次见面机会,王某对还款一事从未提起。张某已将购买家具款在本单位核销。综上可见,王某的行为是索贿而不是借款。

(五)常见辩点预测

1. 对于受贿的艺术品价值不明知;是以鉴赏为目的的赠与行为;

2. 是合作建房中的正当优惠行为,是以权谋取私的违纪行为,不属于"明显低于市场价格";

3. 是利用职权的"炒房"行为,获利部分属于非法所得,不是犯罪;

4. 对于"他人补贴差价的行为"不明知;

5. 属于借用行为。

二、关于收受干股问题

(一)《解释》规定

干股是指未出资而获得的股份。国家工作人员利用职务上的便利为请托人谋取利益,收受请托人提供的干股的,以受贿论处。进行了股权转让登记,或者相关证据证明股份发生了实际转让的,受贿数额按转让行为时股份价值计算,所分红利按受贿孳息处理。股份未实际转让,以股份分红名义获取利益的,实际获利数额应当认定为受贿数额。

(二)典型案例

2001年初,王某某利用担任某集团有限公司总裁、分管房地产公司工作的职务便利,利用某实业联合发展有限公司董事长严某某找其帮助之机,产生了合作搞房地产开发的想法。之后,王某某带领下属房产有限责任公司总经理陆某某、副总经理王某，以及某实业联合发展有限公司的严某某、陈某某等人多次密谋，决定以通过房地产开发形式谋取个人利益。后以下属房产有限责任公司和某实业联合发展有限公司名义取得某地块的房屋开发权。并约定：由下属房地产公司投资收购地块所在项目公司，严某某不负责出资。期间，王某某决定由严的公司占70%股权，下属房地产公司占30%股权，以便于操纵新公司运作及迫使下属公司在新公司赢利后退出。但严的公司实际占有50%股权，另20%股权系严某为王某暗中代持股，并在适当时机转让给王某某指定的公司。事后，严某某按王某某的要求出具承诺书，并最终将此20%股权转至王某某的儿子名下。

（三）定罪解析

股权成为受贿犯罪中的"贿赂"，是近年来市场经济不断发展、个人财产进入生产领域的必然结果，也是股权在民事领域成为法定财产这一实践成果在刑法领域的必然反映。刑法所打击的不是正常的出资行为，而是以送"干股"为名所掩盖的贿赂行为。实践中，受贿人在未出资的情况下取得干股，主要表现为国家工作人员利用项目审批、工程招投标、土地出让、政府资金安排、政府采购等职务便利，为请托人谋取了巨额利益后，在请托人处取得所谓"股份"，以"对预期的盈利项目参与利益分配"的方式迂回取财，从而完成受贿行为。

根据《公司法》规定：股权是公民或法人以其出资额为限，对有限责任公司或股份有限公司全部资本分为等额股份后所享有的财产份额。它是一种比例化、资本化了的财产。公司股东（股权持有者）作为出资者，按投入公司的资本额享有所有者的资产受益、重大决策和选择管理者等权利。由此，我们可以概括出股权的几个主要特征：

（1）股权是法律允许公民所有的生产资料以及其他合法财产。公民或法人（单位）对其合法所有的股权享有所有权，即可以行使占有、使用、收益和处分的权利；

（2）股权是一种比例化的财产权；

（3）股权是一种期权，其权益的实际价值具有不确定性。

（四）取证要点

1. 在主观故意内容方面，除正常的请托+谋利模式外，必须收集证据证明：受贿人与行贿人对"以给干股作为权钱交易手段"形成共识，并明确约定干股的比例数额。

2. 收集国家工作人员是干股股权"实际控制人"的证据。

受贿人实际控制"干股"股权的事实证据主要表现为两种情况：一是干股已经转让登记至受贿人名下或其指定的人的名下，二是相关证据证明股份发生了事实转让（股权登记或股权证明已实际转移），即代表股权权属证明的相关法律凭证已经由受贿人实际控制。

在干股没有实际转让的情况下，特别要注意收集受贿人是干股股权实际控制人的证据，以鉴别受贿的方式与数额：

（1）是否受贿人对干股是名义上的所有，而实际其得到的是以"盈利"名义给付的红利；

（2）是否存在受贿人委托他人代持股的情况，借以掩盖其真正持股的事实，逃避打击；

（3）是否存在受贿人表面上虚与应付、主观上不愿"收受"的情况。此种情况下，由于不具备受贿的主观故意，不能认定为受贿罪。

3. 收集证明犯罪数额时间节点的证据。

《解释》对于受贿股权的数额认定，主要有三种方法：

（1）进行了股权转让登记的，受贿数额按转让行为时股份价值计算，即以股权转让登记日的股份卖出价计算。收受股权同时分取红利的，对红利部分按受贿孳息处理，不累计计算为受贿数额。

（2）未进行股权转让登记，但有证据证明股份发生了实际转让的，即已实际取得股权的实际控制权，如股权权属证明已发生实际交付，受贿数额按实际转让行为日股份卖出价计算。收受股权同时分取红利的，对红利部分按受贿孳息处理，不累计计算为受贿数额。

（3）事实证明股份未发生实际转让，受贿人只以股份分红名义获取利益的，实际获利数额即认定为受贿数额。

实践中，要注意考察收受的干股所代表的权益是否实现。由于股权是一种期权，而认定受贿行为又多以实际取得为标准。因此，即使行为人收受了股权，但是基于实际情况，并未实际获得股权所代表的财产价值及其收益，如由于经营亏损并未获得分红，或所在公司因经营不善而破产或注销等，可以受贿未遂论处。此外，在认定国家工作人员持有干股时，还要对"未出资而取得股权"做实事求是的区分，特别是要注意行为人由他人代持股情况（表面未出资而实际出资），或者为他人代持股情况（表面出资而实际未出资）。

（五）辩点预测

1. 干股股权的所有人不是受贿人或其所指定的人；
2. 干股是智力投入所得；
3. 股权未发生转让的情况下，没有收受行为；或虽已转让，但未实际取得收益；
4. 对特定关系人代为持股不明知。

三、以开办公司等合作投资名义受贿

（一）《解释》规定

国家工作人员利用职务上的便利为请托人谋取利益，由请托人出资，"合作"开办公司或者进行其他"合作"投资的，以受贿论处。受贿数额为请托人给国家工作人员的出资额。

国家工作人员利用职务上的便利为请托人谋取利益，以合作开办公司或者其他合作投资的名义获取"利润"，没有实际出资和参与管理、经营的，以受贿论处。

（二）典型案例

祝某某利用职务便利，为张某某取得借款2亿元人民币。在与张商量如何收取"回报"过程中，为了安全起见，共同商议成立投资咨询公司，由张以"咨询费"的名义向祝行贿。后张分两次转入公司人民币80万元。在所开办公司中，祝某某、张某某各占50%股份。

（三）定罪解析

在民商法中，"出资"的法律意义意义在于：用于资合性公司财产的确权，防止无限责任；是公司盈利的资金保证；是收益分配的重要依据。对此，公司法做出了明确规定。

《公司法》第二十四条规定：股东可以用货币出资，也可以用实物、工业产权、非专利技术、土地使用权作价出资。对作为出资的实物、工业产权、非专利技术或者土地使用权，必须进行评估作价，核实财产，不得高估或者低估作价。土地使用权的评估作价，依照法律、行政法规的规定办理。

以工业产权、非专利技术作价出资的金额不得超过有限责任公司注册资本的百分之二十，国家对采用高新技术成果有特别规定的除外。

第二十五条规定：股东应当足额缴纳公司章程中规定的各自所认缴的出资额。股东以货币出资的，应当将货币出资足额存入准备设立的有限责任公司在银行开设的临时账户；以实物、工业产权、非专利技术或者土地使用权出资的，应当依法办理其财产权的转移手续。

股东不按照前款规定缴纳所认缴的出资，应当向已足额缴纳出资的股东承担违约责任。

第三十三条规定：股东按照出资比例分取红利。公司新增资本时，股东可以优先认缴出资。

国家工作人员利用职务上的便利为请托人谋取利益，以合作开办公司或者进行其他合作投资的名义收受请托人财物，是近几年来出现的新情况。主要表现方式有两种：一是由请托人出资，国家工作人员"合作"开办公司或者进行其他"合作"投资的，这与直接收受贿赂财物没有本质区别，应以受贿处理。上述案例即属此种情况。二是以合作开办公司或者进行其他合作投资的名义，既没有实际出资也不参与管理、经营，这意味着行为人没有任何正当理由获取所谓"利润"，属于打着合作开办公司或者其他合作投资的名义，行受贿之实的变相受贿行为。

上述受贿行为，其表现方式与收受干股的行为有相似之处，其区别就在于：干股主要表现为是一种期权，是一种直接参与收益分配的权利，这种权利的实现往往受经营状况的制约，具有一定的不确定性，认定受贿的数额以受贿人实际收受的财物为准。而参与投资或合作投资则不同，是行为人直接收受请求人财物的一种，只是在收受的同时进行了财产处分，即受贿人通过投资的方式直接使贿赂进入了投资领域，其实质是赃款赃物的一种去向，带有市场经济的特征。在数额认定上，始于行为人收受之日。至于投资经营过程中有亏损的，不影响受贿数额的认定。实践中，在表现方式上，以合作投资方式受贿，主要表现为直接将贿赂作为出资，有时这种出资也可能以股比方式表示。

实践中，在认定受贿数额时，要注意公司注册资金变化情况及获利情况。例如，国家工作人员张某为请托人冯某谋取了利益之后，由冯某出资20万元人民币注册了一个咨询公司，张某与冯某各占50%的股份，由冯某出面经营，张某暗中利用职务便利提供赢利机会。2004年公司赢利达250万元，张某与冯某并未分配利润。后经张某与冯某协商，决定将全部利润作为出资，将公司注册资本变更为300万元(冯某又注资30

万元），张某与冯某仍各占50%的股份。2007年案发。在本案中，围绕张某的受贿数额认定，产生了不同意见：一种意见认为，张某的受贿数额为25万元人民币，即张某两次收受注册资本金的行为（10万元和15万元）是两个独立的受贿行为，犯罪数额应当累计计算，而张某为冯某提供赢利机会的行为，可以作为张某非法参与公司经营的行为，其获利应作为非法所得予以追缴。另一种意见认为，张某的行为实质是三个连续的受贿犯罪行为，其犯罪数额应当认定为150万元人民币。"张某暗中利用职务便利提供赢利机会"的行为，是张某与冯某的分工合作使然，对获利后的"分成"也是基于张、冯的事先约定，使张的"利用职务便利"与"获取赢利的一半"形成刑法上的因果关系，是一种独立的"索取好处行为"，因此它成立独立的受贿行为，其受贿数额应与其他两次收受注册资金的行为累计计算。当然，如果没有"张某暗中利用职务便利提供赢利机会"的行为，咨询公司的赢利单纯来源于冯某的经营活动，那么，张某125万元的获利，就应当作为注入10万元资本后产生的非法收益，而不应认定为独立的受贿数额。笔者同意第二种意见。

当然，实践中还应当准确区分国家工作人员违规经商办企业的情况。实践中，对国家工作人员未利用职务便利，只是违反国家工作人员管理规定，出资（包括资金、实物、非职务知识产权、土地使用权等）参与经营、中介等经济活动的，应当按违纪处理。

（四）取证要点

要取证证明：

1. 受贿人与行贿人就贿赂进入投资领域形成共识，约定的所谓"出资"是实现贿赂犯罪的形式与手段；

2. 受贿人除投入贿赂款物外，无其他出资行为，即无资金投入，也未参与经营、管理，无分配"利润"的法律根据；

3. 对"出资"的实际控制人是受贿人。

（五）辩点预测

1. 投资属于借款，是受贿人的真实投入；

2. 投资属于智力投入的变价；

3. 有经营、管理行为，如政策咨询等；

4. 受贿人对以特定关系人名义出资不明知。

四、以委托请托人投资证券、期货或者其他委托理财的名义受贿

（一）《解释》规定

国家工作人员利用职务上的便利为请托人谋取利益，以委托请托人投资证券、期货或者其他委托理财的名义，未实际出资而获取"收益"，或者虽然实际出资，但获取"收益"明显高于出资应得收益的，以受贿论处。受贿数额，前一情形，以"收益"额计算；后一情形，以"收益"额与出资应得收益额的差额计算。

（二）典型案例

案例1：张某某利用所控制的财务咨询公司、投资公司，以"暂借款"、"资金托

管"、"资产托管"的名义，从王某某所在的国有控股公司取得拆借资金17亿余元，用于操纵证券市场。为此，应王某某的要求，张某某在所属公司在证券公司营业部账户中以"杜林"的名义，开具出银行本票500万元人民币，存入王某某儿媳吴某的股票账户。

案例2：某集团公司董事长李某某，为了感谢某国有公司董事长王某某、副总裁韩某某、财务总监徐某的帮助，以其兄李某的名义在某证券营业部为王、韩、李三人开了一个"理财账户"，并注入资金300万元，并约定：帐户由李某炒作，所得收益由三人支配。后三人共获利90万元。

案例3：某市政府办公厅副主任秦某，利用职务便利，为张某某所在的公司谋取了不正当利益。期间，张某某以炒股名义，将秦某父亲名下内存5万元的股票账户交给张某某理财。后，张某某将内存25万元的股票账户还给秦某妻子廖某某。经查，张某某理财收益为7万元，张某某另注入该帐户13万元。

（三）定罪解析

国家工作人员利用职务上的便利为请托人谋取利益，以委托请托人投资证券、期货或者其他委托理财的名义收受请托人财物的，主要有两种情形：

一是国家工作人员利用职务上的便利为他人谋取利益，未实际出资，借"委托他人投资证券、期货或者其他委托理财"的名义收受他人财物的，实质是以理财为名，行受贿之实。案例1即属此种情况。这是个人理财进入投资、证券领域后，受贿犯罪新的表现形式。

二是他人虽然将国家工作人员出资实际用于投资活动，但国家工作人员所获"收益"与实际盈利明显不符，其实质就是变相受贿，其受贿数额就是明显超出盈利部分的差额。实践中，对于认定差额部分，必须运用相应的证据予以证明。在计算方法上，一般应当扣除委托理财的正当收益。

（四）取证要点

注意收集证明受贿人与行贿人就以委托理财方式收受贿赂的共谋证据；收集以"委托理财"为名的证据；注意界定真实委托理财情况下"正当收益"的数额。

（五）辩点预测

1. 是委托理财的垫付款，不是贿赂；
2. 受贿人对委托理财的财产无控制权，不属于刑法上的"收受"；
3. 委托理财与谋利行为无关联；
4. 是正当的委托理财行为，收益在正当幅度之内，对超常收益性质、数量不明知；

五、关于以赌博形式收受贿赂的认定问题

（一）《解释》规定

根据最高人民法院、最高人民检察院《关于办理赌博刑事案件具体应用法律若干问题的解释》第七条规定，国家工作人员利用职务上的便利为请托人谋取利益，通过赌博

方式收受请托人财物的，构成受贿。

实践中应注意区分贿赂与赌博活动、娱乐活动的界限。具体认定时，主要应当结合以下因素进行判断：（1）赌博的背景、场合、时间、次数；（2）赌资来源；（3）其他赌博参与者有无事先通谋；（4）输赢钱物的具体情况和金额大小。

（二）典型案例

案例1：国家工作人员张某为请托人钱某谋利后，与钱某的朋友到香港某酒店（赌场）消费10万元港币，后此款由钱某核销。

案例2：黑社会性质组织团伙成员A因涉嫌故意伤害被刑事拘留。该组织头子王某设法为其办理取保候审。为此，王某组织B、C、D三人，在某酒店设好赌局与暗号，邀请辖区治安科长李某某赌博。其间，王某提出请李某某帮忙办理A的取保候审，并多次使眼色示意B故意输钱给李某某。李某某看到王某使眼色后并未表态。在李某某赢钱20万元后，高兴离去。后，李某某请求刑警赵某某违法为A办理了取保候审手续，送给赵某某人民币3万元。

（三）定罪解析

利用赌博这种非法渠道收受贿赂，是近年司法实践中新出现的类型。特别是港、澳旅游开放后，通过请托人出资，由受贿人"参赌消费"的现象在司法实践中屡有出现。这种受贿后在境外从事赌博活动的手段，陆续在内陆地区也有所反映。在查处此类犯罪时，其难点就在于行为人往往用赌博这种轻罪来掩盖受贿这种重罪，从而逃避法律的追究。为此，准确区分受贿与赌博，就显得尤为重要。《解释》在总结司法实践经验的基础上，总结和列举了一些可资区分贿赂、赌博与娱乐活动界限的参考因素，为区分此罪与彼罪、罪与非罪提供了一个认定思路。

（四）取证要点

收集证明受贿人与行贿人之间对于以"赌博"作为权钱交易手段形成共识的证据；收集受贿人赢钱数额的证据；收集行贿人与其他人串通输钱的证据。

实践中，为了证明受贿犯罪故意，要侧重收集证明以下内容的证据：

1. 受贿人是否具备职务便利，是否为请托人谋取了利益或承诺为请托人谋取利益，受贿人、请托人是否有赌博习惯；

2. "赌资"是否来源于请托人或请托人的利益关系人；

3. 请托人与其他参赌人员之间是否通谋；

4. "赌资"数额是否明显超出参赌人员平时赌博出资习惯。

实践中，受贿人以赌博方式受贿，一般有两种方式：

1. 请求人为国家工作人员出资，由国家工作人员从事赌博活动，输赢均由请托人承担。此种方式受贿，实际是请托人为国家工作人员提供"消费"机会，不以赢利为目的。此种受贿数额认定，以请托人实际支付数额为准。

2. 请托人为国家工作人员提供"赢钱"机会。这一般表现为参赌人员共谋后，以赌博为名行送钱之实，其实质就是利用一种非法（犯罪）的手段，掩盖另一种犯罪目的，在法律上表现为一种牵连关系，应以重罪（受贿）从重处罚。

实践中，也要注意区分行为人受贿后加入赌博团伙从事赌博活动的情况。

总之，判断赌博与受贿，要结合取证情况进行综合判断，但关键要证明存在权钱交易行为。在区分赌博行为的罪与非罪时，则主要考虑参赌的时间、次数、赌资数额等几个方面的因素，在此不予细述。

六、关于由特定关系人"挂名"领取薪酬的方式受贿问题

（一）解释规定

所谓的挂名领取薪酬，是指国家工作人员利用职务上的便利为请托人谋取利益，要求或者接受请托人以给特定关系人安排工作为名，使特定关系人不实际工作却获取所谓薪酬的情形。

（二）典型案例

案例：国家工作人员祝某某，利用职务便利为某公司谋利后，经与其妻子黄某、该公司董事长张某某商议，将黄某调至张某某所在公司工作。其间，张某某多次以奖金、考察费等名义，多向黄某支付工资以外的薪酬人民币59万元。此款被用于其女儿出国和购房等费用。

（三）定罪解析

司法实践中，由特定关系人"挂名"领取薪酬的方式受贿，一种比较隐蔽的共同受贿行为。国家工作人员利用职务便利为他人谋取利益过程中，要求或者接受他人给特定关系人安排工作的情况较为复杂，主要有三种情形：

1. 特定关系人"挂名"领取薪酬的，即"要求或者接受请托人以给特定关系人安排工作为名，使特定关系人不实际工作却获取所谓薪酬的"情形，这与直接接受财物没有实质区别，应以受贿论处；

2. 特定关系人虽然参与工作但领取的薪酬明显高于该职位正常薪酬水平，其性质属于变相受贿，但考虑到当前一些企业，尤其是私营企业薪酬发放不规范，如何认定实际领取的薪酬与正常薪酬是否相当以及如何认定受贿数额，均存在困难，故《意见》对这种情况暂没作规定。实践中，要有证据证明其收入属于"明显高于其正常薪酬"的部分，方可认定为受贿数额。

3. 特定关系人正常工作和领取薪酬的，不存在非法收受财物问题，不能以犯罪处理。

（四）取证要点

实践中，认定此种方式受贿，其关键点即在于如何认定"挂名"。根据《解释》，挂名即是"不实际工作却获取所谓薪酬"的情况。对于认定"挂名"，要严格依照《公司法》、《劳动法》、《合同法》和国家工作人员关于任职、兼职的相应规定来调查取证。具体可以侧重调查以下几个方面的内容：

1. 注意任职的方式。注意区分是国家工作人员任职、兼职，一般的劳动用工，还是依照协议提供特定的服务。国家工作人员任职、兼职，是否履行了正常的任命、批准程序，劳动用工是否签订了劳动用工合同，是否临时用工等；

2. 特定关系人的职责、职权和义务有哪些；

3．特定关系人是否具备履行职责的能力和资质，是否有实际履行职责义务的行为；

4．取得报酬的方式与方法，是否纳入企业的正常薪酬发放体系；

5．薪酬所得是否明显超出正常的薪酬范围。

（五）辩点预测

1．特定关系人存在领取薪酬的合法依据，如经济往来，正常薪酬，咨询费用，居间佣金等；

2．特定关系人收取财物与国家工作人员利用职权行为无关联；

3．特定关系人与国家工作人员无共谋。

总之，新类型受贿犯罪的出现，对检察机关讲是机遇与挑战并存。犯罪分子在主观方面更加隐蔽，客观方面的证据链条延长、证据种类丰富，要求我们取证的综合能力要有所提升，证据运用能力也要有所提高。唯此，才能不辱使命，切实担当起法律监督者职责。

第十八讲
渎职犯罪案件公诉方略

史旭东

渎职犯罪是最典型的官员犯罪，在反腐败斗争不断深入的进程中，渎职犯罪作为国家机关工作人员职务犯罪的典型形式，越来越受到社会各界的关注。充分运用公诉职能依法指控渎职犯罪，提高惩治渎职犯罪的司法权威，在法律和司法层面都面临诸多问题，正确处置和解决好这些问题，提高渎职犯罪案件公诉水平是本专题的着力点。

一、渎职犯罪的特征

刑法把职务犯罪主要划分为两类——贪污贿赂犯罪和渎职侵权犯罪。这两类犯罪均以渎职为其基本特征，但贪污贿赂犯罪所包含的各项罪名突出了行为的贪利性，即权钱交易。而渎职侵权犯罪中，有些罪名虽也具有徇私利的特点，但其行为的基本特征在于危害国家机关的正常活动，刑罚基础在于渎职行为致使公共财产、国家和人民利益遭受重大损失。

（一）犯罪的客体特征——危害国家机关正常活动

本罪侵犯的客体是国家机关的正常活动。"国家机关"包括国家权力机关、行政机关、司法机关和各级军事机关，等等。所谓"国家机关的正常活动"是指上述国家机关根据宪法和法律的规定，为正确执行国家对内、对外职能所进行的管理各项国家事务和生产、经营的活动。国家机关作为国家的化身，根据宪法的规定代表国家行使政治、经济、文化等方面的基本职能，这些职能的正常行使，是实现国家各项任务的重要保证。国家机关工作人员背离国家机关的活动准则，滥用职权、玩忽职守或者徇私舞弊、违法乱纪，必然会使国家机关的正常职能遭到破坏，使公共财产、国家和人民利益受到损害。危害国家机关的正常活动是渎职犯罪社会危害性的实质所在，是渎职犯罪的本质特征，也是渎职犯罪与其他犯罪区别的主要标志。

（二）犯罪的客观特征——"情节严重"是追究行为人刑事责任的基础

本罪在客观方面表现为滥用职权或者玩忽职守，不履行、不正确履行职责，或者徇私舞弊等，致使公共财产、国家和人民利益遭受重大损失的行为。可见，渎职行为必须具备以下两个要素：（1）行为人实施了渎职行为。渎职行为，也就是亵渎职责的行为，即国家机关工作人员徇私舞弊、滥用职权或者玩忽职守，不履行或者不正确履行职责的行为。徇私舞弊，是指徇私情私利而利用职务之便违法乱纪，作出违反法律规定的决定或者裁判，是一种枉法渎职的行为。滥用职权则是故意不按职责规定办理，包括超越职权的胡作非为的行为，玩忽职守的行为。渎职行为的表现形式多种多样，但总的来说不外乎两种：一种是作为的渎职行为，即积极的渎职行为，即职责要求不允许实施的行为而积极地予以实施的渎职行为；另一种是不作为的渎职行为，即消极的渎职行为，具体地说，就是职责要求行为人实施，并且行为人有能力实施，但却不予实施的渎职行为。上述两种行为形式，不作为的渎职行为居多。（2）渎职行为情节、后果严重。渎职行为都是对社会有危害的行为，但其危害程度相差很大。因此，并非一切渎职行为都能构成犯罪，某些犯罪只有渎职行为情节和危害后果达到了一定程度，才能构成渎职犯罪；如果渎职行为情节轻微危害不大，则不以犯罪论处，对行为人只需给予批评教育或者行政、纪律处分即可。换言之，这些渎职犯罪是以"情节严重"与否或者是否造成"重大损失"，作为划分罪与非罪的界限。所谓"情节严重"，司法实践中一般是指下列情形：一是给国家、集体或者个人造成严重经济损失；二是造成重大人员伤亡事故；三是造成恶劣的政治影响，包括国内外的政治影响；四是其他严重情节的。对此《最高人民检察院关于渎职侵权犯罪案件立案标准的规定》有具体的参照标准。上述两个要素同时具备，才能构成渎职犯罪，反之，不能以渎职犯罪追究行为人的刑事责任。

需要强调的是，此处的"职务"必须是自身的、现实的，如果行为人利用的是别人的职务便利或者谎称自己有某种职务而借以实施犯罪，则不属于"利用职务之便"，不能成立渎职犯罪。

（三）犯罪的主体特征——从事公务的国家机关工作人员是本罪刑事责任主体

本罪的主体多数是特殊主体，即国家机关工作人员，非国家机关工作人员一般不能独立构成渎职犯罪。但是有的犯罪也可以由非国家机关工作人员构成，如刑法第三百九十八条第二款的规定，非国家机关工作人员也可构成泄露国家秘密罪。这里，国家机关工作人员仍需是指国家机关中从事公务的人员，所谓"从事公务的人员"，是指根据法律的规定，经过人民选举或者国家委任、聘用而从事国家公共事务工作的人员。因此，无论是编内职务还是编外职务，常任职务还是临时职务，有报酬还是无报酬的职务，只要是国家机关中依法从事公务活动的，都属于国家机关工作人员的范围。

（四）犯罪的主观特征——行为人主观心理既可能是故意也可能是过失

本罪在主观上既可以是故意，也可以是过失，但多数犯罪只能由故意构成，如第三百九十七条第一款规定的滥用职权罪、第三百九十八条规定故意泄露国家秘密罪、第四百零二条规定的徇私舞弊不移交刑事案件罪，等等。有的犯罪则只能由过失构成。如刑法第三百九十七条规定的玩忽职守罪、第四百条第二款规定的失职致使在押人员脱逃罪，等等。

二、渎职犯罪审查起诉活动应注意的问题

（一）渎职犯罪刑事责任主体的认定

1997年修改刑法时，将渎职犯罪主体由国家工作人员修改为国家机关工作人员，包括在国家权力机关、行政机关、审判机关、检察机关、军事机关中从事公务的人员。

2002年12月28日九届全国人大常委会第三十一次会议通过了《〈中国人民共和国刑法〉第九章渎职罪主体适用问题的解释》，通过该解释进一步明确渎职罪主体的构成。该解释指出"在依照法律、法规规定行使国家行政管理职权的组织中从事公务的人员，或者在受国家机关委托代表国家机关行使职权的组织中从事公务的人员，或者虽未列入国家机关人员编制但在国家机关中从事公务的人员，在代表国家机关行使职权时，有渎

职行为，构成犯罪的，依照刑法关于渎职罪的规定追究刑事责任。"

在上述立法及立法解释的基础上，2005年12月29日最高人民检察院第十届检察委员会第四十九次会议通过的《最高人民检察院关于渎职侵权案件立案标准的规定》"国家机关工作人员"，是指在国家机关中从事公务的人员，包括在各级国家权力机关、行政机关、司法机关和军事机关中从事公务的人员。在依照法律、法规规定行使国家行政管理职权的组织中从事公务的人员，或者在受国家机关委托代表国家行使职权的组织中从事公务的人员，或者虽未列入国家机关人员编制但在国家机关中从事公务的人员，在代表国家机关行使职权时，视为国家机关工作人员。在乡（镇）以上中国共产党机关、人民政协机关中从事公务的人员，视为国家机关工作人员。

根据上述刑事立法与司法解释，认定渎职罪刑事责任主体，应当包括以下几类人员：

1. 国家机关工作人员

宪法规定，我国国家机关包括国家权力机关、行政机关、审判机关、检察机关和军事机关。在上述机关从事公务的人员是国家机关工作人员。

2. 在依照法律、法规规定行使国家行政管理职权的组织中从事公务的人员

《行政处罚法》第十七条规定："法律、法规授权的具有管理公共事务职能的组织可以在法定授权范围内实施行政处罚。"近年来，随着机构改革的深入和政府部分权力的下放，一些法律、法规授权某些非国家机关的组织在某些领域行使国家行政管理职权。如根据《证券法》的规定，证券业、银行业、信托业和保险业实行分业经营、分业管理。证券公司和银行、信托、保险业务机关分别设立。国务院证券监督管理机构依法对全国证券市场实行集中统一监督管理；《保险法》规定，国务院保险监督管理机构负责对保险业实施监督管理。这些权力过去法律规定是由中国人民银行行使的，而证监会、保监会并非国家机关。虽然法律授权行使国家行政管理职权的主体由过去的国家机关变为现在的非国家机关的组织，但从职权的性质和权限上讲，仍属于国家管理职权的一部分，与过去由国家机关行使时的权限是一样的。在依照法律、法规规定行使国家行政管理职权的组织中从事公务的人员的权利与过去该权利由国家机关行使时国家机关工作人员的权利也是一样。

3. 在受国家机关委托代表国家机关行使职权的组织中从事公务的人员。

《行政处罚法》第十八条规定："行政机关依照法律、法规或者规章的规定，可以在法定权限内委托给符合法定条件的组织实施行政处罚，受委托组织在委托范围内，以委托行政机关的名义实施行政处罚。"在实践中，一些国家行政机关将部分行政处罚权进行了委托授权。如一些地方的卫生行政部门委托卫生防疫站向食品卫生经营企业和食品生产经营人员发放卫生许可证，文化局委托企事业单位文化市场管理办公室负责开办文化娱乐场所的审批等等，都属于此类委托。接受委托的组织可以委托行政机关名义实施行政处罚。很显然，接受委托的组织行使的仍是国家的行政处罚权。在受委托的组织中从事公务的人员。与委托授权的国家机关工作人员所拥有的该项行政处罚权是相同的。

4. 虽未列入国家机关人员编制但在国家机关中从事公务的人员

这主要是指那些虽不属于国家机关的正式在编人员，但由于临时借调，聘用关系而在国家机关中行使国家机关职权的人员。如在监狱行使监管、看守职责的合同制民警，等等。应当指出的是，上述解释所要解决的不是这三类人的"血统"、"身份"问题，而是要解决当这些人在行使国家机关职权过程中，有渎职行为构成犯罪时，如何适用刑法追究刑事责任的问题。因此，这类人必须是在代表国家机关行使职权时发生渎职行为、构成犯罪的，才依照渎职罪追究刑事责任。而那些虽在这类组织中或者在国家机关中工作，但不是从事公务，而是从事其他事务、如从事劳务的人员，就谈不上"代表国家机关行使职权"，即使有犯罪行为，也不应按渎职罪追究刑事责任。

5. 在乡（镇）以上中国共产党机关、人民政协机关中从事公务的人员

在我国，自乡（镇）以上始才设立中国共产党机关、人民政协机关，但上述机关显然不是通常意义的国家机关。但作为执政党和人民政协组织在乡（镇）以上设立的机构，同样分担了管理国家的职权，从事了管理国家的事务。可以通过决定、命令而直接实施对国家公共事务的管理、监督，产生与国家机关相同效力的法律后果。因此，在乡（镇）以上中国共产党机关、人民政协机关中从事公务的人员在行使管理国家事务时发生的渎职行为，构成犯罪的，也应当按照渎职罪追究刑事责任。

因此，对国家机关工作人员主体身份的认定，并不在于有无机关编制、是否常任职务即有无报酬等要件，而在于行为人渎职犯罪中所承担具体公务内容。例如，派出所民警作为承担治安管理职责的警察，在接受临时委派从事刑事侦查时，其职务身份就具备了司法工作人员的身份，其有渎职行为时就可能承担徇私枉法罪的刑事责任；借用到公安机关从事治安管理工作，也可能因渎职行为承担徇私不移交刑事案件罪的刑事责任，等等。

（二）滥用职权罪与玩忽职守罪的区分

虽然从概念上不难区分滥用职权罪与玩忽职守罪，但是一旦用之司法就会出现界定困难，尤其在"不作为"犯罪中更是如此，使原本滥用职权犯罪被认定为玩忽职守犯罪。这归因于对两罪的浅层次理解和分析。为此，我们试图从以下角度来解读滥用职权罪与玩忽职守罪，以便在司法实践中作出区分。

首先，我们认为：在滥用职权罪中，滥用职权者滥用的是职权，不是职责；而在玩忽职守罪中，玩忽职守者玩忽的才是"职责"。职责由于是从行为人本人的注意义务出发，不存在被滥用的可能。因此，审查判断行为人是滥用职权还是玩忽职守，通过客观行为表现与职务规范对照就能得出相应的结论，那就是看行为人在渎职犯罪中，到底是违反了职权性规范，还是职责性规范。对于职权性规范来说，职权是有国家强制力保障的权力，职权享有者的职权不但可以决定自身职责的完成，同时也意味着可以要求他人对职责的履行或者不履行。对于职责性规范而言，行为人违反特定的注意义务才是承担刑事责任的核心，"特定的注意义务"实质也就是指职责和职守，它通过岗位责任、规章制度、工作纪律来规定和体现（以下还要提及）。

事实上，对于职权性规范和职责性规范加以区分在实践中也不是容易的事情。还要通过审查判断行为人的主观心理是故意还是过失来区分是滥用职权还是玩忽职守。

由于"有意性"是权力行使的一个重要特征，由此我们认为，滥用职权只能是由故意构成。联系实际情况来看，国家机关工作人员在明知自己的行为违反法律、法规、规章规定的情况下，背离国家的信任而滥用职权直接做出决定或者处分，其对滥用职权行为将造成公共财产、国家和人民利益的损失是明知的而且是有意志的。具体而言，国家机关工作人员滥用职权一般存在两种情况：一是滥用职权者直接行使职权对有关权力和利益进行处分；二是滥用职权者指使下属工作人员或者下级单位进行有关权力或者利益处分。在国家机关工作人员直接行使职权对有关权力和利益进行处分的情况下，他本人不会不知道其职权行为对有关权利和利益造成损害或者即将造成损害，因此，他对自己的行为以及导致的可能后果是明知的；在国家机关工作人员指使他人行使职权时，滥用职权者作为指使者，对被指使者在其指使下的行为追求或者可能造成的结果不仅是明知的，也是其所希望和放任的，否则他不必指使他人按照其意思实施特定的行为。

（三）玩忽职守罪中的注意义务

之所以特别提到玩忽职守罪中的"注意义务"，是因为特定的注意义务才是追究行为人玩忽职守刑事责任的核心。在审查判断行为人是否构成玩忽职守犯罪时，要特别注意了解行为人是否有特定的注意义务。那些只有行为人在有能力、有条件履行特定的注意义务而没有履行时，我们才有理由认定其负有玩忽职守的责任。

注意义务是指行为人作为时应当注意有无侵害某种法益，不作为时应当注意有无违反某种特定的法律义务的责任。注意义务是一种法律义务，行为人违反了这种注意义务，发生危害结果的，就构成过失性的犯罪。在司法实践中，我们尤其要注意行为人注意义务的来源，我国刑法中玩忽职守罪的注意义务大体来源于以下三类：一是刑法强行要求主体承担的法律义务（例如刑法第三百九十八条关于"故意泄露国家秘密罪"和"过失泄露国家秘密罪"实际就是要求所有知悉秘密的人都要保守国家秘密）；二是行政或者业务管理法规规定的义务（这种注意义务来源更加广泛，但通过对行政管理法律、法规的了解，可以更加清晰责任人的注意义务的内容）；三是职务或者业务要求的义务（行为人通过担任一定的职务、从事某种业务活动，在取得相应职权、行使相应的权力时，也即意味着同时承担的责任。在通常情况下，职权与责任应当是对等和相当的）。

（四）玩忽职守罪因果关系的认定

因果关系虽则不是犯罪构成的要件，但因果关系确定对玩忽职守罪的认定有着非同寻常的意义，也是司法实践中玩忽职守罪认定的难点。

我国刑法理论认为：因果关系是行为与结果之间的一种客观联系，这种联系具有事实性质。但是，刑法中的因果关系不仅是一个事实问题，更为重要的是一个法律问题。在这种情况下，对刑法中的因果关系，应当从事实和法律这两个方面加以考察。事实上的因果关系，是作为一种事实的性质而存在的。我国传统刑法理论，在哲学上的因果关系论指导下，对于事实因果关系进行了深入的研究。然而，由于没有从价值层面上研究法律因果关系，因而使因果关系理论纠缠在必然性和偶然性等这样一些哲学问题的争论上，造成了相当的混乱，增加了对犯罪认定的难度。随着对刑法因果关系研究的不断深入，我国学者进一步提出了事实因果关系与法律因果关系统一的观点。即认为：刑法因果关系作为刑事责任的客观根据存在于刑法中，他既是行为与结果之间一种客观存在的事实因果关系，同时又是为法律所要求的法律因果关系，是事实因果关系与法律因果关系的统一。其中，事实因果关系是刑法因果关系的基础，而法律因果关系则是刑法因果关系的本质。即所谓"双层次因果关系"理论。

"双层次因果关系"理论对认定玩忽职守犯罪具有重大的指导意义。在很多情况下，国家机关工作人员不履行职责、不认真履行职责，并不必然直接侵害公共财产、国家和人民利益，而是通过违章生产、非法作业等中介因素，为危害结果的发生提供物理意义的原因力，而直接导致危害结果的发生。在这种情况下，玩忽职守行为对于危害结果发生是借助了中介因素才完成的。那么如何在玩忽职守行为与危害结果之间建立刑法意义上的因果关系呢？

在这一理论指导下，玩忽职守罪因果关系的认定应当遵循以下思路进行：即将刑法因果关系分为事实因果关系与法律因果关系两个层次加以研究，在强调因果关系客观实在性的基础上注重因果关系的法律性，对于科学认定玩忽职守罪因果关系具有重要意义。玩忽职守罪的实行行为相对于直接导致危害结果发生的中介因素而言，其与危害结果之间的因果联系程度相对较弱，单纯从哲学视角出发，他们之间的因果联系很可能逃逸出司法机关的审查视野。但刑法因果关系的内容是刑法所规定的，它表现为刑法将哲学上很弱的原因强化，规定为刑法上的原因；或者将哲学上很强的原因进行减弱，不规定为刑法上的原因。玩忽职守罪因果关系，就是立法将哲学意义上较弱的原因强化的典型立法例。因此，在对玩忽职守的因果关系进行司法认定时，必须注意刑法因果关系的法律性。

按照事实认定与规范评价二元区分的思路，玩忽职守罪因果关系的认定应当首先判断玩忽职守行为与危害结果之间是否存在事实因果关系，在得出肯定结论的基础上，再进一步判断这种事实因果关系是否属于玩忽职守罪构成要件所预定的法律因果关系。司法实践中，对于事实因果关系的判断，一般通过由果推因的排除法来认定，相对较为容易。法律因果关系的认定，则要复杂得多。一般需要经过下面三个层次：

1. 制造不被允许的危险。作为国家公权力的行使者，国家机关工作人员在特定工作岗位上都负有相应的法律义务。只有国家机关工作人员正确履行相关义务，才能保证国家机器的有效运转和社会关系的稳定和谐。任何一个国家机关工作人员不履行、不认真履行职责的玩忽职守行为，都可能破坏社会的运行机制，给某一社会利益带来灾难性后果。因此，只要国家机关工作人员严重不负责任，不履行或者不认真履行职责，就可以认定其制造了不被允许的危险。

2. 实现不被允许的危险。作为一种渎职犯罪，国家机关工作人员玩忽职守行为所制造的危险往往要通过中介因素来实现。在很多玩忽职守致使发生重大安全生产事故的事件中，国家机关工作人员的行为往往就是违法审批、疏于检查等不履行或者不认真履行职责的行为，这些玩忽职守行为所制造的危险主要在于对危险源疏于监控，使这些生产经营单位处于随时可能发生重大安全生产的危险状态之中。这种危险状态要转化为现实，所"借助"的则是上述单位违规生产、违章作业等。

3. 构成要件的效力范围。对此我们认为，玩忽职守罪中构成要件的效力范围与行为人所承担的职责义务范围紧密相关。国家机关工作人员违反法定义务，对义务相对人造成的一切危害后果，都存在于构成要件的效力范围内。司法实践中，玩忽职守罪的危害后果，往往同时可以归责于实施了相关犯罪的行为人，但并不影响这些危害后果同时归责于渎职行为人。特别是存在多名国家机关工作人员先后实施了多个渎职行为导致了同一危害结果的情况下，不能因为危害结果可以归责于最后实施渎职的行为人就否定之前渎职行为与危害结果之间的因果联系。

（五）对徇私舞弊犯罪的理解和罪数认定

刑法分则共有15个条文使用"徇私舞弊"的词语，并另有第三百九十九条规定了"徇私"和"徇情"的概念。如何理解和认定徇私舞弊，直接涉及罪与非罪、此罪与彼罪、一罪与数罪问题。

1. 对"徇私舞弊"涵义的理解

2005年12月29日通过的《最高人民检察院关于渎职侵权犯罪案件立案标准的规定》附则第（五）条对"徇私舞弊"提出了确定的涵义，即"徇私舞弊，是指国家机关工作人员为徇私情、私利，故意违背事实和法律，伪造材料，隐瞒情况，弄虚作假的行为。"

从上述涵义我们拆解"徇私"和"舞弊"，"徇私"显然是犯罪动机，是徇私舞弊型犯罪的主观构成要素；而"舞弊"又显然是犯罪的客观构成要件，是指"伪造材料，隐瞒情况，弄虚作假的行为"。

我们知道，渎职罪的主体是国家机关工作人员，其基本特征之一是从事公务，而公务的重要特征是具有裁量性。有些裁量性事务，需要国家机关工作人员具有较高的法律素质、政策水平、技术能力，这种事务容易出现差错；有的裁量性事务，对国家机关工作人员的法律素质、政策水平、技术能力的要求则相对低一些，这种事务一般不会出现差错。分析刑法第九章关于渎职罪的规定就可以清楚地看出，凡是规定了徇私舞弊要件的渎职犯罪，其职责内容都是需要国家机关工作人员具有较高的法律素质、政策水平、技术能力的裁量性事务；刑法之所以将徇私舞弊规定为主客观的构成要件，显然是为了将国家机关工作人员因为法律素质、政策水平、技术能力不高而出现差错的情形排除在渎职罪之外。而换言之，当国家机关工作人员不是因为法律素质、政策水平、技术能力不高造成差错，而是基于徇私的内心起因，故意违背事实和法律，伪造材料，隐瞒情况，弄虚作假，便以渎职罪论处。

例如，刑法第三百九十九条一款（徇私枉法罪）要求徇私舞弊，是因为有罪、无罪往往界限不清、实施不明，为了避免将司法工作人员因法律素质不高而把有罪认定为无罪或者相反的情形认定为徇私枉法罪，刑法条文将徇私舞弊规定为要件。刑法第四百条第一款规定的私放在押人员罪不要求徇私舞弊，是因为谁是在押人员、具备什么条件与程序可以释放在押人员，是非常清楚的事情，不会出现因法律素质、政策水平、技术能力不高而私放罪犯的现象，所以，不必以徇私舞弊作为要件。刑法第四百零一条至四百零五条以及第四百一十条至第四百一十四条、第四百一十八条规定的各种渎职犯罪，之所以以徇私舞弊为要件，也是因为相关职责的履行需要国家机关工作人员具有较高的法律素质、政策水平、技术能力，必须将因法律素质、政策水平、技术能力不高而出现差错的情形排除于犯罪之外。第四百零七条规定违法发放林木采伐许可证罪不要求徇私舞弊的情形，是因为有关林木采伐的规定相当明确，不会出现因法律素质、政策水平不高而错误发放林木采伐许可证的情形。第四百一十五条规定的犯罪之所以不以徇私舞弊为要件，是因为负责办理护照、签证以及其他出入境证件的国家机关工作人员或者边防、海关等国家机关工作人员，能够轻易判断他人是否偷越国（边）境，不会出现因法律素质、政策水平、技术能力不高而导致差错的情形。第四百一十六条规定的渎职罪也不以徇私舞弊为构成要件，这是因为，既然负有解救职责的国家机关工作人员接到了被拐卖、绑架的妇女、儿童及其家属的解救要求或者接到其他人的举报后，依然不解救，就不可能是法律素质、政策水平、技术能力低造成的。

通过以上情形我们不难看出，徇私舞弊犯罪的认定其实并不困难，以我们的观点，只要行为人故意实施了刑法规定的渎职行为，而且该行为不是由于法律素质、政策水平、技术能力低所致，就应当认定或者推定行为人徇私的动机，进而认定是徇私舞弊犯罪。

2. 罪数的认定

如前所述，徇私是一种犯罪的动机，不要求有与之相对应的客观行为。但是在现实案件中，并不排除行为人将徇私动机客观化（即实施徇私行为，如收受贿赂）的情形。所以，当客观上的徇私行为又触犯其他罪名时，便存在一罪与数罪的认定问题。例如，税务机关工作人员因收受贿赂而不征、少征税款，致使国家税收遭受重大损失的，是认定为一罪还数罪？对此，我们主张认定为数罪，实行并罚。

税务机关工作人员实施了两个行为：一是收受贿赂，二是不征、少征税款。两个行为侵犯了不同的法益：前者侵犯了国家工作人员职务行为的不可收买性，后者侵犯了国家的税收征收管理制度；行为人主观上当然也存在两个犯罪的故意，主客观方面完全符合两个犯罪构成。而且，其中任何一个犯罪构成都不包含另一犯罪构成的内容。受贿罪与徇私舞弊不征、少征税款罪之间并不存在吸收关系；前者并不属于状态犯，故也不能认为后行为是不可罚的事后行为。由于行为人实施了两个行为，也不成立想象竞合犯。或者可以认为这种情况属于牵连犯，应从一重处罚。但是需要注意的是，整个渎职罪一章只有第三百九十九条第四款规定徇私枉法罪、枉法裁判罪同时构成受贿罪时，才从一重处罚。那么就说明，立法上对于司法工作人员收受贿赂徇私枉法、枉法裁判实质也是应当实行数罪并罚的，刑法只是基于特殊的理由，才将该种行为以一罪论处。但该规定由于属于特别规定，特别规定只适用于特定法条，而不能普遍适用。所以，对于收受贿赂实施其他渎职犯罪的，均应实行数罪并罚。

三、渎职案件出庭公诉活动基本对策

渎职案件发生在不同的机关、行业及领域，发生在国家机关工作人员履行职务的过程中，行为人动机良莠参杂，背景、职务关系复杂。需要有较高出庭公诉能力才能胜任渎职案件出庭公诉任务。

（一）务必做好庭前准备，做到未雨绸缪

无论渎职案件还是其他案件的出庭公诉，公诉人所有庭前行为，包括证据审查、讯问、案件讨论、公诉案件审查报告制作、起诉书起草、出庭预案都应视为庭前的准备工作。公诉人务必有意地以出色地完成出庭公诉任务为目标，围绕庭审指控犯罪需要来完成上述的工作。

1. 务必掌握所办理的渎职案件中涉及的专业知识、部门法律、法规及规章制度

渎职案件发生在不同的行业、领域，刑法第9章所规定的35个罪名，范围涉及公、检、法、工商、税务、金融、海关、商检、环境监管、文物、卫生防疫等众多行业和部门。各行各业都有各自的部门法律、法规及规章制度，在实现生活中，公诉人不可能都有涉猎。那么就要求公诉人在办理相应的渎职犯罪案件时，就要随时熟悉和掌握该组

织、该行业、该部门的一系列相关专业知识和法律、法规及规章制度，尤其要熟练使用案件中所涉及的专业用语和概念。而且通过对相关业务知识的了解，就会使我们善于发现案件中存在的问题，准确把握对案件事实的认定，把握证据体系的构建。是渎职案件出庭公诉基础。

2. 务必耐心听取犯罪嫌疑人的供述和辩解，认真分析犯罪嫌疑人对无罪、罪轻理由的说明

与侦查讯问不同，公诉人在审查案件卷宗的基础上开展讯问并不在乎犯罪嫌疑人是否进行了如实的供述。而应在于要给予犯罪嫌疑人真诚、平等沟通的平台，尤其在办理渎职犯罪案件中更应如此。由于渎职犯罪嫌疑人通常握有一定的职权，自我权利意识较强。在这种情况下，公诉人与之真诚沟通，不但可以带给犯罪嫌疑人人格上的满足感，还有利于发现真相，了解犯罪嫌疑人心理变化，预测庭审动态，等等。

由于在审查阅卷基础上开展讯问，公诉人往往已在心理上"先入为主"，但仍需要公诉人尽量的耐心，而不要急于斥责、批驳，否则就会堵塞言路，得不到犯罪嫌疑人一系列动态讯息，以致于难以预测庭审中可能出现的变化。

3. 起诉书的事实叙写务必要忠实于证据和事实，讲求叙写语言的准确性和法律性

作为有出庭经验的公诉人而言，辩护人乃至被告人首要攻击的就可能是公诉人当庭宣读的起诉书。起诉书的事实叙写务必准确和合法是出庭好坏的关键。

例如，在一起犯罪事实的叙写中，被告人明知违反规章而组织相关人员制作了虚假的财务报告，但是公诉人在叙写始终感觉使用"组织"这一词汇缺乏分量，于是叙写为"指使"。但事实上，在相关人员的证实中，始终没有被告人具体的授意、交待如何制作虚假的财务报告情节。而仅这一词汇也最终成为辩护人攻击公诉人认定事实不清、证据不足的有力武器，迫使公诉人重新拾起"组织"这一词汇予以指控。

另外，犯罪事实叙写的法律性也是不容忽视的问题。起诉书犯罪事实的叙写应当尽量围绕刑法条文的罪状描述来进行，否则就会减损庭审中对犯罪构成体系的构建。

4. 适时开展庭前证据交换，认真听取辩护人在庭前的意见

这是准确预测庭审动态的有效方法，尤其是重大、疑难的渎职犯罪案件，这种做法有利于消解辩护人与公诉人的对抗心理，便于发现潜藏在辩护人交换证据及庭前意见中的辩护观点，以准确预测控辩双方辩论焦点。而且必要时，庭前会见被告人也会达到相应的效果。

（二）务必精心组织举证提纲，构建完善的证据体系

通过举证构建完整、完善的证明体系是评价公诉人出庭公诉功底深浅的一个重要依据。一份举证提纲的制作，包括举证方案的设计、举证证据的罗列、举证语言的选取三个步骤。其中，举证方案相关于举证提纲的骨骼和灵魂，而具体证据的罗列相关于举证提纲的"肌肉"；举证语言相当于举证提纲的"外衣"。方案设计结构合理，举证提纲的整体就显得健全完美；证据填充细致全面，举证提纲就显得丰实饱满；语言使用规范简洁，举证提纲就显得制作精良。而通过制作精良的举证提纲，就会完整、准确地重现刑法所规定的罪状的犯罪构成体系。

在公诉渎职犯罪案件中，针对不同的具体案件，举证方案的设计也应有所不同，要选准举证的重点。例如在不作为的玩忽职守案件中，由于行为人是否履行注意义务是证

实犯罪的核心，就要把注意义务作为重点，可以采取以下的举证步骤来进行：

1. 行为人负有特定的注意义务的证据；

2. 行为人没有履行特定的注意义务的证据；

3. 行为人有能力履行特定的注意义务的证据；

4. 行为人不履行职责所造成的危害结果及与"不作为"行为的因果关系证据。

而对于一般的渎职案件，举证完全可以按照该罪犯罪构成要件来设计举证方案。如可以采取以下举证步骤来完成举证活动：

1. 行为人主体职权、责任、义务的证据；

2. 行为人渎职行为的证据；

3. 行为人故意、过失以及徇私动机的证据；

4. 行为人渎职行为危害结果或者"情节严重"的证据；

5. 行为人行为与危害结果具有刑法上因果关系的证据（一般情况下，刑法因果关系证明只是一个判断、推论的过程，但是在有鉴定结论、勘验检查笔录、事故责任认定书等证据情况下，可以通过出示、宣读上述证据来证明因果关系的存在）。

（三）务必做出准确预测，自如应对庭审辩论

前述已经提到了一些准确预测的方法和路径。但作为有经验的公诉人也完全可以根据实践经验总结出常见的辩护观点的应对：

1. 对"责任分散"辩护观点的应对

在多种原因介入情况下，辩护人最容易表达的辩护观点就是"责任分散"，有意削减当事人在危害结果中的责任。对此，我们首先应当承认多因一果情况的存在，在多因一果的情形下行为人行为同样是危害结果发生的"原因力"，而其之所以构成犯罪、承担本罪的刑事责任就是因其渎职行为与危害结果之间存在刑法上的因果关系。

以上述松原市发生的邸德维玩忽职守案为例，公诉人如何运用证据强化行为人渎职行为与危害结果之间的事实、法律二元因果关系是本案出庭公诉成功的关键。正如前述提到的，道路建设事故的发生虽然由多种原因造成，但始终与邸德维工作严重不负责任有密切的关系。即，邸德维作为工程项目的负责人，负有全面的监管责任而没有对业主代表、施工方、监理方等尽到监管责任才是其承担刑事责任的根本。而尽管业主代表、施工方、监理方仍对事故发生负有不可推卸的责任，但不可否认，没有邸德维玩忽职守，就不会有纵容违章作业致使事故发生。

2. 对"意外事件"辩护观点的应对

在不作为的玩忽职守案件中，不同罪责关系发生一个损害结果情形下，辩护人往往采用"意外事件（无法避免危害结果发生）"的辩护观点来为当事人进行开脱。如2004年5月湖南衡阳一起"110拒不出警"案，当时一名9岁女孩被歹徒劫持后遭受摧残，其间她的家人两次报警，当地派出所仍未出警。对此，辩护人就以被害人遭受摧残为犯罪分子所为，并非为拒不出警造成，而混淆暴力犯罪与玩忽职守犯罪不同的刑法因果联系。对此，我们就要通过正本清源以视正听。

以前例来看，被害人遭受摧残自然为犯罪分子暴力所为，但是这不是玩忽职守犯罪的原因力。而派出所民警之所以构成玩忽职守罪，就在于其负有解救、抓捕犯罪分子的义务，有能力履行时没有履行，而且没有及时阻止暴力犯罪的发生。在这里，暴力犯罪作为一个事故

后果是由于行为人没有履行特定的义务才发生的，而不在于暴力犯罪由谁来实施的。

3. 对"客观归罪"辩护观点的应对

在被告人拒不供述和翻供的情形下，辩护人基于被告人的要求进行无罪辩护时，往往以"客观归罪"作为辩护观点出现。在这种情况下，公诉人要通过对客观行为及行为人职责要求的证据来证明行为人的主观心理内容。对此，公诉人要注意，不要在意辩护人是否接受公诉人的观点，也没有必要形成强烈的对抗逞一时的口舌之利。而要通过细致证据分析来论证行为人犯罪故意心理的存在，通过客观的说理展示案件真相，达到指控犯罪、揭露犯罪的目的。

4. 对"良好动机"辩护观点的应对

在处于改革开放的社会环境中，渎职犯罪责任人往往借"改革"以行私利，或者也有出于良好的动机，不作深入地调查研究，而故意违反规章制度致使发生严重的危害结果。辩护人往往从"改革推动社会进步和发展"进而推论为"工作失误"、"改革代价"等等，来试图推翻对当事人渎职犯罪性质的认定。

对此，公诉人就应当对真假"改革"做出准确的判断，而对于那些确实出于"良好动机"，渎职致使公共财产、国家和人民利益遭受重大损失的案件，进行客观的分析，通过对其渎职致使公共财产、国家和人民利益遭受重大损失的严重危害性阐述，来揭示"良好动机"更需要对良好规章制度的遵循才不致使国家和人民利益遭受重大损失。从情与理上来辨析渎职犯罪对公共利益产生的危害。

5. 对"领导责任"辩护观点的应对

渎职犯罪往往与领导者的玩忽职守、滥用职权分不开。在这种情况下，辩护人往往选取扩大领导者责任的方法，弱化当事人的应承担的刑事责任。

面对这种情况，公诉人首先应当了解，《公务员法》第五十四条规定"公务员执行公务时，认为上级的决定或者命令有错误的，可以向上级提出改正、撤销该决定或者命令的意见，上级不改变决定或者命令，或者要求立即执行的，公务员应当执行该决定或者命令，执行的后果由上级负责，公务员不承担责任；但是，公务员执行明显违法的决定和命令，应当依法承担相应的责任。"通过上述法律规定，可以看出，"公务员执行上级明显违法的决定或者命令"对执行的公务员来讲是不免责的。对此，公诉人要区分领导责任与直接责任之间的关系并进行有力的回击。

6. 对"因果关系断裂"辩护观点的应对

前述已经提到在很多渎职犯罪，尤其是玩忽职守案件中，渎职犯罪往往需要借助"中介因素"而使危害结果发生。在这种情况下，辩护人往往格外关注"中介因素"在渎职犯罪案件中的作用，以"中介因素阻断渎职犯罪因果关系"来推翻公诉人构建的犯罪构成体系。

对此，我们应当了解：中介因素是渎职行为与危害结果之间建立因果关系的必要环节，其能否成为联系渎职行为与危害结果因果关系中的要素，还要看"中介因素"能否继承前述的渎职行为而使渎职行为制造的危险得以实现。这就需要公诉人了解"中介因素"对结果发生是起到了继承、助推作用，还是起到了阻断作用，以作应对。

例如，某锅炉压力容器所检验员在负责检验验收某个体浴室常压燃煤热水锅炉时，在被检验锅炉出厂资料技术参数完全不符合要求的情况下，仍在检验报告中做虚假记录，致使该锅炉取得《锅炉使用登记证》并投入运行。之后，该锅炉业主擅自将常压热水炉改为承压锅炉使用，最终发生爆炸，造成重大伤亡事故。在这一例案件中，锅炉爆炸显然系锅炉业主擅自改装锅炉造成，而非锅炉质量不合格所致。那么由于"业主改装锅炉"的行为，阻断了之前"锅炉质量不合格"而发生危害结果，就不能以玩忽职守追究检验人员的刑事责任。

渎职犯罪作为国家机关工作人员的职务犯罪，发生在国家的管理、监督、执法、服务和司法等各个领域，涉及到国家权力运行的方方面面。这些犯罪行为直接侵犯广大人民群众的切身利益，损害党和政府在人民群众中的形象，甚至激化社会矛盾，影响改革发展稳定大局。对此，只有坚决依法予以惩治，才能有限地化解由此引起的社会矛盾，营造良好的党群、干群关系，促进社会和谐。要通过查办渎职犯罪案件，促进国家机关工作人员依法行政，保证国家权力的依法正确行使，有利于推进民主法制建设；通过查办司法人员徇私舞弊、枉法裁判等犯罪，维护司法公正和司法廉洁，使社会各方面的利益关系按照法律的规定得到协调并保持稳定，有利于促进社会公平和正义；通过依法惩治各种破坏社会主义市场经济秩序的国家机关工作人员渎职犯罪，营造平等竞争的法治环境，有利于促进诚信友爱，激发社会活力；通过依法打击各种侵犯人权的犯罪，维护人民群众合法权益，化解社会矛盾，有利于促进社会安定有序，通过依法惩治国家机关工作人员在环境资源监管中失职渎职的犯罪行为，保障国家环境资源法律法规的有效实施，有利于促进人与自然和谐相处。

第十九讲
刑事抗诉案件办理方略

曾 天

一、检察机关刑事抗诉权的法律定位

刑事抗诉是指人民检察院认为人民法院的刑事判决或裁定确有错误时，在法律规定的范围内，依照一定的程序要求人民法院对案件重新审理的诉讼活动。刑事抗诉是检察机关的一项重要工作，刑事抗诉权是检察机关法律监督的重要组成部分。

（一）刑事抗诉的两种形式

刑事抗诉分为两种：一种是二审程序的抗诉，即检察机关认为本级第一审人民法院所作出的未生效的判决、裁定确有错误时，向上级人民法院提出要求重新审判的刑事抗诉。另一种是审判监督程序的抗诉，即最高人民检察院对各级人民法院所作出的已经发生法律效力的判决、裁定，以及上级人民检察院对下级人民法院所作出的已经发生法律效力的判决、裁定认为确有错误时，向同级人民法院提出要求重新审判的刑事抗诉。据此，可以看出两种不同的抗诉形式的区别有：

1. 适用主体不同

对尚未发生法律效力的一审判决、裁定提出二审程序抗诉的，只能是同级人民检察院；对生效判决、裁定提出审判监督程序抗诉，除最高人民检察院有权对各级人民法院的生效判决、裁定提出抗诉外，还包括上级检察院对下级人民法院的判决、裁定提出抗诉。

2. 适用对象不同

第二审程序的刑事抗诉对象只能是本级人民法院作出的尚未发生法律效力、确有错误的刑事判决、裁定。审判监督程序抗诉的对象是已经发生法律效力的确有错误的刑事判决、裁定。

3. 抗诉期限不同

对于二审程序的抗诉，对判决的抗诉期限为十日，对裁定的抗诉期限为五日。对于审判监督程序的抗诉，法律没有规定期限。

4. 法律效力不同

经二审程序抗诉的，除发回原审法院重新审判外，人民法院应按照第二审程序审理，所作的判决、裁定是终审判决、裁定。而按审判监督程序抗诉的，如果原审是第一审案件，应当按照第一审程序重新审判，所作出的判决、裁定可以上诉；如果原审是第二审程序案件，应当按照第二审程序进行重新审判，所作出的判决、裁定是终审判决、裁定。

5. 抗诉的作用不同

二审程序的刑事抗诉，除纠正错误外，在抗诉期间内，一审法院的错误判决、裁定不能交付执行；而审判监督程序的抗诉，在抗诉期间内，不影响原生效判决、裁定的执行。

（二）刑事抗诉权的性质

刑事抗诉权是国家的一种公权力而非公民的私权利，这种公权力既是检察机关的一种权力，更是检察机关的一种职责，在履行这种职责时既不能放弃，也不能让与；刑事抗诉权具有引起一定刑事诉讼程序的效力，对于刑事抗诉的案件，人民法院必须开庭审理，但刑事抗诉并不具有实体裁判的效力；刑事抗诉权充分体现了法律监督的属性。

1. 刑事抗诉与民事抗诉的比较

刑事抗诉与民事抗诉有许多相似之处，如都是检察机关的抗诉活动，抗诉的对象都是针对法院的判决和裁定，抗诉的条件都是法院的判决或裁定确有错误，都体现了检察机关的法律监督职能，对于检察机关的抗诉，法院必须都开庭审理等。但是，两者又有着明显的区别：

①介入时间不同。对于刑事诉讼，检察机关代表国家作为公诉机关，在原审活动中出庭支持公诉并对庭审活动实施监督，当认为法院判决、裁定确有错误时，既可以在该裁判尚未生效时，以抗诉形式进入二审程序，也可以在其生效后，以抗诉形式进入审判监督程序。因此，刑事抗诉既有事前监督的功能，又有事后监督的功能。而对于民事诉讼，检察机关没有参与原审活动，对原审庭审活动没有进行过监督，而只有在法院的判决、裁定发生法律效力之后，发现其确有错误时，才依照审判监督程序提出抗诉。因此，民事抗诉在功能上仅是一种事后监督。

②审级不同。二审刑事抗诉是"下抗上审"，审判监督程序的刑事抗诉权是"上抗同审"或"上抗下审"。而民事抗诉的方式只有一种，即引起民事审判监督程序的抗诉，没有二审程序的抗诉，属于"上抗下审"（极少数是"上抗同审"），即同级检察机关发现同级人民法院已生效的判决、裁定认为符合抗诉条件后，只能提请上级人民检察院抗诉，由上级检察机关审查决定是否向同级人民法院提出抗诉。下级检察机关不能直接向同级人民法院提出抗诉。受理抗诉的人民法院可以直接进行再审，也可以裁定指令作出生效判决的人民法院进行再审。

③对象不同。在刑事抗诉中，抗诉对象是尚未发生法律效力的一审法院的判决和裁定，也可以是已经发生法律效力的一审或二审判决和裁定。而在民事抗诉中，抗诉的对象只是法院已生效的判决和裁定。

④抗诉期间不同。刑事案件的"下抗上审"，不服判决的抗诉期为十日，不服裁定的抗诉期为五日；"上抗同审"或"上抗下审"，法律没有规定期间限制，上级检察机关对下级法院判决和裁定"如果发现确有错误"，就有权提起抗诉。而民事案件的判决和裁定抗诉期规定是：判决、裁定发生法律效力后两年内，当事人无正当理由未曾申请再审或申诉的，人民检察院不予受理。

⑤职权不同。在刑事抗诉中，检察机关无论在一审、二审还是再审程序中，都是作控辩一方参与诉讼，要参与法庭辩论，强调检察机关的主张。而在民事抗诉中，出席法庭的检察人员不参加法庭辩论，即不享有辩论权，检察机关的抗诉只是启动再审程序。

⑥抗诉机关的诉讼地位不同。在刑事抗诉中，检察机关具有双重地位和身份：一是法律监督，二是以公诉人的身份，代表国家对刑事被告人进行履行刑事追诉的职能。而在民事抗诉中，检察机关的地位是单一的，仅以法律监督者的身份参与民事案件的再审程序。

⑦审结期限不同。对于以第二审程序提出抗诉的刑事案件，第二审法院受案后，应当在一个月以内审结，至迟不得超过一个半月。对于《刑事诉讼法》第一百二十六条规定情形之一的，经高级人民法院批准或决定，可以再延长一个月。再审的刑事抗诉，受理的人民法院，应当在三个月内审结，需要延长期限的，不得超过六个月。对需要指令下级法院再审的，应当自接受抗诉之日起一个月内作出决定。对于民事抗诉案件，人民法院按一审程序审理的，审结期限为六个月，按二审程序审理的，如果原审是判决结案的，则再审期限为三个月，如果再审是裁定结案的，则再审期限为三十日。

⑧执行效力不同。对再审程序而言，刑事抗诉引发的再审，再审期间不停止原判决、裁定的执行。而民事抗诉引发的再审，要以裁定的形式中止原判决的执行。

2. 刑事抗诉权与审判权的比较

审判权是指人民法院通过审理确定被告人是否犯有被指控的罪行和应否处以刑罚以及处以何种刑罚的权力。刑事抗诉权是以审判权的存在为前提的，两者是监督与被监督的关系，是相互配合的关系，两者的主要区别是：

①行使的主体不同。审判权行使的主体是人民法院，且是唯一的行使主体。刑事抗诉权的行使主体是检察机关，也是唯一的行使主体。

②性质不同。审判权既包括程序方面的权力，也包括实体方面的裁判权。而刑事抗诉权只体现为程序方面的权力。

③对象和处理方式不同。审判权的对象是检察机关指控的犯罪事实和证据，或者自诉人起诉的案件事实和证据。处理的方式是对被告人是否有罪以及被告人的罪责轻重作出判决和裁定。刑事抗诉权的对象是确有错误的法院的判决和裁定，处理的方式是向人民法院提出抗诉，并必然引起人民法院的审判程序。

3. 刑事抗诉权与上诉权的比较

上诉权是法律赋予被告人、自诉人及其法定代理人不服法院一审裁判而要求上级法院重新审理的诉讼权利。从对象和功能上与刑事抗诉权有许多相似之处，两者的区别有：

①两者的性质不同。抗诉权是一种公权力，对检察机关来说，是一种权力，更是一种责任。而上诉权则是公民的个人权利，权利主体既可以行使，也可以放弃。

②提起的主体不同。抗诉的提起是检察机关。而上诉的提起者为被告人及其法定代理人，在自诉案件中，上诉主体是自诉人及其法定代理人，对于附带民事诉讼的，上诉主体还包括附带民事诉讼的当事人和他们的法定代理人。

③提起的条件不同。抗诉的条件是检察机关认为法院的判决和裁定确有错误，但上诉的条件是只要被告人、自诉人和他们的法定代理人不服法院的判决和裁定，即可提出上诉，而不论该判决、裁定是否确有错误。

④提起的程序不同。二审程序的刑事抗诉必须经上级检察机关认可后才能启动，对同级法院生效的错误判决、裁定，启动再审程序也要由上级检察机关认可。而上诉案件，被告人、自诉人、附带民事诉讼的原告人和被告人，均可自行决定是否提出上诉。

⑤法庭审理不同。对上诉案件，人民法院的审理方式有两种：开庭审理和不开庭审理。而对检察机关的抗诉案件，人民法院则必须开庭审理。

⑥处理的结果不同。对于只有被告方上诉的案件，要受上诉不加刑原则的限制，而对抗诉案件或者自诉人提出上诉的，人民法院审判后可以加重对被告人的刑罚。

4. 刑事抗诉权与抗诉请求权的比较

抗诉请求权是公诉案件中被害人的一种重要权利。这种权利是促使检察机关提起二审刑事抗诉的重要原因之一。两者的区别主要有：

①性质不同。刑事抗诉权是一种公权力，而抗诉请求权是一种公民个人的权利，被害人既可以行使，也可以放弃。

②主体不同。抗诉请求权的主体是被害人及其法定代理人，刑事抗诉权的主体是检察机关。

③代表的利益不同。被害人提起抗诉请求，是代表和为了自己的利益，而检察机关提起的刑事抗诉，它要考虑的是国家的整体利益，在这个国家利益的前提下，既可能包含被害人的利益，也可能包含被告人的利益。

④提起的条件不同。对于抗诉请求，只要被害人及其法定代理人不服地方各级人民法院的第一审判决，即可提起。而对于刑事抗诉，检察机关只有在认为人民法院的判决、裁定确有错误时，才能提起。

⑤提起的程序和期限不同。被害人及其法定代理人提出抗诉请求，是自接到判决书后五日内向检察机关提出。而检察机关提出二审刑事抗诉是在接到判决书或裁定书后的十日或五日内通过原审人民法院提出。

⑥结果不同。被害人及其法定代理人提出抗诉请求后，不必然引起检察机关的刑事抗诉，是否提起刑事抗诉，由检察机关审查后作出决定，不一定进入二审审判程序。而检察机关二审刑事抗诉的结果是必然引起二审审判程序，且人民法院应当开庭审理。

综上，通过刑事抗诉权与审判权、上诉权和抗诉请求权的比较，可以更加清晰地理解和把握刑事抗诉权的性质。

（三）刑事抗诉的任务

通过对刑事抗诉的性质的分析，不难看出刑事抗诉的任务包括以下几个方面：

1. 准确、及时地查明犯罪事实，正确应用法律，审查人民法院的判决、裁定是否有错误。

2. 通过二审程序或审判监督程序的抗诉，纠正人民法院判决、裁定中的错误，维护司法公正。

3. 通过审判活动监督，维护诉讼参与人的合法权利。

4. 通过出席抗诉法庭活动，进行法治宣传，教育公民遵守法律。

（四）刑事抗诉的基本原则

最高人民检察院在2001年2月5日第九届检委会第八十一次会议上通过的《关于刑事抗诉工作的若干意见》中规定了刑事抗诉工作应遵循的原则。

1. 坚持依法履行审判监督职能与诉讼经济相结合的原则

该原则包括三个方面的含义：

一是刑事抗诉必须依法进行。确认法院的判决、裁定是否错误，要有法律依据，抗诉活动的进行要依法而行。避免该抗的不抗，或者不该抗的却提出抗诉，防止抗诉权的滥用。

二是刑事抗诉必须注重效率。刑事抗诉权在行使过程中，要尽量减少人力、物力和时间的耗费，以最低的成本取得最大的法律效益。要探索多种渠道，实现审判监督的目的。

三是注重两者的结合。既不能片面强调依法履行审判监督职能而忽视效率，也不能片面为了提高刑事抗诉的效率而不注重依照法律规定来履行职责。

2. 坚持法律效果与社会效果兼顾的原则

该原则也包含三个方面的含义：

一是刑事抗诉工作要体现法律效果。要依法使判决、裁定的错误得到纠正。要体现立法精神，实现刑法的刑罚目的。

二是刑事抗诉要注重社会效果。社会效果是对抗诉工作的综合评价，既包括对抗诉过程是否公正的评价，也包括对抗诉结论是否正确的评价，还包括对抗诉效果是否有利于社会，有利于当事人的评价，这是对刑事抗诉工作更高的要求。要考虑抗诉的结果对社会关系的稳定作用，考虑社会对抗诉结果的认同程度，考虑抗诉结果的是非观念对社会各方面的影响。

三是刑事抗诉的效果应当是法律效果与社会效果的统一。要全面分析抗诉案件的各种因素，既要克服法律虚无主义，也要反对法律至上的观念，要避免法律评价与社会评价的冲突，在法律允许的范围内最大限度地考虑社会效果。

3. 坚持"慎重、准确、及时"的原则

该原则的具体含义是指：

一是要充分认识刑事抗诉活动的严肃性。它具有必然引起刑事案件重新审理的法律效力，要本着极端负责的态度行使刑事抗诉权，不可草率，不可随意，不可妄为。

二是要正确处理刑事抗诉案件数量与质量的关系。人民群众纠正审判不公的要求很高，办理刑事抗诉案件首先应强调质量，只有高质量的案件才能树立刑事抗诉的权威。在保证质量的基础上，还要注重提高刑事抗诉案件的数量，没有相当的数量基础，审判监督作用也不能充分体现。

三是要提高刑事抗诉的时效性，使人民法院的错误裁判得到及时的纠正。抗诉不及时，往往会导致当事人及其亲属上访等事件的发生，容易激化矛盾，增加不安定因素；同时，抗诉不及时，一些关键证据可能因时过境迁而灭失。总之，时间越长，抗诉的难度就越大，错误的判决、裁定给当事人带来的不利后果就越大。

4. 坚持宽严相济刑事司法政策的原则

"宽"是指宽大、宽缓和宽容，"严"是指严密、严厉和严肃，"济"是指协调、结合。宽严相济要求宽严有度，宽中有严，严中有宽，并且要因时制宜，因地制宜，重点在于"济"，即要求把宽、严结合好，协调好，实现四个"最大限度"：一是最大限度地增加社会和谐因素；二是最大限度地缓解社会冲突；三是最大限度地满足民众诉求；四是最大限度地体现人性司法。

二、刑事抗诉活动的现状分析

近年来，随着检察体制和工作机制改革的持续稳定推进，检察机关法律监督工作呈现出与时俱进的良好态势，各项检察职能得到不断强化并呈迅猛发展之势。然而，与之形成反差的是，检察机关的刑事抗诉职能却未得到同步加强，仍然徘徊不前，举步维艰，成为目前检察机关法律监督职能中最为薄弱的环节之一。近几年接连发生的诸如佘祥林案、刘涌案、许霆案等社会反响巨大的案件，尽管人民群众对法院的部分刑事裁判

不公极为不满，但由于检察机关没有充分发挥刑事抗诉职能，既在一定程度上弱化了法院的审判权威，也造成了人民群众对检察机关的不信任。因此，查找和破解制约检察机关刑事抗诉工作健康发展的瓶颈问题，就变得十分紧迫和重要。

（一）刑事抗诉工作存在的主要问题

刑事抗诉工作中存在的问题，概括起来主要有：

1．刑事抗诉工作发展不平衡。从数字统计上看，2007—2008两年中，我省各地区抗诉案件的分布是这样的：

抗诉数据统计表（2007.1—2008.12）

单位		二审程序		审判监督程序	
序号	名称	提出抗诉（件）	支持抗诉（件）	提请抗诉（件）	提出抗诉（件）
1	长春市院	21	14	2	
2	吉林市院	80	26	7	7
3	四平市院	14	12	1	2
4	辽源市院	10	1	1	
5	通化市院	21	8	15	
6	白山市院	10	6	1	5
7	松原市院	21	14	5	2
8	白城市院	11	8	7	1
9	延边州院	19	8	7	4
10	白山林区分院				
11	吉林林区分院				
12	延边林区分院	8	8		
	合计	215	105	46	21

2．刑事抗诉案件绝对数量小。从数字统计上看，2007—2008两年中，全省法院判决的案件总数为39263件，而检察机关启动抗诉程序的只有232件。与之形成对比的是，在这两年中，全省两级人民法院在审理被告人上诉案件中，依法改判和发回重审的案件多达750件。这些案件中有相当一部分是检察机关应当抗诉而没有抗诉的。

3．刑事抗诉案件涵盖的范围不对称。对重罪轻判抗诉得多，对轻罪重判抗诉得少；对量刑情节抗诉得多，对定性和事实抗诉得少；对有罪判无罪的抗诉得多，对无罪判有罪抗诉得少；对实体错误抗诉得多，对程序错误抗诉得少；二审程序抗诉得多，审判监督程序抗诉少；对普通程序刑事案件抗诉得多，对简易程序审理的案件抗诉得少；对公诉案件抗诉得多，对自诉案件抗诉得少；对主刑错误的抗诉多，对附加刑错误抗诉得少，尤其是对人民法院自行启动的再审程序审理的错误判决和裁定几乎没有监督。

4. 刑事抗诉案件质量不高。对抗诉条件把握不准，导致抗诉案件首先得不到上级院的支持，更谈不上说服法院改判；其次是不严格坚持抗诉标准，盲目抗诉，片面抗诉，甚至为了争面子、下台阶、上交矛盾而滥用抗诉权，以抗诉的方式转移矛盾，息事宁人；还有的是对某一重大问题在检察机关内部或与法院存在分歧，为了探求上级检察机关对该问题的态度，存在着先抗上去再说的心理，忽视了抗诉权的严肃性。这些现象导致了刑事抗诉案件"两低两高"的后果，即支持抗诉率低，改判和发回重审率低，撤回抗诉率高，维持原判率高。

（二）刑事抗诉工作存在问题的原因分析

造成刑事抗诉效果不佳的因素很多，归纳起来，主要有以下四个方面的障碍：

1. 观念层面的障碍

一是"一手硬、一手软"的失衡心理。往往只注重对审查起诉、出庭支持公诉的案件，并列入硬指标进行考核和量化管理，而把刑事抗诉工作作为软任务，很少有精力投入。

二是"重配合、轻制约"的忍让心理。担心刑事抗诉会引起检法冲突，影响关系，于是碍于情面，一味追求和睦相处，而该抗诉的案件不抗诉。

三是"以法院为准绳"的消极心理。认为法院具有最终审判权，法院上下级间很难改变原审判决，对刑事抗诉有消极态度，得过且过。

四是"以改判为标准"的求全心理。过分强调抗诉成功率，错误地把法院是否改判作为衡量抗诉质量的唯一标准。

五是"报喜不报忧"的功利心理。既担心上级检察机关不支持抗诉，又担心被上级检察机关发现案件质量问题会影响单位形象，于是不愿抗诉。

六是"重打击轻保护、重实体轻程序"的机械心理。如重视惩罚犯罪，轻视保障人权；重视案件的实体结果，忽视案件的程序问题，这种体现在审查起诉、出庭公诉中存在的错误观念，在刑事抗诉中也有所体现。

2. 法律制度层面的障碍

一是《刑事诉讼法》的立法缺陷。刑事诉讼法第一百八十一条、第二百零五条第三款关于法院裁判"确有错误"的规定过于笼统、模糊，致使抗诉标准难以把握，全国人大没有立法解释，高检院单独颁发的《人民检察院刑事诉讼规则》、《关于刑事抗诉若干意见》中虽作出一些规定，但仍过于原则，难以操作。

二是《刑法》的立法缺陷。我国刑法条文中大量出现的"情节较轻"、"情节严重"、"情节特别严重"、"从轻处罚"、"减轻处罚"等规定，比较模糊，容易造成检、法两家理解不一，极大地影响了抗诉权的行使。加之刑期规定幅度过宽，伸缩性大，有些罪名的刑种之间呈跳跃性，如非法拘禁罪中，将三年以下有期徒刑、拘役、管制都规定在一个量刑档次内，在量刑上难以掌握。实践中，对于同一类型、同一犯罪情节的案件，依照同一量刑标准，不同地区、不同法院甚至同一法院的不同法官，可能作出量刑差异很大的判决。对此，检察机关难以逾越立法障碍而提起抗诉，即使提起抗诉，也难以确保抗诉效果。

三是抗诉期间缺少缓处理机制。根据法律规定，在法院作出无罪判决、免于刑事责任、缓刑或单处罚金后，被告人应当立即释放，这对保护被告人人权无疑具有正当性。但对该判决检察机关提起抗诉怎么办，如何解决当庭释放与确保二审或再审被告人到庭的矛盾，由于缺少缓处理机制，使这类案件处于两难境地：继续羁押于法无据，当庭释放可能逃逸，难以保证抗诉效果。

四是法院具有最终裁判权，导致抗诉权缺乏必要的刚性。从维护法院系统的整体利益出发，个别上级法院明知下级法院的判决确有错误也不改判，检察机关的抗诉对最终审判结果不起决定作用。如对最高人民法院的刑事裁判，最高人民检察院要通过抗诉纠正，必须要靠最高人民法院自身，抗诉成功与否依赖于审判机关是否支持，也就是说，审判机关作为被监督者却决定着监督者的监督正确与否，从而必然导致检察机关纠错力度的有限性。

3. 工作机制层面的障碍

一是法院系统内部纵向的案件请示制度。下级法院将本应自己独立作出决断的案件，通过请示或汇报的形式向上级法院反映，由上级法院作出答复或给出指导性意见。现行法院内部虽然废止了个案请示制度，但以法律适用名义进行的请示以及上下级法官个人之间的所谓"探讨"比较普遍，其实质无异于个案请示。将本应通过两审终审的案件，实质上变成一审终审，使检察机关的审判监督权流于形式。

二是上级检察机关对下级检察机关的抗诉审查缺乏透明度。上级检察机关对下级检察机关提出抗诉或提请抗诉的案件在审查过程中，缺乏必要的沟通，不了解案件一审时的具体情况及案件在事实和证据方面的其他问题。对于不予支持的抗诉，上级检察机关只是一纸文书送达下级检察机关，对不予支持的原因和理由一般不作出系统阐述和说明。

三是检察机关与法院横向的案件沟通制度，影响了刑事抗诉工作的正常开展。为了保证案件质量，检察机关遇到疑难、复杂案件时，在罪与非罪、诉与不诉把握不准时，往往会与法院沟通，征求法院对案件的看法。如果没有特殊情况，法官的意见起主导作用。这样一来，虽有利于保障一审案件质量，但却使刑事审判监督的职能作用丧失殆尽。

4. 素质方面的障碍

随着国家司法考试的推行和检察官教育培训力度的加大，检察人员的整体素质有所提高，但执法水平和业务素质仍与适应诉讼监督特别是行使抗诉权的实际需要有相当的差距。受重视公诉权轻视抗诉权的传统思维定势的影响，在实践中对审查起诉、出庭支持公诉研究、训练较多，对刑事抗诉案件的证据标准、程序规范、出庭技能、协作关系等方面缺乏经验积累和理论总结，导致办理抗诉案件业务不熟、水平不高、效果不好。

（三）加强刑事抗诉工作的路径选择

解决刑事抗诉工作存在的问题的办法很多，主要应加强五个方面的结合：

1. 强化抗诉意识与健全抗诉机制相结合

要在增强抗诉意识的同时，注重健全抗诉工作运行机制。根据各地实际，逐渐建立和完善对人民法院的刑事裁判的备案审查机制、激励考核机制、量刑建议机制等。

2. 重视起诉质量与提高抗诉水平相结合

就抗诉而言，其质量往往决定于起诉的质量。起诉质量好，如果判决错误，抗诉就有基础，抓抗诉工作一定要从起诉工作开始。所有提起公诉的案件均要做到事实上、证据上、定性上、适用法律上无任何瑕疵；对不符合起诉标准的案件必须作不诉或建议撤案处理；同时，对重大、疑难案件在诉前要及时请示上级院。

3．扩大抗诉范围与广辟抗诉案源相结合

要改变以往只注重抗实体、抗重罪轻判的做法，不断扩大抗诉范围，抗诉领域要涉及所有发生错误裁判的方方面面。同时，要进一步拓宽案源，尤其要尊重被害人的请求抗诉权，尊重当事人的申诉权，注重解决刑事抗诉的盲区和盲点。

4．加强监督力度与争取各方支持相结合

在加大自身抗诉力度的同时，要十分重视地方党委、人大、媒体等社会力量对抗诉工作的支持与理解。一是对抗诉的案件，要严格按照高检院《关于抗诉案件向同级人大常委会报告的通知》的要求，主动、及时地报告；二是要对抗诉工作的开展情况和存在的问题，定期或不定期地向人大、党委汇报，广泛听取意见；三是对社会影响较大，社会关注抗诉成功与否的抗诉案件，开庭时，应邀请人大代表、政协委员、人民监督员、特约检察员及社会各界人士旁听庭审。

5．提高抗诉业务素质与深入调查研究相结合

通过岗位练兵、专题培训等多种形式，科学掌握抗诉的标准和尺度，提高抗诉能力和水平，有效、准确地行使抗诉权。同时，要注意研究和总结实践中不断出现而现行法律又是空白的理论问题和操作问题，树立改革和创新意识，适时提出立法建议，健全法律制度。

三、准确把握刑事抗诉的基本条件

《刑事诉讼法》第一百八十一条、第二百零五条规定，人民检察院认为人民法院的判决、裁定确有错误，就应当依法提出抗诉。2005年8月24日，最高人民检察院《关于进一步加强刑事抗诉工作强化审判监督的若干意见》中将抗诉基本条件细化为："判决、裁定确有错误，抗诉理由充分，且有抗诉必要"，三个条件必须同时具备，缺一不可。

（一）"判决、裁定确有错误"的认定

"判决、裁定确有错误"的主要表现为：判决、裁定认定事实不清、证据不足；判决、裁定定性有误、量刑不当；判决、裁定严重违反诉讼程序；审判人员在审理案件时有贪污受贿、徇私舞弊、枉法裁判等行为。

1．判决、裁定"认定事实不清、证据不足"的认定

①"事实不清"的认定

所谓事实不清，是指判决、裁定认定的基本事实与客观事实不符以致造成该认定的没有认定，不该认定的却予认定，以及认定的事实之间互相矛盾等情形。从抗诉实践中争议涉及比较多的一些情形看，通常从以下五个方面重点把握：

第一，犯罪动机、目的是否明确。

犯罪动机虽不是每个犯罪必须具备的构成要件，但它是量刑时要考虑的重要情节之一。犯罪目的则是故意犯罪的一个必备构成要件，在故意犯罪中，有无犯罪目的会影响

到案件认定的罪与非罪，犯罪目的的异同也会决定案件认定的此罪与彼罪。

第二，犯罪手段是否清楚。

犯罪手段是否清楚既可决定案件的性质、情节，又可以影响到对被告人的刑罚裁量。在抗诉实践中，检、法两家争议较多的往往就是对犯罪手段的认识不同，从而导致对定罪量刑的看法不同。

第三，犯罪的危害结果是否查明。

犯罪危害结果的大小，有的可以决定罪与非罪，但在大多数情况下都是作为量刑轻重的依据。对危害结果的理解不能把它和实际发生的损害后果混为一谈。犯罪的危害结果有时既包括犯罪造成的直接的、有形的危害结果，也包括间接的、无形的危害结果。有的案件虽然还没有发生人员和财物受损的实际后果，但对整个社会的危害结果可能仍然十分严重。

第四，行为和结果之间是否存在刑法上的因果关系。

刑法上的因果关系是指具有相当性的因果关系，而具有相当性的因果关系是以某一行为具有危险性为前提的，所以，只有具有危险性的行为刑法才可能确定为犯罪。

第五，与定罪量刑有关的情节是否具备。

除了上述四种要素外，还要注意审查其他有关的情节，既要审查与定罪有关的情节，又要审查与量刑有关的情节（自首、累犯、中止、主犯、从犯等）。

②"证据不足"的认定

所谓证据不足，是指判决、裁定认定案件事实的证据不确实、不充分以及证据之间存在矛盾。"不确实"是质量标准，即指被当做定案依据的证据材料未经查证属实；"不充分"是数量标准，即指现有证据不足以认定案件的事实，或者证明的案件事实与案件结论间缺乏必然联系。在审查人民法院的判决、裁定如何采信证据时，要从以下四个方面把握：

一是认定犯罪主体的证据是否确实充分。

认定犯罪主体的证据一般需要审查犯罪的自然人的姓名、年龄、性别、文化程度、职业、住所、有无前科劣迹及身体状况等方面的证据；如果是职务犯罪，还要审查其职务的任免情况、任职期间以及职责范围等方面的证据；如果是单位犯罪，则要注意审查单位的性质、单位所在地、单位法定代表人以及是否以单位名义、代表单位意志和利益等方面的证据。

二是认定犯罪行为的证据和证明犯罪要素的证据是否确实充分。

实践中，大多数的所谓疑难案件实际上就是难在对行为人所实施的一系列行为的证据判定上以及犯罪构成要素证据的采信上。

三是涉及犯罪性质、决定罪名的证据是否确实充分。

只有认定犯罪性质、正确确定罪名（是抗诉的中心环节，也是准确量刑的基础），才能准确地适用法律，以保证司法的公正与客观。

四是影响量刑情节的相关证据是否确实充分。

大量的抗诉案例都是检、法两家对量刑有分歧，分歧点一是法定或酌定的影响量刑的情节是否存在；二是对这些情节如何适用。有一点要特别强调：对量刑情节尤其是酌定情节的适用，一定要结合全案的各方面因素，充分体现社会效果和刑事司法政策。

③人民法院认定事实、采信证据方面的常见错误：

一是无充分理由否定指控的犯罪事实；

二是无充分理由否定指控的部分犯罪事实并影响定罪量刑的；

三是无充分理由否定或适用从轻、减轻、从重等法定情节，导致量刑不当的；

四是指控犯罪的证据确实、充分而未被采纳，影响案件事实的认定和定罪量刑的；

五是采信的证据不具备合法性、客观性和关联性条件，影响事实认定和定罪量刑的；

六是据以定案的证据没有经过庭审质证，可能造成案件事实认定错误或定罪量刑不当的。

2. 判决、裁定"适用法律错误"的认定

适用法律错误是指两种情况，即定罪有误和量刑不当。

① "定罪有误"的认定

定罪有误，是指判决、裁定在犯罪性质上出现了错误，混淆了罪与非罪、此罪与彼罪、轻罪与重罪、一罪与数罪的界限，造成罪刑不相适应的后果。

② "量刑不当"的认定

量刑不当，是指判决、裁定在具体裁量刑罚时错误地认定了从重、从轻、减轻、免除处罚等情节，造成量刑畸轻畸重、罚不当罪等罪刑不相适应的后果。

③人民法院在定罪方面适用法律的常见错误：

一是对实体评判时发生错误，导致有罪判无罪、无罪判有罪和混淆此罪与彼罪、轻罪与重罪、一罪与数罪的界限；

二是对刑事附带民事部分应予裁判而未予裁判或者明显不当的；

三是适用法律违反有关溯及力规定的；

四是适用法律违反追诉时效规定的等等。

④人民法院在量刑方面适用法律的常见错误：

一是主刑刑种适用错误的；

二是违反法定附加刑适用条件的；

三是违反免予刑事处分适用条件的；

四是违反法定缓刑适用条件的；

五是违反法定数罪并罚原则的；

六是重罪轻判或轻罪重判超出法定量刑幅度的；

七是应当判处死刑立即执行而判处死刑缓期二年执行的，或者应当判处死刑缓期二年执行而判处死刑立即执行的等等。

3. 判决、裁定"严重违反诉讼程序"的认定

所谓严重违反诉讼程序，是指人民法院在刑事审判过程中违反了刑事诉讼法规定的诉讼程序，且已严重影响到对该案件实体公正处理的情形。

①审判人员应当回避而未回避的；

②审判组织的组成不符合规定的；

③非法剥夺当事人的法定诉讼权利的；

④违反了审判公开原则的；

⑤法庭审理程序违法的；

⑥当庭宣判的，合议庭不经评议直接宣判的；

⑦应当中止审理而未中止的；

⑧其他严重违反法律规定的诉讼程序的。如错误地决定适用被告人认罪案件简化审理程序的；错误地决定适用简易程序审理案件的；直接以裁定形式补正原刑事判决书中认定的事实或适用法律的；证人证言未经庭审质证直接作为定案依据的；或者法院根据律师申请收集、调取的证据和合议庭休庭后自行调取的证据材料没有经过庭审辨认、质证直接采纳为定案依据的。

4. "审判人员具有贪污、受贿、徇私舞弊、枉法裁判等行为"的认定

在具体判定是否具备该项抗诉条件时，应把握以下几点：

①有违法犯罪行为的必须是审理该案件的审判人员，包括人民法院的正、副院长，审判委员会成员，正、副庭长，审判员、助理审判员，作为合议庭组成人员的人民陪审员；

②犯罪行为必须查证属实，在侦查和起诉过程中的，不应确认为有犯罪行为；

③不仅有违法犯罪行为，而且必须是影响公正裁判的；

④"审理案件时"是指审理"本案期间"。既包括一审、二审期间，也包括该案的再审期间。如果是在审理其他案件时审判人员有上述违法犯罪行为之一，而与"本案"没有任何关系，则不能以此为由提出抗诉。

必须指出的是，如果其他有关司法机关工作人员，在本案审理期间，有贪污、受贿、徇私舞弊行为之一，并实施了有关足以影响案件正确审理的违法犯罪行为，从而导致法院最终对该案作出了错误裁判的，也应依法提出抗诉。

（二）"抗诉理由充分"的认定

抗诉理由充分是刑事抗诉的条件之一，实践中，要注意把握以下两个方面：

1. 抗诉理由的正当性。它是指检察机关提出刑事抗诉必须具有正当的理由。

①抗诉理由要有充分的依据，主要考虑以下几个因素：

一是提出刑事抗诉必须有确凿的事实基础。案件事实是与定罪量刑有关的全部事实和情节，是人民法院正确裁判的基础，也是检察机关提出刑事抗诉的前提条件。由于检察机关与人民法院的工作性质不同，看问题的角度不同，对同一案件事实产生不同的认识是正常的，但前提是案件事实必须能够确定。如果法院判决、裁定确认的案件事实本身都没有查清，或者依据不足，就难以作出公正、准确的结论。同样，检察机关提出刑事抗诉的案件，也必须有确凿的事实依据。

二是提出刑事抗诉必须有规格的证据基础。检察机关提出刑事抗诉的证据要符合客观性、关联性、合法性的要求，如果采用刑讯逼供等非法手段获取证据，或采用与案件事实无关的证据，即使证据的"量"再多也不能用来支持自己的抗诉主张。否则，提出刑事抗诉本身就失去了法律监督的意义。

三是提出刑事抗诉必须有充分的法律基础。检察机关提出刑事抗诉所依据的法律不能是学理依据，专家、学者的意见只是个人观点；也不能是检、法系统内部或其他不具法律效力的文件、纪要等；同时，所依据的必须是法律上明确规定的依据，不能是模棱两可的依据。

②抗诉理由不够正当的一些情形：

一是被告人提出罪轻、无罪辩解或者翻供后，罪重、有罪证据之间的矛盾无法排除，导致起诉书、判决书对事实的认定有分歧的；

二是裁判文书出现技术性差错，但未影响案件实质性结论的；

三是法律规定不明确、理解不一的；

四是判决偏轻偏重，但尚未超出法定量刑幅度的。对"量刑幅度"的理解，是指根据该起案件的具体情况，依照法律规定所应当适用的具体的量刑档次和幅度，而不是法律条文里对该类案件一般适用的量刑幅度。人民法院的判决、裁定在行使自由裁量权时，只要没有超出该起案件应该适用的法定量刑幅度，即使稍有偏轻偏重，检察机关也不宜提出抗诉。

2. 抗诉理由的合理性。它是指检察机关的抗诉要从国家建设和发展的大背景中去思考，要服从大局、服务大局，努力把握法律政策和社会效果的高度统一，找准法、理、情的结合点。

①抗诉理由要有综合性，主要考虑以下几个因素：

一是是否符合社会公共利益和最广大人民群众的根本利益；

二是是否合乎公众的一般认知水平、道德观念和价值判断；

三是是否有利于实现司法公正与效率；

四是是否符合国家各项基本刑事政策；

五是是否有利于构建和谐社会。

②抗诉理由不尽合理的几种情形：

一是被告人认罪并积极赔偿损失，且得到被害人（方）谅解，人民法院从轻判处的；

二是未成年人犯罪，没有特别严重后果和残忍手段，人民法院依法从轻判处的；

三是判决畸轻，但检察机关当时未提出抗诉，时过境迁后，被告人已刑满释放，确已悔改的。

（三）"有抗诉必要"的认定

检察机关进行审判监督的手段和途径是多种多样的，"有抗诉必要"是指通过口头建议、书面建议、列席审委会发表意见等方式难以达到监督目的的情况下而提起刑事抗诉的情形。

1. 认定事实方面如何把握"有抗诉必要"

在认定事实方面，需要提出刑事抗诉的，必须是由于裁判对事实的错误认定，影响到法律的统一和正确实施，影响到司法的公平和正义，应注意以下几个方面：

①对重要犯罪事实或法定情节认定错误而导致错误裁判。

从大量抗诉案例来看，检法两家争议比较多的是对法定情节的不同认识而产生的分歧，尤其是对自首、立功等法定从轻、减轻的分歧相对较多。在决定是否抗诉时，除了要分析量刑是否畸轻畸重外，还要考虑裁判可能带来的不良影响，有时，即使没有导致畸轻畸重的结果，但可能造成司法认定上的标准不一和司法实践的混乱，给公正司法带来严重的负面影响，也要依法提出抗诉。

②对一般犯罪事实或酌定情节认定错误的，只有造成畸轻畸重的，才应提起抗诉。

③裁判认定事实错误，量刑虽未畸轻畸重，但社会影响恶劣的。

2. 采信证据方面如何把握"有抗诉必要"

法院错误采信证据，应提出抗诉的，主要是指由此产生了错误的裁判，应注意以下几个方面：

①人民法院自行收集的证据，未经庭审质证即作为裁判的依据并造成错误裁判的。

②人民法院不采纳侦查、公诉机关庭前收集的并经庭审质证的有效证据，仅因被告人翻供或证人变证而改变检察机关认定的事实并造成错误裁判的。

③人民法院采信的证据不具有客观性、关联性、合法性要求并造成错误裁判的。

3. 法律适用方面，如何把握"有抗诉必要"

在法律适用方面，既要审查法院裁判在实体法适用方面的正确与否，又要审查在程序法适用方面的正确与否，应注意以下几个方面：

①人民法院审判活动严重违反法定诉讼程序，影响公正裁判的。

②人民法院适用法律错误，且社会影响恶劣的。

检察机关通过抗诉法律适用错误方面的案件，可以纠正一类在这方面法律适用方面带有倾向性的错误。

③法院判处死刑立即执行的，如果具有某种可以从宽处罚的法定或酌定情节的，不是非杀不可的。

4. 无抗诉必要的几种情形

①案件基本事实清楚，因有关量刑情节难以查清，人民法院从轻判处的；

②认定事实稍有偏差，但没有影响对被告人定罪量刑的；

③判决、裁定采信的证据不确实、不充分，或者证据之间存在矛盾，但是支持抗诉主张的证据也不确实、不充分，或者不能合理排除证据之间矛盾的；

④人民法院以证据不足、指控的犯罪不能成立为由，宣告被告人无罪的案件，检察机关如果发现新的证据材料证明被告人有罪，应当重新起诉，不能启动抗诉程序；

⑤判决、裁定认定罪名不当，但量刑基本适当的；

⑥检察机关通过被告人上诉发现原审处罚畸轻的；

⑦人民法院判处被告人死刑缓期两年执行符合当时"少杀、慎杀"的刑事司法政策的。

四、出席刑事抗诉法庭的基本要求

出席刑事抗诉法庭，是指人民检察院派员依法出席人民法院二审刑事抗诉程序和审判监督程序抗诉的法庭审理，履行支持抗诉或审判监督等检察职能的诉讼活动。其基本要求是：

（一）要掌握抗诉法庭审理流程，包括二审和审监程序抗诉法庭审理的流程；

（二）要吃透抗诉相关法律，包括相关的实体法和程序法；

（三）要找准刑事抗点，包括认定案件事实方面的抗点，适用法律方面的抗点和程序违法方面的抗点，做到有的放矢；

（四）讲究抗诉出庭策略，力求最佳抗诉效果，应从以下几个方面着手：

1. 要重点阐述判决、裁定"确有错误"的理由和依据。在庭审时，仅仅提出判决、裁定"确有错误"是不够的，必须要抓住焦点问题不放，充分阐述裁判确实存在的错误和检察机关抗诉的理由。要充分地运用实体法、程序法及相关司法解释，充分运用事实和证据，对抗点予以客观、科学地分析，不仅指出原裁判的错误，还要分析产生错误的原因，进而明确抗诉观点的正确。

2. 讲究出庭技巧，加强诉审配合。诉讼的阶段性和法院裁判的终结性决定了诉审协调、横向合作的重要性。

一是要对错误的裁判驳斥有力，但对其合理部分，要充分肯定；

二是对一审检察机关存在的问题不回避，主动承认，得让人处且让人；

三是阐述抗诉理由要有理、有节，有的要大书特书，有的要点到为止，争取抗诉法庭的理解；

四是注意语言的分寸感，指出审判机关的错误与一审直面被告人、揭露并证实其犯罪、犯何种罪、应怎样处罚是有所区别的，抗诉法庭对语言的规范、技巧要求更高。

3．争取多方支持。根据高检院《关于抗诉案件向同级人大常委会报告的通知》的要求：各级人民检察院向人民法院提出抗诉的案件，一律将抗诉诉书副本报同级人大常委会？另外，在对重大案件、社会关注案件、领导重视案件，在报同级人大常委会的同时，还要尽量向党委汇报，向政协、媒体通报，并在庭审时邀请上述单位人员旁听。

第二十讲
死刑案件公诉方略

苏莉娜

　　死刑是剥夺人生命的最严厉的刑罚。人的生命只有一次，死刑的严厉性和不可逆转性决定了办理死刑案件要格外慎重。此外，随着我国民主法治建设的不断发展、国际上废除死刑的呼声越来越大和社会人权意识的不断提高，最高人民法院决定自2007年1月1日起，死刑案件核准权统一收归最高法行使，这对检察机关依法履行职责，办理死刑案件工作提出了更高的要求。因此我们死刑案件的办案人员要牢固树立社会主义法治理念，认真贯彻"保留死刑，严格控制死刑和慎重适用死刑"和宽严相济的死刑政策，切实把好死刑案件的事实关、证据关、适用法律关、程序关，做好案件审查、讯问、补证、出庭工作，使办理的每一起死刑案件都经得起考验。

一、死刑公诉案件的特点

（一）案件类型特点

　　1. 从罪名的分布看，刑法分则十章中，有9个章节47个条文68个罪名可以判处死刑：第一章危害国家安全罪共7个罪名，占死刑罪名总数的10.3%；第二章危害公共安全罪共14个罪名，占死刑罪名总数的20.6%；第三章破坏社会主义市场经济秩序罪共17个罪名，占死刑罪名总数的25%；第四章侵犯公民的人身权利、民主权利罪共5个罪名，占死刑罪名总数的7.4%；第五章侵犯财产罪共2个罪名，占死刑罪名总数的2.9%；第六章妨害社会管理秩序罪共8个罪名，占死刑罪名总数11.76%；第七章危害国防利益罪共2个罪名，占死刑罪名总数的2.9%；第十章军人违反职责罪共12个罪名，占死刑罪名总数的17.6%。

　　2. 从法院核准情况看，故意杀人、故意伤害致人死亡、抢劫、绑架等严重危害社会治安的暴力犯罪案件，占核准死刑案件总数的80%以上，其中故意杀人案件高居首位；团伙犯罪案件呈上升趋势，在核准的死刑罪犯中，团伙犯罪的首犯、主犯占30%以上；毒品犯罪案件不断增多，增幅较大，而且毒品犯罪和社会危害性越来越大，核准死刑的毒品罪犯有所上升。总之，当前我国经济社会正处在改革发展的重要阶段，人民内部矛盾凸显，不稳定因素大量增加，特别是重大犯罪一直居高不下，社会治安形式非常严峻，预计在较长的时间内这种状况不会发生根本性改变，这就决定我国目前和今后较长一段时期内仍将保留死刑。

（二）证据标准特点

　　1. 证据证明标准高。与其他种类的刑罚相比，死刑有两点不同：一是严厉性——涉及到对生命的最终剥夺；二是终结性——错误的裁判无法被纠正。因此，在证明标准方面，对于死刑案件，应当适用最高的证明标准，已经成为一种共识，最高人民法院、最高人民检察院、公安部、司法部联合发布的《关于进一步严格办案确保办理死刑案件质量意见的意见》（以下简称四部门《意见》）明确要求："办理死刑案件，必须严谨审慎，既要保证根据证据正确认定案件事实，杜绝冤错案件的发生，又要保证定罪准确，量刑适当，做到少杀、慎杀。"最高人民检察院2008年下发的《关于加强死刑案件办理和监督工作的指导意见》（以下简称高检《监督意见》）中也强调，要对死刑案件坚持更加严格的证明标准，对证据的客观性、关联性和合法性进行严格审查，确保证据与证据之间，证据与案件事实之间不存在矛盾或矛盾得到合理排除，确保证据证明结论的唯一性，排除其他可能。

2. 量刑情节作用大。死刑案件证据标准高的特点不仅体现在定案的标准上，而且也体现在适用死刑立即执行的标准上。而适用死刑立即执行还是适用死刑缓期二年执行，量刑情节往往起着决定性作用。因此，在理解和掌握死刑案件的证明标准时，既要严格坚持定罪证据确实充分的标准，还要严格坚持量刑证据也要达到确实、充分的标准。

3. 实物证据地位高。故意杀人、故意伤害致人死亡、抢劫杀人、强奸杀人等"命案"在被判处死刑的案件中占绝对多数。此类案件证据的共同特点是：被告人的犯罪活动一般采取比较隐蔽的形式和狡猾的手段进行，被告人与被害人通常是"一对一"，很少案件有目击证人，在被害人死亡的情况下，除被告人供述很难获取其他直接证据。在"只有被告人供述不能认定有罪"的原则下，是否能在作案现场、毁尸毁证现场、被害人尸体、被告人人身、住所及其他场所内收集到有证明力的物证来印证、佐证被告人的供述，往往是能否认定案件被告人有罪的关键。

（三）被告人自身特点

1. 犯罪主体的身份以农民和无业人员占绝对多数，犯罪主体年龄在21～40岁之间的青壮年占死刑犯的75%以上，且犯罪年龄呈不断年轻化的趋势；2. 犯罪主体的文化程度普遍较低，文化程度与犯罪率呈反比；3. 犯罪手段主要体现了犯罪暴力程度高的特点。许多抢劫犯罪手法极度凶残，往往是先杀人后劫财、故意伤害案件往往因一些琐事而起，犯罪人都不惜采取严重伤害他人身体健康的极端行为；4. 犯罪起因多：因民间纠纷引起的凶杀案件上升：因债务、婚姻（婚外情）、恋爱、邻里纠纷等问题而引发案件众多，此类案件原来都是芝麻大的小事，由于处理不及时或者因为法律意识淡薄等原因而导致矛盾激化升级，触犯刑律，直至伤害人身及生命；5. 从犯罪主体心理特征上看，出于本能的求生欲望，被告人的供述更易反复：相比之下，一审时被告人出于为争取好态度的心理，供述相对比较真实，而一旦知道可能被判处死刑时，往往在二审作虚假陈述，避重就轻。

（四）被害方自身特点

1. 被害方普遍有"同态复仇"的观念。"少杀、慎杀""可杀可不杀的一律不杀"的司法理念现已经被学者和司法队伍理解和接受，但是普通民众不能理解，他们对法律理念、司法理念、形式正义认识程度较低，特别在涉及到自身或自家亲属时，"杀人偿命"观念根深蒂固。

2. 被害方心理要求没有满足的情况下，主要通过上访、聚众闹事等方式表达其诉讼要求。被害人及其亲属由于对法律的不理解，经常对法院、检察院的权威产生质疑，并坚信"把影响扩大"可以获得重视，能影响案件结果。结果一旦出现未判被告人死刑的情况，则被害方往往会聚众闹事，冲击法院、检察院，甚至对办案人员进行威胁和人身攻击。担心由此产生不稳定因素，往往使死刑案件的办案人员面临更大的社会压力和心理压力。

3．被害方态度对量刑有重大影响。在目前"少杀、慎杀"的刑事政策下，被告人积极赔偿，并且得到被害人谅解的，一般可不判处死刑立即执行。这是从维护社会和谐稳定、恢复性司法的角度提出的。因此，在目前情况下，死刑案件中被害方的态度有时可以成为决定被告人生死的关键。

二、死刑一审案件公诉要点

一审是死刑案件法律事实的初步推断、认定阶段，是死刑案件的法律拟制期，在死刑案件的整个过程中具有基石作用。很多证据缺陷，如果一审把关不严，到二审、复核阶段时，有的证据已无法查证、补救。所以，一审阶段的事实审查、证据把关对限制死刑、减少死刑，把死刑案件办成"铁案"具有十分重要的意义。

（一）死刑案件事实的认定

1．案件事实的审查

死刑案件的事实是决定剥夺他人生命与否的关键，由于死刑结果的不可逆转性决定了在案件事实认定要更加慎重，这不是对案件事实本身的偏倚，而是对生命的珍重。因此，办案人在审查、核实案件事实时不能完全依据侦查机关指控什么就认定什么、被告说什么就信什么，要严格依照法律程序、死刑标准作出严谨、准确的判断。在审查死刑案件事实时应重点把握以下几个方面：

（1）犯罪事实必须属于"罪行极其严重"。这是死刑案件在事实、法律上的宏观要求，是办案人在认真审阅全部案件材料的基础上，对犯罪分子所犯罪行形成的统一评价和综合判断，而非简单地以结果定罪或以个别情节定罪。办案人在审查时首先要从犯罪所侵害的法益、犯罪危险性、所造成的实际损害、犯罪的对象、时间、地点、犯罪实施程度、犯罪性质等情节，判断其客观危害是否达到"极其严重"的程度；其次要从犯罪的罪过形式、动机与目的、认知的内容、犯罪起因、犯罪人生理与精神状况、犯罪人身份、犯罪人在犯罪中表现等方面，判断犯罪人的主观恶性是否达到"极深"的程度；最后要综合考察犯罪性质、动机、形态、特别杀害手段方法的执拗性、残忍性、后果的重大性及被杀害的人数、被害家属的感情、社会影响、犯人年龄、前科、案发后表现等情节综合判断犯罪人是否属于"罪行极其严重"，是否属于"必须执行死刑立即执行"的一类。只有行为人的行为所造成的客观危害性特别严重，造成了恶劣的社会影响，同时，行为人主观恶性特别恶劣，人身危险性大，才可以认定存在"罪行极其严重"的犯罪事实。

（2）案件事实必须可证、定型、同一。可证是指案件事实要靠证据来证明，没有证据证明的事实不是法律意义上的事实。公诉人要从客观真实的"实质性合理"思维转变为法律真实的"形式合理"思维，使每个证明对象都有证据来证明，且证据要客观、真实、合法，切忌先入为主，有罪推定，盲目推测；定型是指证明事实的证据固定，使被证明的事实稳定，尤其是主要事实处于静态，没有根本性变动。只有案件事实定型，才能考虑案件事实的性质，确定案件事实的法律属性；同一是指所有证据证明的目标、方向同一，证明的案件事实要排除各种合理怀疑。死刑案件的事实必须清楚明了，具有明显的排他性和唯一性。在案件事实认定上有矛盾、有争议，证据相互排斥，存在其他可能性的，不能适用死刑。

2. 量刑情节的审查

量刑情节虽不影响案件定性，但在刑罚裁量中，尤其在是否适用死刑立即执行时，往往起着决定性的作用。因此查清、查实量刑情节，对把握死刑标准和调节量刑的综合平衡上具有十分重要的意义。但在司法实践中，公诉人往往重视案件定性证据，而对量刑证据重视不够，导致在刑罚裁量上该轻不轻，该重不重的局面，违背了罪、责、刑相一致的原则。河南省检察院作的《关于124起诉不出命案研究》中，因量刑情节没有查实导致案件无法起诉的就占16.2%。因此，在证据审查中必须重视死刑案件的量刑情节审查，在实践中应注意以下几个方面：

（1）准确适用"加重结果"和"加重情节"。在死刑案件中，许多犯罪都因发生了加重结果或者加重情节而判处被告人死刑。那么对这些加重结果和加重情节的准确理解和适用将影响甚至决定死刑判决。在结果加重犯中，要注重审查是故意加重结果犯还是过失加重结果犯；加重结果是基于犯罪行为必然导致的还是偶然因素介入导致的；加重结果是财产损失还是人命伤亡。在情节加重犯中应注意：只有当罪刑符合"极其严重"标准时才能适用死刑，不能将加重情节作为法定刑升格为死刑的条件。比如，受长期家庭虐待的妻子雇凶杀死自己的丈夫，因不符合"主观恶性极深"，即使有雇凶这一情节，也不应判死刑立即执行。

（2）重视查实从宽情节。在严格控制死刑和宽严相济的刑事政策下，"从宽情节"在死刑案件中的量刑地位、作用和价值被提升到一个全新的高度，实践中是控制、限制死刑立即执行适用的重要方面。因此在死刑案件的审查中，一定要格外重视从宽情节的查实：一方面要严格依照法律规定，重视查实自首、坦白、立功等法定从宽情节；另一方面要重视酌定从宽情节的审查。在实践中，主要应注意审查以下几个方面：犯罪动机是否卑劣（违法犯罪、不道德、可宽恕的如防卫过当）；是预谋犯罪还是临时起意犯罪以及犯罪意志的坚定程度；犯罪起因是否属于邻里、家庭、婚姻、恋爱纠纷；犯罪手段是否残忍；犯罪时间是正常时期还是非正常时期及犯罪地点是否公开、特定，公共场所反映被害人蔑视社会秩序，偏僻之处可能影响被害人抢救；犯罪结果是否特别严重，包括被害人死亡人数多少、造成的财产损失数额、犯罪对象是否特定（怀孕妇女、婴儿、无独立生活能力者）等；犯罪人的一贯表现（偶犯、惯犯、累犯）及犯罪后的态度（悔罪、积极赔偿）；被害人有无过错及是否对犯罪发生起到激发作用；被告人是否积极赔偿并取得被害人及其家属的谅解；是否属于"不杀不足以平民愤"等。共同犯罪中，是否属于犯罪集团首要分子、直接造成被害人伤亡的主犯。

（3）审慎处理量刑轻重情节综合在案情况。案件中往往同时具备多种量刑情节，如果都是从宽处罚情节，或者都是从严处罚情节的情况下，容易处理，遵循同向量刑情节补强原则即可。如果是从宽、从严情节交错、相互冲突的情况下，最高人民法院副院长张军在2009年全国法院刑事审判工作座谈会上的讲话中强调："对于既有法定、酌定从严情节，又有法定、酌定从宽情节的，要结合当地社会治安形势及被告人主观恶性、人身危险性，全面衡量轻重情节。涉案罪行当地多发、严重影响社会治安和人民群众安全感，或者被告人主观恶性、人身危险性大、不堪教育改造，就应在总体上体现从严惩处精神；反之则可以总体把握从宽处罚精神。"此观点可以作为我们衡量案件、确定刑罚的通行法则予以运用。此外，量刑情节存有疑点时，处刑应当留有余地。按照"证据必须经过查证属实，才能作为定案根据"的原则，从严情节有疑点时，当然不能从严处罚。但从宽情节有疑点时，基于"有利于被告"的原则，可以从宽处理，尤其对可能判处死刑的案件更应慎重，当从宽情节存疑影响到可否判处死刑立即执行时，应当留有余地，排除死刑立即执行的适用。四部门《意见》第三十五条规定："定罪的证据确实，但影响量刑的证据存有疑点，处刑时应当留有余地。"例如，共同犯罪中无法证明几个共同主犯"是谁造成致命伤"的情况下，一般不判处死刑立即执行。

（二）死刑案件证据的审查

1. 死刑案件证据审查原则的把握

（1）重视"有利被告人"原则。一要正确看待被告人的辩解；二要正确看待辩护律师提供的有利于被告人的证据；三要在审查证据时，注重查实、兑现有利于被告人证据。对于被告人的辩解和律师提供的有利于被告人的证据，在一般的刑事案件中，常常被轻视，但在死刑案件，要求我们不仅要听，而且还必须要充分重视，必要时要进行证据的补充取证、质证。

（2）遵守非法证据排除原则。我国刑事诉讼法及其解释都规定了严禁以非法方法收集证据。实践中，一般采用"言词非法证据绝对排除，实物非法证据限制排除"的原则。因此，非法言词证据不能作为定案根据，同时要注意非法证据排除后，应当更换取证主体，进行相应的证据补强工作。对于因排除非法证据而影响案件定性和量刑的，应当依法稳妥处理。非法实物证据，可以通过相应合法程序的转换及与其他证据的证明内容相互印证，决定是否纳入证据体系及其证明作用，并接受庭审质证。

（3）遵守证据证明力差异性原则。一切能证明案件事实的都是证据，但因证据与待证事实关联程度不同而证明力不同。一般来讲，直接证据、原始证据、书证、物证的证明力要大于其他证据，所以在审查时一定要重点审查这些证据是否客观真实，与待证事实的关联程度如何，同时要格外注意这些证据也需要其他证据做支撑。所以必须准确辨明案件的每一份证据的证明力，并使其在证据体系结构中处于恰当的地位。

2. 死刑案件证据审查的标准

死刑案件证据审查标准目前还没有统一规定，但是对死刑案件要适用最高证明标准，最高法、最高检已经达成共识。近年来，结合两高陆续出台的各项制度规范，各省都在积极探索本省的死刑案件证据标准。例如江西省、辽宁省都相继出台了相关意见。笔者认为：死刑案件应符合如下证据标准：

（1）证据确实、充分，并排除合理怀疑。这不仅有量的需要，更有质的要求，必须满足：①凡属于犯罪构成要件与认定的事实均已经查清，均有相应的证据加以证明；②证明犯罪事实、情节的每一个证据经查证属实、核对无误；③证明证据提取的有关材料清楚表明该证据通过合法手段提取，符合相关规定；④证据与证据之间能够相互印证，形成一个完整的证明体系，尤其是主观性证据与客观性证据之间相互印证，足以排除其他可能性；⑤借助上述证据进行逻辑上的分析、判断、归纳、综合，得出的结论是唯一的。

（2）原则上排除"事实不清、证据不足"案件进入审判环节。

第一，现有证据不足以证明案件事实，或者不能完全涵盖案件事实。这种情况大家很容易发现，就是指卷中材料不能完全反映案件的真实情况。

第二，有证据表明某种影响案件真实性的情况可能存在，且不能排除其他结论的可能性。如郭某、王某故意伤害至人死亡一案中。郭某持"拐杖剑"，王某持单刃日本战刀共同将被害人伤害致死。法医鉴定被害人系被单刃锐器入胸腔致死，此案的关键证据是郭某所持的拐杖剑是单刃还是双刃。由于凶器已无法找到，且郭、王二人对于拐杖剑是单刃还是双刃供述矛盾，该案据以认定郭某是唯一直接致死被害人的证据不足。

第三，对量刑证据没有查清的，也属于死刑案件中的"事实不清、证据不足"。如累犯、自首、坦白、立功及其他法定的从重、从轻等情节，以及其他影响量刑的酌定从重、从轻情节也必须查清。

3. 死刑案件几种主要证据审查

最高人民法院2008年不予核准的死刑案件中，因事实、证据存在问题而不核准的案件占32.35%，复核阶段需要补查、补证的案件仍超过50%；因量刑不当不核准的案件中，也有部分属于证据存疑、必须留有余地的案件。因此，严把死刑案件证据标准仍是确保死刑案件质量的重中之重，在证据问题上容不得有丝毫纰漏，绝不允许有任何侥幸心理。结合死刑案件中经常出现的问题，对死刑案件证据的审查要把握好以下几个关键环节：

（1）主观证据的审查

被告人供述、证人证言及被害人陈述是法定的重要证据种类。被告人供述可以直接地反映其犯罪全貌且可以掌握被告人犯罪的主观恶性与社会危害性的程度；被害人陈述、证人证言或可以直接证明案件事实，或可对被告人供述形成有效印证，对于正确认定犯罪事实并依法追究刑事责任意义重大。办案人在审查时应当注意审查以下几个方面：

第一，坚持口供补强原则，确保口供的真实性。在办理可能判处死刑的案件过程中，要严格遵守"重证据，重调查研究，不轻信口供"的原则。要注意以物证、旁证印证口供的真实性，只有被告人供述，没有其他证据印证的不能认定被告人有罪，更不能判处死刑。且不能把同案人的口供视为相互之间证明犯罪的证人证言。要将口供与案内的其他证据联系起来进行对比、印证，看是否一致。

在审查口供真伪时，必须坚持从以下二个方面全面审查后才能采信：一是审查取得口供的程序是否合法，有无刑讯逼供和以威胁、引诱、欺骗以及其他方法取得口供的情况，一旦有这方面的反映或控告、申诉必须立即查清，且一旦查实存在非法取证情况，坚决排除原供述的适用；二是审查供述和辩解前后是否一致，有无矛盾、有无反复情况，有哪些反复，为什么反复。在存在反复的情况下，应根据案件的证据情况加以应对：①在排除犯罪嫌疑人的供述与辩解的情况下，其它证据能形成完整的证明体系的，此时的翻供根本无碍大局，可以认定犯罪。②如果其它证据尚未形成完整的证明体系，但与嫌疑人的有罪供述可以相互印证时，要特别谨慎，要及时发现供述或辩解中与其它证据或已证事实间的矛盾之处，在提讯时围绕矛盾点进行重点讯问，特别是在具体细节上，要着重讯问，事情说的越细，与事实间出现矛盾的概率也就越高，一旦发现矛盾则要步步紧逼，从已经得到印证的事实出发，对虚假辩解逐一予以揭穿，以证实犯罪嫌疑人翻供情节与理由无事实依据，从而增强办案人的内心确信。③如果无论是有罪供述还是翻供辩解，都与其它证据间存在较多矛盾，此时要详细研究嫌疑人的供述与辩解，整理出矛盾点予以全面查证，查证后仍无法排除矛盾的，定罪与量刑均应慎重。

第二，用"合乎情理原则"辨别被害人陈述的客观真实性。被害人陈述一般来讲是比较可信的，但由于他们是案件利害关系人，因此办案人必须认真审查判断。合乎情理，即看被害人的陈述与其他证据印证的程度，又要看陈述的内容是否合乎情理，以此来鉴别陈述的真伪。任何事物的发生、发展及消灭都有其内在的规律性。犯罪案件的发生、发展及消灭也都有其内在的规律。因此，对被害人陈述运用情理进行审查判断，既简便易行，又可立见成效。在情理审查时，也要避免走入误区，防止品格证据和其他人为因素的干扰。

第三，坚持主客观一致原则，判断证人证言的可靠性。证人证言较当事人陈述更为客观，较书证、物证更为生动，但由于我国不排除传闻证据，证人出庭率低，在审查判断证人证言真伪时要坚持主客观一致的原则：一方面要注重审查证人的身份，与当事人、本案是否有利害关系，证人品质如何等等，从主观上来判断其证言是否客观；另一方面要注意审查其感知的环境，以便弄清楚环境对证人证言的影响，正确判断其证言的真实程度。比如目击证人是在什么情况下、什么环境下目睹杀人犯的恶行，当时的距离、光线、天气、地形等是否影响证人的正确认知。如果证人证言是他人转告的，应当问清是什么时间、地点、听什么人说的，要保持传来证据链条的时序性，并应尽量找到直接了解案情的人调查、核实。

（2）客观证据的审查

物证、书证、鉴定结论等客观性证据因受人为等因素干扰较小，证明力强于其他证据，对事实认定有着重大、甚至决定性作用，是不会说话的证人。但在实践中，仍存在只注重证据材料本身，不注重证据材料的提取状态、过程、手段、保存、见证等情况的记载；只注重证明结论，不注重做出结论的过程；只注重经验判断，不注重鉴定结论的论证和形成过程。因此公诉人在审查证据时，应确立以"客观性证据为中心"的原则，督促侦查机关及时收集、固定相关证据：

第一，要及时督促侦查机关发现、收集相关物证、书证，避免因取证失误而失去重要的原始证据。审查客观证据是否收集完全，应注意现场勘查、尸检、搜查三个环节的取证工作：

①现场勘查中，审查是否对与犯罪有关的场所、物品、人身、尸体进行勘验或检查，是否及时提取了相关痕迹、物证，并对需要提取的物证及环境关系进行固定。

②尸检或活体检验中，审查除对明显伤痕进行检查外，是否进行全面检查；对死因不明的尸体是否进行解剖，没有进行全面解剖的，应当说明理由；共同犯罪中，对尸检、活体检验发现多种创伤痕迹的，要特别注意是否进行了损伤痕迹的系列固定，包括对死者衣服裂口、皮肤表面创口形态的详细记录，结合伤情客观分析伤口由何种凶器形成，以分清共同犯罪中的不同致害人的作用；被害人有抵抗或搏斗迹象的，要特别注意收集其口、手等处是否留有犯罪分子的组织皮屑、毛发等细微痕迹和物证，并及时进行DNA检验。

③搜查中，审查是否搜集、提取犯罪嫌疑人身体及抓获时所穿服装上的可疑痕迹和物品。尤其对涉及通信记录的案件，由于电信部门对通信记录保存有一定时间限制，

公诉人在办理涉及此类案件时一定要敏感，及时调取通讯记录、短信内容、邮件信息、图片载图等等，避免时过境迁丧失取证的条件，人为形成"悬案"、"疑案"和"死案"。如周某故意杀人案，周某因被害人与其妻子有不正当两性关系而杀人，而证明两人关系的最有利的证据是两人的短信详单，由于侦查机关没有及时提取，导致本案的起因无法查清。

第二，要注重审查客观证据搜集程序是否合法，防止因搜集程序不规范，导致来源不明，严重影响证据的证据能力和证明力。

①确保证据来源合法，并有来源连续性的相应说明。证据来源不明或链条断档的，一定要求侦查机关作出详细说明。例如，某个案件从一个布片上检出被害人DNA，但布片怎么提取、从何处提取没有任何相关记载和说明，导致该鉴定结论因缺乏案件的关联性而失去证明力或证明力明显削弱。如有证据证明此布片是从被告人作案时所穿衣服上提取的，该鉴定的性质就会发生重大变化，就会成为定案的重要依据。

②确保证据收集程序合法。审查证据收集是否由法定人员进行，程序是否合法。经过勘验、检查、搜查、扣押取得的物证、书证，要有相关笔录和清单，勘查、检察、扣押人员、见证人要在笔录上签名，否则不能作为定案的根据。此外要注重证据形式转换，例如被害人家属向侦查机关提供的被告人写的信件，被告人在信中明确表明要杀害被害人，对于这份非侦查部门提供的信件，本不符合证据合法性的要求，但如果侦查部门注明书证的来源以及提供者、提取者的情况，该信件可作为诉讼证据予以使用。

③确保证据保存过程中无重大瑕疵。特别是涉及血样、体液、毛发、凶器、毒品、毒资等，要注意保存的完备性，防止遗失、变质或混淆。并要督促侦查机关及时、全面移送证据。基层侦查机关由于办公条件差、案件多等原因，对物证、书证的保管并不完善，有时出现证据丢失或混淆的现象，因此，除"依法不易移送、确系不以特殊形状证明案件事实的种类物、腐败变质物及其他不易保存的物品"外，要及时督促侦查机关移送物证、书证，不能随卷移送的物证、书证，应当随案移送该物品的照片、录音、录像或复制件，并同时移送上述制作说明以及有关物证清单，防止因证据丢失失去证明作用而造成案件失真或搁浅。

第三，要高度重视司法鉴定问题。对在案发现场、被告人抓获地等处发现证明案件关键事实的血迹、指纹、毛发、体液、组织遗留物等客观性证据，必须做同一鉴定。个别对准确认定事实至关重要的，具备条件的，应当进行DNA鉴定。涉及毒品的，必须做毒品含量鉴定。涉及行为人精神状态反常的，可以做司法精神鉴定。因此，在审查时发现，应当鉴定没有鉴定的或鉴定结论不完全有重新鉴定或补充鉴定必要的，公诉人要督促侦查机关进行鉴定、重新鉴定或补充鉴定。对已有的鉴定结论在审查时要注意以下几点：一是要认真审查。鉴定主体的资质、程序的合法性、鉴定文书的规范程度、专业知识的引用是否恰当、鉴定依据是否充分、表述是否正确、论证是否充分、鉴定结论是否告知嫌疑人、律师在介入案件后针对鉴定提出的意见是否有道理等；二是发现鉴定有重的疑点时，要注意与鉴定人进行沟通、交换意见。尤其是对鉴定结论不清楚或有异议时，可以重新鉴定或补充鉴定，必要时可要求鉴定人出庭作证；三是对各种类型的鉴定，要结合案件情况综合分析判断，不能仅靠鉴定结论定案。如对送检材料，有没有迹象表明不是同一；对精神病鉴定、刑事责任年龄鉴定是否存在与其他证据有矛盾等等，要将鉴定结论融入证据体系，通过审查与其他证据的印证程度来决定其证明力。

（3）对易出现问题证据的审查

从死刑案件的侦查情况看，不少案件在犯罪嫌疑人交待了犯罪事实情况下，认为案件已经告破，大功告成，忽略了其他细节证据的获取，在后续的诉讼环节犯罪分子翻供、证人改变证言时，导致个别案件证据链条松动，在补证不能的情况下，导致案件的事实无法查清或影响对犯罪分子的准确量刑。在实践中，问题突出表现在以下几个方面：

第一，作案动机、目的深挖不够。故意犯罪的发生，必有起因、动机，虽然可能有的动机临时、简单，有的动机蓄谋、明显。通过对案件前因、动机的调查、分析，有助于我们判断被告人的主观恶性程度，也有助于我们分析解决行为人的精神状态和责任能力问题。但实践中，因为这些情节不影响定罪，一审时往往不被重视，起诉、判决书中经常用"因琐事"、"素有矛盾"等概括语，但到了二审，被告人经常以动机不合理为由辩解没有杀人、伤害故意，且因时过境迁，翻供后涉及到的证据很难补查到位，往往会导致二审庭审时检察人员出庭的被动局面，甚至影响到一审量刑结果的改变。故公诉人要督促侦查机关查明犯罪嫌疑人是否受人雇佣、指使；犯罪嫌疑人与被害人是否有矛盾；是否因邻里纠纷、婚姻家庭矛盾引发；被害一方是否有过错等。

第二，破案经过说明不细。从死刑案件的办理情况看，不少案件不重视破案经过，破案经过的说明过于简单，导致对于可能涉及的自首、坦白、立功等情节认定缺乏依据。有的案件，到二审甚至复核时才发现被告人存在从轻、减轻处罚的情节，不宜适用死刑立即执行而改判，浪费了司法资源。故公诉人要重视破案证明经过的审查。例如，江西省高级人民法院起草的《关于规范故意杀人死刑案件证据工作的意见（试行）》第十六条规定：破案经过报告应详细写明侦查机关所采取的侦查措施、侦破具体经过、抓获犯罪嫌疑人或者犯罪嫌疑人投案的具体情形等。必要时还应包括排查、确定犯罪对象的情况，技术人员侦查手段及结论，对嫌疑对象、犯罪嫌疑人进行盘问、讯问的具体情况等。

第三，辨认不合法、不细致。办理死刑案件经常会涉及到对被告人、被害人、证人、物品的辨认及被告人指认现场问题，而实践中存在的主要问题是：辨认不及时，导致准确性不够；辨认、指认程序不合法、不细致，导致辨认的结论不能作为证据使用。如部分案件指认现场笔录只有简单的"某年某月某日，某某指认某地为其杀人现场"，没有录像、照片等记录，缺乏客观性，难以作为定案依据；再如从被告人处提取的被害人的手机往往是定案的重要依据，可目前被害人亲属进行的辨认过程过于简单，记载不细致，容易发生错误或引起被告人的质疑。从证据确凿的角度，在辨认时应从手机中保存的照片、挂的饰物、短信、被害人朋友、亲属的电话号码等方面详细辨认，或有被害人购机凭证等进行印证，或对手机串码对号码进行技术鉴定，以保证利用赃物定位犯罪嫌疑人的客观性。

因此，公诉人在审查时要充分认识到辨认的重要作用：一是在辨认条件具备而没有组织辨认的要及时要求侦查机关组织辨认；二是要保证辨认程序合法，如主持辨认的侦查人员不得少于二人、被辨认人的体貌特征不得有明显差异，且不得少于七人等，辨认程序不合法的，要补充说明或重新组织辨认；三是对于现场指认，应详细记录指认过程，并在指认前由犯罪嫌疑人将现场方位、附近标志物、进入现场路线等详细描述，同时进行现场拍照，具备条件的还应制作录像。指认笔录中应体现出指认经由路线、指认时间等内容。

（三）死刑案件出庭重点

死刑案件的出庭与其他案件并无不同，但由于死刑案件的特殊性，公诉人在出庭时要着重把握以下几个方面：

1. 庭审讯问、询问重点

（1）要全面细致讯问被告人。死刑案件被告人二审时为求生存，翻供现象普遍，往往以侦查机关刑讯逼供为由推翻原始供述。因此，在死刑案件庭审时固定被告人在侦查机关的供述，全面讯问被告人尤为必要。被告人讯问要突出以下内容：行为人作案的目的动机是什么；案件的起因是什么；谁在矛盾升级中负主要责任；是否存在犯罪预谋；共同犯罪的，是如何形成意思联络的，在共同实施行为时，各自分工是什么、所用的凶器是什么、各自所起的作用是什么；作案的全过程；被害人体貌特征情况、有无反抗，如何反抗；行为中是否有中止行为，中止是自行中止的还是被迫中止的；是否未遂、是何阶段的未遂；是如何逃离现场的，如何订立攻守同盟、毁灭罪证、打击报复证人的；作案工具、尸体、涉案其他物证的去向和细目特征；归案情况；是否存在其他酌定从重、从轻的情节等。

（2）要贯彻关键证人出庭原则。最高人民法院在2008年全国法院刑事审判工作座谈会上明确提出："对于一、二审关键证人、被害人、鉴定人应当出庭，可以出庭而没有出庭，以致影响案件事实、证据认定，不能核准死刑的，最高人民法院将发回重审。"因此，我们要充分认识证人出庭对提高庭审质量的重要意义，克服畏难情绪，做好关键证人出庭工作。笔者认为在目前情况下，对于证人出庭作证把握以下几点：

①控辩双方对被害人陈述、证人证言、鉴定结论有异议，且影响定罪量刑的，尤其是提供过矛盾证言的主要证人或控辩双方存在争议的，或者涉及自首和立功、犯罪未遂、中止、正当防卫等法定量刑情节的证人，应当出庭作证；

②抗辩双方对物证、书证、视听资料及侦查活动中形成的笔录存在争议的，公诉人应要求侦查人员提供获取、制作的有关情况说明。如果得不到合理、合法的解释和说明、或者仅凭说明仍不能解决所争议问题的，应当要求相关人员出庭，接受质证；

③被告人提出侦查中存在刑讯逼供、诱供等违法侦查问题的，所涉及的侦查人员应当出庭。出庭作证的内容，首先是陈述事实，其次是针对疑问、异议，对于定罪量刑有影响的情节进行重点质证和交叉询问，确保对适用死刑有决定性作用的证据采信客观、公正。

2. 举证、质证重点

（1）坚持全面原则。既要向法庭出示有罪和罪重的证据，也要向法庭出示无罪或罪轻的证据。为了全面落实检察官的客观义务原则，公诉人应在法庭调查中将无罪或罪轻的证据和细节作为单独一类证据加以说明和阐释，以确保罪、责、刑相适应原则有效落实，促使被告人认罪服判，树立司法的权威性。

（2）坚持细节原则。就死刑案件而言，案件的主要犯罪事实和定性大致不会发生质疑，但是否判处死刑，是否判处死刑立即执行则往往取决于一些细节，正是这些细节决定被告人最终的刑罚。因此，公诉人在举证证明犯罪事实时，必须注重对这些有法律意义的细节，着重强调，在证据说明中阐释清楚。如证实作案动机、案件起因、责任过错的划分、犯罪结果的严重性、犯罪手段的残忍性、犯罪人主观恶性和人身危险性，以及民愤方面的细节证据等，要做重点说明。

（3）坚持保障被告人诉讼权利原则。充分听取被告人的辩解、质证、辩论意见，对被告人或辩护人提出的对被告人有利的辩解，公诉人不能简单的以"其辩解无事实依据"为理由加以驳斥，回避公诉人的举证责任。如当辩方提出"刑讯逼供"时，公诉人应尽量避免仅以侦查机关出具的没有非法取证的书证来证明，而应通过更有说服力的证明手段，如出示讯问全程录像、出示羁押场所的证人证言、要求侦查人员出庭等方式加以辅证。此外遇到其他人员侵犯被告人合法权利的时候，应及时向法庭提出意见，并要求予以制止。如被告人要求更换律师时，要依法予以更换。这不仅有利于庭审顺利进行，提高司法机关在群众中的威信，还能防止因程序违法导致案件出现反复。

三、死刑二审案件公诉要点

死刑二审案件是指由被告人上诉或检察机关抗诉而进入二审程序的案件。检察人员办理二审案件过程中，除继续履行指控犯罪的职责外，更重要的是履行法律监督职责。因此，办理死刑二审案件的重点，是以审查一审判决形成过程为切入点，重点审查一审法院在案件的证据采信、事实认定、定性、量刑、审判程序是否合法进行全面审查，进而对法院裁判的正确性进行全面评价，维护正确判决的稳定性，纠正错误裁判，以确保法律的统一正确实施。司法实践中，由于我国采用死刑案件证据标准从严的政策，总体上看，一审死刑案件的裁判质量相对较高，除极个别案件属于认定事实不适当外，大多数案件争议的焦点是量刑，特别是集中在死刑立即执行何死刑缓期二年执行方面。

（一）死刑二审案件庭前审查重点

1. 全面而突出地审查案件材料，摸透案情，弄清分歧点。

办案人审阅案件材料的要求是：既全面，又要突出重点。一方面，《刑事诉讼法》第一百八十六条第一款规定："第二审人民法院应当就第一审判决认定的事实和适用法律进行全面审理，不受上诉或者抗诉范围的限制。"另一方面，则应在全面阅卷、熟悉全部案情和证据的基础上，抓住案件的重点问题进行重点阅卷。《人民检察院办理死刑第二审案件工作规程（试行）》（以下简称《规程》）第十条明确规定，检察人员应当重点审查六项内容：（1）第一审判决认定事实是否清楚、证据是否确实充分；（2）适用法律是否正确，对有关量刑情节的认定是否准确，量刑是否适当；（3）被判处死刑的被告人是否罪行极其严重，是否必须立即执行；（4）抗诉、上诉意见与第一审判决存在哪些分歧，抗诉、上诉理由是否正确、充分；（5）抗诉、上诉中是否提出或者第一审判决后是否出现了可能影响定罪量刑的新事实、新证据；（6）侦查、审查起诉和第一审审判活动是否存在违法情形，是否侵犯诉讼参与人合法权利，影响公正判决。

办案人审阅案件材料，实践中多采取"四对照"审查的方法：一是原审判决书与上诉状（抗诉意见书）相对照，弄清分歧点；二是原审判决书与起诉书及起诉意见书相对照，弄清"公、检、法"几家对案件的认定是否一致；三是原审判决书与各种证据相对照，弄清其定案依据的可靠程度；四是原审判决书与有关法律条款相对照，弄清其适用法律是否正确，量刑是否适当。通过以上四方面的对照审查，确定工作重点。这种方法也不是唯一的，办案人在实践中可以总结、创造更有效的方法，总之，不论采取何种具体做法，办案人通过审阅案件材料，均应达到以下要求：第一，掌握上诉与原审判决的分歧点；第二，弄清上诉的理由及依据；第三，弄清案件事实是否清楚，证据是否确实、充分，诉讼中有无违法情形；第四，了解案件的诉讼过程。要能通过审阅案件材料，明确下一步工作重点，确定是否支持上诉、抗诉意见，以及发表出庭意见的基本观点。

2. 提讯原审被告人，充分了解和掌握原审被告人的真实意图何思想动态。

最高检2009年2月出台的《人民检察院公诉工作操作规程》（以下简称高检《流程》）第二百三十八条规定："死刑案件、抗诉案件必须讯问原审被告人，充分听取其辩解和上诉理由，必要时可以听取辩护律师的意见"。

（1）庭前讯问的作用

庭前讯问前承第一审法庭审理，后接第二审法庭的当庭讯问，是检察员直观了解原审被告人的第一环节，通过庭前讯问，一方面，办案人可以透彻了解原审被告人的上诉动机、意愿、诉求及法律认知、道德水平等情况；另一方面，办案人也可预测到被告人二审庭审时的态度，并制定相应的应对策略，从而掌握二审的焦点和二审出庭的主动权，提出有价值的二审评判意见，防止二审审查流于形式。

（2）庭前讯问策略

在死刑二审案件的办理中，原审被告人大多是负隅顽抗，垂死挣扎，翻供可能性较大，必须充分估计到这种可能，根据原审被告人不同的翻供动机和理由采取不同策略。实践中，原审被告人翻供动机主要有以下几种情形：

第一，原审被告人在一审判决以前以为认罪态度好就能保命，但一审被判处死刑后，原审被告人为抓住最后一根救命稻草，出于绝望心理在二审期间翻供。此类原审被告人在提讯中体现为：举止神情高度紧张，言语逻辑混乱，急于表达自己的想法，但往往言不达意。一方面，强烈希望检方采信其谎言；另一方面，又恐惧其谎言被揭穿。对于此类原审被告人不妨采取敲山震虎法，即向原审被告人提出严正警告：如果原审被告人认罪服法，还有获得从宽判处的可能，但如果顽固不化，连最后的酌定的从轻情节也没有了。给原审被告人心理压力，使其经过慎重的利弊权衡后，作出明智选择。

第二，通过一审开庭，原审被告人对案件证据的强弱虚实有了全面了解，通过律师的辩护往往会发现证据体系的薄弱环节，出于侥幸心理，为逃避罪责而翻供。此类原审被告人在供述上往往会虚虚实实、避重就轻。自认为有希望逃脱法律的严惩。对这类原审被告人直接使用关键证据，瓦解其蒙混过关的企图。

第三，原审被告人负隅顽抗、死不认账。对于此类犯罪分子，一般不宜从正面突破，可以就有关细节问题深入讯问，任其虚构，情节愈多，破绽愈多，当破绽积累到一定程度，再一并揭穿，先给其一种放松的假象，再突然袭击，令其心理防线瞬间崩溃。

第四，原审被告人有对抗心理的，此类犯罪分子一般有前科劣迹，或其身份特殊，表现为，口供稳定，一贯拒不供认，心理防线牢固，反侦查能力强，是最难突破的。提讯这类原审被告人，要特别注意证据的把握与应用，即在适当的时机向罪犯出示适当的证据，特别是其自认为不为检方掌握的证据，在突然间动摇以至击垮其心理防线。在二审中就需要我们有发掘证据的能力，站在一个更高的起点上综合评判证据，找到一审忽视的证据；多维审视并使其归位，攻其不备，以奇制胜。

第五，原审被告人原来受办案人员的逼供、诱供而作有罪供述，或出于"哥们义气"而主动包揽了其他同案犯的罪行,后又如实地作了新的供述或无罪、罪轻的辩解。对于此类翻供,我们要认真倾听,问清以前虚假供述的原因,结合案件其他证据进行审查,作出更接近案件客观事实的结论,避免造成错案。

此外,检察员在庭前讯问原审被告人时,要多听少说,不要过早地和原审被告人形成对峙。庭前讯问的目的就是听取原审被告人的辩解,预测庭审答辩重点,如果提讯时就与原审被告人开展辩论,不仅难以让原审被告人认罪服法,反而向原审被告人泄露了检察员的逻辑思路,原审被告人庭审前会更加殚精竭虑地想出各种应对对策,给庭审制造更多的麻烦。所以,在庭前讯问中,检察员要沉得住气,不要图一时痛快,要争取把原审被告人辩解漏洞搬上法庭,通过"证伪法"制服原审被告人,争取庭审主动性。

3. 进行必要的调查复核,以解除疑问,弥补漏洞。

高检《流程》规定,在二审案件审查中,要重点针对原审被告人的辩解和上诉理由展开工作。对非法证据应当予以排除,对虽不影响案件基本事实,但足以影响定性和量刑的证据要进一步完善。调查复核的方法包括:询问被害人、证人、鉴定人、实地察看犯罪现场,以及听取群众反映,征求辩护人意见等。如有必要,还可以提取新的证据。检察员在调查复核中,除了注意核实证明被告人有罪的证据,更要注意发现和核实证明被告人无罪及罪轻的证据。要通过调查复核,掌握有关案件的第一手材料,消除案件事实与证据、被告人供述与其他证据及其他各种证据之间存在的矛盾点,堵塞案件事实和证据上的漏洞。在复核证据时要注意:

一是当原审被告人要进行伤残等级鉴定或精神病鉴定的时候,要查明原来是否作过鉴定,原来所作的鉴定是否仍具法律效力,如果原来已作过鉴定,且鉴定至今仍具法律效力时候,就要十分审慎,一般不宜再搞第二次鉴定。如果第一次鉴定结论的真实性存疑,确需补充鉴定或重新鉴定的,应当选择有鉴定资格的中立性单位来作鉴定。新旧鉴定结论互相对抗、抵触时,要依据"有利于被告"的原则来认定和采信鉴定结论。

二是不能盲目轻信侦查机关的情况说明。检察员在审查案件时,对证据之间存在的矛盾,或某些证据取证不到位的情况,会要求侦查机关做证据补强工作。对于补强的证据,检察机关要全面审查补查证据的客观性、关联性、合法性,以正确评价其证明力。司法实践中,要特别注意避免侦查机关为了迎合检察机关指控犯罪所需,而重有罪证据轻无罪证据,重重罪证据轻轻罪证据的片面取证倾向。

4. 常见分歧点的审查重点

(1)关于行凶致人死亡案件的定性问题

故意伤害罪和故意杀人罪刑的法定最高刑罚都是死刑。但是,二罪由于犯罪人的主观恶性差异,法律规定了不同的量刑顺序。刑法规定,故意杀人罪首先考虑死刑,而故意伤害致人死亡的,只有对那些手段特别残忍,情节特别恶劣的才可以适用死刑。因此在行凶致人死亡的案件中,原审被告人、辩护人往往以被告人没有杀人的故意为辩点,对定性提出异议。对此,办案人在审查时应从主观内容、客观行为分清两者的界限,从作案工具、打击部位、打击力度以及作案后的态度等方面进行把握。对于故意内容不明确,犯罪性质很难确定的,可以从贯彻宽严相济刑事政策、促进社会和谐、修补社会关系的角度来考虑定性,如因民间矛盾引发,间接故意杀人与故意伤害致死的定性上,定性为故意伤害不仅有利于化解矛盾,促进社会和谐,也更容易让公众接受,取得更好的法律效果和社会效果。

（2）关于共犯罪责认定问题

共同犯罪案件中，主、从犯的认定相对比较容易。但在目前"慎用死刑"、尽量避免"两命抵一命"的超等量报应的情况下，在主犯中区分出罪责最为严重者和较为严重者尤为重要。办案人可以从以下几个方面把握：一是在犯罪预备中起主要作用的责任重；二是犯意提起者责任重；三是犯罪起因引起者责任重；四是在雇凶杀人、伤人或组织、策划指挥他人杀人、伤人案件中，要以依法严惩雇凶者为原则。对于雇凶者既提出了犯意，又直接实施行为或实施具体的组织、指挥行为的；雇凶者主观故意和授意意图明确要求杀死被害人的，可以认定雇凶者为最严重的主犯。对于雇凶者授意含糊，而受雇者系职业杀手或者有暴力前科劣迹的；雇凶者的授意有一定限度，但受雇者明显超出授意范围的，可以认定受雇者为最严重主犯。对于多名受雇者的地位、作用相当，责任相对分散或者责任难以分清的，可认定雇凶者为最严重主犯。一案判处两名以上被告人死刑的，应当特别慎重，即使考虑以上几个方面还分不出轻重的情况下，还可以考虑犯罪人平时的表现、事后表现等因素。在适用刑罚时，尤其适用死刑时，要始终贯彻坚持惩罚打击少数，挽救教育多数的方针。

此外要注意，排位在前的主犯如果具有法定、酌定的量刑情节而不适用死刑立即执行，排位在后的主犯论罪不应判处死刑的案件，不能适用死刑立即执行。

（3）关于法定量刑情节的适用问题

自首、坦白、立功是最常见的法定从轻情节，准确把握自首、坦白、立功的从宽尺度，对于贯彻宽严相济的刑事政策和严格控制、慎重适用死刑的政策具有十分重要的意义。办案人在审查时要注意：一要严格审查自首、坦白、立功的证明材料，确保认定自首、坦白、立功的证据确实、充分。因自首、坦白、立功的认定与否对被告人的量刑影响较大，在司法实践中常出现为轻判而提供自首、立功虚假证明材料的情况。如宋某故意杀人案中，在二审调查核实证据时发现，因一立功线索，看守所为多人出具立功材料。二要准确把握自首、坦白、立功情节的刑罚适用。自首、坦白、立功情节是三个重要的法定从宽情节，一般情况下应从宽处罚，这是贯彻宽严相济政策的必然要求。自首和坦白是自愿接受国家审判的行为，通常具有悔罪、认罪表现，而立功是被告人到案后为从宽而检举他人犯罪，相对而言，其向善程度不如自首者，故在处罚上，自首者比立功者更要体现从宽。除对于具有犯罪后果特别严重、犯罪动机特别卑劣或者被告人为规避法律而自首的情形外，具有自首情节的一般要从宽。但具有立功情节的犯罪分子是否从宽，应以"功是否足以抵罪"为标准：虽有一般立功情节，但罪行极其严重，功不足以抵罪的，原则上不从宽处罚；有重大立功表现，一般要从宽处理；被告人亲属为使被告人得到从轻处罚，检举、揭发他人犯罪或者协助司法机关抓捕其他犯罪嫌疑人的，虽不能视为被告人立功，也可作为酌情从宽情节考虑。对于黑社会性质组织犯罪的首要分子、犯罪集团的首要分子、毒品犯罪中"毒枭"等，犯罪主体特殊性决定了其有可能掌握他人较多犯罪线索，即使检举揭发与其犯罪有关联的人或事构成重大立功的，从轻处罚也要从严把握。

（4）关于酌定量刑情节的适用问题

酌定量刑情节范围非常广泛，对适用刑罚，尤其对是适用死刑还是适用其他刑罚、是适用死刑立即执行还是适用死刑缓期二年执行，具有非常重要的意义，且其不像法定量刑情节那样有明确的法律规定，在适用时很难把握。对此高检《监督意见》指出：对于具有酌定处罚情节的死刑案件要综合分析，依法公正处理，做到法律效果和社会效果的统一。对于因婚姻家庭、邻里纠纷等民间矛盾引发的案件，考虑对被告人从轻处罚时，应分析被告人的行为是否造成了公共危害、从轻处罚是否有利于化解社会矛盾及促进社会和谐稳定；对于因被害方过错行为引起的案件，应当分析被害方是否确有过错行为、过错程度的大小、过错行为与矛盾激化之间的关系、犯罪后果的严重程度等因素；对于案发后积极赔偿被害方损失的案件，应当分析被告人是否真诚悔罪，全面考虑被告人的实际赔偿能力、赔偿落实情况、经济赔偿改变被害方的生活状况、抚慰其精神痛苦所起的实际作用，以及是否取得被害方谅解等因素，避免出现"以钱抵命"新的不公正现象。对没有特定目标的故意杀人、抢劫等严重危害社会秩序和人民群众安全感、罪该处死的犯罪分子，即使犯罪后积极赔偿得到被害方谅解，原则上不能从轻处罚。

（二）死刑二审案件出庭公诉重点

高检《意见》中明确指出：人民检察院派员出席死刑案件第二审法庭，是检察机关办理死刑案件的重要环节。出庭检察员必须坚持客观公正的立场，针对上诉、抗诉理由以及需要第二审法庭调查核实与定罪量刑有关的其他问题，突出庭审重点，科学组织证据，充分答辩论证，妥善处理庭审中出现的各种情况，依法维护诉讼参与人的合法权利。由此可见，出庭环节能否顺利完成对二审案件的办理工作至关重要，也是死刑案件办理质量的重要保证，必须引起我们的高度重视。

1．死刑二审案件庭审讯问重点

（1）二审庭审讯问的基本内容及目的

由于一审时公诉人已经就案件事实进行全面讯问，二审上诉、抗诉是直接对原判认定的事实、采信的证据、适用的法律提出异议，其指向性明确，因此检察院不宜全面讯问。《规程》第三十条规定："讯问被告人应当针对法庭需要调查的事实，围绕抗诉理由、上诉理由以及对原审判决、裁定认定事实有争议的部分进行，对没有异议的事实不再全面讯问。

二审庭审讯问的目的有三个：一是"证真"，即对如实供述自己罪行的原审被告人，通过讯问印证原判决的正确，表明其认罪态度；二是"证伪"，即对拒不如实交待罪行的原审被告人，通过揭示其供述的虚假性，表明其认罪态度不端正；三是"辨真"，即对部分如实交待罪行的原审被告人，通过讯问区分哪些供述是真实的，哪些供述是虚假的，以便为后续的举证、质证、辩论埋下伏笔。

（2）二审庭审发问的形式

死刑二审案中控辩双方对争议的焦点较明确，出庭检察员讯问原审被告人也是紧紧围绕争议焦点而展开的，所以讯问时当然会遭到原审被告人反驳，完全参照一审发问往往一开始就陷入僵局。因此，发问应适当结合证据展开，针对宣读出示的证据当庭直接对原审被告人进行讯问，这种发问方式有利于在庭审中赢得主动，起到事半功倍的效果，有利于审判人员及听审群众及时、准确了解事实真相。在发问过程中要注意：

一是在结合证据讯问时要抓住要领，简明扼要，不宜照本宣科。充分运用原审判决采信的证据和二审补充出示的有关证据对原审被告人进行综合性讯问，揭露事实真相，迫使原审被告人作出真实供述，即使不供也使案件的真实情况得到反映和证明，击溃原审被告人抵赖和无力辩解。

二是善于从证据间捕捉原审被告人辩解的漏洞和矛盾点进行讯问，切不可漫无边际、无的放矢。原审被告人推翻原始供述，提出辩解与原始供述有明显出入的，可向法庭宣读一审原供述来揭示矛盾；原审被告人提出辩解与其他证据之间有明显矛盾的，检察员可以先问几个有证据证明的事实，再抓住证据有原审被告人辩解中的矛盾，结合证据有机组合发问，致被告人于不能自圆其说的境地，戳破其谎言。

三是运用证据综合分析的方法进行讯问。出庭检察员应将原审证据和补充的证据串联起来，在对证据归纳、分析、论证的基础上进行讯问，证明其正确论点，达到揭露犯罪、证实罪行、澄清事实、制服罪犯的目的。如吕某强奸杀人案，吕某一直否认其有强奸意图，称被害人与其自愿发生的性行为，而被害人陈述与吕某素不相识，被吕强奸是在凌晨3点，被告人系撬窗而入，被害人在挣扎呼救过程中，被告人将被单撕破堵住被害人的嘴，并将被害人的嘴弄破。现场勘查窗有撬痕、有撕破的被单、法医鉴定被害人的嘴角被撕破。针对上述情况，检察员结合法医鉴定被害人身体上的伤痕、犯罪时间及地点进行综合分析，当凌晨3点、撬窗、撕被单堵嘴、弄破被害人嘴角这一系列元素形成链条时，原审被告人无强奸意图的辩解也就不攻自破了。

四是采取迂回和堵截方式进行发问。二审庭审期间，由于一审证据曝光后原审被告人对证据比较熟悉，因此二审发问一般不宜直接向原审被告人挑明讯问目的，触动所要问的问题，而应使其摸不透我们的讯问意图，采取先堵住他们退路，再扫清外围漏洞的形式向原审被告人讯问，讯问时逻辑严密、环环相扣，做到指东问西，切忌顾此失彼，影响讯问效果。

（3）二审庭审讯问常见情况应对策略

第一，对承认犯罪事实，只对量刑有异议的原审被告人的讯问。这类被告人一般对原审判决认定的事实及证据均无异议，在陈述阶段对自己的犯罪事实均予以供认，只是对量刑情节有所辩解。对这类被告人的讯问，重点要问清与量刑有关的事实和情节。力求简单明了，针对其陈述过程中遗漏的情节，或是一审调查时疏漏的环节需要提醒法庭注意的情节有目的进行讯问。如范某故意杀人案，侦查机关没有带原审被告人指认现场，因此在二审阶段，就应针对此环节，详细讯问原审被告人作案现场的情况。

第二，对只否认部分事实的原审被告人的讯问。检察员应先就原审被告人所作的供述是否属实进行讯问，若回答不属实，要问明何处不属实。对原审被告人否认的部分，检察员宣读相关证据采用"长问短答"的形式对原审被告人进行讯问。因为这类原审被告人抗拒心理较强，如果问其何种为真的，或者为何当庭否认，都不能有效地问出结果来，而且可能会让原审被告人纠缠，导致出庭讯问被动。这种结合证据，点到为止的方法，足以给合议庭及旁听者留下原审被告人当庭陈述不可信的印象，也避免了与原审被告人做无谓的纠缠。

第三，对承认实施行为，否认自己在主观上有犯意的原审被告人的讯问。鉴于犯意通常不像行为可以直接看到，对此，检察员应从主观见之于客观上来把握发问的重点，结合案件的证据，抓住原审被告人的破绽，通过讯问将原审被告人真实的主观心态层层剥露出来。

第四，对先供后翻的原审被告人讯问。对于当庭否认犯罪或部分否认指控的原审被告人，检察员需要根据案件的证据条件结合原审被告人的以往的供述情况，选择原审被告人当庭供述中的最薄弱的环节来进行发问，具体可分以下几种情况处理：

①原审被告人到案后作多次有罪供述时有审讯录像的，在讯问时可以直接指出其过

去作过多次有罪供述，现在又否认并称是被迫的这与事实不符，要求法庭播放首次讯问录像，直接揭穿原审被告人的谎言。

②原审被告人到案后在作有罪供述后，对笔录进行过多处修改的，检察员可出示笔录，指出其中的修改之处，证明原审被告人所谓"没阅看笔录"或是"被迫签字"是不属实的，揭穿其谎言。

③原审被告人翻供的理由明显违背生活逻辑的，检察员可指出其中荒谬之处来揭穿谎言。

④有的原审被告人以往的有罪供述具有先供后证的特点，检察员可以用此特点来讯问被告人，也可以揭露被告人无罪供述的虚伪性。在讯问时可先问被告人，原来的有罪陈述是到案后何时作的？然后提请审判长许可将原审被告人的第一份有罪供述出示给原审被告人辨认，向法庭说明这份笔录是经原审被告人签字或对原审被告人宣读过的，再宣读这份笔录，并指出其中的那几项内容在原审被告人到案前是侦查机关尚不掌握，在原审被告人主动交待后才被查明的，因此原审被告人所谓被迫的理由是不能成立的。

第五，对共同犯罪案件的原审被告人的讯问，讯问顺序先易后难，先对如实供述的其他被告人发问，再对翻供的原审被告人作重点突破，寻找他们之间的矛盾点，揭露矛盾，利用矛盾，解决矛盾。

2. 死刑二审案件庭审举证、质证重点

举证方面，与一审全面举证不同，《意见》中明确指出，二审法庭举证要紧紧围绕对上诉、抗诉意见具有重要影响的关键事实和证据进行。因此在举证时，需要分清主次，突出重点。针对一审庭审过程中已经出示的证据，进行适当的取舍。抓住那些能证明案件焦点问题的证据，并进行梳理，进行必要的重复，在令证据的证明力更加清晰有力的同时，增强庭审效果。举证需把握的几点：（1）对原审判决已经确认的证据，如果控辩双方均没有异议，不用重复举证。（2）对于有争议且影响定罪量刑的证据、对于新收集的与定罪量刑有关的证据，应当重新举证。（3）对一审开庭应当出庭而因故没有出庭的；二审期间发现新的证据，与一审的证人证言、被害人陈述、鉴定结论等有重大矛盾的；及在一审时已经出庭作证的证人，但有事实或证据证明，其在一审作证时可能存在虚假、伪证的等情况，应要求证人、鉴定人出庭作证。

质证方面，对于原审被告人及其辩护人提出的"与证据证明无关"的质证意见，出庭检察员可以说明理由不予答辩，并提请法庭不予采纳。原审被告人及其辩护人质疑证人证言、被害人陈述时，应当根据陈述情况，针对陈述中有争议的内容重点答辩；原审被告人及其辩护人质疑物证、书证、勘验检查笔录、鉴定结论时，应当从此类证据客观、稳定以及取证程序合法等方面有针对性地予以答辩。对于诉讼参与人提交的新证据和原审法院未经质证而采信的证据，应当要求当庭质证。

此外，出庭检察员在举证、质证时，要善对证据进行归纳和总结，结合讯问分层次、分阶段举证、质证，剖析错综复杂、含混不清的表象，揭示案件实质，确定案件性质、证据、危害程度、被告人态度、舆论倾向、量刑幅度和社会影响。对复杂、疑难的案件，要善于运用多媒体示证系统，增强出庭效果，为二审判决、裁定奠定一个良好基础，同时为二审辩论赢得主动权。

3. 死刑二审案件庭审辩论重点

一审辩论是站在指控的角度，就起诉书指控的犯罪事实及相关证据做进一步阐述，

以此认定被告人的行为构成犯罪。而二审辩论的不同之处在于，检察员是从客观的角度出发，根据原审被告人的犯罪事实，论证一审判决适用的法律条款是否恰当，并就一审判决发表维持或改判的建议。对控辩双方认识基本一致、或原审被告人及其辩护人提出的意见不影响对被告人定罪量刑或者与案件无关时，检察员可以不予辩论或只做简单说明。高检《意见》中明确指出，法庭辩论阶段，出庭检察人员要在归纳法庭调查所举证据的基础上，就原审判决认定的事实和适用的法律进行全面评判。围绕控辩双方在事实、证据、法律适用和量刑方面的分歧焦点，依据事实和法律，客观公正地发表出庭意见。

（1）庭审答辩的范围

法庭辩论中，被告人及辩护人的辩护发言，有些是长篇大论，涉及问题很多但论点不突出或纠缠于枝节，甚至是一些与案件无关的问题。因此在辩护中所提的问题不可能有问必答，而应紧紧围绕涉及定罪量刑的问题进行答辩。

司法实践中，对以下问题一般应予以答辩：有关否定原审判决书认定犯罪事实的问题要进行答辩；对原审判决的定性提出异议的要进行答辩；对提出否定原审被告人主观上有故意或过失的问题要进行答辩；对否定原审被告人从重处罚情节的问题要进行答辩；对避重就轻，推卸罪责或嫁祸于人的观点和问题，要进行答辩；对歪曲法律、编造事实的观点和论调，要进行答辩；对牵强附会，随意曲解并扩大解释法律范围的要进行答辩。

对以下五个问题，可以不予答辩：对辩护方提出的正确意见，可以实事求是地表示同意，或以默认表示认同；已经充分阐明了的观点，不作重复答辩；对一些不影响定罪量刑的枝节问题，一般不予答辩；对辩护人提出的与本案无关的问题，可不予答辩；对同案犯之间互相推诿争辩，不影响定罪量刑的问题，不予答辩。

（2）常见上诉、辩护理由的答辩要点

第一，原审被告人供述与证人证言之间及证人证言相互之间在一些细节的陈述上不一致，证据间存在矛盾，不能排除这些矛盾，本案事实不清，证据不足。

答辩要点：在一审采信的证据中，确实有一些不一致的地方，但这种不一致仅限于不影响事实认定的个别枝节问题。这些枝节问题的存在，是符合客观规律的。因为，不同的人，由于知识构成不同，精力不同，决定了他们的注意力、感受力、判断力和记忆力都是有所不同的，更主要的是，由于在犯罪事件中所担当的角色不同，所承担的法律后果更是不同，决定了他们在出证时的态度也有所不同。在多次、反复的犯罪活动中，要求原审被告人记清楚所有的细节，也确实是强人所难。因此，言词证据个别细节不一致是正常的，不影响本案的认定。

言词证据存在一些不一致之处，从另一个角度看，说明了侦查工作是在自然状况下形成的，说明了侦查人员没有为了可以追求证据间的一致而违反规定收集证据，也说明了相关当事人所作陈述都是他们真实意思的表示。

第二，突发性杀人案件，辩护人往往以原审被告人事先无预谋，是临时起意，原审被告人与被害人无生死利害关系，甚至不相识的特点，把故意杀人行为辩护为故意伤害行为。

答辩要点：首先从刑法理论上解释清楚故意杀人和故意伤害的区别是什么：一是侵害的客体不同，故意杀人罪侵害的客体是他人的生命权利，而故意伤害罪侵害的是他人的身体健康；二是犯罪故意内容不同，故意杀人行为人主观意识表现为剥夺他人生命或对他人生命采取无所谓的态度；而故意伤害罪行为人的主观意识是损害他人健康，是明确的。其次，结合具体案件特点，抓住故意杀人罪的本质特征，描述原审被告人的客观行为，从其使用凶器的种类、杀伤部位、杀伤次数、打击程度、打击时间及造成的死亡后果，以及行为人事先、事中、事后的思想流露和表现来证明原审被告人对被害人的死亡结果是积极追求的，而非辩护人或原审被告人所说的间接故意或伤害故意。

第三，斗殴中杀人、伤害案件，辩护人往往抓住案件起因难以认定，双方都有过错，受害人亦是加害人的特点，将故意杀人、伤害行为辩护为正当防卫或防卫过当。

答辩要点：首先结合正当防卫的四个条件特征进行反驳：一是双方互殴行为均属违法行为（切忌回避被害人行为的违法性）；二是犯罪人的目的是为琐事争高低、逞强斗狠，而非为公共利益，本人或他人的正当利益免受不法侵害；三是犯罪人主观上有杀人或伤害的故意，而正当防卫行为人主观上是为保护公共利益，本人或他人的合法权益不受侵害，围绕这些特征，阐述行为人不具备正当防卫的条件。其次要结合犯罪人的客观行为，抓住这类案件犯罪的特点进行综合分析来反驳：一是故意的转化性，由斗殴转化为杀人；二是行为的突发性，有的斗殴是被害人引起的一般殴斗，双方均未有造成生命威胁的意图和行为，犯罪人在斗殴过程中突然使用凶器，致使损害后果升级；三是手段的残忍性，持凶器打、扎要害部位，或者连续打击、不顾后果；四是后果的严重性，造成他人健康权、生命权的损害。

第四，被害方在起因上有过错或对矛盾的激化有责任。

答辩要点：应从被害人有过错的三个条件来答辩：首先看被害人的过错是否是先在过错，被害人的过错行为必须是在他人无过错的情况下实施的，如果是在他人有过错前提下发生争执、互殴，不能认为被害人有过错。如果有证据证明是被告人先前实施了防卫挑拨，也不能认定被害人有过错。其次看被害人有过错是否是明显过错，在日常生活中的辱骂、争吵，虽是一种先在过错，但被害人责任较小，加害人应负完全责任。所谓明显过错是指明显违背国家法律或者社会道德的，足以使无利害关系的一般人对被告人产生同情。最后看被害人的过错是否犯罪发生的原因有关。被害人过错于犯罪的发生如果没有引起与被引起的关系，就不能以被害人有过错为由对原审被告人从轻处罚。如抢劫妓女的，不能以被害人有过错而对被告人从轻处罚。

第五，本案系民间矛盾引发，不宜适用死刑立即执行。

答辩要点：首先要明确民间矛盾的范围，并不是所有矛盾都是民间矛盾。民间矛盾指在普通老百姓之间因为日常生活琐事而发生的纠纷，比如家庭亲属内部矛盾、婚姻关系、邻里矛盾引发的纠纷等。但寻衅滋事，因黄赌毒等引发的，不能作为民间矛盾。其次，明确民间矛盾的性质，并不是所有民间矛盾都是酌定从宽情节，民间矛盾也存在对与错，善与恶，道德与不道德的区分，如借钱不还的，因奸情杀害本夫本妻的，贪图他人利益的，虐待老人的，蛮横霸道不讲理的等等都属于错、恶与不道德的，不能以此作为对原审被告人从轻处罚的理由。最后，即使案件系民间矛盾引发，还要综合案件的犯罪原因、犯罪情节，被告人前科、主观恶性，人身危险性、社会反映，被害人家属态度等法定、酌定情节具体评价，综合考虑。如果犯罪分子犯罪手段极其残忍、罪行极其严重、社会影响极其恶劣，即使案件系民间矛盾引发也不能对其从轻处罚。

第六，被告人在共同犯罪中出于从属地位，应当认定从犯，依法减轻、从轻或者免除处罚。

答辩要点：根据刑法规定和共同犯罪理论，从犯分为两种：在共同犯罪中起帮助作用的称为帮助犯；在共同犯罪中起次要作用的称为从犯。所谓帮助作用，是指在共同犯罪中，没有直接参加具体犯罪的事实，只是为共同犯罪提供方便，创造条件，排除犯罪障碍等。所谓次要作用，是指在共同犯罪中，参与实施了部分犯罪活动，但参与的不是主要行为或最严重的行为，其实施的具体罪行情节较轻，没有直接造成严重后果，或者参与主动性较弱，属于被引诱、欺骗参加犯罪的。可以结合具体案件进行如下答辩：本案中原审被告人参与了犯罪的实行，首先不能成立帮助犯，其次，原审被告人在犯罪事实中也不是起次要作用，这主要体现在：一是原审被告人参与犯罪的主动性，原审被告人积极参加犯罪，甚至纠集他人参加犯罪，在共同犯罪中体现出积极的主动性；二是原审被告人参与犯罪的重要作用，原审被告人的犯罪行为在共同犯罪中起了重要而关键的作用（可结合案件事实，历数原审被告人在共同犯罪中的行为），综合这两个方面，原审被告人在共同犯罪中不属于从属地位，不能认定为从犯。

第七，本案的发生上有许多客观因素的影响，不能仅从被告人身上找原因，社会也要承担一定的责任。

答辩要点：任何犯罪都是主客观因素共同作用的结果，任何犯罪人走上犯罪道路归根结底都是源自于环境的影响，但不能据此减轻对犯罪人的刑事追究。被告人在犯罪前没有受到任何客观因素的强制，被告人是在完全自由的状态下犯罪的，其今天在审判席上接受法律的审判完全是其咎由自取，完全是其主观犯罪心态的体现，不能从客观方面寻找原因。

主要参考资料：

1. 陈华杰著：《论死刑适用的标准》，人民法院出版社，2005年第1版。
2. 颜玉康：《刑事第二审检察》，法律出版社，2006年第1版。
3. 贺恒阳著：《故意杀人犯罪证据审查》，中国检察出版社，2007年第1版。
4. 雷光醒著：《酌定从宽情节与死刑适用》，刑事司法指南，2007年第3集。

第二十一讲
未成年人犯罪案件公诉方略

黄国华

自20世纪后叶以来，全球的未成年人犯罪数量不断激增，未成年人犯罪与环境污染、吸毒一起并称为当今世界三大公害，成为全球性的严重社会问题，未成年人犯罪的预防和刑事司法问题一直受到各国的普遍关注。由于未成年人刑事案件犯罪主体的特殊性，在公诉活动中应与成年人刑事案件适用不同的原则，采取不同的方式方法。

一、未成年人犯罪的主要特点

与成年人相比，未成年人在生理上正值青春发育期，精力旺盛；在心理上处于由幼稚转向成熟的过渡期，具有半儿童、半成年人的特点。未成年人身体发育不成熟，心理不稳定，辨别能力差，可塑性强，处于人生的过渡期，也是问题多发期、易发期，与作为社会的主要组成部分的成年人相比具有特殊性。未成年人这种身心发育的特殊性，在犯罪领域，主要表现为：犯罪动机的盲目性，实施犯罪的冲动性，对犯罪危害认识的幼稚性，犯罪组织形式的纠合性，犯罪手段的模仿性，犯罪原因的易控性等等。

根据我国《未成年人保护法》、《刑法》规定，"未成年人犯罪"，是指年满14周岁未满18周岁的人实施的严重危害社会的行为。未成年人的刑事责任能力，可依法划分为：相对有刑事责任能力，即年满14周岁不满16周岁的未成年人，仅对《刑法》第十七条第2款规定的8种严重暴力犯罪行为负刑事责任；减轻刑事责任能力（限制责任能力），即年满16周岁不满18周岁的未成年人，对《刑法》规定的所有犯罪均负刑事责任，但从轻处罚。

我国未成年人犯罪形势自20世纪80年代初以来一直呈现严峻态势。尤其是近年来，未成年人犯罪又呈现新的特征：

1. 未成年犯罪人规模大。2005年我国的未成年人总人数约为3.41亿，这一基数决定了未成年人犯罪数量也相当庞大，2005年全国被法院判定有罪的未成年人为82692人，占全国未成年人总数的2.4‰。

2. 未成年人犯罪呈稳定上升趋势。2001年全国被法院判定有罪的未成年人为49883人，2005年则为82692人，增长了65.77%；2001年全国被法院判定有罪的未成年人占全部刑事犯罪的6.68%，2005年则占9.81%。

3. 未成年人犯罪主体呈现"五多"趋势。一是为文化水平低的多；二是低龄主体有增多趋势。2001年全国被法院判定有罪的未成年人中，14~16周岁的占14.63%，2002年则占15.31%；三是女性未成年人违法犯罪开始增多。占全国同期未成年人犯罪总数的2%~3%；四是农民和闲散人员多。这两者在2001至2005年全国被法院判处的未成年人犯罪中占74%左右；五是重新违法犯罪增多。某市1993年抓获的未成年违法犯罪人中曾有过违法犯罪经历的占98%。

4．犯罪的暴力性色彩十分突出。2001至2005年全国被法院判处的未成年人犯罪中所犯罪名排在前五位的分别是：抢劫罪、盗窃罪、故意伤害罪、强奸罪和寻衅滋事罪。其中抢劫罪占全部的42%左右。

5．犯罪手段日趋成人化、智能化，反侦查、逃避打击的能力明显增强。

以上是全国近年来未成年人违法犯罪的总体形势，与我省近年来未成年人违法犯罪的总体情况基本一致。长春市朝阳区检察院通过对2005至2007年办理的272件456人未成年人刑事案件的分析，发现以下特点：（1）犯罪主体低龄化，未成年人刑事案件占受理案件的14.29%（同期全省比例为7.23%），呈高发态势；（2）团伙犯罪增多，占未成年人刑事案件的90%以上。主要是讲哥们义气，拉帮结伙，争强好胜，惹事生非；（3）流动人口（外来务工人员）犯罪增多，占未成年人刑事犯罪的65%；（4）单亲家庭子女犯罪多，占未成年人犯罪的85%。经过调查，主要有三类家庭：第一类是残缺型家庭（父母死亡或因犯罪而被判刑），第二类是离异型家庭，第三类是贫困家庭（被迫退学、辍学而过早地走向社会）；（5）侵财的案件多，占未成年人刑事犯罪的90%以上。

未成年人本身及其犯罪的特殊性决定了我们对未成年人犯罪应采取特殊的刑事政策、司法制度、社会防控措施，即对未成年人犯罪采取轻缓、宽松的刑事政策；在刑事司法中对未成年人犯罪坚持教育为主、惩罚为辅的原则，实行教育、感化、挽救的方针；坚持综合治理的根本方针，采取政治的、经济的、思想的、行政的和司法的等多种手段来预防、控制未成年人犯罪。

二、公诉部门办理未成年人刑事案件应坚持的几项制度

近年来，伴随着我国参与国际事务的深度和广度不断增强，承担国际条约义务的增多，我国在借鉴国外先进司法理念的基础上，在构建未成年人犯罪检控体系过程中，应坚持的几项原则：一是保障权益原则；二是全面调查原则；三是非监禁化和非刑罚化原则；四是分案处理原则；五是迅速简约原则。

全国检察机关在公诉工作实践中，对未成年人刑事案件的办理方式进行了一些有益探索，有的已经上升到制度的层面，为未成年人犯罪案件的查处积累了一些有益经验。在此基础上，公诉部门还应在以下几个方面积极推进。

（一）慎用审前羁押

1．概述

对未成年犯罪嫌疑人、被告人适用强制措施问题，应坚持"审前羁押例外"、"就轻避重"、"慎拘少拘、慎捕少捕"原则，针对未成年人的特点，采用更为适合的其他非羁押性强制措施，如监视居住、取保候审。这一原则与国际通行的未成年人刑事司法准则相一致。如1985年《联合国少年司法最低限度规则》（《北京规则》）规定："审前拘留应仅作为万不得已的手段使用，而且时间应尽可能短。"1989年联合国《儿童权利公约》规定："对儿童的逮捕、拘留或监禁应符合法律规定并作为最后的手段，期限应为最短的适当时间。"2004年第17届国际刑法学大会（北京）通过的《国内法与国际法下的未成年刑事责任决议》再次重申："只有在例外的情况下才能对未成年人实行审前羁押。……对不满16周岁的未成年人应尽可能不实行羁押。"虽然我国《刑事诉讼

法》对未成年人采取强制措施的条件并没有特殊规定，但2006年高检院《人民检察院办理未成年人刑事案件的规定》弥补了立法的不足，明确规定办理未成年人刑事案件应该"慎用逮捕措施，可捕可不捕的不捕"。

我国现行刑事诉讼法规定的五种强制措施中，取保候审是一种相对缓和的非羁押性强制措施，具有充分保障犯罪嫌疑人、被告人的权利、节约国家司法资源、防止犯罪嫌疑人、被告人在监所交叉感染等优越性，对未成年犯罪嫌疑人、被告人较为适宜。但是，我国《刑事诉讼法》规定的五种强制措施的目的仅是"保证刑事诉讼活动的顺利进行"这一工具价值，而非兼顾"保障犯罪嫌疑人、被告人权益"，在适用条件上也没有对未成年人和成年人做出区分，并未明显向未成年人倾斜，只是在高检院的司法解释作了一些规定，实践中由于司法理念滞后、未成年人法律知识欠缺、家庭经济条件所限、法定代理人消极申请等原因，未成年人适用取保候审的比率并不大。

2. 存在的问题及对策

对未成年犯罪嫌疑人、被告人适用取保候审在实践操作中存在的主要问题：

（1）受取保候审的适用对象和条件所限。未成年犯罪嫌疑人、被告人不属于刑事诉讼法第五十一条、六十条、六十五条、七十五条明确规定的"可以"取保候审的范围。

（2）保证人范围狭窄。对一些没有监护人、流窜作案或亲友不愿做保证人的未成年犯罪嫌疑人、被告人来说，取保候审几乎不可能。

（3）缺乏权利救济制度。按照现行的法律制度，取保候审批准与否完全由公安、检察机关单方面决定，被告方（辩护方）完全处于被动、弱势的地位，没有相应的权利来救济、制约、抗衡。

（4）司法理念滞后。对于案件性质轻微、案情简单、事实清楚、证据固定较好，且犯罪嫌疑人、被告人没有逃避审判可能的未成年人刑事案件，即使到了审判阶段，法院由于怕承担被告人脱逃的风险，而不愿改变公安、检察机关已采取的羁押措施。

针对未成年犯罪嫌疑人、被告人适用取保候审制度存在的问题，我们建议在即将修改的刑事诉讼法中对未成年犯罪嫌疑人、被告人适用强制措施予以明确规定：

（1）对未成年犯罪嫌疑人应优先适用取保候审，审前羁押（拘留或逮捕）作为一种例外而非常规的措施和"迫不得已的最终手段"，或者规定对未成年人适用审前羁押的条件高于成年人。

（2）将保证人的范围扩大到青少年保护委员会等对未成年人负有保护责任的组织、团体的工作人员，以及未成年人的所在学校教师等。

（3）应明确规定在刑事案件立案后，侦查机关有义务为符合法律援助条件的未成年犯罪嫌疑人提供法律援助。并规定侦查机关对被拘留的未成年犯罪嫌疑人，应在12小时内明确告知未成年犯罪嫌疑人及其法定代理人，或者青少年保护委员会等未成年人保护组织的代表等适格保证人，可以为未成年犯罪嫌疑人申请取保候审，并在48小时内对他们提出的取保候审申请予以答复。

（4）应明确规定相应的权利救济制度。对未成年犯罪嫌疑人及其法定代理人（或其他适格保证人）提出取保候审申请后，不被公安、检察机关批准的，可以向上一级公安、检察机关申请复议，或不经复议直接向法院申诉，请求对审前羁押的合法性、合理性进行司法审查。

（二）全面社会调查制度

1. 概述

全面社会调查制度，是指司法机关在办理未成年人刑事案件时，除了应查明案件事实本身的各种情况之外，还应就未成年人的家庭情况、生活环境、成长经历、社会交往、性格特点、平时表现、导致犯罪的主客原因等进行全面、彻底的调查，必要时还可以进行医学、心理学方面的测试评估，并根据调查的结果选择最恰当的处理方法。建立未成年人刑事案件全面社会调查制度有其多方面的必要性：一是为司法机关对未成年人案件作适当处理提供了重要参考依据；二是对未成年犯罪人进行有效教育挽救的前提条件；三是对未成年犯罪人进行社会调查是借鉴国外关于"品格证据"经验的有益探索。

对未成年人犯罪案件进行全面的社会调查是国际社会未成年人司法准则之一。《北京规则》、《国内法与国际法下的未成年刑事责任决议》，以及俄罗斯、英国、日本、罗马尼亚等国的法律都有相关明确规定。

全面调查制度不同于我国《刑事诉讼法》第四十三条"全面收集证据"原则。无论从内容上还是从深度上来说，全面调查原则都超出了案件事实的范畴。最高司法机关对全面调查制度作了一些规定，各地检察、审判机关也进行了一些实践。《人民检察院办理未成年人刑事案件的规定》第十六条和2001年最高法《关于审理未成年人刑事案件的若干规定》第二十一条都有具体规定。许多地方的检察机关，在办案时坚持"四个见面、四个查清"，即与本人见面、与家长见面、与学校见面、与村（居）委会见面，查清犯罪原因、平时表现、犯罪年龄、犯罪事实，有针对性地进行思想教育，最大限度地挽救犯罪的未成年人，并为正确做出不起诉决定和提出量刑建议提供事实依据。

2. 存在的问题及对策

目前，我国的法律规定和实践操作均存在一些问题：

（1）社会调查主体。无论控辩审的哪一方进行社会调查，都可能有失全面性、客观性、公正性。可以考虑由司法行政机关（或青少年保护委员会等组织）承担。上海市长宁区检察院自1997年开始作了大量有益的探索。

（2）社会调查的启动时机。应在检察机关受理移送审查起诉后，因为侦查阶段是否构成犯罪不明确，提起公诉后进行社会调查，则能为检察机关作不起诉等处理提供必要参考。

（3）社会调查的方式。社会调查可以采取如电话、书信、面谈等多样化的调查方式。

（4）社会调查的效力。社会调查报告不涉及案件的基本事实，不具备证据的关联性，只能作为处理的参考材料而非证据使用。

（三）"合适成年人"讯问在场制度

"合适成年人"讯问时在场是指在讯问未成年犯罪嫌疑人时，应当有"合适成年人"在场（在看守所羁押的犯罪嫌疑人暂除外）。"合适成年人"应具有完全民事行为能力，品行良好，热爱、关心未成年人保护工作。"合适成年人"一般应为未成年人的监护人、亲属、教师、法律援助中心的工作者、社会工作者、未成年人保护组织的成员、合适的青年志愿者。与案件有利害关系、承办本案的律师、被判处过刑罚的人不宜担当"合适成年人"。

"合适成年人"在讯问中主要是保证未成年犯罪嫌疑人得到公平对待，其在场的目的是为被讯问的人提供意见并观察讯问是否公平合理，并协助该未成年人与讯问人员正常沟通。如长春市朝阳区检察院公诉二科2008年5月办理的未成年犯罪嫌疑人樊某（16岁）、王某（15岁）、李某（14岁）抢劫一案，犯罪嫌疑人王某、李某已取保候审，审查起诉阶段，办案人在讯问前依法通知王某、李某的法定代理人到场，王某的母亲到场，李某的父母离异，其父在外地打工、表示无法到场，母亲去向不明。办案人联系到李某的爷爷，并通知其到场，李某爷爷说："要我去干啥，我又没犯法！"经耐心工作，李某的爷爷讯问时到场。办案人问李某："你是怎么案发的？"李某表示没听懂。李某的爷爷对李某说："你别紧张，就是问你怎么被抓的。"被告人如实回答。讯问结束后李某和李某的爷爷分别在讯问笔录上签名。

《人民检察院办理未成年人刑事案件的规定》第十条规定："讯问未成年犯罪嫌疑人，应当通知法定代理人到场，告知法定代理人依法享有的诉讼权利和应当履行的义务。"但是该规定没有说明如果法定代理人不能到场或不到场应当如何处理。（如：外省、市流窜作案的未成年犯罪嫌疑人，法定代理人无法到场的情况）而"合适成年人"在场可以作为对未成年人实现"特殊保护"的救济措施。

在实践中我们感到："合适成年人"在场能够稳定未成年人情绪，使其在心理正常的情况下接受讯问，有助其正确理解问题和表达，避免不必要的纠缠，以提高工作效率；"合适成年人"到场有利于协助未成年人与办案人合理沟通，并监督讯问活动，防止冤假错案发生，维护其合法的诉讼权益。

（四）法律援助制度

1. 概述

刑事诉讼中辩护律师参与的程度和辩护权受保障的程度，是衡量一国刑事司法制度科学、民主程度的重要标志和衡量一国法治、人权状况的重要标准，已经成为各国刑事诉讼制度改革的重要目标。如联合国《关于律师作用的基本原则》第六条规定："任何没有律师的人在司法需要情况下均有权获得按犯罪性质指派给他的一名有经验和能力的律师，以便得到有效的法律协助，如果他无足够力量为此种服务支付费用，可不交费。"《保护被剥夺自由少年规则》第十八条规定："未审讯少年应有权得到法律顾问，并应能申请法律援助（如有这种援助的话），并能经常与其法律顾问进行联系。"《北京规则》第十五条规定："在整个诉讼程序中少年应有权由一名法律顾问代表，或在提供义务法律援助的国家申请这样的法律援助。"美国、俄罗斯、奥地利等国立法中都有相关规定。

2. 存在的问题及对策

我国的现行刑事诉讼法律援助（辩护）制度，仅指在审判阶段，法院为没有能力聘请律师的未成年被告人指定辩护律师制度。《刑事诉讼法》第三十四条规定："被告人是未成年人而没有委托辩护人的，人民法院应当指定承担法律援助义务的律师为其提供辩护。"因此，从法律规定和司法实践来看，我国的指定法律帮助只限于审判阶段，即只有法院才有为未成年人指定辩护人的义务，而在侦查和审查起诉阶段，刑事诉讼法没有规定公安、检察机关有此义务。2006年修订的《未成年人保护法》第五十一条对此仅有概括规定。1997年最高法、司法部《关于刑事法律援助工作的联合通知》，2000年高检院、司法部《关于在刑事诉讼活动中开展法律援助工作的联合通知》，2001年司法部、公安部《关于在刑事诉讼活动中开展法律援助工作的联合通知》，以及2005年最高法、高检院、公安部、司法部《关于刑事诉讼法律援助工作的规定》几个文件中对犯罪嫌疑人在侦查、审查起诉和审判阶段获得法律援助作一些规定。由于这些文件法律效力层次较低，缺乏可操作性和制约措施，只是规定公检法机关"应当告知诉讼权利"、"应当将申请转交法律援助机构"，而没有规定不履行该义务应承担的相应责任。公安、检察机关的一些办案人员司法理念滞后，认为律师介入都是为犯罪嫌疑人开脱罪责，不利于查清案件事实，所以不愿主动帮助犯罪嫌疑人、被告人申请法律援助，这几个文件在司法实践中执行的不够理想，在有的地方几乎形同虚设。

我们建议，在立法上明确规定：

（1）刑事诉讼法应明确规定在刑事诉讼的各个阶段，公检法机关和刑罚执行机关都有义务为未委托律师的未成年犯罪嫌疑人、被告人及未成年犯指定律师提供法律帮助，并规定违反此义务将承担程序违法的不利后果。

（2）建立健全各地的司法援助体系，逐步形成一支专门为未成年犯罪嫌疑人、被告人提供法律援助的律师队伍。在律师队伍比较薄弱的中西部地区，在大力发展律师队伍的基础上，应积极鼓励、支持、培训法律院校师生、基层司法行政人员和共青团、妇联工作人员等为未委托律师的未成年犯罪嫌疑人、被告人提供法律帮助。

（3）应保障对未成年人提供法律援助的经费，应以专项拨款方式或通过设立专门基金来加以解决。同时，提高支付给提供法律援助的律师的费用，逐步使之接近或者达到同类案件委托辩护的费用标准。

（4）完善对刑事法律援助工作的监管制度。应在支付授助律师援助报酬之前，需要审核授助律师提交的一份详细的结案报告。必要时，可以征求被告人、法定代理人、检察官、法官等的意见。并将律师完成法律援助工作的数量、质量作为其执业考评的内容之一。

（5）不仅仅是针对未成年人刑事案件的辩护（法律援助），而是要尽快解决在刑事诉讼中律师执业存在的普遍性问题特别是"六难"：会见难、阅卷难、取证难、通信难、申请证人出庭难和申请取保候审难，提高律师在刑事诉讼中的地位，并达到国际刑事司法的最低标准，履行我国政府加入的相关国际条约的义务。

（五）分案起诉制度

所谓分案处理、程序分离制度，是指将未成年人与成年人共同犯罪案件在程序上分离，对未成年人与成年人分别关押、分别起诉、分别审判、分别执行。分案处理制度已经得到国际社会的普遍认同，如《公民权利与政治权利国际公约》、《囚犯待遇最低限度标准规则》、《北京规则》等国际条约、准则提出"犯罪污染"对司法程序中的未成年人的影响。我国目前也规定了相应的制度，如《未成年人保护法》第五十七条和《人民检察院办理未成年人刑事案件的规定》第二十三条也有相应规定。其中，对于"分管分押"、"分别执行"这两项制度现在只是认真执行、进一步完善的问题。相比较而言，对分开起诉、分开审判制度理论研究的不深，司法实践较少，也没有相应的具体规定，值得我们认真研究探索。该制度在检察环节主要体现为分案起诉制度。

分案起诉制度，是指人民检察院对于受理的未成年人和成年人共同犯罪案件，在不妨碍案件审查起诉和开庭审理的情况下，对成年人和未成年人进行分案起诉，法院分案审理的制度。分案起诉的积极意义：一是有利于对未成年人进行特殊的司法保护；二是可以为未成年人创造良好的庭审氛围；三是有利于解决诉讼实践中存在的法律适用冲突问题（如对未成年人案件不公开审理，就剥夺了未成年被告人亲友旁听的权利）；四是有利于平衡判刑的社会效果。在共同犯罪案件中，审判机关往往考虑整个判决的量刑平衡，可能对成年被告人处刑也相应减轻，容易导致打击不力；五是有利于避免"法庭污染"现象。如有些成年被告人避重就轻甚至当庭翻供、拒不认罪的种种表现，很容易影响未成年人的认罪悔罪态度。

我们认为，分案起诉的时机应选择在整个案件审查完毕，决定向法院提起公诉后，此时案件事实已经清楚，是否符合分案起诉条件已经明朗，具有一定的确定性。另外，分案起诉应符合整个案件的客观需要，不能主观地、任意地分案，分案起诉不能影响整个案件事实的查清和同案犯责任的划分。

在分案起诉的具体应用中，我们认为以下几种情形不宜适用分案起诉：

（1）未成年人属于组织、领导犯罪集团进行犯罪活动或起主要作用的主犯或组织、领导犯罪集团的首要分子。因其在处罚时"要按照所参与、组织、指挥的全部犯罪进行处罚"和"按照集团所犯的全部罪行处罚"，若进行分诉分审，有可能造成庭审事实有误。

（2）未成年被告人所被指控的共同犯罪罪名属于必要的共同犯罪，即属于法定的必须由两人以上共同实施的犯罪，如聚众扰乱社会秩序罪、聚众斗殴罪，实行分案起诉有可能造成犯罪事实难以查清。

（3）未成年被告人被指控罪名的法定刑在10年以上有期徒刑、无期徒刑的，慎重起见，也不宜适用分案起诉。

（4）未成年被告人与成年被告人具有亲属关系，例如父子、兄弟关系的，合并起诉既不会影响对未成年人司法保护职能的实现，同时还可通过对亲属的教育工作间接地对未成年被告人进行更为全面的帮教。

（六）刑事和解不起诉制度

1. 概述

现今国际社会在处理未成年人犯罪案件时，本着加强对未成年人司法保护的宗旨，采取非犯罪化的刑事政策。如《北京规则》第十一条、联合国《关于检察官作用的准则》第十九条都有相关规定。检察机关如果将情节轻微、符合相对不起诉适用条件的未成年人案件起诉到法院，必然出现违背"教育为主、惩罚为辅"的原则和"教育、感化、挽救"的方针的诸多不良效果：（1）犯罪前科的存在，对未成年人以后的学习、就业、生活等方面带来一系列不利影响；（2）不利于对犯罪的未成年人的特殊预防。依据犯罪学的"标签理论"，未成年人被贴上"犯罪者"、"坏人"的标签后，在社会中到处受到歧视、排斥、侮辱，可能产生自弃甚至报复社会的心理，重新犯罪以及实施更加严重的犯罪行为的可能性较大；（3）我国的审前羁押期限过长，造成在看守所内未成年犯罪嫌疑人之间"相互学习"、"交叉感染"，审判中又出现"法庭污染"；

（4）造成司法资源的极大浪费和增加刑事诉讼参与人的诉累。

《人民检察院办理未成年人刑事案件的规定》第二十、二十一条的规定，对未成年人适用相对不起诉作了相对明确的规定。吉林省自2005年起在公诉工作考评中取消了对普通刑事案件不起诉率的考评，仅将其作为公诉案件质量预警指标。

2. 基本构想

2008年我们又制定了《关于开展刑事和解不起诉改革试点工作的指导意见（试行）》，在4个基础院进行试点，进一步探索刑事和解不起诉的有效模式，进一步规范刑事和解不起诉工作，以期在全省统一实施标准、规范程序运作。主要内容有以下四个方面：

（1）综合考虑因素：①犯罪的社会危害性；②犯罪主体的特殊性（未成年人）；③犯罪人的主观恶性；④案件性质和起因（是否由民间纠纷引发，被害人是否有过错）；⑤同时期本地区总体治安状况，同类犯罪处理情况等。

（2）适用原则。除遵循刑法、刑事诉讼法的基本原则外，还应坚持：①犯罪嫌疑人自愿认罪、真诚悔罪原则；②当事人意思自治原则；③公共利益原则。不能损害国家、社会或其他人的合法权益。

（3）适用的实体条件。适用于依法可能判处3年有期徒刑以下刑罚，同时具有法定或酌定的从轻、减轻或免除处罚情节的轻微普通刑事案件：①案件事实清楚、证据确实充分，适用法律无争议；②犯罪情节轻微。包括：未成年人实施的轻微刑事案件，过失犯罪案件，刑事诉讼法和司法解释规定的8种"可自诉可公诉的"轻微犯罪，初犯、偶犯、从犯等；③具有法定或酌定的从轻、减轻或免除处罚情节；④犯罪嫌疑人自愿认罪、真诚悔罪；⑤被害方谅解且双方达成和解协议；⑥和解内容合法且已履行完毕。

（4）操作程序。检察机关公诉部门适用刑事和解不起诉，除严格执行刑诉法、刑诉规则的规定外，还应遵守以下程序：①告知。告知双方当事人就民事部分有权和解以及和解对案件处理的影响等；②审查。着重审查犯罪嫌疑人认罪的真实性、双方和解的自愿性、和解协议的合法性、和解协议的履行情况；③确认。对符合适用条件的依法定程序作出相对不起诉决定；④公开审查。对在当地有较大社会影响或具有代表性的案件，按照高检院《人民检察院办理不起诉案件公开审查规则（试行）》进行公开审查，增强不起诉决定的社会公信度；⑤教育矫正。依法予以训诫或责令具结悔过、赔礼道歉，对未成年人还应积极配合有关部门推行社区矫正等帮教措施；⑥权利保障。刑事和解不影响当事人申诉、自诉等法定诉讼权利的行使。

刑事和解不起诉是在不违反我国刑事诉讼法、刑法的前提下，为提高诉讼效率，切实保障当事人的合法权益，促进社会和谐，依法适用相对不起诉的一种具体方式，其合法行使对于在一定程度上弥补和克服法律规则自身的局限性和僵硬性，实现个别公正，节约诉讼资源具有积极价值和重要意义：一是有利于缓解社会矛盾，促进和谐社会的构建；二是有利于检察机关依法、全面、充分运用公诉裁量权；三是有利于诉讼经济；四是有利于保障被害人的利益；五是有利于轻微犯罪人重返社会；六是有利于遏制潜在的司法腐败。比如长春市朝阳区检察院公诉二科2007年10月办理的未成年犯罪嫌疑人谭某、邵某二人故意伤害一案，此案因同学之间在饭店吃饭时发生口角而引发，犯罪嫌疑人对被害人范某（未成年）殴打致轻伤。此案被害人范某的父亲多次上访缠诉，经本院多次调解，促使双方在自愿的基础上达成赔偿、和解协议并履行后，依法建议公安机关撤销案件。

3. 遇到的问题及解决建议

目前，在推行刑事和解不起诉制度中遇到了以下主要问题：

（1）公检法机关贯彻刑事政策不协调。特别是公安机关往往认为不起诉是对其侦查工作的否定，并且规定：作相对不起诉处理的案件，不计入民警的主要考核依据——打处数。

（2）部分市级院仍将普刑案件不起诉率作为对下考评的重要指标（省院已经取消）。

（3）缺乏来自外部的制度性、规范化的监督机制和必要的、系统的社会帮教机制。检察机关没有精力对被不起诉人进行长期帮教。

对于这些问题，我们建议：

（1）高检院加强与公安部的协调，必要时向中央政法委报告，取消公检法机关存在的打处率等不符合宽严相济刑事政策的考核指标。

（2）全省各级院均不再将普刑案件不起诉率作为考评指标，但仍作为公诉案件质量动态预警的重要指标。

（3）高检院在部分试点地区适当放宽人民监督员监督案件的范围，即在刑事和解不起诉中引入人民监督员监督，这样既可以规范不起诉权、增强刑事和解不起诉的合理性和合法性，也会赋予人民监督员制度更多的合理性和合法性。

（七）集中办理制度

1. 总体情况

上海市和江苏省连云港市进行了试点，取得了良好成效。2008年初，吉林省检察院公诉一处起草了《关于试点设立办理未成年人刑事案件专门机构的报告》获得省院党组通过，已与省法院协商，选定了长春市朝阳区、吉林市船营区、辽源市龙山区进行联合试点，集中办理城区的未成年人刑事案件，有利于统一本地区未成年刑事案件的执法标准；有利于拓展职能，开展"两个延伸"，建立捕、诉、防一体化机制，积极参与未成年人犯罪的预防和矫正；有利于建立一支能够较好把握未成年人的心理生理特点和犯罪特点的专业化检察队伍。

2. 试点院情况

（1）长春市朝阳区院：2007年3月，该院组建了公诉二科（配备检察员4名、书记员1名），专门办理未成年人刑事案件。2007年3月至今，该科共受理未成年人刑事案件123件258人。该院的主要做法：一是"合适成年人"讯问在场机制，稳定未成年犯罪嫌疑人的情绪；二是刑事和解不起诉制度，使轻微犯罪的未成年人避免"前科"标签对其升学、就业的不利影响；三是侦、捕、诉工作衔接机制与量刑建议，社会调查与社区矫正机制；四是调研、宣教、普法、预防一体化工作机制。该科撰写的未成年人刑事案件调查报告，已报高检院公诉厅。

（2）吉林市船营区院：2008年6月，该院率先成立了捕、诉、防一体化办案模式的"未成年人刑事案件检察科"（共5人），集中办理吉林市城区（船营、昌邑、龙潭、丰满、高新、经开）的未成年人刑事案件。成立两个多月，该科共受理提请批准逮捕案件17件30人，移送审查起诉案件20件37人。该院的主要做法：一是制定了《未成年人刑事案件检察科工作细则》，规范"未检"工作；二是坚持法律与政策相结合，正确适用逮捕、起诉标准，切实贯彻宽严相济刑事政策，能不捕的不捕、能不诉的不诉；三是融情于法，彰显人性化理念，努力落实帮教措施，追求最佳办案效果；四是拓展"未检"工作思路，延伸帮教触角，构建未成年人犯罪预防教育体系。

（3）辽源市龙山区院：2005年5月，该院成立了未成年人刑事案件检察科，实行捕、诉、防一体化的办案机制。该院的主要做法：一是尝试分案处理。在一定条件下，对未成年人和成年人共同犯罪案件，分案批捕、起诉、审理；二是审查起诉中坚持"三见面"（家庭、学校和社区）和"四查清"（案件事实、出生日期、犯罪原因和家庭情况）；三是依法适用不起诉和探索暂缓不起诉制度。

3. 遇到的问题及解决建议；

遇到的主要问题：

（1）省检察院与省法院推进未成年人刑事案件集中管辖试点工作的步伐较慢。

（2）办理未成年人刑事案件需要投入较大的人力、精力、物力，这在集中管辖的试点单位更为突出。

（3）缺乏对未检工作的专项考评机制，大部分基层院的未检工作与公诉、侦查监督工作混在一起。

解决的对策建议：

（1）省检察院与省法院加快推进未成年人刑事案件集中管辖试点工作，争取省委政法委牵头协调公检法机关，并帮助解决人员编制、办案经费等问题。

（2）全省各级院公诉部门都应针对未成年人犯罪的特点，借鉴试点院的经验做法，除集中管辖试点外，均应设立专门的办案组，提高人员与办案的专业化程度。

（3）建议将未成年人刑事案件检察工作纳入公诉部门的考评中。

（八）社区矫正

2003年7月最高法、高检院、公安部、司法部发布《关于开展社区矫正试点工作的通知》，正式开始进行社区矫正试点工作，各试行地区的工作成果证明了社区矫正能够利用各种社会资源，整合社会各方面力量，对罪行较轻、主观恶性较小、社会危害性不大的罪犯，或经过监管改造、不致再危害社会的罪犯在社区中进行有针对性管理、教育和改造，最大限度地化消极因素为积极因素，维护社会稳定，增强刑罚效能，降低行刑成本。

但是，两高两部《关于开展社区矫正试点工作的通知》在适用范围上也有其局限性。该《通知》规定：社区矫正只适用于"5种犯罪的生效判决、裁定"。将检察机关的相对不起诉决定排除在外，不能不说是社区矫正制度的一大缺憾。此外，还应将"因相同性质的违法行为多次（3次以上）受到治安处罚的"未成年人纳入社区矫正的适用范围，提前进行预防。

另外，在社区矫正的实际实施过程中，还应当从指导思想、适用范围、参与力量、执行措施等方面进一步探索，以使社区矫正真正融入我国的刑事执行体系和未成年人犯罪司法体系之中。

三、未成年人刑事案件的出庭、预防和应注意的问题

（一）未成年人刑事案件出庭公诉方式

1. 掌握未成年人犯罪特点，突出教育、感化、挽救方针

出席未成年人刑事案件的法庭，不同于出席成年人刑事案件的法庭，针对未成年被告人具有的可塑性强、易改造的特点，不能照搬出席成年人刑事案件的法庭的经验和方法，必须针对未成年人的身心特点和具体案情，即要揭露、证实犯罪，又要达到教育、感化、挽救的目的。整个出庭公诉工作都要紧紧围绕这一指导方针，要充分体现以教育为主、惩罚为辅的基本原则，把法庭当作教育、感化、挽救未成年被告人的主要平台。

2. 认真做好出庭准备工作

（1）准确认定犯罪事实。这是教育、感化、挽救未成年被告人的基础，也是以理服人，让未成年被告人认罪、悔罪的前提；

（2）掌握未成年被告人的心理状态，并对其进行接受审判的教育，必要时，可以再次讯问被告人；

（3）与未成年被告人的辩护人交换意见，共同做好教育、感化工作；

（4）进一步熟悉案情，深入研究本案的有关法律政策问题，根据案件和未成年被告人的特点，拟定出庭预案、公诉意见书和针对未成年被告人进行法制教育的书面材料。

3. 出庭公诉方式应充分注意未成年人的身心特点

公诉人对事实清楚的部分，一般不要反复讯问，防止引起未成年被告人反感；要注意掌握未成年人自尊心强、爱面子的心理特点，发言时应当语调温和，并注意用语文明、准确，通俗易懂；对于未成年被告人情绪严重不稳定，不宜继续接受审判的，公诉人可以建议法庭休庭。

4. 提高公诉意见质量，注重教育效果

首先，要结合案情阐明有关法律规定的具体含义、指明被告人行为的危害性，以法服人；

其次，分析被告人犯罪的主客观原因，针对具体犯罪原因进行相应的法制教育、人生观和价值观教育，促使未成年被告人深刻反省、吸取教训，为以后改造奠定基础、创造条件，以情动人；

最后，提出合理量刑建议，对符合缓刑条件的可当庭建议适用缓刑，以理服人。

（二）防止贯彻教育、感化、挽救可能出现的偏差

对未成年人刑事案件固然要坚持教育、感化、挽救方针，但是，也要防止出现偏差、走向极端。比如不能不查明案件事实，不分是非，就无原则地"和稀泥"、"促和谐"；不能千篇一律，不抓住每一名未成年犯罪嫌疑人、被告人的犯罪具体情况和个性特点，缺乏针对性，空洞说教。对未成年人刑事案件要坚持严而不厉、宽而不纵、感化不弱化的策略。

近年来，有的司法机关处理未成年人刑事案件只重视"教育为主"，没有正确贯彻"区别对待"的原则，没有把握好宽严相济的"度"，对未成年人刑事案件搞"一刀切"，存在过宽的倾向。比如有的检察机关过宽地采用不捕、不诉甚至暂缓起诉等，有

的法院则不加区分的判处缓刑、免予刑事处罚等非监禁处罚，使一些有前科劣迹、不思悔改的未成年惯犯、累犯、共同犯罪的主犯、多次被劳动教养，甚至一些严重暴力犯罪，都没有受到应有的惩罚。使得一些未成年人认为，未成年人司法制度是仁慈的、宽大为怀的，国家和社会对未成年人的违法犯罪是能够容忍的，增强他们本来已有的无政府主义，更加藐视法律的权威，有恃无恐，更加放纵自己，以致重新犯罪、犯重罪。

所以，我们办理未成年人刑事案件应将执行法律与执行刑事政策有机结合起来，将原则性与灵活性结合起来，注重法律效果和社会效果的统一，综合考虑法、理、情各种因素，全面权衡利弊，区别对待，克服单纯执法、机械执法的思想，使未成年人刑事诉讼活动更具有针对性和人性化，更好地起到一般预防和特殊预防的积极作用。

（三）遏制和预防未成年人犯罪的对策措施

未成年人犯罪的严重性、复杂性，使我们认识到对未成年人犯罪的预防、矫治，仅仅构建理想的未成年人犯罪检察工作制度乃至未成年人刑事司法体系，都是远远不够的，因为未成年人犯罪是一个严重的社会问题，其发生是有着经济发展、文化背景、社会环境、司法体制以及家庭、学校教育不当等多方面的原因，涉及社会、学校、家庭和未成年人自身。因此，预防、矫治和减少未成年人犯罪的工作是一个宏大的社会系统工程，不是哪一个部门、一朝一夕就能彻底解决的，需要凝聚全社会的力量，共同为未成年人的健康成长创造良好的社会氛围，构筑起预防未成年人犯罪的牢固防线。我们建议，从以下几个方面加强未成年人犯罪的预防、矫治工作：

1. 健全、完善法律保护体系

现有法律、法规由于线条过粗，规定过于笼统，操作起来难度较大；同时要通过立法明确责任，打防结合，形成社会一体化。

2. 实施"家庭细胞"工程

家庭是社会的细胞，父母是子女的第一位老师，家庭教育是预防未成年人犯罪的第一道防线。父母首先要教育自己，从自身做起，学好人、做好人、做好事，用律己正己的思想和行动影响孩子，成为孩子的良师益友。另外，要有正确的成才观、人才观，要尊重孩子的人格，关注孩子结交的朋友圈。

3. 实施校园"育苗"工程

学校是未成年人成长的重要课堂，在学校不仅要让学生学习丰富的知识和技能，重要的是要培养学生的品行、素质和性格。充分发挥学校的主渠道作用，让未成年人树立正确的人生观、价值观、世界观。加强学生的思想品德教育和法制教育，把学生知法、学法、懂法、守法落到实处。

4. 实施爱心"帮教"工程

对犯罪的未成年人，要坚持教育为主，惩罚为辅的原则，实行教育、感化、挽救的方针；要争取、动员犯罪未成年人亲友的配合和支持，以利改造未成年人罪犯，防止重新犯罪；抓好社会闲散未成年人的引导、管理和教育，分类帮教；切实落实刑释、解教未成年人的安置、就业、就学的措施，政治上不能歧视，生活上要一视同仁。

5. 实施社会"防护林"工程

充分发挥社区的齐抓共管优势，给青少年一个良好的成长环境。一要清理整顿学校周边的网吧、歌舞厅等娱乐场所，净化未成年人成长的文化环境。二要在社区开展创建

"未成年人法律学校"活动。三要在扩大就业机会的同时，应加大对待业人员的培训力度，预防无业人员的盲目而无序流动。

总之，预防和减少未成年人犯罪，应不断加深未成年人犯罪基础理论研究，借鉴国外有益经验，并总结我国司法实践经验，逐步构建中国特色的未成年人检察制度，并将其融入未成年人司法体系。除此之外，应综合包括司法机关在内的社会各界的力量，对未成年人犯罪进行综合治理，逐步建立起未成年人犯罪的预防、教育、挽救的社会防控体系。

主要参考资料：

①温小洁著：《我国未成年人刑事案件诉讼程序研究》，中国公安大学出版社2003年版。
②张远煌著：《犯罪学原理》，法律出版社2008年第2版。
③陈光中主编：《刑事诉讼法》，北京大学出版社、高等教育出版社2005年第2版。
④魏平雄、赵宝成、王顺安主编：《犯罪学教程》，中国政法大学出版社1998年版。

第二十二讲
刑事政策应用方略

陈 崇

在公诉工作中我们经常强调要注重执法与执行政策相统一，在执法中既要严格依法办事，又要体现刑事司法政策，从而实现办案的法律效果、社会效果的统一。为顺应构建和谐社会的要求，我们党提出了宽严相济的刑事司法政策。宽严相济刑事司法政策既不同于"严打"刑事政策，也不同于"宽缓"刑事政策，它包含了"严打"与"宽缓"两个方面，使我们执法从单一的"严"或"宽"变为宽严结合。这种转变为我们执法增加了难度，如何在公诉工作中划分和掌握宽严界限，成为我们必须面对的现实课题。

一、"宽严相济"是我国现阶段的基本刑事司法政策

为了正确理解这一政策的宗旨，我们有必要回顾一下政策提出的背景。2004年9月19日，中国共产党第十六届四中全会通过了"加强党的执政能力建设的决定"。其中，最广泛最充分地调动一切积极因素，不断提高构建社会主义和谐社会的能力，是四中全会提出的重大战略任务。并把和谐社会建设放到同经济建设、政治建设、文化建设并列的突出位置上。为此，各个领域相继调整了工作思路。同年12月，中共中央政治局常委、中央政法委书记罗干在全国政法工作会议上提出："正确运用宽严相济的刑事政策，对严重危害社会治安的犯罪活动严厉打击，绝不手软，同时要坚持惩办与宽大相结合，才能取得更好的法律和社会效果。"应该说那时所讲的宽严相济刑事政策的内涵与今天所讲的宽严相济刑事政策的内涵还不完全一致，仍然惯用惩办与宽大相结合的思维，即在严惩的前提下，体现宽大。但在2005年12月的全国政法工作会议上，罗干再一次强调政法机关要更加注重运用多种手段来化解矛盾纠纷，更加注重贯彻宽严相济的刑事政策，促进社会和谐稳定。并明确指出宽严相济是指："对刑事犯罪区别对待，做到既要有力打击和震慑犯罪，维护法制的严肃性，又要尽可能减少社会对抗，化消极因素为积极因素，实现法律效果与社会效果的统一。"

2006年10月，中国共产党第十六届六中全会通过了《中共中央关于构建社会主义和谐社会若干重大问题的决定》，在强调严厉打击严重刑事犯罪的同时，提出"实施宽严相济的刑事司法政策，改革未成年人司法制度，积极推行社区矫正"的司法理念。这表明宽严相济刑事司法政策的形成，是构建和谐社会的需要，是犯罪预防由特殊预防向一般预防的转变。

当时理论界对此有不同的争论，一种观点认为，宽严相济刑事司法政策的提出，是否有可能扩大执法不公的空间；还有一种观点认为，宽严相济刑事司法政策和惩办与宽大相结合政策属于同类政策，已经被1997年刑法吸收，再提出缺少现实意义。

笔者认为宽严相济刑事司法政策的提出，有其科学性和时代性。

（一）宽严相济刑事司法政策的提出是历史经验的总结

早在新民主主义革命时期，我们党对敌斗争就采取了区别对待的策略，实行镇压与宽大相结合的政策，取得了中国革命的胜利。建国后，仍是将惩办与宽大相结合政策作为对敌斗争、打击犯罪的基本策略。如：1979年《刑法》第一条就把惩办与宽大相结合的政策确定为制定刑法的依据。

但1997年《刑法》修订时删除了这一规定，将这一政策的精神渗透在刑法具体条文之中，如：对主犯、累犯、教唆犯等情形规定了从重处罚；对从犯、自首、未遂等情形规定了从轻、减轻或者免除处罚。

这一删除，体现了惩办与宽大相结合刑事政策与刑事法律的统一。同时，也标明它自身政策指导地位的结束。

但实际上，从1983年"严打"开始，惩办与宽大相结合的刑事政策基本变成没有影响力的政策，被当时"严打"的刑事政策所代替。所以，1997年对《刑法》第一条的修改，也可视为是变相的提高"严打"刑事政策的指导地位。

当然，严打刑事政策的形成，有它的社会背景和社会原因，也是一种必然的选择。由于社会当时处于由计划经济向市场经济的转型期，新的行为理念和社会规范没有完全形成，出现了犯罪高发现象。对此，通过严打震慑了犯罪，维护了稳定。

特别是1983年第一次严打，当时效果非常明显。但1988年以后，严重犯罪势态又开始上升，进入90年代，带有黑社会性质的组织犯罪开始形成。因此，中央于1996年春季在全国范围内再次发动一场新的严打斗争，结果还是不理想，严重刑事犯罪还是居高不下。中央又于2001年4月召开最高级别的"全国治安工作会议"，部署在全国范围内开展一次"严打整治"斗争，但至今犯罪仍处于高发期。可见，严打只能收到一时之效，起不到长治久安的作用，否则也不会有第二次、第三次严打，说明"严打"治标不治本。

（二）宽严相济刑事司法政策的提出是时代的要求

宽严相济刑事司法政策能够成为构建和谐社会这一政治目标的司法手段，体现了刑事政策从国家本位向社会本位的转变，反映了我们党和国家在新形势下对刑事政策的理性调整，也反映了我们党作为执政党对惩治犯罪的科学认识。一是体现以人为本的理念，采取教育、感化、挽救等多种手段减少犯罪；二是体现对被害人权益的保护，通过刑事和解，提升被害人在诉讼中的地位，有利于化解矛盾，促进和谐；三是对轻微刑事犯罪案件宽缓处理，减少诉讼环节，节省诉讼资源，有利于集中精力严厉打击严重刑事犯罪。

（三）检察机关贯彻宽严相济刑事司法政策的具体体现

为贯彻宽严相济刑事司法政策，高检院于2006年12月28日下发了《最高人民检察院关于在检察工作中贯彻宽严相济刑事司法政策的若干意见》（以下简称《若干意见》）。同时，对未成年人刑事犯罪案件和轻微刑事案件分别制定了《人民检察院办理未成年人刑事案件的规定》（以下简称《办理未成年人刑事案件的规定》）和《最高人民检察院关于依法快速办理轻微刑事案件的意见》（以下简称《快速办理轻微刑事案件的意见"》。可见，高检院对贯彻宽严相济刑事司法政策的高度重视。

其中，《若干意见》属于综合指导性文件，能使我们转变执法理念，明确执法方向，自觉地为大局服务。如：《若干意见》要求我们"把促进社会和谐作为检验检察工作的重要标准，有效的遏制、预防和减少犯罪"。再如：《若干意见》提出五个统一，惩治犯罪与保护人权的统一；法律效果与社会效果的统一；保护犯罪嫌疑人、被告人的合法权利与保护被害人的合法权益的统一；特殊预防与一般预防的统一；执法办案与化解矛盾的统一。《若干意见》充分体现了宽严相济刑事司法政策的理念，为检察机关创建和谐社会提供了保障。

而《办理未成年人刑事案件的规定》和《快速办理轻微刑事案件的意见》都属于专门性文件，落实了《若干意见》的宗旨。特点是：内容具体，容易操作。但要强调的是对未成年犯罪要注意设立专人或专门机构办理，特别是对既有成年又有未成年的共同犯罪案件，能分案的尽量分案，以体现对未成年人教育、感化、挽救的方针。

高检院公诉厅于2007年6月20日下发了《关于当前检察机关公诉部门贯彻宽严相济刑事司法政策情况和意见的通报》，要求各地公诉部门充分发挥职能作用，深入贯彻落实宽严相济刑事司法政策。

可见，宽严相济的刑事司法政策的提出是构建社会主义和谐社会、顺应新形势、符合新规律科学治国的需要，是我们党长期以来预防犯罪、控制犯罪的经验总结，是实现司法价值的客观要求。也就是说诉还是不诉，要依法从是否有利于促进和谐稳定、是否有利于化解社会矛盾的大局全面衡量。正确把握不起诉条件，依法适用不起诉，对于矛盾化解的、可诉可不诉的依法不起诉，确需起诉的，向人民法院提出从宽处理的量刑建议。

大家知道，所谓政策是国家或政党为实现一定历史时期的路线、任务而制定的总的行动准则。而刑事司法政策则应确定为：是为了实现一定时期的政治路线、政治任务而制定的关于惩治犯罪的总的行动准则。应该说这一行为准则的产生离不开社会发展的背景，更离不开党的行动宗旨，是与时俱进的体现，是司法理念上的转型，能够弥补法律滞后的弱点。这就需要执法者在执行现行法律时，要充分体现新的执法理念、新的刑事政策，目的是为大局服务。因此，刑事司法政策的作用是指导我们如何运用现行法律为大局服务。从历史上看，刑罚是打击犯罪、减少犯罪的主要手段，如社会治安不好的时候，刑罚体现的要重一些。但随着社会的发展，文明程度的不断提高，对犯罪如何处理也提出了新的要求。要以科学发展观的角度处理好这一社会问题，归根结底还是刑罚如何科学运用的问题，应对不同的主观恶性、犯罪情节、社会危害后果、犯罪后的悔罪表现体现出不同的刑罚处罚。既要体现执法的人性化、科学化，又要体现法治的强制性、严肃性。这一司法理念的变革需要刑事司法政策来调整，要用刑事司法政策指导具体法律的实施，体现社会效果和法律效果的有机统一。

二、公诉工作如何体现宽严相济刑事司法政策

笔者认为首先要确定一个工作思路，即：把办理轻微刑事案件作为突破点，把化解矛盾作为重点，把促进和谐作为亮点。

（一）宽严相济刑事司法政策的基本要求

所谓宽严相济刑事司法政策，就是根据社会治安形势和不同的犯罪危害性、主观恶

性、社会影响实行区别对待。该严则严，当宽则宽，宽严互补，宽严适度。具体说对严重刑事犯罪依法从严打击，对轻微刑事犯罪依法从宽处理。对严重犯罪中的从宽情节和轻微犯罪中的从严情节也要依法分别予以宽严体现。

可见，宽严相济刑事司法政策既讲宽又讲严，宽中有严，严中有宽，宽严结合，要符合构建和谐社会的需要。

1. 正确掌握严的标准

《若干意见》根据当前我国社会治安形势和犯罪特点确定了从严打击的范围和对象，即严重危害社会治安和破坏市场经济秩序的犯罪。具体是：

一要从重从快打击黑社会性质组织犯罪、恐怖犯罪、毒品犯罪以及杀人、爆炸、抢劫、强奸、绑架、投放危险物质等严重危害社会治安的刑事犯罪。

二要依法严厉惩治严重破坏金融秩序、侵犯知识产权、制售严重危害人身安全和人体健康的伪劣商品等严重破坏社会主义市场经济秩序的犯罪。

三要依法打击重大环境污染等破坏环境资源的犯罪。

在上述犯罪中，打击黑社会性质组织犯罪是重中之重。因为《若干意见》强调的是"从重从快打击"。

《若干意见》对贪污贿赂、渎职侵权等国家工作人员职务犯罪要求依法严肃查处。一是党政领导干部的职务犯罪；二是国家工作人员利用人事权、司法权、行政审批权、行政执法权进行权钱交易的职务犯罪；三是充当黑恶势力"保护伞"的职务犯罪；四是重大安全责任事故所涉及的职务犯罪；五是放纵制售伪劣商品的职务犯罪；六是企业改制、征地拆迁、资源审批和社会保障等工作中侵害国家利益和人民群众切身利益的职务犯罪；七是发生在基层或者社会关注的行业以及人民群众反映强烈的职务犯罪。

这里的"严肃查处"的对象，应该指那些罪行严重、拒不认罪、拒不退赃或者负案潜逃以及进行串供、毁证等妨害诉讼活动的犯罪嫌疑人、被告人。如果没有从轻、减轻情形，对这些人就不应从宽处理，包括缓刑。

而对于罪行较轻、真诚悔罪、证据稳定，特别是其中的过失犯罪，可以从宽处理。体现区别对待，严中有宽。

但要注意的是，上述严打重点是高检院根据2006年社会治安情况确定的。而高检院公诉厅在确定2008年工作重点中，又将打击重点确定为：坚决打击敌对势力、"三股势力"和"法轮功"等邪教组织的渗透破坏活动；依法从重从快严厉打击严重暴力犯罪、毒品犯罪、黑恶势力及有组织犯罪，抢劫、抢夺、盗窃等多发性侵财犯罪；依法从重从严惩罚金融诈骗、非法集资、制假售假、商业贿赂、侵犯知识产权和走私等严重破坏社会主义市场经济秩序犯罪，以及人民群众反映强烈的重大贪污贿赂、渎职侵权等职务犯罪。可见，从严打击重点是根据不同时期、不同地域的社会治安形势确定的，充分体现法律为形势服务、为政治服务。

这里要强调的是，严打的前提应该是犯罪事实清楚，证据确实充分。要做到以"准"字为前提，把好四关，即：事实关、证据关、程序关和适用法律关，避免冤假错案的发生。

实践中最突出的就是对死刑案件的处理。这类案件都属于严重刑事犯罪，都是严打对象。这与少杀、慎杀刑事政策如何衔接成为实践中的难解之题。笔者认为，对死刑案件处理时，应体现从严的一面。但少杀、慎杀的刑事政策又要求体现严中有宽的一面。

如：对案发后有自首、立功、积极赔偿损失以及在案件起因上或激化矛盾方面被害人有明显过错的案件，不能因为是严打的对象而对这些情形忽略不计。应根据行为人的主观恶性、犯罪情节、危害后果、被害人谅解程度等因素，综合考虑是否从严以及从严的幅度。

正确掌握从严打击的重点，有利于做到该严则严，以体现宽严相济的刑事司法政策，否则就会出现只宽不严的后果，造成不良的社会反响。如：国家食品药品监督管理局原局长郑筱萸因犯贪污罪、玩忽职守罪被判死刑一案。单从贪污649万元的数额看，不宜判死刑。但药品审批事关民生问题，直接涉及百姓安危，不容腐败横行。由于郑筱萸擅自批准降低换发文号的审批标准，造成"齐二药"假药、"欣弗"劣药的发生，出现了致死人命的后果。所以，对后果严重，社会影响极大的职务犯罪必须从严惩处，以定民心。再如：残害"小美"的徐某被判死刑一案，徐某因伤害、强奸被判死刑。虽然，徐某没有人命，但徐某明知被害人是未满14周岁的幼女而予强奸，又以特别残忍的手段致被害人失明，造成严重残疾，其犯罪情节特别恶劣，后果特别严重，又系累犯，社会影响极坏，民愤极大，属于从严打击范畴。因此，处理这类案件，要特别注意犯罪的危害性、犯罪情节和主观恶性等问题。虽然有少杀、慎杀的刑事政策，但也要充分考虑民愤极大的因素，要充分考虑法律效果和社会效果的有机统一。

2. 正确理解宽的宗旨

《若干意见》强调："在对严重犯罪依法严厉打击的同时，对犯罪分子依法能争取的尽量争取，能挽救的尽量挽救，能从宽处理的尽量从宽处理，最大限度地化消极因素为积极因素，为构建社会主义和谐社会服务。"这就不难看出从宽处理的目的是化消极因素为积极因素，通过社会的包容，使犯罪嫌疑人、被告人改过自新，积极回归社会，减少犯罪，促进社会和谐。这对执法者来说，是个新的、更高的要求。

《若干意见》确定的从宽处理的范围和对象：

一是对未成年人犯罪案件依法从宽处理；

二是对因人民内部矛盾引发的轻微刑事案件依法从宽处理；

三是对轻微犯罪中的初犯、偶犯依法从宽处理；

四是正确处理群体性事件中的犯罪案件。对一般参与者，要慎重适用强制措施和提起公诉。确需提起公诉的，可以依法向人民法院提出从宽处理的意见。

此外，《若干意见》还从如何体现宽严相济刑事司法政策的角度，确定了以下几点：

（1）正确把握起诉和不起诉条件，依法适用不起诉。充分考虑起诉的必要性，可诉可不诉的不诉。对于初犯、从犯、预备犯、中止犯、防卫过当、避险过当、未成年人犯罪、老年人犯罪以及亲友、邻里、同学、同事等纠纷引发的案件，符合不起诉条件的，可以依法适用不起诉，并可以根据案件的不同情况，对被不起诉人予以训诫或者责令具结悔过、赔礼道歉、赔偿损失。确需提起公诉的，可以依法向人民法院提出从宽处理、适用缓刑等量刑方面的意见。

（2）对于被告人认罪并积极赔偿损失、被害人谅解的案件、未成年人犯罪案件以及具有法定从轻、减轻情节的案件，人民法院处罚偏轻的，一般不提出抗诉。对于第一审宣判后人民检察院在法定期限内未提出抗诉，或者判决、裁定发生法律效力后六个月内未提出抗诉的案件，没有发现新的事实或者证据的，一般也不得为加重被告人刑罚而依照审判监督程序提出抗诉。

（3）建立快速办理轻微刑事案件的工作机制。对案件实行繁简分流，指定专人办理轻微刑事案件，体现宽严相济刑事政策。

这里需要探讨的是，前面所说的"符合不起诉条件的"应该是《刑法》一百四十二条第二款规定的："依照刑法规定不需要判处刑罚或者免除刑罚的"，而前面所列举的从犯、预备犯、中止犯、防卫过当、避险过当等情形最宽量刑幅度有免除刑罚的规定，可以依法不起诉。但初犯、未成年人犯罪、老年人犯罪以及亲友、邻里、同学、同事等纠纷引发的案件，没有免除刑罚的量刑规定。对这些情形如何依法不起诉，就成为探讨的问题。笔者认为，在公诉环节，对这些情形加大从宽幅度，就意味着要增大不起诉范围，以体现尽量教育、挽救，化解矛盾、减少犯罪的作用。假如我们还是以往的做法，只是在庭上发表从轻或减轻的量刑建议，宽严相济刑事司法政策在公诉环节体现的就不明显了。如：2008年9月26日新文化报报道的山西省阳泉市城区检察院对犯有重伤害罪的胡某作不起诉处理，引起了各界的争议。胡某于1999年6月30日与同事张某玩扑克过程中发生争执，胡某顺手拿起板凳朝张某扔去，将张某头部打成重伤。随后，胡某积极给张某治疗，先是住院治疗，后又接到自家治疗，在胡某花去1万多元钱后，张某见胡某没钱治病了便向公安机关报案。胡某得知被报警的消息后，潜逃外地打工。9年后，胡某于2008年3月回来了，将在外地打工攒的7万元钱全部给了张某，后到公安机关自首。这一行为得到了张某的谅解。为此，城区检察院对胡某作不诉处理。有人认为城区检察院从宽幅度过大，应对胡某提起公诉，但可以建议法院从宽处理；也有人认为此案不予起诉，体现了检察机关"人性化办案"的理念，是以人为本的体现；笔者认为胡某已经达到了受教育和自我惩诫目的，刑罚目的已经实现，且矛盾已经化解，符合宽严相济的基本精神，作不诉处理是一种新思维、新理念。此案说明不诉范围有待扩大。

可见，从宽处理要以化解矛盾、减少犯罪、促进和谐、维护稳定为界线。特别是对主观恶性不深、矛盾已经化解、有悔罪表现的轻微刑事案件，要大胆地体现宽严相济刑事司法政策。

3. 区别对待是宽严相济的核心

没有区分，就没有宽、严之分。不但要注意区分罪行轻重、主犯、从犯、累犯、初犯、故意、过失、既遂、未遂、中止等情形。更要对主观恶性、危害后果、被害人谅解程度以及被告人悔罪情况进一步区分，以体现区别对待的效果。

通过以下两组数字分析进一步区别对待的可能性。吉林市检察院公诉二处对2005年、2006年吉林地区法院判决情况作了专门调查。

2005年法院审结2736件3822人。其中判处3年以下刑罚的1884和2514人，占判决总数的68.9%和64.8%。在1884和2514人中，判非监禁刑的1388件1716人，占三年以下刑罚的73.7%和68.3%。

2006年法院审结2702件3660人。其中判处3年以下刑罚的1858件2385人，占判决总数的68.8%和65.2%。在1858件2385人中，判非监禁刑的1352件1614人，占三年以下刑罚的72.8%和67.7%。

从以上两组数字可以看出，2005至2006年，在吉林地区审结的案件中，有4899人被判3年以下刑罚，在这4899人中又有3330人（2740件）被判非监禁刑。说明我们在区别对待时，将这些人都视为特殊预防的对象提起了公诉。当然，我们不否认3330人中有一部分应该判缓刑，那么，是否都需判缓刑呢？是否存在打击过严的问题呢？判缓刑的结果与我们不起诉差距到底有多大？也就是说，在这些人里面是否还有可挽救的一面。

另外，顺便说一下近三年全省判非监禁刑的情况，供大家思考：2005年7363人；2006年7576人；2007年8426人。三年累计23365人。

在非监禁刑中判管制情况：2005年611人；2006年649人；2007年565人。累计1825人。

在非监禁刑中单处罚金情况：2005年875人；2006年941人；2007年1046人。累计2862人。

在非监禁刑中判缓刑情况：2005年5877人；2006年5986人；2007年6815人。累计18678人。

在非监禁刑中自侦案件情况：2005年355人；2006年383人；2007年377人。累计1115人。

以上数字引发思考的问题是：我们在区别对待时，是否做到了以人为本，是否有违背人的发展规律的地方？

但笔者绝不是让大家多作不起诉，或者说一讲到"宽"就忘了"严"。宽严要以体现法律效果、社会效果为标准，不能从这个极端到另一个极端。从下面两个案例看如何区别对待。

如：某国有企业经理，将车间改造工程包给了自己的战友，得好处费3万元钱。案发后，退回全部赃款。作不诉处理。

又如：某国有公司科技部主任，借用本部门的技术力量，无偿为老乡某民营企业设计一套自动化生产线。该民营企业经理为了感谢，乘主任乔迁之机，积极推荐其朋友卖的家具，得到主任的认可。经理便将一套3.5万元的家具送到了主任家，主任几次给钱，经理都婉言推托。案发后，退回全部赃款。作不诉处理。

笔者认为第二个案例作不诉处理符合宽严相济刑事司法政策的基本精神。理由是：行为人主观恶性不深，犯罪情节轻微，社会危害不大，与商业贿赂有所区别。而第一个案例不诉有些欠妥。理由是：经理收受好处费的行为是商业贿赂一种表现形式，人们对利用工程发包之机收受贿赂愤恨不平，作不诉处理易引起群众不满，社会效果不好，应该起诉。

所以，区别对待的划分界限，除了法定或酌定的从轻、减轻、从重情节以外，还应考虑社会危害性、主观恶性、犯罪性质、悔罪表现以及被害人、社会包容的程度等因素。这也是对我们提出的新要求，也是对我们自身素质和业务能力的考验。

（二）把办案与化解社会矛盾相统一

体现宽严相济刑事司法政策的宗旨，首先要在理念上转变，要从"严"向"宽"转变；从单一的法律规定向政策指导与法律规定相统一转变；从就案办案向化解社会矛盾转变。也就是说，把办案与化解社会矛盾、促进社会和谐相统一。

应该说，宽严相济刑事司法政策的提出以及《若干意见》的下发，在某种程度上体现的是向非刑罚化转变，目的是采取多种方式减少犯罪。这是人类社会发展的必然，大多数国家，从古至今，刑罚都是由重到轻，由野蛮到文明，由特殊预防到一般预防。这说明从宽处理不是目的，减少犯罪，化消极因素为积极因素，促进社会和谐才是真正的目的。因此，我们不能简单的就案办案，法律监督职责应延伸到案结以后的社会效果上来，只有达到犯罪嫌疑人、被告人真正的悔罪，才算是真正的结案，才是案结事了。

但现实中，就案办案的现象还是存在，从不诉案件的被害人上访可以得到验证，刑事案件被害人不服检察机关不起诉决定，不仅反映出检察机关对被害人权益没有充分关注，也反映犯罪人没有得到被害人的谅解，说明我们在处理一些轻微刑事案件时，工作没有做到位，没有化解矛盾、促进和谐、化消极因素为积极因素，还不符合宽严相济刑事司法政策的要求。

还有一种观点，认为在日常办案中，该从轻的也都从轻了，该从重的也都从重了，法院也都作了有罪判决，觉得一切做得都很好，贯彻宽严相济刑事政策不是一件难事。我们应该承认工作确实做了不少，并且还是起早贪黑、加班加点忘我工作。但未必就能达到化解矛盾、促进和谐的目地。如：去年年底，某县级市公安局因未完成全年案件指标，年底搞突击，公诉科积极配合。其中，相当一部分轻微刑事案件被提起公诉。可以想象出这种工作方式，能否体现出宽严相济刑事司法政策的精神？再如：某区院在人少任务重的情况下，就未成年案件一年就办理了83件171人，但作相对不起诉的只有2件2人。这与教育、挽救、感化、化解社会矛盾是否合拍？

高检院之所以规定快速办理轻微刑事案件，笔者认为，其重要不在于"快速办理"上，而是通过快速办理，尽快化解社会矛盾、促进社会和谐、化消极因素为积极因素。实践中是否应做到以下几点：

1. 以感化、挽救为出发点，减少犯罪

这里还是着重讲一下轻微刑事犯罪案件的办理。因为，轻微刑事犯罪案件的嫌疑人、被告人比照一般犯罪或严重犯罪的被告人容易感化、挽救，对此我们要树立信心，增加耐心，以大局为重，从人的全面发展角度，采取有效办法，细致地做好感化、挽救工作，促使犯罪嫌疑人、被告人早日回归社会，减少犯罪。也就是说我们在办案中必须想到感化、挽救的问题，想不到自然也就做不到。

2. 把化解社会矛盾作为重点，突出办案效果

《快速办理轻微刑事案件的意见》要求"把办理轻微刑事案件同解决社会矛盾紧密结合起来，通过建立快速办案机制，提高化解社会矛盾的效率"。这就意味着，对轻微刑事案件的处理，只用刑罚处罚已不适应社会发展的要求，要以化解矛盾为重点，尽量化消极因素为积极因素。同样，在办理其他刑事案件时，也应参照这一基本精神，把化解社会矛盾作为工作重点。因为，实践中相当一部分刑事案件是由民间纠纷引起的。如：邻里之间、同事、同学之间由于某种利益冲突，最后上升为刑事案件。所以，尽量化解社会矛盾是我们今后办案工作中的一部分主要内容，要克服就案办案的思想。通过办案这个平台，使犯罪嫌疑人、被告人悔过自新，平息矛盾。

3. 提高刑事和解能力

《若干意见》要求"把贯彻落实宽严相济的刑事司法政策与推进司法体制机制改革、加强执法规范化建设结合起来，不断增强惩治犯罪、保护人民、化解矛盾、促进和谐的能力"。这里所说的化解矛盾的能力，实质就是刑事和解能力。这是新时期对我们提出的新要求，意味着把贯彻落实宽严相济刑事司法政策与提高执法能力相统一。之所以说，化解矛盾是贯彻宽严相济刑事司法政策的难点，就在于化解矛盾只是我们的主观愿望，需要我们做大量工作去实现。我们知道，检察机关没有调解权，这对化解矛盾有一定的难度，需要我们想办法，建立有效工作机制去实现。

4. 增强责任意识，为大局服务

从高检院的二十六条《若干意见》中，应该体会到检察工作要为大局服务，为构建和谐社会服务。因为，重复率最多的词就是"和谐"两字，有8处提到了创建和谐社会问题。如何通过办案为大局服务，是我们要亟待研究的问题。这就要求我们要树立社会主义法治理念和正确的稳定观，增强责任意识，把促进社会和谐作为检验检察工作的重要标准，在打击犯罪的同时，最大限度地增加和谐因素，最大限度的减少不和谐因素。

如：普通邻里纠纷伤害案件。一种处理方式：起诉判刑。用刑罚报应的方法调整各自的心理平衡。这一结果也能体现社会的稳定，但表面性极强。因为，刑罚处罚不等于矛盾化解，其心理可能还存在某种抱怨因素。另一种处理方式：被告人感到忏悔，向被害人赔礼道歉，并赔偿一定的经济损失。被害人不计先前，能够谅解，双方矛盾化解。这种结局无论起诉与否，都是治本的体现，能减少犯罪，为社会增加积极因素。这比第一种方式处理的结果效果要好，体现人性化执法，也体现社会进步。但需要我们办案人要有责任感，要付出更多的劳动。

（三）快速办好轻微刑事案件

高检院提出依法快速办理轻微刑事案件的目的，是为了全面贯彻落实宽严相济刑事司法政策，及时化解社会矛盾，实现办案的法律效果和社会效果的有机统一，为构建社会主义和谐社会服务。笔者认为这就是将办理轻微刑事案件作为贯彻宽严相济刑事司法政策的突破口，充分体现检察职能的发挥。

1. 选择办理轻微刑事案件作为贯彻宽严相济刑事司法政策突破口的理由

《若干意见》确定了轻微刑事案件的范围，即案情简单、事实清楚、证据确实充分、可能判处三年有期徒刑以下刑罚、犯罪嫌疑人、被告人认罪的案件。在此基础上"快速办理轻微刑事案件的意见"要求对下列案件快速办理。

（1）未成年人或者在校学生涉嫌犯罪的案件；

（2）70岁以上的老年人涉嫌犯罪的案件；

（3）盲聋哑人、严重疾病患者或者怀孕、哺乳自己未满1周岁婴儿的妇女涉嫌犯罪的案件；

（4）主观恶性较小的初犯、过失犯；

（5）因亲友、邻里等之间的纠纷引发的刑事案件；

（6）当事人双方已经就民事赔偿、化解矛盾等达成和解的刑事案件；

（7）具有中止、未遂、自首、立功等法定从轻、减轻或者免除处罚情节的案件；

（8）其他轻微刑事案件。

从以上规定中可以看出，办理轻微刑事案件最能体现贯彻宽严相济刑事司法政策的效果。一是轻微刑事案件犯罪嫌疑人、被告人主观恶性小、自身危险性小，最容易感化、挽救。二是轻微刑事案件能够和解的因素较多，容易化解矛盾。三是轻微刑事案件非犯罪化处理最容易体现法律效果和社会效果的统一。因此，我们要根据《若干意见》和"快速办理轻微刑事案件的意见"的基本精神和要求，结合具体案件快速办理。只要犯罪嫌疑人、被告人真诚悔罪，矛盾化解，我们的工作就会出现亮点。

2. 快速办理轻微刑事案件应注意的问题

（1）应选用实践经验丰富、善于做调解工作、精通业务的主诉检察官专门办理。

（2）对拟作不诉处理的案件，在快速办理的同时要事先走访、考察犯罪嫌疑人、被告人平时表现，看主观恶性、自身危险性的大小，以确定是否有挽救的可能。只有主观恶性小、自身危险性不大、能够悔改的人，才能转化为犯罪一般预防。

（3）要通过教育、疏导方法，引导犯罪嫌疑人、被告人认识错误，主动向被害人赔礼道歉，赔偿经济损失。要切实做到犯罪嫌疑人、被告人真心悔过，而不是为了从宽处理敷衍了事，更不是为了赔偿周旋双方讨价还价，要体现社会包容的真正价值，防止从一个极端走向另一个极端。

（4）要重视此项工作，不能因为案件小，就一办了之。要从构建和谐社会、服务大局的高度，统一安排，认真落实，体现检察机关在贯彻宽严相济刑事司法政策中的作用。

3. 注重法律效果和社会效果的统一

结合案件的具体情况，既要依法办案，又要体现社会效果。根据宽严相济刑事司法政策的基本精神，在坚持从严打击严重刑事犯罪的同时，对主观恶性不深、自身危险性不大、有悔罪表现的犯罪人员，尽量化消极因素为积极因素，采取多种方法减少犯罪。下面几个案例，供大家商讨。

（1）对抢夺数额略高、情节轻微、危害不大、被害人谅解、有挽救可能的案件，能否作不诉处理。如：吴某抢夺案。吴某系某大学体育专业三年级学生，在打球过程中不慎将借同学的手机丢失。为了还同学手机，一天上午到手机市场，以挑选手机为名，乘服务人员不备，拿起一部价值3600元的手机就跑。因服务员大声呼救，吴某被周围群众当场抓获。这个案例特点是：犯意是为了要面子，与单纯的为了钱财、为了享受而犯罪有所区别，主观恶性不深；被害人谅解，主动向公安机关提出从轻处理的建议；大学生在校学习期间，有受教育的条件，有挽救的可能。但抢夺数额略高。

（2）对后果严重的伤害案件能否作不起诉。如：校园里的群殴伤害案。被告方因熄灯后走错寝室与被害方先是口角，后是双方互殴。结果是被害方一个重伤（已治愈）、两个轻微伤；被告方两个轻微伤。这个案例特点是：几方家长都能高姿态，尤其是外地来的家长受到当地家长的热情款待，家长都能将过错揽到自己孩子身上，被告方主动给付医疗费等各项费用，被告方和被害方也都和归于好。但属于重伤害案件。

（3）盗窃数额较高、情节轻微的案件能否作不诉处理。如：张某盗窃案。张某系山东某地农村女孩，三年前在某宾馆当服务员，收拾房间时拿走了客人遗忘在卫生间里的一枚金戒，价值4200元，在宾馆不告而别（宾馆已拖欠1个半月工资）。三年后，张某被抓获。被抓获时张某已经结婚，并有1岁半的女儿。这个案例特点是：案发后原物返还失主；被害人见张某的女儿需要母亲照顾，建议公安机关从宽处理；张某的亲属也来到本地，请求司法机关给予从宽处理。但盗窃数额较高。

以上几个案例，单从法律效果看，作不诉不太合适，缺少法律依据。但从社会效果看，基本符合宽严相济刑事司法政策的宗旨。这就需要我们探讨和把握"起诉必要性"的内涵，应试探研究酌定不起诉的空间。

三、问题与对策

下面5个问题与贯彻宽严相济刑事司法政策有一定的关系，如果处理好，宽严相济刑事司法政策就能落实的更好。

（一）要正确适用宽严相济刑事司法政策，建立有效控制机制，防止滥用

从权力扩大的角度看，由于宽严相济刑事司法政策的提出，从宽处理的权力要有

所扩大。如：不起诉权、不抗诉权。这对于某些人来说是个考验。为防止借贯彻宽严相济刑事司法政策名义进行的徇私枉法、滥用职权等情况发生，应建立科学有效的防范机制。一是要建立科学、有效的走访制度。客观掌握犯罪嫌疑人、被告人的主观恶性和自身危险性的大小，并将各方意见作为汇报的内容汇报。二是要建立均衡比对审查制度。对略超过法律规定的拟从宽处理的案件，实行检委会讨论决定制度，防止同样情形不同的处理结果。三是要建立善后无争议制度。从宽处理的结果应该是矛盾化解、被害人谅解、社会包容、化消极因素为积极因素，决不允许新的矛盾出现。四是一定时期内考核制度。案件办结后，经过一段时间，对被告人的表现情况进行回访，以此评价我们的办案质量。对于重新犯罪的，应启动倒查机制，查清是主观原因造成的，还是客观原因造成的。五是总结经验，积累案例，探索贯彻宽严相济刑事司法政策的有效途径。

（二）回避民事赔偿调解，坚持双方自愿刑事和解

刑事和解是处理轻微刑事犯罪案件的一种较好的结案方式。基本要求是：犯罪嫌疑人、被告人与被害人之间主动、自愿进行和解。处理案件时，既要把犯罪嫌疑人、被告人的悔罪表现和经济赔偿的程度，作为从轻处理的因素予以考虑，又要提升被害人的诉讼地位，充分考虑被害人的谅解程度。应该说，刑事和解是司法上非犯罪化处理的一种表现形式，是参照自诉案件的处理方法，它所体现的是恢复性司法理念。恢复性司法是西方新兴的一种刑事处理方式，它对犯罪人不是简单地视为刑罚处罚对象，而是在司法工作者主持下，在犯罪人与被害人之间进行沟通和交流，求得被害人的谅解，从而确定犯罪发生后的解决方案。

刑事和解又不同于民事调解，刑事和解的目的不是为了赔偿而和解，而是通过赔偿这一基本事实，验证犯罪嫌疑人、被告人是否悔罪、与被害人是否化解矛盾、被害人是否谅解。所以，刑事和解的难度要大一些。特别是对于没有调解权的检察机关来说更是一个难题。因此，我们要有创新意识，既不能代替法院越权处理民事赔偿问题，又不能要求双方当事人必须达成协议，又要注意是否同意和解是被害人的权利，只能间接、迂回地引导双方进行沟通、交流、互相谅解。只有双方当事人自愿就民事赔偿达成协议并切实履行，检察机关才能以此作为从宽处理的前提。也就是说双方互相谅解，并达成赔偿协议，不是检察院主持调解的结果，而是双方受到某种启发，特别是犯罪人受到教育后，有真心悔过之意产生的自愿和解。

但我们不能被动等待双方和解，要主动体现《若干意见》的基本精神，对可能化解矛盾的案件，要尽量引导双方走刑事和解之路。

（三）树立和谐理念，正确适用不起诉

目前，影响不诉的因素很多，如：人为控制不起诉率、重打击轻保护的理念造成害怕承担打击不力的责任等等，往往是一诉了事。再如，从内部工作程序看，从严处理，经过的程序要少一些。如提起公诉案件，有的院主诉检察官就可以决定。而从宽处理，经过的程序要多一些，而且严格。如：检委会讨论、层层审批等。程序的差异，也使一些办案人宁重毋轻。又如：在法律规定方面，也存在宽严失衡现象。如刑事诉讼法第一百四十二条第二款规定的不起诉条件，仅限于"不需要判处刑罚和免除刑罚"的，在《刑法》条款里，仅有9个条款带有免除刑罚的规定，即具有从犯、胁从犯、又聋又哑的人或者盲人犯罪的、犯罪预备、中止、防卫过当、紧急避险过当、自首、重大立功情

形的案件，最大从宽幅度可以达到免除处罚。这是属于有法律依据的不起诉，但在实践中占的比例并不大。但刑事自诉案件中的自诉人可以与可能判处三年以下有期徒刑的被告人进行和解，撤回起诉。同时，法院也可以调解，调解达成协议可以不处以刑罚。这就说明同样是可以判处有期徒刑的案件，但处理结果不一样。

而未成年人或在校学生犯罪、因亲友或邻里等之间纠纷引发的犯罪、主观恶性较小的初犯、过失犯罪、严重疾病患者或者怀孕、哺乳自己未满1周岁婴儿的妇女犯罪在实践中占有一定比例，特别是他们当中有的已就民事赔偿达成了和解协议。对这些犯罪，如果属于轻微刑事案件，只要符合宽严相济刑事司法政策的要求，可以体现"可诉可不诉的不诉"。因为，高检院提出的《若干意见》、《快速办理轻微刑事案件的意见》和《办理未成年人刑事案件的规定》虽然规定了该严则严，当宽则宽，但强调宽的方面较多一些，我们要理解其内涵。如：《若干意见》对贯彻宽严相济刑事司法政策总的要求是：对犯罪分子依法能争取的尽量争取，能挽救的尽量挽救，能从宽处理的尽量从宽处理，最大限度地化消极因素为积极因素，为构建社会主义和谐社会服务；对不起诉工作总的要求是：充分考虑起诉的必要性，依法适用不起诉，可诉可不诉的不诉；对未成年人犯罪要求是：除主观恶性大、社会危害严重的以外，根据案件具体情况，可诉可不诉的不诉；对因亲友、邻里及同学、同事之间纠纷引发的轻微刑事案件，要本着"冤家宜解不宜结"的精神，着重从化解矛盾、解决纠纷的角度正确处理。对嫌疑人认罪悔过、赔礼道歉、积极赔偿损失并得到被害人谅解或者双方达成和解并切实履行，社会危害性不大的，可以依法不起诉；对初犯、偶犯的要求是：对初次实施轻微犯罪、主观恶性小的犯罪嫌疑人，特别是对因生活无着偶然发生的盗窃等轻微犯罪，犯罪嫌疑人人身危险性不大的，符合法定条件的，可以依法不起诉；群体性事件犯罪中的一般参与者，要求争取、团结、教育大多数，慎重适用提起公诉等等。

这就是说，不起诉条件放宽了，但工作难度加大了，附加了化解矛盾、促进和谐、化消极因素为积极因素的内容。我们要根据《若干意见》中的"充分考虑起诉的必要性"来研究不起诉工作。因为这是酌定不起诉的依据，也暗示起诉和不起诉与社会效果的统一。因此，适用不起诉，既要根据相关的法律规定，又要依据《若干意见》的基本要求，围绕大局工作，结合本地治安形势及犯罪特点，只要有利于化解矛盾、促进社会和谐，就应体现宽严相济刑事司法政策。

（四）贯彻宽严相济刑事司法政策的同时，应如何扩展抗诉空间

《若干意见》第十条规定："在抗诉工作中正确贯彻宽严相济的刑事司法政策。既要重视对有罪判无罪、量刑畸轻的案件及时提出抗诉，又要重视对无罪判有罪、量刑畸重的案件及时提出抗诉。对于被告人认罪并积极赔偿损失、被害人谅解的案件、未成年人犯罪案件以及具有法定从轻、减轻情节的案件，人民法院处罚偏轻的，一般不提出抗诉。对于第一审宣判后人民检察院在法定期限内未提出抗诉，或者判决、裁定发生法律效力后六个月内未提出抗诉的案件，没有发现新的事实或者证据的，一般也不得为加重被告人刑罚而依照审判监督程序提出抗诉。"这意味着抗诉空间缩小，法官的裁量权扩大。我们既要考虑审判机关在贯彻宽严相济刑事司法政策过程中案件处理的变化情况，又要体现检察机关审判监督职责的发挥。在新时期、新形势下如何开展审判监督是个值得重新研究的课题，笔者认为应从以下几方面开阔视野。

一是从判决后的社会效果看判决是否合适。从某种角度讲，宽严相济刑事政策对被告人的利益考虑的多一些，这主要是为了挽救、感化被告人，减少犯罪。但被害人终生残疾，生不如死，完全是由于被告人残忍手段造成的。从公正角度出发，不应对被告人轻判，这绝不是说对等刑罚报应，而是有利于维护被害人的利益、维护社会公道、维护社会舆论，维护法律的严肃性。宽严相济刑事司法政策重在法律效果和社会效果的统一，如判决后未体现被害人谅解、未体现社会效果、未化解矛盾，轻判只是考虑被告人的利益，就应该抗诉。即：刑期和社会效果相统一。

二是从犯罪分子的主观恶性看，轻判是否有利于犯罪分子悔过自新，是否对法律、社会的包容有深刻地认识。如达不到这一目的，轻判就没有意义了。特别是对多次从事暴力犯罪甚至以暴力犯罪为嗜好、犯罪情节严重的刑事案件应该抗诉。

三是对那些虽然犯罪后果严重，但主观恶性不深，被害人有谅解之意或者抗诉不会产生新的不和谐因素的判重案件，应予以抗诉，把抗诉工作延伸到创建和谐社会之中。

（五）协助社区矫正，完善预防机制

贯彻宽严相济刑事司法政策，势必要出现一些非监禁刑。而从宽处理的目的是为了教育、感化、挽救、减少犯罪。不起诉决定意味着案件办结，但从宽处理的目的并未达到，只有被不起诉人不再犯罪，才能说明办案达到了预期目的，才能验证办案质量的高低。这就需要我们与社会各方面力量协调一致，共同完成对不起诉人的帮教、监管工作。社区与人们生活离的最近，创建社区矫正是最可行、最有效的帮教措施。我们要充分利用社区矫正机制，主动与他们联系，介绍情况。第一，对拟作不起诉处理的人员，要事先考虑帮教、监管措施是否具备，被不起诉人所在地的社区矫正机制是否健全，是否能承担起帮教的责任。考察时至少要向社区矫正人员了解有关情况，掌握社区矫正的基本情况，并将这一情况向领导汇报，以做决策时参考。第二，在不诉之前，要引导拟被不起诉人服从社区的领导和监督，成为守法公民。如果拟被不起诉人由于自尊心原故，不愿意让更多的人知道自己的丑闻，应采取其他有效途径。如没有其他有效途径，则提起公诉。因为，我们不是为了不诉而不诉，是为了科学预防犯罪、减少犯罪。假如我们可以暂缓起诉，我们帮教、监管力度就大了，被不起诉人自我约束力也会增强，也不至于必须有帮教、监管措施。但现在还不行，没有相关依据。第三，一年内，办案人要与负责社区矫正人员保持联系，了解被不起诉人的有关情况，需要时应及时协助社区做好帮教工作，促使被不起诉人员遵纪守法。

总之，宽严相济刑事司法政策，要求我们增强责任意识，转变执法理念和机械的办案思维，充分体现法律效果和社会效果的有机统一，提高化解矛盾、减少犯罪、促进和谐的能力，为构建社会主义和谐社会服务。

三、程序篇

第二十三讲
捕诉衔接工作机制

张书华

捕诉衔接是指在现行刑事诉讼制度框架下，充分发挥检察机关侦查监督部门和公诉部门的职能、实行资源共享、加强协调配合，形成工作合力的工作运行机制。捕诉衔接机制可以提高检察机关调控、引导侦查的能力，加强对侦查活动的监督，保证批捕、公诉的案件质量，提高办案效率，使刑事诉讼机制更加符合司法规律。对此各级人民检察院近年来进行了积极的理论研究和实践探索，并形成了一系列工作规范和制度规定，使这项工作机制初步建立了起来。2001年6月22日最高人民检察院公诉厅、侦查监督厅联合下发了《关于侦查监督部门、公诉部门加强工作联系和配合的通知》。我省检察机关侦监、公诉部门在探索捕诉衔接机制中取得了丰富的经验，并提炼形成了可操作性的规范文件，2006年11月11日下发了《吉林省检察机关关于加强审查逮捕与审查起诉衔接工作的暂行规定》，使这项工作走上了制度化运行的轨道。

在新的历史条件下，如何适应法治进一步完善、检察实践进一步丰富、执法水平进一步提高、司法需求进一步增加的新形势，进一步完善捕诉衔接工作机制，使之在强化检察机关刑事检察整体能力方面发挥更大的作用，是摆在我们面前的一项重要任务。

一、建立捕诉衔接机制的必要性（四个有利于）

1. 有利于发挥刑事检察工作的整体作用

我们回顾检察机关的历史就不难发现，文革前和恢复重建时期检察机关是以审查逮捕、审查起诉为其主要工作职能的。现在刑事检察的提法已不多见。但刑事检察现在和未来都将是检察机关最稳定的常规性工作。审查逮捕、审查起诉是检察机关历史最悠久、基础最丰厚、机制最完善的工作职能。审查逮捕、审查起诉同属于刑事检察工作范畴。现行《人民检察院刑事诉讼规则》在1997年刑诉法修改前叫做《刑事检察工作细则》。捕诉在较长时间内是由刑事检察处（科）一个部门负责的，现在的军事检察院仍保留着这样的机构建制。最高检到1999年才将刑事检察厅分设为侦查监督厅和公诉厅。

为了提高检察工作的专业化水平，形成强有力的内部制约机制，捕诉部门分设是完全必要的。事实上，分设后使两项业务都得到了拓展，职能得到了加强。审查批捕部门侦查监督职能强化，实现了立案监督职能的确立。而公诉部门的侦查审判监督职能也得到强化。形成了侦查、审判监督两翼齐飞的良好势头。由于部门分设，职能分开，捕诉配合不当，也使刑事检察工作在运行中暴露出了不少缺陷，主要表现在两个方面。

一方面是侦查监督不到位。一是公安机关随意改变检察机关批准或决定逮捕的情况时有发生。刑事诉讼法第七十三条规定，公安机关有权对被逮捕的犯罪嫌疑人、被告人予以释放或变更强制措施，但应当通知原批准的人民检察院。实践中公安机关往往不通知或不及时通知检察机关，从而造成侦查监督部门对这一环节的监督失控。又因为公安机关往往不将该类案件移送审查起诉，所以公诉部门也无从监督。社会上流传这样一句话："抓了放，放了抓，不抓不放没钱花。"揭示了有些公安人员利用改变强制措施谋取非法利益的问题。二是因证据不足检察机关不批准逮捕而公安机关依法取保候审的案件，犯罪嫌疑人脱保失控现象比较严重。即使事后有充分的证据能证实其行为已构成犯罪，但追诉困难。致使共同犯罪案件常常出现案犯在逃不能同案起诉的情况。三是对构成犯罪但没有逮捕必要的案件，公安机关如不再移送审查起诉，检察机关难以监控。四是对共同犯罪人应该同案处理因种种理由未予追究的或作其它处理的案件，无法有效实施监督。这在侦查监督部门和公诉部门对犯罪掌握的标准有差异的时候比较突出。五是对侦查中取证不规范或违法取证的行为无法有效监督。由于实践中侦查监督部门审查逮捕的任务重、期限短，对于一些取证不规范或违法取证的行为不易发现，发现后也因为审查批捕的性质所限，难以达到良好的纠正效果。由于捕诉工作脱节导致前后工作不衔接、互相不了解，侦查监督部门对案件作出批捕或不批捕决定后，对公安机关是否执行等问题难以具体掌握，即使采取跟踪监督等措施，也因为工作量大致使工作难以到位，从而造成刑事诉讼监督工作的盲区。

另一方面是案件侦查质量不高。批捕固然是对犯罪嫌疑人采取的一种强制措施。但从程序上讲却又是为起诉作准备的。刑事诉讼法在适当放宽逮捕条件的同时，提高了起诉证据标准。在犯罪嫌疑人被逮捕后至案件移送审查起诉前，相当一部分案件需要补充完善证据材料。公安机关实行大刑侦体制后，预审工作削弱。侦查机关在案件批捕后，往往收集证据不如捕前尽职尽责，以致有些案件无法起诉或起诉困难。审判方式改革后，对证据质量及程序合法性都提出了更高的要求。因此，捕诉制度要适应起诉调控侦查、以庭审为中心的新型刑事诉讼机制的要求。

要解决好这两方面的问题，就必须整合捕诉力量，形成工作合力。这就需要建立起一个能够使捕诉两个部门的工作相互衔接、运行有效的工作机制。这个机制可以使批捕和起诉在保证职能专业化的基础上，形成批捕介入侦查环节，而公诉对侦查进行回溯式审查的优势互补。从而对侦查活动形成相互衔接的全程监督。使刑事检察的整体功能形成"一加一大于二"的工作效果。

2. 有利于统一把握定罪标准

在捕诉分离的体制下，由于侦查监督部门和公诉部门在定罪标准方面有时会有不同观点。侦查监督部门不批捕的案件，公诉部门认为已经构成犯罪，要求追诉，或者已逮捕的犯罪嫌疑人公诉部门经审查认为不构成犯罪，同一案件检察机关不同部门意见不同，就会使侦查机关（部门）无所适从。实行捕诉衔接制度以后，将会在最大程度上消除这种冲突，有利于建立一个统一的定罪量刑的标准。批捕起诉人员对犯罪构成要件、情节轻重条件的统一认识、统一把握，对相关法律的统一适用不仅有利于检察机关在整体上把握罪与非罪、此罪与彼罪界限。而且也有利于建立一个检察引导侦查的刑事犯罪追诉体系。侦查人员的证据意识及庭审意识将得到强化，业务素质和办案能力得以提高。刑事诉讼活动中检察权的统一性得以保障。

3. 有利于保证批捕起诉质量

保证案件质量是批捕公诉工作的生命线。批捕起诉的准确性是衡量捕诉工作成效的核心。而批捕起诉的正确与否往往与侦查质量好坏密切相关。

捕诉联动后，首先侦查监督部门通过审查复核证据及讯问犯罪嫌疑人能够及时发现侦查过程中存在的问题，在作出批准逮捕决定或者因事实不清、证据不足作出不批准逮捕决定的同时，制作《提请法庭审判所需证据材料意见书》，要求侦查人员补充庭审需要的证据材料，对案件中存在的问题予以解决。这样就使侦查人员在收集、固定、完善证据时能做到有的放矢、提高取证的针对性，最大限度地避免取证不规范及非法取证情形的出现。批捕工作的高质量必然为公诉工作质量奠定基础。其次，待案件移送审查起诉后，公诉部门可以审查侦查机是否将批捕部门发出的《提供法庭审判所需证据材料意见书》要求的证据材料全部补充上来、案情与批捕阶段有无变化等。若事实不清，证据不足，还可以通过补充侦查补强证据体系。但这种补充侦查实际上等于是二次退补，从而可以避免一些案件两次退补后案件事实与证据仍然达不到公诉标准的状况。这样不仅提高了检察机关诉讼的效率，而且有利于保障案件公诉质量。

4. 有利于提高侦查监督效能

在侦查监督方面公诉对批捕具有承接性和交叉性。由于批捕是介入侦查阶段的一个环节，可以通过审查逮捕预先对证据情况进行审查，使逮捕前公安机关的侦查活动纳入了监督视野。而公诉则是刑事诉讼的一个阶段，是连接侦查并对侦查活动进行全程审查的诉讼阶段。公诉人在办理案件时可以将所有批捕或未批捕的案件都纳入自己的视线。因此，一个刑事案件从进入报捕程序开始，检察机关就能对该案件进行全程的法律监督，并能对发现的问题或可能存在的问题及时作出反应，收到良好的法律监督效果，以最大限度地避免监督脱节的问题。侦查监督部门提出纠正意见后，可以在案件移送审查起诉时予以关注。在捕诉分离机制下，如果侦查机关未及时补充侦查或对纠正违法意见敷衍了事，侦查监督部门也无从知道，即使公诉部门发现，但除了退回补充侦查或自行侦查外，别无良策。捕诉衔接工作联动后，批捕以后检察机关在审查起诉时还要对批捕阶段发出的《提供法庭审判所需证据材料意见书》和《纠正违法通知书》的落实情况予以检查。如果公安机关对批捕的案件改变强制措施或作其他处理，检察机关也能在公诉阶段及时发现并予以监督。使检察机关对侦查活动的监督因批捕、起诉两个阶段的紧密衔接而不被中断，防止监督工作出现盲区，从而实现侦查监督工作的整体性和高效能。

二、捕诉衔接机制的内容和形式（五项机制）

（一）引导侦查机制

检察引导侦查机制的确立，丰富了刑事诉讼机制的内涵，是对侦控机制的丰富和完善，对于提高查明和指控犯罪的质量发挥了重要作用。我省辽源市公安检察机关的试验创造了一种全新的侦控配合模式。

1. 检察机关提前介入，引导侦查取证的主体是两个部门，即侦查监督部门和公诉部门。这两个部门在引导侦查取证活动中有分工、有协作。在侦查活动的不同环节发挥引导作用。批准逮捕前的侦查活动多为确定犯罪嫌疑人。这一阶段的引导侦查任务由侦查监督部门负责。其主要任务是指导公安机关收集证据，证明确有犯罪行为发生。实施犯罪的人就是被提请逮捕的人。侦查监督部门以批准逮捕而完成诉讼任务。而公诉部门引导侦查取证活动更侧重完善证据体系，使案件事实和证据情况在时空条件和犯罪构成要件两个方面达到追究刑事责任的法定标准。

2. 在引导侦查过程中，侦查监督部门当遇有证据证明力不稳定、易于消失，案件重大复杂，证据间矛盾较多或有罪与无罪证据冲突明显的，应当通知公诉部门派员提前介入侦查，引导取证。捕诉部门共同对证据进行分析论证，提出引导侦查取证的建议。

3．侦查监督和公诉部门提前介入侦查活动，都应当按起诉的证据标准，对证据进行审查判断，引导侦查机关收集、固定证据，完善证明体系。在引导侦查取证工作中批捕、起诉人员不能直接参与证据收集、固定工作。其职责是对已收集到案的证据进行审查判断，从而提出补充证据的意见，可以参与侦查方案的研究，但不能直接指挥侦查，对侦查活动作出决定。

4．批捕提前介入侦查阶段创造了对侦查活动同步监督的良好时机，对侦查活动中的违法行为可以及时提出纠正意见，防止违法后果的产生或扩大，提高侦查行为的合法性，防止违法取证导致证据无效。

（二）诉讼衔接机制

批捕公诉分属两个不同阶段。审查批捕除个别情形外，基本上在侦查阶段进行，法律给其单独确定了时限，因此多数情况下，批捕是侦查进行中的一个环节。而公诉则是承接侦查的一个独立的诉讼阶段，是处于侦查、审判阶段的中间阶段。审查逮捕后作出的批准逮捕或不批准逮捕的决定具有重要的程序意义，审查起诉后的起诉或不起诉的决定，具有重要的实体意义。

审查逮捕、审查起诉是检察机关参与刑事诉讼的两个基本环节。其工作具有较为紧密的衔接性。

1．侦查监督部门对侦查机关立案情况进行监督。而公诉部门在审查起诉阶段要检验监督侦查机关《通知立案决定书》执行情况。

2．公诉部门在审查起诉工作中要审查侦查机关执行批捕决定情况，有无批准逮捕未执行或变更强制措施等情况。对检察机关已批捕的犯罪嫌疑人，是否全部移送审查起诉，定性定罪是否准确。

3．侦监部门在作出批捕决定的同时，要向侦查机关提出《提请法庭审判所需证据材料意见书》。作出不批捕决定的同时，要向侦查机关提出《补充侦查提纲》，公诉部门在审查起诉时应审查其执行情况。

4．侦查监督部门对重大疑难案件附条件批捕的，应将情况通报给公诉部门，公诉部门在审查起诉过程中要注意审查证据体系的完善性。对捕后经侦查达不到定罪起诉条件的，原则上应通知公安机关撤回案件。

5．检察机关办理同一刑事案件的批捕和公诉内卷应在案件作出终局决定后合并装订、存档。

（三）监督联动机制

对侦查机关的侦查活动是否合法进行监督不仅是审查逮捕、审查起诉的重要工作内容。而且是侦监、公诉两大业务部门的共同工作任务。保障监督工作的有序、有力、有效，防止出现监督盲区是两个部门的共同责任。

1．侦查监督部门审查案件后，发现侦查机关存在违法侦查的情况，应当依据有关规定作出相应处理。对于以刑讯逼供、暴力取证、威胁、引诱、欺骗等非法方式取得的言词证据，应当依法予以排除。侦查监督部门应当将违法侦查情况和非法证据排除情况及时通报公诉部门。公诉部门在审查中应对侦监部门列为非法证据的证据材料进行审查，防止其进入审判阶段，同时对相关证据体系进行补强。

2. 公诉部门对侦监部门向侦查机关提出的《纠正违法通知书》予以注意，注意审查纠正情况，防止违法行为重复出现。

3. 有些违法现象在批捕阶段侦监部门虽然发现问题，但因时间限制难以查清，无法提出具体纠正意见，侦监部门应将侦查活动中的违法线索移交公诉部门，在审查起诉阶段对其作进一步审查，保持违法调查工作的连续性。对于重大违法行为，或涉及侦查人员徇私枉法犯罪等司法腐败案件线索，侦监、公诉部门可以联合初查。对应当立案的及时移交职务犯罪侦查部门。

（四）决定通报机制

审查逮捕、审查起诉工作的成果集中体现在对案件作出的决定上。批准逮捕、不批准逮捕、起诉、不起诉，都是具有司法效力的决定。这些决定都是以检察机关的名义作出的。各诉讼阶段都必须注意维护检察决定的司法权威。保障决定的执行。

1. 审查起诉阶段对已决定逮捕的犯罪嫌疑人变更强制措施必须慎重。确需变更的，应当征求批捕部门意见后决定。

2. 公诉部门审查案件时，认为需要追加逮捕犯罪嫌疑人的，应当事先与侦查监督部门沟通。并依照《人民检察院刑事诉讼规则》第二百六十条的规定移送侦查监督部门办理。

3. 审查起诉阶段，公诉部门拟对已批捕的犯罪嫌疑人作不起诉处理，如果事实认定与批捕时认定的事实没有变化的，应当事先听取侦查监督部门的意见。部门间确有意见分歧的，经主管检察长决定，可以由公诉部门提交本院检察委员会讨论决定，侦查监督部门的负责人和办案人应当列席检委会并陈述意见。

4. 对于已批捕的犯罪嫌疑人，侦查机关撤回案件后撤销案件、公诉部门决定不起诉、法院判决无罪正确的，决定定罪不捕后侦查机关移送起诉，公诉部门起诉后判处有期徒刑以上刑罚的，均属审查批捕质量问题或属错捕，公诉部门应将撤销案件、不起诉、判决情况通知侦查监督部门。侦监部门应将上述情况作为评价批捕质量的重要依据。上述工作在已实行网上办案的检察院，侦查监督和公诉部门可以通过网络查阅，可以减少文来文往带来的工作负担。

（五）协调会商机制

1. 各级检察机关的侦查监督、公诉部门每半年应召开一次联席会议，就工作配合中的问题及落实捕诉衔接机制过程中的具体问题共同研究，按诉讼职责予以解决。当前在贯彻宽严相济刑事司法政策过程中，如何做到当宽则宽、当严则严，宽严有度，需要两个部门采取协调一致的工作措施，正确掌握批捕起诉的宽严标准。要防止同一案件两个部门适用政策不统一，出现此宽彼严的现象。

2. 侦查监督和公诉部门应经常就本地区刑事犯罪活动情况的特点、规律进行研究，共同研究司法对策，以便协调一致的确定打击重点，把握诉讼节奏和工作力度。如延边地区的毒品犯罪，长春地区的地下六合彩犯罪，松原地区的盗油犯罪，吉林地区的非法吸收公众存款犯罪，都是近年来带有区域性特点的危害地方稳定的突出犯罪形式，检察机关批捕，公诉部门应注重对犯罪动向的分析，研究犯罪成因和规律，有针对性的采取一致的司法对策。

3. 重大疑难案件的办理，侦查监督和公诉部门可以视需要，邀请对方列席案件讨论会，听取意见。部门间意见分歧的，以诉讼阶段分管检察长意见为准。重大原则分歧的，可以提请检察长或检委会决定。

4. 对侦查活动中具有倾向性违法问题的纠正意见，对于向侦查机关提出提高侦查水平的建议，可以由侦查监督和公诉部门共同汇总情况，研究意见，统一向侦查机关提出。以提高监督工作的整体性。

5. 侦查监督和公诉部门应建立共同学习法律法规和刑事政策的制度，建立案例研讨制度，通过共同学习研究，建立统一的司法理念，不断增强共识，在实践中统一把握定罪标准。在当前，两个部门要共同组织好对《最高人民检察院、公安部关于公安机关管辖的刑事案件立案追诉标准的规定（一）》的学习贯彻，统一对相关犯罪认定标准的认识，保证执法的统一。

三、创新捕诉衔接机制（四个创新）

周永康同志最近指出：政法机关必须从我国国情出发，充分发挥我国司法制度的优越性，着力满足人民群众的司法要求，着力强化对权力的制约监督，着力解决影响司法公正的体制性、机制性、保障性障碍，建立公正、高效、权威的社会主义司法制度，为中国特色社会主义事业发展进步提供强有力的司法保障。在新的历史条件下，通过机制创新，不断完善捕诉衔接制度不仅是做好侦查监督和公诉工作的需要，更是完善社会主义检察制度和司法制度的必然要求。完善捕诉衔接制度，应当从四个方面进行创新：

1. 理念创新

一是要用强化法律监督职能的理念来指导捕诉衔接工作创新。要更新批捕起诉是刑事诉讼两个工序的旧观念，树立批捕起诉是刑事法律监督两个基本环节的新观念。我国检察机关是法律监督机关，各项检察职能应体现强化法律监督，维护公平正义的检察工作的主题。批捕起诉工作的法律意义在于通过对侦查机关收集的证据和适用法律的实体审查，防止侦查权的滥用。通过对侦查活动是否合法的程序审查，防止和纠正侦查活动违法，从而保障无辜的人不受法律追究，维护当事人合法权益不受非法侵犯。遵循统一的刑事诉讼规则，共同研究建立监督制约检察机关职务犯罪侦查工作的新方法。清除侦查监督工作的盲区，建立符合司法规律的内部监督制约机制，实现检察权的优化配置和自我完善。通过捕诉衔接加大监督力度，保障监督实效，提高监督水平。要立足监督职能开辟工作领域，研究工作方法，强化工作措施。

二是要用检察一体化的理念来指导捕诉衔接工作创新。要走出分工分家，各管一段的陈旧思维模式，树立维护检察权统一、权威的全局观念。检察工作一体原则，是宪法和人民检察院组织法确定的有关检察机关领导体制和检察权行使的重要原则。根据这一原则构建检察工作管理体制和工作运行机制，有利于发挥检察机关领导体制的优势，有利于增强法律监督的整体合力。检察一体化原则进一步明确了上下级检察机关之间、检察机关各部门之间、检察权的各项职能之间的关系。按照检察工作整体性、统一性的要求，实行上下统一，横向协作，内部整合，总体统筹的检察工作一体化工作机制。捕诉衔接是检察机关审查逮捕权与公诉权的有机配合，是捕诉两个业务部门间围绕保证办案质量和刑事诉讼活动的依法进行而进行的工作联动。较之与其他业务部门的联系，侦查监督和公诉部门在职能上具有对象一致、内容一致、目标一致的特点，而且工作具有联结性。刑事检察的一体化是检察一体化的重要前提。履行刑事检察职能的两个职能部门。要在贯彻法律监督工作总体要求的情况下，强化各自职能，实行优势互补，资源共享，良性互动，达到保障刑事诉讼依法进行的目的。

2. 内容创新

一是捕诉衔接工作的内容不应当仅仅停留在检察诉讼环节内部的配合，还应扩展到与侦查机关的协作，做到实体把关与程序监督的统一。要通过引导侦查和监督尽可能推动侦查机关在侦查阶段解决好自身的问题。形成检察权与侦查权、监督者与被监督者的良性互动，按照刑事司法规律，围绕公正和效率构建新型的检警关系、侦诉关系，促进刑事诉讼活动的依法进行。

二是在捕诉衔接机制中不仅要注意捕诉两个部门的配合、协作，更要注意两项工作间的相互制约。一个一边倒的机制不是一个好机制。只有具备自省、自律、自我纠错功能的机制才是有生命力的机制。如公诉部门通过审查起诉对公安机关没有移送的严重刑事犯罪分子，不能因当时批捕部门未批准逮捕而不予追诉。对已批捕的严重刑事罪犯公诉部门拟不起诉的，批捕部门应提出不同意见。对由于错捕造成冤狱的犯罪嫌疑人，审查起诉阶段必须及时予以纠正。这种层层把关、相互制约的机制是案件质量的重要保障。

3. 形式创新

捕诉衔接由于是检察机关内部的工作运行机制，因而在实际工作中执行不严格、运行不规范的情形较为普遍。解决好这一问题，应遵循司法规律，强化业务管理。

其一，要把捕诉衔接寓于刑事案件办案流程之中运行。捕诉衔接工作的内容应分别纳入审查批捕、审查起诉工作流程中，成为本部门工作中必经环节和例行工作内容。

其二，要把捕诉衔接列为侦查监督、公诉部门常规业务工作考评范围进行管理。要把捕诉衔接的工作内容列为对审查批捕、审查起诉进行考核评价的内容，与其他业务工作一并考评。

4. 载体创新

捕诉衔接机制运行靠人来人往、文来文往的状态，极容易受承办人遵守制度意识的限制，也容易受到其他工作机制的影响。要使之成为稳定持久的工作机制，创新其运行载体是重要的保障。我省正在推行的计算机网络化办案工作为捕诉衔接工作提供了新的运行平台。我们要注意发挥网络平台的作用，通过规范的工作管理系统，使这项工作常态化、规范化。

四、捕诉衔接工作中应注意的问题（三个防止）

1. 防止捕诉证据标准的趋同

要正确把握批捕标准与起诉标准的异同。不能把批捕标准与起诉标准等同起来。批捕与起诉所处的诉讼环节不同。批捕处于侦查过程中，批捕后还要继续侦查；起诉则处于侦查终结之后。那种认为在捕诉联动机制下应当按照起诉的条件来要求批捕的想法是错误的。实行捕诉联动后，是否会导致以起诉标准代替批捕标准，关键在于如何掌握批捕标准。批捕应当是起诉的最低标准，如果连起诉的最低标准也达不到，就不应批捕。批捕要求"有证据证明有犯罪事实发生"，如果连基本的犯罪事实都没有，或者案件从性质上说根本就不构成犯罪，那么在批捕时就应排除。尤其在当前推行附条件批捕的新机制过程中必须把握构成犯罪这一基本条件。捕诉联动后可以从刑事诉讼的源头开始，通过批捕权的行使来强化对公安机关侦查活动的制约。批捕权体现了检察机关对案件的过滤作用。不能把批捕、起诉环节简单地看做是诉讼流程中的工序，而应视作控制侦查质量的关口。即使是已经批准逮捕的案件，如果不符合起诉的标准，检察机关仍可以及时发出《提供法庭审判所需证据材料意见书》，要求侦查机关迅速补充证据。如果证据经补查仍未达到公诉标准，公诉部门应视情况决定退回补查、自行补查、存疑不起诉或通知公安机关撤回案件。总之，既不能按批捕的证据标准决定起诉，也不能要求批捕时的证据状况必须达到起诉标准。要按照诉讼规则和司法规律确定两个阶段的工作要求，防止不同诉讼阶段证据标准混淆和趋同，这不仅有利于提高办案质量，更有利于实现司法公正。

2. 防止凡捕必诉现象

公诉质量发生问题的一条重要原因是有的检察机关在捕诉衔接工作中不注意坚持法律标准，片面强调协调配和，忽略相互制约。公诉给批捕下台阶，把已经批捕、但不构成犯罪的案件起诉或相对不起诉。在司法实践中，我们一般是按照最低的起诉标准来掌握批捕标准。在有些情况下，有些案件虽然批捕了，由于侦查机关预审、补充侦查工作不到位，仍然会出现起诉不了的情形。而有些案件在捕后证据发生变化，甚至发现逮捕错误，这些在刑事诉讼中是经常发生的。在捕诉联动机制下要防止"凡捕必诉"的倾向。捕诉衔接虽然是检察机关内部的制度改革，但与侦查机关的关系很密切。因此，在实施这一制度过程中，要取得侦查机关的理解与支持，加强沟通协调。检察机关与侦查机关的工作目的是一致的，都是要使有罪的人受到法律追究，同时也要保障无罪的人免受冤狱之苦，这两点应当统一起来。实践中，侦查机关往往比较重视破案、查获犯罪嫌疑人，但对批捕后继续收集证据完善证据体系则容易忽视，由于检察机关在法庭上承担举证责任。因此，检察机关可以要求侦查机关提供能够出庭支持公诉的证据材料。对于捕后有些必需的证据收集不到案，在法定起诉期限内无法起诉的案件，检察机关可以做出存疑不起诉决定。只有这样，才能保证案件在审查起诉这个环节做到事实清楚，证据确实、充分。在衔接工作中，既要做到相互配合，又要做到相互制约，通过配合形成合力，通过制约防止和纠正工作中的失误，以维护检察机关整体司法形象，提高批捕和公诉权的社会公信力。

3. 防止检察资源的浪费

检察管理机制运行中，因机构分设形成的专业化和职能部门化，与检察权的统一行使、检察职能的整合形成了冲突。如何使之相互兼顾、相得益彰，是检察管理中一个不容忽视的问题。在捕诉衔接中既要注意分工，又要注意合作。要建立健全侦查监督与公诉部门在办案信息、诉讼资源、工作成果的共享机制，切实提高工作效率和办案效率，通过部门职能的整合，部门工作的对接，形成有序的工作链条，减少重复劳动，防止检察机关人力资源、信息资源的浪费，维护检察权的统一、高效、权威运行，从而实现检察工作的科学发展。这正是捕诉衔接机制的生命力所在，也是我们共同推进这项机制建设的责任所在。

第二十四讲
公诉引导侦查取证机制建设研究

钱 芳

引言：修改后的刑事诉讼法，庭审方式的改革，法院居中裁判的地位愈显突出，公安、检察机关则成为事实上的控方。指控犯罪、保障人权、维护稳定这一任务的共同性和目标一致性，决定了公安机关与检察机关在整个刑事诉讼中只有通过双方相互依存并经常性地发生影响，形成合力，才能使整个司法体制更加丰富、充满活力。而公诉引导侦查取证，作为一种双方合作的机制成果，无论在实务界还是理论界都是大家期待研究和探讨的课题。

公诉引导侦查取证，又称提前介入、侦检（控）（诉）一体化、检警一体化，是检察改革的一项重要内容。它是指检察机关从法律监督的角度出发，介入侦查机关对重大、疑难、复杂案件的侦查活动，合理调控或帮助侦查机关确定正确的侦查方向，引导侦查人员围绕起诉指控所需，准确全面地收集和固定证据的侦查监督活动，保证侦查活动及时、全面、合法、规范地获取控诉所需的证据的一种法律行为。最高人民检察院在全国检察机关第一次侦查监督工作会议上首次提出了"依法引导侦查取证"的工作思路。这一思路适应了修改后的刑诉法、刑侦体制改革、庭审制度改革和加强侦查监督工作的需要，强化了检察机关与公安机关的工作配合和监督制约，是严格按照刑诉法规定进行的一种工作机制的创新。

一、公诉引导侦查的法律根据和法理根据

（一）法律根据

我国《刑事诉讼法》有关检察机关参与侦查活动的规定主要包括：

我国《刑事诉讼法》规定的公、检、法机关"分工负责、互相配合、互相制约"的原则，是公诉引导侦查取证的法律基础。

《刑事诉讼法》第六十八条规定，人民检察院认为公安机关对应当立案侦查的案件而不立案侦查，或者被害人认为公安机关对应当立案侦查的案件而不立案侦查，向人民检察院提出的，人民检察院应当要求公安机关说明不立案的理由。人民检察院认为公安机关不立案理由不成立的，应当通知公安机关立案，公安机关接到通知后应当立案。虽然这一规定尚未确立检察机关对刑事案件的侦查指挥权，但已确定了检察机关对刑事案件立案侦查的决定权，这项权力实际上是"侦查指挥权的一个重要组成部分"。

另外，还有三个方面的体现：

一是检察机关参与重大案件的讨论。

《刑事诉讼法》第六十六条规定，必要的时候，人民检察院可以派人参加公安机关对重大案件的讨论；

二是检察机关可以要求复验、复查、补充侦查。

第一百零七条规定，人民检察院审查案件的时候，对公安机关勘验、检查，认为需要复验、复查时，可以要求公安机关复验、复查，并且可以派检察人员参加。

第一百四十条第二款规定，人民检察院审查案件中，对于需要补充侦查的，可以退回公安机关补充侦查，也可以自行侦查。

三是检察机关可以要求公安机关提供法庭审判所必需的证据材料。

《刑事诉讼法》第一百四十条第一款规定，人民检察院审查案件，可以要求公安机关提供法庭审判所必需的证据材料。这里的"可以"实际上是赋予检察院享有可以引导取证的权力，也可以说是一项法定的权力。

2000年最高人民检察院审查批捕厅、审查起诉厅与公安部刑事侦查局联合发出《关于公安机关侦查部门、检察机关批捕部门、起诉部门加强工作联系的通知》，主要就检察机关的批捕、起诉部门提前介入案件的侦查活动问题作出规定。

2005年6月，最高人民检察院在《关于进一步加强公诉工作，强化法律监督的意见》中指出，应当"建立检察机关内部侦诉协作机制，坚决查处司法不公背后的职务犯罪"，从而首次在司法解释中明确提出了应当建立"侦诉协作机制"。

我国刑事诉讼法和司法解释的上述规定，足以为探索检察引导侦查取证机制，提供有益和可行的法律依据。

（二）法理依据

在现代刑事诉讼格局中，控诉、辩护、审判三种诉讼职能呈现三角状态，控诉职能乃法律授予公诉人行使，公诉在控诉职能中居于整体调控地位，是整个控诉职能的核心环节，检察机关在这一格局中的作用举足轻重；而作为此三种职能之外的第四种职能——侦查职能，理应实现以侦查为中心向"大控方"的转变。侦查的必然归宿是公诉与审判，侦查的最终目的是为控诉服务，因此侦查职能本身不具有独立性，从世界范围看，侦查职能往往被视为是控诉职能的一部分，在定位侦查职能和控诉职能的关系时，控诉职能无疑应处于主导，侦查职能仅仅是对控诉职能起着辅助作用的诉讼职能，侦、检关系本质上是一种主从关系，故而行使控诉职能的检察机关当然就可以监督、制约行使侦查职能的侦查机关。而侦查机关却不能反向制约检察机关，否则就将导致诉讼关系的错位和诉讼机制的冲突。因此，侦、检职能的同质性和隶属性，构成了公诉引导侦查取证改革的法理基础。

在刑事诉讼的线型流程中，侦查取证位于最前端，获取、固定证据能力最强，又因远离审判，对证据标准把握能力最弱；检察机关公诉活动处于中间时段，其获取、固定证据能力弱于侦查机关，又因贴近审判阶段具有较强的证据把握能力，若将侦查机关强劲的侦查优势和检察机关理性的证据把握两者有机结合，不仅能克服侦查证据欠缺、程序反复、检察监督迟滞、诉讼效率低下的现状，而且能充分保证国家追诉职能的协调、有序、高效运作，实现效率、指控、人权三者的统一。

（三）公诉引导侦查的现实依据

1. 公诉引导侦查是进一步完善我国现代司法体制的需要

从世界范围看，检警关系大体有两种类型：一种是"检警一体"型，另一种是"检警分离"型。前者以大陆法系国家为代表，其核心是检察机关参与甚至主导侦查活动；

后者以英美法系国家为代表，检察机关一般不参与，更不领导、指挥侦查机关的侦查活动，而只是在侦查终结后进行审查起诉。但无论是在"检警一体"，还是在"检警分离"构架下，警察都是作为控方的一部分，向检方提供强有力的支持，并与检察官共同承担败诉风险和责任。我国已经实现了由以侦查为中心向以审判为中心的诉讼格局的转变，在诉讼中承上启下的检察机关承担引导侦查取证任务，是新的时代背景下公检法"分工负责、互相配合、互相制约"原则的重要体现。

2. 新时期、新形势使公诉引导侦查成为必须

在新的历史时期，社会形势复杂多变：刑事犯罪形态将发生一定的变化，短期内犯罪总量将会有所增加，洗钱犯罪、恐怖犯罪、毒品犯罪、环境犯罪、智能型犯罪、涉外犯罪会有所升温，破坏力强的重特大恶性案件的上升成为可能，也会伴生新的金融犯罪，由此牵连到侦查取证难度加大；修改后的刑事诉讼法增强了控辩双方的对抗性，公诉人指控犯罪难度加大，对司法工作的质量、时效与效果的要求也更加严格。施行这项改革，将监督工作关口前移，有利于将侦诉工作重心调整到有效指控犯罪上来，克服因所处位置不同、证据认知差异而产生的分歧或偏差，形成高效的检警关系，确保案件质量、效率与效果的有机统一。

3. 公诉引导侦查是现代侦诉双向配合机制的有效应用，是十年改革成果的体现与经验总结

如何应对新条件下的引导侦查取证工作的新情况、新问题，谋求一种分工配合、有效监督的工作机制是必然之势。2000年开始，我省在积极推进公诉引导侦查取证改革的进程中，不断总结经验，摸索建立起现代侦诉双向配合机制，以制度创新逐步实现司法职能的双向延伸，通过公诉职能前伸及时化解侦诉工作中的矛盾与冲突，减少"程序倒流"，通过侦查职能后延能够合理配置司法资源，实现侦诉人员的优势互补；可以说，侦诉双向配合机制是我省公诉引导侦查取证改革的实践积累与经验总结。它在提高工作效率的同时，有力扭转案件质量滑坡、不捕率和退补率上升、无罪判决增多的局面，有效防止检察机关陷入承担打击不力或无罪判决错案责任的两难境地，为确保案件质量提供良好的机制保障。

4. 公诉引导侦查是对侦查工作实行有效动态的监督，实现法律监督权的需要

我国侦、检关系强调其地位的平等性和制约的双向性，将侦查机关抬升到和检察机关势均力敌的地步，侦查机关往往脱离检控的要求自行其是，缺乏必要的沟通、协作，造成刑事侦查不能按照控诉的要求实施，甚至双方"扯皮"、"内耗"等现象。检察机关对侦查活动的监督呈现被动性、滞后性、零散性、偶然性，不能主导公安侦查活动，导致检控力量的减损和诉讼效率的降低，而公诉引导侦查思路的提出，能够有效变静态监督为动态监督，变监督乏力为监督有力，能够及时发现和纠正侦查机关的非法取证行为，预防和减少非法证据的产生，能够有效防止和纠正案件侦查主体过分积极或消极处分案件，推进侦查程序法治化进程，有助于改变公、检、法对侦查权制约不力，监督权形同虚设的局面。

二、公诉引导侦查的实践探索与机制创新

（一）基本情况

建立公诉引导取证制度作为最高检察院首次提出的六项公诉改革之一，各级检察

院均给予了高度的重视，当前全国检察系统的公诉部门都在积极的探索中获得了有益尝试。2000年，最高人民检察院、公安部联合下发的《关于公安机关刑侦部门、检察机关批捕部门、起诉部门加强工作联系的通知》，2001年，我省检察机关下发了《全省检察机关公诉部门和自侦部门加强配合形成打击职务犯罪合力的意见》；同年会同省公安厅下发了《关于检察机关公诉部门、公安机关刑事侦查部门加强办案工作联系的意见》，2003年最高人民检察院下发了《关于检察机关侦查部门、公诉部门加强工作联系的意见》等，全省性的改革工作随之展开。各级公安、检察机关在实施改革过程中努力探索，积极推进了制度化、规范化建设。2003年7月，我省检察机关根据法律法规及有关文件精神，在全面深入调研的基础上，总结各地经验和可行做法，下发了《吉林省检察机关公诉引导侦查取证规范》附公诉引导侦查的文书样式，使全省范围内的公诉引导侦查取证改革的运行有了制度依托和指导性规范。各地据此相继制定实施细则，摸索了各具特点、切合实际的引导侦查工作模式，以机制创新突破体制性障碍，使司法效率和案件质量获得显著提高，司法公正、诉讼经济原则得到切实体现。据统计，地区级检察院的平均办案审限降至15天，县区级检察院降至10天，基本杜绝了公安机关超期羁押现象，全省案件退补率、不起诉率和无罪判决率均有所下降，公检机关联系制度相继建立，形成了"从重从快"打击犯罪的合力，有力配合了全国"严打"整治斗争的开展。2008年，吉林省人民检察院制定了《关于进一步提高职务犯罪案件诉讼质量的若干意见》，对职务犯罪案件加强侦诉协作做出了具体安排。目前，最高人民检察院对职务犯罪案件公诉引导侦查取证工作的相关意见正在征求意见过程中。如此意见下发，将进一步推动公诉引导侦查取证工作的制度化进程。

（二）主要模式

笔者认为，我国检警关系模式的选择，应当结合我国国情和司法体制的实际，以分工负责、互相配合与制约、侦查监督、有效指控犯罪为立足点，汲取两大法系检警关系模式之优长，体现"参与"与"控制"的统一，体现效率与公正这一价值目标，体现科学化、规范化、制度化、有序化等特点，以下介绍几种在我省有代表性的运作模式，仅供司法实践中参考借鉴。

1. 专案组模式

设置专案组是介入程度最深的一种模式。专案组作为公诉引导侦查取证参与度最高、影响力最强的一种模式，多出现在各级检察机关所承办的挂牌案件、大要案件中。专案组选取案件重大、典型，工作人员专门、固定，介入时间早，参与面广泛，持续时间长，质量要求高，社会关注程度高。对于在当地特殊有影响、重大疑难的案件，需公、检、法、司、安等多家机关密切协作、集中突破的情况下，多采取这种模式来完成侦查工作。公诉部门专门派驻人员从侦查机关立案时开始介入，对案件的证据收集、获取、固定提出侦查建议或帮助完善侦查取证计划、方案，依据起诉与审判的证据标准对证据严格把关，并从诉讼监督、保障证据合法性、有效性的角度，参与案件的部分侦查活动，引导、指导取证工作，确保侦查质量。介入专案组人员在案件移送审查起诉后，一般都作为办案人承办案件的审查起诉与出庭公诉任务，必要时提出补查建议或共同补查，参与完成案件的指控任务。这一实践，无疑将为保证大要案件质量、完善诉讼证据和提高诉讼效率提供可贵的经验。2003年以来，吉林省检察机关积极运用专案组的介入侦查工作模式，成功办理了一批在全国、全省有影响的大要案件，如上海"705"系列案件，省法院系列案件，田某系列案件，原白山市委书记王纯，白山市政协副主席、市委统战部长李铁成等一批有影响的职务犯罪要案，有效巩固了反腐败成果。我们还成功办理了高检院交办的原中国银行香港分行董事长刘金宝贪污案、蔡豪文挪用公款出境赌博案、展文波涉黑受贿案、桑粤春涉黑贪污受贿案、李承禧贪污案、赵洪霖涉黑案、张雨杰特大金融诈骗案等一批在全省乃至全国有重大影响的大要案，其中的大部分案件，均是我省乃至全国的精品案例。

2. 常规模式

常规的引导侦查取证模式有两种，一种是在公安机关刑侦部门设立检察联络机构。派驻检察联络机构在地区级和较大的或条件具备的县级检察机关中适用较为适宜。即检察机关在同级公安机关设立派驻机构，由批捕部门派主办检察官、公诉部门派主诉检察官常驻，同步参与指导侦查取证，对侦查活动进行经常性监督的运作模式。检察联络机构的引导侦查取证工作规范，管理成熟，效率高，公检两机关纽带作用强，要求配合默契，一般以具体成形的《检察机关适时介入侦查活动方案》和《工作细则》为指导性文件，公检工作人员明确职责分工，密切合作，针对案件的不同特点指导侦查取证活动。介入的检察人员在起诉阶段作为主办案人负责审查起诉和出庭公诉。

另一种是由主诉（办）检察官或主诉（办）检察官小组分片包干。这种模式适于县区级检察机关采用。具有灵活性强、介入快速、程序简捷、快审快诉的特点，是"严打"斗争的有力措施之一。实践中可依据不同标准灵活操作，如按照案件的不同类型分片包干。即在公诉部门组成多个引导侦查取证小组，分别承担各类案件，随时掌握捕后待诉案件情况，对批捕案件提前介入；对已移送审查起诉后仍需补查的案件联合补查。又如按照侦诉人员对应分片包干。即检察机关派主诉检察官与公安预审人员形成搭挡，成立引导小组，对刑侦办案中队实行包片负责；同时成立协调指导小组，对主诉官引导小组提交的难于处理的案件进行协调指导，对引导侦查取证工作实行监督和考核。再如按照公安机关的辖区分片包干。即检察机关批捕、公诉部门与公安机关刑侦部门实行案件区域包片负责制，检察人员掌握本地区的发案特点，定期与本地区的公安机关召开联席会议，拟定证据提纲、提出检察建议，要求侦查人员据此办理，同时监督侦查活动。

实践中，需要注意的是，由于我省部分地区恢复了预审制，部分地区仍沿用探长制，因此，要注意引导取证的方式、方法，时机的对接，确保引导工作取得实效。

（三）建立机制

具体地说，公诉引导侦查取证改革主要建立了以下机制：

1. 退回补充侦查制。即传统意义上的个案一对一具体问题的引导。

2. 特殊案件专人介入制。对于故意杀人、抢劫、强奸等恶性突发暴力案件，以及重大、疑难、复杂案件和黑恶势力案件，社会影响恶劣，必须快诉快判。针对这类案件一般涉案人数较多，被告人有可能被判处无期徒刑、死刑，证据质量规格要求高等特点，公诉部门可选定1~2名业务能力强，善于协调的干警作为侦查部门的专职联系人，一旦发案，应与侦查民警在第一时间赶赴案发现场，提出具体可行的指导意见，并做好记录、汇报工作。在确有必要情况下，侦查部门可以常设公诉引导侦查办公室。

3. 类案共性引导制。针对公诉部门普遍存在案多人少、长期派驻侦查部门确有困难的现状，我们采取一段时间对某类案件共性问题、倾向性问题实行集中研究解决。对某一阶段审查起诉时自行发现或从审判机关反馈的带有普遍性的问题，如刑事立案手续不全，辨认、指认笔录不规范，嫌疑人的辩解未能记录在卷等等进行梳理，召开公诉、侦查、审判三机关联席会，互相沟通，达成共识。务求主要事实必须查明，主要证据必须收集。检、法两院实行案件"七日初审"制度，把案件不予受理、补充侦查、建议撤诉的理由以书面形式直接反馈给承办人员。还可以通过不定期邀请侦查干警旁听庭审、直接感受案件的审判过程，达到个案有提高、类案有指导的效果。

4. 公诉部门与侦查监督部门共同引导制。侦查监督部门的工作位于公诉的前一程序，即案件刚刚进入诉讼环节，证据方面有更多的补充、完善空间，此时引导侦查可达到事半功倍的效果，而公诉部门相对于侦监部门，除特大恶性突发案件较为同步外，大量的引导侦查工作较为被动和滞后。因此将两部门作为一个整体共同引导侦查无疑是一种理想的组织形式。如采用"提交法庭证据意见书"等形式或直接告知承办人员具体取证范围等。

（四）实践效果

1. 提高了案件整体质量，规范了侦查工作。

不同司法机关在审查案件时对事实、证据的掌握尺度有所不同，公诉机关提前介入侦查活动，能够及时融合侦诉分歧，梳理、分类原始证据，提高讯问、调查的规范性、准确性和针对性，从而强化了单个证据的证明力，提高了证据质量，将主罪、主证的复核关口有效前移，一次性移送起诉，一次性提起公诉，一次性开庭并当庭判决的比率当然会明显提高。降低了案件退补率、不捕率和因证据不足导致无罪判决的比例。

2. 减少"程序倒流"，提高了办案效率。

对于一些疑难、复杂案件，为了进一步查明事实，退回侦查机关补充材料是十分必要的，法律亦规定了两次退查的权力。建立侦诉协作机制以后，公诉人员可以及时帮助侦查人员指明或调整侦查方向，将侦查方向与公诉方向尽早统一起来。这样，有利于侦查人员及时收集、固定证据，少走弯路，减少案件到了审查起诉阶段被退回补充侦查这种"程序倒流"现象的发生，有利于节约司法资源，提高诉讼效率。

3. 强化了维权意识，把保护案件当事人合法权益落到了实处。

公诉机关与侦查部门加强协作，有利于及早统一定罪标准，增加案件透明度，避免因认识错误而导致冤、假、错案等，尤其可以有效避免公诉人在法庭上举证不力的尴尬，也为简化庭审程序，节约诉讼成本奠定了基础。

4. 寓监督于合作，探索诉讼监督新机制。

"公诉引导侦查"机制是在"分工负责，互相配合，互相制约"基本原则下，以指控犯罪、维护稳定为出发点，为检察机关依法行使法律监督权和公安机关依法行使侦查权找到了共同"临界载体"，变"点"的监督为"面"的监督，变被动监督为主动监督，使监督与合作互融，从而使检察机关监督职能更加深入和强化，指控能力更加强劲。

5. 有效推进刑事诉讼体制的发展进程，促进了侦诉关系的改善，增强了合作意识。

公诉引导侦查工作的实践，使侦查机关与公诉机关目标的一致性与任务的统一性得到强化，执法思想趋于统一，控方阵营得到巩固，证据意识、合作意识和大控方的追诉格局有所增强。同时，有效化解侦诉工作中的矛盾和冲突，变"文来文往"为"人来人往"，增进了部门之间的相互理解和信任。检警关系得以改善。

6. 实现侦诉优势互补，促进侦诉人员素质的提高。

由于分工不同、职责定位不同，侦诉人员的专业优势自然也有一定差异。建立侦诉协作机制，则有利于侦诉人员之间实现优势互补，控诉资源得以整合，更好地推动彼此工作的开展，促进执法队伍整体素质的提高。

三、公诉引导侦查的基本要求

（一）公诉部门介入侦查阶段的职责定位

公诉引导侦查取证改革作为检察机关的一项改革，理应要求"检察本位"，折射出检察机关自身的性质——法律监督机关，这是由我国的检察体制决定的，法律监督是宪法确立的基本原则。正是法律监督的职能决定了检察机关以一种超然的态度，按法定要求对侦查行为的合法性进行审视和指正，对侦查取证进行审查与规范，对侦查方向进行把握与控制，对侦查中的违法行为及时纠正。检察机关的职能属性和分工负责、相互配合制约的原则规定，决定了公诉部门在引导侦查时的职责定位。

公诉引导侦查取证，必须立足于监督、立足于配合，在配合中加强监督，在监督中体现配合；工作的重点是引导收集证据、固定证据、完善证据，同时应当注意，引导侦查不是指挥侦查，不可代替侦查，不能干预侦查。

首先，对"引导"概念的界定，不同于有上下管理职责的负责领导，这是由于检察机关和侦查机关不具备组织人事意义上的管理体制，也不同于业务指导，更不是无原则的干涉，而是检察机关公诉权向前延伸的积极诉讼活动。此处的"引导侦查"应理解为以侦查机关为主，参与、介入侦查，以查清事实和获取证据为目标，从旁引领。从监督角度看，则是一种原则性、宏观性、整体性指导。"引导"而不指挥侦查、代替侦查、干预侦查，应当遵循分工负责，互相配合，互相制约的关系。那种特别强调检察机关对侦查机关的指挥关系和以牺牲法律监督权为代价，强调检警一体化的思想，都是与检察职能属性和高检院强化法律监督的改革方针格格不入的。

其次，引导侦查的重心是证据，即引导的不是侦查活动本身，而是通过侦查所获取的证据。事实靠证据来证明，而证据又能说明某一事实的存在。因此，引导侦查取证，一方面不能狭义地理解为仅获取有罪证据，同时也要注意无罪证据的搜集，不能因为侦查机关的主要职能是打击犯罪而在取证上失之偏颇，不全面取证。此外，侦查的结果也不必然是构成犯罪而提起公诉。另一方面，从证据的客观性、关联性、合法性特征考察，检察机关无论是从公正监督的角度，还是从第三者参与的角度，都有利于侦查机关兼听则明，从而使证据更趋近于本身的真实自然属性。

再次，要正确看待公诉引导侦查的作用。它既代替不了侦查，也代替不了公诉。恰当地说，是侦查与公诉的"引桥"，是公诉权对侦查活动的积极行使和依法延伸。在审查案件时，侦查和公诉仍然按照各自既有标准正常进行。

其基本原则包括：（1）履行监督原则，它是此项改革的首要原则，无论何种形式、何种方式的引导，无论引导处于哪一环节，立足点都应放在监督上；（2）双重职责原则，检察机关在引导侦查取证中负有提出建议和监督侦查合法性的双重责任；（3）依法引导原则，引导是法律意义上的引导，应遵循法律规定，而不是随意引导或任意引导；（4）各司其职原则，充分尊重公安机关的法律地位及依法享有的侦查权、报捕权和复议复核权，做到分工负责、互不干涉，在对案件有分歧意见不能统一时，坚持各司其职；同时应做到，要以起诉标准引导侦查方向和取证，确保证据的指控性和稳定性；（5）严格程序原则，引导侦查取证必须符合程序，形成规范；坚持后位程序制约前位程序，避免后位程序取代前位程序这种有违诉讼规律的作法；（6）互相配合原则，一方积极介入和引导，一方及时落实，公检双方应加强联系、沟通和协调，积极解决引导侦查过程中出现的问题，以形成打击合力；（7）适度引导原则，对不同类案件介入的分寸把握应有所不同，不能介入太深，不能混淆角色。

（二）引导侦查取证的适用范围与介入时机

在我国，检察机关和侦查机关是两个独立的部门，其职责范围、业务特点、机构设置等因素决定了公诉引导侦查取证不应也不能都是全方位、全过程的，有必要对介入侦查的范围和时机作出合理设定。基于检察机关现有的人力资源和案件居高不下的现状，介入应根据案件的类型、性质、特点、社会危害程度、社会影响程度等主要方面有所区别、有所侧重、突出重点，而不能所有侦查活动中的案件一律引导，一视同仁，否则就违背了初衷，影响了引导质量，降低了诉讼效率。

理论上讲，适用范围上包括经济犯罪案件或重大疑难复杂案件两大类。由于经济犯罪案件在发生退补时，经常会遇到补查提纲虽做得很完美，却因侦查的时空条件发生了变化，公安机关的补查难度增大，表现为证据中实质性的东西并没有发生变化，往往都是大量的说明来取代实质性的侦查补遗，从而满足不了检察官在法庭上指控对抗的力度要求；而由于这类案件在刑诉法修改前本来由检察机关管辖，检察机关对经济案件的侦破和补充侦查具有着资源优势和丰富的经验，加上经济转型等各方面因素，公安机关对检察机关这方面的介入只有欢迎，不会有阻力。而重大疑难复杂案件在操作层面上如何界定范围，陈兴良教授的观点是：学者意义上的疑难复杂案件应该在8%左右，实践中基层检察院（县级）和市级检察院的标准不一样，基层院可能是30%左右，市级院有50%到60%的比例。

实践操作中，我们应具体按照刑事犯罪案件管辖的立法规定，结合当地的发案特点，明确各级检察机关公诉部门的受案范围，重点选择一些重大、疑难、质量要求高的案件。

依据案件政治、社会影响程度，对本辖区内有重大影响、社会反响强烈或上级机关督办的案件应当列入适用范围。具体包括：

1. 涉嫌人大代表、政协委员的犯罪案件，副处级以上国家工作人员、县级以上司法机关负责人职务犯罪案件；

2. "法轮功"等邪教组织犯罪案件和危害国家安全、公共安全类犯罪，此类案件危及国家主权、领地完整和政治安定，危害民生安全，意识领域渗透力强、影响蔓延迅速；

上述第一类、第二类案件在当地社会影响较大，政府和人民群众十分关注，检察机关的及时介入，可以增强案件办理的法律效果、政治效果和社会效果。

3. "涉黑涉恶"犯罪案件，此类案件往往案情复杂、涉及面广、社会影响大，侦查和取证难度大，公诉机关提前介入引导取证工作有利于证据收集固定，更有利于保证后续公诉环节的审查和控诉工作质量；

4. 严重危害社会治安的暴力犯罪案件，此类案件往往涉及到犯罪嫌疑人与公安执法人员、当地干部群众有矛盾冲突，多表现为群体事件，在行为性质的界定上和政策法律把握上有一定难度，介入引导侦查活动更有它的公正性、合理性；

5. 重大经济犯罪案件，如前所述，此类案件检察机关在侦破方面有长期以来的经验积累，介入侦查工作更能显示其优势。

依据案件办理的难易程度，疑难复杂的案件应当列入适用范围，具体包括：

1. 案情复杂、触犯数罪或可能判处10年以上有期徒刑的案件；

2. 取证涉及面广且难以准确定性、证据不好的案件；

3. 涉及刑法新罪名或专业知识较强等新型案件；

4. 作存疑不批捕的案件；

5. 检察机关审查认为需要退补侦查或者通知公安机关立案侦查的案件，以及公安机关要求派员介入的案件。人民检察院立案监督的案件，公安机关之所以有案不立，除了对案件本身认识上的原因外，有些是由于来自多方面的干扰和阻力所致，此类案件如果检察机关一抓到底，实施全程监督，有利于保障司法独立、防止司法不公，充分体现检察监督的作用。

依据案件性质，公诉引导侦查取证还适用于：侵犯妇女、儿童合法权利犯罪，"黄、赌、毒"犯罪，涉外案件和未成年人犯罪等案件。

关于何时介入引导侦查取证，应具体案件具体分析，由公检机关协商解决，但应把握总的原则，即对一般常规性的案件规定要具体，如对于案情复杂、主要现场难以恢复、证据以后难以取得和主要证据由间接证据构成的案件自案发时介入侦查；对于重大疑难的刑事案件和在本地区有重大影响的刑事案件，侦查机关认为有必要邀请人民检察院派员提前介入的，可以在案发或者破案时通知人民检察院派员介入；人民检察院认为有必要提前介入的刑事案件，可以通知公安机关，公安机关应当积极配合；对重大疑难、影响面广、社会关注的大要案件规定要原则，灵活选取介入的最佳时机，以争取最佳的办案效果。

实践中，一般都选择以"立案侦查"、"批捕"、"侦查终结移送起诉"为界点，规定时间上限和下限，主要有三种类型：一种是仅规定"上限"，即自立案侦查之日或案件已告破，已抓获犯罪嫌疑人时开始引导侦查；一种是仅规定"下限"，即自犯罪嫌疑人被逮捕后侦结前，或案件即将侦查终结移送审查起诉之前或案件移送审查起诉后第一次退补前；第三种则规定"一个诉讼时段"，即自犯罪嫌疑人被批准逮捕后到起诉前的诉讼时段。

（三）引导侦查取证的主要内容

公诉人员引导侦查取证，既可以从意识层面，通过提高侦查人员的证据意识，转变其执法观念和执法理念加以引导；也可以从操作层面，即通过提前介入侦查活动，了解案情和证据，共同讨论案件，引导侦查人员收集、固定证据，完善控诉证据体系，及时监督并修正侦查活动中的违法行为等，本篇主要讲述的是后者。实践中，引导取证因实际需要，在不同的工作模式下内容也灵活多样。

在专案组模式下，引导侦查取证具有宏观性、系统性和指导性，其主要内容包括：对案件的证据收集、获取、固定提出侦查建议或帮助完善侦查取证计划、方案，确定或帮助调整侦查方向，依据起诉与审判的证据标准对证据严格把关，并从诉讼监督和保障证据合法性、有效性的角度，参与案件的部分侦查活动，引导、指导取证工作。

在常规模式下，引导侦查取证具有全面性、具体性和深入性。其主要内容包括：掌握辖区内发案、破案、立案、捕后待诉案件情况，共同研究证据标准，规范侦查取证工作，针对个案的取证、侦查措施等方面审查把关，提出《检察建议》和《提供法庭证据意见书》等，引导侦查人员进行侦查、取证。对疑难案件进行协调指导，对侦查活动和引导侦查取证工作进行监督和考核。

公诉人员对证据标准的把握和审查运用证据能力的先天优势和人员状况实际决定了在引导的内容上也应有所侧重。引导侦查取证的重点是"取证"，而不是所有侦查活动，即按照公诉的要求引导侦查人员收集和保全证据，提高侦查证据指控能力和采信质量，其次才是帮助自侦部门确定侦查方向、监督其侦查活动的合法性。

侦查人员在证据运用能力、证据审查判断能力的先天弱势决定了引导侦查取证的难点是"法律论证"。侦查人员围绕案件事实、犯罪构成、定性方面进行全面、系统的法律论证，要求公诉人员引导侦查人员在固定、保全、完善证据，形成完整闭合的证据链条的基础上，重点提高运用证据能力和法律论证说理能力，从而全面提升整体指控犯罪能力。

公诉引导侦查取证的内容应限定在四个方面：

1. 在不同性质的案件所需证据的收集上，针对各种不同的案件，制定相应的证据标准和证据规则，明确收集证据的实质要件和具体要求。

2. 在对各种证据的固定方法上，明确对七种证据的固定原则，明确如何进行提取，以何种形式和方法进行固定和促使，对形式和方法加以规范，以利于指控犯罪。

3. 在法律适用上，对一些疑难案件的定性，以及涉及罪与非罪、是否立案等问题及时提出自己的意见和建议，避免适用法律错误。

4. 在实施侦查的程序上，对侦查机关的侦查活动程序上是否合法进行及时监督，发现问题及时纠正。促进侦查机关依法办案、规范执法。

（四）引导侦查取证的方法途径

1. 引导侦查取证的方式

实践证明，根据当地侦诉工作机制、人员状况和案件特点，可选择多样化的引导方式。归纳起来，有两类：一是条件成熟的地区宜建规建制，全程、全方位、多角度地"立体式"介入，形成辐射面；二是条件不成熟的地区宜集中精力，选取突破点，在案卷、文书或取证等环节"重点式"介入。

"立体式"介入如派驻检察室的形式，即以固定的引导侦查常设机构为载体，依不同诉讼时段明确职能和职责分工，确定相应的引导侦查取证方法。主要采取在侦查阶段提出检察意见、建议或参与侦查、案件讨论，在起诉阶段提出建议或共同补查，在审判阶段通知侦查人员出庭作证、庭审观摩等三种途径来引导侦查取证工作。它偏重于介入过程，适用于犯罪事实清楚、证据尚未形成体系的情况，对于"严打"期间的重点案件、群众关注案件及复杂疑难案件，具有介入主动、广泛、深入、效果明显的特点。设立检察联络机构是中国化了的"侦控一体化"的理论尝试，有利于公检关系的良性发展，有利于侦诉合作的长期化、制度化、规范化，有利于成果积累和制度创新。

"重点式"介入如在案卷、文书环节和取证等侦查环节的介入。即以阅卷为基础，或以派出检察人员参与案件讨论或参与取证为重点，通过向侦查机关发《引导侦查意见书》、《提供法庭证据意见书》、《主要证据提纲》、《检察建议》，共同制作《（补充）侦查方案》等文书来实施引导。它偏重于介入结果，适用于公安机关侦查质量相对较高、取证比较规范到位、基本证据体系已初步形成的情况，具有工作量小、诉讼经济、责权明晰、诉讼阶段分明、制约关系明确，公诉审查全面、补查要求具体等特点。

由此可见，"重点式"介入克服了全程"立体式"介入在应用中的缺陷，利于司法职能体系的构建，适应诉讼发展规律和发展趋势，伴随着司法工作人员整体素质的不断提高，它将更具生命力。

以一次介入引导的刑事案件数量为标准，又可以分为个案引导和类案引导两种方式。个案引导是指对某单个案件的侦查活动加以引导，类案引导是对某一同种类案件的侦查活动加以引导，如对强奸类案件的侦查引导。从我国的实际情况和诉讼经济出发，对个案的引导应合理限定在一些重特大案件、疑难案件以及在特定时段内有特殊影响的重点案件上，个案引导不宜过多过滥，应更注重类案引导。尤其是在改革运作过程中，不妨深入搞一些综合性的执法评价，对某一类或几类案件作规律性的探讨，形成有价值的、规范可行的执法依据指导实践。

2. 公诉引导侦查取证的途径

一是宏观途径

引导侦查的宏观途径，是指适用于整个刑事案件或者多数刑事案件的途径。公诉机关依据长期的办案经验，通过与侦查机关的沟通和协调，联合制定一些对于刑事案件侦查工作普遍适用的长效合作制度，从宏观上对案件的侦查取证进行引导。

主要包括以下六种方式：

（1）共同制定追诉犯罪的标准和逮捕、公诉证据参考标准。追诉犯罪的标准，实际上就是立案标准；逮捕、公诉证据参考标准，是按照逮捕、公诉条件，从收集、审查证据的角度对具体罪名犯罪构成要件的分解和细化。长期以来，公安机关在收集证据过程中存在一定的问题和盲点，主要是由于侦查机关与公诉和庭审活动有一定的时空距离，很难了解每一个罪名的认定和起诉意见需要达到怎样的证据标准。因此，公诉部门根据平时的办案经验，制定出具体的《公诉案件证据参考标准》，使公安机关能够更准确地把握侦查取证的方向，明确控诉犯罪的证据标准和规格，使侦查活动更接近庭审的要求，使取证更具有针对性和指导性。

（2）建立联席会议制度。联席会议是侦查机关、检察机关共同参加的，对于一定时期内在刑事案件的侦查和审查起诉中遇到的重大问题进行研讨和协商，提出各自的看法和意见，分析案件办理形势，通报审查起诉和出席法庭支持公诉的情况，争取达成共识，指导今后的工作。一般由双方轮流主持，双方的主要负责人、业务部门负责人和具体承办人参加。

（3）制定和发行交流刊物，提出书面建议。在定期的会议之外，平时的沟通和交流更显快捷和重要。检察机关对于办理案件过程中发现的问题，制定和发行内部的交流期刊，通过书面的形式，或对侦查、取证活动提出纠正意见，或与公安机关就存在的问题共同查找原因、分析症结、汲取教训。既达到了沟通的效果，解决了问题，又增进了双方的了解，无疑是一种灵活实用的引导方式。

（4）建立交流、培训制度。交流培训是指检警双方以分期、分批的形式选派干警进行人员交流，以专题讲座、业务研讨等形式开展业务培训。通过人员交流，在角色转换中引起检警双方的换位思考，最大限度地避免因本位主义、职责差异而造成认识上的分歧和工作中的不协调；通过业务培训，在素质提高中引导侦查人员树立证据意识、庭审意识。

（5）类案剖析。类案剖析是针对公安机关在侦查活动中存在问题较多，对涉及犯罪构成的主要证据把握不准、成案率、批捕率较低的案件，通过与公安法制、刑侦、经侦等部门座谈，剖析侦查活动中存在的问题，明确该类案件需要重点突破的证据。

（6）试行侦查人员出庭作证或组织侦查人员观摩庭审活动。目前，警察出庭作证并不多见，基本上通过书面材料的形式向法庭提交证据，不当庭作证，故侦查人员对庭审中交叉询问、认定证据的过程缺乏足够的认识。所以，试行侦查人员出庭作证、亲历庭审活动，能够深入体验庭审对证据的要求，详细了解公诉案件的证据规格，以及辩护人对证据的质疑、异议，有助于侦查人员形成高标准的证据意识和明确侦查的主要方向。

二是微观途径

引导侦查的微观途径，是指依照刑事诉讼法的规定对个案的侦查取证予以引导的一种诉讼活动。主要包括以下途径：

（1）适时介入案件，延伸公诉职能。即在重、特大案件发案、立案阶段，检察机关派员及时介入，协助侦查人员把握案件性质，对查办方向和重点予以提示；对侦查机关提出继续侦查和取证的建议；参与现场勘验、检查、复验、复查；在案件提请批捕前参与重大案件的讨论；同时监督和纠正侦查活动中的违法行为。

（2）适时交换意见，提高侦查人员证据意识。针对少数侦查人员证据意识不强，甚至在办案中偏重获取口供，轻视收集其他证据的实际情况，承办人对于证据缺乏的案件与侦查办案人员当面交换意见，要求侦查人员迅速补充证据，使案件的证据能够达到公诉的要求。

（3）实地复核，指导侦查机关固定证据。针对少数侦查人员证据意识不强、有些关键证据没有有效固定的实际情况，与公安机关的办案人员一起到案发地或找到关键证人，对重要证据、关键证据进一步固定。

（4）发出《补充侦查决定书》、提供《法庭审判所需证据材料意见书》，开列《补充侦查提纲》，督导侦查机关完善证据。对提请批准逮捕、移送起诉的案件，检察机关因事实不清、证据不足作出不批捕决定的或者审查起诉中退回补充侦查的，列出详细的补充侦查提纲，提出补充侦查意见，并跟踪监督重新提请批捕或者移送起诉的情况，这实际上是按照刑事诉讼法规定的逮捕条件和公诉条件对侦查工作方向的引导。而实践中，我们往往不重视《提纲》的引领作用，只是简单列明所需调取的证据，对卷宗中存在的问题并没有作出具体分析，导致补充侦查工作效果不佳。因此，公诉机关应当在补充侦查提纲中，列明预审卷宗中存在的问题，找出依据，阐明理由，同时对下一步需要补充和完善的证据材料的规格及调取目的具体加以说明，使补充证据有针对性。

（5）建立会商制度。针对个案中事实未查清、证据不充分、退补侦查未能补证，而影响到检察机关支持公诉的疑难案件，可以召集侦查、检察机关的分管领导、部门负责人及承办人，就疑难案件中存在的疑点和需要查明的事实提出侦查取证意见，引导侦查人员围绕指控犯罪，全面收集和固定证据。

（6）建立重要案件通报制度。一方面，侦查机关在重大案件侦破后或侦破过程中，将案件的进展情况及时通报公诉机关，公诉机关从庭审角度对收集、固定证据和下一步侦查方向、侦查重点提出建议，双方针对案件中存在的问题集中讨论；另一方面，侦查监督部门和公诉部门随时通报重大案件情况。

（7）邀请侦查人员旁听法庭审判，树立侦查人员庭审意识。在我国，尽管警察出庭作证缺乏法律的强制性规定，但为了强化侦查人员的庭审意识，在司法实务中，有必要邀请侦查人员旁听法庭审判，并在庭后就庭审中出现的与侦查有关的问题与侦查人员交流，以引导侦查人员在办理案件中按照庭审的要求收集、固定证据。

3. 介入侦查的程序

公诉机关提前介入的刑事案件，应由侦查机关通知，公诉机关认为有必要提前介入的刑事案件，可以与侦查机关联系。介入侦查的公诉人员应由检察长或副检察长委派或者公诉部门的领导指定，与侦查机关的办案部门联系。

四、引导职务犯罪案件侦查的特殊要求

自侦案件的侦诉关系不同于公安机关（包括国家安全机关）侦查案件的侦诉关系，公诉部门与自侦部门共同存在于检察长统一领导的权力框架体系，在地位上应当是平行的关系，这是构架自侦案件侦诉关系的出发点；自侦案件质量不适应公诉需要、司法控制犯罪能力下降，决定了公诉与自侦部门在业务上应当是指导与被指导的关系。这是自侦案件公诉引导侦查取证的依据。"平行"与"指导"，是自侦案件侦诉关系相辅相成的两个方面，两者的有机结合，构成了新型自侦案件侦诉关系的全部内容。"平行"是自侦案件侦诉关系的基础，"指导"是自侦案件侦诉关系的发展方向，是在遵循刑诉法"分工、配合、制约"原则基础上对侦诉分离制度的补充和完善。就现阶段自侦案件侦诉关系的状况而言，更迫切需要突出的是刑检部门与自侦部门之间指导和被指导的关系，这是解决目前自侦案件侦诉关系的关键。理顺侦诉关系，明确角色定位，措施就是建立和完善自侦案件的引导侦查取证、双向介入工作机制。

（一）自侦案件双向介入机制的含义

所谓自侦案件双向介入机制是指在坚持"分工、配合、制约"原则的前提下，公诉部门在侦查阶段提前介入自侦部门的侦查活动，按照逮捕或提起公诉的要求，就案件的实体和程序性问题向自侦部门提供指导性意见，引导侦查活动；在审查起诉阶段对自侦案件质量进行质量评价和监督，进而提高诉讼效率，保障案件质量的一种工作机制。包含着三层含义：

首先，公诉活动要向前延伸，公诉人要提前介入侦查活动。这有助于公诉人提前熟悉了解案情，以便从快办结案件；有助于对侦查活动是否合法进行有效、及时的监督；有助于协助侦查部门收集、固定证据。

其次，侦查活动要向后延续。根据现行法律的规定，自侦部门和刑检部门共同进行

补充侦查，是侦查活动向后延伸的主要方式，这种补充侦查机制有利于发挥自侦部门的侦查力量和经验，也有利于调动公诉人的积极性和主动性。

最后，要求侦查活动和公诉活动同步进行。其实质是要求自侦部门和刑检部门在各司其职的前提下强化配合，使侦查中的收集、固定证据能够满足庭上指控犯罪的需要；强化监督制约，使侦查工作在公诉阶段得到质量评价和监督制约。

（二）自侦部门、公诉部门的角色定位

正如前面所述，自侦案件侦诉关系的角色定位应是：以"分工、配合、制约"原则所体现的平行关系为基础，确立公诉部门的业务指导地位。

这里所说的指导，不等同于指挥，是对侦查活动进行恰当的指导，指导权应是监督权的一种具体体现，公诉部门是要通过实际意义上的指导和制约来实现监督的。指导具有间接性，是一种引导或规范，指导主体不直接参与，只是以一种超然的态度按法定要求对侦查行为的合法性进行审视和指正，对侦查活动的程序性进行审查与规范，对侦查取证提出符合诉讼标准的要求，对整个侦查活动从方向上进行把握与控制，而不干涉具体的侦查行动，对侦查活动中的违法行为则应提出纠正意见。

（三）引导（指导）侦查的内容

1. 对自侦部门收集、固定证据的引导（实体指导）

证据是认定犯罪的基础。职务犯罪大多属于智能型犯罪，犯罪嫌疑人（被告人）社会关系复杂，反侦、抗辩能力较强，翻供翻证的情况多发。而实践中由于上述原因导致自侦案件证据易出现瑕疵、缺陷或取证不能，影响了案件质量。因此，对自侦部门收集、固定、完善证据的引导，是公诉部门引导侦查的重点。

2. 对自侦部门侦查活动的监督（程序指导）

同属一个检察机关的公诉部门对自侦部门的侦查监督，历来是刑事诉讼监督的一个薄弱环节，公诉部门可以"适时介入引导侦查"为契机，重点加强对立案、强制措施、取证程序、赃款赃物处理的监督，以保证司法公正，杜绝司法腐败现象。

（四）引导侦查的案件范围

为了保障诉讼资源的合理配制，公诉部门不可能对每一个自侦案件都适用"适时介入"。就现阶段而言，"适时介入"程序应当主要适用于以下两类案件：一类是重大、疑难、在当地有重大影响的案件；一类是本院领导指定适用"适时介入"程序的案件。

（五）自侦案件引导侦查的模式

1. 平级引导模式：即由本院的公诉部门直接对自侦部门进行引导。

2. 上级引导下级模式：即由上级院的公诉部门对下级院的自侦部门进行引导。

3. 针对性引导模式：即针对部分重大、疑难、复杂案件，经下级院请示，上级院同意后由上级院公诉部门引导侦查；而其他案件，一律由本院公诉部门引导的一种综合模式。

由于重大、疑难、复杂的自侦案件往往牵扯高官要职，案外受到的各种干扰和阻力较多，当事人反侦查能力强，独立办案要求相对较高，因此，为有效避免案外阻力、防止推诿扯皮和司法不公、减少引导不力、提高诉讼效率和办案质量，由上级院公诉部

门引导侦查是适当的。而对于一般案件，只要不属于重大、复杂、疑难案件，即使涉案人员多一点、涉案数额高一点，为节约上级院的司法资源，宜由本级院公诉部门引导侦查。

（六）自侦案件的双向介入机制成果

2008年4月，吉林省检察机关下发了《关于进一步提高职务犯罪案件诉讼质量的若干意见》，以提高职务犯罪案件诉讼质量为根本出发点，以检察一体为指导原则，进一步加强了侦查、公诉部门间的工作配合，在全省检察机关建立职务犯罪案件质量监控机制，并提出了全省检察机关当年直接立案侦查案件有罪判决率要达到70%的新要求。这一举措，是在我省检察机关内部强化公诉职能和法律监督职能，对自侦案件诉讼流向的总体趋势建立评价机制，以指标认证自侦工作质量，以保障案件质量为根本出发点的又一机制创新，它与公诉引导侦查取证改革目标一致、思路不同、侧重制约，是强化公诉对侦查的监督制约权的又一尝试。

《意见》进一步理顺了职务犯罪案件诉讼的工作运行机制，完善了职务犯罪案件双向介入工作制度。

1. 深化公诉人员介入侦查制度。各级院在实行公诉部门对每一件职务犯罪案件都介入侦查、引导取证做法的基础上，要建立"1＋1综合审查"机制，即在每一件职务犯罪案件侦查终结前，由公诉人员共同对案件证据进行全面梳理、分析，按照起诉条件和公诉证据标准提出是否符合终结侦查标准的意见。侦查部门应当认真听取公诉部门介入人员的意见；认识不一致的，报侦查部门负责人、分管侦查工作的检察长决定。必要时，报请本院检察长决定。

2. 进一步提高取证质量，完善证据的固定和保全工作。各级院侦查部门和公诉部门应按照有关规定，做好讯问犯罪嫌疑人同步录音录像工作。侦查部门对认罪的犯罪嫌疑人，应要求其书写认罪供述材料；加强对实物证据的提取、鉴定、保管等工作；对律师提出的取证申请和提供的证据要认真审查、复核；加强对涉案人员的控制，保证公诉部门复核证据、证人出庭作证等后续诉讼活动正常进行。

3. 建立侦查人员介入起诉工作机制。各级院侦查部门应根据公诉部门提出的补证意见及时补充完善相关证据；公诉部门讨论职务犯罪案件时，应请侦查部门人员参加；对公开审理的职务犯罪案件，侦查人员应当参加旁听，必要时，侦查人员应出庭就有关情况作出说明；公诉部门就职务犯罪案件与法院协调或列席审判委员会时，应通知侦查部门人员参加。

4. 公诉部门制定《常见职务犯罪证据参考标准》，印发给自侦部门。

5. 定期召开自侦、侦监、公诉三部门联席会议，研究和解决在协作过程中出现的问题。

（七）引导侦查程序的提起与效力

对自侦案件"适时介入"的程序应当由自侦部门提起，由公诉部门决定是否适用；对于自侦部门没有提起"适时介入"程序的案件，公诉部门认为有必要的，应当报请检察长，由检察长决定是否对该案件适用"适时介入"程序。"适时介入"程序适用于自侦案件立案后，侦查终结前。

对于公诉部门提出的《侦查意向书》等指导意见，自侦部门应当及时研究落实，并向公诉部门反馈。

　　与此相对应，应当确立公诉部门对自侦部门重大案件案情的知悉权、侦查方案的建议权、侦查行为的质询权、侦查结论的讨论权；建立自侦部门司法文书的备案审查制度。

第二十五讲
公诉引导侦查取证方法研究

刘艳华

公诉引导侦查取证，是检察机关最早开展的六项公诉改革之一，从2000年到今，已经历了10年，在制度建设和机制运行方面，都积累了丰富的经验。特别是在处理重大疑难案件中，公诉引导侦查取证发挥了其独特的作用。如，我省查处的黑社会性质组织案件梁旭东案、桑粤春案、刘文义案、徐伟案、李海峰案，职务犯罪大要案中的白山市委书记王纯系列受贿案、中银香港总裁刘金宝受贿案、上海社保系列案、米凤君受贿案等等。

10年的公诉引导侦查取证工作，取得了丰硕的成果：一是规范了侦查工作，提高了案件质量；二是减少"程序倒流"，提高了诉讼效率；三是切实保障了诉讼参与人合法权益；四是推进了侦、诉合作机制建设，改善了侦、诉关系，增强了打击合力；五是实现了侦、诉优势互补，提高了侦、诉队伍素质；六是寓监督于合作，丰富了诉讼监督机制载体。重大疑难案件"三个效果"的有机统一，提升了检察机关执法的社会公信力，提升了检察机关的执法权威，维护了法律的统一正确实施。

客观地看，公诉引导侦查取证工作也存在以下方面的问题：一是在引导观念上，还一定程度存在为难情绪，乐于引导公安机关侦查的案件，不愿意引导检察机关侦查的案件；二是在引导能力上，还存在证据把关能力不强，证据体系整形能力不强，犯罪性质归纳能力不强，罪名、罪数认定权威性不强等方面的问题；三是在引导效果上，还存在有的引导建议落不实的问题；四是在引导方法上，还存在方法简单、引导合力发挥不好的问题；五是在区域引导水平上，还存在各地引导水平不尽一致的问题，有的案件或个别地区，引导侦查效果不佳，甚至影响了侦、诉合作关系，影响了检察机关执法的合力与社会公信力。

笔者针对我省公诉引导侦查取证工作存在的倾向性问题，结合自身开展公诉引导侦查取证工作的经验和体会，着重从引导侦查取证的心态、技能、机制与技巧四个方面，对如何开展公诉引导侦查工作谈些看法和体会，与同仁商榷。

一、牢固树立"公诉人是引导侦查取证法定主体"的观念，增强完成此项工作的自信心

1. 信心首先来自于对引导侦查取证工作本质特征的认识。

公诉引导侦查取证，是承担公诉职能的检察官，利用指控犯罪和证明犯罪过程中形成的审查判断和证据优势，引导侦查人员及时发现、固定和收集证据，稳固证据证明体系，准确适用法律，以确保诉讼活动的质量、效率和效果的各项配合与制约措施的制度性安排。它是检察机关在"检察一体化机制下"，全面整合侦查权、公诉权和刑事诉讼监督权的经验总结，是对检察权配置的有效尝试，是公诉部门引导侦查重大、疑难案件

取证工作成果的升华。

基于对公诉引导侦查取证本质属性的认识，应当引申出这样的理念：一是公诉引导侦查取证是现代庭审方式下的"大公诉"格局的必然要求。同样作为控方的诉侦主体，其职能分工不外是"坐在法庭上的公诉人"和"坐在法庭下的公诉人"，其职责统一于检察权之中。二是引导侦查取证是一种双向共赢关系，而不仅仅是单向制约关系。公诉引导侦查取证，使公诉人打破了以往单一、书面、被动审查证据的方式，能够直接、主动、多维地了解取证的过程，有助于形成内心确信，提高灵活运用证据能力，增强庭审说理的直观性，也有助于对证据体系结构的缺陷进行及时弥补，防止侦查和公诉陷于被动；公诉引导侦查取证，可以利用公诉人全面掌握法律的优势，拟定侦查方向、预评估侦查结果和规范侦查行为，对侦查行为进行有效监控和引导，进而提升侦查取证的及时性、全面性和有效性，提升侦查证据的采信率，保证执法的法律效果。三是重大、疑难案件执法效果的高标准和有些侦查行为的不可重复性，决定了公诉引导侦查取证是大要案办案模式的首选，也使公诉引导侦查取证成为侦查决策的重要辅助手段之一，被纳入侦查决策系统。

2. 公诉引导侦查取证，有充足的法律依据和制度保证。我国刑事诉讼法第七条、第八条、第六十六条、第一百零七条、第一百四十条一款、二款，都对刑事诉讼中侦查与公诉的"分工负责，互相配合，互相制约"关系进行了原则规定。2000年最高人民检察院与公安部《关于公安机关侦查部门、检察机关批捕部门、起诉部门加强工作联系的通知》，2003年吉林省检察机关《公诉引导侦查取证工作规范》（试行）和2008年吉林省人民检察院《关于进一步提高职务犯罪案件质量的若干意见》，对公诉引导侦查取证的地位和作用，方式和方法，引导侦查活动的法律效力以及配合与制约等进行了较为全面的规范。这些法律规定和制度规范，为公诉引导侦查取证工作提供了充足的法律依据和制度保证。

3. 公诉人的诉讼角色优势，为公诉引导侦查取证提供了实践基础。在司法实践中，侦查工作由于诉讼角色的局限性，导致侦查盲区的存在。其主要表现是：一是侦查活动认识犯罪现象的滞后性和局限性，决定了人类认识犯罪行为的有限性。这是客观规律。二是犯罪行为本身的隐蔽性和复杂性，增大了人类认识犯罪现象的难度。三是诉讼角色分工不同，工作模式和方法各异，决定了各诉讼主体认知世界的角度和重点有所差别。如，由于记录方式的特定性，导致诉讼流程中司法人员掌握信息量的递减，这也是不争的事实。四是同一刑事诉讼主体（公、检、法）执法个体认知能力的差异，也会导致对侦查信息的关注度有所不同，导致各案的执法差异。

与侦查主体不同的是，公诉人作为侦查取证的引导主体，其承上启下的诉讼地位，使其具有天然的诉讼角色优势：一是全面熟悉证据特征。一般来讲，公诉人所掌握的"类案"证据特征，为引导侦查取证提供了一个规范的参照系统，这与侦查人员所掌握的单个的、零散的证据不能同日而语。因此，公诉人可以站在证据体系认证的制高点上，洞悉已取得的侦查证据对认定案件事实的作用与意义，对侦查发展方向做出比较客观的判断。这种权衡与比较的机会，有利于克服侦查盲区。二是熟悉法律适用。特别是公诉人对证据的质与量的把握，对证据证明体系的构建，对罪名、罪数的判断，对刑罚适用的预期等，均有明确的认知。而恰恰是这种认知，对侦查取证活动数量与质量的控制至为关键。三是熟悉审判工作，了解法官裁判规则，对审判流程及庭审突发情况有足够的心理准备，便于对侦查员出庭作证提供切实的引导，达到共同证明犯罪的目的。四是熟悉辩护人的攻击目标，有助于筑牢证据体系防线，及时补充和完善证据，避免证据瑕疵。证明犯罪，是一个有"驳"有"立"的过程，公诉人在"立"的过程中，已经熟练地掌握了"驳"的范围、重点与反驳方法，这就为弥补侦查疏漏提供了反面参照系。

4. 开展公诉引导侦查取证工作，是新的司法形势下满足司法需求的有效手段。在依法治国背景下的刑事司法，是一个多维的价值满足过程。其基本的价值追求是：一要达到办案质量、效率和效果的有机统一，提升司法的社会公信力，加大司法的正效应；二要依法保障诉讼参与人的合法权益，做到"一要坚决，二要慎重，务必搞准"，以减少司法的负效应；三要强化检察机关的刑事诉讼法律监督主体地位，以办案为载体提高监督效能，维护社会公平正义。值得注意的是，在侦查工作中存在"八重八轻"（即，重实体轻程序，重有罪证据轻无罪证据，重口供轻外围取证，重定罪证据轻量刑证据，重打击轻保护，重突破轻查证和庭审，重查办轻自我保护，重内心确信轻客观证明）的司法惯性，亟待通过高质量的引导侦查取证工作加以克服。

二、扎实的公诉工作领导能力，是开展好引导侦查取证工作的必备条件

公诉引导侦查取证工作既不同于侦查工作，又有别于审查起诉和支持公诉工作，它是二者的过渡带，且是决定案件诉讼走向的关键环节。引导侦查取证，其作用类似于医生诊病过程中的"开处方"。引导侦查质量的好与坏，也是区分"良医"与"庸医"最主要标准。实践证明：在现有公诉引导侦查取证制度框架下，决定引导侦查取证工作成败的关键性要素，在于承担引导任务公诉人的能力。一般来讲，承担引导侦查取证任务的公诉人应当具备以下素质：

1. 需要具备的基本素质

承担公诉引导侦查取证任务的公诉人，除具备一般公诉人的职业素养之外，还应当具备以下素质与能力：一要具备将执法效果与政治效果、社会效果相统一的能力，避免顾此失彼，要统筹兼顾；二要具备扎实的法律基本功，特别要具备创新性问题的处理能力与攻坚能力；三要有良好的职业素养，讲究职业诚信与互信，严格遵守保密义务；四要有良好的组织协调能力，良好的团队意识；五要有敏锐的监督视角，熟练、灵活、有效运用各种诉讼监督方式与方法；六要身体健康，有拼搏精神。

2. 要有丰富的公诉引导侦查取证实战能力

一要了解侦查取证工作的基本需求。能够做到：对证据质量把关，对证据进行总量控制，对证明体系进行有效评估，对犯罪性质进行科学论证，准确认定罪名、区分罪数，全面认定量刑情节，诉讼监督措施有效落实，对犯罪线索进行质量评估与侦查方向拟定。特别要具备不合格证据筛选能力，证据体系构造与整型能力，和证据瑕疵修正与补足能力。

二要结合个案，针对侦查薄弱环节"对症下药"，帮助侦查指挥人员科学决策、依法决策。根据笔者的实践体会，侦查环节容易出现的"薄弱环节"主要集中在以下方面：一是不规范取证造成证据瑕疵，需要通过重新取证或补充侦查行为予以纠正；二是侦查环节分组、单向取证造成的证据矛盾与缝隙，需要补充取证予以排除和弥补。如多人参加案件、多个作案现场案件、多被告并（分）案处理案件等；三是对临界点证据敏感度不足，讯（询）问不到位。如涉及罪与非罪、此罪与彼罪，特别是证明犯罪故意的

证据固定不到位；四是讯（询）问伴随示证与引供、诱供的界限不清；记录内容与实际内容存在差异，不能反映取证过程原貌或存在信息疏漏；五是涉及数罪名案件中取证混乱，证据体系边界不清，特别是证实"从一重处罚"或数罪并罚的证据取证不到位；六是重视主罪轻视从罪，重视定罪证据轻视量刑证据；七是同步音像情况下对讯（询）问要点把握不准，因对视听资料瑕疵可能产生的负面影响估计不足而产生恐惧心理；八是共同犯罪中漏人、漏事，区分主、从犯的证据固定不全；九是侦查管辖与审判管辖不对应情况下的工作衔接不到位，不同职能管辖案件并案侦查工作衔接不到位；十是侦查方向与取证结果不一致情况下，证据整形能力不强，定性不准，移送意见质量不高；十一是对新罪名案件犯罪特点与规律经验不足，关键证据固定不到位。

公诉人引导侦查取证，就是要针对上述侦查工作的薄弱之处，及时有效地引导侦查人员及时、全面收集证据，消除瑕疵，弥补不足，打牢基础，准确打击犯罪，保障无罪的人不受刑事追究。

三要熟悉案件特点、侦查人员知识结构与个性特点。

一般来讲，熟悉所办理案件的性质、特点，就容易把握案件的基本规律与走向，便于对侦查结果做出科学预断，少走弯路，节约诉讼资源，提升打击犯罪的准确性。公诉人熟悉案件的特点，可以根据侦查进度，注意和满足不同侦查阶段取证的不同需求。如司法实践中，一般都选择"立案侦查"、"批准逮捕"和"侦查终结移送起诉"，作为启动公诉引导侦查取证的时间节点。不同时间节点介入侦查，公诉引导取证的重点不同，公诉人发挥的作用也各异。如对应立案时同步介入、批准逮捕后介入和侦查终结前介入，承担引导任务的公诉人所发挥的作用则类似于"设计师"、"园丁"和"质检员"。当然，在侦查人员配合公诉人（检察员）审查起诉、支持公诉或出席二审法庭时，公诉人的引导侦查取证方式方法则发生了重大变化，这显然不能与侦查环节的引导取证工作同日而语，在此不予细述。

公诉人要熟悉侦查决策机制运行特点及侦查人员知识结构特点，也是强化侦、诉配合的需要。公诉引导侦查取证，同样要做到"知己知彼"，以扬长避短、互为补充。我们知道，在公诉引导侦查取证决策体系中，存在三个并行的决策机制——侦查决策机制、公诉决策机制和侦查监督决策机制，而这三个决策机制的运行各具特点，有同有异。如，侦查的侧重点在于查实犯罪，其时效性要求较高；公诉的侧重点在于证实犯罪，对侦查行为的合法性和有效性要求较高；而侦查监督的重点在于纠错，其主要是通过对侦查和公诉活动的纠正来保证办案的成效。这三个决策系统相对独立和封闭，启动的条件、程序和效力均不相同。因此，承担引导侦查取证任务的公诉人，必须针对不同情况，及时提出相应的建议，纳入相应的决策系统。实践中，那种不考虑到决策系统的差异性，一味片面强调公诉引导侦查取证活动权威性的做法，注定会给侦查取证工作带来损害，破坏检察机关的诉讼监督权威。

同样，熟悉侦查员知识结构特点，会有助于提升引导取证工作的针对性：一是可以避免相同知识不必要的叠加；二是可以及时弥补侦查员的侦查盲区，及时发现和纠正侦查瑕疵；三是可以了解侦查员的工作思路与特点，建立侦、诉人员之间的职业互信，四是可以为侦查人员有效应对辩方取证及出庭作证提供具体指导。

3. 具有从事侦查监督工作的能力

侦查监督能力，是属于侦查纠错能力，是侦查决策系统的外在保障。对侦查工作的监督，可以存在于侦查环节、审查起诉环节或审判环节。从发挥侦查监督的效力、提升侦查监督的社会效果看，最好的侦查监督应当在侦查环节发挥独特的作用，以起到及时纠错和预防的功能。司法实践中，侦查监督工作主要围绕以下重点开展工作：

（1）是否存在违法管辖，如级别管辖、地域管辖、指定管辖。在开展侦查管辖监督过程中，要注意侦查管辖与审判管辖的区别；

（2）是否存在刑讯逼供或暴力取证及其他手段非法取证的，或者伪造、隐匿、销毁、调换、私自涂改证据的；

（3）是否遗漏或者错误认定犯罪事实、重要证据。遗漏、放纵、包庇应当追究刑事责任的人或为其通风报信的，以及以"另案处理"为由，对同案犯长期不予追究的；

（4）是否存在违法采取、变更或撤销强制措施的，非法拘禁或者违反羁押和诉讼期限的；

（5）是否存在应当移送审查起诉的犯罪事实未移送的；

（6）是否存在适用法定从重、从轻、减轻或者免除处罚情节不当的；

（7）是否存在作出不立案或撤销案件决定不当的；

（8）是否存在违法采取或变更财产性侦查措施，造成非涉案财产重大损失，造成国家赔偿或造成恶劣社会影响的；

（9）是否存在其他侵犯诉讼参与人诉讼权利和其他合法权益的。

侦查监督的效力，一般均属于刚性监督的范畴，并有相应的法律程序予以保障。司法实践中，侦查监督可能引发的效力从弱到强分别为：一是瑕疵侦查行为的修正，一般包括瑕疵证据的重作，非法证据的排除和取证合法性补充证明；二是侦查员更换。伴随着侦查员的更换，还可能引发对侦查员个人的行政处分或刑事责任追究，以及侦查机关的国家赔偿责任；三是变更管辖。这里所说的管辖变更与确定侦查主体时的异地管辖不同。异地管辖主要是有权机关依法对侦查主体的选择和决定过程，而侦查监督程序的变更管辖，则是基于对执法主体严重不信任情况下所做出的主体变更，它既是对执法活动本身的不信任，也是对执法形象的根本否定，带有一种纠错的性质，是最为严厉的一种监督手段。

三、注重开展引导侦查取证机制建设，是营造良好的引导侦查取证环境保障、提升决策效力与效率的重要途径

1. 良好的机制，是三重决策系统有效运转的重要保证

从本质上讲，公诉引导侦查取证工作，就是将公诉决策系统提前置于侦查指挥系统中，通过增强侦查指挥系统论证能力，来提升其决策的科学性和准确性。这是现代司法条件下"大侦查"的需要，也是"大公诉"的需要。如前所述，在这个大侦查决策系统中，同步存在侦查决策、公诉决策和侦查监督决策三个决策系统，三者相互依存、相辅相成，共同为侦查指挥决策服务，以配合为主调，提高侦查活动的效率与效果。同时，公诉决策和侦查监督决策又保持其相对独立的个性，以制约为辅助手段，确保侦查活动的合法性和有效性。只有明确上述重点，才能建立起一个指挥有力的侦查指挥大格局。

2. 建立有效决策机制必须坚持的几个原则

笔者认为，公诉引导侦查取证过程，是复合型的侦查指挥决策系统的一部分。这就要求我们在遵循常规办案程序规则的基础上，还必须坚持以下几个原则：

（1）职能分工基础上的人力组合原则。这既有利于运用侦查指挥规律，也可以尊重司法人员的职业特点和专业特长，最大限度地发挥其主观能动性。特别是对那些跨行业、跨领域、跨地域的大要案，更要做到优势互补、强强联合；

（2）对等原则，主要包括机构对等、人员对等和信息对等。特别要注意建立保障信息对等的有效措施，以减少决策误差和减少决策系统内部消耗；

（3）诉讼管辖原则。办理大要案，要尽量做到侦查管辖与审判管辖的有机结合，以便于案件顺利交付审判。特别是在"职务犯罪侦查一体化"背景下，更要做好侦、诉、审管辖衔接工作；

（4）慎用监督和监督依法原则。侦查监督的方式方法应以沟通式为主，只有在"必要"和"必需"时，才可以启动正式的监督程序，并要严格依法进行；

（5）保密原则。大要案不同于一般案件之处，即在于它高度的政治敏感性和社会关注度，办案工作对当地政治、经济和社会生活均可能产生较大的影响。为了保证办案的政治效果、法律效果和社会效果相统一，其决策过程一般具有规格高、程序严的特点，绝大部分属于国家机密。因此，公诉引导侦查取证工作的保密要求必须与侦查保密要求相一致；

（6）"三个效果"中的"法律效果"优先原则。侦查工作是非常严肃的国家执法活动，涉及到对具体个人的人身权、财产权乃至生命权的暂时或永久剥夺。因此，办案必须做到"有法必依、执法必严、违法必究"。在法治社会，法律效果是办案效果的最基本要求和起点，有了法律效果，政治效果和社会效果才会有所依存。

3. 完善的公诉引导侦查取证机制必备要素

作为一个完备的公诉引导侦查取证系统，应当具备以下要素：

（1）决策指挥机构。这个指挥机构既可以是一个领导集体，也可以是一个人，如检察长、分管检察长、处长或科长。

（2）职能分工明确。即，公诉决策系统在侦查指挥系统中的地位要明确，工作任务、分工要具体，特别是涉及个别公诉人诉讼角色交叉情况下，职责分工则更要明确予以定位。如，公诉人承担侦查工作的，其自然失去了作为公诉人的资格。对此，领导者要对此做出安排，公诉人个人也要以职责为基础做好角色调适。

（3）理顺决策模式。特别要注意区分侦查决策、公诉决策和侦查监督决策，既要做到各成体系，又要明确公诉决策和侦查监督决策在侦查环节的从属地位，主动将公诉决策和侦查监督决策纳入侦查决策之中，做到配合中有制约、制约中有配合。

（4）畅通信息渠道。要使侦查信息与侦查决策信息同步、与公诉决策信息同质，并为此设定畅通的沟通渠道。

（5）完善纠纷解决机制。虽然畅通的信息通道能够尽最大可能减少决策误差，但是公诉决策与侦查决策有差异也是公诉引导侦查取证中的常见现象。为此，完善的纠纷解决机制就成为必需。

四、良好的公诉引导侦查取证方法与技巧，是提高引导侦查取证工作认可度的重要保证

1. 公诉引导侦查取证的基本步骤

根据笔者的工作实践，开展公诉引导侦查取证工作主要有以下几个步骤：

（1）全面熟悉掌握案件信息。对案件的案发情况、查证情况、侦查总体要求、人

员构成、决策组织及运行机制等进行全面熟悉和掌握。

（2）研判案件可能涉及的法律关系。对案件可能涉及的犯罪性质做出合理定位，对侦查工作的发展方向做出预测，并进行相应的知识准备。特别是涉及专门知识时，必须及时补强或制定出补强的办法，如，及时开展专家咨询等。

（3）找准侦查重点、盲点。根据侦查取证的实际情况，结合相应法律关系，找准侦查工作的重点、难点与容易疏漏之处，并及时进行归纳、整理与补充。

（4）提出侦查建议。提出侦查建议，应当作为公诉引导侦查取证的重要环节，侦查建议一般应当以书面形式提出，及时反馈。口头交换建议的，也应予记明。特别是排除某些信息、移交某些线索等，更是如此。

（5）提出侦查监督意见。侦查监督意见一般是对某一侦查行为的否定性评价，因此应当依法、慎重进行，要以书面形式提出，并纳入侦查决策程序。

公诉人从事引导侦查取证工作，一定要做到：根据"类案"特点提前设定目标，并根据侦查需要及时调整工作重点，做到有备无患；具体引导工作要个别问题个别提醒，倾向性问题集中整理，及时、正式反馈；重要问题、关键问题纳入决策议程，依法决策，避免工作重复或贻误战机。

2. 讲究沟通的方式方法

公诉引导侦查取证虽然在侦、诉合作的大背景下运行，但是要取得预期成效，工作的开展也要讲究方式和方法。

（1）典型的侦诉合作，对于侦查员来讲，要做到：

目标明确，始终如一；讲究方法，战无不胜；有进有退，客观全面；诉讼跟踪，查遗补漏。换句话说，一个好的侦查员，必须做到：知道办案需要什么，知道怎么拿来，知道拿来后怎么应用。

（2）承担引导任务的检察官，也要做到：授人以渔，目标同一，方向明了；尊重侦查员的首创精神，客观评判取证成果，不人为拔高；方法上因势利导，以侦查建议为主。

（3）侦、诉合作双方，要遵循以下五个原则：一要互相信任，各尽其责，忌互相猜忌，越俎代庖；二要及时补位，目标划一，忌互相掣肘，贻误战机；三要科学谋划，决策在先，忌讽刺挖苦，事后诸葛；四要高点定位，细节把关，忌眼高手低，虚张声势；五要知错即改，大局为重，忌明知故犯，互争高低。

3. 克服影响公诉引导侦查取证中的一些不正确做法

（1）公诉人"高人一等"。需要强调的是：诉讼角色上的"高人一等"，不等于可以凌驾于侦查决策之上。诚然，诉讼角色的天然优势，决定了公诉人在证据合法性审查能力、法律关系梳理能力、关键性问题防范能力和法庭上的证明能力都较强。实践中，承担引导侦查取证任务的公诉人，均经过严格的组织选拔，一般均为复合型公诉人，除政治、法律素质较高外，还具有一定的公诉管理能力和群众工作能力。因此，在大要案中，承担引导侦查取证的公诉人总体上有一种综合优势，这也是事实。但是，我们也必须明确：公诉人从事引导侦查取证工作，已经不是支持公诉条件下的公诉人"单兵作战"，而是侦查模式下的"大兵团作战"——所有建议必须以侦查需要为前提，即侦查优先，团队、合作尤为重要。只有明确了时空条件改变与职责要求的不同，才能做到：高点定位、放低身段，尊重侦查成果，互利共赢。

（2）职务犯罪中的侦查强势。公诉权和侦查权之间，是"检察一体化"中的利益共享、风险共担关系。司法实践已经证明：让腐败分子怕检察机关靠侦查，让老百姓服检察机关靠公诉。就检察机关内部职能划分来讲，侦查权和公诉权统一于检察权的行使；在诉讼角色上，侦查部门相对于公诉部门并不是强者，侦查工作的成效要靠公诉和裁判结果来体现和印证。笔者认为，职务犯罪中的所谓"侦查强势"，主要是由于掌握的案件信息不对称造成的，而与职能划分无关。如，我们经常遇到这样的情况，针对某一证据，其证实的内容侦查员认为是A+B，而公诉人认为是A或A+。究其原因，误差大多在于：侦查员对证据的判断包含证据载体之外的信息，而公诉人则无法具有同样的判断证据条件。

（3）下级检察院引导上级检察院侦查案件中的无所作为。这是公诉引导侦查取证机制运行不畅造成的不利影响之一。解决的办法有两个：一是强化检察一体化意识，使侦、诉休戚与共、风险共担，树立"不尽职即失职"的观念，促进依法履职，必要时强化责任追究；二是注意发挥上级公诉部门的指导作用，做下级与上级检察机关沟通的桥梁与纽带，提高上级检察决策的执行力，提高检察执法的社会公信力。

（4）认真对待"侦查人员以内心确信代替客观证明"。司法实践中，有些侦查人员不注意对侦查信息的收集和固定工作，致使有些案件信息在侦查环节固定不全，使诉讼信息随着诉讼进程的递进而削弱，引发公诉人和审判人员对证据效力的认识误差。因此，从事引导侦查取证的检察官，要特别关注书面证据与取证背景之间的差异，及时提出补证建议，争取在第一时间缩小取证误差。

（5）认真对待侦查人员关于"侦查必要性的质疑"。这也是侦查人员"重主干证据轻辅助证据、重定罪证据轻量刑证据"的主要表现之一。对此，从事引导侦查取证的公诉人，要注意从"审判所必需"、有利于准确定罪量刑和规范大要案证据标准等角度，对取证的必要性做出必要的解释和说明，达成共识，形成合力。

（6）如何缩小"公诉引导侦查取证建议"与"审查起诉结论"之间的误差。二者之间完全吻合是不可能也不客观的。要解决这一问题，一是用制度优势弥补公诉人单兵出击不足，发挥公诉系统的指挥作用，确保公诉引导侦查取证取得实效；二是以实事求是的态度容许误差，顺应变化，客观评价侦查成果；三是认真分析和查找产生误差的原因，及时予以补足和纠正。

（7）正确把握公诉人介入侦查的尺度，一是克服"顺拐"现象，避免贻误补充查证的最好时机；二是避免从事具体侦查行为，越俎代庖，造成诉讼角色混淆，影响办案的社会效果。

（8）以保密为由拒绝全面提供侦查信息。出现此种情况，应当依靠侦查指挥决策机制予以解决。只有相应的制度性安排得到保障，才能避免人为因素对引导质量的干扰。

第二十六讲
公诉证据的审查方略

白成祥

刑事公诉案件的基本问题是证据问题，无论是侦查、检察还是审判，要得出一个科学结论都离不开对证据的审查判断，通过审查判断去伪存真，再现案件的本来面目，为正确适用法律奠定基础。本文从实践角度就公诉证据的审查判断及非法证据排除问题谈一下自己的观点，与同仁们商榷。

一、公诉证据的审查判断

（一）公诉证据的概念

公诉证据也称检控证据，是指检察机关提起公诉时，用以证明起诉书所指控的犯罪事实、情节的一切事实。是检察机关用以证实和揭露犯罪的事实依据。检察机关正是通过对证据进行审查判断、补充侦查或者引导侦查取证等活动，规范证据的种类、数量和质量，明确指控犯罪的证据范围，用以阐明指控的罪名、罪状和犯罪构成，从而完成证明犯罪的过程。

公诉证据是从诉讼阶段上对刑事诉讼证据的一种划分，实践中刑事诉讼证据可分为侦查证据、公诉证据和审判证据。公诉证据最接近于定罪证据，即审判证据。理论上讲，从证据的证明程度上看，侦查证据一般低于公诉证据，而公诉证据又低于审判证据。从世界各国的情况看，应该说，公诉的证据标准与判决的证据标准也是有区别的，大陆法系的判决证据标准是：自由心证建立起来的内心确信，英美法系的表述则是：排除合理怀疑。在起诉的标准上，世界各国也有很大不同，日本的说法是：有很大的定罪可能；美国的说法是：合理的根据，也有说是检察官认为有充足的证据。由于标准的不同，导致了国外无罪判决率较高，一般在25%左右都认为是正常的。当然，这与国外的诉讼理念有关，多数国家认为起诉只是引起审判后果的发生，是检察官单方的指控行为，其后果只是引起审判程序的启动。现今，由于案件质量和人权的要求，实践中国外检察官的起诉多数也要考虑法院的判决标准，也在逐渐地向法院的判决标准靠拢，只有极少数的为了公共利益等目的，即使没有达到法官的判决标准，检察官也会提起指控。那么，在我国起诉标准和判决标准是怎样的呢？我国《刑诉法》第一百四十一条（提起公诉）和第一百六十二条第一款（有罪判决）都规定，必须"事实清楚、证据确实充分，依法应当追究刑事责任"，从这一规定看，我国的起诉证据标准和有罪判决的证据标准是一致的。目前在世界上起诉证据标准和判决证据标准一致的国家，也只有我们中国，这也正是我们在刑事诉讼中尊重人权、保证人权和节约诉讼资源的具体体现。那么，实践中，"犯罪事实清楚、证据确实充分"又应如何理解呢？这一问题应该说是一个比较复杂的问题，这涉及到一个证明标准的问题，"犯罪事实清楚、证据确实充分"

实际上就是要达到客观真实，实践中检法甚至公检法就这个问题经常发生争议，要达到客观真实也很难做到，这样就产生了客观真实和法律真实的争论。"证据确实充分"好理解，"确实"就是指证据是客观真实的，"充分"是指证明犯罪事实的证据要达到一定的量，要组成一个体系，得出一个认定被告人构成犯罪的唯一结论，那么对"唯一结论"又怎么理解呢？通常的理解是"排除合理怀疑"，这里的"怀疑"必须是合理的，而非吹毛求疵、无根无据和漫无边际、没有联系的怀疑，要求影响定罪、量刑的事实与证据之间，证据与证据之间的矛盾得到排除。实践中，我们经常提到"两个基本"，即"基本事实清楚、基本证据确实充分"，如何把握"两个基本"，实践中又产生了新的争论，后来在严打期间高检院张穹副检察长在检察日报上发表了一篇文章，按照张穹检察长的说法，"把握两个基本，就是要求司法人员对案件事实的认定确定无疑"，这一说法带有一定的客观性和内心确信，应该是一种主客观相结合的标准，也比较符合我国的司法实践。

（二）公诉证据的基本特征

公诉证据与侦查阶段、批捕阶段的证据相比，其具有全面性、整体性、目的性、承继性、说明性和规律性的特点。但谈到公诉证据的基本特征，还是离不开刑事证据的基本特征，即证据的合法性、证据的客观性和证据的关联性。证据的"三性"也可以说就是公诉证据的基本特征。

1. 证据的合法性

证据的合法性，是指提供证据、收集证据的主体资格，收集、固定证据的程序，以及一份证据是否具备证据资格，均应由法律予以规定。不具备证据合法性的证据材料，不能作为证据使用。

证据的合法性应达到以下要求：

（1）证据必须由法定人员依法定程序以合法方式收集、固定与保全。即提取证据的主体必须合法，提取证据的程序必须合法，提取证据的方式必须合法。

（2）证据必须具备法定的形式。即证据的七种法定形式。物证、书证、证人证言，被害人陈述，犯罪嫌疑人、被告人供述和辩解，鉴定结论，勘验、检查笔录，视听资料。随着科技的发展，也有人主张应增加一种法定的证据形式，即"电子证据"，关于电子证据，后面还要谈到。

（3）证据必须具备合法的来源。非法证据必须予以排除。

（4）证据必须经法定程序查证属实。即所有证据材料必须经过庭审查证属实，未经法庭举证、质证并查证属实的证据材料不能作为证据使用，即使是庭后法庭根据刑诉法的有关规定调取的证据材料，也必须通过举证、质证来查证属实，否则也不能作为定案的依据。

下面重点谈一下第一个，即"证据必须由法定人员依法定程序以合法方式收集、固定与保全"的问题。这一规定要求：

首先，取证主体必须合法，即侦查、审查、审判的主体必须合法，除公检法外其他任何单位和个人都无权行使上述权利。在实践中有人认为非法取得的证据都不能作为定案的根据。如对利用窃听、窃录的方法取得的证据能不能作为定案的根据？证据合法性的第一点是收集证据主体的合法性，即办案主体的合法性。是谁办案，是谁把证据入的卷，这是合法性的根本。比如说，一个小偷到贪官家偷了钱和物品，警察破案起获了赃物。这些赃物能不能作为贪官贪污受贿的物证？有人认为：小偷偷物品的手段是非法的，那么以非法手段取得的物证不能作为认定贪污受贿的证据。这个观点表面上看是正确的，证据来源不合法，但实质上是不能成立的。因为小偷偷来的物品是盗窃的物证，小偷的口供等证据证实这些赃物来自贪官的家中，再加上贪官的口供等证据可以认定赃物是贪官贪污或受贿的物证。同样道理，窃听、窃录本身是违法的，但手段的违法不能作为否定录取内容真实的理由。又比如一个青年带一把刀在街上行走，没有进行违法犯罪活动，见一个流氓侮辱一个女青年，这个青年人上前进行正当防卫，能不能以这个青年非法携带管制刀具来否定其正当防卫的正当性呢？显然不能，因为这个青年人的行为符合刑法第二十条正当防卫的条件，属于正当防卫。如果行贿人用秘录的方法录取的内容，虽然形式上是违法的，但其不妨碍秘录内容的真实性和证据的可采性，也可以结合其他证据作为定案的依据。在民事诉讼中，最高人民法院的司法解释曾经规定，当事人之间采用秘录的方法取得的证据不能作为定案的根据，后来，最高人民法院对这一解释作了修改，改为：在民事诉讼中，当事人用秘录方法取得的证据可以作为定案的根据。民事诉讼和刑事诉讼虽有性质上的不同，但在法学原理上是相通的。因此，我认为普通公民通过违法手段取得的证据，如果内容是真实的可以作为定案的根据，当然，这里的"真实"也是需要审查判断的，同时还要结合其他证据。又如银行、商场的摄像设备摄录下来的场景，也是可以作为视听资料，作为证据使用的。现实生活中有人喜欢用像机或望远镜到处乱拍乱看，这些行为是不道德的，但有时就拍到或看到了犯罪的场景，这些拍到或看到的场景也是可以作为证据使用的。法律要求公检法人员办案不能违法，这涉及一个程序问题。至于取得证据的公民个人是合法还是非法取得，对证据的可采性没有影响。因为前面谈到的都是证据的形成过程，而不是证据的收集过程，不涉及取证主体问题。当然，对这些证据的收集则必须符合法律规定，即前面提到的必须由法定人员依法定程序以合法方式取得。

第二，谈一下取证的程序问题。取证程序必须合法，这一点有关法律、法规、司法解释都有明确的规定，实践中只要按具体规定办理就可以了。这里我简单谈一下扣押问题：首先，在办案中扣押或提取的实物，能不能直接作为呈堂证据呢？我认为不能。因为首先要进行辨认，在庭前就要进行辨认，如偷来的戒指，要让受害人、犯罪嫌疑人进行辨认，看是不是受害人丢失的，是不是犯罪嫌疑人所偷的。辨认的程序，必须拿五个相近的进行混合辨认，不能只拿扣押的一个戒指进行辨认，这是不符合法定程序的。其次，扣押同时也存在一个封存和妥善保管的问题。如果因为侦查人员不小心使贵重物品损坏，再作鉴定它的价值就会大大下降，如果不当场封存也有可能被人调包。因此，证据保存的规范性非常重要。再次，关于扣押清单问题，扣押清单必须记载清楚。比如扣押手表时不能只写手表一块，要把物品的特征写清楚，以免在庭上被告人辩解不是这块表，导致证据链条断裂。我们在审查证据时一定要把扣押清单与实物严加对照，使清单与实物相一致。另外，扣押书证时，我们的侦查人员经常在扣押清单上写"扣押书证若干"，"若干"是一个什么词，很不确切。前些年我们省查办的一件贪污大案就是如此，侦查人员在被告人家中搜查到很多材料，由于太多，就在扣押单上只写了四个字，即"书证若干"，结果开庭时被告人和辩护人提出：有大量有利于被告人的证据被扣押，未入卷，要求检察机关提供，导致被迫休庭，庭后检察机关又向法院补充提供了七本卷宗，虽然，我们将所有扣押的书证都提供给了法庭，但被告人仍然强调尚有扣押的有利于被告的书证未向法庭提供，搞得出庭公诉非常被动。因此，这个问题不能小看，我们在审查证据和引导侦查时，一定要特别注意。

第三，谈一下"取证时要保护当事人的合法权益"问题。法律对于取证要求很多，实践中要完全做到不容易。同时法律对取证规定的也很原则，具体操作起来也很难，我们在具体运用时要把握一个原则，就是保护当事人的合法权益。比如，有一职务犯罪案件，向证人取证时，作为证人的某领导顾虑比较多，不愿在检察院或证人单位或在自己家中向侦查人员作证，后经侦查人员与证人协商，双方到一个茶馆谈话，在作笔录时地点就写成某某茶馆，其他取证的方法都很规范。这个证据上法庭后，律师提出质疑，认为根据《刑事诉讼法》的规定，询问证人只能在司法机关、证人单位或居所进行，茶馆不属于上述三种场所，取证违法不能作为定案的根据。怎么办？我认为，取证的一个重要原则就是保护当事人的合法权益，在茶馆取证正是尊重了当事人的意愿，所以理解法律精神比死抠法律条文更为重要。但就技术上讲，可以要求证人在笔录中关于作证地点作出必要的说明。这个证据尽管在形式上不符合法律规定，但就实质上讲符合法制精神。这份证据不能叫违法证据。实践中，公安机关办理黑恶案件、检察机关办理重大职务犯罪案件，经常成立专案组包住宾馆等办案，对于这类案件，我们在审查时，要特别注意取证地点，必要时要侦查机关或侦查部门写出办案说明，以免在法庭上产生被动。比如，我们查办的上海社保系列案件，取证地点多数都在宾馆，我们在引导侦查时，就要求了侦查部门在每一案件中都加一纸说明，说明：某某宾馆系省检察院指定的办案地点，这样在程序上就合法了。另外，关于提讯犯罪嫌疑人问题，《公安机关办理刑事案件程序规定》和《人民检察院刑事诉讼规则》都规定，提讯在押的犯罪嫌疑人应当在看守所进行或在特殊情况下可以提押到公安机关或人民检察院进行，那么将犯罪嫌疑人提押到宾馆或其他地点是否可以呢？原则上是不允许的，比如：前面提到的我们省查办的一件贪污大案，专案组经常将嫌疑人提押到警犬基地进行讯问，起诉后被告人翻供，而原有的供述，辩护人提出取证地点不合法，搞得出庭公诉非常被动，最后该案以零口供，认定其犯有贪污罪，判处了死刑。因此，我们在引导侦查和审查证据时必须注意这一点，避免出现类似问题，如果一旦出现，应当要求侦查部门进行必要的补救。

2. 证据的客观性

证据的客观性，是指案件证据都是已发生的案件事实的客观遗留和客观反映，是不以人们的主观意志为转移的客观存在。客观性表现在：

（1）证据有自己存在的客观形式，并且这种形式能为人的认识所感知；

（2）证据所反映的内容必须是客观的，是不以当事人和司法人员的意志为转移的。

审查证据的客观性时应注意以下几方面：

（1）实物证据，即犯罪行为引起外界事物的变化所留下的某些痕迹和物品。对实物证据客观性的审查主要通过审查其是否为原件、原物或者通过鉴定来辨别其真伪；

（2）言词证据，应当从以下几方面判断其是否具有客观性：

A. 通过分析言词证据内容是否违反客观规律来判断其真伪，违背客观规律的言词证据不具有客观性；

B. 言词证据的内容，可以通过鉴定、侦查实验、现场勘查等方法辨别真伪；

C. 通过与其他证据相互印证的方法判断言词证据是否真实。

实践中，审查判断证据的客观性要注意以下几点：

首先，审查单个证据的内容，要一个一个地审查。对言词证据要看它的内容，是不是符合情理，前后是不是矛盾。一份证言中前后有矛盾，不能说这份证言就都不能用了，要看他与其他证据的联系，用哪部分不用哪部分，要把道理讲明白。那么，在实践中有很多律师从一个人的人品、人格等方面作文章，认为他的人品不好，那么他的证言就不可能是真实的，这种结论是错误的，因为一个人在某一件事上说假话，但不能说明他在每一件事上都说假话，关键是要前后联系起来审查问题的内容，是不是符合情理，是不是符合自然规律。

其次，对一个单个证据的审查要进行鉴定。包括书证的笔迹、签名等。一个物品是真的还是假的，它价值的大小，可以找产品质量检验部门和物价部门或专业评估机构鉴定或评估。找专家鉴定，是我们办案中常用的办法。

第三，对专家的鉴定要进行审查。我们不要盲目相信专家，因为专家也是人，也会犯错误，也会有失误。对专家鉴定的审查，一般要注意以下几个方面：一是鉴定所依据的材料是不是全面客观。比如说笔迹鉴定：一个人的笔迹随着一个人的年龄会发生变化，在情绪平稳的时候、愤怒的时候、急躁的时候，写的字都会不一样，在这种情况下，鉴别材料就要全面、客观，这样鉴定的结果才能更科学。二是审查鉴定过程是不是规范。鉴定人是不是两个人以上，鉴定程序是否科学，有无先入为主等。三是审查鉴定结论的依据是不是科学，用什么方法得出的结论，是否科学，依据是什么等等。实践中，往往是专家的一个鉴定对一个案件起决定性的影响，因此必须进行审查，必要时进行重新鉴定。如果两个鉴定结论不同怎么办？我们可以建议法院通知两个鉴定人到庭，两个专家之间进行辩论，谁鉴定的准确，什么道理向法庭讲明白。

第四，对于一些言词证据有疑义的，可以进行侦查实验，以辨别言词证据的真伪。大家可能知道，有一个发生在辽宁的案件，一个出纳员一个人到银行存款，回来以后说10万元钱被小偷用刀划破提包偷走了。为此，侦查人员做了一个侦查实验，把10万元人民币用用报纸包好，从提包的口子往出拿，怎么都拿不出来，这说明出纳员说了假话。后来这个出纳员被迫供认了自己利用职务便利侵吞10万元的事实。

第五，一个证据是否真实要放到证据体系中去认定、去鉴别。有些情况下独立的看一个证据，很难鉴别其真伪，这时就要通过证实某一事实的一组证据的细节来进行综合考查，来判断这一证据的真伪。言词证据因受到很多因素的影响，具有不稳定性。它受到人的观察能力，记忆力、文化程度、语言的表述能力等的影响，证实程度一定有差别。如果一个具体的事实，证人的表述完全一样，连用词都一样，这可能就有虚假的成份（照抄笔录、电脑取证）。所以判断证据的一个重要的方法就是综合判断，对一组证据进行比对，通过细节来判断。

3. 证据的关联性

证据的关联性，是指证据同案件事实是否有客观联系，是否能够对证明案件的待证事实有作用。

关联证据主要包括以下五个方面：

（1）与行为人涉嫌犯罪的构成要件事实有关的证据。如主体身份、主观过错等等；

（2）能证明行为人涉嫌犯罪的具体行为过程的证据，包括何时、何地、何人、何目的、何过程、何原因、何结果等要素的证据（简称"七何"要素）；

（3）能够证明犯罪嫌疑人、被告人辩解的证据。我们在审查证据时，不能只注重有罪证据，更应注意审查和收集无罪证据，要善于通过无罪、罪轻证据的收集、审查和判断来证明犯罪嫌疑人、被告人的辩解，保护他们的合法权利不受侵犯；

（4）能够排除犯罪嫌疑人、被告人辩解的证据。通过对排除辩解证据的收集和运用，可以进一步揭露犯罪、证实犯罪，排除合理怀疑，保证案件质量；

（5）与行为人涉嫌犯罪的情节有关的其他证据。这里的情节包括两个方面，一是涉嫌犯罪的事实情节，如：在共同犯罪中的地位和作用，有无防卫、避险等情节，犯罪起因、主观过错程度，被害人有无责任等等；二是量刑情节，如：有无自首立功，是否累犯，认罪态度，返赃赔偿情况，一贯表现，是否未成年等等。

证据的关联性问题，只简单地介绍这些，但这里需要强调一点，那就是"细节"。证据与证据之间的联系，证据与待证事实之间的联系，靠的是什么？是细节。没有细节就无法认定案件事实。因此，我们在收集、固定和审查、判断证据过程中，一定要注意案件的每一个细节，注意每一份证据的细节与案件事实之间的联系。取证时一定要有作案时间、地点、人物、过程、原因、结果等要素，且这些要素一定要有细节，没有细节就很难审查判断这个证据的真伪，很难在认定案件时把它作为一个证据体系中一部分跟其他证据组合。没有细节，证据之间就不能相互验证，不能相互验证就无法得出结论，所以在审查证据的相关性时一定要注意细节。另外，询问细节也是固定证据的一种重要方法，有细节想翻供就很难，因为你所供述的细节跟其他细节基本一致，再想翻供或翻证，就得解释你那个细节，就很难自圆其说。所以细节是固定证据的一个很重要的方面。

（三）公诉证据的审查、判断

1. 单一公诉证据的审查判断

单一公诉证据的审查判断，即对七种法定证据的审查判断。对于单一公诉证据的审查要严格依照法定的"三性"要件进行审查，即前面讲到的证据的合法性、客观性和关联性。其重点在于对证据资格的审查，及时把不合格证据排除在证据体系之外或者进行必要的补充与完善。在单证审查判断过程中一般采用辨认法、鉴定法、实验法和质证法。一般来讲，审查单一证据，应主要围绕以下两个方面进行：

（1）审查每一个证据材料的来源，证据形成以及收集的时间、地点，收集、固定和保全的方法。这里重点是审查证据的收集程序必须合法，必须符合法律规范。

（2）审查每一个证据的内容。看其是否合理，自身有无矛盾，证据材料的内容所反映的事实与待证的案件事实之间是否存在客观的联系，有着怎样的联系，能证明案件中的什么问题等等。这里需要强调的是：我们在审查案件过程中，必须首先要把握案件的主线，不能撇开主线而陷入微观的具体证据或细节中去，在把握案件主线的基础上，再研究具体证据与案件事实的关系。

下面就七种证据的审查、判断简要分述如下：

（1）物证的审查判断

审查判断物证，主要通过检验其外形、属性、存在状态等特征，以鉴别其真伪，查明它与案件事实有无内在联系。主要围绕以下几个方面进行：

A. 审查物证是否真实，查明是否是原物，如果是复制品，必须尽可能同原物核对无误。无法核对的，应当接受庭审质证。

B．审查物证的来源，查明它的原始出处，防止把疑似的物品、痕迹或者伪造的物品、痕迹误作证据。

C．检验物证的外形、属性等特征，并注意因时间、条件的变化对这些特征的影响，如褪色、变色、变形、缺损、变质等。

D．审查物证和案件事实有无客观的、内在的联系，即证据的关联性。

（2）书证的审查判断

应着重审查下列各点：

A．审查书证内容与案件事实有无联系。

B．查明书证的来源及其制作过程，查明书证的制作者、制作意图和过程，确定有无违反其意愿的情况，有无错误理解及书写内容错误的地方。

C．查明书证是否伪造、变造，有无错误。书证记载的内容有错误，有时是出于故意，有时可能是笔误或打印错误。

对物证、书证证明力的判断，可以通过关系人辨认、取证背景环境分析、司法鉴定和证言比对等方式进行。司法鉴定是将物证、书证与案件事实联系起来的纽带。如血迹、指纹、足迹等，通常要用鉴定的方法予以审查判断。

（3）证人证言的审查判断

审查证人证言时，主要审查证人的证言是否受到所处的客观环境的影响，审查证人本身对事物的感知能力、记忆能力和语言表述能力，以排除错觉、幻觉和记忆误差以及人为因素造成的证言失真。一般着重审查下列几方面：

A．审查证言内容的来源。要查明证人是怎样知道案件事实的，是否通过自己的视觉、听觉、触觉、嗅觉等直接感受得知的，同时应查明证人是在何种环境、条件下感知的。

B．注意证人提供证言的背景，查明他是否受到外界干扰和其他影响。排除证人受到威胁、利诱、欺骗的情况，还要查明证人是否受到主观想象或暗示的影响。

C．审查证人的品质，与当事人的关系，与案件处理结果有无利害关系等。

D．审查作证主体的感知、记忆和表达能力，生理上和精神上有无缺陷，尤其在一些涉及到专门性问题的案件中，一定要分析证人的知识水平。审查年幼的人有无辨别是非能力，必要时须有专家鉴定。

E．审查证言内容有无矛盾，与其他证据是否一致。

（4）被害人陈述的审查判断

被害人陈述是重要的直接证据，具有不可替代性，能够比较清楚地证明犯罪事实，在审查时必须着重查明以下各点：

A．查明被害人受到非法侵害时的各种细节。诸如受侵害的地点、时间，当时的气候条件、周围环境、有无其他人；受害的财产数额及其构成、具体物品的特征，受害的人身部位及其程度；侵害人所使用的方法和手段；被害人有否反抗，不反抗的原因，侵害人是否有武器，有何种威胁等等。

B．查明被害人与被告人的关系。如果有一定的亲朋关系、恋爱关系等，都可能会影响被害人陈述的准确性。

C．查明被害人被侵害时的精神状态。一个人精神高度紧张会影响其感知甚至记忆能力，如发现被害人的精神状态过分紧张时，要注意审查是否有陈述不实的情况。

D. 查明被害人对犯罪嫌疑人状况的陈述是自己感知的还是听别人陈述或暗示的。

E. 审查被害人陈述时有无思想顾虑，其平时的行为表现、思想、生活作风、习惯、为人品质等等，这些因素都有可能影响其陈述的真实性，特别是在刑讯逼供犯罪案件中更是如此。

F. 审查被害人的全部陈述是否合乎情理、合乎逻辑，本身有无矛盾、有无其他证据予以支持、有无与其他证据无法排除的矛盾。

G. 如果被害人是在辨认过程中确认犯罪嫌疑人的，还需审查辨认过程是否合法合理，并且需要问明被害人辨认的根据。

被害人陈述、辨认是十分重要的直接证据。因此必须十分认真地进行收集、审查和判断。

（5）犯罪嫌疑人、被告人供述和辩解的审查判断

审查时必须着重查明以下各点：

A. 审查取得犯罪嫌疑人、被告人的供述的程序是否合法，有无刑讯逼供和以威胁、引诱、欺骗以及其他非法方法获取供述的情况。

B. 审查犯罪嫌疑人、被告人的辩解是否是被教唆的结果。如果是被教唆的，应注意使用其他证据予以排除，还事实的本来面目。

C. 审查犯罪嫌疑人、被告人的供述和辩解的动机。供述可能出于真诚悔罪，坦白交代；可能出于掩护他人，自我承担；可能由于不堪刑讯或变相刑讯，被迫虚构事实；可能被引诱，指名问供而作虚假供述等等。辩解可能出于逃避惩罚，进行抵赖或者避重就轻；可能是出于受冤枉而申辩等等。

D. 审查口供有无反复，如有反复，要查明反复的原因。在侦查阶段犯罪嫌疑人、被告人往往供认不讳，到起诉或庭审时却翻供。司法工作人员必须查明翻供原因，认真地核查所有的证据，并结合其他证据情况辨明真伪。

E. 审查口供、辩解的内容有无矛盾，是否合乎情理和逻辑；与其他证据之间有无矛盾，能否排除。

（6）鉴定结论的审查判断

审查判断鉴定结论，主要是为了保证司法鉴定结论的科学性和可靠性。主要包括：

A. 鉴定机构与鉴定人的资质审查，确定鉴定主体是否具备法定资格，鉴定人与案件及当事人的关系和他的认识能力。如鉴定主体是否具备该鉴定所要求的专门知识，是否具备该鉴定所要求的足够经验。

B. 审查鉴定的科学基础。在审查同一认定的鉴定结论时，应考察该鉴定所依据的特征组合是否具备了鉴定所要求的特定性、稳定性和反映性。

C. 审查鉴定的具体物质条件。也就是鉴定所使用的设备及鉴定时的工作条件是否符合要求，所依据的材料是否符合鉴定要求。只有检材充分、可靠，才有可能得出正确的鉴定结论。

D. 审查鉴定的具体方法是否科学、严谨。

E. 审查鉴定的论证是否清楚、充分，推理是否符合逻辑，结论是否明确肯定、排他。

需要强调的是，鉴定结论不能当然作为定案根据，必须接受庭审质证，并辅以其他证据综合定案。

（7）勘验、检查笔录的审查判断

审查判断勘验、检查笔录的重点包括以下三项：

A．审查勘验、检查笔录的制作过程是否符合法律的要求。进行勘验、检查的人员有无行使勘验、检查的权力；进行勘验、检查时有无见证人在场；勘验、检查人员和见证人是否在笔录上签名或者盖章。

B．审查勘验、检查笔录的内容是否符合客观实际。内容是否准确地记载了现场的重要情况；记载的物品、痕迹、书证等情况同实物是否吻合；笔录的内容是否完整，文字记录部分和绘图部分是否齐全。

C．审查勘验、检查对象的真实性。如现场、物品、痕迹等是否被破坏或伪造；人身的特征、伤害情况或生理状态有无伪装或变化；笔录中记载的情况，与犯罪嫌疑人、被告人供述等其他证据是否有矛盾等。

（8）视听资料的审查判断

对视听资料的审查判断，应当着重审查下列各个方面：

A．审查视听资料的内容是否真实，是否经过增加、删改、自制、编辑等等，必要时要辅以相应的技术鉴定，证明其为原件或者删改件等。

B．审查视听资料的来源是否合法。无论是司法机关制作，还是民间的、偶然的制作，都不能保证其真实性，因此要审查制作的过程有无威胁、引诱等非法情形，以确保来源的合法性；如属监控录像，还需查明视听资料固定、保存和移送等情形。

C．审查视听资料与案件事实有无必然联系。与案件事实、情节没有联系的视听资料应当从证据体系中剔除。

D．审查视听资料与其他证据的关系。与其他证据及案件事实有无矛盾，矛盾的原因及能否合理排除等。

E．审查视听资料所反映的背景，注意获取新的证据，以印证视听资料的真实性。

2．诸证比对的审查判断

诸证比对审查判断，就是将案件中两个或者两个以上具有可比性的证据材料进行比较对照，从中发现和寻找它们的共同之处或差异之点，并据此判断证据材料是否确实的活动。任何证据都不能自称属实，通过单证的审查判断，我们可以初步地排除那些虚假的证据材料。但要真正确定已有的材料是否具有客观性、相关性，仅靠审查每一个证据材料的来源及其所反映的内容是否合理是不够的，也不能对全案做出结论，因此，还必须将每一个证据材料与案内的其他证据材料加以对照、印证，从各证据的相互联系上进行考察，看它们所反映的内容是否协调一致，有无矛盾存在。

诸证比对审查判断主要有以下两种形式：

（1）纵向的比对审查判断，即对同一个人就同一个案件事实，在不同的时间所提供的几次言词证据作前后比对。

（2）横向的比对审查判断，即对案件中证明同一案件事实的不同种类的证据，或者是不同的诉讼参与人就同一案件事实所提供的证据所作的对比。

3．全案综合审查判断

全案综合审查判断，就是不仅将全案所有的证据材料联系起来，而且还将全案证据材料与待证的案件事实联系起来，作综合性分析研究，看它们能否相互印证，是否协调一致，有无矛盾存在。（关于这一点在我们的"案件综合化审结报告"中单独有一部分，要求我们公诉人对全案事实、证据进行综合分析、论证，但实践中多数办案人写的都过于简单，只是写：主体符合要求；侵犯客体符合法律规定；客观行为侵犯了什么什么；主观上具有犯罪的故意等。没有对认定的事实、证据进行全面、客观的分析、论证，采信什么、不予认定什么，没有运用证据和客观规律进行阐述。应该说这样的审结报告是不合格的，"案件综合化审结报告"的重点应该就是这一部分，它能看出我们办案人审查起诉和驾驭全案的能力和水平，因此，在这方面我们还需加强。）全案综合审查判断要求：对可能影响定罪量刑的一切情况都要有相应的证据予以证明，从而最终确定证据是否达到了确实、充分的要求，能否作为定案的根据。全案综合审查判断，实际上要解决三个方面的问题：一是对证据确实性的审查判断；二是对证据充分性的审查判断，三是对证据体系的组合。

对证据确实性的审查判断，主要应采用印证的方法。即将全案所有证据材料所分别证明的若干案件事实结合起来进行检验，以查实他们之间是否相互呼应、协调一致。印证法并不像比对法那样要求证明对象的同一性，它可以在全案的范围内不分层次，不分方面地运用。

对证据充分性的审查判断，主要采取分析的方法。一是要把已有的证据材料与待证事实联系起来进行分析，看是否均已得到充分的证明，有无应该证明而未予证明的情况。二是要把已有的证据材料从质量、数量两方面进行评估，看所证事实与罪状之间吻合的程度。一般来讲，证明力强的直接证据结合一些间接证据便可以视为证据充分；直接证据证明力较弱或者以间接证据为主的，对证据数量要求则较多，且应形成闭合证据锁链，方可视为证据充分。三是要把已有证据与定案结论联系起来分析，只有根据现有证据只能得出唯一结论时，证据才算充分。如依现有证据能得出几种结论，就不能认为该案事实清楚、证据充分。

4. 实践中比较有争议的4种证据的审查、判断问题

（1）技侦、狱侦等方法收集的证据

技侦、狱侦等方法收集的证据是法定证据。它与其他方法收集的证据相比，只是批准程序、取证手段和方式不同。这两种证据难于复核，就在于此种证据取证方法的保密性，有的还涉及国家利益。但是，从诉讼实践看，有关运用技侦、狱侦手段取证的案件，多为危害国家安全案件、重特大的涉外案件、有组织犯罪案件或系列案件等。案件进入到司法环节，案件告破所带来的影响已经进行了相应的化解，因此，实践中问题并不大。

但运用技侦、狱侦手段取证的特定审批手续必须完备，证据应当具备法定样式，应当有取证人的签字。具体取证手段不必细述。

在采用技侦手段取证的情况下，还有一种情况，即侦查陷阱（国外也称警察圈套）。关于运用侦查陷阱的方法取证在实践中历来是有争议的，其焦点就在于对证据合法性存在质疑，即如何区分取证过程中合法与非法的临界点。近年来，普遍认为运用侦查陷阱方法取证必须符合以下条件：（1）只有特殊案件才能用侦查陷阱的手段取证；（2）适用侦查陷阱取证案件范围应当严格界定，如时间跨度长、社会影响恶劣、破案压力大的案件；（3）适用侦查陷阱取证应当履行严格审批程序，制定严密的侦破计划；（4）侦查陷阱取证的目的必须是为已有犯意却无证据的犯罪分子制造实施犯罪的条件，而不是为了引起犯意并实施犯罪；（5）运用侦查陷阱取证，要避免有伤社会风化。〔重点是：（3）程序要件；（4）实质要件〕比如说，某贪官利用职权进行索贿，如果不给其拿多少钱，就不正常审批或不履行某项义务。此时贪官已有了犯意，如果是重大案件，经严格审批就可以通过侦查陷阱为其制造实施犯罪的条件。如果其没用索贿的故意，则不能使用该方法。又如：毒品案件，我们只有嫌疑人有了贩卖毒品的故意的情况下，为了一举打掉贩毒团伙，或为了破获更大的毒品案件，在履行严格的审批的情况下，才可以为其制造实施犯罪的条件，否则就属于犯意引诱，是严重违法的。

（2）纪检、监察等机关收集的证据

依据宪法，党的机关和监察机关是国家机关，有监督其组织成员或国家工作人员依法行使职权和遵守党纪国法的权力，对于违法事实享有调查权，对违法违纪人员享有惩戒权。对于涉嫌犯罪的人员有权依法移送司法机关侦查、审判。

移送司法机关处理的刑事案件，对于纪检、监察机关调查的证据材料，应当进行司法审查，确定是否可以作为司法证据提出和使用。对于纪检、监察机关所取证据材料，根据不同情况，应分别对待：

A．纪检、监察机关已经取得的物证、书证，应当通过直接调取的方式取得，双方交接人员签字盖章并记明交接情况；原地扣押、封存的，需进行司法换押。对于这类证据依照法定程序调取后，可以直接作为公诉证据使用。

B．对纪检、监察机关已经取得的证人证言、违法违纪人员调查笔录、被调查人的亲笔自白等应当依法调取，对于上述调查材料应当进行复核，依法重新制作犯罪嫌疑人笔录和证人证言笔录。确实无法复核的言词笔录又必须当庭出示的，应当接受庭审质证。必要时可请调查人员出庭作证。

C．对纪检、监察机关已经取得的审计报告、事故责任报告等，应当依法调取，并委托专门的司法鉴定机构进行审查，出具审查意见，必要时重新进行司法鉴定或补充鉴定。

D．人民检察院派员参与案件的初查活动，并作为取证主体所取得的证据，可以直接纳入公诉证据体系。当然，实践中也存在争议：一般辩方会提出，检察机关虽然派员参与取证了，但当时检察机关并没有立案，而是以纪检、监察的立案为前提的，应该属于纪检、监察证据，不属于刑事证据，因此不能成为认定本案刑事犯罪的证据。针对辩方的意见，我们可以讲：派员参与纪检、监察机关的调查，也正是我们立案前的初查活动，检察机关初查阶段依法取得的证据，可以作为刑事证据使用，且该份证据又有其他证据予以佐证，因此应当作为认定本案被告人构成犯罪的依据。

（3）通过秘密手段取得的证据

秘密手段取得的证据是指公民通过秘密的或非法手段取得的证据（前面已谈到）。需要强调的是：

A．公民用秘密手段取得的证据与刑诉法中证据的合法性并不冲突。证据合法性约束的是司法人员，防止司法人员对于公民个人权利的不当干涉。刑事司法并不排除公民个人的私力救济和个人举证。

B．公民用秘密手段取得的证据是证据的形成过程，因此只要司法人员收集、固定和审查程序等合法，是可以作为证据使用的。

（4）电子证据

电子证据不是我国诉讼法对证据的法定分类，而是随着科技发展对法定证据固定方式发生转化而产生的证据类型。按照我国传统的证据分类，采用电子方式记录的证据，可以是物证、书证、视听资料，也可以是证人证言、犯罪嫌疑人供述与辩解、被害人陈述或者是现场勘验检查的电子文本等。

电子证据具备记录方式数字化、输出格式标准化、制作过程智能化和传递方式网络化的特点，同时，还具有容量大、体积小、重量轻、便于保存的特点，尤其是运用多媒体技术记录的证据，具有直观、便于展示、现场感强的特点。但是它又具有易于编辑、增加、删改、复制等不利方面，尤其是电子信息技术具有高智能的特点，对电子证据的检验、鉴定、审查、判断等都提出了较高的要求，对于证据的审查判断和运用也产生了一定影响。

司法实践中，一般将电子证据作为固定证据的辅助方法予以运用。电子证据独立作为证据使用，在形式上必须进行相应的技术鉴定，在内容上必须经过庭审质证。

（四）公诉证据应用的基本原则

1. 遵循关于证据证明力的一般原则。即原始证据证明力大于传来证据证明力，直接证据证明力大于间接证据证明力，多项证据证明力大于单一证据证明力，以及鉴定结论不能当然作为定案依据等。

2. 孤证不能定案及被告人口供补强的原则。孤证是指证明案件事实的直接证据只有一个，又有几个间接证据的情况。司法实践中主要表现为只有被告人供述和辩解而无其他证据的情况。对于孤证案件的处理，采取以下方法：

（1）绝对的孤证不能定案。有补充余地的，应注意收集、固定和运用补强证据。如，用行为人实施犯罪后为了掩盖罪行、逃避追诉等而进行的反侦查活动产生的再生证据，用以弥补原生证据的不足，完善证据体系结构。

（2）慎重对待共犯互证。要正确区分"共犯"与"同案犯"。同案犯可以是共犯，也可以是有牵连关系的同案犯，也可以是无牵连关系的同案犯。共犯的口供可以互证，但本质上仍是口供。不论是否同案，运用共犯口供定案，必须满足的条件是：共犯口供细节上一致，综合考虑全案情况没有逻辑上的矛盾，与现场勘查情况等完全相符，而且排除共犯事前订立攻守同盟、事后串供、刑讯逼供和诱供等情况。

3. 实行无罪推定原则。对于证据体系未达到法定标准时，在案件的处理上，我们必须实行无罪推定。具体不做详解。

4. 注重证据逻辑体系原则。证据运用不应囿于证据形式。证据种类是法定的证据形式，是证据的有效载体。在运用证据过程中，应找准证据之间的关联关系，并运用这种关联关系的合法性、合理性，证明结论的可靠性，排除枝节的、不合法的和不合理的干扰因素，稳固证据结构体系。要依据证据关联程度，确定合理的证据结构层次，并适时调整证据说明的重点，设置合理的证据体系结构。

（五）公诉证据应用的方法

公诉证据的应用重点是综合审查判断证据，而综合审查判断证据的方法主要是逻辑证明法。逻辑证明又可以分为直接证明和间接证明。在刑事诉讼中，直接证明应用的最为普遍，如直接推理、归纳推理、演绎推理和类比推理等。其中，演绎推理和归纳推理是直接证明的主要推理形式。

间接证明方法，常用的有反证法和排除法。间接证明作为刑事诉讼中的证明具有补充证明的特性，案件不能没有直接证明而单靠间接证明来定案。这里应注意的是，直接证明法、间接证明法与直接证据和间接证据不同。前者是证明的方法，后者则是证据在理论上的分类。一般来说，直接证据与案件事实的联系是明显的，它不需要通过逻辑推理这一中间环节就可以直接反映出案件的真实；而间接证据不同，由于每个间接证据都只能反映出案件事实的某个片断或侧面，不可能反映出案件事实的全貌。所以，运用间接证据证明案情，就必须借助于逻辑推理，只有通过推理，才能认识证据之间、证据与案件事实之间的联系，才能联结案件事实的各个片断，从已知的证据事实中，推论出未知的案件事实。

实践中，当主要需要言词证据定案时，要特别注意直接证明与间接证明的结合，注意证据结论的排他性。一般来讲：

1. 只有供述或陈述，不能定案。只有被告人供述，或只有被害人陈述，而没有其他证据，不能认定案情。

2. 多次口供或陈述，要慎重应用。在案的被告人多次口供一致或多名同案被告人口供一致，不能贸然据此定案，而要慎重分析查证，只有排除了其他可能性，才能定案。一般而言，要排除的可能性主要有三个方面：（1）要排除当事人或证人是否有编造、串通口供或陈述的可能；（2）要排除当事人或证人是否详细了解了有关公布或暴露的案情而进行冒充的可能；（3）要排除当事人或证人是否受到威胁、引诱或逼供、诱供的可能。

3. 翻供、变证、改变陈述要认真查证。对于改变原供述或陈述的，要及时细问，查明以下内容：（1）翻供、变供或改变陈述的原因；（2）说明原供、原陈述不真实，现供、现陈述真实的根据；（3）问清陈述改变后的细节，有针对性地予以查证，以便排除其他可能性。

4. 有供有证，人证物证俱全，也要排除其他可能性。对于所谓的"人证、物证俱全"案件，也应注意及时排除其他一切可能性，而不是等翻供、变证或改变陈述后再进行查证和排除工作。

二、非法证据排除问题

20世纪80年代以来，随着我国刑事司法制度改革的不断深入，以及对国外先进制度和理念的借鉴与思考，各种相关的证据规则已经逐渐成为专家、学者们探讨的焦点。正是在这样一个大的背景之下，加之我国于1988年9月加入的联合国《禁止酷刑和其他残忍、不人道或有辱人格的待遇或处罚条约》中明确规定了非法证据排除规则，为了履行这一准则，进一步探讨我国证据立法的诸多问题，关于非法证据排除规则的争论也日益激烈。

刑事非法证据是否具有证据效力，或说如何判断刑事非法证据的可采性，能否作为定罪的依据，是作为我国刑事诉讼法学、证据法学、刑事审判实务研究中最为复杂的问题之一，它关系到实体真实与程序正当、控制（惩罚）犯罪与保障人权之间的价值取向，国家公权力与公民私权利之间利益冲突的权衡和刑事诉讼价值和目的的实现。我国现行法律仅对非法取证行为持否定态度，但对非法证据的证据效力尚无明确规定。因此，加强对此问题的理论探讨，合理构想适合我国刑事诉讼实际的非法证据排除规则，对于完善诉讼和证据立法，规范和统一司法实践中的证据采信标准，无疑具有十分重要的意义。那么，就非法证据排除问题，我想谈如下几个问题，供大家在学习和实践中参考。

（一）非法证据排除规则概述

1. "非法证据"的内涵及类型

当前，学术界虽然对非法证据概念的表述不尽相同，但从本质上来看其实质意义并没有差别，都是指获得的证据材料违反了法律准则，在其使用价值上有疑问的证据概念范畴。具体界定过程中，非法证据又有广义和狭义之分。广义的非法证据是指所有违背了有关法律对证据予以规范的证据，其范围包括司法人员违反了法定程序、以非法手段而获得的证据，以及证据的内容、证据的表现形式、收集证据的主体等因素不合法的证据。其类型可分为四种：一是收集或提供主体不合法的非法证据；二是取证程序不合法的非法证据；三是内容不合法的非法证据；四是表现形式不合法的非法证据。

狭义上的非法证据则是指司法人员违反了法律规定的程序或方式而获得的证据，也就是说在取得证据的手段、方式上不合法的证据。当前，国内外的专家与学者们的探讨与争论主要着眼于狭义上的非法证据。在国外，特别是从英国、美国的有关规定来看，他们所确立的非法证据排除规则主要针对的是两个方面：（1）非法取得的自白或非任意性自白；（2）非法搜查、扣押的证据。在我国，专家、学者们所进行的讨论也基于狭义上的非法证据的取舍。

2. 非法证据排除所面临的法律价值冲突

非法证据排除规则自20世纪初期产生于美国之日起，就备受争议，对非法获取的能够证明案件情况的证据是否排除，在近100年来，考验着人们对其价值的选择。肯定非法证据的能力似乎有利于强化对犯罪行为的打击力度，但其并不能保障所办案件的客观真实。相反，否定非法证据的证据能力则可以保证犯罪嫌疑人、被告人的合法权益，但不利于案件的及时查处和社会治安的控制。这种抉择折射出了现代刑事诉讼中实体真实与程序正当、惩罚犯罪与保障人权两大目的的尖锐对立。

（1）实体真实与程序正当。公正是司法的生命，只有做到实体公正，才能维护正常、稳定的社会关系和社会秩序。从这一点讲，实体公正是司法公正的基本目标，是刑事诉讼的价值追求，但我们侦破案件是对过去已发生的案件事实的回溯，不可能全部做到对案件事实的还原，它受制于人类认知能力和科技水平等众多因素的影响，因此这种追求并无法在每一个案件中得以实现。与实体公正不同的是，程序公正的标准是人类根据自身的需要制定出来的具体的、明确的可执行的标准，程序公正不仅具有保障实体公正得到最大限度实现的功能，还有通过限制国家权力从而保障公民个人权益的功能。在司法实践中，违反法定程序而导致的侵犯公民基本权利的行为可能发生在每一个人的身上，如果为获取"事实真相"而不择手段，则会使个体的不公正感逐渐转化为全体公众对法律的不信任，实体公正也便无从谈起。因此实体公正的实现必然在相当程度上依赖于程序公正。

（2）保障人权与惩罚犯罪。一个国家的刑事诉讼法不仅仅是为了保证刑法的贯彻实施，以期更有效地同违法犯罪作斗争，它还有一项同样重要的目的就是保障人权，特别是犯罪嫌疑人、被告人的权利。现今，在人权保障思潮遍及全世界之时，刑事诉讼法已成为一国人权保障的"试金石"。正因如此，在各国的刑事司法实践过程中，控制犯罪与保护人权成为了人们无法回避的矛盾点。而对非法证据的证据能力问题，对非法证据究竟是"取"还是"舍"？如果"取"，是全部"取"，还是部分"取"等？这看似是一个简单的抉择问题，其实是上述矛盾在司法实践中的集中体现，并与一定的法律价值取向相联系。在整体法律这个宏观背景下，法律价值是一个多元的价值体系，包括：国家安全、公民的自由、共同的或公共的利益，财产权利的坚持、法律面前的平等、公平、道德标准的维持等等。其中，国家安全、公民的自由、公平是法律价值体系中最基本的三个方面。就刑事诉讼法领域而论，国家安全主要体现于控制犯罪方面，而公民的自由则主要体现于权利保障方面。如前所述，现今刑事诉讼法既是一国保证实体法实施的前提，也是其人权保障的"试金石"，而作为一个目的就是发现案件的客观真实，为正确适用实体法提供前提性条件，以保障刑罚权的有效实现。其在法律价值这一理念层次上就是控制犯罪，维护国家安全。但是，刑事诉讼活动，不仅是一种以恢复过去发生的事实真相为目标的认识活动，而且也包含着一种程序道德价值目标的选择和实现过程。而人权保障正是体现了一定道德价值目标的基本要求。其在法律价值这一理念层次上就是保障人权、保护公民自由。那么具体到某项非法证据的取舍而言，如果它对案件事实能起到证明作用，有证明力，采用它有助于发现案件真实，则体现了控制犯罪的精神，然而，它的取得常常是以牺牲涉嫌者的人权为代价；如果以人权保障为价值取向，其结果就是舍弃这项证据。因而，对非法证据的取舍正是面临着这样一种两难选择的境地。

（3）我国学术界对非法证据排除规则的代表性观点。自上个世纪80年代以来，我国学术界对此问题进行了激烈的争论，提出的主张也是多种多样的，主要有以下三类具有代表性的观点：第一类，"否定说"，以保障人权作为单一取向，认为非法证据不具有证据能力，应当完全排除；第二类，"肯定说"，即以控制犯罪作为单一取向，主张应把非法手段与证据区别开来，对其违法行为可视情节轻重予以处理追究，但非法所得的材料若与案情有关仍可采用为证据；第三类，"折衷说"，这类学说主要有两种观点，一种是"区别对待说"，认为，应当将非法获得的口供和实物证据区别开来，前者无论真实与否，均应予以排除，后者只要经查证属实，应予以肯定其证据能力；另一种是"原则排除，特殊例外说"，认为非法证据原则上不能采用，但应设若干例外。

笔者认为，前两种观点（肯定说、否定说）都过于极端、片面。就"否定说"而言，如果在司法实践中过分追求对个人自由和权利的保障，完全排除非法证据，那么就会在很大程度上影响对犯罪的控制，从而使法律价值平衡体系出现偏斜，最终导致这种平衡体系的瓦解。在此方面，属英美法系典型代表国家的美国所走过的道路有着非常现实的经验可以总结。我们知道，美国是一个崇尚个人自由和人权的国家，刑事诉讼强调正当程序。例如，根据美国宪法规定，违反法定搜查、扣押程序而获得的实物证据一律排除（Exclusing Rule）。其价值取向就是把蕴含在正当程序之中的涉嫌者的个人隐私奉为最高的刑事司法准则。然而，该规定在整个联邦确立后，便成为了人们争论的焦点。于是，联邦法院不得不基于客观情况的考虑，通过司法判例确立了一些例外不排除情形的规则，主要有"善意例外""必然发现的例外""独立来源的例外""公共安全例外""程序性例外"等等，现今，这些例外规则正呈现不断扩大的趋势。此现象正反映了美国对这一问题走向极端后迫于控制犯罪、维护社会秩序的客观需要所作出的必要的司法反应。与上一观点截然相反，"肯定说"则走向了另一个极端，完全强调对犯罪的控制，而放弃了对人权的保护。这一学说基本上反映了当前我国立法和司法中价值取向的现实状况。但是现今关注个人自由的发展和权利保障是时代的潮流，在现代文明社会，一味片面地强求社会程序，控制犯罪，不给个人自由留有一席余地，是逆潮流而动，势必会给国家和人民带来更大的负面影响。很明显，在非法证据的证据能力上，单纯地强调社会程序和控制犯罪则走向了另一个极端，同样是不可取的，在此方面，属大陆法系国家的法国也有可值得吸取的教训。在法国，按规定窃听应经过法官的批准，但实际上仅有很少一部分窃听活动得到有权机关的授权，大多数窃听行为未得到同意。而"折衷说"中的第一种观点实际上是"肯定说"的翻版，只是范围有所缩小。由此，笔者认为，在法律价值体系中，我们要维持一种微妙的平衡，要把控制犯罪和保障人权作为天平的两端，在具体实践过程中必须兼顾两者，进行综合考虑，寻求冲突价值之间的利益平衡，以最大限度地兼顾两者是最佳选择。对于非法证据的取舍，我们应该以"公平"作为价值观，按照"均衡价值论"对非法证据进行考察。在实践中，应采取"折衷说"的第二种观点对非法证据进行取舍，即"原则排除，特殊例外"。

3. 介绍一下国外对非法证据排除规则的有关规定以及我国立法现状

（1）简单介绍一下英美两国就非法证据排除问题的规定（非法自白、非法扣押）

①非法自白的排除：

A. 英国

英国证据法上的自白证据是指犯罪嫌疑人、被告人就自己有罪的事实向司法者所作陈述的证据。与我国不同，英国实行有罪答辩制度。犯罪嫌疑人在审判前阶段，特别是在警察讯问过程中的有罪供诉可以作为定案的唯一根据，法庭可依此直接作出裁断，而不再对案件的事实问题举行法庭审判。违反法律的规定，以非法或不正当的方式采集的自白证据，在性质上属于非法自白证据。这种非法自白证据能否被法庭所采纳呢？英国的普通法和《法官规则》中规定了总的原则，即自白证据是否具有可承认性完全取决于其真实有效性和证据提供者的自愿性，这也就是说，获取自白证据方法的非法性只有导致了自白证据的虚假性或者取证主体因采取压制等非法方法导致了被告人自白的非自愿性，这种非法自白证据才应加以排除。如果取证方法的非法性并无损于自白证据的真实性和证据提供者的自愿性，仅因取证的非法性是不足以排除这种非法自白证据的。

由于英国对非法证据的取舍没有更为直接的判断标准，法官的自由裁量权过大，1984年英国制定了《警察与刑事证据法》。这部法律在秉承英国普通法规则的基础上，对自白证据的处理规则，首次以正式立法的形式加以确立。该法第七十六条第一款明确规定：在任何诉讼程序中，被告人所作出的对己不利的自白，只要与诉讼中的争议事实相关，符合该法相关条款的规定，法庭不应排除这种证据。这一规定进一步重申了普通法自白证据运用的一项基本原则：自白证据能否被采纳，关键在于其与案件事实是否具有相关性即真实有效性，而非在于获取方法是否合法。在保持自白证据真实性的前提下，因获取自白证据方法的非法性而导致自白证据的不可承认性则是受到严格限制的。同时该法第七十六条规定了两种非法自白证据的排除规则：其一是，控方向法庭提交的被告人的自白证据，如果属于"压制"方法获取的，该自白证据将不允许向法庭提出；其二是，根据被告人作出自白时的条件和环境，他所说的或所做的可能被认为是不可信赖的，该自白证据也应加以排除。

B. 美国

美国宪法保障公民享有"不受强迫自证其罪"的特权。1791年联邦宪法修正案第五条规定："任何人在刑事案件中，都不得被迫成为不利于自己的证人。"在对非法证据的排除上，美国原则上采取完全排除的态度，但在具体实践中又规定了一些例外情况。在其自白排除规则的发展过程中，自白排除的标准逐渐从自白的非任意性、不可靠性向自白的取得的程序违法性演变，以防止秘密讯问、保障程序的公正为目的，以程序的违法与否作为判断自白采信的标准。标准的变化并不一定是排除范围的扩大，而是减少了操作上的主观易变性，使排除标准更为客观、更容易把握，提高操作的规范性。从另一角度上是加强了刑事诉讼中的人权保障观念，从自白的采信上，进一步规范了警察人员违法侦查讯问的行为。

联邦最高法院在诸多判例中逐渐将宪法所确立的权利保障更加明朗化。确立了"米兰达规则"（Miranda Rule），扩大对沉默权的实质性保障。而在该规则确立之后，在司法实务部门引起了一场大变革，侦查部门在办案过程中不得不放弃传统的侦查思维与方法。可在几十年间的实践中，人们越来越认识到该规则所带来的负面影响。终于在1984年，联邦最高法院对该规则做出了三项例外规定，即"公共安全例外"、"最终或必然发现例外"、"善意例外"，以对"米兰达"规则的限制。

②非法搜查、扣押取得证据的排除

非法搜查、扣押取得的证据就是司法人员违反法律规定的权限与程序，以非法扣押、搜查手段而获得的证据材料。世界各国基本上都对搜查、扣押的法定程序作出明确的规定，禁止以违法手段获得证据。但对该类非法证据的证据能力问题，观点与处置方法是有所不同的。

A．美国

美国对非法搜查和扣押所获得证据采取的是强制排除的态度，不属于审判法官的自由裁量权。其宪法修正案第四条明确规定了禁止无理搜查。这就是说，一旦警方的行为被认定违反了"规则"，那么作为违反规则的结果就是在法庭上排除该行为所获取的证据材料，即不允许在法庭上出示。但也规定了很多另外，这里就不一一介绍了。

B．英国

与美国明确排除的态度不同，英国将非法搜查、扣押取得的证据的取舍权交给主持审判的法官，由他来自由裁量。法官在实际案件中自由裁量时的主要尺度就是保证被告人获得公正的审判，并排除所有严重妨碍被告人获得公正审判的证据。

（2）我国对"非法证据"在取舍上的规定

我国已经于1988年9月批准加入联合国《禁止酷刑和其他残忍、不人道或有辱人格的待遇或处罚公约》，并在禁止酷刑等手段取证方面作出了积极的努力，立法及有关司法解释中也对非法取证行为在不同程度上表现出否定态度。《宪法》明确规定保护公民的人身自由、人格尊严和住宅不受侵犯，禁止非法搜查或者非法侵入公民的住宅，任何公民非经人民检察院批准或决定，或者人民法院决定由公安机关执行不受逮捕等权利。从《刑事诉讼法》第四十三条、《刑法》第二百四十七条都足以看出我国立法对刑讯逼供、诱供以及其他非法手段取证已明文禁止，这是贯彻宪法精神，保证公民基本权利的体现。但是，1997年修订的《刑事诉讼法》并未规定通过以上非法方法获取的证据能否作为证据使用，也未对非法手段取得的证据效力作出排除性规定，其结果只能是导致证据收集的合法性未能得到立法上的制约性保障。因为如果没有对非法证据的效力作出排除规定，所有有关取证的禁止性规定的执行及其效果必然被画上问号，并在实践中间接引发了刑讯逼供、非法取证等侵犯公民合法（诉讼）权利的违法现象屡禁不止。

立法未解决的上述问题，却由"两高"的司法解释、公安机关内部规定有区别地解决了。最高人民法院《关于执行〈中华人民共和国刑事诉讼法〉若干问题的解释》第六十一条规定："严禁以非法的方法收集证据。凡经查证确实属于采用刑讯逼供或者威胁、引诱、欺骗等非法的方法取得的证人证言，被害人陈述，被告人供述，不能作为定案的根据。"最高人民检察院也在《人民检察院刑事诉讼规则》第二百六十五条规定："严禁以非法方法收集证据。以刑讯逼供或者威胁、引诱、欺骗等非法的方法收集的犯罪嫌疑人供述、被害人陈述、证人证言，不能作为指控犯罪的根据。"；公安部《公安机关办理刑事案件程序规定》第五十一条也规定：严禁刑讯逼供和以威胁、引诱、欺骗或者其他非法的方法收集证据。从以上介绍不难看出，目前我国的法律、司法解释、部门规定基本建立在证据材料的种类划分基础之上，对于非法取得的言词证据已明确规定予以排除。

关于搜查、扣押问题，《刑事诉讼法》第一百零九条至一百一十八条就程序问题作出了具体规定。这些规定内容包括进行搜查时，必须向搜查人出示搜查证（第一百一十一条）；搜查时应当有被搜查人或其他见证人在场，搜查妇女身体应由女性工作人员进行（第一百一十二条）；搜查、扣押要制作搜查笔录和扣押清单（第一百一十三条、第一百一十五条）；不得扣押与案件无关的物品、文件（第一百一十四条）；扣押犯罪嫌疑人的邮件、电报的应当经公安机关或人民检察院批准（第一百一十六条）等。虽然我国对搜查、扣押作出了明确的程序性规定，但只是从正面作了规定，并没有规定对违反这些规定如何进行救济，也没有对非法获得的实物证据有无证据能力作出明确的表示。而在刑事诉讼实务中，这类证据材料在查证属实，或事后补办手续后，完全可以采用，不认为有排除的必要。这与长期以来我国刑事诉讼理念、刑事审判实践当中，重"发现实体真实"，轻"实体真实如何发现"的惯性思维不无关系。

（二）建立符合中国国情的非法证据排除规则的意义

应该说，合理确立非法证据排除规则对于促进我国依法治国进程意义重大。长期以来，由于没有相应的证据规则，我国司法实践中出现了一系列的问题。这些问题集中表现在以下几个方面：

第一，由于侦查阶段所获得的证据材料都可以在法庭上作为证据使用，法庭审理活动对审前活动不具有任何控制力，即使侦查机关、检察机关的审前活动违法，法庭也无能为力；

第二，由于审前程序中形成的各种笔录可以代替本人出庭作证，法庭对证据的调查核实具有极大的局限性；

第三，由于法庭调查的证据范围极其广泛，法官对此没有必要的限制，漫无边际的证据调查造成了诉讼资源的极大浪费；

第四，由于没有证据排除规则，一些极易混淆视听的证据也可能因其具备法定的表现形式而进入法庭调查程序，妨碍或误导对案件事实的评价。

在我国设立非法证据排除规则的现实意义，主要有以下几点：

首先，合理排除非法证据是诉讼程序公正的必然要求。诉讼作为解决争议的司法活动，本质上要求将公正作为其最高价值。而在程序公正与实体公正不能并存的时候，将程序公正置于实体公正之上，实行程序公正优先是现代法治国家的共同选择。以合法手段收集证据，保护公民的合法权益，是诉讼程序公正的重要内容，也是依法惩治犯罪的内在要求。采用非法证据，等于一方面要求公民必须守法，一方面却默认执法人员违法，并承认其违法后果。这样不仅使被处罚的罪犯心中法律的公正观念荡然无存，而且产生间接鼓励执法人员违法行为的暗示，使宪法及法律有关程序公正的规定丧失其实质内涵。

其次，排除非法证据是保障公民权利的必然要求。保障公民权利和有效惩治犯罪是刑事诉讼不可偏废的两项基本任务。1997年修订的《刑事诉讼法》加强了保障公民合法权益的力度，强化了对公民合法权利的保护。非法取证行为直接侵犯了公民的合法权益，与保护公民权利的立法宗旨背道而驰。由于社会上每个公民都是潜在的涉讼主体，都可能成为非法取证行为的侵害对象，因而非法取证行为对全体公民的合法权益都存在潜在威胁。非法取证行为的目的就是要取得所需的证据，因而通过排除非法证据，否定非法取证行为及结果，来达到保障公民合法权益的目的是必要的也是可行的。

第三，排除非法证据是文明执法的必然要求。文明执法要求执法人员严格按照法定条件和程序办事，禁止超越职权或滥用职权。非法取证行为与文明执法的要求根本背离。由于我国当前执法人员整体素质不高，加之历史上"重实体、轻程序"等思想影响，更由于非法取证行为确有获取某项证据而揭示案情的实效，致使非法取证行为至今香火不断，虽然我国刑事诉讼法明确规定了严禁非法取证的原则，但司法实践中非法取证行为仍屡禁不止，这就使得我国当前文明执法的任务相当艰巨。如果确立非法证据的排除规则，就可以从根本上消除非法取证行为的诱因，从而促进文明执法。

第四，确立排除非法证据规则于法有据。我国是联合国《禁止酷刑和其他残忍、不人道或有辱人格的待遇或处罚公约》的参加国，该公约第十五条规定："每一缔约国应确保在任何诉讼程序中，不得援引任何业经确定系以酷刑取得的口供为依据，但这类口供可用作被控施用酷刑者有刑讯逼供的证据"，这一规定因我国加入该公约而具有国内法的效力，也是我国在诉讼中确立排除非法证据规则的依据。

如前所述，对非法证据采取合理排除，反映了理想的诉讼追求与诉讼现实状况之间的矛盾，它虽然追求了刑事诉讼的绝对公正，但它是以牺牲实体正义即犯罪得不到应有的惩罚为代价的。绝对排除非法证据作为一种理想化的非法证据处理模式，必须有与之相适应的法制环境和条件为依托。那么，鉴于我国当前社会治安不好的状况，重大恶性案件继续上升，严重经济犯罪活动仍然猖獗，执法人员整体素质和执法水平不高的现状，如果在司法实践中绝对排除非法证据，将会削弱打击犯罪的力度。因此，根据我国的犯罪状况和司法水平，在对待非法证据效力的问题上，应坚持原则性与灵活性相统一，在坚持以排除非法证据为原则的同时，对排除规则作出必要限制，允许在一定范围内根据违法行为强度与指控犯罪的严重程度权衡利弊，决定取舍非法证据，以求得在打击犯罪与维护合法诉讼程序之间达成一种较为均衡的局面，使法律打击犯罪与保障权利的作用能够得到均衡发挥。

（三）不同形式"不合法"证据的证据效力问题

1. 内容不合法的刑事证据的效力

内容不合法的"证据"应被理解为是一种"证据材料"，由于该证据不具备证据的客观性和相关性，其不具有事实上的证据效力。即使其表现形式、取证人员与程序等合法，也不能作为证据采用，因为不符合刑事诉讼法第四十二条第一款和第三款的规定，不具有法律效力，不能作为定案的根据也无须再作进一步查核。

2. 形式不合法的刑事证据的效力

对于证据内容合法，具有客观性、相关性，但证据形式不合法的，则应采用补救措施使其表现形式合法化，不能直接作为证据使用。实践中，"呓语"、"梦话"以及举报他人有犯罪事实的匿名信等，均不符合刑诉法第四十二条第二款规定的证据形式，因而，只能作为收集证据的线索，不能作为定案依据。另外，测谎仪得出的结论虽有一定的科学性，也不能直接作为证据使用。因为其不具备法定形式，并且也不具有百分之百准确性，对于测谎仪测得的结果，充其量只能作为印证其他证据的一种参考。此外，法人或非法人单位就本单位内部某项规章制度及有关组织决定事项等出具的证明材料，如某人是否受过某种奖励或处分的证明，气象台关于某天的天气证明等，只能作为司法机关分析判断的参考，不能用作定案根据。如果确有必要，可以将该材料转化为经办人的证人证言。

3. 收集或提供的主体不合法的非法证据的效力

收集或提供的主体不合法的非法证据，如由非侦查人员或非法律规定的其他人制作的勘验检查笔录，由生理上、精神上有缺陷或年幼，且不能明辨是非、不能正确表达的人所作的证言及非由有关专家或技术人员制作或非由司法人员依法提供的鉴定结论等，均不能作为定案的根据。如果这种证据材料反映的内容具有客观性，可以作为线索由法定人员采用合法程序和方法重新取证。这是因为转化这类"证据"不涉及对被告人的权利侵犯问题，又因其具有一定的证据力，完全可以采取相应的补救措施，使其具有证据效力。

另外，在一般刑事案件中，对同案犯罪嫌疑人、被告人的口供能否作为定案的证据，应作具体分析，区别对待。如果仅有同案人的供述而无其他证据印证，不应作为定案证据，否则亦属非法证据，因为同案人的供述仍属口供范畴而非证人证言，若以证人证言采用，则属提供证据的主体不合法，应属非法证据；同时，刑事诉讼法第四十六条规定："对一切案件的判处都要重证据，重调查研究，不轻信口供。只有被告人供述，没有其他证据的，不能认定被告人有罪和处以刑罚；没有被告人供述，证据充分确实的，可以认定被告人有罪和处以刑罚。"据此，在仅有同案人供述而无其他证据的情况下，仅以同案人的供述认定某一犯罪嫌疑人、被告人有罪，是明显违法的，从违法角度讲，也属非法证据。

4. 收集或提供的程序、方法、手段不合法的非法证据的效力

这部分非法证据的效力是非法证据效力问题的核心。首先，对非法收集、提供的言词证据，主要包括以刑讯逼供、引诱、欺骗及其他不正当方法收集的证人证言、犯罪嫌疑人、被告人的供述和辩解、被害人陈述等，应一律否定其证据效力。这种证据一般虚伪性较大，不利于正确地认定案情；其取得严重违反宪法和刑事诉讼法，侵犯人权；并且，联合国有关文件也一再重申否定该类证据的证据效力。其次，对以非法收集、提供的言词证据为线索而获得的与违法行为没有直接因果关系的物证等，即本身收集程序等合法，但是是以刑讯逼供、诱骗供等所得言词证据为线索而获得的物证及其他证据，其效力应综合考虑。如果排除这些证据，根据已有证据足以认定案情的，则应予排

除。因为认定案件事实并不需要重现每个案件细节，也无需认定所有的证据。在此情形下，排除此类证据，既能达到刑事诉讼目的，又最大程度地减少了采用非法证据的负面效果。如果排除这些证据就不能定案，这就涉及了"毒树之果"是否有毒的问题，对于这个问题前些年理论界争论较大，有的认为"毒树之果"必然有毒，因此应予排除；也有的认为"毒树之果"可能有毒，因此应根据不同情况区别对待，即应根据收集证据的违法行为的"违法"程度及收集主体的主观恶性大小，按照不同情况，分别处理：对于构成犯罪，或严重违法的收集言词证据的行为，以该言词证据为线索获得的证据应予以排除；对于只构成轻微违法的非法收集言词证据的行为，以该言词证据为线索获得的证据可以不予排除。认为这是在特定情况下，对惩罚犯罪与保障人权进行必要的价值权衡的结果。当非法取证行为已经构成犯罪或严重违法的，其不仅违反了刑事诉讼法，妨害了司法公正，而且，严重侵犯人权，违反了宪法，所以应予排除。当非法取证行为仅为轻微违法时，其危害性不大，甚至远小于犯罪本身的危害性，这时，在实体真实和程序正义之间，应该选择前者。同时持这种观点的还强调指出：如果言词证据是公安司法人员通过对证人或被害人使用非法手段获得的，又以该言词证据为线索获得相应的证据，在这种情况下，能够佐证犯罪嫌疑人（被告人）确有犯罪事实存在的证据应予以辩证地采用。因为，对该类物证的获得并没有侵犯犯罪嫌疑人、被告人的合法权利，不能因为司法人员对第三人实施违法行为而让被告人获益，甚至逃脱法律的严惩。对该违法行为造成证人、被害人人身、财产损失的，证人、被害人可以通过诉讼，请求国家赔偿或者民事赔偿。有关机关应对违法的司法人员根据其过错程度予以必要的行政惩戒或刑事处罚。经过多年的争论以后，在我国现在对此问题已经基本趋于统一，即认为"毒树"有毒，不能采用，但"毒树之果"只要取得程序合法，是可以采用的。比如：张某被刑讯逼供供认伙同李某杀死了王某，将尸体埋于山上某处、凶器抛于河中，根据张某供述的线索，侦查人员通过合法程序找到了尸体和凶器，并抓获了李某，李某如实供述了伙同张某杀人的事实。在此案例中张某的供述是"毒树"不能作为证据使用，必须予以排除，但根据张某的供述，侦查人员以合法的程序取得的现场勘查笔录、作案凶器、尸体、张某的供述及各种鉴定等则是"毒树之果"，可以作为定案的依据，不应予以排除。实践中应注意：毒树之果在一定条件下也可能转化为毒树，如：对张某刑讯逼供，供述与李某杀死了王某，对李某刑讯逼供，供述了伙同张某杀死王某，将尸体埋于某处，后查获了王某的尸体等，这里张某供述是毒树，李某供述应是毒树之果，但对其实施了刑讯逼供，则其供述又变成了毒树，根据李某的供述查到的尸体等证据则是毒树之果，张某、李某的供述都不能采用，认定其构成共同杀人犯罪，只能通过其他证据予以证实。非法搜查是毒树，但根据搜查所获线索，以合法方式取得的证据则是毒树之果，也不应予以排除。如未经批准对贪官家进行搜查，搜到一个邮包，内有价值几百万的一幅名贵字画，根据邮件地址查到了行贿人，供认了权钱交易的事实并取得了其他证据，此案中搜查取得的邮包是毒树，但根据线索查到的行贿人口供及其他证据，则是毒树之果，应予采信。

5. 对于违反搜查、扣押程序或其它法定程序而获得的证据的效力问题

对这部分证据的效力应根据具体情况而定。对于轻微违反搜查、扣押程序规定的，如因客观原因遗忘搜查证、搜查证因无意的疏忽而没有盖章或搜查时违反了规定的程序或范围（如先实施搜查和扣押的行为，后出示相关证、令的），执行完毕后才发现错

误，并且，一旦排除这种物证、书证，就会造成犯罪人得以逃脱应受的法律制裁时，不宜排除这类物证、书证。因为，从执法人员主观上看，其是出于善意的过失，主观恶性较小；从造成的客观后果上看，其对被执行搜查或扣押的人的权利损害轻微；从所获证据的作用来看，其对佐证犯罪事实，对定罪量刑具有重要意义，若被排除就会放纵犯罪分子。如果执法人员主观上出于故意，客观上严重违法、侵权，如故意伪造、篡改司法文书或指使非司法人员进行搜查、扣押所获证据的，则一般应予排除或进行必要的补救。补救的方法主要是指认、辨认或通过收集其他证据予以佐证。

这里我们还要注意几种"例外"情形。一是"紧急情况"下的例外。我国刑事诉讼法规定：进行搜查，必须向被搜查人出示搜查证。在执行拘留、逮捕时，遇有紧急情况下，仅在表明实施搜查行为的人员具有相应职权基础上，允许不使用搜查证。据此，在执行拘留、逮捕时，遇有紧急情况，没有搜查证而进行搜查的，所获证据，应不予排除。二是无直接因果关系的非法证据的例外。执法人员在进行违法搜查、扣押时，发现了与本案无关的其他犯罪的证据，该证据效力不应予以排除，但也应进行程序上的补救。三是"被告人同意"的例外。被告人同意作为证据使用的"非法证据"，其效力应予肯定。对非法证据进行取舍的关键是看是否侵犯了被告人的宪法性权利和诉讼权利及其侵犯的严重程度。被告人同意使用或要求使用的，一般是对被告人有利的证据。并且，经过"同意"，非法证据的负效应大大减小了。因此，在这种情况下不应予以排除。

6. 涉及危害国家安全或重大社会公共利益的"不合法"证据效力问题

对于涉及危害国家安全的在收集程序、方法等方面违法的刑事"不合法"证据，应肯定其效力而不予排除（当然也可根据情况，在法律允许和不违背伦理道德的前提下采取必要的补救措施，使之合法化）。肯定这部分证据的效率是因为：没有任何利益比国家安全更具保护价值。另外，对于涉及危害重大社会公共利益的在收集程序、方法等方面违法的刑事证据，也不应予以排除。因为，我们不能忽视一些用不合法方法取得的证据对于打击严重犯罪所具有的重要作用，以及排除这些证据可能引起的负面效应——即：社会治安状况恶化，被害人对公安司法机关乃至社会的不满情绪，广大人民群众心理不平衡等。必要时，为了重大社会公共利益，我们在慎重衡量后，可以牺牲极小部分程序正义来实现惩罚犯罪的需要。至于将哪些犯罪视为危害国家安全和重大社会公共利益的犯罪，立法可以采取明文列举，或进行概括性列举。但应防止将所有性质严重、量刑较高的犯罪均解释为危害国家安全或重大社会公共利益的犯罪，以免使例外成为一般。

附：

最高人民检察院

关于检察机关公诉部门审查案件排除

非法证据的若干规定

（讨论稿）

为了牢固树立证据意识，保护诉讼当事人合法权益，加强刑事诉讼监督，提高公诉案件质量，根据《中华人民共和国刑事诉讼法》及有关司法解释的规定，结合公诉部门办案实际，制定本规定。

第一条　公诉部门审查案件，应当坚持惩罚犯罪与保障人权并重、执行实体法与执行程序法并重的原则，全面、客观地审查证据，着重对证据的合法性进行审查，注意依法排除非法证据，加大刑事诉讼监督力度，不断提高办案水平和质量。（原则）

第二条　公诉部门审查案件，发现以下非法证据，应当予以排除：

（一）以刑讯逼供方式取得的犯罪嫌疑人供述；

（二）以暴力取证方式取得的证人证言；

（三）以威胁、引诱、欺骗等非法方式取得的犯罪嫌疑人供述、证人证言、被害人陈述等言词证据；

（四）以严重违法的搜查、扣押等方式取得的、对诉讼参与人合法权益造成重大损害且对指控犯罪不具有决定作用的物证、书证等实物证据。

第三条　以需要排除的非法证据为线索，发现并依法收集的证据，经查证属实的，可以作为指控犯罪的依据。（毒树之果）

第四条　没有严格遵守法律规定，收集证据有下列情形之一，公诉部门应要求依法重新收集或采取其他补救措施，可以作为指控犯罪的依据：（瑕疵证据）

（一）讯问犯罪嫌疑人、询问证人或被害人的时间、地点不符合规定的；

（二）讯问犯罪嫌疑人、询问证人或被害人，未告知其法定诉讼权利的；

（三）讯问犯罪嫌疑人、询问证人或被害人，未个别进行的；

（四）收集、调取证据，在场的侦查人员不足二人的；

（五）收集、调取证据，未经过犯罪嫌疑人、证人或被害人、见证人签字或以其他方式表示认可的；

（六）收集、调取证据，未持有侦查机关签发的合法证件，或未向诉讼参与人出示的；

（七）存在其他较轻的违法行为，但不影响案件公正处理的。

收集的证据有第一款规定的情形之一，且已无法重新收集或采取其他补救措施的，如不影响证据的客观性、关联性，可以作为指控犯罪的依据。

第五条　公诉部门审查案件，主要通过以下方法发现是否存在非法证据：（发现的方法）

（一）审查发现证据具有本规定第二条所列情形之一；

（二）审查发现证据之间相互矛盾，可能存在非法证据；

（三）审查发现侦查人员具有违法行为，可能影响其收集证据的合法性；

（四）派员参加侦查机关（部门）对于重大案件的侦查取证工作的讨论和其他侦查取证活动，发现存在非法证据；

（五）通过办理其他案件发现正在审查的案件可能存在非法证据。

第六条　根据最高人民检察院《关于在审查起诉部门全面推行主诉检察官办案责任制的工作方案》的有关规定，主诉检察官办理案件，应对事实和证据负责，可以依职权决定排除非法证据。

按照逐级审批程序办理的案件，对非法证据的排除及案件处理，由办案人员一并提出审查意见，经公诉部门负责人审核，报请检察长或者检察委员会决定。（排除非法证据的主体）

第七条　公诉部门审查案件，发现侦查人员以非法方法收集证据，并需要排除非法证据的，应当要求侦查机关（部门）另行指派侦查人员重新调查取证，公诉部门也可以自行调查取证。

侦查机关（部门）未另行指派侦查人员重新调查取证的，可以依法退回补充侦查。对于退回补充侦查效果不明显或者退回补充侦查可能影响追诉漏罪漏犯的案件，公诉部门也可以自行调查取证。（对非法证据的补救措施）

第八条　公诉部门审查案件，如果发现存在非法证据，必须查明侦查取证活动是否合法，并依法对违法取证行为进行监督，按照以下情形分别处理：（对非法取证行为的处理——监督方式）

（一）违法取证行为情节较轻、危害不大的，由公诉人员以口头方式向侦查人员或者侦查机关负责人提出纠正，必要的时候，由公诉部门负责人提出。

（二）违法取证行为情节较重，但尚未构成犯罪的，应当报请检察长批准后，向侦查机关发出《纠正违法通知书》，并要求限期回复纠正情况。对纠正违法意见置之不理的，可以向被通知单位负责人发出《督促纠正通知书》。再次说明其违法取证情况，督促限期纠正，及时回复。可以将《纠正违法通知书》及《督促纠正通知书》一并报同级人大、党委政法委及上级人民检察院。

（三）违法取证行为情节严重，构成犯罪的，应当移送本院侦查部门审查，并报告检察长；或者报经检察长批准，自行初查后，移交侦查部门立案查处。

（四）公诉部门对本院侦查部门和侦查人员的违法取证行为，情节较轻的，可以直接向侦查部门提出纠正意见；情节较重或者需要追究刑事责任的，应当报告检察长决定。

第九条　公诉部门办案人员排除非法证据意识淡薄，故意违反有关法律和本规定，或者工作不负责任，直接影响办案质量，造成严重后果的，对直接负责的主管人员和其他直接责任人员，由其所在单位或者上级人民检察院依照有关规定予以行政处分或者纪律处分；构成犯罪的，依法追究其刑事责任。（对公诉部门排除非法证据不利的惩处）

第十条　本规定自下发之日起施行。

第二十七讲
公诉环节侦查监督方略

张书华

我国检察机关的公诉部门具有指控犯罪和诉讼监督两个方面的职能。这不仅是由检察机关的宪法定位决定的，也是由我国刑事诉讼中公诉权的性质决定的。这种诉权与诉讼监督权相统一的诉讼架构，不仅符合中国特色社会主义宪政制度和司法制度，而且符合世界法治文明发展的共同规律。

从公诉权产生的初衷和发展沿革看，现在世界各国先后都舍弃了控审合一的诉讼模式，实行了彻底的控审分离。进而为了保障刑事诉讼的公平正义，建立了公诉制度。宁可牺牲一定的司法资源和诉讼效率，在负责侦查的警察和法官之间插进了检察官这个楔子，由检察官负责刑事案件的提起公诉，而不是由警察直接向法院起诉，其目的就是为了实现对侦查权和审判权的双向监督制约。由此可见，现代公诉制度的诞生是诉讼分权的产物，是权力制衡和监督的产物，这是现代检察制度产生的初衷和原委，在全球具有普适性。我国公诉制度正是在诉讼分权的基础上，为实现刑事诉讼中的权力制衡和法律监督应运而生的产物。新中国成立后，我国没有按照西方三权分立的原则进行政治架构，但却认同权力制衡的原理。在检察制度中贯彻了列宁的法律监督思想。检察制度的设立就是监督制衡原理在人民代表大会制度体系中的具体运用。我国检察制度中公诉权突出对公权的制约和监督，这是当代法治本质特点的反映，其目的在于防止国家权力的滥用。与西方国家单纯公诉型检察权不同，我国检察权是控权型的法律监督权。所以我国宪法明确规定："人民检察院是国家的法律监督机关。"基于公诉权的法律监督性质和公诉活动中履行监督权的法律依据。本专题着重就公诉活动中侦查监督权的原理、侦查监督职能实现的途径和方法，从实务角度进行阐述和介绍。

一、公诉活动中侦查监督的特点

对侦查活动是否合法进行监督是检察机关的法定职权。这一职权因诉讼阶段不同和诉讼职责的区分，是由检察机关内多个部门承担和实现的。而公诉活动中的侦查监督具有法定性、全面性、结合性和程序性的特点。

（一）监督权力的法定性

1. "人民检察院依法对刑事诉讼实行法律监督"是刑事诉讼法的一条重要原则，这一原则是刑事诉讼依法进行的保障。法律监督权具有专属性，它与诉讼各环节的相互制约不同，宪法和法律授权，只有检察机关才能依法行使，这是由检察机关的性质决定的。诉讼监督原则贯穿于整个刑事诉讼活动的始终，适用于参与刑事诉讼活动的侦查、审判、执行各个环节的执法、司法机关，是对公权的监督。

2. 我国检察机关的公诉权具有五项基本权能：审查起诉权，决定起诉或不起诉权，出庭支持公诉权，公诉变更权，抗诉权。这五项权能都具有法律监督性质。特别是刑诉法规定的审查起诉的内容直接体现了检察机关对侦查机关侦查活动的审查和监督。对侦查机关移送的案件，检察机关进行实体审查后，如果做出不起诉决定，则体现了对侦查机关侦查结果的否定和对侦查权的控制。其中，绝对不起诉是检察机关对侦查结果的彻底否定，存疑不起诉表明了侦查机关没有充分有效的行使侦查权，相对不起诉体现了检察机关对侦查结果一定的裁量。这三种不起诉决定都产生终结诉讼的法律效力。检察机关审查后如果对案件作出起诉决定，则表明对侦查结果的认可。

3. 对侦查活动是否合法进行程序性审查，是检察机关审查起诉阶段必须查明的五种情形之一。对违反程序规定的侦查行为，无论是否造成影响诉讼活动依法进行或侵害诉讼当事人的权益的后果，检察机关都要依法提出纠正意见。对造成法律后果的检察机关有权要求追究违法责任。对严重违法或造成严重后果，触犯刑律的，公诉部门可以在初查后，移送职务犯罪侦查部门立案侦查。检察机关对侦查活动进行法律监督具有法定性。它不像人大的权力监督、政协的民主监督和社会舆论监督那样具有或然性、可选择性，而是作为法律规定的工作职责必须依法履行。

（二）监督内容的全面性

1. 对侦查活动的全部过程进行监督。公诉部门的侦查监督是在侦查终结，侦查机关在本诉讼阶段的任务全部完成后进行的，是案件进入审查起诉阶段后，对侦查活动进行全面的回溯式审查。监督的内容包括立案、侦查及在侦查过程中侦查措施、强制措施的适用。犯罪嫌疑人、被害人、证人以及其他诉讼参与人诉讼权力的保障，遵守诉讼时限等情况是否符合法律规定。对公诉机关退回补充侦查的，对补充侦查活动是否合法进行监督。

2. 对所有行使刑事犯罪侦查权的机关进行监督。刑事诉讼法规定的侦查机关是公安机关，依照刑诉法的规定，按照职权分工和侦查案件类型不同，国家安全机关、海关缉私部门、检察机关职务犯罪侦查部门都依法有权按职能管辖对刑事犯罪案件进行侦查。依照刑事诉讼法及相关法律规定，这些机关的侦查活动都要接受检察机关的法律监督。

3. 对实体违法和程序违法实施全面监督。在公诉阶段，检察机关基于公诉权和诉讼监督权，不仅可以对侦查活动中的程序性违法行为进行监督纠正，而且对立案侦查活动中的实体性违法结果做出纠正性决定，切实发挥检察官在"刑事程序进展中决定性的过滤器"作用，行使犯罪追诉权，防止遗漏犯罪或罪及无辜。行使诉讼监督权，纠正违法侦查行为，保障当事人的诉讼权利，维护刑事诉讼秩序。

（三）监督方式的结合性

人民检察院对侦查活动的监督是在审查起诉活动中进行的，即监督权的行使是在履行诉讼职责过程中实现的。审查起诉是刑事诉讼活动中连接侦查与审判的一个诉讼阶段。在这一阶段中检察机关基于公诉权对侦查机关移送侦查终结的案件进行实体和程序审查。与侦查机关是平等的诉讼主体，是分工负责、相互配合、相互制约的诉讼承接关系。但由于检察机关在刑事诉讼中负有法律监督职责，而监督权对于被监督者具有单向性和不可抗拒性。这就使检察机关又具有超然于诉讼职责之外的监督权力。这样就形成了公诉权与监督权统一于承担公诉职责的检察官一身，统一于审查起诉活动之中的状况，从而使侦查监督工作融于审查起诉办案工作之中，这种结合诉讼活动式的法律监督，为发现侦查活动违法，及时有效地纠正侦查活动违法造成的后果提供了有利的条件。使各项监督措施能够落到实处，有利于提高法律监督的效能，防止监督工作的表面化。正是由于审查起诉是公诉案件的必经环节。寓于审查起诉活动之中的监督工作就能够最大限度地发现和纠正侦查活动中的违法现象，保障刑事诉讼的公平正义和依法进行。

（四）监督过程的程序性

刑事诉讼法第三编第三章：审查起诉。集中规定了在办理公诉案件过程中开展侦查监督的程序制度，从而使监督权的行使有法可依。公诉人通过阅卷审查、审查复核证据、讯问犯罪嫌疑人、讯问证人、被害人、重新勘验、检验、鉴定、自行补充侦查等工作环节，就可以查明侦查活动是否存在违法行为。

检察官作为刑事诉讼监督主体与其他监督主体的不同之处还在于侦查监督不仅是一项权力，更重要的它还是一项责任。如果侦查活动违法，经检察机关审查没有发现并及时纠正，必然产生相应的法律后果。而检察官应对没有发现和纠正违法行为承担失职责任。

（五）公诉活动中的侦查监督与批捕活动中的侦查监督关系

检察机关的公诉部门在审查起诉活动中的侦查监督与侦查监督部门在审查逮捕活动中的侦查监督是紧密联系又相互区别的。有的同志提出：既然批捕部门改称侦查监督部门了，把所有侦查监督职责都划归侦查监督部门岂不更好。这种想法显然是脱离诉讼监督实际的。由于侦查监督与公诉部门所处刑事诉讼的阶段不同，诉讼职责也就不同。侦查监督部门全面承担侦查监督职责是难以实现的。公诉部门必须在与侦查监督、监所检察等部门相互配合下，共同完成侦查监督工作的职责和任务。

1. 公诉阶段的侦查监督是对审查逮捕活动中侦查监督的承接。审查逮捕活动中对侦查机关立案、侦查活动进行监督是公诉阶段侦查监督的前置和先导环节。在监督的内容、方式等方面具有相同性。公诉环节可以共享批捕环节侦查监督工作的成果。

2. 公诉活动中的侦查监督是在侦查机关侦查活动终结后进行的，因此公诉阶段的侦查监督是对侦查阶段活动的全程监督。而审查逮捕是对侦查机关提请批准逮捕前的立案和侦查活动进行的监督，是阶段性的监督。

3. 公诉活动中的侦查监督一般表现为事后监督，是在违法行为发生后进行的回溯式审查监督。而审查逮捕是在侦查阶段侦查活动进行中的一个环节，有的违法行为虽然发生，但尚未产生法律后果。所以审查逮捕阶段的侦查监督多为即时性监督，有的还是同步监督，其监督效果更为明显。

4. 公诉活动中的侦查监督是对全案的监督。侦查机关对案件经过侦查已做出侦查结论，公诉阶段对案件的事实、证据、定性定罪及诉讼程序的审查是全面的审查。而审查逮捕阶段则是对主要事实或部分事实的审查。由于侦查活动违法往往是与案件事实及性质的认定相关的。所以审查起诉阶段的侦查监督具有全面性，而审查逮捕阶段的侦查监督则具有片断性和局部性。

二、公诉活动中侦查监督的工作原则

总结侦查监督工作的实践经验，根据强化法律监督，维护公平正义的检察工作主题，最高人民检察院在有关文件中提出侦查监督工作的原则是"依法、坚决、准确、有效"。侦查监督工作中必须认真执行，始终坚持这一原则。

（一）依法

就是依照法律规定履行侦查监督职权。监督权法定，监督权行使的程序方法也由法律规定。检察官必须在法定授权范围内依法行使监督权。要遵循《刑法》、《刑事诉讼法》、《人民检察院刑事诉讼规则》和相关司法解释、政策文件开展监督活动，既要监督到位，又不超越职权。既要反对监督工作中无所作为，对违法行为视而不见的失职行为，又要反对以监督者自居，随意干扰侦查活动正常进行的越权行为。要做到行为有据，监督有理。

（二）坚决

就是充分行使监督权力，加大监督力度，做到违法必纠。要克服当前侦查监督力度不大，侦查活动中违法违纪现象屡禁不止的被动状况。要从对法律、对人民利益高度负责的态度，坚决有力地遏制违法侦查、侵犯公民合法权益的现象。对执法犯法者绝不纵容。要防止利用监督权搞"官官相护"，搞互相护短，要防止利用法律监督权庇护司法腐败和司法专横。要不断树立违法侦查要问责、监督不力也要问责的意识，增强法律监督工作的责任感、使命感，建立监督工作责任制。在发现调查违法措施上加大力度，在提高纠正违法效果上加大力度。在提高监督能力上加大力度。在侦查监督的深度上要在查实违法原因、深挖司法腐败上下功夫。在广度上，要研究违法规律，在控制监督盲点上下功夫。

（三）准确

就是要准确把握监督标准，正确使用监督手段，保证监督工作据实、依法、合理。侦查监督工作中既要注重查处违法行为，又要注意防止对正常侦查工作的影响。既要注意纠正违法，又要注意维护侦查机关的执法权威。要慎重、稳妥地开展监督工作，要认真分析对违法行为的举报，认真筛查违法行为线索。慎重启动违法调查工作程序。要在查明违法行为确实存在的基础上，有充足的理由提出纠正违法意见。使纠正违法意见有具体的违法事实，具体的违法行为人，提出有针对性的纠正意见。

（四）有效

就是要保证监督工作的实际效果。通过监督工作切实收到纠正违法行为，规范侦查行为，保证办案质量，提高侦查水平的综合效果。要综合运用各种监督手段，一方面对违法行为做到及时发现，及时调查，及时纠正，把违法行为的后果控制在最小范围。另一方面，要注意通过监督工作促进侦查工作依法进行。要通过剖析违法原因，引导侦查机关，规范侦查行为，提高侦查水平。特别是提高遵纪守法、依法办案的能力和水平。通过建立健全侦查工作机制，防止类似违法行为重演。要不断总结侦查监督工作实践经验，深化监督工作层次，扩大监督工作视野，强化监督工作手段，完善监督工作机制，提高监督工作效果。

三、公诉活动中侦查监督的内容

侦查监督是一个种概念，而侦查活动监督是一个属概念。在逻辑上是种属关系，侦查监督在外延上不仅包含对侦查机关侦查案件在实体方面是否合法的实体监督，而且包括侦查机关侦查活动是否违反诉讼程序的程序监督。而侦查活动监督一般是指对侦查机关违反诉讼程序行为的监督。检察机关侦查监督的内容往往是针对侦查活动违法情况确定的。在不同时期，不同形势下，违法行为发生的几率、性质、特点是不同的。检察机关必须注意总结监督工作实践经验，强化对监督工作内容的把握。

（一）实体方面

在实体监督中，既要防止和纠正有罪不究，放纵犯罪，又要防止违法立案，罪及无辜。侦查机关实体违法多表现为以下情形。

1. 以行政处罚代替刑事处罚，对已触犯刑律，应当追究刑事责任的人不立案追究，而是采取劳动教养，治安处罚的方法处理，混淆罪与非罪的界限。

2. 将应同案处理的犯罪嫌疑人另案处理，或另案后不再处理，或另案后从轻减轻处理。

3. 对取保候审后不到案或未归案的犯罪嫌疑人不予追捕，致使他们逃避刑事责任追究。

4. 事实不清证据不足的案件，检察机关退回补充侦查后，不进行侦查，擅自撤销案件。

5. 共同犯罪案件移送审查起诉时遗漏犯罪嫌疑人、遗漏犯罪事实。

6. 违法插手经济纠纷，对纠纷一方当事人违法立案。

7. 侦查工作不细，被诬告陷害者利用，使蒙冤者被立案侦查。

8. 立案标准掌握不当，将轻微违法行为认定为犯罪予以刑事追究。

9. 未查明犯罪主体状况，将不具备刑事责任能力、未达到刑事责任年龄的人立案侦查。

10. 已将正当防卫、紧急避险、突发事件的行为人立案侦查。

（二）程序方面

在侦查活动监督中，既要注意维护诉讼当事人的合法诉讼权利，又要注意维护正常的刑事诉讼秩序。侦查活动违反诉讼程序多表现为以下情形：

1. 刑讯逼供

2. 暴力取证

3. 引供诱供

4. 以威胁、引诱、欺骗方法收集被害人陈述、证人证言。

5. 违法搜查

6. 违法扣押当事人财物

7. 不履行权利告知义务，剥夺当事人诉讼权利

8. 超过办案时限和羁押期限

9. 违法变更强制措施

10. 无正当理由限制律师会见犯罪嫌疑人

（三）徇私枉法方面

在刑事诉讼机制日益完善的今天，许多侦查活动违法背后都有深层次因素，侦查人员执法犯法，徇私枉法是侦查活动违法的重要原因。其手段和形式也呈现出多样化的特

点，需要在侦查监督中引起高度注意。拨云去雾，查明原委，依法追究。

1．收受贿赂，隐瞒影响定罪或从重处罚的关键证据。造成事实不清，证据不足，无法对犯罪嫌疑人定罪或从重处罚。

2．为犯罪嫌疑人内外串通和共同犯罪人串供创造条件，使犯罪嫌疑人有机会改变口供，推卸责任。

3．涂改或隐瞒现场勘查笔录、鉴定等关键证据，为犯罪嫌疑人逃避罪责创造条件。

4．放纵共同犯罪人逃跑，使在案犯罪嫌疑人推卸罪责给在逃犯而从轻处理。

5．以另案处理为由不移送起诉，结案后不处理。

6．以在外地作案为由改变管辖放纵犯罪。

7．与犯罪嫌疑人亲友、律师等串通，收集伪造自首、立功等材料。

8．与犯罪嫌疑人亲友、律师等串通，收集伪造无刑事责任能力和未到刑事责任年龄的证明材料。

9．编造理由或擅自改变强制措施，以犯罪嫌疑人无法到案为由使犯罪嫌疑人逃避刑事责任。

10．玩忽职守，导致证据丢失或案卷物证等丢失，使案件无法处理。

四、侦查监督的途径、方法

（一）发现调查违法行为的途径和方法

侦查活动中的违法行为往往具有很大的隐蔽性，特别是由侦查人员徇私枉法、故意实施的违法行为，如果不进行深入细致、甚至艰苦的调查工作是很难发现和查实的。因此，认真研究违法线索的发现、违法问题的调查途径和方法，是开展侦查监督工作的关键环节。

1．在提前介入引导侦查取证中发现和调查

刑诉法修改后，刑事诉讼机制的重点由以侦查为中心向以审判为中心转移。侦查为指控犯罪服务的意识得到了侦查人员的广泛认同。侦控合力在新机制下逐渐形成。而检察机关提前介入侦查阶段，公诉引导侦查取证是建立新的侦控关系的有益尝试。这种侦控合力的新机制已基本形成。这种新机制在保证公诉案件质量的同时，为检察机关侦查监督工作关口前移创造了新的契机。公诉部门在引导侦查取证的过程中，把侦查监督职责由事后纠正变成了同步进行。在介入侦查活动中，侦查活动中的违法现象更容易发现，也容易调查。在侦查阶段发现违法问题，往往由于违法后果尚未发生或刚刚发生更便于及时纠正。公诉部门对于违法行为的反映和举报应多利用提前介入引导侦查之机核查清楚，及时纠正。这对于侦查监督效果的实现是大有好处的。

2．在审查案件材料时发现和调查

侦查活动违法，无论是实体方面还是程序方面，不管是故意还是过失违法，往往都会在案卷及证据材料中留下印迹。公诉人员要善于在案件材料的矛盾中，在诉讼文书的不合规处发现问题，并以此为线索深入调查。查明原因的过程往往也就是发现违法问题的过程。把握这种调查方法的关键是公诉人员要熟练掌握证据原理，善于发现同类证据先后之间、不同种类证据之间的矛盾，善于从各种矛盾中判断哪些是证据本身的问题，

哪些是侦查活动违法问题。

3. 在复核证据中发现和调查

复核证据是审查起诉工作的重要环节。对那些影响定罪量刑的关键性证据，对有疑点的证据必须复核，违法取得的虚假证据往往是经不起检察机关程序严谨的复核，只要抓住矛盾和疑点不放，问题就会暴露，这是规律。

4. 在侦查监督、监所检察、控告申诉等部门移送的线索中发现和调查

在审查起诉工作中要注意了解该案审查批捕时的情况，向驻所检察员了解案犯羁押中的表现，往往能够获取最有价值的侦查活动违法线索。审查批捕因时限短，有些违法线索无法查实，监所检察因对案件缺乏深入了解，对案犯在押时异常表现原因难以查清。而他们提供的情况对公诉活动中判定有无侦查活动违法行为则意义重大。公诉人员要善于综合各部门提供的信息和线索进行分析，开展有针对性地调查工作，从而发现和查明侦查活动中的违法行为。

5. 通过受理辩护人、代理人、当事人亲友控告申诉发现和调查

检察机关是国家的法律监督机关，具有监督侦查活动是否合法的权力，这为律师所了解。律师在担任犯罪嫌疑人的辩护人和被害人的诉讼代理人时，对发现的侦查活动违法行为一般会向公诉办案人员反映。其反映的问题往往有一定可信性。而犯罪嫌疑人、被害人的亲友是与案件有利害关系的人，他们出于对案件走向的关注所反映的侦查活动违法问题很值得我们注意。我们必须认真对待他们对侦查机关的控告申诉。通过依法调查据实给予及时答复。对侦查活动违法问题查实的不仅要告之结果，而且还应告诉检察机关监督纠正的情况。

6. 在审讯和询问时发现和调查

犯罪嫌疑人和被害人是案件事实的亲历者，是与案件有直接利害关系的人，侦查活动违法因角度和作用不同都损害其中一方当事人的利益，有些违法行为也往往与他们的行为相关联。通过审讯和询问发现疑点，或根据疑点对他们进行有目的的讯问和询问，往往是发现和查明侦查活动违法的有效途径。刑讯逼供的可以在审讯时直接验伤。唆使被害人改变陈述的，可以通过了解不一致陈述原因，查明幕后人，进而查明枉法者。

（二）纠正违法行为的途径和方法

因法律监督权特点的限制，使检察机关在查实侦查活动违法后，对违法行为的纠正难以行使即决处分权。根据违法情形不同和情节轻重，需采取不同方式分别处理。

1. 追诉和不起诉

这是针对实体违法所采取的诉讼措施。对漏犯、漏罪依法追诉，使侦查违法放纵的犯罪嫌疑人受到罪刑相应的处罚。对受违法立案追究的无辜者和有违法行为但不构成犯罪的人依法决定不起诉，使其免受牢狱之苦。通过诉权达到纠正违法的目的。

2. 口头纠正

对轻微违法行为或尚未产生不良后果的违法行为，发现的公诉人员可以直接向违法侦查人员或其领导口头提出纠正意见。若侦查人员及时纠正则公诉人员履职完毕，如侦查机关或侦查人员拒不接受纠正意见或拒不纠正的，可以采取书面纠正意见和其他纠正方式。

3. 发《纠正违法通知书》

对已产生后果的违法行为，经调查核实后检察机关应表明态度，向侦查机关发出《纠正违法通知书》，通知书内应写明侦查活动违法的事实，违犯的法律法规，应纠正的意见，以及要求侦查机关纠正后向检察机关报告纠正情况。向侦查机关发出的《纠正违法通知书》需经分管检察长批准。

4. 发《检察建议书》

《检察建议书》是针对检察工作中发现某一系统、某一部门存在的具有倾向性的违法问题提出的系统的整改建议。对于侦查机关多次出现或屡纠屡犯的违法行为，公诉部门可以根据事实，集中剖析原因，提出治理和纠正对策，向侦查机关及其上级机关提出《检察建议》，督促侦查机关引起重视，集中解决。

5. 立案初查

对于情节严重或已造成严重后果的违法行为，已触犯刑律可能构成犯罪的，应报主管检察长决定，进行立案前的初查。查明有犯罪事实发生的，可以移送本院职务犯罪侦查部门立案侦查，追究违法者的刑事责任。

五、侦查监督工作应处理好的几个关系

从检察工作整体上看，侦查监督工作目前仍属薄弱环节，需要大力加强。周永康同志最近指出："检察机关要把功夫下在监督上。"加强监督侦查工作不仅需要强化措施，而且需要转变理念，提高认识，在实践中更要处理好相关的几个方面的关系。

（一）指控犯罪与诉讼监督并重，克服重办案轻监督的倾向

如前所述，指控犯罪和诉讼监督是检察机关公诉职能的两项基本内容。这两项功能不可偏废，不可分割，统一于公诉活动中，就像硬币的两个面一样，是事物的两个方面。但在公诉实践中，特别是一审办案任务较重的基层检察院重办案、轻监督的现象严重存在，已严重影响了检察机关职能的全面发挥。因为80%以上的案件在基层，那么80%以上的诉讼监督任务就在基层。基层一审刑事案件居高不下，加之案多人少的矛盾，加剧了诉讼监督工作弱化的趋势。很多基层院的检察长和公诉干部把办案当硬任务，把监督当软任务，造成一手硬、一手软的现象，以至许多违法问题因无暇顾及未能发现，有的发现了未能有效纠正。所以在一些地方侦查活动违法现象频出，甚至酿出严重的徇私枉法案件和冤假错案。这正是监督不力的恶果。

要真正把功夫下在监督上，就要转变重办案轻监督的倾向。切实从维护司法公正，维护法治的统一、尊严、权威的大局着眼，做到指控犯罪与诉讼监督并重，以监督为本，以监督为己任，以监督效能来考核公诉工作业绩。保证公诉部门履行监督职责有充足的人力保障和精力投入，使指控犯罪与诉讼监督在相互促进中相得益彰。

（二）惩治犯罪与保障人权并重，克服重打击轻保护的倾向

在和谐社会建设中，惩治犯罪是手段，而保障人权是目的。而在侦查活动中的违法行为，多数是以侵犯当事人合法权益的形式出现的。刑讯逼供、暴力取证、超期羁押、违法扣押、冻结、划拨等无不是对当事人人身权利、财产权利的侵犯。当人类文明发展进入了法治社会，那种为了打击犯罪可以不择手段的时代已经过去了，不合时宜了。惩

治犯罪是在更大的范围内维护和保障人权，而作为人权保障的司法行为怎么可以以侵犯人权为代价呢？这不仅是理念上的荒谬，而且是实践上的误区。检察机关应当首先从认识和实践中的误区中走出来，通过诉讼监督，纠正侦查活动中侵犯当事人合法权益的行为，使惩治犯罪在依法、公正、文明的条件下进行。使打击与保护达至和谐统一。

（三）实体公正与程序公正并重，克服重实体轻程序的倾向

实体公正与程序公正是司法公正的两个方面，换言之实体违法与程序违法是司法不公的两种表现。在诉讼监督工作中重实体、轻程序的现象也是广泛存在的，检察机关在诉讼监督中对追捕、追诉，纠正无辜者不起诉、抗诉往往嘉奖有加，而对纠正程序违法则往往忽略不计。反映了在诉讼监督方面，对实体与程序重视程度的失衡。由于程序违法对刑事诉讼正常进行的破坏力极大，由于程序违法往往侵犯当事人合法权益，由于程序违法常常是实体违法的原因。必须高度重视对程序违法的监督和纠正。这样才能做到在监督上执法必严。

（四）协调配和与监督制约并重，克服重配合轻监督的倾向

在刑事诉讼中公检法三机关是分工负责，相互配合、相互制约的关系，在不同诉讼阶段，承担侦诉审的诉讼职责。这是一种平行的诉讼关系，但"人民检察院对刑事诉讼实行法律监督"是贯穿刑事诉讼活动始终的一条重要指导原则，这项原则的确使检察机关又有了一项超越诉讼流程之上对诉讼活动合法性进行审查监督的职责。在实践中被监督机关往往愿意以诉讼流程角度理解检察机关的作用，而不情愿以被监督者的角度接受检察机关的法律监督，所以要求配合的声音强于服从监督的态度。而检察机关的一些同志乐于逢迎这种要求，往往淡化监督意识，在工作中片面强调相互配合，羞于坚持依法监督。这是一种缺乏自信，丧失责任感的危险状态。必将损害我国刑事诉讼的基本框架，危害检察机关的法律地位。实践中确实存在诸如由于公安机关领导职务高配带来的监督乏力问题，也存在监督立法不完善带来的监督效果不佳问题。但从根本上改变这种状态，首先要解决好检察机关自身重配合、轻监督的倾向。要通过加强监督，促进侦查机关依法办案，完善侦查办案管理机制，实现更高层次、更大范围的侦诉配合，形成符合诉讼机制，符合司法规律的检警关系。

（五）对外监督和内部监督并重，克服内外监督不平衡的倾向

对检察机关职务犯罪侦查部门的监督机制不健全，公诉部门侦查监督工作内外有别，重外轻内，不平衡的问题已成为法律学界和司法业界诟病的一大问题。甚至成为一些被监督机关抵制法律监督的口实。对此检察机关应以维护法制的统一，维护检察机关司法形象的战略高度来认识，以对法律负责的勇气和决心，采取措施，加强公诉部门对职务犯罪侦查部门的内部监督。使一切侦查活动统一置于检察机关法律监督之中，实行无一例外原则。使法律监督工作做到公正、无私、统一、高效。这样才能全面地树立检察机关法律监督权的权威。

六、完善侦查监督工作机制

当前，我们正处在一个强化法律监督职能的发展机遇期，罗干同志代表党中央多次强调法律监督是检察机关的宪法定位，要求检察机关把功夫下在监督上。一扫几年来笼

罩在检察机关头上法律监督权存废之争的阴霾，而"强化法律监督，维护公平正义"检察工作主题正在成为指引检察工作创新发展的指导思想和动力源泉。抓住机遇，完善机制，使法律监督职能在社会主义法治建设中得到发展完善，是我们这一代检察官的历史使命和重大责任。总结侦查监督工作的历史经验，着眼未来，应逐步建立和完善下列工作机制。

（一）引导侦查机制

形成新的侦控关系在理念上和实践上的时机已经成熟。顺应法治建设的新要求，建立检察引导侦查的新机制，并使之在发展完善的基础上定型化、法制化、常态化是我们努力的方向。要充分发挥这一机制的多元作用。特别是通过这一机制使侦查监督的关口前移，实现监督工作与侦查工作的同步进行。开辟侦查监督工作的新领域，创造侦查监督工作的新方法，进而提高法律监督的时效性，要促进这一机制与公诉工作的其他机制的协调统一，形成侦查监督工作的新格局。

（二）监督衔接机制

职能部门化与监督工作一体化需求的矛盾，要求我们在检察一体化的思路下，尽快建立检察机关各部门之间在侦查监督工作上的相互衔接机制。形成优势互补、资源共享、协调一致的工作协作链。这项工作应当由侦查监督部门牵头，以批捕为龙头，以公诉为枢纽，以监所检察为支撑，以控告申诉为补充，以案件管理系统为依托的侦查监督工作衔接系统。采取信息共享，工作成果共享，监督任务衔接，监督工作互动的方法，形成检察权优化配置，提高检察机关侦查监督的水平。在监督工作中，还要注意与外部监督力量的配合，如人大内务司法部门，政法委的执法监督部门，纪律检查工作委员会，并注意与他们在监督工作上的联系和协作，注意借助这些监督工作力量化解监督工作中的阻力，加强监督工作力度，形成监督工作合力。

（三）诉侦协作机制

诉侦协作是整合检察权在侦查监督工作中优化配置的重要举措。这项工作应由工作措施向工作机制转变。对严重违法行为公诉部门一经发现即应按管辖向反渎职侵权和反贪污贿赂部门通报信息。并利用审查起诉办案之机，对线索完成初查，掌握证据。可以立案的，及时移交职务犯罪侦查部门。这样，不仅可以解决公诉部门侦查监督手段乏力的问题，又解决了自侦部门职务犯罪线索来源问题，可谓一举两得，互利双赢。同时可以壮大检察机关法律监督的声威，提高监督的实效。当前需要细化协作的操作规程，明确各自职责。建立信息共享平台，加强工作联系。

（四）监督反馈机制

在侦查监督中，由于大量的违法行为是轻微违法，所以多采用口头纠正和《纠正违法通知书》。由于侦查机关尚未养成良好的被监督习惯，往往对检察机关纠正违法意见的落实方法不一，效果各异。应当依据监督职权，指导侦查机关建立一套纠正违法意见的接受，违法事实的复核，违法行为的纠正，违法人员的处理，纠正结果向检察机关反馈的工作制度。从而使纠正违法意见切实发挥纠正侦查违法、规范侦查行为，促进侦查机关依法办案的作用。而检察机关对侦查机关纠正违法情况应有一个反应机制，对认真纠正的要予以肯定，对纠正不及时，效果不好或不认真纠正的要采取跟踪督办措施，可以建立《法律监督通报》制度。对《纠正违法通知书》、《检察建议书》以及检察机关对侦查违法个案监督的全过程，进行集中通报。跟踪问效，保证法律监督工作的实际效果。同时，可以使其他侦查机关吸取教训，引以为戒，防患于未然。完善侦查监督工作机制，提高监督效果需要我们恪尽职守，依法监督，遵循刑事诉讼规律，探索法律监督工作的新路。在不断实践中总结经验，在深入论证中明确方向，推动检察机关法律监督工作的创新发展。

第二十八讲
公诉人出庭准备方略

刘艳华

一、概念

公诉人出庭准备，概括地说就是公诉人在出庭公诉以前所从事的、为了完成指控、证明犯罪任务所做的预测性准备工作。在公诉实践中，公诉人出庭准备又有广义和狭义之分。广义的公诉人出庭准备，是指公诉人从受理案件之后到出庭公诉之前所从事的所有诉讼活动，具体包括审查、决定起诉、准备公诉的整个过程。基于本书的主旨是探讨公诉人出庭公诉的技巧，在此，笔者把公诉人出庭准备界定为狭义概念，即人民检察院提起公诉后，公诉人为了完成指控和证明犯罪的任务，根据法院开庭审理确定的流程，有针对性地进行的庭前准备活动。因此，公诉人出庭准备，具备以下几个主要特征：

1. 时间的特定性。这种公诉准备活动只存在于起诉之后、开庭审理之前。

2. 流程的确定性。这种准备活动的外在框架是人民法院的一审审理程序，而不能随意调整顺序的先与后。这也决定了公诉准备内容的确定性。

3. 目的的特定性。这种准备活动的最主要目的就是为了更好地证明和揭露犯罪，保障犯罪的人依法受到相应的法律追究。

4. 对公诉结果的预测性。公诉人出庭准备，是公诉人对其履行公诉职责行为的预测和事先安排，是一种应然的设计和预想。这种设计与实际庭审状态的契合程度，一定程度上代表了公诉人的公诉经验与水平。

5. 技能的综合性。出庭准备活动，除要求公诉人具有充足的法律知识和办案所需的专业知识外，还要求其应具备一定的组织管理与协调技能。这一点在重大疑难案件中表现尤为突出。

公诉人出庭准备，是公诉人办理刑事案件的必经环节，是公诉这项最重要活动从书面语言走向口头语言的转折点，往往是决定公诉活动是否成功的决定性环节。常言所说的"台上一分钟，台下十年功"，也是公诉活动的真实写照。简言之，公诉人出庭准备，就是公诉人为了唱好出庭公诉这台戏，而事先准备脚本和为脚本润色的过程。

二、公诉人出庭准备的内容

根据公诉工作规范和公诉工作实践，笔者认为，公诉人出庭准备工作不单是涉及专门的法律技能，同时也是一项业务管理活动。公诉人出庭准备应包括以下五个方面的内容：

（一）公诉人的配备

1. 公诉人的配备，是公诉出庭准备活动的起点和基础。长期以来，公诉人的配备一直以承办案件的检察官为主,这是司法惯例。但是,随着近年来公诉实践改革的不断深化,有的地方试行了"诉审分离制",即实行审查案件的检察官和出庭公诉的检察官相分离的制度,还有的地方推行了公诉人专业化改革,即根据公诉人的专业特长而承办不同性质的案件,如职务犯罪案件、经济犯罪案件、治安案件等。特别是近年来加大反腐败力度,异地管辖、上级交办的职务犯罪案件数量呈明显上升趋势,这就要求公诉人的配备也应纳入到出庭准备的内容之一。由此,公诉人的出庭准备,也从一种技术性内容转化为管理性内容,公诉人也从过去的"一人诉讼"变成今天比较常见的"公诉组诉讼"。

2. 公诉人配备的基本要求。

公诉案件配备公诉人有两个方面的基本要求:

一是案件本身疑难复杂程度。常规来讲,越是疑难复杂的案件,要求公诉人的素质也就越高。根据案件本身的难易程度,可以划分为重大疑难案件与常规案件。这里的疑难复杂案件,可以是案件事实不复杂,但是诉讼效果要求较高的有重大影响案件;也可以是案件在事实认定、证据运用或法律适用上有较大难度,对论证说理要求较高的案件。

二是公诉人的能力水平与特长。公诉人基于不同的学历背景、工作阅历、智识水平,公诉风格与特点也有所不同,抵御公诉风险的能力也千差万别。一般来讲,专业智识、社会阅历和抗风险能力,是考查公诉人能力的三个主要指标。三项指标均较高的,才可以承担重大疑难案件的公诉工作。但是,实践中,我们也常常采用互补的办法,用公诉人组合来弥补单个公诉人的不足。

(二)工作文书的制作

工作文书制作,是根据最高人民检察院公诉工作规范的要求,公诉人在出庭准备过程中必须完成的一项特定工作,其主要内容就是制作《庭审预案》,这是公诉人出庭准备的核心与重点。《庭审预案》一般应当包括讯(询)问预案、举证、质证预案、辩论预案和应急处理四项内容。在特别重大疑难复杂的案件中,还应包括公诉人分工方案和技术支持方案。

1. 讯(询)问预案

讯(询)问预案,根据讯(询)问对象的不同,又可以划分为讯问预案和询问预案。讯问预案适用于当庭讯问被告人,询问预案适用于询问被害人、证人、鉴定人和侦查人员等。

讯问、询问预案制定的基本原则:

公诉人制作讯问、询问预案,其根本目的是公诉人围绕起诉书指控的犯罪事实,用法定的法庭调查方法,证明案件事实的发生、发展过程,为发表指控意见做好证据采信和事实认定方面的准备。其目的有二:一是确保所举证据被依法采信;二是揭示案件事实原貌。为此,在制定讯(询)问预案的过程中,必须坚持两条最基本的原则:

一是严格遵循证据运用方面的各项规则;

二是紧紧围绕指控罪名的犯罪构成要件事实而展开。

讯问和询问,只是我国刑事诉讼中核对证据、确认证据的证据能力和证明力的法定方法,其根本目的是查清案件事实,准确适用法律。

公诉人在制作讯问预案的过程中，要确保讯问内容的全面性与针对性。

讯问内容的全面性要求：公诉人要根据案件的性质，结合该罪的具体犯罪构成，全面讯问涉及案件事实认定、罪名适用、量刑情节、被告人主观恶性的全部事实与情节。同时，还应当向合议庭展示所取得的言词证据的合法性和与案件的关联性，确定言词证据的证据地位和证明力。例如，在制作张某某故意杀人案的庭审预案过程中，要全面讯问张某某：杀人的时间、地点、杀害对象（被害人）、杀人起因、杀人手段、杀人过程、杀人结果、杀人后的表现等等情况，以使证明张某某构成故意杀人罪所需的所有犯罪事实情节，被合议庭、旁听群众所了解，并以此表明国家指控的正确性。这里的全面性，已经超出了"犯罪构成要件事实"的范畴，还应包括量刑情节事实。讯问的全面性就是要达到对指控事实进行复原、概括的目的，这就是"画龙点睛"中的"画龙"。

讯问的针对性要求：公诉人要结合本案的证据情节和被告人认罪态度，就该案的事实认定和证据采信可能产生的分歧与争议进行重点讯问。重点讯问的方法，可以根据个案的特点，采用一问一答式、迂回包抄式、夹问夹证式等。实践中，一个合格的讯问预案所反映的内容，要基本能够反映案件的争议焦点，预示控方的主张。针对性讯问往往是指控犯罪和证明犯罪的点睛之笔，是公诉人公诉主张的最初展示。

讯问预案的制作，根据被告人认罪与否，又可以分为认罪案件的讯问预案和不认罪案件的讯问预案。一般来讲，制作被告人认罪案件的讯问预案相对比较简洁，讯问的要点主要围绕被告人供述的真实性、自愿性，讯问与所指控的罪名相关的犯罪构成要件事实（犯罪过程的要素事实，即：何人、何地、何时、何因、何果、何过错、何动机与目的），法定、酌定的量刑情节事实等方面进行全面讯问即可。在讯问技巧上，一般也可以采用较为直截了当的讯问方式，按每笔指控事实的发生过程依次讯问即可。

制定认罪案件讯问预案，主要是防止被告人在当庭如实供述的情况下，对定罪量刑事实或情节有所遗漏或表述不清晰，而由公诉人向合议庭和旁听群众做补充揭示，以展示案件事实的原貌，为合议庭认证和评议提供法律基础和事实依据。

不认罪案件的讯问预案，首先要满足全案全面讯问的需要，然后再结合被告人的翻供理由和辩解之处进行重点讯问，以达到对翻供理由证伪的目的，为合议庭采信被告人供述并作为定案依据排除障碍。

询问预案，适用于询问出席法庭的被害人、证人、鉴定人和侦查人员。根据诉讼主体身份的不同，询问内容与方法也应有所差异。例如，被害人作为刑事诉讼的重要参与人之一，作为控方证人，对于诉讼结局有重要影响。同时又因其与本案诉讼结果有利害关系，因此，要通过询问，揭示被告人实施犯罪行为的事实过程与重要情节，检验其证言与被告人供述及其他证据的吻合程度，验证其证言的真伪，为其作为定案根据提供事实基础。

在制作讯问、询问预案的过程中，要照应法庭调查活动进程关系，注意详略得当。

讯问、询问预案，是以本案证据为基础制定的法庭调查提纲，解决的是证据的证据能力和证明力问题。它一般是围绕取证合法性和证据中涉及的犯罪构成要件事实而展示，它是法庭示证的导引，以引起合议庭对于该证据的关注，为采信证据作铺垫。在具体讯（询）问方式上，还可以采用肯定式、否定式或辨析式的讯（询）问方法。

肯定式讯（询）问预案，主要应用于有利控方证据的讯问和询问，意在强化指控意见。例如，目击证人对于杀人犯罪的过程证实清晰、客观，对揭示犯罪原貌，会取得较好的公诉效果，对公诉活动往往可以起到事半功倍的作用。

否定式讯（询）问预案，主要应用于有利辩方证据的讯问和询问，意在通过对辩方证据的证伪而达到削弱辩护意见的目的。否定式讯问预案一般在被告人不认罪案件中应用较多。

辨析式讯（询）问预案，主要应用于言词证据有一定矛盾需要予以澄清的情况。讯（询）问的结果既可能有利于控方，也可能有利于辩方。但是无论是有利控方还是有利辩方，公诉人和辩护人都还要用其他相应的证据予以支持才行。

2. 举证预案

举证预案，就是公诉人根据检察机关所指控犯罪事实所赖以支撑的证据，根据一定的规则和方法，在法庭上予以出示、说明的方案。制作举证预案，要坚持以下几个规则：

第一，一事一举证规则。也就是说，对于检察机关所指控的犯罪事实，要进行对应性举证，以达到所指控犯罪的性质、罪名、犯罪情节、社会危害性有相应的证据予以证实，以表明国家指控犯罪行为的客观性和公正性。

第二，举证的目的是要解决证据的证据能力和证明力问题。公诉举证，是对证据能力和证明力的肯定性说明，一般处于质证中"立"的一方。

第三，证据所展示的内容，要遵循事物的发生发展规律。也就是说，所举的证据，要尽量从顺序上反映犯罪行为发生、发展的过程，带有一定的时序性。

第四，举证的重点，在于展示所指控罪名的犯罪构成要件事实，也就是说，所示证据要能揭示行为人涉嫌某罪所要求的全部主客观方面的内容。

第五，证据顺序的排列方面，要采用证明力递减原则。即不同种证据，证明力强的优先；同种证据，证明力强的证据也应当优先。

制作举证预案，需要注意如下几个问题：

第一，要注意发现证据体系的薄弱环节，以便能有针对性地采用不同的方法与策略。如对于被告人翻供的案件，应当出示翻供前、后的两份或多份供述，重点揭示取证的背景、环境、取证人员执法状况、供述的差异点、翻供理由等内容，为后续举证及质证中的证伪打下基础。同样，对于证人变证的案件，也应如此处理。

第二，要注意证据体系的完整性与稳固性，避免"只见树木不见森林"的情形。制作举证预案，要注意证据的整体与局部的关系，做到"框架稳定，细目清晰"，有主有次，层次分明，细目有序，避免证据单摆浮搁。

第三，单笔事实举证预案的制作，要特别注意证据之间的吻合程度。要通过举证，揭示证据之间的印证点，排除各个证据之间的矛盾点，或者对证据之间的矛盾点能够提供合理的解释，从而稳固证据的证明体系，防止证据体系的先天不足。

3. 质证预案

质证预案，是公诉人针对辩护人对公诉证据是否具备证据能力和证明力的意见所制定的反驳意见的总体方案，是法庭事实调查的关键环节，对于指控证据的采信和指控事实的认定会产生重要影响。如果举证说明是"立"的话，那么质证意见就是"驳"，反驳辩护意见中关于证据能力与证明力的不正确意见，为合议庭采信控诉证据、认定指控事实打基础。

质证预案的制作主要分为两个部分：即单一证据质证和证据体系质证。

单一证据质证，是对证据能力的质证与对证据证明力的质证。

对证据能力的质证，其内容主要针对取证行为的合法性、证据形式合规性和证据内容与本案的关联性而展开，以决定单个证据可否纳入到证据体系。例如，对于非法取得的证人证言，一般不能纳入到证据体系。但是在某某故意伤害案件中却作为了证据予以出示。对此，辩护人提出予以排除的主张。对此，公诉人可以发表以下质证意见：第一，此非法证言的取得，虽系侦查人员一人取得，属于取证程序非法，但远非法律所禁的"以威胁、欺骗和引诱等非法方法"所取得；第二，此证言的取得，系出于证人的自愿，不存在影响证人如实做证的情况；第三，此证言可以与其他证据相印证，客观、真实；第四，侦查机关已经采取了补救措施，重新依法取得的该证人证言与原证言证实内容一致。通过这样的辩驳，就稳固了控方所举证据的法律效力。证据能力质证，是证据可否纳入证据体系的关键环节。特别是近年来关于"法律事实认定"和人权理论的兴起，证据合法性更成为公诉人庭审质证不可回避的焦点内容之一。作为指控犯罪的控方，向法庭所提供的每一份证据，不管其证明力如何，首先必须保证证据的取得符合法律的规范，具备作为法定证据使用的资格。

对证据证明力的质证，其焦点即在于证据的关联性，即"无关联证据无证明力"。这是关于证据证明力的一条法则，诉讼参与各方必须遵守。同时，还必须坚持"证据互证"原则，即孤证本身无证明力。一个证据，只有纳入到证据体系之中，在相互比对中，才可以确定证据的证据地位和证明力。例如，对于故意伤害案中的目击证人证言，如果只有一份独立的证人证言，便不能断定故意伤害案是否真正发生，只有确实存在行凶人、被害人、案发时空、结果等方面的证据相佐证，才能成为刑法上的一起犯罪案件，才能进入到刑事诉讼程序当中来。

单一证据质证，是证据体系质证的基础和前提。特别是犯罪构成要件事实相关证据的质证的成与败，往往关系着全案的成与败。例如，公诉人在质证过程中，关于犯罪主观故意的质证意见未获得合议庭采纳，轻则可能引起此罪与彼罪的分歧，重则导致证据不足的无罪判决。

实践中，对于单一证据的质证，一般伴随示证活动同步进行，不需要制作独立的单一证据质证预案，但是，公诉人一定要有"步步为营"的观念，敏锐发现单证质证的焦点，为证据体系质证打好基础或提前制订防范措施。

对于证据体系的质证，一般来讲主要在质证阶段的最后阶段进行，是公诉人对于单个证据质证意见的汇总与归纳，即公诉人对于指控犯罪事实所依据的证据是否达到"证据确实、充分"的程度发表的总体意见，它对案件事实的认定乃至量刑起着关键作用，有的还成为法庭辩论活动的核心内容。公诉人发表证据体系质证意见时，要注意：

"案件事实清楚，证据确实充分"不仅是一套规范的法律用语，更应是一个定案的证据质和量的总体标准。其中，在证据的"质"上，要达到：

（1）证明案件犯罪构成要件事实的证据经核对确实，所有证据之间无矛盾，或虽有矛盾可以用证据加以排除或说明，各个证据的证明方向同一；

（2）各个证据之间可以互相印证，证明的案件事实与犯罪构成要件事实相对应，具有关联性，证据结构稳固；

（3）证据结论具有唯一性、排他性和确定性。

在证据的"量"上，要做到：证明犯罪构成要件事实的证据全部具备，在证明犯罪构成要件事实方面无证据断档。例如，在证明犯罪行为发生的时间、地点、被侵害对象、行为手段过程与结果、发案起因、行为人的动机与目的等方面，均有相应的证据予以支持。

实践中，在判断证据是否充分的问题时，要注意区分证据形式与证明内容之间的关系。我们所说的"证据充分"，是指证据所证实内容要充分，即证据的证明内容与犯罪构成要件事实之间具有一一对应的关系，而不是证据形式量的累加。例如，有的人认为证据充分，就要求证明案件事实所要求的法定的七种形式证据都必须具备，缺一不可。其实这种理解是错误的。法定的固定证据的七种形态，只是固定证据的七种形式，是法律对证据要求的形式要件。但是，判断证据是否充分的标准是指证据所证明的事实情节是否客观、全面、唯一与排他。

实践中，对于证据体系的质证，有的可以独立进行，并成为庭审辩论的焦点，这在认定罪与非罪或此罪与彼罪的案件中尤为明显。通常情况下，证据体系的质证可以纳入公诉意见之一部分，作为公诉人适用法律的事实支撑与依据。

4. 公诉意见与辩论要点

公诉意见也叫公诉词，是公诉人代表国家依法对被告人的犯罪行为进行指控、证明、揭露活动的总体归纳。从内容上看，它是公诉人对起诉书所指控内容进行的进一步阐述与说明，是公诉人出庭活动的集中体现，也是公诉人履行公诉职责的核心活动。公诉人发表公诉意见，标志着整个庭审活动进入高潮。公诉意见的主要内容一般包括五个部分：对全案事实、证据的认定意见、法律适用意见、量刑意见、诉讼监督意见和法制宣传。在形式上，一般还要有一定的法庭套语，以满足庭审规范化的需要。

实践中，合格的公诉意见，要配合法庭完成以下几项任务：

第一，完成指控事实的证据认定工作。公诉人要对经过庭审调查的证据发表建议合议庭采纳或不予采纳的意见。对于经过庭审采纳的证据，进行全面归纳与总结，对于证据体系是否完备、证据体系与待证犯罪事实的对应性发表意见。

第二，完成指控事实定性的论证工作。公诉人要结合庭审认定的证据，论证被告人行为的性质，结合刑法分则的规定，完成被告人所触犯罪名的论证工作。

第三，完成与被告人量刑有关情节的说明工作。公诉人要结合全案的侦查、审查、审判情况，对于被告人所具有的法定、酌定从重、从轻、减轻或免除处罚的情节做出客观、全面的说明，协助法庭核实有关量刑情节，保证客观、公正地适用法律。这也是检察官客观义务所要求的重要内容之一。

第四，对各刑事诉讼主体（公、检、法）保障诉讼参与人享有诉讼权利情况发表意见，保证全部刑事诉讼活动的有效性和权威性。

第五，完成法制宣传任务。这是刑事司法活动一般预防与特殊预防相结合的必然要求，是公诉人代表国家进行法制宣传的法定窗口，也是办案的政治效果、法律效果和社会效果相统一的集中体现和载体。公诉人的释法、用法活动，是公民学法、守法、用法的重要参考依据。

当然，上述五个方面是公诉人在出庭支持公诉活动中必须履行的职责义务。具体到个案上，则难易有较大的差别，任务的侧重点也会有所不同。例如，对于指控事实认定无争议的案件，则可能公诉发言相对集中在量刑意见和法制宣传方面，公诉意见的制作相对也比较简洁；而对于事实认定有较大分歧的案件，公诉意见的说理性、论证性、证明性要求的程度则较高。对于同一案件，也可能因公诉人能力、经验水平的差异，准备的详略程度也不同。例如，同样的故意杀人案件，对于有丰富出庭经验的公诉人，其公诉意见的准备可能只列举了本案应注意的几个关键环节，其他则靠丰富的办案经验予以补足，公诉意见可能更多地体现"临庭发挥"的特点。而对于新人办案，则可能要求公诉人准备的工作量较大，要求也会更加细致和严格。

辩论要点，是公诉人从指控犯罪的角度对辩护意见所做的反驳，以达到进一步论证公诉意见的目的。如果说公诉意见主要体现的是"立"的话，那么辩论要点的准备则立足于"驳"，即反驳辩护方不正确的辩护观点，其最终目的还是为了证明指控意见的成立，只是论证方法由"立"到"驳"而已。

实践中，辩论要点的预测主要围绕以下几个方面进行：

第一，对于案件事实认定起关键作用的证据是否确实、有瑕疵，以致可能影响证据证明体系的稳固程度。

第二，各个证据是否有明显的证据资格方面的瑕疵，如存在取证不合法、不客观的情况。如果有，要进行必要的补救工作，如重新取证或取得相应的衍生证据等。对于辩方可能提出的关于刑讯逼供的辩解，公诉人应当举证、质证。

第三，对于指控犯罪的证据体系是否稳固，各类证据是否充分，证据结论是否唯一。

第四，依据该证据认定的事实，案件性质认定是否准确。

第五，涉及被告人量刑的法定、酌定情节的证据是否确实。

第六，诉讼参与人权利保障方面还存在哪些不合法之处，是否存在剥夺或限制诉讼参与人权利行使的情况，公、检、法各方应当履行的诉讼义务是否依法履行。

5. 应急处理预案

应急处理预案，是公诉人针对支持公诉过程中可能产生的意外情况所做的预先安排。这种预先安排也必须是有相应的法律依据的。公诉人支持公诉的应急处理，一般应当包括以下几个方面的内容：

第一，来自检察机关的原因导致的紧急情况。如公诉人的变更或发现新的关键证据导致变更、补充、撤回起诉等等。

第二，来自诉讼参与人方面的原因导致的紧急情况。如辩护人在开庭前交换证据过程中向法庭提交了新证据、申请了新的证人、鉴定人出庭作证，可能导致起诉书认定的事实发生重大变化的，或被告人重新委托辩护人等。

第三，庭审中由于诉讼参与人、旁听群众的违规行为而可能导致的庭审无法正常进行等情况。

对于上述环节出现的影响刑事诉讼正常进行的情况，公诉人均应依法履行相应的刑事诉讼行为或发表监督意见。

需要指出的是，上述公诉工作准备的各种工作文书，只是公诉人办理常规刑事案件应当制作的几种基本工作文书。对于重特大和疑难案件，除上述工作内容之外，作为支持公诉的首席公诉人，还应当制作公诉人合作分工预案和技术支持方案。

公诉人分工合作方案，一般应用于由公诉组出庭支持公诉重大、疑难、有影响、有震动的案件。由于这类案件对公诉质量的要求较高，因此，为了圆满完成办案任务，达到政治效果、法律效果和社会效果相统一，树立检察机关公正执法的形象，公诉组要制作人员分工方案。公诉组人员分工方案，要结合各公诉人的特点，有分有合，互相支持，互相补充，以利于共同完成公诉任务。实践中，公诉人分工一般有以下几种模式：

主辅式模式：一般是一名公诉人，配备1~2名助手，庭审中宣读起诉书、讯（询）问、发表公诉意见、参与法庭辩论由公诉人完成，示证质证工作由助手完成。这种主辅式配合方式，是公诉人办案的基本模式。

搭档式模式：一般适用于多罪名或多事实的案件，支持公诉的为2名以上公诉人，由首席公诉人对全案事实、证据负总责，其他公诉人各负其责。如首席公诉人负责宣读起诉书，发表总体公诉意见，其他法庭调查、示证质证、法庭辩论任务，由承担相应任务的公诉人负责，最后由首席公诉人做全案综述和总结。

复合式模式：复合式模式一般适用于重大、疑难案件。其基本构成是：首席公诉人＋其他公诉人＋其他公诉人的助手。在这种结构中，公诉人的构成呈三层塔式结构，下级对上级负责，全案由首席公诉人负总责。

在采用复合式公诉模式指控犯罪时，必须制订公诉人分工合作预案。制作这种方案的重点，不在于各个公诉人的各自分工，而在于对全案事实的综合、统筹与归纳，使在分工合作基本上的公诉活动成为一个有机的整体。例如，在指控梁旭东黑社会性质组织犯罪案件的过程中，长春市人民检察院即采用了复合式公诉模式，取得了较好的公诉效果，该案也被评为当年全国十大优秀公诉案例。

技术支持方案，是近年来检察机关采用多媒体示证后出现的新的办案模式，是现代科技手段在公诉实践中的具体应用，是提高公诉行为科技含量的必要举措。一般来说，作为合格的公诉人，具备利用科技手段办案的能力是其职责之所必需，应当具备制作多媒体示证模版和电子证据当庭演示的能力。但是，在重大疑难案件中，针对证据量大、侦查证据尚未全部电子化的现状，公诉组人员配备中，有时需要配备专门的技术人员作为公诉人的助手，共同完成公诉任务。

在制作技术支持方案时，要确保完成以下任务：

第一，完成全案证据的演示任务，为公诉人示证质证提供一个客观、全面的办案背景参考，提高证据应用的现场性、直观性。

第二，完成关键证据的编辑任务，为公诉人辩论提供生动、形象的证据支持。例如，有关证据吻合度方面的证据比对、案发过程的恢复与模拟、证据结论的排列与组合等等。

第三，保证公诉网络指挥系统的畅通。在重大疑难案件中，往往同时开通庭审网络指挥系统。因此，确保指令畅通是技术支持方案必须完成的任务之一。作为技术支持人员，除保证示证与公诉活动同步进行外，还要确保庭审指令即时传达与反馈。

（三）公诉组织与协调

公诉组织与协调，主要是指人民法院开庭审理前，公诉人为了完成指控犯罪任务，与法官、诉讼参与人等所进行的相应沟通、协调等互动活动。

1．与主审法官的沟通与协调。一般来讲，公诉人与法官配合、协作的机会较多，也比较熟悉法官审理案件中的特点与风格。但是，就具体的个案而言，也可能存在不同的特点。公诉人与主审法官沟通的重点，在于了解主审法官对于本案的关注重点，以配合合议庭将其关注的重点问题调查清楚，审理明白，正确定案，公正司法。实践中，公诉人与主审法官沟通的重点内容有三个方面，即庭审重点和焦点、辩方证据交换、互相协作的技巧等。

2．与辩护人的沟通。依据证据交换的实施意见，辩方需要在庭审中出示的证据，应当在开庭五日前向法庭提供，以防止举证突袭。一般来说，公诉人与辩护人沟通，主要有三个方面的目的与内容，即证据交换、辩点预测、辩论风格与特长的熟悉与了解。

3．与诉讼参与人沟通。对于有证人、鉴定人、侦查人员出庭作证的案件，要预先了解诉讼参与人的状况，了解其作证心理准备情况，必要时做好相应的辅导。对于辩方证人，要做好询证、质证的准备。在特别案件中，对于出庭作证的被害人、关键证人、鉴定人，要做好安全保护工作。例如：黑社会性质组织犯罪案件、间谍案、绑架案、武装走私案、具有反侦查背景的职务犯罪案件等。

4．敏感案件的庭审模拟。在重大疑难案件中，检察机关为了圆满完成公诉任务，还会就有关案件举行庭前模拟活动。所谓庭前模拟，就是检察机关组织的、以完成公诉任务为目的的虚拟庭审活动，以便于及时修正、补充庭审准备的不足之处。

除上述各项准备工作外，在刑事司法实践中，有些有重大影响的案件的公诉活动，要置于地方党委的统一领导之下。比如开庭的时间安排、旁听审理群众的安全检查、庭审指挥地点安排、新闻媒体采访安排、法庭安全保卫等等。为了顺利审判，检察机关要根据全案的总体部署，依分工完成相应的准备工作。

（四）公诉人心理调适

公诉人心理调适，是公诉人出庭前所做的心理准备。公诉人的心理，根据其是否有利于完成指控任务，可以区分为正向心理和反向心理两个方面。在此，笔者仅强调一点：公诉人心理的积极与被动，是案件事实和公诉经验在公诉人身上的集中反映，而不是无端产生的。因此，公诉人正向心理的养成，需要公诉人对案件事实求真务实的精神，需要长期公诉经验的磨砺，而不是一朝一夕的努力所能达到的。即使对于公诉经验不甚丰富的公诉人而言，其心理调适的唯一捷径就是：吃透案情，才能对案件事实、证据游刃有余，从而在指控犯罪过程中处于主控和支配地位。

公诉人反向心理的产生，主要是基于对于案件处理的不同认识。因为，在检察机关，公诉人办案有的采取了主诉检察官办案责任制，有的采用了办案组制度，但是在案件决策机制方面，实行的是"少数服从多数"原则，公诉人出席法庭发表的公诉意见为检察机关的决定，而不是公诉人个人的承办意见。当公诉人的个人意见与决策意见不一致时，即可能导致公诉人的反向心理，出现公诉人证实的揭露犯罪能力降低或减弱的情况，极个别的也有怠于履行职责的情况出现。为此，公诉活动的指挥者，必须通过审查公诉人工作的总体情况，避免出现公诉人存在反向心理的情况下"带病上岗"，必要时可以更换公诉人。

（五）公诉语言调适

公诉活动，是公诉人代表国家证实和揭露犯罪的法定活动。配合法定审理案件的程序，逐渐形成了一套规范的庭审用语，这其中也包括公诉人的规范用语。可以说，公诉语言主要包括两个部分：法律套语和地方普通话。

1. 法律套语。法律套语是公诉人出庭公诉过程中在特定的法庭调查阶段所使用的可以表明诉讼阶段起、止的特定的法言法语。近年来，随着出庭公诉工作的规范化，已经形成了一套比较成熟、规范的法庭用语。例如我们最为常见的公诉发言的开场白："审判长，审判员：今天××人民法院公开审理××故意杀人一案。根据《中华人民共和国刑事诉讼法》第一百五十三条的规定，我们受××人民检察院的指派，以国家公诉人的身份出席法庭，支持公诉。现就本案发表如下公诉意见，供合议庭在合议庭时予以充分考虑……"。

公诉人使用法律套语，意义有二：

（1）公诉人法律套语与合议庭主审法官套语，共同构成法庭审判规范用语的一部分，法庭用语的规范性反映国家审判的严肃性，是刑事诉讼权威性的重要表现；

（2）推进庭审进程。公诉人法律套语，是公诉人发表质证意见、反驳意见和监督意见，表明公诉人对于审判进程态度的重要信号。例如，在所有的举证和质证活动进行完毕后，公诉人用这样的语言表述："审判长：公诉人对于本案的所有证据举证、质证完毕。"这样的提示性语言表明：在没有新的证据的情况下，庭审可以转入辩论阶段。

一般来讲，法律套语是公诉人出庭公诉的基本功之一，是不需要特别准备的。但是，在一些有重大影响案件的出庭准备中，也应把法律套语作为庭前准备的内容之一。

2. 地方普通话

刑事诉讼案件，由于发案地的不同，诉讼参与人的语言风格均带有地域性的特点，由此也导致刑事诉讼活动带有鲜明的地域特色。刑事案件的地域特色，与刑事诉讼的客观性要求是一脉相承的。正是基于这一特点，作为刑事案件主控的公诉人，既要熟练掌握法律套语，熟悉当地的语言特点，熟悉乡音俚语的确切含义，又要做好法言法语到地方普通话的释义工作，使刑事法律的适用具体化。

实践中，公诉人的语言适用要避免两种倾向：一是一味使用生硬的法言法语而不做相应的释义工作，把目光仅仅盯在法官的身上而无视其他诉讼参与人和旁听群众的存在；二是一味地使用乡音俚语，使严肃的执法活动失之规范，失之严肃，失去权威，演变成一出讨论"家长里短"的闹剧。

三、二审出庭公诉方略

（一）检察官在二审案件审理中的法律地位

关于检察机关在二审案件中的法律地位，素来有法律监督者说和公诉职能延续说两种主张。笔者赞同法律监督者说。因此，二审案件中检察官的各项活动的着眼点，应立足于法律监督者的角度，对一审判决裁定的形成过程进行一系列的合法性审查。

依我国刑事诉讼法的规定，二审案件，主要是指一审判决裁定后被告人上诉、检察机关抗诉的案件，人民法院按照二审程序审理的被告人申诉或检察机关抗诉的审判监督程序案件。由于审判监督程序二审案件的审理程序是比照上诉审案件的审理程序，在此，笔者着重对上诉审案件检察官的监督活动予以阐述。

（二）二审案件诉讼争议焦点的归纳

无论是上诉案件还是抗诉案件，都有其诉讼争议的焦点，只不过是产生争议的双方略有差异而已，如有的案件是被告人有异议，有的案件是检察机关有异议，有的则可能是被告人、检察机关同时产生异议，而他们异议的对象又同时指向一审判决或裁定，即诉讼争议的参考物为一审判决或裁定。实践中，"结合被告人或检察机关争议的诉讼主张，归纳二审案件的诉讼争议焦点"，是办理二审案件的切入点与立足点。一般来说，二审案件的争议主要有以下四种：事实争议、适用法律争议、量刑争议和诉权剥夺（限制）争议。

事实争议，是二审诉讼争议性质最为严重的一种，表现为争议提起人对于一审判决认定结果的全盘否定，随之也会带来定罪量刑方面的争议。适用法律争议也称定罪争议（广义的定罪争议包括有罪与无罪之争，此罪与彼罪之争，笔者在此特指此罪与彼罪之争），是争议提起人对于案件事实性质界定方面的异议，也可能对争议提起人的量刑产生重大的影响（当然，在上诉案件中，还要受到上诉不加刑原则的限制）。量刑争议，是争议提起人在认可事实认定和定罪认定的前提下，对量刑部分提出的异议，诉讼的结果可能对量刑部分产生一定的影响。诉权剥夺（限制）争议，是争议提起人对于"刑事诉讼主体（公、检、法）在刑事诉讼中限制或剥夺其重要诉讼权利而可能影响实体权利"的情况提出的异议，二审审理的结果有可能导致先前的诉讼行为无效（如发回重审）。

二审案件诉讼争议焦点的归纳，决定着二审案件中刑事审判监督任务的难与易，监督方法的简与繁。

（三）审查二审案件的一般方法

1．审查争议的提起是否真实有效。这里主要审查上诉人的上诉意见是否在法定期限内提出、是否真实表达本人意见，检察机关的抗诉意见是否依法定程序、在法定期限内提出等。

2．审查争议的类别。根据被告人、检察机关提出争议的类别，结合一审判决裁定形成的过程，归纳案件争议的焦点，从而确定案件审查的重点，明确审查的内容与方法。

3．根据争议焦点，开展复核工作。二审案件的复核，主要有事实复核和法律复核两个方面。一般来讲，法律复核是对无争议事实适用法律的复核，以判断一审判决裁定适用法律的正确性。这种复核的方式一般采用书面复核的方式即可，然后以裁定或判决的方式予以确认。事实复核则相对较为复杂，一般采用现场复核和开庭审理的方式进行，进而验证一审判决、裁定中事实认定、证据采信和诉权驳回是否合法，并做出独立裁判。证据复核主要有以下几种形式：

（1）重点证据和异议证据复核。复核的重点在于解决影响证据采信或排除的因素，确保证据的采信合法、有效。其复核的范围涉及全部异议证据。

（2）可能影响法律适用的情节证据的复核。例如，死刑案件中酌定情节证据，对于判定"是否可以判处死刑立即执行"有重要影响，或可能判处免予刑罚的情节证据等。

（3）诉权驳回的事实依据的复核。如被告人申请回避被驳回的，死刑案件指定辩护人申请被驳回等等。

4．异议地位判断与评估。案件进入二审程序，不仅要对异议的事实进一步澄清，还要对已澄清的事实对一审判决、裁定可能产生的影响做出合理判断。因此，准备出席二审法庭的检察官，必须准确评估"争议事实"可能对一审判决裁定产生的影响，并向二审合议庭发表有针对性的建议：维持原判、发回重审或直接改判。

（四）二审案件出庭的一般方法

笔者认为，虽然二审案件提起的方式不同（如有的是被告人提起，有的是检察机关提起，或者是二者兼而有之），会导致诉讼地位的差异，主次有别，但是，真正能够决定二审案件审理方式和出庭方式的，是二审案件诉讼争议的分类。因此，在阐述二审案件出庭方法与技巧方面，笔者采用争议焦点分类法予以说明。

1. 事实争议类案件中的二审出庭

事实类争议案件，从表面上看是一审过程的翻版，实则不然。众所周知，一审案件的争议具有全面性和不确定性，对于诉讼结果的预期也完全处于不确定状态。而二审案件的事实争议，则争议焦点更为集中与确定，一般局限于对特定证据可采性及证明力的争议，以及对于证据体系稳固性、证据充分性、证据结论确定性、唯一性的争议，具体目标则指向一审的判决与裁定。与此同时，检察官的诉讼主体地位与角色也发生了重大的变化。检察官从代表国家指控和证明犯罪的原告（公诉人），变成了与二审法院一道评价一审判决裁定公正性、合法性的裁判者和监督者，控诉的色彩削弱、监督的色彩增厚。由此，检察官履行职责的方式与方法也发生了一定变化，证明犯罪的逻辑方法也从一审中的以"立论"为主，到二审中的以"驳论"为主。

作为检察官出席二审法庭，必须对下列一些问题提出明确意见：

（1）已经被一审判决采信的证据，是否应当作为定案根据，是否确实、充分地证明了行为人的犯罪事实；

（2）未予采信的证据，一审判决或裁定中未予采信，是否有充分的事实依据和法律依据；

（3）未予采信的证据，是否足以对全案结论产生影响；产生影响的，是什么样的影响。

下面略举一例予以说明。例如张某故意杀人案。一审中，公诉人为了证明被告人张某故意杀人事实成立，出示了犯罪嫌疑人供述与辩解、证人证言、书证、现场勘查笔录、鉴定结论等证据30份，其中，一审法院采信了其中的24份作为认定张某故意杀人罪的定案根据，另有6份证据控辩双方有异议未予采信。一审宣判后，被告人以"事实不清、证据不足"为由提出上诉。那么本案的事实与证据是否存在重大瑕疵呢？经检察官认真审查，根据一审判决所采信的证据，不能得出张某故意杀人的唯一结论，本案的几个疑点尚无法合理排除。因此，一审判决所认定的事实证据是不足的，被告人的上诉理由有事实依据。

实践中，事实争议案件是二审案件中比较疑难的案件，一般会导致全案全审。但是，笔者认为，根据事实争议内容的不同，二审审理活动也可以有详有略。比如，对于单个证据、部分事实或个别情节有异议的二审案件，则可以仅就争议的部分进行审理并进行全局性评估，而对于那些证据证明体系有异议的案件，则必须全案全审。

2. 适用法律争议类案件的二审出庭

通过总结二审出庭经验，笔者发现：出现适用法律类争议案件，主要有以下几个方面的原因：

（1）一审判决后法律发生变化，导致案件定性出现分歧。如，最高人民法院《关于抢劫、抢夺刑事案件适用法律若干问题的意见》（2005年6月8日法发[2005]8号）第九条第（4）项抢劫罪与寻衅滋事罪的界限规定："司法实践中，对于未成年人使用或威胁使用轻微暴力强抢少量财物的行为，一般不宜以抢劫罪定罪处罚。其行为符合寻衅滋事罪特征的，可以寻衅滋事罪定罪处罚。"由此，对于犯罪情节轻微的被告人，可能出现罪与非罪或抢劫罪与寻衅滋事罪的差异。

再如，例如对于不宜死刑立即执行的情形政策放宽等，都可能导致法律适用的变化。

（2）在罪数形态上存在罪名选择与适用的分歧。如司法实践中对于罪数形态的认定及法律适用，导致交叉形态的一罪与数罪及罪名适用等产生分歧。

（3）在有关犯罪性质认定关键证据的采信上存在认识分歧。例如，对于以抢劫为目的的杀人行为和杀人之后的盗窃行为的认定，司法实践中倾向依靠被告人的供述予以认定，从而导致定性上的分歧等。再如，关于故意伤害致死与间接故意杀人的认识分歧等。

处理在适用法律有争议案件的检察官，必须具备站在刑事实体法制高点上处理案件的能力，提出科学、权威的法律意见，以保证刑法的规定具体、准确地适用个案之中，保证法律的统一、正确实施。实践中，对于事实争议的案件，除死刑案件和抗诉案件需要开庭审理之外，二审法院一般采用书面审理的方式直接改判。

3. 量刑争议案件的二审出庭

量刑争议案件，属于适用法律争议的一部分，笔者将其与适用法律争议分开阐述，是因其往往是提出争议的独立理由之一，且占据着上诉理由1/3左右的份额。量刑争议是争议提起方对一审判决的刑罚适用部分有异议。在上诉案件中，一般为"量刑重"，在抗诉案件中则为"量刑畸轻或畸重"，认为一审判决适用刑罚部分违反了罪刑相适应原则。

笔者认为，产生量刑争议，主要出自两个方面的原因：一是争议提起人对于被告人行为的性质及社会危害性程度与一审判决存在不同的认识；二是对于可能影响一审被告人刑罚适用的量刑情节证据是否应予采信存在分歧，如立功、自首、被害人过错等。

作为出席二审法庭的检察官，已经削弱了指控和证明犯罪的职能，其客观评测的作用占居主要方面，因此，更加具备客观、全面、公正适用法律的条件，也比较易于对量刑情节证据和事实做出合法、客观、全面的评价。二审参与审判，更能体现"检察官的客观义务原则"，而不是办案人对被告人的怜悯和恩赐。特别是"纠正式司法"向"恢复式司法"过渡的社会背景下，恰当、公正地适用刑罚是司法公正的应有之义。

司法实践中，单纯的量刑争议案件，除抗诉案件和死刑案件外，较多地采用书面审理的方式进行，由二审法院做出维持原判或直接改判的结论。而"由于认定事实错误而导致量刑不当"的案件，因其案件争议分类本质上属于事实争议的范畴，其处理方式应列入全案全审的范畴，在此不重复阐述。

4. 诉权驳回争议案件的二审出庭

诉权驳回类争议作为提起二审的理由，是近年随着刑事诉讼程序性裁判内容的增多、检察机关刑事诉讼监督范围的扩大而出现的。程序性裁判纳入二审的审理范围，也是近年来刑事辩护律师开展程序性辩护业务的必然结果之一。诉权驳回作为刑事诉讼审判内容之一，是刑事诉讼人权保障措施的具体化，也使程序性诉讼逐渐同实体诉讼分离出来，具备了独立的诉讼品格。

诉权驳回类争议，实际上是程序性争议的一部分。实践中，只有那些重要的诉权被驳回，并可能影响其实体权利的行使的情形，才可能成为启动二审程序的法定理由之一。实践中，以下几项重要诉权的被剥夺和限制，可能引起诉权驳回争议类的二审程序：

（1）管辖错误案件。管辖错误，意味着越权侦查，可能导致侦查行为的无效。此前，管辖错误，一度成为程序性诉讼争议的焦点之一。伴随着最高人民检察院《关于人民检察院立案侦查的案件改变定性后可否直接提起公诉问题的批复》（2006年12月22日高检发研字[2006]8号）的出台，诉讼争议中关于管辖争议的问题也就归于消失。

（2）诉讼主体回避申请未获批准。

（3）死刑案件、未成年人案件未获得法律援助。

（4）未公开（或不公开）审判，未保障被告人的最后陈述权。

（5）重要复核证据活动的不作为。如申请鉴定或补充鉴定未获允许，申请调取新的物证或证人证言未获批准，刑讯逼供、揭发他人犯罪重要线索等的举报、申诉未予核实、举证等，可能导致一审被告人的某些实体权利受到影响。

（6）剥夺（限制）了附带民事诉讼原告人诉讼权利的行使权等。

这些重要的诉讼权利，是保障诉讼参与人平等参与诉讼活动的法定权利。如果这些权利被剥夺（限制），则同时也剥夺（限制）了他们维护自身合法权益的机会。

检察机关作为国家的法律监督机关，就是要在刑事诉讼过程中，监督刑事诉讼主体（公、检、法）正确行使侦查权、检察权和审判权，保障诉讼参与人依法实际享有法定的诉讼权利，进而维护其自身合法的实体权利不受侵害。

这时需要特别强调的是：诉讼驳回争议进入二审裁判的后果是可能引起程序性制裁：即驳回决定的无效和相应诉讼行为的作为或重新作为。例如，"驳回被告人申请新的证人到庭作证"的决定被二审审查认为是错误的情况下，可能引起全案被发回重审，并在新一轮庭审中保证被告人申请的新证人到庭作证，接受控辩双方的询问与质证，等等。

（五）二审案件出庭的风格与技巧

由于检察官出庭二审法庭，其根本任务是配合二审法庭共同完成对一审判决、裁定合法性的审查，因此，其履行职责的整体基调是居中评判式，而不是公诉环节所使用的控诉式和揭露式。检察官出席二审法庭，其风格特点与一审相比，有以下几个方面的变化：

第一，二审出庭评判的对象是一审法院的判决与裁定。检察官不但要评判一审判决、裁定这一法定结果，还要对其形成的过程是否合法做出全面的评判。而这种评判并不受案件争议种类的影响。

第二，二审出庭评判需要说服的对象是二审法官，依赖的手段是依法论理，这就使得二审出庭"说理论法"的任务较重，而不仅仅是一审的"以案说法"。

第三，二审出庭参与诉讼的结果，多数是采用程序性裁定的方式对一审的裁判结果予以肯定（维持原判）或否定（发回重审），少数情况下才做出独立的实体裁判（改判）。因此，检察官出庭意见的形式，主要以驳论为主，立论为辅。

第四，二审出庭参与诉讼，目的是为了维护法律的统一、正确实施，共同维护司法的权威与尊严，因此，在诉讼语言风格上也更加平实，少了一些铺陈与渲染的气氛，遣词造句也以中性词居多、陈述句居多、肯定语气居多。

第二十九讲
公诉人法庭讯问方略

王 岩

法庭讯问是法律赋予公诉人的一项重要权利，也是公诉人在出席法庭过程中必须很好履行的一项职责。它是举证、质证、辩论的基础，更是控诉方与辩护方在庭审中的第一次面对面的交锋。公诉人讯问被告人作为法庭调查阶段的第一个环节，其具有自身的特点，它既不同于侦查阶段取证性讯问，也不同于审查起诉阶段的复核性讯问，而是在公开的环境下，与审判人员、辩护人等交互进行的交叉讯问。这种讯问要有立有驳，有根有据，有理有力；要突出重点，保持节奏。因此法庭讯问必须研究特点，讲究策略，利用相应的讯问技巧和方法，才能达到理想的效果，进而为举证、质证、辩论奠定基础。笔者仅从以下几个方面，谈谈对法庭讯问的粗浅认识，以抛砖引玉。

一、法庭讯问的基本特点

作为交叉讯问的一方，检察人员在法庭讯问中，应研究其特点，并加以充分利用。总体来讲，我认为法庭讯问有以下主要特点：

（一）公诉人法庭讯问地位的主导性

我国法律赋予了检察机关代表国家指控犯罪，依法履行法律监督的职责，而且赋予了出庭检察人员的当庭发问权。在大多数案件中，公诉人及出庭检察人员都是首先发问，掌握发问的主动权。审判人员尊重检察人员的发问，其只在认为有需要补充发问必要时才进行发问。同样，辩方也大多数只在其辩点范围内进行有重点的发问。因此，出庭检察人员可以运用法律赋予的权利，采取有针对性且适合庭审的讯问方法，进行有效的发问，达到揭露犯罪、指控犯罪、认定犯罪的目的，进而引导法庭、控制走向、驾驭全局。

（二）法庭讯问程序的规范性

我国《刑事诉讼法》、《人民检察院刑事诉讼规则》、《最高人民法院关于执行中华人民共和国刑事诉讼法若干问题的解释》、《刑事抗诉案件出庭规则》等均对出庭检察人员的法庭讯问进行了具体规定。《中华人民共和国刑事诉讼法》第一百五十五条规定："公诉人在法庭上宣读起诉书后，被告人、被害人可以就起诉书指控的犯罪进行陈述，公诉人可以讯问被告人。"《人民检察院刑事诉讼规则》第三百三十一条规定："公诉人在法庭上应当依法进行下列活动……（二）讯问被告人；……"《刑事抗诉案件出庭规则》第十条规定："检察人员在审判长的主持下讯问被告人，……法庭调查结束前，检察人员可以根据辩护人、诉讼代理人、审判长（审判员）发问的情况，进行补充讯问。"因此，根据上述法律规定，出庭检察人员不仅在法庭上有讯问被告人的权利，而且可以根据案件的庭审情况进行补充讯问，甚至在法庭调查结束，进入举证、辩论阶段，如果出现可能影响案件事实认定的有关情况还可以要求恢复法庭调查，进行补充讯问。上述法庭讯问应在审判长的主持下有序进行，甚至有些重点问题也是在审判长归纳后，由控辩双方围绕重点进行发问，对与案件无关或不需要进行当庭讯问的问题，审判长可裁定制止，所以，法庭讯问必须依法进行，具有规范性。

（三）法庭讯问方式的公开性

法庭讯问与侦查、审查起诉过程中讯问的一个重要差别，就是其讯问方式由封闭式或相对封闭式转为公开式。在侦查、审查起诉阶段，讯问一般在犯罪嫌疑人的羁押场所进行，即使犯罪嫌疑人被取保候审，其讯问也会根据法律规定将其传唤至特定的场所或在指定的场所进行，讯问具有封闭性、秘密性。而法庭讯问必须是在法庭上公开进行（除依法不公开审理的案件外），在法官、辩护人及旁听人员甚至新闻媒体的共同关注下进行，具有公开性。

（四）法庭讯问内容的针对性

检察人员出席法庭任务的确定性及起诉、抗诉、上诉内容的确定性，决定了其庭审讯问的针对性。出庭检察人员当庭讯问，必须围绕起诉、抗诉及被告人的上诉内容进行，针对犯罪事实、量刑情节、抗诉内容、上诉理由、被告人辩解及辩护人辩护的焦点，有目的的进行讯问，讯问内容具有较强的针对性。

（五）法庭讯问结果的不确定性

大部分案件的讯问结果具有相对确定性，因为在庭前经过多次讯问被告人，在被告人供述基本一致的情况下，其当庭供述也不会有太大的差异。但有些案件的被告人，虽在庭前进行了多次供述，在开庭时，由于环境特殊，被告人的心理活动会变得复杂起来，有的心存侥幸，企图蒙混过关，有的受到来自各方面的压力而翻供，更有的"死刑犯"只为多活几天而撒谎等等，造成了被告人在庭审讯问中供述的变化性。尤其是始终不供认犯罪事实或部分否认犯罪事实的被告人，其当庭供述更具有可变性，使讯问结果具有很大的不确定性。

（六）法庭讯问语言的简洁性

法庭讯问由于其场合的特殊性，决定了出庭检察人员在法庭上讯问使用的语言必须简洁明确。在法庭上进行讯问，不能像侦查或审查起诉时的讯问。在侦查或审查起诉时，讯问犯罪嫌疑人可以不受时间影响，只要在法定时限内讯问完毕即可。在讯问中可以重复讯问一个问题，语言也不需要十分简洁、精练，甚至讯问出现问题还可以暂停或重新进行。而当庭讯问如果讯问语言不简洁明确，不仅问不清所要问的问题，还会影响以后的举证、质证和辩论，影响开庭效果。正是由于庭审状态的特殊性，决定法庭讯问语言必须简洁、明确。

二、公诉人法庭讯问的主要目的

法庭讯问不仅仅是一个法定程序，更不能走过场。目前，许多出庭检察人员不重视法庭讯问，甚至有人认为只要将举证和辩论搞好，出庭任务基本完成；也有的出庭检察人员不会讯问，不敢讯问；更有的出庭检察人员认为公诉部门任务重，压力大，如果每个案件在所有环节都十分认真的话，会使自己工作压力太大等等。基于上述主客观原因，由于出庭检察人员对法庭讯问的目的不十分明确，使公诉人法庭讯问走过场现象的大量存在，不仅影响公诉案件的庭审质量，而且有损检察机关的形象。曾经有人大代表致信检察机关称公诉人出哑巴庭，或在法庭讯问时具有太大的随意性，甚至胡言乱语。要想改变此种情况，就要提高出庭检察人员对法庭讯问重要性的认识，明确法律规定该程序的重要目的，并在庭审中将其凸显出来，以保证讯问取得法定效果。

法庭讯问与侦查、审查起诉过程中的讯问目的有着明显的不同。侦查、审查起诉过程中的讯问，主要是为了收集证据，核实证据，以发现、确定犯罪嫌疑人和查清案件事实。而法庭讯问的目的在于：

（一）再现被告人犯罪事实

通过讯问被告人展示证据，再现被告人的犯罪事实。这是法庭讯问的首要目的。在法庭上，公诉人或出庭检察人员通过对被告人的讯问，使法庭清楚被告人在何时、何地、采取何种手段、实施了何种行为、造成何种后果、其行为与后果之间存在何种因果关系，起诉指控的犯罪事实与抗诉的主要内容符合客观事实。使法官及法庭旁听人员对犯罪事实有一个明确具体的了解。

（二）为合议量刑提供事实依据

通过讯问被告人证明犯罪性质和分清罪责轻重，为合议量刑提供事实依据。被告人犯罪性质及最终应负的责任是审判的终极目的，法庭就是要通过调查，确认犯罪性质，分清被告人责任的大小，以便正确适用法律，使被告人得到应有的处罚。公诉人或出庭检察人员就是要通过讯问，通过被告人当庭的回答，将起诉认定的犯罪性质及确定的责任加以确认，为法庭最终认定奠定基础。尤其是对共同犯罪的被告人更应通过讯问分清主从，明确责任。

（三）矫正被告人当庭供述

通过讯问被告人使其做出真实的供述，防止被告人撒谎，影响法庭审判。这是法庭讯问的矫正目的。被告人不论其庭前供述如何，但在法庭上均有翻供的可能，有的是企图逃避惩罚而翻供，有的是在羁押期间受其他犯罪人的唆使或同案人互相串供而翻供，有的是在侦查或预审阶段因指供、诱供、刑讯逼供而被迫承认，庭审时翻供等等。不论是针对上述哪种翻供，出庭检察人员都要在讯问阶段，通过对被告人的讯问，促使其讲真话。对于被告人为逃避惩罚所进行的虚假供述，要通过法庭讯问予以教育、揭露，并促使其说明翻供的原因。对被告人因庭前受到违法审讯被迫做出虚假供述而当庭更正的，更应通过讯问予以澄清，还被告人清白，以维护法律的公正。

（四）为公诉观点的发展和答辩提供依据

通过讯问被告人，并运用事实证据对法庭论辩中可能提出的辩护理由予以预防性的驳斥，确认起诉或抗诉内容的正确，瓦解其辩护观点所依据的"事实"基础，为公诉观点的发表和答辩确定论点和论据，为举证、质证、辩论和认证奠定坚实的基础。这是法庭讯问的预防目的。出庭检察人员的主要任务之一，就是通过出席法庭，代表国家指控犯罪、揭露和证实犯罪，提请人民法院对被告人依法审判。因此，维护起诉书指控的内容和抗诉意见，是出庭检察人员的职责。只有充分地驳斥被告人的无理狡辩和律师的不正确的辩护意见，才能顺利完成出庭任务。因此预防性讯问就显得尤其重要。通过出庭检察人员有目的的预防性讯问，使控诉观点更加确定，甚至有时可起到先封住辩方口的目的，让辩方计划指责、为难控方的问题无法提出，以保证庭审走向不出现大的偏差，进而保证庭审效果。

三、公诉人法庭讯问的一般方法

公诉人法庭讯问方法的掌握和利用，是搞好法庭讯问的一个重要内容。正确的讯问方法，是保证讯问有效进行的前提。

法庭讯问的方法很多，不同的案件有不同的讯问方法，不同的情形有不同的讯问策略，不同的出庭人员有不同的讯问风格。但法庭讯问毕竟有其特定的条件和环境，既有特定性，更具变化性。犯罪构成是其永恒不变的主题，量刑情节是其关注的焦点，这是其特定性。由于被告人的当庭供述永远处于变化之中，这又是其变化性。因此出庭公诉人员要根据这种特定性及变化性，确定自己的讯问方法。总结起来，行之有效的方法大致有以下几类：

（一）直接讯问法

这是我们法庭讯问最常采用的一种方法。即采用直接明确的讯问方式，围绕案件事实，法定量刑情节，进行有步骤地直接发问。这种讯问方式的好处在于问题明确，被告人容易理解，便于回答，给法官、辩护人及听众一个明确的定罪量刑框架。如盗窃案要抓住非法占有的犯罪目的、秘密窃取的犯罪手段进行发问，强奸案要抓住违背妇女意志、是否有暴力、胁迫或其他手段进行发问，抢劫案要抓住暴力胁迫手段进行发问……各类案件既围绕犯罪构成进行发问，又要突出案件的重点、特点，使被告人无法抵赖，使法庭对案件事实一目了然。但有人将此种方法仅仅归结为应在案件事实清楚，证据确实充分，被告人供述犯罪事实的案件庭审时使用，这是片面的。任何类型的案件的讯问方法都不能千篇一律，直接讯问法固然有利于在被告人认罪且事实清楚、证据确实充分的案件中使用，但在其他案件中也同样可以使用，如有的被告人不认罪，或时供时翻，但事实清楚，证据确实充分的案件，也可以使用，同样可以取得良好的讯问效果。如吕某强奸案，吕某一直否认其有强奸意图，称被害人与其是自愿发生的性行为，而被害人陈述与吕某素不相识，被吕强奸是在凌晨3点，被告人系撬窗而入，被害人在挣扎呼救过程中，被告人将被单撕破堵住被害人的嘴，并将被害人的嘴弄破。现场堪查窗有撬痕，有撕破的被单，法医鉴定被害人的嘴角被撕破。针对上述情况，我们可以直接讯问被告人：什么时间去的被害人家？怎么进的被害人家？去被害人家都作了什么？被害人的嘴角为什么被撕破？当凌晨3点、撬窗、撕被单堵嘴、弄破被害人嘴角这一系列元素形成链条时，被告人无强奸意图的辩解也就不攻自破了。

（二）递进讯问法

就是采用由浅入深、由表及里、由不重要到重要、由此及彼的讯问方法。这种讯问方法主要针对案情复杂或被告人不认罪或是智能型犯罪的案件。这种讯问要巧妙设计、递进发问、步步紧逼，让被告人在不知不觉中按检察人员的讯问，将主观意图、客观行为递次供述，从而达到讯问的目的。这种讯问方法的好处在于不露锋芒，被告人容易接受，层次分明，环环紧扣，使被告人处于进退不能的地步，迫使其难以翻供。这种讯问方法可以以案件事实为序递进，可以以某一重要线索为序递进，可以以犯罪嫌疑人的不同情况为序递进，也可以其他任何一种可以把握的线索为序递进。只要能将案件层次把握清楚，次序理顺明白即可。

（三）揭露讯问法

所谓揭露讯问法就是在讯问中以被告人庭前的真实供述及卷中现有证据为依据，说明被告人当庭供述的虚假。这种讯问方法主要用于被告人当庭翻供作虚假供述的情况。被告人当庭翻供的情况多种多样，有的全部推翻庭前有罪供述，有的部分推翻，有的在定性方面进行狡辩，也有的只在量刑情节方面进行虚假供述。不论被告人当庭就哪部分作虚假供述，不仅误导旁听观众，误导法官，而且为辩方无理辩解提供口实，影响法庭审判效果，妨碍举证、质证的顺利进行。因此，出庭检察人员就有必要根据被告人当庭供述的具体情况，及时通过讯问，揭露被告人当庭的谎言，以正视听，保证法庭审判的质量和效果。切忌对被告人当庭说谎听之任之或束手无策。具体方法：一可以通过简要概括被告人庭前有罪供述，以证明被告人当庭说谎。二可以通过简要概括或宣读相关证据来揭露被告人当庭说谎。三可以通过利用被告人当庭说谎的矛盾之处来说明其庭前供述的真实性，庭上翻供的不客观性和虚假性。这种讯问方法要求出庭检察人员对被告人在侦查、起诉阶段的供述及卷中相关证据了如指掌，对被告人在何时何地进行了怎样的供述，相关证据在哪些方面与被告人的供述吻合，在全面了解的基础上做到灵活运用。这种讯问方法的好处在于，一方面可以及时打消被告人的侥幸心理，阻止被告人当庭说谎，作如实供述。另一方面可以进一步核实被告人庭前供述与相关证据的客观性。第三可以表明公诉态度，增强胜诉的自信。

（四）归谬讯问法

所谓归谬讯问法就是在讯问中，将被告人供述中不合常理、不合逻辑、违背事实部分归纳起来，指出其荒谬之处，进而证实被告人供述的虚假。这种方法较适合案情复杂且被告人狡辩抵赖，多方面说谎的案件。如自侦案件，多被告人的案件等。在讯问中要根据被告人想钻法律漏洞、逃避法律制裁侥幸蒙混过关的心理，采取步步紧逼，层层设问，紧追不舍的方法，不给被告人以喘息的机会，逼其处于不能翻供或置其于明显说谎的境地，进而证明公诉或抗诉意见的正确。

（五）迂回讯问法

所谓迂回讯问法就是指在讯问中，一开始并不触及讯问的中心和关键问题，而是先从外围和一些表面看上去不重要的问题问起，然后在不知不觉中切入关键问题。讯问时采取迂回的路线，婉转的方式，委婉的语言将被告人引入自相矛盾，无法否认，只能如实供述的境地。为使被告人消除戒备心理，在讯问关键问题的同时还可以穿插一些与案件有关但不重要的问题，让被告人摸不清检察机关讯问的重点，避其锋芒，使被告人在不知不觉中如实回答检察机关的讯问。这种讯问方法主要用于被告人对立情绪大，存在抵赖心理，共同犯罪中被告人互相包庇或相互推卸责任不真实供述或有一定的法律知识及其他知识的智能型犯罪，如贪污受贿、挪用公款、玩忽职守等。即所谓与被告人斗智斗勇，迂回取胜。其好处在于缓解庭审气氛，减少被告人的抵触情绪，使法庭讯问更有效地进行。

（六）以问代证讯问法

这种讯问方法是指在讯问中，将卷中多个已有证据证明的事实作为提问内容，形成一个发问时空证据链，不论被告人当庭如何狡辩，都能清楚地告诉法庭和旁听人员被告人是有罪的，且有充分的证据可以证明。如：李某故意杀人案，李某不承认其犯有杀人罪，称在侦查阶段之所以供述杀人是公安机关刑讯逼供所致。

公诉人问：你和受害人是什么关系？

答：同居关系。

问：你与被害人是否有矛盾？

答：没有。

问：你以前供述因被害人不想与你继续同居，你怀疑她又有了新的相好的，产生口角，情急之下掐死被害人对不对？

答：不对。是公安打我才那么说的。

问：卷中证据显示，你村王某、何某、刘某均证实被害人曾与你在公共场所有过口角，且2008年4月16日看见你与被害人厮打，为什么？

答：平时打闹是有的。

问：你与被害人同居所租房子（也就是案发现场）的房东证实2008年5月2日事发当天，听到你与受害人争吵且有动手的声音，为什么？

答：不知道。反正我没杀被害人。

问：你以前供述在掐被害人时由于其挣扎，将你胳膊抓伤，对不对？

答：不对，公安机关在侦查时问我掐被害人时，被害人能不反抗吗？！我就顺着他们瞎说的。

问：卷中法医鉴定显示：你手臂有纵向伤痕，且受害人指甲残留物检测与你DNA一致，你怎么解释。

答：不知道。

通过以上讯问，被告人虽极力否认因被害人要与其分手而将被害人掐死的事实，但被告人在侦查阶段的供述、证人证言、法医鉴定等证据形成一个完整时空证据链条，不言而喻地告诉法庭被告人有罪，检察机关指控犯罪的证据确实充分，被告人说谎意图明显。而且通过上述讯问，为举证、质证做好了有利的铺垫，起到了以问代证的作用。这种讯问方法较适用于被告人不认罪的案件，它与揭露讯问法相近，但不同的是，这种讯问方法旨在通过制造语言环境的方法，通过讯问，通过公诉人的表述，起到不论被告人如何回答，都能揭穿被告人的谎言，达到昭示犯罪的效果。

（七）教育讯问法

所谓教育讯问法就是在讯问中，利用相关的法律、政策，在对被告人进行教育的过程中，进行讯问。通过教育，使被告人认清形势，明确相关法律、政策，了解不认罪对认定犯罪事实的不利影响及应承担的后果，从而促使其打消作虚假供述的侥幸心理，以便如实供述。这种讯问方法适用于当庭翻供或不认罪的被告人。旨在营造一种氛围，瓦解被告人说谎心理；阐明一种事实，说谎抵赖只能是自取其辱；产生一种法庭效果，公诉机关尊重法律、尊重事实、尊重情理；最终达到使被告人打消说谎的侥幸心理，消除与检察机关的敌对情绪，如实供述犯罪事实。这种讯问方法在法庭上如运用得当，会起到事半功倍的效果。但相反则会使被告人与检察机关情绪更加对立，不仅起不到教育效果，还会给讯问造成障碍。如某市副市长贪污一案，庭审中，被告人推翻前供，否认贪污犯罪。法庭调查时，公诉人利用其犯罪后感觉愧对亲朋、没为子女做好榜样及爱面子的心理，适时进行有针对性的教育式讯问。公诉人说："犯罪是第一次错，说谎则是错上加错。我国法律明确规定以事实为根据，以法律为准绳，不轻信被告人口供，没有被告人口供同样可以认定有罪。当法庭给你机会，你却不知道珍惜时，你会为此付出道德和法律的代价。面对旁听席上的亲友，面对严肃的法庭，公诉人再问你一次，你到底是今天说的对还是在侦查及审查起诉时供述的对？"。被告人不得不低下头说："以前说的对。"这种教育与讯问的紧密配合起到了良好的法庭效果。使旁听群众也感觉到检察机关的教育讯问入情入理，并不是在强迫被告人认罪。相反，现在很多公诉人在出庭过程中遇到类似问题时处理简单，教育的内容千篇一律："我们国家的政策是坦白从宽，抗拒从严，不如实交待犯罪事实，应依法从重处罚，你听明白了吗？"虽然被告人当时不得不答："听明白了。"但其供述仍我行我素，继续说谎。对依哪个法，如何从重，法院在判决时能否考虑此情节，连公诉人自己都没底，却以此来教育被告人，不仅显得苍白无力，更起不到预期效果。

（八）重点重复讯问法

所谓重点重复讯问法就是对被告人当庭供述中关于定罪量刑的关键问题或词语，进行有目的的重复，达到确认犯罪事实，指控犯罪的目的。这种讯问方法主要适用于被告人不供认犯罪事实，作虚假供述或共同犯罪的案件。公诉人或出庭检察人员可以通过对被告人供述的某一细节矛盾的重复，或对不同被告人供述相同点的重复，使犯罪事实更加确定和明晰，使法庭更明确审判焦点或重点。这种讯问方法的好处在于被告人无意当中，供述了可以认定犯罪的重要依据，且由于检察人员的重复，使被告人在不明就里的情况下，反悔不能，从而更能客观地证明案件事实。

当然，法庭讯问的方法很多，作为出庭公诉人和检察人员，应在实践中积极探索，有效实施，以保证法庭讯问取得实效，不走过场。

四、公诉人法庭讯问的基本规则

法庭讯问由于其具有规范性特点，因此，我国相关法律、法规对公诉人如何进行法庭讯问都做了较具体的规定，出庭检察人员有必要了解和遵守这些规则。

（一）围绕案件的主要问题进行发问。

公诉人或出庭检察人员讯问被告人，应当在起诉书指控和抗诉及需要查清问题的范围内进行。根据《人民检察院刑事诉讼规则》第三百三十三条规定，在一审讯问中，"公诉人讯问被告人……应当围绕下列事实进行：一是被告人的身份；二是指控的犯罪事实；三是实施犯罪行为的时间、地点、方法、手段、结果，被告人犯罪后的表现等；四是犯罪集团或者其他共同犯罪案件中参与犯罪人员的各自地位和应负的责任；五是被告人有无责任能力，有无故意、过失，行为的动机、目的；六是有无依法不应当追究刑事责任的情况，有无法定的从重或者从轻、减轻或者免除处罚的情节；七是犯罪对象、作案工具的主要特征，与犯罪有关的财物来源、数量以及去向；八是被告人全部或部分否认起诉书指控犯罪事实的，否认的根据和理由能否成立；九是与量刑有关的其他事实。"根据《人民检察院刑事诉讼规则》第三百六十五条规定："在（二审）法庭审理中，检察人员应当针对原审判决或裁定认定事实或适用法律、量刑等方面问题，以及上诉人的上诉意见，辩护人的辩护意见"进行讯问。

从上述法律规定可以看出，法庭讯问的内容并非千篇一律，而是根据不同的审级，不同的案件内容，确定相应的案件主要问题。一审讯问更注重对全面事实及相关证据的讯问；二审在全案全审的前提下，突出上诉、抗诉及一审没有解决、存在疑问的内容；死刑案件更针对量刑情节及证据方面存在的问题等等。所以公诉人法庭讯问要在不同的审级根据出庭任务的不同而有所变化，重点问题进行有针对性的发问。

（二）避免诱导性发问及与案件无关的发问。

《人民检察院刑事诉讼规则》第三百三十五条规定，"讯问被告人应当避免可能影响陈述的诱导性讯问以及其他不当讯问。"根据此规定，公诉人或检察人员在法庭上不仅要自己避免出现诱导性的不当讯问，也要在辩护方出现诱导性发问的情况下及时指出，对影响案件事实的讯问和陈述要求审判长制止或不予采纳。

此外还应当避免与案件无关的发问。根据《刑事诉讼法》第93第规定："犯罪嫌疑人对侦查人员的提问应当如实回答，但是对与本案无关的问题，有拒绝回答的权利。"依此推论，检察人员在法庭上如果出现与本案无关的讯问，被告人亦应有权拒绝回答。所以在法庭上，检察人员应当尽量避免与本案无关的发问，一方面影响法庭讯问效果，另一方面如果出现被告人当庭拒绝回答的情况，还会严重影响法庭调查及辩论，影响法庭对证据的采信，甚至影响检察机关的形象。

对诱导性讯问的一般解决方法：对律师提出公诉人或检察人员有诱导性讯问的情况，要仔细分析自己是否有诱导性讯问，如果存在就应采纳辩方提出的意见，并在以后的讯问中避免；如果属于辩方有意发难，要及时指出此种责难与事实不符，澄清检察人员讯问该问题的必要性，分析讯问的非诱导性及与案件事实的关联性，以及对证明案件事实的重要性，对辩护人的异议给予明确的否定回答，并要继续进行讯问，争取检察人员在法庭讯问中的主动地位。对辩护人的诱导性发问，一要及时明确提出辩护人存在诱导性发问。二要说明该诱导性对案件事实的影响，此点可根据庭审情况而定，如有的被告人并不明确辩护人的诱导所在，如果我们反对的太直白，反而会给被告人以提示作用。因此，对于此种辩护人未达目的的诱导可以暂缓提出质疑。三要对可能影响陈述真实性的情况，应及时要求审判长制止或者建议对该项陈述不予采纳。因此，在法庭讯问中，要增强发问的目的性，避免盲目性。

（三）讯问共同犯罪案件的被告人应当分别进行。

《人民检察院刑事诉讼规则》三百三十五条三款规定"讯问共同犯罪案件的被告人、询问证人应当分别进行。"也就是说，一个案件不论共同犯罪人有几名，只要是二人以上的均不能当庭共同讯问，以保证每位被告人的陈述不受他人影响。但讯问共同犯罪人的顺序我们可有选择地进行，一般先从主犯开始讯问，然后是从犯、协从犯依次进行，特殊情况也可选择其中实施主行为或参与犯罪全过程的被告人先讯问，也可选择陈述案情较清楚、如实供述的被告人先讯问。对既有共同犯罪又有单独犯罪的被告人一般先讯问共同犯罪部分再讯问单独犯罪部分。不论何种讯问方式，切记不可同时讯问。尤其在庭审出现问题，从法庭辩论、最后陈述等阶段恢复到法庭讯问时，更应注意对此规则的遵守。如我们在出席徐某等23人黑社会性质组织案件时，由于被告人太多，开庭押解时同案多个被告人在一个囚车上，几名被告人得以串供。在第一、二天法庭调查、举证、质证阶段，各被告人均未提出疑议，但到第三天法庭陈述时，第九被告人突然表示前两天说谎了，称其杀害周某不是第一、二被告指使，而是另一个已死亡的人指使其干的。于是，辩护人要求法庭恢复调查，重新进行讯问。审判长允许后，辩护人便当着其他被告人的面进行了讯问。出庭检察人员及时提出制止意见，审判长才宣布将其他被告人带出法庭后，继续讯问。

共同犯罪人当庭共同讯问只有一种情况被允许，那就是《人民检察院刑事诉讼规则》第三百三十五条规定的对质，即"被告人对同一事实的陈述存在矛盾需要对质的，公诉人可以建议法庭传唤有关被告人同时到庭对质"。对质在庭审中我们一般很少运用，由于犯罪嫌疑人当庭心理的复杂性、执法环境的复杂性等因素导致对质结果的不确定性，从而使庭审讯问的风险性增加，有时控制不好会适得其反。如果我们没有确实的把握能取得好的庭审效果，最好还是建议法庭少使用对质讯问的方法。

（四）讯问应当采取一问一答形式。

《人民检察院刑事诉讼规则》第三百三十八条四款规定："发问应当采取一问一答的形式，提问应当简洁、清楚。"在实际工作中，有许多出庭检察人员在提问时违背上述规则，曾有公诉人在法庭讯问中连续提出八个为什么，使被告人瞠目结舌，无以回答。所以我们在法庭讯问过程中，一定要遵守上述规则，提出一个问题，等被告人回答完毕再提下一个问题。在提问时力求简洁、清楚，让被告人听懂。对于被告人稳定的、与起诉书指控无异的当庭供述，不宜重复讯问。对被告人陈述与起诉书指控的差异或遗漏之处，要重点详细讯问，尤其是涉及犯罪事实、量刑情节等更应讯问清楚。讯问中一般不宜打断被告人的陈述，更不宜在被告人还没有回答完前一个问题时就接着发问，避免造成讯问不到位、与被告人过分对立、法庭讯问秩序混乱等情况发生。但在被告人明显说谎、恶意攻击政府或司法机关的情况时要及时提请审判长制止。另外切记不要跟着被告人的思路走，如果陷进了被告人狡辩之中，或者以被告人的狡辩为前提进行讯问，最终结果只能使我们自己思路混乱，不能使法庭讯问取得良好的效果。

（五）讯问的顺序应当采取谁主张谁先讯问方式。

根据《最高人民法院关于执行，〈中华人民共和国刑事诉讼法〉若干问题的解释》第一百三十三条规定，公诉案件由公诉人先讯问，被害人及其诉讼代理人经审判长准许，可以就公诉人讯问的情况进行补充发问，附带民事诉讼的原告人及其法定代理人或诉讼代理人经审判长许可，可以就附带民事诉讼的事实向被告人发问；经审判长准许，被告人的辩护人及其法定代理人或诉讼代理人可以在控诉一方就某一具体问题讯问完毕后向被告人发问。对于二审案件，相关法律和司法解释没有明确规定，但《解释》中对法庭调查阶段宣读法律文书及法庭辩论阶段辩论发言的顺序进行了明确的规定。《解释》二百五十五条规定"法庭调查阶段如果既有上诉又有抗诉的案件先由检察人员宣读抗诉书，再由上诉人陈述上诉理由……；法庭辩论阶段，既有上诉又有抗诉的案件，应当先由检察员发言，再由上诉人、辩护人发言。"依此推论，在讯问阶段，在既有上诉又有抗诉的案件亦应由检察人员先发问。

五、提高法庭讯问质量的有效途径

提高法庭讯问质量是当务之急，除了了解法庭讯问的特点，清楚法庭讯问的目的，掌握法庭讯问的方法，遵守法庭讯问的规则外，还应注意以下方面：

（一）要增强对法庭讯问重要性的认识。

1. 法庭讯问是确认起诉、抗诉内容正确的前提。被告人当庭陈述千差万别，当庭供述的心理也各有不同，辩护人极有可能利用法庭讯问使其做出不利起诉或抗诉内容的供述。现在有很多律师认为取十份证，不如在法庭上制造一个矛盾或疑点对法庭影响更大。所以，在庭审中，有些辩护人对被告人进行暗示或引导，甚至诱导被告人，如果此时出庭人员不适时地进行有针对性地讯问，不仅会使法庭出现负面影响，更会助长被告人当庭翻供的气焰，也会给辩护人借题发挥之机，使庭审陷于被动，进而影响起诉、抗诉内容的认定。因此作为出庭检察人员，更应适时进行讯问，通过讯问被告人充分展示起诉、抗诉的事实，展示起诉、抗诉事实依据的客观充分，为举证、质证打伏笔。同时也要通过法庭讯问，充分了解被告人的真实想法，了解案件的事实真相，进而确认起诉、抗诉内容的正确。

2. 法庭讯问是举证、辩论的前奏。一个好的法庭讯问，不仅能充分展现起诉、抗诉意图，而且能及时纠正被告人不正确的辩解，或者使被告人的辩解、辩护人的发问出现重大矛盾，难以自圆其说，从而为举证、质证打下坚实的基础。

3. 法庭讯问是全面展示公诉形象最佳阶段。在法庭上，控辩双方的态势往往处于此削彼涨的状态，如果在讯问阶段出庭检察人员就处于弱势的话，就会助长被告人抵赖的气焰，辩护人也会趁机向检察人员发难，有时合议庭的行为也会对检察人员不利。相反，如果出庭检察人员在法庭讯问开始，就有理、有力、有节地控制住庭审场面，不仅被告人不敢随意翻供，而且辩护人也会谨慎发问及发表意见，法庭更会尊重出庭检察人员的意见，从而为检察意见被采纳提供了有力的基础，全面展示公诉风采。

（二）不断提高庭审讯问的能力

1. 提高素质。提高出庭检察人员的综合素质，是提高法庭讯问质量的关键。现代刑事审判内容广泛，涉及社会的各个层面，涉及各类专业知识。因此，检察官综合素质的高低，直接影响其在法庭上的表现。尤其是法庭讯问，由于其具有的不确定性的特点，更需要出庭检察人员在法庭上与被告人、辩护人斗智斗勇。它不仅要求出庭检察人员具有敏锐的观察力、正确的理解力、准确的反应力以及严密的逻辑性和流畅的语言表达能力，还需要具备广博的文化知识，高尚的职业道德和良好的心理素质。此外，丰富的法律知识，高深的法律修养，更是法庭讯问必备的基础。法律对实体和程序的任何一项规定都是我们法庭讯问离不开的武器，离开法律规定，讯问就不会起到其应有的作用。不会应用法律的讯问，也是苍白无力的。所以，要想解决法庭讯问质量不高的问题，提高检察员的综合素质是关键，强化出庭检察人员的法律素养是基础。如关于非法发放林木采伐许可证罪，刑法四百零七条规定：是指林业主管部门的工作人员违反森林法的规定，超过年审批的采伐限额，发放林木采伐许可证，或者违反规定滥发采伐许可证情节严重，致使森林遭受严重破坏的行为。在此规定中，涉及到何谓林业部门的主管人员，森林法有哪些相关规定，何谓情节严重，哪些情形属于使森林遭到严重破坏的情形等。

（2）加强学习和锻炼。讯问是一项技巧，更是一门艺术，要想将这门技术掌握娴熟，使这门艺术发挥到炉火纯青，就必须不断地学习，向书本学，向周围的同事学，甚至向律师学，所谓知己知彼，百战不殆。学习之外，更重要的是学以致用，接受实践的检验，在实践中揣摩，尤其是在办理各类重大、疑难案件中锻炼自己，尽快提高自己的讯问能力。

总之，法庭讯问是公诉人及出庭检察人员必备的一项基本功，要引起全体公诉人员的高度重视，并在实践中认真揣摩，积极探索有效的讯问方法，使法庭讯问不走过场，充分展示公诉形象，保证公诉审庭质量。

第三十讲
公诉人法庭举证方略

王 岩

法庭举证是指公诉人或检察员在法庭调查阶段向法庭展示证据，以证明公诉主张的诉讼活动。是庭审中的重要一环，它具有可准备性和相对的稳定性。公诉人在出庭过程中，只有将证据充分展示给法庭，才能为指控犯罪、证实犯罪、认定犯罪和惩罚犯罪奠定坚实的基础。

一、举证的概念和举证责任

（一）概念

在实践中有的叫举证，有的叫示证，也有的叫证据的展示。不管哪种叫法，内容大致相同。在汉语中"举"有提出的意思，"示"有把东西拿出来让大家知道的意思，而"展"更是有张开之意。因此，举证在汉语中应该是将证据拿出来让人知道的意思。

在刑事诉讼中，所谓举证，是指在出庭支持公诉过程中，公诉人向法庭出示、宣读、播放有关证据材料并予以说明，以证明公诉主张成立的诉讼活动。

从这个定义中，可以诠释出这样一些要素——举证的主体是公诉人，举证的方式有三种即出示、宣读和播放，举证的对象是各种证据材料，举证的要求是予以说明，举证的最终目的是证明公诉主张的成立。

当然，在刑事诉讼中，举证的主体不仅仅是公诉人，其他诉讼当事人也都是举证的主体。举证以诉求为前提，辩方根据自己的诉讼请求承担一定的举证责任，同时对法律规定的特殊事项承担举证责任；受害人及其代理人基于自己的诉讼请求也要承担一定的举证责任。这里仅把公诉人作为举证的主体是要从公诉的角度说明公诉人在出庭公诉过程中的任务。

举证的方式也不仅仅限定为出示、宣读和播放三种，还应包括向法庭提供证据证明其主张的其他活动。如讯问被告人、询问证人、申请法院传唤相关证人、调取相关证据等。在这里举证和示证的内容就有所不同，示证仅指公诉方在庭前向法院移交的证据的出示，它的内容要比举证内容窄得多。所以举证应有广义和狭义之分，广义的举证是一个较宽泛的概念，它应当包括在庭审中一切向法庭展示证据的活动，是一个系统行为，只要是围绕证明诉讼主张而提出的证明案件事实的一切活动均是举证活动。而狭义的举证仅指在法庭调查中，在法官的主持下，向法庭出示证据的活动。

在示证的三种基本方法中，出示的一般是物证，以供当事人辨认；宣读的是书证、未到庭证人的证言笔录、鉴定人的鉴定结论、堪验检查笔录和其他作为证据的文书以及被告人在法庭中的陈述与在侦查、审查起诉中供述不一致且足以影响其定罪量刑时宣读其曾经供述的笔录，以供审判人员听取公诉人、当事人和辩护人、诉讼代理人的意见；

播放的是视听资料，以供法庭核查。

举证的对象是各类证据材料，包括案件中能证明案件事实和犯罪情节的一切证据。在实践中，我们往往更重视证明案件事实的举证工作，对证明被告人在案件中的作用、量刑情节的相关证据的举证工作显得很薄弱，尤其在死刑上诉案件中，我们不仅要重视认定案件事实方面的举证（也就是定罪方面的举证），更要重视量刑情节方面的举证；不仅要重视法定情节的举证，更要重视酌定情节的举证，在保证举证的重点性基础上，保证举证的完整性。

举证说明是对庭审举证的基本要求，是举证的一个重要环节，也是在实践中容易被忽视的环节。出庭公诉人只将证据罗列出来而不加以说明，证明的重点就不会突出，证据的关联性就不会明显，进而影响法庭对证据的采信，影响法庭审判效果。举证说明有如画龙点睛，通过你的说明，使法庭明白该证据的来源，通过你的说明，使法庭明白该证据要证明的事项，通过你的说明，使法庭明白该证据与其他证据的关联，通过你的说明，使公诉主张跃然法庭之上，给审判人员、被告方乃至旁听人员一个清晰的思路，一个完整的证据链条。在举证说明中，我们不仅要说明证据的来源、证明的主要内容，要更重视说明所出示的证据与其他证据的关联性，以保证所出示的证据得到法庭的全面认证。

（二）公诉人的举证责任

1. 概念。

举证责任是指在刑事审判中向法庭提供证据证明其诉讼主张的责任。在我国，公诉案件举证责任分配的一般规则是由控诉方承担举证责任。被告人不承担举证责任，其既没有证明自己有罪的义务，也没有证明自己无罪的义务。法院也不承担举证责任，在控辩式庭审方式下，法官仅仅是诉讼的裁判者，不属于控诉方，也没有任何诉讼主张，其中立地位决定其不承担举证责任。法官在庭审活动中主动询问、讯问以及调取相关证据不属于举证，而是履行相关审理义务，为弄清案件事实，实现居中裁判奠定基础。

2. 内容。

公诉方的举证责任包括三个方面的内容：

第一，提供证据证明公诉方事实主张的责任。起诉的目的是追究被告人的刑事责任，追究被告人刑事责任是以控诉事实成立为前提，因此提供证据证明公诉方事实主张便成为公诉方举证的最主要任务。

第二，说服法庭采纳公诉主张的责任。这是证明公诉事实主张的目的。只有法庭采信了公诉主张，对公诉人提供的证据给予了认证，对公诉事实给予了确认，才能追究被告人的刑事责任，公诉任务才能完成。

第三，在不能提供确实、充分证据时承担败诉的责任。我国刑事诉讼法第一百六十二条规定："证据不足不能认定被告人有罪的，应当作出证据不足、指控的犯罪不能成立的无罪判决。"因此公诉方必须通过举证、质证、辩论等活动，说服法庭采信本方证据，采纳本方主张。如果不能提出确实、充分的证据来证明提出的事实，对辩方提出的质疑不能合理答辩，无法说服法庭采信公诉主张，在这些情况下公诉方将承担败诉的后果。

3. 举证责任的转移。

举证责任的转移是指在具体的诉讼过程中，被告方提出积极辩护意义的具体事实主张等具体事由时，举证责任转由被告方承担的情形。

这就是说，公诉案件中虽然公诉方承担举证责任，但这并不意味着被告人在任何情况下都不承担举证责任。随着诉讼过程的推进，举证责任会发生转移，举证责任由公诉方转至被告方。举证责任的转移是以举证便利和诉讼效率为前提的，更是以证明诉讼主张和积极的辩护意见为前提的。一般来说，当公诉方完成举证责任，即所提供的证据足以证明所指控的犯罪事实时，被告方只有提供证据证明公诉方的事实主张不能成立，才能达到辩护的目的，此时被告方如果只是消极地反驳公诉方的事实主张是不够的，必须提出具体的事实主张，并承担相应的举证责任，以表明公诉的事实主张不能成立。当然，如果辩护方能指出控方证据不足，使法庭对控诉主张产生合理怀疑，也可以达到辩护目的。

基于公诉方和辩护方在诉讼中的地位不同，对举证标准的要求也不同，公诉方的举证标准是事实清楚，证据确实充分。对被告方的举证标准要求应低于公诉方，也就是说就某一具体事实而言，被告方的证明不必达到"事实清楚，证据确实充分"的标准，只要证明其主张的事实与公诉主张的事实相比，存在发生的更大可能性，即可以完成举证责任。此时公诉方如不能强化公诉证据，法庭就可能采信辩护方的证据，从而认定辩方提供的事实，公诉方将要承担败诉的后果。此时举证责任又转移至公诉方，公诉方基于说服责任的要求，必须对证据体系进行进一步补充完善，从而以确实充分的证据事实证明公诉主张的成立。

4. 举证责任倒置。

所谓举证责任倒置，是指在特殊情况下，法律规定由被告方承担刑事案件犯罪构成要件的关键部分的举证责任。举证责任倒置一般都是由法律以推定的形式明确规定的。在法律规定举证责任倒置的情况下，如果被告方不能履行举证责任，其将承担不利后果，也就是推定其有罪。如我国刑法三百八十五条第一款巨额财产来源不明罪中规定："本人不能说明其来源是合法的，差额部分以非法所得论。此时根据该条规定，被告人就承担证明其收入差额部分合法的责任。但是举证责任的倒置，公诉方并不只是一个旁观者，不承担任何举证责任，只要被告方提出其财产合法来源的明确线索并具有可查性，公诉方就有责任予以查实，此时举证责任又由辩护方转为公诉方。由此可以看出，举证责任的分配是以诉讼便利和效率为前提，以有效证明犯罪为基础，它并不是一成不变的，随着诉讼进程的改变，举证责任也在进行着转移。因此作为一个优秀的公诉人，在任何时候要明确自己的职责所在，才能在法庭上履行好职责，也能清楚如何要求辩护方正确履行职责。

二、做好公诉举证的基本方法

（一）拟制举证预案，认真做好出庭准备是做好举证工作的基础

所谓台上三分钟，台下十年功。要想在法庭上唱好主角，做好举证工作，并不是件容易的事。对于案情简单，事实清楚，证据充分，被告方无疑议的案件，庭审举证难度相对较小，我们只要根据犯罪构成要件将能证明被告人构成犯罪且罪行轻重的证据出示即可，而这些证据又往往我们在庭前已移送人民法院，并有证据目录和证人名单，举证时也无需更多技巧，只要说清楚即可。但对于疑难重大复杂案件，多被告人、多起犯罪

事实的案件，尤其是被告方有重大疑议的案件，被告方作无罪辩护或对证据的认定存在重大疑问的案件，庭前举证准备工作就显得至关重要。

第一，要充分熟悉案情。这是做好举证工作的基础。我们常说巧妇难为无米之炊，不掌握证据的公诉人不可能做好举证工作。在法庭上许多公诉人在举证时重点不突出，逻辑结构不严谨，示证顺序混乱，无举证说明或举证说明简单且与要证明的案件事实缺少关联性。这种举证不力的现象既有能力水平问题，但更多的是因为庭前准备不足。

要想改变此种情况，除了要有较强的事业心、一定的出庭公诉经验外，最主要的就是庭前做好充分的准备，掌握案情，全面了解证据情况。这种了解不是泛泛地了解，而是要对案件细节进行具体掌握。在出庭前，要弄清楚公诉认定的犯罪事实有哪些，认定被告人从重从轻的情节有哪些，案件的重点在什么地方，关键环节是什么，哪些地方是被告方的辩解点，运用哪些证据能证明上述问题，哪些证据存在疑问，哪些证据存在程序瑕疵，如何运用其他证据对这些问题进行排除等等，均要作到心中有数。如李某某抢劫（杀人）案，侦查证据达几十项，公诉机关承办人没有仔细研究相关证据，在审查过程中没有将认定犯罪的证据疑点进行合理排除，更没有及时补强证据，到庭上也只是按侦查顺序将卷内证据予以出示，不仅庭审效果不好，也给认定被告人构成故意杀人罪造成困难。更使一审后被告人大肆翻供，相关证据无法补充，最终导致被告人、被害人双方家属上访闹事，造成极坏的社会影响。

第二，要拟制举证提纲。

一要确定举证内容。界定证明对象，划分举证范围，这是拟制举证提纲的第一步。也就是确定当庭要举哪些证据，证明些什么问题。首先要证明公诉的事实，其次要证明量刑情节，第三要证明案件焦点、重点问题，第四要证明证据的证明力和完整性。

二要确定举证重点。这是拟制举证提纲的中心环节。每一起案件的待证内容很多，在出庭过程中如果没有举证重点，泛泛而论不会有好的效果，我们要根据庭审情况、案件需要，确定当庭的举证重点，并将证明该重点内容的主要证据筛选出来，甚至要将重点证据中的重点内容筛选出来，以备举证之需。

三要确定举证的顺序。这是拟制举证提纲的重要环节。将计划当庭所举的证据进行分类，预先安排好举证顺序，才能使当庭要证明的内容明确，重点凸显。举证不是证据的简单汇集，而是旨在建立一个证明公诉主张成立的证据体系。要完整证实案件事实的全过程，就必须对证据进行排列组合，找出它们之间的相互联系，使各个证据紧密联接，形成一个无懈可击的证据链条。要充分证明案件的重点、焦点问题，更应对证据进行排列组合，将能证明庭审中可能出现的焦点、重点问题的证据梳理出来，有重点地进行出示，才能保证举证效果突出。

四要做好举证说明。首先说明证据的来源及合法性、有效性，其次说明证据拟证明的问题及客观性。第三要说明该证据与其他证据的关联性。只有将证据的合法性、客观性和关联性说清楚了，举证说明才到位了。

五要做好质证提纲。要根据自己的举证内容，预测被告方对该证据的质证意见，做好答辩准备，以全面维护公诉举证的有效性。证据出示了，也按要求进行了说明，任务并没有完成。根据法庭要求，在公诉方出示证据之后，被告方将对公诉方出示的证据发表意见。有的公诉人，忽视被告方对证据意见的发表，不注意听，不进行回答，抱着听之任之的态度，将证据出示了并进行了说明就万事大吉了，也有的公诉人不知如何回答被告方的质疑，使公诉证据出示的效果欠佳，使法庭产生怀疑，给定案造成困难，使本不该发回重审的案件发回了，使本可以认定的事实得不到认定，浪费了诉讼资源，影响了案件质量。因此在公诉人员出示证据并进行说明后，还要充分预测被告方对该项证据的态度，他们将会有什么反响，根据所掌握的证据准备出充分的反驳意见，对没有预测到的辩方意见，要认真听取，及时反应，只要是影响定罪量刑的内容均要及时予以反驳，以正视听，保证举证的质量和有效性，减少产生疑议的可能性。

（二）突出举证重点，恰当地运用举证策略是举证的有效手段

1. 突出举证的重点。

一是常规重点，即每个案件均需要举证的重点内容。包括两个方面的内容，即公诉事实和量刑情节。公诉事实要根据犯罪构成进行举证，量刑情节要根据法律规定进行采证。如抢劫罪，我国法律规定以暴力胁迫或其他方法抢劫公私财物的是抢劫罪，其手段行为是确认其是否构成抢劫罪的关键。所以其是否使用了暴力胁迫或其他手段就成为我们举证的重点内容。这是从事实方面来看。从量刑情节来看，其是否具有入户抢劫等重罪情节，是否有自首、立功等从轻、减轻情节应当是我们举证的重点内容。再如盗窃罪，其秘密手段及盗窃的数额就是我们举证的重点。二是个案重点，根据个案情况不同，每个案件的争议焦点就有所不同，在法庭上显示的主要矛盾也就不一样。每一个个案的焦点及在庭上显示的主要矛盾就是我们的个案举证焦点。如吕某故意杀人案，吕某辩解没有杀人故意，只是想吓唬吓唬被害人，且被害人有过错。那么本案除常规举证重点外，更重要的是围绕被告人是伤害还是故意杀人、被害人是否有过错来进行。我们的举证责任就是提供充足的证据证明被告人系杀人，被害人没有过错。

在实践中确定举证重点有时很困难，尤其是我们庭前预测的举证重点往往与庭审出现的重点及法庭确认的重点不一致，导致庭审举证针对性不强，重点不突出，举证效果不好。要想使我们庭前审预测的重点与庭审出现的重点、焦点及法庭确认的重点相一致，就要做到以下几个方面：

一要明确法律规定，进而确定法律重点。只有明确了法律对该犯罪事实及量刑情节的具体规定、具体要求，正确理解该规定，才能正确确定举证重点。如抢劫罪，在刑法中属于规定相对复杂的罪名，它既有犯罪构成中手段行为的具体规定即暴力、胁迫或其他手段，又有入室抢劫、在交通工具上抢劫、抢劫银行或其他金融机构、多次抢劫或抢劫数额较大、抢劫致人重伤、死亡、冒充军警人员抢劫、持枪抢劫、抢劫军用物资或抢险、救灾、救济物资等重罪情节的规定，更有携带凶器抢夺、犯盗窃、诈骗、抢夺罪为窝藏赃物、抗拒抓捕或毁灭罪证当场使用暴力或以暴力相威胁转化为抢劫罪的规定。在这些规定中何谓除暴力、胁迫手段以外的其他手段、入室的"室"又如何确认，交通工具的范围怎么认定、携带凶器是否显露，犯盗窃、诈骗、抢夺罪是否构罪等又有相关的法律和解释。所以在出庭举证时，要以相关的法律规定为前提，围绕法律规定的重点进行举证，才能把握好举证的重点，才不会偏离法庭审判中确认的重点，即使审判人员由于水平不高、责任心不强或由于其他原因导致法庭调查重点偏离，作为出庭检察人员也可以及时提出纠正意见，引导法庭调查的有效进行。再如情节方面，如自首、立功等犯罪情节的法律规定也很复杂，何谓主动投案，何谓形迹可疑，何谓送子投案，何谓普通立功，何谓重大立功，在毒品等特殊犯罪中立功有何不同规定等等，只有你熟知了这些

法律规定和解释，才能确认被告人的犯罪情节，进而确定自己的举证重点，也才能使自己确定的举证重点与法庭确定的举证重点相吻合。

二要准确掌握和预测被告人的辩解，进而确定事实重点。被告人的辩解、辩护人的辩护意见是法庭永恒的重点。任何一个法庭调查和辩论均是以被告方的辩解为焦点，并随着被告方辩护焦点的变化而进行调整的。当一个公诉人一成不变地守着庭前准备的那点材料，照本宣科地出示庭前准备好的那点证据，法庭举证不会是成功的。只有当你准确掌握被告人的辩解，灵活运用所掌握的证据材料，及时调整举证预案，才能在证明公诉主张的同时，瓦解被告人的辩解，使其成为空中楼阁，得不到法庭的认可和确认。

三要预测辩护人的观点，确定辩论重点。随着刑事制度的规范，辩护人素质的不断提高，辩护律师专业化程度越来越高，加之案件本身的疑难复杂程度，给预测辩护重点带来难度。因此，要想准确预测辩护重点，在吃透案情的同时，必须仔细研究辩护规律，掌握辩护人的辩护方法。尽管辩护人的辩护形式五花八门，但总有规律可循，总结起来，不外乎三个方面：一是实体方面的辩护，一般来说包括两个方面，即无罪辩护和罪轻辩护。从无罪辩护来看，一般辩护人认为被告人的行为不符合法律规定或现有证据证明被告人有罪证据不足，应存疑无罪的居多。从罪轻辩护来看，一般辩护人从被告人法定和酌定量刑情节考虑居多，尤其是目前死刑上诉案件，酌定情节就显得尤其重要，成为辩护人充分利用的武器。二是程序方面的辩护。这也是目前在法庭上辩护人常用的方法，主要体现在办案机关办案程序违法方面。在法庭上遇到最多的是侦查机关刑讯逼供，引供、诱供；提审不符合法定要求——超时限提审，未按法定要求记录，提审程序不符合法定要求；现场堪查、法医鉴定等不符合法定程序等。三是证据方面的辩护。证据不足是目前辩护方最常用的最有效的辩护方法。包括证据形式是否合法及证据是否有证明力等。证据的合法性、客观性和关联性便成为辩护方最有力的辩护意见。总之，我们在庭前只有掌握辩护方的辩护规律，准确预测庭上可能出现的辩论焦点，就能把握庭审脉搏，进而确定相应的举证重点。法庭辩论再精彩，它也离不开对证据的确认，只有证据举得好，才有论的精彩。一个案件如何定罪，怎样量刑均要以证据说话。证据确实充分，才有事实清楚的存在，也才有公诉主张的成立。所以在法庭上一个活的灵魂就是辩点，围绕辩点确定案件重点，围绕案件重点进行举证才能真正体现公诉水平，才能确保公诉质量。

四要与审判机关做好庭前沟通，确定庭上重点。这点在实践中很重要。审判机关为提高审判质量，保证庭审层次分明，重点突出，提高审判效率，往往在受理案件之后，开庭之前，研究具体的开庭方式，确定庭审重点，尤其是二审案件更是如此。因此检察机关的办案人员就要在开庭前及时与法院沟通，了解其是否确定庭审重点，审查自己确定的重点与法院确定的重点有何差异，给法院提供合理的建议，及时纠正自己预测的偏差，以保证举证高质量的有效进行。

2. 恰当地运用举证策略。

举证策略可以根据案件性质、复杂程度、庭审情况进行有针对性地谋划。一般可以有以下几种方式：

一是依次举证法，也叫顺序举证法：对于有一名被告人有一起犯罪事实或案情比较简单的案件，我们一般依次举证。即根据案卷中收集到证据的顺序，依次宣读被告人的供述，被害人的陈述、要求证人到庭作证或宣读未到庭的证人证言、出示物证书证、宣读堪验、检查笔录、鉴定结论、播放视听资料等。这种举证方法给人感觉顺畅，先通过被告人的供述给人以直观、形象的概况，然后通过各类证据的逐渐丰富，达到证据间的相互印证，使指控犯罪的证据形成一个完整的证据链条，充分证明案件事实。这种举证比较简单，不需要我们太费心思。也是我们在实践中常用的举证方法。

二是分组举证法：对案情复杂、参与犯罪的人数多，证据种类齐全、数量较多的案件，一般采取分组举证法。分组举证法就是将证据按不同要素、标准进行分类，以证据组为单位向法庭出示，以凸显证明重点。分组举证可以按照不同的元素进行分类划分。可以按犯罪事实发生的时间顺序举证，如先举犯罪预谋阶段的证据，再举犯罪实施阶段的证据、犯罪结果阶段的证据及量刑情节有关的证据。也可以按照相反的顺序进行举证，如先举犯罪结果的证据，再举犯罪预谋阶段的证据、犯罪实施阶段的证据、量刑情节有关的证据。还可以以某一案件事实为单元，或以证明的某一具体问题为单元进行分组举证。按照目前侦查机关取证的情况看，侦查机关取证一般不单独取各犯罪阶段的证据，而是进行综合取证，在一份证据中或在一种证据中，同时具有犯罪各阶段的证据，所以，根据案件的具体情况，根据证据的不同情况，如果以某一事实或者以某一情节为单元进行举证能更好证明案件待证事实的话，就可以此为单元进行分组举证。如对于自侦案件，我们可以将认定被告人身份的证据列为一组，将认定犯罪事实的证据列为一组（案件事实可以是单个事实，也可以是一组事实，可根据案件不同情况而定），将认定其量刑情节的证据分为一组，每组证据相互衔接，形成一个完整的证据链条。另外，对于犯罪团伙或集团犯罪的案件，可以以主从犯罪为线条，先举主犯的证据，再举从犯罪的证据，从而全面证实共同犯罪人的犯罪事实及在犯罪中的不同作用。对于单位犯罪，可先出示单位犯罪的证据，再出示主管人员或直接责任人员构成犯罪的证据。另外分组举证，我们还可以将证据分成不同的类别，结合案件的具体情况进行举证。即将证明案件事实的证据，按照其证明力的大小进行分类后出示。如先出示直接证据，再出示间接证据，先出示原始证据，再出示传来证据，先出示言词证据再出示实物证据等。总之，运用分组举证策略，具有节约举证时间、证明内容集中、举证重点突出、使证据更具有连惯性、首尾相接，证明力更强。但在分组举证时要注意以下几方面的问题：一要注重举证的条理性。条理分明是分组举证的基础。如果证据组条理不清，更容易造成证据混乱，削弱证据的证明力。二要突出举证的重点性。分组举证的一个重要目的就是想使证据所证明的重点内容凸显给法庭，增加证据的证明力，但要分组时重点不突出，就达不到分组举证的效果。三要保证举证的全面性。以免使辩方钻断章取义的空子。所以分组举证法是复杂、多证据案件的常见举证法，运用好了可以起到事半功倍的效果。

三是运用多媒体示证法：所谓多媒体示证是指在法庭调查中，公诉人运用计算机多媒体示证系统出示各种证据的示证方法。多媒体示证的方法，可以更直观、更生动、更具体地将证据展示给法庭，可以将书面证据活化，使僵硬的证据鲜活起来。可以帮助承办人员梳理各类证据，突出举证重点，发现证据中存在的问题，规范举证工作。同时多媒体示证还有利于充分公开证据、改善出庭效果，提高办案质量。但是多媒体示证系统的运用要灵活掌握，不可千篇一律，否则会造成浪费资源、重复劳动，所以我提倡适当运用多媒体示证法。

四是巧用讯问法：适时、恰当讯问被告人、询问被害人及出庭作证的证人，给法庭更直观、更真实的定罪依据。一般来讲，我们通常将法庭讯问、询问与举证质证明确区分开来，认为它是庭审的另一个阶段。但就其实质来讲，法庭讯问也是证据展示的一种方式，通过讯问、询问，进一步确认、证实犯罪，通过讯问、询问更全面地复原案件事实。所以我认为它不仅是一个独立的环节，还可以穿插于庭审的不同阶段，很好地利用法庭讯问，会使举证工作更完整，证据链条更严密，从而达到庭审各环节水乳交融的效果。它是我们举证策略和技巧中不可忽视的一环。但是，很多出庭检察人员忽视法庭讯问、询问，也有的虽然很重视法庭讯问、询问，但却无法把握、正确运用，不知该怎么问、何时问，使法庭举证效果不好。

另外，根据案件的不同情况，在实践中还有其他举证方法，如分罪举证、分笔举证、列表举证等，但我觉得可以将这些具体的方法穿插于分组举证之中，灵活运用，以求效果更好。

（三）明确举证要求，规范举证行为是举证质量的程序保障

1. 举证的基本要求。

一是举证的真实性。公诉人的法庭举证以真实为前提。证据的真实性有的不言自明，如关于被告人年龄、职务、身份等情况的证明，但有的证据的真实性仍需要给予充分的证明，如被害人的陈述、被告人的供述等，哪些是真实的，哪些存在虚假的可能性需要通过其他证据加以证明，公诉机关在将其作为证据使用时，必须同时证明其真实，使举证确凿无疑，从而使被告方无可辩驳，使法庭得以确认。证据的可靠性，从来都是公诉人举证成功的根本保证。

二是举证的合法性。包括两个方面：①公诉人在法庭上所举的证据不仅要内容真实，而且要程序合法。尤其是程序意识越来越强的今天，证据的合法性在实践中越来越受到重视。因此公诉人在法庭举证的过程中，不仅要避免使用非法收集的证据，而且也有责任表明证据的合法性。对刑讯逼供等非法取得的证据要及时发现，坚决予以排除，以免在法庭上受到辩方质疑，使证据产生漏洞，造成公诉质量不高。②公诉人举证一定要按照法律规定的程序进行，听从审判长的调度和指挥。

三是举证的针对性。一个案件从侦查到起诉会收集到很多证据，公诉人在法庭上不可能将这些证据进行一一列举，只有将那些针对性强，对定罪、量刑作用明确，能形成完整证据链条的证据进行举证，才能有力地证明公诉主张。尤其是对案情曲折，事实复杂的案件，更应注重举证的针对性。

四是举证的严密性。公诉人在法庭所举的证据要一环扣一环，不给被告方以可乘之机，给法庭及旁听群众一个严谨的证据体系，给公诉主张一个坚实的基础。

2. 举证的一般要求。

根据高检院举证质证指导意见规定，公诉人举证一般要遵循以下要求：

第一方面是程序性要求，共六条：一是出示、宣读、播放每一份证据前，公诉人应先就证据的种类、名称、收集的主体和时间以及要证明的内容向法庭作概括说明。二是一般应宣读证据的全部内容。根据案件的具体情况也可以摘要出示，但不得随意删减、断章取义。三是结合被告人认罪态度，根据庭审情况，及时调整举证时机和举证内容，突出重点，繁简得当。四是对出示的证据进行归纳总结，明确举证目的。五是使用多媒体示证的，应与公诉人举证同步进行。六是举证涉及国家秘密、商业秘密或者个人隐私的，应建议法院转为不公开审理。以上六条是程序性规定，告诉你怎么举证。

第二方面是实体性要求，共八条。一是被告人身份。二是刑事责任能力。三是指控的犯罪事实，包括被告人实施犯罪行为的时间、地点、方法、手段、结果等。四是各犯罪人在犯罪中所起的作用和应负的责任。五是被告人实施犯罪行为时的主观状态（故意或过失及行为的动机、目的）。六是法定从重或从轻、减轻及免除处罚的情节。七是犯罪对象、作案工具的特征，与犯罪有关的财物的来源、数量以及去向。八是与定罪量刑有关的其他事实。以上八条是实体性规定，也就是告诉你举什么。

3. 举证的具体要求。

举证的具体要求是对每一类证据的举证要求。

第一，对于书证、物证一般应当出示原件。原件不易搬运、不易保存或已返还被害人的可出示照片、录像。获取原件有困难时可出示副本或复制件，并向法庭说明情况。出示书证、物证时应提请法庭交当事人辨认，经过技术鉴定的要宣读鉴定书。

第二，宣读被告人的供述，应当根据庭审中被告人供述变化情况进行。对被告人庭前有多次供述的应选择最为完整的一份出示，当庭供述与庭前供述一致的可不出示庭前供述，并向法庭说明情况。庭上、庭前供述不一致的，公诉人要问明情况，认为理由不成立的，应当就不一致的地方宣读庭前供述，并结合相关证据予以驳斥。

第三，鉴定结论、堪验、检查笔录由鉴定人、堪验人、检查人本人宣读，公诉人可以根据需要对其发问，发问时要适用对被害人、证人的相关要求。鉴定人、堪验人、检查人未到庭的，公诉人应当宣读鉴定结论、堪验、检查笔录，宣读前应对鉴定人、堪验人、检查人的身份资质、与当事人及本案的关系作出说明，必要时提供证明。

第四，询问证人或宣读证人证言。询问要单独进行，不得同时向二个证人发问。发问要采取一问一答。发问要简洁清楚，内容要与案件事实有关，不得以诱导、威胁或其他非法方式发问，不得损害证人的尊严，询问未成年人应当根据其特点进行。证人出庭作证的证言与庭前证言相矛盾的，公诉人应当问明理由。对于理由不成立的，应当澄清事实，宣读其翻证前提供的证言，并结合相关证据进行驳斥。宣读未到庭的证人证言，应当先说明证人与本案的关系。

第五，播放视听资料，应当对视听资料的来源、制作过程、制作环境、制作人员以及要证明的内容进行概括说明，播放应保持资料的原貌，不得剪辑。视听资料原始载体提供有困难的，可以提供复制件，但应向法庭说明原因。声音资料的出示，可以宣读庭前制作的附有声音资料语言内容的文字记录。

第六，出示通过计算机处理和保存的证据，应当对该证据的持有人、规格类别、文件格式、提取复制人员、时间、地点和见证人等予以说明，并提供提取复制人员关于该证据数据的文字说明。

三、举证工作中的特殊情况的处理和应注意的问题

（一）特殊情况的处理

1. 何种情况下建议法院由公开审理转为不公开审理。

在公开审理的案件中出示、宣读、播放的证据涉及国家秘密、商业秘密或者个人隐私的，应当建议法院转为不公开审理。

2. 何种情况下建议法院延期审理。

公诉人根据庭审需要出示提起公诉时移送人民法院的证据目录以外的证据，在征得审判长同意并说明理由和证明事项后，在辩护人提出需要给予必要的质证时间或确有必要通知开放前未向法院提供名单的证人、鉴定人出庭陈述的，可以建议法庭延期审理。

3．当辩方当庭提出宣读、出示卷中对被告人有利却未被公诉方采信的证据时，如何处理。

一是可以建议法庭决定由辩护方宣读。这样公诉方可处于质证地位，在辩护方宣读后，可针对该证据存在的问题、我方未采信的理由予以充分说明，以保证公诉证据得到充分认证，不被辩方误导。二是可以在休庭后移交人民法院，并说明没有采信的理由。这种方法在庭审过程中可能不被辩护方接受，也有可能不被法庭允许，当辩方或法庭不同意庭后移交时，应建议采取第一种方式。

4．当公诉方摘要出示的证据，辩护方提出详细出示时如何处理。

对于此种情况不能一概而论，应当分别不同情况确定是否详细出示。

应当详细出示证据的情况有：审判长要求详细出示的；辩方提出详细出示的要求确有需要，经向法庭申请被采纳的；摘要出示证据可能影响举证效果的。

可以不详细出示证据的情况有：公诉方已在庭前向法院移送的；相关证据已详细出示过而辩方重复要求的；摘要出示的证据足以证明案件事实并足以反驳辩护方异议的；辩方要求详细出示的内容与控方认定事实无关的。对于上述情况，公诉方应当庭说明理由，经法庭同意后可不当庭详细宣读。

（二）应注意的问题

1．要重视法庭讯问与证据展示的有效配合，保证举证的完整性。法庭讯问为证据展示作好铺垫，证据展示反过来证明法庭讯问，使讯问和证据展示有效地结合，全面证实公诉证据的真实性、有效性和客观性。

2．要重视证据展示与证据分析的有效结合，保证举证的明确性。在目前的庭审工作中，人们对证据分析不重视，甚至有人认为证据分析带有主观色彩，影响证据的客观真实性。但是检察机关出席法庭的目的，就是运用证据证明公诉主张的成立，以惩罚犯罪，维护社会秩序。因此，运用证据不仅仅是将证据罗列出来，而必须将其与案件事实的关联性，与其他证据的关系，与被告人行为之间的关系等进行全面综合的分析，进而确认被告人的犯罪事实与定罪情节，以便法庭认定和处罚。证据分析包括单个证据分析和整个证据体系的证据分析，整个证据体系分析要在举证后的辩论过程中进行，而单个的证据分析则要在每一个证据出示时进行，由单个证据分析的充分达到整个证据体系分析的充分。只有证据分析到位了，举证任务的明确性才得以体现。

3．要重视证据展示与质证的有效结合，保证举证的准确性。应当遵循一事一证一质一辩一清的原则。即对每一个犯罪事实都要由一组证据加以证明，每一组证据都要进行质证，通过质证、辩论达到事实清楚，证据确凿的目的。也就是说，我们不能将举证机械地理解为出庭公诉的一个阶段，目前庭审的举证阶段，实质上是集中出示证据的一个阶段，除此而外，举证其实贯穿整个庭审过程的始终，讯问和辩论是对举证的铺垫和延伸，其目的就是将所举之证加以确立，得到法庭的认定，成为定案的依据。所以公诉人在举证过程中决不可忽视举与辩的结合，证与质的统一。

第三十一讲
公诉人法庭质证方略

王 岩

质证是庭审中不可忽视的重要一环，它与举证相辅相承，又与辩论相近。什么是质证，质证的目的是什么，如何进行质证，何时进行质证，它与举证的关系，与辩论的区别等问题就成为每个出庭检察人员必须考虑和认真研究的问题。实践中，存在控、辩、审三方对质证重视程度不够，出庭人员质证能力不强，质证规则不明确等问题，往往使庭审中的质证流于形式，起不到应有的效果。为了解决上述问题，提高出庭检察人员的质证能力，根据质证的诉讼原理，总结质证实践经验，谈一下自己的看法。

一、质证的概念、目的和基本要求

（一）质证的概念

所谓质证，我理解就是对证据的证明力进行质疑和论证。《公诉人出庭举证质证指导意见》（试行）中将质证界定为：质证是指在审判人员的主持下，由控辩双方对所出示证据材料的合法性、客观性和关联性相互进行质疑和辩驳，以确认是否作为定案依据的诉讼活动。从上述定义中我们可以看出：

质证的主体是控辩双方。这里的控辩双方不仅仅指公诉人和辩护人。根据刑事诉讼法第四十七条规定："证人证言必须在法庭上经过公诉人、被害人和被告人、辩护人双方讯问、质证，听取各方证人的证言并且经过查实后，才能作为定案的依据。"因此从广义上讲，质证的主体包括公诉人、当事人、法定代理人、辩护人和诉讼代理人。在法庭上审判人员虽然也可以讯问被告人和询问证人、鉴定人，但这种活动是审判人员直接审查核实证据的手段，不属于质证。故其不是质证的主体。

质证的对象是相关证据。一切证据必须经过当庭出示、辨认、质证等查证属实，否则不能作为定案的根据。所以控辩双方向法庭提供的证据以及人民法院自行收集、调取的证据就成为质证的对象。当然，也有人对质证的内容有不同的看法，一种观点认为质证的对象仅限于庭审中提出的证人证言；第二种观点认为质证的对象是庭审中举出的与实物证据相对立的言词证据；第三种观点认为质证的对象是庭审中举出的所有证据。我认为质证的对象是在庭审中出示的证明被告人是否有罪、罪行轻重的所有证据。

质证的内容就是证据的真实性、关联性、合法性和证明力。通过对这些方面进行质疑和辩论，为法庭提供定案的依据。

质证的主要方式是质疑、辩驳、对质。

（二）质证的目的

我认为质证的目的在于：通俗地讲就是找碴、否定、为我所用。找碴——一方面找出对方证据实体上存在的矛盾，以证明其提供的证据无法证明所要证明的事实；另一方面找出对方证据程序方面的不合法性，以证明其提供的证据不具有合法形式。否定——通过在实体和程序上削弱、动摇对方证据的效力，进而否定、瓦解对方证据基础，最终否定对方的诉讼主张。为我所用——通过对证据的质疑，将对方证据为我所用，使证明自己主张的证据更完善，充分确立自己主张。

（三）质证的基本要求

1. 认真制作质证预案，做好庭前预测，并结合庭审情况及时调整质证方案内容。

庭前预测：应包括两方面的内容，一方面，要根据卷中证据情况，找出对辩方有利的证据，同时找出这些证据的矛盾之处，做出充分的质疑预案。另一方面，要根据自己的举证预案，预测出辩方可能对我方证据的质疑，作好应对准备。这是一个问题的两方面，二者相互呼应，重点一致，问题一致，只是侧重点不一样。高检院在《公诉人出庭举证质证指导意见》中对此作出了明确规定："公诉人应在开庭前充分预测辩护方可能出示的证据以及可能对公诉方指控证据的合法性、客观性、关联性提出的质疑，制定质证方案，做好质证准备。"正所谓知己知彼，百战百胜。

制作预案：预案的制作要根据庭前预测进行重点突出、有针对性地制作。同样应包括两方面的内容：一方面是对辩护方质证的答辩，另一方面是对辩护方证据的质疑：首先，要根据案件的具体情况确定是一证一质一辩还是一组一质一辩。在实践中，对于案情简单的案件，尤其是一审案件，最好采取一证一举一质一辩的方法，这样更有利于对被告人犯罪事实的认定及对犯罪情节的考量，更给被告人一个供述、辩解的机会，体现规范公正执法，充分保障人权。对于案情复杂、有多份证据证明同一内容的情况，可建议法庭采取一组一举一质一辩的方法，一方面可以突出重点，另一方面又可以体现诉讼效益原则。这种情况可以在庭前与法院沟通，也可在庭上根据实际情况向法庭提出建议。不论是一证一质一辩，还是一组一质一辩，在法庭上都不是一成不变的，有时可能是交替进行的，因此在预案中均要对单个证据制定质证预案，以便在法庭上做到分合有度，收放自如。其次，要确立质证和答辩重点，对辩方质证可不予应辩的情况做到心中有数。质证和答辩的重点：一是证据的合法性，这是程序方面的内容，目前很多律师热衷于程序方面的质疑，如对取证单位、地点、时间、人员等提出非法性质疑，尤其刑讯逼供、侦查机关或部门出具的说明、纪检监察部门所取的材料等更是辩方质证的重点内容。相反，对于辩护方提供的证据在程序方面存在可能影响定罪、量刑方面的问题也应是我们质疑的重点。二是证据的真实性，这是实体方面的内容，如证据本身证明的内容不客观、不真实，不符合常理，证据中所要证明的内容存在矛盾点等。三是证据的关联性，如该证据与其他证据相矛盾，控、辩某方提出的证据不能形成完整的证据链条，该证据无法证明案件事实等，这是案件事实是否认定或被告人犯罪情节轻重的重点。因此在制作预案时要将这些问题作为质疑、答辩的重点进行准备。对辩方质疑可不予应辩的情况有：一是对辩方提出的与证据的证明力无关的质疑，二是与公诉主张无关的质疑，三是其他对定罪、量刑、适用法律影响不大的质疑。但对于此类质疑不是放任不管，而是要在辩方提出质疑后，要及时说明此质疑的情况，不予答辩的理由。另外，值得注意的是，在质证时，我们不仅要对辩方证据提出质疑，同时建议法庭不予采纳，这是质证的一个重要环节，质证不仅要表明我们对证据的看法，同时要表明我们对该证据的明确处理意见。

随机应变：准确的预测，科学的质证方案是我们出庭质证的重要基础，但庭审情况是变化莫测的，有的是我们预料之内发生的变化，更有我们预料之外的突发情况。由于庭审情况的这种不确定性，就要求我们在庭审质证方案的基础上，更重视庭上情况的变化，并结合庭审情况及时调整质证方案内容。这一点很重要。在实际工作中，大部分案情简单、事实清楚、证据确实充分的案件庭审情况变化不大，只要在庭前作了认真准备，一般情况下，庭审中出现的问题都会在我们预测范围之内。但对于案情复杂、证据种类多、案件事实多、被告人多的"三多"案件，庭审出现的问题可能就会是我们预测不到的，甚至在庭审中会有一些突发情况的出现，这就要求我们要根据庭审情况及时调整质证预案，否则将会陷入被动。

2. 恰当运用质证方法，做到目的明确、质证准确、逻辑清楚。

在刑事公诉案件中，控、辩双方是天然的对立关系，因此，作为出庭公诉的检察人员，如果过分地渲染了这种对立情绪，不仅加剧被告人及辩护人与检察机关的对立，有时甚至激发起与检方对抗的情绪，不利于法庭审理。尤其是对辩护人向法庭提供的证据，不能一味指责，一概否定，有时甚至可以肯定辩方提出的个别证据的相关内容，如证明被告人具有法定从轻情节的证据，如果翔实，与公诉机关认定一致，这不仅不影响公诉指控，相反，会体现出公诉人的客观、公正的立场，体现出公诉人的合理纳言的襟怀，更有利于对案件的审理和对犯罪事实的认定。所以，我们在质证过程中不能火药味十足，要讲究质证的方式方法。

一要目的明确，张驰有度。目的明确是指公诉人质证应根据辩护方所出示证据的内容以及对公诉方提出的质疑，紧紧围绕案件事实、证据和适用法律进行。要重点突出，不纠缠细枝末节。做到重点问题充分质证，一般问题综合质证，细微末节或不影响案件的问题不予质证。质证的目的并不仅仅局限于对该证据的否定，在许多案件中，通过我们对辩方提出证据的合理质疑，达到使其存在重大疑问，进而导致法庭认为该证据无法证明辩方所要证明的问题即可。对辩方对公诉证据的质疑则要充分说明该证据的合法性、真实性和关联性，保证公诉证据为法庭采信。

二要利用矛盾，借力打力。第一，要充分利用被告人供述自相矛盾的地方。实践中每一个案卷，被告人的供述都不止一份，多名被告人的案件被告人供述的份数就更多。在被告人不同时间、不同地点、不同承办人讯问时其供述不可能完全一致，必然有许多细节不一致，如果在庭审中辩方出示的证据有碍公诉事实的认定，我们在质证时就可以利用被告人供述的矛盾点及与该证据的矛盾点提出质疑。使其提供的证据出现疑问，难以证明所要证明的问题。第二，要充分利用被告人与辩护人观点不一致的问题。实践中，有些辩护人与被告人对证据作用的认识和观点不一致，有可能产生意见分歧。在质证时，公诉人员应充分利用这些分歧为我所用。第三，要充分利用共同被告人及其辩护人在法庭上产生的矛盾。实践中，许多共同被告人不论之前关系多好，在法庭上由于特定的利益，很多都会出现问题，情人反目、夫妻成仇、兄弟操戈等等，在法庭上互相推诿、相互指责，其各自的辩护人出于利益的驱动、职责的考虑，也会竭尽全力提出倾向性意见，基于此，就会造成各被告人及辩护人之间的矛盾，此时公诉人员就要充分利用他们的矛盾，各个击破。既可以长矛长枪披甲上阵，直指矛盾，也可以顺水推舟，隔岸观火，采取何种方式看庭审情况而定。如一黑社会性质组织案，有24个被告人，其中，第一被告人作为黑社会老大，曾指使第九被告人杀害与其有矛盾的乡党委书记，第一被告人当庭否认与该乡党委书记有矛盾，否认其指使第九被告人杀人。而第九被告人及其辩护人，为了减轻被告人的罪责，得到从轻处罚，则极力证明第九被告人是在第一被告人的指使下，作为小弟不敢不为，其属于从犯和被胁迫的地位，甚至明确指责第一被告人说谎。在此情况下，公诉人员就没有必要就第一被告人说谎的情况直接提出质疑，可以在综合评价证据时或在辩论阶段系统说明即可。第四，要充分利用被害人及其代理人在庭审中的作用。被害人是案件的亲历者，对案发当时的情况了解的最清楚，所以在法庭上往往也最能发现证据存在的问题，所以在法庭上要充分听取被害人及其代理人的意见，充分利用被害方质证意见，使质证更充分。如一故意杀人案，被告人当庭否认其有杀人动机，称系被害人不让其割鱼塘的芦苇，并用刀扎其父亲，为解救其父，在与被害人厮打中失手杀死被害人，属正当防卫。当庭辩护人问被告人是怎么看见被害人拿刀扎其父亲的，被告称当时在自家的渔窝棚里，看到被害人拿刀在与其父亲厮打，所以看见的。该案证据显示，被害人因芦苇权属问题确与被告人父子发生口角，进而厮打，但在厮打过程中无人证明被害人是否拿刀，更无法证明是否有要扎被告人之父的行为，被害人已死亡。正当公诉人面对上述情况为难之时，被害人之妻作为被害人的诉讼代理人，对被告人开始质疑。

问：你家渔窝棚离你拿刀捅死我丈夫的地点有多远？

答：大概四五十米远。

问：实际上相距有100多米。

答：差不多吧。

问：你捅我丈夫是什么时间？

答：大约晚7点多钟吧。

问：那天我是否在场？

答：在。

问：9月20日7点来钟已天黑，我当时就在跟前都没看清他俩谁拿出刀，你隔100多米就看清了？

答：反正我看他捅我爸我才把他捅死的。

此时公诉人就是不用对其进行质疑，其杀人动机和行为也清楚地展现在法庭之上。

三要含蓄达练，有理有节。在法庭上，我们不仅仅是一个勇于战斗的战士，更应是一个有勇有谋的将军。我不欣赏那些不顾一切一味冲锋的斗士，当你的冲锋枪尽情地扫向对方的时候也会伤及自己。子弹终有打完的时候，过早地射光子弹，到后来只有被动挨打的份了。所以在质证的时候，要柔中有刚，不要与某一被告人或辩护人产生过于激烈的焦点对立，更不应该与辩方打口水仗。即使辩护人在质证中存在明显违背法律、不符合事实真相的情况，也应尽量心平气和地予以指出。如公诉人将辩方的错误之处指出，当辩方已不再固执己见时，公诉人即可停止反击，不宜穷追猛打，使其陷入窘境。公诉人的质证发言，尽量以事实说话，以证据说话，以法律说话，不要使用感情色彩过浓的词语，减少随意性。对辩方带有挑衅性甚至是攻击性的质疑，也要恰当反驳。如某一辩护人在法庭上指责公诉人对认定被告人犯罪的证据"情有独钟"，对认定被告人无罪或罪轻的证据却"熟视无睹"。对此种情况，有的公诉人肯定会大发雷霆，甚至请求法庭对律师这种不负责任质疑给予制止。但该案的公诉人没有采取上述办法，而是恰当适时地进行了回应，他说：公诉人与被告人近日无怨，往日无仇，为什么对认定被告人犯罪的证据"情有独钟"呢？是因为认定被告人有罪的证据客观真实，各项证据相互印证，能形成一个完整的证据链条；是因为我国法律规定有罪的人应该受到刑事追究；是因为公诉人代表国家出庭支持公诉，指控被告人有罪是法律赋予的权利，是职责所在。三个"是因为"堵的辩护人哑口无言，紧接着，公诉人又说：为了进一步证明指控证据的客观真实，下面向法庭宣读XX证言此种质证不卑不亢，效果极佳。另外，在对辩方证据发表质证意见时，也要注意有理有节，不要尽早将辩论观点亮出，要仅对证据提出质疑，以免与辩论重叠，影响公诉质量。

总之，质证时，要重点突出，目的明确，质证准确，逻辑性强。质证阶段的论辩一般应围绕证据的有效性和证明力进行。对证据的综合证明作用问题，特别是证明体系问题，一般应在辩论阶段予以进行。

3. 质证时具体应注意的内容。

高检院在《指导意见》中对此作了明确规定，在实践中应以此为依据，进行全面有效的质证。

一是证据是否符合法定形式；

二是证据的收集是否符合法律规定；

三是证据形成的原因；

四是发现证据时的客观环境；

五是证据是否为原件、原物，复制件与原件、原物是否相符；

六是证人或提供证据的其他人与案件当事人有无利害关系；

七是证据之间的相互关系；

八是证据内容前后是否一致，有无矛盾。

二、质证的一般规则和基本方法

（一）一般规则

1. 及时质证规则。不论是对辩护方质证的答辩，还是对辩护方证据的质疑乃至控辩双方的对质，均应做到及时质证，借助质证将控诉方的意见表达清楚，借助质证将支持公诉主张的证据加以固定，借助质证将辩护方的主张置于矛盾或无理的境地，借助质证将支持辩方意见证据的矛盾和不实之处反映出来，做到这些唯有及时，否则，在法庭上一定会产生举证不利，质证效果欠佳，以至影响公诉证据的认定，影响指控的力度。

2. 证据中心原则。这是保证质证效率和效果的基本规则。主要是指质证必须围绕当庭出示的某一或某些证据，就其真实性、关联性和合法性等问题进行质证。有的控辩双方，甚至有的法官对质证的认识模糊，没有认识到质证是对证据的对质、核实活动，将质证和法庭辩论相混淆，在质证环节中随意地在质证对象之外，对其他事实及法律适用等问题展开辩论，使质证行为偏离证据这一中心，缺乏针对性，从而弱化质证的功能。有的质证主体在质证中不仅把握不住质证的目的和侧重点，甚至不清楚质证的真正意义，往往抓住书面证言中与案件事实没有必要关系的错别字、语法等细微问题不放，对取证人或举证人的工作能力、思想作风等进行挖苦、讽刺，甚至人格攻击，不仅影响质证工作的质量，更影响法庭审判效果及对案件事实的认定。

3. 保证充分质证规则。这是保证案件质量的主要规则。包括三个方面的内容：

第一，所有在庭审中所举的证据必须经过控辩双方的辨认、质疑、辩驳、对质等程序的质证，否则不能作为定案的根据。

第二，对每个在法庭上所举的证据都应均等地给予双方质证的机会，质证不能流于形式。

第三，法官认为质证不清时可以进行必要的、补充性发问。通过以上三方面来保证证据得到充分的质证。

4. 反对不正当讯问（询问）规则。一般是指质证的一方在质证过程中按照自己的意图对被取证人、鉴定人进行诱导、威胁或有损人格尊严的讯问（询问），或者重复讯问（询问）以及讯问（询问）与案件无关的问题。如："？你当时没有想杀死受害人的意图是吧？""你的作案工具不是事先准备的吧？"等和对于反不正当讯问规则，作为出庭的检察人员自己在质证时要严格遵守，而且在辩方出现上述问题时要及时纠正。在质证过程中想要很好地利用这一规则，关键在于正确判断何谓不正当讯问，如果判断不当，反而会影响出庭效果。如对与案件核心问题无直接关系的预备性问题或入门性问题，不应视为与案件无关的问题，利用侦查阶段或审查起诉阶段的言词证据来进行当庭质证也不应视为诱导性发问，对理解和表达能力不好的被告人和相关证人及其他人员进行的有必要的提示性询问也不应视为诱导性发问。因此，检察人员在出庭公诉过程中，一定要准确把握、正确运用此项规则，以保证出庭质证的良好效果。

（二）质证的基本方法

1. 答辩——是指公诉方对辩护方就公诉证据所提出的质疑及否定性意见进行辩驳。即对辩护方质证的答辩。基本方式是先由公诉方举证，在审判长的主持下，由辩护方对公诉证据的合法性、客观性及关联性提出质证意见，再由公诉人针对辩护方的质疑做出明确具体的答复和辩驳。答辩一般应当在辩护方提出质证意见后立即进行，这样答辩一方面便于记忆，针对性强，另一方面也可以使法庭明确公诉方对证据的意见，强化公诉主张，及时驳斥辩护方的不正确观点，为法庭质证起导向作用，增强庭审效果，保证举证质量。如果认为质证答辩可以在法庭辩论阶段结合其他证据进行综合发表意见更方便，更能取得较好的效果要及时向法庭说明，也就是在法庭询问公诉方对辩护方质证有何意见时，要及时表明态度，不能仅说明没有意见，造成公诉方对辩护方质疑认可的误解，使法庭相信辩护方的质疑。

对辩护方的质疑我们不要一概面面俱到地予以答复，对于与证明力无关与公诉主张无关的质证意见，公诉人可以说明理由不予答辩，并提请法庭不予采纳。

对于辩护方提出的质证意见如果确需进行补充侦查的，可以建议延期审理。

对于辩护方因对证据内容了解有误而质证的，可以就证据情况进行简要说明。

对于辩护方在质证过程中带有对公诉人指责或进行人身攻击的言词，应及时指出，说明辩护方对公诉人的指责或人身攻击有违律师职业道德，同时明确指出辩护人指责公诉人的意图，对于严重者可提请审判长及时予以制止。

2. 质疑——是指公诉方对辩护方当庭出示的证据提出疑问、异议或否定意见。即对辩护方证据的质证。质疑与答辩的顺序正好相反，先由辩护方提出证据，再由公诉方进行质疑，最后由辩护方进行答疑。有力的质疑可以击毁辩护方的证据基础，使其辩护主张的认定缺少依据。所以公诉方在进行质疑的时候应注意，一要找准突破口，找出辩护方证据存在的实质性问题，不能眉毛胡子一把抓。尤其是不能在小事上纠缠不休，以免因小失大。二是对不同的证据要有不同的质疑方法，灵活运用不同的质证方式，保证质证的有效性。三是注重程序意识，对于违法提供、获取的证据要及时发现并指出，建议法庭不予采纳。新收集的证据，辩护人没有在开庭五日前提交法庭的，违反了刑事诉讼法第三十七条规定，违背举证规则，建议法庭不予质证，更不应采信。

对质——是指两个或两个以上的被告人或相关人员就特定案件事实的供述或陈述、鉴定等发生矛盾时，而在法庭上相互展开的询问、质疑和辩驳，以查明孰是孰非的方法。这种方法在实践中很少运用，法律对对质的规定也不十分明确，但适时正确运用对质有助于查明案件真相，对质的作用及方法还有待于实践中积极探索。

三、对辩护方质证的应变技巧

（一）辩护方对公诉证据质疑的常见问题

从实践看辩护方往往从以下几个方面对公诉证据提出质疑：

一是从取证程序的合法性角度对公诉证据提出质疑。尤其目前被告人翻供的理由基本上都是侦查人员刑讯逼供、违法取证等。因此结合被告人翻供的情况，辩护人往往愿意先从程序入手，来否定公诉证据的合法性，从根本上动摇公诉证据的可信性。

二是从证据的真实性角度对公诉证据提出质疑。如认为公诉证据违背客观常识、违背科学公理、违背案件自身发展的逻辑、证据本身无证明力等方面来否定公诉证据的真实性，使法庭对公诉证据产生怀疑，影响对案件事实的认定。

三是从证据与案件事实的联系对公诉证据的关联性提出质疑。如认为公诉证据不能直接证明案件事实，与其他证据不能形成完整的证据链条，证据之间存在矛盾无法排除等。

四是从证据的内容方面提出质疑。如被告人有无犯罪故意，被害人是否有过错等以避重就轻，影响公诉证据的认定。

五是对证据证明的犯罪情节方面提出质疑。如自首、立功等以利减轻对被告人的处罚。

（二）公诉方对辩护方质证的应变技巧

一是要明确什么质疑应当回答，什么质疑不应当回答。在出庭过程中辩护方提出的质疑五花八门，既有程序的又有实体的，既有定罪方面的也有量刑方面的，既有主要内容又有细枝末节，因此我们不能让辩护方牵着鼻子走，有问必答，有质必辩，这样不仅取得不了好的庭审效果，而且使我们疲于应付，影响证据的认定和采信，影响案件质量。所以面对众多的辩护方的质疑，我们在认真听取的基础上，快速进行筛选，明确答辩的重点，掌握原则，把握尺度，答辩应以质证问题是否影响证据证明力为出发点，凡是对证据的合法性、客观性、关联性提出质疑的都应予以答复，凡是与证明力、与诉讼主张无关的无需答复。这只是原则要求，如果在庭审过程中，辩护方太多的细枝末节影响到庭审效果时，要集中进行有力的批驳。

二是要明确什么时间回答哪方面的质疑。一般情况下，在讯问（询问）时对辩护方的质疑应立即回答，这样体现质证的主动性，明确性，也可以对证人、被告人起导向作用，以免产生不必要的翻供或翻证。在举证出示相关证据阶段，可以进行一证一质，也可以一组一质，这要灵活掌握，看庭审的具体情况及辩护人的辩护风格而定。

三是对于辩护方突如其来的质疑，要想好了再回答。对此类情况如确有答复的必要而又一时无法答辩时，不要急于发言，要先用笔记好，待思考成熟或寻找适当的时机再进行答辩。对于不合理的质疑，可根据法庭进展情况，充分利用自己掌握的证据，争取法庭的配合，适当予以答辩，不要仓促应战，答辩时不要慌乱，要有理、有力、有节。如果确属在审查起诉时忽视而对案件又确有影响时，切不可强词夺理。对于案件影响不大，属对定罪量刑不起主要作用的可以忽略不答，对确实对定罪、量刑有影响的，需要时可以申请延期审理，进行补充侦查，同时也能表现检察机关客观公正的态度。

四是对辩护方攻击公诉方断章取义，要用证据的全面性、关联性予以驳斥。辩护方以"断章取义、掐头去尾、摘录证据材料"来否定公证方举证的时候，公诉方可以用相关证据的全面性、关联性进行辩驳。可以充分指明辩护方质疑的片面性，陈述公诉方举证虽从表面看是对证据的截取，但实质上，这些所截取的证据能形成一个完整的证据链条，充分证明公诉主张，证明案件事实。辩护方的这种质证方法是我们在法庭中常见的。在每一个案件中，证据存在矛盾是不可避免的，这些矛盾常常为控辩双方利用也是正常的，当辩方以断章取义来质疑公诉举证时，我们切不可慌张或无言以对，有及时、充分说明我方之所以取证的理由，更要说明我方如些举证的客观必要性，为我方举证成立奠定充分基础。

四、对辩护证据的当庭质证

（一）对于物证

应围绕以下几个方面进行质证，一是该物证是否系伪造，二是该物证的来源是否合法，三是该物证与案件的联系。辩护方质疑物证时，公诉人可以从物证的客观、稳定、不易失真以及取证主体、手段、程序合法等方面进行答辩。

（二）对于书证

应围绕以下几个方面进行质证，一是书写是否受到利诱、欺诈或其他违背真实意愿因素的影响，内容是否反映其真实意思；二是内容是否明确，前后是否矛盾；三是与案件事实的联系，能否证实案件真实情况。

（三）对于证人证言

应围绕以下几个方面进行质证，一是证人有无作证的资格；二是证人证言的来源、形成条件、证人是否亲历犯罪、与案件当事人的关系、收集的程序是否合法、证人的品质等。对于辩护方对证人证言提出质疑的，要针对争议的重点进行答辩，对于出庭作证的证人，一方面要适时制止辩护方的不当询问，另一方面要有针对性进行询问，对其证言中的疑问进行质证，发现证人证言前后矛盾或与案件事实无关的可以建议法庭不予采纳。

（四）对于被告人的辩解

被告人的辩解是指在刑事诉讼过程中否认自己有犯罪行为或虽然承认自己犯了罪，

但依法不应当追究刑事责任或有从轻、减轻、免除处罚等情况所做的申辩。

被告人辩解一般具有如下特点：

一是证明的直接性。也就是说被告人的辩解与供述一样均系直接证据，其内容直接涉及其定罪和量刑，影响到法庭对其罪行的确认，这是其他证据所替代不了的。

二是内容的多样性。其辩解的内容有否认自己犯罪的，也有承认自己犯罪的，有涉及事实的也有涉及量刑的，有真实的更有虚假的，这种复杂性靠公诉人直观判断是很难确认的。

三是动因的复杂性。有的是因为要如实供述，但也有很多是由于畏罪心理、抗拒心理、侥幸心理导致被告人当庭辩解，甚至说假话。

对被告人辩解的质证方法：对被告人当庭如实供述的质证很简单。对于其虚假辩解的质证要利用一定的质证方法，恰当地对被告人虚假辩解进行驳斥，是公诉人当庭质证的主要任务和工作重点。一是要善于利用矛盾，在讯问中对被告人辩解进行质证。既可以利用其自身供述的矛盾，也可以运用共同犯罪人之间供述的矛盾，还可以利用被告人与证人证言及与其他证据间的矛盾。二是适时出示证据，通过举证来对被告人的辩解进行质证。只有依靠充分的证据才能揭穿被告人辩解的虚伪性，因此在对被告人辩解质证时，必须适时向法庭出示证据，通过举证来对被告人辩解进行质证，使讯问、举证、质证融为一体。但是这种举证质证方法在出席法庭时要有选择地应用，并不是所有的案件都适合这种方式。因为在司法实践中，讯问和举证往往是两个明确分开的阶段，举证一般是在讯问结束后进行，这就要求出庭公诉的检察人员，要根据庭审的具体情况，灵活运用，适时出示相关证据，使讯问与举证彼此呼应，进而强化质证的力度，使被告人的无理辩解无立足之地。

总之，在法庭调查过程中，正确运用讯问、举证、质证方法，对全面履行公诉职责具有重要的指导意义。讯问恰当、举证有力、质证准确，是提高公诉工作质量的基础，是保证庭审活动依法顺利进行的先决条件。法庭调查阶段出庭公诉技巧，需要我们在实践中不断总结、探索，逐步提高对其规律性的认识，从而自如地在实践中运用，进而使我们始终把握出庭公诉工作的主导权。

第三十二讲
公诉人法庭辩论方略（一）

刘振华

公诉部门是检察机关的门面，这是因为公诉工作具有向社会展示检察机关司法形象的重要职能，而体现这一职能的主要方式是公诉人出席法庭支持公诉。就刑事案件的法庭审理全过程而言，法庭辩论应当是庭审活动的高潮环节，而公诉人出庭公诉最精彩的部分应当就是法庭辩论。

法庭辩论，简而言之是指公诉人和辩护律师在法庭调查的基础上，就案件的事实、证据和适用法律问题提出各自的意见，并进行互相争论、驳辩的刑事诉讼活动。

法庭辩论的目的和意义在于：通过控、辩双方就公诉案件的认定事实、采信证据和适用法律充分发表意见和相互争论、辩驳，帮助法庭或者审理案件的合议庭成员能够客观、全面地认定案件事实、分清责任、正确适用法律，最终对被告人作出公正的裁决。

"法庭辩论"作为一种特殊的辩论活动，具有一定的内在规律，因此司法实践中辩护人在"法庭辩论"中的辩护观点也是具有规律可循的。一般而言，辩护人的辩护焦点和辩护内容，常常会围绕检察机关指控的犯罪事实是否存在、犯罪嫌疑人是否具有犯罪行为、犯罪嫌疑人应适用的刑罚三大方面，分别从"证据分析"、"法律论证"和"量刑情节"三个角度展开。因此在当前的"法庭辩论"实践中，辩护人的辩护规律具有三大趋势：即"指控证据的辩护、适用法律的辩护和量刑情节的辩护"。公诉人只要掌握了辩护人的辩护规律，对于辩护人所提出的各种辩护观点，公诉人都能找到恰当的应对策略；对于辩护人的各种辩护理由都能有效地做到：准确把握、应对自如、反击有力。

本篇"公诉人法庭辩论方略"，是笔者结合自己多年的公诉工作实践，并借鉴他人的成功经验，对应我国《刑事诉讼法》第一百六十条所规定的"法庭辩论阶段"要求，就出庭公诉人在法庭辩论中反驳辩护人及其被告人的错误、无理辩护时，分四个专题即"控场应辩篇、证据辩论篇、法律辩论篇、量刑辩论篇"，具体阐述了公诉人在法庭辩论中所应遵循的规则，驳辩论发言的应对原则及技巧策略。仅供大家参考和借鉴。

第一专题控场应辩篇

在实际的法庭辩论中，公诉人可能会有这样的感受：出庭容易，但控场难，真正控制法庭辩论的主导更是难上加难。对于大多数疑难、复杂的刑事案件而言，公诉人即便熟悉了全部案件事实、掌握了足够的指控证据、精通了个案的适用法律，也未必就能取得良好的法庭辩论效果。古书《三十六计》中这样记载："六六三十六，数中有术，术中有数，阴阳燮理，机在其中"笔者认为："三十六计"中的"计"同样适用于当今公诉人在法庭辩论中的"控场应辩"技巧和策略。

"控场应辩",是指公诉人在法庭辩论中,紧紧围绕检察机关指控犯罪的主线,把握法庭辩论的主导和方向,有理、有据地反驳辩护人及其被告人的无理辩护和无理狡辩,更好、更有效地开展法庭辩论活动,高质量地完成指控犯罪的神圣使命。

作为一名公诉人,在法庭辩论中,面对案件罪名多、被告人数多、出庭律师多、相关法律多、定案证据多的"五多"案件和疑难复杂案件;面对有些辩护人和被告人的无罪辩护、无理狡辩,甚至是人身攻击,出庭公诉人要想有理、有据、有节、有力地打好出庭公诉这场硬仗,要想高质量地履行好法律赋予我们指控犯罪的神圣职责,要想在与辩护律师开展的短兵相接的"唇枪舌战"中立于不败之地,胜诉的因素有很多,但关键之处还在于公诉人必须要具备一定的"控场应辩"技巧和策略。

一、常规的"控场应辩"技巧和策略

在司法实践中,对于事实清楚、证据充分,且被告人始终供认不讳的刑事案件,在法庭审理中,公诉人只要掌握了常规的"控场应辩"技巧和策略,就能坦然应对法庭辩论中辩护人提出的任何辩护观点,就会在整个法庭辩论中做到:进退自如、反击有力。

(一)明确答辩范围,当辩则辩

按照最高人民检察院的规定,公诉人法庭驳辩的内容应策略地参照"六必驳,六不辩"的技巧进行:

1. "六必驳"。一是辩护人或被告人提出无罪观点、歪曲和否认指控犯罪事实及定罪证据的必反驳;二是辩护人或被告人对指控犯罪性质提出错误观点的必反驳;三是辩护人或被告人对指控犯罪适用的法律条款提出错误意见的必反驳;四是辩护人发表辩护意见中曲解政策、法律、法令的必反驳;五是辩护人提出错误量刑意见的必反驳;六是辩护人或被告人对指控犯罪主、从犯地位提出错误观点的必反驳。

2. "六不辩"。一是辩护人在同意检察机关指控意见的基础上,提出对被告人酌定从轻处罚意见的可不辩;二是辩护人或被告人提出符合事实、法律规定的辩护意见的可不辩;三是对于控、辩双方观点基本一致的可不辩;四是辩护人或被告人对起诉书、公诉意见提出批评意见正确的可不辩;五是辩护人提出堵塞防范漏洞建议意见的可不辩;六是涉及学术争论问题的可不辩。

(二)谋划各轮辩论,掌握辩论节奏

在实际的法庭辩论中,对于一般刑事案件,控辩双方的法庭辩论常常只需发表一轮意见即可完成,但是对于大多数疑难、复杂的刑事案件,控、辩双方则需要展开激烈的两轮、三轮,甚至更多轮次的辩论发言方可完成,对此,公诉人在各轮法庭辩论中应采用的"控场应辩"技巧和策略如下:

1. 第一轮要认真倾听,理清思路。公诉人在发表《公诉意见》后,其工作重点就是:认真倾听辩护人的《辩护意见》,记下重点驳辩的提纲,理清驳辩的思路,为第二轮的反驳辩论做好充分的准备。

2. 第二轮或第三轮要重点突破、全面反击。对于大多数刑事案件而言,法庭上的第二轮辩论则是整个法庭辩论的高潮阶段,出庭公诉人应把法庭辩论的重点放在第二轮反驳辩论发言上。首先反驳发言要求控场,重要的原则是根据公诉人指控犯罪的主线来

组织，绝不能被辩护人牵着鼻子走，否则会处于被动挨打状态。其次要针对辩护人的辩护观点进行重点驳辩，法庭论辩中情况瞬息万变，公诉人要做到全神贯注，对出现涉及否认指控犯罪意见的重要内容要立即作出反驳，绝不能听之任之，只有这样公诉人的反驳发言才具视听效力，更加引人入胜。

3．最后总结陈词。总结陈词一般是总结性的，公诉人首先要反驳辩护人的错误观点，再次重申检察机关指控被告人犯罪属于事实清楚、证据确凿。公诉人在最后总结陈词中切记做到：画龙点睛，简明扼要。

（三）公诉发言，先发制人

出庭公诉人对于庭前事先预测到的被告人及其辩护人可能提出的辩护观点和辩护问题，当庭必须要通过辩护人的发问、示证、质证进行核实，对即将发表的《公诉意见》要做针对性的修改，并在发表《公诉意见》时力争做到：客观全面、先发制人。例如对于未成年人犯罪、从犯、投案自首等有关法定从轻、减轻的情节，要依法予以认定；对于犯罪事实、定案证据和适用法律等问题，要入情入理地进行论证，从而防止和避免辩护人和被告人在法庭辩论阶段就此问题进行不必要的争辩。

（四）归纳案情，直接证明

直接证明法，就是直接论证一个命题为真的方法。对于一般刑事案件，如果掌握有足够的直接证据和法律依据，并且该案事实清楚、证据充分，公诉人就应运用直接证明法，运用案件的事实和证据，从犯罪的构成要件方面进行论证，从而证明该行为的犯罪性质，并且要旗帜鲜明，斩钉截铁。

例如，在一起故意杀人案中，辩护人认为被告人在主观上并无杀人的故意，应以故意伤害罪定性。由于此案事实清楚、证据充分，公诉人即运用直接证明法，直接证明被告人构成了故意杀人罪：第一，在犯罪的主观上，被告人逼迫被害人离婚不成，遂起杀人的恶念，具有杀人的故意；第二，在选择犯罪的工具上，被告人事先准备了杀人凶器菜刀，显然具有足以致人死亡的心理准备；第三，在实施的犯罪行为上，被告人选择了足以致命的要害部位，照被害人的头部连续砍击了12刀，并未采取任何的抢救措施；第四，在犯罪情节上，被告人的犯罪手段残忍，且当即将被害人砍死。综上所述，公诉人认为被告人的行为已构成故意杀人罪，事实清楚，证据充分，毋庸置疑。

（五）针锋相对，直接反驳

直接反驳法，是直接论证一个命题为假的方法。也就是通过摆事实、示证据、讲法理，针锋相对，直接论证辩护人和被告人的论题或论据的虚假性，是不能成立的。

例如，在某抢劫案件的法庭辩论中，被告人突然提出了自己作案时不在现场、而是去某市进货的辩解意见。对此，公诉人针锋相对，从正面直接反驳被告人的无理辩解：第一，被告人出示的前往某市的火车票，既没有剪票，且临座乘客也证实该座位一直无人；第二，被告人所言案发当日去某市进货的说法，经调查核实，该进货单位提供证言否认案发当日见过被告人；第三，被告人所言案发当日曾在某市"春光旅社"投宿，经调查核实，案发当日某市"春光旅社"没有被告人的住宿登记；第四，从证人证言上看，案发前后均有人证实被告人在案发现场附近出现过；第五，从卷宗证据上看，案发现场遗留的作案凶器上留有被告人的指纹。

（六）随机应变，以变制变

法庭辩论是一种非线性的随机行为，面对法庭论辩的瞬息万变，公诉人必须要具备灵活的应变能力和快速的思维能力，对辩护观点快速做出反应，明智之举就是要掌握"随机应变、以变制变"的控场应辩技巧和策略，并讲究"攻而必取、守而必固"。

1. 以变应变、自控之变。由于辩护人有力的论辩攻击，使公诉人可能陷入了不利的局面，而公诉人若坚持原有的论辩方式，又不足以反弱为强，这时公诉人就应该有效地转变控场对策，采取自控的变法，变被动为主动，以变应变。

2. 以变应不变、解脱之变。在法庭辩论中，公诉人应根据法庭上的具体情况，适当调整辩论策略，并采取解脱之变的技巧。对于在公诉发言或前轮驳辩中，公诉人已经阐述清楚的观点，但辩护人却又反复提出的，可这样表示：公诉人的意见已经阐述清楚，对此不再重复，果断地解脱辩护人的无谓纠缠。

3. 以不变应万变、控他之变。司法实践中，无论辩护人怎样变换辩护内容和方法，但辩护发言必须是围绕指控案件的认定事实、采信证据和适用法律问题，因此，无论辩护观点是如何的出奇变化，但宏观上却是万变不离其宗的，对此，公诉人可以不变拒之，以不变应万变，实现控他之变。

二、特定的"控场应辩"技巧和策略

我国古代文学家冯梦龙曾言："两人舌战，有理则胜，善辩则先。"司法实践中，对于一些重大、疑难、复杂的刑事案件而言，尽管公诉人在庭前对辩护人可能提出的辩护观点和辩护理由尽可能作了充分的预测，但所谓"兵无常势、水无常形"，法庭辩论中，辩护人的辩论观点往往会超出公诉人的事先预料，尤其是对于有些辩护人离题万里，甚至是违背法律规定而提出的无罪、无理，甚至是荒谬至极的错误辩护观点，如果公诉人不掌握"特定的控场应辩"技巧和策略，就会导致驳辩发言偏离指控主题，常常会出现"东一榔头，西一扫帚、眉毛胡子一把抓"的现象。公诉人只有熟练地掌握了"特定的控场应辩"技巧和策略，才能真正控制法庭辩论的主动权；才能有效地推动法官对于案件事实的确认和公正裁判；才能高质量地完成神圣的公诉任务。

（一）针对复杂疑难、争议突出的案件：抓住焦点、重点突破

对于疑难、复杂的刑事案件，法庭辩论中，辩护人往往就案件事实、定案证据和适用法律的焦点问题，提出辩护观点，对此，公诉人应根据案件的特点，抓住争议焦点问题，重点突破，论述说理。

例如，发生在广东的许某涉嫌盗窃案件，许某利用银行取款机系统升级出错之机，多次取款，提取了不属于自己的17.5万元。检察机关以盗窃罪提起公诉，在法庭辩论中，控辩双方就"取钱是为了保护银行财产，而非秘密窃取"的焦点问题展开了激烈的"罪与非罪"的辩论。辩护律师认为：第一，从行为上看，许某没有从物理上或从虚拟空间非法进入到银行系统去取钱；第二，本案中许某使用自己的实名银行卡到有监控系统的自动柜员机上取款，输入的是自己的密码，自始至终的取款行为都是公开的，不存在秘密环节，银行机器的故障并不影响行为的公开性，只是影响了交易行为的有效性；第三，被告人许某在自动柜员机上的行为属于一种无效的交易行为，刑法保护的是财产

本身，而不是保护无效所产生的后果。许霆的行为属于民法上的不当得利的行为；第四，盗窃行为的实施是单方面的，而本案中许霆的每笔取款行为始终都是互动的，不是单方面的行为，因此不存在秘密窃取。

公诉人依据案件事实和证据，重点反驳了许霆的"保管说"：第一，作为一个心智正常的成年人，许霆应该明白在发现提款机出错的情况下，他既可以立即打电话告知银行，也可以打电话报警，但绝对不应该多次从提款机上取出不属于自己的钱款；第二，提款机出错只是记账错误，正常取款的人，会在存款数额的范围内取款，而绝对不应该取出超过自己存款数额以外的钱款；第三，从许霆在提款机取款后的表现看，在两天半的时间内，在完全有报案条件的情况下，他既没有报案、致电银行，也没有告知单位，而是在取款后的当天上午就向单位提出辞职，连尚未结算的工资都不要了，匆忙离职，两日后携带从出错的提款机所取的巨款逃离广州。上述事实和证据都表明：在发现提款机出现故障之后，被告人许霆就产生了非法占有银行财产的犯罪故意，而决不是"从提款机取款是为了保护银行财产"的目的。被通缉一年后许某被抓获。其中的发案、破案经过的相关证据能够与其他证据相互印证、相互支持、形成体系，足以证明许霆实施的盗窃犯罪客观事实是存在的。

（二）针对繁多复杂的辩护发言：突出重点、主次分明

对于常见的"五多"刑事犯罪案件，法庭审理中，被告人及其辩护人往往会从不同角度提出许多辩解和辩护意见，其中有主要的，有次要的，有的还存在着交叉重复。面对繁多复杂的辩护发言，公诉人切忌平均使用力量，面面俱到、不分主次。应该采取突出重点、主次分明的辩论技巧和策略：首先对辩护人提出的一系列辩护观点进行综合归纳，突出抓住涉及定罪量刑或定案证据的重点问题。其次要主次分明，确定驳辩范围和重点。通过综合归纳，有重点地阐述有关事实、证据和法律规定，展开充分说理，以便澄清事实，讲明道理，增加论辩的针对性和说服力。力争原则问题不放过，枝节问题不纠缠。

例如，某市院提起公诉的35名被告人犯故意杀人、领导黑社会性质组织等犯罪案件，就是一个典型的"五多"刑事犯罪案件。在第二轮法庭辩论中，面对28名辩护律师提出的200余条辩护意见，5名优秀公诉人出庭经验十分丰富，他们首先运用了"突出重点、主次分明"的驳辩技巧，即突出主犯、突出主要犯罪事实、突出证据焦点，归纳抓住200余条辩护意见中的15个共性问题，依据法律规定和证据规则进行了据理反驳，始终坚持"两个基本的原则"，绝不与律师在枝节问题上进行无谓的纠缠，法庭最终只采纳10余条辩护观点。通过"突出重点、主次分明"的驳辩，不仅有理、有力、有节地驳斥了辩护律师团的无理辩护，而且更为重要的是有助于公诉人把握法庭辩论的主动权。此案因公诉人的成功公诉，当之无愧地被评为了"中国十大公诉名案"之一。

（三）针对"分解式"辩护观点：坚持指控、解脱纠缠

司法实践中，一个好的律师非常讲究发表辩护意见的方式，一般不会将辩护意见和辩护材料一次性进行全面阐述，而是采取"分解式"提出辩护观点，即先抛出一两个观点，摆开决战架势，引诱公诉人围绕辩护观点进行辩论，目的是掌握辩论的主动权。对此，没有经验的公诉人往往就会脱离自己的观点，盲目围绕辩护人的辩护意见，哪怕是语言表达不正确的辩护观点，甚至是枝节问题反复进行纠缠，常常会出现"丢了西瓜捡

芝麻"的现象。

对此，公诉人的驳辩技巧和策略是：坚持指控、解脱纠缠，以不变应变。第一，不论辩护人以何种方式、提出何种辩护意见，只要是背离了指控犯罪的主题，公诉人就要保持清醒头脑，以我为中心，不盲目去纠缠、不被其所左右；第二，始终围绕本案的事实、证据和适用法律问题，充分运用掌握的法律规定及专业知识，在严厉反驳辩护人的一两个错误观点后，坚持指控阵地，主动采取以不变应万变的策略，反复强调和重申公诉观点，引导辩护人围绕公诉人的指挥棒转。

"坚持指控，解脱纠缠"技巧和策略的好处：就是有利于公诉人控制法庭辩论的场面，集中力量，打好歼灭战。

（四）针对错误和荒谬的辩护观点：引伸归谬、揭示错误

司法实践中，有些辩护人为了追求个人的辩护效果，不顾法庭审理的严肃性，发表的辩护观点自认为标新立异，但却背离案件事实、背离法律规定，性质是极其错误和荒谬的。对此，如果公诉人仅仅从正面指出其错误实质，反而显得软弱无力，此时恰当地运用"引伸归谬、揭示错误"的驳辩方法，就会有力地揭示辩护观点的荒谬和错误。

"引伸归谬、揭示错误"：是指公诉人针对辩护人的错误和荒谬的辩护观点，即先假设辩方的观点正确、论题为"真"，然后加以引伸，得出荒谬的结论，从而证明辩护观点为假的应对方法。这种以退为进、"引伸归谬"的反驳方法的好处：不仅揭露性强，而且反驳更加有力。

例如，被告人赵某故意伤害致人死亡案件，被害人被刺伤后立即被他人送往医院，但在抢救中死亡。在法庭辩论中，辩护人为减轻被告人的罪责，竟提出了"被害人的死亡是由于医院抢救不及时所致"的荒谬辩护理由。对此，公诉人运用"引伸归谬"方法反驳道：第一，被害人被送往医院后，医院的医务人员立即进行了检查、手术，由于被害人因肝脏破裂，失血过多，虽经抢救，终因伤势过重而死亡，因此说医院的抢救是及时的。第二，如果按照辩护人的说法，被害人死亡的原因是因医院抢救不及时而导致的，那么怎样才算抢救及时呢？是不是只有被告人在医院、甚至是在医院的手术台前实施杀人犯罪行为，并且医务人员要事先做好各种抢救准备，被告人一边作案，医务人员一边抢救才算及时，否则对于任何伤害他人且被害人被送往医院，经抢救无效而死亡的刑事案件，辩护人或者是被告人都可以"抢救不及时"为由将罪责推卸给医院呢？而救死扶伤、实行人道主义的医务人员是否就要承担"抢救不及时"的责任？结果却是伤人者无罪，而救人者却有责。第三，本案中的被害人是在被被告人刺伤后，才被他人送往医院，如果被告人不对被害人实施伤害犯罪，那么被害人也就不会受伤；被害人不会受伤，那他就不会在案发当天因伤势过重而死在医院，难道被告人刺伤被害人的行为不具有任何社会危害性吗？辩护人的辩护观点极其错误。

（五）针对不切实际的虚假辩护观点：以真示伪、击败假辩

在法庭辩论中，辩护人为了否定被告人的罪行、或者是为了减轻被告人的刑罚，时常采取以虚假的事实或理由进行辩护，对此，公诉人运用"以真击伪、揭示假辩"的方法不失为一种最有力的辩论技巧。

例如，被告人李某与徐某因口角而互相厮打，李朝徐某左眼打一拳，致徐某左眼球钝挫伤，外伤性白内障，失明。开庭前辩护人从被告人李某亲属中听说"徐某对其邻

居说过他曾因着急上火而有眼病"的说法，在未做深入调查的情况下，竟然在法庭辩论中轻率地认为：被害人徐某因着急上火而造成眼病，这是民间俗传的"火蒙"，学名就是白内障，因此提出了"被告人李某的行为与徐的左眼失明无直接因果关系"的辩护观点。公诉人立即抓住了辩护观点的虚假性，据理反驳道：火蒙与白内障两者根本不同：第一，在病理学上，火蒙是角膜炎症，而白内障是晶体混浊，这两种病，在病理上没有联系，不能将二者混为一谈；第二，在发病原因上，火蒙是炎症引起的，而外伤性白内障是由于外力作用引起的，着急上火、生气都不是外伤性白内障的发病因素，也不是促其发展的条件；第三，在发病的位置上，火蒙是在眼球外部形成的，而白内障是在眼球内部形成。此案中，辩护人将角膜炎与外伤性白内障混为一谈，又虚假地将其与案件的后果不切实际地进行联系，辩护观点必然会虚假无力。

（六）针对辩护人强词夺理、无端攻击：抓住弱点、据理力争

在法庭辩论中，辩护人往往会提出公诉人难以想象或没有注意到的，甚至是强词夺理、无端攻击的辩护观点，对此，公诉人应该采取抓住弱点、据理力争的应辩技巧和策略，迅速作出反应，用简洁的语言尽快反驳辩护发言。

例如，一起故意伤害案件，被告人用棍棒击打被害人身体多处，致被害人重伤。在法庭辩论中，辩护人对案件事实无异议，但却对起诉书使用"数棍"有异议，并认为：使用"数棍"表述不够科学、含糊不清，3棍是数棍，那么10棍、乃至100棍是否也是"数棍"呢？。辩护人的观点虽然对案件的处理没什么影响，但却关系到检察机关的司法形象。出庭公诉人抓住了辩护人的错误之处，据理力争反驳到：第一，从案件的证据上看，本案只能认定为"数棍"，而无法作出确切的认定：被告人只供述打了好多棍，但却讲不清楚具体几棍；法医鉴定也不能确定具体几棍。第二，检察机关认定的"数棍"，恰恰是科学的表现。在现实生活中，模糊概念很多，甚至在数学中还有一个"模糊数学"的分支，因此，起诉书中认定"数棍"不是含糊不清，而是模糊概念的具体运用。公诉人驳辩后，辩护人不再就此发表意见，而法院的判决书也采用了起诉书认定的"数棍"表述。

（七）针对公诉人存在的失误：发现失误、巧妙补救

由于法庭辩论是控、辩双方直接就案件的实体、证据、程序等一系列争议焦点问题而展开，辩论的内容往往涉及较广，即使是一名优秀的公诉人也不能保证在具体的、细节的或突然出现的问题上，都能一处不漏、一丝不差地注意到，因此公诉人在法庭辩论中出现错误和漏洞也是在所难免，对于那些较为严重的错误和漏洞，一旦公诉人自己发现或者是被辩护人指出，那么公诉人就应大胆地接受和承认失误，同时要采取相应的补救措施，巧妙地回避可能使自己处于被动或僵局的状态，达到既纠正失误，又维护了公诉人的形象。

第一，巧妙补救前轮公诉失误。公诉人对于在前一轮出现的错误和失误，在下一轮驳辩中，公诉人可巧妙、委婉地表述："本公诉人的公诉观点在上一轮未能阐述清楚，现就辩护人的某某辩护观点作如下答辩"，接着公诉人就可以阐述正确的驳辩观点。

例如，一个故意杀人件，被告人与被害妇女通奸，后来女方想摆脱被告人的纠缠，但被告人执意不肯，一次当女方不从时，被告人竟将怀孕已七个月的妇女用匕首刺死。在法庭辩论中，公诉人为了说明被告人杀人罪行的严重性，以及犯罪情节的恶劣性，脱

口而出："被告人杀死怀孕七个月的妇女，实际上造成了两条人命的死亡。"公诉人的话音刚落，辩护律师便抓住这个话柄予以反驳："在母体内胎儿不是自然人，怎么能说是造成两条人命的死亡呢？。"此时公诉人已经发现了自己的失误，立即巧妙地补救到："本公诉人同意刚才辩护律师的意见，但我刚才发言的本意是：被告人杀死孕妇比杀死未怀孕的妇女在犯罪情节上要严重的多。"公诉人的巧妙补救，表示既同意辩护律师的意见，但又不是直接承认自己发言的失误，而是婉转地说明原来发言的本意，结果非常圆满。

第二，巧妙补救无法进行的驳辩发言。有时在法庭辩论中，公诉人已意识到了自己的失误，但是由于手头资料不齐、或者是准备不够充分等因素，而无法对辩护人的辩护观点进行有力的反驳，而此时有的辩护人竟会纠缠不放，并连续向公诉人发起进攻，对此，公诉人可这样进行补救："刚才辩护人发表的辩护观点，公诉人已经充分了解，但鉴于公诉观点在此之前已经向法庭阐述清楚，因此不再赘述。审判长、审判员，今天控、辩双方的观点虽然严重对立，难以统一，但请合议庭依据本案的犯罪事实、指控证据和适用法律，在评议此案时一并予以充分的考虑，最终对被告人做出公正的裁决。"

第二专题 证据辩论篇

案件事实是法庭辩论的基础，而定案证据则是构成公诉机关指控被告人犯罪事实成立的基石。为瓦解控方指控犯罪的事实基础，从证据入手寻找突破口，往往是被告人及其辩护人进行无罪辩护或罪轻辩护的着力点。在当今的法庭辩论中，控、辩双方围绕定案证据开展的"证据辩论"之所以会成为法庭辩论的焦点和关键环节，是因为证据辩论对认定被告人的行为是否构成犯罪、如何确定案件性质以及如何量刑处罚具有决定性的法律意义。

辩护人的"证据辩护"：是指辩护人在庭审质证的基础上，在法庭辩论阶段运用《证据法学》的基本理论和我国刑事诉讼证据规则，主要是围绕检察机关指控证据的"合法性、客观性和关联性"上作文章，最终提出有利于被告人的辩护观点，目的是推翻或者削弱检察机关指控犯罪的证据体系。

一、辩护人"证据辩护"的规律及应对原则

（一）"指控证据无效"的辩护及应对原则

1. "指控证据无效"的辩护：是指辩护人在法庭质证的基础上，对公诉机关指控的定案证据，仍然从"合法性"上提出质疑时所发表的辩护观点，并认为该证据是无效证据，从而否定该证据的证明力。

在司法实践中，围绕指控证据的合法性，辩护人常常会从"侦查机关（或侦查部门）取证程序不合法、取证主体非法、证据形式和内容不合法、因有刑讯逼供手段、立案管辖存在错误、鉴定人不具备鉴定资格"等方面入手，提出"指控证据无效"的辩护观点，有时甚至会以司法人员逼供、诱供为由，并利用被告人翻供的时机进行无罪辩护，以实现促使法庭不予采纳指控证据的辩护效果。

2. 应对原则：针对辩护人提出的"指控证据无效"的辩护观点，公诉人可采取

"迂回证明"的原则应对。

"迂回证明"，是指公诉人针对辩护人提出的错误辩护观点或意见，为避免"就事论事"的直接交锋，一般不从正面进行反驳，而是采取依靠案件中其他证据来加以迂回证明的应对方法，全力提高反驳的力度和效果。

在法庭辩论中，鉴于证据本身并不具有合法性的特点，公诉人要想证明指控证据的合法性，就必须采取迂回阐述其他相关联证据可信性的方法来进一步认定指控的案件事实。

例如，在法庭辩论中，对于辩护人经常提出的"被告人的供述因刑讯逼供取得而无效"的辩护观点，公诉人就不能采取直接反驳的方法，而要从指控证据合法性上入手，用检察机关收集被告人供述的程序是合法有效的，来迂回证明辩护人提出的否定观点是错误的。结合具体案件情况，公诉人可采取四种"迂回证明"的方法应对：首先，当庭宣读卷宗"书面证明"。公诉人可向法庭宣读侦查机关（或侦查部门）的书面证明：我局（我院）在侦破、审理被告人犯罪一案过程中，严格按照法律程序讯问被告人，没有违法办案行为，更没有使用刑讯逼供手段，特此证明。必要时公诉机关可请侦查人员到庭作证。其次，当庭播放录音录像。如果指控案件有全程录音录像的，公诉人应当要求法庭当庭重点播放"办案人员讯问被告人"时的视听资料，正面证明办案人员不存在刑讯逼供行为，迂回证明辩护人提出的辩护观点是错误的。第三，当庭要求出示有效证据。针对辩护人提出的错误观点，公诉人可向法庭建议，要求被告人及其辩护人当庭出示有关"办案人员实施刑讯逼供行为"的证据；如果被告人及其辩护人当庭未能举出任何有效证据予以证明，那么，公诉人就要立即向法庭提示：审判长、审判员，鉴于在刚才的法庭调查中，被告人及其辩护人均没有当庭举出任何有效证据，证明办案人员实施了刑讯逼供的行为，因此辩护人的辩护观点就是错误的，建议法庭不予采信。第四，当庭阐述法律监督内容。公诉人在辩护人当庭举证不能的基础上，可当庭阐述法律监督内容：审判长、审判员，检察机关在审查起诉该案过程中，严格依照有关法律规定，对侦查机关的侦查活动进行了必要的监督，没有发现侦查机关在侦查活动中存有刑讯逼供等违法行为，被告人的供述是公安机关（或者是检察机关）办案人员依据我国《刑事诉讼法》第四十三条的规定，按照办案规定要求、依照法定程序收集的且能够证实被告人实施犯罪行为的指控证据，因此被告人的供述是合法有效的，辩护人提出的"被告人的供述因刑讯逼供取得而无效"的辩护观点是不成立的。

（二）"指控证据不能采信"的辩护及应对原则

1. "指控证据不能采信"的辩护：是指在法庭辩论中，辩护人在质证的基础上，从指控证据的客观性上，对公诉机关收集的某一个关键证据或是几个主要证据提出质疑和反驳时所发表的辩护观点。目的是通过否定一个或几个主要指控证据，从而起到彻底否定全部指控证据证明效力的作用。

指控证据的真实与否，直接关系到案件事实的认定和案件的处理。在司法实践中，辩护人经常会以"被告人当庭翻供、被告人供述与其他证据存在矛盾、证人证言不真实、作证主体不具有作证能力、某关键证据与其他证据存在矛盾、某主要证据没有其他证据相互印证、作证主体系被害人亲属、孤证不能定案、来源不明的实物证据不具有客观真实性、鉴定结论不科学、现场勘查不全面"等为理由，而向法庭提出"指控证据不能采信"的辩护观点。仅举两例特例说明：

（1）以"来源不明的实物证据不具有客观真实性"为由，进而提出"指控证据不能采信"的辩护

例如，一起强奸犯罪案件，犯罪嫌疑人李某强奸了本村一个又聋又哑且患有精神病的女青年。案发后，犯罪嫌疑人李某极力否认实施了强奸犯罪的事实，而被害人又无法说明自己被害的事实经过。公安机关在侦查过程中，法医人员首先从被害人体内提取了精液，并对精液进行了DNA鉴定；其次，又从犯罪嫌疑人李某身上提取的样本进行比对，两者同一认定率高达99.99%以上，可以说足以认定为同一分子结构。根据我国《刑法》规定，只要同精神病人发生性关系就是强奸，不需要证明是否违背了妇女意志。在法庭辩论中，辩护人认为本案的"精液"只是孤证而已，并提出了"精液不具有客观真实性"的辩护观点，辩护理由为：第一，本案的"DNA鉴定"这个物证非常关键，因为只要这个物证是客观真实的，被告人就足以被认定为强奸罪。第二，从本案看这份物证不知从何而来？侦查机关为证明物证的来源，需要做勘验检查笔录，但是本案却缺少勘验检查笔录；为了获取可供比对的样本，需要从嫌疑人身上提取鉴定样本，但是鉴定样本却没有任何的提取记录。而本案指控被告人李某犯有强奸罪的证据仅凭一份物证，既没有勘验检查笔录，也没有必要的提取记录，那么本案的物证到底是不是从被害人身上所取？来源无法属实，因此犯罪是否发生也难以得到证明，犯罪是否为被告人所为更难以查证清楚。

（2）以"同出一源的传来证据均为孤证，孤证不具有客观真实性"为由，进而提出"指控证据不能采信"的辩护

换句话说，原始证据和传来证据之间不能相互印证。比如一份书面证言，我们不能用几份复印件来证明该原件的真实性，因为复印件作为传来证据，不能证明原件的真实可靠性，最多只能证明原件存在而已。在这个问题上，我们公诉人也有很多的教训。

例如，某院提起公诉的法官受贿一案，某法院刑二庭法官赵某在办理一起减刑案件时，接受了行贿人张某给付的2万元人民币。检察机关指控赵某犯有受贿罪的事实和证据为：张某和徐某经过多次预谋，计划给主办徐某哥哥减刑案件的法官赵某行贿，案发当日，徐某将一个装有2万元人民币的信封亲自交给了张某，并开车将张某送到某法院门口，亲眼目送张某进入某法院大楼，徐某后因有事先行离开。当晚，张某给徐某打电话，告之钱已经送到，且法官赵某答应尽快办理减刑事宜。徐某非常高兴，当即就将这些情况向父母和嫂子进行了汇报；第二天又告诉了本办公室的三个同事。案发后，检察机关对张某、徐某在内的8人分别做了询问笔录，8人均证实由张某送给法官赵某2万元钱的事实，但是被告人赵某却始终不供认收受贿赂的犯罪事实。在法庭辩论中，公诉人认为本案的这些证据结合起来，足以认定被告人构成受贿罪。但是辩护人却提出了无罪的辩护观点，辩护理由为：第一，本案的8份证言，数量再大也没有意义，因为同出一源的传来证据同原始证据一起，只能视为一个证据，也就是说，本案的8份证言，最多只能够证明张某向徐某转述过有关其行贿过程的话，但却不能证明张某所说的话是真实可靠的。第二，张某行贿的过程是否存在、张某的证言是否真实可靠，必须要靠其他证据来加以证明，但绝不能靠这些传来证据进行佐证和印证。此案经过二审程序，法院最终宣告赵某无罪。

2. 应对原则。针对辩护人提出的确有错误的"指控证据不能采信"的辩护观点，

公诉人应区分具体情况，可采取"以证印证"和"釜底抽薪"的原则应对。

（1）"以证印证"应对原则。针对辩护人只就某一个指控证据提出"该证据不具有可采性"的错误辩护观点，而未否定全部指控证据的情况，公诉人可采用"以证印证"的应对方法。

"以证印证"，是指在法庭辩论中公诉人针对辩护人就定案证据的客观性，提出的存在"歪曲事实、断章取义、曲解法律"等明显错误的辩护观点，依法、依据所采取的通过其他有效证据来加以佐证、印证该证据具有可采性的一种应对方法，达到以客观事实驳其不实之词、去伪存真、明辨是非的指控犯罪目的。

例如，在法庭辩论中，辩护人常常以"被告人当庭翻供"为由，而向法庭提出"被告人以前的有罪供述不能采信"的错误辩护观点，对此，公诉人最佳的方法是采取"以证印证"的方法进行驳辩：第一，运用言词证据加以印证。公诉人要充分运用本案中的证人证言、同案犯的有罪供述、被害人的陈述，使这三种"言词证据"形成证据链条，有效地印证被告人庭前有罪供述的真实性，揭示被告人当庭翻供的虚假性。如本案有目击证人或其他证人能够出庭作证效果更好，这是检察机关指控犯罪的有力证据武器。第二，运用间接证据加以印证。公诉人要充分运用本案中能够证明被告人有作案动机、作案时间、现场遗留痕迹和搜查到的赃物或作案工具等，根据这些间接证据来进一步佐证被告人庭前有罪供述的真实性，揭示辩护人辩护观点的错误性。第三，适时引用被告人的有罪供述。在法庭辩论中，公诉人要适时引用被告人原来在侦查机关所作的有罪供述，尤其是要抓住有些案件案发后，存在被告人"先供述、后取证"的特点，及时向法庭说明被告人当庭翻供的错误之处。第四，揭露翻供的矛盾点。公诉人要注意捕捉被告人翻供内容与原有罪供述之间的矛盾点，并从矛盾之处入手，对被告人的翻供内容进行有力反驳，进一步印证被告人原来的有罪供述均是真实可信的。

（2）"釜底抽薪"的原则。针对辩护人或被告人抓住公诉案件中关键证人证言中某一片断不实，而提出该证人证言全部内容皆不真实；或以某一个关键证据或几个主要证据不实为由，进而错误地提出公诉案件其他相关证据都不实的错误辩护观点，公诉人可采用"釜底抽薪"的应对方法。《三十六计·釜底抽薪》说："不敌其力，而消其势，兑下乾上之象。"意思是说，对敌时，不要直接抗击它的锋芒，而要找出突破口，削弱它的气势，从根本上削减它的战斗力，用以柔克刚的办法制服它。

在法庭辩论中，对于辩护人所发表的上述错误辩护观点，如果运用"以证印证"的方法已无法进行有效的反驳时，公诉人应从错误辩护观点中的一个次要问题入手，对辩护人的论点、论据或论证方法予以驳斥，削弱其气势，往往会收到意想不到的辩论效果。在实际的法庭辩论中，如果公诉人不能把辩护人提出的"指控证据不能采信"的辩护观点驳倒，那么检察机关指控犯罪的证据系统就要受到冲击和干扰，甚至会被法官否定排除。

例如，在一起贪污犯罪案件的法庭辩论中，辩护人针对检察机关侦查活动中一份存在非法取证问题的证据发表了否定意见，并对全案的指控证据提出质疑，进而对被告人的犯罪行为作无罪辩护，气势咄咄逼人。如果针对辩护人提出的"被告人无罪"的辩护观点，公诉人重新运用证据、法理来对该案件进行论述，不但显得驳辩力度不够，而且还会造成重复劳动，效果不好。对此，公诉人应当恰当地采取"釜底抽薪"的应对方法，避开了"被告人无罪"的辩护结论，紧紧抓住辩护观点中"一份存在非法取证问题的证据"的错误为突破口,有力地反驳道:第一,辩护人以"某一证据不合法"为由,而提出的"被告人无罪"的辩护观点,在逻辑上犯了"以偏概全"的错误。第二,不能因为一份证据材料的不合法,就人为地推定全案的指控证据不合法,更不能就此认定被告人的行为不构成犯罪。第三,在刚才的法庭调查中,公诉人就辩护人提出的该证据所谓"不合法"问题,已经向法庭作了客观、充分的论证,通过论证,足以表明该证据是客观真实的,不能因为检察机关在取证程序有瑕疵,就全盘否定该证据的客观存在以及该证据证明内容的客观真实性,因此,辩护人关于"被告人无罪"的辩护结论是极其错误的。辩护人在听完公诉人的发言后,不得不表示自己在"表达方式上不妥",锐气顿消。

(三)"指控证据不充分"(或"证据不足")的辩护及应对原则

1. "指控证据不充分"(或"证据不足")的辩护:是指辩护人在质证的基础上,对指控证据的数量和证明力度,或是从证据的"关联性"上提出质疑时所发表的辩护观点。辩护人认为检察机关的指控证据不足以达到认定被告人有罪的程度,换句话说,辩护人所攻击的就是检察机关指控犯罪的整个证据体系。这种"证据辩护"的目的有两个:一是削弱检察机关指控犯罪的证据体系,给合议庭成员造成"事实不清、证据不足"的内心判断;二是推翻检察机关指控犯罪的证据体系,或者使整个控诉证据体系崩溃,进而达到使指控的罪名不能成立的辩护目的。

为使指控犯罪的定案证据经得起历史的检验,公诉人作为指控犯罪的一方,不仅要保证每个指控证据具有足够的证明力,而且还要使全部的指控证据形成环环相扣的证据链条,唯有如此,才能确保指控的犯罪案件达到事实清楚、证据确实、充分的程度;否则,在法庭辩论中,检察机关指控犯罪只要击破指控证据链条上的几个薄弱环节,有时甚至哪怕是其中某一个环节,辩护人就完全可以实现辩护目的。

在司法实践中,对于公诉案件中存在着"被告人当庭翻供、主要证人改变证言、直接证据少、间接证据多,有的公诉案件还存在着重要证据缺失的情况,比如杀人凶器尚未找到、没有被告人的指纹鉴定、没有找到被告人作案时血衣、犯罪的赃款去向还未查实"等特殊情况时,法庭辩论中,辩护人往往会利用这种证据的特殊情况,而认为检察机关指控证据之间不能形成证据链条、不能排除合理怀疑、不能得出系被告人作案的唯一结论,因此会提出"指控证据标准没有达到充分的程度"或者是"事实不清、证据不足"的辩护观点。比如最典型的体现在受贿案件和强奸案件中,这两种犯罪发生的地点都比较隐蔽,且没有第三人在场,通常也难以找到实物证据,案发后经常是被害人坚持发生了犯罪事实,而被告人则坚决否认,辩护人往往依据被告人的供述或辩解中的所谓矛盾和疑点,而提出"事实不清、证据不足"的辩护观点。

仅从证据的关联性上举特例说明:一起故意杀人案,某女大学生在校外的树林中被害身亡,公安机关经过侦查认定该女大学生的同校男朋友系该杀人案件的犯罪嫌疑人,依据为:办案人员发现在该犯罪嫌疑人当晚穿过的衣服上沾有血迹,经检验鉴定,犯罪嫌疑人本人是B型血,衣服上的血迹却为AB型;而被害的女大学生的血型恰好是AB型,因此,公安机关分析认为:犯罪嫌疑人当晚穿过的衣服上的血迹就是其杀害其女朋友时喷溅上去的。10天后,在公安机关的强大攻势下,该犯罪嫌疑人承认了强奸并杀害某女大学生的犯罪事实,后检察机关以故意杀人罪将男大学生提起公诉。在一审法庭辩论中，辩护律师从"定案证据的关联性"上提出了无罪的辩护观点，辩护理由为：第一，此案仅仅因为血型相同就断定被告人具有杀人行为是没有说服力的，被告人衣服上的血迹是AB型不假，被害人的血型是AB型也不错，但是二者有什么关联呢？有什么证据证明被告人衣服上的血就是被害人的血呢？第二，退一万步讲，即使能够认定被告人衣服上的血是其女友的，就一定能证明被告人有杀害被害人的行为吗？后来，法院启动了审监程序，重新审理该案，并认为：血型不具有排他性，本案杀人凶器来源不清、去向不明，作案动机没有合理解释，证据与证据之间存在疑点，不能充分证明是被告人杀害了其女友。因此法院撤销原判，宣告男大学生无罪。

2．应对原则：针对辩护人提出的"指控证据不充分"（或"证据不足"）的辩护观点，公诉人可采取"证据体系化、全面分析论证"的原则应对。

"证据体系化、全面分析论证"，是指公诉人在法庭辩论中，对检察机关的指控证据按时空顺序或犯罪构成要件内容进行有机排列，形成证明犯罪行为或犯罪性质的证据体系，并将案件事实与指控证据联系起来，把各种论据与论点之间的内在联系，进行全面、有效的分析论证，从而合乎逻辑地得出指控犯罪结论的一种应对方法，从而使辩护人因指控证据数量少，或因证据不具有关联性，而提出的"指控证据标准没有达到充分的程度"或"无法定罪"的辩护观点难以成立。

在司法实践中，对于直接证据少、间接证据多的刑事案件，在使用间接证据进行应辩时，公诉人必须要将若干个间接证据按照时空顺序或犯罪构成要求内容，组成严密的锁链，在此基础上，通过依法分析论证，最后自然会得出指控被告人犯罪事实成立的结论。

例如，黄某故意放火致死20余人的刑事案件。黄某在公安机关的侦查阶段对其实施的犯罪事实供认不讳，但在当庭审理中却突然翻供，矢口否认实施犯罪行为。由于该案缺乏有力的直接证据，公诉人抓住本案五个方面的间接证据，策略地采取了"证据体系化、全面分析论证"的方法有力地应对：第一，案发前10日，被告人黄某曾因盗窃行为被其所在公司开除，其主观上具有对该公司的处理不满而放火泄愤的犯罪动机。第二，黄某被开除后一直在该公司宿舍居住，具有放火犯罪作案的条件和作案的时间。第三，黄某归案后曾写给其父母两封信件，信中均谈到，因一时冲动做出伤天害理的事，难逃法网等言辞，并且流露出十分后悔和悔罪的心态。第四，黄某在侦查阶段8份稳定的有罪供述中，关于作案工具油桶的特征、作案现场的概况、起火点的叙述等犯罪重要情节的供述，均与本案的证人证言、侦查实验的结果相互印证一致。第五，黄某当庭翻供的理由与本案的主要证据相矛盾：比如，黄某当庭辩解案发现场起火时，她与该厂女工李某在洗手间，经法庭调查，证人李某否认有此事；而黄某当庭翻供的其他理由，被告人黄某及其辩护人当庭又不能举证证明。通过以上公诉人对本案间接证据一环紧扣一环的论证，并阐明与黄某曾经做过的有罪供述相互印证，指控证据能够形成证据链条，足以认定被告人黄某的行为构成了故意放火罪。最后法院采纳了检察机关的指控意见，并当庭判决被告人黄某死刑。

再如，韩某故意伤害案件。案发当日韩某在某家属楼工地五楼施工时，在窗口处顺手撇下一把湿的水泥，打在了正从该楼楼下经过的女工李某左眼上，虽经医院救治，但最终李某左眼失明，法医鉴定为重伤。在法庭辩论中，辩护人认为本案没有直接证据证明韩某实施了伤害李某的犯罪行为，此案应为意外事件，并提出了"被告人韩某不构成伤害罪"的辩护观点，辩护理由为：第一，韩某一直否认自己实施了故意扔水泥而导致李某左眼失明的犯罪行为；第二，此案犯意不清。通过法庭调查，韩某与李某之间既不熟悉，更无矛盾，没有证据证明韩某主观上具有伤害李某的犯罪故意；第三，此案无现场勘查笔录，且本案证据之间不能相互印证统一，韩某只承认是无意中碰掉的湿水泥，并非故意，因此，韩某没有故意实施伤害的犯罪行为；第四，本案缺乏足够的直接证据证明被告人韩某实施了伤害犯罪行为。本案中和韩某一起施工作业的证人丁某证实：没有看见韩某撒湿水泥，且对于证人丁某证言的真实性，在刚才法庭调查中，公诉人对此并没有提出任何异议。

在办案中，由于被告人韩某一直否认实施了犯罪行为，且本案确实缺乏直接证据进行有效的证明，对此，公诉人策略地采取了"证据体系化、全面分析论证"的应对方法，将本案现有的间接证据按照证明程度进行了细化，全面分析论证了案件的事实，有理、有力地进行了反驳：第一，本案的关键既不在于被告人韩某的无罪辩解，也不在于证人丁某的无罪证言，而是在于"被害人李某受伤的位置"。检察机关通过恢复现场勘验、检查，并进行交叉验证，证实李某受伤的位置是在该家属楼施工工地防护网之外，这与被告人韩某所处的位置垂直距离为6米，且当天的天气是晴朗无风，自然垂落或无意碰掉的物体是绝对打不到被害人李某的；第二，证人丁某虽然证实"没有看见韩某撒湿水泥"，但是综合本案在场的证人刘某、田某的证言："确实亲眼看到被告人韩某在五楼窗口一边与丁某说笑、一边往下撒东西。"由于公诉人对本案的定罪证据进行了系统化的排列，并对全案进行了全面的分析论证，因此使该案达到了事实清楚、证据充分的标准。最后，被告人韩某被法院以故意伤害罪判处了有期徒刑刑罚。

（四）对"专业性、技术性强的证据提出否定意见"的辩护及应对原则

1. 对"专业性、技术性强的证据提出质疑"的辩护：是指在法庭辩论中，辩护人往往就案件中的法医、物价等鉴定内容和鉴定结论提出一些专业性、技术性的质疑问题，或直接对鉴定结论提出异议时所发表的辩护观点。

2. 应对原则：针对辩护人对"专业性、技术性强的证据提出否定意见"的辩护观点，公诉人可采取"掌握疑难、有备无患"的原则应对。

"掌握疑难、有备无患"：是指公诉人在出庭前通过认真审查案卷各种鉴定内容及鉴定结论的正确性、全面了解和掌握鉴定结论内容的基础上，对辩护人或被告人在法庭辩论中提出的各种专业性、技术性疑问和否定意见，有针对性地采取有备无患的应对方法。

例如，在一起故意伤害案的法庭辩论中，辩护人就鉴定结论内容出其不意地向公诉人提出了一个难题："被告人只是用棍子击打了被害人头部的左侧，但为什么被害人的右蛛网膜下出血，因此检察机关的指控犯罪事实不清。"公诉人利用早已准备好的法医学常识进行了有力的驳辩："第一，从医学角度讲，蛛网膜下出血，最常见的是人体头部受钝器击伤所致，当人体的头部受到钝器打击时，这种打击力可以局限于打击的部位，也可以发生于打击的对侧；第二，从力学角度看，震动的传播受到阻力则产生反作用力，因此，当被害人头部左侧受到钝器打击时，冲击波可以传到其头部右侧，如果被右侧颅骨阻止，就会形成反作用力，造成右蛛网膜下出血，这在医学上叫对冲性蛛网膜下出血，病理科学，不知者不为怪！"公诉人有备无患的驳辩，往往能转危为安，转

败为胜，扭转辩论的局势，取得非同一般的法庭辩论效果。

再如，被告人范某故意伤害一案。2007年2月10日的一天，范某因孩子打架一事，与邻居张某发生口角，在两人厮打中，范某用砖块砸伤张某的头部，张某伤后立即到本村卫生所进行止血包扎处理。2月14日，被害人张某头部伤口基本愈合。2月28日，被害人张某到其朋友家吃饭，酒醉而归，途中有两人证实曾摔跤两次。3月1日，被害人张某出现头昏、乏力等症状。3月8日，被害人被送往医院救治，3月10日进行了开颅手术。3月17日，某市中级人民法院法医鉴定结论为：张某系迟发性颅内血肿，属于重伤甲级。此案在开庭前，公诉人就已经预测到本案的争议焦点为：张某重伤甲级的伤害后果是被告人范某所为，还是被害人张某自己醉酒后摔跤两次所致。对此，公诉人做了大量的医学技术探讨和咨询，并做好了充分的驳辩准备。

在法庭辩论中，辩护人果然提出了"被告人范某无罪"的辩护观点，辩护理由是：被害人张某的重伤结果是被害人自己醉酒后两次摔跤所致，而非被告人范某打击引起。对此，公诉人根据医院手术记录和法医鉴定，并结合庭前充分的医学技术探讨和咨询准备，有理有据地进行了反驳：第一，本案的法医鉴定结论是"迟发性颅内血肿"，按照法医学知识解释："迟发性颅内血肿"的症状及体征是人体受伤三周以后才会出现，即在人体受外力打击后，大约在21天左右时，该受伤人体才会出现"迟发性颅内血肿"的症状；第二，本案中，从被害人张某开颅手术所见血肿形成之日，即3月10日往前推21天，即可得出结论：该血肿系2月19日之前的外伤所致并逐渐形成，完全可以排除2月28日被害人醉酒摔跤等因素。由于公诉人在庭前作了认真、详细的准备工作，辩护人对此不再纠缠，并放弃了无罪辩护的辩护观点。

（五）"引用未经法庭质证的辩方证据材料"的辩护及应对原则

1. "引用未经法庭质证的辩方证据材料"的辩护：是指辩护人在法庭辩论中，直接引用自己在庭前调取的、但未经法庭质证的证据材料，所进行的有利于被告人无罪、罪轻或减轻处罚的辩护。

2. 应对原则。针对辩护人"引用未经法庭质证的辩方证据材料"进行的辩护，公诉人应采取"依法论证、直接反驳"的原则应对。

"依法论证、直接反驳"：是指针对辩护人违反刑事诉讼程序，而直接引用"未经法庭质证的证据材料"作为对被告人"无罪或罪轻"辩护意见的错误做法，公诉人所采取的依据法律规定，依法论证、直接反驳的应对方法。

司法实践中，有的强奸案件，案发后被告人及其家属会因各种原因，将强奸说成是"通奸"，甚至在法庭辩论中，辩护人还会向法庭出示女方向被告人书写的所谓的"约会信件"等，并以有"新的证据"为由为被告人作"无罪辩护"。

例如，在法庭辩论中，对于辩护人在辩论中凡是"引用未经法庭质证的辩方证据材料"进行的辩护，公诉人就应采取"依法论证、直接反驳"的应对方法进行反驳：第一，辩护人的辩护行为违反我国法律规定。依据我国《刑事诉讼法》第四十二条规定："证明案件情况的事实必须经过查证属实才能作为定案的根据"；同时《最高人民法院关于执行〈中华人民共和国刑事诉讼法〉若干问题的解释》第一百一十九条第四项也规定："辩护人庭前调取的证据材料应当在庭审前五日内提交法院。"而本案被告人的辩护人在法庭辩论中，当庭直接引用"未经法庭质证的证据材料"进行辩护，是违反法律规定的。第二，辩护人依据的证据材料违法无效。辩护人违反上述法律规定，引用未经法庭质证的辩方证据材料进行的辩护，从证据的合法性上看，该证据未经法庭质证就是无效证据，辩护人建立在无效证据基础上所发表的辩护观点，必然缺乏事实基础，显然是不能成立的，皮之不存，毛将焉附？因此，公诉人建议法庭不应采信"辩方证据材料"，更不能采纳辩护人的辩护观点。

二、"证据辩论"实践中常见问题及公诉人应辩要点

1. 对于侦查机关以单位名义出具的"书面证明"，辩护人认为：机关不是证人，不具有作证资格，因而提出"该证据不具有合法形式，是无效证据"的辩护观点

应辩要点：公诉人认为，侦查机关以单位名义出具的"书面证明"是有效证据，理由为：第一，侦查机关虽然与有自然人身份的证人有别，但侦查机关完全可以以"法律拟制人"的身份作证，这相当于一个集体在证明一件事实的存在，证明效力等同于单个证人证言；第二，侦查机关出具的"书面证明"多为以机关名义做出的决定，或以机关名义采取的措施，其行为是机关行为，因此，只能由机关出具"书面证明"，其形式具有合法性；第三，侦查机关出具的"书面证明"具有法律效力，因为该"书面证明"是以侦查机关的法定职权为依据而出具的，其证明效力是法律授予的。

2. 对于被告人在纪委审查期间的"谈话笔录"，辩护人认为，因为当时检察机关尚未对被告人立案侦查，该"谈话笔录"的取证主体不是侦查机关，往往会提出"取证主体不合法"的辩护观点

应辩要点：公诉人认为，辩护人的辩护观点是错误的，本案的取证主体具有合法性，理由为：第一，纪委是党内的监督机关，它有权对党员和党组织的违法乱纪行为与案件，进行调查和处理，在调查中如发现党员涉嫌犯罪的，有权依法向司法机关移送查处。因为我国法律规定：任何单位和个人发现有犯罪事实或犯罪嫌疑人，有权利也有义务向检察机关报案或者举报；第二，从程序上而言，纪委的这种移送行为属于向司法机关举报犯罪。对纪委所移送的材料，从性质上看，是属于举报犯罪线索和举报犯罪的证据材料，所以，被告人在纪委的"谈话笔录"应属于纪委向检察机关移送的举报犯罪的证据材料；第三，检察机关对被告人涉嫌职务犯罪进行立案后，从纪委依法接收这些"谈话笔录"，并依法制作了接收证据材料的取证经过说明，有效进行了证据转换，因此该证据的取证主体是检察机关，且取证程序完全合法有效。

3. 对于非司法人员（如纪检、审计）取证后，因证人死亡或无法查找等原因而无法转换证据的情况，辩护人会提出该"证据来源不合法"的辩护观点

应辩要点：公诉人认为，辩护人的辩护观点是错误的，该份证据的来源合法有效，理由为：第一，按照我国《刑事诉讼法》的规定，刑事侦查的主体必须要合法，原则上调查言词证据要由司法人员进行。在诉讼活动开始之前，也即非诉讼阶段，证人的身份则不属于证人，所以在进入刑事诉讼之前所取的证人证言原则上不能使用。但非司法人员（如纪检、审计人员）取证后，证人死亡或无法找到时，司法人员可依法调取证据，这个调取的过程是合法的，因为司法人员取证不能只理解为亲自书写，他还可以调取书证、物证，通过调取这个行为转换了证据的合法性；第二，该证据在法庭上经质证可与其他证据相互印证就可作为定案的依据，因此该证据合法有效，辩护人提出的"证据来源不合法"的辩护观点是不正确的。

4．对于涉毒、嫖娼卖淫等特殊刑事案件，辩护人会提出"公安机关使用'秘密侦查手段'获取的证据不具有法律效力"的辩护观点

驳辩要点：近年来，在办理涉毒、嫖娼卖淫等特殊刑事案件中，公安机关为了有效地收集证据，有时不得不相应地使用"秘密侦察手段"获取定案证据，本案就是一个例子。结合本案的实际情况，依据法律规定，公诉人认为本案通过"秘密侦查手段"获取的定案证据是具有法律效力的，理由为：第一，使用程序合法。本案所使用的"秘密侦察手段"是侦查机关经过严格的法定审批手续而进行的，因此前提是程序合法；第二，内容真实可靠。本案所使用的监听、监控等"秘密侦查手段"皆依赖于科学技术，是在本案被告人尚未察觉的情况下获取的相关资料，所以所获取的证据内容是真实可靠的；第三，侦查机关在移送起诉前，通过秘密侦查手段获取的"视听资料"的真实性，均已为犯罪嫌疑人的有罪供述及本案其他证据所印证一致；第四，本案中公安机关根据技术侦查手段取得的证据材料，现已出具"情况说明"，并对通过"秘密侦查手段"获取的证据材料纳入书面客观叙述，作为书证提供给了检察机关；第五，本案中通过合法的"秘密侦查手段"获取的"视听资料"，已经在刚刚结束的法庭调查中进行了举证。综上，公诉人认为本案通过"秘密侦查手段"获取的定案证据是完全具有法律效力的。

5．对于使用"诱惑侦查"手段而破获的贩毒案件，辩护人会提出"诱惑侦查手段系非法行为，建议法庭不应采纳"的辩护观点

在法庭辩论中，辩护人认为：第一，"诱惑侦查"中贩毒人员的犯罪故意并不是原来就有的，而是被侦查人员采取"诱惑侦查"时诱发的，毒品"交易"完全是在侦查人员的精心布置下"被诱发完成的"，毒品数量也是侦查人员一手设计的；第二，"诱惑侦查"只是一种侦查措施而已，实际上不可能使贩毒完成，也不可能造成危害社会的后果，更谈不上社会危害性。

驳辩要点：公诉人认为，本案中侦查机关通过使用"诱惑侦查"所取得的定案证据是合法有效的。理由是：第一，使用"诱惑侦查"手段对打击毒品犯罪具有重要的作用。禁毒工作中的"诱惑侦查"，是指公安机关安排特情人员、侦查人员以及被查获的吸毒者、贩毒者向犯罪嫌疑人约购毒品，当交易进行时，将贩毒的犯罪分子人赃俱获的特殊侦查措施。在司法实践中，为了有效打击毒品犯罪，公安机关有时使用"诱惑侦查"手段，从而查获了一大批作案手段狡猾、毒品数量较大、犯罪成员众多的毒品犯罪团伙和毒品犯罪分子，这对于打击毒品犯罪起到了非常重要的积极作用；第二，使用"诱惑侦查"具有合法有效性。从法律文件看，使用"诱惑侦查"所取得的定案证据具有合法有效性，2000年4月《全国法院审理毒品犯罪案件工作座谈会纪要》中关于毒品案件中"特情引诱犯罪"一节明确提到："运用特情侦破案件是有效打击毒品犯罪的手段"，此规定说明司法机关对毒品案件中的"诱惑侦查"是持有肯定态度的；第三，在司法实践中，只要犯罪嫌疑人持有毒品，准备或正在进行贩卖，公安机关通过"诱惑侦查"手段，将其抓获并取得证据的就可以认定为指控贩卖毒罪的合法证据。结合本案看，本案中的被告人，即被"诱惑侦查"中的贩毒分子具有贩毒史（或以贩毒为生或携带毒品正在寻找买主），其本身就有贩毒的故意，只是"诱惑侦查"行为促使其贩毒行为付诸实施，只不过行为的对象是特定的侦查人员、特情人员以及被查获的吸毒者等等。如果犯罪分子不将毒品贩卖给以上人员，也会将毒品贩卖给社会上的其他人员，因此，这种行为同样具有严重的社会危害性和应受刑法惩罚性。

6. 对于警方线人（或耳目）提供的证言，辩护人当庭会提出"该证言不具有证明效力"的辩护观点

在司法实践中，例如贩卖毒品、嫖娼卖淫等特殊的刑事犯罪案件，公诉人有时会在法庭上提供警方线人（或耳目）的证言，对此，辩护人往往以线人或耳目的品质不可靠、且出证时常常为利己的动机而有陷害他人的可能性，因此建议法庭不采信此类证据。对此，公诉人在庭前应严格审核该"证据"的前提下，在法庭辩论中要坚持该"证据"是合法有效并具有证明效力。

驳辩要点：公诉人认为警方线人（或耳目）提供的证言，具有证明效力，理由为：第一，依据《中华人民共和国刑事诉讼法》第四十八条之规定："凡是知道案件情况的人，都有作证的义务，生理上、精神上有缺陷或者年幼，不能辨别是非、不能正确表达的人，不能作为证人。"对此，公诉人认为本案的"线人"具有作为证人的资格，并且知道本案的案情，因此具有作证的义务；第二，结合本案的其他证据看，该"线人"的证言与其他证据能够相互印证一致。因此，公诉人认为证明本案被告人具有犯罪事实的证据已经形成链条，且经过刚才的法庭质证，该"线人"的证言完全符合刑事证据的客观性、关联性和合法性的要求及标准，因此，该份证据可以作为认定被告人构成犯罪的有效依据。

7. 关于辩护人（或被告人）当庭以证人与被害人是亲属关系、与本案有重大利害关系为由，提出"该证人证言不能采信"的辩护观点

应辩要点：第一，公诉人认为，依据我国《刑事诉讼法》第四十八条第二款之规定：凡是知道案件情况的人都有作证的义务。除了生理上、精神上有缺陷或者年幼，不能辨别是非、不能正确表达的人，不能作为证人外，其他人都具有作为证人资格；第二，本案的辩护人（或被告人）以证人与被害人是亲属关系，而否认该份证据的客观性是不符合法律规定的。虽然该证人与被害人有利害关系，单独来看其证言的证明力相对要弱一些，但是该证人所提供证言的来源、形式合法有效，所证明的案件内容又与本案的其他证据相互印证一致，因此，该证人证言与与本案的其他证据之间共同形成了证据锁链，足以表明该"证人证言"具有客观真实性，建议法庭予以采信。

8. 对于证据间存在矛盾的案件，辩护人往往会提出"本案事实不清、证据不足"的辩护观点

对于有些刑事案件，被告人的供述与证人证言之间及证人证言相互之间，确实存在着一些细节上的不一致，甚至存在着一些矛盾点，对此，辩护人经常会提出"本案事实不清、证据不足"的辩护观点。

应辩要点：第一，在公诉机关复核和采信的定案证据中，确实有一些不一致的地方，但这种不一致仅限于不影响基本事实认定的个别枝节问题。这些枝节问题的存在，是符合客观规律的。因为，不同的人，由于知识结构不同、经历和阅历不同，决定了他们的注意力、感受力、判断力和记忆力必然有所不同，更为主要的是，由于在犯罪案件中所担当的角色不同、所承担的法律后果不同，这就决定了他们在作证时的态度也有所不同。在多次、反复的犯罪活动中，要求被告人记忆清楚所有的犯罪细节，也确实是强人所难；第二，公诉机关采信证据的原则是，在基本事实、基本证据吻合的前提下，枝节问题存有不一致之处的，要作客观分析：被告人供述与证人证言有不一致的以采信证人证言为主；言词证据与书证、物证不一致的以采信书证、物证为主。第三，言词证据

存在一些不一致之处，从另一个角度看，说明了侦查工作是在自然状况下进行的，说明了侦查人员没有为了刻意追求证据间的一致而违反法律规定收集证据，也说明了相关当事人所作的陈述都是他们真实的意思表示；第四，检察机关通过对本案中所有的证据材料进行了认真、严格的审查判断，通过证据间的逐一比照、去伪存真，最终认定被告人构成犯罪的事实清楚、证据确实充分。

9. 关于辩护人提出"税务稽查报告能够直接作为刑事诉讼证据使用"的辩护观点

应辩要点：公诉人认为："税务稽查报告"不属于法定的刑事诉讼证据，不能作为证据使用。理由是：第一，我国《刑事诉讼法》第四十二条规定的证据有七种，与"税务稽查报告"最接近的是鉴定结论。鉴定结论是鉴定人对提交鉴定的专门性问题所做的客观叙述，而"税务稽查报告"则属于税务机关的内部稽查结果和稽查文件，在形式上不属于法定的鉴定结论。第二，"税务稽查报告"直接作为证据使用，程序上不合法。鉴定结论的主体应当是接受司法机关的指派或者聘请的、具有专门知识的人以及中介组织，而税务机关既不是中介组织，也没有接受司法机关的委托，其所移交的"税务稽查报告"显然不能等同于刑事鉴定结论，更不能直接作为刑事诉讼证据使用。因此，辩护人的辩护观点是极其错误的。

10. 辩护人对指控证据从"相对单证"能否成为证据体系上进行质疑和反驳，并提出"证据不足"的辩护观点

在司法实践中，公诉人在审查起诉时常常会遇到案件的主要证据或重要证据，因客观原因而存在证据缺失的情况：例如有些毒品犯罪案件，实物证据已经灭失、只有同案多名被告人的供述；有些盗窃案件，被盗失主的被盗物品的发票因保管不善而不慎丢失；再如播放的淫秽影碟在大火中灭失等等，在法庭辩论中，辩护人对指控证据从"相对单证"能否成为证据体系上，往往会提出"事实不清、证据不足"的辩护观点，甚至依据《刑事讼诉法》第四十六条的规定，提出"被告人无罪"的辩护观点。

应辩要点：第一，辩护人提出的本案的物证因客观原因，确实已经缺失，这是事实。但是从法律层面讲，没有任何法律规定，公诉案件缺少物证就不能定案，就不能对被告人提起公诉和交付审判。对于个别确实存在欠缺的证据，如果该证据对案件的定罪、量刑不起决定作用，公诉人可表述：公诉机关指控被告人构成××罪，是依据了大量的证人证言及其他证据，大量的证据证明，起诉书所指控的被告人实施的犯罪事实清楚，证据充分，而辩护人（或被告人）提出的"某一证据不足"，对案件的定罪量刑不起决定性作用，因此建议法庭不予采纳；第二，从我国法律规定讲，我国《刑事讼诉法》第一百四十一条规定：审查起诉的条件是事实清楚，证据确实、充分，也就是只要有充分的证据证明被告人实施了犯罪行为就足矣，而并不要求将证明案件事实的所有证据都全部予以调取；第三，就本案件而言，被告人构成犯罪的事实，已有被告人的有罪供述、证人证言，认定被告人犯有指控的罪名，可以说事实清楚、证据充分。辩护人仅凭本案没有某一物证来否认本案的事实是有悖于法律规定的；第四，针对只有同案多名被告人供述的案件，我国《刑事诉讼法》第四十六条规定，"只有被告人供述，没有其他证据的，不能认定被告人有罪和处以刑罚。"这里所谓的"被告人"，是否包括共同被告人，即同案其他被告人一致供述是否属于本条规定的"其他证据"？关于这个问题，法律没有明确的规定，理论上也有不同的认识，考虑到本案的特殊性，对于本案（如毒品、毒资、赃物等）实物证据已经灭失的客观情况，本案各被告人的供述与同案

其他多名被告人的供述完全一致，且相互印证，并能排除诱供、逼供、串供等情形，本案共同被告人的供述可以作为定案的证据。事实上，共同犯罪嫌疑人、被告人供述一致，这些言辞证据也能反映案件的真实情况。为有力打击刑事犯罪，减少社会危害，公诉机关依据法律规定，认定本案被告人构成犯罪是属实无疑的。

11. 关于受贿案件中贵重物品因没有发票，且物品原物已不存在的情况，辩护人会提出"公诉机关认定的受贿数额不准，且属于证据不足"的辩护观点

应辩要点：第一，从本案的事实和证据上看，本案中有证人证实：被告人收受他人贵重物品的犯罪事实清楚；第二，本案中被告人收受他人贵重物品的发票和原物本身的丧失（或形状改变），均系被告人自己处理赃物时所为；第三，检察机关根据本案现有的证据，认定被告人的受贿数额是有法律依据的：行贿人证实购买本案行贿的贵重物品的价格清楚；被告人供述收受行贿人的贵重物品的数量、特征及品质均与行贿人陈述相同；接受被告人馈赠的证人证实的贵重物品的数量、特征及质量均与行贿人陈述相同。对此，检察机关本着"就低不就高"的原则，认定本案被告人收受行贿人贵重物品的价格是有法律依据的，绝不属于证据不足。

12. 对于以"估价结论"作为指控证据的案件，辩护人以"估价结论"不科学、不客观、估价高于赃物实际价值为由，会提出"估价结论不能作为定案根据"的辩护观点

例如，司法实践中的盗窃案件，被盗的物品是邮票、盗版光碟，还有诈骗案件中的真、假古董等物品，实际上没有商品定价，而只有市场增值价，办案机关一般是对该类赃物进行估价，对此，辩护人就会提出"估价结论不能作为定案根据"的辩护观点。

应辩要点：公诉人认为"估价结论"可以作为定案根据，这是因为：第一，本"估价结论"是侦查机关（或侦查部门）委托物价评估部门所进行的估价，该评估部门具有合法的估价资格；第二，物价评估部门是依据相关的法律、法规、规定而进行的评价，并参考了赃物的购买价及被告人犯罪时的市场价，经过合理折旧后进行的科学评估，评估的程序合法、规范、有效；第三，任何一份证据都只能使法庭审判的法律事实尽可能地接近案件的客观真实，这种接近可以是无限接近，但永远不可能完全恢复案件的客观真实，所以，即使"估价结论"与赃物的实际价值可能存在微小差距，只要这种差距是依法取证中合理存在的，就不会影响司法公正。综上所述，公诉人认为该"估价结论"合法有效，应作为认定被告人构成犯罪的根据。

13. 对于抢劫致人死亡或杀人案件，有些被告人在犯罪后，存在将尸体进行焚烧、毁尸灭迹的情况，对此，辩护人认为"没有尸体、没有尸体检验报告就不能认定被告人抢劫中使用暴力，致人死亡"，并提出"事实不清、证据不足"的辩护观点

应辩要点：第一，公诉人首先要"立论"。即公诉人要依据具体案件的犯罪事实，运用该案中的间接证据以及物证、现场勘查等大量有效证据，并将这些有效证据按照被告人实施犯罪的时空顺序，串联成证据链条，全面、充分地论证检察机关指控被告人构成抢劫致人死亡或杀人犯罪成立的证据依据和法律根据；第二，公诉人在"立论"的基础上，要有效地进行"驳论"。针对辩护人的无理辩护，公诉人可以这样反驳："如果仅凭没有尸体、没有尸体检验报告就不能认定被害人死亡的话，那么那些抛尸人海、毁尸灭迹的案件，在其他证据确实充分的情况下，难道也不予以认定；难道就不对被告人进行定罪量刑吗？如果辩护人的辩护观点成立的话，那么无疑会助长犯罪分子的嚣张气焰，也会鼓励某些犯罪分子采取更加残忍、更加狡猾的手段作案，作案后再以毁尸灭迹的手段，逃避法律

的制裁，这无疑是与我国的立法精神和刑法任务背道而驰的。"相信通过以上的"立论"和"驳论"，公诉人在法庭辩论中就会彻底驳倒辩护人的无理辩护。

14. 对于有些涉毒犯罪案件，辩护人会以毒品的纯度没有鉴定为由，提出"证据不足"的辩护观点

对于涉毒犯罪案件，尤其是对于有掺杂使假的贩卖毒品的案件而言，辩护人认为不仅要对毒品的数量进行确认，而且还必须要对毒品的纯度进行鉴定，因为两者皆影响毒品犯罪案件的定性，如果办案单位没有对毒品的纯度进行鉴定，在法庭辩论中，辩护人就会提出"检察机关指控犯罪证据不足"的辩护观点。

应辩要点：根据我国《刑法》第三百五十七条第二款的规定：毒品犯罪中的毒品数量是以查证属实的数量计算，不以纯度折算。在司法实践中，侦查机关一般只提供缴获的毒品物质中含有某种毒品成份的定性鉴定结论，不必考虑毒品的纯度问题。因此在现行刑法规定条件下，司法实践中处理一般毒品犯罪案件时，对查获的可疑毒品仅进行定性分析，而不必进行定量分析，但是，在以下两种情况下，应当对毒品进行纯度鉴定：第一，对于查获的毒品有证据证明可能定量掺假，且可能判处死刑立即执行的案件；第二，对于成份及其复杂的新型"摇头丸"类毒品，由于其含有不同类型的苯丙胺（如甲基苯丙胺与苯丙胺）或其他毒品，而法律对不同毒品规定了不同的量刑标准，因此对查获的多种成份的"摇头丸"类毒品，检察机关确实也应该进行含量、纯度的鉴定，以达到量刑准确。因为虽然毒品的纯度不影响毒品犯罪的定性，但确实影响到毒品犯罪的量刑，对于这一点，大家在今后办理涉及毒品犯罪的案件中，切记要认真审查，区别对待，避免在法庭辩论中陷入尴尬。

15. 关于辩护人以办案单位询问证人不是在法定的"三地点"为由，而提出"该份证据取证程序违法、不具有证据效力"的辩护观点

为更好地执行《刑事讼诉法》，最高人民法院等六部门制定了《关于<中华人民共和国刑事诉讼法>实施中若干问题的规定》第十七条规定："侦查人员询问证人，应当依照《刑事诉讼法》第九十七条的规定进行，不得另行指定其它地点。"于是在司法实践中，辩护人会认为：侦查机关对证人的讯问只能在证人的所在单位、住处和侦查机关（法定的三地点）进行，而一律不得在"其它地点"进行，否则就是违法，因此会提出"该证据不具有法律效力"的辩护观点。

应辩要点：第一，从法律规定的本身来看，并未禁止侦查机关在"其它地点"询问证人。我国《刑事诉讼法》第九十七条规定："侦查人员询问证人，可以到证人所在的单位或者住处进行，在必要的时候，也可以通知证人到人民检察院或者公安机关提供证言。"该条文对侦查机关询问证人的三个地点用了三个"可以"，由此可以看出：《刑事诉讼法》第九十七条的规定是授权侦查机关根据具体情况可以在"三地点"中选择询问的合适地点，且从行文上看，也未完全列举可以询问的地点，更未出现禁止在"三地点"以外询问的规定。因此说，六部委的"四十八条"不是禁止侦查机关在"三地点"之外的询问行为，而是禁止侦查机关的强行指定行为；第二，从立法的目的来看，法律也不会禁止侦查机关在"三地点"以外的询问行为。在司法实践中，证人出于顾虑或者某种考虑，不愿在法律明示的"三地点"接受询问的情况并不少见，特别是侦查机关在辖区外的办案取证，证人一般都愿意在侦查人员下榻的住处接受询问，对此，办案人员往往会在尊重证人意愿的前提下，提供诸如宾馆、酒店房间等办案临时租住的场所作为

询问地点。实践证明：这种做法不仅保护了证人的合法权益，也排除了干扰，保证了取证工作的顺利进行。证人愿意提供证言，只是对询问地点提出要求，应当尊重证人的意志并予以同意，这样做不仅符合法律精神，保护了当事人的合法权益，同时也使法律更为人性化，体现了保障人权的宪法精神。因此，公诉人认为：侦查人员询问证人，除了法律规定的"三地点"外，如果证人主动提出要求到其认为合适的地点提供证言的，也是符合法律规定的；第三，司法实践中，最高人民法院对侦查人员在法定的"三地点"外询问证人的合法性已经确认。例如，安徽省原副省长王怀忠受贿案的辩护人在法庭辩论时就提出：侦查人员在宾馆询问证人，违反了法律的强制性规定，由于取证地点不合法，不能排除证人提供证言时说了假话，并提出"证人证言的取证地点不合法，不能作为定案证据"的辩护意见。针对该辩护意见，一审法院判决书认为："本案侦查机关是最高人民检察院，而本案的大部分证人居住或者工作在安徽，侦查人员通知证人到侦查人员在外地办案居住的宾馆或招待所进行，是工作需要，没有证据证明有关证人因为取证地点的原因而作了虚假陈述。"没有采纳辩护人的辩护意见，可见最高人民法院对侦查人员在宾馆询问证人的合法性已经确认；第四，结合本案证人证言看，证人对于取证地点的确定，有书面的"情况说明"证实：确属本人同意并自愿要求，证明该询问系证人的意愿而非侦查机关的强行指定。（公诉人可结合具体案件展开）

16. 关于辩护人经常以"被告人当庭翻供"为由，提出"被告人参与实施犯罪的证据不足"的辩护观点

应辩要点：公诉人可结合具体案件事实和证据，阐述被告人参与实施犯罪的事实清楚，证据确凿，足以认定，理由是：第一，对于被告人参与实施犯罪的事实，其本人在公安机关曾多次做了有罪供述，供述自己参与实施起诉书认定的犯罪行为的全部经过；第二，虽然被告人在法庭上翻供，否认参与实施了犯罪事实，其辩解的理由为"以前多次供述的原因是公安人员刑讯逼供，自己被迫乱编"，但是，公安机关出示的"书面证明"和检察机关行使法律监督职能所调查的结果，充分地证明了这样的事实：即公安人员在审讯时不存在刑讯逼供、指名问供的违法行为，被告人所说的"公安人员刑讯逼供"的辩解是不成立的，同时表明被告人在法庭上的翻供内容是不真实的；第三，公安机关在侦查阶段，向被告人提取的供述不仅在程序上合法，而且被告人的供述能与本案的其他证据、情节相互印证一致，这足以表明被告人在公安机关所做的供述内容是真实的，并非是乱编的；第四，被告人在公安机关的真实供述符合法定程序，且与其他证据相互印证，这些证据所形成的证据体系已足以证明被告人具有犯罪行为，参与实施了整个的犯罪事实，因此本案是事实清楚、证据确凿。

综上所述，公诉人认为：被告人在法庭上未能如实供述自己的犯罪事实，并非是其没有参与实施犯罪的行为，而是认罪态度不好的具体表现。众所周知，认罪态度不好是依法酌情从重处罚的情节之一，因此，公诉人提请法庭在对被告人量刑时予以体现。

17. 对于检察机关提供的视听资料证据，辩护人往往以办案机关有"刑讯逼供、暴力取证行为或者相关情节已被办案机关删减、重新编辑、可能存在问题"为由，提出"该视听资料无效"的辩护观点

应辩要点：第一，公诉人应在出示该"视听资料"时，依据人民检察院《刑事诉讼法规则》第二百五十八条的规定，先将警方出具的该"视听资料"的来源、制作过程的书面说明，向法庭予以阐明，或者公诉人要将讯问被告人的笔录向法庭进行出示，以证

明该"视听资料"来源的合法性；第二，公诉人要结合该"视听资料"证据与本案中的其他有效证据之间的共同证明力和同一指向性，来具体论述检察机关指控被告人实施犯罪事实的成立；第三，针对辩护人当庭提出的辩护理由，公诉人必须当庭要求辩护人向法庭提交办案机关所谓的"删减及重新编辑"的证据加以证明，如果辩护人当庭提交不出任何有效证据，公诉人就要以"辩护人举证不能"来驳斥其错误的辩护观点，并坚决要求法庭不能采信辩护人毫无根据的辩护意见；第四，针对辩护人当庭提出并坚持"该视听资料无效"的辩护观点，必要时公诉人可要求公安机关办案人员出庭对该"视听资料"的合法性当庭进行有效的说明。

18．对于证据单一的受贿案件，辩护人认为检察机关没有形成定案的证据体系，故提出"指控证据不充分"的辩护观点

应辩要点：第一，判断事物要客观。这里首先要区分"证据充分"和"证据穷尽"的关系：所谓"证据充分"，是指有效证据的数量，做到了证据充分，就不必要求证据穷尽；所谓"证据穷尽"，是指犯罪行为可能留下的证据都已经全部收集齐全。结合绝大多数受贿案件，行贿、受贿的犯罪事实，只有双方当事人在场，没有其他的证人证言，没有书证，也没有视听资料，而受贿的赃款作为种类物又易混于其它款项中，因此，定案证据很难收集齐全，往往会造成打击不力的局面。但如果受贿案件中存在着供、证双方陈述一致，尤其是双方陈述的犯罪情节基本一致，在这样的条件下，主观地追求本不存在的第三者证据，不符合我国刑事诉讼的客观要求。第二，判断事物要有联系。单从一份言词证据看，似乎辩护人的"证据不足"的辩护观点还有些道理，但是联系本案侦查过程中，办案人对被告人的每一项犯罪事实的证明过程；联系侦查中对被告人全部犯罪事实的侦查过程，被告人对每项犯罪事实的供述，都具有极其稳定性；每个行贿人对每项行贿事实的证明也具有其稳定性；他们每个人都从各个局部，证明了被告人已形成以权谋私的稳固的犯罪行为模式。因此，公诉人认为检察机关对被告人犯有受贿罪的指控是证据充分，辩护人的辩护观点是不成立的。

19．对于公诉机关在延期审理期间获取的定案证据，辩护人（被告人）会提出"该证据程序不合法"的辩护观点

应辩要点：公诉人认为，检察机关在延期审理期间获取的定案证据，在程序上是合法有效的。理由为：第一，依据《人民检察院刑事诉讼规则》第三百五十五条之规定：人民检察院在延期审理期间有权调取证据；第二，公诉人在此期间获取的证据是严格依照法律规定的程序取得的，具有充分的法律依据，因此合法有效；第三，公诉人将通过出示、宣读有关法律诉讼文书、以及延期审理期间自行收集证据的审查起诉活动笔录，进一步向法庭集中阐述本案被告人所实施的犯罪行为和犯罪事实。

20．对于公开审理的案件，辩护人有时会提出"该案证据有涉及国家秘密或者个人隐私"的辩护观点

应辩要点：第一种情况，如果辩护人提出的辩护观点有证据证明确与本案无关，公诉人可依据最高人民法院《关于执行<中华人民共和国刑事诉讼法>若干问题的解释》第六十二条关于"涉及国家秘密或者个人隐私的证据不能在公开开庭审理时使用"的规定，提请审判长对辩护人的行为予以制止。第二种情况，如果辩护人提出的辩护观点有证据证明确与本案有关，公诉人就应依据该《解释》，提请审判长将本案由公开审理转为不公开审理。

21. 对于辩护人提出"证人与案件有直接利害关系，有诬陷的可能，虽出庭作证，但该证人证言无效"的辩护观点

应辩要点：第一，根据我国《刑事诉讼法》第四十八条的规定："凡是知道案件情况的人，都有作证的义务。"因此，法庭依法传唤知道本案情况的有关人员出庭作证，是完全符合法律规定。第二，证人证言的证据作用，是由证言是否能够反映案件的真实情况而决定的，只要证人证言经查证属实，就可以作为定案的依据。本案证人所提供的证言与被告人在法庭上的供述，与公诉人当庭出示宣读的其他证据相互印证一致，足以证实该证人证言的真实性，依法能够起到证实本案被告人实施犯罪事实的作用。第三，在刚才的法庭调查中，辩护人及被告人已经对该证人证言进行了质证，且辩护人及被告人当庭未能举出任何证据，证明辩护人所提出的"证人与案件有直接利害关系、有诬陷可能"事实的存在，因此，辩护人提出的"该证人证言无效"的辩护观点是错误的，建议法庭不予采纳。

22. 关于辩护人当庭出示的公诉人未掌握的"新证据"情况

对此，公诉人一定要坚信检察机关指控被告人犯罪的证据是确实、充分的，同时更要沉着冷静，从容应对出现的新证据情况：如果新证据不影响本案的定罪和量刑，公诉人就没有必要花费大量时间和精力进行质证和驳辩；如果新证据将影响到本案的定罪和量刑，公诉人必须要依照以下策略进行认真的质证和驳辩：

驳辩要点：第一，公诉人要从证据的"三要素"上对辩护人当庭出示的"新证据"进行驳辩，对于违法证据要建议法庭不予采信。一是要从证据的"合法性"上进行驳辩。例如四川綦江"虹桥跨塌案"，辩护人想在虹桥跨塌的原因上做文章，意图证明跨塌与"共振"有关，与被告人的渎职无关，因而在法庭辩论时，辩护人就将当时有报道虹桥跨塌前有武警在桥上跑步内容的"媒体报道"作为证据使用，对此，公诉人当即进行反驳：因为法庭质证的对象是刑事证据，而辩护人所出示的"媒体报道"不是刑事证据，根本不能作为刑事证据使用。二是要从证据所证明的内容上继续进行驳辩。再如虹桥跨塌案，辩护人对于举证受挫后，随后又请求宣读案发当天在虹桥上的证人证言，他们也将证实当时有武警在桥上跑步。对此，公诉人当即请求审判长允许鉴定人出庭一同听取辩护人宣读的"证人证言"，鉴定人不仅从鉴定的技术层面上向法庭补充说明了虹桥跨塌的真正原因，而且还进一步解释了"跑步"与"共振"的具体关系，从"证人证言"所证明的内容上否定了辩护人的辩护观点。对此，辩护人和被告人均不再纠缠。三是要从本案现有证据入手，如果现有证据能够否定辩护人提出的"新证据"，那么公诉人就要巧妙地运用现有证据直接否定该"新证据"，并同时建议法庭不予采信辩护人的辩护观点。

第二，公诉人要建议法庭对该案延期审理。如果辩护人当庭提出的"新证据"确实影响被告人的定罪量刑，且本案现有的证据又无法否定该"新证据"，对此，公诉人就应依照我国《刑事诉讼法》第一百六十五条的规定，提请建议法庭对本案件延期审理。

23. 对于被告人当庭拒不认罪或"一言不发"的情况

例如，我办理的被告人赵东故意杀人案，被告人赵东将同村居住的女朋友及女朋友的姐姐同时刺死。此案当时是在电视台"法庭快讯"栏目中进行的直播。法庭审理时，被告人赵东面对被害人家属及自己的亲人，出于所谓的不想当"孬种"的心理，在法庭调查时一反庭前如实供述的常态，我问了三遍他就是不说话。面对直播，如果你是我，

你将怎么办？

在法庭审理中，被告人当庭拒不供认自己犯罪事实的情况时有发生，有时大多数被告人是出于顽抗心理，有意以身试法，而坚决否认自己的犯罪事实；有时被告人则是出于不愿配合公诉人的心理，而表现出徐庶进曹营"一言不发"的状态。

应辩要点：第一，公诉人要进行必要的法庭教育。即明确告知被告人：根据我国《刑事诉讼法》第六十四条的规定，"没有被告人的供述，证据确实充分的，可以认定被告人有罪和处以刑罚"，公诉机关之所以对被告人提起公诉，就在于已有充分、确实的证据能够证明被告人实施了犯罪行为；第二，当庭宣读"被告人的有罪供述笔录"。经过法庭教育后，被告人仍然不肯配合公诉人进行法庭调查的，公诉人就要果断地征求审判长的同意，向法庭宣读被告人的有罪供述笔录，当场揭露被告人所实施的犯罪事实。如被告人赵东杀人一案，我就向审判长明示："审判长，既然被告人赵东当庭拒不供认其故意杀人的犯罪事实，公诉人有必要向法庭宣读被告人赵东曾在公安机关和检察机关所作的有罪供述笔录，供法庭认证和采纳"；第三，当庭确认"被告人的有罪供述笔录"的正确性。公诉人宣读笔录后，还必须要当庭讯问被告人对以上笔录内容的意见，必须要被告人正面回答是否正确；第四，出庭公诉人要按照起诉书指控的犯罪事实，结合案件相关证据，进一步证实被告人所实施的犯罪行为和犯罪事实。

24. 对于被告人"当庭翻供"的情况

面对被告人"当庭翻供"，公诉人必须当机立断分清翻供的理由和原因，并针对不同的"翻供"情况采取恰当的应辩策略：

（1）对于被告人当庭以"受到刑讯逼供为由的翻供，且被告人或辩护人当庭能够举证证明"的情况

为使刑事案件能够得到公正地审理，公诉人可建议法庭对本案延期审理。检察机关在案件休庭后，应采取调查取证等措施，核实或者排除办案机关有关"刑讯逼供问题存在"的可能性。

（2）对于被告人当庭以"受到刑讯逼供为由翻供，但被告人或辩护人当庭不能举证证明"的情况

如果该案除被告人供述外，还有其他充分的证据能够证实被告人犯罪的事实清楚，应辩要点：第一，公诉人要宣读笔录，鉴别真伪。公诉人可审查被告人原在侦查阶段的有罪供述中，是否有在看守所形成的讯问笔录，如果有，则向法庭宣读被告人的这份笔录，同时向法庭说明：侦查人员在看守所讯问犯罪嫌疑人，不存在刑讯逼供的条件，自然可以排除"存在刑讯逼供"的可能，因此，被告人的这份书面有罪供述是合法有效的；第二，公诉人要求辩护人或被告人当庭举证。针对辩护人或被告人的"翻供的理由为受到刑讯逼供"的辩护观点，公诉人必须要求辩护人或被告人当庭出示相关证据，如果辩护人或被告人当庭未能出示任何有效证据，公诉人就要向法庭建议：审判长、审判员，既然被告人及其辩护人就"刑讯逼供"问题，未能当庭举证予以证明，因此，建议法庭不予采信辩护人的辩护观点或被告人的无理辩解。

（3）对于被告人当庭以"受到刑讯逼供或者其他原因为由翻供，且被告人的有罪供述是其他指控犯罪证据的证据源，或被告人有罪供述是仅有的直接证据，其他证据都是间接证据"的情况

应辩要点：第一，公诉人要宣读笔录，否定翻供。公诉人针对被告人庭前有罪供述

和庭上翻供的矛盾，要当庭宣读被告人在公安机关和检察机关所作的有罪供述，并与其在法庭上的翻供供述相对比，通过举证来分析被告人当庭翻供内容的真伪，论证被告人翻供的理由不能成立；第二，出示侦查人员讯问被告人的视听资料。公诉人当庭出示的视听资料必然是被告人所作有罪供述的录音录像资料，而且尽可能是被告人详细供述犯罪事实的录音录像资料，虽然这也仅是对被告人这次有罪供述的自愿性有直接证明力，但可使法庭确信被告人对所谓"刑讯逼供"的抗辩具有虚假性；第三，必要时可提请侦查人员出庭作证。如果被告人的有罪供述是仅有的直接证据，而本案中其他证据都是间接证据，同时辩护人或被告人虽未能出示任何有效证据证明，但却坚持办案机关具有"刑讯逼供"的行为，对此，公诉人有必要向法庭提请侦查人员出庭作证，并与被告人当庭就"是否存在刑讯逼供的情况及讯问过程"进行对质，不仅能够增强交叉质证的效果，让法官在法庭上直接听取双方证词，而且有助于法庭建立"不存在刑讯逼供"情况的内心确信。

第三十三讲
公诉人法庭辩论方略（二）

刘振华

法庭上关于适用法律和处罚量刑的辩论往往是辩论的核心的部分和诉辩双方争议的结论部分。这两部分的辩论内容是以证据和事实辩论为基础，多围绕罪与非罪、此罪与彼罪、罪轻与罪重、应否处以刑罚而展开。

第一专题　法律辩论篇

刑事案件犯罪事实的认定，不仅需要有确实、充分的指控证据加以佐证证明，而且更需要运用刑法犯罪构成理论和刑法规定加以法律论证。对被告人适用法律是否正确，是关系到被告人是否应负刑事责任、应负什么刑事责任的重大问题，也就是说，是关系到检察机关指控的罪名能否成立、适用法律是否正确的重大问题。犯罪嫌疑人的行为，只有经过法律论证，我们才能客观地判断其行为的性质，公正地认定其是有罪还是无罪。因此，在法庭辩论中，公诉人运用法律进行论证，对适用法律问题展开辩论，对于刑事案件的正确处理尤为重要。

司法实践中，有些辩护人对检察机关指控的犯罪事实，会从法律适用的层面，对被告人的行为是否构成犯罪以及构成此罪还是彼罪，会提出各种质疑或辩护意见，甚至还会提出被告人的行为不构成犯罪的无罪辩护观点，这些都是辩护人在法庭辩论中的基本功和看家本领。

对应第一专题讲过的"证据辩论"，是控、辩双方围绕案件事实，对被告人从"适用法律角度"所进行的法律论证的辩论，我们则习惯称之为"实体性辩论"或"法律辩论"。

辩护人的"法律辩护"是指辩护人在庭审质证的基础上，在法庭辩论中运用我国《刑法》和《刑事诉讼法》所确立的法律规定、法律制度及犯罪构成理论的原则，围绕刑事实体法内容，为被告人所做的无罪或减轻刑事处罚的辩护发言。

一、辩护人"法律辩护"的规律及应对原则

（一）在"罪与非罪"上，辩护人往往会提出"被告人无罪"的辩护观点及应对原则

1. "被告人无罪"的辩护：是指辩护人运用刑法理论，围绕被告人的犯罪行为及犯罪结果，通过证明被告人的行为性质不符合某一犯罪的构成要件，或者论证说明被告人具备法定的"无罪抗辩"事由，以促使法院宣告被告人无罪而发表的辩护观点。

一般来说，辩护人大多是围绕我国《刑法》总则和《刑法》分则各个罪名的构成

要件，来阐述无罪抗辩事由的。司法实践中，辩护人一旦认为被告人的行为不符合我国《刑法》所规定的某一犯罪构成要件的全部或者是其中之一时，就会提出"被告人无罪"的辩护观点。近年来，连续发生的震惊全国的佘祥林杀妻、杜培武杀人等重大冤错案件，造成了极其严重的社会影响和危害，因此，对于被告人时供时翻、案件争议焦点突出的疑难、复杂的刑事案件，公诉人在庭前对"被告人无罪"辩护观点的预测是十分必要的。更为重要的是，公诉人在法庭辩论中还要针对辩护人所提出的各种"无罪"的辩护观点，采取相应的应辩策略，高质量地完成好检察机关的指控犯罪任务。

检察实践中，常见的"被告人无罪"的辩护观点有三种：

（1）"被告人不应当负刑事责任"的无罪辩护观点

"被告人不应当负刑事责任"的辩护：是指在法庭辩论中，对于一般犯罪主体，辩护人会以"被告人犯罪时未达到刑事责任年龄或者是不具备刑事责任能力、被告人犯罪时系精神病人"等为由，认为被告人的行为不应当负刑事责任时所发表的"无罪辩护"观点；对于特殊犯罪主体，例如玩忽职守、挪用公款、贪污、受贿等职务犯罪案件，辩护人认为被告人不具备"国家工作人员"或者是不具备"国家机关工作人员"的主体身份条件时所发表的"无罪辩护"观点。

（2）"被告人不具备刑法规定的主观犯罪要件"的无罪辩护观点

"被告人不具备刑法规定的主观犯罪要件"的辩护：是指在法庭辩论中，辩护人以"被告人在主观上不具备犯罪意识、不具备直接故意、间接故意或者过失"等为由，认为被告人"无罪"时所发表的"无罪辩护"观点。司法实践中，辩护人经常会提出被告人的行为系正当防卫、被告人的行为系紧急避险等。

（3）"被告人的行为不构成犯罪"的无罪辩护观点

"被告人的行为不构成犯罪"的辩护：是指在法庭辩论中，辩护人往往以"被告人没有实施特定的犯罪行为、被告人的行为与犯罪结果之间不具有《刑法》上的因果关系、被告人的行为不具有社会危害性、被告人的行为显著轻微危害不大不应认定为犯罪、被告人的犯罪数额没有达到立案标准"等为由，认为被告人的行为不构成犯罪时所发表的"无罪辩护"观点。

2．应对原则：针对以上三种常见的"无罪辩护"观点，公诉人的应原则可分为三步：一是逢"无"必驳；二是"抓住关键、重点突破"；三是"立论为主、破立结合"。

（1）逢"无"必驳：是指在法庭辩论中，公诉人对于辩护人所有的"无理辩护"或"无罪辩护"观点，所做的逢"无"必反驳，决不能坐视不理的应对方法。

（2）抓住关键、重点突破：由于各案案情不同，辩护人提出"无罪辩护"的理由也各有千秋。在法庭辩论中，要想彻底驳斥辩护人错误的"无罪辩护"观点，公诉人必须要抓住"无罪辩护"理由中的关键问题，并对"关键问题"进行重点突破的应对方法。

（3）立论为主、破立结合：是指针对辩护人为开脱被告人的罪责，常常发表有意歪曲公诉意见，甚至是歪曲法律的无理辩护或无罪辩护，对此，公诉人所采取的不仅要阐明被告人构成犯罪的事实和法律依据，而且还要反驳无罪辩护观点的一种应对方法。并且以立论为主，在立论中，恰当地使用驳论，有破有立、破立结合，特别是驳论，在无罪辩护的应辩中尤为重要，不仅使公诉人的驳辩更为严谨有力，而且更会取得很好的法庭辩论效果。

例如，王某强奸犯罪案件。一天中午，被告人王某在被害人石某家的玉米地将石某强奸，石某当天下午就到公安机关报案。被告人王某被抓获后，在公安机关先后7次的审讯中均不供述是强奸犯罪，却声称与被害人石某系"通奸"关系。在法庭辩论中，辩护人据此认为本案系"通奸"，并提出了"被告人王某的行为不构成强奸罪"的"无罪辩护"观点，辩护理由为：第一，被告人王某与被害人石某以前有过"通奸"关系；第二，案发当日王、石两人事先有约。如果两人没有事先约好，那么在中午时分两人是不可能同时赶到石某家玉米地的；第三，王某未违背妇女意志。王某与石某发生关系时，石某没有呼喊和反抗，当天中午石某家附近的地里就有人在干活，如果石某有呼救和反抗，一定能够被他人听见，但有人证实未听见任何呼救和反抗的声音；第四，王某与石某之间曾因"通奸"关系有过矛盾，此次是石某在设圈套，故意栽赃陷害王某。

公诉人针对辩护人的"无罪辩护"观点，首先分析了"四点无罪辩护"的理由内容，紧紧抓住"被告人与被害人系'通奸'关系；这次发生性关系时，被告人没有违背被害人石某的妇女意志"这两个关键性问题，并拟对这两个关系到被告人的行为是否构成强奸犯罪的"关键问题"进行重点突破；其次、在重点突破时，进行了立论，从犯罪构成要件上入手，结合案件的事实和证据，再一次阐述了被告人王某构成强奸犯罪是事实清楚、证据充分，然后针对辩护人的四点"无罪辩护"观点，从六个方面做了针锋相对的反驳：第一，辩护人提出的被告人王某与被害人石某以前有"通奸"关系、案发当日事先有约以及被害人石某设圈套栽赃陷害王某的辩护观点，本案没有任何证据予以证明，尤为重要的是辩护人和被告人王某当庭并未举出任何证据加以证明和佐证，因此公诉人建议法庭对辩护人的上述辩护观点不予确认；第二，被告人王某的行为违背了妇女意志。在被告人王某对被害人石某进行语言调戏时，当即遭到石某的回绝，接着王某在搂抱、追赶、撕打中将被害人石某按倒，并实施了强奸犯罪行为，被害人石某身上的多处青紫伤就是被告人王某"违背妇女意志"的最好证据；第三，在司法实践中，即使有"通奸"关系后，被告人再违背妇女意志，强行与其发生性行为的，也构成强奸犯罪；第四，从发案时间、地点看，中午12时许，被害人石某在自家玉米地里干活，被告人王某手持镰刀，在实施犯罪行为时必然会对被害人石某造成心理上的恐惧，而不敢大声呼叫和求救；第五，从现场勘查看，案发现场有被告人王某撕打被害人石某过程中所形成的杂乱足迹和倒伏的十几根玉米杆，系被害人石某采取反抗行为的最有力的佐证；第六，案发后被害人石某当即报案。公诉人用以上六点，有力地反驳了辩护人的"无罪辩护"观点，最终法院以强奸罪判处被告人王某有期徒刑五年。

（二）在"此罪与彼罪"上，辩护人会提出"指控罪名不能成立"（或"控方指控罪名错误"）的辩护观点及应对原则

1．"指控罪名不能成立"（或"控方指控罪名错误"）的辩护：是指被告人的行为一般都构成犯罪，但是存在着此罪与彼罪的问题，检察机关以"此罪"指控，但在法庭辩论中，辩护人为有利于被告人的从轻处罚，虽不能以"彼罪"进行辩护，但却对检察机关所指控的罪名提出质疑，认为被告人的犯罪行为不符合检察机关指控罪名的犯罪构成要件时所发表的辩护观点。

2．应对原则：针对辩护人会提出的"指控罪名不能成立"（或"控方指控罪名错误"）的辩护观点，公诉人可采取"逆向反证，层层递进"的原则应对。

"逆向反证，层层递进"：是指公诉人借助一个与原论题相矛盾的"反论题"为中介，先证明"反论题"为假，然后根据得出原论题为真的应辩方法。运用"逆向反证，层层递进"应对方法的好处：通过证明"假设命题"为假，达到指控罪名为真的目的，论证层层递进，一气呵成，逻辑严密，说服力强。

围绕犯罪构成理论而存在争议焦点突出的案件，在法庭辩论中，控、辩双方往往是围绕涉及"此罪与彼罪"的认定与否而展开激烈的交锋，这类情况在法庭辩论中会经常出现，如果公诉人采取常规的正面、直接反驳的方法，有时则会显得苍白无力，对此，最好的驳辩方法就是运用反证推理法：逆向反证，层层递进。

例如，被告人丁某故意杀人案，丁某为某高校大三学生，因与同班同学王某共同争爱一名女生，而多次发生过争吵和厮打，并结下了积怨。某日凌晨1时许，被告人丁某趁被害人王某宿舍未锁门之机，手持砖头朝已经熟睡的王某头部猛击数下，与王某同寝室的同学被惊醒，均起床呵斥丁某住手，但是被告人丁某仍未停手，继续朝王某的头部打击，后有两个同学下床制止，丁某才住手，王某经医院抢救，脱离了生命危险，经法医鉴定为蛛网膜下血肿，结论为重伤。检察机关以故意杀人罪（未遂）对被告人丁某提起公诉。该案在开庭审理中，被告人丁某拒不承认自己在主观上有杀死王某的故意，辩称只是想报复、伤害王某而已，被告人丁某的辩护人进而也提出被告人丁某的行为没有造成被害人死亡的结果，该案应认定为故意伤害罪。

针对被告人及其辩护人的无理辩护意见，公诉人运用"逆向反证法"，进行了有力的反驳：第一，如果被告人丁某没有杀人故意，仅仅是想伤害王某，那么他就不会把作案的时间选择在凌晨1时许，并在王某熟睡之机，且处于无法反抗的情况下实施犯罪行为；第二，如果被告人丁某没有杀人故意，他就不会用砖头连续猛击被害人的头部，丁某作为具有完全刑事责任能力的大三学生，不可能不知道头部是人体的要害部位，钝物猛烈击打会足以造成被害人死亡结果的发生；第三，如果被告人丁某没有杀人故意，那么在其他同学被惊醒并呵斥其住手时，他就不会继续再实施犯罪行为。但事实上，被告人丁某并没有停止打击，而是继续猛击被害人头部，只是在其他同学动手制止后方才住手。在上述驳辩中，公诉人首先假设一个与公诉机关指控罪名相矛盾的命题：即"被告人丁某没有杀人故意"为真，然后反推出一系列与该命题相矛盾的结论。

运用"逆向反证，层层递进"技巧的好处：通过证明假设命题为假，达到指控罪名为真的目的，论证层层递进，一气呵成，逻辑严密，说服力强。

（三）在"共同犯罪"上，辩护人会提出"被告人的行为不成立共同犯罪"的辩护观点及应对原则

1. "被告人的行为不成立共同犯罪"的辩护：是指在法庭辩论中，辩护人认为某一被告人没有共同犯罪故意、没有实施共同犯罪行为；某一被告人的行为系过失而不能成立共同犯罪；某一被告人与其他被告人没有共同的犯意联络、被告人的行为与其他被告人的行为之间缺乏相互配合等情况，进而提出否定被告人构成共同犯罪时所发表的辩护观点。

在司法实践中，对于多人、多起的共同犯罪案件，就全案被告人而言，虽然在作案时都是"盟友"，但是由于他们的犯罪目的不同、在犯罪中的地位不同，决定他们在案发后对于犯罪事实的供认就会出现翻供、变供、避重就轻、互相推诿，甚至是嫁祸于人等各种情况；对于共同犯罪案件的多名辩护人而言，由于各个辩护人的辩护角度不同，加之他们的素质参差不齐，所以在法庭辩论中，各辩护人之间的辩护观点更容易产生矛盾，甚至个别辩护人的观点还可能前后矛盾，出尔反尔。

2．应对原则：针对辩护人提出的"被告人的行为不成立共同犯罪"的辩护观点，公诉人可采取"利用矛盾、为我所用"的原则应对。

"利用矛盾、为我所用"：是指公诉人在法庭辩论中，针对共同犯罪案件中各被告人之间供述相互矛盾、各辩护人之间发表辩护意见相互矛盾情况，抓住其自相矛盾的地方，采用"以子之矛、攻子之盾"和"利用矛盾、分化瓦解、为我所用"的策略，使辩护人的辩护意见不攻自破，从而顺利地达到反驳的目的一种应对方法。运用"利用矛盾、为我所用"策略的好处：借用辩护观点的矛盾，适时地揭露，果断地加以反驳，往往会收到事半功倍的庭审效果。

例如，在一起共同杀人案件的法庭辩论中，辩护人首先强调："起诉书指控被告人曲某参与共同杀人的事实不清，证据不足"，随之又大篇幅地发言论证，但辩护结尾又提出建议合议庭对曲×以共同杀人罪中的从犯从轻处罚。很显然，在同一辩护意见中出现了自相矛盾之处：即认定共犯事实不清、证据不足和应以杀人罪从犯从轻处罚。对此，公诉人只要将其矛盾予以揭露，就可让辩护人的辩护观点无法立足。公诉人这样表述："审判长、审判员：第一，从逻辑学角度和刑法理论上看，定罪是前提，量刑是结果，其基础是事实清楚、证据确实充分。事实不清、证据不足既不能定罪，更无从量刑。第二，本案辩护人在发表辩护意见时既然先是否定被告人曲×构成杀人犯罪的共犯，又何必要求法庭对其从轻、减轻处罚？既然要求法庭对被告人曲×从轻、减轻处罚，那么就表明辩护人已承认被告人曲×确实犯有故意杀人罪了，这不是用自己的矛攻自己的盾吗？看来被告人曲×的犯罪事实不辩自明。"此时公诉人可就本案的事实、证据、被告人在共犯中所处的主犯地位进行具体的分析、论证。

（四）在"重罪与轻罪"上，辩护人会提出"被告人的行为属于罪轻"的辩护观点及应对原则

1．"被告人的行为属于罪轻"的辩护：是指辩护律师在刑事辩护中，对于检察机关指控的罪名没有异议，但却对检察机关适用较重法律条款提出异议，并建议法庭应当适用较轻量刑条款时所发表的辩护观点。

在司法实践中，对于公诉案件存在：涉及到犯罪数额较大、巨大、特别巨大；犯罪情节轻微、严重、特别严重；犯罪手段一般、恶劣、特别恶劣；涉及毒品犯罪案件认定数量多少的划分；涉及把客观条件说成是犯罪主要原因；被告人的行为符合牵连犯或者是吸收犯特征而应以一罪论处；被告人的行为属于法条竞合或者想象竞合而只能以一罪论处等情况时，为有利于被告人的从宽处罚，辩护人就会提出"建议法庭应当适用较轻量刑条款"的辩护意见。

2．应对原则。针对辩护人提出的"被告人的行为属于罪轻"的辩护观点，公诉人可采取"抓住实质、攻其要害"的原则应对。

"抓住实质、攻其要害"：是指公诉人在法庭辩论中，对于辩护人提出的错误的"罪轻"辩护观点，依照案件事实和法律规定，抓住错误"罪轻"辩护理由的实质，攻

其要害，直接予以有力回击的一种应对方法。

例如，某起抢劫案件，辩护人当庭提出了"被告人的行为不构成抢劫罪"的错误辩护观点，辩护理由是：被告人没有实施暴力行为，仅仅是扬了一下拳头，被害人就把物品留下了，故被告人的犯罪情节轻微，只构成抢夺罪而非抢劫罪。结合本案的事实看，显然辩护人的辩护观点是极其错误的，公诉人认为此案的实质是"被告人是否使用了暴力"问题，对此，公诉人采取了"抓住实质、攻其要害"的应对方法，直接反驳道：第一，我国《刑法》第二百六十三条规定，抢劫罪是以非法占有为目的，以暴力威胁或者其他方法强行将公私财物抢走的行为；第二，本案中被告人在实施抢劫犯罪时，对被害人虽然只是"扬了一下拳头"，但这就是一种法律规定的用暴力胁迫进行抢劫的犯罪行为；第三，根据被害人的陈述，被害人当晚是在下夜班的路上被被告人抢劫的，当时周围无人，且被告人又是身强力壮的男性，当时被害人作为一个弱女子心理害怕极了，刚要说话，被告人就对其扬起了拳头，因此就赶紧将钱包拿出来，当即就被被告人抢走。综上，被告人的行为完全符合抢劫罪的特征，辩护人的辩护观点是错误的。对于辩护人错误的辩护观点，公诉人只要抓住了错误的实质，然后攻其要害，就是取得法庭辩论胜利的关键。

二、"法律辩论"中的常见问题及公诉人应辩要点

（一）在犯罪的主观故意方面，"法律辩论"常见的问题及应辩要点

1. 对于侵财类犯罪，辩护人往往会提出"被告人不具有非法占有为目的"的辩护观点

应辩要点：第一，公诉人要从法学理论上来阐述"非法占有为目的"的正确含义：其一是指被告人的犯罪行为会使财产所有权人永久地丧失自己的财产；其二是指被告人把别人的财产当成是自己的财产来处分。如共同贪污案中，被告人放弃了自己应分得的赃款，刑法学上叫"弃赃权"，就是把不属于自己的财产当成自己的财产来处分。第二，公诉人还要结合司法实践和具体案件事实，正确认定"非法占有为目的"的法律含义。主要原则是：要把主观标准转化为客观要件来认定。司法解释中的许多规定都为我们提供了依据：如最高人民法院《关于认定诈骗罪适用法律的若干规定》中关于认定合同诈骗中就提出了"六个"标准，如利用假身份签订合同、假担保、得款后挥霍等等。

在法庭辩论中，关于"非法占有为目的"的问题，公诉人在驳辩时一定要注意三点：第一，"非法占有为目的"不能等同于"非法所有"，所有权都是合法的，所以在法庭辩论中使用"非法所有"一词是不准确的。第二，"非法占有"不能等同于"据为己有"，因为"据为己有"范围比较狭窄，仅限于财物，比如在共同贪污中，虽然有的被告人没有分到钱，但不能说该被告人就没有非法占有公款的目的。第三，"非法占有为目的"不能等同于"非法控制为目的"，因为"控制"可以只是为了"使用"而非"占有"。

2. 关于受贿案件中，被告人存在开始拒贿，后来是"半推半就"受贿，或者经不住行贿人的纠缠而听之任之受贿的情节，辩护人会提出"被告人的罪过形式是间接故意，比照直接故意应该从宽处罚"的辩护观点

应辩要点：第一，我国刑法理论认为，犯罪的直接故意与间接故意在认识因素上有

所不同，区分两种故意的标准只能是意志因素：凡是希望危害结果发生的是直接故意；凡是有意放任危害结果发生的是间接故意，而"预见到危害结果必然发生情况下仍放任结果的发生"只能是直接故意而非间接故意；第二，受贿罪作为国家工作人员职务犯罪的一种，它侵犯的是国家的法益，表现为对国家工作人员职务行为廉洁性的侵犯。国家工作人员只要对行贿人给予自己或其家人财物这一事实的认知，就表明了其对"权钱交易"的认可，说明其对违背职责、侵害国家工作人员职务行为廉洁性具有明知；第三，被告人不积极追求贿赂与被告人对危害结果所持的希望态度并不矛盾。被告人虽然对贿赂没有积极追求的欲望，但是只要收受，就是对职责的违背，就必然会造成危害社会的结果。在对危害结果发生的必然性有明知的情况下，没有间接故意存在的余地。所以，辩护人提出的"受贿罪的罪过形式存在间接故意"的辩护观点是不正确的。

3. 在受贿案件中，对于被告人在案发前已将贿赂款退还给行贿人的情节，辩护人往往会提出"被告人没有占有财物的主观故意，不应认定为受贿罪"的辩护观点

应辩要点：对于被告人受贿以后又退还贿赂款物的行为，我们不能一概而论，公诉人要根据具体案情，区别不同情况作出正确的应辩：第一，如果被告人有明确的受贿犯罪故意，在实施受贿犯罪后，由于觉悟或者是怜悯请托人的处境，或者接受请托的事项没有实现等原因，事后将贿赂款物退还的，其行为并不影响受贿犯罪的构成。但是如果出现了前述情况，足以表明被告人犯罪的主观恶性较轻，可以考虑不追究其刑事责任。第二，如果被告人受贿时，有明确的犯罪故意，但在犯罪事实败露后，为了逃避打击而将赃款、赃物予以退还，并借此伪造证据的，其行为不仅已经构成了受贿犯罪，而且还表明了被告人主观上丝毫没有悔罪之意，因此，公诉人要坚决建议法庭对被告人应从重处罚。

4. 对于被告人把"受贿说成是'借款'，称以后要归还对方"的辩解，故辩护人提出"被告人没有非法占有的主观故意，不应认定为受贿罪"的辩护观点

例如，某房产局副局长赵某受贿一案，被告人赵某在侦查、起诉阶段态度较好，主动交待在承包工程过程中，向包工头张某收受贿赂10万元的犯罪事实。由于受外界的影响，在开庭时，赵某突然翻供，称"收受的钱财是向对方借的，以后还要归还"；行贿人张某也翻证："赵某是在自己说'你先拿着用'的情况下才收的钱，并指出赵某曾与自己打过招呼，叫把钱拿回去"等，向法庭证明被告人赵某没有受贿的主观故意。此案虽经法庭质证，但是被告人赵某仍否认受贿犯罪事实。在法庭辩论中，辩护人因此提出了"被告人没有非法占有的主观故意，不应认定为受贿罪"的辩护观点。

应辩要点：第一，检察机关经调查取证，案发当时被告人赵某家有银行存款数十万元，且其子女都已成家立业，赵某夫妻二人生活也有工资收入保障，没有任何家庭负担和债务往来，同时被告人赵某至今也没有说明所谓"借款"的合理事由，因此，被告人赵某没有任何理由需要向别人"借款"；第二，本案有证据证实，被告人赵某与行贿人张某在案发前素不相识，因此，被告人赵某不仅缺乏向张某"借款"的感情基础，而且更缺乏真实"借款"的一般手续，比如借条等；第三，如果像被告人赵某所说的是暂时"借款"，由于行贿人张某就住在本市，而且几乎天天在工地上监工，那么，被告人赵某完全有时间、有条件、有能力在案发前尽快将贿赂款予以归还，但是被告人赵某在收受贿赂款，直至案发后多达近1年的时间内却未归还；第四，被告人赵某和行贿人张某在侦查阶段、起诉阶段，一直没有提到是"借款"关系，更没有证明"借款"事由、情

节的任何供述和证言，今天被告人赵某在法庭上的无理翻供纯属狡辩；第五，本案的行贿人张某为承包工程事宜，送给被告人赵某10万元人民币的目的非常明确，而被告人赵某明知张某的意图又收受其钱财，并利用职务之便将工程发包给行贿人张某，被告人赵某的行为完全符合受贿罪的构成要件和法律特征，因此构成受贿罪属实无疑，辩护人"不应认定为受贿罪"的辩护观点是错误的。

5. 关于辩护人混淆故意杀人罪与伤害（致死）罪的"主观故意内容"的辩护观点

对于故意杀人罪和故意伤害罪，这是两个不同的罪名，都是侵犯公民人身权利的犯罪，其犯罪行为和犯罪结果有时很相似，行为人在主观上也都是出于故意，但两罪的犯罪故意内容却根本不同：一个是故意剥夺他人的生命；一个是故意损害他人的身体健康，这是两罪的根本区别。但在司法实践中，由于故意杀人罪和故意伤害罪的故意内容是行为人主观上的内容，常常分辨不清楚，不仅使两罪混淆定错罪名，而且更是控、辩双方在法庭辩论中的争辩焦点。

在法庭辩论中，公诉人对于被告人的犯罪故意内容的认定，除要听取被告人的供述外，还要结合案件的具体案情和证据情况，可通过四个方面来应辩：

第一，从"犯罪行为"上，分析被告人主观上的犯罪故意内容。根据心理学的原则：人的思想支配人的活动，人的活动反映人的思想。一般来说，被告人主观上的犯罪故意内容是通过犯罪行为表现出来的，犯罪行为则体现出被告人主观上的犯罪故意内容。比如，从行为的方法进行分析，使用能致人死亡的方法侵害他人的，被告人主观上可能就有剥夺他人生命的故意；使用不可能致人死亡的方法侵害他人的，被告人主观上可能是损害他人身体健康的故意。从行为侵害身体的部位进行分析，侵害人身如头部、心脏等致命部位的，被告人主观上有可能是有剥夺他人生命的故意；相反，侵害人身如手、脚、臀部等非致命部位的，被告人主观上有可能是伤害他人身体的故意。第二，从"被告人与被害人的关系"上，分析被告人主观上的犯罪故意内容。被告人与被害人之间有仇，或者是利害冲突的，被告人主观上就可能有剥夺他人生命的故意；被告人与被害人之间从不相识或者曾是友好关系，那么，被告人主观上有可能是伤害他人身体的故意。第三，从"犯罪时的环境"上，分析被告人主观上的犯罪故意内容。如果犯罪时环境恶劣，具有剥夺他人生命的氛围，被告人主观上就可能有剥夺他人生命的故意；如果犯罪时环境缓和，不存在剥夺他人生命的氛围，被告人主观上有可能是伤害他人身体的故意。第四，从"行为人事后对行为结果的态度"上，分析被告人主观上的犯罪故意内容。故意是被告人行为前的心理，这一点很重要，被告人犯罪后对行为结果的态度能够反映出犯罪前的心理状态。如果被告人在犯罪后对被害人采取了积极的抢救和补救措施，就表明被告人在主观上没有剥夺被害人生命的故意，而只有伤害被害人身体健康的故意。相反，则表明被告人在主观上具有剥夺被害人生命的犯罪故意。

（二）在犯罪的行为上，"法律辩护"常见的问题及应辩要点

6. 对于挪用公款案件，辩护人会提出"被告人的行为只是起到了牵线搭桥的作用，没有利用职务之便直接挪用公款，因此不构成犯罪"的辩护观点

例如，时任粮食局局长的赵某为帮助其朋友李某做生意，赵某找到其分管的某粮食所所长张某借钱，当时张某以所里无钱为由拒绝。年底，经赵某协调，粮食所的50万元粮食款到位，张某经过考虑，只向其他班子成员作了通报，未开会研究同意就让会计将

该所的45万元现金按照赵某提供的地址和卡号汇到李某的个人帐号上。事后，赵某凭汇款回执单给该粮所打了一张45万元的欠条。一年后，该粮所最终收回45万元现金。检察机关以赵某、张某和李某共同构成挪用公款罪提起公诉。在法庭辩论中，赵某的辩护人提出了"被告人赵某的行为只是起到了牵线搭桥的作用，没有利用职务之便直接挪用公款，因此不构成犯罪"的辩护观点。

应辩要点：第一，本案中被告人赵某虽然没有直接挪用公款，但赵某作为分管该粮所的上级局长，是张某的直接领导，在李某向其提出"借款"要求后，赵某主动找到其下属单位某粮食所所长张某促成李某借钱一事，在张某以无钱为由拒绝后，赵某又利用自己的职务便利将粮食所的资金优先拨付，为挪用公款事实的实现创造了条件；第二，虽然被告人赵某给粮所打了欠条，但是其利用的是职务之便，并不能掩盖其挪用公款的性质，因此在本案挪用公款犯罪行为中，被告人赵某不仅是牵线搭桥的人，而且还直接参与了挪用公款的犯罪行为；第三，根据我国《刑法》的规定："归个人使用"是挪用公款罪的基本特征，所谓"归个人使用"，既包括由挪用者本人使用，也包括由挪用者交给或借给他人使用，这里所说的"挪用"的本意，是将公款挪作私用，被告人的目的在于暂时地使用公款而不在于改变公款的所有权；第四，根据《最高人民法院关于审理挪用公款案件具体应用法律若干问题的解释》第八条规定，挪用公款给他人使用，使用人和挪用人共谋、指使或者参与策划取得挪用公款的，以挪用公款罪的共犯定罪处罚，因此被告人赵某的行为依法已构成了挪用公款罪的共犯，辩护人的辩护观点是错误的。

7. 关于受贿案件中，辩护人提出"被告人有很多钱是给对方小孩的礼物、红包；或是逢年过节、兴办喜事、住院治疗期间收的，这些钱是送钱者表达心意的方式，没有明确的请托事项，应属于人情上的礼尚往来，故被告人不构成受贿罪"的辩护观点

例如，范某受贿一案，范某系某医院院长。在开庭审理时，被告人范某对其中一起受贿犯罪事实提出辩解：称起诉书指控被告人收受承包该医院大楼工程的包工头齐某的2000美元，是齐某送给其女儿的礼金而非受贿；辩护人也提出了"被告人不构成受贿罪"的辩护观点。辩护理由为：第一，齐某送2000美元时，当时就讲是给小孩做纪念的礼盒；第二，2000美元是齐某在竞标该医院大楼工程前赠送其女儿的，这与被告人的职务行为没有联系；第三，被告人范某原来未见过美元，以为齐某所送的美元只是纪念币一类的物品，因此被告人范某没有受贿犯罪的主观故意。

应辩要点：第一，从理论上区分"受贿犯罪"与礼尚往来之间的关系。礼尚往来的对象往往是亲朋好友，一般是有来有往，这才是真正意义上人情往来或礼尚往来。"人情往来"，重在有"情"，而本案的行贿人齐某与被告人范某之间并不存在真正意义上的亲情、友情；"人情往来"还体现在有"往"有"来"，但是本案却是在"送礼"掩护下的行贿、受贿，送的对象是有实权的人，数额也较大，且有去无回，但收礼之人利用其职权为送礼人谋了利益，即为齐某发包了建筑工程；第二，本案中齐某虽然是在竞标该医院大楼工程前以"赠送其女儿"的名义送给被告人范某2000美元，这正是齐某有求于范某的职权，意欲竞标该医院大楼的建筑工程。按照齐某的证实：送人民币担心被告人范某不会要，于是就用送美元给其女儿做幌子，以达到利用范某职权为自己谋取利益的目的；第三，从被告人范某与行贿人齐某的平时感情基础、行贿金额上看，齐某所谓送小孩的"礼物"只是借口，其实质是行贿犯罪行为；第四，被告人范某称不知道美元的价值，缺乏事实依据，充其量是范某认识上的错误，并不影响对其进行定罪处罚；

第五，希望法庭透过现象看本质，这种带有伪装性质的犯罪行为，具有严重的社会危害性，为了有效地打击和惩治腐败犯罪，建议法庭对被告人应予以严厉处罚。

另外对于逢年过节、兴办喜事、住院治疗期间的受贿犯罪行为，公诉人认为：行贿人选择在上述时间送钱，只是行贿时机的选择而已，不能以此掩盖行、受贿犯罪的实质，否则，按照辩护人的逻辑，今后行、受贿双方都约定在年节时交易贿款，那么贿赂犯罪岂不都合法化？可见，行贿人在上述时期送钱，就是为了不让权钱交易那么赤裸，是企图为行贿披上合法的外衣，是为了让受贿者收钱时更加心安理得，也为行贿人送钱制造一个合理的托辞，更为双方日后东窗事发提供一个狡辩的机会而已。

8. 关于受贿案件中，辩护人认为行、受贿双方是感情投资，应属于一种"情感馈赠"，并提出"情感馈赠是不正之风，但不构成犯罪"的辩护观点

应辩要点：公诉人重点要论证"接受馈赠"与受贿之间的本质区别：第一，"馈赠"与行贿、受贿发生的基础不同。"馈赠"是处于亲友、同志之间的情谊，是基于一定的感情基础无条件地赠与受赠者，其中不掺杂任何谋取利益的私念；而受贿则是一种权力与金钱的交易，作为行贿者是有明确的请托事项或为今后请托办事铺垫的意图，如"以钱买官"的受贿案中证人所言：他们送给被告人的钱款，就是为了让被告人加深对他们的印象，他们自认为能攀上身为领导的被告人这棵大树很荣幸，言外之意有了这棵大树就为自己的发展铺平了道路，事实上他们大多数也达到了行贿的目的。因此"以钱买官"的受贿案件中，行贿人送给被告人的钱财，决不是毫无代价的，更不是以感情、友谊为基础的；第二，受贿犯罪与被告人的职务行为具有密切的关系。接受赠与完全是友谊或亲友的关系；而受贿则是接受钱财的国家工作人员利用职务之便为行贿人谋取了利益，无论这种利益合法与否，均不影响受贿罪的构成。而受贿案件中，较为普遍的是被告人在接受钱财之后或在得知事成之后可以获得利益的情况下，便利用职权为行贿人谋取了利益，因此显然不是受赠的行为而是典型的受贿行为。

9. 对于被告人将受贿款用于"公务开销"（如用于请客、送礼以及补偿未报销的公务费用等）的辩解，辩护人认为赃款去向决定行为性质，赃款只要用于公务，进而会提出"被告人的行为不构成犯罪"的辩护观点

应辩要点：公诉人认为辩护人的"无罪辩护"观点是错误的：第一，在犯罪的主观方面，根据我国《刑法》的规定，被告人在客观上具有非法收受行贿者财物的犯罪行为，并在主观上具有将财物据为己有的犯罪故意，即构成受贿犯罪。至于被告人非法占有财物后如何处理受贿所得的财物，则不影响非法占有的成立。所谓"非法占有"，是指被告人客观上对财物的非法控制状态和主观上达到了对财物非法控制的目的。本案中被告人通过非法手段已实现了对财物的非法控制，其控制之后才用于公务，用于公务只是犯罪后对赃款的处理行为，并不影响非法占有行为的成立；第二，辩护人提出的"赃款去向用于公务不构成犯罪"的辩护观点，忽视了财产型职务犯罪客体的双重性，只注意到贿赂犯罪侵犯合法财产权单一犯罪客体，而无视贿赂犯罪侵犯国家工作人员职务活动的廉洁性和国家正常的管理秩序的双重犯罪客体；第三，辩护人无罪的辩护观点，混淆了犯罪动机与犯罪目的区别。将犯罪所得赃款的去向用于"公"或用于"私"来作为衡量"罪与非罪"的标准，实质上是把被告人的犯罪动机也即为什么占有财物这种犯罪起因，与被告人在实施犯罪行为时所直接追求的非法占有财物的犯罪目的相混淆；第四，辩护人无罪的辩护观点，将定罪证据与量刑情节混为一谈，被告人犯罪所得赃款去向的不同可能导致刑罚的差异，但却不能否定犯罪的构成，如果有证据证明被告人的确在完成犯罪后，将犯罪所得的赃款、赃物用于公务，这也只能作为对被告人从轻、减轻或者免除刑罚的情节而已。

10. 对于被告人利用职务上的便利，向下级分管单位领导打电话口头借用该单位公款10万元，进行炒股活动的行为，辩护人会提出"被告人的行为属于借贷行为，不构成挪用公款罪"的辩护观点

应辩要点：第一，被告人的行为不属于合法借贷行为。一般而言，合法借用公款是按照国家财务管理制度，办理合法的借贷手续的行为；而挪用公款则是违反财经管理制度，挪用人通常私自动用公款，并未办理合法借贷手续的行为。本案中被告人不是出于生活所需借款，也没有履行相应的借贷手续，借款对象和数额也不符合财务规定，因此，被告人的行为不属于合法借贷行为；第二，挪用公款罪的犯罪对象并不限于本单位的公款。针对挪用公款罪，我国《刑法》没有对其犯罪对象作出限制，可见挪用公款的犯罪对象，应当涵盖国家工作人员利用职务便利能够挪用的所有公款，既包括本单位的公款，也包括所涉及的下属单位的公款；第三，被告人"借用"公款的行为利用了职务上的便利。我国《刑法》规定的"利用职务上的便利"，并未限定于本单位内的职务便利，所谓"职务上的便利"，是指利用其职务上主管、经手、管理某项公共事务的权利，而就单位的主管人员的职权而言，不仅包括主管本单位某项公共事务的权利，而且还包括主管下级单位某项公共事务的权利。对此，2003年最高人民法院《全国法院审理经济犯罪案件工作座谈会纪要》中规定：《刑法》第三百八十五条第一款规定的"利用职务上的便利"，既包括利用本人职务上主管、负责、承办某项公共事务的职权，也包括利用职务上有隶属、制约关系的其他国家工作人员的职权。这一规定，对挪用公款罪中"利用职务上的便利"的认定，具有司法参考价值。

综上所述，根据本案的案情，被告人虽然不享有直接经营、支配下级分管单位财产的权利，但是，由于被告人所在单位与所借款的下级单位具有隶属关系，同时被告人作为上级单位的主管人员，具有对该下级单位的监督、管理职权，其打电话给下级主管单位领导，口头提出"借款"10万元供自己非法炒股使用，正是利用了其主管下级单位的职务便利，因此，被告人的行为构成了挪用公款罪。

11. 对于被告人委托他人实现单位债权后，放任该人进行营利活动的案情，辩护人提出"单位的债权不能成为挪用公款罪的犯罪对象，因而被告人的行为不构成挪用公款罪"的辩护观点

应辩要点：挪用公款罪的犯罪对象既包括公款、某些特定公物，也包括债权等抽象的财产性权利。第一，从我国有关司法解释来看，明确"挪用公款"包括财产性权利并不与我国《刑法》规定相矛盾。挪用公款中的"款"，只是一个代名词，并不局限"款项"；根据高检发释字（1997）5号"关于挪用国库券如何定性问题的批复"：国家工作人员利用职务上的便利，挪用公有或本单位的国库券的行为以挪用公款论。该司法解释就体现了在实际办案中已将挪用财产性权利作为挪用公款认定的情况；最高人民法院在《全国法院审理经济犯罪案件工作座谈会纪要》中明确指出："挪用资金凭证、有价证券用于质押，使公款处于风险之中，与挪用公款为他人提供担保没有实质的区别，符合《刑法》关于挪用公款罪规定的，以挪用公款罪定罪处罚"，可见，无论是挪用公款为他人提供担保，还是挪用单位的债权，均符合法律规定，都应以挪用公款罪定罪处罚；第二，单位的债权本身就属于单位的公款之列，且单位的债权一旦兑换成现金，就属于单位资金的一部分，必然成为挪用公款罪的犯罪对象，被告人利用职务上的便利，擅自将单位的债权挪归他人用于营利活动的行为，不仅属于挪用公款罪的一种表现形式，而且完全符合挪用公款罪的对象条件。因此，辩护人的辩护观点是不能成立的。

12. 对于因斗殴致伤案件，辩护人往往会提出"被告人的行为系正当防卫"的辩护观点

在司法实践中，关于正当防卫的问题，比较难以界定的是"正当防卫"行为与"防卫过当"行为，这也是在法庭辩论中控、辩双方争辩的焦点问题。"正当防卫"行为与"防卫过当"的关键点：在于"防卫是否超过必要的限度"。对此，在法庭辩论中，公诉人应结合案件的具体案情，从四个方面进行驳辩阐述：一是分析侵害方的因素。公诉人要注意分析侵害一方的侵害强度的大小和侵害方人数的多少，比如是否使用了凶器，侵害的坚决程度等；二是分析防卫方的因素。注意分析防卫力量的大小，比如防卫一方人数的多少以及是否有作案工具等；三是防卫一方是否有思想准备。如果有准备，对防卫要求就要高一些；如果没有准备，对防卫要求就可低一些；四是结合防卫环境。现行《刑法》与原《刑法》相比，在规定防卫过当时加了"明显"两个字，即只有明显超过必要限度的才负刑事责任。

正当防卫行为与其他非法防卫行为的界定，有时也会是法庭辩论的焦点问题。例如，对于因斗殴导致的故意伤害案件，辩护人往往把被告人的故意伤害行为认为是正当防卫行为，公诉人在法庭驳辩时，要紧紧把握我国《刑法》第二十条所规定的正当防卫构成条件中的"合法性"进行反驳和应辩。

应辩要点：第一，从行为性质上看，"正当防卫"是正义的一方对非法一方进行自卫，行为是制止性的自我保护行为；而斗殴伤害，相互斗殴的双方都是主动进攻对方，双方的行为均属非法性质，均不具有合法性。第二，从目的性上看，"正当防卫"没有不法侵害的犯罪故意，是为本人或他人免遭不法侵害而进行的自卫；而斗殴伤害，双方则都有故意伤害对方身体健康的犯罪故意。第三，从案件起因上看，"正当防卫"是由不法者非法侵害引起的；而斗殴伤害一般都是因个人间恩怨、争执而由双方共同引起的。在实际的法庭辩论中，如果公诉人坚持上述三个方面依法驳辩，就能有力地反驳辩护人的错误观点，取得较好的法庭辩论效果。

13. 关于监视器下恶意取款的行为，辩护人会提出"被告人的行为是侵占罪而非盗窃犯罪"的辩护观点

应辩要点：公诉人要依据案件事实和证据，重点反驳辩护人的"侵占说"：第一，作为一个具有刑事责任能力的成年人，应该明白在发现提款机出错的情况下，既可以立即打电话告知银行，也可以打电话报警，但绝对不应该多次从提款机上取出不属于自己的钱款；第二，从客观行为看，被告人的行为具有盗窃犯罪性质。提款机出错只是记账错误，正常取款的人会在存款数额的范围内取款，而绝对不应该取出超过自己存款数额以外钱款，这足以证明被告人实施的盗窃犯罪事实是客观存在的；第三，从主观方面看，在监视器下恶意取款的行为，其主观上具有秘密非法占有银行财产的犯罪故意，而决不是"从提款机取款只是侵占"的犯罪目的。综上，被告人在监视器下恶意取款的行为构成盗窃罪而非侵占罪。

14. 对于在检察官授意下冒充被告人出庭的行为，辩护人提出"冒充者的行为应构

成包庇罪而非检察机关指控的徇私枉法罪"的辩护观点

例如：2005年5月份，某市检察院的公诉人齐某欲将涉嫌盗窃罪的被告人孙某提起公诉时，发现因人情关系而被取保候审的孙某却不知去向，为了尽快结案，齐某便和保证人一起找到无业人员赵某，并让赵某冒充孙某出庭，且许诺给赵某一定报酬，赵某答应。同年6月24日，法院开庭审理了被告人孙某盗窃一案，赵某冒充"孙某"出庭受审。7月份，法院判决"孙某"拘役六个月。后检察机关以徇私枉法罪将被告人齐某和赵某提起公诉。在法庭辩论中，辩护人对身为检察官的被告人齐某构成徇私枉法罪没有异议，但是却对被告人赵某的定性提出"构成包庇罪而非徇私枉法罪"的辩护观点。辩护理由为：第一，根据我国《刑法》第三百一十条的规定，"包庇罪"是指明知是犯罪的人而作虚假证明故意包庇的行为；第二，本案中被告人赵某应当知道自己冒充孙某出庭，会使孙某逃避法律审判，在主观上具有包庇孙某的间接犯罪故意；在客观上也实施了使孙某逃避法律审判的行为，完全符合包庇罪的构成要件，应认定被告人赵某的行为构成包庇罪。

应辩要点：公诉人认为被告人赵某的行为涉嫌构成徇私枉法罪，理由为：第一，检察机关指控被告人齐某和赵某共同构成徇私枉法罪是有事实依据的。被告人赵某在身为检察官的被告人齐某明确告诉其真正的犯罪嫌疑人孙某无法找到，而让其冒充孙某出庭的情况下，赵某表示了同意，由此可以看出：被告人赵某主观上具有和被告人齐某共同犯罪的故意；客观上又和齐某共同实施了冒充他人出庭受审的犯罪行为，二人在犯罪形式上属于共同犯罪，在共同犯罪中，被告人齐某符合徇私枉法罪的构成要件，对被告人赵某应以徇私枉法罪的共犯定罪论处；第二，检察机关指控被告人齐某和赵某共同构成徇私枉法罪是有法律依据的。根据我国《刑法》第二十五条第一款规定："共同犯罪是指两人以上共同故意犯罪。"结合本案看，其一在犯罪的主体要件上，被告人齐某和赵某作为智力正常的成年人，都具有刑事责任能力；其二在犯罪的主观要件上，被告人齐某从事检察工作多年，当然知道让赵某冒充被告人孙某开庭必然会冤枉无辜、放纵犯罪。而被告人赵某也应当知道自己本无罪却出庭受审，会放纵真正犯罪人孙某，所以，两名被告人对自己的行为会发生危害社会的结果是明知的，这是他们在主观上的认识因素，因此两名被告人在本案中对冒充孙某出庭在主观上是直接故意，对被告人孙某逃避法庭审判在主观上是间接故意；其三在犯罪客观要件上，被告人齐某先是教唆，后积极帮助赵某冒充孙某出庭，二人互相配合，共同实施了使有罪的被告人孙某不受追诉的犯罪行为。第三，被告人齐某和赵某在本案中既有共同犯罪故意，又有共同犯罪行为，是典型的共同犯罪。在有身份者利用无身份者实施的共同犯罪中，对无身份者应以真正身份者的共犯论处；第四，辩护人的辩护观点是错误的，割裂了被告人齐某和被告人赵某行为之间的联系，具有片面归罪之嫌。

15. 对于抢走欠条索债的行为，辩护人以"债权作为相对权不能成为财产类犯罪的犯罪对象"为由，会提出"被告人的行为不构成犯罪"的辩护观点

例如：张某欠李某现金1万元整，李某曾多次向张某索要未果。后李某听说孙某等人经常为他人讨要债务，于是托人找到孙某为其讨债，并许诺一定比例的提成。后李某听朋友说孙某在社会上没有力度，遂提出不再让孙某等人为其讨债。但是孙某等人不同意，就以暴力威胁手段强行从李某身上搜出欠条，并持该欠条找到张某索要了8000元人民币，张某付款后将欠条销毁，孙某将8000元人民币与其朋友共同挥霍。检察机关以侵占罪对被告人孙某提起公诉。在法庭辩论中，被告人孙某的辩护人提出"被告人的行为不构成犯罪"的辩护观点，辩护理由为：第一，孙某等人的行为应属于民事纠纷。孙某当场抢走的只是债权人手中的欠条，并没有当场非法占有财务；第二，从侵犯的客体和具体的犯罪对象来看，孙某的行为不构成犯罪。债权人李某与被告人孙某等人毕竟存在过民事上的委托关系，债权人李某完全可以通过民事诉讼要求孙某等人返回要回来的欠款，实现自己的民事权益。

应辩要点：公诉人认为被告人孙某抢走欠条、索债并私吞欠款的行为已构成侵占罪。理由为：第一，本案被抢走的"欠条"是否是我国《刑法》中规定的财物，这是本案定罪的关键所在。一般而言，"欠条"本身是没有什么价值的，它的价值在于欠条中所记载的债权内容。欠条所表现的债权作为相对权，确实不能成为财产类犯罪的犯罪对象，因此，本案抢走"欠条"的行为不能认定从债权人那里抢走了财物，确实不能构成侵犯财产类犯罪；第二，本案被告人孙某构成犯罪的关键因素在于抢走"欠条"之后的行为，即孙某持有所抢欠条进行索债并将他人的欠款私吞的行为，构成了侵占罪。由于被害人李某与被告人孙某存在过委托关系，孙某将欠条抢走后，持有李某的"欠条"，即属于民法上的代为保管他人财物。但是孙某向张某索要8000元欠款并私吞，其行为触犯了我国《刑法》第二百七十条的规定，符合侵占罪的构成要件，应以侵占罪对被告人孙某定罪处罚。

16. 对于"欲伤甲却伤乙，且乙为轻伤"的案情，辩护人会提出"被告人误伤乙的行为不构成犯罪"的辩护观点

例如：2009年9月的一天晚上，某公司晚餐聚会，席间被告人王某因工作问题与经理丁某发生了争吵，王某随手抄起酒桌上一个啤酒瓶，将瓶底磕掉，持锋利的掉底啤酒瓶向经理丁某扎去，在一旁的同事孙某急忙上前阻挡，却被王某扎伤右臂，经法医鉴定孙某所受之伤为轻伤。

在法庭辩论中，被告人王某的辩护人提出了"被告人误伤孙某的行为不构成犯罪"的辩护观点，辩护理由为：第一，被告人王某意图伤害的对象是经理丁某，但由于同事孙某突然上前阻挡致使王某未能实际伤害到丁某，对犯罪对象丁某来讲，被告人王某的行为是故意伤害未遂。根据我国《刑法》的规定，故意伤害罪是结果犯，即构成故意伤害罪必须要具有轻伤、重伤或致人死亡的后果，因此，对于丁某而言，被告人王某的行为不构成故意伤害罪；第二，对于被害人孙某而言，被告人王某尽管造成其轻伤的结果，但是在主观上，王某并没有伤害孙某的犯罪故意，客观上虽造成孙某的伤害后果，应当属于意外事件，充其量是一个过失行为，因而王某造成被害人孙某轻伤的行为不构成故意伤害罪；而过失致人轻伤或意外事件又不构成犯罪，所以王某的行为不构成任何犯罪。

应辩要点：第一，从刑法理论上讲，被告人王某的行为应属于认识错误。所谓"认识错误"是指行为实施中行为的实际指向发生误差，以致侵害并非意图侵害的对象；第二，对"认识错误"行为应综合案情予以认定。结合本案看，被告人王某由于认识错误而没有对丁某造成实际伤害，其对丁某只能承担故意伤害未遂的责任。由于孙某当时也在场，王某对于自己行为失误的可能性或者孙某上前阻拦可能致其受伤的可能性，在主观上应该有一定的认识，但由于其疏忽大意而未能预见，以致出现孙某被伤害的结果，对孙某的伤害后果，王某应承担过失致人伤害的责任。对于故意伤害行为，轻伤只是定罪的标准之一，而不是唯一的标准，对虽未达到轻伤标准但已接近轻伤标准，特殊情况下即使没有造成具体伤害后果的，如果行为人动机恶劣、手段残忍，综合整个案件情节，已具有相当的社会危害性，就应当以故意伤害罪追究其刑事责任；第三，综合全案看，被告人王某使用锋利的啤酒瓶行凶，主观恶性较大，情节恶劣，其不法侵害行为还直接造成了孙某轻伤的后果，因此，公诉人认为被告人王某的行为应构成故意伤害罪，应依法追究被告人王某的刑事责任。

17．对于被告人孙某"明知被告人黄某所持银行卡系盗窃犯罪所得，但仍帮助黄某用被盗而来的银行卡和失主身份证，在提款机上提款并分得部分款项"的行为，辩护人提出"被告人孙某的行为涉嫌转移赃物罪而非检察机关指控的盗窃罪"的辩护观点

辩护理由：第一，被告人黄某盗窃的银行卡，是面额已定并能即时兑现的记名有价凭证，其通过犯罪行为取得该银行卡密码的同时，也就意味着被告人黄某已经取得了该卡内存款的实际控制权，因此被告人黄某将整个盗窃行为已经完成；第二，被告人孙某在明知银行卡系盗窃所得的情况下，仍帮助被告人黄某取款，属于明知是赃物而帮助转移赃物的行为，符合法律对转移赃物罪的规定，因而构成转移赃物罪。

应辩要点：公诉人认为，解决本案定性的关键是对作为"先行者"的被告人黄某盗窃银行卡及其密码行为的犯罪形态，以及作为"后来者"的被告人孙某帮助取款行为的本质特征的准确理解。被告人孙某的行为构成盗窃罪，理由为：第一，根据侵犯财产罪既遂形态的通常标准，盗窃银行卡及其密码并不意味着犯罪既遂。银行卡作为一种特定的财产表现形式，当它不被所有人控制时，并不意味着该卡内的存款也随之失控，所有权人完全可以通过挂失止付等方法，阻止犯罪行为人最终取走卡内的存款。在实际办案中，只要犯罪行为人尚没有实际取走银行卡内的存款，所有权人就一直存在对银行卡里的财产进行持续性控制的可能性和现实条件。从这个意义上讲，被告人黄某盗窃银行卡并不意味着犯罪既遂，自然也不排除"后来者"的被告人孙某构成盗窃共犯的可能；第二，对于被告人孙某的行为应当遵循《刑法》中"承继共犯"的认定原理，以共同盗窃犯罪论处。本案中被告人孙某后期帮助被告人黄某取款的行为，实质上是中途加入到"先行犯罪"行为中，成立以"事中加入"为形式参与的共同犯罪，刑法上称之为"承继共犯"，即"先行者"已着手实施特定的犯罪，在实行行为尚未全部终了的时候，"后行者"明知该事实而参与犯罪，单独或共同将剩下的实行行为实施完毕的共同犯罪。对"承继共犯"的处理，通常认为如果"后行者"对"先行者"的先行行为存在积极的认同，则应对先行行为承担全部责任；第三，被告人孙某在明知被告人黄某盗窃所得的银行卡的情况下，仍基于共同使用或分得钱财的恶意目的，而积极实施帮助取款并分得部分赃款的行为，显然属于对被告人黄某这一先行行为的积极认同，理应对先行犯罪行为承担责任，故应认定被告人孙某构成共同盗窃罪。

18．对于"捡"回被盗窃分子遗弃的摩托车并藏匿家中、待事情平息后为自己使用的行为，辩护人会提出"行为人的行为属于民法上的不当得利而非侵占罪"的辩护观点

应辩要点：第一，本案不属于不当得利，而构成了侵占罪。"不当得利"是指没有合法根据，或事后丧失了合法根据而致他人遭受损失而自己获得利益的行为；"侵占罪"：按照我国《刑法》第二百七十条规定，是指以非法占有为目的，将自己代为保管的他人财物非法占为己有，数额较大，或者将他人的遗忘物或埋藏物非法占为己有，数额较大，拒不交出的行为。"不当得利"与"侵占罪"都具有非法占有他人财物

的行为，但两者根本的区别在于：其一，"不当得利"的受益人在取得不当利益之前，根本没有非法占有他人财物的故意；"侵占罪"中被告人在行为前或行为时即产生非法占有他人财物的犯罪故意。其二，"侵占罪"中非法占有他人财物的事实是被告人积极促成的；"不当得利"法律事实的出现则是由于受害人的疏忽、过错造成的，受益人获得不当得利是被动的。第二，被盗窃分子遗弃的摩托车属于法律意义上的遗忘物。"遗忘物"指财物的所有人或持有人本应带走而移置于某些特定场所的财物。就本案而言，摩托车虽然被盗，但车主对该车仍具有法律意义上的所有权，只不过是暂时丧失了对该车的控制；同时盗窃分子将摩托车扔至路边，是窃贼作为暂时的持有人对车主所有权的非法处分，并使摩托车处于无人管理、控制的状态。第三，在犯罪主观上，被告人具有将他人摩托车非法占为己有的犯罪目的。本案中被告人明知摩托车是他人所有的财产，而自己无权占有，但为了待事情平息后使用，而将该车开走，无疑在主观上具有取代车主，对摩托车进行占有、使用、收益或处分的主观故意。第四，在犯罪客观上，被告人又实施了拒不退还或拒不交出摩托车的行为。本案中被告人虽然未直接用语言表示其拒不退还或拒不交出摩托车，但他趁周围无人便将摩托车开走并藏匿，足以表明被告人具有非法占有摩托车的犯罪主观故意，在客观上剥夺了被盗失主对自己摩托车所拥有的所有权。综上所述，被告人的行为完全符合我国《刑法》第二百七十条之规定，已构成侵占罪，辩护人提出的"被告人的行为属于民法上的不当得利"的辩护观点是错误的。

（三）关于共同犯罪案件，"法律辩论"常见问题及应辩要点

19. 对于共同犯罪案件，辩护人往往会提出"否主犯、立从犯"的辩护观点

应辩要点：对于共同犯罪的刑事案件，被告人或辩护人经常以自己或自己的当事人在实施犯罪过程中，处于"从属地位"或所起的"作用较小"为由，而提出"否主犯、立从犯"的辩护观点。对此，公诉人法庭驳辩时，应把握住我国《刑法》第二十五条、第二十六条、第二十七条有关划分主、从犯的标准，而不是共同犯罪中各参与人之间的互相比较进行驳辩。

驳辩时要结合具体案情做到"三个注意"：第一，要注意将法律和案情相结合。公诉人应根据我国《刑法》关于"共同犯罪"的理论，结合法庭调查中各被告人的供述，运用证据证明各被告人在共同犯罪中的作用和地位，客观认定主犯和从犯。如果是一般临时起意的共同犯罪，我们认为其在犯罪中的地位是一样的，可不分主从犯；如果是有组织的共同犯罪就应综合考虑被告人在犯罪中所处的地位及作用来严格认定主犯和从犯。第二，要注意突出论述主犯的法律概念，对一般共同犯罪案件，要把"主要作用"论述清楚，用主犯的行为事实证明其在共同犯罪中的主要作用。第三，要注意把"次要、辅助"作用的具体规格分别论述清楚，要运用案件的事实和证据来证明从犯的认定规格和条件。

20. 对于贪污、受贿犯罪案件，辩护人以"放弃分赃权"为由，提出"被告人放弃分赃权就不构成共同犯罪"的辩护观点

对于贪污、受贿犯罪案件，出现共同犯罪人还未分赃，或者有的被告人已放弃了分赃权，在法庭辩论中，辩护人根据最高人民检察院《关于惩治贪污罪、贿赂罪的补充规定》的"共同贪污的犯罪人按照其分得的数额及其在共同贪污中所处的地位承担刑事责任"的内容，有时会提出"被告人放弃分赃权就不构成共同犯罪"的辩护观点。

应辩要点：第一，辩护人的辩护观点是错误的。最高人民检察院《关于惩治贪污罪、贿赂罪的补充规定》的"共同贪污的，按照其分得的数额及其在共同贪污中所处的地位承担刑事责任"的内容，是量刑规定而非是定罪规定；第二，检察机关指控犯罪的观点是正确的。对案件的正确认定应适用我国《刑法》总则，即对共同的贪污数额负责。按照《刑法》原则，刑法总则的原则适用于刑法分则的一切犯罪。我国《刑法》第三百八十三条规定的4种"个人贪污数额"的情形，对此，我们不能因为法条中出现了"个人"字样就理解为仍应按个人分得的数额来承担刑事责任：其一我国《刑法》"分则"的规定都是以个人犯罪作为标准的，而共同犯罪则是由"总则"来规定的，不应以"分则"来对抗"总则"；其二我国《刑法》关于共同犯罪的原理适用于一切犯罪。

21. 对于有些身份犯与非身份犯的共同职务犯罪案件，辩护人以"事前无通谋"为由，会提出"不构成共同犯罪"的辩护观点

在实际办案中，我们经常会遇到比如妻代夫，或者是子女代父母多次收受贿赂的案件，像韩桂芝受贿等案件，就是韩的姐姐代韩收受贿赂，辩护律师认为两者之间没有证据证实是"事前通谋"，故提出不构成共同受贿的辩护观点。

应辩要点：根据《全国法院审理经济犯罪案件工作座谈会纪要》第三条第五款规定："非国家工作人员是否构成受贿罪共犯，取决于双方有无共同受贿的故意和行为，国家工作人员的近亲属向国家工作人员代为转达请托事项，收受请托人财物并告知该国家工作人员的，或者国家工作人员明知其近亲属收受了他人财物，仍按照近亲属的要求，利用职权为他人谋取利益的，对该国家工作人员认定为受贿罪，其近亲属以受贿罪共犯论处。近亲属以外的其他人与国家工作人员通谋，由国家工作人员利用职务上的便利为请托人牟利，收受请托人财物后，双方共同占有的，构成受贿罪共犯。"可见，近亲属与国家工作人员的共同受贿并不要求"事前通谋"，只要一方收钱，一方牟利，双方互相知情，形成犯意的联络，具有共同受贿的故意和行为，就构成共同受贿。例如高官夫妻共同受贿犯罪案件，结合案件事实看，只要夫与妻两人明知也可以构成共同犯罪：第一，从法律原则上看，虽然一般情况下，犯罪故意应产生在犯罪行为之前，但是有些犯罪故意则可以产生在犯罪行为过程中；第二，结合本案事实看，本案中被告人的妻子多次收下别人的贿赂款，被告人知道后，就应该意识到这是别人想收买自己的职务行为，此时作为国家工作人员的被告人就有义务逐一退还贿赂款，而本案被告人却迟迟没有退还，不退还就是不作为，这个"不作为"则是产生在出卖自己的职务行为的故意之后，这就完全符合了行为产生在犯罪故意之后的原则。

22. 在共同盗窃犯罪案件中，辩护人为减轻被告人的罪责，而往往将"分赃数额"错误地认定为"盗窃数额"的辩护观点

驳辩要点：公诉人法庭驳辩应把握"盗窃数额"与"分赃数额"的区别进行论述：第一，"分赃数额"不是"盗窃数额"。"盗窃数额"是被盗物品的价值；"分赃数额"是某个参与人对赃物实际占有的价值，我国《刑法》规定的犯罪构成要件是前者而非后者。第二，从共同犯罪侵害的客体论述，我国《刑法》规定的基本观点是：各参与人要对共同侵害的客体负责。第三，从司法实践上进行论述，如按"分赃数额"适用法条，就违背了我国《刑法》的处罚原则，造成了那些盗窃数额巨大，甚至特别巨大，但"分赃数额"较少的犯罪分子罪刑不相应的后果，既不利于打击犯罪，也不利于社会治安稳定。

23. 对于共同贪污的犯罪案件，就各共犯贪污数额的认定，辩护人提出"个人贪污

数额,只能按照个人实际分得的数额来认定"的辩护观点

应辩要点:公诉人认为,在确定共同贪污犯罪数额时,对贪污共同犯罪中的各共犯应当以犯罪所得的数额负责,即对贪污总额负责。理由为:第一,符合共同犯罪的特点和刑法的规定。我国《刑法》第二十六条第三款规定:"对组织、领导犯罪集团的首要分子,按照集团所犯的全部罪行处罚";第四条规定:"对于第三款规定以外的主犯,应当按照其所参与的或者组织、指挥的全部犯罪处罚。"就共同贪污犯罪而言,共同犯罪数额是由于各共犯基于共同贪污故意,实施的共同贪污行为形成的,这就决定了他们具备对参与数额承担刑事责任的主、客观基础,即对于首要分子、主犯以外的共犯,也应对其参与犯罪的总额负责。第二,2003年11月13日最高人民法院关于《全国法院审理经济犯罪案件工作座谈会纪要》,明确规定了贪污共同犯罪各共犯应当以犯罪所得总额负责的观点。根据该会谈纪要,对于共同贪污犯罪中"个人贪污数额"的认定,我国《刑法》第三百八十三条第一款规定的"个人贪污数额",在共同贪污犯罪案件中应当理解为个人所参与或者组织、指挥共同贪污的数额,而不能只按个人实际分得的赃款数额来认定。对共同贪污犯罪中的从犯,应当按照其所参与的共同贪污的数额确定量刑幅度,并依照《刑法》第二十七条第二款的规定处罚。第三,各共犯对参与犯罪的总额负责,也是罪责自负原则的体现。在共同犯罪的情况下,各共犯对共同的危害结果承担刑事责任,才是罪责自负,把共犯的刑事责任限制在参与犯罪的总额上,既直接反映了行为人参与犯罪的实际情况,又避免了扩大或缩小刑事责任的范围。

24. 在监守自盗收藏品而转化为贪污的案件中,该收藏品的原始价值与被告人销赃所得差距甚大,对于贪污价格的计算,辩护人提出"检察机关参照最高人民法院有关解释中对被盗物品的数额计算方法,以被告人行为时的市场价格计算不具有合理性,该案应按照财物原始实际标价计算才具有客观真实性"的辩护观点

简要案情:2003年间,被告人利用担任某出版发行部样书库保管员的职务便利,将其负责保管的该社于1966年间发行的原价每本0.25元的连环画"小人书"盗出2000册,后销售得款10万元人民币。

应辩要点:公诉人认为检察机关的计算方式和计算方法是合理的。理由为:第一,贪污罪作为一种贪利性犯罪,贪污的数额在贪污罪的认定中起着决定作用。被告人作为出版发行部样书库保管员,在主观上对连环画因收藏热而升值应是明知的;在客观上被告人通过在市场上进行非法销售,获得了高额非法利润高达10万元人民币,应以10万元作为贪污数额对被告人进行定罪量刑。第二,被告人贪污的手段为窃取公共财产,在无其他方法可以认定贪污数额的情况下,依据其明确获利10万元的数额认定贪污数额是适宜的,有效解决了鉴定机构因无实物而无法作价的问题。第三,最高人民法院《关于审理盗窃罪具体应用法律若干问题的解释》第五条第七款规定:"销赃数额高于本解释计算的盗窃数额的,盗窃数额按照销赃数额计算。"对于贪污案件中销赃价格大于涉案物品实际价值可比照盗窃罪的司法解释处理,这是因为:销赃数额是犯罪人的最后非法所得,对被告人定罪量刑也应该以最后的销赃数额计算。第四,本案贪污犯罪的对象既是非货币财物,又是具有潜在升值可能的收藏品,而收藏品的价值是在不断变化的,尽管被告人的实际损失只是贪污所得赃物的价格,但是,其所得的高出赃物价格的部分也是购买赃物者的损失,是对社会造成的另一种形式的危害,为此,检察机关参照最高人民法院有关解释中对被盗物品的数额计算方法,并以行为时市场价格对被告人进行定罪和量刑具有法律上合理性。

25. 关于辩护人（或被告人）当庭超出案件事实、证据，对办案机关、办案人员横加指责、肆意诋毁的辩护发言

（1）针对辩护人当庭超出案件事实、证据，对办案机关、办案人员横加指责的辩护发言

应辩要点：审判长、审判员，依据我国《刑事诉讼法》第一百二十条之规定，庭审中辩护人的职责是：根据事实和法律，提出证明犯罪嫌疑人、被告人无罪、罪轻或者减轻及免除其刑事责任的材料和意见，维护犯罪嫌疑人、被告人的合法权益。辩护人对办案机关、办案人员的指责和诋毁，是脱离案件事实、证据的辩护，辩护人的辩护意见，已超越了法律规定的辩护人的职责，故提请法庭予以制止。

（2）针对辩护人或被告人当庭超出案件事实、证据，对办案机关、办案人员肆意诋毁的辩护发言

应辩要点：审判长、审判员，依据我国《刑事诉讼法》第一百五十三条之规定，本公诉人受本院指派，以国家公诉人的身份出席法庭，支持公诉，辩护人对办案机关、办案人员横加指责、肆意诋毁是对检察机关、检察人员人格上的侮辱，侵犯了检察人员的人格权，故公诉人提请法庭立即予以制止。

第二专题　量刑辩论篇

在法庭辩论中，辩护律师除了从指控证据、适用法律和诉讼程序几方面提出辩护意见外，常规而言，他们还会从有利于被告人的量刑情节上，提出被告人具有法定或酌定的从轻、减轻以及免除处罚的辩护观点。

在实际的法庭辩论中，控、辩双方围绕被告人的量刑情节所展开的各种辩论观点，统称为"量刑辩论"。

一、辩护人"量刑辩护"的规律及应对原则

（一）关于"法定从轻处罚情节"的辩护及应对原则

1. "法定从轻处罚情节"的辩护：是指在法庭辩论中，大多数辩护人都会围绕被告人具有自首、立功、从犯、犯罪预备、犯罪系未遂、犯罪中止情节；被告人在共同犯罪和犯罪集团系从犯、胁从犯；被告人犯罪时系未成年人、犯罪时受胁迫等情节，为减轻被告人的量刑处罚而提出的罪轻辩护观点。

司法实践中，被告人或辩护人"依法从轻处罚"的辩解和辩护观点主要有三种：

（1）法定"从轻处罚"的辩护观点

法定"从轻处罚"的辩护：是指辩护人根据被告人具有从轻处罚的事实或情节，依法提请法庭在量刑幅度内，给予被告人从轻判处或适用较轻刑种意见的辩护观点。从轻判处，是指在法定量刑幅度中线以下判处。

（2）法定"减轻处罚"的辩护观点

法定"减轻处罚"的辩护：是指辩护人根据被告人具有减轻处罚的事实或情节，依法提请法庭在某罪法定最低刑幅度以下，给予被告人减轻判处的辩护观点。

（3）法定"免除处罚"的辩护观点

"免除处罚"的辩护：是指辩护人根据被告人具有的事实或情节，在认同被告人有罪的前提下，依法提请法庭免除其刑罚处罚意见的辩护观点。一般来讲，"免除处罚"，既包括免除主刑，又包括免除附加刑。

2. 应对原则。对于以上三种"法定从轻处罚情节"的辩护观点，公诉人可采取"原则不让、枝节不辩"的原则应对。

"原则不让、枝节不辩"：是指就辩护人所作的关于"法定的从轻、减轻或免除处罚情节"的辩护内容，出庭公诉人紧密结合案件事实，所采取的区分不同情况的应对方法。具体可分为：

（1）对于辩护人合法、合理，且不影响案件定罪处罚的从轻辩护观点和意见，公诉人可视其为"枝节问题"，不应回击或反驳，以充分显示公诉机关保护被告人合法权益的公正性。

（2）对于辩护人于法无据、理由不当、言语过分，甚至是影响案件定罪处罚的从轻辩护的辩护观点和意见，公诉人必须视其为"原则问题"，应该采取有效的应辩策略，依法坚决反驳辩护人的错误辩护观点。

例如，一起故意伤害（致死）案件，被告人一拳将被害人打死。在法庭辩论中，辩护人强调是死者先动手打被告人，被告人被迫还击才失手打死被害人的，属于"防卫过当"，符合法定的减轻处罚规定，并坚决请求法庭对被告人依法减轻处罚。对此，公诉人认为辩护人的观点，表面上是有关量刑情节的辩护，但实质上却要改变检察机关指控犯罪的性质的辩护，这是法庭辩论的原则性问题，驳辩的角度必须要从被告人的行为构成故意伤害罪上进行。对此，公诉人抓住案件的本质，采取了"原则不让"的应对方法，根据事实，坚决反驳：第一，案发当日，被告人纠集三名同案人登门找被害人的妹妹寻衅，被害人为保护其妹妹，出来干涉是正当的；第二，被告人依仗人多势众，当害人的妹妹上班离开家门时，被告人等人继续追赶，被害人为了保护其妹妹的安全，在路上碰到被告人时，才动手打的被告人，当然，被害人打人是错误的，但这是在被告等人连续欺负其妹妹的情况下所发生的；第三，被告人纠集同案人上来助阵，趁被害人回头观看时，对准其心脏，猛击一拳，导致被害人窒息死亡，且未采取任何抢救措施，情节严重，具有放任死亡结果发生的犯罪故意，而非属于"防卫过当"性质，因此，建议法庭对于辩护人提出的要求"减轻处罚"的辩护意见不应采纳。

再如，某军人交通肇事案件，在法庭辩论中，辩护人反复强调被告人平时表现好，这次出车送老兵，是因为领导临时增加停车点，为了赶时间才出的事，并要求对其免除处罚。对此，公诉人抓住案件的本质，采取了"原则不让"的应对方法，依法应辩：第一，被告人违反《道路交通管理法规》的规定，在市内驾车高速行驶；第二，被告人在高速行车中，又违反驾驶规定，打开车门，转身向后车箱的乘车干部问事，导致车辆跑舵，车撞到树上，造成了车辆报废和副司机死亡的严重后果，这就是我们所要追究被告人法律责任的根本理由。由于公诉人抓住了问题的本质进行了有力应辩，促使被告人心服口服，辩护人也未再进行纠缠。

（二）关于"酌定从轻、减轻处罚及免除处罚"的辩护及应对原则

1. **"酌定从轻、减轻处罚及免除处罚"的辩护**：是指在法庭辩论中，为减轻被告人的处罚，辩护人会从被告人具有初犯、偶犯、积极退赃、具有悔罪表现、认罪态度好、主动赔偿被害人损失、在共同犯罪中所起作用较小，以及被害人具有重大过错、犯罪动机不明显、犯罪后果不严重、被害人有过错等酌定情节入手，而提出的有利于被告人的辩护观点和意见。

2. 应对原则：对此公诉人可采取"默认正确、不予反驳；反击错误、不留情面"的原则应对。

"默认正确、不予反驳；反击错误、不留情面"：是指公诉人就辩护人所作的关于"酌定从轻、减轻处罚及免除处罚"的辩护内容，出庭公诉人紧密结合案件事实，所采取的区分不同情况应对方法：

（1）默认正确、不予反驳：对于一般刑事犯罪案件，如果被告人确实是初次犯罪，且犯罪情节并不严重，或者辩护人所发表的各种"酌定从轻"辩护的理由并不过分，对此，公诉人可不予驳辩，或者为教育挽救主观恶性不深的被告人，公诉人还可根据被告人的如实供述，提请法庭注意，建议对被告人可从轻处罚。

（2）坚决反击、不留情面：对于一般刑事犯罪案件，如果辩护人所发表的"酌定从轻"的辩护理由故意歪曲事实、混淆视听，甚至与案件事实严重不符。同时对于较为严重的刑事犯罪案件，且被告人的犯罪情节恶劣、犯罪危害后果严重，虽然被告人确系是初次犯罪，虽然辩护人所发表的"酌定从轻"的辩护理由具有一定的事实根据，但是为有力地打击各种严重的刑事犯罪、严惩刑事犯罪分子，公诉人绝不能赞同辩护人的错误辩护观点，应从三个方面"坚决反击，不留情面"：第一，从刑事立法上具体阐明对被告人从轻、减轻处罚的问题。本案被告人虽系初犯、偶犯，且认罪态度较好，但这些并不是我国《刑法》所规定的法定从轻条件，只是酌定考虑的从轻情节。就本案而言，被告人的犯罪情节特别严重，犯罪后果特别恶劣，所以说不能从轻处罚。第二，从我国《刑法》规定的"法律面前人人平等"的法律原则为切入点，进一步论证执法必严的重要性，强调依法不能对被告人适用从轻处罚的公诉观点。第三，结合本案的具体犯罪事实，从维护社会治安形势上着眼，进一步论证严惩本案被告人的必要性。

（三）"片面强调从轻处罚情节而故意无视从重处罚情节"的辩护及应对原则

1. "片面强调从轻处罚情节而故意无视从重处罚情节"的辩护：是指在法庭辩论中，有些辩护人对于被告人既有依法从重处罚，又有依法从轻处罚的情节时，为了全力减轻被告人的处罚，而不顾案件事实的真相，极尽能力片面强调从轻处罚的情节，却故意回避从重处罚的情节所进行的错误辩护观点。

2. 应对原则：对此公诉人可采取"以全驳偏、论证全面"的原则应对。

如果辩护人以片面观点，对被告人某一犯罪事实只是强调从轻处罚的辩护观点，而故意无视从重处罚的情节，公诉人就应该以实事求是的态度，着眼于整个案情，客观全面地把对被告人依法应从重处罚的情节论证清楚，以克服辩护观点的片面性，达到否定辩护观点成立的目的。

例如，李某故意杀人案，李某系林业工人，曾因未涨上一级工资及曾因患病请假治疗而未得到林场场长的批准，李某对此不满怀恨在心，并产生报复杀人的故意，案发当天被告人李某携带菜刀对该林场场长连砍数刀，当场将场长砍死。此案在法庭辩论中，被告人及其辩护人无视被告人依法从重处罚的犯罪情节，而是死死抓住被告人"应该涨一级工资"、"确实有病，请假治疗是合乎情理的"、"被告人实施犯罪是激情所致"、"犯罪情节一般"及"后果不严重"等枝节问题，并错误地提出了"希望法庭给予被告人改造、从新做人"的从轻处罚的辩护观点。

对此，公诉人采取了"以全驳偏、论证全面"的策略进行了有理、有力的应辩：第一，通过法庭调查，公诉人已向法庭出示了被告人杀人的现场勘查照片及法医鉴定，相信大家对本案的事实已经十分清楚：被告人作案时使用锋利的菜刀朝死者身上猛砍4刀，手起刀落，两刀就将被害人胸部的四根肋骨砍断，胸腔被砍开；第3刀砍在被害人的心脏上，大家有目共睹，这样的犯罪手段能是一般吗？第二，人世间的一切事物中，可以说人的生命更为宝贵，一条有鲜活生命的人被当场砍死，这样的犯罪后果难道还不严重吗？第三，工资可以涨，人生病可以医治，但是人死却不能复活，工资、疾病与生命相比，是被告人的工资、健康重要还是他人的生命更为重要？被告人为了自己的利益，竟肆意践踏法律，将自己的不满情绪随意发泄在他人身上，这能说是"合乎情理"吗？请问辩护人：这情在何处？而理又在何方？第四，被告人实施杀人行为，手段残忍，后果严重，依法严惩，理所应当，这难道还有什么疑义吗？公诉人通过"以全驳偏、论证全面"的应辩，有理、有力地驳斥了被告人的无理辩解以及辩护人的错误辩护观点。

二、"量刑辩论"中的常见问题及应辩要点

1. 关于辩护人提出"被告人具有自首情节"的辩护

在法庭审理中，有关被告人是否具有自首情节的问题，常常会出现三种情况：其一、如果是符合法律规定标准的自首情节，公诉机关往往在起诉书中已予以阐明，尽管辩护人在法庭上会大说特说，对此，公诉人按照出庭驳辩策略的内容要求，一般情况下不应与其交锋；其二、对于不规范的自首情节，控、辩双方在法庭辩论中，经常会展开激烈的口舌之战、互不相让；其三、对于辩护人故意歪曲法律规定，刻意捏造自首情节的辩护意见，公诉人不仅要依法驳辩，而且还要彻底揭穿辩护人的谎言。

对于后两种情况，公诉人应从以下几点进行驳辩：

应辩要点：第一，公诉人要从法律规定上，向法庭阐明我国《刑法》对于"自首情节"的明确规定，具体阐明"自首情节"的两个必备要件。第二，公诉人应将被告人如实供述的罪行同侦查机关掌握的犯罪线索进行比较，看所占比例大小来认定是否具有自首情节。按照最高人民法院《关于处理自首和立功具体应用法律若干问题的解释》第四条规定：如实供述的是同种罪行的，可以酌情从轻处罚；如供述的罪行较重的，一般应当从轻处罚。根据司法解释，如果被告人如实供述的罪行所占比例较小，就不能认定被告人具有自首情节。第三，公诉人应从被告人供述犯罪事实的时间上和当庭是否如实供述上，阐明被告人是否属于自首。如有些案件，有大量证据证明，被告人是在群众揭发、有关涉案人员已作如实供述和有关部门调查取证后，才逐渐交待了自己的犯罪事实，且在法庭调查中，被告人还不能如实地供述自己的犯罪事实，故其就不具备自首要件；再如有些刑事案件，提起公诉前，被告人就提出自己是自动到公安机关投案的问题，公诉人在庭前通过调查，得出被告人所说系不属实结论的，在法庭上，如果辩护人再次提出该问题，公诉人必须进行驳辩：本案有公安机关的证明材料证实，被告人被传讯到公安机关后，拒绝供述自己的犯罪事实，后在侦察人员的耐心教育下，被告人才不

得已交代了自己的犯罪事实，显然不符合我国《刑法》中关于"自首"所要求的"必须如实供述犯罪事实"的条件，因此不能认定被告人具有法定的自首情节。第四，公诉人应从被告人是否积极退赃的行为上，进一步阐明被告人是否属于具有自首的情节。例如职务犯罪案件，有些被告人虽然如实供述了自己的犯罪事实，但是对于贪污或受贿的赃款却拒不退还；有的被告人虽口头表示愿意将赃款如数退还，但是行为上却不积极配合检察机关，导致案件在审查起诉后，被告人的犯罪所得仍未收归国有，对此，也不能认定被告人具有法定的自首情节。

2. 对于巨额财产来源不明的犯罪案件，辩护人认为被告人的财产都是在其如实供述情况下才查获的，因此提出"被告人成立巨额财产来源不明罪自首"的辩护观点

应辩要点：第一，从客观事实来看，巨额财产来源不明罪的认定过程，是检察机关的侦查部门在查处被告人其他犯罪时，为收集被告人的犯罪证据，对其住所进行搜查，其中查出被告人的大量财物，所有财产明显超出其合法收入，然后才责令被告人说明来源；从事件的发展顺序看，被告人不具有主动交待犯罪事实的情节，因而也就不能构成自首。第二，从自首的法律特征看，被告人的行为也不属于自首。我国《刑法》第六十七条规定，犯罪以后自动投案，如实供述自己罪行的是自首。而巨额财产来源不明罪，正是立法机关根据人民的意志，授权司法机关在查明被告人拥有明显超过其合法收入的财产与支出的前提下，对不如实供述自己具体犯罪行为的国家工作人员，可以适用的刑罚。第三，从另一个角度说，对被告人以巨额财产来源不明罪适用刑罚，本身就是被告人没有如实供述自己罪行的结果。所谓"来源不明"是相对于司法机关而言不明，对被告人自身而言来源一定是明确的。因此，即便被告人如实供述了自己拥有的非法所得财产，却不如实供述非法取得财产的具体行为，就不符合刑法关于自首的基本规定，所以不能认定被告人具有法定的自首情节。

3. "双规"期间，被告人对于自己的受贿犯罪做了如实供述，但案件移送检察机关后则对索贿情节予以否认，而辩护人仍然提出"被告人具有自首情节"的辩护观点

应辩要点：第一，我国《刑法》明文规定，自首条件之一必须是如实供述自己的犯罪事实。结合本案看，贿赂犯罪中索贿是个重要的犯罪情节，因为它不仅决定量刑的幅度，而且是定罪的一个要件，索贿不要求为对方谋取利益，而受贿则要求为对方谋取利益。第二，在"双规"期间，被告人如实认罪而到检察机关又改变了有罪供述的，依照法律规定，原则上不能认定被告人具有自首情节，因此，辩护人的辩护观点是错误的。

4. 对于有些犯罪案件，辩护人常常以客观原因为由，提出罪轻辩护甚至是无罪的辩护观点

对于内盗案件尤其是过失犯罪案件，如重大责任事故、消防责任事故等刑事犯罪案件，辩护人常常会提出消防部门未履行职责、公安部门没有觉察、政府部门存在着失职行为；被盗单位规章制度不健全、存在着管理上的漏洞和失职等客观理由，极力发表为被告人开脱罪责、减轻罪行的辩护意见，甚至会提出被告人的行为属于无罪的辩护观点。

例如，发生在某市的"2·15"大火导致的消防责任事故案件，在法庭辩论中，辩护人在为被告人中百商厦经理进行辩护时认为：虽然某区消防支队通知中百商厦采取改正措施，但只是口头通知而已，并没有真正下达"整改通知书"，也没有进行监督检查，发生大火的后果，该区消防支队负有不可推卸的责任，因此，提出了对被告人要减轻处罚的辩护观点。

应辩要点：第一，公诉人从有关消防安全的法律、法规上，锁定被告人必须履行的安全职责。根据《中华人民共和国消防法》、《公共娱乐场所消防安全管理规定》内容，履行消防安全的职责在于公共娱乐场所的建设者、经营者及其负责人。结合本案看，身为中百商厦经理的被告人既是建设者、经营者，又是所有者及负责人，理应自觉履行消防安全职责。第二，公诉人从本案的证据入手，用充分的证据证实了本案被告人在履行消防安全职责上具有不作为的犯罪行为：身为中百商厦经理的被告人于案发前，曾到当地公安部门办理了消防安全手续，对于消防的有关规定，其主观上是明知的，但是被告人理应履行消防安全职责的要求却未履行；理应组织人员在该商厦内，对于那些不符合消防安全要求的地方，采取整改措施进行整改，但实际却未整改，因此本案的责任在于身为中百商厦经理的被告人，辩护人在此毫无根据地将犯罪责任推给职能部门是没有任何道理的。第三，公诉人强调造成本案发生的直接因果关系，是被告人而非是其他职能部门。职能部门责任的问题，与本案的发生没有《刑法》上的因果关系，即使政府部门或职能部门个别工作人员有失职、渎职等违法行为，但他们的过错既不能减轻本案被告人的罪责，更不能影响对被告人构成消防责任事故罪的认定。

5. 关于辩护人提出"被告人的行为较为普遍、法不责众"的辩护观点

应辩要点：第一，所谓"法不责众"，并不是法律原则。事实上法律关于集团犯罪和共同犯罪的规定，都是法律关于"责众"的具体规定。第二，"法不责众"中的"法"是个空泛的概念，而我们今天在庄严的法庭上讨论和使用的"法"，则是特指我国《刑法》和《刑事诉讼法》，两者绝不能混为一谈，因此，辩护人提出"被告人的行为较为普遍、法不责众"的辩护观点是错误的。

6. 关于辩护人提出"被告人在共同犯罪中处于从属地位，应当认定从犯，依法减轻、从轻或者免除处罚"的辩护观点

应辩要点：结合本案看，公诉人认为辩护人的辩护观点是错误的。理由为：第一，依法应当明确从犯的法律概念和法律规定中的作用。根据我国《刑法》的规定和共同犯罪的理论，从犯分为两种：即在共同犯罪中起帮助作用的称为"帮助从犯"；在共同犯罪中起次要作用的称为"次要从犯"。所谓"帮助从犯"中的帮助作用，是指在共同犯罪中，没有直接参加具体犯罪的实施，只是为共同犯罪提供方便、创造条件、排除犯罪障碍等行为；所谓"次要从犯"中的次要作用，是指在共同犯罪中，参与实施了部分犯罪活动，但参与的不是实行行为中的主要行为或者罪行严重的行为，其实施的具体罪行情节较轻，没有直接造成严重后果，或者参与主动性较弱，属于被引诱、欺骗参加犯罪的。第二，本案被告人参与了犯罪实行，显然不能成立帮助犯。第三，被告人在实施犯罪中也不是起次要作用，这主要体现在：其一，被告人具有参与犯罪的主动性，被告人不仅积极参加犯罪，甚至还纠集他人参加犯罪，在共同犯罪中体现出积极的主动性；其二，被告人具有参与犯罪的重要作用，被告人的犯罪行为在共同犯罪中起到了重要而关键的作用。综上所述，公诉人认为被告人在共同犯罪中不属于从属地位，不能认定被告人为从犯。（可结合具体案情详细展开）

7. 关于辩护人提出"被告人没有犯罪前科，系初犯、偶犯，犯罪前表现良好，应当予以从轻处罚"的辩护观点

应辩要点：公诉人认为本案被告人虽然系初次犯罪，但依法不能从轻处罚。理由为：第一，根据我国《刑法》第六十一条规定：对犯罪分子决定处罚，应当根据犯罪事实、犯罪性质、犯罪情节和对社会的危害程度，依照《刑法》的有关规定定罪判处（公诉人可结合具体案件中，被告人的犯罪行为性质、犯罪情节恶劣程度、危害后果严重程度，具体阐述）。第二，我国《刑法》明确规定：表现好、初犯、偶犯，不是法定从轻处罚的情节，对于酌定情节，只能在犯罪性质不严重、情节不恶劣、被告人又认罪、悔罪的案件中予以考虑。第三，根据最高人民检察院《关于在检察工作中贯彻宽严相济刑事司法政策的若干意见》的规定，检察机关贯彻"宽严相济"刑事司法政策，就是要根据社会治安形势和犯罪分子的不同情况，对严重犯罪要依法从严打击，必须依法打击黑社会性质组织犯罪、毒品犯罪以及杀人、爆炸、抢劫、强奸、绑架等严重危害社会治安的刑事犯罪，对严重危害社会稳定的犯罪行为从重处罚。而本案的被告人所实施的是某某犯罪行为，且被告人的犯罪手段残忍、犯罪情节恶劣、犯罪后果严重，实属《刑法》严厉打击的严重的刑事犯罪范畴，因此，公诉人认为本案被告人虽然系初次犯罪，但依法不能从轻处罚。

8. 关于辩护人提出"被告人的行为系受社会大环境的影响，请法院酌情从轻处罚"的辩护观点

应辩要点：第一，被告人的行为构成犯罪最主要的还是其主观原因所导致的。唯物主义辩证法告诉我们，事物发展变化的过程中，外因是通过内因在起作用，一个人的内因是决定因素。应当承认，目前社会上确实存在着不良风气，但同时也有优良风气的存在，社会风气对每个个体是否产生影响，还是由个体的主观因素决定的。第二，众所周知：当今社会固然有成克杰、胡长清等以权谋私、贪污受贿的腐败犯罪分子，但同样也存在着一大批像任长霞、孔繁森那样勤政为民、廉洁奉公的优秀领导干部。为什么成克杰、胡长清之流就受到了社会不良风气的侵染呢？这是因为，他们虽然受党和国家培养教育多年，虽然担负着人民群众的重托，但他们已经在主观方面放弃了人生观、世界观的改造，不能严格要求自己，从而使得不良风气乘虚而入，严重侵蚀了他们的思想，麻痹了他们的灵魂，使他们丧失了抵御不良社会风气的意识和能力，也使他们一步步把自己送上了被告席。第三，把自己实施的犯罪责任归咎于社会风气导致，是辩护人为被告人推脱犯罪责任的错误辩护观点，这种归罪于客观的说法，不仅不利于被告人真正的悔罪自新，而且是对主、客观因素在犯罪中所起作用的严重颠倒。

9. 关于辩护人不切实际的"比较式"辩护，并提出"对被告人从轻或减轻处罚"的辩护观点

在法庭辩论中，一些辩护人常用其他案件被告人的犯罪行为与本案被告人的犯罪行为进行比较的方式来论述本案被告罪轻，比如：和那些罪大恶极、一贯实施暴力犯罪的被告人相比，本案的被告人是初犯、偶犯，主观上有悔罪表现；犯罪情节一般、客观上没有造成严重后果等错误的辩护观点。

应辩要点：第一，公诉人应指出这种"比较式"的辩护方式和辩护观点在形式上是越权辩护，辩护人只能承担对本案被告人的辩护义务，而没有指控其他案件被告人比其被告人罪重的权利。第二，公诉人认为本案中被告人的行为是否构成犯罪，应依据本案的事实和我国《刑法》规定的相关罪名的犯罪构成要件来确定，其罪行轻重也应结合本案的事实情节来认定，脱离事实与不在案的其他被告人进行简单的比较，显然是不科学的，有悖于对犯罪的客观评价认定。这种答辩方式，不仅维护了检察权的完整性，也会得到辩护人的认同。

10. 关于辩护人提出"被告人系在校大学生，他们处于成长阶段，因一念之差犯罪，完全有改过自新的可塑性，应当从轻或减轻处罚"的辩护观点

应辩要点：公诉人认为辩护人提出的"请求对本案被告人从轻、减轻处罚"的辩护观点是错误的，于法无据。第一，大学生身份成为从宽处罚的观点，有悖于法律面前人人平等的法治原则。我国《宪法》、《刑法》、《刑事诉讼法》分别规定了"法律面前人人平等的"法治基本原则。第二，大学生处于成长阶段，那些同样年轻的非大学生也处于成长阶段，而且必须承认的是，除了少数屡教不改、穷凶极恶的罪犯以外，大多数正常人都不会一贯地走犯罪道路，他们的犯罪很多也是因为"一念之差"，一失足成千古恨，他们身上"改过自新的可塑性"不见得就一定要比大学生少多少，大学生作为接受高等教育的公民更应该知法守法，模范遵守法律，其触犯法律的犯罪行为，应该接受法律的相应制裁。第三，大学生身份成为从宽处罚的观点，违反了罪、责、刑相适应的刑法基本原则。我国《刑法》第五条规定："刑罚的轻重，应当与犯罪分子所犯罪行和承担的刑事责任相适应。"犯多大的罪，就应当承担多大的刑事责任。如果在其他情节基本相似的情况下，大学生盗窃5000元作不诉，而农民工盗窃1000元就要判刑，这显然不符合罪、刑相适应的原则。

11. 关于辩护人认为被告人虽未向司法机关投案自首，但案发后为了取得被害人的谅解和宽恕，已经主动向被害人承认了自己的犯罪行为，故提出"请求法庭认定被告人自首并减轻处罚"的辩护观点

应辩要点：第一，向被害人承认罪行，不能认定为法定的自动投案。按照法律规定，犯罪嫌疑人向被害人承认自己的罪行，被害人既不是有关机关，也不是所在单位、城乡基层组织或其他有关负责人，不符合自动投案的对象。而被告人如实供述的目的不是自愿置于司法机关的控制之下，而是为了取得被害人的谅解和宽恕，因而不符合自动投案的法律要求。第二，向被害人承认罪行，不属于《刑法》上"如实供述自己的罪行"。如实供述自己的罪行，是指犯罪嫌疑人向有关机关或者有关负责人承认自己实施的犯罪。如前所述，向被害人承认罪行，既然不符合自动投案的行为，当然就不符合我国《刑法》上如实供述自己罪行的情节。第三，从自首的本质看，仅向被害人承认罪行，没有自首的诚意。本案中，被告人仅向被害人承认罪行，不是把自己交付给国家追诉，进一步接受司法机关的审查和裁判，而是要求被害人不去报案，不去追究其刑事责任，不具有为司法机关查清犯罪事实所持的配合态度，没有自首的诚意。因此，辩护人的辩护观点不能成立。

12. 关于身为保姆的被告人盗窃主人钱款藏于床下，并在转移过程中，被主人发现的情节，辩护人提出"被告人的犯罪情节系未遂，依法应当减轻处罚"的辩护观点

案例：张某被雇做李某之父的保姆，并与李某之父同住一室。2007年5月一天下午，张某趁李家无人之机，盗窃李家人民币1万元，后将钱款藏于其所睡的沙发床下，准备一有机会就带回家中。当日李家发现失窃后报案。6月中旬李家辞退张某，张某在将1万元赃款装入箱中时，被李家人发现并报案。

应辩要点：本案的焦点在于被告人张某对其所盗窃的钱款是否已经被其实际控制，公诉人认为本案属于盗窃既遂，辩护人未遂的辩护观点是错误的。理由为：第一，本案犯罪对象系人民币现金，属于小物件，由于体积小容易被掩藏且不易被识破，一经被犯罪分子所掌控，就应视为被其实际控制。这就如同在商店行窃，行为人将体积较小的财物（如项链）拿在手中、夹在腋下、放入口袋时就已构成既遂，即便是被营业员发现，行为人重新将项链扔回商店，这只能说明其是畏罪后交还财物，仍然认定为犯罪既遂。本案中，张某盗窃现金得手时，虽然其人仍在李家，但不可否认，张某已把现金实际控制在手中，这种体积轻便的物品随时可以转移使用。因此能够认定被告人张某犯罪的目的已经达到，已构成犯罪既遂。第二，被告人张某虽然与李某之父同住一室，但其所睡沙发床具有相对独立性，构成一定的私密空间，主人即便是怀疑，也不会到沙发床附近搜寻。事实上在被盗一个多月的时间里李家也没有发现被张某藏匿的被盗钱款，因而张某将盗窃得手的钱款藏于其本人所睡沙发床之下，被盗钱款应属被告人张某控制之下。第三，被告人张某控制1万元钱款后长达一个多月，她一直在寻找机会把钱款进行转移，因此可见的行为实践上分为盗窃、窝藏和转移赃款等三个阶段，只是当被告人张某在处置、转移赃款的过程中由于被人发现而案发。

13. 对于交通肇事后逃逸的被告人，辩护人提出"交通肇事只是过失犯罪，只要行为人积极赔偿被害人的损失，就应该对被告人适用缓刑"的辩护观点

应辩要点：第一，交通肇事后逃逸中行为人在主观上不具有悔罪表现，不符合适用缓刑的法定条件。这是因为：交通肇事后逃逸是指在发生交通事故后，肇事的主要责任者为逃避法律追究而逃离肇事现场的行为，其主观上具有逃避法律追究的心态，因而不具有"悔罪"心理。就算其在归案后产生了悔罪心理，进行了赔偿，但他们的"罪过"比起肇事后未逃逸的大得多，故仅应作为从轻处罚的情节考虑，但不宜适用缓刑。第二，适用缓刑不利于打击和遏制交通肇事后逃逸行为。发生交通事故后，被告人的逃逸行为不仅破坏了交通事故的现场，往往还会使在交通肇事中受伤的人员得不到及时的救护而出现重伤、死亡等严重后果，因此可以说，交通肇事后逃逸的社会危害性极大。综上所述，公诉人认为对于本案的被告人具有的交通肇事后逃逸的行为，不应适用缓刑。

主要参考借鉴书目：

1. 《公诉制度教程》姜伟、钱舫、徐鹤喃
2. 《公诉实战技巧》熊红文
3. 《公诉方略》最高人民检察院
4. 《检察日报》疑难案例分析

第三十四讲
公诉人法庭应变策略

张书华

刑事案件的庭审活动是依照诉讼程序进行的。因此，具有规律性和模式性，出席法庭的当事人和诉讼参与人根据各自的诉讼角色依法履行职责，行使诉讼权力，承担诉讼义务。其活动的内容和形式具有特定性，所以庭审活动在通常情况下是有规律可循的。公诉人经过对案件审查起诉阶段的工作，对庭上可能出现的情况是可以预见的。但由于案件情况的不同，当事人及诉讼参与人在庭审过程中的心态不同，特别是被告人及其辩护人在法庭上特殊的诉讼地位，在庭审活动中会出现一些有违诉讼规律的言行和举动。这些情形往往是公诉人意料之外的突发情形，我们称之为庭审异常变化。

公诉人出庭支持公诉，必须独立地应对和处置庭审活动中的各种情况，对庭审活动中的异常变化，既不能置之不理，听之任之，也不能休庭商议，请示领导决策。应当积极应对、及时处置。加强对公诉工作规律的总结和研究，在把握好庭审活动一般规律的同时，注意对庭审特殊情况，特别是突发情形的研究，对于全面提高公诉能力，正确履行公诉职责意义重大。

下面我就从公诉人如何应对庭审异常变化和怎样提高公诉人的应变能力这两个方面谈一下个人的体会和建议。

一、庭审异常情况的应对和处置

庭审异常情况的出现，从表面上来看具有偶发性，但当我们对众多的具体事例进行剖析后，就会发现这些情形的出现也有其特定的规律。一是制造这些异常情况的主体多为被告人及其辩护人。有的情形下主体虽为其他诉讼参与人，但其异常表现往往与被告人、辩护人密不可分。二是异常情形的作用具有明确的指向性，即有利于被告人。三是突发情形在庭前已做好准备，无非是不为公诉人所知而已。四是庭审异常活动的特征已由违反庭审秩序向在秩序框架内向公诉方发难转变，使公诉人甚至法庭难以控制。根据近年来公诉实践的体会，庭审异常变化有十种情形较为典型。

（一）证据突袭

现行《刑事诉讼法》和修订后的《律师法》都赋予律师收集证据的权力。有的辩护律师在开庭前收集到了证明被告人无罪或罪轻的证据。但出于种种考虑，既未提交公诉机关复核，也没在庭前提交法庭。而在庭审过程中，当庭向法庭举证。这种情形，我们称之为证据突袭。

证据突袭主要有三个特点：一是辩方所举证据是公诉人不曾掌握的；二是辩方在庭审进行中突然提出，并要求当庭质证确认；三是该证据对案件事实认定具有重要作用或对案件处理具有重大影响。

证据突袭情形下，辩方所举证据，可能是新证，即公诉证据之外的证据。如案卷没有列入的证人证言，没有收集的书证物证或与起诉事实相左的鉴定结论等等，也有原有证据的逆变，如证人、被害人翻证等。而举出新证较为典型。如杀人等具有特定时空条件为必要条件的案件，辩方提出案发时被告人不在现场的证据。共同犯罪案件中，提出被告人没有参与实施犯罪行为，或主要行为人不是犯罪人等。职务犯罪案件提出证明被告人不具有犯罪主体身份的文件等等。

辩方搞证据突袭的目的，旨在通过突然举证，增强辩护证据的可采性，从而为无罪或罪轻辩护提供事实根据。辩方当庭提出的证据必然与控诉证据形成冲突。有的辩护人明知证据突袭不能摧毁控诉证据的证明体系，但只要形成证据冲突，就可以为提出本案事实不清、证据不足创造依据，从而达到使成案变成疑案的目的。公诉人对此必须要有清醒认识。

公诉人应对证据突袭，根据情况可以从两个方面入手。一是针对辩方提出的单个证据，可以在质证过程中运用证据的"三性"客观性、关联性、合法性进行衡量后对其证据效力予以否定；二是针对辩方提出的一组证据，可以在质证中通过进一步强化控诉证据的逻辑体系。通过排除法，对辩护证据的证明力予以否定。应当注意的是公诉人在质证中可以否定辩方所举证据的效力，不可对辩方收集证据和举证的权力提出质疑，更不能因庭前公诉人未对该证据进行过审查而断然否定其证明力，应当通过证据分析的方法，运用证据原理和证明规则，通过质证否定其证据效力。

（二）推翻原供

查明被告人的犯罪事实，依法追究被告人的刑事责任，是庭审活动的主要目的。庭审活动就是围绕被告人的罪与罚展开。法庭讯问是公诉人庭审活动的重要内容，是法庭调查活动主要环节。庭审发问实际是无疑而问，公诉人对自己发问的问题都希望从被告人那里得出预期的答案。这是庭审讯问的常态，也是与侦查讯问的最大区别所在。当公诉人胸有成竹地向被告人发问，被告人所答非所问，或所答出乎公诉人意料怎么办？公诉人发问后被告突然拒绝回答或保持沉默，公诉人又该如何应对？

原本在开庭前各诉讼阶段如实供述的被告人法庭上一反常态推翻原供的情况，越来越多地在法庭上上演。被告人推翻原供主要有这样几种情形：一是否认犯罪事实是自己所为，当庭翻供。二是提出实施犯罪另有他人，当庭攀供；三是拒绝回答公诉人或审判长讯问，当庭拒供。翻供、攀供、拒供都是对过去承认犯罪事实的否定。

公诉人面对翻供，首先要对被告人翻供的原因做出判断。对于翻供原因可以当庭讯问，被告人往往也会做出回答。被告人辩解当庭翻供的理由往往有如下几种：1.在侦查阶段被引供、诱供或刑讯逼供等等；2.为保护亲友而故意兜揽责任；3.受外力威胁而替人顶罪；4.被利诱或收买而实施犯罪；5.供认时没有认识到会承担法律责任；6.原审讯笔录不真实，未按程序交其阅读核对。这些理由往往真真假假虚虚实实，不可轻信。公诉人必须纵观全案证据情况，认真研究被告人诉讼各环节的表现，对被告人翻供的真实心态作出判断。如原长春市委副书记田某贪污贿赂案，田某在开庭前对指使亲友组建公司侵吞国有资产的犯罪事实一直供认不讳，但在法庭上却突然翻供，否认自己参与公司运作，进而否认自己贪污犯罪，把责任推到女儿、女婿身上。公诉人迅速分析被告人田某翻供原因是惧怕认定其贪污2660多万元的犯罪事实，因而被判重刑。在律师会见后，他已得知女儿、女婿作证后已跑到国外，儿子已被判刑，推卸责任风险不大，索性拒不供认。所以无论怎样讯问，就是矢口否认自己亲自指挥亲自参与。公诉人的讯问直指田某真实心态，并运用证据对他翻供理由进行驳斥，使之翻供意图昭然若揭。

公诉人处置翻供要针对被告人心态采取应对措施。切不可对翻供一律采取穷追猛打，应根据被告人翻供的程度、内容区别对待，有针对性地采取应对措施，避免法庭讯问因被告人翻供陷入僵局。

对于那些因畏罪而翻供的被告人，要耐心告诫他们翻供的法律后果，指明如实供述对处罚的有利影响，进而引导他们正确对待审判，不要抱有侥幸的心理，回归到配合审理、如实供述的正确道路上来。

而对那些在辩护人唆使下翻供，在法庭上相互呼应的被告人，公诉人直接讯问只能强化其对立情绪，要采取迂回讯问的办法进行发问，揭露翻供后的口供与证据间的矛盾，使其翻供的虚假性大白于法庭上，公诉人不必追求被告人当庭更正翻供的效果。

以供攻供，即以被告人在庭审前的如实供述来证明当庭口供的不真实性。这种方法过于简单，公诉人与其用大量时间论口供的此假而彼真，不如运用证据对犯罪事实进行论证。因为法庭对口供和证人证言都采取当庭陈词原则，而就口供论口供，去比对口供真实性也缺乏说服力。引用过去口供可以作为与其他证据相互印证的参照物；不能单纯地以原供认的口供为真来证明当庭翻供的口供为假。

反击翻供理由也是揭露虚假供述的有效方法。这需要公诉人对侦查过程的程序事实了然于胸，特别是对侦查过程中的讯问情况有细致了解，并有相关的证据。如当前职务犯罪案件审讯都按要求进行全程录音录像，当庭播放录音录像是揭露伪供的利器。

证据分析是系统阐述证据体系的方法，通过列举证据，阐明证据间的关联关系，从而使证据在相互印证中形成证明体系，即我们常说的证据锁链。但质证阶段难以对全案证据进行系统分析，可选择涉及被告人口供中的具体事实进行。

对被告人拒绝回答公诉人讯问，公诉人要根据刑诉法第九十三条规定精神，指出被告人有如实回答讯问的义务，拒绝回答应视为抗拒审判，在判决时应作为不利于被告人的酌定情节。而对那些曾有主动投案，如实交待自己罪行，具有自首情节的被告人，因在法庭上拒绝回答讯问，则可以不认定为自首，从而使被告人了解拒绝回答的法律后果。同时要依据刑诉法第四十六条的规定，阐明公诉机关指控其构成犯罪并要求处以刑罚，并非依据其口供，而是根据证据。只有被告人供述不能定罪并处以刑罚，没有被告人口供，证据确实充分的，可以对被告人定罪并处以刑罚，并指出法庭在查明事实后，被告人不供述也可以做出判决。

攀供他人有两种情形，一是共同犯罪案件中的同案犯推卸主要责任，可以通过当庭对质解决；另一种情况是向不在案的其他人推卸责任。公诉人注意要及时警告被告人对司法机关未立案的公民推卸罪责，可能触犯刑法关于诬陷罪的规定，并针对攀供的理由予以反攻。

通常情况下，对被告人翻供不宜采取建议审判长休庭的办法，必须在庭上予以处置。

（三）证据伪变

证据伪变有三种形式：一是有罪或罪重证据变为无罪或罪轻证据，指控证据转化成辩护证据；二是证据的证明力削弱，使指控事实由清晰变为模糊，为辩方进行事实不清、证据不足的辩护提供根据；三是辩护人或被告人当庭提出无罪或罪轻的证据，形成法庭上控辩证据对峙。发生这三种情形的证据形式，有的是证人证言、被害人陈述，也有鉴定结论、书证、物证。

公诉人对证据伪变要保持高度警觉，不能听之任之。在许多案件中，由于证据量少，某一个证据发生变化，就容易导致整个证明体系断裂，从而使指控犯罪的事实基础发生动摇，公诉人在法庭上要倾力防止这种状况形成。

1. 证人翻证

证人当庭翻证在证据伪变中最为典型。由于证人在记忆、反映能力方面的差异性，证人与案件当事人及审理结果利益关系的有无，作证时的环境和条件等内在外在因素的影响，证人证言具有可塑性和可变性。

证人翻证有以下几种表现：

（1）否定原证言的真实性，称自己并不了解案件情况，庭前证言系自己杜撰或道听途说。

（2）称庭前证言是在侦查人员胁迫或诱导下出具的，不是自己真实的意思表示。这往往发生在污点证人或与被告人有利害关系的证人身上。

（3）时过境迁记不清了，证言虽未走向反面，但证言的证明力消弱。对指控力度有影响。

（4）拒绝提供证言，公开表示不愿意履行作证义务。多发生在与案件无利害关系的证人身上。

应对证人翻证，同样要判明原因，有的公诉人为稳定证言，操之过急，往往不分情形缘由，上来就是三板斧：第一强调证人作证义务，警告证人出具伪证要承担的法律责任。第二，以证核证，用过去的证言否定当庭证言的可信性。第三，要求法庭不要采信证人当庭证言，而以过去证言材料为准。实践证明，这种简单化的做法往往并不奏效，有时却会强化证人的翻证决心，坚持翻证。这样做还容易授辩方以攻击口实，因为按照《刑诉法》第四十七条的规定，证人证言需经过当庭质证查实才能作为定案的根据，弃当庭证言不用而选择原来的证言笔录，在形式上有违直接言辞规则。

实事求是的说，在当前我国缺乏证人保护制度的情况下，作为控方证人，证实被告人犯罪是有风险的。在没有作证补偿机制的情况下，证人如果缺乏正确的作证动机，很容易被被告人及其亲友利诱而出具伪证。而上述机制问题公诉人是无能力解决的，所以刑事公诉案件证人出庭作证率低是普遍性的问题。即使如此，公诉人仍要想尽办法稳定公诉证据体系，保证证人如实向法庭提供证言。

首先，对证人证言进行质证时要注意方式方法。要特别注意询问证人与讯问被告人的区别，防止强化证人翻证后与公诉人的对立情绪。证人翻证向法庭提供伪证后必然惴惴不安，公诉人要因势利导，通过揭露伪证矛盾入手，教育证人，引导证人如实作证。使证人感到只要弃假吐真就不会承担伪证责任，使其回到如实作证的立场上来。

其次，必须指出翻证后的证言的虚假性，要通过证据分析的方法，运用证据证明过去证言的客观真实性，指出当庭翻供的原因，从而达到以正视听的效果。

再次，对威胁、利诱证人翻供的行为，要给予严正警告。对证人当庭指出有人唆使其翻证的情况，公诉人当庭在提请法庭给予充分注意的情况下，表明要依法追查责任的严正态度。

2. 被害人改变陈述

被害人是受犯罪行为侵害的人，是案件事实的亲历者，其陈述对证明案件事实作用很大。被害人的陈述对案件的证明力较之其他证据要强，因此，在法庭上控辩双方以及合议庭对被害人陈述都给予特别关注。但由于社会的复杂性，被害人当庭改变陈述，甚至为被告人开脱罪责，提供反证的事例也时有发生。因这种情形违反常理，当其在法庭上出现时往往令公诉人措手不及。实践中，也确有过被害人诬陷被告人造成冤狱，到法庭上良知发现而道出实情的事例。但这种情况在司法实践中十分鲜见，而更多的情况是被害人当庭改变陈述的内容有违事实真相，从发生此类情况的案件性质看主要有：强奸、伤害等暴力案件的被害人；诈骗、盗窃等侵财案件的被害人；虐待、遗弃等涉及婚姻家庭关系案件的被害人。以强奸案为例，此类案件证据量少，没有被害人陈述，多数案件就无法认定，所以被害人陈述在认定事实过程中的作用是至关重要的。在审判阶段强奸案被害人的心态是非常复杂的，因被强奸使被害人蒙受耻辱而诉讼过程中的询问取证又使其痛苦回忆一次次重复。有的被告人亲属抓住女性这种羞耻心态，以保全名声为名对被害人施加影响。所以，有的被害人不堪压力，为保全名节，被迫放弃保护自己的权利，而选择当庭改变陈述，否认被强奸。有的还在胁迫和利诱下将强奸说成通奸等等，给公诉人庭审指控造成困难。

有些被害人当庭改变陈述的原因是他们在导致案件发生的起因等方面有一定责任。因自身的过错引发遭致犯罪侵害，公众舆论对他们形成强大的心理压力，出于自责心态，而在庭审过程中改变陈述作虚假陈述，帮助被告人开脱罪责。如防卫过当而被伤害的被害人，其行为本身就是违法的，因挑起事端激怒被告人而受到反击的被害人，这些人在社会上常常是千夫所指的对象。这类被害人出庭常常也受到辩护人或其他证人的谴责。有的辩护人常常使用这样的语言为被告人辩护："今天站在被告席上的是李某某，而本案被害人则应受到道德法庭的审判。"有时庭审氛围形成的压力也会使被害人当庭推翻原陈述，因自责而做虚假陈述。

出于亲情友情而当庭改变陈述的情况多发生在因婚姻家庭纠纷引发的刑事案件。东北的同志可能看过著名演员闫学晶主演的二人转《胡知县断案》。母亲含辛茹苦把儿子养大成人，儿子却虐待母亲又将母亲遗弃，母亲告到县衙，胡知县升堂问案，儿子狡辩抵赖，知县下令重责。母亲心软护儿，当堂改变证言，要求撤诉。儿子幡然醒悟，追悔莫及，表示将功补过，母子和好如初。可见缘于亲情而导致的被害人当庭改变陈述的情形古往今来反复上演，是一个古老的诉讼难题。

在刑事案件中证人可能被收买，而被害人有时也可能被收买，在许多暴力和侵财案件中，被害人面对高于正常民事赔偿数额数倍、数十倍的经济赔偿，而私下与被告人家属达成协议，出庭时改变陈述，帮助被害人开脱罪责。金钱收买也是导致被害人陈述非正常改变的原因之一。

处置被害人当庭改变陈述要比处置证人翻证更难。面对自己倾力保护的被害人竟然"反水"为被告人开脱罪责，"哀其不幸，怒其不争"是公诉人的普通心态。但指控犯罪、证实犯罪的使命使我们面对复杂情况不能气馁，更不能放弃。这种情况下有的公诉人认为：我们出庭公诉是维护被害人合法权益，被害人自己都放弃了对自身权利的维护，那我们又何苦坚持呢？这种想法表面看有其合理性，但实质是错误的。违法犯罪行为虽然侵犯了特定人的合法权益，它更是对社会秩序的侵犯，破坏了法律确定的公共行为准则，同时是对公共利益的侵犯。

法庭对垒，辩方往往把改变被害人陈述作为瓦解公诉证据体系的杀手锏，从而强化辩护气势。公诉人必须迅速对异常变化的原因做出判断，分别采取庭上应对和建议休庭两种方式。对于被害人陈述是定罪核心证据，离开该证据会直接导致案件证明体系断裂，公诉人应果断建议法庭休庭，对被害人改变当庭陈述的原因进行调查，进一步补强证据。而对于虽然被害人陈述是该案主要证据，但认定事实尚有其他证据佐证，被害人当庭改变的陈述与其他证据冲突且陈述不合情理的，公诉人则应在对被害人进行教育，讲明不如实陈述的法律后果的前提下，运用证据分析的方法对其当庭陈述的不真实性进行揭露，从而说服法庭正确判定和采信证据。

3. 鉴定歧义

鉴定结论往往以其客观性见长，在诉讼中其证明力往往具有稳定性，因此庭审过程中受质疑和变化情况较少。但近年来，随着科技手段在刑事诉讼中的广泛应用，诉讼参与人科技知识水平的提高，对鉴定结论的审查判断能力明显增强，鉴定结论在证据体系中的稳定地位开始撼动，对鉴定结论提出异议的情况陆续在法庭上开始出现。

从司法实践看，常见的、而且歧义较多的鉴定结论有两类：法医鉴定和赃物价格鉴定。法医鉴定对被告人刑事责任有直接证明意义的部分有两点：一是致伤、致死原因，二是伤害程度。前者证明犯罪行为状况，而后者证明危害结果。现行法医鉴定形式有两种，一种是通过对活体检验检查或对尸体解剖做出鉴定结论；一种是对检验检查或尸体解剖的记录、相关数据资料进行审查，进行法医学论证得出鉴定结论。这两种鉴定都可以作为诉讼证据。

辩护人接受委托时因时过境迁，所以通常采取将原鉴定结论及其资料提供给其他有鉴定权或有医学知识的专家进行审查，如得出与原结论不同的结论，结论对被告人有利，就在法庭上出示，或直接提出原鉴定结论错误，以事实不清、证据不足为由申请法医进行鉴定。法医鉴定的审查需要具有一定的法医学知识，在法庭上围绕法医鉴定的正确与否展开辩论对控辩双方都是有难度的。公诉人对法医鉴定结论的审查往往围绕鉴定人是否具有鉴定资格，鉴定的程序方法是否符合规则，鉴定结论与其他证据是否相符进行。对其鉴定过程中的法医学原理则难以全面了解，所以当辩护方对法医鉴定结论提出异议时，公诉人一般不与辩护人深入展开辩论，而是要求法庭通知鉴定人出庭对鉴定结论作出说明。这一做法更为直接，更为有效。公诉人可以依据鉴定人的说明，反驳辩方异议，要求法庭驳回重新鉴定的申请。

在庭审质证中有一种情形应引起公诉人的注意，即有的辩护人就法医学鉴定中的专业问题咨询该鉴定结论的鉴定人，要求对一些具体问题做出说明，鉴定人所作说明与原结论不一致或有出入，往往被辩护人充分利用。如有一起刑讯逼供案，被害人在审讯时被殴打致死。被害人在被抓获时与抓捕民警有过搏斗，并形成了表皮的剥脱伤，在第二天的审讯中被殴打致死。律师在咨询鉴定人时问："在抓捕中被害人如果受伤，有没有可能也是导致死亡的原因。"鉴定人答："如果那时受伤也可能是导致死亡的原因之一。"这个说法被辩护人利用，在法庭上提出死亡原因不仅仅是被告人行为造成的，抓捕致伤也是重要因素，因此不应由被告人对死因负全部责任。这一说法不仅开脱被告人的责任，而且混淆了依法抓捕和违法刑讯逼供的界限，造成了不良的庭审效果。公诉人应及时建议通知鉴定人对相关问题进行说明，并准备好发问提纲，维护鉴定结论。

对物价鉴定的歧义多在数额方面。辩方往往提出鉴定价格高于实际价格。因为许多情况下侵财犯罪的物品是正在使用中的，与原价值有差异，所以，定价的因素具有多重性。如被盗汽车，被害人购买价格是25万，在一年后被盗，而该品牌车辆销售价已降至21万。物价鉴定被盗车辆23万元，辩护人据此对作价提出异议，因作价是认定犯罪数额的基础，2万元的数额直接影响量刑，而依新价则侵害被害人利益。实践中有些物品的价格既缺乏原始依据，评价程序也不严谨，如农村常见的耕牛盗窃犯罪，对农民自育自养耕牛价格的鉴定，往往依当地习惯进行估价。有些辩护人对定价不认同，当庭提出质疑。应对这种情况，公诉人应坚持鉴定有效性，因为这种作价方法虽不严谨，但是目前唯一可行的，否则就无法确定犯罪数额。

（四）恶意曲解

法庭质证过程中，有些事情难以意料，我先举一案例。有一起抢劫案，某食品厂地处偏僻，三名被告人潜入厂区后，先将值班室的门用木棒顶上，割断电话线，被告甲手持木棒看住更夫，吓令其"不准出来"，另两名被告人进入仓库搬走白糖、面粉等价值2000多元的物品。显然这是一起有预谋、有分工的以暴力相威胁的抢劫案。但在法庭上，被告甲的辩护人突然提出被告甲没有参与犯罪。因为他既未对更夫实施暴力，也未实行搬运物品的行为，仅仅是手持木棒"看（kàn）着更夫"。"看"不能视为犯罪行为，而且当庭质问公诉人："本律师现在发言过程也在看着公诉人，难道这也犯罪吗？"法庭一片哗然。公诉人迅速反击："事实的真相是：三被告按事先分工，由被告甲看（kān）住更夫，另两人搬运物品，被告甲威胁更夫'不准出来'，并一直手持木棒盯住更夫，使其无法阻止抢劫行为，这恰恰是共同抢劫犯罪中的重要组成部分，是典型的犯罪行为。"看（kàn）和看（kān）"一字多音，然而在本案中却有着不同的意义，辩护人显然是借机曲解原意，通过玩弄文字游戏为被告人开脱罪责。

恶意曲解是有些辩护人在法庭上进行不规范辩护的手法之一。恶意曲解一般有三种情形：一是曲解事实；二是曲解法律；三是曲解公诉观点。恶意曲解，往往是辩护人为迎合被告人及其亲友的情绪要求、为制造对被告人有利的庭审气氛而采取的低俗的做法。如果公诉人揭露及时，正本清源，辩护人难以借此手段达到为被告人减轻罪责的目的，但是如果公诉人处置不当，则会扰乱公诉计划，影响公诉人的情绪，造成不好的庭审效果。曲解事实刚才所讲的就是典型一例，但这种对事实的曲解除哗众取宠外，并无实际意义。而有的对事实的曲解则对犯罪构成直接构成影响，如渎职犯罪中的动机、诈骗犯罪的占有故意、义愤杀人的社会效果评价等，在很大程度容易引起旁听群众对被告人行为性质的错误认识，必须依法、依据证据事实予以驳斥。

曲解法律，往往是辩护人自身按照对法律原意的错误认识，或凭借一些与立法解释、司法解释不一致的学理解释，对法律作出错误的解读，并以这种解读后的法律精神提出对案件事实认定和被告人处罚的意见。如法律规定的自首，必须同时具备三个条件：自动投案、如实交待犯罪事实、接受审判。一案件被告人投案后如实交待了犯罪事实，但进入审查起诉阶段后翻供否认参与犯罪，在法庭上仍拒不供认犯罪事实。辩护人以偏概全，仅以被告人有自动投案一节便要求以自首对被告人减轻处罚，显然是对法律的曲解。对此公诉人最好的应对办法就是当庭宣读法律原文或司法解释文件，并结合案件事实进行对照阐述，恶意曲解不攻自破。

曲解公诉观点。把公诉观点进行曲解，使之归于荒谬，再进行攻击。或把公诉的指控意见曲解为对被告人有利的辩护意见，加以夸大和引申，甚至制造公诉发言的自相矛盾，这也是一些辩护人庭审论辩的一种伎俩。在一起贿赂案件的审理过程中，公诉人在发言中强调行贿人赵某某在检察机关审查阶段不仅如实交待了自己非法经营的犯罪事实，而且交待了向副市长田某行贿的犯罪事实，对行贿的事由、数额、经过及田某为其提供帮助的过程都做了如实交待。公诉人的本意在于认定被告人主动坦白、认罪态度好，而辩护人在发言时却说："被告人赵某某具有立功表现，正如公诉人所说赵某某'检举揭发'了副市长田某受贿的犯罪事实。起诉书认定副市长田某收受赵某某贿赂现金三十万元，数额巨大，属重大受贿案件。因此，应按有重大立功表现对赵某某减轻处罚。"把如实交待行贿变成检举揭发受贿，把坦白认罪演绎成重大立功，辩护人运用移花接木之术为被告人制造从轻处罚理由，还强加到公诉人的头上，其手段不可谓不妙。当然公诉人不可能被其障眼法所蒙蔽，在对坦白与立功的法定条件进行陈述后，义正词严地对辩护人曲解公诉发言的行为给予揭露，使其扰乱视听的图谋破产。

（五）归罪客观

犯罪都具有主客观两个方面的因素，实践证明，除被胁迫实施犯罪外，任何犯罪都是犯罪人自觉行为的结果。归罪客观的主要表现是被告人及其辩护人片面夸大客观因素在诱发犯罪或导致犯罪结果发生中的作用，试图以此减轻被告人的罪责。

归罪客观的因素在司法实践中因广泛存在，因此被归罪的形式和内容也五花八门，但总体上可以分为两大类：一类是归罪客观诱因导致犯罪。多在犯罪行为所处特殊环境方面提出，在未成年人犯罪和社会弱势群体中侵犯财产犯罪案件庭审时出现较多。未成年人的身心特点，由于处于成长期，世界观、价值观、人生观尚未形成，可塑性强，客观因素对其影响较之成年人要大。公诉人在公诉发言中对此应给予充分注意，并给予客观认定。但不能因此而放任被告人、监护人、辩护人将导致犯罪的原因完全归罪于客观环境和条件的影响，而有违罪责自负的刑法原则。弱势群体犯罪，如因家庭困难而犯盗窃罪，可以作为从轻处罚的酌定情节，但也不能据此否定被告人的主观恶性，使定罪和量刑严重失衡。这两种犯罪形态在庭审活动中辩护人往往从客观环境方面提出归罪客观的理由，有的还对政府的公共政策、对社会公平，甚至对社会制度进行抨击，对此公诉人不能放任不予理会，要据理据实予以驳斥。

归罪客观诱因导致犯罪，有的是从微观环境即犯罪条件方面推卸责任，广州许霆利用自动取款机盗窃案，二审辩护律师的辩护发言颇具典型意义，他把许霆利用自动取款机故障，使用自己的银行卡恶意取款171次，获得17万多元的行为视为不当得利，而在法庭上却发出了"自动取款机你知罪吗？"这样的质问，归罪客观可谓登峰造极。

归罪客观诱因导致犯罪的情形中，公诉人较难以处理的是归罪被害人的加害行为。有几类特定犯罪，如防卫过当构成伤害罪，长期受虐待不堪忍受杀死施虐者，被害人长期为非作歹，被告人基于义愤而杀之。这些情形在民间非法治化的语境中称之为为民除害。这些案件在开庭审理时往往是被告人理直气壮，辩护人慷慨激昂。这种不顾及法律与秩序的表现有时还会赢得旁听者和社会的同情，往往给公诉人形成压力。公诉人在公诉发言中要坚守司法理性，不能在辩方咄咄逼人的气势中茫然失措。在肯定存在犯罪诱因的前提下，提出这些可以成为处罚的酌定从轻情节，但要旗帜鲜明地反对犯罪有理论，强调人的生命权、人身权必须受到保护和尊重，任何人无权擅自非法剥夺他人生命和健康，这不仅是维护被害人权利的需要，也是维护社会稳定和公共秩序的需要。

还有一类是归罪客观因素导致犯罪结果发生。有一伤害案例，被害人被刺中大腿，刺破股动脉。被告人主动打120要救护车抢救，但救护车在半小时以后才赶到，被害人因失血性休克而死亡。在法庭上，辩护人提出：被告人应当承担伤害的刑事责任，但导致被害人死亡的责任应当由医院来负。如果及时抢救被害人不能死亡。因救护车来晚了，救护不及时才导致了被害人死亡，并提出应追究医院救治不力的责任。这是杀了人要卖棺材者偿命的翻版。应急救护机制的缺陷不能成为被告人推卸罪责的理由。

辩护中还有一种归罪客观的方式是当庭直言被害人咎由自取。一起集资诈骗案被告人以百分之三十的回报非法集资，致使上万人上当受骗。辩护人在发言中讲："在当今从没有过这么高回报率的高营利企业，集资是非法的，对这些受害人都是明知的，但他们利令智昏、财迷心窍，明知上当而踊跃参与，应属咎由自取。"这种言论不仅不公允，而且有失道德水准，必须予以驳斥。

归罪客观的目的在于转移、分散被告人应当承担的刑事责任，更重要的是这种辩护不利于敦促被告人悔罪自新，同时容易误导旁听群众，形成错误导向。公诉人必须严肃对待，据理依法予以反驳，并对相关法治理念问题予以澄清。

（六）诉诸情感

法庭煽情，大讲被告人的不幸与无辜，释放情感催泪弹，以博取对被告人的同情，进而争取有利于被告人的判决结果，是许多辩护人的策略手段。最近在四川省彭州发生的廖某某捂死患精神病的妹妹的杀人案件在社会上引发了激烈讨论。廖某某的妹妹患严重精神分裂症，全家人因她患病而被搞得鸡犬不宁、疲惫不堪。廖某某在精神病院陪护妹妹，趁妹妹病重极度虚弱，用被子将妹妹捂死。彭州法院一审以故意杀人罪判处廖某某有期徒刑三年，缓刑五年。对此案检察机关已提起抗诉。此案判决在很大程度上是受到舆论的压力和辩方关于被告人诸多辛酸、诸多无奈的情景介绍，考虑廖某某杀人动机是为解脱全家人，使家人能过上安宁生活，而忽视了廖某某以非法手段剥夺的是一个没有自我控制能力、没有反抗能力的精神病人的生命。这是一个酌定从重情节。真正应当同情的是那冤死的妹妹，而不是杀人凶手。

人是有感情的，严肃的法律并不拒绝温情，但在法庭上过度渲染或宣泄情感则是有违司法理性的。司法者不能因情感因素而影响对事实法理的判断，更不能在情感支配下做出非理性的决定。在当前强调人性化执法的大背景下，以辩护为载体、舆论媒体推波助澜的各种感性因素正对司法理性形成新一轮冲击，以图对犯罪人法外施恩。公诉人如何坚守司法职业准则，坚守司法理性，维护司法公正，是我们需要面对和思考的问题。

在辩护过程中诉诸情感，多发生在未成年人犯罪案件、义愤杀人、义愤伤害案件、因生活困难实施盗窃、抢夺等案件。在应对这类辩护方式过程中公诉人必须阐明这样几点：第一，客观环境和因素不是犯罪的充分理由；第二，犯罪不是摆脱困境的最佳选择，更不是唯一选择；第三，犯罪行为中有些情节可以酌情在处罚时考量，但不能据此否定犯罪人的主观恶性和行为的社会危害性；第四，真正应当值得同情的是那些被犯罪侵害的人；第五，犯罪行为不仅仅是对犯罪对象权益的侵犯，而且是对公共道德的践踏和法律秩序的破坏，从来没有道德高尚的犯罪行为。

（七）以案比案

在司法实践中，常常借助案例来帮助我们破解办案中的难题，但在法庭上进行公诉活动过程中以案比案则是大忌。因为我国不是实行判例法的国家，最高人民法院公报发布的案例也不能在办案中加以引用。不同的案件是在不同的时空条件下发生的，由不同的人实施的，所以，任何最相类似的案件都不是这一起案件本身。有经验的司法工作者和律师都深谙此理。但在庭审活动中常常有人犯忌，借助案例来说明本案问题，并要求法庭参照其他案件的办理办法或认定方式处理本案，甚至有的辩护人在法庭上还大谈国外对此类案件如何处理。对此公诉人应当予以反对。

在实践中，因辩护人与公诉人常常共居一地，经常在法庭上相遇。对本地处理的案件都有一些了解，有的甚至就是共同担当控辩双方参与审理的。所以有的辩护人就以本案相类似的案例为参照，要求同样处理。如一起作案后潜逃又主动投案的伤害案，被告人到案后矢口否认自己实施伤害行为，而把主要责任推到另一在逃共犯身上，但大量证据证明刺伤被害人的就是他，在证据面前他仍狡辩抵赖。辩护人在发言中要求认定被告人自首并减轻处罚。理由是前不久同样有一起伤害他人的被告人潜逃归案后以自首减轻处罚了。为什么公诉机关对本案被告人未认定自首，恰好公诉人了解该案情况，指出那起案件被告人投案后如实交待罪行，当然可以减轻处罚，而本案被告人投案后拒不供认犯罪事实，不符合自首条件，不能比照前案以自首论。

在法庭上出现辩护人以案比案时，公诉人不要与其就此案彼案的异同进行争论，应断然反对辩护人的这一做法，要强调指出任何案件的处理必须也只能根据该案的具体事实、情节，依照法律进行，别无他途。具体犯罪的认定必须根据该罪的法定犯罪构成要件进行衡量，不能有其他的什么标准。任何案件的办理必须遵循《刑诉法》规定的程序进行。除此别无选择，唯有如此才能真正做到依法办事。

（八）人身攻击

随着庭审规则的严密和诉讼行为的规范，在法庭上进行人身攻击的情况越来越少了，但也偶有发生。过去常常发生被告人对公诉人、证人、被害人和审判人员进行人身攻击的现象，也曾发生公诉人与辩护人之间的人身攻击，近年还出现了被害人对辩护人的人身攻击，甚至出现了被害人及其亲友殴打辩护人的恶性事件。这些都是法庭审理过程中的突发事件，原则上应当由审判长加以控制。但有时人身攻击直接指向公诉人，对此公诉人必须冷静对待，妥善处置。

实行控辩式庭审制度以来，强化了控辩双方的抗辩职能。法庭上两军对垒，审判长居中裁判的格局中，控辩双方为赢得胜诉都会不遗余力地展开论辩。事实上的法庭辩论已从原来的法庭辩论阶段，提前到了法庭调查阶段，在质证过程中，控辩双方就证据是否具有可采性的争论已具有辩论意味了。而法庭辩论阶段是控辩双方系统阐述各自观点、进行论辩交锋的关键环节。在紧张激烈的法庭论战中，唇枪舌剑，你来我往，常常会出现白热化的场面。这时往往因情绪化而导致人身攻击事件发生。被告人因公诉人对他的犯罪行为强有力的揭露、指控而恼羞成怒，辩护人会因辩护意见被公诉人批驳得体无完肤而感到难堪，而公诉人也会因为对方口出不逊而语言不慎。

公诉人代表国家出庭支持公诉必须严守公诉人行为规范，文明公诉，稳健理智是公诉人的基本素质，一个连自己情绪都控制不了的人是做不了公诉人的。同理，虽然新修订的《律师法》第三十七条赋予律师法庭言论的免责权，但职业道德约束其不能滥用这种权力，更不能利用这种权力在法庭上进行人身攻击。

当公诉人面对人身攻击时，首先要冷静对待，避免冲动，然后对攻击者提出严正抗议，并要求他遵守社会公德或职业道德，遵守法庭纪律。当发生针对当事人或诉讼参与人的人身攻击时，公诉人应及时提请法庭予以制止。人身攻击往往是理亏词穷的表现，必然引起参与诉讼的各方，特别是审判人员和旁听群众的反感。公诉人要抓住时机，对辩护观点进行重点反击，从而营造有利的公诉氛围。

（九）质疑法律

"以事实为根据，以法律为准绳"是刑事诉讼活动的基本原则，也是公诉人和其他诉讼参与人参加庭审活动的基本依据。在庭审活动中，辩护人对法律规定提出质疑实属个别，但也应当引起公诉人的高度注意。因此类问题已超出就案论案的范围，涉及到是否应当遵守法律、庭审活动是否应当依法进行的重大原则问题，必须予以回应。有一辩护人在出庭为一盗窃案被告人辩护时发表了这样一番言论："被告人聂某因盗窃三千元钱而入罪，被追究刑事责任。因为他是国家机关中的一个工人，是一个平民，如果他是这个国家机关的正式公务人员，利用职务之便窃取了三千元钱就可以在家中安享太平，不受法律追究，这是因为同样是窃取，普通公民三千元就要追究刑事责任，而有了国家工作人员这个身份，必须达到五千元以上才能定罪，还不至于被起诉判刑。这就是现行法律盗窃罪和贪污罪的区别。透过本案使我们看到了法律本身的不公平。贪污和盗窃哪个行为的社会危害严重，显然是前者。盗窃仅是侵犯了财产权利，而贪污不仅侵犯财产权，而且损害国家工作人员的廉洁性，危及到国家机关的形象。危害重者轻处，危害轻者重罚，这样的法律又有何公正可言？鉴于法律本身的不公正，请审判长以自己的良知和判断对被告人聂某比照贪污罪从轻处罚。"盗窃案不能比照贪污罪处理自不待言，但辩护人这番看似有理的言论却向公诉人提出了一个棘手问题。法庭不是立法论坛，没有评价法律制度是否存在缺陷的功能，辩护人是在一个不恰当的场合讲了一番不合时宜的话。

在应对这类情况时，公诉人必须明确阐明三点：第一，法律是任何公民和一切社会组织必须统一遵守的行为规范。《刑法》、《刑事诉讼法》是办理刑事案件的基本准则。参加法庭审理活动的各方参与人、当事人的诉讼权利依法产生，其活动必须遵循相关法律规定，即只能在法律规定的范围内活动。第二，根据《刑事诉讼法》第三十五条的规定：辩护人的责任是根据事实和法律，提出证明犯罪嫌疑人、被告人无罪、罪轻、免除其刑事责任的材料和意见，维护犯罪嫌疑人、被告人的合法权益。辩护人出庭履行职责必须根据事实和法律发表意见。第三，任何不尊重法律、违反法律、质疑法律或者否认法律的规范性作用的言论都是违反法定职责的行为。公诉人切忌与辩护人就现行法律的公正性展开辩论，因为这种辩论貌似没有游离主题，但属越权行为。

（十）当庭控告

被告人（辩护人）当庭控告一般有三种情形。一是揭发同案犯，二是控告侦查人员对其进行引供、诱供、刑讯逼供；三是检举立功。前两种情形常常发生在质证阶段。而第三种情形多发生在最后陈述阶段。在质证阶段，被告人提出另有共同犯罪人，如证据证明没有根据，公诉人应当及时予以驳斥。而被告提出侦查人员有引供、诱供、刑讯逼供行为，涉及口供真实性的问题，辩护人必然提出应用非法证据排除规则，并可能同时提出追究相关责任人的要求。这种情况需要公诉人审慎对待，灵活处理。

公诉人在审查起诉阶段，按照规定对侦查活动是否合法进行过审查。有的案件确有违法取证情况，但收集在案的证据经审查具有可采性，起诉时予以采信了。另外的情况是在审查起诉时没有发现侦查活动违法，而辩方当庭提出并举出了相关证据。这两种情况的处置方法应有不同。对于出庭前已发现的违法现象，辩方提出后，公诉人不能回避，也不能遮遮掩掩，应有明确态度。可以表明：对侦查活动是否合法进行监督是公诉机关的重要职责，本公诉人在审查起诉过程中已发现公安机关在讯问被告人时实施了刑讯逼供行为，并已将初查情况移送我院反渎职侵权部门，相关调查工作正在进行中（或相关责任人已受到法律或纪律追究）。对违法取得的口供可以不予采用，但本院对被告人提起公诉，指控其犯罪是建立在大量确实充分的证据基础上的。然后对证据进行分析论证，指出排除非法口供仍可定案。

被告人当庭提出违法取证作为辩护理由的，应当审慎对待。如果所提理由与审查起诉环节相一致的，可以采用上面的方法加以应对。又提出新理由的，要在审慎核实的基础上，实事求是，区别对待，公正处理。这既有利于维护公正司法，又有利于促使被告人认罪服判，以达到政治、法律和社会效果的有机统一。

对被告人当庭检举立功的要求，按照有利保密的原则，公诉人应建议在庭后进行。

二、公诉人应变能力的培养

在出庭公诉活动中，应对和处置庭审异常变化和突发情形，需要公诉人具备良好的职业素养和较强的公诉能力，应变能力在公诉能力结构中属于高端能力，是各种能力的集中体现。最近高检院曹建明检察长在江苏、上海调研时强调：必须把加强法律监督能力建设作为一项重要战略任务来抓，作为一项系统工程来抓。邱学强副检察长最近批示要求就如何贯彻曹建明检察长关于提高公诉能力的要求作出部署。那么提高公诉人应变能力应从哪几个方面入手呢？

（一）缜密的法律思维

有位哲人讲过一句话："如果你的思维是正常的，你应该在它的轨道上。"讲的是人的思维应遵循其内在的规律。公诉职业使我们在长期的公诉实践中形成了特有的思维模式和思维规律，从而为我们思考判断各种问题，研究谋划工作对策提供了科学的思维方法和工具。公诉思维是公诉人作为法律工作者的职业思维，它具有司法属性，其价值取向在于实现公平正义，在形式上是一种严密的逻辑思维。法律思维的基本模式是司法三段论，也叫审判格，是以刑事法律为前提，经查证属实的事实为小前提，进行逻辑推理而得出应否如何追究被告人刑事责任的结论。

公诉思维的方法主要有四种：

一是指控思维。是公诉人遵循正向思维的规律，在公诉活动中处理庭审问题时，沿着习惯性、常规性的方向展开思维，在公诉人法定职责和具体情况的范围内，按照庭审活动的程序、次序进行有预测的、程式化的思考。

二是应辩思维。是公诉人应对被告人及其辩护人提出的辩护意见的思维方法，其基本形式为逆向思维，其思维起点是首先对辩方观点进行分析，寻找相关知识由浅入深地提出解决对策，是以果溯因的思维方法。

三是聚合思维。是指公诉人以庭审活动中的各种情况和诉讼参与人的各种表现为思考对象，对大量信息运用经验和知识，通过分析、综合、比较、判断，得出规律性认识，从不同来源、不同方向探求一个正确公诉对策的思维方法。主要是运用法律概念对庭审现象进行概括。

四是发散思维。是指公诉人围绕庭审活动中的核心问题或疑难问题，打开思维，从不同方面、不同途径、不同角度、不同层次，广泛展开思考，选择处置问题的最佳方案。我们应对处置和应对庭审异常变化，常用的就是发散思维。有了良好的思维方法，我们就可以游刃有余应对各种变化。

（二）充分的心理预备

公诉人应具备下列心理品质：胜诉的自信；坚定的意志；缜密的思维；稳健的气质。充分的心理预备是公诉人对出庭活动中可能出现问题，从整体上所作的准备状态。它旨在提高公诉人面对突发情形的心理预应力。它是建立在对庭审活动规律深刻认识基础上的。任何案件的庭前预测都不可能包罗无漏，公诉预案也不可能包罗万象，公诉人要有应对意外情况的思想准备，制定出一套应对意外情况的原则方法，这样一旦异常变化出现就不至于惊慌失措，能够果断、稳妥地加以处置，这样才能做到来者不惧。应对庭审变化一般在心理上的准备状态是：冷静观察、准确判断、有效施策、果断处置四个步骤。有了心理准备，公诉人就可以有条不紊地应对各种复杂情况。

（三）周密的庭前准备

要防止公诉活动出现纰漏，有准备地应对各种突发事件，周密进行庭前准备十分必要。庭前准备一要全面周到。对各诉讼环节的工作都要有出庭预案。如举证提纲、讯问提纲、质证方案、公诉发言稿。第二，第三轮发言都要付诸文字。出庭前如有条件可以与辩护人交换意见，通过驻监所检察员了解被告人动态。二要严谨细致。在庭前准备过程中要注意细节，往往细节决定成败。如被告人在其他诉讼阶段有过翻供的情况，就要做好应对翻供的准备，如果庭前被害人陈述没有复核，尽可能约见被害人，听取其意见。辩护律师向检察机关申请取证的提纲，最能反映其辩护意向，应有应对措施。

（四）灵活的应变策略

在应对和处置异常变化时策略方法很重要。化解危机不能一概采取针锋相对的硬碰硬的办法。总的原则就是要做到有理、有力、有节。

比如，辩方提出：被害人在导致案发起因上有过错，追究被告人的责任的同时，被害人也应予追究。对此公诉人应客观认定被害人的过错，并因此可以对被告人酌定从轻处理。但被害人是受犯罪侵害的人，不能因其有过错而与被告人同等对待。这样，使公诉发言既合法理，又合情理。对那些在法庭上恶意制造事端、无理纠缠的被告人或辩护人，公诉人必须坚持依法维护公诉意见，对其错误观点严肃批驳，申明公诉立场。对被告人，特别是被害人、证人等受蒙蔽利用而改变原供证陈述的，只要有改正可能，要尽可能不使其走向极端，以正面教育或法律论证，敦促其回到正确立场上来。在处置庭审异常变化中公诉人应当做到张弛有度、随机应变。

（五）较强的协调能力

在法庭上，公诉人诉讼责任重大，活动内容最多，承受压力也最大。法庭审判因提起公诉而启动，举证质证，法庭辩论各环节，公诉任务繁多。但再忙也不能忘记注意协调好与审判长及合议庭成员、与被害人及其代理人、与辩护人的关系，要尽可能在法庭上与各方面加强合作，合力处置庭审异常变化。如处置被告人翻供，可以利用被告人信任辩护人的心理，协同辩护人对其教育引导，使其认罪服法。对共同犯罪中地位的争议，公诉人可以利用不同辩护人的观点，肯定正确观点，反驳错误意见。对被告人的狡辩可以借助被害人对事实的陈述加以抨击。而对人身攻击等突发情况，可及时提请审判长予以制止，以维护法庭秩序。

公诉人只要在法庭上坚持公诉为公，坚持诉讼民主，不以法律监督者自居，尊重各方当事人和诉讼参与人的诉讼权利，依法行使职权，就能赢得诉讼各方的支持和配合，使公诉意见经过各种风险和变化的考验，进一步得到验证，公诉人的合理诉求就能得到审判机关的认同，从而夺取公诉的胜利。

第三十五讲
公诉人量刑建议方略

孙排军

公诉人的诉讼任务有两个：一是追求被告人定罪成功，二是追求量刑公正。这个道理虽不难理解，但由于我国检察官行使职权遵循的是检察一体化原则，必须服从统一的领导与指挥，再加上我国长期以来实行职权主义诉讼模式的影响，公诉人常常认为自己仅负责"定罪"问题，至于如何量刑是法院的事情，这种的诉讼观念使得控审合一、控辩失衡。而且，我国刑法分则规定的量刑幅度一般都比较大，量刑的结果通常是在合议庭评议或者是汇报、审批以及审委会评议过程中即相对封闭的情况下产生的，这难免会发生量刑幅度尺度不一、量刑不公的现象。

随着社会的发展，我国刑事诉讼改革在不断地深入，控辩式庭审方式已逐渐确立，为了维护司法公正，加强对法院自由裁量权的监督与制约，构建量刑建议制度势在必行。自从1999年北京市东城区检察院试行量刑建议后，全国各地很多检察机关在出庭公诉中如何正确适用量刑建议已进行了实践和探索，取得了丰硕成果。2008年吉林省人民检察院确定伊通满族自治县检察院为量刑建议试点院，经过一年的实践，也颇见成效。虽然实践先行，但理论界对于检察机关有无量刑建议权。开展量刑建议有无必要以及如何开展量刑建议，目前仍分歧很大。笔者认为，任何新制度的建立都是一个探索的过程，而各种理论在引导制度不断发展完善的同时，也是在接受实践的检验。因此，笔者怀着一种探求的精神，对量刑建议的相关问题发表自己的拙见，以期对立法和司法实践能够有所裨益，并接受实践的检验，同时恳请各位同仁给予批评、指正。

一、量刑建议的含义和特征

在界定量刑建议前，我们先看一起韩国刑事司法实践中，检察官对被告人提出量刑建议的典型案例。

上个世纪90年代韩国前总统全斗焕、卢泰愚因为发动"一二·一二"军事叛乱和镇压"五·一八"光州民主运动及政治资金问题受到汉城地方检察厅的查处，提起公诉后1996年8月5日汉城地方检察厅在第27次公审中要求判处全斗焕死刑，卢泰愚无期徒刑。汉城地方法院一审以军事叛乱罪、内乱罪和受贿罪判决全斗焕死刑，卢泰愚22年6个月有期徒刑。全斗焕与卢泰愚及汉城检察厅都向汉城高等法院提出上诉。汉城高等法院在第11次公审时，汉城高等检察厅坚持8月5日提出的要求。汉城高等法院二审改判全斗焕无期徒刑，判处卢泰愚17年有期徒刑。全斗焕与卢泰愚没有上诉，高等检察厅向韩国大法院提出上诉（抗诉），继续坚持一审时的诉讼要求。1997年大法院对全斗焕、卢泰愚等案作出终审判决，维持对全斗焕、卢泰愚的二审判决。最后，韩国时任总统金大中对二人给予赦免。

上述案例反映了在韩国刑事诉讼中，检察官有权对被告人的量刑提出具体意见及建议不被采纳时的应对措施。

对于量刑建议概念的界定，目前理论界基本的观点大致有以下几种：1. 量刑建议是指公诉人代表人民检察院，建议人民法院对被告人处以某一特定的刑罚，在刑种、刑期、执行方法等方面提出尽量具体的要求的诉讼活动。2. 量刑建议就是检察机关对被告人应当判处的具体刑罚向法院提出意见的诉讼活动。3. 量刑建议是检察机关在公诉过程中基于刑罚请求权，对于具体案件的刑罚提出公诉意见的一种诉讼活动。4. 量刑建议权是指检察机关在刑事诉讼中，不但就被告人的定罪，而且就被告人所应判处的刑罚向人民法院提出请求意见的一种权利。从上述各种对量刑建议权的定义看，只是表达的繁简不同，其核心内容都是就量刑向人民法院提出量刑请求的权利。笔者认为：在诉讼理论上量刑建议权（刑罚请求权）分为广义和狭义两种范围的概念，也有的学者称之为抽象求刑权和具体求刑权。广义的量刑建议是指检察机关在公诉意见中，根据案件的部分情节，笼统地提出处罚建议，如从重处罚、从轻处罚、减轻处罚等，这种意见是模糊的，仅仅是一种倾向性的意思表达，属于一种宽泛化界定。传统上检察机关出庭公诉行使的就是这种广义的量刑建议权。上述四种对量刑建议权概念的界定，均为狭义的量刑建议权概念。笔者认为量刑建议是指人民检察院根据被告人的犯罪事实、犯罪情节、性质和社会危害程度等具体案情，对被告人处以一定刑罚、如何执行等向人民法院提出具体建议的诉讼活动。

量刑建议权本质上属于公诉权，公诉权作为一种司法请求权，是基于国家统治权产生的国家对犯罪行为的程序意义上的刑罚请求权。量刑建议权作为公诉权的下位权能，具有以下特征：

1. 量刑建议权是一种请求权。检察官量刑建议权是请求权，这是量刑建议权的本质特征。根据公诉权的求刑权原理，决定了检察机关在刑事诉讼中是刑事诉讼者而非实体裁判者，公诉权并不具有对实体性法律关系作出权威性、终结性裁判的资格，它是法庭作出量刑裁判的一种建议性参考意见。旨在为最终的、权威的、实体性处置设立前提，这也是控审分离原则在刑诉法中的最直接的、必然的要求。明确公诉权的这一本质属性，对国家刑罚权的实现具有十分关键的意义。

2. 量刑建议权非终局性。从量刑建议本身来看，量刑建议只是检察机关站在公诉人的角度上，对被告人在法定的量刑幅度内、依据法定或酌定的从轻、减轻、从重和加重处罚等情节提出建议的，一切都在审判权的控制范围之内，这并不是最后结果，这只是公诉权的组成部分。也就是说，量刑建议本身不具有终局性。

3. 量刑建议权自由裁量性。检察机关虽然是法律监督机关，但具有一定的自由裁量权，对被告人的决定起诉权和决定不起诉权，普通程序和简易程序的适用，案件级别管辖的选择，以及案件决定抗诉等，这都是检察职能范围内的自由裁量权，是以对刑事案件量刑评估为基础的。在法庭审判中，公诉人提出对被告人适用刑罚方面的建议，如建议从重、建议从轻、建议处刑的范围幅度等，都属于检察机关的一种自由裁量权。相对而言，这种自由裁量权由于检察机关的诉讼位置，不可能以一种具体的结论表现出来，也无法成为终局性的裁量，而只能是一种范围的界定，但不管效能或结果怎样，其本质都是检察机关的一种自由裁量权。

4. 量刑建议权法律监督性，这是量刑建议的权利内容。刑事审判监督是人民检察院对人民法院的刑事审判活动是否违反法律规定的诉讼程序所进行的专门监督。量刑建议是法律监督的体现，是实现公平正义的有效手段，检察机关对审判活动的监督分程序性和实体性监督，量刑建议是对实体性审判监督的提前监督，是对审判监督的完善。

二、外国量刑建议的比较研究

世界上许多国家的刑事诉讼制度中都有关于量刑建议的内容，无论是英美法系国家还是大陆法系国家，检察官的量刑建议应用的十分广泛，并因法律制度和法律传统的不同，形成了各具特色的量刑建议制度。下面从英美法系和大陆法系相关制度进行比较的基础上，分析量刑建议在美国、加拿大、英国、德国、意大利等国的实践情况。

（一）英美法系国家量刑建议制度的实践

在普通程序中，传统的英美法系国家的检察官一般是不就量刑问题向法庭提出建议的，他们做的更多的是提请法官注意适当的量刑原则。传统的英美诉讼理论认为，量刑是法官的专有权力，不属于检察官的职责范围。但为了进一步发挥检察官在法庭上的作用，美国、加拿大等国家逐渐采用了量刑建议制度。

1. 美国的量刑建议实践

美国的陪审团审判，定罪和量刑分为两个步骤。在陪审团裁决有罪后，法庭还要作关于量刑因素的听证。这一活动通常改日进行。检察官将提供关于量刑的材料并提出量刑建议。当法官给被告人及其辩护律师提出请求减轻刑罚的事实和意见的机会时，检察官可以向法院提出自己的主张；检察官还可以在配合缓刑局制作判决前向法院提交的关于被告人的背景、家庭、经济状况、有无前科等内容的调查报告时，提出对被告人量刑的建议。

美国量刑建议的实践更多地体现在诉辩交易中，所谓诉辩交易是指检察官与被告人或其辩护律师经过谈判和讨价还价来达成由被告人认罪换取较轻的定罪或量刑的协议。在美国20世纪上半叶，为了解决待审案件大量堆积、司法资源相对缺乏的难题，兴起了辩诉交易。诉辩交易在美国的司法实践中应用非常广泛，美国目前刑事案件的90%左右是通过诉辩交易结案的。

美国检察官在诉辩交易中的量刑建议具有主动性特征。诉辩交易是检察官的权力而不是被告人的权力。被告人可以拒绝接受检察官提出的诉辩交易的建议，包括较轻的量刑建议，但他无权要求得到诉辩交易。诉辩双方达成协议之后，应当在法庭传讯时告知法官，对此协议法庭可以接受也可以拒绝（通常情况下，法官会都会接受）。如果接受，法院就不再对该案件进行法庭调查和审判，而仅在形式上确认双方协议的内容。即法院直接从法律意义上确认检察官起诉的罪名和量刑建议，实际上等于由检察官来决定被告人的罪名量刑。

美国检察官量刑建议权是否被充分运用在实践中不完全一样，并不是所有的检察官在所有的案件中都就量刑问题提出建议，是否提出、对什么样的案件提出通常由检察官根据案件的具体情况自己决定。

2. 加拿大的量刑建议实践

加拿大量刑建议的实践主要体现在两个方面：一是法庭的量刑聆讯阶段，二是诉辩交易。在法庭的量刑聆讯阶段，先由控方检察官根据案件的具体情况和相关规定，对被告人提出明确的量刑意见，然后辩方也提出量刑意见，双方都必须阐明自己的理由，然后进行辩论。法官对被告人量刑时会充分考虑控辩双方的意见，并且在判决时，法官会详细阐明对被告人量刑的理由。

加拿大的诉辩交易中包括指控交易、程序交易、量刑交易三种，检察官的量刑建议权在量刑交易程序中表现得尤为显著。量刑交易就是在法庭审理前，检察官以被告人认罪为条件，同意在量刑聆讯阶段提出量刑建议时做出某种让步。检察官的通常做法有两种：一是在法定刑内择轻建议；二是不反对辩方提出的量刑建议。由于辩诉双方在事前对量刑已达成协议，法庭上双方对被告人的量刑就没有了争论，法官一般会以此为基础，按双方的协议对被告人量刑。

3. 英国的量刑建议实践

英国检察官在行使量刑建议权问题上和美国、加拿大在制度上有所不同。英国检察官一般不就量刑问题向法庭提出建议，正如一位英国律师所说："在我们现在的制度下，起诉人无权，而且从来也无权，向法院提出判刑的意见。起诉人被排除在判刑过程之外，原因那是法院和犯人之间的事情，像在大陆法系国家那样起诉人建议判决或要求特定判决的原则，对我们普通法系来说遭到完全的反对。"

英国检察官出席量刑听证会的主要任务，是要就犯罪事实及被告人的性格和履历提出证据，目的是协助法官确定量刑的事实基础，因此要尽量保持中立立场，不能以使被告人受到重刑处罚为努力目标。英国检察官最多是提请法官注意适当的量刑原则。对检察官不介入量刑的做法英国有学者提出批评，"被告能够向法院提出请求企图影响判决，但起诉人不能"，"在普通法中，法官判决是以对抗制为基础，但是到量刑时，该制度却奇怪地被抛弃"。

英国在简易程序中，检察官行驶量刑建议权是合法的，也是必须的，在简易程序中不实行陪审，由法官独任审判，定罪由法官作出，量刑判决必须在检察官有此要求才能作出。

（二）大陆法系国家量刑建议制度的实践

在大陆法系国家，检察官的量刑建议比较普遍，其量刑建议制度一直贯穿于审判过程之中。大陆法系国家的量刑建议制度，主要表现在检察官在诉讼活动中提出量刑建议及这一建议对法官的效力等一系列规定或习惯做法上。在有的国家，这一制度被规定在法典中，如俄罗斯联邦刑事诉讼法典和韩国检察厅法都明确规定，检察官有权向法庭提出自己对受审人适用刑罚的意见。有的国家，虽然没有在法典中明确规定出来，但从长期的司法实践中可以看出，检察官享有并经常行使这一权力。

1. 德国的量刑建议实践

德国量刑建议制度主要体现在两方面：一是法庭审理中的辩论阶段，二是处罚令程序。德国刑法典规定"证据调查终结后，先由检察官，然后由被告人发言，阐述他们的意见、申请"，检察官的意见一般包括：对事实和证据的概括和评价，对被告罪责和应适用的法律分析，对影响处罚的因素的分析，对量刑的建议等。

德国检察官的建议与最终刑罚大都较为接近，但法官倾向于对检察官的建议作一定的修正。在审判总是倾向于把刑罚判得低于检察官建议的情况下，检察官宁肯要求判处较重刑罚，这样审判官的较轻判处也许正合其心意。

德国《刑事诉讼法典》第六编制定了一种特别种类的程序即处罚令程序，属于提起公诉的一种特例，检察官的量刑建议在此程序中体现得十分明显。依照法典的规定，在属于刑事法官、陪审法庭审理的程序中，对于轻罪，依检察院书面申请，法官、陪审法庭可以不经审判，以书面处罚令确定对行为的法律处分。检察院要在根据侦查结果认为无审判必要时提出这个申请，检察官提出了书面申请，就是提起公诉。申请应当写明要求判处的法律处分，也就是检察官的定罪及量刑建议内容。这些法律处分主要是指罚金、追缴、没收、免予处罚等。在处罚令程序中，法院在收到检察院书面申请后，不必听取被告人陈述，法律也没有赋予被告人陈述权；法律规定被告人在不服处罚令时对之提出异议，由此启动普通的庭审程序。一般情况下，法院根据检察院的书面申请，以处罚令的形式认定被告人有罪，确定对其的处罚，检察官的定罪和量刑建议多数被采纳。处罚令程序在德国的司法实践中扮演重要角色，大约一半左右刑事案件是通过处罚令程序来处理的。德国的刑罚处罚令程序实质上也是一种简易程序。

2. 意大利的量刑建议实践

意大利《刑事诉讼法典》规定了简易审判、依照控辩双方的要求适用刑罚（诉辩交易）、快速审判、立即审判、刑罚处罚令五种特别程序。设置特别程序的目的是为了提高诉讼效率，减少积压案件。在第一审法庭审判开始以前，检察官和被告人的辩护律师就被告人的判刑问题进行协商，法院根据双方的要求对判刑协议审查后，制作和发布判决，这就是诉辩交易程序。实际上就是法官根据控辩双方的要求直接适用刑罚。

从控辩双方的协商范围看，检察官和被告人的辩护律师只能就判刑问题进行协商并就此达成协议，犯罪性质不允许被协商。不允许检察官以同意适用较轻刑罚为条件，来换取被告人认罪并将较重罪名改为较轻罪名。判决的形成是控辩双方协议与法官审查相结合的结果，控辩双方就判刑问题达成协议对法官如何判决并没有当然的约束力。

在大陆法系有的国家，量刑建议制度被规定在法典中，如俄罗斯联邦《刑事诉讼法典》第二百四十八条就规定："检察长在法庭上支持国家控诉，……向法庭提出自己关于对受审人适用刑事法律和刑罚的意见。"韩国检察厅法第四条规定，检察官的职权之一就是"向法院请求法律的合理适用"。有的国家，虽然没有在法典中明确规定出来，但从长期的司法实践中可以看出，检察官享有并经常行使这一权力。

至于检察官提出量刑建议的效力，各国都遵循一个基本原则，就是不对法官产生约束力，但是如果检察官认为法官量刑畸轻畸重的，可以提出上诉。

然而，也有个别大陆法系国家在法律中禁止检察官提出具体的量刑建议。如奥地利刑事诉讼法第二百五十五条规定："在庭长宣布证明程序结束之后，原告人首先发言，提出证明结论，指出并论证被告人应负的法律责任及应适用的法律条文，原告人不应就法定刑标准之内的具体量刑提出请求"。

通过以上对英美法系、大陆法系国家量刑建议实践的分析，我们可以得出以下几点启示：

1. 量刑建议制度符合世界刑事诉讼的发展方向

英美法系、大陆法系国家的检察机关一般均享有量刑建议权，且都是检察机关公诉权中的一项权能，说明从世界刑事诉讼法发展方向看，量刑建议权是检察机关公诉权的内容之一。在英美法系国家虽无提出量刑建议的传统，但他们根据实践的需要确立了量刑建议制度，并在刑事诉讼过程中发挥着重要作用。在大陆法系的普通程序中，普遍存在着量刑建议制度，提出量刑建议已成为检察官出庭公诉的一项重要内容。在简易刑事程序中，两个法系中检察官的量刑建议权是非常明确的，因此量刑建议是符合世界刑事诉讼发展方向的一种制度。

2. 两大法系各国量刑建议权的功能不尽相同

通过比较还可以看出，两大法系不同国家的量刑建议权的价值取向有所不同，有的侧重效率，有的侧重公正。日本检察官量刑建议的理念是追求公正，美国等国家的量刑建议的理念是追求效率。笔者认为量刑建议是一项效率和公正兼顾的制度，一个国家如何取舍，是以效率为主兼顾公正还是公正为主兼顾效率取决于其治安状况、司法状况各对量刑建议的价值需求。对于我国来讲，现在刑事案件多年居高不下，司法机关的任务相当繁重，社会不安定因素仍然很多，量刑建议制度的设计应当以效率为主兼顾公正，这才符合我国的国情。

3. 各国量刑建议制度构建模式灵活多样

各国量刑建议制度在表现形式、选择时机等方面有所差别，说明量刑建议制度的构建模式并不强求千篇一律。如英美法系的美国是在陪审团裁决有罪后，检察官提供关于量刑的材料并提出量刑建议，而大陆法系的德国是在法庭辩论阶段提出。笔者认为，我国量刑建议制度的构建也应当在符合国情的前提下，灵活并务求实效。

三、我国量刑建议的的试行情况及争论

自北京市东城区检察院开始试行量刑建议后，全国有多个检察院开展了量刑建议工作，取得了显著的成绩。在实践的同时，量刑建议的可行性引起了激烈的争论。

我国理论界对量刑建议有三种观点：肯定说、否定说和折中说。

（一）肯定说

量刑建议权是公诉权的应有之权，检察机关享有公诉权，公诉权是一种司法请求权。包含两层含义：一是请求定罪权，二是请求量刑权。无论是大陆法系或是英美法系的检察机关一般都拥有量刑建议权。

（二）否定说

1. 量刑建议无法律依据。虽然我国《刑事诉讼法》第一百四十一条规定"人民检察院认为犯罪嫌疑人的犯罪事实已经查清，证据确实、充分，依法应当追究刑事责任的，应当作出起诉决定，按照审判管辖的规定，向人民法院提起公诉"，第一百六十条也有关于"公诉人可以对证据和案件情况发表意见"的规定，这些法律条文都为检察机关享有和行使量刑建议权提供了一定的法律空间，但是，法律毕竟没有直接赋予检察机关量刑建议权，也没有对量刑建议的程序作出具体的规定，因此我国公诉人提出量刑建议师出无名，系无源之水，无本之木。

2. 量刑建议侵犯了法官的自由裁量权，甚至侵犯了法官的独立审判权。量刑建议容易误导法官，造成先入为主。当法官看到量刑建议时，就会产生某种思维定势，在判决时可能就会被其左右，法官依"量刑建议"这个葫芦画瓢，可能会导致法院误判。同时，法官会考虑"如果不采纳量刑建议，检察院会不会提出抗诉"，可能形成事实上的法官向检察官的妥协，影响案件的公正判决。公诉权与审判权是两种不同的权能，审判权是由法官行使，公诉权由检察官行使，审判权重断、公诉权重追。审判权和公诉权二者在运行过程中应该互不干涉互不替代，要恪守"井水不犯河水"的分工原则。如果把

量刑建议权看做是公诉权能中的一种，在量刑方面就会出现两个主体，不符合审判权独立原则，检察机关的量刑建议有"越俎代庖"之嫌。

笔者认为量刑建议权只是一种建议权，是非强制性的司法行为，不具有实体性和终局性。法院依法独立审判，可以完全采纳，也可以完全不采纳。从行使量刑建议权的结果看，检察官对量刑建议权的行使，使其在一定的程度上控制着判决的结果，但这并不构成一个必然，案件的最终决定权仍掌握在法官手里。量刑建议对于法官来讲，就像公诉人定罪请求权法官完全可以依职权裁判被告人无罪一样，采纳与否由其自行决定。

另外，作为控方提起公诉，就是要法官倾听其请求，说服法官按其请求进行裁决，我们不能一方面允许公诉人提出请求，一方面以又要求其不期望法官满足他的要求，这是不符合逻辑的。控辩双方在法庭上的行为目的都是试图影响法官的裁决，以期望结果最大限度地有利于自己或自己所代表的利益。检察官的量刑建议对法官的判决起了一个引导的作用，引导其朝着检察官所希望的方向发展，法律效力仅此而已，并没有侵犯审判权。

3. 量刑建议压缩了辩护人的辩护空间。如果公诉人在全面掌握案情的基础上提出了合理合法的量刑建议，而法官又采纳了公诉人的量刑建议，这在一定程度上压缩了律师的辩护空间。另外控辩双方就量刑问题进行辩论，容易误导和转移辩方的注意力，最终可能舍本逐末。

4. 量刑建议对检察机关的工作造成了负面影响。实行量刑建议对多年以来一直沿袭着传统庭审运作方式的大多数公诉人来说，无疑是相当大的挑战。在没有相关配套制度约束和制约的情况下，公诉人提出量刑建议不但"加大了公诉工作的工作量，可能降低诉讼效率"，而且所付出的艰辛劳动不一定被法官肯定和社会承认，因此是"自讨苦吃"。

笔者认为否定说只看见事物的表面现象，没有看见实质，不能辨证地对待问题，其第三、第四种理由是不能成立的，对此在论述量刑建议的诉讼价值时予以批驳。

（三）折中说

该说认为，量刑建议权制度具有一定的合理性，具有重要的价值的意义，对于我们开展的司法改革具有一定的借鉴意义，但是在我国当前的司法环境之下，特别是在我国当前的法制体制尚不健全、制度上有许多缺陷和不足的情况下，冒然引进量刑建议权制度，不但可能产生不了良好的效果，而且可能使得本已不完善的制度更加混乱。因而折中说的学者提出的"配套制度"和法律环境合适了，再逐步引进。

如果对"反对论"的各种观点不加以辩驳，量刑建议的实施所面对的阻力只会越来越大，因此，有必要批驳。下面笔者从理论和实践的角度，对量刑建议制度进行一次比较系统的论证，进而提出我国量刑建议制度的基本框架及如何开展量刑建议工作。

四、在我国开展量刑建议的法理依据

（一）量刑建议权是公诉权应有之义

从现代各国司法制度的设计看，检察机关基本上都是以代表国家对犯罪提起公诉为首要任务。公诉权是检察机关的一项基本职能，是指人民检察院为了维护公共利益和被害人的利益而代表国家主动追诉犯罪，请求人民法院对被告人予以定罪，并处以刑罚的一种诉讼权力。从性质上讲，公诉权也是诉权的一种，因此，公诉权在本质上属于一项程序性权力，是一项司法请求权。量刑建议权作为一项请示权是公诉权应有之义。首先从检察机关来看，根据刑事诉讼法的规定，检察机关有权对案件发表自己的意见，这是公诉权的基本组成部分，作为案件审理最重要的部分——判决结果，应该是检察机关关注的目标之一。从这而言，检察机关对案件中的判决部分提出自己的意见，则是公诉权的必然组成部分。其次，从公诉权本身来看，公诉权是国家主动对犯罪分子进行追诉的一种权力，即国家在刑事诉讼中行使的诉权。它是国家以法律形式赋予公诉机关代表国家依照法律规定所行使的诉权，以追究被告人刑事责任，从而遏止犯罪，恢复被破坏了的法律秩序为使命。在刑事司法过程中具有承前启后的作用，它所包含的实体性要求中应该包括对判决结果提出自己的建议。再次，根据我国公诉权理论通说，人民检察院行使的公诉权是公诉权力要素的集合体，对刑事诉讼权能作横向划分，可分为积极公诉权和消极公诉权，前者为起诉权，后者为不起诉权。作纵向划分，公诉权基本权能有四项：公诉提起、公诉支持、公诉变更和抗诉。虽然量刑建议权并不是上述四项权力中的任何一种，但是，各项具体权力本质上是一种追诉请求权，其核心内容是向法庭揭露犯罪、证实犯罪并要求法庭追究犯罪人的刑事责任。只有有效地揭露犯罪、证实犯罪，才能使法院确认被告人实施了犯罪行为，进而才能使被告人得到法律的应有制裁。证实和揭露犯罪的目的是要制裁犯罪，制裁犯罪就包括定罪和量刑。如果被告人没有得到应有的犯罪制裁，那么，检察机关的努力就至少没有完全实现其既定的目标。这就在客观上要求检察机关在证实和揭露犯罪的基础上，有必要对被告人应得到怎样的刑罚适用包括定罪和量刑提出自己的意见。

总之，当检察机关行使司法请求权时，其请求的内容实际上包括两部分，一是请求审判机关对其起诉的犯罪予以确认，二是请求审判机关在确认其指控的犯罪的基础上予以刑罚制裁。如果将公诉机关享有的请求法院正确认定犯罪事实和犯罪情节，对被告人予以定罪的权力称为定罪建议权的话，那么公诉机关请求法院根据犯罪事实和各种情节对犯罪的被告人适用合理刑罚的权力，便可以称为量刑建议权。定罪是前提，判刑是目的。定罪建议权和量刑建议权二者相结合共同构成公诉权的一部分权能。量刑建议权做为公诉权的下位权能，是公诉权应有之义，检察机关拥有公诉权，自然就拥有量刑建议权。

（二）从公诉权与刑罚权的关系看，量刑建议权的行使是国家刑罚权得以准确有效实现的必由之路

关于公诉权与刑罚权的关系各国学者见解不一。大陆法系国家较为重视，德国学者宾定克强调公诉权与刑罚权为彼此独立各自意义不同但又存在实在联系的公权；而德国柏令克认为刑罚权是随犯罪而发生的客观存在的对犯罪人的处罚权，而公诉权为实现这种追究而存在的"主观的刑事诉讼权"。在英美国家，诉权与刑罚权发生实际联系的空间远远大于理论上的研究，辩诉交易的大量应用就是明证。我国学界在这方面的论述不多见，有两种观点，主要分歧集中在求刑权是否属于刑罚权权能的范畴。一种观点认为：制刑权、求刑权、量刑权和行刑权在从静态到动态的具体化过程中构成了统一的刑罚权，因而求刑权当然属于刑罚权的四项权能之一，而且是落实量刑权的前提；另一种观点认为，求刑权不属于刑罚权的固有范畴，理由是：由于求刑权不具有实体性，而且有些情况下私人也可以行使（自诉案件中），而刑罚权则具有国家垄断的特性，因此，把求刑权也作为刑罚权，就与刑罚权只能由国家行使相矛盾。

笔者赞同第一种观点。所谓求刑权具体是指请求对犯罪人予以刑罚惩罚的权力，可称为起诉权。在古代社会，求刑权往往在于被害人。随着国家权力的扩张，求刑权被收归国家所有，并授予检察机关行使，成为国家权力的重要组成部分。但在少数情况下，求刑权由个人（一般是被害人）行使，以自诉的形式出现。显然，自诉案件的求刑权是国家以法律形式赋予公民个人的权利，但仍属于刑罚权的一部分。就公诉权（求刑权）与刑罚权的关系而言，首先，在实质上，刑罚权产生公诉权。从逻辑上讲，没有国家对刑罚权的垄断，就不会有公诉权，国家刑罚权的存在是公诉权的基础。其次，从程序上讲，公诉权为刑罚权的实现提供了可能性和正当性的依据。没有公诉权就无法实现公诉案件的国家刑罚权。再次，国家的刑事政策，刑事理论对公诉权的行使具有重要的、直接的影响和调节作用。最后，也是最重要的，公诉权与刑罚权之间存在着机能上的内在联系，公诉权可以分解刑罚权的部分功能。从刑事司法的目的和效果分析，公诉权的设立与刑罚权一样，具有共同的目的，即实现国家的刑事制裁。无论是从法律规定还是从实践效能方面看，自诉权一经成为公诉权，就具有了自诉权所没有的强制性、统一性，以及与刑罚权的距离进一步拉近等特点。公诉权与刑罚权之间机能的相同性体现在：1．二者具有一系列的一致性，都具有强制力，在大多数国家，特别是大陆法系国家，公诉权的行使，刑罚权的行使都体现国家的意志，不属于私法处分的范畴；2．二者的效能来源皆为国家强制力；3．两项权能的行使主体是特定国家机关；4．两项权力的行使都须服从和服务于国家刑事政策的调整和指导。这四点一致，决定了公诉权与刑罚权对外部而言呈现出同样的司法特质，实现国家对犯罪的惩治。这使得公诉权的行使意味着实现刑罚权的极大可能性。

通常，我们说公诉权不具有实体效力，但是实际上公诉权的效力并不仅仅限于形式上的效力，现实生活上，提起公诉的决定足以发挥对犯罪嫌疑人、被告人的震慑作用，对社会成员的警戒作用和一般预防作用。这种社会效能和法律效能的来源在相当程度上源自于刑罚权。另一方面，公诉权本身对于刑罚权的能动作用不容忽视。首先，精密、准确的公诉，能够有效地实现刑罚权，并制约刑罚权的行使，这也是量刑建议工作开展的实践依据之一；其次，公诉权的裁量行使，能够发挥刑罚权的震慑和警戒作用，同时减少刑罚权成本的支出。这两点价值的直接体现就是，量刑建议的行使和运用裁量公诉权分流案件。其中，量刑建议权是公诉方提出公诉意见和刑罚适用建议的活动。为防止公诉权最终超越或替代刑罚权，应当综合犯罪严重程度，司法压力和司法资源的有效投入等方面因素，指定公诉分流案件的底线。而量刑建议权如果不涉及公诉环节处置案件，则完全属于公诉环节适用刑事法律的精密程度问题，它能够分解刑罚功能，促进刑罚功能的准确实现，但并不涉及分解刑罚权的问题。量刑建议实际上建立和开辟了公诉权与刑罚权这两项权能之间的连接点。

（三）刑事程序正义要求检察机关行使量刑建议权

正义是法律制度所需要实现的最高理想和目标，也是人们用来评价和判断一种法律制度价值标准。作为法律制度的重要组成部分，刑事审判程序本身也必须符合正义的要求，而量刑建议制度本身可以体现程序正义。

通常程序正义标准要求以下几方面原则：（1）受刑事裁判直接影响的人应充分

而富有意义地参与裁判制作过程，简称为"程序参与原则"；（2）裁判者应在控辩双方之间保持中立，简称为"中立原则"；（3）控辩双方应受到平等对待，简称为"程序对待原则"；（4）审判程序的运作应符合理性的要求，简称为"程序理性原则"；（5）法官的裁判应从法庭审判过程中形成，简称为"程序自治原则"；（6）程序应当及时地产生裁判结果，并使被告人的刑事责任得到最终的确定，简称为"程序及时和终结原则"。"程序参与原则"又称"获得法庭审判机会"的原则，是实现程序正义的前提条件，其核心思想是那些权益可能会受到刑事裁判或诉讼结局直接影响的主体，应当有充分的机会参与刑事裁判的制作过程，并对裁判结果的形成发挥其有效的影响和作用。没有这一原则的保障，刑事审判活动的公正性是不可能实现的，而量刑建议权正是遵循这一原则，实现了检察机关的充分参与权。

刑事审判程序作为法院刑事裁判结果形成的过程，是由诉讼各方参与进行而不是仅由法官单独实施的活动过程。这里的"参与"也与一般意义上的参与一样，要求参与者须作为自主的主体通过积极主动的行为，对法官的裁判结果实施有效的影响。由于程序的参与者既包括作为普通公民的被告人和被害人，也包括强大的国家专门机关的代表——检察官，而且裁判的制作者又是国家审判机关的代表——法官或陪审员，因此确保程序参与者参与裁判的制作过程对于程序公正的实现具有极为重要的意义。

（四）量刑建议制度符合限制国家权力的精神

现代社会，倡导保障公民个人权利，防止国家权力滥用的政治哲学已经跨越了不同意识形态的差异、历史传统的不同，逐步成为全世界热爱民主、正义的国家和人民的共识。孟德斯鸠在其经典著作《论法的精神》中已经明确对权力的滥用提出了警告："从事物的性质来说，要防止滥用权力，就必须以权力制约权力。"权力在客观上存在着一种无限扩张和异化倾向。"公权力"一旦产生，如果没有强有力的规则或法律加以制约，就有可能被权力的行使者滥用，蜕变为他们谋取权利，满足私欲的"私权利"。"一切有权力的人都容易滥用权力，这是万古不易的一条经验。有权力的人们使用权力一直到遇到界限的地方方休止。"这句经典名言一直被认为是对权力本质的精彩描述。德国法学家耶林曾经论证过："伴随着历史发展的进程，国家会通过自己制定的法律，不断地限制自己政治权力和武装力量，不断限制自己的暴力属性。"

公诉权作为人民让渡出去的，为国家所垄断的权力，对公诉权实施必要的监督是必要的也是必须的。而且由于刑法规定的相对不稳定刑具有较大的灵活性，同一犯罪的法定刑往往多种刑种并存，而且同一种刑种的量刑幅度又较大，导致法官量刑的自由裁量权极大，加之刑事诉讼法规定的量刑裁刑程序比较封闭，缺乏有效的制约机制，法官的量刑裁量权容易被滥用。正如加拿大法学家杜蒙所说："量刑是刑事司法制度中的重要部分，是刑事正义的一半工程。"进一步言之，量刑公正本身也是一项比较难以实现的价值目标。量刑公正，即"量刑适当"包含着两个看似矛盾的基本标准：一个是统一性标准，即确保量刑的统一性、确定性和可预测性。二是个别化标准，即确保个案刑罚适用的特殊化、个别化。只有同时满足了这两个标准，才能实现量刑公正。量刑问题直接关系到被告人的生命、自由和财产方面剥夺或限制，对实现司法公正有重大的意义，不可不慎。如美国有位前联邦法官说过："在制作判决中法官的几乎不受抑制的广泛的权力总是令人恐怖的，对于一个忠实于法制的社会也是难以忍受的。"量刑建议制度无疑是对法官自由量刑裁量权的一种限制。法官在作出量刑裁量时，必须听取控辩双方对量刑的建议和意见，根据法庭审理查明的案件事实，做出判决。这使法官任意专横、徇私枉法的可能性大大地减少，有助于实现司法公正。

（五）从刑事诉讼互相制约原则看，检察机关理应享有量刑建议权

根据刑事诉讼法规定，公、检、法三机关在刑事诉讼过程中分工负责、互相配合、互相制约的关系，人民检察院对法院重罪轻判、轻罪重判，适用刑罚明显不当的和免除刑事处罚或适用缓刑错误的，有权提出抗诉。可见，检察机关的审判监督职能中包括对法院量刑裁判权的监督与制约，人民检察院享有对法院量刑的监督权。这种监督在过去表现为对法院已作出的判决的审查和提出抗诉，属于事后监督范畴，其效果往往是亡羊补牢，不尽人意。而量刑建议是人民检察院在被告人被定罪量刑之前向法院表明的自己对被告人量刑的意见的活动，这实质上是一种新的审判监督的方式，是将审判监督行为前置于法院判决之前的新的监督方式，是检察机关实现审判监督职能的一条新途径，并未突破检察机关原有的审判监督职能。因此，从检法两家的监督制约关系上看，检察机关理应享有量刑建议权。

（六）量刑建议权符合诉讼原理

诉讼是人类社会制止和解决社会冲突的主要手段，根据诉讼所要解决的实体问题的不同和诉讼形式的差异，诉讼分为刑事诉讼、民事诉讼和行政诉讼三种。这三种诉讼存在重要差别，但也存在诸多共同点。刑事诉讼中的"诉"和民事诉讼中的"诉"有着相同的外壳，即都是通过请求的方式来启动司法审判程序，并通过这一程序实现法院对诉求的承认或否定。所不同的只是"诉"的内容而已。刑事诉讼中的"诉"，涉及的是犯罪与刑罚问题，民事诉讼中的"诉"涉及的是民事纠纷与民事责任问题。公诉权从实质意义上讲，是一种寻求救济之权，是诉权的一种高级形态，它弥补了"私诉权"的种种缺陷，是"私诉权"的"补强"之权。民事诉讼中原告有权提出具体的诉讼请求，这种诉讼请求既包括要求法院确认被告应承担法律责任的请求，又包括要求法院对被告进行具体制裁的内容。

民事诉讼、刑事诉讼在基本原理上是相通的，在刑事诉讼中，作为启动审判程序的人民检察院，实际扮演了类似民事诉讼中"原告"角色，在民事诉讼中原告有要提出具体的要求，在刑事诉讼中作为"原告"的检察院除了有向人民法院提出对被告人追究刑事责任的请求外，就被告人所应判处的刑罚也有权提出自己的量刑意见。

（七）符合法的发展理论

法的发展是指与社会经济、政治和文化发展相适应、相协调，包括制度变迁、体系重构等内在的法律进步或变革。法不是永恒不变的，是不断演进和发展的，法的演进和发展是通过法的继承、法的改革、法的现代化和法的移植等多种方式和途径从低级到高级发展变化的。其中法律移植和本土化是法律发展的重要内容。法的发展理论是建立和完善我国量刑建议制度的法理学基础。量刑建议作为一项具有独立价值的法律制度，通过对域外量刑建议制度的比较中表明，其在中国的移植与本土化无疑具有现实的意义与紧迫性。我国现行刑事诉讼司法实务中，公诉人在法庭上提出量刑建议，只是根据被告人的行为所具有的从重、从轻、减轻或免除处罚的情节提出一个笼统的建议。这远非

法治意义上的量刑建议。中国检察官的量刑建议之所以没有形成一个独立而完整的法律制度，是由于我国的法律传统和现有的法律制度中缺乏明确的法律规范，这就会遇到法的移植问题，这也是法律发展过程中所必然会面临的问题。法律移植是有一定条件限制的，并不是所有的法律制度都可以移植的，移植要与我国的法律土壤相适应。量刑建议权的本质是公诉权的一部分，其本身并没有对我国现行的法律制度进行突破，因此对其进行合理移植是与我国的国情相适应的，也是符合法律发展理论要求的。

（八）符合保障人权的思想

随着社会的进步，世界各国越来越重视人权保障，我国已加入《公民权利和政治权利公约》，中国政府于1999年发表了中国人权状况白皮书，这些均充分显示中国对人权保护的日益重视。量刑建议权作为公诉权的一部分，为刑事诉讼中代表国家进行控诉的检察机关所享有，这项权利的行使具有保障公民的基本权利的终极意义。首先，量刑建议权的行使在客观上是对法院裁决的监督。法院裁决是解决社会纷争的最后救济手段，因此法官的裁判权就成为国家最具权威的权力。法官的权力如果被滥用，直接导致对社会秩序、对公民基本权利的伤害。特别是刑事诉讼的判决结果，直接导致当事人财产、自由乃至生命这些基本人权的损失，其不公正对公民的损害往往是不可逆的。量刑建议权本身所体现的检察机关对法院裁判权的监督，是对与刑事诉讼结论有利害关系的公民的基本权利的保障手段之一。其次，量刑建议权作为公诉权的组成部分，是国家对于犯罪行为的追诉权，也是对被犯罪行为所侵害的被害人及正常的社会秩序的保护。量刑建议权作为对犯罪人进行惩罚的一项司法请求权，正是国家对公民基本权利本身及正常的社会秩序的保护。再次，量刑建议权所具有的实体公正和程序公正的独立价值是对被告人获得公正审判和判决的保障。

五、我国确立量刑建议制度的法律基础

有人指出，量刑建议权的行使，"须有明确的法律依据，而我国法律并无量刑建议权的规定"。然而，根据前面对国外量刑建议制度的介绍，我们可以发现，没有在刑事诉讼法典中直接规定量刑建议权的国家并不在少数。量刑建议制度在我国确立具有合法性，我国现行立法已经为量刑建议制度的存在和发展提供了适宜的"土壤"，也有相应的法律依据。

首先，《中华人民共和国宪法》第一百二十九条"中华人民共和国人民检察院是国家的法律监督机关"和第一百三十一条"人民检察院依照法律规定独立行使检察权，不受行政机关、社会团体和个人的干涉"的规定可视为我国确立量刑建议制度的合宪性依据。法律监督机关是我国宪法对检察机关性质和职能的明确定位，是检察机关的立身之本，其中包含了刑事审判监督的职能内容和提起公诉的措施手段，而量刑建议权作为审判监督的新途径和公诉权的自然延伸，其合法性也就顺理成章了。

其次，《中华人民共和国刑事诉讼法》第一百六十条规定："经审判长许可，公诉人、当事人和辩护人、诉讼代理人可以对证据和案件情况发表意见并且可以互相辩论……"对案件情况发表的意见自然应该涵盖定罪和量刑两个方面。该法条可以视为检察机关享有量刑建议权的直接法律依据。

此外，在其它的一些刑事法律法规和司法解释中，我们也可以找到与量刑建议制度

相关的规定。

1. 《人民检察院刑事诉讼规则》第二百八十一条规定："起诉书的主要内容包括：……起诉的根据和理由，包括被告人触犯的刑法条款、犯罪的性质、法定从轻、减轻或者从重处罚的条件……"

2. 《人民检察院刑事诉讼规则》第三百三十一条规定："公诉人在法庭上应当依法进行下列活动：……对证据和案件情况发表意见，全面阐述公诉意见……"

3. 《人民检察院刑事诉讼规则》第三百四十七条规定："……证据调查结束后，公诉人应当发表总结性意见……"

4. 《最高人民法院关于执行〈中华人民共和国刑事诉讼法〉若干问题的解释》第一百六十条规定："合议庭认为本案事实已经调查清楚，应当由审判长宣布法庭调查结束，开始就全案事实、证据、适用法律等问题进行法庭辩论。"

5. 《最高人民法院、最高人民检察院、司法部关于适用普通程序审理"被告人认罪案件"的若干意见（试行）》中第七条第四款规定："控辩双方主要围绕确定罪名、量刑及其他有争议的问题进行辩论"。

6. 《人民检察院办理未成年人刑事案件的规定》第二十二条第二款规定："对于具有下列情形之一，依法可能判处3年以下有期徒刑、拘役、悔罪态度较好、具有有效帮教条件、适用缓刑确实不致再危害社会的未成年被告人，公诉人应当建议法院适用缓刑……"

可见，我国的现行法律为量刑建议制度提供了合理的运行空间。提出正确的量刑建议，不仅是检察机关的权力，也是检察机关应当履行的职责。

六、量刑建议权的诉讼价值

（一）有助于从程序上防止法官滥用自由裁量权，促进量刑公正

我国刑诉法几乎把量刑环节设计成为黑箱操作，在我国现行刑事诉讼中，量刑是由法官和合议庭、审委会封闭地、独立地进行的一项裁判工作，不要求控辩双方提出具体的量刑意见，更不要求就具体的量刑意见进行辩论，控辩双方基本上被排除在量刑过程之外，很难预测量刑结果。

实体法又为量刑黑箱操作中舞弊的滋生提供了土壤。在我国刑法中，法定量刑幅度一般比较大，如"三年以上十年以下有期徒刑"，"十年以上有期徒刑，无期徒刑或者死刑"，在法定刑范围内，法官均有自由裁量权。可见，我国法官的刑法自由裁量权相当大。法国的罗伯斯庇尔在《革命法制和审判》中指："无论法官怎么样，他们总是人，明智的立法者绝不把法官当做抽象的铁面无私的人物，因为法官作为私人的存在是与他们的社会存在混合在一起。明智的立法者知道，再没有比法官更需要进行仔细地监督的了，因为权势的自豪感最容易触发人的弱点。"美国最高法院的法官说过："在制作判决中法官的几乎不受抑制的广泛的权力总是令人恐怖的，对于一个忠实于法制的社会也是难以忍受的。"量刑建议制度开辟了检察机关对法院刑事审判监督的新途径。这种监督体现在两个方面：一是检察机关当庭发表量刑建议，实际上增设了一个公开的量刑听证环节，可以将有关量刑的问题公开化，使本封闭的量刑过程完全处于公众视线的监督之下，二是检察机关提出量刑建议后，控辩双方就量刑问题展开辩论，使法院能够

慎重对待量刑问题，尽可能减少量刑的随意性。若不适当引入监督机制，很难防止自由裁量权的滥用和司法腐败。

量刑建议实际上增设了一个公开的量刑听证环节，公诉人提出量刑建议，就成为控方主张的重要组成部分，法官在量刑时就有了一个参照物，法官在判决书中必须响应这一建议，要么同意公诉人的意见，要么提出自己独立的意见，但在判决书中必须说明理由，分析论证。如果法院不顾客观事实，量刑畸重畸轻，由于缺乏充分的理由就难以自圆其说，这样就使法官的自由裁量权受到了必要的制约。

我国已经加入世界贸易组织（WTO），WTO中的透明度原则明确要求法院的所有判决不仅要公开，而且要便于查阅。这给援引案例创造了有利的条件，控辩双方都有权援引先例证明自己的量刑意见的合理性，合议庭如果做出相反或不同的判决，就应当说明理由。这实质上调动了控辩双方的力量共同探索量刑的合理界线，使他们在一定程度上参与了量刑裁判意见的形成。这不仅从程序上有力地保证了量刑的公正，而且增强了量刑裁判的说服力，有助于消除诉讼双方乃至社会对量刑裁判之合理性的怀疑，也使当事双方更乐意接受法院所做的量刑裁判结果。

（二）有助于节约司法资源，提高诉讼效率

量刑建议制度也有利于减少被告人的上诉、申诉，提高诉讼效益。目前，刑事司法实践中，被告人上诉的案件不在少数，四平地区每年刑事案件上诉率在10%左右，上诉率偏高，究其原因，除了法律赋予被告人上诉不加刑的权利外，另一个重要原因就是目前在量刑方面缺乏透明度。我国目前的判决书的类型基本属于事实判决书，在量刑方面缺乏分析论证，千案一理，只有共性，没有个性，有的量刑理由看似清楚，实则难以捉摸，致使有些被告人对一些量刑适当，甚至偏轻的案件也进行上诉，这不仅增加了被告人的诉讼负担，而且也浪费了司法资源。相反，推行量刑建议制度，法院相应在量刑方面加强了分析说理论证，使被告人对于法官的量刑，不仅知其然而且知其所以然，心服口服地接受判决。这就可以有效地减少被告人上诉、申诉，从而提高诉讼效率，节约司法资源。

（三）量刑建议制度有助于强化控辩双方诉讼职能

从法律上看，公诉人和辩护律师的最终目标都是为了使被告人依法受到公正的处理。但由于职业上的特点，两者在具体的工作目标是有相当差异的，在维护被告人合法权益的同时，公诉人更侧重于维护社会公共利益和使被告人受到法律的应有制裁，而辩护律师强调的则是维护被告人权益。如果公诉人在全面掌握案情的基础上提出合理合法的量刑建议，而法官又采纳了公诉人的量刑建议，这似乎在一定程度上压缩了辩护人的辩护空间。实际上，恰恰相反，公诉机关提出量刑建议并没有压缩被告人的辩护空间，而是给辩护律师开拓量刑方面的空间，辩护律师可以就量刑问题发表自己的看法，从而为被告人争取到最有利的处罚。

我国虽然从形式上确立了庭审对抗模式，但在司法实践中这种对抗只是在质证和定罪体现的较为明显，但公诉人在量刑问题上躲躲闪闪，实际上使辩护方没有明确的靶子，缺乏针对性。公诉人提出量刑建议后，控辩双方不仅会对量刑所涉及到的各种事实和情节据理力争，而且会对具体的刑期充分辩论，"讨价还价"，这必然会强化双方的诉讼职能，丰富法庭辩论的内容，增强庭审中双方对抗的激烈程度。

（四）量刑建议制度有助于强化检察机关内部监督，提高公诉人办案能力

不实行量刑建议制度，公诉人对各个案件一般也有个量刑预测，但这个预测是非正式的，口头上的，或个人的。这就可能出现两种滥用抗诉权的情况，一是在检察机关内部领导有不同看法或临时想干预某个案件时，不管公诉人自己当时的量刑预测如何，是否合理，都要提出抗诉；二是公诉人明知法院的量刑与自己的量刑预测有相当大的差距，但是为了掩饰自己的过错或疏于职守，故意不提出抗诉。实行量刑建议制度后，检察机关在做出抗诉或不抗诉决定之时，就必须考虑法院对检察官的量刑建议的态度，如果没有较大的出入，又没有特别重大的情况发生，就不能以量刑不适当为由抗诉，从而排除检察机关在抗诉标准上的随意性。

量刑建议被法官采纳的条件是，建议本身具有较高的确定性和科学性，这就要求公诉人不仅要熟悉案件本身的所有相关事实，而且要通晓相关的法律知识，包括对法定量刑情节和酌定量刑情节的准确把握。同时，当庭提出量刑建议对公诉人的综合能力和应变能力等各方面素质也提出了更高的要求，量刑建议这对大多数公诉人来说无疑是极具挑战性，这是不利的影响，但我们要看到，实行量刑建议会激励检察官更加全面地、具体地研究案件事实以及定罪和量刑各个方面问题，尽可能地保证办案质量，必将会使公诉人的自身的综合业务素质有极大的提高，提高办案能力。

七、我国量刑建议制度的具体框架

（一）提出量刑建议的主体

对于量刑建议由谁来提出的问题，有学者认为量刑建议是集体建议，理由为：我国实行检察一体化的原则，即检察官对外以检察院的名义代表国家进行检察工作，尽管有时检察官以个人名义签署官方文件，但这并不意味着是其个人的行为，而是检察院的行为，该行为是代表国家的。同样，检察官所提出的量刑建议也并非其个人建议，而是代表国家利益的检察院集体的建议，尽管检察官所提出的量刑建议是其对案件事实进行调查、对法律适用进行研究的结果，是建立在其个性化的推理、判断等司法活动基础上的。

笔者认为，从检察机关内部而言，在法庭上根据庭审情况发表量刑建议的主体一般只能是公诉人。但在庭审前特别是在提起公诉前，决定并提出量刑建议的主体要结合现行的公诉体制来确定。由于我国目前的公诉体制在办案程序上表现为双轨制，一是传统的办案体制，一是主诉官办案责任制。因此，按照传统的审批体制办案的公诉人，量刑建议均由检察机关集体决定；按照主诉检察官制度办案的公诉人，其量刑建议的主体应是主诉检察官。以下几种情况应由分管检察长或检察长决定：检委会决定的案件、建议判处缓刑的、减轻处罚的、免于刑事处罚的。

（二）提出量刑建议应遵循的原则

量刑建议原则是指程序参与各方在刑事审判过程中必须遵循的基本行为准则。这些原则贯穿于量刑建议的始终，或对量刑建议有着普遍的指导意义。量刑建议是一项复杂而细致的工作，必须遵循相应的原则。量刑建议虽然不同于量刑，但是从某种意义上讲它是为量刑准备，因此，法官量刑的一些原则，如罪刑法定原则、刑法面前人

人平等原则、罪刑相适应原则等同样应遵守，除此之外，公诉人提起量刑建议还应遵守以下原则：

1. 全面兼顾原则

行使量刑建议的参考情节内容丰富而宽泛，量刑建议必须在考察、评判犯罪行为的社会危害性和犯罪人的人身危险性的基础上提出，而表现社会危害性和人身危险性的因素是多种多样并极为复杂的。从价值评价上看，既有有利于犯罪人的情节，也有不利于犯罪人的情节。从法律规定的方式上来看，既有法定量刑情节，又有酌定量刑情节。因此，全面兼顾这一原则在量刑建议的实践中有着重要意义。公诉人在提出具体的量刑建议时，应当抱着客观、公正的态度，对各种量刑情节都同时兼顾，给予同等的重视。既要考虑不利于被告人的情节，同时也要考虑有利于被告人的情节，而不能厚此薄彼，任意取舍。

2. 综合平衡原则

综合平衡原则是指在对具体个案提出量刑建议时，应综合考虑案件各方面的情节，提出适当的量刑建议。同时，对于具有情节相同（或相似）的不同个案，应提出相同（或相近）的量刑建议，避免此轻彼重，忽轻忽重的不一致现象，以实现量刑建议的公正性和统一性。因此综合平衡原则有两层含义：其一是犯罪情节与量刑建议的一致。具体指公诉人提出量刑建议时应对全案所有的情节作综合分析，在法定刑范围内选择适当的刑种、刑度，以达到罪与刑的统一。即在既有从宽情节又有从严情节的案件中，必须对各种情节进行分析，从而得出一个总体结论。对既有从轻情节，又有减轻情节，甚至免除处罚的情节的案件，也要对各种情节进行综合分析，从而决定一个量刑档次。量刑的综合原则反对运用量刑情节裁量刑罚时，片面强调、夸大某个特定量刑情节的作用使其成为量刑情节的决定因素，孤立地据此决定处罚的轻重。具体地说，量刑时应当对案件中的各种情节进行综合分析后，如果整个案件是较轻的，便在法定刑内判处较轻的刑罚，不能因为具有某一个从严处罚的情节而判处较重的刑罚；如果整个案件是较重的，便在法律规定的范围内判处较重的刑罚，不能因为个别从宽情节就判处较轻。其二是案件与案件之间量刑建议的平衡。具体是指对同种性质、情节相同或相似的案件，在法律没有修改的情况下，提出的量刑建议应保持均衡。

3. 理由充分原则

控方的量刑建议与辩方的量刑异议的对抗结果，是法官量刑的重要基础。控方只有提出充足的证据并进行充分的论证，才能作为最后量刑的理由，公诉人在提出量刑建议时，应当说明充分的理由，这既是向法庭说明，也是向被告人说明，同时也是向被害人以及旁听群众说明，这对实现量刑建议的价值具有直接而现实的意义。若公诉人不就自己的主张提出充分的理由，法院对其所提主张可以不予考虑。公诉人的理由应当包括对案件中各种量刑情节重要性的综合分析、对各种情节加以取舍的依据、决定具体量刑建议的法律依据、法理依据以及社会伦理道德方面的依据等。

4. 平等公正原则

量刑建议中的平等公正，是指无论什么人，无论其侵害的对象或被害人是什么人，只要构成犯罪，都必须依法予以量刑。平等公正原则分两层含义：首先针对的是被告人而言。要求无论被告人职务、性别、民族、种族、国籍等情况如何，只要触犯了刑法，就必须依法予以量刑；其次，平等公正原则另一层意思是针对被害人的，在一个社会里，每一个公民的价值没有高低贵贱之分，其权利和利益都应该受到法律的平等保护。当然，这里的平等公正是相对意义而不是绝对意义上的，要在一定条件下区别被告人及被害人的不同情况。在特定条件下，行为人的不同情况会对量刑产生一定的影响。另外，量刑应当综合考虑整个案情，力求罪刑相适，罚当其罪。求刑畸重，则被告人容易产生对抗心理，不利于其认罪服法；求刑畸轻，则被告人容易产生侥幸心理，不利于其教育改造。

5. 精确性与灵活性相结合

量刑是一项精确性要求极高的工作，量刑建议同样具备这种特点。但是对量刑建议精确性的要求又与对法官量刑的要求有所不同，如果量刑建议过于精确，而又与法院的最终判决不一致，就会破坏检察机关的形象，不利于维护司法的严肃性和权威性，妨害诉讼工作的顺利开展。因此，在提出量刑建议时应该坚持精确性和灵活性相结合的原则，使量刑建议保持适度的弹性。有的案件事实比较清楚，检察官内心也比较确信，那么量刑建议就可以确定化。反之，有些案件情况纷繁复杂，对案件事实的认识存在较大差异，那么就应该适用更为灵活的量刑建议，提出一个相对的量刑幅度，给法官留有自由裁量的余地。当然这一幅度也要把握一个恰当的分寸，避免过于宽泛。

（三）量刑建议的适用范围

关于检察机关提出量刑建议的案件范围，有四种不同的意见。

第一种意见认为，可以先在刑事简易程序中试行量刑建议制度，待条件成熟后再行推开。

第二种意见认为：基于不同的探讨立足点，适用的案件范围也不同，将提高效率作为立足点的，适用的范围只在简易程序案件；如立足点是促进司法公正，适用的范围就不仅仅是简易程序的案件，也应包括普通程序的案件。

第三种意见是：量刑建议试行初期以限定在公安机关侦查的案件范围内为宜。

第四意见主张：凡是《刑法》规定判处三年以下有期徒刑、拘役、管制、单处罚金的案件，就不应当要求公诉人提出量刑建议。只对法条规定了较重的刑罚、对犯罪规定了重刑的，或对某种罪根据不同的情节分别规定了不同刑罚的以及对某种罪规定了"具有特别情形之一的"，提出量刑建议。理由是：一是目前我国检察官人数少、业务素质欠佳和证据开示制度尚未建立的情况下，这样做可以减轻公诉人提出量刑建议的负担，以便集中主要精力研究比较严重和严重的犯罪案件并提出量刑建议；二是对判处三年以下的刑罚的案件提出量刑建议，很难做到准确；三是《刑法》规定的法定刑幅度大，有的情节严重，有的情节特别严重，有的具有特别情形且应当判处的法定刑比较重或者很重，对此检察官能够进行分辨和衡量，同时也是制约法官擅自量刑所必需的。

以上观点从不同的方面对量刑建议的范围进行了说明，都有一定的道理。笔者认为，理论上来说，我国的量刑建议制度可以适用于所有种类的刑事公诉案件。

首先，就适用普通程序审理的案件来讲，绝大部分刑期跨度较大，横跨多个刑种的也不在少数，量刑幅度弹性较大，容易出现量刑不当。为了保证公正适用刑罚，提出量刑建议确有必要。

其次，对于普通程序简化审案件，此类案件对定罪没有争议，关键的问题就是量刑，故应当作为提出量刑建议的重点案件，检察机关可以充分行使量刑建议权。

最后，就简易程序案件是否适用量刑建议制度，学界尚存争议。有学者主张，"此类案件，量刑幅度比较有限，量刑严重不当的可能性相对较小；设立简易程序的目的旨在提高诉讼效率，如果花大量的时间和精力去找量刑建议的依据，有悖于适用简易程度的初衷"，所以简易程序无须适用量刑建议制度。对此我认为因为适用简易程序的案件，都是案件事实清楚、被告人认罪的，案情简单、量刑跨度较小，量刑标准较具体明确，检察机关提出准确的量刑建议相对而言容易，所以，在当前我国量刑建议制度刚刚起步的现实条件下，于简易程序中提起量刑建议不但有利于减少量刑建议制度实施的阻力，还可以帮助检察机关树立信心，总结经验。

出于我国具体国情和司法现状的考虑，笔者认为在量刑建议改革初期，可按以下思路确定量刑建议的适用范围。

1. 适用量刑建议的基本条件

一般而言如果属于犯罪事实清楚、证据确实充分、适用法律明确的案件，控辩审各方对定性都不存争议，案件的重点就在于裁量刑罚，而这正是量刑建议发挥作用的阵地，无论是简易程序案件还是简化审案件，可以说都是符合上述条件的，同时考虑到有一些案件，可能由于被告人意愿、法庭审限、客观形势变化等原因，可能开始没有适用简易审理程序，但经过开庭审理，认为事实清楚、证据充分、定性准确的案件，同样也可以发表量刑建议。

2. 优先适用量刑建议的案件

为了保证量刑建议适用的重点突出，可以强调对于符合上述条件的下列案件应当优先适用量刑建议：（1）适用简易程序审理的案件；（2）适用普通程序审理的"被告人认罪案件"；（3）未成年人犯罪案件。未成年人犯罪案件之所以要优先适用量刑建议，一方面是考虑到未成年人犯罪的处理原则是教育为主、惩罚为辅，对其当庭发表量刑建议可以更好的发挥特殊预防、法律教育的作用；另一方面，为防止法院对未成年人案件一概从宽而过度减免刑罚，导致罚不当罪的情形，有必要提醒法官注意本案的全部事实和情节，不应单纯强调未成年人这一从轻情节。

3. 不宜适用量刑建议的范围

对于涉外案件、危害国家安全犯罪案件、缺乏实践经验的案件、法律适用有分歧的案件、具有较大起诉风险的案件以及提出具体量刑建议可能造成个案公诉工作被动的案件，一般不宜提出量刑建议。有观点认为，此类案件提出量刑建议，恰恰体现了公诉机关的水平，而且可以起到限制法官滥用自由裁量权，同时也反映了检察机关对待犯罪的态度，应当鼓励对此类案件发表量刑建议。此观点看到了量刑建议发展的光明前景，忽视了现阶段公诉队伍的现状，对这类案件的把握往往需要对法律的透彻理解、对相关因素的充分考量，而公诉队伍日益年轻化的现实，一旦提出量刑建议，就代表了公诉机关的态度，如果判决与量刑建议相差甚远的话，在被告人、被害人、旁听人员看来，必然是某一方司法者的公正性受到怀疑，因此，对此类案件应当慎重。但并不意味一定不能提量刑建议，是否发表要根据庭审的进行状况，争端的解决情况而定。可以先在简易程序案件和普通程序简化审案件中试行量刑建议制度。待条件成熟之后，再将量刑建议制度适用于全部刑事公诉案件。

（四）提出量刑建议的时机、方式

量刑建议的时机、方式是指在哪一个诉讼环节、如何提出量刑建议。在英美法系国家，定罪程序与量刑程序不是混为一体的，而是以被告人作有罪答辩或经审判被陪审团认定有罪为分界线截然分开。所以，在这些国家有关量刑建议的活动只能发生在量刑阶段。通常做法是，在陪审团定罪后，法庭择日就各种因素举行量刑听证。在量刑听证阶段，英国的检察官在量刑阶段的目的是协助法官确定量刑的事实基础，不以被告人受到重处罚为努力目标，因而尽量保持中立立场。而在美国的量刑听证中，检察官提出量刑建议，被告和辩护人则提出量刑异议。在大陆法系国家，因没有专门的量刑程序，量刑建议制度贯穿案件审理的全过程。检察官提出量刑建议与发表公诉意见没有分开，但量刑建议通常是在审判阶段作总结性发言时提出。如俄罗斯联邦《刑事诉讼法典》第二百四十八条规定："检察长在法庭上支持国家控诉，参加证据调查，对于审理时所发生的问题提出意见，向法庭提出自己关于对受审人适用刑事法律和刑罚的意见。"而在德国的处罚令程序中，检察官在适用处罚令的申请中应当写明要求判处的法律处分，即检察官在起诉书中明确提出量刑建议。可见，在不同的制度中，检察官分别可以在起诉书中、法庭审判阶段以及专门的量刑程序中提出量刑建议。

我国理论和实践，关于量刑建议的时机和方式的问题可以概括为两种观点，即起诉说与公诉意见说。

1. 起诉说

持起诉说观点者主张，量刑建议应在检察机关提起公诉时提出，并由公诉人在发表公诉意见时对起诉书的观点作进一步的阐述，如果公诉人发现法庭查明的事实与起诉指控的事实有出入，而且起诉指控确实存在疑点时，也可以在法庭辩论后提出新的量刑建议。

2. 公诉意见说

持公诉意见说的学者主张，公诉人在发表公诉意见时提出量刑建议较妥，其具体做法亦有两种：一种做法是在法庭调查结束后法庭辩论开始时在公诉意见中就定罪和量刑问题一并向法庭提出建议；另一种做法是在法庭辩论结束后被告人作最后陈述之前发表公诉词时提出量刑建议。

以上两种方案各有利弊。在起诉书中提出量刑建议，起诉书是以检察机关的名义作出的，形式上正规，法律效力也很强，容易引起法院的重视。另外，这样做也给被告人及其辩护律师一个较长的准备答辩期，这样便于被告方在整个法庭审理过程中有效、全面地辩护，能有效地维护其辩护权，保护被告人利益。但也存在缺点：其一，由于我国刑事诉讼证据开示制度尚未建立，有的刑事案件错综复杂，起诉书中的量刑建议可能与庭审调查情况不符。其二，人民检察院是代表国家而非个人提起公诉，是公平、正义的象征，这决定着量刑建议的内容不可以随意变更。量刑建议的内容若经常与庭审调查情况不符，就有损于其客观、公正的形象。

在法庭审判的最后阶段提出，有其可取之处。日本就是采用的这一做法。在这一阶段，公诉人已经对案件的所有证据有所把握，并在辩论中就辩方的不合理意见进行了充分的反驳，这时提出的量刑建议有水到渠成的效果，会给法庭留下深刻的印象。但在这一阶段提出，也有它的弱点，就是未给被告人及辩护律师一个准备及答辩的时间，尽管被告人可以作最后陈述，但这时辩论阶段已经结束，答辩已经不起作用，律师更没有发言的机会，对于辩方行使量刑异议权不利。

笔者认为，两种学说各有其长，各有其短，在研究量刑建议时机的时候，要具体问题具体分析，以扬长避短。因此量刑建议的时机选择可以采用双轨制的办法，即对于适用简易程序或普通程序简化审的被告人认罪的案件，可以在起诉时移送量刑建议书（加盖院章），不宜在起诉书中体现，因为从起诉书的内容和形式要求来看，将量刑建议写入起诉书缺乏实体依据。《刑事诉讼法》、《人民检察院刑事诉讼规则》中对起诉书内容明确规定为：被告人的基本情况、案由和案件来源、案件事实、起诉的根据和理由等，其中起诉的根据和理由具体是指被告人触犯的刑法条款、犯罪的性质、法定从轻、减轻或者从重处罚的条件，共同犯罪各被告人应负的罪责等，并未要求对被告人适用的刑罚予以明确列举。高检院制定的起诉书格式中，也没有适用具体刑罚的内容。因此，从依法办案的角度来看，在起诉书中明确列明量刑建议的内容可以说是于法无据。另行移送量刑建议意见书同样可以起到在相应的作用，而避免了在起诉书中提出量刑建议的弊端。此类案件中公诉人对指控的犯罪事实、情节、被告人的态度和证据证明力已有充分、全面的了解，对于定罪量刑已有充分的把握，提出的量刑建议被法院采纳的可能性较大。

对于普通程序审理的案件在法庭辩论阶段发表公诉意见时提出，庭后向法院移送量刑建议书。因为经过法庭调查，公诉人和被告方出示的证据进行了充分的质证后，被告人的犯罪事实、量刑情节已经基本能够显示出其本来的面目，此时量刑建议建立在充足的证据之上，具有说明力，易为合议庭法官所接受。同时，由于接下来的法庭辩论阶段，被告方有足够的机会对公诉人的量刑建议提出异议，为其合法权益进行辩论。这实质是在辩论阶段增设了一个量刑辩论环节。

（五）量刑建议的种类

1. 概括性量刑建议

就是指明量刑时应当直接适用刑法的条与款，我国传统起诉书使用的就是这种方法。但从严格意义上说，这并不是真正的量刑建议。这一类量刑建议并没有对法定刑的幅度进行任何的压缩，只是指出量刑时应适用的法律条款，或是根据犯罪情节，提出诸如因累犯或情节严重等应予以从重处罚或因有自首、立功、认罪态度好等情节而应予以从轻、减轻处罚。检察官提出这种量刑建议一般是在案件比较重大、复杂和相对比较疑难，刑种较多，量刑幅度较大的情况之下的选择。采取这样的建议方式，有助于公诉人与法官达成共识，易为法官所接受。这在司法实践中对于涉外案件、危害国家安全犯罪案件、缺乏实践经验的案件、法律适用有分歧的案件以及提出具体量刑建议可能造成个案公诉工作被动的案件，可以适用概括性量刑建议。

2. 确定性量刑建议

在法定刑幅度内，提出一个绝对确定的刑种、刑期和执行方式，对于案件简单，事实清楚，证据充分，在可适用的刑罚种类较为单一，如无期徒刑或死刑、缓刑、死缓条件的情况下，可以发表绝对确定的量刑建议。此外，由于刑法对绑架罪、劫持航空器等罪规定了绝对死刑条款，在符合有关条件时，应对被告人的刑罚提出绝对适用死刑的建议。这种建议方式中，公诉人在全面了解犯罪事实、情节的基础上，建议法院判处被告人何种刑种、多少刑期，态度鲜明，意见明确，对公诉人对事实、证据的掌握程度及公诉人的自身素质要求很高，在司法实践中，各种案件复杂多变，各有特点，对同一案件，不同的人有不同的看法，差异在所难免。因此，要慎用确定性量刑建议

3. 相对确定的量刑建议

即在法定刑罚幅度内，结合从重、从轻或减轻处罚等情节，进一步压缩量刑空间，提出更为具体的幅度量刑建议。如在法定刑"3年以上10年以下"的量刑幅度内，进一步提出"7年以上9年以下"的量刑建议。

具体操作办法可以为：（1）量刑建议的刑罚幅度不应跨刑种，即不能作出这样的量刑建议："请求判处无期徒刑或死刑"，也不应在同一量刑建议中提出两种不同的刑罚执行方法，如建议法院判处死刑缓期二年执行或死刑立即执行；（2）对请求判处管制刑的，量刑建议幅度不得超过六个月；（3）对请求判处拘役的，量刑建议幅度不得超过二个月；（4）对请求判处三年以下有期徒刑的量刑建议幅度不得超过六个月；（5）其他情况下，有期徒刑的量刑建议幅度不得超过二年；（6）对于一人犯数罪的案件，公诉人应当就被告人所犯各罪分别提出量刑建议，在此基础上对被告人数罪并罚所应判处的最终刑罚提出建议。之所以如此确定量刑建议幅度，其主要目的是防止量刑建议幅度过大而使量刑建议权制度失去实际意义。

4. 对附加刑的量刑建议

量刑建议从其本身来看，应当包括求主刑和附加刑，尤其是在法律对附加刑的判处有明确要求的时候，量刑建议的完整性就更加重要。附加刑中的剥夺政治权利和驱逐出境由于适用条件比较明确，在发表建议时比较好把握。但财产刑的处罚，弹性较大，刑法条文对于罚金刑判处的方式有并处和单处两种，数额也有比例式、上下限式和模糊式，甚至有时法院为了经济利益，罚金交纳的不同会对主刑的裁量产生影响，如何准确预测财产刑的判罚就是一个很大的难题。在目前阶段，笔者认为对附加刑的量刑建议，可以参照概括性量刑建议方式，只说明附加刑的种类即可，如果法律规定是可以判处罚金或者单处罚金的，则需要根据案情以及被告人的经济状况，明确提出是否判处附加刑的建议。同时要注意数罪的场合，如果一个罪名的附加刑为罚金，另一个罪名的附加刑为没收财产，同样要充分考虑被告人的经济状况和案件事实，建议法庭最终采用何种附加财产刑。

（六）量刑建议的效力

不论从理论还是从实践上讲，赋予检察机关量刑建议权，不仅会充实公诉权的内容，而且有助于检察机关找准自己的位置，强化法律监督，充分发挥其在刑事诉讼中的应有作用。但是，量刑建议作为检察机关的一项法律行为，是否必定产生相应的法律效果即效力问题，值得进一步探究。这要从提起公诉的法律效力谈起，提起公诉的法律效力在于启动了审判程序，限制了法院对案件的审判范围和履行了对被告人的控诉职能。量刑建议作为公诉的一部分，当然具有公诉所引起的上述法律效力，同时，作为一种诉讼法律行为，它的行使又必将产生有别于上述法律后果的法律效力。

1. 检察机关的量刑建议对法官无必然的法律约束力。量刑建议是向法院提出的诉讼请求内容之一，作为一种控诉职能，它的目的是要求而不是强制法院对犯罪进行处罚。至于是否对被告人的犯罪行为予以确认与处罚，即是否采纳量刑意见则由法院独立裁决。从检察机关的量刑建议权与法院的刑罚裁量权关系来看，检察机关的量刑建议权

在实质上只是一种司法请求权，是公诉权的一部分，法院的刑罚裁量权是司法决定权，是量刑权的的范畴。检察机关的量刑建议不会干涉或替代法官的审判活动。虽然可以为法官的最后裁判提供参考，但对法官作出量刑裁判没有法律约束力。从这个意义上讲，量刑建议并无法定效力，也不是法官的量刑基础，更不能据此妨碍法官运用自己的能力、良知和经验正确适用刑罚，即使法官不采纳检察机关的量刑建议，也不能认为其违法，但法院不采纳量刑建议，应像阐述被告人的行为为何不构成犯罪一样，在判决书中应详细阐述不采纳量刑建议的理由。因此，量刑建议对法院不具有强制性。

2. 量刑建议是检察机关进行审判监督和内部考核的重要依据。检察机关的量刑建议对法官无法律约束力，但是并不代表法官可以无视量刑建议的存在而为所欲为。因为，首先，检察机关的量刑建议必定是在庭审中通过控辩双方的辩论而公布于众的，如果量刑建议理由充分，且辩方也无多大的异议，法官就没有不接受的理由，这是对法官一种潜在的约束力。其次，量刑建议也是检察机关法律监督的重要内容，如果量刑建议正确且理由充分，而法官拒绝采纳，检察机关就可以以法律监督权为后盾，决定是否提出检察建议或提出（提请）抗诉。同样，量刑建议未被采纳而审判机关又量刑适当，量刑建议将对公诉人产生自我约束作用，成为检察机关考核其工作业绩和业务水平的重要依据。量刑建议对检察机关也有约束作用，如果审判机关采纳了检察机关的量刑建议，一般地说，检察机关不能再以自己对案件的认识发生变化为由，对审判机关的判决提出提请抗诉。

3. 伴随量刑建议权产生了量刑答辩权。在刑事案件的诉讼过程中，控方提出量刑建议，被告人或辩方势必同意或对控方的量刑建议进行反驳的基础上提出自己的量刑请求，并与公诉人进行辩论，这就把刑事审判的量刑权一分为三，检察机关有量刑建议权，辩护方享有量刑答辩权，法官行使最终的量刑决定权。在分权的基础上，法院庭审辩论阶段增设一个新的量刑答辩程序，作为合议庭评议的前置程序，法官需就公诉人与被告人、辩护人在量刑意见上存在的差异，组织双方就具体量刑幅度进行充分的辩论，并在判决书中进行评判和说明最终量刑的理由。量刑答辩的落脚点在于确保量刑过程的公开透明，使法院的最终刑罚裁量结果建之于控辩双方意见的基础上，从而在一定程度上避免量刑的"擅断"。量刑答辩不仅体现出控辩双方对审判机关刑罚裁量权的影响和制约，而且也体现了控辩双方在法律地位上的某种平等。法官对于辩护方所提出的异议或者其所提供的量刑意见，应当给予与量刑建议权同等的重视，以保障被告人的合法权益。

八、建立健全相关配套制度

现代刑事司法制度是一个有机的整体，它由许多更为具体的制度组合而成，这些具体制度之间不是孤立的，而是相互作用、相互影响的。目前我国的司法改革在很多地方不到位，其中一个重要原因就是我们在借鉴和引进国外的有益做法时忽视了与之相关的配套制度的移植或引进，从而产生程序与程序之间、制度与制度之间无法主动连接的问题。因此，我们在构建量刑建议制度时应当注重量刑建议制度与其他制度的配套运作，力求避免出现上述现象。

（一）建立证据开示制度

证据开示，是指诉讼一方当事人用以从对方当事人获得与案件有关的事实和信息从而为审判作准备的审前程序和机制。这一制度首先起源于实行当事人主义诉讼模式的英国，后来在美国得到更大的发展，其他实行混合式当事人主义诉讼模式的国家如日本、意大利也确立了此项制度。一般认为，证据开示制度设置的目的有三点：一是确认双方当事人之间争议点即诉讼的焦点；二是得到与案件有关且为诉讼准备所必要的证据信息；三是获取在正式审理中可能难以取得的相关信息。证据开示制度与量刑建议制度的关系表现在两个方面：

第一，我国量刑建议制度的确立不以证据开示制度为前提。证据开示制度的主要价值在于，控辩双方可以通过这样一种程序对对方的证据资料有全面地了解和掌握，辩护律师在出庭前就能够知晓控方全部有利于或不利于控诉的证据，被告人和辩护人可以据此决定是否认罪，并就量刑问题同控方达成一致，或者在庭审中对控方提出的量刑请求进行有力的反驳。因此，有人认为量刑建议制度的确立必然以证据开示制度为前提，我国尚未建立证据开示制度，因而实施量刑建议制度不具备可行性。笔者以为，上述观点的错误在于对我国确立量刑建议制度的价值目标定位不清。从设立量刑建议制度的目的来看，多数国家量刑建议制度的价值取向在于提高诉讼效率，特别是在辩诉交易中量刑建议制度的普遍适用更能说明这一点，因此，这些国家推行量刑建议制度需要建立证据开示制度予以支持。我国的情况则有所不同，在笔者看来，我国确立量刑建议制度的首要价值取向应该是公正，其主要作用在于限制法官滥用自由裁量权，提高审判质量，确保量刑公正。其次才在于提高诉讼效率、节约诉讼资源。陈光中教授也曾指出，"量刑建议追求的目标应该是公正与效率相结合，公正第一，效率第二，效率服从公正"。故而，在确立了公正为主、兼顾效率这样一种价值取向的前提下，完全可以按照笔者的设想，在法庭调查结束后、法庭辩论中提出量刑建议。这时，辩方已知晓了控方的全部证据，控方也清楚了辩方的所有证据，控辩双方在此基础上进行定罪与量刑的辩论是完全可行的，能够达到与证据开示相同的效果。

第二，证据开示制度的确立对推行量刑建议制度具有积极的促进作用。量刑建议制度的实施不以证据开示制度为前提，不表示确立证据开示制度毫无意义。设立证据开示制度对于量刑建议最大的价值在于明确控辩双方的证据，把定罪的问题明确化，从而使量刑的前提确立，检察机关庭前准备的量刑建议也会更趋合理，避免庭审中事实发生变化、量刑建议随意改动的情况出现，使庭审更为高效和有针对性。而且，证据开示制度对于缩短庭审时间、减少开庭次数、提高诉讼效率的作用也是十分显著的。因此，证据开示制度虽然不是量刑建议制度确立的前提，但却是量刑建议制度顺利实施的有力保障。所以，有必要对证据开示制度进行相关研究，尽快就证据开示的原则、主体、范围、时间、方式、效力及其保障机制等一系列具体问题作出明确规定，争取早日确立我国的证据开示制度。

也有人认为，我国修订之后的《律师法》第三十四条规定："受委托的律师自案件审查起诉之日起，有权查阅、摘抄和复制与案件有关的诉讼文书及案卷材料。"根据这一规定，律师在审查起诉阶段就可以知悉控方的全部证据，因此实行证据开示制度很难得到辩方的认可。笔者认为，这一认识是不对的，因为《律师法》第三十四条后段规定："受委托的律师自案件被人民法院受理之日起，有权查阅、摘抄和复制与案件有关的所有材料。"前后两段规定的内容相近，却不相同。辩护律师在审查起诉阶段有权查阅、摘抄和复制的范围是"诉讼文书及案卷材料"，在审判阶段的范围是"所有材料"，在审判阶段的范围明显宽于审查起诉阶段，虽然现阶段没有明确的解释规定在审查起诉阶段辩护人查阅、摘抄和复制的范围，但有一点可以确定，也就是在审查起诉阶段辩护人不可能知悉控方所有的证据，同时根据我国法律规定和司法实践，辩方调取的证据在法院开庭审理前提交法庭，法庭在开庭前通知检察机关阅读，这样控方在开庭前也能掌握辩方的证据，证据突袭的可能性很小。因此在《律师法》修订后证据开示仍然存有生存空间，证据开示也不会遭到辩方的反对。

（二）完善法律援助制度

法律援助制度是国家在司法制度运行的各个环节各个层次上，对因经济困难和其他因素而难以通过通常手段保障自身基本权利的社会弱者，减免收费提供法律帮助的一项法律保障制度。理论上，法律援助所涉及的范围十分广泛，但在本文中笔者特指的是狭义的刑事法律援助制度。刑事法律援助制度有广义和狭义之分，广义的刑事法律援助制度包括与刑事诉讼有关的法律咨询、法律代书、法律教育等，而狭义的刑事法律援助制度是指刑事诉讼中为贫穷的、无力支付法律费用或其他符合条件的当事人，免费提供辩护的制度。法律援助制度是现代刑事诉讼程序和辩护制度发展的必然要求，为因贫穷等原因没有委托辩护人的犯罪嫌疑人提供法律援助，对于保障人权、维护控辩平衡、实现司法公正都具有重要意义。如果将法律援助制度放在量刑建议制度已经确立的背景下去考量，那么其存在就显得尤为必要。随着实体法与程序法的发展，刑事诉讼的技术化、专业化倾向越来越明显。特别是量刑建议作为一项技术性较强的诉讼活动，更是对法律援助制度提出了新的要求。检察官提出量刑建议需要精悉繁杂的法律条文与司法解释，而被告方提出量刑异议同样需要娴熟的诉讼技术，辩护律师要在全面掌握法律法规的基础上，充分运用自己的法理推理能力，根据具体案情对有利于被告人量刑的论点和证据材料加以组织来进行逻辑严密的量刑答辩。试想，如果没有辩护律师的参与，那么对于非专业的、对法律知之甚少或者根本就一无所知的被告人来说，即使认为检察机关的量刑建议不当，又能提出多少有力的辩护意见呢？其结果将无非是控方的量刑建议给审判人员造成重大影响，而辩方却不能提出与之相对应的反驳意见，量刑公正势必难以得到保证，这与设计量刑建议制度的出发点相背。因而，从维护量刑公正以及确保量刑建议制度良好运作的角度考虑，建立一套完善的法律援助制度是十分必要的。我国现行立法对法律援助制度已经作出了相应的规定。《刑事诉讼法》第三十四条规定："公诉人出庭的案件被告人因经济困难或者其他原因没有委托辩护人的，人民法院可以指定承担法律援助义务的律师为其提供辩护。被告人是盲、聋、哑或者未成年人而没有委托辩护人的，人民法院应当指定承担法律援助义务的律师为其提供辩护。被告人可能被判处死刑而没有委托辩护人的，人民法院应当指定承担法律援助义务的律师为其提供辩护。"《中华人民共和国律师法》规定："律师必须按照国家规定承担法律援助义务，尽职尽责，为受援人提供法律服务。"2003年颁布实施的《法律援助条例》，更是从制度上保证了弱势群体获得法律援助的权利。但是我们也应看到，这些相关法律法规多是一些相对原则性的规定，并没有具体的实施办法对其进行支持，特别是强制辩护制度在我国几乎空白。在司法实践中，法律援助的实施也出现了许多问题，相关立法得不到真正的贯彻执行，法律援助服务质量普遍不高。为此，笔者认为，有必要对我国的法律援助制度进行进一步的健全和完善，有关部门应尽快制定相应的法律援助实施细则，特别是对强制辩护制度作出明确而具体的规定，加强对法律援助机构的管理和监督，切实提高法律援助的质量，使我国的法律援助制度真正发挥其应有的作用。因此，在构建量刑建议制度的同时，必须完善指定辩护和法律援助制度，在检察机关提出量刑建议的案件中，对于因经济困难而无法聘请律师的被告人，法院都应当指定承担法律援助义务的律师为其进行辩护。如果被告人拒绝接受法院为其指定的辩护律师，坚持自行辩护或是不作答辩的，法院应当尊重被告人的意思，不再为其强制指定辩护律师。

（三）设立辩诉交易制度

通过前文的国外量刑建议制度分析，我们能够发现，国外检察官的量刑建议有相当多数是在辩诉交易中提出的。那么辩诉交易与量刑建议制度究竟存在怎样的密切关系呢？在笔者看来，两者的关系可以从以下两个方面进行分析：首先，辩诉交易制度以量刑建议制度的确立为前提，若没有量刑建议制度的存在，辩诉交易就无从谈起。如果法律没有赋予检察机关量刑建议权，对于被告人的量刑问题无权向法官提出建议，那么检察机关拿什么来进行"交易"？如何换取被告人的认罪？因此，辩诉交易制度与量刑建议制度存在着一种依附关系，实行量刑建议制度是朝辩诉交易迈出的第一步。其次，辩诉交易制度的引进能够全面充分地发挥量刑建议制度的作用。量刑建议制度的价值体现在促进司法公正和提高诉讼效率两个方面，而设立辩诉交易制度的主要目的就在于节约诉讼成本、提高诉讼效率。实践也证明，辩诉交易在提高诉讼效率方面作用十分明显。有些学者因此这样认为："如果撇开辩诉交易本身来谈求刑权，可能本身意义不是很大……一旦辩诉交易这个方式能够实现，那么求刑权自然而然地就会发挥实质性作用。"上述说法虽有些言过其实，过分夸大了量刑建议制度的效率价值而忽视了其对实现程序公正和实体公正的意义，但确实也可以从一定程度上说明辩诉交易在提高诉讼效率方面所起到的作用与量刑建议制度的精神是一致的，辩诉交易的实施必将极大地凸现量刑建议制度的效率价值。至于我国引进辩诉交易制度的可行性和确立辩诉交易制度的具体举措，专家学者已经作了大量研究，在此不赘。笔者以为，我国目前虽然没有实施辩诉交易的迫切要求，也没有完全具备实施辩诉交易的现实条件，但是引进辩诉交易确实是大势所趋，我们可以考虑在建立量刑建议制度的基础上，在一定范围内有限度的试行辩诉交易，待到积累了足够丰富的经验、各方面条件均已成熟的时候，再全面推行辩诉交易制度。

（四）制定常见罪名量刑建议标准

为使量刑有较为统一的标准，西方各国从20世纪70年代起，开展了量刑改革运动，对本国的量刑模式、方法进行了深刻反思和探索。美国国会在1984年制定了《量刑改革法》，并于1987年颁布《量刑指南》，对有关刑罚作了非常细致的量化规定，一系列的因素都可以进行量化和换算。目前我国司法实践中，尚无明确的全国性刑事量刑标准供参照，检察官、法官主要依赖于办案经验、案例和对案情以及量刑具体情节的把握进行量刑预测和认定，这样难免出现同罪不同刑的现象。该问题已经引起学界的关注，司法实务界中，上海市高级人民法院已制定《上海法院量刑指南——毒品犯罪之一（试行）》，已进入审判实践。笔者建议应由"两高"制发有关量刑标准的指导性文件，统一量刑标准问题。

我国国土辽阔，各地经济发展极不平衡，为保障量刑公平、公正，笔者认为由省级司法部门在"两高"量刑标准的指导性文件的基础上，制定一个在本辖区内适用的"常见罪名量刑标准"，不仅能够规范检察机关的量刑建议行为，同时也能够进一步约束法院的量刑裁判行为，防止量刑的随意性，使量刑工作更具公开性和平等性。

公正与效率是二十一世纪司法工作的主题，任何法制改革与完善都应围绕着这一主题进行，量刑建议制度的建立对于公正和效率这两个价值目标的实现都有着积极的意义。检察官向法庭提出量刑建议能够对法官的自由裁量权产生一定的约束作用，可以有效地防止量刑畸轻畸重现象的发生，降低上诉率。量刑建议制度在一些地区所取得的成绩很好地证明了这一点。然而，尽管量刑建议制度有其存在的充分的理论依据，并在实践中取得了很好的效果，但我们仍不能乐观地断言该制度很快便能在全国范围内建立起来，并顺利实施。我国幅员辽阔，不同地区间的经济、文化、法制建设水平差异极大，要在全国范围内建立一项新制度无疑是一项极为浩大的工程，需要很长的时间。加上受到现有制度的制约，并牵涉到各方的利益，其间将会遇到极大的阻力。因此，要想在我国真正建立量刑建议制度，需要对该制度的合理性不断进行论证，不断提高其可操作性，完善运行机制。只有这样，才能破除各方的怀疑，突破各种阻力，使量刑建议制度得到人们的肯定，从而成为刑事诉讼制度的重要组成部分，全面发挥其对司法实践的积极作用。

第三十六讲
刑事审判监督方略

王 岩

刑事审判监督是法律赋予检察机关的一项重要职权，这项职权是由检察机关的宪法定位和我国公诉权的特点决定的。长期以来，刑事审判监督对于依法开展刑事审判活动，公正高效地查明犯罪事实，正确适用刑罚，准确定罪量刑，保障法律的统一、正确实施，发挥了重要作用。但随着刑事诉讼机制的改革，控辩式庭审方式的实行，检察机关的法律监督权受到了来自理论界的挑战，司法解释及相关法律规定相冲突带来的制约，监督机制不规范带来的尴尬，执法人员能力、水平不高造成的监督不力，以及来自各种人为的干扰，使检察机关的法律监督权得不到全面、准确、有效地行使。如何充分发挥检察机关的法律监督作用，使其同公诉权一样受到应有的重视和全面的行使，就成为摆在我们面前的一个重要课题。

一、审判监督的概念

（一）检察机关的法律监督权

我国检察机关作为法律监督机关的性质和职权是由《宪法》及《人民检察院组织法》赋予和确认的。现行《刑事诉讼法》《民事诉讼法》《行政诉讼法》中明确规定人民检察院行使法律监督权。通论来讲，我国的检察权从性质和特点来划分，可分为三类：公诉权、检察侦查权和诉讼监督权。而诉讼监督权又分为刑事诉讼监督权、民事诉讼监督权和行政诉讼监督权。从诉讼过程来划分，人民检察院的诉讼监督包括侦查监督、审判监督和执行监督。《刑事诉讼法》在总则中明确规定检察机关对刑事诉讼实行法律监督，使检察机关对刑事诉讼实行监督成为我国刑事诉讼活动的一项基本原则，刑事审判监督是诉讼监督的重要内容和组成部分。

（二）检察机关的刑事审判监督权

刑事审判监督是我国法律监督体系的重要组成部分，是社会主义法制的重要内容。其涵义通常有广义和狭义两种。

广义刑事审判监督，包括国家监督和社会监督。国家监督是指国家机关的监督，包括人民代表大会及其常务委员会对刑事审判工作的监督、人民法院系统内部的监督和人民检察院的专门监督。社会监督是非国家机关的监督，表现为社团的监督、社会舆论及新闻媒体的监督，尤其是各级党组织的监督。

狭义的刑事审判监督，即人民检察院对刑事审判活动的监督权，是指由人民检察院依照法律授予的监督权限以及法定程序，对人民法院及其司法人员审理刑事案件时适用法律、惩罚犯罪等司法活动的合法性所进行的监察、制约和督促，是保证审判机关正确行使权力，严格依法办案，防止权力滥用，维护法律统一和有效实施的重要保证。

人民检察院对刑事审判活动进行监督是一种专门监督，其具有专门性、诉讼性、针对性、及时性和参与性的特点。

（三）公诉权与刑事审判监督权的关系

公诉权与刑事审判监督权的关系曾经在理论界存在较大争议，在实务中遇到一系列矛盾。

有人认为检察机关身兼法律监督和公诉两种身份，身负法律监督和指控犯罪的双重职能，既是诉讼主体，又是诉讼活动的监督者，一方面自己的刀难削自己的把，另一方面会导致控辩双方诉讼地位的不平等。这种观点在实践中也得到了一定的呼应，实务中也确实存在重公诉职能、轻监督职能的现象，因此有人呼吁要对这种"自控自监"的执法模式进行改革。

其实，这种观点既没有从我国检察制度的法律监督特点出发，更没考虑公诉权是权利制衡的产物，我国公诉权具有控权性的特点，特别是诉权与监督权相统一，才能保障监督权的实现，防止监督权的虚设和脱节。

公诉权与审判监督权统一于检察机关不仅具有历史、实践、理论和法律依据，而且对促进法院严格执法，防止司法腐败，确保当事人合法权益有着重要的作用。

1. 检察机关的公诉职能和法律监督职能是一个问题的两个方面。历史和实践证明，从检察机关诞生起，在其发展的历史中可以清楚地看出，检察机关的法律监督职能与公诉职能始终相依相伴，尽管由于认识和操作上的失误，检察机关在发挥法律监督与公诉职能作用方面存在一定程度的失衡，重公诉轻监督的现象十分普遍。但问题的症结不在于检察机关双重身份，更不能以此作为将审判监督权分离出去的理由。

2. 检察机关公诉职能与法律监督职能是一致的、重合的。检察官代表检察机关行使法律监督权与控辩平等原则从总体上看并不存在冲突的，对法律监督的涵义要全面理解。在刑事诉讼中，检察官不是以当事人的身份，而是以公诉人身份出庭控诉犯罪，既是行使公诉权，也是对审判活动的监督。在对判决认定事实、情节、定罪、量刑等实体监督的同时，对执行程序法的情况实行监督，为当事人的合法权利的保障提供了有力支持。检察官行使法律监督权不仅不妨碍辩护方行使权利，而且有利于对被告人合法权益的保护。

3. 刑事审判监督的价值取向是追求具体审判制度或程序运作的合法与公正，进而由程序公正促进裁判结果的公正。对刑事案件实行公诉而不采取当事人自诉的方式，不仅在于对犯罪行为的惩罚具有秩序性和公正性，而且在于防止追诉权和审判权的滥用，具有控权性。审判监督的目的是发现诉讼活动中的违法情况。监督者必须尽早发现、及时制止违法行为，并防止消极后果进一步蔓延。也就是说，作为手段的刑事审判监督，实现程序公正和实体公正的有效性就是其的价值所在。刑事审判监督是国家监督在刑事审判中的具体反映与运用，其价值形式反映了监督在刑事审判中特有的规定性。由于监督在刑事审判中的存在，强化了刑事司法人员公正的司法观念与严格执法的意识，达到对审判中的违法、枉法裁判行为防微杜渐的实际效果。在刑事审判过程中，人民检察院派员出席法庭，随时就审判活动中出现的违法行为，提出监督意见，督促法院及时作出纠正，体现了监督在维护刑事审判公正中的价值；在判决作出后，如果发现裁判有误，无论是否已经生效，专门监督机关即人民检察院，可以直接提出抗诉或依审判监督程序提出抗诉。可见刑事审判监督是进行程序救济、纠正错误判决、维护实体公正最为直接的方式，它只有在公诉权的行使过程中才能得到全面地实现，体现了监督的效率与效能的统一。刑事审判监督权的设立，是防止司法腐败，遏制司法专横，促进公共权利依法行使的重要保障。

二、审判监督的范围、内容

（一）审判监督的范围

《中华人民共和国刑事诉讼法》第一百六十九条规定："人民检察院发现人民法院审理案件违反法律规定的诉讼程序，有权向人民法院提出纠正意见。"《人民检察院组织法》第五条也明确规定："对人民法院的审判活动是否合法实行监督。"《最高人民检察院关于刑事抗诉工作若干意见》第二条第三款规定："对人民检察院提出的附带民事诉讼部分所作判决、裁定明显不当的。"人民检察院应当提出抗诉和支持抗诉。高检院《人民检察院刑事诉讼规则》第四百一十一条规定："人民检察院对自诉案件和没有公诉人出庭的适用简易程序审理案件判决、裁定的监督，适用本节（即一审判决、裁定监督的有关规定）的有关规定。"等等。从上述法律规定可以看出：

1. 从诉讼阶段来讲，人民检察院的审判监督是对刑事审判全过程的监督，既包括对人民法院庭审活动的监督，也包括人民法院对刑事案件受理、调查及庭后活动的监督。由此可见，人民检察院的审判监督权不仅仅是在庭上行使，同样也包括庭前、休庭调查中和庭后。在实践中，庭审前的准备阶段包括很多内容，有些案件还尝试进行证据开示，这就更需检察机关充分行使法律监督职能；根据法律规定合议庭在法庭审理过程中对证据有疑问并在休庭后进行勘验、检查、扣押、鉴定和查询、冻结的，检察机关也应依法履行监督职责；庭审后更有大量工作，目前有相当数量的案件不是当庭判决，须经过审判委员会讨论决定，如果监督权只限于庭上行使，不仅不利于检察监督权的全面行使，也不符合相关法律规定。

2. 从诉讼程序来讲，审判监督包括各个审级的刑事案件的审判活动。既包括一审、二审、再审程序的审判活动，也包括死刑案件的审判与复核。对死刑复核程序的监督，由于法律规定在操作层面的缺失，导致实际工作中监督空白和不力。随着死刑二审案件的开庭审理，最高人民法院死刑复核权的收回，对死刑复核程序的监督已纳入"两高"议事日程，监督的方法和途径也日益具体明确。

3. 从案件性质来看，审判监督包括各类刑事案件。既包括公诉案件，也包括自诉案件和附带民事诉讼案件的审判活动。但实践中，公诉部门对刑事一般公诉案件的监督相对重视，但对自诉案件、简易程序审理的案件及附带民事诉讼案件的监督不足，有待于进一步引起重视，研究和解决监督的有效方法。

（二）审判监督的主要内容

人民检察院审判监督的内容是指需要由人民检察院通过履行监督职能发现和纠正的人民法院在刑事审判活动中的违法行为。有以下几个方面：

1. 审判活动监督

主要内容包括：

（1）人民法院对刑事案件的受理是否违反管辖规定；

（2）法院审理案件是否违反法定审理和送达期限；

（3）法庭组成人员有无不符合法律规定的情况（尤其在审查重新审理案件是否另行组成合议庭）；

（4）法庭审理案件是否违反法定程序；

（5）有无侵犯当事人和其他诉讼参与人的诉讼权利和其他权利的情况；

（6）法庭审理案件时对有关程序问题所作的决定是否违反法律规定；

（7）人民法院根据律师申请收集、调取的 证据或者合议庭休庭后自行调查取得的证据，有无没有经过庭审辩认、质证直接采纳作为判决依据的情况；

（8）有无其他违反法律规定的审理程序的行为。

2. 一审判决、裁定的监督

（1）对一审未生效判决、裁定的监督。主要内容包括：

①判决或裁定认定事实与起诉意见有无不同，差异的存在是否合理，有无事实不清、证据不足的情况；

②证据的采信是否符合法律规定；是否有确实充分的证据证明有罪而判无罪，或者无罪判有罪的；

③适用法律是否正确，法条的引用是否准确；

④量刑是否适当，有无重罪轻判，轻罪重判，适用刑罚明显不当的；法定的从重、从轻、减轻或免除处罚等情节的认定是否准确，酌定情节的认定有无明显不当；

⑤认定的罪名是否准确，有无一罪判数罪、数罪判一罪，影响量刑或造成严重影响的；

⑥免除刑事处罚或者适用缓刑错误的；

⑦人民法院在审理过程中严重违反法律规定的诉讼程序的。

根据最高人民检察院公诉厅《关于进一步加强刑事抗诉工作强化审判监督的若干意见》精神，在具体把握抗诉条件时，还要重点监督审查以下问题：

①人民法院采信自行收集的证据，未经庭审质证即作为裁判的根据，导致裁判错误的；

②人民法院不采纳公诉人庭前收集并经庭审质证的有效证据仅因被告人翻供而判决无罪或改变事实认定，造成错误裁判的；

③人民法院审判活动严重违反法定诉讼程序，或者审判人员在审理案件期间有贪污受贿、徇私舞弊等行为，影响公正裁判的；

④判决裁定认定事实适用法律错误，量刑虽然未畸轻畸重，但社会影响恶劣的；

⑤因重要事实、法定情节认定错误而导致错误裁判或者因判决、裁定认定犯罪性质错误可能对司法实践产生不良效应的。

（2）对一审生效判决的监督，即对再审案件的监督。主要内容包括：

①是否有新的证据证明原判决、裁定认定的事实确有错误的；

②据以定罪量刑证据不确实、不充分或者证明案依件主要事实的证据之间存在矛盾的；

③判决、裁定适用法律有错误的；

④审判人员在审理该案件的时候有无贪污受贿、徇私舞弊、枉法裁判行为的。

3. 对死刑判决、裁定的监督

主要内容包括：

（1）判决认定的事实是否清楚、证据是否确实充分；据以定案的证据之间、证据与案件事实之间是否存在矛盾，存在的矛盾是否得到合理排除；

（2）量刑情节是否得到充分合理的考量，从重、从轻等处罚情节是否得以充分考虑；被告人的犯罪动机、案发后有无悔罪表现、是否赔偿被害人损失、有无得到被害人及其家属谅解等酌定情节是否充分采纳；

（3）判处死刑缓期二年执行是否符合法定条件；

（4）现场勘查、法医鉴定、痕迹检验、辩认比对等是否符合法定条件；

（5）证据的收集是否符合法律规定；对瑕疵证据是否进行补救和完善；有无刑讯逼供等违法取证行为；

（6）是否存在应当判处死刑而未判处死刑或者不应当判处死刑而判处死刑的情况；

（7）对死刑判决、裁定的执行监督，审查执行程序是否合法；是否具备不应当立即执行的情况；死刑缓期二年执行的是否符合相关规定。

（8）有无枉法裁判、违法执行等问题存在；

（9）有无其他违反法定程序的违法行为。

三、监督的主要途径、方法和程序

（一）监督的主要途径

人民检察院依法行使审判监督职能，符合法律规定及在实践中行之有效的途径有：

1. 阅卷调查。这是刑事审判监督的主要途径之一，一方面，承办人员可以通过阅卷，了解法院的审判情况及对案件的审理情况；另一方面，通过复核相关证据，进一步认证在阅卷中发现的问题，以确定刑事审判监督的重点内容。

2. 出席法庭。根据相关法律规定，除公诉案件适用简易程序、部分简化审理、部分二审不需要开庭进行书面审理、自诉案件及死刑复核程序等案件外，人民检察院都要派员出席法庭，履行公诉和监督职能。正是在检察人员出席法庭过程中，才能迅速发现审判中存在的问题，也才能依法进行有效的监督。

3. 庭外研究。除审阅案卷及出席法庭外，庭外研究是高质量实施法律监督的另一有效途径。由于检察机关的刑事审判监督职能是针对刑事审判的全过程，我们就要将监督的触角广泛延伸，在做好审阅案件及出席法庭工作外，做好对法院庭审前的准备、庭审中的休庭调查、庭审后的合议判决等方面的监督，以保证监督的全面、有效。

4. 列席审判委员会。《人民法院组织法》第十一条规定："对于各级人民法院审判委员会议，本级人民检察院检察长可以列席。"这是人民检察院了解人民法院审判情况的又一重要途径。过去，由于法律规定的笼统，对可以列席审判委员会的人员限制过于狭窄，使各地检察机关对于列席审判委员会规定理解不一，法院在执行此规定时做法也不尽相同，导致检察机关列席审判委员会形同虚设，起不到应有的作用。近来，检、法两院对检察机关列席审判委员会给予了应有的重视，有的地方为了使列席审判委员会工作切实可行，起到监督实效，特以联席会议纪要等方式对列席的人员、发表意见的方式作了明确规定，高检院也为保证死刑案件质量，加强对死刑案件的法律监督特作明确规定："检察长或者委托的副检察长依法列席审判委员会会议，公诉部门应当做好准备工作。公诉部门负责人或者案件承办人作为助手随同列席时，发现合议庭对影响定罪量刑的事实和证据认定错误，应当在征得列席会议的检察长或者副检察长同意后说明情况。"通过以上规定使检察机关列席法院审判委员会这一监督途径有效畅通，切实发挥作用。这不仅促使法院所作决定内容符合法律规定，还可以对审判委员会的活动是否合法进行监督。

5. 审查判决、裁定。《刑事诉讼法》第一百六十三条规定："当庭宣告判决的，应当在5日内将判决书送达当事人及提起公诉的人民检察院；定期宣告判决的，应当在宣告后立即将判决书送达当事人和提起公诉的人民检察院。"人民检察院在收到人民法院第一审判决书或裁定书后，应当及时审查，对审判机关程序违法及判决错误分别提出处理意见，报审查起诉部门负责人审核，报检察长或检察委员会决定。这是检察机关履行刑事审判法律监督的另一主要途径。除对一审判决进行及时审查外，检察机关也可以通过审查判决、裁定的方式对于其他判决、裁定依法进行监督。一般来说，检察机关采取设专人审的方式对此类判决、裁定进行审查。这是检察机关备案审查的一项主要内容。通过对法院判决、裁定的审查，及时发现除一审以外法院审判活动中是否存在违法行为，是否存在裁判不公现象，是否存在判决错误等程序和实体问题，从而达到监督的目的。但由于法律对除公诉案件及抗诉案件外，法院送判决、裁定的时间、应否送人民检察院等规定不明确，加之检察机关人力不足，使这方面的监督几乎处于空白状态，造成监督不力。

6. 受理申诉、控告和举报。除开庭审理的案件之外，许多需要监督的问题，要通过申诉、控告、举报的渠道获得。如自诉案件、法院书面审理的案件、审判监督程序大量未开庭审理的案件等，即使有些开庭审理的案件，由于各种原因，在审阅案卷、出席法庭、列席审判委员会、审查判决、裁定过程中未能发现应予监督的问题，受理控告、申诉、举报就成为全面履行监督职责的必要补充。

（二）监督的方式

在明确和正确运用监督途径以外，有效的监督方式更显重要。监督的方式是指有权监督的主体对监督对象进行监督时采用的最为有效的方法及手段。在工作中，我们常采用的是抗诉、口头纠正违法、书面纠正违法（包括发出纠正违法通知书、发出检察意见书和检察建议书）及移送犯罪线索等。

1. 抗诉

抗诉是刑事审判监督的主要方式之一。抗诉有两种情形，一是人民检察院针对一审未生效判决、裁定提出的抗诉，即二审程序抗诉；二是针对已发生法律效力的判决、裁定提出的抗诉，即审判监督程序抗诉，简称再审抗诉。对于抗诉，《刑事诉讼法》、《人民检察院刑事诉讼规则》及其他相关文件都作了明确规定；最高人民检察院还下发了《关于抗诉工作的若干意见》，这些法律、解释、规定等都为各级检察机关依法履行抗诉职能提供了法律依据。但在实践中仍存在许多问题，影响抗诉案件质量，影响抗诉工作的有效开展。在实际工作中有以下问题值得注意：

一是抗诉工作和刑事司法政策的关系问题。尽管《刑事诉讼法》、《人民检察院刑事诉讼规则》、《高检院关于抗诉工作的若干意见》等法律、法规对抗诉工作的主体、条件、时限等都作了明确规定，但实践中，如何把握抗诉条件，还不仅仅依据上述规定，刑事司法政策及高检院对抗诉工作的指导性意见均是做好抗诉工作必须全面考虑和执行的内容，只有将法律规定与刑事司法政策及高检院关于抗诉工作的有关规定全面结合，才能在抗诉工作中有效贯彻"慎重、准确、及时"的抗诉方针。

二是抗诉标准与起诉标准的关系如何把握问题。在实际工作过程中，抗诉标准是否等同起诉标准是一直困扰我们的问题。在监督工作中，会遇到起诉后一审法院认定的事实与起诉认定事实及适用法律没有分歧，判处有罪。但上诉后，二审法院予以改判，甚至改判无罪。对此类案件如何处理，如果提出抗诉，二审检、法两院均会以较一审更严格的标准进行审查和研究，尤其是审监程序的抗诉标准更为严格，这使许多人误以为抗诉标准高于起诉标准，实践中会出现起诉、抗诉和审判监督程序的抗诉标准递升的情况。实际上，按照法律规定，案件无论处在上述哪一环节，对案件质量的要求都应是一样的，其标准也是统一的，只是实践中存在执行标准不一致问题。由于不同的检察和审判机关在实践中操作不一，加之随着审级的上升，案件会受到来自各方面的关注，证据情况也会发生相应的变化，使原本在一审中认为事实清楚、证据确实充分，符合起诉条件的案件，出现了"矛盾、疑点"，导致抗诉时需要考虑的因素更多、更复杂，以至于使人出现起诉、抗诉标准不一致的疑问。

三是对判决、裁定"确有错误"的正确理解。《刑事诉讼法》一百八十一条规定："地方各级人民检察院认为本级人民法院第一审的判决、裁定确有错误的时候，应当向上一级人民法院提出抗诉。"《人民检察院刑事诉讼规则》三百九十六条规定："人民检察院依法对本级人民法院的判决、裁定是否正确实行监督，对人民法院确有错误的判决、裁定，应依法提出抗诉。"四百零六条规定："人民检察院认为人民法院已经发生法律效力的判决、裁定确有错误，具有下列情形之一的，应当按照审判监督程序提出抗诉。"从以上规定可以看出，人民检察院对判决、裁定的监督，其内容主要是看判决、裁定是否"确有错误"。因而"确有错误"也就成为监督的主要内容及是否抗诉的主要依据。而何谓"确有错误"，相关法律、规定没有直接阐明，实践中也往往存在歧义。根据立法精神、最高人民检察院关于刑事抗诉工作的若干意见及司法实践，我们可以从以下方面理解和把握何谓"确有错误"：

（1）判决、裁定认定事实不清、证据不足的。包括两种情况：一是刑事判决、裁定认定事实错误，导致定性或者量刑明显不当的。主要有刑事判决或裁定认定的事实与证据不一致；认定的事实与裁判结论有重大矛盾；有新的事实和证据证明刑事判决和裁定认定事实确有错误。二是刑事判决、裁定采信证据错误，导致定性或量刑明显不当的。主要有刑事判决、裁定据以认定案件事实的证据不确实；据以定案的证据不足以认定案件事实，或者所证明的案件事实与裁判结果之间缺乏必然联系；据以定案的证据之间存在矛盾；经审查犯罪事实清楚、证据确实充分，人民法院以证据不足为由判决无罪错误的。

（2）有确实充分的证据证明有罪而判无罪，或者无罪判有罪的。这种情况应包括两个充分，一是定案的证据确实充分，即能够认定被告人有罪或者认定被告人无罪的证据确实充分；二是认定法院判决结论错误的证据确实充分。只有做到了认定的双充分，才能认定判决、裁定确有错误。

（3）重罪轻判、轻罪重判，适用刑罚明显不当的。这是指判决、裁定量刑方面的错误。主要有：未认定有法定量刑情节而超出法定幅度量刑；认定法定量刑情节错误，导致未在法定量刑幅度内或者量刑明显不当；适用主刑刑种错误；应当判处死刑立即执行而未判处，或者不应当判处死刑立即执行而判处；应当并处附加刑而没有并处，或者不应当并处附加刑而并处；不具备法定的缓刑或免予刑事处分条件，而错误适用的。

（4）认定罪名不正确，一罪判数罪、数罪判一罪，影响量刑或者造成严重社会影响的。这里应注意定性与罪数的认定要与量刑及是否造成严重社会影响相联系。

（5）人民法院在审理过程中严重违反法律规定的诉讼程序的。主要有：违反回避规定的；审判组织严重不合法的；除另有规定外，证人证言未经庭审质证直接作为定案的根据，或者人民法院根据律师申请收集、调取的，合议庭休庭后自行调查取得的证据材料没有经过庭审辨认、质证直接采信作为定案根据的；剥夺或者限制当事人法定诉讼权利的；当庭宣判的案件，合议庭不经过评议直接宣判的；其他严重违反法律规定的诉讼程序，影响公正判决或裁定的。

（6）审判人员在案件审理期间，有贪污受贿、徇私舞弊、枉法裁判行为，影响公正判决或裁定，造成认定事实、采信证据、定罪量刑错误的。

总之，在抗诉过程中，要严格把握抗诉标准，处理好法律规定与刑事政策的关系，以判决确有错误为前提，以确有抗诉必要为基准，正确使用抗诉权利。

2. 口头纠正违法

是指公诉部门在办案过程中，针对审判活动中情节较轻但尚未造成严重后果的违法行为，依法以口头形式向有关机关提出纠正违法的意见。适用口头纠正违法应注意以下问题：

一是口头纠正违法提出的时间问题。对于庭前或庭后审查过程中发现需要提出口头纠正的情况可以随时提出，这方面法律没有明确的限制。但对于出席法庭的检察人员在庭上是否能以口头的方式提出纠正违法意见值得研究。

我国《刑事诉讼法》及相关规定："人民检察院对违反法定程序的庭审活动提出纠正意见，应当由人民检察院在庭审后提出。"《人民检察院刑事诉讼规则》也做了同样的规定。因此，依据上述规定，检察人员当庭发现审判活动违反法定程序的，只能庭后以检察院的名义提出纠正意见，而不能当庭以口头纠正的方式提出。但对于审判人员的其他违法行为是否可以当庭提出纠正意见法律规定的并不明确。由于上述法律规定的不明确，检察机关在实际工作中的做法不一。有的检察机关认为既然法律有规定当庭发现审判活动违反法定程序的情况，应在庭后提出，我们只能按照法律规定办理，不宜在庭上提出口头纠正意见。但也有的检察机关认为，虽然法律规定违反法定程序的纠正意见应当庭后提出，但法律并没有明确规定纠正其他违法情况应何时提出，因此为了保证监督的及时性、有效性，在当庭发现有其他属审判监督范围的违法情况，可当庭口头提出纠正违法。但这种做法往往被法院以不得当庭提出的理由予以拒绝，无法保证其有效性。

另外，《人民检察院刑事诉讼规则》三百四十六条规定："人民法院根据律师申请收集、调取的证据或者合议庭休庭后自行调查取得的证据，必须经过庭审辨认、质证才能决定是否作为判决的依据。未经庭审辨认、质证直接采纳为判决依据的，人民检察院应当提出纠正意见。"高检院《关于加强死刑案件办理和监督工作的指导意见》，对死刑案件审判活动的监督中明确规定："对法庭审理活动违反法定程序，出庭检察人员可以提出异议表明立场，并记明笔录。当庭未被采纳的，应当在休庭后及时向检察长报告，依法提出纠正意见。"这些规定似乎给予我们口头纠正违法的依据，但由于是检察机关的一家之言，在实践中仍存在操作难度。

鉴于此，检察机关为了保证庭上监督的及时性、有效性，可以与法院就此类问题达成共识，规定一个双方均可以接受，且有利于案件规范审理的方式，使庭上监督不再出现扯皮现象。

二是口头纠正违法的内容。此方面法律规定并不明确。但依据相关法律、规定精神及实际工作，口头纠正违法主要内容应指"人民法院违反法律规定的诉讼程序"方面的问题。主要有：人民法院对刑事案件的受理是否违反管辖规定；审理案件是否违反法定审理和送达期限；法庭组成人员有无不符合法律规定的情形；法庭审理案件是否违反法定程序；是否有侵犯当事人和其他诉讼参与人的诉讼权利和其他合法权利的情况；法庭审理时对有关程序问题所作的决定是否违反法律规定及有无其他违反法律规定的审理程序的行为等。

三是审判人员对口头纠正意见不采纳的处理。审判人员对口头纠正意见如不采纳，检察人员可以记录在案，及时向检察长报告。对于当庭出现严重侵犯参与人诉讼权利、可能影响公正审判的，要立即建议休庭，向检察长报告，研究解决的办法，依法以其他方式提出检察监督意见。

3. 书面纠正违法

是指发出《纠正违法通知书》、《检察意见书》和《检察建议书》。

发出《纠正违法通知书》是指人民检察院依法纠正侦查机关、审判机关、执行机关的违法活动时使用的书面纠正违法方式。其依据是《刑事诉讼法》第七十六条、一百三十七条、二百二十四条及相关规定。但这些规定没有明确哪些属于发出《纠正违法通知书》的情形，更未明确审判监督过程中纠正哪些违法行为时使用，甚至过去有人认为发出《纠正违法通知书》是专门针对侦查、执行活动中的违法行为所使用的专用文书。但《人民检察院刑事诉讼规则》第三百九十五条规定："人民检察院对人民法院审判活动中违法行为的监督，可以参照本规则有关人民检察院对公安机关侦查活动中违法行为监督的规定办理。"据此，我们认为发出《纠正违法通知书》可以在侦查、审判和执行的任一环节使用。其内容应与口头纠正违法的内容大体一致，一般应是在口头纠正违法不被接受或具有更为严重的违法行为需要纠正时使用。它是介于口头纠正违法与抗诉之间的审判监督方式。

发出《检察意见书》则是指检察机关依据《刑事诉讼法》第一百四十二条三款及其他相关法律，在办理不起诉案件时，认为应对被不起诉人给予行政处罚、行政处分或者没收其违法所得，或向其他有关单位提出纠正意见及其他检察意见时使用的一种文书。值得注意的是，这种监督方式主要用于建议对不起诉人进行行政处罚、行政处分和没收其违法所得时使用，一般应与不起诉决定书一同送达有关单位。但对向其他有关单位提出纠正意见及其他检察意见时使用的情形有的散见于其他规定之中，并不系统明确。尽管如此，我们认为，既然《检察意见书》具有提出纠正意见之功能，它同样应适用于对审判机关违法情况的监督。

发出《检察建议书》是指人民检察院在办案过程中，对有关单位在管理上存在的问题和漏洞，为建章立制，加强管理，以及认为应当追究有关当事人的党纪、政纪责任，向有关单位正式提出建议或者向人民法院提出再审民事、行政裁判建议时使用的文书。

另外，民事行政检察部门对符合《人民检察院民事行政抗诉案件办案规则》中提出检察建议条件的案件，也可以用此文书针对人民法院的具体民事行政裁判，向人民法院提出再审的检察建议。因此，检察建议就其主要性质来讲，它是检察机关参加社会治安综合治理的一种方式，是提起民事、行政案件再审的一种监督方法。实践中不应以此作为纠正审判机关审判活动程序违法来使用，而应针对审判人员存在枉法、渎职等行为，情节轻微不需要判处刑罚，应当受到党纪、政纪处分时使用。

4. 依法追究刑事责任

《人民检察院刑事诉讼规则》三百八十二条规定："人民检察院审查逮捕部门、审查起诉部门在审查逮捕、审查起诉中，应当审查公安机关的侦查活动是否合法，发现违法情况应当提出意见通知公安机关纠正，构成犯罪的，移送有关部门依法追究刑事责任。"参照此规定，在审判监督中，如发现审判人员的违法行为，情节严重构成犯罪的，检察机关有权将其移送有关部门依法追究刑事责任。

（三）监督的操作程序

1. 抗诉的工作程序依照相关规定执行（略）

但在抗诉工作中，有以下问题应引起重视：

一是刑事抗诉案件是否必须经检委会讨论问题。《人民检察院刑事诉讼规则》三百九十九条规定："人民检察院在收到人民法院第一审判决书或者裁定书后，应当及时审查，承办人应当填写刑事判决、裁定审查表，提出处理意见，报审查起诉部门负责人审核。对需要提出抗诉的案件，审查起诉部门应当报请检察长决定，案情疑难或者重大复杂的案件，由检察长提交检察委员会讨论决定。"而最高人民检察院《关于刑事抗诉工作的若干意见》又将"刑事抗诉案件必须经过检察委员会讨论决定"作为一项硬性工作制度予以明确。上述两项规定虽然不一致，但我们觉得《关于刑事抗诉工作的若干意见》是在《人民检察院刑事诉讼规则》的基础上的进一步强调，其目的是保证抗诉工作的严肃性、规范性和准确性，提高抗诉案件质量。因此，在实践中应以此规定为依据，坚持遵守这一硬性规定。但有些检察机关延续过去的老做法，只将存在意见分歧的抗诉案件提交检察委员会讨论决定，包括上下级意见分歧、公诉部门内部意见分歧、公诉部门与分管检察长意见分歧。对意见一致的案件往往不提交检察委员会讨论决定，由分管检察长决定后直接移送人民法院，这种做法与高检院抗诉工作制度相悖，也使抗诉案件质量得不到更好的保证。

二是抗诉案件的审查时限问题。由于相关法律对此规定不明确，很多检察机关在办理抗诉案件时执行的审查时限不尽相同，有的有时限要求，有的没有，使二审案件的审查时限在实践中成为长期无法解决的问题。甚至有些符合抗诉标准的案件，由于检察机关审查的时间过长，被告人的刑罚已执行完毕，或判处死刑缓期二年执行的缓刑考验期已满，使抗诉已没有实际意义。因此，在实际工作中，除要严守高检院在抗诉意见中关于抗诉案件审查期限的规定：审查审判监督程序的抗诉案件应当在6个月以内审结；重大、复杂案件应当在10个月内审结；对终审判处死刑缓期二年执行的案件，省级人民检察院认为应当判处死刑立即执行的，应当在终审判决后3个月内提请最高人民检察院审查决定。此外对时限规定不明确的应尽量参照相关程序制定参考时限，以促进案件早日审结，保证诉讼效率及当事人合法权益。

三是向下级院反馈意见问题。上级人民检察院对下级人民检察院按照第二审程序提出抗诉的案件，如果是支持或者部分支持抗诉，应当写出支持抗诉的理由。但在实践中，上级院对下级院是否支持抗诉缺乏沟通。在做出决定后，往往只对下级院告知决定结果，即支持或不支持，有的即使说明理由也很笼统，使下级院对上级院做出决定的理由不了解，甚至对决定存在疑义；因此在实践中，要严格遵守高检院有关抗诉的工作制度，以书面的方式阐明是否支持抗诉的理由，及时向下级院进行反馈，增强沟通，增加审查的透明度，确保抗诉案件的办理质量。

四是报送卷宗问题。根据高检院刑事抗诉制度规定及实际需要，按照二审程序提出抗诉的人民检察院，应当及时将检察内卷报送上一级人民检察院。提请上级人民检察院按照审判监督程序抗诉的，人民检察院应当及时将侦查卷、检察卷、检察内卷和人民法院审判卷以及提起抗诉报告书报送上级人民检察院。有的检察院为了更有效、及时了解下级院的办案情况，确保二审意见的正确，提高案件质量和工作效率，要求下级院一并报送案件审查报告的电子文档等电子材料。对这方面的规定各级院操作不一。有的院因法院不提供审判卷而无法上报；有的院不了解高检院在此方面的规定，以致报送不全；还有许多下级院只重视案件的审查和是否提出抗诉的决定，一旦案件抗诉决定后，对相关材料的报送没有引起相应重视，报送材料滞后、不全面、不按要求报送情况时有发生，甚至上级院需要多次、反复向下级院索要相关材料，以至于延误案件的审查，影响诉讼效率。

五是由当事人等提出申诉的案件受理、审查和出庭问题。根据相关法律规定，当事人及其法定代理人、近亲属对已经发生法律效力的判决、裁定认为确有错误向人民检察院提出申诉的，由控告申诉部门和监所检察部门分别受理，依法审查。需要提起抗诉的，由受理审查部门提交检察委员会讨论决定后，由公诉部门出庭支持公诉。就是说，对已经生效的判决、裁定，如果是由当事人一方以判决、裁定确有错误提出申诉的，已经执行完毕的判决、裁定，由控告申诉部门受理、审查和提交检察委员会；对正在执行的已生效的判决、裁定，由监所部门受理、审查、提交检察委员会讨论。公诉部门只负责这些案件经检察委员会讨论决定抗诉后的出席法庭支持抗诉工作。

六是向同级人大报告问题。根据相关法律规定，检察机关确定抗诉后，应同时将抗诉报告报送同级人大，一方面接受人大的监督，另一方面争取人大的支持，以保证抗诉工作更有效地开展。但此项工作由于主客观原因，一直得不到很好地落实，没有发挥其应有的作用。

2. 口头纠正违法的工作程序

（1）由检察人员（助理检察员、检察员）向审判机关的相关部门或人员提出，并及时向部门负责人汇报，同时记录备案。必要时由部门负责人提出，并及时向分管检察长汇报，同时记录备案。

（2）由提出纠正意见的检察人员及时了解违法行为的纠正情况，向部门负责人及检察长反馈，并将结果记录备案。

3. 书面发纠正违法的工作程序

（1）由检察人员制作书面纠正的法律文书，注明发往单位、发生违法情况的具体单位和人员、发生的违法事实、认定违法的理由和法律依据、纠正意见和方式，经本部门负责人审核后，报主管检察长批准。

（2）由检察人员或部门负责人督促相应机关回复意见，并将纠正或落实情况记录备案。

4. 依法追究刑事责任的工作程序

由承办人或部门负责人报检察长批准后，移送有管辖权的侦查机关或部门。移交后，由承办人及时向相关侦查机关或部门了解情况，必要时参与协查。

四、当前刑事审判监督工作中存在的主要问题

（一）理论的误导带来的认识混乱

过去传统观念认为，刑事审判监督权实质上就是公诉权，公诉权是审判监督权的具体体现。两种权力互相交叉，不可分离。但是随着庭审制度改革的不断深入，受西方理论思潮的影响，一些学者对检察机关的刑事审判监督权提出了质疑。认为检察机关既是公诉机关，又是法律监督机关，身负法律监督与指控犯罪的双重职责，自己监督自己，会使检察机关处于两难的境地，无法正确、有效地履行法律监督职责。这种理论上的质疑，在某种程度上得到了一些部门的呼应。有人主张公诉人地位当事人化，更有甚者以维护审判权威为名，提出撤销检察机关的审判监督权。而检察机关"重公诉轻监督"现象屡见不鲜，甚至只公诉不监督的情况大量存在。这不仅严重制约了检察监督权的行使，也为取消检察机关法律监督权观点持有者提供了口实。这种理论界的质疑，实践中的问题，给司法实务界实际造成了一定的认识混乱。

（二）法律规定过于笼统带来的监督无奈

我国《宪法》《刑事诉讼法》《人民检察院刑事诉讼规则》《人民检察院组织法》及最高人民法院《关于执行刑事诉讼法若干问题的解释》等相关法律和解释，虽然对检察机关的刑事审判监督权作了明确规定，但这些规定过于零散、过于笼统，尤其缺乏操作层面的系统规定，给监督工作的有效开展带来难度。另外，上述相关法律还规定："人民检察院认为人民法院审理案件过程中，有违反法律规定的诉讼程序的情况，在庭后提出书面纠正意见的，人民法院认为正确的，应当采纳。"这使检、法两院在执行过程中产生歧义。一方面，检察机关是否能当庭提出纠正意见出现争议。如果检察机关一律当庭不得提出纠正意见，在某种程序上限制了检察监督权的行使，也使审判监督权失去了时效性，更难取得有效性。另一方面如果只规定人民法院认为正确的应当接受，不规定人民法院不接受检察机关意见的监督制约措施，这就使主动权掌握在法院手中。对于人民检察机关认为正确的监督意见，法院不接受的，检察机关无制约和接济措施。从而使刑事审判监督处于不力状态，造成了检察机关行使法律监督权的无奈。

（三）不正确行使法律监督权带来的执法偏差

司法实践中，虽然检察机关的法律监督权明确，检、法两院的制约关系被原则地实现着。但是，在具体操作过程中，许多办案单位并没有严格依照法律规定执行，而是在进行着种种变通。"人来人往"多于"文来文往"，沟通、协调成了司法机关办案的常用手段，许多检察机关拿不准的案件，主动与法院沟通、交换意见；法院在判决前出现的疑难问题亦会主动找检察机关征求意见，达成共识。甚至有的地方公、检、法三机关的领导基本上形影不离，任何事情在私下均能达成一致意见。有的基层检察院十年无一例抗诉案件发生，沟通、协调代替了抗诉权的行使，代替了刑事审判监督权的行使。

（四）监督方式单一带来的监督弱化

目前来看，检察机关行使刑事审判监督权主要是通过抗诉来实现。对于除抗诉以外的监督方式采用的较少。口头纠正违法、发出纠正违法通知书、发出检察意见、建议书等监督方式几乎被搁置，较少被运用到实践中去，即使偶尔使用，效果也不明显，甚至没有作用。使本来监督方式单一的情况更加单一，很难全面发挥检察机关的法律监督职能，使监督弱化。某些检察机关为强化法律监督工作，在考评方案中对"提出检察建议"等进行了硬性规定，在一定程序上提高了审判监督措施的使用率，但仍然存在建议质量不高，书面文书使用不当，监督意见反馈较少，被监督机关不重视、不执行监督意见等一系列问题。

（五）刑事审判监督疏漏带来的监督空白

由于法律规定、实践操作、检察机关人力不足等原因，实践中至少存在五大方面的监督空白。一是当事人上诉而人民法院不开庭审理的案件。此类案件根据相关法律规定，检察机关可以不派员出席法庭，因此也就不必阅卷和审查判决。二是适用简易程序审理的案件，基层一般都是法官独任审判，检察机关也不派员出席法庭。三是适用审判监督程序审理的案件，除由人民检察院抗诉引起或检察机关以其他方式提起的以外，法院均不开庭审理，很多案件改判后，因当事人申诉、上访，检察机关才了解情况。四是死刑复核程序案件，由于其实质上是法院内部的监督程序，检察机关对此类案件监督的难度更大。五是自诉案件，法律虽规定检察机关可以对自诉案件实行监督，但太过原则，无法实现。针对上述五类案件，由于法律规定检察机关可以不出席法庭，因而不阅卷和审查相关材料，加之法院庭后对此类案件的判决、裁定一般不移送人民检察院，有的移送也相当滞后，使审判监督无从实现。

（六）执法人员执法水平不高带来的监督不力

近年来，由于受公诉人员少、流动性大、工作任务繁重、待遇低、公诉人主观上对自身要求不高、执法环境越来越复杂等主客观因素的影响，公诉干警的业务素质远远跟不上执法工作的需要。综合素质不高，使公诉干警不敢监督、不能监督、不会监督。有的干警在审查案件、出庭公诉和审查判决时，根本发现不了审判活动中存在的问题；有的发现了问题却不知如何提出意见；有的虽发现问题，亦通过适当方式提出了监督意见，却找不到实现有效监督的渠道。正是基于上述原因，使检察机关的审判监督权无法全面、有效、正确地行使，弱化了审判监督的力度。

五. 加强刑事审判监督工作的对策

（一）澄清模糊观念，强化法律监督意识，正确理解检察机关的刑事审判监督权

明确刑事审判监督权是法律赋予检察机关的主要权能，检察机关是国家的法律监督机关，这一宪法定位必须坚持。明确监督权与公诉权的关系，二者相辅相承，不可偏废，离开公诉权的行使，监督权失去了基础，成为空中楼阁，只有在公诉权的行使中，才能发现审判活动中存在的执法不公、违反程序、侵犯当事人合法权益等审判违法情况，才能适时、有效、全面地对刑事审判进行监督，以保障刑事审判合法、公正、有效地开展。

（二）完善刑事立法

细化刑事审判监督的立法、司法解释和规定，建立完善的刑事审判监督制约机制，使刑事审判监督具有更强的操作性，更实际的制约性。不论在监督程序方面、监督的时间性上、监督的方式上乃至监督不执行的制约方面均应有相对细化的具体规定，使检察机关法律监督权的行使有法可依，于法有据，再不用打糊涂官司。

（三）建立健全审判监督工作制度

一是要明确工作职责，建立工作责任制，将刑事审判监督与公诉职责有机地结合起来，并将法律监督职责完成情况作为工作考核的一项重要内容。二是建立法律监督工作运行机制，对法院各类审判活动进行全面监督。针对法院庭前准备工作、庭上审判工作、庭后判决情况及判决的执行情况的不同特点，寻求不同的监督途径，确立有效的监督方法。三是建立刑事审判监督的制约机制，将审判监督登记制度、向人大报告制度以及向人民法院通报制度，形成一个刑事审判监督制约的有效网络，使检察机关的刑事审判监督权落到实处，更好地维护司法公正，切实保障当事人的合法权益，树立监督权威。

（四）提高公诉干警的自身素质，灵活运用各种审判监督方式

打铁还需自身硬。公诉干警没有较高的业务素质，提高审判监督质量就是一句空话，法律监督权的行使就失去了基础。业务素质提高了，才能在工作中明确哪些是应该监督的；才能正确地利用各种监督手段，更灵活地运用各种监督方式；做到敢于监督，善于监督，有效地履行法律监督职责。也只有检察干警自身素质提高了，才能在遵守法律规定的基础上，创造性地开展监督工作，拓宽监督思路、研究监督方法，使审判监督效果更好。

（五）全面监督，突出重点

司法实践中，针对当事人上诉法院决定不开庭审理的案件、适用简易程序审理的案件、再审案件、自诉案件、死刑复核程序案件，检察机关必须依据相关法律规定，根据各类案件的实际情况，创造性地开展监督工作，拓宽监督渠道，完善监督措施，减少监督空白，实行有效的全面监督。与此同时，在努力减少监督盲区的基础上，突出监督重点，将抗诉等主要监督手段牢牢抓在手上，该抗诉的，决不碍于情面，正确掌握抗诉标准，全面把握刑事抗诉政策，使审判监督达到点面结合，行之有效。

总之，检察机关的刑事审判监督权与公诉权一样，是检察机关不可分割的权能。最高人民检察院曹建明检察长在十一届全国人大常委会第五次会议第二次全体会议上，对检察机关加强刑事审判监督工作做了专门讲话，体现出对检察机关刑事审判监督工作的高度重视。各级检察机关要珍惜法律赋予的刑事审判监督权，积极探索刑事审判监督的有效途径。俗语说："工欲善其事，必先利其器。"要想将刑事审判监督做好，做实，就必须讲究方法，采取有效措施，做到知监督、会监督、能监督，全面履行好刑事审判监督职责，使检察机关的刑事审判监督工作全面、正确、有效地开展，为促进执法公正、保障人权、提高刑事审判质量做出检察机关应有的贡献。

第三十七讲
公诉文书制作方略

高　明

　　法律文书的概念，有广义和狭义之分。广义上的法律文书是指具有立法权的国家机关和参与法律关系的各类主体，在法律规定的条件下，为实现法律赋予的权利而写作的具有法律效力规范性和非规范性文件的总称。狭义的法律文书，则单指参与法律关系的各类主体写作的非规范性的文件。法律文书的写作是法律文书的写作者以法律关系主体的身份，对其实施的法律行为进行文字表达的过程，是综合地运用各种知识写作法律文书的实践活动。法律文书的写作，作为一种写作活动，受其对象法律文书的制约，形成一些自身不同于其他文体的特征。

　　法律文书的主旨，是法律关系主体在诉讼和非讼活动中依照法律程序，根据一定法律事实为追求一定目的而为正确实施法律所形成的基本观点。法律文书的正确的主旨，是法律关系主体根据事实正确地适用法律所形成的，否则，其主旨就可能是错误的。法律文书主旨的特点是：一是合法性，无论制作何种法律文书，其主旨首先必须完全符合法律、法规的规定，这是法律文书主旨最基本的特点。主旨的公正是以合法、客观为基础的。二是正确性，法律文书的主旨必须是正确的，这取决于对法律事实、法律行为的真实性的确认和适用法律的正确无误。不同的法律关系主体对同一案件所制作的法律文书也可能有主旨不同甚至大相径庭的情况。三是鲜明性，法律文书主旨的鲜明性，是指主旨能依法明确表达对案件的性质的认识以及评判其是非曲直的观点。四是集中性，法律文书主旨的集中性，主要是指每份法律文书所要解决的问题单一集中。为了保证法律文书具有主旨的集中性，每一种法律文书都有自己的格式及项目要素，各有独特的用途。因此，对法律文书的规范性必须有深刻的理解和充分细致的认识，以便突出主旨的集中性。

　　公诉的法律文书在一定程度上代表了检察机关的执法水准。为了更好地体现执法的严肃性，就需要公诉部门在法律文书制作上不断加大管理，讲究方略，规范公诉法律文书的制作。这就要求制作出的法律文书要在认定事实上做到详略得当；在认定的事实和证据间的表述当中要体现出必然的联系，充分展示证据的证明力和案件之间的内在的联系；还要做到规范法律文书的格式，引用法律条文要准确、完整、具体等。

　　为了让大家对公诉文书的制作有更全面的了解，掌握其流程、明确其规范，下面就各种公诉法律文书的制作及需要注意的问题做了详细说明，且常用公诉法律文书附范文。

　　在此，笔者特别声明：所使用的常用法律文书范本，均为虚拟案例，所涉及的各诉讼参与人均为化名。

一审公诉案件审查报告

一、审查报告名称

"XXX人民检察院公诉案件审查报告"

二、审查报告首部

（1）案件来源；（2）案由；（3）犯罪嫌疑人；（4）受案时间；（5）案件受理及告知事项。

三、审查报告正文部分

（一）犯罪嫌疑人基本情况及其他诉讼参与人的基本情况

1. 犯罪嫌疑人基本情况

（1）姓名（曾用名及与案件有关的别名、化名、绰号等）

（2）性别

（3）出生年月日（应当注明身份证号码；如果有可能系未成年人犯罪，但又无法查证的，应当注明骨龄鉴定的年龄）

（4）民族

（5）籍贯

（6）文化程度

（7）职业或者工作单位及职务

（8）住址（居住地与户籍所在地不一致时应当注明户籍所在地）

（9）曾受过的刑事、行政处罚（行政处罚限于与定罪有关的情况；叙写刑事处罚应注明释放时间）

（10）因本案采取强制措施的情况、现在何处（对于国家机关工作人员利用职权实施的犯罪，还应当写明其何时何单位任何职务）

（注：犯罪嫌疑人自报姓名又无法查实的，应当注明系自报）

2. 辩护人基本情况及所属律师事务所。

3. 被害人的基本情况（包括法定代理人、近亲属及诉讼代表人的情况）

4. 委托代理人的基本情况

（二）案件侦破简要过程

简要说明案发时间、地点、报案、立案、犯罪嫌疑人归案情况。

（三）移送机关认定的犯罪事实与意见

简要叙述侦查机关移送审查起诉意见书认定的犯罪事实（犯罪性质及从重从轻情节）。

（四）审查复核证据、退查、自行补充证据及提请延长审限的基本情况

1. 审查复核证据情况

2. 退查和自行补充侦查情况

应写明退查或自行补充侦查的时间、事项、理由、结果及未能查证事项的理由。审查中存在的问题经自行侦查或补充侦查已经解决，应当写明如何解决的，目的是反映审查中的工作量和审查水平的提高，同时对侦查机关收集证据工作存在的问题引起注意，有利于引导侦查工作的准确性。经补查仍存在问题，无法排除、解决的，分为两种情形：一是这些问题的存在，承办人认为不影响对本案定罪量刑的；二是这些问题的存在，可能会影响本案定罪量刑的，都要简要说明。

3. 提请延长审限情况

提请延长审限次数（提请时间、提请理由、批准期限）。

（五）承办人审查后认定的事实

承办人应当在阅卷、审查证据、提讯犯罪嫌疑人及调查的基础上，写明审查认定的事实。在此部分中，应当包括犯罪嫌疑人实施犯罪行为的动机、目的、时间、地点、经过、手段、情节、数额、危害结果、有无坦白、自首、立功、累犯表现等事实和从重从轻减轻免除处罚的情节（一案有多项事实的应当依照时间顺序或由重至轻的顺序逐一分段写明）。

（六）认定上述事实的证据

对每一份证据主要阐明此证据的证明点、与其他证据的吻合点和矛盾点。摘抄卷宗内容，要求简明扼要，突出该证据的特点，使所列证据清晰、明确、客观、真实。排列证据时应当依照《刑事诉讼法》规定的七种证据以及其他证明材料按照庭审举证、质证的顺序排列。每份证据应先表明证据特征。具体要求如下：

1. 犯罪嫌疑人供述和辩解，应当写明供述的时间或者辩解的时间和理由等情况，供述的主要内容。

2. 有被害人陈述的，应当写明被害人基本情况、陈述时间和陈述的主要内容。若有被害人辨认笔录的，应当作为下一份证据，写明辨认的时间、地点、方法及结论。

3. 证人证言，应当写明证人与案件当事人有何利害关系、作证时间、所证事实。

4. 鉴定结论和现场勘验、检查笔录，注意庭审质证的关键之处，应写明鉴定或者勘验时间、单位、鉴定人、勘验人、检查人、见证人及所证明的事项。

5. 其他证据，包括物证、书证、视听资料等，写明来源、特征、提取和保存的方式、证实的内容等。未成年人犯罪的，应抄录其户籍证明的主要内容。

注意：

（1）每写完一份证据应另起一行，概括说明该证据证明了什么、与其他证据的吻合和矛盾之处、是否还存在其他问题，每份证据后应用括号注明卷号及页号。

（2）对同类证据且证据内容相同的证据可组合阐明；对于一人多起多罪、多人多起多罪等案件，写证据时，可以采取案件事实与证据相对应的复合结构形式写法进行组合排列。

（七）对犯罪事实及证据的分析论证

要求办案人在认定证据的基础上，结合存在的问题，对本案所有证据的证明力、客

观性、合法性以及证据间的关联性等进行综合分析论证，从而得出所建立的证据体系是否完善、证据是否充足的结论。

1．《中华人民共和国刑事诉讼法》第一百三十七条规定的事项已经查清。

2．据以定案的每一个证据都经过查证，合法、属实。

3．据以定案的证据与被证明的案件事实之间具有客观关联性。

4．审查起诉中认定的每一起犯罪事实和情节，均有相应的证据予以证明。

5．各个证据之间，以及证据与案件事实之间的矛盾得到合理的排除。

6．据以定案的证据体系足以得出唯一的排他性结论。

7．与案件事实有关并不影响定罪量刑的枝节事实（作案工具、赃款去向不明，言词证据间存在矛盾）虽未查清，但案件的其他证据确实充分，案件基本事实已经查清、足以对犯罪嫌疑人定罪量刑的分析论证。

（八）需要说明的问题

1、案件非主要事实及证据不够清楚与充分，证据间存在的矛盾，证据的合法性和客观性等问题的分析和解决办法。

2．案件定性争议问题的分析和解决办法。

3．案件管辖问题的分析和解决办法。

4．追诉漏罪、漏犯及增减犯罪事实的情况。

5．侦查活动违法情况以及纠正情况。

6．有碍侦查、起诉、审判的违法活动情况以及解决方案。

7．赃款、赃物的追缴、保管、移交、处理情况。

8．被害人及附带民事诉讼原告人、被告人及其亲属、人民群众对案件的处理情况是否有上访等过激行为，应采取的措施和处理方式。

9．需要改变定性的或需要有检察机关提起附带民事诉讼的，应写明事由、证据和法律依据。

10．办案人认为需要说明和解决的其他问题。

（九）审查结论和处理意见

1．审查结论

根据审查认定的事实与证据，按照犯罪构成的四个要件全面分析犯罪嫌疑人的行为是否构成犯罪，应构成何罪。

2．处理意见

（1）对本案的处理意见：办案人应根据审查认定的事实和证据，简要阐明适用的法条，确定构成何罪，确定有无法定、酌定从重从轻处罚情节；提出是否起诉、适用何种审判程序的意见（认定不能定罪起诉的，明确提出不起诉、退回补充侦查、建议撤销案件、给予其他处分等意见），同时对是否需要追诉漏罪、漏犯或附带民事诉讼等提出处理意见。

（2）量刑建议：针对本案的事实、被告人的犯罪行为、动机、手段、主观恶性、作用与地位、危害结果、到案后的认罪态度、悔罪表现，结合法定、酌定的量刑情节，提出对本案的量刑意见。

四、尾部

检察官要在正文左下方写明"以上意见妥否，请批示"

（主诉检察官可根据授权情况确定是否注明此项），承办人落款及结案日期写在右下方。

吉林省＿＿人民检察院
公诉案件审查报告（样本）

案件来源：（如果案件是其他人民检察院移送的，应当将改变管辖原因、批准单位、移送单位等写清楚）

案由：

犯罪嫌疑人：

收案时间：X年X月X日

我院依照刑事诉讼法有关规定，于X年X月X日已告知犯罪嫌疑人有权委托辩护人；X年X月X日已告知被害人及法定代理人（或者近亲属）、附带民事诉讼的当事人及其法定代理人有权委托诉讼代理人。承办人经依法审理此案，现已审查终结，报告如下：

一、犯罪嫌疑人及其他诉讼参与人基本情况

1. 犯罪嫌疑人（曾用名，别名，化名，绰号），男（女），岁，（年月日出生），身份证号码：＿＿＿＿＿＿＿＿，族，人，文化程度，职业（工作单位及职务），户籍地为，暂住地为。前科劣迹情况。犯罪嫌疑人XXX于年月日被执行刑事拘留，因涉嫌犯罪，年月日经院批准（决定）逮捕，现押于市（县）看守所（取保候审或监视居住在）。赃物于年月日移送至我院。

（注：犯罪嫌疑人自报姓名又无法查实的，应当注明系自报；外国人涉嫌犯罪的，应注明国籍；单位涉嫌犯罪的，应写明犯罪单位的名称、所在住址、法定代表人或代表的姓名、职务；有应当负刑事责任的"直接责任人"，应按上述犯罪嫌疑人基本情况书写。在审查起诉阶段有依法改变强制措施情况的，应在此部分体现，并写明改变强制措施的时间、内容和理由。）

2. 被害人的基本情况。

3. 委托代理人的基本情况。

4. 辩护人基本情况及所属律师事务所。

二、案件侦破简要过程

案件侦破简要过程，即根据案件材料记载，扼要叙写本案发案、侦破及抓捕等侦查工作情况。

三、移送机关认定的犯罪事实与意见

简要叙述侦查机关移送审查起诉意见书认定的犯罪事实（犯罪性质及量刑情节）。

四、审查复核证据、退查、自行补充证据及提请延长审限的基本情况

1. 审查复核证据基本情况
2. 退查和自行补充侦查情况
（1）第一次退查或自行补充侦查
年月日退回侦查机关（部门）或自行补充侦查，补充如下证据：列明补查事项、原因（按数字排列）。侦查机关（部门）或自行补充侦查于年月日补证完毕，第项因何原因未能补查。
（2）第二次退查或自行补充侦查
_____（同上）
（注：重大、疑难案件可以综合叙述退补情况）
3. 提请延长审限情况
提请延长审限次数（提请时间、提请理由、批准期限）。

五、承办人审查后认定的事实

_____（包括犯罪嫌疑人实施犯罪行为的动机、目的、时间、地点、行为过程、手段、情节、数额、危害结果、犯罪嫌疑人作案后的表现等有关罪与非罪、罪行轻重、有无坦白、自首、立功、累犯表现等事实和从重从轻减轻免除处罚的情节，以及其他情节要素、犯罪构成要件材料）

六、认定上述事实的证据

1. 犯罪嫌疑人供述与辩解
犯罪嫌疑人_____供述（时间、地点、讯问人、记录人、翻译人、摘自侦查卷____P____）____证实：_____。
_____（供述重点摘录）
存在的问题：_____
2. 被害人陈述
_____被害人_____（性别，年龄，职业，住址，联系方式）的陈述（时间、摘自侦查卷____P）____证明：_____。
_____（陈述重点摘录）
存在的问题：_____
3. 证人证言
证人（与案件当事人的关系）的证言（时间、摘自侦查卷____P____）____证明：_____。
_____（证言重点摘录）
存在问题：_____
4. 鉴定结论（鉴定时间，单位，鉴定人，摘自侦查卷____P____）____证明：_____。
_____（摘录）
存在问题：_____
5. 勘验、检查笔录（勘验时间、单位、勘验人、检查人、见证人、摘自侦查卷

_____P_____)_____证明：_____。
_____（笔录重点内容摘录）

存在问题：_____

6. 物证、书证、视听资料（来源和保存方式，摘自侦查卷____P_____ ）_____
证明：_____。
_____（主要内容摘录等）

存在问题：_____

7. 其他证明材料

_____（每份证据均应注明出证单位、个人等情况，注明在侦查卷的位置，证明事项，证据的主要内容摘录和存在瑕疵的问题等）

七、对犯罪事实及证据的分析论证

该部分的写法因人因案而异，但应当符合以下要求：

1. 《中华人民共和国刑事诉讼法》第一百三十七条规定的事项已经查清。

2. 据以定案的每一个证据都经过查证，合法、属实。

3. 据以定案的证据与被证明的案件事实之间具有客观关联性。

4. 审查起诉中认定的每一起犯罪事实和情节，均有相应的证据予以证明。

5. 各个证据之间，以及证据与案件事实之间的矛盾得到合理的排除。

6. 据以定案的证据体系足以得出唯一的排他性结论。

7. 与案件事实有关但并不影响定罪量刑的枝节事实（作案工具、赃款去向不明，言词证据间存在矛盾——虽未查清，但案件的其他证据确实充分，案件基本事实已经查清、足以对犯罪嫌疑人定罪量刑的分析论证。

八、需要说明的问题

该部分的写法因人因案而异，但应当符合以下要求：

1. 案件非主要事实及证据不够清楚与充分，证据间存在的矛盾，证据的合法性和客观性等问题的分析和解决办法。

2. 案件定性争议问题的分析和解决办法。

3. 案件管辖问题的分析和解决办法。

4. 追诉漏罪、漏犯及增减犯罪事实的情况。

5. 侦查活动违法情况以及纠正情况。

6. 有碍侦查、起诉、审判的违法活动情况以及解决方案。

7. 赃款、赃物的追缴、保管、移交、处理情况。

8. 被害人及附带民事诉讼原告人、被告人及其亲属、人民群众对案件的处理情况是否有上访等过激行为，应采取的措施和处理方式。

9. 需要改变定性的或需要有检察机关提起附带民事诉讼的，应写明事由、证据和法律依据。

l0. 办案人认为需要解决的其他问题。

九、审查结论和处理意见

1. 审查结论

（1）对犯罪主体的分析：

（2）对犯罪客体的分析：

（3）对主观方面的分析：

（4）对客观方面的分析：

2. 处理意见

（1）综上，我们认为，犯罪嫌疑人_____的行为已触犯了《中华人民共和国刑法》第____条第____款之规定，构成_____罪，应依法提起公诉，适用普通刑事程序（普通程序简化审或简易程序）。

注：不起诉、建议撤销案件处理或做其他处理的，应分别按照高检院制定的《人民检察院法律文书格式（样本）》中相关文书的结论部分书写。

（2）量刑建议：

犯罪嫌疑人_____的行为依法已构成_____罪，应当在_____至_____之间量刑，鉴于其（针对本案的事实、被告人的犯罪行为、动机、手段、主观恶性、作用与地位、危害结果、到案后的认罪态度、悔罪表现，结合法定、酌定的量刑情节），故建议对其判处____（刑罚）。

（以上意见妥否，请批示。）

承办人或主诉检察官：

年　月　日

起诉书

一、下列起诉书的格式供各级人民检察院依法将公诉案件的被告人向人民法院提起公诉及提起附带民事诉讼时选用。

二、下列一、二、三种格式均由首部、被告人（被告单位）的基本情况、案由和案件的审查过程、案件事实、证据、起诉要求和根据、尾部七部分组成。

（一）首部

1. 人民检察院的名称：各级地方人民检察院的名称前应写明吉林省市（州）、县（市、区）的名称；对涉外案件提起公诉时，各级人民检察院的名称前均应注明"中华人民共和国"的字样。

2. 文书名称，即"起诉书"。

3. 文号：由制作起诉书的人民检察院的简称、案件性质（即"____检刑诉"）、起诉年度、案件顺序号组成。其中，年度须用四位数字表述。文号写在该行的最右端，上下各空一行（注：市辖区应标明市区检刑诉[　　]号，如长春市绿园区检察院用长绿检刑诉[2007]68号；市辖县（市）直接标明县（市）检刑诉[　　]号，如吉林地区舒兰市检察院用舒检刑诉[2007]88号）。

（二）被告人（被告单位）的基本情况

1．被告人、被告单位的基本情况应当按照格式中所列要素的顺序叙写。

2．被告人如有与案情有关的别名、化名或者绰号的，应当在其姓名后面用括号注明（被告人是外国人的，应当在其中文译名后面用括号注明外文姓名）。

3．被告人的出生日期一般应以公历为准；除未成年人外，如果确实查不清出生日期的，也可以注明年龄。

4．对尚未办理身份证的应当注明。

5．被告人的住址应写被告人的经常居住地，但当其与"户籍所在地"不一致时，应当在其后用括号注明户籍所在地。

6．被告人是外国人时应注明国籍、护照号码、国外居所。

7．对被告人曾受到过行政处罚、刑事处罚的应当在起诉书中写明。其中，行政处罚限于与定罪有关的情况。一般应先写受到行政处罚的情况，再写受到刑事处罚的情况。叙写行政处罚时，应注明处罚的时间、种类、处罚单位；叙写刑事处罚时，应当注明处罚的时间、原因、种类、决定机关、释放时间。

8．对采取强制措施情况的叙写，必须注明原因、种类，批准或者决定的机关和时间，执行的机关和时间。被采取过多种强制措施的，应按照执行时间的先后分别叙写。

9．同案被告人有二人以上的，按照主从关系的顺序叙写。

（三）案由和案件的审查过程

根据案件的不同情况，分别依照格式的要求叙写。叙写退回补充侦查、延长审查起诉期限时，应注明日期、原由。

（四）案件事实

案件事实部分是起诉书的重点。叙写案件事实，应当注意以下几点：

1．对起诉书所指控的所有犯罪事实，无论是一人一罪、多人一罪，还是一人多罪、多人多罪，都必须逐一列举。

2．叙写案件事实，要按照合理的顺序进行。一般可按照时间先后顺序；一人多罪的，应当按照各种犯罪的轻重顺序叙写，把主罪、重罪放在前面，把次罪、轻罪放在后面；多人多罪的，应当按照主犯、从犯或者重罪、轻罪的顺序叙写，突出主犯、重罪。

3．叙写案件事实时，可以根据案件事实的不同情况，采取相应的表述方式，具体应当把握以下原则：

（1）对重大案件、具有较大影响的案件、检察机关直接受理立案侦查的案件，都必须详细写明具体犯罪事实的时间、地点，实施行为的经过、手段、目的、动机、危害后果和被告人案发后的表现及认罪态度等内容，特别要将属于犯罪构成要件或者与定罪量刑有关的事实要素列为重点。既要避免发生遗漏，也要避免将没有证据证明或者证据不足，以及与定罪量刑无关的事项写入起诉书，做到层次清楚、重点突出。

（2）对一般刑事案件，通常也应当详细写明案件事实，但对其中作案多起但犯罪手段、危害后果等方面相同的案件事实，可以先对相同的情节进行概括叙写，然后再逐一列举出每起事实的具体时间、地点、结果等情况，而不必详细叙写每一起犯罪事实的过程。

4．对共同犯罪案件中有同案犯在逃的，应在其后写明"另案处理"字样。

（五）证据

应当在起诉书中指明主要证据的名称、种类，但不必对证据与事实，证据与证据之间的关系进行具体的分析、论证。其中的"主要证据"是指《人民检察院刑事诉讼规则》第二百八十三条所规定的证据。叙写证据时，一般应当采取"一事一证"的方式，即在每一起案件事实后，写明据以认定的主要证据。对于作案多起的一般刑事案件，如果案件事实是概括叙述的，证据的叙写也可以采取"一罪一证"的方式，即在该种犯罪后概括写明主要证据的种类，而不再指出认定每一起案件事实的证据。

（六）起诉的要求和根据

1. 对行为性质，危害程度，情节轻重，要结合犯罪的各构成要件进行概括性地表述，突出本罪的特征，语言要精炼、准确。

2. 对法律条文的引用，要准确、完整、具体，写明条、款、项。

3. 适用简易程序的案件，对于量刑情节的认定，应当遵循如下原则：（1）对于具备轻重不同的法定量刑情节的，应当在起诉书中作出认定。（2）对于酌定量刑情节，可以根据案件的具体情况，从是否出庭支持公诉的角度出发，决定是否在起诉书中作出认定。

4. 适用普通程序的案件，对于涉及量刑情节的事实，可在案件事实之后作客观表述。

（七）尾部

1. 送达部门，以单独成行居中的"此致"二字，引出另起一行的受文机关名称。

2. 起诉书应当署具体承办案件公诉人的法律职务和姓名。法律职务应当写明检察长、副检察长、检察员、代理检察员等职务，姓名写在法律职务之后。

3. 起诉书的年月日，为签发起诉书的具体日期，要写在检察人员法律职务及姓名下一行对应位置，并加盖制作文书的人民检察院院印。

三、当自然人犯罪，单位犯罪并存时，在叙写被告单位，被告人情况时，应先叙述被告单位，法定代表人及有关属于责任人员的被告人的情况，再叙述一般的自然人被告人情况，同时，在起诉的理由和根据部分，也按照先单位犯罪，后自然人犯罪的顺序叙写。

四、起诉书填写格式如下：

普通程序案件适用
吉林省人民检察院
起诉书

检刑诉[   ]号

被告人_____（写明姓名、性别、出生年月日、身份证号码、民族、文化程度、职业或者工作单位及职务、住址、曾受到行政处罚、刑事处罚的情况和因本案采取强制措施的情况等）

本案由×××（侦查机关）侦查终结，以被告人×××涉嫌×××罪，于×年×月×日向本院移送审查起诉。本院受理后，于×年×月×日已告知被告人有权委托辩护人，×年×月×日已告知被害人及其法定代理人（或者近亲属）、附带民事诉讼的当事人及其法定代理人有权委托诉讼代理人，依法讯问了被告人，听取了被害人的诉讼代理人×××和被告人的辩护人×××的意见，审查了全部案件材料……（写明退回补充侦查、延长审查起诉期限等情况）。

[对于侦查机关移送审查起诉的需变更管辖权的案件，表述为："本案由×××（侦查机关）侦查终结，以被告人涉嫌×××罪，于×年×月×日向×××人民检察院移送审查起诉。×××人民检察院于×年×月×日转至本院审查起诉。本院受理后，于×年×月×日已告知被告人有权……"

对于本院侦查终结并审查起诉的案件，表述为："被告人×××涉嫌×××罪一案，由本院侦查终结并于×年×月×日决定审查起诉。本院于×年×月×日已告知被告人有权……"

对于其他人民检察院侦查终结的需变更管辖权的案件，表述为："本案由×××人民检察院侦查终结，以被告人×××涉嫌×××罪，于×年×月×日向本院移送审查起诉。本院受理后，于×年×月×日已告知被告人有权……"]

经依法审查查明：……（写明经检察机关审查认定的犯罪事实，包括犯罪时间、地点、经过、手段、目的、动机、危害后果等与定罪有关的事实要素。应当根据具体案件情况，围绕刑法规定的该罪构成要件叙写）

[对于只有一个犯罪嫌疑人的案件，犯罪嫌疑人实施多次犯罪的犯罪事实应逐一列举；同时触犯数个罪名的犯罪嫌疑人的犯罪事实应该按照主次顺序分类列举。对于共同犯罪的案件，写明犯罪嫌疑人的共同犯罪事实及各自在共同犯罪中的地位和作用后，按照犯罪嫌疑人的主从顺序，分别叙写各个犯罪嫌疑人的单独犯罪事实]

认定上述事实的证据如下：
……（针对上述犯罪事实，分列相关证据）

本院认为，……（概括论述被告人行为的性质、危害程度、情节轻重），其行为触犯了《中华人民共和国刑法》第×条（引用罪状、法定刑条款），犯罪事实清楚，证据确实充分，应当以×××罪追究其刑事责任。根据《中华人民共和国刑事诉讼法》第一百四十一条的规定，提起公诉，请依法判处。

此致

吉林省×××人民法院

检察员：×××（名章）
年　月　日
（院印）

附：
1. 被告人现在住所。具体包括在押被告人的羁押场所和监视居住、取保候审的处所。
2. 证据目录、证人名单和主要证据复印件，并注明数量。
3. 有关涉案款物情况。
4. 被害人（单位）附带民事诉讼的情况。
5. 其他需要附注的事项。

普通程序案件起诉书范文

吉林省吉林市人民检察院
起诉书

吉市检刑诉[××××]×号

被告人钱某某，男，1966年8月24日生，身份证号码：22020366082××××，汉族，初中文化，无职业，住吉林某公司独身宿舍（户籍所在地：吉林市龙潭区某街某委某号）。曾因犯盗窃罪，于1992年8月17日被吉林市龙潭区人民法院判处有期徒刑二年，于1994年4月刑满释放。现因涉嫌故意杀人、抢劫，于2001年10月31日被吉林市公安局昌邑分局刑事拘留；因涉嫌犯故意杀人罪、抢劫罪，经吉林市昌邑区人民检察院批准，于同年12月5日由吉林市公安局昌邑分局执行逮捕。

本案由吉林市公安局昌邑分局侦查终结，以被告人钱某某涉嫌犯故意杀人罪、抢劫罪，于2002年2月6日向吉林市昌邑区人民检察院移送审查起诉。经该院审查，根据《中华人民共和国刑事诉讼法》第二十条之规定，于同年2月8日呈报本院审查起诉。本院受理后，于同年2月9日已告知被告人有权委托辩护人，同年2月10日已告知附带民事诉讼的当事人有权委托诉讼代理人，依法讯问了被告人，听取了被害人的诉讼代理人王民和被告人的辩护人王大东的意见，审查了全部案件材料。于同年3月10日退回吉林市公安局昌邑分局补充侦查，同年3月18日该局补充侦查完毕后再次移送审查起诉。

经依法审查查明：被告人钱某某于2001年10月间，因琐事与同住某公司独身宿舍的被害人王某某发生两次口角，钱某某打了王某某一次。同年10月31日下午1时许，钱某某某酒后在自己房间睡觉时，王某某找钱某质问其以前打他的事并与钱某发生口角，王上前先打钱某头部一拳，钱某起身将王按倒在床上，顺手操起一把斧子照王头面部、臂部连砍数下，致王某某当场死亡。作案后，被告人钱某某在逃跑途中被公安机关抓获。

认定上述犯罪事实证据如下：

（一）被告人钱某某供述和辩解；

（二）证人马元、徐飞、王西证言；

（三）物证：斧子一把；

（四）鉴定结论：吉林市公安局法医鉴定、刑事科学技术检验鉴定书；

（五）吉林市公安局刑事案件现场勘查笔录。

被告人钱某某于2001年5月间，以乘出租车为名，将所乘出租车骗至吉林市墙体材料总厂附近，以语言相威胁，抢得出租车女司机唐某人民币190元，诺基亚3800手机一部，价值人民币1700元。后逃离现场，所抢赃款被其挥霍。案发后，收缴诺基亚3800型手机一部。

认定上述犯罪事实证据如下：

（一）被告人钱某某供述和辩解；

（二）被害人唐某陈述；

（三）物证：诺基亚3800型手机一部。

本院认为，被告人钱某某故意非法剥夺他人生命，抢劫他人财物，情节特别恶劣，后果特别严重，社会危害极大，其行为触犯了《中华人民共和国刑法》第二百三十二条和第二百六十三条之规定，犯罪事实清楚，证据确实充分，应当以故意杀人罪、抢劫罪追究其刑事责任。根据《中华人民共和国刑事诉讼法》第一百四十一条之规定，提起公诉，请依法判处。

　　　　　　　此致

吉林省吉林市中级人民法院

　　　　　　　　　　　　　　　　　检察员：×××（名章）
　　　　　　　　　　　　　　　　　二〇〇二年三月二十一日
　　　　　　　　　　　　　　　　　　　　　　（院印）

附：
1．被告人钱某某现羁押于吉林市看守所；
2．证据目录2页、证人名单1页、主要证据复印件15份；
3．物证：斧子一把，诺基亚3800型手机一部；
4．被害人的诉讼代理人请求刑事附带民事诉讼状一式3份。

适用中应当注意的问题

1．被告人是又聋又哑人或者盲人的，应当在其姓名后具体注明。

2．根据刑事诉讼法规定，犯罪嫌疑人不讲真实姓名、住址、身份不明，对于犯罪事实清楚，证据确实、充分的，侦查机关也可以按照其自报的姓名移送检察机关审查起诉。在这种情况下，对于符合法定情况的，人民检察院只能按照其自报的姓名向人民法院起诉，在起诉书中对于这种情况应当在被告人自报的姓名后注明。被告人自报的姓名可能造成损害他人名誉、败坏道德风俗等不良影响的，可以对被告人编号，并按照编号制作起诉书，但要在起诉书中附具被告人的照片。

3．被告人已经委托辩护人的，应当在起诉书中注明辩护人的具体情况，包括姓名、单位、通讯地址等等。

4．案件事实部分是起诉书的重点，要注意条理清晰，简明具体，用语准确，布局合理。对于案件事实的叙述，既要避免发生遗漏，也要避免将没有证据证明或者证据不足，以及与定罪量刑无关的事实，写入起诉书。

5．起诉书一般使用汉字。在少数民族聚居或者多民族共同居住的地区，被告人是少数民族的，起诉书应当使用当地通用的文字制作，并加盖院印，以体现主权原则；同时，为方便诉讼，可以用外籍被告人所在国官方语言制作若干起诉书翻译件，但不加盖院印，送达有关方面。

6．起诉书送达后，在人民法院开庭审理前发现遗漏重要罪行，或者抓获在逃犯应当一并起诉的，以及对起诉书需要作补充修改的，应当收回起诉书，使用原文号重新制作起诉书，不宜采用补充起诉书的方式。

7．起诉书中使用数字时，除文字编号、顺序号、年月日、机械型号、材料目录、百分比等专用术语和其他使用阿拉伯数字比较适宜者外，一般用汉字书写。在一个起诉书中，数字的使用前后应当一致。引用法律中条、款、项数字时，应当用汉字书写。

8. 起诉书一般应当一式8份，每增加一个被告人，增加起诉书5份。

单位犯罪案件适用

吉林省人民检察院
起诉书

检刑诉[   ]号

被告单位_____（写明单位名称、住所地、法定代表人姓名、职务等）

诉讼代表人_____（写明性别、年龄、工作单位、职务）

被告人_____（写明直接负责的主管人员、其他直接责任人员的姓名、性别、出生年月日、身份证号码、民族、文化程度、职业或者工作单位及职务、住址、曾受到行政处罚、刑事处罚的情况和因本案采取强制措施的情况等）

本案由×××（侦查机关）侦查终结，以被告单位×××涉嫌×××罪，被告人×××涉嫌×××罪，于×年×月×日向本院移送审查起诉。本院受理后，于×年×月×日已告知被告单位和被告人有权委托辩护人，×年×月×日已告知被害人及其法定代理人（或者近亲属）（被害单位及其诉讼代表人）、附带民事诉讼的当事人及其法定代理人有权委托诉讼代理人，依法讯问了被告人，听取了被害人的诉讼代理人×××、被告单位的辩护人×××和被告人的辩护人×××的意见，审查了全部案件材料。……（写明退回补充侦查、延长审查起诉期限等情况）

[对于侦查机关移送审查起诉的需变更管辖权的案件，表述为："本案由×××（侦查机关）侦查终结，以被告单位×××涉嫌×××罪，被告人×××涉嫌×××罪，于×年×月×日向×××人民检察院移送审查起诉。×××人民检察院于×年×月×日转至本院审查起诉。本院受理后，于×年×月×日已告知被告人有权……"

对于本院侦查终结并审查起诉的案件，表述为："被告单位×××涉嫌×××罪，被告人×××涉嫌×××罪一案，由本院侦查终结并于×年×月×日决定审查起诉。本院于×年×月×日已告知被告人有权……"

对于其他人民检察院侦查终结的需变更管辖权的案件，表述为："本案由×××人民检察院侦查终结，以被告单位×××涉嫌×××罪，被告人×××涉嫌×××罪，于×年×月×日向本院移送审查起诉。本院受理后，于×年×月×日已告知被告人有权……"]

经依法审查查明：……（写明经检察机关审查认定的犯罪事实，包括犯罪时间、地点、经过、手段、目的、动机、危害后果等与定罪有关的事实要素。应当根据具体案件情况，围绕刑法规定的该罪构成要件叙写）

认定上述事实的证据如下：

……（针对上述犯罪事实，分列相关证据）

本院认为，……（分别概括论述被告单位、被告人行为的性质、危害程度、情节轻重），其行为触犯了《中华人民共和国刑法》第×条（引用罪状、法定刑条款），犯罪事实清楚，证据确实充分，应当以×××罪追究其刑事责任。根据《中华人民共和国刑事诉讼法》第一百四十一条的规定，提起公诉，请依法判处。

此致

吉林省×××人民法院

检察员：×××（名章）

年　月　日

（院印）

附：

1. 被告人现在处所。具体包括在押被告人的羁押场所和监视居住、取保候审的处所。

2. 全部案卷和证据材料。

3. 有关涉案款物情况。

4. 被害人（单位）附带民事诉讼的情况。

5. 其他需要附注的事项。

适用中应当注意的问题

1．要注意全面列举有关主体的基本情况。在单位犯罪案件中，需要介绍的主体一般要比自然人犯罪案件多，一般包括被告单位，被告单位诉讼代表人、被告人、被告单位、被告人委托的辩护人等等。

2．当自然人犯罪、单位犯罪并存时，在叙写被告单位、被告人情况时，应当先叙述被告单位、法定代表人、诉讼代表人及有关属于责任人员的被告人情况，再叙写一般的自然人被告人情况；同时，在起诉理由和根据部分，也应当按照先单位犯罪、后自然人犯罪的顺序叙述。

3．案件事实部分是起诉书的重点，要注意根据单位犯罪的特点，叙述清楚单位犯罪的事实和有关责任人员构成犯罪的事实。在叙述犯罪事实时，要注意条理清晰，用语准确，布局合理。

4．对案件事实的叙述要根据事实和法律掌握范围，既要避免发生遗漏，也要避免将没有证据证明或者证据不足，以及与定罪量刑无关的事实，写入起诉书。

5．起诉书一般使用汉字。在少数民族聚居或者多民族共同居住的地区，被告人是少数民族的，起诉书应当使用当地通用的文字制作。对外国人犯罪的案件，起诉书正本和若干副本使用汉字制作，并加盖院印；同时，可以用外籍被告人所在国官方语言制作若干起诉书翻译件，但不加盖院印，送达有关方面。

6．起诉书一般应当一式8份，每增加一个被告单位、被告人，增加起诉书5份。

简易程序案件适用

吉林省人民检察院
起诉书

检刑诉[　　]号

被告人……（写明姓名、性别、出生年月日、身份证号码、民族、文化程度、职业或者工作单位及职务、住址、曾受到行政处罚、刑事处罚的情况和因本案采取强制措施

的情况等）

本案由×××（侦查机关）侦查终结，以被告人×××涉嫌×××罪，于×年×月×日向本院移送审查起诉。本院受理后，于×年×月×日已告知被告人有权委托辩护人，×年×月×日已告知被害人及其法定代理人（或者近亲属）、附带民事诉讼的当事人及法定代理人有权委托诉讼代理人，依法讯问了被告人，听取了被害人的诉讼代理人×××和被告人的辩护人×××的意见，审查了全部案件材料。……（写明退回补充侦查、延长审查起诉期限等情况）

[对于侦查机关移送审查起诉的需变更管辖权的案件，表述为："本案由××××（侦查机关）侦查终结，以被告人×××涉嫌×××罪，于×年×月×日向×××人民检察院移送审查起诉。×××人民检察院于×年×月×日转至本院审查起诉。本院受理后，于×年×月×日已告知被告人有权……"

对于其他人民检察院侦查终结的需变更管辖权的案件，表述为："本案由×××人民检察院侦查终结，以被告人×××涉嫌×××罪，于×年×月×日向本院移送审查起诉。本院受理后，于×年×月×日已告知被告人有权……"]

经依法审查查明：……（写明经检察机关审查认定的犯罪事实，包括犯罪时间、地点、经过、手段、目的、动机、危害后果等与定罪有关的事实要素。应当根据具体案件情况，围绕刑法规定的该罪构成要件叙写）

认定上述事实的证据如下：

……（针对上述犯罪事实，分列相关证据）

本院认为，……（概括论述被告人行为的性质、危害程度、情节轻重），其行为触犯了《中华人民共和国刑法》第×条（引用罪状、法定刑条款），犯罪事实清楚，证据确实充分，应以×××罪追究其刑事责任。……（概括写明具体量刑情节），依照刑法第×条，应当（或者可以）……。根据《中华人民共和国刑事诉讼法》第一百四十一条的规定，提起公诉，请依法判处。

　　　　　　　此致

吉林省×××人民法院

　　　　　　　　　　　　　　　　检察员：×××（名章）

　　　　　　　　　　　　　　　　　　　　年月日

　　　　　　　　　　　　　　　　　　　（院印）

　　附：

1. 被告人现在处所。具体包括在押被告人的羁押场所和监视居住、取保候审的处所。

2. 全部案卷和证据材料。

3. 有关涉案款物情况。

4. 被害人（单位）附带民事诉讼的情况。

5. 其他需要附注的事项。

简易程序起诉书范文

吉林省吉林市船营区人民检察院
起诉书

吉船检刑诉[××××]×××号

被告人马某某，男，1945年7月13日生，身份证号码：22020219450713××××，汉族，初中文化，系农民，住吉林市船营区快乐乡宏远村。因涉嫌故意伤害，于2002年3月5日被吉林市公安局船营分局取保候审。

本案由吉林市公安局船营分局侦查终结，以被告人马某某涉嫌犯故意伤害罪，于2002年3月20日向本院移送审查起诉。本院受理后，于2002年3月22日已告知被告人马某某有权委托辩护人，2002年3月23日已告知被害人王某、附带民事诉讼当事人李某某有权委托诉讼代理人，依法讯问了被告人，听取了被害人的诉讼代理人李某某和被告人的辩护人杨志的意见，审查了全部案件材料。

经依法审查查明：被告人马某某于2002年2月3日晚9时许，在吉林市船营区欢喜乡远大村张某某家，因玩扑克与本村青年王某发生争吵，继而厮打在一起。在厮打中，被告人马某某操起一啤酒瓶猛击被害人王某头部，将其打倒在地，造成被害人王某颅骨骨折（系轻伤），后被他人拉开。被告人马某某于当晚10时许到公安机关投案。

认定上述犯罪事实的证据如下：

（一）被告人马某某供述和辩解；

（二）被害人王某陈述；

（三）证人张某、李某、韩某证言；

（四）吉林市公安局船营分局法医鉴定书。

本院认为，被告人马某某故意伤害他人身体健康，致人轻伤，其行为触犯了《中华人民共和国刑法》第二百三十四条第一款之规定，犯罪事实清楚，证据确实充分，应以故意伤害罪追究其刑事责任。鉴于被告人马某某案发后能主动到公安机关投案，依照《中华人民共和国刑法》第六十七条第一款之规定，可以从轻处罚。根据《中华人民共和国刑事诉讼法》第一百四十一条之规定，提起公诉，请依法判处。

此致

吉林省吉林市船营区人民法院

检察员：×××（名章）

二〇〇二年五月八日

（院印）

附：

1. 被告人马某某现在吉林市船营区快乐乡宏远村取保候审；

2. 卷宗2册；

3. 被害人王伟请求附带民事诉状一式3份。

适用中应当注意的问题

1. 起诉书中对于量刑情节的认定，应当遵循如下原则：（1）对于具备轻重不同的法定量刑情节的，应当在起诉书中作出认定；（2）对于酌定量刑情节，可以根据案件的具体情况，从是否出庭支持公诉的角度出发，决定是否在起诉书中作出认定。

2. 叙写案件事实要按照合理的顺序进行。一般可以按照时间的先后顺序；一人多罪的，应当按照各种犯罪的轻重顺序叙述，把主罪、重罪放在前面，把次罪、轻罪放在后面。案件事实部分是起诉书的重点，要注意条理清晰，简明具体，用语准确，布局合理。对于案件事实的叙写，既要避免发生遗漏，也要避免将没有证据证明或者证据不足，以及与定罪量刑无关的事实，写入起诉书。

3. 要依法掌握可以适用简易程序的公诉案件的范围。对依法可能判处3年以下有期徒刑、拘役、管制、单处罚金的公诉案件，事实清楚、证据充分，经检察长决定适用简易程序的，应当向人民法院提出建议。人民法院认为案件需要适用简易程序，向人民检察院提出书面建议的，人民检察院应当在10日内答复是否同意。对具有下列情形之一的案件，人民检察院应当不建议或者不同意适用简易程序：（1）依法可能判处三年以上有期徒刑的；（2）对于案件事实、证据存在较大争议的；（3）比较复杂的共同犯罪案件；（4）被告人是否犯罪、犯有何罪存在争议的案件；（5）被告人要求适用普通程序的；（6）被告人是盲、聋、哑人的；（7）辩护人作无罪辩护的；（8）其他不宜适用简易程序的情形。应当明确的是，一些地方在当前进行的有关改革的尝试中，一定范围内可以适当突破上述条件，但必须严格遵守有关规定。如果最高人民法院、最高人民检察院对有关改革措施联合作出有关规定，规定对适用简易程序案件的范围，应当按照规定掌握。

4. 适用简易程序审理的案件，人民法院发现不宜适用简易程序的，案件即转为普通程序审理的案件，人民法院应将全部卷宗和证据材料退回人民检察院；人民检察院经重新审查起诉后，应当制作普通程序案件适用的起诉书。

5. 适用简易程序案件的起诉书一般使用汉字。在少数民族聚居或者多民族共同居住的地区，被告人是少数民族的，起诉书应当使用当地通用的文字制作。对于外国人犯罪的案件，起诉书正本和若干副本使用汉字制作，并加盖院印；也可以用外籍被告人所在国官方语言制作若干起诉书翻译件，但不加盖院印，送达有关方面。

6. 简易程序案件适用的起诉书一般应当一式8份，每增加一个被告人，增加起诉书5份。

刑事附带民事起诉书

刑事附带民事起诉书，是指人民检察院对于国家财产、集体财产由于刑事被告人的犯罪行为遭受损失，依法提起刑事附带民事诉讼时，制作的法律文书。本文书适用于国家或者集体财产由于刑事被告人的犯罪行为遭受损失，而有关单位没有提起附带民事诉讼，人民检察院在提起公诉的时候，依法提起附带民事的情形。

刑事附带民事起诉书是叙述式文书，其内容结构大致可以分为以下六部分：即首部、当事人具体情况，诉讼请求，事实、证据和理由，送达单位，尾部。

1. 首部。这一部分的内容主要包括：制作文书的人民检察院名称；文书名称，即"刑事附带民事起诉书"；文书编号，即"检察院刑附民诉[ ]号"，空余地方依次应为制作文书的人民检察院简称、办案部门简称、年度和文书序号。

2. 当事人基本情况。主要包括：（1）民事被告基本情况，即写明民事被告的姓名、性别、年龄、民族、职业、工作单位及职务、住址、是否刑事案件被告人等情况。如果民事被告是单位，则应当写明单位名称、住所地、是否刑事案件被告单位、法定代表人姓名、职务等情况。（2）被害单位基本情况，写明被害单位的名称、所有制性质、住所地、法定代表人姓名及职务等情况。

3．诉讼请求。诉讼请求是要求人民法院保护权益的具体内容。附带民事诉讼的诉讼请求一般是要求人民法院判令被告履行一定的实体义务。人民检察院在提起附带民事诉讼时，应当有明确、具体的诉讼请求，其中主要是要求被告赔偿损失的具体数额。

4．事实、证据和理由。这一部分包括三个方面的内容，一般可以分为三段来叙述：（1）事实。要说明由于刑事被告人的犯罪行为给国家财产、集体财产造成物质损失的事实，并且要注意表明被告人的犯罪行为与财产损失之间的因果关系。（2）证据。要列举出证实上述事实的证据。（3）理由。即提出民事诉讼请求的理由。这一部分内容包括四个方面：一是要概括叙述被告应当承担民事责任的事实理由；二是要引用被告应当承担民事责任的有关民事实体法的具体条款，说明提出诉讼请求的法律依据；三是要说明提起刑事公诉的情况，即"因被告人×××的上述行为构成×××罪，依法应当追究刑事责任，本院已于×年×月×日以×××号起诉书向你院提起公诉"；四是提起附带民事诉讼的程序法依据，即"现根据《中华人民共和国刑事诉讼法》第七十七条第二款的规定，提起附带民事诉讼，请依法裁判。

5．送达单位。即以单独成行居中的"此致'二字，引出另起一行的受文机关名称，可以表述为"某某市人民法院"等。

6．尾部。包括：（1）检察人员的法律职务及姓名。法律职务应当写明检察长、副检察长、检察员、代理检察员等职务，姓名写在法律职务之后。（2）日期，应当写检察长签发附带民事诉讼起诉书的具体日期，要写在检察人员法律职务及姓名下一行对应位置，并加盖制作文书的人民检察院院印。

另外，刑事附带民事起诉书应当根据情况列明附注事项，一般包括：（1）刑事附带民事起诉书副本份数；（2）主要证据复印件已经移送；（3）其他需要附注的事项。

此文书填写格式如下：

附带民事诉讼案件适用

吉林省人民检察院
刑事附带民事起诉书

检刑附民诉[   ]号

被告人……（写明姓名、性别、年龄、民族、职业、工作单位及职务、住址、是否刑事案件被告人等）

（对于被告单位，写明单位名称、住所地、是否刑事案件被告单位、法定代表人姓名、职务等）

被害单位……（写明单位名称、所有制性质、住所地、法定代表人姓名、职务等）

诉讼请求：

……（写明具体的诉讼请求）

事实证据和理由：

……（写明检察机关审查认定的导致国家、集体财产损失的犯罪事实及有关证据）

本院认为，……（概括叙述被告人应承担民事责任的理由），根据……（引用被告人应承担民事责任的法律条款）的规定，应当承担赔偿责任。因被告人×××的上述行为构成×××罪，依法应当追究刑事责任，本院已于×年×月×日以×××号起诉书向你院提起公诉。现根据《中华人民共和国刑事诉讼法》第七十七条第二款的规定，提起附带民事诉讼，请依法裁判。

此致

吉林省×××人民法院

检察员：×××（名章）
年　月　日
（院印）

附：

1. 刑事附带民事起诉书副本一式×份。

2. 主要证据复印件已移送。

3. 其他需附注的事项。

适用中应当注意的问题

1. 要正确适用本文书。人民检察院提起刑事附带民事诉讼，是非常严肃的法律行为。凡是人民检察院在提起公诉时提起附带民事诉讼的，都应当单独制作本文书，不宜在刑事起诉书中混加有关附带民事诉讼的内容。

2. 对于被告人与刑事附带民事诉讼无关的犯罪行为，可以不在刑事附带民事起诉书中叙述。

3. 如果被害单位自己提起刑事附带民事诉讼的，人民检察院不能再单独提起附带民事诉讼；如果在审查起诉阶段被害单位明确提出附带民事诉讼要求，并有诉状的，人民检察院也不宜自行提出刑事附带民事诉讼，但对被害单位提出附带民事诉讼的情况，应当在刑事起诉书的附项中注明。

4. 本文书在制作过程中，可以征求本院民事行政检察部门的意见，以切实保证文书的质量和提起附带民事诉讼的准确性。

不起诉决定书

一、首部

此部分包括制作文书的人民检察院名称、文书名称和文书编号。

二、正文

（一）被不起诉人基本情况

被不起诉人的基本情况参照起诉书中所列项目顺序叙明。如系被不起诉单位，则应写明名称、住所地等，并以"被不起诉单位"替代不起诉书格式中的"被不起诉人"。

（二）辩护人基本情况

此部分包括辩护人姓名、单位。

（三）案由和案件来源

其中"案由"应当写移送审查起诉时或者侦查终结时认定的行为性质，而不是审查起诉部门认定的行为性质。

"案件来源"包括公安、安全机关移送、本院侦查终结、其他人民检察院移送等情况。

应当写明移送审查起诉的时间和退回补充侦查的情况（包括退回补充侦查日期、次数和再次移送日期），写明本院受理日期。

（四）案件事实情况

此部分包括否定指控被不起诉人构成犯罪的事实及作为不起诉决定根据的事实。应当根据三种不起诉的性质、内容和特点，针对案件具体情况各有侧重点叙写。

（五）不起诉理由、法律依据和决定事项部分

在制作这部分时应当注意下面几个问题：

1. 所引用的法律应当引全称。

2. 所引用的法律条款要用汉字将条、款、项引全。

（六）告知事项部分

1. 凡是有被害人的案件，不起诉决定书应当写明被害人享有申诉权及起诉权；

2. 根据刑事诉讼法第一百四十二条第二款作出的不起诉决定，还应当写明被不起诉人享有申诉权；

3. 不起诉决定同时具有刑事诉讼法第一百四十五条和第一百四十六条所规定的情形，不起诉决定书应当统一按被不起诉人、被害人的顺序分别写明其享有的申诉权及起诉权。

三、尾部

1. 署名部分：统一署某检察院院名。

2. 本文书的具文日期应当是签发日期。

四、适用中应当注意的问题

1. 要正确把握不起诉决定书的使用范围。对于经审查认为犯罪嫌疑人没有犯罪行为，或者犯罪行为不是犯罪嫌疑人所为的案件，人民检察院应依法将案件退回侦查机关（对于自侦案件，审查起诉部门应将案件退回侦查部门），由侦查机关（部门）作出撤销案件的决定，而不能决定不起诉。

2. 对于人民检察院决定不起诉的案件，如果在侦查过程中对有关财物采取了扣押、冻结措施的，应予解除。对于公安等侦查机关移送审查起诉的案件，人民检察院应当及时将不起诉决定书送达侦查机关，由其解除扣押、冻结。

3. 人民检察院在作出不起诉决定时，如果认为应对被不起诉人给予行政处罚、行政处分或者需要没收违法所得的，应当提出检察意见书，连同不起诉决定书一并移送有关主管机关处理。

4. 本文书以被不起诉人为单位制作。

5. 文书中所引用的法律条文数字一律用汉字表示。

6. 本文书应分为正本和副本，其中正本一份归入正卷，副本发送被不起诉人、辩护人及其所在单位、被害人或者近亲属及其诉讼代理人、侦查机关（部门）。

7. 相对不起诉的法律文书虽然是针对有犯罪事实的行为人制作，但不属于定罪，行为人在法律上讲是无罪的，在文书中不应出现"行为人犯有×××罪"的表述。

绝对不起诉案件适用

吉林省人民检察院
不起诉决定书

检刑不诉[　　]号

被不起诉人……[写明姓名、性别、出生年月日、身份证号码、民族、文化程度、职业或工作单位及职务（国家机关工作人员利用职权实施的犯罪，应当写明犯罪期间在何单位任何职）、住址（被不起诉人住址写居住地，如果户籍所在地与暂住地不一致的，应当写明户籍所在地和暂住地），是否受过刑事处罚，采取强制措施的种类、时间、决定机关等]

（如系被不起诉单位，则应写明名称、住所地等）

辩护人……（写姓名、单位）

本案由×××（侦查机关名称）侦查终结，以被不起诉人×××涉嫌×××罪，于×年×月×日移送本院审查起诉。

（如果是自侦案件，此处写"被不起诉人×××涉嫌×××一案，由本院侦查终结，于×年×月×日移送审查起诉或不起诉。"如果案件是其他人民检察院移送的，此处应当将指定管辖、移送单位以及移送时间等写清楚。

如果案件曾经退回补充侦查，应当写明退回补充侦查的日期、次数以及再次移送审查起诉的时间。）

经本院依法审查查明：

……

[如果是根据《刑事诉讼法》第十五条第（一）项即侦查机关移送起诉认为行为构成犯罪，经检察机关审查后认定行为情节显著轻微、危害不大，不认为是犯罪而决定不起诉的，则不起诉决定书应当先概括叙述公安机关移送审查起诉意见书认定的犯罪事实（如果是检察机关的自侦案件，则不写这部分），然后叙写检察机关审查后认定的事实及相应的证据，重点反映显著轻微的情节和危害程度较小的结果。如果是行为已经构成犯罪，本应当追究刑事责任，但审查过程中有《刑事诉讼法》第十五条第（二）至（六）项法定不追究刑事责任的情形，因而决定不起诉的，应当重点叙明符合法定不追究刑事责任的事实和证据，充分反映出法律规定的内容。]

本院认为，×××（被不起诉人的姓名）的上述行为，情节显著轻微、危害不大，不构成犯罪。依照《中华人民共和国刑事诉讼法》第十五条第（一）项和第一百四十二条第一款的规定，决定对×××（被不起诉人的姓名）不起诉。

[如果是根据《刑事诉讼法》第十五条第（二）至（六）项法定不追究刑事责任的情形而决定的不起诉，重点阐明不追究被不起诉人刑事责任的理由及法律依据，最后写决定不起诉的法律依据。]

被害人如果不服本决定，可以自收到本决定书后七日以内向×××人民检察院申诉，请求提起公诉；也可以不经申诉，直接向×××人民法院提起自诉。

×××人民检察院（院印）
年　月　日

绝对不起诉书范文

吉林省吉林市人民检察院
不起诉决定书

吉市检刑不诉[××××]×号

被不起诉人李某某，男，1958年6月18日生，身份证号码：22022119580618×××
×，汉族，小学文化，农民，住吉林省某县某镇某村。曾因犯盗窃罪，于1980年6月被
某县人民法院判处有期徒刑六个月，1980年11月26日刑满释放。现因涉嫌故意杀人，
于2001年12月20日被永吉县公安局刑事拘留，于2002年1月28日被永吉县公安局取保候
审。

辩护人杨某，吉林天成律师事务所律师。

本案由永吉县公安局侦查终结，以被不起诉人李某某涉嫌犯故意杀人罪，于2002年
1月29日移送永吉县人民检察院审查起诉。该院依照《中华人民共和国刑事诉讼法》第
二十条之规定，于2002年2月29日呈报本院审查起诉。

永吉县公安局起诉意见书认定：被不起诉人李某某与被害人刘某某平素关系不睦。
2001年12月17日中午11时许，刘酒后到李某某家小卖店将柜台玻璃砸碎，李某某得知后
手持扎枪来到小卖店门前同刘对骂，并厮打在一起。在厮打中，李用扎枪刺破刘的左小
腿（系轻微伤），后被在场群众拉开。李的长子李某、次子李某（均已起诉）闻讯赶到
小卖店，李某从小卖店里拿出一把片刀，李某拿出一把斧子。二人上前照刘头部猛砍数
下，当即将刘砍倒在地。刘被送往医院经抢救无效死亡。

经本院依法审查查明：

被不起诉人李某某于2001年12月17日中午11时许，在本村自家小卖店库房内，得知
被害人刘某某酒后砸坏其家小卖店柜台玻璃，便手持扎枪到小卖店门前与其对骂并厮
打。在厮打中，李用扎枪将刘左小腿扎伤（轻微伤），后被在场的群众拉开。李在地里
干活的长子李某、次子李某闻讯赶回，先后从小卖店内拿出片刀和斧子，不由分说照刘
头部猛砍数下，将刘砍成重伤，经抢救无效死亡。

上述事实有下列证据证实：

（一）犯罪嫌疑人、被告人供述和辩解

1. 被不起诉人李某某供述和辩解：当时，我在库房内听说刘某某砸坏我家小卖店
柜台玻璃后，十分生气，我便从库房内拿起一支扎枪，赶到前屋小卖店，刘看见我后，
边骂边上前打我，我俩厮打在一起，我用扎枪扎中他的左小腿，被在场的肖某、郭某等
人拉开。不一会儿，我儿子李某、李某回来，他们见刘仍在骂我，便在店内拿出片刀和
斧子把刘某某砍坏了。

2. 被告人李某供述：听说刘某某与我父亲李某某打起来，我和李某跑回来，我拿
片刀，李某拿斧子，把刘砍伤，当时我父亲已被他人劝在一旁，砍刘的事与我父亲无
关。

3. 被告人李某供述：我和我哥李某在地里干活时，听说刘某某和我爹打起来了，
我俩就跑回小卖店，见刘某某还在那骂我爹，我爹被别人拽到一边，我就从柜台后拿出
一把斧子，我哥拿起一把片刀，我俩把刘砍倒了。

（二）证人证言

1. 证人肖力证实被不起诉人李某某和被害人刘某某对骂、厮打及被拉开的经过。

2. 证人郭某证实被害人刘某某到小卖店砸碎柜台玻璃，并与李某某对骂、厮打及拉仗经过，以及李某、李某砍伤刘的过程。

3. 证人王某证实李某某拿扎枪出来与刘对骂、厮打并刺伤刘左小腿，后被他人拉开的经过。

4. 证人李平、潘树证实李进、李广用片刀、斧子砍伤被害人刘某某的经过，并证实李某某被人拉开后再无其他言行。

（三）鉴定结论

永吉县公安局法医鉴定书结论：刘某某左小腿锐器伤，系轻微伤。

本院认为，李某某在本起故意杀人案件中，主观上与他人无共同杀人故意，客观上与他人无共同杀人行为，其与被害人刘某某厮打，并用扎枪刺伤刘的行为属情节显著轻微，危害不大，不构成犯罪。依照《中华人民共和国刑事诉讼法》第十五条（一）项、第一百四十二条第一款之规定，决定对李某某不起诉。

被害人（因本案被害人已死亡，故此处可改为被害人的近亲属或其诉讼代理人）如果不服本决定，可以自收到本决定书后七日以内向吉林省人民检察院申诉，请求提起公诉；也可以不经申诉，直接向吉林市中级人民法院提起自诉。

吉林省吉林市人民检察院（院印）

二〇〇二年三月十九日

相对不起诉案件适用

吉林省人民检察院
不起诉决定书

检刑不诉[　　]号

被不起诉人……[写明姓名、性别、出生年月日、身份证号码、民族、文化程度、职业或工作单位及职务（国家机关工作人员利用职权实施的犯罪，应当写明犯罪期间在何单位任何职）、住址（被不起诉人住址写居住地，如果户籍所在地与暂住地不一致的，应当写明户籍所在地和暂住地），是否受过刑事处罚，采取强制措施的种类、时间、决定机关等。]

（如系被不起诉单位．则应写明名称、住所地等）

辩护人……（写姓名、单位）

本案由×××（侦查机关名称）侦查终结，以被不起诉人×××涉嫌×××罪，于×年×月×日移送本院审查起诉。

[如果是自侦案件，此处写"被不起诉人×××涉嫌×××一案，由本院侦查终结。于×年×月×日移送审查起诉或不起诉。如果案件是其他人民检察院移送的，此处应当将指定管辖、移送单位以及移送时间等写清楚。

如果案件曾经退回补充侦查，应当写明退回补充侦查的日期、次数以及再次移送审查起诉的时间。]

经本院依法审查查明：

……

[概括叙写案件事实，其重点内容是有关被不起诉人具有的法定情节及检察机关酌情作出不起诉决定的具体理由的事实。要将检察机关审查后认定的事实和证据写清楚，不必叙写侦查机关（部门）移送审查时认定的事实和证据。对于证据不足的事实，不能写入不起诉决定书中。在事实部分中表述犯罪情节时应当以犯罪构成要件为标准，还要将体现其情节轻微的事实及符合不起诉条件的特征叙述清楚。叙述事实之后，应当将证明"犯罪情节"的各项证据一一列举，以阐明犯罪情节如何轻微。]

本院认为，被不起诉人×××实施了《中华人民共和国刑法》第×条规定的行为，但犯罪情节轻微，具有×××情节（此处写明从轻、减轻或免除刑事处罚具体情节的表现），根据《中华人民共和国刑法》第×条的规定，不需要判处刑罚（或者免除刑罚）。依据《中华人民共和国刑事诉讼法》第一百四十二条第二款的规定，决定对×××（被不起诉人的姓名）不起诉。

被不起诉人如不服本决定，可以自收到本决定书后七日内向本院申诉。

被害人如不服本决定，可以自收到本决定书后七日以内向×××人民检察院申诉，请求提起公诉；也可以不经申诉，直接向×××人民法院提起自诉。

×××人民检察院（院印）

年 月 日

相对不起诉决定书范文

吉林省吉林市丰满区人民检察院
不起诉决定书

吉丰检刑不诉[××××]×号

被不起诉人王某某，男，1966年8月11日生，身份证号码：22021119660811×××
×，汉族，初中文化，个体司机，住吉林市丰满区白山村。因涉嫌交通肇事，于2002年
3月1日被吉林市公安局交通警察支队取保候审。

辩护人李某，吉林大地律师事务所律师。

本案由吉林市公安局交通警察支队侦查终结，以被不起诉人王某某涉嫌交通肇事罪，于2002年4月1日移送吉林市人民检察院审查起诉。该院依据《中华人民共和国刑事诉讼法》第十九条之规定，于同年4月2日交由本院审查起诉。

经依法审查查明：

被不起诉人王某某于2002年2月29日8时许，驾驶吉B—13016号农用机动三轮车，沿吉桦公路由南向北行驶，当行至吉林江城监狱路口处时，由于该车制动系统失灵且采取措施不当，将由西向东推自行车横过机动车道的刘某撞倒，王某即将其送往医院抢救，刘因抢救无效当日死亡。经法医鉴定，刘某系因交通肇事致脑挫裂伤，脑疝死亡。被不起诉人王某某于当日到公安机关投案自首。

上述事实有下列证据证实：

一、犯罪嫌疑人供述和辩解

被不起诉人王某某供述：我的车刹车不好，当天我见那女的推自行车横过马路，我往右侧转一下方向盘，以为能过去，但那女的又往回走，我踩刹车但刹得慢，车箱右侧把那女的刮倒，我立即截车把她送进医院。事后经调解，我赔偿她家6万元钱。

二、证人证言

1. 证人肖某证实：农用车在路中间行驶，那个女的推车横过马路，见来车，她又往回返，车躲不及将她刮倒了。司机打车把她送走了。

2. 证人白启证实：那个司机开车并不快，在路中间偏右侧行驶，这时路口处一女的推车过横道，双方好象相住了，车把那女的刮倒，头出血了，司机叫辆出租车将她送医院去了。

三、鉴定结论

吉林市公安局交通警察支队交通事故责任认定书结论：王某某在本起事故中负70%责任，被害人刘贤负30%责任。

四、书证

1. 吉林市公安局交通警察支队事故调解书：王某某一次性赔偿死者家属人民币6万元整。

2. 吉林市公安局交通警察支队关于王某某投案自首的证明材料。

本院认为，被不起诉人王某某实施了《中华人民共和国刑法》第一百三十三条规定的交通肇事行为，鉴于其案发后能主动投案自首、积极抢救、赔偿经济损失，具有免除处罚情节，根据《中华人民共和国刑法》第三十七条之规定，不需要判处刑罚。依据《中华人民共和国刑事诉讼法》第一百四十二条第二款之规定，决定对王某某不起诉。

被不起诉人如不服本决定，可以自收到本决定书七日内向本院申诉。

被害人（因本案被害人已死亡，故此处可改为被害人的近亲属或其诉讼代理人）如不服本决定，可以自收到本决定书后七日以内向吉林市人民检察院申诉，请求提起公诉；也可以不经申诉，直接向吉林市丰满区人民法院提起自诉。

吉林市丰满区人民检察院（院印）

二〇〇二年四月二十日

存疑不起诉案件适用

吉林省人民检察院
不起诉决定书

检刑不诉[　　]号

被不起诉人……[写明姓名、性别、出生年月日、身份证号码、民族、文化程度、职业或工作单位及职务（国家机关工作人员利用职权实施的犯罪，应当写明犯罪期间在何单位任何职）、住址（被不起诉人住址写居住地．如果户籍所在地与暂住地不一致的，应当写明户籍所在地和暂住地），是否受过刑事处罚，采取强制措施的种类、时间、决定机关等。]

（如系被不起诉单位，则应写明名称、住所地等）

辩护人……（写姓名、单位）

本案由×××（侦查机关名称）侦查终结，以被不起诉人×××涉嫌×××罪，于×年×月×日移送本院审查起诉。

[如果是自侦案件，此处写"被不起诉人×××涉嫌×××一案，由本院侦查终结，于×年×月×日移送审查起诉或不起诉。"如果案件是其他人民检察院移送的，此处应当将指定管辖、移送单位以及移送时间等写清楚。

如果案件曾经退回补充侦查，应当写明退回补充侦查的日期、次数、以及再次移送审查起诉时间。]

×××（侦查机关名称）移送审查起诉认定……（概括叙述侦查机关认定的事实），经本院审查并退回补充侦查，本院仍然认为×××（侦查机关名称）认定的犯罪事实不清、证据不足（或本案证据不足），不符合起诉条件。依照《中华人民共和国刑事诉讼法》第一百四十条第四款的规定，决定对×××（被不起诉人的姓名）不起诉。

[如系检察机关直接受理案件，则写为：本案经本院侦查终结后，在审查起诉期间，经两次补充侦查，本院仍认为本案证据不足，不符合起诉条件。依照《中华人民共和国刑事诉讼法》第一百四十条第四款的规定，决定对×××不起诉。]

被害人如不服本决定，可以自收到本决定书后七日以内向×××人民检察院申诉，请求提起公诉；也可以不经申诉，直接向×××人民法院提起自诉。

×××人民检察院（院印）

年月日

存疑不起诉书范文

吉林省吉林市人民检察院
不起诉决定书

吉市检刑不诉[××××]×号

被不起诉人张某某，男，1965年2月22日生，身份证号码：22021219650222×××
×，汉族，大学文化，系吉林市某运输有限责任公司副总经理，户籍所在地吉林省长春市桂林路×号，暂住地吉林市昌邑区通江街1111号。因涉嫌生产伪劣产品，于2001年7月15日被吉林市公安局刑事拘留，因涉嫌犯生产伪劣产品罪，经吉林市人民检察院批准，于同年8月4日由吉林市公安局执行逮捕。

辩护人何富、马贵，吉林大地律师事务所律师。

本案由吉林市公安局侦查终结，以被不起诉人张某某涉嫌犯生产、销售伪劣产品罪，于2001年6月10日移送本院审查起诉。经审查后，因本案事实不清，证据不足，本院分别于2001年9月19日、10月25日两次退回吉林市公安局补充侦查，该局于同年11月25日补充完毕后再次移送本院审查起诉。

吉林市公安局起诉意见书认定：被不起诉人张某某自1997年5月以来，在任吉林市某运输有限责任公司副总经理期间，为帮助犯罪嫌疑人高某（外逃）非法改拼装日产三菱汽车，先后在广州市、乌鲁木齐市等地，为高联系购买各类日产三菱汽车旧发动机、传动轴、底盘等零部件5百余件，供高用于改拼装汽车使用。经本院审查并二次退回补充侦查，侦查机关仍无法查清被不起诉人张某某参与生产伪劣产品的主观故意及帮助犯罪嫌疑人高某某购买旧零部件的详细情况，本院仍然认为吉林市公安局起诉意见书认定被不起诉人张某某涉嫌生产伪劣产品的犯罪事实不清、证据不足，不符合起诉条件。依照《中华人民共和国刑事诉讼法》第一百四十条第四款之规定，决定对张某某不起诉。

被害人如果不服本决定，可以自收到本决定书后七日内向吉林省人民检察院申诉，请求提起公诉；也可以不经申请，直接向吉林市中级人民法院提起自诉。

吉林省吉林市人民检察院（院印）

二〇〇一年十二月二十五日

提请抗诉报告书

本文书依照《刑事诉讼法》第二百零五条第三款和《人民检察院刑事诉讼规则》第四百零六条、第四百零八条的规定制作。为下级人民检察院审查发现同级人民法院已经生效的判决、裁定确有错误而提请上级人民检察院依法抗诉时使用。本文书为叙述式文书，其内容包括以下三部分：

1. 首部。包括人民检察院的名称、文书名称和文书编号。人民检察院的名称即提出报告的人民检察院，文书名称即提请抗诉报告书，文书编号为"检提抗[　]号"，空白处分别填写提出报告的人民检察院的简称、具体办案部门简称、年度、文件序号。

2. 正文。其中包括四部分内容：（1）报请单位。即"×××人民检察院："，具体写明上一级人民检察院的名称。（2）提请抗诉的起因。具体表述为："本院×年×月×日收到×××人民法院×年×月×日×××号对被告人×××一案的刑事判决（裁定）书。经本院审查认为：该判决（裁定）确有错误。现将审查情况报告如下："（3）案件审理经过及提请抗诉的理由。依次写明原审被告人基本情况及审查认定后的犯罪事实，一审法院、二审法院的审判情况，判决、裁定错误之处，提请抗诉的理由和法律根据，本院检察委员会讨论情况。（4）提请事项。具体表述为："为保证法律的统一正确实施，特提请你院通过审判监督程序对此案提出抗诉。现将×××案卷随文上报，请予审查。"

3. 尾部。包括制作文书的日期及提请抗诉的人民检察院的院印。

提请抗诉报告书适用

吉林省人民检察院
提请抗诉报告书

检提抗[   ]号

×××人民检察院：

本院×年×月×日收到×××人民法院×年×月×日×××号对被告人×××一案的刑事判决（裁定）书。经本院审查认为：该判决（裁定）确有错误。现将审查情况报告如下：（以下依次写明：

一、原审被告人基本情况及审查认定后的犯罪事实

二、一审法院、二审法院的审判情况

三、判决、裁定错误之处，提请抗诉的理由和法律根据

四、本院检察委员会讨论情况）

为保证法律的统一正确实施，特提请你院通过审判监督程序对此案提出抗诉。现将×××案卷随文上报，请予审查。

×××人民检察院（院印）

年 月 日

提请抗诉报告书范文

吉林省吉林市人民检察院
提请抗诉报告书

吉市检刑提抗[××××]×号

吉林省人民检察院：

本院于2000年11月20日收到吉林市中级人民法院（××××）吉刑终字第××号对被告人张某某强奸一案的刑事判决书。经本院审查认为：该判决书认定被告人张某某强奸的犯罪事实基本正确，但认定其犯罪情节轻微，对其免予刑事处罚，显系不当。现将审查情况报告如下：

一、原审被告人基本情况及审查认定的犯罪事实

原审被告人张某某，男，1964年×月×日出生，汉族，吉林市人，初中文化，系吉林市某公司业务员，住吉林市船营区×街×委×组。因犯强奸罪，于2000年11月20日被吉林市中级人民法院判处免予刑事处罚，现已释放。

原审被告人张某某与被害人李某于1998年相识并同居，1998年6月张某某因琐事殴打李某及其妹妹，当民警前来制止时，不听劝阻，被公安机关治安拘留15天。后李某提出与张某某终止恋爱关系。此后双方终止接触。1999年9月，张在李所在单位门前，将李截住，强行将李某带至一朝族饭店内，张让李某喝酒，因李不喝继而往李某嘴里灌啤酒。22时许，张又将李某强行带至其单位办公楼，将李某拽到其办公室，采取咬胳膊、掐脖子等手段将李强奸。

二、一审法院、二审法院的审判情况

该案经吉林市船营区人民法院审理，于2000年4月17日作出一审判决，认定原审被告人张某某犯强奸罪，判决有期徒刑四年。张某某不服一审判决，上诉至吉林市中级人民法院，2000年9月20日吉林市中级人民法院作出终审判决，认定张某某犯强奸罪，免予刑事处罚。

三、二审判决错误之处、提请抗诉的理由和法律根据

（一）二审判决以原审被告人张某某与被害人李某长期同居为由，从而认定其强奸的犯罪情节轻微与事实不符。

本院认为原审被告人张某某与被害人李某于1998年相恋，并于同年3月开始同居。1999年6月因张无故殴打李某及其妹妹，引起报警。当警方制止张的不法行为时，张不服，与警方发生争执，被治安拘留15天。此后，李某与张某某终止恋爱关系，并断绝了往来。同年9月，原审被告人张某某以索要同居期间所购物品为借口，在李所在单位门前，将李某暴力挟持长达10小时之久。期间，张以殴打、灌啤酒、用折断的筷子扎手指等手段，对李进行摧残和侮辱，并于当晚22时，将李挟持到某单位办公室，采取殴打、掐脖子、咬胳膊等手段，将正在月经期的被害人李某强奸。张在实施强奸犯罪过程中，还通过给李母打电话，让其收听李的呼救声和他的淫笑声，以此对李及其母进行侮辱和威胁。张的犯罪行为给被害人及其家人造成极大的精神损害。由此可见，原审被告人张某某强奸犯罪的气焰嚣张、手段卑鄙、情节严重。

（二）二审判决对原审被告人张某某以强奸罪免予刑事处罚，确属适用法律不当。

强奸罪，是严重侵犯妇女人身权利的犯罪，是当前重点打击的严重刑事犯罪之一。国家法律为保护妇女人身权利，对该罪规定了较严厉的刑罚。就本案而言，被害人李某虽曾与原审被告人张某某有过恋爱和同居的经历，但在恋爱关系解除后，双方的同居事实已经终止。并非属于男女之间恋爱同居和婚姻关系存续期间，不能以过去曾经同居为理由，否定现在张对李所实施的强奸犯罪，更不能作为对其免除刑事处罚的依据。从本案事实看，原审被告人张某某实施强奸犯罪的手段、情节、后果十分恶劣，均无法定和酌定的从轻、减轻或免除处罚情节。二审庭审中，原审被告人张某某编造理由，避重就轻，拒不认罪，否认过去曾供认的犯罪事实，实属认罪态度恶劣，更不具备免除刑事处罚的理由。

四、本院检察委员会讨论情况

经本院检察委员会研究认为，判决书认定原审被告人张某某强奸的犯罪事实基本正确，但认定其犯罪情节轻微，对其免予刑事处罚显系不当，决定提请抗诉。

综上，为保证法律的统一正确实施，特提请你院通过审判监督程序对此案提出抗诉。现将原审被告人张某某强奸案卷宗随文上报，请予审查。

×××人民检察院（院印）

二〇〇二年六月六日

适用中应当注意的问题

1. 报送提请抗诉书的同时，应一同将所涉案卷附上。

2. 本文书除留1份附卷外，其余报上一级人民检察院，报送份数要符合要求，其中，省检察院提请最高人民检察院抗诉时应报送22份，市、州人民检察院和基层人民检

察院提请上一级人民检察院抗诉时报送5份。

刑事抗诉书（二审程序适用）

二审程序适用的刑事抗诉书由首部、原审判决（裁定）情况、检察院审查意见和抗诉理由、结论意见和要求、尾部、附注组成。

1. 首部

注明所在省（自治区、直辖市）的名称，不能只写地区级市、县、区院名，如果是涉外案件，要冠以"中华人民共和国"字样。

2. 原审判决、裁定情况

（1）不写被告人的基本情况。

（2）案由，如果检法两家认定罪名不一致时，应该分别表述。

（3）如果侦查、起诉、审判阶段没有超时限等程序违法现象时，不必写明公安、检察与法院的办案经过，只简要写明法院判决、裁定的结果。

3. 审查意见

这一部分的内容是检察机关对原判决（裁定）的审查意见，目的是明确指出原判决（裁定）的错误所在，告知二审法院，检察院抗诉的重点是什么。这部分要观点鲜明，简明扼要。

4. 抗诉理由

针对事实确有错误、适用法律不当或审判程序严重违法等不同情况，叙写抗诉理由。

（1）如果法院认定的事实有误，则要针对原审裁判的错误之处，提出纠正意见，强调抗诉的针对性。对于有多起犯罪事实的抗诉案件，只叙写原判决（裁定）认定事实不当的部分，认定没有错误的，可以只肯定一句"对……事实的认定无异议"即可。突出检法两家的争议重点，体现抗诉的针对性。对于共同犯罪案件，也可以类似地处理，即只对原判决（裁定）漏定或错定的部分被告人的犯罪事实作重点叙写，其他被告人的犯罪事实可简写或者不写。

关于"证据部分"，应该在论述事实时有针对性地列举证据，说明证据的内容要点及其与犯罪事实的联系。

刑事抗诉书中不能追诉起诉书中没有指控的犯罪事实。

如有自首、立功等情节，应在抗诉书中予以论述。

（2）如果法院适用法律有误，主要针对犯罪行为的本质特征，论述应该如何认定行为性质，从而正确适用法律。要从引用罪状、量刑情节等方面分别论述。

（3）如果法院审判程序严重违法，抗诉书就应该主要根据刑事诉讼法及有关司法解释，逐个论述原审法院违反法定诉讼程序的事实表现，再写明影响公正判决的现实或可能性，最后阐述法律规定的正确诉讼程序。

5. 结论性意见、法律根据、决定和要求事项

刑事抗诉书中结论性意见应当简洁、明确。在要求事项部分，应写明"特提出抗诉，请依法判处"。

6. 尾部

署名方式，署检察院名称并盖院印。

二审程序抗诉书适用

吉林省人民检察院
刑事抗诉书

检刑抗[　　]号

×××人民法院以××号刑事判决书（裁定书）对被告人×××（姓名）×××（案由）一案判决（裁定）……（判决、裁定结果）。

本院依法审查后认为（如果是被害人及其法定代理人不服地方各级人民法院第一审的判决而请求人民检察院提出抗诉的，应当写明这一程序，然后再写"本院依法审查后认为"），该判决（裁定）确有错误（包括认定事实有误、适用法律不当、审判程序严重违法），理由如下：

……（根据不同情况，理由从认定事实错误、适用法律不当和审判程序违法等几方面阐述）

综上所述……（概括上述理由），为维护司法公正，准确惩治犯罪，依照《中华人民共和国刑事诉讼法》第一百八十一条的规定，特提出抗诉，请依法判处。

此致

吉林省×××人民法院

×××人民检察院（院印）
年　月　日

附：

1. 被告人×××现羁押于×××（或者现住×××）。
2. 新的证人名单或者证据目录。

二审程序抗诉书范文

吉林省吉林市人民检察院
刑事抗诉书

吉市检刑抗[××××]×号

吉林省吉林市中级人民法院于2002年4月8日以（2002）吉刑初字第55号刑事判决书，对被告人鲍某某以故意杀人罪判处死刑，缓期二年执行，剥夺政治权利终身；以抢劫罪判处有期徒刑十年，剥夺政治权利二年，决定执行死刑，缓期二年执行，剥夺政治权利终身。本院经依法审查后认为：

吉林市中级人民法院（2002）吉刑初字第55号刑事判决书对被告人鲍某某故意杀人、抢劫罪的犯罪事实及犯罪性质的认定是正确的，但该判决以被告人鲍某某认罪态度较好为由，对其从轻处罚，实属认定犯罪情节错误，适用法律不当，量刑畸轻，应予改判，其理由如下：

一、该判决书以被告人鲍某某认罪态度较好为主要从轻处罚情节，从轻判处其死刑，缓期二年执行，显系错误。

本案的事实和证据证明，被告人鲍某某作案后，畏罪潜逃，经公安机关多方侦查确认是鲍所为，并部署警力才将其抓获。被告人鲍某某到案后，在公安、检察机关的历次讯问中，避重就轻，狡猾抵赖，不如实交待自己的罪行。在法庭审理过程中，被告人鲍某某又推翻原供述，拒不承认杀人、抢劫的主要犯罪事实及情节，编造："没有拽被害人的头往箱子上撞"、"没有将装稻子的麻袋压在被害人身上"、"没有抢得西服上衣"、"离开现场时被害人还活着"等谎言，企图逃避或减轻自己的罪责。而这些狡辩既没有事实依据，也没有证据证实。因此，该判决书认定被告人鲍某某认罪态度较好，据此作为从轻处罚的主要情节，判处其死缓，显系错误。

二、该判决书对被告人鲍某某在适用法律上明显错误，量刑畸轻。

本案认定被告人鲍某某犯故意杀人罪、抢劫罪，事实清楚，证据确凿。被告人鲍某某于2001年12月7日产生抢劫之念，遂携带斧子闯入被害人庞某家，先用斧子将庞逼住，抢得现金3000元，当庞呼救时，鲍为灭口，先用木棒、斧子猛击被害人庞某的头部，又拽其头发往木箱子上撞，造成庞头部10余处严重挫裂创，致使其颅骨骨折，颅内出血，当场死亡。可见，被告人鲍某某故意杀人、抢劫犯罪的手段残忍，情节及后果特别严重，社会危害极大，实属罪不容赦的严重刑事犯罪分子，不具备法律规定的适用死刑缓期执行的条件，而该判决却以鲍认罪态度较好作为酌定情节，判处其死刑、缓期二年执行，显系适用法律不当，量刑畸轻。

综上所述，吉林市中级人民法院以[2002]吉刑初字第55号刑事判决书，认定被告人鲍某某认罪态度较好，并据此对其从轻处罚，实属认定事实情节错误，适用法律不当，量刑畸轻。为维护司法公正，准确惩治犯罪，严厉打击严重危害社会治安的犯罪分子，依照《中华人民共和国刑事诉讼法》第一百八十一条之规定，特对吉林市中级人民法院[2002]吉刑初字第55号刑事判决书提出抗诉，请依法判处。

此致

吉林省高级人民法院

吉林省吉林市人民检察院（院印）
二〇〇二年六月六日

附：被告人鲍某某现羁押于吉林市公安局第一看守所。

适用中应当注意的问题

1. 根据有关规定，刑事抗诉书中不能追诉起诉书中没有指控的犯罪事实。

2. 被告人如果有自首、立功等情节的，应当在抗诉书中予以叙写。

3. 本文书以案件或被告人为单位制作。每案制作10份，每增加一个被告人增加5份。其中，正本送达主送的人民法院，副本通过原审法院送达被告人及其诉讼代理人，同时，本文书应抄报上一级人民检察院和同级人大。

4. 地方各级人民检察院应当在同级人民法院一审裁判生效前的法定期限内将本文书正本和副本一并送达原审人民法院，由其分别向上一级人民法院移送和向被告人及其辩护人送达。

刑事抗诉书（审判监督程序适用）

审判监督程序适用的刑事抗诉书由首部、原审被告人基本情况、生效判决或裁定概况、对生效判决或裁定的审查意见（含事实认定）、抗诉理由、抗诉决定、尾部、附注组成。

1. 首部

写明所在省（自治区、直辖市）的名称，不能只写地市院名；如果是涉外案件，要注明"中华人民共和国"的字样。

2. 原审被告人基本情况

被告人年龄、出生日期、住址等；被告人的身份证号码、出生地；刑满释放或者假释的具体日期等。

3. 诉讼过程、生效判决或裁定概况

如果是一审生效判决或裁定，不仅要写明一审判决或裁定的主要内容，还要写明一审判决或裁定的生效时间。如果是二审终审的判决或裁定，应该分别写明一审和二审判决或裁定的主要内容，此外，还应该写明提起审判监督程序抗诉的原因。

4. 对生效判决或裁定的审查意见（含事实认定）

（1）事实认定与证据

对于原审判决、裁定中认定的事实或新发现的事实、证据，应该作比较详细的介绍。

（2）审查意见

这一部分的内容是检察机关对原判决（裁定）的审查意见，目的是明确指出原判决（裁定）的错误所在，告知再审法院，检察院抗诉的重点是什么。这部分要观点鲜明、简明扼要。

5. 抗诉理由

针对事实确有错误、适用法律不当或审判程序严重违法等不同情况，叙写抗诉理由。

（1）如果法院认定的事实有误，则要针对原审裁判的错误之处，提出纠正意见，强调抗诉的针对性。对于有多起"犯罪事实"的抗诉案件，只叙述原判决（裁定）认定事实不当的部分，认定没有错误的，可以只肯定一句"对……事实的认定无异议"即可。突出检、法两家的争议重点，体现抗诉的针对性。对于共同犯罪案件，也可以类似地处理，即只对原判决（裁定）漏定或错定的部分被告人的犯罪事实作重点叙述，其他被告人的犯罪事实可简写或者不写。

关于"证据部分"，应该在论述事实时有针对性地列举证据，说明证据的内容要点及其与犯罪事实的联系。

刑事抗诉书中不能追诉起诉书中没有指控的犯罪事实。

如有自首、立功等情节，应在抗诉书中予以论述。

（2）如果法院适用法律有误，主要针对犯罪行为的本质特征，论述应该如何认定行为性质，从而正确适用法律。要从引用罪状，量刑情节等方面分别论述。

（3）如果法院审判程序严重违法，抗诉书就应该主要根据刑事诉讼法及有关司法解释，逐个论述原审法院违反法定诉讼程序的事实表现，再写明影响公正判决的现实或可能性，最后阐述法律规定的正确诉讼程序。

6. 结论性意见、法律根据、决定和要求事项

结论性意见应当简洁、明确。在要求事项部分，应写明"特提出抗诉，请依法判处。"

7. 尾部

署名方式，署检察院名称并盖院印。

审监程序抗诉书适用

吉林省人民检察院
刑事抗诉书

检刑抗[   ]号

原审被告人……（依次写明姓名、性别、出生年月日、民族、出生地、职业、单位及职务、住址、服刑情况。有数名被告人的，依犯罪事实情节由重至轻的顺序分别列出）

×××人民法院以×××号刑事判决书（裁定书）对被告人×××（姓名）×××（案由）一案判决（裁定）……（写明生效的一审判决、裁定或者一审及二审判决、裁定情况）。经依法审查（如果是被告人及其法定代理人不服地方各级人民法院的生效判决、裁定而请求人民检察院提出抗诉的，或者有关人民检察院提请抗诉的，应当写明这一程序，然后再写"经依法审查"），本案的事实如下：

……（概括叙述检察机关认定的事实、情节。应当根据具体案件事实、证据情况，围绕刑法规定该罪构成要件特别是争议问题，简明扼要地叙述案件事实、情节。一般应当具备时间、地点、动机、目的、关键行为情节、数额、危害结果、作案后表现等有关定罪量刑的事实、情节要素。一案有数罪、各罪有数次作案的，应当依由重至轻或者时间顺序叙述。）

本院认为，该判决（裁定）确有错误（包括认定事实有误、适用法律不当、审判程序严重违法），理由如下：

……（根据情况，理由可以从认定事实错误、适用法律不当和审判程序严重违法等几方面分别论述）

综上所述……（概括上述理由），为维护司法公正、准确惩治犯罪，依照《中华人民共和国刑事诉讼法》第二百零五条第三款的规定，对×××法院×××号刑事判决（裁定）书，提出抗诉，请依法惩处。

此致

吉林省×××人民法院

×××人民检察院（院印）

年　月　日

附：

1. 被告人×××现服刑于×××（或者现住×××）。

2. 新的证人名单或者证据目录。

适用中应当注意的问题

1. 根据有关规定，刑事抗诉书中不能追诉起诉书中没有指控的犯罪事实。

2. 被告人如果有自首、立功等情节的，应当在抗诉书中予以叙写。

3. 本文书以案件或被告人为单位制作。每案制作10份，每增加一个被告人增加5份。本文书应抄送原提起公诉和提请抗诉的下级人民检察院并抄报同级人大。

4. 提出抗诉的人民检察院应将本文书正本（送达人民法院）和副本（送达被告人及其辩护人）一并送达同级人民法院。

第三十八讲
初任检察官出庭公诉辑要

史旭东

从多年的司法实践经验和个人对公诉工作的感悟，要想成为一名为人称道的优秀公诉人，依靠的决不是技巧，而是素质。公诉人要在出庭公诉中取得好的效果，必须有自觉地、有计划地自我养成过程，我称之为公诉人的自我养成体系。在这种自我养成体系中，要养成理性、平和、文明、规范的执法行为习惯。公诉人应着眼于公诉人职业信念、法律素养和良好职业习惯的培养。这样，公诉人无论面对什么样的庭审，面对什么样的辩护律师，就都能应对自如，圆满地完成出庭公诉任务。

在公诉人的养成体系中，"正义和良知"应当是公诉人始终不变的职业品质。尽管社会现实的浮华与浮躁，扰乱我们对人生价值、人生意义的判断，但是，"正义和良知"并没有被现实的浮华所蒙蔽，在所有人的心灵中都有着对"正义和良知"的敬畏。那么，公诉人在生活、工作中能始终以"正义和良知"为衡量事物的尺度时，无论是谁都会对你的职业产生敬畏，从而获得应有的尊重。

"正义和良知"应当始终是公诉人的职业品质和信念，以维系公诉人获得精神上的荣誉感和成就感。

职业信念的培育虽然重要，但是要使信念、理想根植于心，还必须付诸于脚踏实地的工作，才能获得成就。汪中求曾经在一本书提到：成功=准确的定位+脚踏实地+快乐的心情。当我们选择了公诉人这一职业，首要的，就是要有甘于寂寞、勤学善思的职业素质。我从来不认为口齿伶俐、能言善道是公诉人的基本素质（古人有云"贵人语迟"）。那些有可能成为优秀公诉人的，只要不是结巴，有较强的文字综合能力，并且善于学习、善于积累、勤于思考，对每次出庭公诉都有感悟、对人生有感悟的人，就有可能成为优秀的公诉人。对此的感悟是：

1. 尽管面对枯燥乏味的阅卷、摘卷以及制作文书的案头工作，但"寂寞"始终是公诉人工作之所需，是学习、成长之所需。"甘于寂寞，而能独享其中乐趣"才能在沉静中有所积淀，获得精神上的成长。

2. 尽管我们多数公诉人都经过法律知识的系统学习，但是，只有反复梳理和修正对刑法的理解，才能不断获得学养上的提高。对此，建议在经过一段时间的公诉实践后，仍然要对《刑法》作出系统的梳理，在梳理中加深对刑法学基本原理的理解，熟悉把握各个犯罪之间联系。而这种体系性联系，最直接的应用就是，在面对案情时能迅速地判断行为性质，对罪与非罪、此罪与彼罪作出及时准确地区分。

3. 要把证据法学知识内化为公诉工作的思维方式，自觉地运用证据法学知识来审查判断和运用证据。熟练掌握和运用询问、讯问以及质证的技巧。

4. 勤于反思、善于总结。我们都注意到一个现象，有的人一辈子出庭公诉都处于一个水准，而有的人会很快脱颖而出，为人称道。这里面的差别实质就是在于是否"用心"的问题。对于用心的人来讲，就是勤于反思和善于总结，注意对出庭公诉规律的把握。

5. 有意地改善语言表达方式，在日常工作中养成规范的、法言法语的表达习惯。尤其在讨论案件、向检察长和检委会汇报案件、出庭公诉中，务必要自觉使用规范性用语。尤其在办理业务型的犯罪中出现专业概念和规范用语，公诉人更要注重用语的规范性，避免因"无知"被贻笑大方。

6. 要保持对政治的敏感性和政治的洞察力，有一定的政治责任感。"形势决定任务、政策引导执法"。任何时候政治和法律都不能截然分开。很多时候，公诉人要善于运用政治的思想方法解决法律上的问题。

由于公诉人素质的自我养成，来源于用心、有计划的自我培养，是日积月累的结果。因此，出庭公诉的好坏并不是临场发挥、随机应变，而在于公诉人全面而精细的审查和庭前准备。下面就以公诉工作流程为顺序，讨论如何做好审查起诉工作以及开展好出庭公诉，供初任检察官出庭公诉工作之参考。

一、审查阅卷工作的开展及相关注意事项

首先，要有这样的一个观念，就是公诉人所有阅卷、摘记、提审讯问、调查取证、补充侦查、起草公诉案件审查报告、制作起诉书等等，都是在为出庭公诉作准备。作为公诉人从受案之日起，每一项工作都要想到是在为最后的出庭公诉服务，要考虑对每一项证据的审查结论是否有利于出庭公诉。只有这样，公诉人才能始终把握庭审主动，最终取得良好的出庭公诉效果。

其次，审查阅卷、调查取证还要有监督意识，要有意增强监督的敏感性，提高发现问题的能力，尤其注意发现案件中隐藏的玩忽职守、徇私舞弊等违法犯罪线索。

最后，审查阅卷一定要在精细上下功夫。所谓"精细"就是以发现问题为标准，要注意那些不为常人关注，但最可能暴露重要案情信息和发生重大诟病或者瑕疵的问题。

1. 关于对言词证据的审查

在审查言词证据时，一般工作习惯就是直接看言词陈述的内容，来判断内容是否客观、与案件是否具有关联及关联程度，而常常忽略对言词证据提取主体、取证时间、地点及取证次序、被调查人签名等情况的审查。

实践中，经常发生的问题是：（1）纪检监察机关提取的调查笔录被直接用作诉讼中的证据使用；（2）同一侦查人员在同一时间针对不同对象进行调查取证；（3）一人单独取证；（4）不在刑诉法规定的地点取证；（5）被调查人签署姓名与身份证明的姓名不一致，等等。

那么，对于上述应当避免且在法庭可能陷于被动的证据，就需要公诉人通过细致的审查来发现，要求侦查机关和侦查部门重新提取，重新做出笔录。

阅卷中，对言词证据的提取次序的审查同样重要。对于同一人不同时间做出的陈述，我们要看前后的陈述内容是否一致，对于有矛盾的内容要了解是否已经得到合理的解释或者排除。而对于不同人员针对同一事实做出的陈述，要看哪些陈述在前、哪些陈述在后，要审查前后陈述内容的差别和联系。

在对照时，尤其要注意被调查人陈述时的环境、场所、时间可能对他的影响，比

如，要注意看守所内提审和所外提审的不同，要注意白天提审与深夜提审的不同。必要时，直接找侦查人员了解情况，以便作出准确的审查判断。

同时，要知道证据数量上的优势并不一定就真实可靠，还要看是否符合事物发展的规律，是否得到合情合理的解释。这需要公诉人不断积累生产、生活上的经验，才能做出很好的把握。

2. 关于对实物证据的审查

（1）对于书证、物证等实物证据，最常见的问题就是复制的书证没有提取时间、提取地点以及提取人、被提取人的签字，而且最要命的有的实物证据应当附加文字说明的也没有。对此，公诉人一定不要客气，为了让侦查机关、侦查部门养成良好的侦查习惯，一定要让侦查员一页一页、一份一份拿回去重做。

（2）除了程序上的问题，对于书证、物证的审查，我们还是要注意对细节信息的审查和判断，而且往往一个细节可能就暴露了重大的案情信息。

案例：我们曾经办理过一起民事抗诉案件，申诉人为了证明自己被烧焦的头发系某理发店所为，特意拍照留作证据，并开具了发票，但由于疏忽发票未标注出具的日期。但是，在这个案件的二审审理期间，神奇地出现了一个日期，且日期是头发烧焦前的两个月，申诉人当然就败诉了。为此，她向我们民行部门提出申诉。民行部门也一筹莫展，不知从何下手。这时候，我们注意到，这张发票是一份地税定额发票，于是，就根据发票的发票号码向税务机关提取了发票发售日期，最终证明发票上的日期早于发票发售日期，也就是说，后填写的日期被证明是假的，被人变造了，就此，我们帮助申诉人打赢了官司。

当然，有些书证或者物证，由于属于财会、税务、技术参数等方面的证据，专业性强，我们还无法直接读懂其中的内容。那么在这种情况下，我们要想到丰富的人力资源，通过同志、朋友来帮助你看懂，乃至发现其中的问题。

（3）审查中还要注意，书证、物证是我们证明犯罪最可靠的证据种类，一定要保证侦查人员在第一时间提取和固定。对于搜查中提取的证据一定要有搜查证、扣押、提取笔录及清单。笔录和清单务必须准确记录提取物的重要特征、数量及编号等。

3. 关于鉴定结论的审查

公诉人审查鉴定结论，往往只看鉴定的结论，而很少对鉴定委托主体、鉴定委托内容、鉴定依据、鉴定过程以及鉴定人资格等作出细致的审查。这对于公诉人出庭公诉是十分不利的。要知道，由于辩护律师工作的局限，长期以来质疑、打击鉴定结论的可采性一直都是辩护律师的工作重心，因此时刻不能掉以轻心，要注意对以下内容的审查：

一是，一定要看鉴定的委托主体和委托的时间以及被鉴定材料的提取时间。已经出现的情况是：（1）纪检监察部门委托做出的鉴定，这种情况下不能直接作为诉讼证据使用；（2）由于一系列的疏忽，鉴定材料的提取时间与委托时间、鉴定结论做出的时间发生矛盾。

二是，一定要看鉴定对象和时点是否符合案情要求。已经出现的情况是：对一栋房屋价格评估其随附的车位没有被作为评估对象，以致最终要重新进行评估。

三是，一定要看鉴定依据以及参照的数据内容是否符合规定。已经出现的情况是：对一起房屋价格评估中，以商品价格作为评估目的，而参照数据中出现赠与房屋的价格；另该案以某年某月某日为时点，参照的数据却是一年以后的，超过了十二个月，这同样是不允许的。

四是，一定要看鉴定的过程是否符合鉴定流程的要求，鉴定人是否具备相应资质，等等。

五是，一定要鉴定是否符合法定证据形式。前不久发生在某县医院的许某某非法行医案，就是这一问题的典型案例。

在上述案例中，公安机关根据《人体轻伤鉴定标准》对被害人做出伤情轻伤认定。但是根据最高人民法院《关于审理非法行医刑事案件具体应用法律若干问题的解释》第二条第一款规定"造成就诊人轻度残疾、器官组织损伤导致一般功能障碍的，"应当认定为《刑法》三百三十六条第一款规定的"情节严重"的情形，才构成非法行医罪。同时，该《解释》第五条提出：本解释所称"轻度残疾、器官组织损伤导致一般功能障碍"等参照卫生部《医疗事故分级标准（试行）》认定。

那么在这种情况下，就应当由医疗事故鉴定机构做出《医疗事故技术鉴定》，才能作为法定证据形式提供审判。

六是，一定要看鉴定中假定条件和鉴定的限制条件，它有可能就是本案证明中一个重大瑕疵。比如有的鉴定声明不能用于诉讼的证明活动，有的鉴定有效期就是一年，等等。在鉴定的有效期是一年的情况下，有的案件都拖到了一年之后才起诉，那么在这种情况下，使用时已经超期，严格的讲就已经失去了证据资格。

七是，一定要与鉴定人见面，请鉴定人解答对鉴定中的疑问。而且我们建议，要充分有效地利用文证审查，由技术人员代替我们对鉴定结论做出审查和分析。

4. 关于勘验检查笔录的审查

勘验检查笔录是记载犯罪证据线索的第一手资料，也是公诉人最可靠证据骨干。因此，对于勘验检查笔录及所载图片一定要细致地观察。要通过文字审查重塑现场，而千万不要遗漏对案发现场时令、天气、明暗及周围环境因素的考察。

并且，勘验检查笔录一定要与现场中的直接言词证据相对照，来印证案件事实。印证的最直接后果可能就是推翻伪供。

5. 关于自首、立功材料的审查

从全省开展的刑事审判法律监督的专项检查活动中，我们发现，对自首、立功的认定随意性强是个别基层公诉部门普遍存在的问题。为此，我们考虑由于今后还要开展量刑程序改革，利用自首、立功以及年龄问题达到逃避刑事追究的情况肯定不会少。因此，建议要加强对自首、立功材料以及身份材料的审查，必须保证自首、立功材料以及身份材料的齐备，注意发现其中的虚假材料，增强侦查监督的敏感性，提高侦查监督的能力。

二、讯问和调查取证中应当注意的问题

讯问和调查取证是公诉人审查起诉阶段必不可少的工作任务。那么随着阅卷审查告一段落，接下来就是讯问和调查取证。

（一）关于如何开展讯问

讯问中，最常见的问题就是对被讯问者的不耐烦、不尊重或者斥责、罚站，笔录记录不完整、不忠实于原话、提问没有次序、随意性强等等。对此必须加以摒弃，按如下

要求开展讯问：

一是，一定要有耐心并注意倾听。即便时间不够用，也不要急于结束讯问，而要与犯罪嫌疑人约定时间再谈。尤其在办理职务犯罪案件中，往往由于公诉人对他耐心和认真倾听，而换取嫌疑人对你的尊重和信任，便于了解更多的真实情况。

二是，不要给犯罪嫌疑人开条件，诱导犯罪嫌疑人做出供述。如你要说了就会可以回家了，或者你就能从轻处理，或者免除死刑，等等。事实上，我们公诉人都知道，你无原则地给对方开条件实际是一种欺骗，你也没能力兑现。那么在这种情况下，往往就会给狡猾的嫌疑人以口实，在法庭上攻击公诉人诱供、骗供，等等。

三是，在制作笔录时，一定要先要求嫌疑人做出一个完整陈述，并鼓励他叙述完整后，再有针对性地提出问题。提问同时要讲究次序，先问什么，后问什么，要有规律可循、有连贯性，要层层递进，客观性问题提出后，一定要追问行为人当时的主观心态。而记录时一定要完整，并尽量忠实于谈话对象的表达方式，注意记录嫌疑人某些具有特定意义的举动。要知道，公诉人的笔录也是拿给其他人审查的，不能前面笑话侦查员，后面又被法官耻笑。

四是，在嫌疑人作无罪或者罪轻辩解时，不要随意指责态度不端正、不老实，等等。而无论如何都要注意听完，并做好记录。即便公诉人意识到犯罪嫌疑人在说谎，建议也不必急于戳穿他的谎言，而应当在他做出完整陈述后，再有针对性地进行追问或者告诉他无罪或者罪轻的辩解不是事实、无法成立等等。目的就是公诉人要有理性、平和、文明的处事态度，而不计较一时的口舌之利。

五是，对于嫌疑人控告被刑讯逼供的，一定要认真对待并做好记录，报告检察长。尤其对已经有伤害后果的，一定不能不调查、不答复。而对于经查确属刑讯逼供的供述或者证言，必须予以排除。

（二）关于调查取证

1. 公诉人的调查取证能力必须高于侦查人员，应当讲究调查取证次序性，以及取证范围的闭合性。

对于次序性的要求，要明确先提取哪些证据、后提取哪些证据以及提取证据的方法。

在取证次序上，建议应是先被害人陈述后其他证据；先实物证据后言词证据；先直接证据后间接证据。之所以讲究调查取证的次序，就在于能够保证调取证据的全面性，能够避免发生遗漏。

案例：我们曾经办理了一起外国人犯罪案件。由于需在国外取证，根据案情我们制订了详细的侦查计划，并且也指出侦查应当严格按照计划的次序执行。但是，在执行时，侦查人员却没有按照次序进行，而是急急忙忙地跑到国外取证，结果回来再进行其他调查工作时，却发现还要进行国外取证。

2. 调查取证不单要注意次序性，同时也应当注意工作的方式和方法，避免侦查机关和侦查部门对公诉人产生误解，影响工作。对于职务犯罪以及敏感的涉黑等案件，应当是提出补充侦查意见，配合侦查人员完成调查取证计划。

3. 调查取证要单独进行。

案例：上世纪80年代查办一起经济犯罪案件中，在调查取证时某检察官就曾将涉案单位所有职工召集起来开会，结果把调查取证工作办成了对犯罪嫌疑人的批斗大会。成为了行业内的一个笑话。

4．对于言词证据的调取，我们仍然需要耐心和注意倾听，并要不耐其烦做出详细的笔录。除询问与案件相关的事实情节外，还应了解证明内容的来源、事实情节中的细节以及其他在场人、知情人，等等。而且还要通过对人证的言语、神态、举动等特征观察、揣摩人证对事件的感知、记忆、回顾的能力，等等。

而在调取未成年人的言词证据时，鉴于未成年人心智尚未成熟，容易受到暗示和诱导，故建议选择未成年人熟悉的环境中询问，并要求他的父母和老师在场，并在完成笔录后让在场的监护人随同签名。询问中，公诉人应尽量让未成年人主动自由地陈述，千万不要进行暗示和引诱。

5．在调取实物证据时，公诉人要注意依法进行，以便忠实地反映实物证据的全部特征。即要有健全的提取法律手续、移交法律手续和证据保管法律手续，形成完整的证据"保管链"。在制作书证复制件和对实物证据进行拍照固定时，还要由提供证据单位或者个人对复制件进行核对，确认无误后签名或者盖章。而且，如果可能还应尽量制作该实物证据的"证据标签"，列明以下情况：一是案件的名称；二是证据的编号；三是证据提取的日期和场所；四是证据持有人姓名与单位；五是调查取证人的姓名；六是证据的主要特征，等等。

6．在必要时，可以要求查办案件侦查人员、勘验检查人员对案件查办中的一些重要情况进行回顾和说明。在这种情况中，侦查人员一般不情愿以笔录的方式向公诉人提供证言，公诉人可以详细列明提出的问题，由侦查人员自书形式向公诉人提供，并由本人签名或者盖章。

三、起诉书制作中应当注意的问题

1．在起诉书制作中，对事实的叙写一定要准确。

起诉书的制作好坏直接关系到出庭的好坏。在出庭实践中，辩护人的第一轮发言往往针对起诉书指控的事实是否准确进行发难。因此，制作起诉书时，对事实的叙写一定要忠实于案件中的证据，反复推敲所选用的词语，尤其是"动词"选用。要斟酌这一动词是否能准确概括犯罪人的行为特征。也就是说，起诉书所形成文字不在于文采，而在于言简意赅。

案例：一起单位犯罪案件，当时起草起诉书时就对"单位领导组织的犯罪行为"是使用的"指使"还是"组织"产生分歧。最后因领导认可了"指使"，就把起诉书中关于组织犯罪这一段用"指使"他人犯罪来表述，起诉了过去。结果到法庭上，辩护人在讯问被告人时就问"起诉书指控你，'指使他人制作虚假的财务报表'，你向法庭说明：'你是怎么指使的'"，被告人当时就回答"我没有指使，我根本就没告诉他这件事怎么做"。公诉人没有办法就再问"这起犯罪是不是你组织的"、"当时，你是否清楚你单位的财务状况"，又问"你虽然没有具体要求他们造假，但你始终知道财务报表是假的，对不对"。

2．起诉书对事实的叙写也不能太过简约。还要坚持事实叙写的"七要素"说。要交待清楚被告人实施行为的手段、情节、犯罪过程和犯罪结果以及被告人的到案经过。

3．起诉书除在事实叙写中存在简约的问题，对于法定的情节认定，在有些部门也被进一步简约。对此，我们强调起诉书对于立功、未成年人、累犯、主从犯等必须加以认定。

对于上述出现的情况，公诉部门负责人乃至主管检察长要加强对起诉书审核。有些公诉人起诉书制作出现了问题，其实与对公诉的业务管理疏漏有关。管理严格、审核严谨，就能约束公诉人养成认真细致的工作作风和习惯，也不容易出现问题，避免在出庭公诉中陷入被动。

四、出庭准备工作中应注意的主要问题

（一）关于出庭预案的组织和制作

出庭预案的制作最能考验公诉人出庭公诉的"功力"。事实上，如果起诉书用语得当，出庭预案制作精良就能够实现出庭的良好效果。如果再有一点法庭上的随机应变，就能够实现法律效果、社会效果和政治效果的统一。因此，公诉人要特别注意对出庭预案的制作，尤其是办理大案、要案中证据量巨大、体系复杂案件，要充分地发挥聪明才智对证据进行整合，选择最科学、最有逻辑的举证方式揭露案件事实。

一方面要讲究证据运用的科学性。即客观准确地认识每一个证据，知道这些证据能证明什么以及能在多大程度上进行证明，从而减少证据运用中的盲目性；同时要尊重证明活动中的客观规律，严格按照证明的规律使用证据，以便减少运用证据中的随意性。

另一方面要讲究证据运用的逻辑性。即要了解案件事实证明中的难点和要点，以便能准确地选择证明案情的切入点和路径；同时要了解每一个证据的长处和短处，从而在使用证据时能够扬长避短。

在通常情况下，我们建议按照犯罪构成的证明体系来组织我们准备出示的证据，根据证据的证明对象进行组合，即便一份证据中证明对象不同也要进行拆分和归类。如：分成犯罪和犯罪主体的证据、犯罪主观故意的证据、客观方面表现的证据以及犯罪结果的证据，等等。并且要注意以下一些问题：

1. 要对证据来源、提取过程、保管方式的合法性予以说明。

2. 要对证据证明的主要内容进行说明，指出其每一份证据证明的指向，并节录宣读对证明犯罪事实、情节起作用的部分。

3. 建议法庭对一组证据宣读后进行质证，这样公诉人出示完成的一组证据就会因已形成一定的证明体系，而免受辩护律师的攻击。

例如：一起特别重大、复杂的公司法人犯罪案件，证据材料多达二百五十余册，每册二百五十页之多，并涉及公司主体十余家，如果按照卷次顺序出示、宣读肯定会造成混乱。为此我们针对单位行贿部分，把它分成以下几个层次进行分类组合，即单位犯罪主体方面的证据；收受贿赂主体的证据；行贿事实、行贿款来源证据；谋取不正当利益的证据等四个层次来进行举证。

对于操纵证券市场罪的部分，我们则分成以下三个层次进行分类组合，即犯罪主体及所控制资金账户的证据、合谋操纵证券市场主客观方面的证据、致使证券交易价格和交易量异常波动的证据等三个部分。

（二）关于与律师进行庭前证据交换

在与律师打交道中，我们经常发现一个不好的倾向，就是与律师的始终对抗。事

实上，基于对律师职业信任，公诉人完全可以和律师建立一种互信的合作关系。尤其是新的《律师法》颁布实施后，我们更加没有必要对律师大打埋伏，要主动和律师进行联系，认真听取律师意见，认真对待律师的要求，对于律师提出的问题，能答复的答复，不能答复的说明原因；能解决的帮助解决，不能解决的指出情况的原委。通过主动的配合争取律师对公诉人的信任。这样才能做到未雨绸缪，防止律师当庭进行证据突袭。

例如，在办理一起某公司及实际控制人张某某操纵证券市场案件中，我们通过庭前证据交换，就了解了律师所要提供法庭的证据是什么，使我们有了充分准备的情况，及时化解了可能发生的危机。

情况是，律师在庭前向法官移交了一箱子书证，用以证明张某某做庄炒股时在向公众融资时远远超过我们认定的融资数额，进而想推翻针对他操纵证券市场做出的鉴定结论，并且想通过证明仍有3亿多融资没有计入成本，而减少对其非法获利的认定。对此，我们其实都知道，这是一个对被告人张某某十分不利的证据（因涉嫌向不特定公众吸收存款），在当时就向律师指出这是不利于被告人的证据，但律师说"为了减少张某某公司的损失，我们也没有办法"。在这种情况，由于向律师了解到提供的一箱子材料是公安机关退给张某某公司的，随即与侦查的公安机关取得了联系，要求他们针对这一箱子材料出具一份说明，声明"此资料系由公安机关退还某公司，系某公司涉嫌向不特定的公众进行融资资料"等等。随后，在法庭上，当律师出示这一箱子材料后，公诉人即再向律师确认，这一箱子材料的来源怎么取得的。由于律师担心非法取证的嫌疑，就回答说，是公安机关退回的资料。公诉人又问：你向法庭提供的资料都是公安机关退回的吗？律师又回答"是的"。这样公诉人一看把羊圈到圈里了，就把公安机关的说明拿了出来，向法庭出示。说："第一，该资料说明仍有部分操纵证券市场犯罪未被计入犯罪数额；第二，该资料除证明操纵证券市场部分犯罪事实未被认定，其仍涉嫌非法吸收公众存款犯罪事实有待查清。但鉴于属遗漏犯罪事实部分，根据刑事诉讼法它不影响对本案的审判。由此建议，辩护人庭后移交证据材料原件，由公安机关继续侦查。"面对上述情况，被告人当时就与律师翻了脸，辩护人方面十分被动，被迫连夜会见张某某，向他说明情况。

五、出庭公诉中应注意的问题

在出庭公诉中，公诉人要始终掌握庭审主动权，主动把握庭审的节奏十分重要。这种主动性表现在：一是案件事实认定中的关键性问题一定要在公诉人预期下完成充分的举证；二是不允许律师讯问和询问出轨，产生认定上的偏差，这就要求公诉人及时回应律师讯问和询问对被告人的错误引导，开展必要的反讯问；三是律师的质证意见必须及时回应，避免出现沉闷的各说各话的局面；四是对上述情况的反映一定准确，还要简洁，不能长篇大论，影响庭审的节奏，要求就是突出重点与案件焦点，不在细枝末节上浪费时间。

（一）在对被告人讯问中应注意的问题

我们注意到在对被告人讯问中有两种情况不可取，一种就是照本宣科。如列出什么第一个问题、第二个问题，前不搭言后不搭语，效果十分不好；第二种就是动不动就说被告人认罪态度不好。说什么"坦白从宽、抗拒从严"，显得公诉人蛮不讲理，效果也不好。对此应当如下对待：

1. 尽量不要打稿，而是掐着起诉书的事实情节进行讯问，对于被告人没有说清楚或者回避的问题，要根据被告人供述进行追问，这样就形成一种自然切入的状态。

2. 对于被告人回避的问题，要注意把握被告人的心态。有的时候被告人是避重就轻，害怕自己承担较重的刑事责任；有的时候则是不愿旧事重提。对此要分别不同情况进行讯问。

例如：某欺诈发行债券案的法庭上，王某某作为公司财务总监，十分担心承担较重的刑事责任，因此在公诉人讯问他与另一被告人周某某的职务是否存在隶属关系时，他只回答是"工作上的同志关系"。这时，公诉人马上对王某某加以指责，说"你知道抵赖的后果吗"等等，面对这种情况另一位公诉人为避免讯问进入僵持，双方难堪，便转换讯问方式，问道"既然你们仅是工作上同志关系，那么我们换一种角度问，就是在具体的财务工作中，对周某某制作的财务资料，由谁最终审核"，王某某回答"是我"。实际上之所以这样问，就在于我们有相关书面的财务资料来证明上述工作程序的全部过程，王某某心知肚明，不敢冒被立即被揭穿风险。

而对于不愿旧事重提的，公诉人则可以放下追问，而就起诉书指控每一事实情节要求其回答是或者不是就可以了。

3. 对于被告人翻供的，一般情况公诉人可以预见，如果在审查起诉阶段已经翻供的，公诉人就没有必要寄希望通过政策教育来使被告人回心转意。而应当如下处理：一是，要清楚讯问只是进一步暴露被告人的犯罪，因此，讯问在于找准被告人翻供内容的逻辑矛盾，通过不断的反诘来暴露翻供的不可采信性。二是，要说明证明犯罪不是依靠被告人的供述，而是依靠相关的证据证明，公诉人将通过举证证明被告人的犯罪事实。

而对于法庭上临时翻供的，公诉人除了像上面的那样外，在刑事政策说服未果情况下（这种情况就是，如果被告人自首的要说明自首成立的条件，坦白的要说明坦白的刑事政策，要被告人明白翻供产生的法律后果，容其思考），还可以当庭宣读被告人以前的有罪供述，或者采取迂回的方式揭露犯罪行为。

案例：袁某某受贿。袁某某是某供热公司的主任，因受贿受到审判。其中一起袁某某收受请托人4万元现金，他在某年12月28日的时候将这笔现金交给本单位的纪检书记。对此，被告人当庭翻供说自己根本没有想收受这笔钱，而是上缴给单位的纪检书记，并且，该纪检书记也到庭作证，证明他上缴了这笔钱。这时旁听席开始出现嘈杂声，针对这种情况，公诉人由于知道袁某某曾在12月25日接受过一次辽源纪检委的谈话，尽管这次谈话并不是针对他本人的调查，而是他单位副职涉嫌（关联）受贿问题的谈话，公诉人还是问"你上缴这笔款是什么时间"，袁某某答"12月28日"，又问"纪检委找你谈话是什么时间"，袁某某显然意识到公诉人的提问目的，他随即说"这次谈话不是针对自己的"，但公诉人还是坚持问"我只要时间"，袁某某只得回答"12月25日"。这时就听旁听席里"轰"的一声，就都明白了袁某某在说谎了。

（二）如何应对律师的证据突袭

律师在法庭上进行证据突袭，现在已经不常见了，但也会时有发生。但是有一点，根据刑事诉讼法的规定，律师当庭出示新的证据必须提前通知法官，因此只要注意随时与法官保持沟通就没有什么不知道的。所以不要迷信什么临时发挥，那都是骗人的。而且，即便律师真的对公诉人发起突袭也没有什么可怕，其实一切都是万变不离其宗，公诉人只要不惊慌，都能应对。那就是，证据的合法性、客观性、关联性内化成一种出庭公诉思维方式，熟悉各种证据的缺陷。

一是，就证据的合法性要向被告人、律师讯（询）问，证明材料是谁提取的、在哪提取的、在哪里存放、能证明什么问题，等等。并通过讯（询）问迅速判断证据是否合法。

案例：某中级法院法官邓某受贿案二审开庭审理，律师在开庭前通知法庭有一份证据要在当庭宣读，但是就是不让公诉人提前看到这份书证。公诉人没有办法就只好在庭前进行准备，也就是重新思量证据合法性、客观性、关联性等问题。等到了开庭，辩护人果然拿出一份明细账来，在当庭出示，用以说明邓某将收受的3万元现金交给了本庭室。面对这种情况，公诉人首先要求传阅这份明细账，没看出毛病，随即问辩护人证据的来源。辩护人说是被告人交给他的，于是公诉人又问被告人，被告人说"这是他到单位，在单位的仓库里找到的"，这时公诉人心里已经有了底，因为不是存放他自己家里的东西。公诉人接着问"你到单位仓库就是为了找到这个吗？"被告人说"是"，公诉人又问"你在收集这个证明材料时，有其他人在场吗？"（注意这个时候公诉人开始使用"收集"这一词语）他说"有"，又问"是谁？"他又说"是我的朋友，某某。"公诉人一听，不是他们单位的法官，心里又增加了一份信心。于是接着又问"你收集到这份证明材料后，放在哪里了"，他说"放在我家里，在开庭前交给了我的律师"。

这样公诉人得到预期的答案就开始进行质证，指出该证明材料不具有合法性，不能采信。理由是：

第一，该证明材料不是由刑事诉讼法规定的取证主体收集的；第二，证明材料的提取虽然是由两个人进行，但一是被告人、二是他的朋友，不具有中立性；第三，证明材料始终由被告人保管，未依法进行密封保存，不能保证该材料的真实性。

第二，针对证据是否具有客观性、关联性做出迅速的判断。在这里公诉人要注意，千万不要慌乱，要全神贯注地听取证明的内容，并对证明内容迅速加以判断，综合分析己方证据指出反证的虚假性。同时还要迅速判断反证是传来证据还是原始证据，是间接证据还是直接证据。对于传来证据要进一步询问所证明的情况如何得知，有没有确切的来源；对于间接证据要进一步询问与案件事实的关联程度，了解有没有其他介入证据加以印证；对于直接的言词证据，则要基于对案件事实情节了解，询问相关情节是否为证明人所知情，同时还要询问有什么人能证明其就是现场的目击者或者知情，等等。

总之，就是通过一边询问一边寻找证明内容缺陷，如果意识到有人出具伪证，要及时与单位负责人联系，建议休庭，立即控制出具伪证的人，防止作伪证人逃跑或者进行串供。

（三）如何应对律师的责难

律师对公诉人进行责难一般出于两种情形：一是公诉人在与律师对抗中使用了过激的语言，伤害了律师的自尊心；二是公诉证据确有缺陷和瑕疵。

面对第一种情况，建议公诉人时刻注意对语言选择，尽量不要使用过激的语言；如果律师语言过激或者已经伤害了公诉人的自尊，公诉人可以向法庭指出，建议合议庭进行制止，而不与辩护人进行正面交锋，否则持续下去双方都不好看，严重影响公诉人的形象，将得不偿失。

面对第二种情况，公诉人要对证据进行客观分析，对于辩护人提出的意见合理，又确属证据缺陷和瑕疵的，并且又不影响定罪和法定量刑情节认定的，建议采取婉转的方式对辩护人意见加以确认，并要同时指出辩护人提出的意见不影响本案定罪和量刑。这样辩护人就不再对同一个问题纠缠下去了。

例如，某区办理的某省法官的两起受贿案，在上午的开庭审判中，律师就提出检察机关出具两份不同扣押清单，即给被告人家属的扣押清单数额远远大于起诉卷宗扣押清单的数额，也就是说检察机关扣押了被告人部分合法财产。面对这种情况，公诉人百般周旋就是不认账，而且指出这与案件事实无关，请律师不要纠缠细枝末节，等等。导致律师最后上纲上线，指责"检察机关非法办案，非法扣押他当事人的合法财产，无异于敲诈勒索"等等。

而到下午，也同样出现了上述的情况，这次公诉人接受了一些建议，没有像上午那样，而是提出"对辩护人提出意见，我们将认真核对，如果出现差错，将依法予以纠正。"律师听后也只好点头作罢，不再借题发挥。

（四）如何组织第一轮公诉发言

第一轮的公诉发言由于是事先拟制的，所以公诉人可以长时间进行推敲，一般不会出现什么问题。但还是需要公诉人注意的是：

1. 公诉发言宜短不宜长。
2. 发表公诉词语速不要太快，以便于他人听取。
3. 公诉发言不宜照抄刑法教材上的犯罪构成要件，法官、律师都不愿意听，而要针对案件定罪的核心要素和重点来阐述犯罪行为的本质特征。
4. 有些公诉人喜欢引用国家领导人言论，虽然可以，但不要提这是谁说的话。

（五）如何组织二轮答辩

实践中，我们都常常因与优秀的律师出庭对抗，产生重大的压力感。其实根据多年出庭的经验，越是出色的律师越是理性，不会就细枝末节纠缠不休，出庭公诉反而比较轻松，控辩双方均表现出理性的、克制的情绪。但是素质低下的律师却不同，他很可能就不按套路出牌。

例如，一位公诉前辈办理一起酗酒杀人的案件中就遇到了一位素质低下的律师，在法庭上，律师说："由于被告人酒后实施杀人犯罪，其辨别能力、意识控制能力均不同程度地减弱，所以应当对其从轻处罚。"律师这么一辩护，公诉人当时就不知道如何应对了。其实这是很简单的，只要你了解刑法为什么规定"醉酒后犯罪应当负刑事责任"就应付得了，即"被告人酗酒故意而为之，借酒行凶，不但不能从轻还应当从重。"

在实践中，公诉人没有必要怕二轮会应接不暇，因为有以下途径可以预测辩护人的观点：

1. 通过对案件证据的全面审查，对证据的分析判断，可以预测辩护人应当持有的辩护意见。
2. 通过与辩护人会见、庭前证据交换，可以泄露辩护人辩护信息，准确预知辩护人持有的辩护观点。
3. 通过辩护人对被告人当庭开展的讯问，可以把握辩护人将围绕哪些事实为他当

图书在版编目（CIP）数据

公诉方略 / 张书华主编.—长春：吉林大学出版
社，2009.12
ISBN 978-7-5601-5200-4

Ⅰ.①公…　Ⅱ.①张…　Ⅲ.①公诉—中国—教材
Ⅳ.①D9254

中国版本图书馆CIP数据核字（2009）第240338号

公诉方略

◎主编	张书华
◎副主编	曾　天　刘艳华　白成祥　王　岩
◎责任编辑	刘冠宏
◎责任校对	刘冠宏
◎封面设计	孙　群
◎版式设计	韩立娟　王　骁
◎出版发行	吉林大学出版社
◎社址	长春市明德路421号
◎邮编	130021
◎发行部电话	0431-88499826
◎网址	http://www.jlup.com.cn
◎E-mail	jlup@mail.jlu.edu.cn
◎印刷	长春市泽成印刷厂

787mm×1092mm　16开　37.5印张　700千字
2009年12月第1版　2009年12月第1次印刷
ISBN 978-7-5601-5200-4

定价：89.50 元

事人展开辩护。

4．通过辩护人对公诉证据的质疑、出示证据，可以断定辩护人会对哪些证据展开攻势，来突破公诉人构筑的证据体系。

由于有很多途径可以预测辩护观点，很好地组织二轮答辩其实并非难事，主要还在于公诉人是否用心在整个诉讼过程中，是否用心在辩护人的种种表现。只要用心就能够找到你攻击对方的靶子。

但是，二轮的公诉发言需要注意的问题仍然很多：

1．要记住公诉发言始终是要给法官听的，公诉语言一定不要过激，要表现出应有的理性修养和风度，而不管辩护人如何的慷慨激昂。

2．不要事事计较，对于不影响定罪、不影响法定量刑情节的意见，可以不与辩护人交锋。而对于存在瑕疵的证据有时候该认就认，避免辩护人借题发挥。

3．控辩双方在质证或者辩论中，都难免出现口误或者引用不当等问题。对此公诉人要考虑，只要不影响对辩护观点的理解，就不要抓对方的辫子，以免陷入互相人身攻击的难堪局面。

4．不要总结、重复辩护人的辩护意见。这样的法庭效果十分不好，对公诉人也十分不利，而要直接了当阐述公诉人对辩护意见反对。一般建议采取以下发言方式，即说"公诉人认真听取了辩护人的辩护发言，我们认为辩护人关于对本案事实的认定不具有客观性，或者我们认为辩护人关于本案定性的意见，公诉人不能苟同，或者我们认为辩护人关于对被告人从轻处罚的理由不能成立"等等。

5．要记住答辩的观点比阐明理由更重要。因为法官需要的是双方明确而清楚的观点，而不是针对该观点提出长篇大论。这一点你通过阅读判决书就会有所体会。所以，在二轮的公诉发言中，公诉人有时不必全面准备论证理由（当然对无罪辩护除外），而只要把公诉人的基本观点、基本立场说清楚就可以了。